LEGACY OF VIOLENCE

A history of the British empire

LEGACY OF VIOLENCE
Copyright © 2022 by Caroline Elkins LLC
All rights reserved.

Published in agreement with the author, c/o BAROR INTERNATIONAL, INC., Armonk, New York, U.S.A. Korean translation copyright © 2025 by SANGSANGSQUARE

이 책의 한국어판 저작권은 대니홍 에이전시를 통한 저작권사와의 독점 계약으로 상상스퀘어에 있습니다. 신저작권법에 의해 한국 내에서 보호를 받는 저작물이므로 무단전재와 복제를 금합니다.

폭력의 유산

캐롤라인 엘킨스 지음
김학영 옮김 · 윤영휘 감수

억압과 저항으로 물든 제국주의 잔혹사

상상스퀘어

일러두기

1. 이 책에는 실존 인물이 특정한 인종이나 민족, 종교 집단을 언급할 때 사용한 경멸적인 어휘와 문구들을 수정 없이 있는 그대로 사용했다. 이런 표현들에 실존 인물의 태도뿐 아니라, 이 책에서 논의하고자 하는 국가 주도 폭력 사태와 관련 있는 중요 내용이 반영되었기 때문이다.
2. British Empire은 국내에서 흔히 '대영제국'으로 번역되지만, 이는 일본식 번역어다. 따라서 이 책에서는 '대영제국' 대신 '영제국'을 사용한다.
3. 도서의 완성도와 독자의 이해를 높이기 위해, 번역 및 편집 과정에서 부연 설명을 추가하거나 생략했음을 밝힌다.
4. 단행본은 《 》, 신문·잡지·시·영화·그림·노래·글 등은 〈 〉로 표기했다.
5. 본문에 언급한 단행본이 국내에 출간된 경우에는 국역본 제목으로 표기했고, 출간되지 않은 경우 원서에 가깝게 번역하고 원제를 처음에만 병기했다.
6. 본문의 각주는 전부 옮긴이 주다.
7. 이 책에 나오는 외래어는 국립국어원 외래어표기법을 따랐으나, 외래어표기법과 다르게 굳어진 일부 용어의 경우에는 예외를 두었다.
8. 본문에 등장하는 거리, 면적, 무게 등의 단위는 미터법 또는 평, 킬로그램 등으로 환산해 표기했다.
9. 본문에 병기된 원화 금액은 잉글랜드은행 사이트(https://www.bankofengland.co.uk/monetary-policy/inflation/inflation-calculator)의 인플레이션 계산기를 활용해 당시 금액을 현재 가치로 변환한 뒤, 이를 다시 원화로 환산한 것이다.

나는 빈틈없고 원초적인 인간의 이중성을 알아채는 법을 익혔다.
내 의식의 영역에서 서로 갈등을 빚는 두 본성 중
어느 한쪽만 진정한 나라고 말한들 전혀 문제 될 것은 없지만,
그렇게 말할 수 있는 것 또한 진짜 내 모습이기 때문이었다.

―로버트 스티븐슨Robert Stevenson, 《지킬 박사와 하이드》

이 책에 쏟아진 찬사

한국인의 가슴 속 한구석에 기생하는 '제국'을 향한 욕망을 가차 없이 깨부수는 그야말로 시의적절한 책이다. 저자는 '신사의 나라'로 포장된 영제국의 흑역사(식민지를 향한 불법적인 공격과 탄압 그리고 비겁한 정당화)를 낱낱이, 그리고 꼼꼼하게, 게다가 논리적으로 고발하며 폭력으로 점철된 제국의 시스템을 날 세워 비판한다. 책을 읽다 보면 영국 여행 중 우연히 겪었던 강렬한 인종차별의 경험이 결코 '우연'이 아니었음을 깨닫게 되는 흥미로움을 느낄 수 있을 것이다.
— 김재원, 역사학자, 《세상에서 가장 짧은 한국사》, 《올게 되는 한국사》 저자

일본의 조선 지배는 당대 세계사의 흐름에서 극히 예외적인 현상이다. 대부분의 제국주의는 백인종에 의한 흑인종과 황인종의 지배였기 때문이다. 그리고 그러한 지배의 정점에 영제국, 영국이 있었다. 최초의 의회민주주의 국가이자 최초의 산업혁명 국가. 하지만 그 어떤 나라보다 광범위하게 식민지를 거느린 제국주의 국가가 영국이었다.

제국은 도대체 어떻게 이루어지는가, 그리고 제국은 세계 곳곳에 어떤 문제를 일으켰는가. 과연 제국이 만든 폭력의 유산은 얼마나 사라졌을까. 이 책을 읽는다는 것은 일본이 모범으로 삼았던 제국주의 국가의 본질에 다가서는 것이자, 극단을 향유했던 세계 근현대사를 이해하는 길이다. 정말로 나와야 하는 책이 나왔다.
— 심용환, 역사학자, 《단박에 중국사》, 《1페이지 세계사 365》 저자

《폭력의 유산》은 200여 년간 영제국의 네트워크를 타고 흘렀던 피의 폭력과 그 유산에 관한 책이다. 천 페이지가 넘는 지면에 인도, 자메이카, 아일랜드, 남아프리카, 팔레스타인, 말라야, 케냐, 키프로스에서 벌어졌던 극적인 폭력의 순간과 추방, 민간인 수용소, 재판 없는 구금, 살해, 고문, 성폭행 같은 끔찍한 폭력의 장면이 가득하다. 하지만 이 책의 진정한 미덕은 폭력의 고발에 있지 않다. 엘킨스는 식민지를 넘나들며 활약한 폭력의 행위자인 '괴물들' 한 명 한 명의 행적을 낱낱이 밝히고, 고위 정치가들이 법치를 포기하고 폭력을 합법화되는 시점과 과정을 특정하면서, 개혁과 억압, 문명화와 폭력은 영국 자유제국주의에서 공존하는 양면이며 분리할 수 없는 하나였다고 역설한다. 저자가 '합법화된 불법'이라고 명명한 영제국의 폭력은 결코 예외적 일탈이 아니라 자유주의에 내재된 특징이었다는 것이다.

영제국 통치는 법치와 합법적인 폭력의 연속적 교차로 이루어졌으며 오늘날에도 폭

력의 유산이 이어지고 있다는 이 책의 주장은, 여전한 영제국에 대한 향수와 인종차별을 생각할 때 더욱 큰 울림으로 다가온다. 케냐 마우마우 수용소에 관해 연구해온 저자는 2011년 마우마우 재판이 열렸을 때 전문가 증언을 통해 승소에 힘을 보탠 바 있었다. 마우마우 재판으로 선한 제국과 순조로운 탈식민화와 영연방으로의 이행이라는 영제국사 이해가 '신화'에 불과하다는 사실이 널리 알려진 지금, 이 책은 한국 독자들에게 영제국사를 비판적으로 이해하는 데 훌륭한 항해도가 되어줄 것이 틀림없다.
─염운옥, 경희대 글로컬역사문화연구소 학술연구교수, 《낙인찍힌 몸》 저자

폭력은 제국주의의 필수품이다. 문명화 사명을 완수한다는 명목으로 상상의 한계를 뛰어넘는 온갖 고문과 악행이 식민지인을 대상으로 조직적·체계적으로 자행되었고, 이를 뒷받침하는 정당화 기제가 작용했다. 저자는 빼거나 더함 없이 철저하게, 눈에 보이듯이 제국주의에 내재한 폭력을 해부한다. 제국주의를 지지하는 학자들이 과연 이 책을 읽고 뭐라 대응할지 자못 궁금해진다.
─안병억, 대구대학교 군사학과 교수, 《하룻밤에 읽는 영국사》 저자

영국 제국주의가 세계 곳곳에서 어떻게 폭력을 체계화했는지, 자유주의, 법치, 문명화 논리가 어떻게 억압을 정당화했는지 파헤치는 역작이다. 네 개 대륙 20여 개 기록보관소 사료와 수백 건 인터뷰를 바탕으로 식민지 탄압, 인종 차별적 위계질서, 합법화된 불법을 고발하는 이 책은 차가운 머리와 뜨거운 가슴으로 제국주의 식민 지배를 비판할 강한 무기를 제공한다.
─민유기, 경희대학교 사학과 교수이자 글로컬역사문화연구소 소장, 《문명을 품은 인류의 공간》 저자

혹자는 탈식민주의의 유행이 끝났다고도 한다. 하지만 과연 20세기 제국주의의 흔적이 완전히 사라졌다고 할 수 있을까? 한때 지구의 4분의 1을 식민화했던 영제국은 '해가 지지 않는 나라'라며 자화자찬했고, 오늘날의 영국인 상당수도 그 시절을 영예롭게 여긴다. 그 영광 속에서 반성을 수반하는 목소리는 극히 드물다. 영제국은 해체되었지만, 아직까지도 영국의 자국은 쉽사리 지워지지 않는다. 이 책은 때로는 뜨거운 어조로, 때로는 차가운 시선으로 영국이 남기고 지금까지 지속되는 그 자국을 과감하게 들추어낸다. 과거와 현재를 잇기 위해서는 역사가 필요하다. 이 책을 통해 독자들이 식민지의 기억을 가지고 있는 우리의 현실도 비추어보기를 바란다.
─이영, 유튜브 〈역사돋보기〉 운영자, 《가장 쉬운 역사 첫걸음》, 《대한민국 국민이 꼭 알아야 할 일제강점기 역사》 저자

눈부신 번영과 문화적 우월함으로 포장된 영제국의 황금기 아래, 국가 폭력의 짙은 그림자가 전 세계를 드리웠다. 인류 역사상 가장 넓은 식민제국을 운영했던 영국은 자유를 표방하면서 제국주의적 억압을 정당화하는 자유제국주의의 모순 속에 갇혔다. 개혁을 내세운 위선 속에서 자행한 죄를 스스로 은폐하고 정당화했다. 이 책에서 적나라하게 보여주는 영제국의 민낯을 마주한다면 오늘날 세계에 미치는 역사적 영향력까지 깊이 통찰하게 될 것이다.
―임소미, 역사 스토리텔러, 《요즘 어른을 위한 최소한의 세계사》《요즘 어른을 위한 최소한의 한국사》 저자

"세계사 속 많은 문제의 원인은 영국을 찍으면 대충 맞는다.", "영국이 영국했다." 영국에 관한 요즘의 밈이다. 그런데 영국이 구체적으로 어디서, 어떻게 비판받을 일을 저질렀는지는 모르는 분이 많다. 이 책은 그에 대한 해답을 준다. 세계 각지에서 영국이 저지른 수많은 폭력. 그 모든 것이 담긴 이 책을 읽으면, 밈을 넘어 비로소 피부로 영국이 느껴질 것이다.
―김도형, 유튜브 〈별별역사〉 운영자, 《별별역사의 몽골 제국 정복사》 저자

캐럴라인 엘킨스는 오늘날 우리에게 절실히 필요한 영제국의 역사를 기록했다. 최근에 공개된 문서를 바탕으로 쓰인 《폭력의 유산》은 영국 당국이 오랫동안 제국 영토 곳곳에서 폭력 사용을 정당화하는 법의 허울 아래 어떤 식으로 반대 세력을 잔인하게 탄압했는지 보여준다. 포괄적이며 강력하고 열정적인 태도로 주장을 펼쳐나가는 이 책은 영국의 제국 통치가 자유주의에서 비롯된 박애라는 끈질긴 신념을 깨부수는 확실한 답변이다.
―마야 재서노프Maya Jasanoff, 하버드대학교 역사학과 교수, 《지금, 역사란 무엇인가》 공저자

영제국은 그 무엇보다 세계 곳곳에서 수 세기에 걸쳐 자행했던 폭력을 교묘하게 은폐하는 데 가장 큰 성공을 거두었다. 《폭력의 유산》은 이런 숨겨진 유산을 찾아내기 위한 칭찬할 만한 야심 찬 시도이며, 그 쓰라린 결실이 점점 더 분명해지고 있다.
―아미타브 고시Amitav Ghosh, 인도 최고 문학상인 즈난피트상 수상 작가, 《육두구의 저주》 저자

이 책은 다이너마이트다!
―로버트 길디아Robert Gildea, 옥스퍼드대학교 근대 역사학과 교수, 《마음의 제국Empires of the Mind》 저자

엘킨스는 영제국의 길고 무자비한 폭력의 역사가 자유주의 이데올로기와 어떻게 얽혀 있는지 탐구한다. 자유주의가 지향하는 목표는 정복과 탄압을 정당화했으며 인도에서부터 자메이카, 아일랜드, 팔레스타인, 말라야, 케냐에 이르기까지 제국 곳곳에서 '합법화된 불법'을 정당화하기 위해 반복해서 등장했다. 엘킨스는 한 걸음 더 나아가 기록물 파기와 역사 기록 조작을 통해 이런 식민지 테러의 역사가 어떻게 감춰졌는지 보여준다.
―리처드 드레이턴Richard Drayton, 킹스칼리지런던 역사학과 교수, 《자연의 정부Nature's Government》 저자

역사와 관련된 캐럴라인 엘킨스의 용감무쌍한 재기와 비범한 능력 덕에 우리는 영제국의 역사를 이해하는 데 있어 또다시 돌이킬 수 없는 지점에 도달했다. 《폭력의 유산》은 영제국이 합법적인 목적이라고 주장한 법치가 어떻게 왜곡되는지 체계적으로 파헤친 매혹적인 책이다.
―프리야 사티아Priya Satia, 스탠퍼드대학교 국제사학과 교수, 《시간의 괴물Time's Monster》 저자

캐럴라인 엘킨스는 놀랍도록 훌륭하고 중요한 이 연구를 통해 '모든 제국은 폭력적'이지만 영제국은 자유주의를 표방하면서도 시간이 지날수록 더욱 폭력적으로 변했다고 지적한다. 《폭력의 유산》은 단호하면서 세심하게 연구된, 꼭 필요한 책이다.
―질 레포어Jill Lepore, 미국 역사가이자 저널리스트, 《이런 결과These Results》 저자

《폭력의 유산》은 영제국의 어두운 면을 다룬 매우 가치 있는 책이다.
―로저 루이스Roger Louis, 《옥스퍼드 영제국의 역사The Oxford History of the British Empire》 편집장

매우 광범위하고 상세하며, 대단히 폭넓고 야심 차게 쓰인 《폭력의 유산》은 무력과 고문, 속임수를 사용한 영제국의 역사를 한 권에 담아낸 놀라운 책이다. (…) 엘킨스는 시공간을 따라 널리 흩어져 있는 수많은 사례를 수집해 영제국을 비판하는 인상적인 이야기를 엮어냈다.
―〈네이션〉

《폭력의 유산》은 과거에 이루어진 조직적인 학대를 낱낱이 고발하는 최고의 역사서다.
―〈커커스 리뷰〉

아일랜드, 인도, 말라야, 키프로스, 케냐, 니아살랜드, 자메이카, 팔레스타인에서 영국이 시행하고 활용한 정책과 행동을 자세하게 폭로하는 《폭력의 유산》은 불편하더라도 반드시 읽어야 하는 책이다. 이 책은 노골적인 인종주의를 바탕으로 탄생한 '합법화된 폭력'을 철저한 연구를 기반으로 매우 상세히 설명했다. 진지한 역사학도라면 반드시 읽어봐야 한다.
―〈라이브러리 저널〉

이 책은 매우 흥미진진하고 도발적이다. 엘킨스의 이전 책보다 훨씬 더 큰 그림을 보여준다.
―〈뉴욕 타임스 북리뷰〉

심도 있는 연구를 바탕으로 쓰인 《폭력의 유산》은 사소한 세부사항도 놓치지 않았다. 엘킨스는 자신의 뛰어난 지식을 뽐내지 않으며, 분노를 활활 불태우지 않고 서서히 분출했다. 이 책은 3세기에 걸쳐 세계 곳곳으로 퍼져나간 영제국을 만들어낸 요인에 관한 폭넓은 토론의 장을 열어준다.
―〈파이낸셜 타임스〉

충격적이고 꼼꼼하며 설득력 있는 내용이 가득 담긴 《폭력의 유산》은 2세기 동안 네 개 대륙을 휘두른 영제국의 특징을 파헤치겠다는 야심 찬 목표가 담긴 가공할 만한 연구 결과물이다. 물론 여러모로 이 길고 긴 역사서가 이보다 더 시의적절할 수 없다. 엘킨스는 로즈 동상을 철거해야 마땅하다고 생각하는 사람들에게 도움이 되는 간단하고 명료한 근거를 제시한다. 2014년 실시된 설문조사에서 영제국이 대체로 '자랑스러워할 만하다'라고 답한 60퍼센트의 영국인 중 일부라도 엘킨스의 책을 읽으면 좋겠다.
―〈가디언〉

《폭력의 유산》은 각각의 역사를 둘러싼 구체적인 맥락을 알려준다. 엘킨스는 네 개 대륙에 자리 잡은 10여 개국의 기록보관소를 방문해 수백 건의 구술 역사 자료를 분석했다. 그리고 수많은 사회사학자와 정치이론가의 연구를 활용해 수 세기에 걸쳐 영제국이 그린 궤적을 추적한다.
―〈뉴요커〉

엘킨스는 꼼꼼하게 조사하고 이해하기 쉽게 설명하는 뛰어난 역량을 인도, 남아프리카, 팔레스타인을 포함한 세계 각지로 확대해 이 광범위하고 야심 찬 연대기를 완성했다. 엘킨스는 영제국이 그럴듯한 온정주의로 포장된 원칙을 앞세워 폭력을 기반으로 건설되었다는 설득력 있는 주장을 펼친다.
―〈내셔널 북리뷰〉

엘킨스가 들려주는 복잡하지만 몰입감 넘치는 이야기는 탄압을 가능케 하는 관료적이고 합법적인 시스템을 자세히 분석한다. 이러한 시스템을 정당화하는 지적인 논거의 오류를 낱낱이 파헤치고, 그 결과로 초래된 고통을 흡입력 있게 폭로하며, 이따금 소름 끼칠 정도로 자세하게 탐구한 놀라운 위업이다.
―〈퍼블리셔스 위클리〉

이 책에 쏟아진 찬사 006
감수의 글 014
도입 018

1부 제국주의 국가

1장 자유제국주의 063
2장 크고 작은 전쟁 123
3장 합법화된 불법 197
4장 "나는 그저 친영파일 뿐이다." 247
5장 팔레스타인에 집중된 제국주의 291

2부 전쟁의 소용돌이에 빠진 제국

6장 제국전쟁 369
7장 이념전쟁 425
8장 동반자 관계 465
9장 제국의 부활 513

3부 운명과의 약속

10장 유리의 집 571
11장 팔레스타인을 떠나 말라야로 623
12장 집과 가까운 작은 곳 691
13장 체계화된 폭력 745
14장 유산 작전 837

에필로그 918
감사의 말 976
주석 986
참고문헌 1079
찾아보기 1131

감수의 글
영제국 신화에 관한 불편한 진실을 마주하기

영제국은 역사상 존재했던 가장 큰 제국이었다. 1920년대 전성기에 달했을 때 세계 육지의 4분의 1 정도가 식민지, 보호령, 경제적 식민지였고, 비슷한 비율의 사람들이 제국의 울타리 안에 살았다. 곳곳에 철도를 깔고 증기선으로 주요 지점을 연결해 군대, 공무원, 선교사, 물품이 오가는 네트워크 제국을 건설한 영국은 '해가 지지 않는 나라'로 불리며 스스로를 자유무역, 기독교, 국제평화의 수호자로 제시했다.

오늘날 '문명화 사명', '백인의 짐' 같은 100여 년 전의 제국 프로파간다를 그대로 사용하는 사람들은 거의 없겠지만, 국가 정책과 국민의 의식, 대중문화 속에서 영제국이 거둔 성과와 남겨놓은 유산은 여전히 긍정적으로 사용되고 있다. 영국 노동당은 토니 블레어Tony Blair 수상 시절 '신자유제국주의'를 표방했었고, 보수당은 브렉시트 투표를 앞두고 '제국 2.0'이라는 슬로건을 내걸기도 했다. 영제국에 대한 이러한 향수는 영국을 넘어 다른 나라 국민에게도 마음을 웅장하게 하는 무언가로 남아 있는 듯하다. 21세기 한국에서 살아가는 사람들도 아무렇지도 않게, 또 별다른 이유 없이 '대영제국'이나 '대영박물관' 같은 말을 사용하고 있는 것처럼 말이다.

《폭력의 유산》은 영제국에 대한 막연한 환상을 거두어내는 작업이다. 사실 이는 진실을 덮고 있는 거품을 거두어내는 것에서 더 나아가, '해가 지지 않았던 나라'의 그늘에서 얼마나 많은 사람의 인권이 유린당하고, 생명이 학살당했는지 역사의 단면을 드러내는 시도이기도 하다. 이를 위해 저자는 그동안 알려지지 않았던 증거를 발굴하고 그것이 말해주는 사실을 나열한다. 이 책에서 드러나는 영제국의 이면은 그 무게에 어깨가 짓눌릴 정도로 충격적이다.

이 불편한 진실을 찾아내기 위해 하버드대학교 역사학 교수이자 퓰리처상 수상자인 캐럴라인 엘킨스는 옛 영제국 영토 곳곳(인도, 말레이시아, 이집트, 팔레스타인, 케냐, 남아공, 서인도제도 등)을 다니며 영국이 그곳을 떠날 때 미처 없애지 못했던 자료를 발굴하고, 그들이 진실을 조직적으로 은폐했다는 증거를 찾아냈다. 이를 위해 저자가 들인 시간과 노력은 가히 경탄밖에 나오지 않는다. 그리고 이 자료의 일부는 케냐에서 있었던 마우마우 학살의 희생자들이 2009년 영국 정부에 제기한 소송에서 원고의 주장을 뒷받침하는 자료로 활용되었고, 결국 영국 정부의 사과와 배상을 끌어내기도 했다. 《폭력의 유산》에 나오는 사실들의 무게감은 현장에서 찾은 생생한 스토리에서 나온다고 해도 과언이 아니다. 한 역사가가 거의 묻힐 뻔한 사실을 다시 찾아내 빛을 비추는 과정을, 책을 통해 따라가면서 많은 독자가 희열을 느낄 수 있을 것이다.

하지만 《폭력의 유산》은 아직도 숙제가 남아 있음을 일깨운다. 영국 정부는 여전히 자국의 치부가 담긴 기록들을 비밀로 분류해 공개하길 거부하고 있다. 진실이 온전히 드러나려면 여전히 또 다른 노력이 필요한 것이다. 그리고 조금씩 알려지지 않았던 사실이 드러나면서 영국 정부의 사과와 배상을 이끌기도 했지만, 영제국에 대한 일반 대중의 생각은 여전히 과거에 머물러 있는 듯하다. 최근의 여론조사들은 영국인의 다수가 영제국이 식민지에서 저지른 참상에 대해 제대로 배운 적이 없고, 제국을 막연히 긍정적으로 보고 있음을 알려준다. 이 책을 읽고 영제국을 악마화하거나 그 모든 성과와 유산을 부정하는 또 다른 극단으로 가지는 말아야겠지만, 이런 걱정이 필요할 정도로 대중이 제국의 이면과 관련된 사실을 충분히 인지하고 있을지 의문이다. 그래서 《폭력의 유산》을 통해 영제국 역사의 또 다른 단면을 보는 것은, 제국의 성격에 대한 종합적인 해석에 도달하는 길의 시작점에 서는 것이라 할 수 있다.

《폭력의 유산》은 21세기 한국을 살아가는 독자에게도 시사성이 크다. 주지하듯이 아시아에서도 제국의 유산을 그 이면의 폭력, 학살, 파괴와 종합적으로 해석하는 문제는 여전히 뜨거운 논쟁거리다. 또한 식민지 시대가 남긴 상흔에서 아직도 자유롭지 못한 한국 사회에 그 상처의 치유를 지향하는 건설적인 논의가 필요한 것도 사실이다. 불편한 진실을 밝히고, 이를 바탕으로 합당한 정의가 행해지고, 여러 이해 당사자가 공감하는 역사적 공통 분모를 찾는 과정은 어렵지만 불가능하지 않다는 점을 이 책은 여러 실례를 통해 보여준다.

또한 《폭력의 유산》은 영제국과 제국주의의 역사에 관심 있는 연구자와 일반 독자들의 학문적 요구에 합당한 답을 제시한다. 영제국과 그것을 모방한 제국들이 성립, 발전, 해체되는 과정은 실로 복잡하다. 그래서 긴 호흡으로 이 과정을 다루면서도 백과사전식 나열에 빠지지 않는 연구서가 필요한 때에 이 책이 출판된 것은 연구자로서 참 반가운 일이다. 저자가 이 과정을 오랜 시간 프레임 속에서 '폭력'이라는 키워드를 가지고 거대한 서사로 풀이한 것은 그 자체로 도전적인 시도일 뿐 아니라, 영제국의 성격에 관한 치열한 논쟁을 자극한 점에서 분명 학문적 의의가 크다.

마지막으로 《폭력의 유산》은 현재적 효용성을 갖추었다. 영제국이 자국의 역사에 문명, 종교, 인권 등의 아우라를 입히고, 이를 위해 역사 기록의 많은 부분을 고의적으로 파괴, 왜곡, 편집하는 과정은 이후 여러 제국이 모방했다. 특히 저자가 강조하듯 폭력과 억압을 법제화하여 '합법화된 불법'이라고 불리는 방식으로 제국 주민에게 사용한 것은 글로벌 헤게모니를 지향하는 국가들이 오랫동안 답습했던 방식이기도 하다. 《폭력의 유산》은 영제국의 뒤를 이어 패권을 추구하는 국가들이 21세기에 '제국'을 운영하는 방식과 그것에 신화를 덧입히는 과정을 미리 엿볼 기회를 준다.

어느덧 진지하고 무거운 이야기에 관심이 덜해지고, 짧은 호흡의 글에 익숙해진 사회 분위기 속에서 절대 적지 않은 분량의 원고가 전문적인 편집을 거쳐 알찬 단행본으로 나온 것은 의미가 크다. 이 지면을 빌어 《폭력의 유산》을 찾아내고 출판을 결정한 출판사에 감사를 보낸다. 이 책으로 인해 우리 사회에서 상당 기간 지구 대부분의 지역에 영향을 주었던 '제국'이라는 주제에 대한 깊이 있고 유익한 대화가 시작되길 바라본다.

2025년 7월
경북대학교 사학과 교수 윤영휘

도입

> 인간적인 조건을 요구하는 동시에 부정하면, 폭발적인 모순이 생긴다.
>
> _장 폴 사르트르Jean Paul Sartre,
> 프란츠 파농Frantz Fanon의 《대지의 저주받은 사람들》(1961) 서문

　코로나19가 전 세계를 휩쓴 2020년 6월 7일, 런던의 거리도 텅 비어 있었다. 지나가는 사람도, 차량도 없었다. 하지만 오후가 되자 수천 명의 시위대가 거리로 모여들었다. 분노한 시위대의 목소리는 위대한 영제국을 기리는 여러 건축물 사이에 울려 퍼졌다. 검은색 옷과 마스크로 무장한 시위대는 "처칠은 인종차별주의자!"라고 외치며 윈스턴 처칠Winston Churchill 동상이 있는 웨스트민스터로 행진했다. 페인트 스프레이를 쥔 시위자는 동상 받침대에 새겨진 영국 전 총리의 이름을 지워버렸고, 처칠 동상에는 시위대의 무자비한 비난이 새겨졌다.[1]

　1941년 모교인 명문 사립 중등학교 해로스쿨Harrow School에 방문한 처칠은 학생 대표단에게 "절대로 굴복하지 말라, 절대로, 절대로."라고 말했

런던 의회 광장의 처칠 동상, 2020년 6월 7일

다.[2] 영제국의 절정기에 자유주의의 질서를 용맹하게 옹호하던 사람이 할 법한 말이었다. 만약 자신을 격하게 비난하는 시위대와 마주친다면, 처칠은 뭐라고 이야기할까?

안 그래도 전체 재소자 비율이나 경찰의 인권 침해 사례에서 흑인이 이상할 만큼 많은 상황이었다. 여기에 코로나19까지 흑인들에게 특히 심각한 영향을 미쳤다. 그러자 영국에서는 인종적인 정의로움을 요구하는 목소리가 높아졌다. 브리스틀은 노예무역과 노예노동으로 얻은 이익 위에 건설된 도시였지만, 대서양 건너편에서 몰려온 역기류에 힘입어 흑인 인권 운동 캠

도입

페인 '블랙 라이브스 매터Black Lives Matter(흑인의 생명도 중요하다)'가 벌어졌다.

시위대의 다음 표적은 아프리카인을 강제로 배에 태워 미대륙으로 수송한 왕립아프리카회사Royal African Company의 책임자, 에드워드 콜스턴Edward Colston의 동상이었다. 왕립아프리카회사의 노예선은 환경이 어찌나 열악했는지, 8500여 명의 아프리카인 중 4분의 1 정도가 미대륙 도착 전에 목숨을 잃었다고 한다. 한 세기가 넘는 긴 세월 동안 그가 브리스틀에 베푼 은혜를 상징하는 기념비적인 존재였던 콜스턴의 동상은, 한편으로는 수많은 사람의 희생과 인종차별주의 위에 세워진 제국의 자부심을 뽐내는 영국의 현재를 의미하기도 했다. 시위대는 콜스턴의 동상을 에이번강에 집어 던졌다.[3] 영국의 제국주의를 상징하던 역사적인 인물들이 추궁당하며 제국의 위력을 자랑하던 물리적 증거가 또 하나 역사 속으로 사라졌다. 오랫동안 영국을 분열시켜 온 제국주의 논쟁에 아무 답도 못 한 채, 콜스턴은 조용히 에이번강 아래로 가라앉았다.

선량한 제국주의

영국은 오랫동안 많은 사람에게 '선량한 제국주의'의 창시국으로 인정받았다. 노예무역 같은 과오가 있지만, 역사적으로 큰 문제는 아니라고 생각하는 사람도 많았다. 영국이 부정하게 부를 쌓았더라도, 속죄하고도 남을 만큼 엄청나게 베풀었다고 생각하는 것이다. 대표적인 인물로 세실 로즈Cecil Rhodes를 들 수 있다. 영국남아프리카회사British South African Company의 설립자인 로즈는 '케이프에서 카이로까지Cape to Cairo'라는 원대한 비전을 제시하며 식민지 경제를 가혹하게 착취했다. 옥스퍼드대학교 오리엘

세실 로즈, '위대한 로즈The Rhodes Collosus',
〈펀치 매거진Punch Magazine〉, 1892년

칼리지에 의하면, 로즈는 '목표 달성을 위해 전쟁을 추진한 정치거래꾼이자 사업가'였다.[4] 그는 자칭 '식민지 토착민 노예의 값싼 노동력을 활용해 막대한 부를 축적한, 위대한 인종주의적 애국자'이기도 했다.[5] 그렇지만 1902년 로즈가 세상을 떠나며 오리엘칼리지에 남긴 10만 파운드(약 170억 원)와 대부분 로즈재단Rhodes Trust에 기부한 재산 덕에 영국 식민지는 물론 미국, 독일 출신 학생들도 장학금을 받을 수 있었다. 로즈의 동상은 한 세기 넘게 오리엘칼리지 북쪽의 옥스퍼드대학교 학생들을 바라보았으며, 그중에는 광산 재벌 로즈에게 장학금을 받은 학생도 있었다. '로즈 동상을 무너뜨려야만 하는가?'라는 질문 뒤에는 과거사의 해석을 둘러싼, 커다란 갈등이 숨어 있는 셈이다.

영제국의 의미와 유산을 둘러싼 논쟁은 전혀 새롭지 않다. 하지만 팬데믹으로 인해 오래된 불평등이 재조명되자, 영국의 역사를 재평가하라는 요구가 거세졌다. 하지만 이러한 '제국의 역사를 둘러싼 전쟁'에는 강력한 반대 세력이 존재한다.[6] 옥스퍼드대학교 교수이자 신학자이기도 한 나이절 비거Nigel Biggar는 2017년 '윤리와 제국Ethics and Empire'이라는 프로젝트에 돌입했다.[7] 그는 "지배가 본질적으로 나쁜 것이라고 가정하지 말아야 한다."라고 충고하며, "때때로 제국의 통치는 서로 전쟁이나 벌였을 사람들에게 통합적이고 평화로운 준법 질서를 가져다주기도 했다."[8]라고 강조한다.[9] 미묘한 뉘앙스와 역사적인 이해력을 토대로 제국의 기독교 윤리를 발전시킬 생각인 비거는 지나친 비난 때문에 현실 세계가 위태로워질 가능성을 걱정하며 "우리의 제국사가 헐뜯기도록 내버려두지 않는 것이 중요하다."라고 강조한다. 제국사가 끝없이 계속된 잔혹 행위에 불과하다면 서구의 도덕적 권위가 훼손되기 때문이다.[10]

도덕성에 초점을 맞춘 비거와 달리, 하버드대학교 교수이자 수많은 책을 집필한 역사학자인 니얼 퍼거슨Niall Ferguson은 제국주의의 체제와 구조에 주목한다. 그는 자신의 저서 《제국》에서 '영국인의 고귀하고 의기양양한 성격'을 옹호하며 영국이 전 세계에 남긴 구체적인 유산을 강조한다. 영제국이 전 세계 약 4분의 1에 자유시장, 법치주의, 투자자 보호, 비교적 청렴한 정부를 도입하는 데 중추적인 역할을 했다는 것이다. 퍼거슨은 이렇게 말한다. "영제국이 없다면 캘커타*도, 봄베이**도, 마드라스도 존재하지 않는다. 실제와 다른 현대사를 상상하면 소름이 끼친다. 인도는 얼마든지 원하는 대로 도시 이름을 바꿀 수 있었지만, 인도의 거대한 도시들은 여전히 영국이 기반을 닦아 건설한 도시임에는 변함이 없다." 퍼거슨은 영국의 이상과 제도가 사회경제, 법률, 정치 등 다양한 분야에서 전례 없는 변화를 만들어냈고, 그 결과 많은 나라에서 근대화가 시작되었다고 결론 내린다. "영제국이 전 세계를 발전시켰다는 주장에는 그럴듯한 논거가 있다. 즉, 영제국의 지배는 옳은 일이었다."[11]

영제국에 대한 자부심

2014년 실시된 한 설문조사에 따르면, 영국인 약 60퍼센트가 "영제국을 자랑스러워할 만하다."라고 답했다. 비교적 최근 실시된 조사에서도 영국인의 25퍼센트 이상이 영제국을 되찾고 싶다고 답했다.[12] 이 같은 마음은 2016년 6월의 '브렉시트Brexit'에도 상당히 영향을 미쳤을 것이다(브렉시트란 '영국British'과 '탈퇴exit'라는 영단어를 합쳐 만든 말로, 영국의 유럽연합 탈퇴를 뜻한다). 보리스 존슨Boris Johnson 총리는 브렉시트 투표를 앞두고 "우리는 지난 500년 동안 유럽대륙 강국들이 결탁해 영국에 맞서지 않도록 노력해왔다."라고 말하며 영국인들을 일깨웠다.[13] 영국인의 정서에는 유럽대륙을 향한 양가감정이 섞여 있다. 예를 들어, 1952년 유럽연합의 기틀을 마련한 다른

---

*   원래 콜카타였으나 영국 식민지 시절 캘커타로 개칭되었다가, 1995년 다시 콜카타로 바뀌었다.
** 원래 뭄바이였으나 영국 식민지 시절 봄베이로 개칭되었다가, 1995년 다시 뭄바이로 바뀌었다.

국가들과 달리, 영국은 대부분의 식민지를 잃은 1973년에야 유럽연합에 가입했다. 다른 유럽대륙의 국가와 스스로 다르다고 생각했기 때문이다. 더불어 제2차 세계대전에서 전세가 연합군의 승리로 기운 것은 1939년 9월 방대한 해외 식민지를 거느린 영국이 참전한 이후였다. 제국의 기세를 등에 업은 전후 노동당 정부는 영국이 미국, 소련과 함께 3대 강국의 지위를 굳혔다고 주장했다. 전부 영국인들이 조국에 느끼는 자긍심을 짐작게 하는 일화들이다.

최근, 존슨 총리는 이렇게 선언했다. "지난 200년 동안 우리나라가 수많은 나라를 거느렸다는 사실을 잊을 수는 없다. 이 나라들이 유엔 회원국이다.[14] 과거 처칠의 말대로, 미래의 제국은 정신의 제국이 될 것이다. 나는 글로벌 영국이 소프트파워(인간의 마음과 정신) 분야의 초강대국이 될 것이며, 이미 그렇다고 확신한다. 우리가 이루어낸 것이 매우 자랑스럽다."[15] 존슨 총리는 차오르는 자긍심에 벅차올라 연설 도중 말까지 더듬었고, 영국인들은 이 모습에 환호했다. 존슨은 역사적 사실을 바탕으로 영국의 운명을 법제화하라고 촉구했고, 유권자들은 그에 반응한 것이다. 영국 보수당은 브렉시트 캠페인을 진행하며 '글로벌 영국Global Britain', 즉 영제국 2.0을 전면에 내세운 비전을 제시했다. 그리고 영국이 유럽연합 탈퇴를 결정하기 전날 밤, 영향력 있는 언론인이자 작가인 닐 애서슨Neal Ascherson은 이렇게 이야기했다. "브렉시트의 이면에는 제국이 예외라는 망령, 즉 영제국은 결코 다른 나라와 다를 바 없는 평범한 나라가 될 수 없다는 감정이 숨어 있다. 영국인은 여전히 셰익스피어가 '왕권을 가진 섬나라'이자 '자연이 만들어낸 요새'라고 묘사한 영국이 신의 섭리를 따랐을 뿐이라고 믿고 있다."[16]

괴물들로 가득한 제국사

솔직히 영제국의 역사는 혼란스럽기 그지없다. 일단 '역사 탐구'라는 열쇠로 과거로의 문을 연 다음, 뒤죽박죽 무질서한 역사의 요새를 헤매야 한다. 요새 곳곳에는 수백 년 전 영국이 인류 역사상 가장 거대한 제국을 구축하는 과정에서 탄생한 키메라들이 여전히 불을 뿜고 있다. 여기서 키메라는 영제국을 상징하는 인물들을 가리킨다. 이들은 상상 속 존재가 아니지만, 괴물이라는 점에서 키메라와 크게 다르지 않다. 강력한 자유제국주의liberal imperialism 이데올로기와 영제국의 구조 및 관행 속에 존재하는 새로운 양식은 19세기 괴물들에게 영감을 불어넣었다.

괴물들은 제국주의의 개혁 효과를 강조함으로써 자신들의 부정적인 영향력을 모호하게 만들었다. 이들은 어떻게 등장했으며, 또 어떻게 오랜 세월 살아남았을까? 이것이 바로 폭력, 기원, 제도, 관행 등 영제국이 19~20세기 수억 명의 사람들에게 미친 영향을 내가 파헤치게 된 근원적인 질문이다. 제국에서 벌어진 모든 폭력에 관한 이야기를 단 한 권의 책에 모두 담아내기란 불가능했으므로, 영국의 제국주의가 자유주의, 폭력, 법, 역사적 주장과 어떻게 깊이 얽혀 있는지 탐구했다. 국가의 주도 아래 자행된 영제국의 폭력이 현대의 많은 부분에 어떻게 영향을 미쳤는지 깊이 있게 들여다보았다. 나는 길고 까다로운 이 이야기를 풀어나가며 주장을 펼쳐나갈 생각이다(참고로, 이어질 이야기들을 이해하려면 포괄적인 배경지식을 쌓고 반복적으로 등장할 용어의 의미를 제대로 파악할 필요가 있다).

오래된 이야기들은 영제국이 세속적 또는 종교적 이유로 정해진 운명에 따라 영토를 넓혀갈 수밖에 없었던 것처럼 서술한다. 영국이 전 세계의 '야만적인' 사람들에게 질서를 가져다주었다는 것이다. 그런 맥락에서 영국이 현대사회에서 갖는 의미는 고대 그리스나 로마에 견줄 만하다. 이 같은 역사가 완전히 허구라고 볼 수는 없다. 17~18세기에는 돛을 여럿 단 선박이 북대서양에 위치한 험준한 섬을 떠났다. 사람들은 재산을 불리고, 무역의 기회를 찾고, 새로운 영토를 차지하기 위해 위험천만한 바다로 나아갔다. 그렇게 미대륙 식민지로 구성된 영국의 첫 번째 제국이 세워졌다.

첫 번째 식민지들의 봉기로 굴욕적인 손실을 맛본 영국은 동양에서 곧 두 번째 제국의 기틀을 다졌다. 이때부터 영국은 제국주의적 야심을 드러냈다. 19세기 영국의 중요한 특징은 전 세계적인 영토 확장과 제국주의, 즉 공식·비공식적인 수단을 통해 해외 영토에 대한 경제적·정치적 통치를 확대하는 것이었다. 영국은 자국 생산품 판매에서 한발 더 나아가 자본까지 투자할 시장을 찾았기에 기본적으로는 막강한 경제적 우위로 자유무역과 투자의 문호를 열었지만, 경제적인 주도권을 잡기 위해 수단과 방법을 가리지 않았다. 영토 합병, 공식적인 정치 지배력 행사, 관세, 독점, 무역수지 흑자를 통한 '파운드화 준비금 확대' 같은 보호주의 정책도 총동원했다. 사용 수단이 공식적이냐, 비공식적이냐 정도의 차이만 있을 뿐이었다. 영국은 세계 곳곳에 투자 자본, 공산품, 인력, 언어, 문화를 수출하면서 공장 가동에 필요한 원자재와 자국민에게 먹일 음식을 수입했다. 그밖에 영국의 자본가와 금융가, 불로소득자, 보험업자들에게 안겨줄 이익까지 함께 수입했다. 대출, 인프라 투자, 약탈적인 은행 서비스로 무장한 영국의 자유방임적 제국주의는 남아프리카 희망봉이나 인도 등 중남미 여러 나라에서 막강한 세력을 떨쳤다(1857년 이후, 영국은 공식적인 합병과 보호주의 정책을 발판 삼아 인도에서 정치 지배력을 강화했다. 그 뒤 더욱 억압적으로 세금을 쥐어짜고, 아편이나 소금 같은 물품을 정책적으로 독점했다).[17]

하지만 비공식적인 수단으로 제국을 유지하는 영국의 능력은 시간이 흐를수록 약해졌다. 식민지 경쟁이 치열해지자 영국은 황금해안,* 홍콩, 뉴질랜드, 구룡반도, 시에라리온, 바수톨란드,** 라고스, 나탈처럼 멀리 떨어진 곳까지 공식적으로 지배했다. 일부 영국 정치인은 주권을 빼앗는 과정에서 드는 돈 때문에 영토의 추가 합병을 망설이기도 했다. 영국의 상업적·전략적 이익을 지키려면 더 많이 합병할 수밖에 없어 보였지만 합병에는 많은 돈이 들었고, 주권을 빼앗고 유지하는 과정에서 폭력을 행사하는 데도 많은 돈이 들었다. 이러한 돈의 일부는 식민지에서 주도권을 잡고 유지하기 위해 필요한 폭력에서 비롯되었다. 영제국에서는 19세기에만 250건이 넘는 무력 충돌이 일어났다. 이 중에는 바베이도스, 데메라라(영국령 가이아나), 실론, 세인트빈센트그레나딘, 자메이카에서 일어난 반란도 포함되었다. 황금해안의 아샨티왕국, 수단의 마흐디국, 남아프리카의 호사족과 줄루족, 그리고 아프리카너,*** 중앙아시아의 아프가니스탄인, 남아시아의 버마인 등을 정복하고 지배하기 위해(영국의 표현대로라면 평화를 가져다주기 위해) 노력하는 과정에서도 무력 충돌은 계속 발생했다. 노벨문학상 수상자 조지프 러디어드 키플링Joseph Rudyard Kipling은 이 같은 충돌을 '평화를 위한 야만적인 전쟁'이라고 표현했다. 이 중에는 짧은 전쟁도 있었지만, 오랫동안 반복되는 전쟁도 있었다. 무력 충돌은 영국인의 목숨을 앗아가고, 국가의 노동력과 세금을 낭비했으며, 현지인을 절망의 구렁텅이로 밀어 넣었다.[18]

영국이 정복한 땅에는 주로 유색인종들이 살았다. 노예는 아니었지만, 자유롭지도 않았던 이들의 통치는 영국의 도전 과제였다. 자유주의 이상

---

*   현재 가나공화국의 일부다.
**   레소토의 옛 이름이다.
*** 17세기 남아프리카 희망봉 지역에 정착한 네덜란드 정착민들의 후손으로, 오랫동안 남아프리카의 정치와 경제를 지배한 백인들을 가리킨다.

도입

27

의 발전과 함께 나날이 민주적으로 변모하는 시기, 영국은 어떻게 식민지 신민에 대한 지배 정책을 고수하고, 정당화할 수 있었을까?[19] 이 질문에 답하려면 먼저 '민족국가'에 대해 몇 가지 짚고 넘어갈 필요가 있다. 민족국가의 기이한 특징이 여기에 영향을 미쳤기 때문이다.[20]

영제국의 탄생

민족국가는 정치적이고 지리적인 '국가'와, 관념과 정서로 구성된 문화적 구조인 '민족'이 결합한 특이한 형태다. 오늘날 국제질서의 기반이 되는 근대국가는 자국의 주권, 즉 국경 안에 있는 사람과 영토에 대해 배타적이고 완전한 지배력을 유지한다. 다른 국가들도 법적·외교적으로 이 같은 지배력을 인정한다. 여기에 더해 법률, 조세, 교육 등을 비롯한 복잡한 요식 체계가 생겨난 것이다. '민족'이란 같은 언어, 종교, 전통, 역사를 공유하는 사람들, 즉 정체성을 공유하는 사람들의 집단을 말하며, 정치학자 베네딕트 앤더슨Benedict Anderson은 '상상의 공동체'라고 표현했다.[21] 이상적인 민족국가는 '고유한 문화를 공유하는 민족'을 통치하는 독립국이며, 그 정부는 국가 권력을 실행하는 사람들의 집합체다.

여러 내전을 겪은 탓에 근대 민족국가 영국Britain 또는 그레이트 브리튼 및 북아일랜드 연합왕국United Kingdom of Great Britain and Northern Ireland, UK의 탄생에는 재앙과 신앙, 전투, 대학살이 넘쳐난다고 흔히들 이야기한다. 그렇지만 명예혁명 이후 입헌군주제 시대가 열렸고, 국가를 하나로 묶는 여러 법령도 발효되었다. 영국은 19세기에도 무혈 전투를 치렀다. 애덤 스미스Adam Smith, 토머스 칼라일Thomas Carlyle, 존 스튜어트 밀John Stuart Mill,

제임스 스티븐James Stephen 등 비범한 정치사상가들은 자유주의의 정치·경제·법률적인 의미를 논했다. 이들의 보편적인 철학에는 참정권 확대, 재산권 보호, 자유무역, 법 앞에서의 평등을 통해 포용적인 민족국가를 만들어나가겠다는 약속이 담겨 있었다. 이들은 주권과 관료 체제, 법치주의, 평화로운 자유무역, 자본 교환으로 과거의 전제주의를 무너뜨리려 했다. 인류의 발전과 필연적인 개선을 약속하는 대담한 비전 앞에서 군주는 더 이상 절대 권력을 지니지 못했다. 권력에 저항하지 못하도록 사람의 머리를 잘라 말뚝에 걸어두는 식의 독단적인 정의 역시 용납되지 않았다.

국가 형성과 주권에 관한 근대 이론의 창시자 토머스 홉스Thomas Hobbes는 1651년 《리바이어던》을 발표했다. 청교도 중심으로 의회파와 왕당파 사이에 내란이 벌어진 시기였기 때문인지 홉스는 야만성을 가진 채 '자연법'에 따라 살아가려는 인간의 성향을 지적한 뒤, 고도로 중앙집권화된 국가 권력이 이러한 무정부 상태를 대체해야 한다고 주장했다. "모두를 공포에 떨게 만드는 공통의 권력이 없는 시기, 사람들은 전쟁 상태에 놓인다. 이 전쟁은 바로 만인에 대한 만인의 투쟁이다." 그는 무정부 상태에 놓이면 시간에 대한 평가도, 예술도, 문자도, 사회도 사라진다고 했다. 무엇보다 나쁜 것은 공포가 계속되고, 폭력적인 죽음의 위험이 항상 도사리며, 인생이 고독하고, 가난하고, 끔찍하고, 야만적이고, 짧다는 것이었다.[22] 홉스는 자유롭고 합리적인 개인이 자신의 이익과 권리를 포기하고 절대적인 주권자에게 복종하는 방식의 '사회계약'이 시민사회의 근간이라고 주장했다. 합리적인 사람이라면 '자연 상태'보다 국가를 통한 폭력 중재를 원하리라 믿은 것이다.

반면, 존 로크John Locke는 어떠한 제약도 없는 완전한 권력에 반대했다. 로크는 《통치론》에서 '끔찍하고, 야만적이고, 짧은' 인간의 삶에 관한 덜 허무주의적인 개념을 제시했다.[23] 로크가 생각한 자연 상태는 '도덕성은 있지만, 통치는 없는 상태'였다. 가족을 대표하는 남성 가장家長들은 평화를 유지하기 위해 권력자에게 권한을 넘기기로 합의했다. 그러면서 '부부 중심의 가족사회'가 정치사회로 발전했다. 통치의 근간이 되는 법, 법에 따라 판결하는 판사, 법 집행력이 뒷받침하는 새로운 계약, 즉 사회계약을 만들어낸 것이다. '연합commonwealth'이라는 이름 아래 결속한 덕에 사람들은 자유와 목숨, 재산, 전반적인 행복을 지킬 수 있었다. 법은 개인 혹은 자연인의 권리로 여겨지던 폭력을 국가의 권한으로 바꾸고 길들였다. '사회계약'은 자유주의 사회와 더불어 19세기에 등장한 포괄적인 '민족국가'라는 개념의 토대가 되었다. 인종과 제국에 관해 직접적으로 언급하지 않은 홉스와 달리, 로크는 재산권에 관한 중요한 내용을 짚었다. 영제국이 초창기 정복한 식민지들에 대한 통치 권한이 영국에 있다고 주장한 것이다.[24]

19세기 접어들어 이상한 종교와 계급구조, 감상적이고 의존적인 관계에 사로잡힌 식민지의 '무지몽매한' 사람들과 충돌이 시작되자 자유주의의 보편적인 주장은 약해졌다.[25] 영국인은 영제국의 중심인 영국이 식민지와 완전히 다르다고 생각했다. 가장 특징적인 차이는 피부색이었다. 문명이라는 스펙트럼의 한쪽 끝에는 백인이, 반대편에는 흑인이 있었다. 나머지 피부색은 그 사이 어디쯤 위치했다. 피부 색소는 문화적 차이를 나타내는 낙인이자 합리와 비합리, 문명과 야만을 구분하는 기준이었다.[26] 캐나다, 뉴질랜드, 호주 같은 백인 정착민 식민지 역시 현지 원주민들에게 같은 태도를 보였다. 영국 제국사의 창시자로 여겨지는 19세기 역사학자 존 실리John Seeley는 대양을 가로질러 여러 대륙에 위치한 정착민 식민지로 구성된 국가조직을 '대영국Greater Britain'이라고 불렀다. 나날이 경쟁이 치열해지고, 독일과 미국의 입지가 커지는 상황에서도 대영국은 영국의 지정학적·경제적·문화적 우위를 지켰다.[27]

백인의 책무

지금부터 남아프리카에 살며 아프리칸스어를 사용하던 백인들이 세운 두 공화국과 아일랜드 등 식민 지배 구조 자체가 런던과 직접적으로 연결되어 있던 두 번째 제국을 집중적으로 조명할 것이다. 두 곳 다 '진짜 피부색'이 아니라 '사람들이 인식하는 피부색'이 현지인을 구분하는 표식이었다. 영국인은 아일랜드인과 아프리카너를 자신들과 다른 인종으로 분류했다. 문화 역시 황인이나 흑인의 것과 동일시했다. 외모와 생활상에 대한 모욕적인 묘사 또한 서슴지 않았다. 그들은 남아프리카의 코사족이나 말라야의 중국인처럼 아일랜드인과 아프리카너 역시 문명화가 필요한 '무지몽매한' 종족이라고 믿었다.

19세기 중반, 과학적 인종주의를 토대로 하는 진화론 모델이 등장하면서 자유제국주의는 한층 힘을 얻었다. 개발주의는 식민지 신민들이 온정주의의 도움을 받아 완전한 성숙 단계로 나아가야 한다는 개념을 고수했다. 식민지 신민을 어린아이에 비유하는 인종 계층의 개념이었다. 실제로 영국인들에게 식민지 신민은 다루기 쉬운 존재였다. 영국인들은 식민지 신민을 '야만인'이라고 칭하며, 자신들의 지배를 통해 그들이 법과 질서를 존중하는 합리적인 사람으로 거듭나리라고 믿었다. 다시 말해, 자신들의 지배가 국제질서 내에서 인간과 근대국가를 하나로 묶는 신성한 사회계약에 참여하도록 만드는 데 도움이 된다고 믿었다. 수행에 최소한 수십 년이 걸릴 테지만, 영국은 인류를 책임질 준비가 되어 있었다. 그래야만 하는 도덕적 의무가 있기 때문이었다. 바로 '백인의 책무 White Man's Burden'[28]였다.

그중에서도 '문명화 사명 civilizing mission'은 영국의 고귀한 계획이었다. 얼핏 개혁을 강조하는 것처럼 들리는 문명화 사명의 실상은 잔혹하기 짝이 없었다. 폭력은 영제국 탄생의 밑거름이자 영제국의 존재 내내 수단이며 곧 목적이었다. 폭력이 아니었다면 영국은 자신들이 식민지 주권을 지녔다고 주장할 수 없었을 것이다. 사회학자 막스 베버Max Weber는 자신의 저서 《소명으로서의 정치》에서 '정당한 폭력 수단에 대한 독점권, 즉 법을 집행하는 경찰과 전쟁을 일으키는 군대가 가진 독점권은 국가가 존재하기 위한 필요조건'이라고 설명했다.29 식민지뿐만 아니라 영국이 근대국가로 탈바꿈할 때도 그랬다. 국가가 탄생할 때는 항상 누군가 주권을 주장하고, 강압적인 힘을 사용하기 마련이다. 영국의 경우, 전제주의가 새로운 절차에 자리를 내주면서 법치가 무엇보다 중요해졌다. 19세기에 접어들면서부터는 법규와 소송 절차가 자의적으로 행사하는 정의와 공개적으로 가해지는 처벌을 대신했다. 이것들은 어떤 폭력이 허용되는지 정의하고, 정당성을 부여하는 중요한 수단이었다. 곧이어 포괄적인 정치에 참여하는 공무원과 조직으로 이루어진 관료 체제가 생겨났다.

다시 영제국 이야기로 돌아가보면 밀과 스티븐 같은 정치사상가들은 '올바른 통치good government'가 무지몽매한 사람을 개혁한다고 주장했다.30 영국의 정치사상가들은 법치가 팍스 브리타니카Pax Britannica*의 가장 강력한 묘약이라고 믿었다. 홉스를 마음 깊이 존경하던 스티븐은 자유주의적인 합법성과 식민국가의 독점적인 폭력 사용이 평화를 뒷받침하고 사회를 문명화하는, 일종의 제국주의적인 리바이어던**이 옳다고 믿었다. 스티븐은 이 점에 대해 분명하게 말했다. "일상생활에서 가장 중요한 부분을 법체

---

* 영제국의 영역이 최대에 이르고, 해운, 금융, 무역에서 우위를 차지했던 시기를 가리키며, 이 시기에 영국이 장악한 세계 패권을 의미하기도 한다.
** 《구약성서》에 나오는 바다 괴물로, 홉스는 '리바이어던'을 절대 권력을 가진 군주나 국가에 비유했다.

계로 규제하는 것 자체가 도덕적 정복에 해당한다. 도덕적 정복은 물리적 정복보다 강력하고, 오래가며, 훨씬 더 견고하다. 법체계를 확립하면 신흥 종교에 비견할 만큼 다양한 방식으로 사람들의 마음에 영향을 미칠 수 있다. 사실 법은 우리가 가르쳐야만 하는 모든 내용이 담긴 핵심이다. 말하자면, 법은 영국인이 신봉하는 복음이다. 그것도 어떤 반대나 거역을 허용하지 않는 필수 복음인 것이다."[31]

영국의 식민지 관료들은 '필수 복음', 그중에서도 특히 폭력의 합법화에 집착했다. 그렇지만 제국에서 올바른 통치란 자유주의의 헛된 꿈에 불과했다. 영제국은 법치로 차이를 성문화하고, 자유를 제한하고, 토지와 부동산을 수용하고, 영국 경제를 먹여 살리는 탄광과 농장에 안정적으로 노동력을 공급하는 체계를 만들었다. 국가의 정당성이란 언제나 논란의 여지가 있지만, 영국이 표면상 주권을 가져본 적이 없는 사람들을 대상으로 주권을 주장했기에, 영제국에서도 이에 관한 논쟁이 만연했다. 식민지 주민 개혁을 위한 개발주의적 접근은 갈등으로 가득했다. 이는 자유제국주의에 식민지 붕괴의 씨앗이 들어 있기 때문이었다. 영국은 언젠가 주권을 돌려줘야만 했다. 물론 이는 한때 미개하던 식민지 신민이 완전히 진화했다고 영국인이 판단할 때에 한해서였다. 그러나 그 '때'는 언제나 모호했다. 식민지 신민이 자기 몸에 대한 기본권과 자유를 요구하면 범죄자 취급을 했다. 공공기물 파손, 노동분쟁, 폭동 등을 정치적 위협으로 간주하고 경찰에 합법적인 진압 권한을 주었다.[32] 영국은 개발주의적인 전방위 감시 체계 속에서 벌어지는 식민지 신민의 범죄나 불법적인 폭력을 '문명화 사명을 끝없이 이어가야 할 또 다른 정당한 이유'로 포장했다.

합법화된 불법의 등장

20세기에 접어들자, 영국은 자유주의의 약속을 지키지 않는다는 이유로 제국 전역의 독립주의자들과 이들을 지지하는 세력에게 큰 비난을 받았다. 이러한 요구는 제2차 세계대전 이후 최고조에 달했는데, 대서양헌장이 약속한 자결권이 영국 식민지 주민들에게는 적용되지 않는다는 사실이 명확해졌기 때문이다. 전쟁 중 그들이 보여준 엄청난 헌신과 희생에도 불구하고, 수억 명의 식민지 주민은 여전히 자유를 누리지 못한 채 오히려 이전보다 더 강력하고 체계적인 식민 통치 아래 놓이게 되었다. 보편적인 이상을 향한 요구는 본격적인 반란으로 발전했다. 영국의 식민지 지배는 '정당성 위기'라는 난관에 봉착했다.[33] 영국은 영제국에 무정부 폭력 사태가 일어날지도 모른다는 두려움에 빠졌다. 영제국이 미개한 세상으로 바뀌어 버릴지도 모른다고 걱정한 것이다. 식민지 신민이 합리적으로 발전하려면 아직 수 세기 더 기다려야 했기 때문에, 도덕적 퇴보를 막으려면 징계가 필요했다.

질서 회복을 위해 고군분투하는 식민지 경찰을 도우려 '치안군security forces'이라고 불리는 군대가 동원되었다. 이들은 단순히 식민법을 집행하는 차원을 넘어서서 직접 법을 만들었다. 일반적인 법규와 규정은 제국 내 반란을 진압하고 영국이 느끼는 괴기한 두려움을 잠재우기에 충분하지 않았기 때문이다. 식민지 관료들은 계엄령이나 비상사태 혹은 계엄령의 형태로 법적예외주의legal exceptionalism를 따랐다.[34] 더불어 군부와 행정부에게는 특별한 권한이 주어졌다. 현장에 나간 사람은 의사결정권과 함께 막강한 재량권을 가졌다. 이들은 국가를 보호하기 위해 언제, 어떤 강도로 폭력을 행사해야 할지 판단했다. 커다란 재량권이 필요한 상황에서는 치안군의 불법 행위를 합법으로 만들기 위해 기존의 규정을 개정하고 새로운 규정을 만들어버렸다. 예외적인 국가 주도 폭력을 점차 합법화하고, 관료화하고, 정당화했다. 나는 이처럼 중복적인 법 제정 과정을 '합법화된 불법legalized lawlessness'이라고 부른다.[35]

합법화된 불법은 시간이 흐를수록 반복적으로 나타났다. 억압은 영국의 권위를 다시 세우는 수준을 넘어 훨씬 강력해졌다. 신체와 정신, 영혼, 문화, 주위 환경, 지역사회, 역사에 가해진 폭력은 문명화 사명이 주장하는 개발주의 신조와 밀접하게 관련되어 있었다.[36] 자유제국주의 이데올로기 역시 강압적인 제도와 관행에 영향을 미쳤다. 독립주의자와 자유를 위해 싸우는 투사들이 범죄자 취급을 당하거나 테러범으로 여겨졌다. 빅토리아 시대에 자녀를 훈육할 때 그랬듯, 고집쟁이 아이처럼 구는 제국의 원주민에게도 처벌이 필요했다. 식민지 관료와 치안군은 "매를 아끼는 것은 자식을 미워하는 것이다. 진정으로 자식을 사랑하는 부모는 성실하게 자식을 징계한다."라는 잠언 13장 24절의 내용을 왜곡해, 철없는 식민지 신민들이 개혁에 애쓰는 자신들의 고통을 알아주길 바랐다.[37] 더불어 개혁이라는 목적 때문에 일부러 폭력을 행사한다는 사실도 이해해주기를 원했다. 영국은 이를 폭력의 '도덕적 효과moral effect'라고 불렀다.[38]

식민지 자본주의colonial capitalism에 관해 글을 쓰는 작가들은 영제국에서 자행된 폭력이 식민지 주민 개혁을 위한 도덕성에서 비롯된 것이 아니라 경제적 착취의 결과라고 여긴다. 블라디미르 레닌Vladimir Lenin, 월터 로드니Walter Rodney 같은 작가들은 영제국의 역사와 영국 경제를 떼려야 뗄 수 없다고 생각했다.[39] 예를 들어, 산업혁명이 시작되자 원자재와 원자재 확보에 필요한 값싼 노동력에 대한 수요가 폭발적으로 증가했다. 새로운 세계 산업 질서의 등장은 식민지 농장과 탄광에 가혹한 노동 체계를 가져왔다. 정치학자 세드릭 로빈슨Cedric Robinson은 백인이 아닌 노동자에게서 끊임없이 경제적·사회적 가치를 착취하는 이 같은 방식을 '인종자본주의racial capitalism'라고 불렀다. 자본주의 사회의 발전, 조직, 확장은 근본적으로 인종 문제와 관련이 있었다. 사회적 이념 또한 마찬가지다. 사회 전반에 크게 영향을 미친 인종차별주의는 자본주의에서 비롯된 사회 구조에 스며들었다.[40]

경제적 착취가 영제국을 주제로 하는 모든 이야기의 주춧돌이긴 하지만, 이 책에서는 식민지 경제를 위해 노동자들에게 가해진 폭력 위주로 이야기를 풀어나가려고 한다. 대신 일반적인 식민지 법과 치안 유지 활동만으로 제국의 노동 불안을 통제할 수 없을 때 경제적 착취에 관한 내용을 중점적으로 언급할 생각이다. 영국이 제국의 정당성을 둘러싸고 위기를 겪는 동안 폭력, 법, 국가가 뒤엉켜버렸다. 이 같은 위기에는 경제적인 측면을 넘어선 여러 측면이 뒤섞이기도 했다. 자본주의의 끝없는 잔혹성에 주목하려는 것은 아니다. 폭력이 자유주의에 내재된 특징이었다고 생각하기 때문이다. 폭력은 자유주의가 전면에 내세운 개혁, 자유주의에 현대성이 있다는 주장, 자유라는 약속, 자유주의가 제안하는 법의 개념에 존재했다. 일반적으로 폭력적이라 여겨지는 것들의 정반대 지점에 존재한 것이다. 이 때문에 제국의 폭력을 잔인한 경제적 착취로만 바라보면 시간이 흐를수록 전역에서 강압, 개혁 같은 모순적인 특징이 발달한 이유를 제대로 이해하기 어렵다.

'자유주의와 폭력'이라는 해묵은 주제는 영국이 현재 겪고 있는 제국사 전쟁, 영국을 비롯한 서구의 여러 자유민주주의 국가에서 나타나는 인종 문제와도 깊이 연관된다. 이 책에서는 평범하고 단조로운 강압보다 '예외적이고 극적인' 폭력의 순간들, 즉 정당성의 위기가 초래된 폭력의 순간을 집중적으로 다룰 예정이다. 일반적인 법을 대체하는 새로운 법 제정, 계엄령을 토대로 하는 치안 유지 활동, 치안군 배치 등을 필요로 하는 물리적이고 인식론적인 체벌, 추방, 재판 없는 구금, 강제 이주, 살해, 성폭행, 고문, 각종 폭력에 수반되는 심리적 공포, 수치, 사망 등이 여기에 해당한다. 영국이 이러한 순간을 어떻게 이해하고, 정당화하고, 또다시 정당화했는지 설명하고자 하는 것이다.

지금부터 인도 세포이항쟁Indian Mutiny, 모란트만의 반란Morant Bay Rebellion, 제2차 보어전쟁South African War, 아일랜드 독립전쟁Irish War of Independence, 팔레스타인 아랍봉기Arab Revolt, 카리브해 지역에서 일어난 일련의 파업, 시온주의 봉기Zionist Uprising, 말라야와 케냐, 키프로스에서 선포된 비상사태 등을 살펴볼 것이다. 모두 제국 전역에서 법과 관행, 인력이 전파되고 이동하는 과정 중 일어난 사건들이다. 이 과정에서 영국의 식민지 탄압 체제, 인종에 따른 차별적 위계질서, 합법화된 불법 시스템, 이에 동반된 정당화 주장 등이 선명해졌다. 결국 영국의 통치를 특징짓는 일상적인 강압은 극단으로 치달았으며, 영국인들은 '자유제국주의의 개혁과 진보'라는 서사 안에서 이를 부정하거나 외면하거나 어떻게든 수용해야만 했다.

엘리자베스 왕세녀의 다짐

1947년, 스물한 번째 생일을 맞은 엘리자베스 영국 왕세녀는 라디오에서 이렇게 선언했다. "길든 짧든 내 평생을 우리 모두가 속한 위대한 제국의 구성원을 섬기는 데 바칠 것임을 여러분 앞에 선언한다.[41] 흔들리지 않는 믿음과 대담한 용기, 침착한 마음으로 함께 나아가면 우리가 사랑하는 이 오래된 연방을 조상들이 이룩한 가장 위대한 시절보다 더 위대한 곳, 즉 더 자유롭고, 더 번영하고, 더 행복하고, 세상에 선한 영향력을 미치는 위대한 곳으로 만들 수 있을 것이다."⁴² 미래에 엘리자베스 2세 영국 여왕 Queen Elizabeth II으로서 영국과 영연방 British Commonwealth of Nations은 물론 영제국의 화신이 될 엘리자베스 왕세녀는 진부한 이미지를 발판 삼아 새로운 이미지를 만들어냄으로써 자기 운명을 기념했다.

제국은 영국이라는 커다란 옷감 속에 든 몇 가닥의 실이 아니었다. 빅토리아 여왕 Queen Victoria이 인도 황제로 즉위한 1877년부터 현대 영국을 탄생시킨 직물이었고, 군주제는 제국이라는 날실과 엮인 씨실이었다.⁴³ 버킹엄궁 철문 너머에는 세상을 매우 자기중심적으로 바라보는 제국주의적 민족주의 imperial nationalism가 존재했다. 영국인은 대개 제국을 경건한 존재로 받아들였고, 제국 덕에 자신들의 민족국가가 남다른 강국의 위치에 올랐다고 믿었다. 생일을 맞이해 BBC 마이크 앞에 선 엘리자베스 왕세녀는 이렇게 단언했다. "전쟁이 우리 연방의 모든 국가에 남긴 불안과 난관에 압도되어서는 안 된다. 우리는 이 모든 것이 7년 전, 세계의 자유를 수호하기 위해 홀로 서는 고귀한 영광을 기꺼이 택한 대가라는 사실을 잘 알고 있다."⁴⁴ 이 메시지에는 영국의 문화적인 특징이 반영되어 있지만, 영국인의 민족 정체성이 드러나지는 않는다. 이를테면 영국인들이 영제국과 광범위한 지구 공동체의 변화에 끊임없이 적응하는 방식 말이다. 사실 제국의 영웅, 상징, 의식 절차는 민족주의의 생명선과도 같다. 이것들이 오랫동안 유지된 비결은 격변하는 19~20세기에 영국이 자유제국주의의 의미와 정책, 관행을 복잡하게 발전시킨 덕분이다.

혹자는 '자유제국주의'라는 표현이 시대착오적이라거나, 후기 빅토리아 시대의 제국 논의에서나 사용될 법한 표현이라고 말할 수도 있다. 더불어

21세를 맞아
남아프리카공화국 케이프타운에서
생일 연설을 하는 엘리자베스 왕세녀,
1947년 4월 19일

명백한 도덕적 목적이 존재하던 자유제국주의가 인도 세포이항쟁과 자메이카 모란트만의 반란 등이 일어난 19세기 이후 약해지고 변형되었다고 이야기할 수도 있다.[45] 당시 자유제국주의를 비판하던 세력들은 현대화 요구를 받아들이지 않거나 혼란에 빠진 원주민 사회를 개선할 영국의 능력에 의문을 제기했다. 냉철한 사람들은 당당히 권위주의적인 통치를 요구했지만, 일각에서는 개혁을 포기하는 데 있어 보다 사회학적인 접근을 취했다.

신성한 신탁

식민지 관료들은 개발주의적인 정책 대신 현지에서 오랫동안 사용된 권한 체계와 전통사회 규제에 적용된 '관습법'을 통치에 활용했다. 아시아와 아프리카 식민지에서 불안정한 소요를 방지하기 위한 전략적인 선택이었다. 영국이 받아들인 새로운 지배 구조는 '간접통치indirect rule'였다.[46] 하지만 자유제국주의는 특정 시대에 국한된 것이 아니었고, 간접통치 또한 빅토리아 시대 후기 이후 영국이 제국에 접근하던 전형적인 방식은 아니었다. 영제국에서는 권한과 정당화라는 두 가지 시스템이 공존했다. 관습법과 관습법을 지지하는 현지 지도자들이 이 시스템의 한 축을 차지했다. 나머지 한 축은 국가와 식민 경제를 보호하는 병렬적인 법체계였다. 이것이 지금부터 집중적으로 살펴볼 부분이다.

식민 지배 기간, 영국은 폭력에 대한 독점권을 파샤*와 왕자, 추장들에게 넘겨주지 않았다. 대신 식민국가에 폭력을 끌어들이며 국가 폭력을 정당화했다. 관습 체계에 따라 원주민 지도자는 식민 계급 구조의 최하위로 분류되었다. 이들에게는 범죄를 심판할 권한뿐만 아니라, 일상적인 법 적용 중단 후 치안군 배치 시기를 결정할 권한도 없었다.[47]

19세기 사건들은 어떻게 자유제국주의의 탄생을 암시했을까? 논란의 여지가 많은 폭력 사태가 벌어질 때마다 되풀이되던 논쟁은 어떻게 적나라하게 드러났을까? 지금부터 이 책에서 살펴볼 내용이다. 하지만 그렇다고 해서 자유제국주의의 특징이 약해진 것은 아니었다. 자유제국주의의 수용력은 날이 갈수록 확대되어 제국을 위해 일하는 다양한 사람, 온갖 정

---

*   오스만제국의 최고위층 귀족.

치사상가, 영국 정치인을 전부 아울렀다. 이들은 제국주의 정책과 관행에 대해 끊임없이 논의하며 이를 문명화 사명이 주장하는 진보적이고 강압적인 가정과 연결했다. 자유제국주의가 오랫동안 유지될 수 있었던 것은 자유제국주의식 어법과 제도에 개혁과 억압이 내재된 덕이었다. 자유제국주의가 전면에 내세운 인종에 따른 차이보다 끊임없이 보편성을 강조하는 방식이 세계 제국 질서 전반에 퍼져나갔다. 영국이 자유제국주의적 이상을 전파하는 역할을 했을지도 모르지만, 영국 역시 유색인종을 지배하기 위해 치열한 경쟁을 벌이던 세계 체제의 일부였다.

1921년에 열린 제국회의Imperial Conference*에서 처칠은 이렇게 선언했다. "영제국이 이 문제에 대해 설정할 수 있는 이상은 단 하나뿐이라고 생각한다. 바로 능력 있는 인재가 자신에게 꼭 맞는 위치에 도달하지 못하도록 막는 인종, 피부색, 신념의 장벽이 없어야 한다는 것이다. 하지만 현지인이 강렬한 감정에 휘말릴 수 있는 만큼, 이러한 원칙은 매우 조심스럽게 점진적으로 적용해야 한다."[48] 런던에 모인 자신감 넘치는 표정의 백인 대표들은 나무로 만들어진 묵직한 문 뒤에 앉아 처칠의 말을 경청했다. 당시 회의장에는 터번을 두른 구릿빛 피부의 대표가 둘 있었는데, 하나는 인도 쿠치왕국의 왕이자 당시 영국 여왕 겸 인도 황제인 빅토리아 여왕의 부관 캉가르지 3세Sir Khengarji III였고, 또 다른 한 사람은 인도 정치인 스리니바사 사스트리Srinivasa Sastri였다. 두 사람 모두 폭력으로 고통받는 제국에서 원주민의 잠재력을 보여주는 훌륭한 본보기였다. 뜨거운 여름날 개최된 제국회의에서 제국을 둘러싼 열띤 토론은 '신탁통치trusteeship', 즉 온정주의적인 지

---

* 1944년 영연방 총리회의가 정례화되기 전, 1887~1937년 사이에 영제국의 자치령 및 자치 식민지 정부 지도자들이 정기적으로 모이는 회의.

도입 41

배자와 신민 간의 신성한 신탁으로 이어졌다.[49]

'신탁통치'라는 주제는 이후에 열린 다른 제국회의를 혼란스럽게 만들었다. 18세기 영국에서 맨 처음 등장했을 때보다 범위가 확대되었기 때문이다. 1884~1885년, 아프리카 대륙의 분할통치를 논의하기 위해 유럽 각국 대표단이 베를린에 모였을 때도 신탁통치는 정책에 영향을 미쳤다. 유럽 대표단은 교역과 문명화에 가장 유익하도록 상황을 조절하고, 원주민 부족을 보존할 수 있도록 유의하며, 원주민 부족이 도덕적·물질적으로 행복한 삶을 살 수 있도록 돕기 위해 노력하기로 합의했다.[50] 제1차 세계대전 이후, 독일과 오스만제국을 해체한 국제연맹League of Nations 회원국들은 베르사유조약Treaty of Versailles을 통해 제1차 세계대전으로 얻은 영토를 '위임통치령mandate'이라고 불렀는데, 이는 '근대 세계의 가혹한 상황 속에서 아직 자립할 능력이 되지 않는 민족이 거주하는 지역'을 가리켰다. '이 같은 민족의 행복과 발전이 문명화라는 신성한 신탁을 구성한다는 원칙'도 제시했다.[51]

제2차 세계대전이 끝난 후에도 '아직 자립할 능력이 되지 않는 민족'을 강조한 베르사유조약의 정신은 그대로 남았지만, 위임통치 방식은 사라졌다. 미국과의 동맹을 원하던 영국은 제국주의에 반대하는 미국의 요구에 부응하기 위해 케케묵은 신념을 버리고 새로운 개혁 방식을 택했다. 신탁통치는 '동반자 관계partnership'로 변신했다. 영국은 현지인들의 적극적인 정치 참여를 허용했다. 이에 영국 정부는 식민지인의 실질적인 삶의 개선을 위해 '식민지 개발 및 복지법Colonial Development and Welfare Act'을 발표했다. 5500만 파운드(약 4조 2700억 원)의 보조금과 대출금 지원이 이 법의 골자였다. 그렇지만 전쟁이 끝난 지 한참 뒤에도 제국의 식민지들에 보편적 권리와 자치권이 부여될 기미는 없었다.

문명화 사명의 폭력성

1945년 겨울, 처칠은 몹시 추운 크림반도 기슭에서 프랭클린 루스벨트Franklin Roosevelt, 이오시프 스탈린Iosif Stalin과 회동했고, 몇 달 후 샌프란시스코에 모인 연합국 50개국 대표단은 유엔헌장UN Charter에 서명했다. 비서구권 국가들의 격렬한 항의에도 불구하고, 유엔헌장은 새로운 세계질서 속에 제국주의가 설 자리가 있다고 단언했다. 유엔헌장은 유럽의 식민지를 '비자치 지역'이라 지칭하며, 그 지역 주민들과 그들이 처한 '발전의 다양한 단계'에 따른 '점진적인 발전'을 명시했다. 또한 식민 지배 중인 강대국들은 '공정한 대우'와 '학대로부터의 보호'를 보장하며, 국제 평화와 안전의 체제 안에서 해당 지역 주민의 이익이 가장 중요하다는 점을 인정하는 '신성한 신탁'을 이어나가겠다고 맹세했다.[52] 그렇지만 종이에 적힌 말은 공허할 뿐이다. 그 말이 전후 집권한 영국 노동당이 채택한, 제국 부활 전략과 충돌할 때는 특히 그랬다. 보편적 권리와 인종 간 차별 사이에서 늘 존재하던 갈등이 결국 폭발했다. 제국은 무너지기 시작했으나, 영국은 가혹한 폭력 체제가 도입된 말라야와 케냐의 수용소들이 구원을 위한 곳이라고 주장했다. 영국의 주장에 따르면, 수용시설 철조망 너머에서 이루어지는 국민 윤리 수업과 가내 수공업 훈련은 식민지 신민의 해방에 도움이 될 터였다. 테러범과 테러 지지 세력도 얼마든지 개혁될 수 있었다. 비상사태는 신민의 '마음'을 붙들기 위한 활동이었다. 영국은 새로운 활동을 '갱생'이라 불렀다. 하지만 제국의 어휘 목록에는 이를 가리키는 또 다른 표현이 있었다. 케냐에서 가장 악명 높은 수용소 중 한 곳의 입구에 걸린 문장이었다. "여기 들어오는 모든 자, 희망을 버려라."[53]

1950년대 말, 영국은 케냐에서의 잔혹 행위를 국내외 비판자들에게 공개적으로 설명해야 했다. 케냐 사태가 처음은 아니었다. 남아프리카, 인도, 아일랜드, 팔레스타인, 말라야, 키프로스 등 다른 곳에서도 비슷한 사건들이 있었다. 새로운 사건이 벌어질 때마다 논쟁에 불이 붙었다. 영국은 매번 폭력의 필요성과 제국의 문명화 사명을 어떻게든 이어 붙였지만, 사태가 반복되자 자유주의가 얼마나 신뢰할 수 없는 것인지가 만천하에 드러났다. 경제적인 손해에 대한 의문도 제기되었다. 영국의 전후 재건 전략은 과연 현명한 것이었을까? 민족주의가 재정 논리의 걸림돌은 아니었을까? 전쟁이 여러 번 벌어진 데다 오랫동안 계속된 탓에 영국의 납세자들은 세금을 수백만 파운드씩 내야 했다. 기회비용도 있었다. 영국에 머물렀다면 군인들도 경제적으로 생산적인 일을 했을 가능성이 컸다. 19세기처럼 비공식적으로 제국 체제를 유지하는 편이 영국 경제에 더 좋지 않았을까? 캐나다, 호주 같은 백인 자치령과 독립할 준비가 된 식민지는 영연방으로 새롭게 태어나 여왕에게 충성을 맹세하는 정치적·문화적 공동체를 구성했다. 영연방은 제국의 해체를 세계사에서 가장 위대한 제국의 재탄생으로 포장해 마무리지었다.

프랑스 인류학자이자 국제적십자위원회International Committee of the Red Cross 대표였던 앙리 주노드Henri Junod는 1957년 케냐의 수용소를 둘러보던 중 영국의 식민지 관료에게 이렇게 이야기했다. "걱정할 필요는 없다. 알제리를 통치하는 프랑스인에 비하면 당신들은 자비로운 천사다."54 영국보다 프랑스가 더 잔인하고 가혹하다고 평가한 사람이 주노드만은 아니었다. 이보다 몇 년 앞서, 정치이론가 한나 아렌트Hannah Arendt는 홉스를 비롯한 여러 사상가의 철학을 토대로 삼은 《전체주의의 기원》이라는 책을 출간했다. 아렌트는 《리바이어던》을 쓴 홉스가 '현대의 인종이론'을 전혀 언급하지 않았다고 지적한다. "홉스는 적어도 인종과 관련된 모든 이론의 전제 조건을 제공했다. 그것은 국제법을 규제하는 유일한 사상인 인간성 개념을 배제해야 한다는 것이다."[55] 아렌트는 제국에서 영국인이 '백인'으로 변해가는 동안 프랑스인이 흑인 부대의 지휘관 역할을 맡았다고 믿었지만, 영국 예외주의에 대해서도 비판했다.[56] "프랑스는 모국을 위해 해외 점령국을 야만적으로 착취했다. 이처럼 맹목적이며 절망적인 민족주의와 비교하면, 영국의 제국주의자는 민족자결의 수호자처럼 보인다."[57] 여기에는 최근 벌어진 제국사 전쟁에 가담한 일부 역사학자도 동의한다. "프랑스는 항상 영국보다 피투성이인 전쟁을 벌였다.[58] 프랑스의 탈식민전쟁은 영국의 탈식민전쟁보다 규모가 훨씬 컸다. 치안군의 학대 사례 역시 더 많았고, 어쩌면 체계적이었는지도 모른다."[59] 영국과 비슷한 소란에 직면한 또 다른 제국 국가들도 영국보다 훨씬 가혹했다(그렇다고 영국의 학대가 용서된다는 뜻은 아니다).[60]

그렇지만 어떤 제국이 다른 제국에 비해 더 혹은 덜 잔혹했는지 파악하려 애쓰는 일은 부당할 수도 있다. 역사학자들은 자기주장을 뒷받침하기 위해 사망자 수, 동원된 군인 수, 공식 기록 같은 객관적인 데이터를 제시하지만, 사실 모든 증거는 주관적이다. 앞에서 언급한 주노드의 보고서가 훌륭한 예다. 주노드는 케냐 식민지 총독에게 구금된 자들이 '폭력적인 충격'을 필요로 한다며, 이것이 묵인과 개혁의 대가로 치러야 하는 '값'이라 이야기했다. 이처럼 '폭력적인 충격'은 '희석 기법dilution technique'이라 불렸지만, 주노드는 공식 기록보관소에 저장된 자신의 최종 보고서에서 이를 언급하지 않았다.[61] 숫자 역시 진실하지 않다. 각국 정부는 정치적 필요에 따라 숫자를 줄이거나 늘리는 등 일상적으로 조작했다. 정복에 동의하지 않는 사람들을 통치하려면 강압적일 수밖에 없다. 당연히 모든 제국은 폭력적이다.

제국의 정당화

폭력이 체계화·법제화되고 받아들여지는 방식은 다양했다. 이를테면 벨기에 국왕 레오폴드 2세Leopold II의 잔혹한 콩고 통치는 개혁에 아무런 도움이 되지 않았다. 레오폴드 2세는 1885년 아프리카 내륙의 광활한 땅을 차지한 뒤, 20년 동안 끔찍한 방법으로 민간 기업들에 아프리카인을 강제 동원해 고무를 채취하도록 했다.[62] 서남아프리카*에서는 독일 군부가 헤레로족과 나마족을 집단학살했다. 오토 폰 비스마르크Otto von Bismarck가 제정한 헌법에 따라 군대가 외부의 감시와 비판으로부터 자유로워진 덕에, '역기능적 폭력의 극단'이 나타난 셈이다.

군국주의 세력이 눈덩이처럼 불어나 파시즘의 발전에 영향[63]을 미친 독일에서는 결국 아돌프 히틀러Adolf Hitler가 등장했다. 아렌트는 이 같은 현상을 '부메랑 효과boomerang effect'라고 부르며 인종에 대한 유럽의 생각과 제국에서 벌어진 '광란의 살상' 및 '끔찍한 대량 학살'을 파헤쳤다. 그리고 그 안에서 유럽 전체주의의 기원을 찾아냈다. "유럽 사람들이 아프리카에서 하얀 피부가 얼마나 '사랑스러운 미덕'인지 발견할 때, 행정관이 된 영국인 정복자가 인도에서 자신의 천부적인 통치력과 지배력을 확신할 때, 악을 처단하는 영웅으로 스스로를 인식했던 이들이 어느 순간 인종적 우월성을 내세우는 '고귀한 백인'이 되거나 관료와 간첩으로 변신할 때, 발생 가능한 모든 끔찍한 사건이 벌어질 수 있는 무대가 마련된 것처럼 보였다. 이러한 요소들이 한데 모여 인종차별주의를 토대로 하는 전체주의 정부가 탄생했지만, 아무도 이 사실을 눈치채지 못했다."[64]

---

* 나미비아의 옛 이름이다.

누군가는 영제국과 전체주의 정권 사이에서 닮은 점을 찾아내기도 하지만, 둘이 같다고 볼 수는 없다.[65] 사실 영제국의 닮은꼴은 프랑스제국이다. 둘 다 자유주의적인 이상 및 인종 간 차이와 씨름했으며, 두 나라가 주장하던 개혁에는 제국의 종말이 포함되었다. 물론 지배 구조와 식민문화는 달랐다. 프랑스 국무총리 레몽 푸앵카레Raymond Poincaré가 1923년 남긴 '프랑스는 4천만의 나라가 아니라 1억의 나라'라는 유명한 말을 곱씹어보자.[66] 프랑스 의회에는 식민지에서 온 검은 피부의 대표들이 참여했다. 또한 알제리가 프랑스 영토로 편입되면서 프랑스제국은 프랑스의 정치 구조에 통합되었다. 하지만 프랑스혁명의 3대 이념 중 하나인 박애와 보편적인 프랑스 문명을 뒷받침하는 여러 개념은 인종, 식민 지배, 제국의 경제적·군사적 인적 자원을 향한 프랑스의 요구 등과 전혀 어울리지 않았다.[67] 반면, 아일랜드의 일시적인 의회 활동을 제외하면 영제국의 신민들은 런던 의회 활동에 전혀 참여할 수 없었다. 아무리 합리적으로 개혁되더라도 식민지 신민은 절대로 영국인이 될 수 없었다.

두 제국 모두 폭력이 고질적인 문제였지만, '우리는 다른 제국과 다르다'는 제국주의적인 우월감을 떠올리게 만드는 쪽은 영제국이다. 아렌트의 설명에 따르면, "영제국의 전설은 영국 제국주의의 실상과는 별다른 관련이 없다. 영제국보다 전설과 정당화를 더 많이 떠올리게 만드는 정치 구조는 없을 듯하다."[68] 영제국은 나날이 폭력성이 강해지는 독특한 방식을 받아들이는 동시에, 극단적인 강압을 '현대성을 받아들이는 점진적인 승리 과정에서 나타난 안타까운 예외'로 정당화했다. 그러면서 자유주의의 미덕을 극찬했다.

영국만 문명화 사명과 법치의 미덕을 부르짖은 것은 아니다. 프랑스도 비슷한 주장을 펼쳤다. 하지만 영국은 역사상 가장 거대한 제국을 자랑했던 국가였고, 영제국의 영웅들과 정당화 논리는 더 많은 사람을 잘못된 길로 이끌었다. 영제국이 남긴 유산은 폭력의 용광로에서 탄생한 국가들, 즉 전 세계 영토 4분의 1에 상당한 영향을 미쳤다. 제국은 식민국가 신민들에게 정당한 주권이 있음을 좀처럼 인정하지 않고 사회계약을 강요했다. 식민지 신민들이 만들어낸 독립국과 민족주의에는 자유주의의 모순이 대거 포함된다. 프랑스령 서인도제도 출신 정치사상가 프란츠 파농Frantz Fanon은 저서 《대지의 저주받은 사람들》에서 식민 지배를 강하게 비판하며, "과거에 식민 지배를 당한 사람들은 자유주의적인 민족국가와 그 국가가 가진 역설에서 벗어나기 전까지는 결코 자유로워질 수 없다."라고 주장했다.[69]

현대 영국과 서구의 다른 민주주의 국가에도 이 같은 질문이 스며들어 있다. 오늘날, (제국에 대한 심판을 요구하는 일부와 달리) 대다수 영국인은 존슨 총리의 '제국 2.0'을 지지한다. 영국의 제국주의적 민족주의는 지금껏 살아남아 영국이 역사적인 근거를 토대로 온 세상을 차지할 권리가 있는 대국이라는 믿음을 뒷받침한다. 영국을 제외한 그 어떤 현대 민족국가에서도 제국주의적 민족주의가 사회, 정치, 경제에 이토록 노골적으로 영향을 미치지는 않는다. 제국주의적 민족주의가 어떻게 이렇게 오래 살아남을 수 있었는지에 대한 설명이 필요하다.

폭력적인 제국의 역사

나는 전작《제국의 심판Imperial Reckoning》에서 마우마우 사태Mau Mau Emergency(1952~1960년)* 당시 케냐 수용소에서 발생한 체계적인 폭력을 다루며 영제국의 폭력에 대해 지금껏 대답되지 않았던 질문을 던졌다. 수없이 많은 기록이 사라진 탓에 자료 조사가 몹시 힘들었다. 몇 년에 걸쳐 민간 자료와 신문사 기록보관소에 보관된 자료 등 남아 있는 증거 자료를 샅샅이 살폈다. 그리고 전직 식민지 관료 및 수용소 생존자들과 수백 번 인터뷰를 했다. 그러면서 수많은 영국 관료와 치안군에게 케냐가 첫 번째 식민지 전쟁이 아니었으며, 상당수의 관계자가 또다시 식민지 전쟁을 치렀다는 사실을 깨달았다. 정착민 사회와 그 속에 뿌리내린 맹렬한 인종차별주의 때문에 케냐가 다른 식민지와 특별히 다르다고 지적하는 사람도 있지만, 나는 케냐가 예외적인 식민지가 아닐 수도 있겠다고 생각했다. 그렇게 팔레스타인에서 시작되어 말라야, 케냐, 키프로스, 아덴으로 옮겨간 폭력적인 제국의 역사를 조사하기 시작했다.

《제국의 심판》출간 이후의 상황도 새로운 도전 과제를 제시했다. 2009년, 케냐의 수용소에서 살아남은 5인의 생존자가 1950년대 겪은 폭력과 고문을 이유로 런던 왕립재판소Royal Courts of Justice에서 영국 정부를 상대로 소송을 제기한 것이다.[70] 내 연구가 생존자들이 제기한 전례 없는 배상 요구의 증거가 되었다. 4년 동안 지속된 소송에서 나는 원고 측 전문가 증인으로 법정에 출석했다. 해당 소송의 피고였던 외무성은 깜짝 놀랄 만한 내용

---

* 1952년부터 1960년까지 영국의 식민지 통치에 대항하여 일어난 무장 독립운동이다. 영국은 군대를 투입해 무력진압을 했으며, 이 기간 동안 10만여 명의 케냐인이 숨졌다.

도 발표했다. 당시 영국 외무성은 '스푹 센트럴spook central'이라고 알려진 극비 정부 시설 한슬로프 파크Hanslope Park에서 그동안 공개되지 않았던 문서 300상자를 발견했다며, 영국 비밀정보부의 극비 문서도 포함되어 있기 때문에 해당 내용이 그간 극비에 부쳐졌다고 설명했다.

식민 지배를 끝내고 케냐에서 철수할 때, 영국의 식민지 관료들은 새로 발견된 케냐 문서를 아프리카에서 영국으로 은밀하게 옮겼다. 외무성은 영제국이 막을 내릴 때 36개의 다른 식민지에서 비슷하게 회수되어 런던으로 건너온 8800개의 서류철도 발견했다. 새로 공개된 케냐 문서들은 원고들의 주장은 물론 내 연구에도 커다란 영향을 미쳤다. 그중에서도 문서 파괴 과정을 밝히는 새로운 증거가 특히 도움이 되었다. 이 증거들은 관료들이 식민 지배가 끝나기 전날, 어떻게 관련 서류를 모아서 불태웠는지 폭로한다. 영국인이 식민지 주민에게 가한 모든 폭력처럼, 영국의 문서 파괴 방법 역시 시간이 지날수록 점차 체계적이고 용의주도해졌다. 영국의 공문서는 전후의 영제국에 대해 풀어나가고자 하던 내 이야기의 거대한 일부가 되었다.[71]

새로 발견된 기록 덕에 이 책에서 어떤 시대를 다루어야 할지도 다시금 고민해볼 수 있었다. 제2차 세계대전 발발 이전의 수십 년을 포함시키면 사라진 기록을 보충하고, 많은 사람이 궁금해하는 질문에 대한 답도 찾을 수 있을 것이라 기대되었다. 이에 연구 기간을 수정하자 제2차 세계대전을 기점으로 영제국이 오랫동안 고수한 관념, 정책, 관행이 어떻게 달라졌는지 눈에 들어왔다. 책의 범위를 19세기로 확대하는 데서 한 걸음 더 나아가, 영국이 20세기 제국 통치를 떠받치는 폭력적인 논리의 토대로 삼은 18세기의 여러 사건까지 연구 대상에 포함시켰다. 그 결과, 처음에는 도입부쯤으로 구상하던 시기가 이 책의 거의 절반 정도를 차지하게 되었다.

자유제국주의 속에 깊이 뿌리내린 논리는 시간이 흐를수록 발전했다. 경찰관이나 식민행정관같이 직급이 낮은 식민 관료는 물론이고, 육군원수 허레이쇼 허버트 키치너Horatio Herbert Kitchener와 버나드 로 몽고메리Bernard Law Montgomery처럼 제국의 과거를 빛낸 저명한 영웅들이 제국 곳곳으로 옮겨 다니며 이를 전파했다. 제국의 기틀이 된 법규 역시 구석구석 퍼져나갔다. 총독이나 고등판무관은 반란 세력의 요구와 민간 조력자들의 의지를 진압하기 위해, 다른 식민지에서 법규를 빌려와 합법적인 예외주의를 근거로 하는 치안 조치를 발동시켰다. 오랫동안 갈고닦은 식민지 신민의 협조를 얻어내는 기술 역시 정보 요원들을 통해 전 세계 곳곳으로 전파되었다.

자유제국주의는 오직 정치권력자와 관련된 것만이 아니었다. 일반 대중의 요구 역시 자유제국주의와 관련이 있었다. 이를테면 파시즘 세력을 연합군이 물리치고 "다시는 이러한 비극이 벌어져서는 안 된다."라는 외침이 터져 나온 직후, 세계인권선언과 협약 등 온갖 인도주의 법률에 존엄성과 권리에 관한 내용이 새겨졌다. 하지만 제국 신민에게는 이러한 인권 제도가 적용되지 않았다. 사실 자유제국주의는 존엄성과 권리를 요구하는 이들과 관련된 이야기이기도 한데 말이다.

거짓말쟁이들의 제국

범아프리카주의자이며 영국 흑인 급진주의 사상의 중심에 서 있던 조지 패드모어George Padmore는 이렇게 써 내려갔다. "정치가들의 공언에도 불구하고, 이 전쟁은 분명 민주주의를 위한 것이 아니다."[72] 패드모어는 인종 간의 정의와 제국의 종말을 요구하는 세계적인 반제국주의적 단체의 일원이었다. 마찬가지로 범아프리카주의자이자 유명한 작가인 윌리엄 듀보이스 William Du Bois 역시 유엔헌장 협상 당시 "우리는 여전히 백인우월주의를 믿고 있고, 흑인들을 그들이 있어야 할 자리에 묶어두려 하며, 민주주의를 외치면서도 실제로는 식민지에 사는 7억 5천만 명을 제국의 지배 아래 두는 것을 정당화하고 있다."[73]

1945년, 맨체스터에서 범아프리카회의에 참석한 흑인들은 미리 앞을 내다본 듯 경고했다. "무력은 흑인과 세계를 모두 망가뜨리겠지만, 흑인들은 자유를 얻기 위한 최후의 수단으로 무력을 행사할 수도 있다."[74] 세계인권선언UN Declaration on Human Rights은 '인간 본성의 존엄성'과 '양도할 수 없는 권리'를 언급하며 많은 사람에게 열망을 불어넣었지만, 이것은 말 그대로 선언에 불과했다.[75] 하지만 일단 인권조약에 대한 서명과 비준이 이루어지자 조약에 강제성이 생겼다. 이를 잘 알고 있던 영국 관료들은 유럽인권조약European Convention on Human Rights에 서명하기 전, 반체제적인 사람들의 인권은 보장하지 않도록 용의주도하게 조약 초안을 수정하고 개정했다. 국제법상 자국의 법적예외주의가 인정되도록 노력한 것이다. 그렇지만 여러 식민지에서 전면적인 독립전쟁이 일어나며, 영국의 노력은 돌부리에 걸리고 말았다. 식민지 곳곳에서 벌어진 민족주의적인 투쟁을 낭만적으로 묘사하고 싶을 수도 있지만, 곳곳에서 벌어진 투쟁은 각기 다른 특징을 갖고 있었다. 영국은 제국 전역에서 분할 통치 정책으로 민족 갈등을 초래할 뿐 아니라 갈등의 씨앗을 남겼다.

솔직히 이 책은 식민지 자본주의에 관한 이야기가 아니다. 그보다는, 극히 이례적인 국가 주도 폭력이 영국의 두 번째 제국 전반에서 자행된 방식과 이유를 다루고자 한다. 영제국의 식민지에서는 어떻게 이러한 시스템이 계획되고, 법으로 제정되고, 경험되고, 이해되고, 무죄가 되었을까? 이 이야기의 시작과 끝에는 각각 하나의 재판이 등장한다. 시작은 18세기 영국 의회의 워런 헤이스팅스Warren Hastings 탄핵 재판이다. 이 재판에서는 식민지 인도에서의 부패와 책임 문제를 추궁했다. 끝에 등장하는 재판은 최근 런던 왕립재판소에서 진행된 마우마우 재판이다. 두 재판 사이에 낀 200년의 세월 동안, 제국의 폭력과 책임을 둘러싼 질문은 영국 정부를 끊임없이 괴롭혔다.

나는 역사적 근거를 통해 영제국에서 발생한 정당성의 위기를 뒤쫓았다. 폭력은 왜 특정한 지역이나 시기에 국한되지 않고 영국 문명화 사명의 고유한 특징으로 남았을까? 그런 일이 어떻게 벌어질 수 있었을까? 제국 이곳저곳에 폭력적인 수단과 방법을 전파한 사람들이 이 질문에 답을 찾는 데 도움이 되었다. 특정 지역을 선택한 까닭은 명확하다. 관료들은 제국 곳곳을 순회했고, 민족주의자들은 자유주의가 내건 약속을 지키라고 요구했다. 관료들의 행적과 민족주의자들의 사상 및 관행은 남아프리카와 인도, 팔레스타인과 벵골, 아일랜드와 키프로스, 그 외 많은 지역이 어떻게 연결되었는지 명확히 보여준다. 영제국 곳곳으로 사람, 사상, 관행, 법 체계가 이동하는 모습은 한 걸음 물러서야만 전체의 형태를 제대로 볼 수 있을 만큼 거대한 거미줄을 떠올리게 만들지만, 이 책을 다 읽고 나면 많은 장소와 사건과 과정이 하나의 이야기로 통합되어 거미줄의 최종적인 모습을 상상할 수 있을 것이다.

나는 이 책을 통해 강압의 규모와 범위, 강압적인 시스템에 대한 식민지 주민들의 반응, 폭력과 폭력의 유산을 연결하는 조직의 실체를 낱낱이 드러내 보이려 한다. 본질적으로, 결국 제국은 사람들이 떠받치고 있었다. 행동과 생활, 처한 상황에서 내린 선택을 모두 포함해서 말이다. 처칠이나 로즈같이 걸출한 사람이건, 말라야 고등판무관 헨리 거니Henry Gurney, 케냐 식민 관료 테런스 개버건Terence Gavaghan같이 덜 알려진 사람이건 간에, 제국을 위해 일한 사람들은 모두 영국인에게 지대한 영향을 미치는 방식으로 문명화 사명을 추진했다.

대중문화와 소비재를 통해 제국의 위대함과 막강한 권력에 대한 대중의 생각은 한층 견고해졌다. 동화책, 선교사가 들려주는 일화, 옥스퍼드대학교와 케임브리지대학교 교수진이 쓴 역사서를 비롯한 제국을 미화한 각종 기록 탓에 모든 영국인은 발전을 향한 영국의 끝없는 행진을 떠올리게 되었다. 벨그레이비어에 사는 토리당원부터 더럼에 사는 광부에 이르기까지, 모든 영국 시민은 군주제에 내포된 영국의 정체성을 상징하는 '백인의 책무'를 나누어 짊어진다.

덧붙여 상징적으로 제국을 떠올리게 만드는 화려한 왕실 행사처럼 영국 국민의 자부심에 불을 지피는 것도 없다. 멀리 떨어진 식민지에서 왕실 행사가 개최되면 영국 국민은 그것을 보며 지배자의 자애로운 손길을 끊임없이 떠올릴 수밖에 없다. 하지만 왕실 행사를 바라보는 시각에는 차이가 있다. 영국이 지배하는 광활한 식민 제국에서 살아가는 수억 명의 사람들에게는 영제국의 벨벳 장갑 속에 감춰진 무쇠 주먹이 너무도 익숙했다. 이 책에서는 영제국의 매서운 무쇠 주먹이 피지배자들의 몸과 마음에 남긴 상처를 면밀히 살펴볼 것이다. 영제국의 철권통치가 가한 폭력은 아주 구체적이었다. 영제국은 전기 충격, 배설물 고문, 물고문, 거세, 강제노동, 항문에 깨진 병과 해충을 집어넣는 고문, 지뢰밭 강제 행진, 정강이 비틀기, 손톱 뽑기, 공개 처형 등 갖은 폭력을 행사했다. 이러한 폭력을 직면하지 못하면, 실제로 벌어진 사건과 제국이 남긴 유산을 제대로 살필 수 없다. 독자들이 숱한 폭력 사건의 강도와 여파를 직접 보고 느낄 수 있도록 몇 가지 폭력 사건을 자세히 소개할 예정이다. 그래야만 '모든 것은 발전을 위해서'라는 영국의 민족주의 서사 속에서 강압이 정착한 과정을 제대로 이해할 수 있기 때문이다.

진짜 역사 속으로

역사적 기록을 보면, 영국의 법적예외주의 주장을 모두가 받아들인 것은 아니다. 유대인, 관습을 따르지 않는 기독교 반체제 인사, 평화운동가, 제국과 유럽에서 온 이민자, 노동당 극좌 당원 등은 폭력이 필요하다는 논리를 받아들이지 않았다. 이들은 공식 조사를 요구하고 직접 조사에 돌입했다. 일기를 쓰고, 언론에 가차 없는 서신을 전달하고, 일반 독자를 위해 글을 썼다.

가장 비통한 폐단의 흔적은 식민지인에게서 찾아볼 수 있다. 식민지인은 제국을 틀어쥔 강압 통치를 바꾸는 데 크게 이바지하지는 못했지만, 영국이 용의주도하게 만들어낸 국가 기록에 담긴 공식적인 서사에 이의를 제기할 수 있는 흔적을 남겼다. 사실 영제국에서 발생한 문서 파괴의 규모와 고의성을 처음 접했을 때, 나는 큰 충격을 받았다. 그리고 지금은 조국이 과거를 태워 없애고 세탁한 사실을 제대로 알고 있는 영국인이 얼마나 될지 궁금하다. 영국의 영웅과 전문가를 자처한 공무원들이 제국의 역사 조작에 어떤 역할을 했는지 제대로 아는 사람이 얼마나 될까? 신의를 저버린 자유주의에 관한 이야기를 풀어놓는 데서 그쳐서는 안 된다. 왜 그런 일이 벌어졌는지 역사적으로 제대로 설명하며 제국이 남긴 잿더미와 산산이 파괴되고 남은 파편을 다시 짜맞춰야 한다.

이 이야기는 남겨진 재와 파편을 다시 짜맞추려는 하나의 시도다. 이 책이 현재 진행 중인 제국사 전쟁과 인종 평등 투쟁에 영향을 미치기를 바란다. 영제국이 좋은 것이었는지 나쁜 것이었는지, 혹은 다른 제국보다 좋았는지 나빴는지를 둘러싸고 논쟁에 불이 붙기를 바란다. 독자들이 영제국의 과거가 왜, 어떻게 지금까지도 영향을 미치고 있는지 질문하기를 바란다. 이전에도 이 문제를 거론한 사람들이 있었다. 새로운 세대의 역사가들은 공문서를 이중으로 기록한 영국의 관행과 영국이 제국에 관련된 과거 기록을 왜곡한 방식을 밝혀냈다. 그분들이 오랜 연구 끝에 새롭게 밝혀낸 증거는 내가 찾아낸 온갖 자료와 함께 이 책의 집필에 많은 도움이 되었다. 연구 과정에서 네 개 대륙, 10여 개국에 흩어진 20여 개의 기록보관소에 남은 기록을 뒤졌다. 식민지 분할에 관해 다양한 견해를 가진 사람들과 수백 건의 인터뷰를 진행하며 답을 찾으려고 애썼다. 그러다 연구 진행 중 영제국 말기에 남겨진 기록의 한계를 느낀 다음부터는 영국의 정치 이론과 사회사, 제국과 탈식민주의 경제학 등 광범위한 연구 분야로 관심을 돌렸다. 과거 문헌은 사건과 세계 체제만 빠르게 설명하는 경향이 있어 제국과 세계사가 기록된 과거 문헌도 살폈다. 기록이 내 생각과 일치하지 않을 때도 있었지만, 그럼에도 모든 기록은 많은 도움이 되었다. 있는 그대로의 현실을 전달하지 못하는 많은 사람과 달리 가감 없는 진실로 현재를 포착한 시인, 소설가, 극작가들의 작품 역시 상당한 도움이 되었다.

이 책은 제국에 관한 다양한 견해를 종합한 결과물이다. 서로 다른 접근 방법과 자료를 통합하면 제국을 호령하던 영국의 과거를 제대로 이해할 수 있다. 지금부터 펼쳐질 식민지 폭력에 관한 역사로 영제국 시절 존재하던 구조와 시스템, 많은 사람의 생생한 경험, 오늘날까지도 논쟁거리가 되는 이유 등이 제대로 드러날 수 있으면 좋겠다.

1부
제국주의 국가

LEGACY OF VIOLENCE
A history of the British empire

생애 첫 공개연설은 성공적이었다. 목소리가 파묻힐 만큼 커다란 박수갈채와 환호가 터져나오는 가운데, 젊은 윈스턴 처칠은 헝클어진 머리카락을 흔들어대며 웅변에 생동감을 불어넣었다. 그는 "영국은 특별한 과거와 문명화 사명을 물려받았기에 미래에 거룩하게 영감을 불어넣어야 할 의무가 있다."라고 말하며 조국을 일깨웠다. 그러면서 영국의 정치 변방에 서 있는 급진적인 자유당 인사들을 비롯한 비판 세력을 무참히 짓밟았다.

> 빅토리아 여왕 통치 60주년을 맞이한 지금, 우리가 영광과 권세의 절정에 다다랐으며 바빌론·카르타고·로마가 몰락했듯 영제국이 쇠퇴하리라 떠들어대는 사람들이 적지 않다. 이런 비관론자들을 믿으면 안 된다. 우리 민족의 활기와 활력은 전혀 손상되지 않았다. 우리는 영국인으로서, 조상으로부터 물려받은 영제국을 지켜나가겠다는 결의를 다졌다. 영제국의 깃발이 바다 위에 드높이 휘날리고, 우리의 목소리가 유럽 의회 곳곳에서 울려퍼지고, 신민의 사랑이 우리의 군주를 떠받치고 있음을 행동으로 보여줌으로써 그들의 음울하고 음산한 이야기가 터무니없는 거

짓임을 밝혀야 한다. 그런 다음, 전지전능한 손길이 우리를 위해 표시해둔 길을 계속 좇고, 이 세상이 끝날 때까지 평화·문명화·올바른 통치를 위해 노력해야 한다는 우리의 사명을 계속 완수해나가야 한다.[1]

제국으로서의 운명을 타고난 영제국을 열정적으로 옹호하는, 빅토리아 시대의 정신이 반영된 연설이었다. 1897년 햇빛이 쏟아지는 어느 여름 오후, 확신에 찬 스물두 살의 청년 처칠은 영국 남서부 도시 바스에서 '영제국'이라는 강렬한 개념을 분명히 전달했다.[2]

100여 년 전, 벵골을 통치하던 두 명의 상징적인 영국인, 로버트 클라이브Robert Clive와 워런 헤이스팅스는 영제국이 인도를 지배할 수 있도록 길을 닦고, 제국의 입지를 공고히 다진 인물로 여겨졌다.

빅토리아 시대인 1800년대 말, 대부분의 영국인은 자신들의 국가가 제국에 대한 정당한 권리를 지녔다고 생각했다. 이러한 생각은 끝없이 확산되던 자유제국주의의 광범위한 틀 안에서 깊이 뿌리내렸다. 거부하는 사람을 찾아보기 힘들었다. 제국의 특수한 이해관계, 정책, 관행에 대해서는 격렬하게 논의가 이루어지고 이의가 제기되었지만, 정당성에 의문이 제기되는 일은 드물었다.

제국에 헌신하는 군인이자 정치인의 전형적인 인물인 처칠은 해로스쿨에 다닐 때부터 샌드허스트사관학교에서 생도 훈련을 마칠 때까지 제국에 깊이 빠져 있었다. 다른 지배계층 출신들과 달리 옥스퍼드대학교나 케임브리지대학교에 진학하지 않았지만, 샌드허스트 역시 전장 안팎에서 제국에 충성할 미래의 지도자를 양성하는 학교였다. 일류 사관학교를 졸업한 처칠은 제국의 모험을 좇는 젊은이 대열에 합류했다. 1895년, 종군기자가 되어 북미대륙을 찾은 그는 쿠바의 독립운동을 저지하는 스페인에 관해 보도했다. 처칠은 쿠바에서 난생처음 유혈 사태를 목격했고, 이곳에서의 경험 때문에 평생 아바나산 엽궐련을 애호했다.³

쿠바를 떠난 처칠은 몇 년 동안 떠돌이 생활을 했다. 그는 말라칸드 지역이 속한 인도 서북변경주에서 언론인과 군인으로, 상황에 따라 두 역할을 동시에 수행하며 활약했다. 당시 이 지역은 영국이 '미치광이 물라Mad Mulla'*라고 부르던 지역 종교 지도자와 그 추종 세력의 공격을 받고 있었다. 전선으로 가는 여정은 처칠을 비롯한 영제국을 위해 일하는 수많은 사람에게 일종의 교육과정이었다. 처칠은 기차로 수천 킬로미터를 이동한 다음, 말이 끄는 이륜마차를 타고 말라칸드 고갯길까지 또다시 80킬로미터 정도를 달린 끝에 서북변경주에 도착했다. 단조로운 여정이 싫었던 처칠은 여러 전초부대에 들러 부대원들과 함께 식사하고 저녁 시간에는 군인들과 둘러앉아 노래를 부르며 제국을 찬양했다. 다음 노래가 그의 애창곡이었다.

> 저 멀리 바다 건너에 있는 위대한 백인 어머니여
> 그분이 영제국의 통치자가 되기를 바라오니
> 오랫동안 영광 속에서 거칠 것 없이 통치하시옵소서
> 위대한 백인의 조국에서⁴

전우들과 함께일 때는 떠들썩하게 시간을 보냈지만, 홀로 있을 때는 닥치는 대로 온갖 책을 탐독했다(처칠이 사용한 것으로 잘 알려진 '제국주의적 사고thinking imperially'라는 표현도 이때 생각해냈다). 틈날 때마다 독서를 즐기던 독

---

* 금욕 생활을 하는 무슬림 집단 데르비시의 지도자 무함마드 압둘라 하산Mohammed Abdullah Hassan의 별칭이다.

서광 처칠은 여행이 몇 주 동안 계속되거나 하염없이 다음 작전을 기다릴 때 토머스 매콜리Thomas Macaulay의 《영국 역사History of England》, 윈우드 리드Winwood Reade의 《인간의 순교The Martyrdom of Man》, 에드워드 기번Edward Gibbon의 《로마제국 쇠망사》 등 국가와 인종, 제국에 관한 고전을 두루 섭렵했다.[5] 인종차별적인 위계질서, 문명화, 강압적인 정책 활용에 관한 처칠의 의견이 동시대 사람들처럼 구시대적이지는 않았지만, 그럼에도 불구하고 처칠의 제국주의 세계관은 나날이 더욱더 확고해졌다.

정치, 군사, 식민행정 분야에서 활약한 영국의 고위급 의사결정권자들은 젊은 시절 처칠처럼 영제국의 크고 작은 전투에 참여했다.[6] 시간이 흐른 후 이들은 자유제국주의의 개념 및 관행을 다른 식민지 지역으로 퍼뜨리는 한편, 다시 영국으로 들여와 전파하는 데 중요한 역할을 했다. 20세기 영제국에서 어떻게 강압적인 관행이 생겨났는지 이해하려면 자유주의의 역설과 함께 역설이 생겨난 문화적인 배경을 살펴봐야 한다. 동시에 자유주의의 취약점에 대한 관념이 어떻게 전파되었는지 알아야 한다. 누가 여러 식민지를 오가고 영국 본토를 드나들며 이러한 생각을 전파했는지, 세계 각지에 전파된 이 같은 개념이 어떻게 수정되고 제도화되었는지 파헤쳐야 한다.[7]

1장
자유제국주의

LEGACY OF VIOLENCE

> 심지어 역사적 오류라고도 할 수 있는 망각은, 하나의 민족이 탄생하는 과정에서 매우 중요한 역할을 한다. 역사 연구의 발전이 민족의식을 위협하는 것 또한 바로 이러한 이유에서다. 사실 역사 탐구는 모든 정치 구조가 생겨날 때 폭력적인 행위가 발생하는 이유가 무엇인지 설명해준다.
>
> _에르네스트 르낭Ernest Renan, 《민족이란 무엇인가》, 1882년[1]

캘커타에서 런던으로 향하는 사이렌호에 승선한 존 홀웰John Holwell은 극심한 뱃멀미를 겨우 견디며 친구 윌리엄 데이비스William Davis에게 편지를 썼다. 그는 캘커타의 영국 요새가 무굴제국에게 함락된 1756년 6월 20일 밤, 어떤 일이 벌어졌는지 써 내려갔다. 홀웰은 자신과 145명의 다른 포로들이 블랙홀 감옥Black Hole prison 출입문 옆에서 곤봉과 칼로 위협당했다고 적었다.

몸이 갈가리 찢기는 한이 있더라도 경비원들에게 돌진하는 편이 차라리 나았을 걸세. 하지만 계속된 피로와 전투에 녹초가 된 포로들은 무력에 밀려 가로 550센티미터, 세로 430센티미터의 좁은 공간으로 떠밀려 들어갔을 뿐이지. 창문이 겨우 두 개뿐인 데다 작아서 신선한 공기가 거의 순환되지 않는, 그런 곳으로 말이야.

절망한 포로들은 바닥에 쌓인 시체를 타고 올라가 무거운 창문 빗장 틈으로 숨을 들이쉬었다. 자기 땀으로 목을 축이는 사람도 있었다. 홀웰은 경비원들이 숨 막히는 죽음의 공간에서 펼쳐지는 생생한 고통의 현장을 재미있는 듯 지켜보았다고 기록한 뒤, 이렇게 한탄했다.

우리들의 고통이 감옥 밖의 잔혹한 악마들에게 오락거리였다는 것을 사람들이 믿을 것 같은가? 하지만 실제로 그랬다네. 경비원들은 우리한테 물만 주었다네. 아마도 그 물을 얻으려고 우리끼리 싸우는 꼴을 보고 싶었던 게지…. 그놈들은 살아남기 위한 우리의 비인간적인 몸부림을 오락거리쯤으로 치부했다네. 한 장면이라도 놓칠세라 빗장에 횃불을 갖다 대고 말일세.[2]

홀웰의 이야기에 따르면, 해가 밝을 무렵 감옥의 포로 중 숨이 붙어 있는 사람은 23명뿐이었다. 나머지는 캘커타의 블랙홀에서 숨을 거두었다.[3]

문제는 홀웰이 1756년의 운명적인 밤, 벵골 캘커타에서 벌어진 일을 목격한 유일한 사람이었다는 것이다. 사건 발생 16년 후 쓰인 다른 하나를 제외하면 블랙홀 사건과 관련된 모든 기록은 그로부터 파생되었다. 최근 일부 전문가는 홀웰이 규모와 상황을 과장한 것이 틀림없다며 블랙홀 사건에 의문을 제기했다. 꼼꼼한 사건 재구성을 토대로 한 추정치를 보면, 146명 가까운 포로가 홀웰이 묘사한 운명과 맞닥뜨렸을 가능성은 낮다고 한다. 정확한 정보를 토대로 추산해보면 39명의 포로 중 18명이 사망했을 것이다. 사망자는 대부분 블랙홀 감옥에 갇히기 전 전투에서 입은 상처 때문에 목숨을 잃었다. 블랙홀 사건이 완전히 날조된 것은 아니더라도, 상당히 과장되어 민족주의적 관점에서 받아들여진 셈이다.[4]

블랙홀 사건의 진상

벵골에서 영국의 다사다난한 역사가 시작된 시기는 동인도회사East India Company가 국왕의 허가를 받은 1600년이었다. 동인도회사는 독립된 기업으로서 영국의 정치적 이익을 대변했다. 회사 주주 중 상당수는 런던의 하원의원을 겸하고 있었고, 이들에게 안정적인 경제적 이익을 제공하고 있었다. 이를 위해 동인도회사는 조약 체결, 무역권 협상, 세금 부과, 상비군 배치 등의 역할을 수행했다. 1700년대 초에는 무굴제국 황제로부터 관세 없는 교역 권한까지 얻었다. 그러다 1756년, 프랑스와 영국 사이에서 전쟁이 벌어지자 동인도회사는 프랑스군의 공격에 대비해 캘커타의 영국 교역소를 요새화했다. 당시 벵골을 통치하던 인도 태수 시라주다울라Siraj-ud-daula의 명령을 무시하고 말이다. 격분한 시라주다울라는 영국 요새를 함락시키고 유럽인을 투옥시킴으로써 벵골에서 영국인을 몰아내기로 마음먹었다. 이것이 블랙홀 사건의 배경이다. 이후 캘커타에서 벌어진 블랙홀 사건의 여파는 이후 수 세기 영제국이 나아갈 방향에 영향을 미쳤다. 이를테면, 블랙홀 사건은 이후 민족주의적 전설의 소재이자 원주민의 야만성을 주장하는 근거가 되었다. 더불어 영국이 지닌 동방 진출의 야욕이 인도 전역에서의 영제국 권력 강화라는 결과로 이어진 것도 이 사건 이후였다.

1757년, 영국은 플라시 전투를 통해 블랙홀 사건에 복수하고, 벵골*에서 제국의 기반도 확고히 다졌다. 솔직히 플라시 전투의 결과는 군사적 승리라기보다 협상에 의한 타결이었지만, 당시 영국군 중령이던 로버트 클라이브Robert Clive는 이 전투를 시작으로 군사 천재이자 제국의 설립자로 명성을 날리기 시작했다. 그는 벵골이 동인도회사의 차지가 되도록 손썼을 뿐만 아니라 무굴 태수와의 협상으로 세금 징수권까지 얻어냄으로써, 나날이 커져가는 영제국에 미래의 수입원까지 안겨주었다. 막대한 이윤이 꾸준히 동인도회사로 흘러들어갔다.[5] 동인도회사의 연간 세입은 얼마 지나지 않아 무려 165만 파운드(약 4660억 원)가 되었다. 동인도회사 덕에 경기가 좋아지자 런던에서는 주식 거래가 활발해졌고, 정부는 연간 40만 파운드(약 1330억 원)를 벌어들였다. 막대한 이익은 영국 정부가 동인도회사의 부정부패를 눈감아줄 수밖에 없는 뇌물이나 마찬가지였다.[6]

동인도회사는 벵골 주민에게 막대한 손해를 끼치며 많은 돈을 벌어들였지만, 세제 수입은 5년도 채 지나지 않아 대거 줄어들었다. 그러나 주주들의 높은 기대 탓에 동인도회사는 어떻게든 세금을 징수하려 했고,[7] 군 식량 확보를 비롯한 여러 이유로 벵골의 곡물 시장을 독점했다. 그 탓에 물가가 치솟았고, 많은 사람이 굶주림에 허덕였다. 19세기 한 역사가는 이렇게 기록했다. "농부들은 소와 농기구를 팔았다. 종자로 사용할 곡식도 먹어치웠다. 아들과 딸도 팔아치웠다. 나뭇잎과 풀도 뜯어 먹었다. 1770년 6월, 무르시다바드** 총독 대리는 산 사람이 죽은 자를 먹는 일이 횡행한다고 인정했다."[8]

---

*   인도 동부의 갠지스강 하류 지역으로, 동인도회사 통치기(1600~1857년) 및 영국의 직할통치 시기(1858~1947년) 당시 인도의 중심 지역이었다. 지금의 방글라데시와 인도 국경 지역이다.
** 서벵골 동부의 도시로, 당시에는 '막수다바드'로 불렸다.

기근은 나날이 심해지는데 동인도회사의 이익은 불어났다. 세수가 8000파운드(약 20억 원)나 늘어난 것이다. 막강한 경제력을 가진 세력이 취약계층의 식량 접근을 어렵게 만든 탓에 '식량 부족'이 '기근'으로 바뀌어 버린 셈이다.[9] 결국 3000만 명에 달하던 벵골 인구 중 약 3분의 1이 목숨을 잃었다. 인구가 줄어들자 세수도 급감했다. 클라이브가 미래 수입을 지나치게 과장한 탓에, 동인도회사 주식에 잔뜩 끼어 있던 투기 거품도 터져버렸다. 동인도회사가 흔들리자 세계적인 신용 경색이 찾아왔고, 곧이어 의회 조사가 뒤따랐다. 당시 영국 총리였던 프레더릭 노스 경Lord Frederick North은 1773년 '인도법India Bill'으로 불렸던 동인도회사 규제법Regulating Act을 제정했다. 영국 정부가 동인도회사를 직접 지배하며 새로운 시대를 열겠다는 취지로 제정한 것이었지만, 실제로는 영국 정부의 대규모 구제금융을 정당화하는 수단이었다. 노스는 동인도회사가 파산하지 않도록 구제하고, 동인도회사에 투자한 의원들의 파산을 막기 위해 140만 파운드(약 2920억 원)의 정부 차관을 투입했다.[10]

클라이브는 자기가 벵골에서 확보한 주권을 언급하며, 비난의 화살을 부하직원들에게 돌렸다. 한 걸음 더 나아가, 자기가 벵골 지역에서 힘들게 성취한 정치적·경제적 이득을 통합할 만큼 신속하고 강하게 대응하지 못했다며 의회를 질책했다. 이는 '부정부패한 사람'이라는 비난에서 벗어나기 위한 방책이었다. 그렇지만 동인도회사가 완전히 붕괴하기 일보 직전인 탓에 그의 항변은 씨알도 먹히지 않았다. 클라이브의 벵골 통치 중 수상쩍은 거래가 숱하게 이루어진 것은 부정할 수 없었고, 이를 통해 그가 영국 역사상 가장 부유한 사람 중 하나가 되었기 때문이다. 그럼에도 불구하고 클라이브는 여전히 대담한 선지자로 평가받았다. 도덕 기준은 미심쩍지만, 클라이브는 벵골에서 영국의 통치 기반을 마련한 독보적인 사람이었다. 의회에서 무죄를 선고받고 모든 혐의로부터 자유로워진 클라이브는 다시 인도로 돌아가지 않았다(1774년, 그는 스스로 목숨을 끊었다). 오늘날까지도 클라이브는 제국의 설립자로서 초상화와 흉상에 박제되어 영국의 숱한 공공건물을 빛내고 있다.¹¹

또 다른 괴물의 지배

클라이브의 후임자는 열일곱부터 동인도회사에서 서기로 일하던 헤이스팅스였다. 1772년, 벵골 총독으로 임명된 헤이스팅스는 1년 후 봄베이 총독과 마드라스 총독까지 감독하는, 막강한 권한을 갖게 되었다.* 단숨에 승진한 헤이스팅스는 벵골의 재정과 사법 업무를 책임지고, 평화를 유지하며 행정 상황을 개선하고, 동인도회사의 수익 보장과 사업 확장이라는 골치 아픈 책임까지 맡았다. 스캔들과 부정부패는 최대한 없어야 했다. 바로 이 지점에서, 영국의 인도 지배를 능률화하는 데 크게 기여한 헤이스팅스 역시 클라이브와 같은 길을 걸었다. 헤이스팅스가 벵골 총독이 된 지 10년쯤 지난 무렵, 런던 의회는 탄핵심판을 위해 그를 소환했다. 악행으로 점철된 7년간의 방대한 드라마가 펼쳐졌다.¹² 에드먼드 버크Edmund Burke가

---

* 헤이스팅스는 1772년 'governor'에 임명되었고, 1773년 'governor-general'로 승격되었다. 클라이브가 1대 벵골 총독이 되었을 때의 직함은 'governor'였다. 뒤이어 벵골 총독이 된 헤이스팅스의 직함 역시 'governor'였다. 그러나 1773년 규제법이 통과되면서 벵골 총독을 가리키는 표기가 'governor'에서 'governor-general'로 바뀌었고 그와 함께 벵골 총독에게 봄베이 총독과 마드라스 총독까지 감독할 수 있는 막강한 권한이 주어졌다. 헤이스팅스는 벵골의 첫 번째 governor-general이었다. 우리나라에서는 일반적으로 두 직함을 모두 '총독'으로 표현한다. governor의 직함을 가진 클라이브 역시 벵골 총독으로 표기하기 때문에 보편적인 표기 방식에 따라, 둘 다 총독으로 번역했다.

영국 역사상 가장 길고, 통찰력 있는 제국 관련 소송인 헤이스팅스 재판을 이끌었다.

휘그당원* 버크는 오랫동안 동인도회사를 거침없이 비판하며 개혁의 필요성을 절실히 호소했다.[13] 버크에게는 제국의 정당성이 다른 무엇보다 중요했다. 버크는 영국의 실수가 벵골 지역에 대한 주권 주장이 아니라, 안정적인 통치 방식과 법치 체계를 세우지 못한 것이라 믿었다.[14] "우리가 인도로 보낸 소년들은 우리가 학교에서 채찍으로 후려치거나 군에서 복무하거나 집 책상에서 허리를 숙여 공부하는 소년들과 다르지 않다. 하지만 인도에 있는 영국 청년들은, 정신적으로 성숙해지기도 전에 사람을 취하게 만드는 권력과 지배력을 먼저 맛보게 되고, 원칙이 자리 잡기도 전에 막대한 부를 거머쥔다. 그 결과, 너무 일찍 손에 쥔 권력의 남용을 제어할 본성도 이성도 갖추지 못한다. 인도의 영국 청년들은 나이 든 이의 탐욕과 젊은이 특유의 성급함을 모두 갖고 있다."[15]

1788년, 버크는 빨간색 또는 회색 옷을 입고 착석한 귀족들 앞에 섰다. 참석자들은 하나같이 하얀색 가발 위에 삼각형 모양의 검은 모자를 쓰고 있었다. 귀족들은 버팀목이 서까래를 떠받친 형태의 의회 천장 아래 모였다. 독특한 구조의 천장은 중요한 순간을 두 눈으로 직접 보기 위해 의회를 꽉 메운 방청객들에게 동굴 같은 분위기를 선사했다. 버크는 창문 앞에 서서 방청객으로 가득 찬 의회, 그리고 영제국을 향해 선언했다. "가장 높은 지위, 권한, 신분을 가진 사람을 판사님들 앞에 데려왔다. 인도에서 벌어진 모든 사기, 공금횡령, 폭력, 폭압을 구체화하고 단련하고 체계화한

---

* 휘그당은 17세기 후반 상공업 계급을 기반으로 성립한 영국 최초의 근대적 정당이다. 명예혁명 이후 토리당과 대립하면서 우위를 확보하고 정당 책임 내각제를 확립했다.

1788년 2월 13일, 웨스트민스터홀에서 열린 헤이스팅스 재판
에드워드 데이즈Edward Dayes 그림, 로버트 폴라드Robert Pollard 판화,
프랜시스 주크스Francis Jukes 애쿼틴트*

사람이다."¹⁶

사실 뱅골에서의 월권 행위는 헤이스팅스보다 클라이브의 책임이 컸지만, 버크는 헤이스팅스를 악당으로 만드는 데 앞장섰다. 통치자들이 부정부패를 통해 놀라울 정도로 엄청난 부를 일구었다는 사실은 부인할 수 없었다. 동양에서 엄청난 재산을 축적한 이들은 영국으로 돌아와 많은 땅을 소유한 상류층과 결혼하고, 돈으로 의원직을 샀다. 버크는 이들이 경제뿐 아니라 영국의 설립 기반인 정치 체제 자체를 뒤흔든다고 지적했다.¹⁷ 그는 헤이스팅스의 조약 위반, 만연한 부패, 독단적인 제국 통치만 지적하지 않았다. 그가 추구하는 개혁은 영국의 미래에 관한 것이기도 했다. 통치자

---

* 부식 동판 화법의 일종이다.

들과 함께 메트로폴로 옮겨간 제국주의적 전제주의imperial despotism는 위험천만할 정도로 파괴적이었다.[18]

버크는 세금 징수를 위해 인도에서 어떤 방법을 사용했는지 자세히 설명했다. "체납자들은 공개 태형에 처하고, 체납자의 숫처녀 딸들은 대중 앞에 끌려 나와 가장 야비하고 저열한 부류의 인간들에게 잔인하게 더럽혀진다. 아내들은 가장 잔혹한 지하 감옥 맨 아래에서 명예를 잃으며, 밖으로 끌려 나와 벌거벗겨진 채 사람들 앞에서 무자비하게 매질당한다. 쪼개진 대나무를 날카롭게 만든 다음, 그 사이에 유두를 집어넣고 몸에서 떼어내기도 했다."[19]

버크는 이처럼 경악스러운 일들이 벌어진 까닭이 동인도회사 직원들의 젊음에 있다고 지적했다.

> 동인도회사가 지닌 이러한 특징의 또 다른 이유로는 그런 일을 하도록 채용된 사람들의 젊음을 들 수 있다. 직원들은 대부분 다른 곳이었다면 엄격한 교육을 받을 법한 나이에, 인도에서 활발하게 일한다. 경력을 갈고닦아 커다란 권력을 행사한다. 이 문제를 간략히 표현하면, 동인도회사의 젊은 직원들은 불안정한 젊음에서 위험천만한 독립으로, 위험천만한 독립에서 과도한 기대로, 과도한 기대에서 무한한 권력으로 옮겨간 것이다. 가정교사 없는 남학생, 보호자 없는 미성년자에게 온 세상이 주어지고 온갖 유혹의 손길이 찾아왔다. 이들은 전제주의가 허락한 막강한 권력을 등에 업고 세상을 휘두른다.[20]

책임감, 올바른 통치, 동양적 전제주의에 대한 해석 문제가 대두되며 인도 통치를 뒷받침하던 영국의 도덕적 정당성에 관한 의문이 본격적으로

부각되었다.[21]

철없는 젊은이와 제국의 영웅 사이

헤이스팅스는 한때 번영했던 벵골 사회의 전성기를 이어나가는 데 실패했다. 버크는 헤이스팅스의 실책을 인도와 영국의 안정성을 위협하는 영국 역사의 오점으로 여겼다.[22] 책임감 있는 사람이라면 피지배자의 신체와 자유를 학대하고 착취하기보다 신성한 신탁을 기반으로 복지에 도움이 되는 정부를 설립하리라 믿었기 때문이다.[23] 이 같은 버크의 주장에는 문화적이고 역사적인 요소가 포함되어 있었다.[24]

버크는 당시 영국인들이 나날이 키워가던 인도에 대한 편견을 초월하려 애썼다. 이에 '동양적 전제주의'를 인도의 부유한 과거를 해친 골칫거리로 여기지 않았다. 그는 인도의 사회, 정치, 종교, 문화 구조를 이해하고 동양을 정의하는 인도의 관습, 제도, 고대 문자에 대한 자신의 경외심을 본받아야 한다고 충고했다. 고대 인도에서 시작된 문명은 버크의 시도에서 무엇보다 중요했다.[25] 하지만 그렇다고 버크가 영국의 합법적인 인도 통치권에 의문을 제기한 것은 아니다. 버크는 제국이 비도덕적이라 규탄하지 않았다. 대신 동인도회사와 영국이 무절제하게 월권 행위를 자행했다는 비난에서 벗어나 합법적인 통치 체제를 확립할 수 있도록 애썼다. 버크에게 제국이란 '영국의 주권과 상업적 권리 및 이익, 국정 운영이 자연스럽게 확장된 것'이었기 때문이다.[26]

1795년 탄핵재판에서 헤이스팅스는 무죄를 받았지만, 소송 과정에서 진솔하게 변화를 촉구한 버크의 목소리는 사람들의 주목을 끌었다. 사람들은 '제국의 목적과 정당성'보다 '제국의 확장과 미래'에 대해 활발히 논의했다. 버크는 영국 국민의 상상력 속에 '식민지인과 피지배 영토에 신성한 책임을 느끼는 영국의 모습'을 설득력 있게 밀어 넣었다. 제국은 '가정교사 없는 남학생'에게 더 이상 맡겨둘 수 없는 국책 사업으로 거듭났다. 하지만 재판이 길어지면서 의회와 대중은 점차 제국을 민족주의적 관점으로 바라보게 되었다. 이 과정에서 많은 영국인이 헤이스팅스의 악행을 '안타깝지만 제국 통합을 위해 어쩔 수 없었던 일'로 받아들였다. 헤이스팅스의 제국 통치 방식을 지지하는 세력도 생겨났다. 7년 동안 무려 147일이나 피고석에 앉아 있던 헤이스팅스는 클라이브와 어깨를 나란히 하는 국민영웅의 반열에 올랐다.[27] 또한 의회의 감시에서 벗어나 매년 4000파운드(약 6억 5900만 원)의 연금을 받았다. 반면, 인도 사회는 문명화에 반대하는 곳으로 재조명되었다.

과거 재해석에 앞장선 인물은 경제학자 제임스 밀James Mill이었다. 밀은 1817년 출간된 《영국령 인도의 역사The History of British India》라는 책에서 인도 사회를 맹렬히 공격했다. 정부, 예술, 종교, 철학 등 인도의 거의 모든 부분을 맹비난하며 인도의 힌두교도들이 단 한 번도 '높은 수준의 문명화 상태'에 도달한 적이 없다고 단정했다.[28] 인도 사회가 도덕적으로 타락했다고 묘사하고, 동양적 전제주의를 올바른 통치로 바꾸기 위해 정치 및 법제 개혁을 단행해야 한다고 주장하며 영국의 통치를 정당화했다. 그럼으로써 미신을 좋아하고 무기력한 토착민들을 완전히 달라지게 만들 수 있다는 것이었다.

인도 사회의 부정부패가 종교 때문이라고 생각하던 사람들은 영국의 올바른 동양 통치를 위해 기독교가 무엇보다 중요하다고 믿었다. 예를 들어, 18세기 말 부흥한 복음주의 중 성공회교도 집단인 클래펌 파Clapham

Sect*는 인도에 관심을 기울였다. 노예노동 폐지, 노예무역 중단, 형법 개혁을 위해 애쓰던 클램퍼 파 중에서도 인도에서의 선교 활동을 강력하게 주장한 찰스 그랜트Charles Grant는 "어둠을 치유할 진정한 해결책은 빛을 안겨주는 것이며, 힌두교의 오류가 밴 기본 구조를 조용히 약화시키고 종래에는 전복시키는 선교 교육이 필요하다."라고 이야기했다. 그랜트도 버크, 밀과 마찬가지로 영국의 정복 범죄를 규탄하는 동시에 개혁을 통한 용서를 주장했다. 그는 "영국이 앞으로 우리와 모든 미래 세대가 아시아 신민을 통치하고 대하는 기준이 되는 원대한 도덕적·정치적 원칙을 정해야 한다."라고 주장했다. "인도인들에게 지식과 빛, 행복을 가져다주는 것을 우리의 의무로 삼아야 할까? 아니면 조용히 복종시키기 위해 그들이 지금처럼 무지하고, 부패하고, 서로 피해를 입히며 살아가도록 내버려둬야 할까?"

세속적이든 종교적이든, 밀과 그랜트는 도덕적으로 정당화된 제국을 지향했다. 두 사람의 목표는 영국 시민이 자치의 책임을 질 준비가 될 때까지 그들의 삶을 개선하는 것이었다. 정치이론가 카루나 만테나Karuna Mantena가 말한 것처럼 이러한 변혁적인 사상은 처음 제기된 것이었으며, 일단 영국의 온정주의 책임이 받아들여지면 "영국의 위신, 부, 명예를 위해 통치를 지속하자는 주장은 원칙적으로 정당화될 수 없었다."29

영국의 역사가이자 정치가인 토머스 매콜리는 "강렬한 열정을 타고나 강한 유혹의 시험을 받는 사람들이 대개 그렇듯, 클라이브 역시 큰 잘못을 저질렀다. 하지만 클라이브의 경력을 공정하고 객관적인 관점으로 볼 수 있는 사람이라면, 우리 섬나라가 영웅과 정치인으로 넘쳐나지만 군대

---

* 영국의 복음주의 정치가들의 공동체로 1780년대부터 1830년대까지 활동했다. 하원의원 윌리엄 윌버포스와 그의 복음주의 동료들로 이루어진 이 개혁가 무리는 런던 남부의 클래펌 마을에서 모여 살면서 노예무역 폐지, 노예제도 폐지, 사회 악습 철폐 등 정치 및 사회 개혁 활동을 했다.

나 의회가 클라이브처럼 진정으로 위대한 사람을 거의 배출하지 못했다는 사실도 인정해야 한다."30라고 주장했다. 도덕적 실패에 관한 버크의 장황한 연설로부터 클라이브를 구한 셈이다.31

매콜리는 버크의 동정 어린 시각에도 반대했다. 인도인은 피해자도 아니고, 고결하지도 않다는 것이다. 그의 주장은 분명했다. "우리의 본분은 우리 앞에 분명히 놓여 있다. 지혜롭게 행동하고, 국가 번영을 위해 노력하고, 국가의 명예를 지키는 것이다." 매콜리는 인도에서의 성공을 '야만성과의 대결에서 이성이 평화롭게 승리한 것'이라 보았으며, "우리의 예술, 우리의 도덕, 우리의 문학, 우리의 법으로 불멸의 제국이 만들어졌다."라고 강조했다.32

매콜리가 자의적으로 삭제하고 왜곡한 내용은 사람들에게 그대로 받아들여졌다. 이는 그가 인도 총독 고문을 지냈고 인도 교육에 관한 영향력 있는 정책 논문을 발표했을 뿐만 아니라 인도 형법전을 작성했기 때문이었다. 매콜리는 헤이스팅스가 인도의 미래와 영제국 전체의 미래를 설계했다고 주장했다. 실제로 헤이스팅스는 영국의 벵골 통치를 공고히 했다. 영국이 세금 징수 같은 중요 업무를 틀어쥐게 만들었고, 인도 아대륙에서 영국의 공식적인 영향력을 벵골 너머로 확대하기 위해 부단히 노력했다. 매콜리의 표현에 따르면, 헤이스팅스는 '풍부한 지적 능력, 보기 드문 지시·행정·토론 능력, 불굴의 용기, 명예로운 빈곤, 국가의 이익을 위해 일하려는 강렬한 열의, 고귀한 평정심'을 지닌 존경받을 만한 인물이었다.33

매콜리는 영국에 머무는 정치인이라면 맞닥뜨리지 않았을 커다란 부담과 우여곡절을 이유로 헤이스팅스의 행동을 정당화했다. 그는 이렇게 주장했다. "어떤 위험이나 곤란한 상황도 헤이스팅스를 당혹스럽게 만들지 못했다. 어려움이 닥칠 때마다 이미 준비된 계획이 있었기 때문이다. 헤이스팅스가 준비한 계획의 공정성과 인간성에 대해 의문이 들 수도 있겠지만, 그 목적을 달성하지 못하는 경우가 거의 없었다는 것만은 분명하다."[34] 곧이어 목적이 수단을 정당화한다는 주장이 등장했고, 이 주장은 이후에도 주기적으로 사용되었다.

역사학자들은 클라이브를 제국의 설립자로, 헤이스팅스를 제국의 통합자로 재구성했다. 반면 버크는 헤이스팅스와 제국 프로젝트 전반을 비판했다는 이유로 비난을 받았다. 1922년부터 1937년 사이에 출판된 총 여섯 권 짜리 《케임브리지대학교 인도 역사 Cambridge History of India》 1권에서 헨리 도드웰 Henry Dodwell이 버크가 '폭력적인 적대감'을 갖고 행동했으며, 헤이스팅스 탄핵 또한 "참혹하고 잔인한 실수였다."라고 선언하자 대다수의 영국인이 동의했다.[35]

자유제국주의의 새로운 도구

이후 2세기 동안 영국에서는 헤이스팅스 탄핵 같은 재판이 벌어지지 않았다. 극적이고 거침없는 말솜씨로 식민지 사람들의 고통을 상세히 묘사하고 영국의 이름으로 저지른 동인도회사의 만행에 공공의 책임을 요구한 버크 역시 영국식 제국 지배의 특징인 특권 및 지배 형태를 영구히 보호하고자 했다. 탄핵 재판 이후 특히 두드러지는 현상이었다. 책임과 정당성에 대한 논의는 온정주의를 토대로 통합된 자유제국주의의 출발점이었다. 자유제국주의 때문에 생겨난 불안감은 이후 반복적으로 모습을 드러냈다. 이러한 불안감은 영국이 제국에서 자행된 강압과 문명화라는 은혜를 거부하는 '무지몽매한' 민족을 통치할 때 발생하는 불가피한 결과로 받아들일 때 특히 증폭되었다. 헤이스팅스 탄핵 재판을 통해 영국의 제국 통치권은 한층 공고해졌다. 그전까지만 해도 탐욕에 불타올라 제멋대로 구는 상인들이 영국과 제국의 경제를 주름잡았지만, 이 재판 이후에는 인도를 비롯한 제국 각지에서 민족주의적인 정책과 관행이 영국 자본주의와 결합되었다. 19세기에 접어들자 '국내에서의 개혁'과 '제국에서의 폭력'이라는 역설적인 특징과 함께 자유제국주의의 모습이 온전히 드러났다. 제국의 영속을 위해서는 책임에서 비롯되는 파괴적인 영향을 피해야만 했다. 이에 자유제국주의를 떠받치는 여러 도구가 새롭게 등장했고, 클라이브나 헤이스팅스 같은 제국의 영웅은 불멸의 존재가 되었다. 제국의 범죄라는 공공연한 비밀은 부정되거나 정당화되거나 잊혔다.

18세기부터 100여 년의 세월 동안, 영국은 되는 대로 제국을 키워갔다. 무굴의 계승자를 자처하며 지배하던 인도부터 인구가 200여 명에 불과한 남태평양의 작은 섬 핏케언까지, 모두 영제국의 영토였다. 전 세계 영토의 4분의 1가량이 영국의 지배를 받았다. 빅토리아 여왕의 통치가 끝날 무렵, 제국의 피지배자는 4억 5000만 명이 넘었다. 세계 지도에서 남극을 제외한 모든 대륙이 붉은색으로 뒤덮였다. 영국의 지배를 상징하는 색이었다. 영국은 통치국가들에 대해 당혹스러울 만큼 다양한 정치적 권리를 주장했다.[36] 케이프타운에서 봄베이에 이르는 여러 도시에 빅토리아 건축 양식을 따른 법원, 기차역 등이 지어졌다. 제국의 거점 도시에는 고유의 특색이 사라지고 언뜻 보기에도 영국식임이 분명한 겉모습이 더해졌다. 반면, 수 세기 동안 영제국 무역로에서 중요한 역할을 해온 다른 상업 중심지들은 여전히 헛간이나 다를 바 없는 모습으로 남아 있었다.[37] 물론 홍콩 같은 상업 도시도 존재하기는 했다.

이 시대에는 기술 및 과학 분야에서도 숱한 혁신이 이루어졌는데, 특

19세기 말의 영제국

히 수송 체계와 통신망의 발전은 놀라울 정도였다. 새로운 증기기관, 수중 케이블, 전보 등이 섬나라 영국을 머나먼 영토들과 연결했다. 증기기관이 영광의 원천이었다. 영국의 증기기관은 외딴 지역들을 가로질렀다. 일부 식민지에는 철도가 건설되었다. 인도와 호주는 어마어마한 철도망을 자랑했다. 기술자들이 그레이트 리프트 밸리까지 간 도로는 버마* 구릉지대까지 연결되었다. 그렇지만 감비아 내륙, 피지의 840개 섬 같은 지역들은 수십 년간 제국의 나머지 영토와 단절된 채 방치되었다. 영국령 온두라스** 같은 외딴 식민지에서는 선로의 흔적조차 찾을 수 없었다. 그래도 영국이 뛰어난 공학 기술로 주위 환경을 길들이며 아프리카와 아시아의 방대한 내륙에 접근했음을 부정할 수는 없다. 빅토리아 여왕이 세상을 떠난 직후, 수없이 많은 엔지니어와 노동자가 빅토리아 폭포를 가로지르는 상징적인 교량을 짓기 시작했다. 교량은 인접한 아프리카의 두 식민지, 남로디지아와 북로디지아***를 연결했다. 영국이 중앙아프리카의 우레 같은 폭포를 정복했음을 알리는, 식민지 시대 포스터에 수없이 등장하는 풍경이 완성되었다.[38]

남아프리카 광공업지대 비트바테르스란트에서는 안정적으로 금을 캐냈다. 영국은 전 세계 자금줄을 틀어쥐고 은행으로서의 입지를 지켜나갔다.**** 실론섬에는 비탈을 따라 여러 플랜테이션***** 농장이 생겨났고,

---

*   미얀마의 옛 이름이다.
**   벨리즈의 옛 이름이다.
***   각각 짐바브웨와 잠비아의 옛 이름이다.
**** 당시 세계 경제는 통화의 가치를 일정량 금의 가치와 연계한 금본위제였기 때문에, 금 보유량이 중요했다.
***** 대규모 농업 경영 방식으로, 주로 열대 및 아열대 지역에서 특정 작물을 집중적으로 재배하는 대규모 농장을 의미한다.

아프리카 남부 광산에서는 광물과 원석이 채굴되었다. 20세기가 되자 광활한 땅에서 커피와 코코아, 차, 고무가 생산되었다. 남녀노소, 민족, 인종, 종교 구분 없이 온갖 부류의 근로자가 영국이 통치하는 논밭을 갈고 광산에서 일했다. 그중에는 니아살란드처럼 상대적으로 생산성이 떨어지는 식민지에서 온 가난한 이민자들도 있었다. 이들은 몇 달씩, 심지어 몇 년씩 광산과 플랜테이션 농장에 머물렀다. 키쿠유족은 찻잎을 땄고, 중국 광부는 주석을 캤다. 인도인은 고무를 채취했으며, 줄루족은 금광에서 일했다. 말라야에서는 어부들이 물고기를 낚았고, 레바논에서는 장사꾼이 가게를 열었다. 모두 영국의 지배를 받았다. 제국 노동시장 곳곳에서 수백 개의 다른 언어가 쓰였다. 영국 신민들은 이슬람교, 기독교, 힌두교, 불교, 그 외의 온갖 토착 종교 등 다양한 종교를 믿었다. 이들에게는 소코토 칼리프국*과 잔지바르** 같은 수출입항, 평범한 마을, 소규모 거래망 등으로 이어지는 오랜 역사가 있었다.

이러한 제국을 통합한 것은 자유제국주의라는 이상, 영국의 상상력에 뿌리를 둔 이념적인 통일성이었다. 세계 무대에서 영국의 영향력과 지배력이 확대되자 보편적인 원칙과 자유시장, 재산 보호 역사의 정의에 대한 논의가 시작되었다. 법치에 대해서도 본격적인 논의가 이루어졌다. 19세기 초에 시작되었으나 그 기원은 헤이스팅스 재판 한참 전으로 거슬러 올라가는 자유주의 사상은 제국의 성장과 맞물려 유럽에서 거듭 발전했다. 자유주의와 제국주의 간의 상호 구성 관계는 자유, 발전, 국내외 통치에 대한 영국인의 생각에 지대한 영향을 미쳤다.[39]

---

* 이슬람의 정치, 종교 최고권위자 '칼리프'가 다스리는 국가. 우스만 단 포디오Usman dan Fodio라는 이슬람 성직자가 건설한 신정국가로, 니제르남부와 나이지리아 북부에 위치해 있었다.
** 탄자니아 앞 바다에 있는 섬으로, 오랫동안 중계무역 항구로 번성했다.

신앙이 된 자유제국주의

자유주의는 하나의 신조이자 논쟁의 대상이었다. 교육이나 법으로 개인과 사회를 개혁하고 변화시킬 수 있다고 믿는 보편주의적인 정책이기도 했다. 전통적인 자유주의를 떠받치는 근간은 자립적이고 권리가 있는 개개인이었다. 개개인의 행동이 모여 사회가 형성되었다. 인간 중심적이고, 합리적이며, 자율적인 사람으로서 충분히 잠재력을 발휘하려면 폭군, 봉건귀족, 고압적인 성직자와의 시대착오적인 유대 관계에서 벗어나야 했다. 영국의 관직 임명권 중심의 위계질서를 변화시키기 위한 개혁의 속도와 범위에 대해서도 많은 논쟁이 벌어졌다.

그럼에도 혁명의 시대에는 자유주의의 개혁적 충동이 국내에서도 점차 영향을 미치게 되었다. 개인주의, 자제를 통한 자기 단련의 미덕, 실패에 대한 징벌 강조가 자유주의의 특징이었다. 자유주의는 개인 자산을 성공의 지표로, 자유시장을 공익 실현의 매개체로 여겼다. 인간이 발전하려면 과학과 기술, 이성과 체계가 무엇보다 중요하다고 보았다.[40] 제국의 팽창은 역사적으로도 발전, 자본주의 확장, 도덕적 요구라는 보편주의적인 개념을 아울렀다. 이는 자유주의 이데올로기의 고유한 특징이었다.[41] 그렇지만 헤이스팅스 재판 후 인도를 포함한 제국 내 다른 지역에서 일어난 사건들을 들여다보면 이 같은 보편주의적인 주장은 힘을 잃는다. 자유제국주의는 영제국이 낯선 문화와 다른 피부색을 가진 괴상한 사람들에게 서양식 가치관을 주입하는 방법이었다. 골치 아픈 국내 정치 환경과 분리된 자유주의는 '문명화 사명'이라는 기치 아래 개혁과 실천을 강조했고, 여러 지역에서 일관성 있게 발전했으며, 오랫동안 이 같은 특징을 유지했다.[42] 영국의 제도와 관행이 옮겨지는 과정에서 개혁은 인도를 비롯한 여러 곳에서 다양한 형태를 띠었다. 그중 가장 중요한 것은 법치였지만 그에 못지않게 합법적인 폭력 또한 중요해졌다. 합법적인 폭력은 국가를 보호하고, 개인 재산을 보존하고, 안정적인 노동력을 공급하고, 복지를 확대하고, 사업 개발을 보장했다.

영국의 개혁을 위한 노력은 이후 100년 동안 유지되었다. 이는 제국의 정책을 이해하고 계획하는 지배적인 이념의 틀이었다. 적법성과 강압의 필요성은 자유주의의 고유한 특성이다. 영국의 사상가와 정치인은 영제국에서 올바른 통치가 지니는 의미를 알아내기 위해 노력하는 한편, 이 사실과 계속 씨름했다. 저명한 경제학자 제임스 밀의 아들 존 스튜어트 밀 역시 마찬가지였다. 그는 1859년, "개선을 목적으로 삼고, 실제로 달성함으로써 수단을 정당화할 수 있다면, 전제주의는 야만인을 다루는 합법적인 통치 방식이다."라고 이야기했다.[43] 그는 자신의 저서 《자유론》과 《대의정부론》에서 문명과 야만을 나란히 놓고, 영국의 문명화 사명과 밀접하게 묶인 인간 개발론을 주장함으로써 새로운 이념적 관용구를 만들어냈다.[44] 비유럽인들이 어린아이와 같다고 생각한 밀은 서양인(백인)이 아닌 사람들은 아직 자유를 누릴 준비가 되지 않았다고 주장했다. "자유는 성숙한 사람에게만 적용되어야 한다. 같은 이유에서 인종 자체가 아직 미성년 단계라고 볼 수 있는 무지몽매한 상태의 사회에는 자유를 허락하지 않아도 무방하다."[45]

19세기 서양인들은 인도의 문명이 걸음을 떼는 아이 수준이라고 생각했다. 밀은 영국이 '반드시 지나야 할 사회 발전의 다음 단계를 가장 빠르게 통과할 수 있도록 이끄는 방식'으로 인도를 통치한다고 주장했다. 이 같은 목적을 위해서는 현지의 '문명화 단계'에 맞춰 통치 방식을 정하는 것이 올바른 방식이었다. 따라서 밀은 '온정주의를 기반으로 하는 전제정치'를 옹호했다. "제국 신민에게 정말로 도움이 되고자 하는 문명화된 정부는 상당한 수준의 전제정치로 스스로를 통제하지 못하는 사람들을 통치한다. 그들의 행동에 상당한 수준의 강제적인 제약을 가할 수밖에 없다."[46]

보편주의적인 사상은 인간의 개성을 길들이는 문화와 역사로 바뀌었다. 합리성과 사회적·경제적 발전의 개념을 둘러싸고 논쟁이 벌어졌다.[47] 세계시민이 새롭게 등장한 가운데, 단계적으로 포용성이 등장했다. 물론 그것이 진정한 포용성이었는지는 확실치 않다. 어쨌든 밀은 다음과 같이 주장했다. "하나의 문명화된 국가와 다른 국가가, 문명화된 국가와 야만인이 동일한 관습과 국제도덕 규칙을 가질 수 있다고 가정하는 것은 중대한 실수다. 안전하고 아무런 책임도 지지 않는 위치에서 정치인을 비난하는 사람이라면 몰라도, 정치인이라면 이 같은 실수를 저질러서는 안 된다."[48]

'문명화된 국가'의 '국제도덕'에서 '야만인'을 제외해야 한다는 주장은 빅토리아 시대 중반에 등장했지만, 제국 신민의 인도적 권리와 인권을 부정하던 20세기의 분위기 역시 밀의 주장과 별반 다르지 않았다.[49] 밀은 제국 시대의 산물인 동시에 그 시대를 만들어간 사람인 셈이다. 밀의 설명은 19세기의 벤저민 디즈레일리Benjamin Disraeli나 조지프 체임벌린Joseph Chamberlain 같은 보수주의자부터 20세기의 클레멘트 애틀리Clement Attlee, 어니스트 베빈Ernest Bevin 같은 노동당 지도자에 이르기까지 정치 스펙트럼 양 끝에 있는 미래의 제국주의자들에게 '온정주의적인 전제정치'의 개념을 제시했다. 확장된 제국의 신민들이 영국이 주장하는 발전과 문명화의 개념을 거부할 때, 밀은 개혁의 약속을 내걸며 전 세계 황인과 흑인의 주권을 부정했다. 밀의 자유제국주의는 식민 통치의 도구로써 강압을 정당화하는 발판이었다.[50]

폭력이 필요한 순간?

끝없는 국가 폭력과 맞닥뜨린 영국의 두 번째 제국은 폭력을 올바른 제국 통치의 핵심인 법치의 일부로 만들기 위해 애썼다. 밀의 글이 등장하기 수십 년 전, 영국은 이미 아일랜드(1798년, 1803년), 바베이도스(1805년, 1816년), 실론(1817년, 1848년), 데메라라(1823년), 자메이카(1823~1824년, 1831~1832년), 케이프(1835년, 1846년, 1850~1853년), 캐나다(1837~1838년)에 계엄령을 선포하며[51] 범상치 않은 강압을 합법화했다. '국가 주도 폭력이 필요한 때가 언제인가?'와 '이러한 폭력이 정당하거나 합법적인가?'라는 질문이 논란에 불을 붙였다. 폭력에 관한 질문은 영국인들의 마음을 무겁게 짓눌렀다.

설탕 생산에 특화된 영국 식민지 데메라라(남미 북동해안 위치)에서는 1823년 8월 17일, 약 1만 2000명의 노예가 가난하고 자유롭지 못한 자신들의 상태에 불만을 품고 반란을 일으켰다.[52] 이에 대해 데메라라 총독 존 머리John Murray는 이렇게 말했다. "잘못된 행동의 결과를 알려주기 위해, 저는 엄중한 계엄령을 선포할 수밖에 없었다. 국왕 폐하 만세." 질서는 48시간이 되기 전에 회복되었지만, 계엄령은 주동자로 추정되는 수십 명의 재판이 진행되는 동안 유지되었다. 공개적인 채찍질에 이어 참수된 머리가 말뚝에 걸렸다. '바람직한 효과를 얻기 위해' 사슬에 묶인 시체를 플랜테이션 밖에 몇 달씩 걸어두기도 했다.[53]

이 일을 두고 브로엄 경Lord Brougham은 의회에서 이렇게 주장했다. "반드시 필요한 상황이 해결되었는데도 영국의 모든 법과 헌법이 한 시간 더 중단된다면, 생각할 수 있는 최악의 불만이 터져나오고 이루 말할 수 없는 재앙이 일어날 것이다."[54] 브로엄의 관심사는 그 사건의 적법성이 아니라 반란에 연루되어 군법회의에 넘겨진 후 유죄를 선고받아 감옥에서 처형을 기다리다 사망한 감리교 선교사 존 스미스John Smith에 대한 불법적인 처우였다.[55] '총독이 지나치게 오래 계엄령을 유지해, 피고인을 재판할 수 있는 초법적인 수단을 제공한 것은 아니었을까?'라는 게 의회의 걱정이었다. 휘그당원 제임스 매킨토시James MacKintosh는 "단 1분이라도 필요 이상 지속되면 계엄령도 불법적인 폭력에 불과해진다."라고 주장했다.[56]

'필요성의 원칙'이 대두되었다는 사실 자체가 법체계의 정상적인 기능 붕괴, 즉 실존적 위협에 대처하지 못하는 국가의 무능함을 시사했다. 영국의 일반적인 형법은 공정한 재판을 제공하고, 무죄를 추정했다. 일사부재리의 원칙과 정부 관료를 비롯한 모든 사람이 개개인으로서 책임을 진다는 자유주의적인 이상을 충실히 따랐다. 국가는 합법적으로 폭력을 사용할 수 있는 독점적인 권한을 갖고 있었지만, 관습법이 요구하는 바에 따라 폭력에 점차 제약이 가해졌다. 반면, 식민지 형법에는 제국의 인종차별적인 가정과 경제적 요구가 반영되었다. 영국에서는 폐지된 온갖 악법이 식민지에는 남아 있었다. 정치사상가, 법학자, 정치인 등은 어떤 상황에서 폭력이 정당한지 정의하기 위해 영국에서 선례를 찾았지만, 대부분 모호했다. 영국의 법률 역사를 살펴보면 계엄령조차 애매모호한 부분이 있었다.[57]

엄밀히 따지면, 전쟁 상태일 때만 계엄령이 선포되었다. 제 기능을 못하는 민간정부를 군부가 대신하는 것이었다. 다만 계엄령이 필요하다 여겨지면 군부는 광범위한 권력을 휘두를 수 있었다. 일단 반란이 일어나면, 지배국가는 계엄령을 포함해 온갖 법과 규정을 활용할 수밖에 없었다. 식민 관료들은 범상치 않은 폭력 행위로 제국을 지켜내려고 애썼다. 내부 반란이 일어날 때는 계엄령의 작동 방식이 달라졌다. 여전히 정부 기능을 하는 민간 정부는 군부에 경찰을 도와 질서와 권위를 바로 세울 것을 요청했다. 제국에서는 보통 상황이 이런 식으로 흘러갔다. 이론적으로는 계엄령이 해제되면 일반법을 위배한 모든 행위에 대해 책임을 물을 수 있었지만, 그런 일은 거의 없었다. 군부가 책임지지 않아도 되도록 사후 면책법이 통과되는 경우도 많았다. 물론 계엄령 기간에 발생한 일 때문에 기소가 이루어진 선례도 있었다. 1812년, 맨스필드 경Lord Mansfield은 일반 병사에게는 특별 면제 조항이 적용되지 않으며 상관의 명령이 있었더라도 일반 시민과 같은 규칙을 적용받는다고 판결했다. 찰스 네이피어Charles Napier 장군은 "부작위를 이유로 군사재판에서 총살당해야 하는가? 아니면 과도한 열정을 이유로 배심원의 결정에 따라 교수형에 처해져야 하는가?"라고 물으며 불같이 화냈다.*58

일반적인 법치를 우회하는 행위에 대한 판례도 있었다. 영국에서는 대부분 구속적부심 청구권,** 특히 반역 혐의자의 구속적부심 청구권이 인정되지 않았다. 인신보호중단법으로 인해 개인의 재판은 지연될 수 있었고, 일단 법적 절차가 진행되면 영국 정부는 면책법을 통해 법적 책임으로부터 보호받을 수 있었다.59 불법 집회를 막기 위한 법적 장치로 폭동법Riot Act도 있었다. 군대는 폭동법을 낭독한 후 한 시간 뒤에 진압에 나섰다. 군중이 제대로 들을 수 있을 만큼 충분히 크게 폭동법을 낭독하지 않았다면 형사법에 따른 직무태만으로 간주되었지만, 통제하기 어렵다면 언제든 군대가 개입했다.

하지만 여전히 의문이 남았다. 폭동법은 언제 발동해야 할까? 어느 정

---

*   당시, 맨스필드는 일반 병사가 상관의 명령에 따랐더라도 불법적인 행위를 저지른다면 일반인과 같은 기준으로 판단해야 한다고 판결했다. 하지만 병사가 상관의 명령에 따르지 않으면 군사재판에서 처벌당할 수밖에 없다. 네이피어는 말로 둘 사이의 괴리와 부조리를 지적했다.
** 법원에 구속의 적절성 여부 심사를 요청하는 권리.

1장 자유제국주의

도의 무력이 적당한 것일까? 1831년, 어떤 영국 판사는 결론을 내렸다. "치안판사건 경찰관이건 폭동 진압 책임자의 입장은 매우 난처하다. 그의 행동 때문에 누군가 목숨을 잃는다면 살인이나 과실치사가 되고, 아무런 조치도 취하지 않으면 직무유기죄로 기소당하기 때문이다. 따라서 직무를 정확히 따라야 한다. 의도가 강직하더라도 의무를 다하지 않았다면, 누군가를 방면하기 충분치 않다는 점을 분명히 짚고 넘어가야 한다."[60] 필요성, 정당한 폭력, 승인되지 않은 폭력, 무력의 강도 같은 문제들이 수년간 퍼져나갔으며, 영국에서 가장 존경받는 인물들 사이에 거대한 충돌을 예고했다. 인도와 자메이카에서 벌어진 폭동은 이 팽팽한 논쟁을 정점으로 끌어올렸으며, 동시에 '원주민'들이 서구적인 방식으로 발전할 수 있는지에 대한 의문을 불러일으켰다.

신민들의 반란

1857년에는 동인도회사 소속 세포이 용병들이 무기를 들고 일어섰다. 곳곳에서 반란이 잇따랐다. 인도인들은 자국에서 영국을 몰아내려 했고,[61] 유럽인들을 상대로 끔찍한 범죄를 저질렀다. 인도인들은 백인 소녀를 강간했고,[62] 영국군은 반역 용의자들을 대포 포구에 묶은 채로 도화선에 불을 붙였다. 반역자들은 갈가리 찢어졌다.[63] 현지인을 마구잡이로 해치우는 바람에 도시와 마을은 쑥대밭이 되었다. 한 영국군 장교는 이렇게 회상했다. "모든 사람을 사살하라는 명령이 떨어졌다. 말 그대로 살인을 하라는 것이었다. 최근 유혈이 낭자한 끔찍한 광경을 숱하게 봤지만, 어제는 정말 다시 보고 싶지 않은 현장을 목격했다. 도륙당하는 남편과 아들의 모습을 지켜본 여자들이 질러대는 비명을 듣는 것이 가장 고통스러웠다."[64]

1857년은 '붉은 해Red Year'였다. 영국인들은 백인을 상대로 자행된 잔혹 행위에 충격을 받았고, 언론은 과장된 보도로 대중을 선동했다.[65] 응징을 요구하는 분위기를 발판 삼아, 영국은 인도를 억압했다. 1858년 말, 마침내 반란을 진압한 영국에는 인종차별적인 태도가 확고하게 뿌리내렸다. 이 같은 태도는 영국의 제국 지배에도 영향을 미쳤다.[66] 반란은 해결해야 할 법적 문제가 있다는 신호였다. 불법적인 지배가 시작되었지만, 한동안 법의 속박이 영국 정부의 복수를 막았다. 이에 입법자들은 박차고 일어서 법의 속박을 떨쳐냈다. 1857년 5월 30일, 입법부는 반란이 일어나는 곳이라면 어디에서든 오랫동안 존중되어 온 정의를 쓸어버릴 법안을 통과시켰다. 국가범죄법State Offences Act은 국왕이나 동인도회사를 상대로 반란을 꾀한 모든 사람을 겨냥했다. 놀라울 정도로 범위가 넓은 이 법은 반란자를 처형하거나, 평생 유배 보내거나, 중노동 징역형에 처하는 근거로 쓰였다. 국가범죄법은 현지 공무원에게 관할 구역에서 '반란 상태' 선언 후, 법무관 없이 재판을 진행할 수 있는 권한을 부여했다. 피의자에게 항소권을 주지 않아도 된다고 명시되었다. 악랄범죄법Heinous Offences Act, 군사 및 국가 범죄법Military and State Offences Act 등 피의자의 권리를 제한하는 법이 잇따라 통과되었고, 언론 검열 및 탄압 지지 법안도 통과되었다. 법사학자 A. W. 브라이언 심프슨A. W. Brian Simpson은 "다양한 형태의 즉결심판과 비상조치를 활용할 수 있는 법적 근거가 마련되었다. 결국 일종의 법정 계엄령이 적용되는 상태지만, 엄격한 의미에서 계엄령에 의존할 필요가 없어졌다."라고 결론지었다.[67]

세포이항쟁 8년 후, 부드럽고 따스한 산들바람이 자메이카 모란트만의 새하얀 법정 밖 야자수를 부드럽게 간질였다. 법정 안에서는 식민 치안판사 프랜시스 보엔Francis Bowen과 존 월턴John Walton이 경범죄 사건을 심리하고 있었다. 평일에는 대규모 플랜테이션을 운영하던 그들은 토요일마다 흑인 간 범죄를 재판했는데, 이날도 한 소년이 경미한 폭행 혐의로 유죄 판결을 받았다.[68] 소년은 보엔과 월턴 같은 거대한 플랜테이션 소유주의 이익을 위해 학대당하던 수십만 노동자 중 하나였다.[69]

약 30년 전 노예해방이 이루어질 때만 해도, 노예들이 영국 중산층처럼 자유노동자로 살아갈 것이라 예상했다. 적어도 윌리엄 윌버포스William Wilberforce 같은 급진적인 복음주의자 겸 노예 폐지론자들은 그렇게 기대했지만, 안타깝게도 노예해방 이후 자메이카가 맞닥뜨린 현실은 매우 달랐다. 역사학자 캐서린 홀Catherine Hall이 강조하듯, 흑인들은 영국의 사회적 가치를 수용하거나 자메이카의 백인에게 초라하게 고개 숙이기를 거부하고 '자신들만의 문화'를 선호했다. 노예제도, 중간 항로,* 플랜테이션의 영향을 받은 이들의 문화는 특유의 혼합 종교, 의식, 관행, 아프리카와 자메이카가 뒤섞인 듯한 생활 방식을 만들어냈다.[70]

자유제국주의는 점진적인 자유와 평등을 열망했지만, 인종차별적인 경제적 불평등 위에 세워진 제국자본주의와 분리될 수 없었다. 문제가 중재 불가능한 수준으로 깊어지자 시위와 파업, 폭동, 전면적인 항쟁이 반복되는 원인이 되었다. 영제국 곳곳에 갈등이 만연했다. 한때 인도와 함께 영제국이라는 왕관을 장식하는 아름다운 보석이었던 자메이카에서 끓어오른 반란은, 자유에 대한 영국의 혼란스러운 개념을 시험하고 밀이 주장하던 자애로운 전제주의에 도전할 태세였다.[71]

---

* 노예 수송선이 오갔던 파도가 거친 대서양 한복판을 가리킨다.

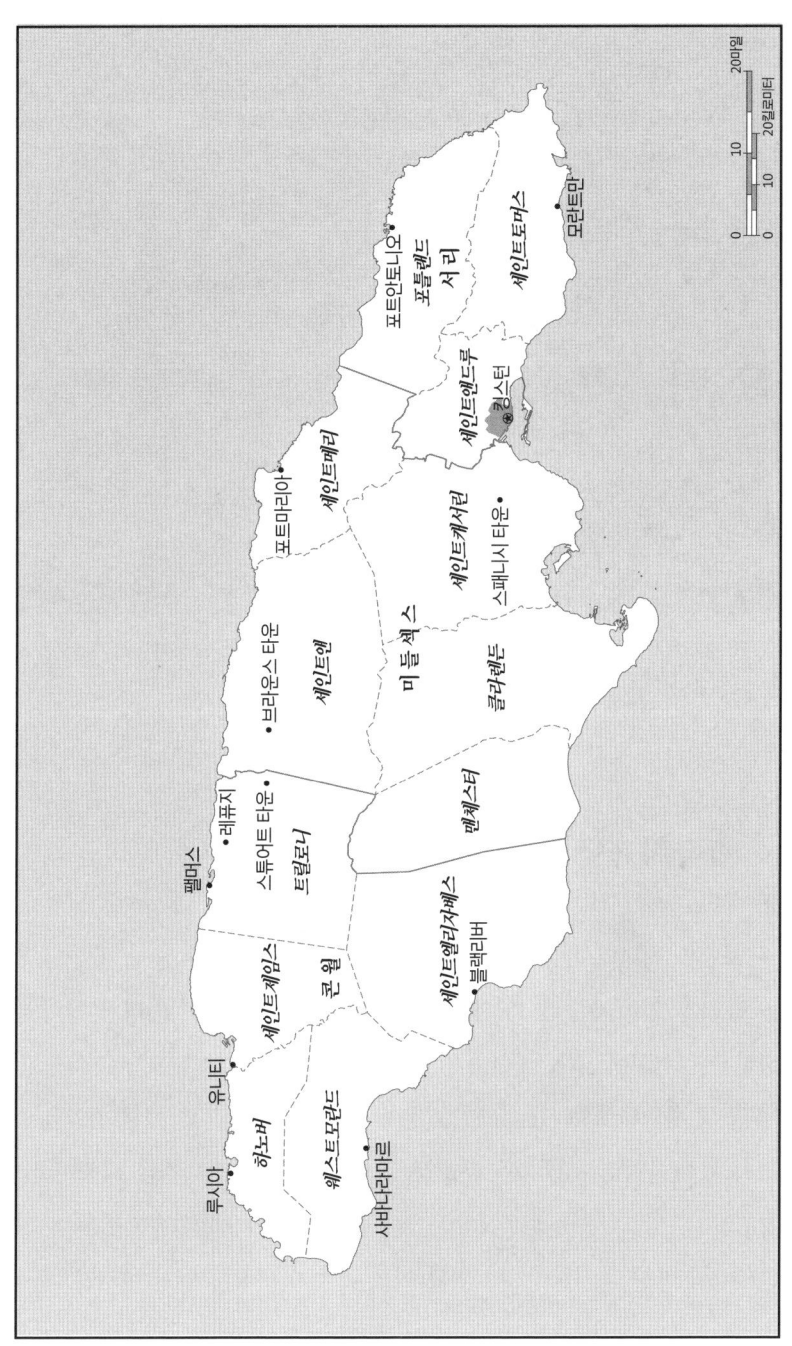

19세기 자메이카

모란트만의 반란, 자메이카 동부에 위치한 세인트토머스에서 벌어진 법원 공격 사건, 1865년 10월 11일

제국의 진심

보엔과 월턴의 판결 같은 독단적인 정의, 가혹한 노동 체제, 재산법 등을 둘러싼 인종 갈등은 1865년 10월 11일 오후, 모란트만 법정 밖에서 발생한 폭력시위에 불을 지폈다. 42킬로미터 떨어진 킹스턴에서 소식을 전해 들은 에드워드 에어Edward Eyre 총독은 흑인이 자메이카에서 백인을 모조리 몰아낼지도 모른다는 두려움에 사로잡혔다. 이에 긴급 대책회의를 소집하고, 킹스턴을 제외한 서리 카운티 전 지역에 계엄령을 선포했다. 모란트만의 반란은 시위대가 무기를 거의 갖추지 못했을 뿐만 아니라, 참여

한 사람 숫자도 적었다. 그럼에도 진압이 뒤따랐다. 다음은 영국 장교의 목격담이다.

> 오늘 아침, 말에 올라탄 30명의 군인이 시위대를 급습한 뒤 본부로 돌아왔다. 포로를 몇 붙잡았고, 아홉 명을 매로 때렸으며, 흑인이 사는 집 세 채를 불태웠다. 이후 50~60명에 달하는 포로를 대상으로 군법회의를 열었다. 몇몇은 군법회의 없이 간단한 심문만으로 매질을 당했고, 군법회의에서 유죄 판결을 받은 아홉 명 중 한 명은 곧바로 100대의 태형을 받았으며, 나머지 여덟 명은 교수형 또는 총살형에 처해졌다. 우리는 가능한 한 무자비하게 적을 몰아붙인다. 이것이 바로 계엄령의 모습이다. 군인들은 계엄령을 즐긴다. 주민들은 계엄령을 두려워할 수밖에 없다.[72]

모란트만 근처에 있었으며 몇 달 동안 혁명에 관한 생각을 퍼뜨리고 다닌 흑인 폴 보글Paul Bogle은 군사재판 이후 처형당했다. 유명한 자메이카의회 소속 혼혈 의원 조지 고든George Gordon의 운명도 마찬가지였다. 반란 전 여러 차례 군중을 선동한 전력이 있는 반체제 정치인이기는 했지만, 고든은 계엄령이 적용되지 않는 킹스턴에서 활동했다. 에어는 고든을 군사법정에 세우기 위해 모란트만으로 실어 날랐다. 더불어 변칙적인 법적 절차를 적용했다. 대역죄와 반역자와의 공모라는 혐의도 뒤집어씌웠다. 정황 증거밖에 없었지만, 고든은 결국 유죄를 선고받아 처형당했다.[73] 에어는 11월 18일 발행된 신문 〈런던 가제트London Gazette〉 증보판에 모란트만의 반란에 관한 내용을 기고했다.

바스의 부목사는 살아 있는 상태에서 혀가 잘렸다고 전해지며 산 채로 피부를 벗기려는 시도도 있었다고 한다. 몸을 완전히 열어젖혀 내장을 밖으로 몽땅 끄집어낸 사례도 있었다. 어떤 신사를 별채에 밀어 넣고 불을 지른 다음, 말 그대로 산 채로 온몸이 구워질 때까지 가둬둔 사례도 있었다. 눈을 파내고 두개골을 열어젖혀 뇌를 끄집어낸 경우도 많았다. 살인마들이 남작의 손가락을 잘라 전리품으로 들고 가기도 했다. 반만 타버린 시체도, 끔찍한 구타를 당한 시체도 있었다. 사실 자메이카에서 벌어진 모든 잔혹 행위에 견줄 만한 것은 인도 세포이항쟁 때 벌어진 극악무도한 행위뿐이다.[74]

에어는 응징이 신속하고 무자비하게 이루어져 결코 잊히지 않을 것이라며 자랑스러워했지만,[75] 왕립조사위원회는 1866년 4월 "계엄령의 필요성을 오싹한 방식으로 정당화한 총독의 주장을 뒷받침할 만한 근거가 거의 없다."라는 조사 결과를 발표했다. 그럼에도 위원회는 모란트만의 반란을 '명백히 얕잡아볼 수 없는 반란'이었다고 칭했다.

위원회의 발표에 의하면 439명의 흑인이 사망했고, 그중 상당수는 즉결 심판으로 목숨을 잃었다. 1000채의 집이 불탔고, 최소 600명의 흑인이 매질당했다. 특히 바스에서의 처벌이 잔인했다. "처음에는 일반적인 막대기로 매질했지만, 나중에는 밧줄에 철사를 감아서 여러 가닥을 만든 다음 각 가닥의 끝부분들이 서로 뒤엉키게 만들어 매질했다. 위원들 앞에서 처벌 도구 제작 시연이 이루어졌다. 이 같은 도구로 다른 인간을 고문한다고 생각하면 괴롭기 짝이 없다."[76] 그렇지만 위원회는 에어와 영국 부대의 잔혹한 행동을 대체로 '안타깝지만 식민 환경에서는 반드시 필요한 재량권 일탈'로 너그러이 봐주었다.

모란트만의 반란이 일어난 해, 자유당 소속 하원의원으로 선출된 밀은 자유와 올바른 통치에 관한 자신의 정치 이론을 실증 분석했다. 밀은 "인도 세포이항쟁 당시 자행된 잔혹 행위를 보며 영국이라는 국가의 도덕 상태에 처음 눈을 떴다. 그다음 자메이카 사태가 터졌다."라고 기록했다.[77] 그는 제국의 일선에서 멀리 떨어진 곳에서 깃펜을 손에 쥐고 앉아 《대의정부론》을 집필했다. 세포이항쟁 4년 후 출판된 《대의정부론》에서 밀은 이렇게 주장한다.

> 극단적인 긴급 사태가 발생한 상황에서, 일시적인 독재의 형태로 장악한 절대 권력을 비난할 생각은 없다. 과거 자유국가들은 덜 폭력적인 방법으로 제거할 수 없는 국가의 질병을 치유하기 위해 반드시 필요한 약으로써 직접 권력을 수여했다. 솔론Solon*이나 피타쿠스Pittacus**의 설명대로 국가가 자유를 누리는 데 걸림돌이 되는 장애물을 제거하기 위해, 권력을 사용하는 경우에만 독재자가 용서받을 수 있다.[78]

밀은 영국의 고된 지도 뒤에 자유가 뒤따르리라 믿었다. "특정한 민족에게 가장 잘 어울리는 정부 형태를 결정하려면, 그 민족이 가진 결함과 단점 중 발전에 즉각적인 걸림돌이 되는 것을 구분할 줄 알아야 한다. 야만인이 다음 발전 단계까지 나아가도록 만들기 위해서는 야만성을 가진 민족에게 복종을 가르쳐야 한다."[79] 밀은 이것이 '그들의 개선 혹은 발전'의 일부라고 믿었다.[80]

---

* 고대 아테네의 정치가로 7대 현인 중 한 명이다. 기원전 596년에 시민을 재산 정도에 따라 4등급으로 나누고, 각 등급에 따라 차등적으로 참정권을 부여한 개혁을 실시했다.
** 고대 스리스의 레스보스섬의 장군이자 7대 현인 중 한 명이다.

자메이카에서 벌어진 반란 이후, 밀은 '전제정치는 제국 통치의 합법적인 방식'이라는 자신의 입장을 에어의 '폭력 및 잔혹 범죄'와 구별하려 애썼다. 밀은 에어의 행위가 "법과 정의라는 질서와 문명의 기반을 무너뜨렸으며, 자유를 사랑하는 모든 외국인의 눈에 영국의 위상을 떨어뜨렸다."라고 비판했다.[81] 1866년 뜨거운 여름날, 그는 자리에 앉아 있는 의원들을 향해 식식거리며 말했다. "의회라는 상황 때문에 이러한 행위를 침착하고 온건한 말투로 언급해야 한다는 점이 수치스러울 지경이다. 여왕 폐하의 통치를 받는 신민이 부당하게 목숨을 잃었고, 다른 이들은 부당한 대우를 받았다. 이 같은 일이 벌어질 때 법적 처벌을 가하려면 차후에 어떻게 밝혀질지언정 일단은 확실해 보이는 증거가 있어야 한다. 처벌이 타당한지, 만약 타당하다면 어느 정도가 되어야 하는지를 형사법정이 단독으로 결정해야 한다는 제 생각에는 변함이 없다."

밀은 자신이 《자유론》에서 이론적으로 언급한 '극단적인 긴급 사태'가 처음에는 인도에서, 그다음은 자메이카에서 실제로 발생했으며 야만적인 결과가 뒤따랐다는 사실을 쉽사리 받아들이지 못했다. 낱낱이 법을 분석해 '위원회 보고서에 서술된 명백한 사실'의 일부인 불법적이고 잔혹한 매질과 무자비하고 잔인한 방화를 합법적인 폭력과 구분할 것을 요구했다. 밀은 이 둘을 구분하지 못하면 영제국 또한 그동안 개혁을 위해 애써온 동양적 전제주의와 다르지 않다고 주장했다.

> 인간이 모든 법, 모든 선례, 모든 형식으로부터 자유로워지고, 원하는 방식으로 누군가의 목숨이 걸린 재판을 하고, 원하는 증거를 취하고, 마음에 들지 않는 증거는 거부하고, 생각에 따라 변론의 편의를 봐주거나 거부하고, 원하는 대로 형벌을 내리고, 돌이킬 수 없는 방식으로 집

행한다면 어떻게 될까? 제약 없는 재량권이 주어지면 반란을 진압하기 위해 무엇이 필요한가에 관한 그들의 판단, 다시 말해 몹시 분노한 사람이나 겁에 질린 사람이 내렸을 가능성이 매우 높고, 대부분 확실히 그렇다고밖에 볼 수 없는 판단이 전적으로 존중된다면 어떻게 될까? 폭군이 행사하는 극단적인 폭력을 막는 그 어떤 약속도 없고, 그 후에 폭군에게 요구되는 책임만 남는다면 어떻게 될까? 그런 일이 벌어진다면, 재량권을 손에 쥔 채 다른 이의 목숨을 앗아가는 사람이 자신의 목숨 역시 위태롭게 만든다는 사실을 알고 있어야 한다.[82]

에어 총독 사건을 놓고 몇 달간 영국은 심각하게 분열되었다. 밀, 찰스 다윈Charles Darwin, 허버트 스펜서Herbert Spencer, 찰스 라이엘Charles Lyell, 존 브라이트John Bright 등으로 구성된 자메이카위원회는 조사위원회를 요구했다. 또한 1866년 발표된 조사위원회의 최종 보고서에 만족하지 못하고, 에어와 부하들의 형사 고발을 요구했다. 위원들은 오직 처형만을 목표로 계엄령 선포 지역으로 이송된 고든 사건에 특히 분노했다. 밀은 개인적인 서신에서 이렇게 털어놓았다. "우리 둘 다 이 문제에 지대한 관심이 있는 만큼, 내가 지금 흑인이나 자유를 위해 목소리를 높이는 것이 아니라 인간 사회에서 첫 번째로 필요한 것, 즉 법을 옹호하고 있다는 사실을 잘 알고 있을 것이다."[83]

자메이카위원회가 관심을 보인 부분 역시 인간적인 연민이 아니라 계엄령 남용이었다.[84] "민정 및 군 당국 그리고 그곳에서 일하는 사람들이 마구잡이로 날뛴다면, 또한 이 같은 행동이 그들에게 기쁨을 준다면, 법적인 제약과 관련해서라면 무엇이든 원하는 대로 할지도 모른다. 우리는 지금껏 여러 투쟁으로 그다지 얻은 것이 없다. 영국의 자유를 위해 흘린 피는 그 어떤 숭고한 목적에도 도움이 되지 않았다."라고 읊조린 밀은 "계엄령이 선포된다고 모든 법이 사라지는 것도 아니고, 책임이 사라지는 것도 아니다. 계엄령은 필요성이라는 법을 나타내는 또 다른 단어일 뿐이다. 우리에게는 그런 필요성에 반박할 권리가 있다."라며 동료 의원들을 일깨웠다.[85]

또 다른 진심

에어의 지지자들도 강하게 맞섰다. 자메이카위원회와 대립각을 세운 인물 중에는 찰스 디킨스Charles Dickens, 매슈 아놀드Matthew Arnold, 존 러스킨John Ruskin, 토머스 칼라일 등이 있었다. 그중 칼라일은 1849년 〈흑인 문제에 대한 특별한 담론Occasional Discourse on the Negro Question〉이라는 글을 발표하며 노예해방이 이루어진 미래에 대한 암울한 전망을 내놓았다. 그는 인도주의적인 개혁가와 민주적인 원칙을 옹호하는 세력이 극도로 잘못 판단한 셈이며, 흑인에게 필요한 것은 노예제도와 도제 형태의 노역 재도입이라 주장했다.[86] 흑인이 나태함을 타고났기 때문에 백인의 강력한 지배가 필요하다는 것이었다. "아니나 다를까, 흑인의 권리에 대한 괴이한 견해가 있다. 인간 정신이 해방을 맞이한 요즘, 때로는 논리에 따라, 때로는 갈등을 통해서 수없이 논의된 다른 수많은 권리, 의무, 기대, 잘못, 실망에 대한 괴이한 견해도 등장한 것 같다! 엄청난 수준의 어리석음이 우리 사이에서 퍼져나가고 있으며, 한동안 우리 삶을 방해해왔다는 느낌이 든다!"[87]

칼라일은 흑인이 백인과 동등한 법적 보호를 받을 수 없다는 가혹한 견해를 보였다. 예를 들어, 법학자 윌리엄 핀레이슨William Finlason은 영국 관습법이 영국에서 태어난 국민과 자메이카에 거주하는 영국민의 자손에만 적용될 뿐, 흑인에게는 적용되지 않는다고 주장했다. 자메이카에서 백인은 1만 3000명에 불과했는데 말이다(흑인은 35만 명에 달했다). 이 소수의 백인이 핀레이슨이 언급한 '억지 조치의 필요성'을 만들어낸 것이다. 인종이 다르다는 이유만으로 피지배인들은 발달 단계상 뒤처졌다는 평가를 받았다. 이들에게는 영국인과 다른 법적 범주가 적용되었다. 식민지에 법적 예외 상태를 적용할 때는 선제 조치의 필요성을 설명해야 했다.[88] 애머스트 칼리지 법학교수 나세르 후세인Nasser Hussain은 《비상사태 법학Jurisprudence of Emergency》에서 "핀레이슨은 자기 규제를 토대로 하는 적법성에 관한 담론이 아니라, 말로 표현되지 않은 인종차별적이고 폭력적인 국가의 기원에서 계엄령의 권위를 찾을 수 있다는 사실을 자기도 모르게 폭로한 셈이다."라고 결론 내렸다.[89]

자메이카 사건으로 인해 계엄령의 필요성과 폭력 허용 가능성의 범위가 확대되었다. 에어를 법의 심판대 위에 세우려던 자메이카위원회의 노력이 여러 번 실패한 데서도 이 같은 변화를 확인할 수 있었다. 사실 위원회는 정식 기소를 위한 대배심의 기회조차 얻지 못했다. 밀은 "흑인이나 물라토*를 상대로 한 권력 남용 혐의로 공무원을 형사법정에 세우는 일은 영국 중산층이 좋아하는 방식이 아니라는 점이 분명하다."라며 애통해 했다.[90] 19세기 초, 노예 폐지론과 함께 주목받은 도덕적 승리와는 전혀 달랐다.

미국 독립혁명 이후, 영국은 제국의 역할 및 국제적 영향력에 대한 불안과 싸워야 했다. 개신교 복음주의가 인기를 얻자, 해외에서 자국의 세력이 약해졌음에도 불구하고 새로운 도덕적 입지를 주장하고 나섰다.

---

* 백인과 흑인 부모 사이에서 태어난 혼혈을 모욕적으로 일컫는 말이다.

1807년 노예무역이 중단되며 미국의 독립이 영국에 입힌 타격이 다소 회복되었고, 1838년 제국 영토에서 노예노동을 금지한 영국은 새로운 도덕적 우위를 뽐냈다.*91 이후 '노예노동이 자유노동에 비해 경제적 효율성이 떨어져서 영국이 노예 노동을 포기한 것인가'를 두고 상당한 논쟁이 벌어졌다.92

하지만 분명한 것은, 노예제 폐지의 기반이 되었던 도덕적 흐름 자체가 빅토리아 시대 중반부터 변화하기 시작했다는 점이다. 세포이항쟁과 자메이카 사태 덕에 극단적인 칼라일의 입장이 정당화되었을 뿐만 아니라, 보수적이고 인종차별적인 주장들이 힘을 얻었다. 에어를 법정에 세우려던 자메이카위원회의 3년간 노력이 물거품으로 돌아간 후, 정부는 에어의 모든 변호사 비용 및 연금을 지불했다.

끝나지 않은 전쟁

은퇴한 에어는 데번에 있는 월레든 저택으로 이주했지만, 논쟁은 끝나지 않았다. 자메이카위원회 수석 변호사였던 제임스 스티븐은 억압에 강경한 태도를 보였다. 하원의원이자 클래펌 파인 아버지와 클래펌 파 교구 목사 딸인 어머니 사이에서 태어난 스티븐은 맹목적인 제국주의자가 아니었다. 무력이 문명화에 도움이 된다고 생각하면서도, 제국이 법으로 권위와 도덕성을 얻는다고 생각했다. 영국 최고의 사립학교 중 하나인 이튼에서

---

*   영국은 1833년에 노예제 폐지법이 통과되었으나, 7년의 유예기간을 두었기 때문에 실제로는 1838년부터 노예노동이 금지되었다.

보낸 시기는 스티븐의 견해에 커다란 영향을 미쳤다. "그 과정은 내게 약한 것은 비참한 것이고, 자연 상태는 전쟁 상태이며, 패자는 비참하다는 것이 위대한 자연의 법칙이라는 평생의 교훈을 주었다."[93]

스티븐은 밀의 '감상적인 자유주의'가 제국과 본국의 정치 안정성을 저해한다고 비난했다.[94] "극단적인 긴급 사태는 침략이나 반란이 일어날 시 정부와 정부를 대표하는 사람들이 무력을 무력으로 물리치고 침략자를 대하듯 반란 세력을 대할 수 있도록 관습법이 보장하는 권리다.[95] 이러한 군주의 명령은 공평할 수도 있고, 그렇지 않을 수도 있다. 즉, 피지배자들의 복지를 증진할 수도 있고 그렇지 않을 수도 있다. 하지만 군주의 명령은 불법이 아니다. 군주의 명령 자체가 군주의 지배를 받는 사회의 법이자 유일한 법이기 때문이다."[96]

스티븐은 법에 국가가 스스로를 보호하는 데 필요한 권력이 반영되어 있다고 생각했다. 영국 통치는 '사적 이해관계'를 거부할 뿐 아니라, 본질적으로 도덕적이고 공정할 수밖에 없는 법의 성문화와 절차를 받아들이기 때문에 동양적 전제주의와는 다르다고 여긴 것이다.[97] 법에 이러한 도덕적인 무력이 없으면 사회는 무정부 상태에 빠져든다. 스티븐은 "아무리 포장해도 결국 인간관계를 결정하는 것은 어떤 형태로든 힘이다. 오늘날 사회도 본질적으로 힘에 의해 유지되고 결정되며, 이는 역사상 가장 격렬하고 혼란스러웠던 시대와 다를 바 없다."라고 기술했다.[98]

1869년, 인도로 옮겨가 제국 입법부에서 법률 담당자로 일한 스티븐은 이후 "인도는 자유주의의 근본적인 오류가 가장 잘 수정된 곳"이라며 인도에서 "진정한 통치를 볼 수 있다."라고 회상했다.[99] 3년 후, 스티븐은 캘커타에서 영국으로 돌아가는 배 위에서 밀의 자유주의를 다시 한번 신랄하게 비판했다. 1873년, 스티븐이 발표한 역작 《자유, 평등, 박애 Liberty, Equality,

Fraternity》에는 이러한 글귀가 있다. "무력은 모든 법이 절대적으로 필요로 하는 요소다. 법은 특정한 조건을 따르고 특정한 대상에 적용되는 규제된 무력에 불과하다. 따라서 무력을 허용하는 법을 폐지한다고 해서, 법에서 무력의 요소가 완전히 사라지는 것은 아니다. 법에서 무력의 요소를 완전히 없애면 법 자체가 완전히 파괴되기 때문이다."[100] 10년 후, 제국의 자유주의를 둘러싼 치열한 논쟁에 다시 불이 붙었을 때도 스티븐의 입장은 단호했다. 그는 영국이 있는 그대로 제국주의를 인정해야 한다고 믿었다.

> 만약 인도 정부가 [법적] 변칙을 모두 없애기로 한다면 인도 정부 자체와 인도 동포를 모두 제거해야 할 것이다. 인도 정부는 본질적으로 동의가 아닌 정복으로 세워진 절대 정부다. 인도 정부는 생명이나 통치에 관한 인도 고유의 원칙을 대표하지 않는다. 만약 그런 원칙을 대표한다면 결국 야만성과 미개함을 대표할 뿐이다. 인도 정부는 적대적인 문명을 대표한다. 어떤 변칙보다 눈에 띄고 위험한 존재는 정복으로 세워진 정부 꼭대기에 앉아 기회가 있을 때마다 정복자의 인종과 그들의 사상, 제도, 의견, 원칙의 우수성을 넌지시 내비치며, 그런 우수성을 주장하는 것 외에는 어떤 식으로도 정부의 존재를 정당화하지 못하면서도, 그 우수성을 공개적이고 타협하지 않는 직접적인 주장으로 펼치기를 꺼리며, 되려 자신들의 입장을 사과하려 하고, 어떤 이유에서든 이러한 입장을 지지하고 뒷받침하기를 거부하는 사람들이다.[101]

저명한 사상가, 정치인, 법학자들이 자유제국주의의 의미와 관행을 주제로 벌인 격론을 통해, 빅토리아 시대의 철학이 역설적이라는 사실은 너무도 분명해졌다.

자유제국주의의 모순

밀 같은 사상가들은 '개혁 중심적이면서 강압적'이라는 자유제국주의의 모순을 쉽사리 받아들이지 못했다. 반면 로버트 스티븐슨 같은 빅토리아 시대 인문주의자는, 정치인과 법률 사상가와는 다른 방식으로 이러한 모순을 포착했다. 그의 표현에 따르면, "우리가 만나는 모든 인간은 선과 악이 뒤섞인 존재다." 1886년에 발표한 중편소설 《지킬 박사와 하이드》에서 스티븐슨은 19세기 말 사회를 뒤덮은 복잡성과 모순에 관한 지킬의 고뇌를 통해, 한 인간의 고통받는 의식 속에 공존하는 상반된 자아를 탐구했다.

> 매일, 시간이 흐르면서 나는 지적으로나 도덕적으로나 점점 진실에 가까워졌다. 결국 나를 파멸로 이끌 진실은, 인간은 본질적으로 하나가 아니라 둘이라는 사실이었다. 내가 둘이라 이야기하는 이유는 지금의 내 지식 수준이 딱 거기까지이기 때문이다. 내 뒤를 잇는 누군가가, 나보다 뛰어난 결과를 내놓는 사람이 있을 것이다. 인간은 결국 복잡하고, 이상하고, 독립적인 존재로 알려지리라는 생각을 감히 꺼내놓는다. 나는 도덕적 관점과 내 자신의 경험을 통해, 인간에게 원초적인 이중성이 존재함을 깨달았다. 내 의식의 영역에서 서로 갈등을 빚는 두 본성 중 어느 한쪽만이 진정한 나라고 말한들 전혀 문제 될 것 없지만, 그렇게 말할 수 있는 것 또한 그 둘 모두가 진짜 내 모습이기 때문일 것이다.[102]

자유제국주의 역시 서로 상반된 두 가지 특징을 모두 갖고 있었다. 강압과 개혁의 논리는 시간, 장소, 환경에 따라 달라지는 제국의 다양한 관점을 아우르는, 스펙트럼의 양쪽 끝에 위치했다. 솔직히 '개혁'이라는 미사여구를 앞세운 거칠 것 없는 폭력이 영제국의 전부라면, 세포이항쟁과 모란트만의 반란 후에 드러난 자유제국주의를 둘러싼 분열과 이후 여러 차례에 걸쳐 분열이 나타난 방식을 설명하기 힘들다.

폭력이 반드시 필요한 상황이란 무엇일까? 어떤 순간에 폭력이 합법적일 수 있을까? 계엄령 선포로 일반적인 법을 무효화하고, 제국이 주장하는 인종차별적인 질서가 반영된 새로운 규칙을 만들 수 있었을까? 이러한 질서가 다양한 강도의 폭력과 개혁을 요구할까? 식민지에서 자행된 폭력은 어떤 식으로 국가 권력을 바로 세우고 토착민에게 성경을 토대로 한 도덕적 교훈을 주며 개혁 임무를 수행할까? 자유제국주의를 둘러싼 논쟁에는 몇 가지 쟁점이 있었지만, 밀도 스티븐도 그런 문제를 해결하지 못했다. 한 세기가 넘는 긴 세월 동안, 자유제국주의의 모순은 전 세계적인 변화의 흐름 속에서 '제국의 존재 목적'을 둘러싼 복잡한 논쟁을 불러일으켰다. 강압과 개혁의 역설은 예외적인 상황에서 국가가 주도한 폭력이 자행될 때 가장 극명하게 모습을 드러냈다.

이탈리아 철학자 조르조 아감벤Giorgio Agamben은 국가 주도의 폭력이 자행되는 순간에 대해 이렇게 설명한다. "예외적인 조치는 정치적으로 위태로운 시기 때문에 나타난 결과이기에 정치적으로 이해되어야 마땅하다. 예외 상태는 일반법과 정치적 사실 사이, 법률 질서와 삶 사이에 존재하는 중간지대다."[103] 빅토리아 시대 영국인과 정책 입안자들은 세포이항쟁과 모란트만의 반란에 보인 반응을 통해 자신들이 예외 상태에 본질적이고 논쟁적으로 불안해하고 있음을 드러냈다. 자유주의의 핵심인 보편주의를 고수하면서도, 유럽인이 아닌 신민이 개혁에 저항할 뿐 아니라 역사적·문화적으로 변화를 받아들일 준비가 되지 않았다고 비난했다.[104] 이들은 자신들이 열등한 민족에게 진보적인 방안을 제안하자, 상대방이 불가사의하고 불가해한 폭력으로 대응한다고 생각했다. 이에 영국은 의회의 대표 선출제를 없애고, 자메이카를 영국의 직접적인 식민 지배하에 두었다.

영국령 인도제국의 등장

세포이항쟁 이후, 동인도회사의 인도 지배가 끝났다. 대신 1858년 영국령 인도제국이 생겨났다. 영국인들은 지나치게 빨리, 너무 많은 변화가 나타날지도 모른다고 두려워했다. 빅토리아 시대 사람들은 제국에서 발생한 혼란이 지배의 부당함 때문이 아니라 영국의 개혁 노력 때문이라고 믿었다. 문명화 사명이 지나치게 빨리 진행된 탓에 전통사회가 무너지고 심각한 무질서가 생겨났다. 이에 따라 컬럼비아대학교 정치학 교수 카루나 만테나Karuna Mantena가 《제국의 알리바이Alibis of Empire》에서 설명하듯, 영국인들은 원주민을 안정시키기 위해 해당 지역 고유의 정치 방식과 사회 양식을 복원시키곤 했으며, 아예 새로운 정치 방식이나 사회 양식을 만들어내는 경우도 많았다.[105]

영국은 간접통치 정책과 함께 온정주의 정신도 발전시켰다. 현지 관리자, 선교사 같은 제국 관계자들은 개혁 정책을 추진하며, 개혁 효과가 나타나기까지는 최소 몇 세대가 걸릴 것으로 예상했다. 동시에 현지 지배자에게 권한을 위임하지 않는 병행 법률 시스템도 생겨났다. 형법, 권리를 제한하는 규제 방안, 계엄령이나 비상사태(법정 계엄령) 선포 권한으로 구성된 병행 법률 시스템은 영국의 지배에 도전하려는 세력을 억압했다. 전례 없는 개혁 중, 영국에서는 감상적인 자유주의를 비판하는 보수주의자들이 노예제 폐지 및 개혁 프로그램의 실패를 비난했다. 이 같은 태도에는 기존의 사회질서 붕괴에 대한 보수주의자들의 반발이 반영되었다.

대중민주주의에 대한 불안감을 감추지 못하던 보수주의자들은 세포이 항쟁과 영국 노동자 계층 시위대가 1866년 하이드파크에 모여 1인 1표를 요구한 사건을 결부시켰다. 《자유, 평등, 박애》에서 스티븐은 권력과 강압이 꼭 필요하고 합법적인 제국 및 국내 통치 방식이라 언급했지만, 더 이상 변화의 물결을 막을 수 없었다. 노동 계급의 열망이 받아들여질 수 있던 것은 백인의 교양이 제국 식민지인의 특징으로 여겨지던 야만성과 상대적으로 대조되었기 때문이다. 영국의 자유주의와 제국의 자유주의는 서로 연결되었다. 자유, 전제주의, 자치, 자주적인 인간이라는 개념은 유럽 내부에서만 만들어진 것이 아니었다. 제국주의 및 상업 확장이라는 관점에서, 이런 개념들은 그 현실을 반영하고, 때로는 그에 반응하며, 때로는 그것을 정당화하는 방식으로 형성되고 표현되었다.[106]

사회 구조가 전례 없는 변화를 겪는 빅토리아 시대 후기, 영국은 제국과 불가분하게 연결된 새로운 전통과 대중매체의 번성을 지켜보았다. 고전적인 자유주의가 모든 국민에게까지 확대되지는 않았지만, 참정권이 확대되었다. 시장 거래가 신성하게 여겨지고 계급 체계를 대신하는 계층의 영향력이 한층 강화되면서, 대중 정치가 등장하고 기존의 사회적 유대가 약해졌다. 영국과 유럽 대부분 지역에서 국가는 국민의 일상생활에서 결정적인 역할을 하며 점차 시민사회와 떼려야 뗄 수 없어졌다. 제국은 영국 내 경제 발전의 엔진이었다. 동시에 지배자 계급에서는 갈등이 지속되었다. 새로 등장한 포괄적인 정치 세력과의 협력 관계와 질서, 정당성을 유지할 방법을 찾는 과정에서 제국의 언어와 이상과 표현으로 기존의 질서와 새로운 질서를 통합하는 애국심 발달에 적합한 조건이 만들어졌다.[107]

역사학자 에릭 홉스봄Eric Hobsbawm은 19세기 말에 "대안적인 '시민 종교'가 탄생했으며, 국가와 민족과 사회가 하나로 모였다."라고 했다.[108] 국가의 영향력 내에서 노련한 정치인들이 앞장서 국가 정체성을 만들어나갔다. 자유주의가 사람들에게 영향을 미치는 통로가 되는 미디어(특히 언론, 대중문화, 교육)는 대담성과 망각이라는 특징을 동시에 가진 자유제국주의적 민족주의 강화에 중요한 역할을 했다. 정치적·사회적 변화로 영국 내에서는 급격한 사회 변화의 부정적인 효과가 감소했고, 더불어 점차 많은 유권자의 지지를 받는 민족주의 정체성이 생겨났다. 과거의 영웅을 찾아내기 위한 노력도 이어졌다. 국익, 군주제, 대영국, 노동계층을 교묘하게 엮으려던 정치계의 노력은 결국 영국인의 애국심과 제국을 하나로 묶었다.[109]

1872년 수정궁 연설에서 디즈레일리 총리는 '영제국 해체'를 위협하는 감상적인 자유주의를 꾸짖고, 영국인들에게 영국의 미래에 영향을 미칠 중요한 질문을 던졌다.

고향으로 돌아가면, 여러분이 영향을 미칠 수 있는 모든 사람에게 시간이 다 되었다고, 적어도 영국이 국가적 원칙과 범세계적인 원칙 사이에서 선택해야 할 때가 머지않았다고 이야기해야 한다. 이것은 가벼운 문제가 아니다. 이것은 유럽대륙이 결정한 원칙에 따라 탄생한 편안하고 안락한 영국이 되어 피할 수 없는 운명을 받아들이는 데 만족할 것인지, 아니면 위대한 제국 국가, 즉 여러분의 아들이 중요한 위치에 올라섰을 때 한 국가의 국민으로서 존경받는 데서 그치지 않고 전 세계로부터 존경받을 수 있는 그런 나라가 될 것인지에 관한 문제다.[110]

디즈레일리와 같은 보수주의자들에게, 그리고 스티븐과 같은 불만을 품은 자유주의 연합주의자들에게 제국은 영국의 독자적인 역사와 국가적 이익을 제국적 관점에서 정의하는, 포괄적인 애국 사업이었다.[111] 노동계층의 마음을 사로잡기 위해, 디즈레일리는 영국이 겪게 될 곤경에 대한 보수당의 우려와 '제국주의 국가의 일원'이라는 자부심을 연결 지었다.[112] 노동계층의 마음을 사로잡음으로써 영국 및 제국과 관련된 포괄적인 의제에 관한 지지도 얻고자 했다. 가장 먼저 해결할 문제는 사면초가에 몰린 군주제의 소생이었다.

군주제의 부활

19세기 대중은 군주제를 비판적으로 바라봤다. 바람둥이 조지 4세는 1821년 대관식 이후 줄곧 아내 캐럴라인 왕비와 사이가 좋지 않았다. 사생아 출생, 적법한 후계자의 요절 등 승계 문제가 잇따른 뒤 1837년 빅토리아 공주가 여왕으로 즉위했다. 빅토리아 여왕은 사촌인 작센코부르크고타의 알베르트 공Prince Albert of Saxe-Coburg and Gotha과 결혼했다. 영국 국민은 알베르트 공이 독일 출신이라는 사실을 싫어했고, 의회는 알베르트 공에게 영국 귀족 작위를 주는 데 반대했다. 1861년, 알베르트 공이 이른 죽음을 맞이하자 여왕은 깊은 슬픔에 잠긴 채 한동안 두문불출했고, 군주제에 대한 고뇌는 깊어만 갔다. 1864년, "사망한 거주자의 사업이 기울어 이 위풍당당한 부지를 임대하거나 팔고자 함."이라는 글이 적힌 서명 없는 안내문이 버킹엄궁의 여러 출입구에 붙었다.

빅토리아 여왕은 20년 동안 의회를 단 여섯 차례 개회했다. 오랫동안 공인으로서의 역할을 수행하지 않은 것이다. 이런 태도는 부적격한 선조들

"헌 왕관 대신 새 왕관을",
빅토리아 여왕에게 인도의 왕관을
건네는 디즈레일리,
〈펀치 매거진〉, 1876년 4월 15일

의 방탕한 행동이나 경거망동 못지않게 군주제의 인기를 떨어뜨렸다.113 그런데 1870년대, 자유제국주의의 폭력 사태와 맞물려 군주제에 변화의 조짐이 나타났다. 장수, 사명감, 도덕성, 선행, 무엇보다도 유럽의 여성 군주라는 위치 덕에 빅토리아 여왕은 갑작스레 제국 신민에게 사랑받았다. 자유주의 성향의 지방 잡지를 대신한, 전국적인 대중 일간지의 등장으로 여왕과 뒤이을 군주들이 정치 체제 위에 군림하는 상징적인 인물이라는 이미지가 생겨났다. 이 같은 이미지의 탄생에 가장 크게 영향을 미친 것은 1876년 왕실칭호법Royal Titles Bill을 제정한 디즈레일리였다.

왕실칭호법이 제정되자 거의 2년 동안 알베르트 공의 죽음을 애도하며 칩거하던 빅토리아 여왕은 인도 황제로 즉위하며 다시 세상 밖으로 나왔다. 급변하는 정세에서 여왕과 군주제는 결속성, 영속성, 향수의 재건을 상징했다. 사람들은 많은 영토를 아우르는 국가에 제국주의적 애국심을 느꼈다. 19세기의 4분의 3쯤 지날 때까지 제국과 관련된 대관식이나 다른 왕실 행사는 열리지 않았지만, 1877년 이후에는 영국과 군주의 위엄을 기리는 모든 행사가 곧 제국의 행사였다. 디즈레일리와 체임벌린부터 꼼꼼한 성격의 이셔 자작Viscount Esher과 왕실 작곡가 에드워드 엘가Edward Elgar에 이르기까지, 영리한 정치인과 신하들은 기존의 행사 의식을 새롭게 바꾸고 제국 시대에 걸맞은 새로운 행사 의식을 만들어냈다. 수십 년간 영국과 제국에서 열린 화려한 행사가 영국인의 정신에 깊은 인상을 남겼다.[114]

1897년에 열린 다이아몬드 주빌리Diamond Jubilee*는 빅토리아 여왕의 즉위 60주년을 기념하는 행사로, 치세를 마무리하는 상징적인 행사이자 영국 역사상 최장기 군주의 위상을 기념하는 축제였다. 이 행사는 제국이 영국의 과거, 현재, 그리고 미래에 있어 얼마나 중요한지를 완전히 드러낸 순간이었다. 이셔 자작은 행사가 화려하면서도 효율적으로 진행되도록 진두지휘했다. 제국을 위해 많은 행사 음악을 만든 엘가도 이때 처음으로 〈황제 행진곡Imperial March〉을 작곡했다.[115] '영제국 축제'이기도 했던 이 행사에 초청받은 외국 손님은 세계 각지에 흩어진 영국 식민지와 자치령의 대표와 국가원수뿐이었다.

1897년 6월 22일, 영국인들은 며칠씩 걸려 도착한 런던 거리에서 제국의 깃발이 행진하는 모습을 지켜보았다. 19세기 말 런던은 영국의 중심지

---

* 영국은 기독교적 '희년Jubilee' 개념을 따라 국왕의 즉위를 25년 주기로 기념하며, 50년 이후로는 10년 단위로 기념한다. 25년은 실버 주빌리, 50년은 골든 주빌리, 60년은 다이아몬드 주빌리, 70년은 플래티넘 주빌리라고 한다.

로 떠올랐고, 디킨스의 소설에 등장하는 어둠의 도시에서 제국의 중심지로 거듭났다. 제국의 영웅을 기리는 웅장한 기념비와 동상이 곳곳에 세워졌다. 빅토리아 여왕을 기리는 애드미럴티 아치가 건립되었다. 버킹엄궁과 트라팔가 광장을 잇는 도로가 확대되고, 버킹엄궁 전면부 공사가 마무리되고, 빅토리아 여왕 기념비가 완공되었다. 영국 왕실 및 영제국의 웅장함과 잘 어울리는, 기념 행진에 적합한 공간이 마련되었다.[116]

다이아몬드 주빌리 전날 밤, 런던에는 노숙을 하더라도 여왕의 행진이 잘 보이는 좋은 자리를 차지하려는 인파 수천 명이 몰려들었다. 다음 날, 영국 국기가 런던 곳곳을 장식했다. 거리에서는 〈황제 행진곡〉이 울려퍼졌다. 빅토리아 여왕은 4억 5000만 영제국 신민에게 메시지를 보냈다. "사랑하는 신민 여러분께 진심으로 감사를 표한다. 하느님의 은총이 따르기를 기도한다. 빅토리아 여왕·황제."[117] 오전 11시 15분이 되자 행진을 알리는 대포가 발사되었다. 왕족과 영제국 군지도부를 태운 17대의 마차 행렬이 버킹엄궁을 떠났다. 여왕과 호송대는 신과 여왕과 제국을 찬양했다. 즐거움에 사로잡힌 영국인으로 가득한 런던 거리를 지나갔다.

민족주의적인 서사 속에 훌륭히 새겨진 제국은 계층을 막론하고 모든 영국인의 마음을 사로잡았다. 영국의 우월성, 기독교 윤리, 산업적·문화적 성취, 확고한 인종차별적인 태도에 기반을 둔 빅토리아 시대 후기의 사고방식은 미래 세대에 계승될 통합된 도덕적·인종적 권위로 발전해나갔다.[118] 빅토리아 여왕 재임 기간이 끝날 무렵에는 왕실 행사와 왕실의 상징성, 영국에서 제국이 묘사되는 방식으로 영연방에 대한 생각이 퍼져나갔다. 버밍엄에서 리버풀에 이르는 영국 각지에서 영국인들은 영국의 식민 프로젝트에 걸맞은 모습으로 바뀌어나갔다. 호주 원주민과 자메이카 흑인은 문화적·인종적 차이를 보여주는 살아 있는 표본으로 여겨졌으며, 이는 문명화된 영국인과 저 멀리 해안 너머에 존재하는 이들을 구분 짓는 기준이 되었다.[119] 제국에 대한 반응은 계층, 종교, 성별, 세대, 지역별로 달랐지만, 인종차별적인 개념과 제국 신민의 미개함을 개선하기 위한 고압적인 통치의 필요성은 온갖 다양성을 초월해 영국인을 하나로 묶었다. 제국에 뿌리를 둔 민족 정체성이었다.[120]

문학 속의 제국

문학, 교육, 미디어 모두 영국의 문명화 사명을 만들어나가며 포용과 배제의 개념을 강화시켰다.[121] 특히 빅토리아 여왕과 에드워드 국왕 시대를 넘어 이어진 아동 문학은 매우 중요한 역할을 했다. 동화책은 영국의 미덕을 칭송하며 무지몽매한 식민지인과의 차이점을 강조하는 동시에, 청년층이 자기 앞에 놓인 의무를 받아들이도록 만들었다.[122] 영국 젊은이들이 펼친 제국에 대한 상상이 궁금하다면 루이스 캐럴Lewis Carroll의 《이상한 나라의 앨리스》 속 '제국의 아바타' 앨리스를 떠올리면 된다. 앨리스는 이상한 나라에서 벌어지는 온갖 낯선 상황 앞에서도 질서 감각을 잃지 않았다.[123] 노골적으로 제국을 찬양하는 아동 문학도 넘쳐났다. 〈소년 잡지The Boy's Own Paper〉, 〈마그넷Magnet〉, 〈유니언 잭Union Jack〉 같은 잡지와 만화는 모두 제국을 배경으로 하는 모험 이야기로 영국의 미덕을 극찬했다.

언론인 겸 소설가 조지 헨티George Henty는 빅토리아 시대뿐 아니라, 20세기에도 영국 청년층의 마음에 커다란 영향을 미쳤다. 언론인으로 사회에 첫발을 내디딘 그는 전 세계를 돌며 제국에서 벌어진 온갖 정복전쟁에 관해 보도했다. 토머스 칼라일을 비롯한 많은 사람이 신봉하는 권위주

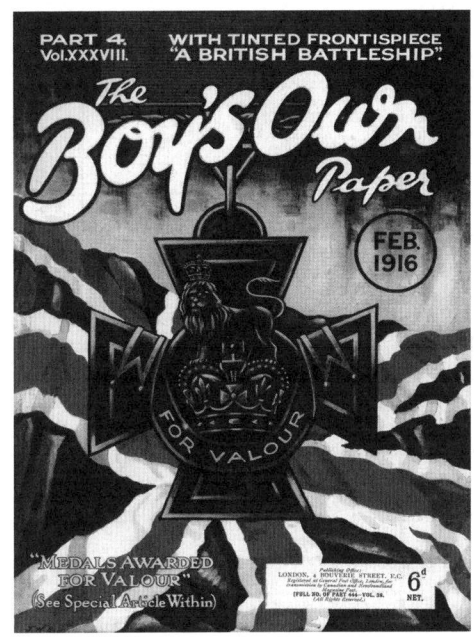

〈소년 잡지〉, 빅토리아 훈장, 1916년 2월 발행된 '용맹한 자에게 수여되는 메달' 호

의가 헨티에게 커다란 영향을 미쳤다. 헨티는 '신제국주의 정신을 대표하는 전형적인 인물이자 신제국주의의 성공을 통해 미화'되었다.[124] 또한, 영제국의 과거를 뒤져 제국의 설립자 클라이브 같은 영웅, 극악무도하고 충격적인 캘커타 블랙홀 사건 등을 찾아냈다. 《클라이브와 인도: 제국의 시작 With Clive and India: The Beginning of an Empire》, 《젊은 식민지 주민들: 줄루족과 보어전쟁 이야기 The Young Colonists: A Story of the Zulu and Boer Wars》, 《마오리족과 정착민: 뉴질랜드 전쟁 이야기 Maori and Settler: A Tale of the New Zealand War》 모두 20세기 초, 헨티가 세상을 떠나기 전까지 낸 책들이다. 헨티는 이러한 제목의 책을 100권도 넘게 출판하며 열등한 인종에 가해진 폭력과 함께 영국의 미덕 및 발전을 언급했다. 모든 책에서 '토착민의 야만성'이 영국

인의 교양과 대비되었다.

1950년대, 출판사는 헨티의 책이 무려 2500만 부나 판매된 것으로 추산했다. 해럴드 맥밀런Harold Macmillan 총리와 육군원수 몽고메리, 역사가 앨런 테일러Alan Taylor, 런던주교에 이르기까지 영국의 사회 지도층은 영국의 노동계층 및 중산층과 함께 제국을 위한 영웅적인 행동과 이에 수반되는 폭력에 관한 헨티의 이야기 찬양에 열을 올렸다. 영국에서 가장 영향력 있는 일부 정치인과 역사가, 군부 지도자, 종교인, 기업가의 세계관에 커다란 영향을 미친 것이다.[125] 영웅적인 선교사 데이비드 리빙스턴David Livingstone, 여왕을 위해 나일강 수원을 찾아다닌 리처드 버턴Richard Burton과 존 스피크John Speke의 역경 가득한 모험 이야기는 전설이었다.[126] 리빙스턴은 복음주의 모험가 중 가장 잘 알려진 사람이다. 본국에서는 근면과 미덕을 장려하고, 제국에서는 선교 활동으로 실현되는 기독교 윤리를 상징했다. 리빙스턴의 유명한 슬로건 '기독교, 통상, 문명Christianity, commerce, and civilization'에는 성직자의 정서뿐 아니라 인종적 우월성, 자본주의, 종교적 미덕이 불가분으로 연결된 신성한 영국을 직접 만들어나가려는 노력이 반영되었다. 주일 학교, 청소년 종교단체, 신문, 잡지 등은 비할 데 없는 성품과 제국을 위한 희생으로 온 나라가 열망할 만한 본보기를 보여준 기독교 영웅 리빙스턴의 모험 전통을 받아들였다.[127]

출판사들 역시 교과서에 제국에 대한 시민의 자부심을 포함시켰다. 역사와 지리 교과서는 문명화 사명을 극찬하고, 영국 청소년에게 '원주민의 야만성'을 일깨웠다. 학생들은 교실 안팎에서 조국이 문명 방어를 위해 도덕 전쟁을 일으키고, 미개인들을 구제했다는 제국주의 서사를 배웠다. 새로운 세대의 학자들은 영국의 끝없는 발전 역사를 만들어냈다. 그중 가장 유명한 사람은 영국 제국사를 창시한 존 실리John Seeley다.[128]

영국 제국사의 창시

실리는 19세기 말 레오폴트 폰 랑케Leopold von Ranke로부터 영감을 받고, 현대 역사학자 대열에 합류했다. 독일 학자이며 19세기 가장 영향력 있는 역사학자인 랑케는 경험주의를 강조하며 역사에 관한 글쓰기 관행을 완전히 변화시켰다. 랑케는 역사 문건과 역사학자의 중립적인 객관성이 사실에 근거한 진실을 이야기하는 데 도움이 된다고 생각했다. 실리는 랑케의 방법을 받아들였다. 물론 공식 기록보관소의 국가 기록이 진실한지에 대해서는 의문을 품지 않았다. 영국의 과거와 영국 국민이 우월하다는 태도에도 전혀 이의를 제기하지 않았다.[129] 실리와 새로운 부류의 역사 전문가들은 세계가 영국의 제국 프로젝트를 이해하는 데 영향을 미쳤다. 1883년 출판된 기념비적인 책 《잉글랜드의 확장》에 대한 강의에서 실리는 휘그당이 전면에 내세운 서사, 즉 영국 역사가 제국 확장으로 연결되는 자유와 발전의 이야기라는 개념에 편승했다. 《잉글랜드의 확장》은 아일랜드와 백인 자치령에 관한 논쟁을 비롯해 제국을 둘러싼 여러 논쟁, 헤이스팅스 재판으로 이어지는 영국의 인도 통치 정당성에 관한 문제까지 다뤘다.

실리는 애당초 영국이 인도를 정복한 문제를 제대로 짚고 넘어가기 위해 노력했다. 버크는 동인도회사의 방식을 비난하며 논쟁의 도덕적 조건을 설정했고, 이후 스티븐은 헤이스팅스 재판을 재평가하며 정복 범죄가 크게 과장되거나 조작되었을 수도 있다고 주장했다. 만테나의 말에 따르면 "이런 방식으로 정복은 범죄성이 제거되어 나름의 정당성을 갖게 되었다."[130] 하지만 실리는 정복이라는 개념의 적용 자체가 옳지 않다고 주장했다. 인도는 정치 공동체가 발달한 나라가 아니었다. 인도 아대륙은 무굴제국의 몰락으로 토머스 홉스Thomas Hobbes가 설명하는 무정부 상태에 빠져들었다.

1890년 출판된 《로이드의 인도 생활 스케치Lloyd's Sketches of Indian Life》 표지는
한 인도 보병대 상병이 영국 여성에게 우편물을 전달하는 모습을 담고 있다.
그림 왼쪽 아래에 "대령은 규칙에 따라 우편물을 전달한다. 원주민 보병"이라는 글귀가 있다.

"영국이 인도를 정복했다고 이야기하는 것은 옳지 않다. 인도가 외세에 정복당했다고 보기는 힘들다. 인도는 스스로를 정복한 셈이다." 영국이 인도를 정복하지 않았다면, 속죄할 것도 없었다. 추가적인 동양의 붕괴를 막기 위해 팍스 브리타니카가 필요했을 뿐이다. 실리는 "영국령 인도제국이 지배하는 인종이 원래 인도에 살던 인종보다 수준 높고 활력 넘치는 문명을 지

녔다는 보편적인 사실에는 의문의 여지가 없다."라고 결론 내렸다.[131]

영국에서 '보편적인 사실'에 이의를 제기하는 일은 드물었다. 실리는 "권력과 영향력을 가진 세력이 판단하는 대로 상황을 받아들이게 마련이며, 이러한 탓에 인간은 자기가 가진 자료뿐 아니라, 언어와 종교적·철학적 유산에 얽매일 수밖에 없다."라고 가정했다.[132] 실리는 빅토리아 시대 정치사상가들의 연설과 글을 지배했던 명백한 도덕주의에 영향을 받지 않고, 자신만의 서사로 주장을 전개했다. 그 후, 수십 년 동안 영국의 제국주의 역사가들에게 정당화 핑계를 제공한 랑케의 '전문가의 중립성'을 주장했다. 중립성이라는 가면 아래 실체를 숨긴 휘그당의 서사는 원치 않는 부분을 생략했다. 교묘한 속임수를 동원해 영국의 문명화 사명을 극찬하며 역사를 만들어냈다. 20세기 내내, 역사학자들은 정치, 미디어, 교과서 집필, 옥스퍼드대학교와 케임브리지대학교에서의 미래 지도자 양성 등의 영역에서 제국으로서의 정체성과 영국이 주장하는 제국에 대한 주권을 뒷받침하는 권위 있는 근거를 내놓았다.[133]

현대판 로마제국

20세기가 시작될 무렵, 《정글북》 작가 러디어드 키플링이 제국에 시적인 생명도 불어넣었다. 그의 단편 소설 〈레굴루스Regulus〉에 등장하는 영국은 가장 위대한 고대 제국 중 하나다. 키플링은 로마 시인 베르길리우스를 인용해 로마제국의 모든 목적과 미덕을 영제국 팽창의 목적과 미덕에 비유했다. "로마인이여! 나라를 잘 다스리고 평화의 길을 걸어야 한다. 약자를 보호하고, 교만한 자를 끌어내려야 한다."[134]

세계 각지에 질서와 안정을 안겨주고, 노예노동을 폐지하고, 기근을 완화하고, 교육 및 의료를 개선하고, 문명화를 위한 문학적·은유적 준비 작업을 했다는 점에서 영국은 현대판 로마제국이라고 볼 수 있었다. 〈백인의 책무The White Man's Burden〉라는 시로 키플링은 '제국의 시인'이라는 명성을 얻었다. 쿠바섬의 이해관계를 놓고 스페인과의 전쟁을 끝낸 미국이 필리핀까지 차지한 후에 공개된 시 〈백인의 책무〉는 금세 모든 서양 국가, 그중에서 특히 영국의 제국주의적인 노력과 동의어가 되었다.

> 백인의 책무를 수행하라
> 가장 뛰어난 인재를 발굴해
> 그대들의 아들들을 먼 곳으로 보내어
> 포로들을 위해 봉사케 하라
> 만반의 준비를 하고 기다리라
> 안절부절못하는 야만의 족속을
> 새로 정복한 침울한 종족을
> 반은 악마고 반은 어린아이인 그들을.[135]

백인 정착 지역의 '반은 악마고 반은 어린아이'인 영제국 신민이 모두 같은 운명을 맞이한 것은 아니었다. 캐나다, 호주, 뉴질랜드의 미래는 고대 그리스식 식민지 전통에서 엿볼 수 있었다. 그리스식 민주주의 형식이 적용된 덕에, 영국은 백인 정착민 식민국가와 함께 영국 정치인 윌리엄 글래드스턴William Gladstone이 이야기한 '다수의 행복한 영국들'로 거듭났다.[136] 1931년, 공식적으로 영연방이 탄생했다(영연방은 제2차 세계대전이 끝날 때까지 백인 자치령 혹은 정착민 식민지만으로 구성되었다). 반면, 비유럽인 신민은 여전히

부왕비 레이디 커즌과 함께 코끼리 등에 올라탄 영국인 인도 부왕 조지 커즌 경이
델리에 입성해 붉은요새를 통과하는 모습, 1902년

로마 전통에 따라 통치를 받았다. 자유주의를 앞세워 발전을 이끌어나가는 기수로서 영국이 자국의 입지를 다져나감에 따라, 로마의 전통적인 통치 방식에 영국의 특색이 더해졌다.

영제국의 성장

자유제국주의는 아프리카와 아시아에서 점차 성숙해갔다. 영국의 식민 정권은 인종 간 차이를 강조할 뿐 아니라 부족과 카스트 같은 범주를 설정했다. 이를 통해 제국의 말썽꾸러기들을 개혁하고 서구 문명의 파괴적인 몰락을 막는다는 자유주의를 근거로 억압 정책을 활용할 수 있는 체계를 구축했다.[137] 빅토리아 여왕 다이아몬드 주빌리 1년 후, 인도 총독 겸 부왕인 조지 커즌 경Lord George Curzon은 "제국주의는 매일 특정한 정당의 신념이 아니라 한 나라의 신조가 되어간다."라고 주장했다.[138] 이에 반대하는 정치 또는 사회 평론가는 드물었다.[139] 아무리 정당화해도 영국의 탐욕 때문에 목숨과 생계를 잃었다고밖에는 볼 수 없는, 무수한 영제국 신민의 명복은 아무도 빌어주지 않았다. 영제국은 '무주지terra nullius'*에서 최소한의 무력만으로 형성된 것도, 시간이 지나면서 은혜에 보답하려는 현지인들의 적극적인 협력 속에서 발전한 것도 아니었다. 오히려 인도, 서아프리카, 카리브해, 호주를 비롯한 여러 지역에서 식민지인들은 점점 더 정교해지는 영국 제국의 지배에 맞서면서도, 주어진 환경 속에서 자신들의 주체성을 발휘해나갔다.[140]

20세기가 되자, 초기 정복 행동이 사라진 대신 정교한 법체계가 생겨났다. 경찰과 치안군의 역할이 확대되고, 식민지 주민의 자유시장 및 자유노동 활동이 통제되었다. 행정기구가 모든 주민을 사회적으로 소외시키고 탄압하며 인종이나 민족 간 갈등을 부추겼다. 하지만 책무의 실상은 영국의 주장과 매우 달랐다. 영국은 공식·비공식 경로로 자유제국주의 개념을 효율적으로 전파하며 능숙하게 과거를 삭제하고 칭찬 일색의 과거를 새롭게 만들어냈다. 군주제, 제국, 민족이 뒤섞인 정치적·사회적 도가니에서 강력한 정체성이 탄생했다. 이 정체성이 20세기 내내 유지되었다 (최근 보수당이 브렉시트와 제국 2.0에 대해 목소리를 높이면서 이러한 정체성이 영국의 특

---

* 국제법상 어느 나라도 영역 주권을 행사하지 않거나 암시적으로 주권을 포기한 상태의 땅을 가리킨다.

징으로 새롭게 강조되고 있다). 피지배자들이 경험한 제국주의와 영국의 문명화 사명을 향한 찬양 사이의 역설은, 19세기 현대 자유주의와 제국주의의 결합 탓이었다.

현대 자유주의와 제국주의의 결합은 새로운 시대의 탄생으로 이어졌다. 국익이 자본주의의 성장 및 확산과 분리될 수 없는 시대, 보편적 인간 해방·평등·권리·문명화 사명을 둘러싼 지배 서사가 진화론적 사상으로 표출된 억압의 이면과 함께 구체화된 시대 말이다. 미디어는 요식 체계·대중매체·법·문학·학회 등 자유주의가 확산하는 경로 역할을 하며, 억압과 혼돈의 도구이자 해방과 포용의 수단이 되었다. 몇 번이나 발생한 대규모 폭력 사태 때문에 이러한 역설은 몇 번이고 극명하게 부각되었다.

제2차 보어전쟁과 함께 시작된 20세기에는 암리차르 학살, 아일랜드 독립전쟁, 이라크 반란, 팔레스타인 아랍봉기가 뒤따랐다. 영국은 제국과 관련 있는 극적인 사건이 발생할 때마다 새로운 분쟁 지역에, 이전에 갈고닦은 온갖 수단과 방법을 적용했다. 어릴 때부터 제국을 몸소 겪은 영국의 정치·군사 지도자들은 직급이 낮은 행정관, 경찰관, 치안부대, 첩보원 등을 거느리고 영국의 식민지를 순환했다. 이들의 행동은 예외주의의 관점에서 이해되었지만, 20세기에 접어들어 제국주의에 대한 비판의 목소리가 높아지기 시작했다. 이에 따라 식민지에서 벌어지는 폭력은 점점 더 '문명화의 명분'이라는 자유주의적 논리로 정당화되었고, 자유주의는 제국이 저지르는 행동을 일부 가리는 동시에 일부 드러내는 이중적 역할을 했다.

2장
크고 작은 전쟁

LEGACY OF VIOLENCE

인도 서북변경주 마문드계곡에서 영국군이 보복을 감행한 1897년 9월, 처칠은 펜과 총을 함께 들고 있었다. 예상과 달리 파탄인*들은 강하게 저항했고, 영국군은 크게 패배했다. 이를 목격한 이들은 충격을 받았지만, 처칠은 당시 신문 기사에서 그들을 '해충'에 비유하며, '살인에 대한 원시적 본능이 강한 존재', '야만적이고 무자비한 광신도'라고 묘사했다(하지만 처칠은 영국군이 처참한 패배를 당했다는 사실을 어머니에게 보낸 사적인 편지에서만 언급했다).[1] 소장 빈든 블러드 경Sir Bindon Blood은 영국의 명예 회복을 위해 마문드계곡의 완전한 파괴를 명했다.

우리는 조직적으로 진군하며 눈앞에 나타나는 마을을 차례차례 해치웠다. 보복을 위해 가옥을 파괴하고, 우물을 쓸 수 없게 만들고, 요새를 망가뜨리고, 그늘을 드리울 만큼 울창하게 자란 나무를 베고, 곡식을 태워 없애고, 저수지를 훼손했다. 마을이 평지에 있어 파괴하기가 수월

---

* 파키스탄 서북부 아프가니스탄 접경 지역에 거주하는 아프간 민족이다.

했다. 마을 주민들은 산에 앉아 자신들의 집과 생계 수단이 파괴되는 모습을 멍하니 지켜보았다. 2주가 지나자 계곡은 사막이 되었고, 실추된 영국군의 명예는 회복되었다.[2]

처칠은 눈앞의 상황을 충실히 기록하면서도, 영국군을 옹호했다. "전쟁에서 벌어지는 모든 일이 그렇듯, 이 사건 역시 잔인하고 야만적이다. 하지만 누군가의 목숨을 빼앗는 일은 정당하다고 여기면서 그의 재산을 파괴하는 일은 옳지 않다고 보는 건 비논리적인 태도다."[3] 긴급전보를 포함해 72권으로 나뉘어 발표된, 40여 건에 달하는 처칠의 출판물에는 '목적이 수단을 정당화한다'는 뉘앙스가 숨어 있었다. 동시대를 살아간 수많은 사람처럼, 처칠 역시 인도에서 벌어진 전투를 '문명이 호전적인 이슬람교와 마주한 상황'으로 받아들였다.[4]

보어전쟁의 발발

군인이자 기자였던 젊은 처칠은 수단으로, 그곳에서 다시 남아프리카로 이동했다. 1886년, 남아프리카에서는 금광이 발견되었다. 역사상 단일 금맥으로는 최대 규모인 남아프리카 금광은 호주나 캘리포니아의 사금과 달리 등급이 낮았지만, 전 세계적으로 막대한 영향을 미쳤다. 현실적으로, 남아프리카 킴벌리 다이아몬드 광산에서 많은 부를 축적한 로즈 같은 투기꾼이 채금으로 돈을 벌려면 상당량의 자본과 노동을 투입해야 했다. 그렇지만 돈을 벌고 싶어 하는 것은 개인 자본가뿐만이 아니었다. 19세기 말 진행된 제2차 산업혁명 중 독일과 미국의 성장에 위협당하던 영국의 경제

1899년, 남아프리카에서 종군기자로 활동하던 윈스턴 처칠, 탄생 100주년 기념 우표, 1974년

력은, 유형의 제품 생산 및 교역뿐 아니라 무형의 소득에도 영향을 미쳤다. 영국은 세계의 은행이라는 입지를 다지고, 그와 더불어 전 세계에서 경제적 우위를 유지하기 위해 안정적인 금 흐름을 확보해야 했다.[5]

하지만 비협조적인 아프리카너는 영국의 이익에 걸림돌이 되었다. 1600년대 말, 일찌감치 아프리카에 정착한 네덜란드인의 후손 아프리카너(혹은 보어인)는 1806년부터 지속된 영국의 지배에서 벗어나고자 수십 년째 희망봉(케이프 식민지)에서 투쟁 중이었다. 영국인들은 자신들이 아프리카에 거주하는 백인까지도 모두 문명화해야 한다고 믿었다. 당시 아프리카 백인들은 아프리칸스어를 사용하고, 칼뱅파에서 영감을 얻은 네덜란드 개혁교회에 다니며, 노예해방에 반대했다. 빅토리아 중기 시대 제국주의자의

눈에는 시대착오적인 생활 방식과 사고방식이었다.

1830년대, 아프리카너는 광활한 남아프리카 내륙의 척박하고 잡초투성이 평원에 오렌지자유국과 트란스발공화국이라는 독립공화국 두 개를 건립했다. 그런데 트란스발 중심부 깊은 곳에 위치한 비트바테르스란트에서 금광이 발견되자 수천 명의 외국인(주로 영국인)이 몰려들었다. 트란스발공화국 대통령 폴 크루거Paul Kruger와 아프리카너 공화주의자들은 갑자기 들이닥친 외국인들을 냉대했다. 트란스발공화국은 많은 재원을 가진 외국 자본가가 금으로 돈을 벌지 못하게 하기 위해 온갖 정책을 도입했다. 관세를 부과하고, 금광을 독점했다. 직접 금을 활용할 만한 자본은 없었지만, 영국 자본가와 노동자에게 터전을 빼앗기지 않겠다는 결심만큼은 확고했다. 결국 1899년 10월, 제2차 보어전쟁이 발발했다.

전쟁의 명분

영국 정부는 2차 보어전쟁의 목적이 자국의 경제 이익을 얻기 위한 것이 아니라고 주장했다. 정책적으로 자유를 제한하며 외국인의 기본권을 인정하지 않는, 국수적이고 인종차별적인 보어공화국과 맞서 싸우기 위한 투쟁이라며 정당화한 것이다. 영국 지도자들은 트란스발로 떠난 7만 5000명 병력이 크리스마스쯤 모두 고향으로 돌아올 것이라 확신하고 대중을 설득했지만, 전쟁은 약 3년 동안 지속되었다. 1815년부터 1914년 사이 벌어진 모든 전쟁 중, 영국은 이 전쟁에서 가장 큰 대가를 치렀다. 제국에 대한 논쟁으로 국내 분위기는 심각하게 분열되었고, 아프리카너와 협상에 이르기까지 무려 2억 3000만 파운드(약 40조 4800억 원)에 달하는 자금을 사용했다. 파견군인이 거의 45만 명에 달했고, 어떤 전쟁에서보다 많은 사상자를 냈다. 남아프리카 내륙에서 사망한 영국군만 2만 2000명이 넘었고, 7만 5000명이 넘는 영국 병사와 장교가 부상과 질병으로 의병 제대했다.[6]

영국 고등판무관 앨프리드 밀너Alfred Milner는 '궁극적인 목표는 케이프타운에서 잠베지에 이르는 모든 곳에서 제대로 된 처우와 정당한 통치를 받는 흑인 노동력이 뒷받침하는 백인 자치 공동체를 꾸리는 것'이라 강조했다.[7] 인종에 따라 계층이 달라진다는 확고한 믿음을 지녔던 밀너는 영국 정부와 식민행정부의 총애를 받았다. 밀너는 옥스퍼드대학교 베일리얼칼리지에 다니며 온갖 상을 휩쓸었다. 미래의 총리 허버트 애스퀴스Herbert Asquith, 육군장관이 된 윌리엄 브로드릭William Brodrick, 영국 보수당의 떠오르는 스타이자 미래의 인도 부왕인 커즌과 함께 학교에 다녔다는 점을 감안하면 실로 놀라운 위업이었다. 법정변호사, 언론인, 재무 관리 능력이 뛰어난 공무원으로 일약 스타덤에 오른 밀너는 재무장관 자격으로 이집트에 갔다가 영국 국세청인 내국세청Inland Revenue 청장이 되어 런던으로 복귀했다. 1897년, 그는 케이프 식민지 총독 및 남아프리카 고등판무관으로 임명되었다. 그의 관할에는 케이프 식민지뿐만 아니라 1843년 영국이 합병한 나탈 식민지도 포함되었다.[8]

밀너가 평범한 공무원에서 상당한 영향력을 가진 제국의 유명 인사로 거듭난 까닭은 1892년 출간된 《이집트 속 영국England in Egypt》 덕분이었다. 이 책은 밀너의 대중적인 제국주의 이념을 형성했다. 그는 영국의 우월성과 국가 주도의 공학 기술을 활용해 생물학적·인구학적 측면뿐만 아니라 사회적·기술관료적 측면까지 아우르는 제국을 다스릴 민족을 만들어내고자 했다. 이 책에는 직접적인 개입과 개혁으로 식민 경제를 발전시킬 수 있도록 국가 권력을 동원해야 한다는 밀너의 신념도 담겨 있다. 《이집트 속 영국》은 첫 출간 3년 뒤 6쇄가 인쇄될 만큼 영국인들에게 지적·정치적으로 커다란 영향을 미쳤다. 당시 야당이던 자유당 대표가 '밀너교religio Milneriana'라는 단어로 영향력을 표현할 정도였다.[9]

영국의 경제적인 우위와 제국으로서의 권위가 남아프리카 초원에 달린 상황이었다. 밀너는 런던의 카페 모니코에서 조용히 영제국의 재림을 책임졌다. 1897년 3월 27일, 베일리얼칼리지 동기들과 정계 거물들이 카페 모니코에 모여 고등판무관이 된 밀너를 축하하며 케이프 식민지로 떠날 그를 위해 축배를 들었다.[10] 밀너는 세계에서 가장 유명한 제국주의자라기보다 사심 없고 공정한 교수나 교구 목사처럼 보였다. 대화의 주제가 제국의 야망으로 바뀌자 자칭 '영국의 인종 애국자'인 밀너의 얼굴에 온화하고 든든한 미소가 떠올랐다. 밀너는 영제국의 의회를 만들겠다는 원대한 꿈을 품고 있었으며, 당시의 시대정신을 담아 자기 자신을 찬양하는 글을 작성했다. 그 글은 1925년 밀너가 세상을 떠난 후 〈타임스The Times〉에 공개되었다. "나는 민족주의자지 범세계주의자가 아니다. 나는 영국인(잉글랜드인이라 하는 편이 정확하겠다) 민족주의자다. 만약 내가 제국주의자이기도 하다면, 이는 대륙과 떨어진 곳에 있어 오랫동안 바다에서 패권을 쥐고 있던 탓에, 세계 곳곳에 뿌리내리는 것이 영국 민족의 운명이 되었기 때문이다. 나는 소小영국주의자*가 아닌 영국의 인종 애국자다."[11]

밀너는 소위 원주민 보호 정책과 관련해서는 어떤 원칙도 갖고 있지 않았다. 대신 영국의 이익을 중요하게 여겼고, 제국이라는 국가 상태와 경제가 밀접하게 연결되어 있으며, 인종적인 정의가 명확한 영제국을 만들기 위해서라면 강압이 필요하다고 믿었다. 이 문제에 있어서는 어떤 상황에서

---

*   영국의 제국주의적 확장에 반대하는 사람을 가리킨다.

도 신념을 꺾지 않았다.

남아프리카에 도착한 직후, 밀너는 옥스퍼드대학교에 함께 다녔던 애스퀴스에게 고등판무관으로서 직면한 거대한 과업에 관해 편지를 썼다. 그다음 남아프리카의 경제적·정치적 미래를 언급했다. "전적으로 '흑인'만 희생시키면 된다. 그렇게만 하면 게임은 쉽다."[12] 지속된 전쟁 탓에 자유주의의 기반이 된 언론은 영국의 정책을 합리화하고, 대중의 사기를 북돋웠다. 영국 언론은 제법 노련해진 처칠을 비롯한 200여 명의 특파원을 남아프리카로 보냈다.

영제국에 대한 찬가

1896년 설립된 〈데일리 메일Daily Mail〉은 특파원 파견에 적극적으로 나섰다. 소유주 앨프리드 함스워스Alfred Harmsworth는 〈데일리 메일〉의 존재이유가 '영제국의 힘과 우월성, 위대함을 옹호하는 것'이라 선언했다.[13] 〈데일리 메일〉 발행인란에 "국왕 폐하와 제국을 위하여."라는 글귀를 적어넣은 함스워스는 제국을 향한 뜨거운 애국심을 지녔을 뿐 아니라 이윤과 자선 활동에도 많은 관심을 보였다. 제2차 보어전쟁 당시, 함스워스는 미개한 트란스발공화국이 부상당한 영국 병사와 무고한 시민을 살해했다는 뉴스와 논평을 내보내곤 했다. 당시 공개된 각종 기사와 논평에는 아프리카너가 '흑인과 백인의 사악한 면을 여과 없이 보여주는 혼혈인종'이라는 키플링의 생각이 반영되었다. 〈데일리 메일〉에 실린 기사와 논평의 행간에도 아프리카너에 대한 밀너의 부정적인 입장이 숨어 있었다. 밀너 행정부는 아프리카너들의 정치 체제를 '중세 시대에나 있을 법한 인종 과두정치'로 간주했으며, 그들을 '반문명화된 존재', '추잡하고 경솔하며 게으른 무리', '극도로 원시적인 집단'으로 평가했다.¹⁴ 새롭게 등장한 구독자층의 열렬한 민족주의에 호소하던 〈데일리 메일〉의 일일 발행부수는 전쟁 발발 후 1년도 채 되지 않아 100만 부를 넘어섰다.¹⁵

언론 이외에도 전쟁을 상품화하고 광고할 매체가 생겨났다. 제2차 보어전쟁을 주제로 한 보드게임, 삽화가 들어간 잡지, 장난감 병정이 인기를 끌었다. 크리스마스 카탈로그에는 영국인들이 좋아하는 파티용품이 가득한 선물꾸러미를 카키색으로 칠한 제품이 소개되었다. 애국심을 고취시키는 찬가와 노래, 발라드가 넘쳐났다. 그렇지만 제국과 전쟁을 찬양하는 그 어떤 노래도 전쟁 자금 마련을 위한 자선기금 모금 활동을 지지하는 키플링의 시 〈넋 나간 젊은이 The Absent-Minded Beggar〉만큼 많은 사람에게 영향을 미치지 못했다. 키플링은 강경한 노선을 취하는 〈데일리 메일〉에 이 시를 보내며 함스워스에게 "규정에 따라 설립된 구호기금 중 어디로든 수입을 전달해달라."고 요청했다.¹⁶ 전에 없던 새로운 방식으로 제국 애국심, 자애를 엮은 키플링의 시는 이렇게 간청하는 글귀로 시작된다.

〈브리타니아여 지배하라 Rule, Britannia〉*를 부를 때,
〈국왕 폐하를 구하소서 God Save the Queen〉**를 부를 때,
당신의 입으로 크루거를 죽일 때,
명령을 받고 남쪽으로 떠나는 카키색 군복을 입은 신사를 위해
내 작은 탬버린에 친절히 1실링을 던져주겠소?¹⁷

---

*   영국의 비공식적인 준국가.
** 영국 및 영연방 국가들의 국가.

함스워스는 영국 최고의 작곡가 아서 설리번 경Sir Arthur Sullivan에게 키플링의 시에 곡을 붙여달라고 요청했다. "당신의 명예를 위해 기부금을 내세요. 돈을 내세요, 돈을 내세요, 돈을 내세요."라는 기억하기 쉬운 후렴구도 덧붙였다. 리처드 우드빌Richard Woodville이라는 화가는 전투에서 다친 영국 병사를 묘사한 〈카키색 군복을 입은 신사A Gentleman in Khaki〉라는 삽화를 그렸다. 작품은 단 몇 주 만에 엄청난 인기를 끌었다. 그렇지만 키플링도, 설리번도, 우드빌도 자기 작품을 돈벌이 수단으로 여기지 않았다. 전쟁 기간에 영국과 세계 각지의 극장과 공연장에서 〈넋 나간 젊은이〉가 울려 퍼졌고, 사업가들은 담뱃갑에 〈카키색 군복을 입은 신사〉 삽화를 그려 넣었다. 영국 병사가 그려진 엽서를 비롯한 각종 기념품이 팔려 나갔다. 그 결과, 전쟁으로 가족을 잃고 가난에 허덕이는 유가족을 위해 무려 25만 파운드(약 440억 원)라는 전례 없는 규모의 기금이 모였다.[18]

영국의 전쟁 전술

전쟁 시작 후, 몇 달 동안은 (3만여 명의 농부와 사냥꾼으로 구성된) 아프리카너특공대가 전략적으로 영국군을 압도했다. 특공대는 몰래 접근해 총격을 가하는 게릴라 전술로 영국군을 제압했다. 1900년 초, 영국군 총사령관이 된 육군원수 프레더릭 로버츠 경Lord Frederick Roberts이 제국 곳곳에서 오랫동안 경험을 쌓은 고위급 장교 여럿과 함께 아프리카로 향했다.[19] 참모총장 허레이쇼 허버트 키치너도 그중 한 사람이었다. 키치너는 이미 제국 각지에서 벌어진 전쟁에서 영웅적인 승리를 거둔 전설적인 사람이었다. 승리에 대한 보상도 충분히 받아왔다. 가장 널리 알려진 업적은 1898년 수단에서 벌어진 옴두르만 전투에서의 승리였다. 찰스 조지 고든Charles George Gordon이 이슬람 지도자 무함마드 아흐마드Muhammad Ahmad*를 따르는 수단의 추종 세력 마흐디파의 손에 목숨을 잃었는데 키치너가 그 복수를 한 것이었다. 기관총과 현대식 소총으로 무장한 키치너의 부대는 규모가 거의 두 배에 달하는 적군과 맞닥뜨렸다. 현장에 있던 처칠의 증언에 의하면 적군은 1만 명이 사망하고 1만 3000여 명이 다친 반면, 목숨을 잃은 영국 병사는 47명, 다친 병사는 382명에 불과했다. 한 목격자는 이렇게 이야기했다. "마흐디 운동의 마지막 날이자 가장 위대한 날이었다. 그들은 제대로 맞서지조차 못했고, 물러서지도 않았다. 전투라기보다는 처형이었다. 시체가 산더미처럼 쌓여 있지는 않았고, 넓은 땅에 고르게 흩어져 있었다. 마지막 잠을 청하고, 신발을 베고 평온히 누워 있는 모습의 시체도 있었다. 마지막 기도 중 무릎 꿇은 상태로 목숨을 잃은 형태의 시체도, 갈가리 산산조각이 난 시체도 있었다."[20]

영국 언론은 옴두르만 전투에 관한 자세한 내용을 널리 알렸고, 키치너는 '하르툼의 키치너 경Lord Kitchener of Khartoum'이라는 칭호를 얻었다. 제1차 세계대전 중에는 육군장관을 지낸 키치너의 위엄 있는 얼굴이 영국의 신병 모집 포스터에 등장하기도 했다. 강렬한 눈빛과 흔들림 없이 쭉 뻗은 집게손가락은 영국 최대 의용군을 지원하는 무장병력에 활력을 불어넣었다. 1916년 오크니제도 해역에서 장갑순양함 HMS 햄프셔를 몰고 가던 중 전함이 침몰하면서 영광은 끝났지만, 키치너는 수십 년간 숱한 전장에 커다란 영향을 미쳤다.

1900년 가을, 아프리카너의 매우 효과적인 게릴라 전략 덕에 전쟁은

---

* 이슬람교에서 미래에 나타날 구원자를 지칭하는 표현을 따서 '마흐디'라고도 불렀다.

막바지에 접어들었다. 총사령관 키치너는 전쟁을 끝내기 위해 아프리카너를 전면적으로 공격했다. 키플링은 당시의 상황을 '아마겟돈을 위한 정장 열병식'이라 표현했다.²¹ 영국군은 요새와 철조망을 함께 활용해 광활한 내륙을 작은 구획으로 나누는 신요새 전략을 도입했다. 그다음 땅을 초토화시키는 청야 전술로 작물을 모두 불태우고 이후로도 농사짓지 못하도록 땅에 소금을 들이부었다. 최후방의 싹쓸이부대가 남은 아프리카너 병력을 모두 소탕했다. 결국 3만 명의 전쟁포로가 제국의 외딴곳으로 강제 추방되었다.²² 영국군은 주거지를 완전히 파괴하고, 우물에 독을 풀고, 아프리카너 노동자와 여성, 어린아이를 강제수용소에 몰아넣었다. 영제국은 이전에도 위기를 타개하기 위해 집단수용소를 활용했다. 인도 통치 관료들은 개혁을 위해 1857년부터 온갖 감금 방안을 실험했다. 영국 관료들은 세포이 항쟁으로 대거 감금된 2만 명을 벵골만 동부에 있는 안다만제도로 추방했다. 안다만제도에 드문드문 설치된 천막 같은 환경과 강제노동은 빅토리아 시대의 갱생 시설을 떠올리게 만들었다. '타락하고 위험한' 사람들을 일시적으로 사회와 분리하는 것은 19세기 영국이 즐겨 사용하던 방식이었다. 1834년 제정된 구빈법Poor Law*과 1869년 제정된 상습범법Habitual Criminals Act 때문에 영국인 중에서도 영제국 신민과 마찬가지로 자유주의의 약점으로 치부되는 부류가 생겨났다. 고로 이것은 위협으로부터 사회를 보호하는 데 도움이 될 뿐 아니라 힘든 육체노동으로 사회에 위험이 되는 사람들을 개혁해 합리적이고 문명화된 사람으로 만들려는 훈련이기도 했다.

영국령 인도제국은 순종적이지 않은 신민을 전염병 환자에 비유하는

---

* 신구빈법이라 불리며, 기존에 교구 교회가 담당하던 빈민 구제를 '워크하우스'라는 격리 시설에 들어온 빈민에게만 적용하는 것을 주된 내용으로 한다.

수용소 시스템과 법적 장치를 통해 이러한 사상을 도입했다. 이 과정에서 영국의 상습범법은 인도의 범죄부족법Criminal Tribes Act로 바뀌었다. 상습적으로 범죄를 저지르는 부족이 '사회 전체를 감염시킬지도 모른다고 걱정한 식민 관료들은, 이러한 부족을 '굶주림에 허덕이는 재소자가 고된 노동을 받아들이게 되는' 수용소에 분리 수용했다.[23] 이러한 논리는 직관에 반하는 것이었다. 영양이 부족한 사람이 어떻게 고된 노동을 감당할 수 있겠는가?

이처럼 비정상적인 개혁 개념은 오랫동안 지속되었다. 이후, 1870년대와 1890년대 전염병과 기근이 인도를 휩쓸자 새로운 수용소가 모습을 드러냈다. 인도를 지배하는 식민 관료들은 공중위생을 명분으로 신민들을 구금 분리하고 강제노동을 시켰다. 식민 관료들은 갇힌 사람들보다 지저분하고 기생충 같은 사람들이 감염시킬 외부인의 건강을 더 염려했다.[24]

빅토리아 시대의 영향을 받은 배급과 노동에 대한 이상에 더해 전쟁 기간 중 인도에서 자행된 난민 대량 감금 및 개혁에 관한 개념이 남아프리카로 퍼져나갔지만, 영국군이 토지를 초토화시킨 탓에 난민수용소들은 민간인으로 넘쳐났다. 수용소에 감금된 이들 중에는 보급품과 비공식 정보만 제공한 사람들도 있었다. 키치너는 아프리카너와 '바람직하지 않은' 흑인 인구를 통제해 게릴라의 보급로를 차단하기로 마음먹었다. 그의 전술은 게릴라의 자원을 파괴하는 차원을 넘어섰다. 약 100개에 달하는 수용소가 가혹한 인질수용소로 설계되었다. 키치너가 '남성 병력의 감정을 자극하는 작전'을 채택한 탓에 게릴라의 아내와 자녀는 적은 양의 배급과 가혹한 처우를 견뎌야 했다. 키치너는 '남자보다 더 지독한' 아프리카너 여성들도 공략했다.[25] 역사학자 에이든 포스Aidan Forth의 설명처럼, 전쟁은 아프리카너 여성과 아동을 '합법적으로 폭력을 행사할 수 있는 대상'으로 바꿔놓았다.²⁶ 수용소에 갇힌 아프리카너들은 얼마 안 되는 배급과 열악한 위생 때문에 건강이 나빠질 정도였음에도, 밀너와 키치너는 그들을 '기생충' 같은 존재로 여겼다.

키치너가 이끄는 부대는 감염된 아프리카너를 생포하기도 하고 죽이기도 했다.²⁷ 영국군은 10만 명이 넘는 아프리카너를 수용소에 마구 몰아넣었다. 감금된 아프리카너는 급속도로 죽어 나갔다. 영양실조, 굶주림, 풍토병으로 약 3만 명이 목숨을 잃었다. 그중 상당수는 아동이었다.²⁸ 민간인 사망이 전쟁 계획의 의도된 결과든 예기치 못한 결과든, 남아프리카에 세워진 영국 수용소는 단 하나의 인종을 집단으로 감금하거나 강제로 이주시킨 첫 번째 사례였다. 1901년 봄이 되자 수용소 상황과 사망자 수에 관한 기사가 영국으로 흘러 들어갔다. 영국 대중의 반응은 무관심부터 격분에 이르기까지 다양했다.

6개월여 전, 제2차 보어전쟁에 대한 암묵적인 국민투표이기도 한 탓에 '카키 선거Khaki election'*라고도 불린 영국의 총선이 치러졌다. 그 결과, 영국 총리 솔즈베리 후작 로버트 세실Robert Cecil이 이끄는 보수당 정부와 자유통일당 연합 세력이 다시 권력을 잡았다. 그때까지만 해도 영국 유권자들은 제2차 보어전쟁에서 이미 승리를 거둔 것이나 다름없다고 믿었다. 하지만 전쟁은 지속되었다.

---

* 제2차 보어전쟁 당시 영국군이 입었던 카키색 군복으로 인해 붙여진 이름으로, 당시에는 보어전쟁의 찬반을 묻는 성격이 있어 붙여진 이름이었다. 이후 전쟁 중 또는 전후의 국민 정서에 영향을 크게 받는 선거를 일컫는 용어로 사용되었다.

홉하우스의 폭로

1900년 말, 평화활동가이자 복지운동가인 에밀리 홉하우스Emily Hobhouse는 아프리카너 전쟁포로에 대한 진상 조사를 시작했다. 고등판무관 밀너는 갖은 방법을 동원해 홉하우스의 조사를 방해했다. 영국으로 돌아간 홉하우스는 나날이 분열되는 영국 대중에게 〈케이프 식민지와 오렌지강 식민지에 위치한 여성 및 아동 수용소 방문 보고서Report of a Visit to the Camps of Women and Children in the Cape and Orange River Colonies〉를 공개했다.29 영국에는 친보어연합pro-Boer coalition이 등장했다. 제2차 보어전쟁 이후, 경제적 관점에서 제국주의를 비판한 존 홉슨John Hobson 같은 중요한 지식인부터 일부 자유당 의원 및 사회주의자까지 광범위한 사람들이 여기 포함되었다. 훗날 영국 총리가 되는 데이비드 로이드 조지David Lloyd George는 이 문제를 하원에서 상정했다. 밀너의 베일리얼칼리지 동창이자 당시 육군장관이었던 브로드릭은 "수용소가 군사적인 필요에 의해 생겨났지만 자발적으로 운영되고 있으며, 수용된 아프리카너들도 만족하고 편안해한다."라고 주장했다.30 대부분의 영국인은 한결같이 제국과 영국과 군주제를 지지하고, 정부의 변론을 받아들였다. 영국인들은 제국주의적 애국심을 반역적으로 모욕하는 전형적인 친보어 정서를 지녔다며 홉하우스를 비난했다. 친보어세력은 지지부진한 전쟁의 희생양이었다. 언론은 홉하우스를 '병적으로 흥분하는 사람', '정치선동가', '정확하지도 않은 오싹한 이야기를 퍼뜨리는 사람'이라 비난했다.31 그럼에도 불구하고 홉하우스의 보고서는 떠들썩한 논쟁에 불을 지폈다.

로이드 조지는 '몰살 정책'을 펼친다며 의회에서 영국 정부를 공개적으로 비난했다. 하원의원 존 엘리스John Ellis는 수용소를 '캘커타의 블랙홀에 비유했다. 자유당 대표 헨리 캠벨배너먼Henry Campbell-Bannerman은 "전쟁이 전쟁이 아닌 때는 언제인가?"라는 수사적인 질문을 던진 후, "남아프리카에서 야만적인 방법으로 전쟁을 치를 때"라고 스스로 답했다.[32] 남아프리카의 수용소 소식은 전 세계에서 대서특필되었다. 영국 정부는 다양한 왜곡 기법을 동원했다. 국내 조사위원회를 설립한 뒤 신랄하게 홉하우스를 비난해온 밀리센트 포셋Millicent Fawcett을 회장 자리에 앉혔다.

홉하우스는 남아프리카로 돌아가려고 애썼지만, 키치너는 계엄령까지 선포하며 그녀를 영국으로 돌려보냈다. 위험인물과 전쟁 물자 유입을 막고 선동적인 출판물을 통제하겠다는 것이었다. 그녀가 탄 증기선이 케이프타운에 정박하자 군인들이 숄을 이용해 온몸을 꽁꽁 묶은 다음, 유럽행 선박으로 직접 홉하우스를 옮겼다. 이밖에도 온갖 극적인 사건이 벌어진 후, 홉하우스는 결국 강제 추방되었다. 영국의 비판 세력은, 윤리성은 물론이고 적법성에도 의문을 제기했다. 하지만 브로드릭은 의회와 언론에서 뜨겁게 타오른 논쟁을 무시하며, 계엄령하에서는 영국 정부가 남아프리카 영토에서 선동 행위를 한 자를 합법적으로 추방할 권리가 있다고 단호히 주장했다.[33]

군사적인 필요 때문에 설립되었다면서도 아무도 수용소 문제를 책임지거나 해결하려 들지 않았다. 밀너는 "수용소의 끔찍한 사망률은 전체 그림에서 매우 커다란 문제다. 수많은 설명이나 변명을 늘어놓을 수도 있지만, 사실 적절한 변론을 기대하기는 힘들 것이다. 그렇지만 갑자기 정책을 뒤집으면 상황은 더욱 악화될 뿐이다. 폐해를 줄일 수는 있지만, 완전히 없애지는 못할 것이다."[34]라고 말했다. 포셋이 이끈 조사위원회는 홉하우스에 의해 제기된 모든 혐의가 사실임을 인정하는 보고서를 제출했지만, 이 보고서는 사악하거나 의도적인 부분 대신 기본적인 위생 문제만 지적했다.

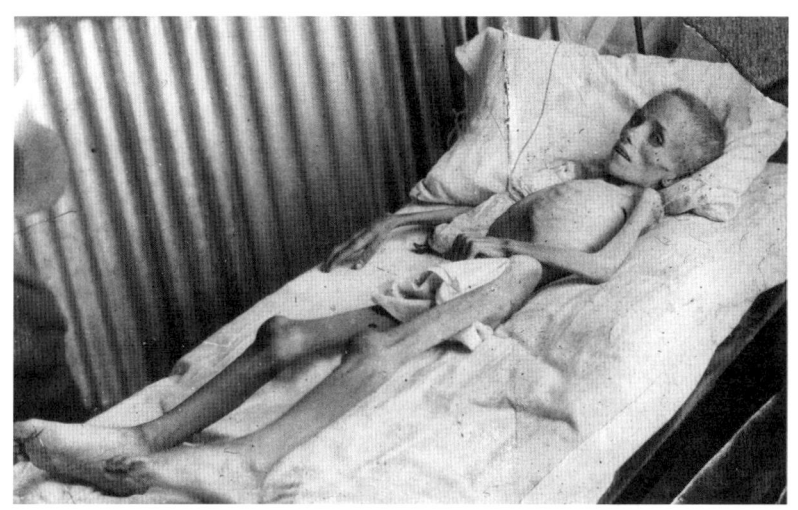

남아프리카공화국 블룸폰테인에서 영국 정부가 운영하던
강제수용소에 수용된 아프리카너 아동 리지 반 질Lizzie van Zyl

그 후 키치너는 수용소의 행정감독 권한을 밀너와 식민성Colonial Office에 떠넘겼다.35

수용소의 진실

가혹한 수용소의 현실과 구원과 개혁을 위한 장소라는 주장 간의 괴리가 명확해졌다. 인도기근위원회Indian Famine Commission의 보고 덕에 식민장관 조지프 체임벌린은 영국령 인도제국이 질병 억제와 비위생적인 환경 개선에 성공했다고 주장하는 곳이, 철조망 구조물 너머의 임시 강제수용소에 불과하다는 사실을 잘 알고 있었다. 체임벌린은 인도의료국Indian Medical

Service의 사무엘 톰슨Samuel Thomson과 제임스 윌킨스James Wilkins를 불러들였다. 인도의료국은 굶주린 난민과 전염병에 걸린 사람들을 영국령 인도제국의 주류 인구 및 노동할 수 있을 만큼 건강한 사람들과 분리하는 관료 제도를 만들어낸 곳이었다. 남아프리카에 도착한 톰슨과 윌킨스는 여성수용소위원회Ladies Concentration Camp Committee가 추천하고 영국 육군성War Office이 활용 중인 공간 설계, 위생, 징계 시스템을 도입했다. 이미 상당한 피해가 발생한 상황이었지만, 이 같은 노력 덕에 사망률은 줄어들었다.[36] 톰슨은 강제수용 정책의 미래와 관련하여 남아프리카와 인도 및 제국 전체의 관계에 대한 구상을 남기고 떠났다. 그에게 강제수용소는 '대규모의 남성, 여성, 아동을 한데 모아 수용하면서도 건강을 유지할 수 있는지 실험할 수 있는 이례적인 기회'였다. 그는 "적절한 위생 조치와 철저한 위생 규율 시행만 갖추어진다면, 국왕 폐하의 수많은 신민을 철조망 뒤에 수용할 수 있다는 사실이 입증되었다."라고 말하며, "이번 사례에서 얻은 교훈은 앞으로 유사한 상황이 발생할 경우 흥미롭고 유용한 참고자료가 될 수 있을 것이다."라고 덧붙였다.[37] 한편, 역사학자 포스는 남아프리카가 강압 및 개혁 원칙과 함께 "대규모 억류의 개념을 전 세계에 소개했다."라고 설명한다.[38]

소모전에 지친 아프리카너는 결국 협상 테이블에 앉았다. 아프리카너의 협상 참여는 영제국과 제국의 지배를 받는 아프리카인들에게 지대한 영향을 미쳤다. 영국은 전쟁 중에도, 그리고 전쟁이 끝난 후에도 경제적 편의와 인종 편견 때문에 남아프리카의 흑인을 온정주의에 따라 보호하지 않았다. 아프리카너의 고통을 둘러싸고 열띤 논쟁이 벌어지는 상황에서, 수용소에 감금된 수십만 명의 아프리카 흑인을 위해 목소리를 높이는 사람은 거의 없었다. 수천 명의 흑인이 최전선에서 영국을 위해 싸웠지만, 일부 흑인은 보호는커녕 억류되고 말았다. 키치너 부대는 가혹한 습격으로 많은 흑인을 잡아들였다. 64개에 달하는 흑인 수용소의 상황은 아프리카너 수용소보다 열악했다. 쇠약해진 몸으로 질병에 시달리던 흑인들은 소량의 배급 식량만 먹으며 강제노동을 해야 했다. 결국 흑인 사망률이 전체 수용 인구의 10퍼센트를 넘어섰다.[39]

1902년 5월 말, 트란스발공화국은 베레니깅조약Treaty of Vereeniging에 서명했다. 독립권을 내놓고, 영제국 안에서의 자치를 약속받았다. 영국은 아프리카너에게 전후 재건 자금 300만 파운드(약 5050억 원)를 비롯해 다양한 이권을 안겨주었다. 남아프리카에서 흑인을 좌지우지할 수 있는 정치적 권리도 넘겼다. 약 1세기 동안 아프리카너는 남아프리카에서 흑인을 지배했다. 8년 후 영국의 식민지 네 곳(케이프 식민지, 나탈 식민지, 트란스발 식민지, 오렌지강 식민지)이 남아프리카연방Union of South Africa*으로 통합되었다. 이곳들은 영제국 내 독립자치령이었다.

아프리카너 제국주의자, 스머츠

협상에서 아프리카너를 대표한 사람은 케이프 식민지에서 성장한 얀 스머츠Jan Smuts였다. 스머츠는 수줍고 내성적이었지만, 성실함과 천재성을 발판 삼아 어려운 환경을 이겨내고 케임브리지대학교 크라이스트칼리지에서 장학금까지 받으며 법학을 공부했다. 항상 굶주림에 시달렸지만 그의 뛰어난 지적 재능을 알아본 은사의 지원 덕에 향수병을 견딜 수 있었다. 1894년 졸업한 스머츠는 졸업시험에서 두 과목이나 최고 성적을 받았다.

---

* 남아프리카공화국의 옛 이름이다.

영국 대학교 졸업시험에서 두 과목이나 최고 성적을 받는 것은 미국의 우등생 친목단체인 파이 베타 카파회Phi Beta Kappa의 회원이 되는 것만큼이나 영광스러운 일이었다. 스머츠는 재학 중 로마법과 법학 과목에서 조지 롱 상George Long Prize 등 많은 상을 받았다. 뛰어난 성과 덕에 1970년 크라이스트칼리지 총장은 이렇게 선언하기도 했다. "우리 칼리지의 500년 역사에서 과거와 현재를 통틀어 가장 뛰어난 세 학생은 존 밀턴John Milton, 찰스 다윈, 얀 스머츠다."⁴⁰

케임브리지대학교를 우수한 성적으로 졸업한 만큼 런던에서 법률가의 길을 걸었다면 탄탄한 미래를 보장받을 수 있었겠지만, 스머츠는 장밋빛 미래를 거부하고 남아프리카로 돌아가 제국주의에 반대하는 강경한 민족주의 정당 아프리카너연대Afrikaner Bond에 합류했다. 1899년, 제2차 보어전쟁이 발발하자 크루거 대통령의 심복이 되어 병참, 선전, 전략 업무를 처리한 후 직접 최전선에 뛰어들었다. 스머츠는 전장에서 아프리카너특공대를 이끌며, 뛰어난 기습 전술을 활용했다(어두컴컴한 새벽 기습 작전에 나서기 전, 배낭에서 너덜너덜한 임마누엘 칸트의 《순수 이성 비판Critique of Pure Reason》을 꺼내 읽곤 했다고 한다).⁴¹

스머츠는 거의 50년 동안 남아프리카에서 아프리카너 민족주의가 발전하는 데 지대한 영향을 미쳤으며, 프리토리아, 서유럽, 미국에서의 세력 유지에 백인의 지배가 중요하다는 국제적인 틀 확립에도 매우 중요한 역할을 했다. 또한 제2차 보어전쟁이 끝난 후부터 남아프리카연방 탄생 전까지 총리를 비롯해 여러 관직을 두루 섭렵했으며, 남아프리카연방의 탄생부터 두 차례의 세계대전을 거치며 한때 게릴라로도 활동했다. 호주, 뉴질랜드, 캐나다 같은 다른 백인 자치령과 함께 제국의 일부가 되는 것 외에 다른 선택지가 없다는 사실을 깨달았기 때문에 영제국의 가장 충성스럽고 영향력 있는 지도자 대열에 합류한 것이다.

역사학자 마크 마조워Mark Mazower는 저서 《마법의 궁전은 없다No Enchanted Palace》에서 이렇게 이야기했다. "스머츠는 암흑대륙에서의 문명화 사명 실현을 위해서 남아프리카가 영제국의 일부로 남아야 한다고 생각했다. 영연방의 일부로 남는 방안은 이러한 틀을 제시할 뿐 아니라, 새로운 국제 조직을 상상하게 만들었다. 스머츠는 국제주의를 장려하는 사람들과 손을 잡았다. 그들이 민족주의자였기 때문이다."[42] 스머츠의 논리와 나날이 발전하는 이데올로기의 기저에는 제1차 세계대전 이후에 영제국의 백인 정착민과 영국의 좌파 및 우파로부터 상당한 지지를 받을 '제국주의적 국제주의 imperial internationalism'라는 개념이 있었다. 인종차별적 관점이 반영된 '제국주의적 국제주의'는 이후 국제연맹의 형태를 띠었다.[43]

영제국 프로젝트

남아프리카에서 민족주의적인 질서를 세우기 위해 스머츠가 노력하는 가운데, 고등판무관 밀너는 전후 식민 자본주의 국가 건설에 박차를 가했다. 이 같은 식민 자본주의 국가의 핵심 역할은 광업 분야의 수요에 부응하고, 인종과 문화에 따른 차별을 법률 구조와 제도와 관행 속에 자리 잡게 만드는 것이었다.

밀너와 스머츠는 남아프리카와 영제국의 미래에 관해서 의견이 같았다. 밀너는 케이프타운에서 잠베지강까지 이어지는, 위대하고 진보적인 지역사회로 구성된 백인 지배국가를 건설하겠다는 원대한 꿈을 품었다.[44] 그러면서도 막강한 권력과는 별개로, "전 세계 중 이 지역에서만큼은 제국주의적인 대의명분의 무게 전체를 나 홀로 짊어진 듯하다."라며 부담스러워했다. 그렇지만 밀너의 전후 인종차별적인 비전은 단 한 사람이 만들어낸 것이 아니었다.[45] 제국주의 시대의 맥락 속에서, 밀너는 '전적으로 흑인만 희생시키려는 의지'를 완벽하게 보여주는 사람이었다.[46]

트란스발 식민지의 재건정권은 밀너와 뜻을 같이하는 옥스퍼드 대학교 출신 관료들(밀너 유치원Milner's Kindergarten으로 불린다)로 구성되었다. 이들은 최적의 금 생산을 위해 모든 상황을 전쟁 이전 상태로 되돌렸다. 백인의 이익을 우선시하고, 아프리칸스어와 영어 공동체 간의 갈등을 치유하기 위해 노력했다. 시민사회를 만들어내고, 인종을 분리하고, 값싼 흑인 노동을 대량 공급했다. 가난한 백인을 보호하고, 토지 및 농업 정책에 개입하는 다양한 사회 공학 방안을 만들었다. 이 같은 국가 주도의 제도와 정책은 남아프리카에서 자본주의를 발달시키는 동시에, 백인 소유의 광산에서 흑인 노동력을 대량으로 착취하는 결과를 낳았다. 그리고 몇십 년 후, 밀너의 옥스퍼드 동창생들과 스머츠의 백인 민족주의 세력이 만든 인종차별적 분위기 속에서 아파르트헤이트* 체제가 등장하는 토대를 구축했다.[47]

영국 지역사회는 전국 각지에 약 900개에 달하는 기념비를 세워 전쟁에서 목숨을 잃은 영국인의 애국심, 영광, 명예를 기렸다. 함스워스와 키플링 같은 개인이 주도한 민간 자선 활동을 통해 600만 파운드(약 1조 100억 원)가 넘는 구호기금이 조성되었다(영국 정부의 1900년 총예산의 4퍼센트에 가까운 엄청난 금액이었다). 반면 홉하우스가 진행한 아프리카너 여성 및 아동을 위한 구제기금에 모인 돈은 약 6500파운드(약 11억 원)에 불과했다.[48]

제국을 위해 싸운 병사와 그들의 가족을 기리고 책임지려는 대중의 의지를 통해 영국이 군주제와 제국의 이상에 충실한 국가였음을 알 수 있다.

---

* 남아프리카공화국의 극단적인 인종차별 정책과 제도.

이 같은 정서는 20세기 전반에도 스며들었다. 세상을 떠난 키치너는 런던 세인트폴 대성당에 봉안되었다. 대리석으로 조각된 실물 크기의 조각상이 영면에 든 자세로 세인트폴 대성당 영혼 예배당 북서쪽을 빛낸다. 키치너 조각상은 그가 도입한 온갖 야만적인 수법을 모른 척하는 국가의 능력을 증명해 보이는, 변치 않는 증거다.

영국이 민간인을 표적으로 삼으면서, 남아프리카에서의 갈등은 새로운 형태의 20세기식 전쟁으로 바뀌었다. 새로운 형태의 전쟁은 영국 시민의 자유와 더불어 제국의 미래에도 지대한 영향을 미쳤다. 동시에 전쟁을 규제하는 국제협약이 새롭게 등장했다. 영국 내 아프리카너 강제수용소에 항의하는 집단을 비롯한 다양한 소수집단이 생겨남에 따라 영국의 억압적인 정책에 반대하는 목소리가 점차 높아졌다. 제국주의를 앞세워 저지른 영국의 구체적인 억압 행위에도 비판이 쏟아졌다. 그렇지만 제국 내에서는 여전히 영국의 통치권과 권력 유지를 위해 억압 정책을 채택한 상황과 행위 자체를 구분하는 경우가 많았다. 비판 세력은 가장 지독한 폭력의 징후를 있는 그대로 만천하에 드러내, 의도치 않게 가혹한 법적·행정적 장치가 도입되었다는 정부의 반응을 유도했다. 이러한 장치의 절대적인 필요성이 대개 정당화를 둘러싼 양면성보다 중요히 여겨졌기 때문에, 시간이 흐를수록 가혹한 장치들이 용인 가능한 통치 방식으로 자리 잡았다.[49] 정부는 키플링이 언급한 '백인의 책무'를 들먹이며 남아프리카에서 도입된 정책과 관행을 정당화했다. 이 탓에 기존 식민 통치 형태가 더욱 공고히 뿌리내렸다. 20세기에는 새로운 식민 통치 형태가 등장했다. 조지 오웰George Orwell이 '영국 제국주의의 선지자'라고 부른 키플링이 1907년 최초의 영어권 노벨문학상 수상자가 되자, 그의 국제적인 인지도 덕에 영제국 프로젝트도 널리 알려졌다.

계엄령의 필요성

키플링은 인종적·문화적 차이를 공식화한 통치 방식을 지지했다. 행정·입법·사법 통치의 모든 단계에서 이 같은 차이가 제도화되었다.[50] 영국은 제국을 통치할 권리와 의무를 주장하던 단계에서 공식적인 식민 지배로 전환했다. 그러나 1858년 등장한 영국령 인도제국이든 이후 아프리카와 중동에서 등장한 식민지나 자치령이든, 영국의 지배를 받는 국가들은 유럽의 민족국가와는 거리가 멀었다. 제국의 신민 지배는 동의를 바탕으로 하지 않았다. 영국의 식민 관료들은 원주민이 스스로 통치할 능력은 물론이고, 토지를 경작할 능력이 없다고 여겼다. 이들은 원주민이 비범한 세력의 도움 없이는 식민국가의 권위를 존중하거나 이해하지 못한다고 가정했다. 영국의 식민 지배 방식은 인종적·문화적 차이뿐 아니라 영국의 경제 상황을 둘러싼 현실 정치와도 관련이 있었다.[51] 영국에는 식민지가 재정적으로 자립해야 한다는 불문율이 있었다. 공식적으로 제국주의를 유지하려면 많은 돈이 들었기 때문이다. 영국의 모든 식민 영토는 현지 통치 비용 충당을 위한 수익을 직접 창출해야 했다. 신민은 세금, 저임금 노동, 토지 몰수 등의 형태로 억압의 대가를 치렀다.[52]

제국에 대한 최종 권한은 영국 의회에 있었다. 입헌군주국인 영국에는 의례적인 국가원수, 즉 왕이나 여왕이 있었다. 빅토리아 여왕이 인도 황제로 등극한 1877년에 확인했듯, 왕이나 여왕은 상징적인 제국의 지배자였다. 영국 의회는 제국 통치 문제에 있어서 절대적인 주권을 주장했다. 19세기 학자와 사상가들은 영국 헌법을 기준 삼아 영국과 식민지 간의 법적 연관성을 밝혀냈다. 옥스퍼드대학교 영국법 교수이자 영국 역사상 가장 뛰어난 헌법학자로 꼽히는 앨버트 다이시Albert Dice는 영국에 '제국헌법Imperial Constitution'이 있다고 이야기했다. 다이시가 1885년 발표한 기념비적인 책 《헌법 연구 개론Introduction to the Study of the Law of the Constitution》은 오늘날까지도, 광범위한 연구 결과와 함께 과거와 현재를 막론하고 영국의 '법치'에 관한 모든 연구의 출발점으로 남아 있다.

다이시는 의회가 엄격한 성문헌법의 제약을 받지 않기 때문에 법 제정이라는 막강한 권한을 갖는다고 지적했다. 다이시의 설명에 의하면, 런던 의회의 권한이 제국으로 확대되자 런던 의회가 곧 '어떤 법이든 제정하거나 폐지할 수 있는' 제국의회가 되었다. 헌법에 따라 제국 내의 모든 현지 법원과 신민은 이러한 원칙을 따를 수밖에 없었다. 다이시는 거칠 것 없는 의회의 주권과 잘못된 제국 통치로 식민지에서 반란이 일어나 제국의 통일성이 저해될 가능성 사이에 긴장 상태가 존재한다는 사실을 잘 알고 있었다.[53] 다이시 역시 당대의 사회적 분위기와 사고방식에서 자유롭지 못했다. 자메이카에서 모란트만의 반란이 벌어질 당시, 다이시는 계엄령 남용을 이유로 에어 총독을 기소하고자 했던 자메이카위원회에 법률 조언을 제공했다. 이때 무력 사용 및 공공 책임에 대한 관습법의 제한적인 해석을 토대로 다이시는 계엄령에 대한 자기 입장을 정리했다.

> 법의 잣대로 보면 관료, 치안판사, 군인, 경찰, 일반 시민의 지위는 모두 같다. 이들에게는 폭동 같은 치안 방해 활동을 견뎌내고 진압할 의무가 있고, 딱 필요한 만큼의 무력을 사용할 권한이 있다. 이러한 목적을 위해 필요하다면 생명을 빼앗을 수도 있지만, 이들 중 누구에게도 필요 이상의 무력을 사용할 권리는 없다. 이들 모두는 불필요한 무력 사용에 대해 배심원 앞에서 책임을 추궁당할 수 있다.[54]

다이시는 '계엄 상태' 선포로 전시 상황이 아닐 때도 예외적으로 권력을 행사할 수 있도록 허용하는 프랑스법과 영국법을 비교했다. "영국 헌법에는 이 같은 종류의 계엄령(프랑스의 계엄 상태)이 전혀 언급되어 있지 않다." 관습법 아래에서는 다음 같은 일이 벌어질 수도 있었다.

> 군인은 침략에 저항하듯 폭동을 진압할 수 있고, 외세에 맞서 싸우듯 반군과 싸울 수도 있다. 그렇지만 폭동이나 반란을 처벌할 권리는 없다. 전쟁 중 합법적으로 적을 도륙하고 탈옥을 막기 위해 포로를 향해 총을 쏠 수 있듯, 평화를 되찾기 위해 노력하는 동안 반군을 합법적으로 죽일 수 있을지도 모르지만, 군법회의가 (군법과는 무관히) 처형하는 것은 불법이며 사실상 엄연한 살인이다.[55]

영국의 일반 관습법에는 국가에 해가 될 가능성이 있는 모든 위협 요인에 관한 내용이 포함되기 때문에 '계엄 상태' 선언을 위한 특별한 권리는 필요치 않았다. 식민 관료들은 법적 책임에 대한 염려 없이 폭동, 파업, 반란을 억압할 수 있는 특별한 힘을 갈망했다. 실제로 그런 힘이 주어진 상황에서는 다이시의 해석이 필요성과 적법성을 둘러싼 토의의 출발점이 되었다. 스스로를 '분별 있는 제국주의자'라고 칭한 다이시는 영제국을 유지하는 것이 중요하다고 믿었다. 다이시는 이렇게 말했다. "영제국을 유지하면, 전체 영국 신민의 숫자에 비해 상대적으로 적은 비용으로 전 세계에서 평화와 질서와 개인의 자유를 보장할 수 있다. 제국주의는 그것을 지지하는 사람들에게 단순한 정치적 신념이 아닌 강렬한 감정을 불러일으키는 일종의 정치적 신앙이다. 또한 그 자체로도 높은 가치를 지닌 애국심의 한 형태이며, 역사적 경험을 통해 더욱 고양되고 정당화된다."

다이시는 문명화에 대한 진화론적 관점을 고수했다. 사회의 근간이 되는 법은 근본적으로 개발주의와 얽혀 있으며, 영국의 헌법과 법체계는 발전의 완벽한 본보기이자 팍스 브리타니카의 기반이라 믿었다. 밀을 비롯한 정치사상가와 정치인이 으레 그랬듯, 다이시 역시 "특정한 개발 단계에 도달하지 못한 국가는 민주주의 제도에 적합하지 않다."라는 뜻을 내비쳤다. 법학자 딜런 리노Dylan Lino는 헌법 유연성이란 곧 영국이 '제국에서 살아가는 다양한 사람에게 걸맞은 다양한 지배 형태'를 적용할 수 있다는 의미라고 지적했다. "백인 정착민 식민지에는 '사실상 독립'이 주어졌지만, 인도의 '미개한 민족'에게는 관료들에 의한 전제적 통치가 시행되었다. 제국이 영국과는 다른 방식으로 통치되었다는 사실은, 영국의 유연한 헌정 질서를 보여주는 완벽한 사례였다."라고 리노는 설명했다.[56]

자애로운 전제주의

거의 100년 동안 영국 의회에서 활동한 아일랜드를 제외하면, 제국을 대표하는 의원이 영국에서 의정 활동을 한 일은 없었다.[57] 다이시는 물리적인 거리 때문에 제국을 대표하는 의원이 영국 의회에 참석하는 것은 불가능하고, 제국 대표가 의회에 참석하더라도 영국 의회가 영국인을 대표하듯 제국 대표가 신민을 대변하지는 못한다고 생각했다. 일부 식민지는 자체적인 의회를 두고 있었지만, 식민지 의회는 영국 의회에 종속된 존재에 불과했다. 영국 의회는 영국법과 모순되는 현지법을 손쉽게 무력화시킬 수 있었다. 식민지 의회는 의회 설립을 승인하는 영국 의회의 법규 덕에 존재할 수 있었다. 영국 의회가 제국을 위해 제정한 두 가지 법률 사례로 사법적 고문 사용 및 노예노동 금지를 들 수 있다. 영국 의회는 식민지 헌법 폐지와 개정도 가능했다. 앞서 살펴보았듯, 에어 총독의 모란트만의 반란 진압 및 고든 처형의 적법성에 대한 의문이 제기되자 영국은 자메이카의 '고대 헌법'을 폐지하고 현지 정부를 없애버렸다.[58]

다이시는 의회가 아무런 제약 없이 막강한 권한을 갖게 되면 제국이 불안정해질 수 있다는 사실을 잘 알고 있었으며, 불만 가득한 현지 주민이 반란을 일으킬 수도 있다고 지적했다. 조지 3세의 과도한 제국주의 정책이 미국 식민지에 대한 과세 정책을 도입했을 때도 그랬다며, 그는 이를 "평화로운 주민들이 무기를 들게 만들고, 충성스러운 신민들을 반란으로 내몰았다."라고 설명했다.[59] 본국을 위해 세금을 부과하는 일은 불문율로 금지되었지만, 영국의 전쟁 빚을 갚기 위해 조지 3세가 미대륙 식민지에 세금을 부과한 과거처럼 미국 독립혁명 후에도 제국은 계속 자체적으로 재정을 유지할 뿐 아니라 제국 방어 비용도 내야 했다.

영국의 제국 헌법체계에는 식민지 반란의 위험이 내재해 있었지만, 문명화 수준이 다양했기 때문에 제국 전역에 획일적인 제도를 적용할 수 없었다. 제국을 대변하는 목소리가 제한적이었기 때문에 영국 의회는 '상대적으로 너그럽게' 행동할 수밖에 없었다. '여전히 영제국의 일부를 구성하는 모든 국가에 허용될 수 있는, 그 정도의 독립에 대한 도덕적 권리'를 가진 자치령 혹은 자치 식민지 경우에는 특히 그랬다. 다이시는 인도 같은 식민지, 즉 종속적인 제국에서는 영국 의회가 가진 주권의 전제적인 본질 때문에 반란이 일어날 수도 있다는 사실을 잘 알고 있었다. 식민지 문명화 수준이 각기 달랐기 때문에 하나의 통일된 식민 통치 방법을 적용할 수는 없었다. 모든 식민지에 표준화된 식민 통치 방법을 적용한다면 나쁜 세력이 잘못 통치하는 사태가 벌어질 수도 있었다. 다이시가 제안한 문제 해결 방안은 제국 전문가의 몫이었지만, 그 어떤 영국 헌법 조항도 이러한 전문성의 존재를 보장하지 않았다. 따라서 다이시, 나아가 영국 정부는 현지 행정관들이 법치로 자애로운 전제주의를 실행할 것이라고 전적으로 신뢰할 수밖에 없었다. 영국은 이로써 '아이 같은' 제국 신민이 헌법적인 독립성을 지닌 합리적이고 문명화된 존재로 발전할 것이라고 믿었다.[60]

영국은 주권을 가지고 있었고, 국경을 방어했으며, 19세기 개혁법을 시작으로 국민의 의사가 점점 더 반영되는 정부를 통해 사회계약을 형성한 국가였다. 하지만 제국의 통치 구조는 영국과 달랐다. 식민국가는 하나의 국가 내에 존재하는 또 다른 국가의 형태를 띠었다. 다시 말해, 식민국가는 자체적인 통치 구조를 갖는 동시에 영국의 통치도 받는 반자치 국가였다. 다른 갈등들도 있었다. 리노는 "법치와 제국 통치의 관계가 복잡하고, 불안정하다는 것이 다이시의 생각이었다."라고 설명한다. 당대의 위대한 사상가들처럼 다이시 역시 자유제국주의의 역설과 영국이 문명의 우월성을 주장하는 근거가 되는 '법치'가 제국의 손에 전복될 가능성을 해결하려 애썼다. 리노는 다음과 같이 말했다.

> 다이시는 문명 성취의 정점이라 할 수 있는 영국의 법치와 이러한 성취를 해외로 퍼뜨리는 능력이 영국의 제국주의를 정당화한다고 믿었다. 이 점에서 다이시의 명작 《헌법 연구 개론》은 영제국을 자유주의 관점에서 해석한 데 대한 사과였다. 반면, 다이시는 이따금 법을 어기고 차별적일 때가 많은 정착민 식민지 자치 정부와 반항적인 식민지 신민을 통치하는 긴급한 상황을 존중하여, 제국의 위계질서를 유지하기 위해 법치에서 벗어나 억압 정책을 실행해야 할 때가 있다는 사실을 여러 차례 인정할 수밖에 없었다. 이렇게 법치와 멀어지면 제국의 존재 이유 자

체가 약화된다. 근본적으로 '미개한' 제국 신민에게는 법치가 낯설고 지나치게 발전된 통치 형태일 수 있기 때문에, 법치 자체가 독단적이고 억압적일 수 있다고 다이시는 지적했다. 이 같은 다이시의 생각에 미루어 볼 때, 법치와 제국 통치를 동시에 유지하기란 쉽지 않았다. 한 사회가 다른 사회에 강요하게 되면 법치가 일종의 독단적인 지배로 전락할 가능성이 있음을 알 수 있다.[61]

영국은 식민지 발전 단계가 다양하다고 주장했지만, 식민 통치 방식에는 전반적으로 연관성이 있었다. 대표적인 예로 각 식민지나 자치령의 고유한 특성을 기반으로 한 지방 행정구역 중심의 관리 방식을 들 수 있다. 일부 식민지는 주province 같은 여러 행정구역으로, 대단위 행정구역은 다시 작은 관할구district 같은 단위로 나뉘었다. 전 세계에 널리 뻗은 영제국의 엄청난 규모를 감안하면 제국 곳곳에서 일일이 일상적인 통치 활동을 관리하기란 불가능했다. 영국에서는 현지 책임자를 신뢰해야 한다는 생각이 널리 퍼졌고, 실제로 런던 관료들은 그렇게 했다. 이것은 새롭게 제국의 공무원이 되는 사람이 매우 적었다는 뜻이다. 물론 행정부 내 서열은 있었다. 가장 명망 있는 행정직은 외교였고, 그다음이 인도의 행정 사무, 마지막이 식민 업무였다. 요직을 차지한 이들은 상당수가 이튼, 해로우 같은 공립학교를 졸업한 다음 옥스퍼드대학교나 케임브리지대학교에 진학해 '명예, 의무, 재량' 같은 이상에 푹 빠져들었다. 영국은 자유제국주의 정신을 따르는 인재들을 통해 식민 지배를 강화할 수 있다고 생각했다. 인재라면 조금만 가르쳐도 현지인 통제 방법을 찾고, 통치권을 유지하고, 재정 자립을 권장하고, 법치를 유지할 수 있을 터였다.[62]

앳된 백인 관료 한 명이 작은 별채나 함석지붕이 덮인 판잣집에 쭈그리고 앉아 대략 10만 명에 달하는 신민을 책임졌다. 식민행정관들은 자기가 관리하는 신민을 '담당 원주민'으로 여겼다. '가느다란 흰색선'이라 알려진 주·관할구 담당 행정관과 장교들은 '광신적 종교 집단' 같은 문화에 빠져들어 자기가 '실제로 문명화에 이바지하는 이타적인 사명'을 실천한다고 믿고, 식민지나 자치령을 통치하는 상관의 지시를 따랐다.[63] 이들의 상관은 총독, 부왕, 주지사 등의 직함을 가졌다. 다이시는 반란 없이 원활하게 제국을 운영하려면 식민지나 자치령 현지에서 활동하는 제국 지도자가 특히 '전문가'여야만 한다고 생각했다. 이들 위에는 런던의 외교성, 인도성, 식민성에서 일하는 공무원이 있었고, 그 위에는 외무장관, 인도와 식민지 국무장관을 비롯한 영국 내각이 있었다. 그 위는 의회였다.

제국을 통치하는 법

영국은 처음에는 정복으로, 그다음에는 법치와 적법한 폭력에 대한 독점으로 현지 주민을 통제했다. 법학자 존 코마로프John Comaroff의 설명처럼, 법이 제국을 통치했다. 제국에 평화를 가져오는 '식민주의의 칼날이자 낯선 나라의 권력 도구이며 강압 행사 과정의 일부'였다. '법적 수단을 강압적으로 활용해 원주민을 지배하고, 통제하려는 노력'에는 서양인을 제외한 나머지 사람들은 관습에 젖어 있을 뿐 '문명화된' 사법 절차에 다가가려는 어떤 시도도 하지 않는다는 영국인의 가정이 반영되었다. 보편적인 '발전'이라는 미명 아래 유럽의 우수한 법률 질서를 따르도록 복종시키는 것은 적절한 조치였다.[64] 현지 재산 관계, 혼인 관례 같은 판결에 참고하도록 원주민의 관습을 성문화해 식민 법률 시스템 최하위 단계에 편입하기도 했지만, 식민행정관과 인류학자들이 수정한 '전통적인' 법률 관행 같은 '관습법'이나 완전히 새로 만들어낸 법은 현지 관습 및 관행과는 아예 다른 경우도 많았다. 사망한 남편의 장례를 치르기 위해 쌓아놓은 장작더미 위에 아직 살아 있는 과부를 산 채로 함께 태우는 힌두교 풍습인 '사티'처럼 미개하다고 여겨지는 현지 관행은 명백한 불법으로 명시되었다.[65] 국가와 경제를 보호하는 병행 법체계도 등장했다. 병행 법체계 내에서는 대개 제국에서 일하는 영국 판사들이 판결을 내렸다. 일반적인 식민 법체계만으로 폭동, 파업, 전면적인 반란을 진압할 수 없을 때는 국가 보호가 우선이었다. 영국의 지배 유지를 위해, 모란트만의 반란이나 세포이항쟁 같은 사건이 벌어지면 법정 계엄령을 선포하도록 뒷받침하는 법적 규정을 도입했다.

식민국가는 '간접통치' 시스템을 통해 현지 지배계층도 식민 관료 체제로 끌어들였다. 왕자, 파샤, 족장, 촌장 같은 현지 지배계층이 영국 행정관으로 이루어진 권위 체제를 보완하는 이중 권위 체제를 대표했다. 원주민 지도자가 현지 재판소나 법정에서 관습법을 집행하기도 했다. 식민정부를 위해 일하는 현지인 중에는 현지 사회의 전통적인 신분을 따르는 사람도 있었다. 식민국가가 이익을 얻을 수 있도록 돕고, 그 대가로 자신도 이득을 얻어 권력자의 자리로 올라가는 사람도 있었다. 역사학자 프레더릭 쿠퍼Frederick Cooper가 영국의 '궂은일'을 도왔다고 표현한 현지 지도층은 제국 운영에 있어서도 중요한 존재였다. 세금을 징수하고, 제국 신민이 쥐꼬리만 한 돈만 받고 일하도록 내몰고, 공동 강제노동 프로젝트를 진행하는 등 착취에 앞장섰기 때문이다.[66] 식민 관료 체제에 통합된 현지 지도층은 식민 지배자와 피지배자를 넘어 제국 신민 간의 차이를 제도화하는 식민 프로젝트의 일부가 되었다. 민족적 차이나 종교적 차이를 강조하며 정치 및 경제의 측면에서 이 같은 차이가 두드러지게 만들어 불화와 민족 분규의 씨앗을 뿌렸다. 이처럼 주민들이 단결하지 못하도록 분할통치하는 기법은 현지의 원주민 인력을 활용하려는 영국의 전략에 도움이 되었다.

영국의 식민 통치 중에는 간접통치와 거리가 먼 부분도 있었다. 예를 들면, 영국은 원주민 관계자들에게 폭력에 대한 독점권을 넘기지 않았다. 식민국가가 도입한 사회계약에 어긋나는 범죄를 판결할 권리, 반대 의견을 잠재우기 위해 일반법 적용을 중단했다. 치안군 배치 문제나 식민 경제 등과 관련된 의사결정 권한 역시 원주민 관계자에게 넘겨주지 않았다. 하지만 그렇다고 모든 곳에서 항상 전면적인 억압이 이루어진 것은 아니었다. 자유제국주의는 제국 각지에 오래전 뿌리내린 사회 형태와 문화 형태, 창의성, 시장에 대한 반응, 정치 활동에 완벽하게 파고들지도 못했다. 현지의 제국 신민들은 제국의 통치에 반대하고, 크고 작은 무력 대응을 이어나갔다. 영국인들 역시 20세기에 이 같은 사실을 깨달았지만, 개혁을 떠들어대면서 파괴하는 제국의 능력은 비상했다. 경제적·정치적 이기주의가 키플링식 문명화의 개념과 더해져 영국의 제국주의적 의사결정은 한층 강화되었다. 식민지는 경제적으로 영국에 의존할 수밖에 없었다. 시골 지역의 빈곤, 도시의 무질서, 기근이 더 심각해졌다. 민족 분규가 발생하고, 신민에 대한 무책임한 태도가 대두되었다. 새로운 교육 시스템과 공중위생 방안 도입 등 개혁을 위한 노력도 이루어지기는 했다. 처음에는 선교 활동 등이었으나, 이후 국가가 지원하는 복지 담당 부처 및 관련 프로그램이 추진되었다. 엄격한 가르침을 통해 아동을 성인으로 성장시키듯, '무지몽매한 원주민'을 개혁하겠다는 목표 아래 강제노동 같은 정책도 시행되었다. 자유제국주의에 기반을 둔 정책은 20세기 영국의 지배와 이른바 '원주민의 결함'이라는 도덕적 개념에 의존해 거듭 발전했다. 폭력은 제국 내 일부 지역에서 사상과 기술 이전에 중요한 역할을 했지만, 개개인의 전유물인 것은 아니었다. 폭력에는 다우닝가*와 화이트홀,** 아일랜드와 인도 또는 케냐 등지의 중앙행정부와 지방행정부 같은 정부조직의 이상적인 의지와 정치적인 의지, 선택이 반영되었다. 철학자이자 정치이론가인 주디스 슈클라Judith Shklar가 일깨우듯, "탄압은 항상 사법 체계 및 정치 체제의 일부이며, 이 같은 사실을 인정하지 않는 것은 탄압의 특징을 왜곡하고, 탄압을 멈추거나 지연시키기 위한 모든 노력을 불가능하게 만드는 것이다."[67]

탄압의 제도화

군사교리에도 영국의 담론과 관행, 제도에 만연한 '식민지에 따른 차이의 원칙'이 반영되었다.[68] 영국은 제국 곳곳에서 작은 전쟁을 벌였다. 영국군은 점차 반항적인 원주민을 상대하는 효과적인 방법에 대한 이론을 세웠다. 영국군이 수립한 이론은 광범위한 탄압 제도화를 위한 노력의 일부였다. 찰스 콜웰Charles Callwell 대령의 작품에 이 같은 움직임이 가장 잘 묘사된다. 영국 왕립육군사관학교Royal Military Academy 졸업생이며 여러 차례 제국전쟁에 참전한 콜웰은 20세기 반란 진압 활동 연구 분야에서 중요한 인물로 자리 잡았다. 1896년 처음 쓰였지만, 콜웰이 제2차 보어전쟁에서 참모장교 및 지휘관으로 활약한 후 개정된 《작은 전쟁Small Wars》은 거의 모든 반란 진압 이론가와 실무가의 출발점이다.[69] 이 책은 제국에서 벌어진

---

* 영국 총리 관저가 있는 런던의 거리로, 영국 총리와 정부를 가리킨다.
** 관공서가 많은 런던의 거리로, 대개 영국 정부를 가리킨다.

영국의 무력 충돌을 종합적으로 다룰 뿐만 아니라 프랑스, 스페인, 미국, 러시아가 치른 전쟁에서도 교훈을 찾아낸다. 이 책에서 콜웰은 무력 사용의 역사적 사례를 통해 단기적인 효과를 증명했고, 탄압 조치가 자유제국주의의 필연적인 측면이라는 틀을 구성했다.

콜웰은 문명화된 군대가 아닌 미개하고 야만적인 세력과 전쟁을 벌일 때는 기존과 다른 규칙이 필요하다고 주장하며 수많은 사례를 제시했다.[70] 또한 유럽의 우수성을 뒷받침하는 '문명의 도덕적 힘'과 '야만적인 사람들에게 잊지 못할 교훈'을 줄 필요성을 들먹였다.[71] 콜웰에게 완전한 파괴란 단순한 전략적 우위 이상을 의미했다. 그는 "미개한 민족에게 가해진 잔혹한 행위에 도덕적 효과도 있다."라고 강조했다.[72] 남아프리카에서 활약한 키치너와 마찬가지로 콜웰 역시 자기 전술에 명확한 목적이 있다고 믿었다. "누가 더 강한지 적군에게 확실히 보여주고 무기를 든 사람을 벌주는 것이 목적이다. 그러는 내내 적이 도덕적 열등감을 느끼도록 만들어야 한다. 철저히 처벌하고 굴복시키지 않으면 광신도와 야만인은 반드시 다시 저항한다."[73] 콜웰은 영국군 사령관뿐 아니라, 1830~1840년대 알제리에서 극한의 폭력을 자행한 토마로베르 뷔조Thomas-Robert Bugeaud*로부터도 영감을 얻었다. 그는 '인정사정없이 사람들의 멱살을 움켜쥐고 그들의 상상력을 이용하는 데 능숙한' 사람이었다(하얀 제복을 입고 백마를 타고 다녀 '하얀 장군 White General'이라는 별명을 얻은 러시아의 유명한 장군 미하일 스코벨레프 Mikhail Skobelev도 언급했다).[74]

'도덕적 효과'를 들먹인 것은 콜웰의 군대가 별다른 어려움 없이 백인의 책무와 전투 전략을 더해 세계 각지에서 벌어진 제국주의 전투를 정의하

---

* 알제리 총독을 역임한 프랑스군 사령관으로, 알제리를 가혹하게 통치해 많은 비판을 받았다.

고, 제국에서 빅토리아 시대의 자유주의 규범을 재현한 폭력의 도덕 체계를 만들어냈기 때문이다. 미개한 인종을 문명화하고 질서를 유지하기 위해서는 탄압적인 조치를 취할 수밖에 없었다.[75] 자유제국주의는 선악이라는 이분법적인 잣대로 폭력을 정당화하며 의회, 법률 논쟁, 언론매체, 대중문화, 국민 의견에까지 영향을 미쳤다. 반대로 대중의 의견이 자유제국주의에 영향을 미치기도 했다. 고위급 장교부터 일반 사병에 이르기까지, 자유제국주의는 식민지에서 활동한 수많은 후임자의 군사적 사고 및 관행에 커다란 영향을 미쳤다.[76] 세대를 거쳐 영제국 안 다른 곳으로 반란진압 관행이 퍼져나가는 것 자체는 논쟁거리도 되지 않았다. 그보다 정치적이고 법률적인 문제가 부각되었다. 콜웰이 강조하듯, 일반적인 전쟁 방식이 폐기되면 결국 정규군은 가축을 몰수하고 마을을 불태우는 전략을 사용할 수밖에 없으며, 그 결과 전쟁은 인도주의적 시각에서 충격적으로 보일 수밖에 없다.[77] 영국 정부는 자유제국주의 프로젝트의 잔혹성에 대한 우려를 점차 떠들썩하게 표출하는 강경한 소수집단을 누그러뜨리려 애썼다.

국제인도법의 탄생

방어 전략이 명확해지자 영국 정부는 홉하우스 같은 내부고발자의 신용을 떨어뜨리려고 애썼다. 자유제국주의의 틀 안에서 전쟁을 규제하는 국제 협약과 법을 공부하는 사람도 많았다. 특히 제네바협약과 헤이그협약에 대한 관심이 높았다. 그뿐 아니었다. 수 세기 동안 전쟁 시 관행, 적군 간의 협정, 종교적인 믿음, 결투 예법 등에서 비롯된 제약을 따라야 했다. 고대 이집트, 중국, 그리스, 로마, 인도로 거슬러 올라가는 '정당한 전쟁'*의 개념을 되살리고 전쟁의 도덕성을 고민한 19세기의 전쟁 관련 국제법과 이 법규를 해석하는 유럽의 정치인 및 국제법학자 모두 시대의 산물이었다.[78]

인도주의적인 이유로 무력 충돌 효과를 최소화하고자 하는 근대적인 국제인도법의 탄생은 스위스 상인 앙리 뒤낭Henri Dunant을 떠올리게 만든다. 1859년, 알제리의 사업 문제 때문에 프랑스 황제 나폴레옹 3세를 알현하러 가던 중 뒤낭은 이탈리아 북부에서 프랑스와 오스트리아의 전투를 목격했다. 사상자가 4만 명에 달하는 전장이었다. 뒤낭은 이 일을 소재로 《솔페리노의 회상A Memory of Solferino》을 출간했고, 이 책 덕에 1863년 국제적십자위원회International Committee of the Red Cross의 전신인 소규모 위원회가 설립되었다. 《솔페리노의 회상》은 1864년 세계 최초로 '전쟁터 부상병 처우 개선을 위한 제네바협약Geneva Convention for the Amelioration of the Conditions of the Wounded in Armies in the Field'이 체결되는 계기가 되기도 했다. 그로부터 35년 후, 제정 러시아 차르 니콜라이 2세가 헤이그에서 개최한 국제평화회의에서, 유럽 국가들은 전쟁 규정을 두고 최초의 협약을 채택했다. 전투원 보호로 전시 행동을 규제하는 제네바협약과 특정한 무기 사용과 군사 행동을 금지해 전쟁 행위를 규제하는 헤이그협약이 등장한 것이다. 두 협약의 핵심 목표는 전쟁 금지나 권리 보호가 아니라, 보편적이고 인도적인 행동 규범이었다.[79] 국가가 협약에 서명하고 비준하면, 그 적용과 집행 방식은 자체적으로 결정할 수 있었으며, 이를 어떻게 해석하고 시행할지는 각국이 자유롭게 판단할 수 있었다. 이러한 자체 판단을 제한하는 독립적인

---

* 때로 국가가 전쟁에 나서는 것이 일정한 조건에서 윤리적으로 정당화될 수 있다는 이론으로, 중세 신학자 토머스 아퀴나스Thomas Aquinas와 근대 국제법학자 후고 그로티우스Hugo Grotius 등이 주장한 바 있다.

법적 절차는 없었다. 대신, 국제법학자들이 세계질서를 규율하는 조약을 해석하고 의미를 부여하는 역할을 맡았다. 이들은 협약을 직접 집행할 권한은 없었지만, 국제법이 어떻게 적용되어야 하는지를 해석하는 중요한 역할을 했다.[80] 1873년 국제법학회Institut de droit international가 설립되면서, 국제법학자들은 서로를 공식적으로 인정하며 국제법 전문가로서의 지위를 확립했다. 이 시기는 국제법 발전에 있어 매우 중요한 전환점이 되었다.

서유럽 내에서는 무력 충돌을 규제하는 법이 성문화되었지만, 밖에서는 제국 역사상 가장 폭력적인 시기가 지나가고 있었다. 그럼에도 불구하고 많은 국제법학자가 19세기의 제국이 이전과 다르다고 믿었다. 일부 국제법학자는 19세기 만연한 제국주의의 개혁 효과와 16세기 스페인이 미대륙에서 자행한 가혹한 지배 관행을 비교하며 1800년대 말, 공식적인 아프리카 분할 법규 제정을 도왔다. 이들은 원주민도 인간이라는 점을 강조했다. '신세계'라 불리던 미대륙에서 스페인이 저지른 행동을 비난한 에스파냐 신학자 프란시스코 데 비토리아Francisco de Vitoria, 바르톨로메 데 라스 카사스Bartolomé de Las Casas 같은 16세기 도미니크 수도회 소속 신학자들의 가르침도 되새겼다. 19세기 후반, 유럽은 공식적으로 제국을 선포하고 문명화 사명을 언명하는 쪽으로 선회했다. 이때 국제법이 등장했다. 많은 이가 비토리아와 라스 카사스를 근대적인 국제법의 선도자라며 찬양했다.[81]

유럽의 법률 전통이 서구의 우수한 역사와 문화의 산물이라 단언한 19세기 법학자들은 식민지 신민에게 관심을 기울이면서도 당대의 개발주의 견해를 따랐다. 19세기 영국에서 가장 유명한 국제변호사이자 국제법학회 공동 설립자였던 존 웨스틀레이크John Westlake는 "국제법은 원주민을 미개한 존재로 취급해야 한다. 또한 국제법은 문명국가들의 상호 이익을 위해 문명국가가 주장하는 특정 지역에 대한 주권을 규제한다. 원주민에 대한 처우는 주권을 가진 국가의 양심에 맡긴다."라고 기술했다. 웨스틀레이크는 당시 대다수의 국제법학자가 지닌 견해, 즉 주권이라는 것 자체가 원주민은 전혀 이해하지 못하는 완전한 유럽식 개념이기 때문에 '원주민' 지도자에게 주권을 넘길 수 없다는 견해를 드러냈다. 식민 지배 세력과 피지배자의 관계는 국제법 적용 대상이 아니었다. 인도의 경우가 그랬듯 국가와의 관계, 사회계약이었다. 세속적인 인본주의에 뿌리를 둔 관계에서, 연역적으로 규제되는 개인의 권리를 총망라한 영국 헌법이 지배자와 피지배자의 관계를 결정했다.[82]

법학자들은 문명화된 부류와 미개한 부류를 구분했다. 일부는 문명화된 사람, 교양 없는(반문명화된) 사람, 야만적인(미개한) 사람으로 범주를 나누기도 했다. 스위스 변호사 조셉 호넝Joseph Hornung 같은 사람들은 세계적인 연합이 제국을 감독해야 한다고 생각했다. 온정주의에 대한 호넝의 믿음은 흔들리지 않았다. "원주민을 잘 아는 사람들은 그들을 잘 대우하면 많은 것을 얻게 된다고 말할 것이다. 원주민은 아이와 같다. 그렇기 때문에 우리는 그들을 아이 다루듯 대해야 한다. 우리가 강자의 패권과 신탁통치를 받아들이는 것은, 오직 약한 자들의 이익과 언젠가 실현될 완전한 해방을 위한 것일 뿐이다."[83]

국제법학자들은 과거의 제국을 비난하면서도 주권에 국가를 다스리고, 국경을 지키고, 국내 문제에 간섭받지 않는 기본적인 권리를 넘어서는 특정한 정의가 없다고 생각했다. 만약 그러기로 마음먹는다면, 유럽 국가는 압제정권이 다스리는 식민지를 얼마든지 마구 짓밟을 수 있었다. 특정한 개인에게 권한을 위임하거나 간접통치하거나 동화 정책을 변형할 수 있었고, 이 모든 것을 원하는 대로 조합할 수도 있었다. 국제법 전문가 마르티 코스케니에미Martti Koskenniemi는 "그들이 식민지에 부여한 주권은, 실제로는 유럽 열강에게 독점적 권리를 부여하는 것에 지나지 않았다. 비유럽 지역에 적용되는 주권의 의미를 사회적·정치적 차원에서 명확히 규정하지 못한 것이, 결과적으로 국제 법률가들을 제국주의의 절망적인 옹호자로 보이게 만든 원인이었다."[84]

국제법학자들의 감수성은 전쟁을 규제하는 국제법 해석에도 영향을 미쳤다. 이들은 통합, 자유무역, 전쟁 관련 규제를 비롯해 국제 규제를 강화해야 한다고 주장했다. 이들의 제안을 실현하려면 국가 중심의 세계질서를 바꾸는 차원을 넘어서는 개혁이 필요했다. 안타깝게도 다수의 법학자가 미개한 원주민은 국제법의 보호를 받는 대상이 아니라고 믿었다. 또한 19세기 전쟁법이 일정한 규칙을 국제적으로 확립하긴 했지만, 전쟁은 여전히 국가 간의 일로 여겨졌다. 제2차 보어전쟁이나 정복전쟁같이 제국에서 발생한 충돌 내전이나 반란 등 국가 내부에서 일어난 무력 충돌은 국내 문제로 간주되었다.

덤덤탄을 둘러싼 갈등

20세기 초, 서구의 군사적인 목적과 불필요한 폭력과 파괴를 없애려는 노력 간의 균형을 잡기 위해 다양한 국제법이 성문화되었다. 부상병은 더 이상 전투원으로 여겨지지 않았다. 부상병과 의료진 공격 행위는 금지되었다. 전쟁포로는 자국 병사와 동일하게 인도적인 처우를 받아야 했다. 1899년 체결된 헤이그협약 서명국들은 점령지에서 민간인을 인질로 잡거나 전쟁에 투입하는 등의 전술을 사용하지 않기로 합의했다. 무고한 민간인 약탈이나 집단 처벌, 부담금 강탈, 무방비 상태의 도시 폭격, 덤덤탄*을 비롯해 불필요한 피해를 초래하는 성질의 무기나 발사체, 물질 및 독가스 사용 등이 금지되었다.[85] 〈데일리 텔레그래프The Daily Telegraph〉 특파원의 자격으로 1897년 시작된 티라 원정Tirah Campaign 혹은 Tirah Expedition** 취재 당시, 처칠은 덤덤탄의 효과를 이렇게 묘사했다.

> 덤덤탄은 비공식적으로 힌두스타니어에서 '단번에'를 의미하는 '엑덤ek-dum'이라고 불렸다. 덤덤탄이 장착된 신형 리-멧포드Lee-Metford 소총의 위력은 굉장했다. 덤덤탄의 저지력은 더 이상 바랄 것이 없을 정도라고 이야기할 만하다. 덤덤탄은 폭발적이지는 않지만 넓은 범위에 영향을 미친다. 그 결과, 기술적 관점에서 볼 때 경이롭고 아름다운 기계가 탄생했다. 리-멧포드에서 발사된 덤덤탄이 뼈에 부딪히면 그 충격으로 총알이 '퍼지며' 벌어지게 되고, 그 상태로 넓게 퍼져나간 뒤 주위의 모든 조직을 갈가리 찢고 쪼갠다. 몸통에 총알이 박힐 경우 대개 죽을 수밖에 없다. 사지에 총알이 박힐 경우에는 절단이 불가피한 상처를 만들어낸다.

키치너 부대는 1898년 옴두르만 전투에서 덤덤탄을 사용했다. 처칠은 옴두르만 전투 현장에서 덤덤탄의 효과를 생생히 기록했다.

> 영국 사단의 모든 대대가 차례로 발포했다. 요란한 소리를 내며 땅에 떨어진 텅 빈 탄약통이 각 병사 옆에서 조금씩 쌓여갔다. 평원 건너편으

---

* 목표물에 맞으면 탄체가 폭발하면서 납 알갱이가 터져 인체에 심각한 해를 입히는 탄알로, 인도 공업도시 덤덤에서 생산되어 덤덤탄이라 불렸다.
** 인도 산악 지역 '티라'에서 진행된 군사 작전을 가리킨다.

로 날아간 총알은 적군의 살을 찢고 뼈를 쪼개고 박살 냈다. 상처에서 피가 뿜어져 나왔다. 용맹한 전사들이 휘파람 소리를 내는 금속과 터져 버린 폭탄, 먼지가 뒤섞인 지옥 같은 곳에서 나뒹굴며 고통받고, 절망하고, 죽어갔다.[86]

1899년 헤이그회의에서 영국은 덤덤탄 사용 금지 방안 채택을 거부했다. 덤덤탄 사용 금지 조항에 서명하지 않은 나라는 룩셈부르크와 영국뿐이었다. 문명화된 부류와 미개한 부류에 대한 구분이 영국의 논리에 영향을 미쳤다. 한 고위급 의무관은 재래식 총알이 어떻게 몸을 관통하는지 강조했다. "재래식 총알에 맞아 부상당한 '백인'은 대체로 대열에서 벗어나 후방으로 이동하지만, 호랑이와 다를 바 없는 야만인은 외부 충격에 그렇게 쉽게 영향을 받지 않는다. 치명상을 입었을 때조차 계속 싸운다."[87] 제국에서는 대형 사냥감 사냥에 덤덤탄이 사용되었다. 야만인 역시 코뿔소나 코끼리처럼 해치워야 할 대상이었던 셈이다. 하지만 덤덤탄 사용 금지 거부는 국제사회의 거센 반발을 초래했고, 영국은 1902년 결국 덤덤탄 사용 중단에 합의해야만 했다(그렇지만 영국 식민지군은 1930년대까지 제국에서 비공식적으로 덤덤탄을 사용했다). 일부 군사학자는 이렇게 지적했다. "영국군 장교들은 덤덤탄 사용이 금지된 후에도 부상병은 전투에서 빠져야 한다는 규범을 지키지 않는 적군과 대면하면 부하들에게 일반 총알을 덤덤탄으로 바꾸라고 명령했다."[88] 영국의 전장 논리에서는 규범이 매우 중요했다. 문명화된 병사들은 전투 규칙을 잘 이해했지만, 야만인은 그렇지 않았다.

제2차 보어전쟁 당시, 자유당 의원이자 열렬한 제국주의자이며 밀너의 베일리얼칼리지 동기이기도 했던 애스퀴스는 의회에서 남아프리카에는 헤이그협약이 적용되지 않는다고 주장했다.

이 법은 현재 진행 중인 다툼 같은 것을 염두에 두고 제정된 것이 아니다. 상당한 수의 병력이 확실한 전쟁 계획을 따르며, 체계화된 조직 단위로 이동하고, 어느 정도 중앙의 통제를 따르는 상태를 가정한 법이다. 이 설명은 현재 남아프리카 상황과 전혀 맞지 않다.[89]

전쟁 형태를 둘러싼 전통적인 논쟁이 관할권을 둘러싼 질문으로 바뀌었다. 제네바협약, 헤이그협약, 뒤이어 등장한 국제법과 관련해 유럽의 다른 식민지 개척자들과 마찬가지로, 영국 관료들도 제국 내 무력 충돌이 전쟁임을 공식적으로 인정하지 않았다. 제국 내 무력 충돌은 전쟁이 아니라 내부 반란, 치안 활동, 비상사태이기 때문에 두 협약의 범위를 벗어난다고 주장한 것이다. 그렇다고 제2차 보어전쟁 이후 제국 내 물리적 충돌에서 무엇이 합법적인 행동인지 의문이 제기되지 않았다는 뜻은 아니다. 필요성, 무력의 강도, 정당한 폭력 등 19세기 초반 영국 법학자들을 골치 아프게 만들던 문제가 다시 화두로 떠올랐다. 다만 이번에는 근대적인 국제법의 맥락에서 논의가 이루어졌다. 예를 들어, 제2차 보어전쟁 중 영국은 인종에 따라 적을 다르게 대했다. 백인이라는 이유로 아프리카너에게는 덤덤탄을 사용하지 않았지만, 무고한 아프리카너 시민을 향한 잔인한 군사 작전도 서슴지 않았다. 역사학자 이자벨 헐Isavel Hull이 지적하듯, "전쟁이 끝난 후에도 영국 정부는 군의 손에 맡겨두기에는 군대 개혁이 너무도 중요하다는 신념을 버리지 않았다."[90]

제1차 세계대전의 영향

위원회를 설립한 이셔 자작은 144명의 증인으로부터 영국군의 행정적인 문제에 관한 증언을 들었다. 강제수용소 등 영국군이 사용한 가장 잔혹한 방법은 조사 범위에 포함되지 않았지만, 위원회는 영국군의 의약품 및 의복 보급로 유지 실패 및 전략 수행 실패 사례를 조사하고 비판했다. 직급은 높지만 경험이 부족한 참모장교의 무능력도 지적했다. 식민장관 체임벌린은 국제법과 영국군이 전시에 저지른 행동의 헤이그협약 위반 여부 논쟁을 마무리하기 위해 애썼다. 아프리카너를 비롯해 서명하지 않은 자들에게도 협약이 적용되는가를 놓고 논쟁이 벌어졌다. 일부 비판 세력은 남아프리카에서 사용한 영국의 전쟁 기법이 보편적이고 인도적인 행동 규범 확립하려는 국제법의 의도를 위반했다고 주장했다. 홉하우스같이 정부 외부에서 압력을 가하는 세력과 체임벌린같이 정부 내부에서 압력을 가하는 세력 때문에 국제 법률 기준 및 기준의 제국 적용 여부를 둘러싼 내부 조사가 시작되었다.

정부 밖에서 격렬히 항의한 사람이 홉하우스만은 아니었다. 제2차 보어전쟁 때 반제국주의 사상의 선구자 역할을 한 역사학자 존 올드John Auld가 "제국주의의 가장 나쁜 측면에 저항하는 자유당의 이미지를 떠받친다."라고 묘사한 반제국주의자들과 자칭 '자유제국주의자'가 반목하면서 자유당 내부는 믿기 힘들 만큼 분열되었다.[91] 국제법을 전 세계의 무지몽매한 사회에도 적용해야 하는가를 놓고 국제법학자들이 새롭게 논의를 시작하자, 영국 밖에서도 이 문제를 놓고 격렬한 논쟁이 벌어졌다.[92] 두 차례의 세계대전 이후, 격렬해진 논쟁에는 주권에 관한 질문과 주권이 자유제국주의의 문명화 단계 및 국제법 관할권과 교차 방식을 둘러싼 질문이 함축되었다. 논쟁은 국제법의 바다에서 다른 조류와 부딪혀 격랑을 일으키는 이안류였다. 일부 영국 관료는 "미개한 탓에 주권을 가질 준비가 되지 않은 족속은 국제법에 따라 보호받지 않는다."라고 공개적으로 선언했다. 보호와 권리가 보편적이고 예외 없이 적용되는 개념인지, 그렇지 않으면 국제법학자 호닝이 묘사한 제국의 '어린아이'가 성숙 단계에 접어들어 국가의 지위를 받아들일 준비가 되었을 때 부여되는 개념인지를 둘러싸고 논쟁은 계속되었다. 유럽을 두 번이나 파괴하고 자유를 위협한 과격한 민족주의와 인종차별적인 민족국가 문제를 해결할 방안으로 국제주의가 대두되던 무렵에는 특히 그랬다.[93]

제1차 세계대전은 강압과 개혁의 제도화에 중요한 역할을 했다. 여러모로 일종의 제국전쟁이었던 제1차 세계대전의 여파는 나이지리아 북부나 영국령 기아나 같은 가장 외딴곳부터 델리, 홍콩 등 북적이는 도심지까지 뻗어나갔다. '충성심, 공통의 적, 여왕과 제국에 대한 보편적인 의무'는 런던에서 세계 각지의 신민에게로 전달된 표어였다. 영제국의 지휘 체계 아래에 있는 식민지 주둔부대는 수십 년 동안 영제국 방어의 핵심 전력이었다. 제1차 세계대전이 벌어지자 영국은 전례 없이 많은 병력을 동원했다. 영제국 각지에서 수백만 병력이 영국 신병 모집 활동의 상징인 키치너 경에게 운명을 맡겼다. 프랑스나 갈리폴리 같은 곳에서 벌어진 전투에서 싸우다 죽기도 했으며, 요르단, 팔레스타인, 케냐, 탕가니카, 메소포타미아, 북로디지아, 시나이 사막 같은 외딴 전장에서 사지를 잃거나 죽기도 했다.[94]

제국 신민의 참전을 촉구하면서도 인종에 따라 차별적으로 분류하는 행태는 사라지지 않았다. 영국인은 네팔이나 인도 북부 출신을 비롯한 일부 인종이 용맹하고 호전적이기 때문에 적군에 대항해 무기를 들고 싸워도 괜찮다고 생각했다. 반면, 인종 스펙트럼 제일 아래 있는 탓에 전쟁 기

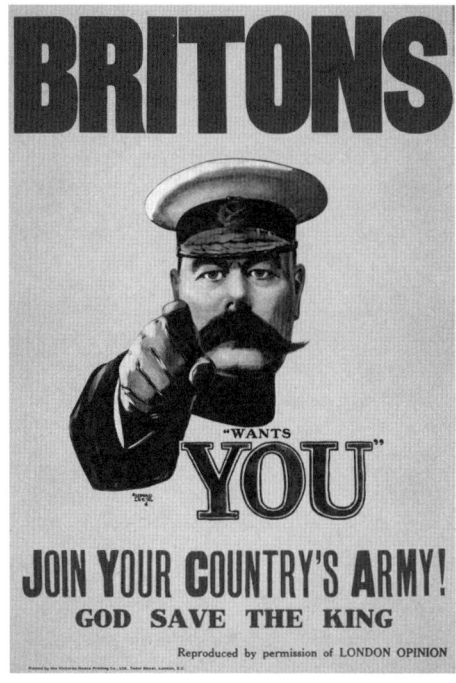

제1차 세계대전 당시 신병 모집 포스터에 등장한 키치너 경. "영국인이여, 여러분의 국왕이 여러분을 원한다. 영국군에 입대하라! 국왕 폐하 만세."

간이지만 노동밖에 할 수 없을 것으로 여겨지는 부류도 있었다. 아프리카 출신 신민들은 영국의 수송부대나 노무단에서 중추적인 역할을 맡았으나, 영양실조와 질병 탓에 사망률이 거의 20퍼센트에 육박했다.

제1차 세계대전은 경제적으로도 제국에 크게 영향을 미쳤다. 식민지에서 거두어들인 세입 중 상당 부분이 전쟁에 투입되었다. 1918년에는 인도의 전체 세수 중 약 15퍼센트가 전쟁에 쓰였다. 동시에 남아시아에서는 일부 현지 사업가가 전시 벼락 경기 덕에 많은 돈을 벌었지만, 현지 주민 대다수는 식품 가격과 수입품 가격이 천정부지로 치솟아 고통받았다(전쟁이 끝나던 해에는 전 세계에서 독감*이 유행했다).[95]

로이드 조지 정부의 이중성

로이드 조지 총리가 꾸린 연합정부는 영제국에서 자란 사람들의 집합소였다. 1916년 12월 애스퀴스 총리가 사임한 후 결성된 로이드 조지 정부는 다양한 정치적 견해를 가진 인물들이 포함되어 있었지만, 수십 년간 이어져온 제국주의 사슬에 의해 결속되어 있었다. 로이드 조지는 아프리카너 말살 정책을 소리 높여 비난했으나, 제2차 보어전쟁에 참전한 강성 제국주의자들과 손을 잡았다. 로이드 조지가 새로 꾸린 제국전쟁 내각의 핵심 인물로는 밀너, 레오폴드 애머리Leopold Amery, 스머츠 등이 있었다. 로이드 조지는 재정이나 인력의 측면에서 백인 자치령으로부터 상당한 지원을 받았기 때문에 협력이 매우 중요했다. 스머츠 같은 사람에게는 제국 내 자치령의 완전한 자치권을 인정받는 것이 중요한 일이었다. 전쟁이 다가오던 시기, 영국 정부는 이미 이러한 변화를 제안했다. 영국에 종속되어 살아가는 제국 내 유색인종에 대한 지배를 함축하는, 식민지 지위에서 가장 먼저 벗어난 것은 캐나다와 호주였다. 캐나다와 호주는 각각 1867년과 1901년 자치령이 되었고, 1910년에는 남아프리카도 영제국 자치령이 되었다. 인종에 따른 특권과 위계질서에 사로잡힌 정착민 중심의 자치령은 그들이 함께 맞이할 미래의 공동 목적을 이해하고 있었다. 영국의 자치령들은 개별 자치령의 힘만으로는 성공할 수 없지만, 영국 역시 자치령의 도움 없이 제1차 세계대전에서 성공할 수 없었다. 특히 남아프리카는 인구의 절대다수를 차지하는 흑인이 아니라, 소수집단인 아프리카너와 영국인 사이에 존재하는 보잘것없는 동맹 약화가 가장 큰 위협 요인이었다.

---

* 1918~1920년 전 세계적으로 유행한 인플루엔자 펜데믹을 가리키며, '스페인 독감'으로 불렸다.

제1차 세계대전 시기, 스머츠는 무너지는 유럽동맹을 지켜보며 문명화 사명이 심각하게 위협받고 있음을 깨달았다. 분열된 유럽은 전 세계 인구의 절대다수인 유색인종을 지배할 수 없었다. 이 깨달음은 이후 스머츠가 제안한 새로운 국제질서의 토대가 되었다.[96] 어쨌든 스머츠는 도덕적으로 흠잡을 데 없는 웅변으로 남아프리카의 제1차 세계대전 참전을 끌어냈다. 한편, 로이드 조지 동맹은 전쟁 기간에도 영국에서의 세력 확장에 힘썼다. 여기에는 〈데일리 메일〉의 대외 강경론자 함스워스의 역할이 너무도 중요했다. 이에 1917년, 함스워스에게 잘 어울리는 선전국장이라는 각료직을 제안했지만 거절당했다. 한편, 사회학자 베버는 함스워스 같은 언론 재벌이 득세하는 세태에 우려를 표했다. 각종 신문 제목과 기사 내용을 좌지우지하는 언론 재벌의 무한 권력에 관한 당연한 우려였다. "노스클리프 함스워스 '경' 같이 자본가로 분류되는 언론의 주인이 점점 더 커다란 정치적 영향력을 지니게 되면 언론 노동자가 얻는 것은 점점 더 줄어든다."[97] 제1차 세계대전은 그런 두려움을 확인시켜 주었다.

나날이 확대되는 영국 유권자들의 정치 활동은 점차 제4권력fourth estate* 역할을 하는 언론의 성장과 맞물렸다. 역사학자 퍼거슨의 지적대로, 함스워스가 발행하는 〈데일리 메일〉 같은 일반 신문은 대중의 사기를 북돋우기 위한 '전쟁 무기'였다. 검열에 더해진 선전은 중요한 여론 통제 도구로 부상했다.[98] 로이드 조지는 유럽의 전장에서 펼쳐지는 현실로부터 자기 조국을 보호하는 것이 얼마나 중요한지 잘 알고 있었다. 제1차 세계대전 막바지, "최전선에서 어떤 일이 벌어지는지 사람들이 제대로 알게 되면 전

---

* 언론이 정치에 미치는 힘을 입법부, 사법부, 행정부에 빗대어 묘사하는 용어로, 꼭 언론이 아니어도 이 세 권력에 비길 정도로 힘이 세진 권력을 의미하는 말이 될 수 있다. 1771년 에드먼드 버크 Edmund Burke가 처음 사용했는데, 당시에는 성직자, 귀족, 평민 다음의 계급이라는 뜻으로 쓰였다.

쟁은 내일 당장 끝날 테지만, 사람들은 실상을 알지 못한다. 기자들은 진실을 쓰지 않는다. 진실은 검열대를 통과하지 못한다."라고 인정하기도 했다.⁹⁹ 정부는 최전방 뉴스 지침을 철저히 따르기로 약속한 소수에게만 공식적인 종군기자의 지위를 부여했다. 정부 지침을 따르지 않은 기자들은 교전 지역에서 강제 추방되었다. 영국은 곧 새로 발견한 '전쟁 무기'를 시험할 예정이었다.

새로운 전쟁 무기

영국이 은밀하게 솜 전투*를 대비하던 바로 그때, 새로운 전쟁 무기에 대한 시험이 적극적으로 진행되었다. 1916년 4월, 제1차 세계대전의 압박과 정치적인 문제 때문에 영국이 700년 넘게 지배한 아일랜드에서는 누적된 문제가 폭발하기 직전이었다. 1801년 통합법Act of Union 제정으로 이웃 섬나라를 공식 합병한 이후, '자치Home Rule'를 요구하는 아일랜드 민족주의자가 잇따라 등장했다. 그러나 소수파인 북아일랜드 얼스터 통일당원들은 모든 종류의 자치에 반대했다. 얼스터 통일당원들은 적어도 신교도가 지배하는 곳에서는 어떤 자치도 허용할 수 없다는 뜻을 분명히 했다.

1914년, 영국은 아일랜드의 자치를 허용했다. 통합법 조항 일부를 뒤집는 것을 골자로 하는 제3차 자치법Third Home Rule Act 시행을 준비했으나, 제1차 세계대전이 발발한 탓에 시행을 보류했다. 이러한 상황에서 아일랜

---

* 제1차 세계대전 중 프랑스 솜에서 영국과 프랑스의 연합군이 독일군에 맞서 벌인 전투를 가리킨다.

드의회당Irish Parliamentary Party, IPP*과 당대표 존 레드먼드John Redmond는 충성심을 보여주면 오랫동안 기다려온 자치라는 보상을 받으리라 기대하며, 아일랜드의 전쟁 지원을 요청하고 연합군과 함께 싸울 연대를 파병했다. 동시에 레드먼드에 반대하는 아일랜드의용군Irish Volunteers이 등장했다. 분리주의를 앞세운 아일랜드공화국형제단Irish Republican Brotherhood과 아일랜드의 완전한 독립을 추구한 급진적인 성향의 신페인당이 영국의 지배에 대한 무력 저항과 독립된 아일랜드공화국 건립을 준비했다.

미해결 상태의 얼스터 문제 역시 자치법 시행 보류에 한몫했다. 사람들의 마음속에 생겨난 가상의 분할선은 외국인 혐오와 제국주의 규범을 비롯한 온갖 문제와 관련해 영국 전역에서 오래된 분열을 더 심화시켰다. 반가톨릭주의에 뿌리를 둔 아일랜드인 차별 정책은 대주교이자 역사학자인 웨일스의 제럴드Gerald of Wales가 아일랜드인을 '짐승처럼 사는 정말로 야만적인 족속'이라고 비난한 글이 널리 퍼져나간 노르만 시대까지 거슬러 올라간다.[100] 이런 주장은 영국의 아일랜드 착취 및 1801년의 합병을 정당화했다. 영국 권력자들은 부재지주**가 소유한 방대한 사유지에 대한 권리를 비롯해 영토권도 공고히 했다. 조세 및 경제 착취 정책을 도입하고, 19세기 중반 닥친 대기근*** 같은 고난을 외면했다. 19세기 중반 아일랜드를 강타한 대기근은 유럽 내 빈곤층 가운데서도 가장 가난한 극빈층 100만

---

*   아일랜드가 독립된 의회를 갖는 것과 농지 개혁을 목표로 하는 당으로, 영국에 남아 있는 상태에서 아일랜드 자치를 지지했다.
** 농지를 소유하고 있지만 실질적으로 거주하지 않는 지주로, 당시 많은 영국인이 아일랜드 땅만 소유한 채 멀리서 임대료와 소작료를 거두고 있었다.
*** 1845년 감자역병이 아일랜드 전역에 발생해 식량 부족 사태가 일어났고, 이로 인해 아일랜드인 100만여 명이 죽은 사건이다. 식량 부족 자체도 문제지만, 어려운 상황에서 지주의 무리한 소작료 요구와 영국의 구호 거부로 사망자가 크게 늘었다. 기근은 1852년까지 지속되었다.

여 명의 목숨을 앗아갔다. 대기근으로 고통받던 300만여 명이 아일랜드를 떠났고, 아일랜드 인구는 거의 25퍼센트나 줄어들었다. 인구 유출이 계속되자 1841년 810만 명이던 아일랜드 인구는 1901년 450만 명으로 줄어들었다. 급격한 아일랜드의 인구 유출은 정치·문화·경제적으로 지워지지 않는 흔적을 남겼다. 아일랜드의 인구 유출은 영국에도 커다란 영향을 끼쳐 19세기 초 영국 전체 신민의 3분의 1을 차지하던 아일랜드인의 비중이 19세기 말, 10퍼센트만큼 줄어들었다.[101]

빅토리아 시대의 영국에서는 하얀 피부색이 문명화의 증거로 여겨지지 않았다. 인종에 따라 등급이 결정되는 세상에서도 아일랜드인은 열등한 존재였다. 영국은 가끔 유인원 이미지를 덧씌워 아일랜드인을 짐승 같은 존재로 깎아내렸다.[102] 정치 성향을 초월하는 비방이었다. 한편, 스펙트럼의 한쪽 끝에 위치한 프리드리히 엥겔스Friedrich Engels는 아일랜드인의 저항 정신을 칭송하는 동시에 문명의 혜택을 거의 받지 못하고 성장했으며, 산업혁명을 일궈낸 노동자 계층에 나쁜 물을 들인다며 아일랜드 이민자를 꾸짖었다. 반면, 디즈레일리는 이렇게 선언했다. "아일랜드인은 우리의 자유롭고 비옥한 섬을 싫어한다. 아일랜드인은 우리의 질서와 문명, 진취성 있는 산업, 우리의 완전한 종교를 싫어한다. 이 사납고, 난폭하고, 나태하고, 불확실하고, 미신적인 인종은 영국인과는 전혀 다른 특징을 갖고 있다. 그들의 역사는 편협함과 피로 이루어진, 끊기지 않는 고리와 같다."[103]

제국주의에서 비롯된 문제 중 아일랜드만큼 강렬한 응어리를 남긴 것은 드물었다. 이 문제는 아일랜드인을 분열시켰다. 애매모호한 지위 역시 아일랜드인의 분열에 영향을 미쳤다. 역사학자 스티븐 하우Stephen Howe의 지적처럼, 아일랜드는 "명백한 식민지도 아니고, 완전히 영국에 통합된 것도 아니었다." 아일랜드는 통합법 제정 이후 어떤 식으로건 대표자가 영국

의회에 참석한 유일한 식민 영토였다. 유권자들에 의해 선출된 의원이 웨스트민스터 의정 활동에 참여했지만, 인종적·문화적 차이, 아일랜드가 영국의 정치 의사결정 구조에 완전히 통합되지 못하는 현상, 아일랜드 더블린성에 자리 잡은 영국 정부 등으로 인해 역사적으로 뿌리 깊은 적대감이 점점 구체화되었다. 제1차 세계대전 중 민족주의와 자치 반대 세력은 아일랜드에서의 주권 양도가 다른 식민지 상실로 이어질지도 모른다는 두려움을 갖고 있었다. 그들은 '영국이라는 국가의 온전성 자체'를 염려했다. 다시 말해, '아일랜드가 분리되면 국가 전체와 사회질서가 파괴되지 않을까' 걱정했다.[104] 자치를 둘러싼 긴급 사태를 개탄하는 동안 얼스터 통일당원, 온건한 자치주의자, 급진적인 아일랜드 민족주의자 간의 분열은 더 심각해졌다. 어떤 종류의 평화로운 합의도 불가능한 상태였다.

비상사태법의 전조

아일랜드의 모호한 지위와 관련해서는 법치와 시민적 자유도 문제가 되지 않았다. 제국주의 정치인들은 평상시와 다른 법률 장치 활용이 중요하다고 생각했다. 아일랜드에서 활약하며 준군사조직인 왕립아일랜드경찰대Royal Irish Constabulary의 발판을 마련한 로버트 필 경Sir Robert Peel은 자유주의가 아일랜드 해변에 당도하리라는 착각의 여지를 전혀 주지 않았다. 그의 주장에 따르면, "영국에 합병된 이후, 지금껏 아일랜드가 일반적인 법에 따라 통치된 기간은 1년이 채 되지 않는다."[105] 19세기 잉글랜드, 스코틀랜드, 웨일스에서는 동의에 의한 통치가 점차 확대되었으나, 아일랜드에서는 질서를 바로잡기 위해 일련의 반란법, 구속적부심 청구권 중지법, 계엄령 등이 동원되었다. 그래도 충분하지 않을 때는 식민지 의회가 무기를 규제하고, 특수한 재판 제도를 제공하고, 정치적인 활동이나 불법 무장단체 활동을 불법화하는 조치와 함께 강압법을 도입했다. 1833년 제정된 '지역 소란 및 위험 결사 단속 강화를 위한 법률Act for the More Effective Suppression of Local Disturbances and Dangerous Associations'은 영국이 20세기 도입한 비상사태법의 전조가 되었다. 이 법 덕에 아일랜드 총독에게는 관할 지역이 체제 전복적 조직을 통제할 수 없다고 선언할 권한이 생겼다. 총독이 통제 불능 상태를 선언하면 치안군은 아무 제약 없이 실존적인 국가 위협을 진압했다. 법사학자 브라이언 심프슨은 "이것이 훗날 '비상사태 선포'라고 불리게 된 최초의 사례이며, 이는 계엄령의 군사적 선포와는 구별되는 개념이다."라고 지적했다. 군사적인 계엄령 선포와 구분된다고 본 이유는 이 법이 적용되면 어떤 범죄를 저질렀건 보석이 불가능했으며, 군법회의에서만 재판을 받을 수 있었기 때문이다. 이 법에 따른 행위라면 어떤 법원에서도 문제를 제기할 수 없었다.

1871년, 아일랜드의회는 행정부에 구금 권한을 주었다. 아일랜드 총독은 생명 및 재산 보호법Protection of Life and Property Act에 따라 반역 행위를 저지르거나 아일랜드의 법과 질서를 방해한다고 의심되면 누구든 구금할 수 있었다. 심프슨의 지적처럼 "영장은 그 자체로 정당성을 입증하는 결정적 증거였으며, 이 법이 실효된 이후에도 그 법 아래에서 이루어진 행위는 소급적 법적 이의를 제기할 수 없었다."[106] 당시, 영국 최고의 헌법학자였던 다이시는 강압법이 법치 및 자유의 이상과 전혀 양립할 수 없다고 명료히 밝혔다. 강압법은 원칙적으로 철저히 악질적이다. 강압법은 사실상 아일랜드 행정부에 무제한적인 체포 권한을 부여했다. 아일랜드 행정부는 강압법을 발판 삼아 전제 정부로 자리매김했다. 모든 시민에게서 개인적인 자유를 보장받을 권리를 빼앗지 않고는 강압법을 영구적인 법으로 만들어 영국 전체에 적용할 수 없다."[107]

다이시가 아일랜드의 법치 시행 방식을 문제 삼은 것은 아일랜드인과 제국에 대한 다이시의 전반적인 감상 때문이기도 했다. 그는 아일랜드의 자치를 거듭 반대했다. 다이시의 견해에 따르면, 자치 부여는 제국을 약화시키는 것이며, '영국 정치가들이 여러 형태로 수세기 동안 추구해온 목표를 의도적으로 완전히 포기하는 것'과 다름없었다. 또한 다이시는 영국과 아일랜드가 "처음부터 불운한 관계를 맺어온 국가들이며, 서로 다른 수준 혹은 다른 문명 단계에서 있었다."라고 주장했으며, 아일랜드 구교도들이 "개신교 교리를 이해하는 데 필수적인 발전 단계에조차 도달하지 못했다." 라고 보았다.[108]

다이시는 사법적인 지시를 따르고 법을 유지할 수 있는 영국 배심원단과 달리 아일랜드 배심원단은 유죄를 입증하지 못하고, 그 결과 법의 효력이 사라져 강압법이 도입되었다고 생각했다. 그러므로 아일랜드의 문제 해결을 위해서는 세 명의 판사와 배심재판을 받을 권리가 허락되지 않는 특수법정이 필요하다고 주장했다. 결국 아일랜드를 비롯한 제국 각지에 다이시가 주장한 특수법정이 설립되었다. 전반적으로 강압법 같은 특별법을 반대한 다이시는 "행정부와 군은 관습법이 인정하는 필요성의 법칙에 따라 계엄령하에서 조치를 취할 수 있다."라고 설명했다.[109]

제1차 세계대전 당시 의회는 국토방위법Defence of the Realm Act, DORA을 통과시켜 행정부에 특별 권한을 부여했다. 제국주의적 전제주의가 영국에 영향을 미칠 수도 있다는 다이시의 걱정은 현실이 되었다. 전쟁 기간에는 계엄령이 하나의 선택 방안이었지만, 18세기 이후 영국에서 계엄령이 선포된 적은 없었다. 필요성, 정확성, 합법성에 관한 질문도 사라지지 않았다.

모란트만의 반란과 뒤이어 발생한 에어 총독 논란 때문에 치안군에게 주어진 권한의 적법성이 문제가 되었다. 영국군은 1888년 비상지휘권에 관한 영국의 포괄적인 법령의 개념을 도입했다. 다이시는 이번에도 관습법이 인정하는 필요성만 있다면 행정부와 군이 얼마든지 계엄령을 선언할 수 있고, 비상지휘권은 필요하지 않다고 생각했다. 그러나 면책법에 따라 소급적인 법적 보호도 가능했던 탓에 다이시는 영국 법률 체계의 위력을 둘러싼 중요한 전투에서 패했다. 특별조치의 적법성은 여전히 모호했다. 많은 정치인이 필요성과 공권력의 범위에 대한 답을 국토방위법에서 찾을 수 있다고 믿었다. 아일랜드의 강압법을 토대로 한 국토방위법은 행정부가 의회를 건너뛴 행정 명령이나 위원회 명령으로 '치안 확보 및 국토방위' 규정을 제정해, 긴급 상황 시에 영국 법률 체계를 근본적으로 수정할 수 있도록 허용했다.[110]

의회가 국토방위법을 통과시킨 제1차 세계대전 당시, 영국 행정부는 재판 없는 구금을 합법화한 규정 14B를 비롯한 여러 법규를 도입하며 입법부의 역할을 했다. 의회가 여론 표출 무대가 된 탓에, 영국의 자유주의가 소중하게 여기던 시민의 자유가 위협받기 시작했다. 이례적인 안보 상황 때문에 영국 관료들은 새롭게 도입된 모든 법규를 정당화하고 전쟁 관련 법규들을 모두 철회했다.[111] 왜곡된 시각으로 보면 국토방위법과 후속 법규들은 법치주의라는 이상을 존중했다. 이 법규의 실질적인 효과는 일종의 '법정 계엄령'이라 불릴 만한 방안을 도입하는 것이었다. 계엄령 아래에서는 위기 상황이 끝난 뒤 과거 일에 대해 이의를 제기할 가능성이 있었지만, 기존의 일반법을 완전히 대체하는 비상사태 관련 법규가 마련되면서 이 같은 가능성은 완전히 사라졌다.[112]

아일랜드공화국의 건국

1916년, 아일랜드 혁명가 패트릭 피어스Patrick Pearse와 150여 명의 아일랜드의용군이 헌법민족주의constitutional nationalism*를 버리고, 더블린의 중앙우체국을 습격했다. 피어스는 아일랜드공화국 선언문을 손에 들고 우체국 밖으로 모습을 드러낸 다음 군중을 향해 선언했다. "아일랜드인이여! 아일랜드는 신의 이름으로, 독립된 국가로서 오랜 전통을 물려준 선조의 이름으로, 아일랜드의 자손을 국기와 자유를 위한 투쟁 앞에 소집했다."[113] 이때 영국군 거물들은 승마장에 모여 경마대회를 구경하는 중이었다. 영국군 주요 인사들은 친독일 성향을 지닌 신페인당이 전쟁에 반대할 아일랜드의용군 신병 모집 반대 캠페인을 벌이고 있다는 사실을 잘 알고 있었다. 이 같은 상황에서 부활절 봉기는 가담자를 제외한 거의 모든 사람을 놀라게 만들었다. 그렇지만 피어스는 부활절 봉기가 전쟁 중에 영국의 아일랜드 지배 타도를 위한 현실적인 시도라기보다 '아일랜드 정신에 활력을 불어넣는 피의 희생'이라 생각했다.[114]

제2차 보어전쟁에서 훈장을 받은 병사이자 처칠의 사촌이기도 한 아일랜드 총독 아이버 게스트Ivor Guest는 아일랜드의 복잡한 상황을 관리하는 데 어려움을 겪었다. 그는 아일랜드 신병 모집을 위해 육군성과 긴밀히 협력했지만, 법질서를 제대로 확립하지 못해 고군분투했다. 아일랜드 급진주의자들이 선동 선전을 퍼뜨렸지만 추방은 효과적이지 않았다. 게스트는 효과적인 보안 대책을 요구했다. 경찰에서 더블린성으로 가는 정보는 놀라울 정도로 빈약했다. 부활절 봉기 한 달 전, 격노한 게스트는 이렇게 이

---

* 영국 헌정질서의 테두리 안에서 자치 확대를 목표로 하는 정치주의를 말한다.

부활절 봉기 당시 공표된
아일랜드공화국 선언문, 1916년

야기했다. "어떻게 코크에서 있었던 무기 점령 사건 소식을 오늘 아침 신문을 보고 나서야 알 수 있는 건지 이해가 안 되는군. 신페인당의 활동에 관한 모든 내용은 경찰이 매일 보고하는 것이 마땅해. 행정부가 이런 일을 제대로 파악하지 못한다는 건 있을 수 없는 일이야."[115]

피어스의 아일랜드공화국 건국 선언 전, 게스트의 좌절감은 몇 주 동안 높아만 갔다. 아일랜드의용군은 우체국을 습격해 정부의 통신선을 절단하고 순경 셋을 살해했다. 더블린성은 마비된 것이 확실했다. 보좌관은 겁에 질려 어쩔 줄 몰랐다. 호화로운 총독 관저의 동양풍 카펫 위를 서성이던 게스트는 시종일관 브랜디를 벌컥벌컥 들이켰다.[116] 법무관에게 자문

2장 크고 작은 전쟁

도 구하지 않고 국토방위법 활용 방안도 깡그리 무시한 게스트는 더블린에, 뒤이어 아일랜드 전체에 계엄령을 선언했다. 반란 진압을 위해 수단과 방법을 가리지 않고 군대를 소집해야 할 때였다.

육군장관 키치너는 수단과 남아프리카에서 전투를 경험한 제자 존 맥스웰John Maxwell을 아일랜드 군정장관으로 임명하고, 반란을 신속히 진압하는 데 필요하다고 생각되는 조치를 취하라고 지시했다.[117] 맥스웰이 도착할 당시, 더블린은 '폭격 직후의 유럽 도시'처럼 으스스했지만,[118] '활활 타오르는 용광로'나 마찬가지였다. 맥스웰은 '어느 곳이든 반군 점령 지역 내의 모든 건물을 주저 없이 파괴할 것'이라고 선언하고,[119] 조건 없는 항복을 요구했다. 맥스웰 부대는 키치너의 또 다른 제자 윌리엄 로우William Lowe 준장의 도움을 받아 아일랜드 공화주의자 1200여 명을 진압하고, 더블린 도시 전체를 장악했다. 거리는 교전 지역이었다. 끝없는 총성을 뒤덮는 폭발음이 터져나왔다. 상점, 호텔, 가정집이 공중으로 치솟는 백열에 휩싸였다.[120]

부활절 봉기의 결말

맥스웰 부대는 6일 만에 봉기를 진압했다. 그 과정에서 중앙우체국을 비롯한 무수히 많은 건물을 파괴하고, 500명의 목숨을 빼앗고, 2600명에게 부상을 입혔다. 사상자는 대부분 무고한 민간인이었다. 정당한 법 절차가 적용되지 않았기 때문에 새롭게 등장한 반란 지도자와 추종자 3500여 명이 체포되었다. 서둘러 진행된 군법재판에서 90명이 사형을 선고받았고, 열흘이 채 되지 않아 총살 집행부대가 그중 15명을 처형했다.

부활절 봉기 당시 더블린 색빌가에 있는 중앙우체국 내부에 진입한 치안군, 1916년

　부활절 봉기가 시작될 무렵, 전시 협력 여부로 아일랜드는 분열되었다. 공화당원들은 대중의 폭넓은 지지를 얻지 못했다.[121] 그런데 영국의 과도한 탄압 탓에 민족주의적인 대의명분을 향한 반감이 사라졌다. 여론을 뒤흔들고 아일랜드인이 영국에 등을 돌리게 만든 사건 중에는, 영국군이 평화주의자 프랜시스 쉬히스케핑턴Francis Sheehy-Skeffington과 다른 두 아일랜드인을 즉결 처형한 포토벨로 병영 막사 살인 사건, 영국군이 가정집에 무단 침입해 무고한 시민을 향해 무작위로 총을 쏘고 총검을 휘두른 노스킹가 대학살North King Street Massacre 등이 있었다. 이에 더해 책임을 인정하지 않는 영국 정부의 태도 또한 아일랜드인의 태도 변화에 크게 영향을 미쳤다. 노스킹가 대학살 당시 사인 규명에 나선 더블린 검시관은 군인들이 "무기도 없고 아무런 범죄도 저지르지 않은 시민을 살해했다."라고 말하며 규

탄했지만,[122] 맥스웰은 살해당한 시민들이 공화당 동조자였다고 주장했다. 군 특별조사위원회는 영국군 중 특정한 사람에게 책임을 물을 수 없기 때문에 아무에게도 책임이 없다고 결론 내렸다(이후 맥스웰은 자기 부대가 제대로 판단하지 못했다는 점을 솔직히 인정했다).

반란 세력은 제복을 입지 않았다. 방금 영국 병사를 향해 총을 쏘았던 사람이 잠시 후에는 조용히 옆을 걸어갈 수도 있는 상황이었다. 현장 병력에 거의 모든 것을 맡길 수밖에 없었다. 불미스러운 사건이 벌어질 수도 있었지만, 병사들이 어떻게 분간할 수 있겠는가? 병사들은 정체를 숨긴 위험천만한 습격자의 손에 동료가 살해당하는 모습을 바로 옆에서 지켜봤다. 기이한 공격이 있을지도 모른다는 공포에 사로잡힌 일부 병사는 몹시 화가 났을 수도 있다. 이것은 반란 시 나타날 수밖에 없는 불가피한 결과였다.[123]

부활절 봉기 당시, 피어스 병력은 라디오 송신기를 징발해 아일랜드공화국 선언문을 전송했다.[124] 아일랜드에서 나오는 정보는 정보 통제 및 혼동 전술로 대부분 걸러졌다. 관련 뉴스는 2주 넘게 미국과 영국에서 발행되는 대부분의 주요 신문 1면을 장식했다. 전쟁 중인 만큼 초창기 보도기사는 양쪽의 자제를 촉구했다. 동시에 부활절 봉기 자체를 아일랜드의 어리석은 행동으로 묘사했다. 〈뉴욕 타임스The New York Times〉를 비롯해 여러 신문은 중언부언하는 분석을 실었다. 한 사설에는 다음 같은 내용이 담겨 있었다. "반란 상태의 아일랜드는 아일랜드다운 모습이다. 그렇지 않았던 적이 없다. 반란은 거의 자연스러운 상태라고 말할 수 있을 만큼 아일랜드의 만성적인 모습이다. 평소보다 조금 극심할 뿐이다."[125]

영국 정부는 철저한 언론 검열과 맥스웰의 발언같이 영국군의 행위를 옹호하는 성명을 적극적으로 활용해 아일랜드에서 벌어진 사건을 해명했지만, 피어스와 부활절 봉기 주도자 14명이 처형되자 언론 보도와 여론이 뒤집히며 분위기가 반전되었다. 연합군은 전제적이고 잔혹한 조치를 일삼는 독일과 전면전을 벌이는 중이었다. 영국 일간지 〈타임스〉는 영국 정부의 도덕적인 측면을 꾸짖고, 총살 집행부대가 조국에 어울리지 않는다고 선언하며, 그런 짓은 독일이 하게 내버려두라고 충고했다. 〈워싱턴 포스트 The Washington Post〉는 미국에 새롭게 등장한 반제국주의 정서에 호소하며 이렇게 써 내려갔다. "역사를 돌아보면 영국은 아일랜드에 지나치게 잔인했다. 이제는 역사가 이 같은 영국의 정책에 경고해야 한다."[126]

레드먼드와 그를 따르는 온건한 민족주의자들에게서도 처형의 여파가 나타났다. 이들은 부활절 봉기 대응으로 아일랜드 통치의 정당성이 약화되었다고 생각했다. 1916년 5월 11일, 하원회의에 참석한 아일랜드의회당 부대표 존 딜런John Dillon은 자리에서 일어나 아일랜드에서 영국이 저지른 행동이 어떤 참담한 결과를 초래했으며, 시민의 자유가 중단된 상황을 숨기고 정당화하기 위해 얼마나 많은 노력이 필요한지 언급했다.

내가 발의하는 주된 이유는, 최종적으로 처형을 완전히 멈추기 위해서다. 여러분은 증오와 갈등으로 얼룩진 300년의 세월이 흘러 거의 화해할 단계에 이르렀던 두 민족 사이에서 핏물로 가득한 강이 흐르도록 내버려뒀다. 진실을 덮기 위해 입에 발린 말만 내뱉는 것은 아무런 소용이 없다. 대중이 진실을 보지 못하도록 깊숙이 감춰버리고, 아무 일 없이 잘 지내는 척하는 정부의 관행에 대해 의회 내에도 충분한 근거를 토대로 상당한 비판이 일고 있다. 언론에서는 비판의 목소리가 더 거세다.[127]

그렇지만 들끓는 대중의 분노만으로는 처형을 멈출 수 없었다. 다우닝가의 주인이 되기 전, 키치너의 뒤를 이어 육군장관이 될 채비 중이던 로이드 조지는 상대론 논리를 채택했다. "사람들은 유혈이 낭자한 장면에 익숙해졌다. 우리 아들들이 수십만 명씩 쓰러졌고, 영국은 어느 때보다 강력하며 무자비한 상태다." 하지만 이 논리는 불길함이 가득한 딜런의 응수를 이길 수 없었다. "처형 이후, 우리는 정부에 대한 불만과 격렬한 분노로 들끓는 새로운 아일랜드와 상대하고 있다."¹²⁸ 영국 정부가 활용한 모든 방법이 민족주의의 불길을 더욱 키웠다.

부활절 봉기 이후, 영국 정부는 규정 14B에 따라 재판 없이 1500명을 구금했다. 억류된 사람들은 오두막과 버려진 양조장이 아무렇게나 방치되어 있는 웨일스 해안의 프롱고흐 강제수용소에 구금되었다. 마이클 콜린스Michael Collins 같은 억류자들은 감금된 상황을 신병 모집 기회로 활용했다. 혁명대학교로 알려진 프롱고흐 수용소에서 콜린스와 다른 지도자들은 남아프리카에서 사용되던 전술을 포함한 게릴라 전술과 혁명적인 이념을 가르쳤다.¹²⁹ 처형된 지 얼마 되지 않은 존 맥브라이드John MacBride가 이끌던 여단을 비롯해, 아일랜드의 두 개 여단이 아프리카너와 함께 싸우며 게릴라 전술과 정신을 익혔다.¹³⁰ 아프리카너 문제는 아일랜드의 급진주의에 영향을 미쳤고, 아일랜드에서 새롭게 떠오른 급진적인 조직의 최상부부터 계급 낮은 신병에 이르는 모든 조직원이 영향을 받았다.

아일랜드 공화주의 지도자 중 가장 유명하고 영향력 있는 콜린스는 민족주의적 분위기로 가득한 아일랜드 코크 카운티에서 자라났다. 콜린스는 아일랜드공화국의 형제단원이었던 아버지의 뒤를 이어 아일랜드공화국 형제단 지도자로 성장했다. 저명한 아프리카너 장군 크리스티안 드 베트Christiaan de Wet와 그의 특공대 전술을 숭배하던 콜린스는 '아일랜드의 드

베트Irish de Wet'라는 별명도 얻었다. 신페인당의 기원은 아프리카너를 위해 기금을 조성하고, 아프리카너 부대와 함께 싸울 병력을 징집했던 아일랜드트란스발위원회Irish Transvaal Committee와 친보어 운동에서 찾을 수 있다. 콜린스가 지휘한 부대의 말단 병사이자 코크의 외딴 마을 출신인 한 보병은 영국의 지배 아래 인종차별을 당하며 고통받던 백인들의 역사를 떠올렸다.

> 아일랜드를 언급하지 않고는 보어전쟁에 관한 이야기와 논의가 결코 끝나지 않는다. 당연한 일이었다. 제국에 저항하고 굴욕감을 안긴 소수의 농부가 전 세계에서 억압당하고 짓밟히는 사람들에게 모범이 되었다. 그들이 보여준 모범은 우리나라의 무장 세력에게도 크게 영향을 미쳤다. 나의 삼촌도 그런 사람 중 하나였다. 삼촌은 외국의 압제자를 몰아낼 수 있는 유일하고 확실한 방법을 내게 처음 알려준 사람이었다.[131]

부활절 봉기 이후, 영국은 강제수용소에 관련자들을 모아놓았다. 아일랜드 급진 세력들은 이곳에서 영국의 자유제국주의와 맞설 전략을 고심했다. 강제수용소는 고난의 역사를 돌아볼 수 있는 이상적·물리적 공간을 제공했다.

제국의 시인들, 키플링과 예이츠

영국의 대처는 아일랜드의 민족주의와 인문주의자의 창의적인 상상력에 불을 지폈다. 제국주의로 만들어진 파괴의 잿더미 위에 민족주의적인 갈망을 토대로 문학 작품, 노래, 복잡한 장례 행렬이 탄생했다.[132] 영국의 키플링처럼 식민지에도 훌륭한 시인들이 있었다. 아일랜드 공화주의를 지지하는 문학 천재 중 가장 널리 알려진 윌리엄 예이츠William Yeats는 언어로 표현하기 힘든 대상을 소재로 자유의 비전을 표현했다. 예이츠는 1923년 아일랜드인 최초로 노벨문학상을 받았다. 예이츠의 시 〈장미 나무The Rose Tree〉에 담긴 서정적인 표현에는 부활절 봉기 이후 찾아온 공화주의자의 자각이 담겨 있다.

"하지만 물을 어디에서 길어야 하는가."
피어스가 코널리에게 말했다.
"모든 우물이 말라버렸는데 말이지.
너무도 분명한 것은
우리의 붉은 피 외에는 그 어떤 것으로도
제대로 된 장미 나무를 키울 수 없다는 거라네."[133]

부활절 봉기가 아일랜드의 공화주의적 민족주의에 커다란 영향을 미치는 가운데, 예이츠는 〈1916년 부활절Easter, 1916〉이라는 시를 발표했다. 이 시에는 부활절 봉기 때 처형당한 이들을 위한 칭송의 마음이 가득한 애도뿐 아니라, 시인 자신과 다른 온건주의자들이 공화주의적 민족주의에 미친 봉기의 영향을 받아들이는 과정을 담고 있다. 시의 마지막 구절에서 예이치는 처형된 이들을 순교자로 바라보며 다음과 같이 표현한다.

지금도, 그리고 다가올 시간 속에서도,
녹색 옷을 입은 사람이 있는 곳이라면 어디에서나

모든 것이 변하고, 완전히 변해버렸네.
끔찍하면서도 아름다운 것이 태어났도다.[134]

제1차 세계대전은 영국에만 100만 명의 사망자와 300만 명의 부상자를 냈다. 로이드 조지의 인기는 전쟁이 끝난 후 휘청거리던 영국을 달래는 데 도움이 되었다. 상상하기 힘든 고통을 겪은 뒤, 군비 축소와 평화주의는 세계질서를 재정의하려 애쓰던 세대의 표어가 되었다. 그리고 놀랍게도 수많은 영국인이 제국주의 틀에 초점을 맞춘 국제주의가 적합한 연합 모델로 주목받는 상황을 점차 우려하기 시작했다. 영제국의 백인 자치령을 보호하려면 제한적인 집단만으로는 부족했다. 스머츠는 광범위한 국제조직의 필요성을 주장했고, 이 주장은 지지를 얻었다.[135] 스머츠는 오랜 시간 동안 백인 민족주의가 유럽과 미국의 보다 광범위한 국제적 이해관계와 충성심과 어떻게 조화를 이룰 수 있을지를 고민해왔다. 그는 단지 '영연방'을 구상하는 데 그치지 않고, 그보다 훨씬 더 거대한 비전을 상상하고 있었다. 스머츠는 영국의 제국주의 구조가 아직 실체가 없는 국제조직의 모델이 될 수 있다고 믿었다. "로마법에서 따온 제국주의적 개념에 의존하지 않았다. 미래의 세계정부를 구성할 요소들이 이미 영연방에서 사용된다. 로마 사상이 거의 200년 동안 유럽 문명을 인도했듯, 영국 헌법과 식민지 제도에 내재한 새로운 사상이 완전히 발전하면 앞으로 수 세기 미래 문명을 인도할지도 모른다."[136]

스머츠와 세실이 파리강화회의 Paris Peace Conference 가 열리는 베르사유 궁전으로 떠난 1919년 1월까지, 국제연맹에 대한 청사진은 거의 내각의 승인을 받지 못한 상태였다. '제국의 완전성 imperial integrity'이라는 개념은 잘 먹혀들었지만, 로이드 조지 내각에서 제국에 대한 감독이나 유럽의 개입을 원하는 사람은 거의 없었다. 하지만 스머츠에게는 미국과의 긴밀한 협력 호소라는 마지막 카드가 한 장 남아 있었다.

초창기에는 국제연맹이라 하면 누구나 우드로 윌슨Woodrow Wilson 대통령을 떠올렸다. 윌슨은 미국의 제1차 세계대전 참전 이전 '힘의 균형'이 아닌 '조직화된 공동의 평화'와 '힘의 공동체'의 필요성을 노골적으로 주장했다. 윌슨은 미국 연방주의 모델과 닮은 평화조직을 설립해 영구적인 국제단체로 발전시킬 수 있다고 믿었다. 하지만 막상 파리에서 자기 비전을 구체적인 계획으로 명확히 소개할 때가 되어서야 자신에게 제대로 된, 완전히 확립된 계획이 없다는 사실을 깨달았다. 대신 스머츠가 개별 국가의 이익이 아닌 공동체 전체의 이익과 윤리를 중시하는 논리를 제시했다. 또한, 그는 국내에서 반제국주의 정서에 부담을 느끼던 윌슨 대통령에게 이를 해결할 방안을 제안했다.[137]

윌슨이 그린 미래에서 세계의 무지몽매한 민족들은 개별 제국국가의 지배를 받지 않았다. 그는 전쟁 규칙을 비롯한 새로운 규범을 제시하고, 유지할 책임이 있는 국제조직을 상상했다. 또한 그런 국제조직에게 '지도' 받는 미래를 상상했다.[138] 윌슨이 상상한 새로운 시대가 열리고 스머츠의 열망이 충족된다면, 모든 국가가 추가적인 영토 합병을 삼가야 했다. 그렇다면 영국과 다른 유럽 국가의 욕구는 어떻게 될까? 영국과 다른 유럽 국가들은 오스만제국과 독일이 점령한 식민영토를 흡수하고, 국제연맹이 제국을 방어하는 메커니즘이 되기를 바랐다. 바로 이 대목에서 스머츠의 천재성이 만천하에 드러난다.

파리강화회의에 참석한 다른 영국 대표들과 마찬가지로, 스머츠는 미국의 승인에 비하면 상대적으로 별것 아닌 양보라고 볼 수 있는 국제 신탁통치를 요구했다. 영국 대표단은 영국 내각과 자치령의 지지를 얻어내기 위해 장차 생겨날 국제연맹의 감독 조항을 대부분 삭제했다. 결국 국제연맹은 제국의 산물이었다. 역사학자 마조위가 강조했듯, 국제연맹은 '강대국의 개념적인 우월성에 기반을 둔 대단히 빅토리아 시대적인 기관이자, 국제법을 통해 전 세계에서 문명화 사명을 달성을 위한 도구이고, 동시에 영국의 제국주의적인 세계 통솔력을 뒷받침하여 영국과 미국의 동반자 관계를 공고히 하는 수단'이었다.[139]

국제연맹의 역할

일부 법학자들은 국제연맹의 국제법 강화를 기대했다. 제1차 세계대전 때문에 헤이그 체제는 실패라는 사실이 증명되었다. 일부 국제법학자들은 헤이그 체제가 충분치 않아서 실패했다고 여겼다. 역사학자 스티븐 베르트하임Stephen Wertheim은 "헤이그 체제 때문에 관련국들이 사법적인 절차나 중재를 통한 분쟁 해결을 피할 수 있는 큰 틈이 생겼다. 정치인들은 지나칠 정도로 자유롭게 행동했다. 대중은 놀랄 만큼 호전적이라는 사실이 드러났다. 정치인 대신 변호사와 판사가 세계 문제를 이끌어나가는 주도적인 세력이 되어야만 원칙이 '편법'을 이기고 평화가 전쟁을 대신할 수 있다."라고 지적했다. 일종의 유토피아에서는 법이 정치보다 우위에 있어야 하지만, 법이 정치를 다스리는 세상이 되려면 국가가 높은 차원의 국제질서를 위해 주권을 일정 부분 포기해야 했다. 따라서 이러한 체제는 인기가 없었다. 이런 식으로 국제질서를 설계하려면 전문성 있는 판사가 집행하는 국제적인 법치에 따라 미래의 분쟁을 해결하도록 관련 법규를 마련할 필요가 있었다.

제1차 세계대전 당시 법학자들은 국제연합이 채택할 세부적인 합의 내용을 수년에 걸쳐 검토했다. 하지만 1919년 베르사유에서 만난 영국과 미국의 지도자들은 법치주의의 비중을 낮추고, 사법 절차보다 정치인들의 판단을, 무력보다 여론을 우선시했다. 양국 지도자들은 빈틈없는 법규와 사법 절차가 사회를 짓밟을 것이라고 생각했다. 정치인이 역사적 발전을 이끌어나가는 진정한 동인인 대중의 의견에 맞춰나갈 수 있도록 변호사들은 물러서야 했다.[140]

정규적이고 법률적인 방향으로 국제연맹을 이끌어나가자는 제안은 미국의 바람대로 받아들여지지 않았지만, 전후 고립주의에 빠진 미국인들은 협상에서도 물러나고 국제연맹에도 참여하지 않았다. 그 후 혁명에 휩싸인 러시아와 전쟁 배상금에 발이 묶인 패전국 독일은 국제연맹을 세계 식민지 강대국과 그들의 '제국주의적 국제주의'에 맡기게 되었다. 1919년, 나머지 법적 절차를 모두 처리한 것은 영국과 프랑스였다. 로이드 조지는 독일과 오스만제국의 영토 최종 분할 과정을 식민장관 밀너에게 일임했다. 어떤 면에서는 스머츠가 남아프리카를 오래전 자기 적수인 밀너에게 넘겨주는 순간이기도 했다. 국제주의자의 자질을 발휘해야 할 때가 되자, 밀너는 "국제연맹이 성공할 수 있을지 매우 의심스럽다."라고 선언하는 한편 "우리는 팍스 브리타니카를 팍스 문디pax mundi로 확대하기 위해 노력해야 한다."*라는 말로 스머츠의 제국주의 정신을 완전히 받아들였다. 영제국이 남아프리카와 아일랜드 등에서 벌인 압제가 널리 알려져 있었음에도, 미국이 국제연맹 설립 과정에서 발을 빼지 않았다면 수잔 피더슨의 제안대로

---

* '팍스 문디'는 세계 평화를 뜻하는 라틴어로, 영국의 평화와 번영에서 세계의 평화로 나아가겠다는 뜻이다.

'영제국의 뛰어난 관행'을 보편화하는 데 미국도 동의했을 것이다.[141]

태도를 바꾼 밀너는 영국 대표로서 국제연맹 규약 제22조에 포함될 원칙을 따랐다. 고귀하고 제국적인 미사여구로 가득한 제22조는 '현대 세계의 몹시 힘든 상황 속에서 아직 홀로 설 준비가 되지 않은 사람들이 거주하는 식민지와 자치령'을 언급했다.[142] 국제연맹은 이 원칙을 근거로 독일과 오스만제국이 점령한 영토를 문명화 수준 및 자치 준비 정도에 따라 분류했다. 영제국 고유의 방식을 따라 인종과 문화에 따른 차이를 관료화하여 부호로 처리했다. 이 같은 차이에 따라 과거의 식민 영토가 클래스 A, 클래스 B, 클래스 C 위임통치령 지역으로 명확히 나뉘었다. 팔레스타인이나 시리아 같은 클래스 A 위임통치령 지역은 자립 준비가 제일 잘된 곳으로 여겨졌다. 클래스 B 위임통치령 지역의 경우, 밀너와 다른 이들은 탕가니카와 토고같이 주로 아프리카에 위치한 영토에 대한 인종적인 우월감을 거의 감추지 못했다. 위임통치령 분류 체계 맨 아래에는 서사모아, 서남아프리카 같은 곳이 위치했다. 유럽인들은 그들을 극도로 무지몽매한 어린아이와 같은 존재로 인식했기 때문에, 그들에게 자치권을 부여하는 것은 매우 먼 미래의 일이라고 여겼다.[143]

유럽의 도덕적 파산

제1차 세계대전 이후, 영국과 동맹국은 영토 합병을 위해 전쟁을 치렀다는 비난에서 벗어나야 했다. 국제연맹을 대신해 탕가니카, 팔레스타인, 메소포타미아(이라크의 전신), 사모아 일부 지역, 카메룬, 토고를 위임통치할 행정 책임을 짊어진 영제국의 규모는 더 커졌다. 국제연맹의 위임통치 제도는 국제주의의 언어로 제1차 세계대전에서 비롯된 영토 분쟁 해결을 합법화했고, 주권이 개별 위임통치국에 있지 않다는 점을 분명히 밝혔다. 이후, 설립된 국제연맹 상임위임통치위원회Permanent Mandates Commission는 신탁통치 지역에 대한 감독을 맡았다. 위임통치위원회가 감독 권한을 갖게 된 것은 국제연맹에 가입한 소규모 회원국들의 요구 때문이었다. 이는 곧 항상 덩치가 큰 국가들의 뜻대로 일이 흘러가지는 않는다는 뜻이었다. 상임위임통치위원회는 감독을 위한 체제가 아닌 유럽 식민장관들 간의 협의를 위한 수단이었다.¹⁴⁴ 그럼에도 불구하고 여러 국제협약이 이루어지던 제네바의 분위기는 점점 나빠졌다. 영국은 중동에서 벌어진 위임통치 관련 분쟁에서 벗어나지 못했다(상임위임통치위원회의 집행 능력 부재는 가끔 예상치 못한 방식으로 드러났고, 제2차 세계대전 발발 직전에 특히 문제가 두드러졌다).¹⁴⁵

국제연맹연합League of Nations Union의 세력과 규모는 많은 영국인이 국제연맹의 이상을 지지했음을 보여준다. 국제연맹연합은 제1차 세계대전이 끝난 뒤 제2차 세계대전이 일어나기 전까지, 영국에서 생겨난 최대 규모의 자발적 단체 중 하나였다. 절정기인 1931년에는 3000개에 가까운 지부, 40만 명이 넘는 회원을 보유했다. 이들은 팸플릿을 제작하고, 교육 봉사 활동을 진행하며, 온갖 유명 인사가 출연하는 라디오 방송을 내보냈다. 이를 통해 영국의 양대 정당, 교회, 다른 자발적 단체에 필적할 만한 세력을 갖추었다. 이를 통해 국제연맹연합은 양대 정당, 교회, 다른 자발적 시민단체에 필적할 만한 세력을 갖추었고, 일시적으로나마 회원이 100만 명을 넘어섰다. 조직은 좌파적 성향을 보였지만, 정파와 무관하다고 주장했다. 국제연맹과의 연관성, 즉 국제주의로 평화를 유지하기로 결심한 공정하고 공공심 있는 개인으로 구성된 단체라는 점이 이 조직의 강점이었다. 국제연맹연합도 국제연맹과 마찬가지로, 외형적으로는 '제국주의적 국제주의'를 받아들였다. 영제국이 영제국만큼 발전하지 못한 다른 여러 제국과 유색인종들을 위해 세계 평화와 발전의 문을 열 집단적인 문명 세력이라는 관점 말이다. 국제연맹연합은 국제주의에 관심이 많았는데, 국제연맹연합이 추구하는 국제주의에는 영제국의 관점에서 국제주의를 바라보는 영국 내 정서가 반영되어 있었다. 문명화를 위해 애쓰는 제국의 자애로움과 인류애라는 신화, 당파를 초월한 영제국의 제국주의적인 미사여구, 국제연맹연합의 다양한 범위와 규모가 모두 더해져 영제국의 관점에서 국제주의를 바라보는 정서가 생겨났다.[146] 평화롭고 조화로운 국제주의의 서사 속에 영토권이 얼마나 깊이 새겨졌는지와 상관없이, 영국과 제1차 세계대전에서 승리를 거머쥔 제국주의 연합국들은 영토권을 더욱 발전시키기 위해 식민지 주민들이 전쟁 기간에 보여준 호의를 기꺼이 내동댕이쳤다. 제국 신민을 대상으로 한 속임수는 광범위했다. 피더슨은 《수호자The Guardians》라는 책에서 이렇게 결론 내렸다.

> 위임통치가 결정된 곳에 거주하는 정치화된 소수 집단에게 위임통치 제도는 단순한 무언가를 의미했다. 이들에게 위임통치 제도는 1918년 궁지에 몰린 연합국이 내건 민족자결권의 약속을 파렴치하게 배신한 것이었다. 영국과 프랑스가 아무 약속도 없이 식민지 원주민의 군사 작전 참여 및 병력 지원을 요청한 것은 아니었다. 로이드 조지의 말을 믿어본다면, 영국과 프랑스는 아프리카와 중동에서 현지 주민과 상의해 새로운 체제를 만들겠다고 약속했다. 하지만 아프리카와 중동으로부터 지지를 얻어내고 미국의 간섭이 사라진 다음에는 이런 약속을 내팽개쳤다.[147]

신뢰가 무너지자 유럽의 도덕적 파산이 두드러졌다. 제국은 백인이 진보와 합리성, 과학적 혁신, 근면성에 대한 권리를 타고났다고 주장하면서도, 수백만 명에 달하는 유럽 젊은이들의 대량 학살을 자본주의적으로 기계화하고 산업화했다. 제국의 인종 질서 속에 아주 오랫동안 숨어 있던 원시주의와 야만성이 유럽의 악취 나는 참호 속에서 뒤집혔다. 많은 식민지 주민에게 백인은 더 이상 천하무적이 아니었다. 인류를 발전 단계에 따라 나누고, 그에 따른 법적·제도적 권리를 주장하는 문명화 사명의 효력도 약화되었다. 미대륙, 아프리카, 아시아에서 새롭게 등장한 인문주의자와 활동가들은 유럽의 우월주의를 비난했다. 그들은 자신들만의 방식으로 서양의 정당성에 의문을 제기했다. 또한 유럽의 제국 지배를 위협하며 수십 년 동안 평범한 농부와 노동자의 지지를 얻을, 비교 문화적 담론을 만들어냈다.[148]

제국과 식민지의 갈등

제1차 세계대전은 전 세계 제국 신민의 관점과 인식을 돌이킬 수 없을 정도로 바꿔놓았다. 제국 내 변화가 일어났다. 다양한 문화 형태와 새롭게 성장하는 정치운동으로 권리, 윤리, 주권, 적법성, 존엄성 같은 근본적인 문제에 대한 논의가 이루어졌다. 정치운동은 사실상 제국의 범위를 넘어섰다. 아일랜드 공화주의는 대서양을 건너 미국으로 퍼져나갔다. 듀보이스의 범아프리카주의 운동은 유럽을 파고들어 활기를 띠었다. 한편, 제국 관료들은 계속 영국과 제국을 오갔다. 그 과정에서 개혁과 강압에 중점을 둔 제국주의 정신을 습득하고 받아들였다. 식민지 신민은 분열되었지만, 제국 관료들의 탄압 덕에 민족주의 정서는 더 굳어졌다. 유럽의 제국국가들은 제1차 세계대전에서 승리하기 위한 정치전의 한 형태로 민족주의를 선동함으로써 1914년부터 1918년 사이 스스로 목숨을 끊은 셈이다.[149]

두 번의 대전 동안 영제국은 잇따라 위기와 맞닥뜨렸다. 밀너는 국제연맹 창설에 서명하자마자 영제국의 광활한 영토를 돌아보며 "전 세계가 격렬한 혼돈의 상태 속에서 흔들린다."라고 이야기했다.[150] 그럼에도 불구하고 영국 관료들은 남아프리카와 아일랜드에서 사용한 강압적인 정책에 대해 다시 생각하지 않았다. 영국 정부는 번번이 제국의 이익을 지키려 애썼고, 영국은 제국과 밀접하게 연결된 상태로 남았다. 영국 정부는 제국의 이익과, 제국과 밀접하게 연결된 국가 체제를 보호하고자 했다. 제국 영토와 본국에서 시민의 자유를 억압하고 무력을 행사할 수 있도록 지원법률체계를 계속 확장해나갔다. 앞서 콜웰이 언급한 '도덕적 효과'는 국제연맹연합 같은 조직으로 구체화되며 공정한 여론을 이끌어내는 동시에 비판적인 목소리를 내는 소수를 침묵시켰다. '도덕적 효과'를 통해 법률적으로 탄압 조치를 뒷받침하려는 노력도 더 강화되었다. 인도, 아일랜드, 팔레스타인에서 등장한 탄압적인 치안 유지 전술과 영제국 전역에서 시행된 권리를 제한하는 각종 법이 더해져 매우 강압적인 시스템이 탄생했다.

3장
합법화된 불법

LEGACY OF VIOLENCE

1919년 4월 13일, 인도 북부에서 바이사키 축제가 열리는 일요일이었다. 인도 펀자브 지역 북쪽, '잘리안왈라 바그'라는 약 8600평 규모의 공원에 따사로운 햇볕이 내리쬐고 있었다. 이날은 힌두 태양력 기준으로 새해가 시작되는 날이자, 펀자브 지방의 봄 추수를 기뻐하는 축제날이었다. 또한 시크교도들에게는 1699년 구루 고빈드 싱Gobind Singh이 칼사교단을 창립한 날과 이후 런지트 싱Ranjit Singh이 마하라자(위대한 지도자)로 대관된 날을 함께 기념하는 특별한 날이기도 했다.

암리차르로 모여든 수천 명의 이슬람교도와 힌두교도, 시크교도 중 일부는 황금사원에서 기도하고 신성한 연못에서 몸을 씻었다. 소와 말을 거래하기 위해 주변 도시와 마을에서도 수천 명이 몰려들었다. 늦은 오후가 되자 공원에 모인 인파는 1만 5000명에 달했다. 종교 순례자와 가축 거래상들이 공원을 방문한 암리차르 주민들과 뒤섞여 어울렸고, 일부 주민은 공원에서 평화롭게 정치 토론을 나누고 있었다. 카드 게임을 즐기며 수다를 떨기도 하고, 뜨겁게 달아오른 공원 뜰의 대지 위로 솟은 나무 그늘에서 나른히 오후의 단잠을 즐기면서 이따금 정치 연설에 귀 기울이기도 했다. 아무 충돌도 없는 평화로운 행사였다.¹ 그렇지만 잘리안왈라 바그의 흥겨운 분위기 뒤에서는 끔찍한 일의 조짐이 슬슬 끓어오르고 있었다.

인도제국의 상황

잘리안왈라 바그에서 벌어진 일을 이해하려면, 당시의 인도 상황과 주요 인물들에 대해 알고 있어야 한다. 먼저 폭탄공장 운영자 아우로빈도 고시Aurobindo Ghose에 대해 이야기해 보겠다. 1908년, 고시는 벵골 총독과 지방법원 판사를 암살하기 위해 무기와 탄약을 모았다. 판사와 함께 카드 게임 중이던 두 유럽 여성이 폭탄에 맞아 숨졌지만, 모의는 결국 실패했고 30여 명의 인도인이 국왕에 저항했다는 혐의로 체포되었다. '인도 최초의 시국사범 재판'은 해를 넘겨 이어졌다. 여러 피고가 유죄를 선고받았지만 고시는 무죄로 방면되었다. 이후 그는 근처의 프랑스인 거주지 폰디체리로 떠나 인도의 독립운동을 이끄는 정신적인 지도자가 되었다.²

다음으로 알아볼 사람은 '벵골의 시인'이자 '인도에서 가장 유명한 인문주의자'이며, 1913년 아시아인 최초로 노벨문학상을 받은 라빈드라나트 타고르Rabindranath Tagore다. 윌리엄 예이츠 등 제국 출신의 다른 훌륭한 문학계 인사들과 마찬가지로, 타고르 역시 전 세계 식민지 주민들에게 각국의 문화를 토대로 운명을 직접 만들어나가야 한다는 신호를 보냈다(하지만 1905년 반영운동에 동참한 타고르는 제1차 세계대전 당시 영국에 협력했다).³ 이 밖에도 스와미 비베카난다Swami Vivekananda처럼 학식 있는 사람들이 식민 이전에 누적된 풍부한 지적 유산, 종교적인 믿음, 문명화에 관한 담론, 서구와 현지에서 생각하는 국가에 대한 개념을 토대로 영국이 제시한 자유제국주적인 계획과 다른, 또 다른 인도의 미래를 제안했다. 인도는 제국 안팎에서 저항과 해방의 운동을 주도한 세계적인 문화 담론의 역사적 뿌리였다.[4]

제1차 세계대전 무렵, 인도국민회의Indian National Congress는 고시와 타고르의 의견을 포함해 이 같은 개념을 받아들였다. 1885년 설립된 인도국민회의는 시민 및 정치적 소통을 위한 장으로 출발했지만, 급진주의와 온건주의 사이에서 갈등을 겪고 있었다. 하지만 그럼에도 정치적 위기가 발생할 때마다 통합의 순간이 찾아왔다. 이를테면 제1차 세계대전에서 거의 150만 명에 달하는 인도인이 영국과 연합군을 위해 싸웠지만, 인도의 경제 상황은 점점 나빠졌고 인도인들의 삶도 나날이 힘들어지고 있었다. 편자브와 동쪽의 벵골 내 중대한 혁명의 움직임과 마을 간 충돌 때문에 일부 지역은 사실상 통제가 불가능했다.

인도방위법Defence of India Act 제정 역시 인도인을 통합시켰다. 1915년 2월, 전면적인 군 반란을 가까스로 모면한 영국 정부는 국토방위법 규정을 전파하며 인도 행정관에게 공공안전을 보장했다. 이에 통치를 위해서라면 어떤 규정이든 통과시키는 인도방위법이 채택되었다. 이전에도 별 볼 일 없었던 시민의 정치적 자유마저 말살하는 규칙이 벵골에서만 무려 800개나 시행되었다.[5] 이에 불만을 품은 지배계층은 1916년 러크나우협정Lucknow Pact을 체결했다. 러크나우협정은 강하지도 오래가지도 않았지만, 인도국민회의와 전인도무슬림연맹All-India Muslim League은 역사적인 합의를 체결하고 결속을 약속한 다음, 거의 모든 주와 중앙의 총선거에 대한 선거권 확대를 비롯해 다양한 요구를 영국 정부에 전달했다.[6] 협상의 중심에는 남아프리카에서 20년을 살다가 인도로 돌아온 모한다스 간디Mohandas Gandhi가 있었다.

인도의 아버지, 간디

1869년 인도 서부의 구자라트에서 태어난 간디는 인도에서 학업을 끝낸 뒤, 런던으로 건너가 이너템플 법과대학교*에서 법을 공부했다. 그는 영국인의 풍습과 습관을 익히려 최선을 다했지만 향수병과 제대로 된 채식을 하기 어려운 현실 때문에 고민하다, 결국 불교와 힌두교 문학을 연구하는 신지학협회Theosophical Society에 가입했다. 협회 가입을 계기로 간디는 여성 참정권 운동가, 사회주의자, 평화주의자, 반제국주의자 등 빅토리아 시대 문화에 반대하는 급진주의자들과 어울리기 시작했다.[7]

1891년, 법정변호사**가 되어 인도로 돌아간 간디는 봄베이에서 변호사 사무실을 개업했지만 2년 뒤 문을 닫았다. 그 뒤 1년짜리 계약을 맺고 남아프리카 나탈 식민지로 떠났다. 제2차 보어전쟁 기간에는 1100명의 의용병을 모집한 뒤 야전의무대를 꾸려 영국군을 도왔지만, 이후 인도의 민족주의를 확산하는 영향력 있는 사람으로서 영국의 불공정한 식민지 정책과 억압에 반대 목소리를 냈다. 간디는 20년 넘게 스머츠가 이끄는 아프리카너 정부뿐만 아니라 밀너의 전후 재건 정권이 제도화한 인종차별주의에 맞서 싸웠다. 통행등록증을 태워버리고 등록법 반대운동을 벌이기도 했다. 간디와 추종자 수천 명은 공개태형과 시위대에 대한 발포, 반복되는 투옥을 견뎠다. 그러는 내내 간디는 진실과 비폭력 투쟁을 골자로 사티아그라하satyagraha, 즉 '무저항 불복종 운동'을 지지했다.[8]

---

* 런던에 위치한 네 개의 법학원 중 하나다. 잉글랜드와 웨일즈의 예비 법조인은 이 법학원 중 하나에 소속되어 이론과 실무를 배운다.
** 영국에는 법정변호사Barrister와 사무변호사Solicitor, 두 종류의 변호사가 있다. 전자는 법정에서 변호를 할 수 있지만, 후자는 서류 관련 업무나 법률 자문만 할 수 있다.

인도로 돌아온 간디는 가난한 사람들의 권리를 위해 싸웠다는 이유로 '위대한 영혼'이라는 의미의 '마하트마Mahatma'라는 별칭을 얻었다.[9] 인도는 곧이어 간디가 20년 동안 갈고닦아 온 정치적·영적 능력을 시험했다. 영국령 인도제국의 미온적인 개혁 시도와 잇따른 합법화된 탄압으로 인해 전후 갈등이 확산되었다. 1918년에는 개혁의 주역인 인도 국무장관* 에드윈 몬터규Edwin Montagu와 인도 부왕 첼름스퍼드 경Lord Chelmsford의 이름을 딴 몬터규-첼름스퍼드 개혁Montagu-Chelmsford reforms 때문에 인도인의 정치 참여가 제한되었다. 1919년에는 영장 없는 수색, 최대 1년까지 재판 없이 구금 가능 등 전시 긴급 권한이 확대된 롤래트법Rowlatt Act이 제정되었다. 세 명의 판사가 정치범을 재판할 수 있을 뿐 아니라, 정치범에게는 항소권도 허락되지 않았다.[10] 국민의회파는 즉시 대응했고, 간디도 봄베이에서 무저항 불복종 운동을 펼치며 암리차르에서 전면휴업을 뜻하는 하르탈hartal 운동을 시작했다. 델리, 아마다바드, 라호프에서는 폭력시위도 잇따랐다.[11]

당시 펀자브를 통치하던 마이클 오드와이어 경Sir Michael O'Dwyer은 전쟁 기간 언론 통제와 이동 제한 등으로 반대 의견을 탄압한 전적이 있었다. 롤래트법은 고압적이기로 악명 높은 오드와이어에게 합법적으로 시위를 탄압하고 무력화시킬 수 있는 권한을 주었다. 1919년 4월 9일, 힌두교 축제 라마탄생일에 이슬람교도와 힌두교도가 친목을 다진다는 보도를 접하자 오드와이어는 영국의 분할통치 정책을 초월하려는 위험천만한 움직임을 감지했고, 인도의 두 지도자 사이푸딘 키치루Saif-ud-Din Kitchlew 박사와 사티아팔Satyapal 박사를 체포했다. 암리차르에서는 대규모 시위가 잇따

---

* 영국 내각의 장관으로 영국령 인도제국의 통치 전반을 관장하는 장관직을 말한다. 1858년 세포이 반란 이후 창설되어 인도가 독립한 1947년까지 유지되었다.

랐고, 영국의 식민지 군대 발포로 25명이 죽었다. 이에 대한 반발로 인도 시위대는 폭력적인 저항에 나섰다. 그들은 상점을 약탈하고 불태웠으며, 전신 및 전화선을 절단하고, 철도 선로를 파손했다. 또한 유럽인 다섯 명을 살해하고, 백인 선교사인 셔우드 양Miss Sherwood을 포함한 여러 명을 공격했다. 셔우드 양은 너무 심하게 부상을 입어 사망한 것으로 오인될 정도였다.[12]

암리차르 학살

잘리안왈라 바그에 수천 명의 인파가 모인 4월 13일경, 폭력 사태를 막기 위해 공원에 출동한 준장 레지널드 다이어Reginald Dyer는 모든 집회와 행진을 금지한다고 발표했으며, 필요한 경우 무력으로 불법 집회를 해산시키겠다고 경고했다.[13] 그다음 바로 군사력 과시에 나섰다. 기관총이 달린 장갑차 두 대와 50명의 구르카인과 시크교도로 이루어진 소총부대를 이끌고 잘리안왈라 바그로 진격했다(잘리안왈라 바그는 트라팔가 광장보다 규모가 작고, 하나의 출입구를 제외한 나머지 면이 모두 벽으로 둘러싸여 있다). 다이어는 공원에 모인 1만 5000명 남짓한 비무장 상태의 시민에게 어떤 통지나 해산 명령도 내리지 않은 채 부하들에게 발포 명령을 내렸다. 다이어의 부하들은 채 10분도 되지 않아 약 1650발의 총알을 발포했고, 약 400명이 죽었다. 1200명이 넘는 민간인이 부상당한 채 피로 물든 땅에 쓰러졌지만, 다이어와 부하들은 살아남은 사람들의 구조를 위한 어떤 조치도 없이 공원을 떠났다.[14]

암리차르 학살은 영국의 주도하에 며칠 동안 계속된 대보복의 출발 신호였다. 4월 15일, 정부는 암리차르와 펀자브 내 여러 지역에 계엄령을 선포했다. 부총독 오드와이어의 요청으로 계엄령은 3월 30일까지 소급 적용되었다. 군부와 오드와이어는 키치루 박사와 사티아팔 박사의 체포를 비롯해 2주 전 일에도 계엄령을 적용했고, 그 결과 두 박사는 아무 증거도 없이 제한적인 반대 심문만으로 즉결 심판을 받았다. 계엄령 집행관들은 두 박사와 함께 852명의 용의자를 비공개 심문한 뒤 581명에게 유죄를, 108명에게 사형을 선고했다. 키치루와 사티아팔을 포함한 264명의 용의자는 외딴 교도 시설로 유배당하는 '종신 유형'에 처해졌다. 대규모 시위가 이어진 끝에 항소권이 다시 허용되었으나, 이미 18명이 공개 교수형에 처해진 후였다.[15]

각지에서 집단 처벌이 자행되었다. 정부 관료들은 개인 재산을 몰수하고, 전기와 물 공급을 차단했으며, 할당 제도를 근거로 학교에서 학생을 내쫓았고, 추수하지 못하도록 농부에게 총구를 들이댔다. 인도와 남아프리카를 포함해 제국 곳곳에서 공개 태형이 급증했다. 구경거리를 놓치지 않으려 모여든 유럽인들은 가혹한 매질을 요구했다. 실제로 집회 참여를 이유로 결혼식 참석자 전체가 매질당하기도 했고, 물리적·정신적으로 압박해 인도인 목격자의 위증을 받아내기도 했다. 이처럼 의례화된 유럽의 탄압은 법적으로 아무 문제가 없었다.[16]

영국의 보복은 카수르에 주둔하던 A. C. 도브턴A. C. Doveton 대위가 '기이한 형벌'이라고 이름 붙인 방식으로 확대되었다.[17] 치안군은 인도 주민들에게 폴짝 뛴 다음 땅에 코를 박고 시를 암송하도록 강요했다. 현지 농부들의 얼굴과 몸을 하얀색으로 칠하는가 하면, 성인 남성들에게 불가촉천민이 할 일을 억지로 시키며 힌두교의 종교적 금기를 깨뜨렸다. 카수르 인근 도시 구즈란왈라에서는 지방 행정관 오브리 오브라이언Aubrey O'Brien 중령이 주민들에게 특정 예절을 강제하는 명령을 내렸다. "동물이나 탈것을 타고 있는 사람은 내려야 하고, 우산을 펼쳐 높이 들고 있는 사람은 그것을 내려야 하며, 모든 사람은 손을 들어 경례하거나 '살람salaam'*을 해야 한다."¹⁸ 명령에 따르지 않는 사람에게는 장교의 신발을 핥는 벌을 내렸다. 다이어의 명령에 따라 생겨난 '태형 대기 줄'은 펀자브 전역에서 자행된 의례적인 굴욕을 과장된 방식으로 보여준다. 셔우드 양 사건에 특히 격분한 다이어는 '적절한 처벌'을 찾겠다고 맹세한 뒤, 셔우드가 공격받은 바로 그 거리 한쪽 끝에 태형장을 만들었다.¹⁹

다이어의 보복

잘리안왈라 바그 대학살 및 영국의 계속된 보복 행위 직후, 민군사령부는 다이어의 행동을 묵인했다. 5월 초, '펀자브의 구원자' 다이어는 영제국 방어를 위해 아프가니스탄 국경으로 떠났고, 3개월 후에야 암리차르 학살에 대한 공식 보고서를 제출했다. 콜웰의 책 《작은 전쟁》과 놀라울 만큼 유사한 다이어의 보고서는, 영국의 행동을 정당화하는 간단명료한 내용과 인종적·문화적 차이를 반영하는 표현으로 가득했다. 다이어뿐만 아니라 콜웰, 키치너, 그리고 다른 영국군 지도자들과 병사들 역시 영제국의 도덕적 기반이 위협받고 있다고 보았다. 그들에게는 강경하고 법적으로 정당화된 방법만이 질서를 회복하는 길이었으며, 그들은 이를 통해 원주민들에게 교훈을 가르칠 수 있다고 믿었다. 이에 다이어는 거리낌 없이 자신의 조치

---

* 일부 아시아 국가에서 오른손을 이마에 대고 허리를 굽히면서 하는 인사.

1919년 4월 암리차르 학살 직후,
셔우드 양이 공격당했던 골목 한가운데에 다이어 장군이 설치한 태형장

가 필요한 이유를 설명했다.

> 나는 군중이 흩어질 때까지 사격을 계속했다. 그리고 이것이 내가 의무적으로 만들어야 했던 도덕적이고 광범위한 효과를 내기 위해 필요한 최소한의 발포였다고 생각한다. 만약 더 많은 병력이 있었다면, 사상자 수도 그에 비례해 더 많아졌을 것이다. 이는 단순히 군중을 해산하는 문제가 아니다. 군사적 관점에서 볼 때, 현장에 있던 사람들뿐만 아니라 펀자브 전역에 걸쳐 충분한 '도덕적 효과'를 주는 문제였다. 과도한 가혹함이라는 논란은 있을 수 없었다.[20]

다이어가 강조한 '도덕적 효과'는 콜웰의 만트라를 글자 그대로 반복한

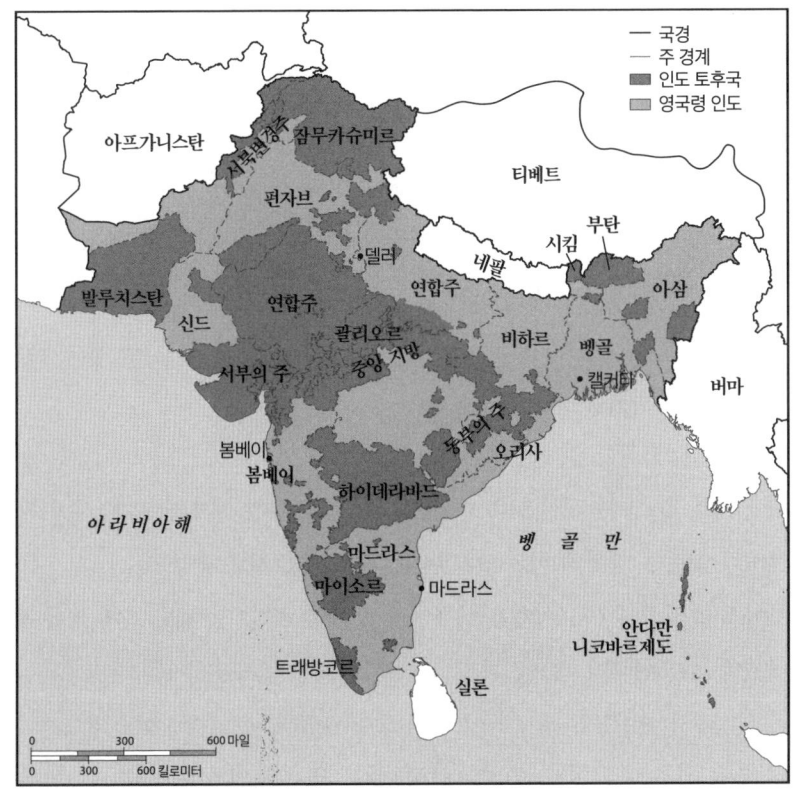

내전 기간의 인도

것이었다. "유익한 효과를 위해 버릇없는 아이를 벌해야 한다."라는 다이어의 주장은 '원주민'을 아이와 동일시한 빅토리아 시대의 사상 및 그들을 '반은 악마고 반은 아이 같은, 새로 발견된 음침한 족속'으로 묘사한 키플링의 사상과 궤를 같이한다.[21] 영국은 백인의 책무 때문에 도덕적인 발전과 탄압을 동시에 꾀할 수밖에 없었다. 탄압은 체벌이자 훗날 영국의 지배와 통치에 저항하지 못하도록 막는 전략이었고, 다이어는 영제국이 낳은 괴물이었다.

암리차르 학살 소식은 영국 정계와 언론으로 퍼져나갔다. 영국과 제국 둘 다 갖은 방식으로 다이어의 전술과 오드와이어의 공모관계를 왜곡했지만, 순식간에 폭력과 제국에 대한 반대 여론이 들끓었다. 무력 사용과 도덕성에 관한 질문이 새롭게 대두되었다. 제1차 세계대전이 끝난 상황이었다. 영국인은 제국의 이상과 자유를 지켜내려 목숨을 바친 군대에 깊이 감사하는 동시에, '모든 전쟁을 끝내기 위한 전쟁'* 때문에 큰 고통을 받고 정신이 피폐해졌다. 영국, 인도, 아일랜드, 그 외 영제국 안 모든 영토에서 분노의 목소리가 점점 높아졌다.

언제나 그랬듯, 영국은 제국을 정당화하는 익숙한 변명만 늘어놓았다. 이에 마르티니크 출신인 르네 마랑René Maran 같은 소설가들은 제국주의의 공허한 약속을 신랄히 비판했다. 마랑, 패드모어, 시릴 제임스Cyril James, 듀보이스의 작품은 아프리카와 아프리카계 미국 지식인들에게 크게 영향을 미쳤다. 1919년부터 1945년까지 총 5회 개최된 범아프리카회의Pan-African Congress에서 흑인들은 급진적인 사상을 교류했다. 1930년대에는 네그리튀드 운동Négritude movement**이 시작되었다. 하지만 인종만 같다고 통합이 가능한 것은 아니었다. 온갖 방식의 착취를 경험했으며 유럽의 지배를 뒤엎으려 하는 사람들이라 하더라도, 꿈꾸는 해결 방안은 각자 달랐다. 예를 들어, 1919년 범아프리카회의에 참석한 흑인 사상가들과 작가들은 유럽 식민주의에 대한 대응 방식에서 깊이 갈라져 있었다. 일부는 직접적이고 폭력적인 저항을 주장한 반면, 다른 이들은 보다 온건하고 타협적인 접근 방식을 통해 식민지화된 지역에서 변화를 모색해야 한다고 보았다.²²

---

* 제1차 세계대전을 가리키는 표현이다.
** 식민 정책에 항의하는 흑인 문화 운동이다.

제국의 부조리함에 대한 반발

영국 내에서도 제국의 통치 정책 및 관행을 비판하는 세력이 점차 늘어났다. 로이드 조지 연합정부에 반대하는 독립적인 성향의 자유당 인사들과 새롭게 등장한 노동당 의원들은 다이어와 제국 체제 전반을 비난했다.[23] 노동당 의원이자 1933년 노벨평화상 수상자인 노먼 에인절Norman Angell은 이 같은 갈등의 부조리함을 비난했다. "전쟁이 시작될 당시에는 군사적인 테러 방식의 간악함이 우리의 마음에 지대한 영향을 미쳤다. 전쟁이 끝날 무렵에는 굶주림, 봉쇄, 여러 독일 도시를 휘젓고 다니는 무장한 흑인 야만인, 아일랜드에서의 복수, 인도에서 자행된 비무장 시민을 향한 가차 없는 학살 등 갖은 방법이 동원되었지만, 영국인들은 어떤 강렬한 반감도 느끼지 않았다."

전쟁이 시작될 무렵, 우리는 정부가 증오를 조직적으로 조장하고, 예술을 '증오의 찬가'로 타락시키는 것이 비열하고 혐오스러운 일이라는 것을 깨달았다. 그러나 우리는 그 증오의 조직 방식을 그대로 따라 했고, 유명한 영국 작가들이 마땅히 '증오의 찬가'를 만들어냈다. 전쟁 초기, 우리는 인간의 자유가 독일의 국가 이론, 즉 국가가 인간의 도구가 아니라 지배자가 되어야 한다는 개념에 의해 위협받고 있다고 느꼈다. 이 이론은 정치적 탄압과 억압을 의미하는 것이었다. 그러나 그 최악의 요소들 중 일부가 우리 사회 내부에서 실행되었을 때, 우리는 그것에 너무 무관심해 정작 우리가 싸웠던 그 억압이 우리 스스로에게 강요되고 있다는 사실조차 인식하지 못했다.[24]

에인절은 전쟁이 집단광기를 부추겨 문명이 후퇴했다고 여겼다. "우리는 사람들의 목소리가 대개 사탄의 목소리라는 사실을 직시해야 한다."

1920년, 홀포드 나이트Holford Knight는 "전쟁을 끝내기 위한 전쟁은 종식되었으나, 일련의 또 다른 전쟁이 뒤따르고 있다."라고 한탄했다. 급진적인 변호사 나이트는 독일 군국주의와의 대조로 영국의 식민지 신민 통치 방식을 이상적으로 묘사하는 지도자들의 주장을 뒤집었다. 나이트는 '프로이센'의 군국주의 타도를 위한 투쟁 때문에 '프로이센주의Prussianism'*가 영국에 들어와 제국 내 식민국가에 뿌리내렸다고 이야기했다. "모든 것이 영국인의 기질과 맞지 않고, 영국 여론은 쉽사리 받아들이지 못한다." 에인절과 비교하면 낙관적이었지만, 나이트의 견해 역시 급진적이기는 매한가지였다. 영국인이 느끼는 전쟁의 피로와 그것이 남긴 문화적인 유산에 대한 우려 때문에 '사람들 사이에 우호적인 정신'이 생겨났다고 생각한 나이트는 자신의 주장을 단호하게 밀고 나갔다.25

인도 국무장관의 분노

암리차르 학살과 관련해 인도 국무장관 에드윈 몬터규의 비난을 묵살하기는 힘들었다. 몬터규는 억압과 개혁을 동시에 추구하는 자유제국주의의 실체를 지적했다. 1906년 선거에서 자유당이 압승하면서 처음으로 의석에 앉은 몬터규는, 당시 영국 내각에 속한 몇 안 되는 유대인 중 한 사람

---

* 1870년대 독일 통일의 주축이 된 국가 '프로이센'에서 온 용어. 프로이센의 지배계급인 융커 가문들의 보수적인 군사주의, 중앙집권적이며 가부장적인 사회질서, 팽창주의적인 민족주의 이념 등을 특징으로 한다.

이었다. 몬터규는 암리차르 학살에 혐오감을 느꼈고, 자신을 향한 비난에 고삐 풀린 망아지처럼 거칠게 대응했다.²⁶ 노동당의 압력과 인도에서 거세지는 민족주의 움직임에 힘입어 몬터규는 사건 조사를 지시했다. 스코틀랜드 판사 헌터 경Lord Hunter이 '봄베이, 델리, 펀자브에서 최근 발생한 소동의 진상, 소동이 발생한 원인, 소동에 대응하기 위해 취해진 조치'에 관한 조사를 이끌었다.²⁷

헌터위원회가 조사하는 4개월간 다이어는 자신에게 불리한 말만 쏟아냈다. 법률 자문을 거부하고, '도덕적 효과'를 얻기 위한 자기 행동을 전혀 부끄러워하지 않았다. 다이어는 공원 도착 전에 이미 발포를 마음먹었다고 분명하게 밝혔다. 델리의 고위급 지휘관인 준장 데이비드 드레이크브로크만David Drake-Brockman의 입을 빌려 그곳에 모인 군중이 '델리의 인간쓰레기'들일 뿐이라는 자신의 생각을 다시 한번 분명히 밝혔다.²⁸ 드레이크브로크만은 헌터위원회에 "군중에게 조금 더 발포를 가했다면 훨씬 더 큰 효과를 보았을 것이다. 그들의 태도가 훨씬 더 순응적이고 공손해졌을 것이다. 힘이야말로 아시아인이 유일하게 존중하는 것이기 때문이다."라고 이야기했다.²⁹ 장교들의 대응과 처신에는 다이어가 샌드허스트에서 맨 처음 접하고 변경 지역과 페르시아와 버마를 순회하는 육군장교로 활약하면서 익힌 바로 그 정신이 반영되어 있었다. 제국을 향한 광적인 열정, 무모한 용기, 인종적 위계질서와 사회 규범(특히 유럽 여성의 순결성이라는 상상적 개념)을 지키려는 집요한 태도가, 실제든 상상이든 제국에 대한 위협에 다이어가 격렬하게 반응하도록 만든 요인이었다. 잘리안왈라 바그에서의 냉혹한 총격은 결코 예외가 아니었다. 그저 이러한 정신을 가장 극적으로 보여주는 사례 중 하나일 뿐이었다.³⁰

1920년 3월 제출된 헌터위원회의 보고서는 영국 정부의 공식 입장을 정리하는 데 도움이 되었다. 헌터위원회는 잘리안왈라 바그에서 벌어진 대학살에 대한 책임은 다이어에게 있고, '도덕적 효과를 위한 선택'이었다는 다이어의 변명은 '자기 직무를 잘못 이해한 결과'라고 결론 내렸다.[31] 헌터위원회는 만장일치로 다이어의 대응을 비난했지만, 상관들이 용인했다는 이유로 처벌이나 징계 조치는 하지 않았다. 이후 인도 부왕이 이끄는 행정위원회는 다이어를 기소 없이 은퇴시켜야 한다는 헌터위원회의 제안을 큰 이견 없이 수용했다.[32] 행정위원회는 다이어 외에 사건과 관련된 다른 장교 및 영국령 인도제국 정부 관료들에게는 책임을 물어서는 안 된다는 뜻을 밝혔다. 몬터규와 격분한 인도 민족주의자들은 헌터위원회와 행정위원회의 대처가 충분하지 않다고 생각했지만,[33] 영국령 인도제국의 기득권층, 보수당 의원, 군대, 상당수의 영국 대중은 위원회의 결정에 반대하며 다이어에게 열렬한 지지를 보냈다.

영국 의회가 한창 토론 준비 중이던 1920년 여름, 이집트의 소요 사태, 아일랜드에서 계속되는 영국 권위 붕괴, 볼셰비키 위협 등 제국 곳곳에서 많은 사건이 벌어졌다. 이 같은 상황에서 다이어는 쇠퇴하는 로이드 조지 연립내각을 위협하는 심각한 문제를 상징하는 인물로 떠올랐다. 모든 문제는 제국을 위태롭게 만든 반역 행위에 대한 심판이었다.[34] 암리차르 학살이 알려지는 것을 막을 수 없는 영국 정부는 다이어를 인도 내 식민국가 행정업무, 포괄적으로는 식민 정책 및 관행과 분리하려 애썼다. 또한, 다이어의 행동에 대한 독립적인 육군최고회의Army Council의 보고서를 기다리며 예정된 의회 절차를 최대한 조율하려고 최선을 다했다. 하지만 시간이 흐를수록 몬터규는 점차 지쳐갔다. 친구인 부왕 비서관 J. L. 매피J. L. Maffey는 당시 이렇게 적었다. "헌터 논쟁은 악몽처럼 몬터규의 뇌리를 떠나지 않았다. 신랄한 인신공격에 몬터규는 오드와이어 경에게 반박하고, 행정부를 공격하고 싶어 했다. 그런 일은 관두라고 일렀지만, 내 말에 그다지 귀 기울이지 않았다. 그는 폭력적인 방안을 많이 준비했다."[35] 몬터규는 친구의 조언을 귀담아듣기 힘들 만큼 강렬한 도덕적 반감에 사로잡혀 있었다. 〈모닝 포스트The Morning Post〉를 포함해 각종 매체의 사설란이 노골적으로 여론을 대변하자 그의 분노는 더욱 커졌다. "우리는 지금 인도 북부의 영국 여성들이 다이어 장군을 존경하는 것이 당연하다고 생각한다. 법적으로는 용서받지 못할 수도 있겠지만, 후세는 그가 상황을 잘 수습했다고 평가할 것이다. 그가 막지 않았다면 벌어졌을지도 모를 끔찍한 참상은 아무리 과장해도 부족할 것이다."[36] 이러한 여론은 다이어를 비판하려던 몬터규의 입장을 더욱 확고하게 만들었다. 〈데일리 메일〉은 다이어의 말을 빌려 '나의 임무, 끔찍하고 궂은 임무를 수행했을 뿐'이라는 항변을 기사로 내보냈다.[37]

7월 8일, 육군최고회의는 다이어에게 앞으로 직책을 주지 않는 대신 절반의 급여를 주고 서열과 지위를 유지하도록 했다.[38] 의원들과 방청객들이 떠들썩하게 웨스트민스터로 줄지어 들어갔다. 격노한 몬터규는 흥분의 도가니에 빠져든 하원으로 곧장 걸어 들어가 꽉 들어찬 방청석 앞에 서서 편자브에서 일어난 일이 모두 '테러주의 원칙'이라며 비난했다.[39] 몬터규는 편자브에서 실제로 벌어진 일을 제대로 이해하지 못하는 군중 앞에서 구체적인 사실을 설명하는 대신 다이어의 견책을 요구했다. 몬터규는 사람들에게 물었다. "계속 테러와 인종적인 굴욕과 복종, 폭압으로 인도를 통치할 것인가? 아니면 인도제국 사람들의 호의, 그러니까 나날이 커져가는 호의를 활용해 인도를 다스릴 것인가?"[40] 훈계를 늘어놓으며 폭압을 비난하는 몬터규에게 보수당 의원들은 "그 덕에 폭동을 막았잖아.", "볼셰비키나 할 법한 소리!", "당신은 지금 너무 자극적으로 연설하고 있어!" 등 모욕적인 말을 외쳐댔지만,⁴¹ 몬터규는 다이어의 자유제국주의적인 기질에까지 의문을 제기했고, 더 나아가 영제국과 영국의 근간에 의문을 제기했다. 고성이 오고가던 아귀다툼은 거의 신체폭력에 가까워졌다. 곧 보수당의 지도자가 될 오스틴 체임벌린Austen Chamberlain은 자신의 지지자들의 생각을 다음과 같이 표현했다. "유대인이자 외국인인 사람이 한 영국인을 공격하며 그를 희생양으로 삼았다. 사람들이 느낀 감정이 바로 그랬다."⁴²

다이어의 견책을 둘러싼 갈등

도덕적인 선동에 실패한 몬터규와 달리, 처칠은 노련한 의회 정치 솜씨를 뽐내며 곧장 반대 세력의 분노를 누그러뜨렸다. 영국이 인도에서 휘두르는 막강한 권한과 제국 지배 정신을 둘러싼 질문을 놓고 왈가왈부하는 대신, 육군장군 한 명을 제멋대로 행동한 반역자로 희생시키면 장기적으로 무슨 일이 벌어질지 설명했다. 처칠은 연설 내내 사건과 관련된 사실만 언급했다. "잘리안왈라 바그에서 400명에 가까운 사람이 도륙당했다. 사망자의 거의 서너 배에 달하는 사람이 부상당한 것은, 병력이 투입되어 민간인과 충돌한 다른 비극적인 사건들과는 완전히 차원이 다른 사건이다. 이는 매우 이례적이고, 참혹하며, 유례없이 불길한 사건이다."⁴³ 처칠은 인도 서북변경주와 수단에서 직접 목격한, 비무장한 사람들의 사망 사건에 대해 함구했다. 남아프리카 강제수용소에서 죽은 수천 명의 아프리카인과 아프리카너에 대해서도 모두 잊어버린 것처럼 굴었다. 그러면서 암리차르 학살을 끔찍한 일회성 사건으로 치부했다.⁴⁴

처칠은 연설을 통해 극단적인 일부 의원들로부터 공개적으로 거리를 두는 동시에, 영국 정부가 다이어를 처벌 없이 견책하려 한다는 점을 상기시키며 의원들을 달랬다. 하지만 '합법화된 불법'에 대해서는 전혀 언급하지 않았다. 합법화된 불법이란 일반적인 법으로는 질서를 유지하고 상황을 통제하기가 어려운 탓에, 예외적인 국가 주도의 폭력을 점진적으로 합법화하고 관료화하고 정당화하는 행태를 일컫는 표현이었다. 다이어가 잘리안왈라 바그에서 무고한 시민을 살상한 사건이 극단적인 예였다. 처칠은 다이어에 대한 비난을 좋은 말로 포장했다. "폭력과 강탈로 권력을 잡은 정부는 훔친 것을 지키고픈 간절한 마음 때문에 테러를 저지를 때가 많다. 손에서 손으로, 대대로 합법적인 권위가 이어져 내려온 영제국의 위엄 있고 덕망 있는 조직은 그런 도움이 필요하지 않다. 이러한 발상은 영국이 일반적으로 일을 처리하는 방식과는 완전히 다르다."[45] 처칠은 책임 전가, 역사적 망각, 사회적 창조를 총동원해 잘리안왈라 바그에서 일어난 암리차르 학살을 중대한 일탈로 치부했다. 그 결과, 영제국의 문명화 사명은 타격을 입지 않았지만, 극좌파와 극우파 모두 서로 다른 이유로 처칠의 논리를 맹비난했다.

먼저 간디는 제도화된 인종차별과 폭력, 다이어 같은 개인을 양산한 문화적 차이에 초점을 맞췄다. "우리는 다이어가 처벌받기를 원치 않는다. 우리는 복수를 원하지 않는다. 다이어를 만들어낸 시스템이 바뀌기를 원한다."[46] 노동당 의원 벤 스푸어Ben Spoor는 인도 민족주의자들의 분노 섞인 주장을 전달하며 영제국이 인도에서 합법화된 불법을 저질렀다고 강조했다. "다이어 장군이 예외적인 장교가 아니듯, 암리차르 학살 역시 예외적인 사건이 아니다."[47] 스푸어는 각료들에게 2주 전 노동당이 부왕 소환 및 오드와이어 탄핵 요구 결의를 통과시켰음을 일깨웠다. 노동당은 다른 하위급 장교들에 대한 정식 재판 실시와 함께, '현재 인도의 불행한 사태를

초래한 가장 큰 요인인 모든 억압적이고 강제적인 법률을 즉각 폐지할 것'을 요구했다.⁴⁸

한편 다이어가 인도와 영제국을 폭정에서 구해내기 위해 도덕적 의무를 수행한 것이라 생각하던 보수당 의원들은 다이어의 행동이 일탈적이라 보기는 힘들다고 주장했다. 준장 허버트 서티즈Herbert Surtees와 그의 지지자들은 "제국을 유지하려면 무엇보다 신뢰가 중요하다. 하지만 의회가 그 신뢰를 무분별하게 위협하고 있다. 영국의 위신을 무너뜨리면 제국은 사상누각처럼 무너질 것이고, 우리 국민을 먹이고, 입히고, 이들에게 일자리를 주는 모든 무역도 사라질 것이다."라고 결론 내렸다.⁴⁹ 루퍼트 그윈Rupert Gwynne도 처칠과 몬터규를 맹비난했다. 그는 수많은 병사의 목숨을 위험에 빠뜨린 갈리폴리 상륙 작전이 처참히 실패한 뒤, 처칠이 영국 정부로부터 받은 육군장관이라는 보상을 지적했다. 이어서 '오판한 것뿐인 다이어에게는 어떤 연민도 베풀 수 없는 것인지' 의문을 제기했다. 몬터규에 대해서는 평의원석 많은 사람의 쑥덕거림을 공식적으로 언급했다. "인도 국무장관에 대해서 이야기하자면, 그는 다이어보다 영국에 훨씬 위험한 인물이다."⁵⁰ 다이어 견책 여부 표결에서 하원은 정부 제안을 101표 차이로 통과시켰다. 반대표 129명 중 119명은 로이드 조지가 이끄는 연립내각의 통일당원*들이었다. 이들은 영국 정부의 인도 정책과 다이어 견책이 아일랜드에서 벌어질 일을 잘 보여준다고 생각했다.

---

* 통일당은 영국과 통합을 추구하는 아일랜드 내 친영국 세력 및 정당이다.

다이어 부활

다이어를 소생시키고 자금을 지원할 준비가 된 상원은 하원의 결정을 비난했다. 래밍턴 경Lord Lamington은 다른 사람들의 긴 이야기를 "이 사건에 대한 정부의 실책과 서투른 대처가 개탄스럽다."라는 단 한마디로 압축해서 표현했다.[51] 상원의원들은 펀자브 지역 폭도들의 행동을 제국과 영국이 필요로 영국군의 용맹함과 나란히 비교했다. 핀레이 자작Viscount Finlay은 앞으로 제국에서 책임을 완수하지 않고 자기 행위를 정당화하는 일이 자주 일어날 것이라 주장하며 책임전가를 비난했다.

> 우리 제국을 지탱해온 핵심 요소 중 하나는, 장교들이 어려운 상황에서도 정직하게 임무를 수행하는 한 상관들의 신뢰와 지지를 받을 수 있다는 믿음이었다. 그런데 정치적 이유든 다른 이유든 간에 자신의 의무를 다했다고 믿는 장교가 언제든 버려질 수 있다는 의심이 퍼진다면, 이는 공직사회에 치명적인 악영향을 미칠 것이다.[52]

〈모닝 포스트〉는 크건 작건 기부해달라는 요청과 함께 이러한 사설을 실었다. "다이어 장군은 인도를 구했지만, 정치인들은 다이어 장군을 희생양 삼아 자신들을 구한다. 이 같은 일이 벌어진다는 것은 영국에 매우 치욕스러운 일이다."[53] 애국호소기금Appeal to Patriots fund의 모금액은 무려 2만 6317파운드(약 16억 원)에 달했다. 정부의 기부 금지 정책에도 불구하고, 공작과 백작, 부두 노동자, 철도 근로자, 학생과 교사, 백작 부인, 여성단체, 영국과 인도의 신문과 사교단체, 수많은 육군장교, 인도 정부 공무원 등 각계각층에서 기부금을 내놓았다. 키플링은 10파운드(약 60만 원)를 기부하

며 "그는 자기가 생각하는 의무를 다했다."라고 이야기했다.⁵⁴

제국 내에서 점차 일상이 되어가던 폭력은 의무, 명예, 제국 방어 및 조국 방어의 개념 속에 확고히 자리 잡았다. 국회의사당 사방에서 "몬터규는 사임하라! 사임하라!"라는 시끌벅적한 소리가 울려퍼졌다. 결국 몬터규는 인사도 없이 하원을 떠나야 했다.⁵⁵ 언론은 반유대주의적이며 외국인 혐오적인 발언을 쏟아냈다. 〈타임스〉는 "몬터규는 애국심이 강하고 진실된 영국 자유당원이지만, 유대인이기도 했다. 흥분한 그는 동양식 사고방식을 드러냈다."라고 힐난했다.⁵⁶

1년 후, 몬터규는 식민장관으로 임명된 처칠과 또다시 설전을 벌였다. 쟁점은 케냐에 거주하는 인도인의 권리였다. 몬터규는 유럽인 거주 지역에서 인도인을 분리하는 허용법 철폐를 주장했다. 처칠은 쇠약해진 정적의 허를 찔러 케냐 중앙의 풍요롭고 비옥한 백색고원White Highlands이 영원히 백인 독점 소유 지역으로 남을 수 있도록 흔들림 없이 지지하겠다고 선언했다. 몇 주 후, 여느 때였다면 아무 문제 없이 넘어갔을 업무 실수를 이유로 몬터규는 내각에서 물러났다. 다음 총선에서는 의원직도 잃었다. 제국 전반에 책임감 있게 행동하라는 도덕적인 요구를 했다는 이유로 비난당하던 몬터규는 2년 뒤 45세의 나이로 세상을 떠났다.⁵⁷

암리차르 학살과 이 사건을 계기로 명확히 드러난 제도화된 인종차별과 국가가 허용한 폭력은 인도 민족주의자들의 반감을 불러일으켰다. 인도 문학의 거성 라빈드라나트 타고르는 부왕 첼름스퍼드에게 역사적인 서신을 보냈다. 서신에는 기사 작위를 비롯해 영국이 수여한 모든 훈장을 버리겠다는 뜻이 담겨 있었다.

펀자브에서 주민의 소란 진압을 위해 정부가 택한 극악무도한 조치는 인도에서 영국 신민으로서 우리가 얼마나 무력한 처지에 놓여 있는지를 뼈저리게 깨닫게 했다. 이제 명예훈장이 수치심을 더욱 도드라지게 만드는 때가 되었다. 나는 내게 주어진 모든 특별 대우를 벗어던지고, 단지 '하찮다'는 이유만으로 인간으로서 감내할 수 없는 굴욕을 당하는 동포들 곁에 서고자 한다.[58]

간디는 스와라지swaraj(개인의 완전한 독립, 정신적 해방, 정치적 자치)를 실현하기 위해 비협조 운동과 스와데시swadeshi(외국산, 특히 영국산 제품 불매 운동)에 집중했다. 상징적으로나 실질적으로나 비협조 운동은 영국령 인도 정부에 대한 거부를 의미했으며, 이는 인도의 미래를 스스로 결정하려는 시도였다. 1921년 12월, 간디는 힌두교도와 이슬람교도 양쪽의 열렬한 지지에 힘입어 인도국민회의의 수장이 되었다. 간디 주도의 개편 덕에 엘리트 조직이던 인도국민회의는 대중의 폭넓은 지지를 받는 조직으로 거듭났다. 그러나 간디의 노력에도 불구하고 시위는 계속 폭력적으로 변해갔다. 봄베이 시위에서는 85명이 사망했고, 차우리 차우라에서 23명의 인도 경찰이 살해되었다. 1922년 봄, 예외적인 법적 조치를 단행한 영국 정부는 난동 교사 혐의로 간디에게 징역 6년형을 선고했다.[59] 처칠은 정치적 양보가 더 많은 폭력을 초래할 뿐이라 결론지었다. 이에 영국이 인도에서 "계속 국기를 휘날리고 백인의 위신과 권위가 약해지지 않도록 지켜내야 한다."라고 선언하자, 로이드 조지도 이에 동의했다. 처칠은 이렇게 말했다. "오늘날 인도를 대변한다고 자처하는 수다쟁이들에게 나라를 맡긴다면, 인도 국민 3억 명의 삶과 생존 수단은 낭비될 것이다. 우리가 인도에서 진정으로 책임져야 할 대상은 바로 그들이다."[60] 자유제국주의는 인도를 포함해 제국 다른 곳에서도 정치적 투옥, 가혹한 탄압, 최소한의 책임 등으로 명맥을 유지했다.

　반식민주의 시위와 대항적 폭력이 인도에서만 벌어진 것은 아니었다. 아프리카, 아시아, 유럽, 남미 등 제국 곳곳에서 서로 정보를 교환했다. 우드로 윌슨의 그럴듯한 말이 실패로 끝나고 전쟁에 협조하면 대가를 얻을 것이라는 기대가 무너져 대중은 허탈함과 분노를 느꼈고, 민족주의 지도자들은 이를 잘 활용했다. 각지에서 위기가 발생했다. 볼셰비키 혁명이 성공하면서 전 세계의 힘없는 민중 역시 혁명을 꿈꾸기 시작했다. 반식민주의 세력의 목소리가 더욱 높아졌고, 자메이카, 트리니다드섬, 영국령 온두라스, 소말리랜드, 남다르푸르, 케냐에서 폭동이 벌어졌다.[61] 제국사 연구자 존 갤러거John Gallagher가 '투표권이 없는 열등한 인종에게는 연민도 보이지 않는 냉혹한 인물들'이라 표현한 로이드 조지 연립내각의 각료들과 고집스러운 의원들에게 압박을 가한 것은, 인도, 중동, 아일랜드에서 연이어 벌어진 사건들 때문이었다.[62]

　암리차르 학살은 서로 맞물린 여러 위기가 곳곳에서 발생하는 가운데 벌어졌다. 영국 권력자들은 문제 지역에서 식민지 반대 목소리가 높아지는 현실을, 영제국을 향한 광범위하고 불길한 위협으로 여겼다. 돌이켜보면, 영국은 자유제국주의 그 자체의 상징이었다. 몬터규에게는 여기에 헌신하는 사람들을 막을 방도가 없었다. 그럼에도 불구하고 그는 "아일랜드에서 불가피해 보이는 양보가 이집트에서의 새로운 양보에 반대하는 여론을 더욱 강경하게 만든다. 이집트의 완전한 독립과 관련된 일은 인도의 극단주의자를 부추길 수도 있다."라며 한탄했다.[63]

전쟁의 여파

이집트 역시 전쟁의 여파로 휘청거렸다. 이집트인은 150만 명이나 군에 복무했고, 대부분 육체노동을 담당하는 노무단 소속이었다. 영국 육군은 건물, 비상식량, 동물을 징발했다. 전쟁이 끝난 뒤, 사드 자글룰Saad Zaghlul이 이끄는 이집트 대표단은 파리강화회의에서 면담을 요청하고 독립 및 수단과의 통일을 요구했다. 이 시도는 실패했지만, 자글룰은 이집트 최초의 민족주의 정당인 와프드당에 대한 광범위한 민중의 지지를 발판 삼아 행정 능력을 한껏 발휘했다. 그는 대중의 불만을 적극적으로 활용해 이집트와 수단을 보호국으로 만든 영국의 정책을 뒤집으려 했다. 이집트에서는 간디의 불복종 운동을 모방한 시민 불복종 운동이 전개되었다.[64]

토착민들의 저항에 영국 관료들은 분개했다. 영국 관료들은 전후 이집트에서 자글룰을 비롯한 지도자들이 어떤 사상을 옹호하며 얼마나 폭넓게 지지하는지 과소평가했다. 영국은 즉시 자글룰과 그의 동료 몇 명을 체포해 몰타로 강제 추방한 다음, 다시 세이셸로 이송했다. 불복종 운동을 주도하는 극단적인 성향의 지도부를 무력화하면 상황이 진정될 것이라고 믿은 것이다.[65] 하지만 상황은 정반대로 흘러갔다. 예상치 못한 폭력 사태가 벌어진 것이다. 계엄령 시행 중에 치안군은 마을을 완전히 파괴하고 집단 처벌을 감행했다. 현지인들은 이에 맞서 건물과 철도를 파괴했다. 1919년 3월 말, 영국은 입장을 번복해 자글룰과 그의 동료들을 석방했지만, 이집트 전역에서 경제 활동과 일상생활을 모두 마비시킨 시위와 파업을 진압하기까지는 넉 달이 더 걸렸다. 3000명 가까운 이집트인이 사망하고, 수천 명이 부상당한 후에야 영국은 간신히 통제권을 장악할 수 있었다.[66]

12월, 독일과 옛 오스만제국의 식민지 영토 분할 임무를 갓 끝낸 밀너는 이집트 사건의 진상을 조사할 내부 조사위원회의 의장을 맡았다. 이 무렵 그는 대표적인 제국주의자였다. 식민지 신민은 물론, 영제국과 어깨를 나란히 하는 유럽의 열강들을 노련하게 압도해온 수십 년간의 경험 덕이었다. 밀너는 "반영反英 정서는 사실상 상류층과 지식층에 국한된 것이다. 반란보다 더 염려되는 것은 정부에 대한 존경심과 정부의 권위가 점점 약해지는 현상이다."라는 말을 태평하게 읊어댔지만,[67] 상황은 심각했다. 대중의 전폭적인 지지를 받던 민족주의자들은 위원회를 거부했다. 밀너는 완전한 독립이란 '모든 사람이 소리치고, 외치고, 노래하고, 중얼거리고, 쓰고, 전보 치는 일종의 주문이나 마법'이라며 "책임감이 투철하고 이집트에서 가장 영향력 있는 사람들조차 분위기에 휩쓸려 그 외침에 가담했다."라고 분개했다. 그는 또한 '완전한 독립'을 향한 요구가 이집트 전역에서 구전으로 전달하는 대중을 조종하는 행위라고 생각했다. 덧붙여 영국 정부에 대한 와프드 지도부의 무례한 태도에 격분했다. 정부 보고서는 "동양을 자극해 반란을 일으킴으로써 영국의 세력을 약화시키려 한 러시아 볼셰비키가 그랬듯, '인도 사건'이 반란 세력에 지나치게 영향을 미쳤다."라고 기록했다.[68] 그렇지만 오랫동안 반란 진압으로 영제국을 지켜온 밀너와 휘하 세력에게 이 같은 '주문'과 '마법'은 별다른 위협이 되지 않았다. 그들은 정교한 협상을 통해 실질적인 양보 없이도 원하는 결과를 얻는 데 능숙했다. 밀너의 외무성 동료였던 커즌 경도 이를 분명히 드러내는 비유를 들며 동의했다. "동쪽 족속들과 함께 안장에 올라탈 수밖에 없지만, 그들이 앉을 자리는 우리 유럽인과는 다르다. 그 사람들이 우리 앞에 앉건 뒤쪽에 찰싹 달라붙어 우리 허리를 붙들고 있건 상관없다. 중요한 것은 안장 위에서 가장 확실하고, 흔들리지 않는 자리가 우리 것이라는 사실이다."[69]

커즌이 말한 제국의 안장은 정치적·경제적·전략적 이해관계와 관련이 있었으며, 그중에서도 가장 중요한 것은 수에즈운하였다. 영국 관료들은 자글룰과 추종 세력에게 무언가 양보하면, 제국 내 다른 곳에서 활약하는 지도자들의 세력이 강해진다는 사실을 잘 알고 있었다. 섣불리 양보했다가는 이집트에 눈독을 들이는 다른 유럽 국가들 때문에 교역과 소통에 차질이 생길 수도 있었다. 당시 영국은 전쟁 후라 경제에 어려움이 있었기에 가급적 위험한 일은 피해야 했다. 동시에 이미 한계에 다다른 연립정부는 돈이 많이 드는 이런저런 갈등을 감당할 형편이 되지 않았다. 값비싼 탄압 정책에 전적으로 의존하기보다는 협상으로 안정성을 추구할 필요가 있었다.[70]

합의안이 도출되기 전 3년 동안, 영국은 '주권'이라는 당근을 흔들며 내보였다. 런던과 카이로는 탄압 정책을 중단하지 않았지만, 2200개가량의 신문은 정부에 중도적인 해결책을 모색하라고 촉구했다.[71] 결국 협상 끝에 밀너와 이집트 대표단이 각서를 작성하자, 〈타임스〉는 영국의 도덕적 승리를 선언했다. "최근 몇 년 동안 가끔 실수도 했지만, 문명화라는 명분 아래 영국이 이보다 더 고결하고 성공적인 일을 한 적은 없었다."[72] 그러나 머지않아 각서가 출발부터 잘못되었다는 사실이 드러났고, 영국은 고집을 꺾지 않는 자글룰을 다시 한번 세이셸제도로 추방했다. 〈데일리 크로니클The Daily Chronicle〉을 비롯한 언론은 정부에게는 반란을 진압할 정당한 권리가 있다고 옹호하며 민족주의자들을 악마화하는 한편, 강압적이긴 해도 문명화된 통치 방식을 이해해주는 온건파를 끊임없이 찾아 헤맸다.

모든 정부에게 무력이 최후의 수단임에는 의심의 여지가 없지만, 특히 이집트처럼 우리의 법적 지위가 매우 애매하고 복잡한 곳에서는 어떤 강제 조치든 반드시 이집트 정부의 권위를 바탕으로 이루어져야 하며, 그 조치가 대중의 지지를 받을 수 있도록 하는 것이 가장 중요하다. 자글룰 파샤는 극단주의자이며, 자글룰 문제를 해결하기 위해 취해진 조치는 평화에 반드시 필요한 것이었을 가능성이 매우 높다. 하지만 이 같은 조치에는 온건한 사람들이 극단주의자들과 동맹을 맺을지도 모른다는 위험이 숨어 있다.[73]

결국 밀너와 후임자들은 독립 문제와 관련해 교묘한 연막 전술을 펼쳤다(그중에는 제2차 보어전쟁과 팔레스타인의 영국 군사 작전에 참여한 전력이 있는 이집트 고등판무관 알렌비 경Lord Allenby도 포함되어 있었다). 1922년 2월 발표된 〈국왕 폐하 정부의 이집트 선언Declaration to Egypt by his Britannic Majesty's Government〉은 이집트를 '독립된 주권 국가로 인정한다'고 밝히면서도, 이집트 국민에게 완전한 주권을 부여하지는 않았다.[74] 영국은 사실상 추후 공지가 있을 때까지 통신 시설을 유지하는 권리, 직간접적인 외국의 침략이나 간섭을 막을 수 있는 상비군, 대외적인 이해관계, 수단에 대한 보호령을 주장했다. 게다가 과거의 잘못에 대해 영국이 직접 내린 배상 결정과 관련해서는 나중에 재협상이 이루어지지 않도록 했다.[75] 영국 국왕 폐하의 신하들은 조국의 즉각적인 이익을 추구하며 이집트에게 완전한 주권을 돌려주는 문제는 수십 년 뒤로 미뤘다. 이후, 완전한 독립을 이루기까지 이집트는 협상, 폭력, 음모가 뒤얽힌 시대를 겪어야 했다.

제국이라는 공통분모

이집트는 아일랜드와 '제국'이라는 공통분모를 지녔다. 이에 이집트와의 전후 협상은 수 세기 동안 지속된 아일랜드 문제와도 밀접하게 연결되었다.[76] 자글룰이 독립을 요구할 무렵, 아일랜드에서도 영국에 대한 적대감이 부글부글 끓어올랐다. 자치법과 명백히 관련된 전시 징집제가 아일랜드인의 분노를 촉발시켰다. 그 결과, 1918년 말 아일랜드 총선에서 공화당인 신페인당이 압도적으로 승리했다. 신페인당 의원들은 영국 웨스트민스터의회 참석을 거부했다. 독립선언 이후에는 '다일Dáil'이라는 이름의 독립적인 아일랜드의회를 설립하고, 아일랜드공화국군Irish Republican Army, IRA을 구성했다.

아일랜드의회 첫 소집일인 1월 21일, 왕립아일랜드경찰대 소속 경찰 두 명이 공화국군의 총에 맞아 사망했다. 아일랜드에 주둔 중인 영국 경찰 병력이었던 이들의 죽음으로 인해 아일랜드 독립전쟁의 서막이 올랐다. 이에 자극받은 아일랜드 정무차관 마크 스터지스Mark Sturgis는 계엄령을 요구했다. "강력한 제압이 정책이라면 그것은 군인의 일이다. 소위 시민정부의 가면 아래 정책을 펼치는 것보다, 군인이 직접 나서야 효율적이고 깔끔하게 처리할 수 있다."[77] 다른 제국 옹호자들도 공식적인 강압 정책으로 도덕적인 효과를 볼 수 있다고 주장했다. 차기 총독 존 프렌치 경Sir John French은 처칠에게 전보를 보냈다. "나는 '무력'이 아일랜드 문제를 풀어낼 유일한 방법이라 생각한다. 효율적인 무력 사용이라면 아주 짧은 시간 내에 아일랜드 문제가 풀릴 것이다."[78] 비슷한 시기, 암리차르에는 계엄령에 반대하는 군중이 결집했다. 폭력의 도덕적 효과에 대한 오랜 믿음에는 대부분 의문을 제기하지 않았지만, 전후의 현실 정치에서 국가 주도의 폭력 합법화 문

제가 주요 쟁점으로 부상했다.[79]

유화 정책에 실패한 영국 정부는 국토방위법을 토대로 강압 전략을 펼쳤고, 그 결과 살해와 보복과 반격이 잇따랐다. 그럼에도 불구하고 제2차 보어전쟁에 직접 참여한 참모총장 헨리 윌슨 경 Sir Henry Wilson은 영국이 얼마나 강압적인 조치를 취할 수 있을지 확신하지 못했다. 이에 처칠에게 자기 생각을 전달했다. "지금 우리가 채택한 강경책은 파멸을 초래할 수도 있다. 우리는 아주 강력하게 대처하거나 물러나야 한다. 만약 아일랜드에서 물러난다면 제국을 잃게 될 것이다. 그런 사태를 방지하려면 아주 강력하게 대처해야 한다. 그전에 반드시 이 같은 조치가 반드시 필요하다고 영국의 모든 사람을 설득할 필요가 있다."[80] 영국 정부는 이집트 방식의 독립 협상을 피하고, 영국의 국토방위법에서 파생된 매우 독재적인 규제 방안을 마련했다. 로이드 조지 일당은 자치법을 제대로 따르지 않았다는 이유로 아일랜드의회와 신페인당을 불법화했다. 그들은 신페인당을 아일랜드의 공화당원들이 폭넓게 지지하는 합법적인 민족주의 세력이 아니라, 변절자들로 이루어진 '살인 집단'에 불과하다고 믿었다.[81]

민족자결권을 주장하던 신페인당은 '살인 집단'이라는 꼬리표에 발끈했다. 영제국 안 다른 곳에서 새롭게 등장하는 민족주의 운동과 연결 지어 아일랜드 독립선언의 정당성을 추구했다.[82] 어느덧 아일랜드의회는 '제국주의에 반대하고, 전 세계에서 자유의 편에 선 민주주의 원칙'을 대변하기 시작했다.[83] 정치조직과 비정규전이 더해지면 어떤 효과가 나타나는지 잘 알고 있던 아일랜드 민족주의자들은 공화국을 설립해 세금을 징수하고, 직접 제정한 법을 시행하고, 군대를 유지했다. 17개에 달하는 아일랜드 신문을 폐간시킨 영국의 검열법에도 불구하고, 영국인을 상대로 한 선전전에서 놀라운 성과를 냈다. 신페인당은 규칙적으로 《아이리시 불레틴

Irish Bulletin〉을 발행해 현지 언론에 배포했을 뿐만 아니라 해외 언론도 공략했다. 필요하면 허위 정보도 흘렸다. 제1차 세계대전이 내세운 이상은 제국의 부패에 관한 심판으로 바꿔놓았다. 1840년대 대기근을 피해 탈출한 상당수 이민자와 아일랜드계 미국인들이 큰 관심을 보였다.[84]

왕립아일랜드경찰대의 창설

스스로 아일랜드공화국 대통령임을 선언한 에이먼 드 발레라Éamon de Valera가 전쟁 첫 18개월 동안 미국에서 정치적·재정적 지원을 구하는 사이, 아일랜드에 머무르던 마이클 콜린스는 의회의 실질적인 정치적·군사적 지도자로 부상했다. 그는 아일랜드의회의 재정 건전성을 보장하고, 공화국군을 조직하고, 무기 밀수를 관리하고, 공격 대상을 정밀 타격했다. 총 10만 명이 넘는 아일랜드공화국군 병력 중 1만 5000명이 전쟁에 참여했다. 콜린스와 아일랜드공화국군의 전국 및 지방 사령관들은 광범위한 정보망을 구축하여 영국 행정부에 침투하는 등 전술과 전략을 총괄했다. 아일랜드공화국군은 아프리카너 반군의 성공적인 전술을 종종 모방하며, 군복을 버리고 영국군과 민간 목표를 상대로 한 기습 공격을 전개했다. 또한, 콜린스가 운영한 정보망이자 특수암살부대인 '스쿼드The Squad'를 활용하여 영국 관료, 정보원, 왕립아일랜드경찰대를 표적으로 삼았다.[85] 왕립아일랜드경찰대는 수십 년 동안 영국 정부의 '눈과 귀'로서 신뢰할 수 있는 오른팔 역할을 하며 영국의 탄압을 상징하던 곳이었고, 아일랜드공화국군이 군비와 군수품을 조달하는 곳이기도 했다.

아일랜드공화국군은 외딴곳에 있는 경찰대 막사를 수없이 습격했으며, 경찰 중에서도 특히 아일랜드계 가톨릭교도인 경찰을 고립시키는 표적 작전을 자주 활용했다.[86] "적절히 대응하기에는 경찰과 군 병력이 너무 모자라다."라는 현지 보고를 받은 로이드 조지 정부는 경찰대 병력 강화라는 운명적인 결정을 내렸다.[87] 무려 1만 명의 병사가 아일랜드로 파견되었다. 대부분 제1차 세계대전에 참전했던 재향군인이었다.[88] 이들은 카키색 또는 짙은 초록색이나 파란색 제복을 되는 대로 입은 모습 때문에 '블랙앤탠Black and Tans'이라 불렸다. 순식간에 왕립아일랜드경찰대에 합류한 이들은 '영국의 법과 질서 회복'이라는 명분 아래 아일랜드의 민간인들을 위협했다. 경찰대에서 오래 활동해 폭력에 무감각해진 이들도 블랙앤탠의 행태에 놀라움을 감추지 못했다. 한 순경은 이렇게 회상했다. "그들은 매우 거칠었다. 정신을 잃도록 술을 마셨다. 자기 엄마를 총으로 쏘고도 남을, 막 나가는 사람들이었다."[89] 또 다른 순경도 비슷하게 이야기했다. "비열한 악당 무리였다. 우리는 그들이 대부분 감옥에 자주 드나들거나 평판이 아주 좋지 않은 사람들이라 생각했다."[90] 이처럼 폭주하는 비난 덕에 오랫동안 경찰대에서 활동해온 사람들은 오히려 책임으로부터 자유로워졌다. '블랙앤탠'이라는 이름은 영국 제국주의의 잔혹성을 상징하는 단어가 되었지만, 그들의 소행으로 잘못 알려진 폭력 사건들도 있었다. 실제로 많은 잔혹 행위는 처칠이 창설한 '예비사단'의 소행이었다.

다이어를 제국의 희생물로 바칠 무렵, 처칠은 왕립아일랜드경찰대 산하의 헌병대 특수부대인 왕립아일랜드경찰대 예비사단Auxiliary Division of the Royal Irish Constabulary를 조직하고 있었다. 이 부대는 제국을 위해 일한 경험이 있는 전직 장교 1500명으로 구성되었으며, 아일랜드에서 강경 진압 작전을 수행하곤 했다.[91] 일반 병사들보다 많은 급여를 받고, 좋은 무기를 보급받는 이 특수부대는 영국 치안 활동 관련자들의 큰 불만거리였다. 아일랜드공화국군 병사들은 이들이 영국 치안군 중 가장 무자비하다고 생각했다. 콜린스 밑에서 첩보 활동을 하던 한 요원은 이 특수부대에 대해 "블랙앤탠보다 훨씬 더 위험하고 지능적이다. 이들 역시 공포 정치를 한다."라고 묘사했다.[92] 블랙앤탠과 왕립아일랜드경찰대 예비사단은 법적으로 허가받은 완전 무장한 준군사조직이었다. 제국에서 벌어진 다른 충돌들처럼 아일랜드에서 벌어진 일들 역시 모두 군사 작전이자 식민지 통치 작전이었다. 모든 상황을 조화롭게 관리하는 것은 힘들지만 반드시 필요한 일이었다. 로이드 조지 정부는 모든 정보와 치안 활동을 감독할 '특별장교'를 찾았고, 처칠은 1920년 5월 그 역할의 적임자로 직접 헨리 튜더Henry Tudor 소장을 골랐다.

두 사람은 자유제국주의 시절 인도에서 함께 거친 날을 견뎌내며 노래하던 때부터 우정을 쌓은 사이였다. 아일랜드에서 체계적으로 무력을 사용할 준비가 완전히 끝난 상태였던 튜더는 '충분한 지원이 뒷받침되면 현재 진행 중인 분노의 군사 작전을 완전히 뭉개버릴 수 있을 것'이라고 믿고,[93] 참전용사를 모집했다. 참전용사는 대부분 아프리카너와의 전투 경험자였다. 가장 직급이 높은 사람은 예비사단 지휘를 맡은 프랭크 크로지어Frank Crozier 장군과 후임 에드워드 우드Edward Wood 준장이었다.

1920년 8월, 아일랜드에서는 준군사 병력을 합법화하는 질서재건법Restoration of Order in Ireland Act과 함께 70개 가까운 법규가 통과되었다. 시행 종료일이 가까워진 국토방위법 연장과 비슷한 내용인 질서재건법은 인도에서 제정된 법을 떠올리게 만들었다. 이 법은 다양하게 수정되어 제국의 다른 지역으로 수출되었다. 이 재건법에는 특히 시민의 자유를 제한하는 내용이 많이 포함되었는데, 여기에는 행정부의 지시에 따른 감금 가능 조항도 있었다. 이 조항 덕에 아일랜드 총독은 체제 전복을 꾀한다고 의심되는 사람을 재판 없이 감금할 수 있게 되었다. 새롭게 통과된 규정 덕에 모든 배심재판이 군법회의로 대체되었다. 군 특별조사위원회의 검시 과정이 폐지됨으로써 정당한 법 절차가 사라졌고, 영국은 책임으로부터 자유로워졌다.[94] 밸브리건의 신페인당 소속 시의원 존 더햄John Derham은 "그들이 아무나 공격한 것은 아니다. 내게 그랬던 것처럼, 공격 대상을 콕 집었다."라고 회상했다.[95]

1920년 9월 20일 밤, 블랙앤탠은 더햄의 머리를 소총으로 내리쳐 쓰러뜨리고 그의 아들 마이클을 의식을 잃을 때까지 구타한 뒤, 그들이 운영하던 술집을 난폭하게 뒤집어 엎고 불태웠다. 영국군은 아일랜드공화국군이 경찰간부 한 명을 살해하고 경사를 다치게 만든 것에 대한 보복으로 아일랜드를 마구잡이로 휩쓸었다. 보복 행위는 투박하고 무분별했고, 특히 밸브리건을 매우 악의적으로 공격했다. 영국 준군사조직의 난동이 끝날 무렵, 50채가 넘는 집과 건물이 완전히 부서졌다. 셀 수 없이 많은 사람이 부상당했고, 공화당원 두 명은 즉결처형되었다. 수백 명의 현지인이 집과 일자리를 잃었다.[96] 역사학자 존 로런스Jon Lawrence는 "더블린에서 북쪽으로 약 32킬로미터 떨어진 곳에 위치한 밸브리건은 영국 신문 기자들의 접근성이 매우 높은 곳이었다."라고 지적한다. 언론은 끔찍함에 몸서리치며 '살인에는 살인으로'라는 논지의 기사를 쏟아냈지만, 영국 노동당이 발표한 한 출판물은 아일랜드에서의 잔혹 행위 때문에 생겨난 '지워지지 않는 오점'에 대해 영국 여론이 이상하게 무관심했다고 기록했다.[97]

맥스위니와 배리의 죽음

영국의 강압 정책은 아일랜드 대중의 분노에 불을 지피며 역효과를 냈다. 전쟁으로 지쳤지만 여전히 자신들이 문명화 사명을 띠었으며 평화를 사랑한다고 여기던 영국 대중은 시험에 들었다. 극작가이자 소설가이며 코크 시장이기도 했던 테런스 맥스위니Terence MacSwiney는 졸속으로 진행된 군법회의를 통해 선동 자료 소지 혐의로 유죄를 선고받은 뒤, 옥중 단식을 시작했다. 맥스위니가 단식에 돌입한 지 몇 주가 지난 1920년 8월 말, 영국 국왕인 조지 5세에게 왕의 특권으로 사면해달라고 탄원하는 수백 통의 편지와 전보가 날아들었다. 독일과 프랑스에서는 시위가 잇따랐고, 미국인들은 영국 제품을 불매하겠다고 협박했다. 전 세계에서 교황의 지지를 호소하고 조지 5세도 내무성에 관용을 호소했지만, 국왕조차도 확고부동한 권위주의 노선을 고수하는 로이드 조지 정부의 뜻을 꺾을 수 없었다. 로이드 조지는 조지 5세에게 "맥스위니 시장을 석방하면 아일랜드에서 재앙과 다를 바 없는 결과가 뒤따르고 아일랜드의 경찰과 군대 모두가 반란을 일으키는 사태가 벌어질 수도 있다."라고 공식적으로 답변했다. 사적인 자리에서 전쟁을 대하는 로이드 조지의 방식에 불만을 표현하던 조지 5세는 전에도 "보복 정책이 계속된다면 결국 어떤 결과로 이어지겠는가?"라는 서신을 보낸 적이 있었다.[98] 로이드 조지는 이에 대한 공식 답변을 회피했다.

조지 5세는 일반 시민들과 마찬가지로 일간지 기사를 통해 맥스위니 소식을 접했다. 맥스위니에 관한 보고를 거의 받지 못했기 때문이다. 같은 해 10월 25일, 74일간의 단식 끝에 결국 맥스위니는 세상을 떠났다. 맥스위니 조문을 위해 수만 명의 인파가 런던 세인트조지 성당으로 몰려들었다. 그의 희생이 미친 여파가 제국 전역으로 퍼져나갔다. 1921년, 맥스위니의 글을 엮은 《자유의 원칙Principles of Freedom》이 출판되었다. 단식이라는 참혹한 방식의 시위로 자세히 알려진 그의 정치사상은 간디, 자와할랄 네루Jawaharlal Nehru, 바가트 싱Bhagat Singh 같은 민족주의자들에게 깊은 영감을 불어넣었다.

영국 정부는 맥스위니의 장례식이 끝나자마자 의대생이자 아일랜드공화국군 C중대 소속 케빈 배리Kevin Barry를 처형했다. 배리는 더블린 볼튼가 영국군 트럭 매복 공격에 가담했고, 이 공격으로 영국 병사 세 명이 목숨을 잃었다. 영국군의 목숨을 앗아간 총알은 45구경 권총에서 발사된 것이었지만, 체포 당시 배리는 38구경 권총을 소지했음에도 불구하고 영국은 군법회의를 강행했다. 아홉 명의 장교가 진행한 재판에서 배리는 아일랜드공화국에 대한 충성을 맹세하고 군법회의를 부정했다. 그날 저녁, 배리에게 교수형이 선고되었다.[99] 이에 영국의 권력 남용을 비난하는 목소리가 높아졌다. 한때 영제국 지지자였으나 이제는 아일랜드 민족주의자가 된 소설가 어스킨 칠더스Erskine Childers는 많은 사람의 감정이 잘 담긴 통렬한 편지 한 통을 언론에 공개했다.

배리라는 청년은, 같은 상황에서 같은 쓰라리고 참기 힘든 억압을 겪었다면 영국인이라도 했을 법한 일을 한 것이다. 즉, 군사력으로 조국의 자유를 억압하는 데 저항한 것이다. 그를 살인죄로 교수형에 처하는 것은 모욕적인 만행일 뿐 아니라, 권력의 남용이며 비열한 보복이다. 배리를 교수형에 처한다는 건, 아일랜드의 민족운동을 '살인 집단의 비열한 음모'로 몰아가는 위선적인 주장에 극단적 정당성을 부여하는 것이다. 하지만 그것은 사실이 아니다. 이 운동은 자연스러운 봉기이며, 하나는 국민의 동의에 기반한 정부이고, 다른 하나는 무력에 의존한 정부 사이의 충돌이다. 아일랜드인들은 압도적인 역경 속에서도 자신들이 직접 선출한 제도가 파괴되는 것을 막기 위해 싸우고 있다.[100]

하지만 이 같은 비판과 합법화된 영국의 탄압을 향한 정당한 분노는 모두 무시되었고, 배리는 결국 11월 1일 교수형에 처해졌다. 부활절 봉기 이후 아일랜드에서 처음 시행된 처형이었다. 배리의 체포와 고문, 교수형은 많은 사람에게 영국의 도덕적 파산을 상징했다. 아일랜드에서 여전히 사랑받는 노래 중 하나인 〈케빈 배리Kevin Barry〉의 가사에는 영국의 복수가 아일랜드의 공화주의 의식에 어떤 영향을 미쳤는지 잘 드러난다.

> 역사 깊은 아일랜드를 위해 목숨을 바친 또 한 명의 순교자,
> 왕을 위해 자행된 또 한 건의 살인,
> 왕의 잔혹한 법이 아일랜드인의 목숨을 앗아갈지 몰라도,
> 아일랜드인의 얼을 꺾지는 못한다네.
> 배리 같은 청년들은 겁쟁이가 아니라네.
> 그들은 적으로부터 도망치지 않는다네.
> 배리 같은 청년들이 아일랜드를 자유롭게 하리라,
> 아일랜드를 위해 살고 죽으리라.[101]

아일랜드에서의 전쟁

1920년 가을, 아일랜드의 거리와 교회와 공원 등에서 전쟁터만큼 많은 사람이 죽었다. 준군사부대는 말썽을 일으킬 것으로 의심되는 사람들

에게 무작위로 총을 쏘았다. 골웨이에 살던 임신 7개월의 엘런 퀸Ellen Quinn은 자택 정원에서 아이들을 돌보던 중, 차량에 탑승한 부대원이 쏜 총에 맞아 죽었다. 그런데 며칠 뒤 열린 군법회의에서는 '과실치사' 판결이 내려졌다.[102] 존 콘시딘John Considine 신부는 정의를 요구했지만, 영국 정부는 평소와 다름없는 답변을 내놓았다. "매우 슬프고 유감스러운 사건이지만, 현 상황이 지속되는 한 계속 일어날 사건이기도 하다. 경찰은 자기 목숨을 지키려 경계할 수밖에 없다. 무고한 시민이 뜻하지 않게 죽는다면, 경찰을 습격하고 살해한 자들을 비난해야 마땅하다."[103] 영국 정부는 '법과 질서'라는 명분 뒤에 숨어 모든 책임을 회피했다.

영국 정부의 이 같은 태도가 잘 드러나는 사건 중 하나가 바로 공화주의자이자 가톨릭 사제였던 마이클 그리핀Michael Griffin 신부 실종 사건이었다. 늦은 밤 골웨이의 성요셉 성당에 의문의 손님이 찾아온 뒤, 그리핀 신부는 흔적도 없이 사라져버렸다. 영국 치안군이 그리핀 신부를 납치했을 것이라는 의심에, 아일랜드 수석장관* 하마르 그린우드Hamar Greenwood는 이렇게 답했다. "나는 그리핀 사제가 영국군에 납치되었다는 주장을 믿을 수 없다. 왕의 군대에 속한 사람이라면 절대로 저지르지 않을 바보 같은 짓이다."[104] 그리핀 신부의 운명은 치안군의 손에 사라진 수많은 다른 이들과 비슷했다. 치안군은 마치 처형하듯, 그리핀 신부의 두개골을 총으로 관통시켜 죽인 뒤 대충 땅에 파묻어버렸다. 그리고 이 사실은 사건이 발생한 지 몇 달 뒤에야 밝혀졌다.

맥스위니와 배리의 죽음 이외에도 퀸과 그리핀 신부 사건처럼 많이 알려지지 않은 수백 건의 살인이 만연한 탄압, 집단 감금, 여러 번의 단식 투

---

* 영제국 식민지에서 총독의 뒤를 이어 두 번째로 직위가 높은 고위 관료를 가리킨다.

쟁과 더해져 분노한 여론에 불을 지폈다. 1920년 11월 21일, 아일랜드공화국군은 아프리카너를 본뜬 게릴라식 유격대 형태로 조직을 개편했다. 아일랜드 독립전쟁 초반부터 영국의 정보 수집과 평가는 완전히 실패했다. 영국은 전투의 효율성을 높이고 콜린스 부대에 첩보원을 심기 위해, 벵골과 제국 내 다른 지역에서 여러 명의 정보장교를 불러들였다. 하지만 아일랜드공화국군은 이들의 존재를 아주 빨리 알아차렸다. 영국이 불러들인 정보장교들을 '카이로 갱단Cairo Gang'이라고 부르던 아일랜드공화국군은 'O'라는 암호명을 지닌 첩보원과 추종 세력을 주시했다. 더블린 시각으로 새벽, 아일랜드공화국군은 곤히 잠든 이들을 흔들어 깨운 다음 그중 14명을 냉혹하게 총살했다.[105]

그날 오후 극적인 보복이 벌어졌다. 튜더가 이끄는 준군사부대가 더블린에서 열린 게일릭 풋볼* 경기장에 난입하여 군중을 향해 발포한 것이다. 14명 이상의 무고한 시민이 죽고, 수십 명이 다쳤다. 몇 시간 후, 아일랜드공화국군 포로 셋이 더블린성에서 사망했다. 영국 정부는 포로들이 탈출 시도 중에 총에 맞아 사망했다고 공식 발표했지만, 아일랜드공화국군은 '법과 질서'를 강조하는 영국군이 고문과 살해를 자행했다고 믿었다.[106] 며칠 후, 예비사단 소속 병사 18명이 매복 공격으로 사망했다.[107] '피의 일요일Bloody Sunday'** 이후, 로이드 조지 총리는 탄압 정책을 한층 강화해 영국 치안군에 소속된 병사들의 보복을 공식적으로 허가했다. 허가 한 달 전, 처칠이 로이드 조지 내각에 "군대가 통제를 벗어나 법을 마음대로 주무를 뿐 아니라, 꼴사납고 무차별적인 파괴, 도둑질과 약탈, 음주와 심각

---

* 아일랜드에서 시작된, 투기에 럭비와 축구가 혼합된 운동 종목이다.
** '피의 일요일'이라 하면 대개 1972년 일어난 유혈 사태를 떠올리지만, 여기에서 이야기하는 '피의 일요일'은 바로 위에서 언급한 게일릭 풋볼 경기장에서 벌어진 유혈 사태를 가리킨다.

한 무질서를 일삼고 있다."라고 경고했지만, 로이드 조지 정부는 개의치 않았다.[108]

처칠이 비행을 일삼는다고 경고한, 바로 그 '군대'가 법적인 보복 권리를 얻었다. 영국 정부는 봉기 내내 내부적으로 대응 방안을 논의하면서도, 공개적으로는 흔들림 없이 강압 정책을 고수했다. 튜더는 "나라 전체가 위협받고 있다. 나중에는 우리의 강경한 방안을 고맙게 생각할 것이다."라고 말했다. 처칠 역시 블랙앤탠과 예비사단의 '충성심과 용맹함'을 칭송했다.[109] 로이드 조지도 흔들림 없이 탄압을 지지했다. "마침내 경찰의 인내심이 바닥났고, 가혹한 보복이 있었다는 데는 의심의 여지가 없다. 아일랜드의 이 용맹한 사람들을 공정하게 대해야 한다. 아일랜드공화국군이 어떤 처벌도 받지 않고 이 같은 일을 저지르는 상황에서 전쟁과 보복을 구분하는 것은 아무 소용 없다."[110] 행정 당국의 통제력 상실을 깨달은 영국 내각은 부분적인 계엄령 선포에도 동의했다. 1920년 12월 10일, 아일랜드 먼스터 지역의 네 개 지역에서 계엄령을 선포하는 방안을 승인한 것이다.[111] 치열한 다툼이 벌어지는 이 지역에서는 군대가 실질적인 통제권을 행사하게 되었다. 영국군은 통행 금지령을 내리고, 시장을 폐쇄했으며, 이동 통제는 물론 구금 및 처형을 강화할 수 있었다.

계엄령이 선포되자마자 코크 곳곳에서 불길이 치솟았다. 예비사단과 한 무리의 영국 병사들이 도시를 휘저었다. 문을 때려 부수고, 집 안의 시민을 거리로 끄집어냈다. 차에 탄 이들이 밖으로 끌려나왔다. 치안군은 코크 시민에게 영국 국가 〈국왕 폐하 만세 God Save the King〉를 부르라고 강요했다. 집과 건물을 부수고, 폭탄을 터뜨리고, 제지하는 주민을 마구 폭행하고, 소방관들이 불을 끄지 못하도록 저지했다. 동트기 직전, 시청과 방대한 양의 기록이 저장된 인근의 카네기 도서관이 불길에 휩싸였다.[112] 한 예

세인트패트릭 거리에서 촬영된 코크 화재 현장, 1920년 12월 14일

비사단 소속 병사는 "프랑스와 플랑드르에서 비슷한 광경을 목격한 코크만큼 많은 사람이 가혹하게 벌을 받은 곳은 없다고 이야기했다."라고 회상했다.[113]

영국 치안군은 코크에 무려 300만 파운드(약 2322억 원)어치의 피해를 입혔다. 한때 로이드 조지 정부의 손아귀에 있던 각종 대중지는 재빨리 태도를 바꿔 맹렬히 비난을 쏟아냈다. 식민 지배를 비판하며 새롭게 떠오르는 중이던 〈맨체스터 가디언The Manchster Guardian〉*은 코크 방화 사건을 '더없이 사악한 보복 작전'이라 비난했고, 노동당 기관지 〈데일리 헤럴드Daily Herald〉도 영국군이 불을 질렀다는 증거가 넘쳐 흐른다고 주장했다.[114] 물론

---

* 현재 영국에서 발행되는 일간지 〈가디언The Guardian〉의 전신이다.

런던의 〈모닝 포스트〉처럼 흔들림 없이 정부를 지지하는 매체도 있었는데, 그런 매체들은 영국 치안군으로 위장한 신페인당 '살인 집단'에게 코크 방화 사건에 대한 책임이 있다고 주장했다.[115]

보수당 하원의원 윌리엄 옴스비고어William Ormsby-Gore는 의회에서 "양쪽에서 살인이 자행되었다. 또 더 많은 살인이 자행될 것이다."라고 단언했다. 한때는 '전쟁에서 싸우는 여느 병사들과 똑같은 존재'라며 의원들이 옹호하던 영국의 준군사 세력은 어느새 비난의 대상이 되었다. 하원의원 존 워드John Ward가 "전 세계가 지금껏 봐온 영웅적인 존재 중 가장 기사답고 명예롭다."라고 묘사한 평범한 영국 병사와, 노동당이 '매우 악랄하며 타락했고, 신경 과로로 고통받는 전쟁 피해자'라고 묘사한 준군사조직 병사가 명확히 구분되기 시작했다. 노동당 의견을 대변하는 〈데일리 헤럴드〉는 밸브리건 약탈 사건에 대해 "평범한 영국 병사라면 결코 이 같은 일을 저지를 리 없다."라고 보도했다. 이들은 평범한 영국 병사가 명예롭지도, 신사답지도 않으며, 포로에게 불친절하고 끔찍한 상황 앞에서 절제하지 않는다는 사실을 인정하지 않았다. 그 덕에 피의 일요일과 코크 사태 이후 '평범한 영국 병사'와 '준군사 세력'을 구분 짓는 분위기가 확산되었다. 일개 병사를 잔인하게 만드는 법과 시스템을 고안한 것은 영국과 아일랜드 더블린성에 주둔한 반자치적인 식민정부였는데 말이다. 조지프 켄워디Joseph Kenworthy 사령관은 의회에서 "프로이센주의와 폭압 정신이 아일랜드에 자리 잡았으니 전쟁에서 승리한 것은 독일인이다."라고 이야기하기도 했다.[116]

끝없는 예외

1921년 7월, 영국의 자유주의 잡지 〈리버럴 매거진The Liberal Magazine〉은 영국 역사에서 전례 없는 일이라 결론 내리며, 예외주의라는 근거 없는 믿음을 영속시켰다. 암리차르 학살 때 처칠이 내세운 것과 꼭 닮은 주장이었다.[117] 암리차르 학살 당시, 처칠은 다이어가 '영국의 일상적인 방식'에서 벗어난 일탈적인 사람이라 주장했다. 아일랜드는 또 다른 예외가 되었다. 이번에는 국가와 정책이 비난 대상이었다. 합법화된 불법이 수십 년 동안 발전해온 제국 내에서는 자메이카, 인도, 남아프리카에서 전투가 벌어질 때마다 행정관, 경찰관, 군대가 영국의 문명화 사명을 계속 강화한 탓에 국가 권력이 나날이 커졌다. 아일랜드에서 영국의 법치를 집행한 사람들은 다른 나라의 영국 통치자들과 전혀 다르지 않았다. 다만 아일랜드 독립전쟁 기간에 등장하기 시작한 정부 정책에 대한 비판에는 영국 내의 전반적인 분위기가 반영되었다. 영국은 독일의 군국주의를 무너뜨리기 위해 세계대전을 치르느라 지쳐 있었다. 영국은 원래 '평화를 사랑하는 왕국'이었다. 영국인들의 이 같은 근거 없는 믿음은, 영국 치안군의 만행을 이해하기 위해 사용되었다. 영국인들은 군인들의 만행을 제1차 세계대전에서 비롯된 참상의 여파로 이해하려 했다.[118]

코크 방화 사건 이후, 영국군은 소장 E. P. 스트리클런드 경Sir E. P. Strickland의 주재로 내부 조사를 단행했다. 1920년 12월 말, 군은 스트리클런드 보고서를 내각에 제출했다. 결과 제출에 앞서, 로이드 조지와 최측근에게 불리한 결과를 미리 알렸다. 스트리클런드의 비공개 보고서에 의하면, 소속된 제대로 훈련받지 않고 경험이 부족한 사람들, 구체적으로는 예비사단 K중대와 왕립아일랜드경찰대 소속 일부 경찰에게 책임이 있었다.

엄밀히 따지면 코크 통치 당국에 책임이 있었지만, 스트리클런드는 코크 통치 당국에는 책임이 없다고 밝혔다. 그와 동시에, 현장에서 육군 병사를 목격했다는 증인의 진술에 대해서는 어떤 설명도 내놓지 않았다.[119]

압력이 가중되고 반박할 수 없는 증거가 드러나자, 영국 정부는 다시 한번 판단을 흐리는 언행, 의사 방해, 노골적인 부인 등 쓸 수 있는 방법을 총동원했다. 로이드 조지, 처칠, 아일랜드 수석장관 그린우드, 튜더, 아일랜드의 영국군 지휘 사령관 네빌 매크레디Nevil Macready 장군 등 아일랜드에서 정책과 관행을 공식적으로 감독하는 사람들은 내각회의에서 '의회에서 보고서를 공개하면 영국 정부의 아일랜드 정책 전반에 매우 큰 피해가 갈 것'이라는 사실에 동의했다.[120] 최전선에서는 그린우드가 코크 방화 사건뿐 아니라 영국 정부의 전반적인 아일랜드 통치와 관련해, 하원과 언론을 상대로 정부 입장을 변호하며 거짓말을 일삼았다. 그린우드는 내각 전체를 대변해 영국 치안군이 방화 사건과 무관하며, 신페인당에 책임이 있다고 언론에 주장했다.[121] 그러면서도 보복 방화와 살인을 옹호했다. 그린우드는 전에도 '국왕의 군대에 의한 합법적인 방화와 총격 정책'을 지지한 바 있었다.[122] 영국 정부는 비공개 조사가 원칙이라며 스트리클런드 보고서 공개를 거부했고, 코크 방화 사건에 대한 공식 조사를 추가로 진행하지 않겠다고 밝혔다. 이에 언론은 격분했다. 〈타임스〉는 앞으로 수십 년 동안 제국 정부의 정책에 영향을 미칠 조직적인 폭력과 비밀주의를 정부가 공식적으로 주도했다며 비판했다.

정부는 이미 코크 방화 사건에 대해 충분히 언급하여 가장 끔찍한 의혹들을 확인해주었지만, 정작 '사실을 숨기려 한다'는 비난을 불식시킬 수 있는 솔직함을 보여주는 데는 완전히 실패했다. 처음부터 코크 방화 사건이 영국군에 의해 자행된 '수많은 무모한 행위' 중 하나였다는 점에는 의심의 여지가 거의 없었다. 그러나 이제는 더 이상 의심할 필요조차 없다. 아일랜드 행정부는 지울 수 없는 오점을 남겼으며, 이는 결국 영국의 명성에도 부정적인 영향을 미칠 수밖에 없다. 현재의 아일랜드 정책을 주도하는 이들은 방화가 가능하도록 묵인한 것에 직접적인 책임이 있으며, 그들의 죄는 실제로 방화를 저지른 범죄자들의 죄 못지않게 심각하다.[123]

끝내 아무도 코크 화재에 대한 책임을 지지 않았다. 몇몇은 한계선을 긋고 부하들이 저지른 합법화된 불법의 고삐를 죄려고 애썼지만, 아일랜드 독립전쟁 기간에 국왕의 이름으로 자행된 수많은 '난폭한 행동'을 이유로 기소된 사람은 거의 없었다. 오히려 정의의 편에 서려고 한 사람들이 기소되었다. 고위 장교이자 예비사단 책임자인 프랭크 크로지어도 그중 하나였다.

튜더 소장은 노련한 크로지어를 직접 지명해 처칠이 조직한 경찰 병력의 지휘를 맡겼다. 그러나 1921년 2월, 그는 통일당원 소유 식료품점을 약탈했다는 이유로 영국 치안군 예비사단 소속 병력 20여 명을 해고했다(아일랜드공화국군은 이 사건을 '트림에서 벌어진 악명 높은 약탈 사건'이라고 불렀다). 튜더는 로이드 조지 등 런던의 유력 인사들과 스트리클런드 보고서 처리 방안을 모의한 뒤, 크로지어에게 자기가 돌아갈 때까지 트림 약탈 사건과 관련해 어떤 조치도 취하지 말라고 지시했다. 크로지어는 "솔직히 말해 이 같은 행동이 용납되는 부대에 몸담을 수 없다."라는 내용의 사직서를 써 내려갔다.[124]

더블린성은 예비사단 책임자였던 크로지어를 '쓸모없는 놈'으로 치부하고, 그의 재임 기간 동안 새롭게 발견된 회계 문제를 본격적으로 조사했다.[125] 이에 대한 반격으로 크로지어는 영국 치안군을 적나라하게 비난했다. 크로지어가 〈맨체스터 가디언〉에 기고한 '왕립아일랜드경찰대와 예비사단: 조직과 규율The RIC and the Auxiliaries: Their Organisation and Discipline'이라는 제목의 기사는 스트리클런드 보고서를 둘러싼 분노의 불길을 거세게 부채질했다.[126] 크로지어는 다른 기사에서도 영국 정부가 증인을 사주하고 학대에 대한 거짓말을 일삼는다고 이야기했다. 더불어 영국 치안군에게 목숨을 잃었는데도 그린우드에게 공개적으로 조롱당한 그리핀 신부 살해 사건을 포함해, 영국 정부가 수십 건의 살인 사건을 숨겼다고 비난했다.[127]

하지만 크로지어의 노력은 별다른 효과가 없었다. 직급이 낮은 예비사단 소속 병사 몇 명이 트림 약탈 사건 개입 혐의로 가볍게 처벌받긴 했지만, 대부분 처벌 없이 업무에 복귀했다. 이후 노동당 하원의원이 된 크로지어는 별다른 성과를 내지 못했지만, 열성적인 평화주의자로 살아가다 1937년 향년 58세의 나이로 세상을 떠났다. 크로지어의 사임과 사임 이유를 얼버무려 부고 기사를 실은 〈타임스〉는 미망인이 직접 쓴 편지도 공개했다. 크로지어 부인은 작고한 자신의 남편이 "정부 특사가 이른바 '블랙앤탠 작전'을 정당화하기 위해 선동한, '아일랜드인에 의한 아일랜드인의 살인'을 결코 용납할 수 없었다."라고 말했다.[128]

아일랜드 독립전쟁의 결말

'복수에도 좋은 점이 있다'는 신념이 많은 사람 사이에서 자리 잡고 있었지만, 모두가 이에 동의한 것은 아니었다.[129] 반대 증거와 영국의 보복 행위를 규탄하는 강한 반발이 있었음에도 불구하고, 로이드 조지 내각은 자신들의 입장을 확신했고 비공식 논의에서 다음과 같이 언급했다. "보복 조치는 명백하게 효과를 발휘했다. 이를 통해 정부는 매복과 음모에 관한 정보를 얻을 수 있었으며, 신페인당 내부의 온건파와 급진파 사이 분열을 심화시키는 데 성공했다."[130] 보복하면 겁에 질린 민간인이 제국을 지지할 테고, 시민 간의 분열이 심해지리라고 생각한 것이다. 그렇지만 보복과 계엄령은 상황만 악화시킬 뿐이었다. 코크 방화 사건 이후 한층 막강한 권한과 보상을 약속받은 영국 치안군은 수백 명에 달하는 아일랜드공화국군 용의자와 지지자들을 약탈했다. 아일랜드 독립전쟁 초기부터 5만여 채의 집이 습격당하고, 민간인들은 공포에 떨었다. 모두 영국의 의도대로였다.

영국의 탄압이 법제화된 상황에서 진행된 아일랜드공화국군의 신병 모집운동은 반란의 결과물인 동시에 촉발 요인이었다.[131] 궁지에 내몰릴수록 독립전쟁의 필요성을 느낀 지역사회는 아일랜드공화국군에게 식량, 총포, 정보, 은신처를 제공하며 필요한 물품 운송을 도왔다. 다른 많은 반식민지 투쟁과 내전이 그러했듯 아일랜드 독립전쟁에서도 '풀뿌리 차원에서의 전면전'이 시작되었고, 남녀노소 가릴 것 없이 많은 아일랜드인이 독립을 위해 애썼다.[132]

수많은 여성이 전쟁에 적극적으로 참여했지만, 일부는 중립을 지키거나 편을 바꾸기도 했다.[133] 수천 명이 아일랜드공화국군 여성협의회 커마나만Cumann na mBan에 가입했으며, 이 단체는 600개가 넘는 지부를 거느리고 있었다. 양측의 대립이 악화 일로를 걸으면서, 아일랜드공화국군과 영국 치안군 모두 여성을 집중 공격했다. 영국군은 남아프리카에서 그랬듯 아일랜드공화국군 소속으로 알려진 남성 병사의 가족을 집중 공격했다. 여성을 억류하는 일은 드물었지만, 야간에 주택을 기습해 취침 중인 여성을 끌어내곤 했다. 공포심에 얼어붙은 아이들이 지켜보는 가운데 영국군은 그들의 어머니, 누이, 할머니를 두드려 패고 괴롭혔다. 아일랜드공화국군 역시 영국군 못지않게 복수심에 불타올랐다. 콜린스의 부하들은 영국 왕당파로 의심되는 사람들에게 보복하며 영국군에 협력했을 것으로 의심되는 사람들까지 처벌했다. 아일랜드공화국군은 모든 연령대의 여성에게 굴욕감을 주었다. 영국군 조력자로 의심되는 여성의 머리카락을 밀어버리거나 가로등에 묶어놓은 다음 "긴 혀를 조심하라."라고 적힌 현수막을 붙여두었다.[134]

1921년 7월, 어느 쪽도 우위를 차지하지 못한 상태에서 양측은 휴전에 합의했다. 식민지를 둘러싼 다른 많은 전쟁처럼, 아일랜드 독립전쟁 역시 영국이 군사적으로나 정치적으로 적군과 지지 세력을 과소평가한 소모전이었다. 소위 아일랜드공화국군 극단주의자들은 '살인 집단'보다 훨씬 중요한 역할을 했다. 그들은 켜켜이 쌓인 아일랜드인의 불만뿐만 아니라, 식민지 신민과 그들이 느끼는 분노의 복잡성을 제대로 이해하지 못하는 영국 정부의 인종적·문화적 위계질서를 효과적으로 활용했다. 로이드 조지 내각은 아일랜드공화국군이 대담한 전략을 구사하는 상황에서 합법화된 불법으로 패권을 장악하려 드는 영국 치안군의 역량을 과대평가했다. 일부 군 관계자들이 왕립아일랜드경찰대, 블랙앤탠, 예비사단의 행위를 비판했음에도, 영국 정부의 공식적인 지지를 등에 업은 준군사 세력은 억압의 '도덕적 효과'에 대한 강경한 입장을 고수했다(이는 영국 육군이 아일랜드와 제국 전반에서 취했던 억압적 통치 방식의 특징적인 요소였다).[135]

영국의 탄압 정책은 중도파 아일랜드인을 민족주의 진영으로 내몰 뿐 아니라, 아일랜드와 영국에서 통일당원과 민족주의자들을 반목시켰다. 수많은 시민이 양 진영을 오갔고, 제국 내에서 영국의 도덕적 실패에 비난이 쏟아졌다. 그럼에도 불구하고 매크레디 장군은 마지막까지 탄압 정책이 효과적이라고 믿었다. 휴전협정 체결 며칠 뒤 열린 주간 내각회의에서 그는 이렇게 이야기했다. "현재의 협상이 가능해진 것은 전적으로 군대와 경찰의 끊임없는 노력, 그리고 영국에서 도착한 증원 부대 덕분이다. 이로 인해 신페인당 지도부는 반란이 공개적으로 명백하게 진압되기 전에 어떤 형태로든 합의를 도출하는 것이 유리하다는 사실을 깨닫게 되었다."[136]

신페인당의 완벽한 독립 요구와 아일랜드에 영연방 '국가'의 지위를 부여하되 제국의 일부로 남기겠다는 영국 정부의 중대한 목표 사이 균형을 맞추기란 쉽지 않았다.[137] 8주 동안 지속된 협상 과정에서 처칠, 콜린스, 칠더스는 각종 공세를 퍼부었다. 칠더스는 "말로 표현하기 어려울 정도로 끔찍한 시간 중 가장 기억에 남는 것은, 파티용 예복을 차려입고 구부정한 자세로 성큼성큼 걸어다니던 처칠의 모습이다. 그는 범선 앞부분에 튀어나온 돛대처럼 커다란 시가를 입에 물고 있었다."라고 이야기했다.[138]

1921년 12월, 최종 제안을 앞둔 영국 정부는 불길한 예감에 사로잡혔다. 아일랜드는 분할을 택할 수도, 영국 국왕에게 충성을 맹세할 수도 있었다. 다시 강력한 탄압이 시작될 수도 있는 상황이었다. 아일랜드자유국은 자치령 쪽을 택했다. 북아일랜드의 여섯 개 카운티는 즉시 탈퇴권을 행사해 영국의 일부로 남았고, 새로 건립된 아일랜드자유국 소속 의원은 모두 영국 국왕 조지 5세에게 충성을 맹세했다.

콜린스의 마지막 전보

아일랜드 대표단이 영국-아일랜드 조약Anglo-Irish Treaty에 서명할 무렵, 콜린스는 이것이 자신의 '사형 집행 영장'에 서명하는 것이나 다름없다고 이야기했지만, 남아프리카를 포함한 여러 영연방 자치령이 그랬듯 영국-아일랜드 조약이 아일랜드의 미래를 결정할 수 있는 폭넓은 선택의 기회를 준다고도 생각했다. 그렇지만 콘스턴스 마르키에비츠Constance Markievicz처럼 노련한 지도자들은 콜린스와 그의 부하들이 아일랜드와 그 너머의 민족주의적인 대의까지 팔아넘겼다고 느꼈다. 마르키에비츠는 분노하며 "조지 5세나 영제국에 충성을 맹세하느니 차라리 죽는 것이 낫다. 맹세의 대상이 영제국이건 영연방이건, 우리가 충성을 맹세한다면 이집트와 인도 사람들에게까지 그 여파가 미칠 것이다. 아일랜드에 평화가 찾아오면 영국은 인도와 이집트로 군대를 보낼 것이다."라고 말했다.[139] 아일랜드의회는 64 대 57로 가까스로 영국-아일랜드 조약을 승인했으나 드 발레라, 마르키에비츠 같은 사람들은 조약 조건을 맹렬하게 비난했고, 아일랜드는 내전에 빠져들고 말았다. 이후 그의 예언대로 드 발레라 지지자들은 코크에서 불시에 콜린스를 공격했다. 오래전 충성을 맹세한 자들은 콜린스에게 등을 돌린 채 그의 머리에 총을 쐈다. 콜린스는 자기가 사랑한 코크에서 숨을 거두며 후대의 아일랜드 시인들에게 영감을 주었다. 새롭게 건국된 아일랜드자유국 전체 인구의 약 20퍼센트에 달하는 50만여 명의 아일랜드인이 더블린에서 열린 콜린스의 장례식을 찾았다.[140] 하지만 아일랜드의 복잡한 민족주의적 상상력을 형성하는 데 있어 처칠이 얼마나 큰 역할을 했는지를 보여준 것은, 콜린스가 화이트홀로 보낸 암호 같은 마지막 전보였다. "윈스턴에게 전해주게. 우리는 그가 없었다면 아무것도 해낼 수 없었을 것이네."[141]

4장
"나는 그저 친영파일 뿐이다."

LEGACY OF VIOLENCE

1923년 어느 여름밤 메소포타미아의 사막 위로 밤이 내려앉았을 때, 영국 공군Royal Air Force 조종사 아서 해리스Arthur Harris는 어지러운 모래 바다와 먼 지평선을 헤치며 날아갔다. 메소포타미아 상공을 날아가던 비행기 엔진에서 윙윙 소리가 메아리쳤다. 어슴푸레 보이는 마을 주민들은 필사적으로 임시대피처를 찾아 도망쳤다. 남녀노소 할 것 없이 전부 해리스의 표적이었다. 해리스의 비행기를 이끈 첩보가 잘못되었을 수도 있지만, 마을 주민들이 실제로 잘못을 저지르지 않았더라도 어차피 대량 살상의 도덕적 효과는 같다고 여겨졌다. 해리스의 승인이 떨어지자, 폭격기에서 무엇인가 떨어지며 바로 아래 마을에서 불길이 솟아올랐다. 엔진 소리에 귀가 먹먹해진 해리스는 2차 폭발음은 물론이고, 폭탄이 초래한 고통과 죽음의 비명도 거의 듣지 못했다.[1]

해리스는 인도에서 가난한 공무원의 막내아들로 태어나, 제1차 세계대전 이후 별 볼 일 없는 영국 기숙학교에서 12년을 보냈다. 스스로 끔찍했다고 묘사한 학창 시절 내내 그는 춥고 배고팠으며 가족들을 그리워했다. 18세에 부와 모험을 찾아 남로디지아로 떠난 뒤, 참전을 위해 입대했다. 남아프리카제국군과 함께 근처 독일 식민지 서남아프리카를 정복한 다음 영국 육군항공대Royal Flying Corps*에 합류한 해리스는 전쟁 이후 제31비행중대 지휘관으로 승진했다.[2] 동료들은 해리스가 "폭격에 매우 관심이 많았으며 실력도 좋았다."라고 설명했다. 해리스는 커다란 폭탄을 다량으로 실을 수 있는 중폭격기를 원했고,[3] 이에 일반 폭탄에 폭파 시간 조절 기능이 더해져 민간 지역 매설용 지뢰로 사용될 시한폭탄과 소형 소이탄을 만들었다. 해리스는 전후, 제국의 훈장을 받을 인물로 떠오르고 있었다.[4]

이라크 반란의 발발

제1차 세계대전 이후, 과도한 군비 지출이 심각한 문제로 대두되었다. 육군장관 겸 공군장군인 처칠은 메소포타미아, 트랜스요르단,** 팔레스타인 등 국제연맹의 위임통치 결정에 따라 영제국의 일부가 된 전 오스만제국의 광활한 영토를 방어하고 관리할 방법을 찾으려 애썼다. 영국 관료들은 중동 지역이 아무 경계도 없이 광활하게 펼쳐진 수단이나 인도 서북 변경주와 다르지 않다고 믿었다. 끝없는 분쟁으로 평화를 유지하기 위해 인력과 자원을 쏟아부어야 하는 그런 지역 말이다. 영국은 '아랍국가 건국'의 의미를 제대로 알지도 못한 채, 이라크에 아랍국가를 건국하겠다는 모호한 계획을 세웠다. 이로부터 비롯된 식민 정책에 주민들은 저항했다. 이라크 인구의 약 절반은 이웃 국가인 페르시아와 같은 종교를 믿는 시아파

---

* 해군항공대Royal Naval Air Service와 통합되어 1918년 영국 공군이 창설되었다.
** 요르단의 옛 이름이다.

신도였다. 북쪽에 사는 쿠르드인과 수니파가 전체 인구의 5분의 1을 차지했다. 나머지 인구의 대부분은 유대인과 기독교인, 예지드파, 튀르키예족이었다. 결국 1920년, 이라크 반란이 발생했다.

시아파와 수니파 아랍인들은 영국의 점령은 물론, 인도의 공무원들을 통해 중동을 직접 통치하겠다는 정책에 반대했다. 이에 영국에 적의를 가진 구 오스만제국 군대장교들과 손잡았다. 한편, 북부에서는 쿠르드족이 독립하기 위해 무기를 들었다. 현지 지도자 상당수가 영국군에서 싸워본 전력 덕에 현대적인 전술을 잘 알고 있었으며, 붕괴된 오스만제국의 무기를 다량 보유하고 있었다. 반란을 진압하고 통제권을 되찾기 위해 영국은 메소포타미아 사막 모래 위에서 4000만 파운드(약 2조 4368억 원)를 허공에 날려야 했다(이는 제1차 세계대전 당시 튀르키예족에게 반란을 일으킨 아랍인들을 지원하는 데 사용한 비용보다도 많은 금액이었다). 이와 동시에 아일랜드, 이집트, 인도에서도 전쟁 비용이 계속해서 증가하고 있었다.[5]

당시 처칠은 이후 영국 공군으로 거듭날 항공부대의 존재를 이미 알고 있었으며, 영제국이 새롭게 손에 쥔 사막 영토와 제공권 장악의 가능성 사이에서 운명적인 연결 고리를 만들고 있었다. 이러한 상황에서 이라크 반란이 일어났다.[6] 막강한 영향력의 소유자 휴 트렌차드 경Sir Hugh Trenchard은 처칠을 강하게 압박했다.[7] 남아프리카 전장에서 한쪽 폐를 잃은 사람치고, 트렌차드는 놀라울 만큼 시끄러웠다. 나이지리아 토벌대에서 복무한 뒤 훈련생 연령 제한을 간신히 통과해 공군 조종사 훈련을 받은 그는, 제1차 세계대전 때 영국 육군항공대의 군부대 지휘를 맡아 해리스 같은 젊은 인재들을 지도하며 '영국 공군의 아버지'로 이름을 떨쳤다.[8] 트렌차드는 비행기에 엄청난 숫자의 재래식 부대를 대체할, 공격무기로서의 가능성이 있다고 믿었다. 사막처럼 널따란 공간에서는 이러한 우수성이 더욱 막강한 효과를 낸다고 확신했고, 공중폭격의 효과 역시 믿어 의심치 않았다. 그는 자유제국주의의 근간이 되는 '문명화 사명'만 강조하며 경제 문제는 외면했다. 1919년 초에는 "폭격의 도덕적 효과가 물질적인 효과보다 20배 크다는 데 의심의 여지가 없다."라는 한마디 말로 자기 생각을 일축했다.[9]

파괴 대상인 사막 지역 주민들에 대해 자신이 남들보다 훨씬 많이 안다고 주장하는 부류도 있었다. 옥스퍼드대학교 학위와 사막에서 갈고닦은 경험으로 무장한 거트루드 벨Gertrude Bell과 토머스 에드워드 로런스Thomas Edward Lawrence 등은 스스로 전지전능한 지식인 겸 신비로운 첩보원인 양 행세했다. 역사학자 프리야 사티아Priya Satia가 지적했듯, 이들의 활약은 해리스 같은 사람들에게 나아갈 방향을 제시했다. 제공권과 다른 형태의 식민지 진압 및 처벌 정책의 파괴적인 효과를 정당화하는, 생생한 노하우를 제공한 것이다.[10]

전쟁 이후 학자, 전직 외교관, 기삿거리를 찾아 헤매는 언론인, 직업 군인 등 자칭 전문가들은 히드라처럼 머리가 여러 개인 영제국의 정보 괴물을 구성했다.[11] 제국 전역에서 정치적으로 제국에 반대하는 세력이 득세하고 있었다. 영국 정부는 관련 정보를 수집하고 이해하기 힘든 요구와 조건을 제대로 분석해, 식민지 신민들이 원하는 바를 알아낼 정보장교가 필요했다. 이러한 필요는 새로운 것이 아니었다. 동인도회사 시절부터 영국 관료들은 현지 정보를 수집하기 위해 현지 정보원을 고용해왔다. 첩보 활동은 단순한 감시를 넘어, 현지 사회망과 통신망에 깊숙이 침투하는 방식으로 이루어졌다.

식민정권 및 군사정권은 현지 정보 수집을 위해 끊임없이 노력했지만, 당시 주로 쓰이던 현지 지배계층의 정보 수집 방식에는 우려스러운 부분이 있었다. 다각적인 정보를 얻기 힘들 뿐 아니라, 식민지 계층 구조 내에서는 현지 지배계층 역시 구조적으로 열세였기 때문이다. 현지 지배계층은 식민정권과 현지인 중재 과정에서 정당성을 찾으려 고군분투하는 동시에, 식민 지배 구조에 이의를 제기하며 사리사욕을 채울 기회를 얻고자 경쟁했다. 이러한 비대칭적인 상황은 식민정권과 군 당국이 정확하고 은밀한 정보를 얻는 데 도움이 되지 않았다.[12] 영제국의 정보 당국은 식민지에서 생성된 온갖 지식을 수집했으며, 인구, 경제, 환경 관련 통계 자료 및 규제 정책을 추적하고 관찰했다. 또한 시장, 친목 모임, 현지어 매체, 종교의식, 예배 장소 등 자율적으로 운영되는 현지 공간에 영향을 미치고, 공간을 통제하려 시도했다.[13]

키플링의 첩보소설 《킴》 덕에 인도 서북변경주는 첩보 활동에 좋은 장소처럼 보였다. 그렇지만 초창기 영국 첩보원들은 소설 속에 등장하는 멋쟁이와는 거리가 멀었다. 암호 해독을 위해 조직적이고 전문적인 시스템을 개발하고 발전시켜 온 프랑스·러시아·독일과 달리, 빅토리아와 에드워드 시대의 영국은 신사에게 어울리지 않는다며 첩보원 양성이나 암호 해독을 경시했기 때문이다.[14] 하지만 오래된 식민지인 인도뿐 아니라 19세기 말 아프리카와 아시아에서 새로운 식민지를 얻고, 이어 제1차 세계대전 후 국제연맹의 결정에 따라 위임통치하는 식민지 영토가 늘어나면서 정확한 정보가 더욱 절실해졌다. 더 이상 명예를 핑계 삼을 수 없었다.

이러한 정보 수집 활동의 최전선에는 식민지 경찰조직과 그 산하에서 점점 확대되던 범죄수사부서가 있었다. 재정 상태가 나쁜 탓에 상대적으로 규모는 작았지만, 영국은 다양한 경로로 수집된 정보 중 상당량을 철저히 분석했다. 정보 분석 자체가 식민 프로젝트의 산물이었다. 인종차별적인 영국의 첩보 평가 방식에는 무지에 대한 두려움도 섞여 있었다. 현지 문화에 대한 피상적인 이해 때문에 기저에 두려움이 깔려 있었던 것이다. 1857년의 세포이항쟁부터 전간기*에 반복해서 발생한 봉기에 이르기까지, 수없이 일어난 위기에 미루어볼 때 영국의 첩보 활동은 완전히 실패한 셈이었다.15

영국은 실패를 깨닫고 정보 수집을 위한 새로운 기법과 관련 조직, 정보 전문가를 대폭 늘렸다. 제2차 보어전쟁 당시, 나날이 거세지는 독일의 위협 속에서 중요한 전환점이 찾아왔다. 1909년 가을, 제국방위위원회Committee on Imperial Defence는 영국 최초의 평시정보부 비밀정보국Secret Service Bureau을 설립했다. 비밀정보국은 국내 부서와 해외 부서로 나뉘었는데, 국내 첩보 업무를 전담한 MI5(군사정보국 제5부Military Intelligence 5)는 대간첩 활동, 태업 진압 활동, 대전복 등을 맡았고(보안국Security Service이라고 불렀다), 해외 첩보 업무를 전담한 MI6(군사정보국 제6부Military Intelligence 6)는 대외 정보 수집과 비밀공작 등 영국의 해외 첩보 활동 전반을 책임졌다(비밀정보국Secret Intelligence Service이라고 불렀다**). 전쟁이 끝날 무렵 정보 수집 및 평가 활동이 확대되었고, 영국 공군·육군·해군이 별도로 수집한 정보가 통합되었다. 식민 통치기관들이 수집한 정보도 통합하기 위해 노력했다.

영국의 첩보 활동

영국은 인도군이 1844년에 개척한 신호 정보 및 암호를 해독했다. 이는 전쟁 동안 영국이 첩보 부문에서 가장 크게 발전한 분야였다. 또한, 전

---

* 제1차 세계대전(1914~1918년)과 제2차 세계대전(1939~1945년) 사이의 시기다.
** 여기서의 '비밀정보국Secret Intelligence Service'은 1909년 설립된 비밀정보국Secret Service Bureau의 해외 부서가 발전한 조직이다. 두 기관은 명칭이 다르지만, 같은 정보기구의 역사적 연속선상에 있으므로 모두 '비밀정보국'으로 번역된다.

쟁포로를 생포한 덕분에 인간을 이용한 정보 확보 기술 역시 대거 발전했다.[16] 영제국 각지에서 카드식 색인 목록이 등장하고 분석 방법이 발달했다. 제1차 세계대전 발발 전, 19세기 인도 경찰이 사용한 지문 채취 기법과 아일랜드에서 등장한 감시 기법도 그 일부였다. 그렇지만 새롭게 등장한 영국 정보 당국의 가장 큰 특징은 내부적인 영역 다툼 및 경쟁이었다. 전간기 동안 MI5는 초대 국장 버넌 켈 경Sir Vernon Kell의 지휘 아래 제국과 영연방 전체를 책임졌다. 반면, MI6는 영국의 모든 영토에서 약 4.8킬로미터 이상 떨어진 곳에서 발생하는 대외 업무만 책임졌다. 하지만 1935년의 예산 삭감으로 안보부 소속 첩보원 수가 15명으로 줄어든 뒤, 제2차 세계대전 전까지 MI5의 우위는 사라져버렸다. 그럼에도 불구하고 영국 정보 당국의 다른 부문은 계속 명맥을 유지했다. 인도시민관리국India's Civil Service, 수단정치국Sudan Political Service, 이집트의 고등판무관 사무실Egyptian High Commission 및 부속기관, 아랍국Arab Bureau에 근무하는 상당수의 관료가 제국 내 여러 지역을 순회했다. 이는 오랫동안 쌓아온 풍부한 경험과 지식의 공유 덕이었다.[17] 하지만 정보 수집을 위한 실험적인 활동은 실패로 돌아가기 일쑤였고, 결과적으로 정보 당국이 이해하려 애쓰던 바로 그 제국 신민을 따돌리는 일도 자주 일어났다.[18]

1916년 1월 설립된 카이로 사보이호텔 내 세 개의 방에 자리 잡은 아랍국은 아랍 지역의 여론은 물론이고, 오스만제국의 비협조적인 태도에 맞서 전쟁과 관련된 정치·군사 정보를 수집하는 조직이었다. 전시의 필요성 때문에 아랍국의 규모는 점진적으로 커져갔다. 영국 외무성, 카이로 공관(이집트의 영국의 행정 중심지), 중동의 영국 제국군 편대인 이집트파견군Egyptian Expeditionary Force 소속 정보국 등 여러 상위 조직이 있었지만, 아랍국은 그 자체로 하나의 부대이기도 했다. 전쟁 이후 아랍국은 제국 내 정보 수집과 관련해 중요한 선례가 되었다.¹⁹ 정보 전문가들은 자신에게 현지의 사회·정치 구조를 파악하고, 식민 통치를 이해하고, 난동 지역을 정확하게 찾아내는 능력이 있다고 확신했다. 이처럼 잘못된 신념에서 파생된 정보가 영국 공군 비행기와 군부대, 제국 경찰 병력을 인도했다.²⁰

제국의 첩보원 가운데 토머스 에드워드 로런스만큼 전설적인 인물로 평가받는 이는 거의 없을 것이다. 로런스는 옥스퍼드대학교 지저스칼리지 역사학과를 우수한 성적으로 졸업한 뒤, 3개월 동안 시리아를 홀로 여행하며 건조한 오스만령 황무지를 1,5킬로미터 이상 걸어다녔다. 전쟁이 일어나자 카이로에서 운영되던 영국 정부의 중동정보부Middle East Intelligence Staff에 배치된 로런스는 금세 아랍국의 터줏대감이 되었다. 군사 당국, 정확히는 권한을 가진 모든 당국에 적개심을 품었던 로런스는 '이집트에서 가장 지저분한 장교untidiest officer in Egypt'라는 별명을 얻었다. 그가 흐트러진 모습이 아닐 때는, 약 165센티미터인 몸에 전통적인 흰색 로브를 걸치고, 머리장식을 갖추었으며, 허리에는 보석으로 장식된 칼집을 찬 채로 다녔다.²¹ 전쟁 동안 로런스는 오스만제국의 적진 뒤에서 아랍 정규군과 함께 사막 기습 작전을 하고 대규모 전투를 감행했다. 새롭게 등장한 신호와 이미지 정보는 적의 통신과 항공사진을 가로채고 암호를 해독하는 데 도움이 되었다.

사실 아랍국이 몇 번이나마 작전을 성공적으로 수행한 것은 영국의 본능적인 노하우가 아니라 지상군을 안내하는 기술의 발전 덕이었다(그중 하나가 1916~1917년 오스만제국의 통치에 반대하는 아랍군이 영국의 지원으로 추진한 대아랍혁명이었다). 그럼에도 로런스의 전설은 점점 부풀려졌고, 결국 그는 오스만제국의 표적이 되어 터키 당국이 그의 목에 1만 5000파운드(약 18억 원)의 현상금을 걸었다. 그러나 그토록 높은 현상금에도 불구하고, 아무도 그를 배신하지 않았다. 이는 메카의 샤리프*가 그에게 의례적으로 '양자養子'의 지위를 부여했기 때문이기도 했다.²² 로런스와 동료 첩보원들의 정보는 당시 처칠이 수립 중이던 중동 계획에도 크게 영향을 미쳤다.

역사학자 프리야 사티아는 역사서 《아라비아의 첩보원Spies in Arabia》에서 당시 사람들이 아라비아를 이성과 감정 같은 서구식 감수성이 발달하지 않은, 시대착오적인 성경 속 공간쯤으로 여겼다고 설명한다.²³ 로런스도 아랍인들이 머리 위로 쏟아지는 폭탄을 '신의 뜻'이자 '하늘에서 내려와 마을을 강타하는 불운'이라 여긴다고 생각했다. 그러면서도 제국주의자들은 아랍을 결코 이해할 수 없으며, 자신 같은 '구루'만이 그들을 이해할 수 있다고 주장했다. 로런스의 이 낭만적 왜곡을 그대로 받아들인 자칭 아랍 전문가이자 영국 공군 정보장교 존 글럽John Glubb은 아라비아를 '폭력, 유혈, 전쟁의 세계'로 규정하며, "그곳은 증오와 무모한 유혈 사태, 약탈의 욕망이 만연한 곳으로, 우리의 미온적인 본성으로는 도저히 이해할 수 없는 곳이다."라고 주장했다.²⁴ 하지만 로런스와 같은 자칭 전문가들이 아랍인을 어떻게 이해하든 그건 중요하지 않았다. 처칠과 정보 당국, 영국 공군 전문가들은 나날이 중요해지는 제공권을 얻는 게 신념에 가까울 만큼 절대적인 해결책으로 여겼다.

1921년 초, 영제국 전반의 행정을 감독하는 식민성 장관 처칠은 새로 꾸린 중동부서에 로런스, 리더 불러드Reader Bullard, 리처드 마이네르츠하겐Richard Meinertzhagen 등을 공식 영입했다. 현장 경험이 많은 전문가는 자기들 멋대로 동양인들이 감정적·신체적 고통을 느끼지 못한다고 단정 지었는데, 로런스 일당 역시 현지인의 불만이 정당하다는 점을 인정하지 않

---

* 이슬람의 성지 '메카의 통치자이자, 이슬람의 예언자 무함마드의 후손으로 여겨지는 지도자.

았다.²⁵ 무지몽매한 아랍인들이 동양의 제국을 휩쓰는 정체불명의 국제 세력에 엉뚱하게 희생되고 있다고 여겼다. 트렌차드는 소위 구루라는 사람들이 가진 일방적인 전문 지식과 전후 세계에서 영국 공군의 위상을 확보하려는 의도 아래 제공권을 강력히 밀어붙였다. 이 같은 주장에 근거해 처칠은 되도록 적은 비용으로 제국을 감시하고 복종시키는 동시에, 20세기 초에 걸맞게 충격적이고 공포스러운 작전을 시행할 방법을 찾았다. 비밀리에 체결된 문서에 따르면, 관료들은 '다소 심각한 형태의 공포'와 '실제로 발생할 사상자와 실질적 손해'에 열광했다.²⁶

무기 실험의 놀이터

언론의 손길과 자유주의자의 눈길이 닿지 않는 가운데, 이라크는 무기 실험의 놀이터가 되었다. 1922년 말 런던의 항공성 Air Ministry은 연막탄, 화살탄, 최루가스, 인폭탄, 공격용 로켓, 시한폭탄, 예광탄, 살상용 파편폭탄, 화염방사기용 액체(네이팜탄의 전신), 물을 오염시키는 원유 등 '공포의 형태'가 기록된 메모를 돌렸다. 항공성은 이 중 몇 가지 방법을 실제로 활용했다.²⁷ 겨자탄은 매우 고통스러운 상처를 입힐 뿐만 아니라 다른 신체적인 문제까지 일으켰지만, 처칠에게 이 점은 별로 중요하지 않았다. "비행기에 싣고 갈 수 있는 무게가 정해져 있다는 점을 생각하면, 폭탄이 가스를 제외한 다른 어떤 형태의 공포보다 뛰어날 거라고 생각한다. 야만적인 전쟁에 겨자탄을 사용할 수 있다면 다른 어떤 형태의 공포 수단보다 효율적일 것이다."²⁸ 처칠은 1년 전에도 "독가스탄 생산을 당장 승인할 준비가 되어 있다."라고 말했다.²⁹

영국 당국은 결국 가스 사용에 대해 다시 생각하게 되었지만, 그 사이 영국 공군은 4000시간 넘게 비행하고, 100톤에 가까운 폭탄을 투하하고, 20만 발의 총알을 발사했다.[30] 1924년 말, 이라크 부대 지휘관이자 공군중장인 존 샐먼드John Salmond는 "항공기는 인명 살상보다는 병사들의 사기를 꺾고, 물질적 피해를 입히며, 일상을 방해하는 효과를 낸다."라고 열변을 토했다.[31] 농작물 훼손, 우물 오염, 연료의 공급 차단 및 가축 파괴의 장기적인 효과는 굶주린 현지 주민들이 독성물질에 노출되어 죽는 것이었다.[32] 이 작전의 실행자는 해리스와 그의 동료들이었다. 영국 공군 중령 존 채미어John Chamier는 "폭탄과 기관총으로 공격할 때는 쉴 새 없이 밤낮으로 계속 가옥과 주민, 작물과 소 떼에 매정하게 공격을 퍼부어야 한다."라고 이야기했다.[33] 1924년, 해리스는 영국군 항공기 아래에서 펼쳐진 장면을 누구보다 생생하게 묘사했다.

> 아랍인과 쿠르드인은 소음만 견디면 폭격이 견딜 만하다는 사실을 깨달았다. 이제 그들은 사상자나 피해 측면에서 진짜 폭격이 어떤 것인지 알게 되었다. 45분이면 제대로 된 마을 하나가 완전히 파괴되었고, 항공기가 네다섯 대 뜨면 주민의 3분의 1이 죽거나 부상당했다. 실질적인 표적이 없으니 전사로서 영광도 얻을 수 없고, 탈출할 방법도 없었다.[34]

폭격기의 설명과 사진은 대중에게 공개되지 않았다. 그것들은 1924년, 영국 최초의 노동당 정부가 집권했을 때 의회에 제출된 방대한 보고서의 일부였으며, 당시 정부는 '공군 치안 활동으로 인한 대규모 사상자에 대한 영국 공군의 평가를 원하고 있었다.[35] 제공권을 얻은 영국의 공중폭격으로 무고한 사람들이 목숨을 잃었다. 예상보다 피해가 컸지만, 사실 이는 영국이 미리 계획한 것이었다. 중동의 전반적인 문제가 심각했기 때문에 이 같은 문제들은 비밀에 부쳐졌다. 관료들은 영국 공군으로 인한 사망자 수를 조작했다. 샐먼드 보고서 등 갖은 보고서가 폭격이 '자비로운 행위'임을 강조했다. 트렌차드는 상원에서 제공권의 중요성을 옹호하면서 "이곳 부족들은 싸움을 위한 싸움을 좋아한다. 살해당하는 데 전혀 이의를 제기하지 않는다."라고 이야기했다.[36] 항공성은 하원에 제출할 보고서를 준비하며, "지난 1~2년간 공습이 실시된 다른 작전 지역을 언급해서는 안 된다."라고 강조했다.[37]

파이살의 추대

관료들은 제공권의 실상을 축소하고 프랑스의 통치 아래 시리아에서 왕위를 빼앗긴 파이살 빈 후세인Faysal bin Husayn을 이라크 왕으로 추대할 계책을 세우느라 바빴다. 메소포타미아 점령으로 인해 군사와 금융 관련 비용이 치솟자 부담스러워진 영국 정부는 파이살을 추대하며 바그다드에 아랍 정부를 세웠다. 영국은 아랍 정부의 충성을 기대했다. 이는 1920년 아랍반란이 시작되고, 다음 해 3월 카이로회담Cairo Conference*으로 혁명이 마무리되는 과정에서 생각해낸 계책이었다. 파이살의 권위를 받아들이도록 현지 지도자들을 압박하는 과정에서, 영국군 장교이자 민간판무관 대행인 아놀드 윌슨 경Sir Arnold Wilson은 "아라비아의 강력한 지배자 중 오직

---

* 우리가 흔히 알고 있는 제2차 세계대전 당시의 카이로회담과는 다른 것으로, 카이로에서 열린 '중동회담'이라 보아야 옳다.

파이살만이 문명화된 정부 운영에서 발생하는 실질적인 어려움을 이해한다."라고 논평했다.[38] 1921년 8월, 아랍 전통 예복 대신 정식 군복을 차려입은 파이살이 이라크의 초대 국왕으로 즉위했다. 파이살의 즉위와 함께, 이라크는 이후 25년 이상 영국으로부터 제도화된 지원을 받게 되었다.[39]

영국은 어떻게 파이살을 이라크의 왕좌에 앉히고, 수십 년 동안 중동을 통해 자국의 이익을 지켜낼 수 있었을까? 영국은 극악무도하며 교묘한 기술을 동원했다. 모든 일은 제1차 세계대전 이후 시작되었다. 영국은 이라크를 국제연맹의 손길이 닿지 않는 의존국으로 만듦으로써 석유 공급과 제공권을 독점하려 했다. 국제연맹은 영국과 이라크가 양자조약을 맺으면 다른 서구 열강이 이라크의 석유와 영공 같은 국제 질서의 이익을 독점하려 한다며 영국의 계책에 '매우 강한 불쾌감'을 표했으나,[40] 영국은 이라크와의 조약 체결을 거세게 밀어붙였다. 파이살과 이라크 내 협력자들에게 '국가 주권'을 약속하는 조약을 작성했으나, 그 대가는 이라크를 사실상 영국의 비공식 식민지로 만드는 수준이었다. 그러나 이라크인들에게는 선택의 여지가 없었고, 이 조약은 비록 제한적일지라도 명목상의 주권을 보장해 현지 지배계층은 '독립국' 체제 안에서 권력을 유지할 수 있었다. 수잔 피더슨은 《수호자》에서 이렇게 강조한다.

> 파이살의 지배가 영국의 지원과 과거 오스만제국의 근간인 바로 그 수니파 지도자들의 협력에 기초한 것이라면, 그는 자기 정당성이 본질적으로 얼마나 보잘것없는지 잘 알았을 것이다. 그래서 파이살 정부는 아랍 국가의 건설을 이야기한다. 영국에 대한 의존도를 감추려, 전혀 다른 민족으로 이루어진 주민들을 통합하고, 지배할 수 있는 군대와 관료의 국가를 건설했다. 거의 봉건 시대에 가깝게 빈곤한 소작농에 대한 영향력

을 강화해 시아파 농촌 지도자들의 충성심을 키웠다.⁴¹

이라크 해방에 대한 국제 승인을 얻기 위해, 영국은 1930년 체결된 영국-이라크 조약에 대한 지지를 6년 동안 구했다. 국제연맹의 다른 회원국에도 유익한 조건들을 제시함으로써 끝내 지지를 얻어냈다. 독일은 무역특혜를, 이탈리아는 무궁무진한 '석유 호수(이라크 유전)'를 일부 얻었고, 프랑스는 시리아 통치를 인정받았다. 자기 권리가 약화되고 시위 진압을 위해 영국 공군의 폭격이 지속될지도 모른다는 두려움에 사로잡힌 파이살은 국제연맹 상임위임통치위원회Permanent Mandates Commission에 쿠르드인과 아시리아인을 비롯한 소수민족을 보호하겠다고 약속했다.⁴² 1932년 10월, 상임위임통치위원회는 파이살의 새로운 이라크 정권에 마지못해 '합격증'을 내주었다.

1년 후, 파이살의 부대는 영국의 부역자로 여겨지던 아시리아인들을 총으로 쏴 죽였다. 독립에 앞서 일부 넘겨주기로 약속한 석유는 여전히 이라크 석유회사Iraq Petroleum Company의 손에 남아 있었다. 그런데 이라크 석유회사는 독점적인 채굴권을 갖고 있던 앵글로-페르시안 석유회사Anglo-Persian Oil의 자회사였다. 당시 앵글로-페르시안 석유회사는 세계 곳곳에 석유 채굴권을 갖고 있어서 굳이 이라크에서 석유를 시추할 이유가 없었다. 석유 생산을 늦추면 파이살 정부가 절실히 필요로 하는 유정 사용료를 지급하지 않으면서, 세계 유가는 인상할 수 있었다.

영국의 압박

영국은 여전히 이라크에서 상당한 이점을 누리고 있었다. 영국 공군의 주둔을 유지하며 이라크 영토 내에서 병력을 이동할 권리를 확보했고, 두 개의 주요 공군기지를 소유했으며, 파이살의 군대를 훈련시키고 무장을 지원했다. 또한, 사법부에는 영국인 판사를 배치해 법률 체계를 장악했고, 행정 부문에서도 영국 관료들의 철수를 점진적으로 진행하되 그 속도를 조절하며 영향력을 유지했다. 상임위임통치위원회 위원이자 스위스 교수였던 윌리엄 래퍼드William Rappard는 영국이 자국의 이익에 반하는 조건을 받아들이도록 이라크를 압박했다고 생각했고, 그의 생각은 옳았다.[43]

이라크 현지 주민들은 여전히 빈곤 속에서 살아가고 있었고, 1932년 이후 파이살의 군대는 영국의 지원을 받으며 이라크 내 소수민족들을 탄압하기 시작했다. 이에 대해 래퍼드는 안타까움을 감추지 못하며 이렇게 말했다. "그 당시 나는 이라크의 때 이른 독립을 막기 위해 최선을 다했다. 하지만 결국 내가 반대했던 결정이 초래한 유혈 사태를 생각하면 아직도 마음이 편치 않다." 이라크 문제는 국제연맹과 중동 전체에 영향을 미쳤다. 이라크의 독립은 너무 일찍 자치가 허용되면 어떤 일이 벌어지는지 알려주는 훌륭한 본보기가 되었다. 아랍 민족주의에 공개적으로 적대감을 드러낸 상임위임통치위원회는 팔레스타인 아랍인들은 물론, 다른 중동 지역의 독립 요구를 적극적으로 좌절시켰다.[44]

제공권과 관련해서도 마찬가지였다. 영국 공군이 1924년 공개한 〈이라크에서의 공군 전력 활용 방법에 대한 보고서Note on the Method of Employment of the Air Arm in Iraq〉는 눈가림에 불과했다. 이 보고서에는 아랍인과 쿠르드인을 말살해야 한다는 해리스의 이야기와 영국 공군이 투하한 폭탄 때문에 시장에서 20명에 가까운 여성과 아동이 사망한 사건을 '무자비한 학살'이라 비난한 한 영국 참모장교의 발언도 삭제되어 있었다.[45] 이 보고서는, 제공권이 다스리기 힘든 현지 주민들을 통제하는 현대적인 방법이라는 점만을 강조하는 요약문이었다. "제공권 확보로 수백만 파운드를 절약할 수 있다."라는 처칠의 약속은 헛된 것이었다. 제공권 확보에도 불구하고, 이라크 작전 비용은 배정 예산의 두 배에 달하는 금액인 4000만 파운드(약 3조 3091억 원)를 넘어섰다.[46] 비난이 이어졌지만 중동뿐 아니라 영제국 다른 곳에서도 폭격은 지속되었다. 이에 영국은 서북변경주를 비롯해 인도의 여러 지역을 목표로 삼았다. 영국군 인도 총사령관 필립 체트우드Philip Chetwode는 인도 부왕에게 이 같은 메모를 남겼다. "나는 폭격을 혐오한다. 양심의 가책 없이 폭격에 결코 동의할 수 없다. 폭격은 강국이 약소국을 상대로 전쟁을 일으키는 역겨운 방법일 뿐이다."[47] 가장 날카로운 비판은 제국 신민들로부터 나왔다. 아프가니스탄 접경 지역의 마흐수드 마을들에서 식민 지배에 대한 저항이 계속되는 가운데, 영국 공군이 해당 지역을 폭격하던 중 비행기 한 대가 불시착했다. 칼을 든 몇몇 노파가 조종사들에게 다가왔지만, 그들은 항공병들을 해치는 대신 동굴 은신처로 데려갔고, 그곳에서 또다시 24시간 동안 함께 폭격을 견뎌냈다. 이후 마을 사람들은 조종사들을 무사히 돌려보냈다.

인도의 정신적 지도자이자 제국주의를 비판하던 라빈드라나트 타고르Rabindranath Tagore는 이 사건을 포함해 영국이 공중폭격으로 파괴한 제국 신민들의 삶을 돌아보며 이렇게 적었다.

서양은 놀라운 발전을 이루어냈다. 그들은 하늘을 가로질러 새로운 길을 열었으며, 폭탄의 폭발력은 기계적 파괴 능력을 극도로 발전시켜 과거 오직 수많은 군인의 용맹함으로만 이루어질 수 있었던 대량 학살을 가능하게 했다. 하지만 이 놀라운 발전 덕에 인간은 아주 작은 존재가 되었다. 인간은 자신이 만들어낸 것들과 손에 쥔 힘을 드러내며 스스로를 표현한다고 자부하지만, 그가 이루어낸 거대한 성과와 기계적 완벽함은 그 안의 '인간다움'이 질식당했다는 사실을 가리고 있을 뿐이다.[48]

당시 식민장관이던 처칠은 비용을 최소화하면서 준군사적 경찰 조직을 구축하길 원했다. 1920년 예루살렘에서는 폭동과 유혈 사태가 벌어졌고, 이는 아랍과 유대인의 대립뿐 아니라 영제국에서 반복되던 폭력 사태의 일부였다. 하지만 도시의 무질서는 영국이 도입한 제공권을 활용하기에 적합하지 않았다. 이에 처칠은 아일랜드에서 만들었던 보조경찰대를 재현하고자 했고, 이라크의 공중폭격기처럼 팔레스타인에서도 충격을 줄 것이라고 기대했다. 1922년 봄, 처칠은 가장 신뢰하는 친구인 튜더에게 팔레스타인을 지휘하는 장성 겸 치안책임자 역할을 맡겼다.[49] 둘의 우정은 제1차 세계대전 중 벨기에 플뢰그스테르트에서 싹트기 시작했고, 이후 수십 통의 자필 편지에서는 튜더를 '나의 소중한 친구'라고 불렀다.

처칠이 아니었더라면, 튜더는 그해 목숨을 잃었을 것이다. 아일랜드공화국군은 독립투쟁 기간에 영국이 보인 잔혹성을 잊지 않았다. 아일랜드 주둔 경찰 지휘관이었던 튜더는 협박 편지도 여러 통 받았다.

> 당신은 살날이 며칠 남지 않았다. 이 나라를 떠나거나 성 안에만 머무른다고 해서 정의의 손길을 벗어날 수 있을 거라고 생각한다면 착각이다. 당신은 이미 제 무덤을 팠다.
>
> — 아일랜드공화국군[50]

튜더의 이름은 '살생부'에 두 번째로 올라가 있었다. 살생부 맨 위에 이름을 올린 사람은 아일랜드 독립전쟁 당시 참모총장을 지내고 이집트와 메소포타미아에서 전후 위기를 감시한 육군원수 헨리 윌슨 경이었다.[51]

1922년 6월 22일 늦은 오후, 튜더는 아내와 큰딸 엘리자베스에게 손을 흔들고 기차에 올라타 자리를 잡았다. 수백 명의 전직 예비사단 병력과 블랙앤탠, 왕립아일랜드경찰대에서 활약한 병사들도 중동으로 떠났다. 아일랜드에서 실력을 갈고닦은 식민경찰들은 팔레스타인에 지워지지 않는 흔적을 남길 예정이었다. 하지만 이 무렵, 런던 부촌에 위치한 자택 현관문 앞에서 윌슨은 암살범의 총에 맞아 세상을 떠났다.[52]

튜더와 그의 부하들이 도착하기도 전에, 중동의 정치적인 상황은 정해져 있었다. 1915년, 이집트의 영국 고등판무관 헨리 맥마흔 경Sir Henry McMahon은 오스만제국에 맞서기 위해 아랍의 전쟁을 지원했으며, 메카의 샤리프 '후세인'에게 전쟁이 끝나면 아랍이 영국에게 충성하는 대가로 독립적인 '이슬람의 아랍 칼리프국' 건설을 돕겠다고 약속했다.[53] 맥마흔과 후세인은 10통의 서신을 주고받으며 '후세인-맥마흔 서신 교환Husayn-McMahon Correspondence'이라고 알려진 이 협정의 조항을 협상했다. 후세인은 서신에서 팔레스타인이 영토에 포함되어야 한다고 적었고, 이에 맥마흔은 "세 번째 서신의 내용을 영제국 정부에 곧장 알리겠다."라는 말로 후세인을 안심시켰다. 맥마흔은 몇몇 예외 조항과 '영국이 동맹국 프랑스의 이익을 해치지 않는 범위에서 자유롭게 행동할 수 있는 지역이라는 마지막 조항을 제외하고 다음과 같이 썼다. "영제국은 메카의 샤리프가 요구한 범위 내 모든 지역에서 아랍인의 독립을 인정하고 이를 지원할 준비가 되었다."[54] 하지만 머지않아 영국의 의도가 명확하지 않다는 점이 드러나기 시작했다.

영국과 시온주의자들의 만남

1916년 12월 정권을 잡은 로이드 조지는 성경 중심의 마음가짐으로 중동 지역에 접근했다. 영국의 오랜 기독교 시온주의Christian Zionism 전통 때문이었다. 로이드 조지는 팔레스타인 혹은 '가나안'이라고 하는 지역에 매료되어 있었다. 로이드 조지는 '유대인종'이 전쟁 결과에 영향을 미칠 만한 재정적인 수단을 갖고 있으며, 독일과 러시아를 비롯해 여러 입찰자 중 가장 높은 가격을 제시하는 쪽을 택하리라 믿었다. 이로 인해 로이드 조지의 종교적인 낭만은 정치적인 우선순위로 바뀌었다.[55] 그는 영국이 '유대인과 계약을 맺는 것' 외에 다른 방법이 없다고 생각했다.[56]

시온주의 운동과 전 세계 유대인 공동체 사이에 연관성이 있다는 인식 확산에는 벨로루시 출신인 하임 바이츠만Chaim Weizmann의 역할도 컸다. 1904년부터 맨체스터대학교에서 화학을 가르치기 시작한 바이츠만은 세계시온주의기구World Zionist Organization, WZO에서 어떤 공식 직책도 갖고 있지 않았지만, 영국의 시온주의 운동을 주도했다. 카리스마 넘치고 정치적 수완이 좋던 바이츠만은 분열된 시온주의 운동을 국제적으로 영향력 있는 통합된 운동으로 포장하는 데 성공했다. 그는 특히 독일 및 러시아와 관련된 문제에서 유대인의 영향력이 크다는 점을 설득력 있게 강조했다. 바이츠만은 단 몇 년 만에 인맥을 총동원해 영국 시민이 되었으며, 외무성 핵심 인사, 국회의원 등을 만날 기회를 얻어 결국 로이드 조지 내각장관들에게도 줄을 댔다.[57]

아서 밸푸어Arthur Balfour도 바이츠만이 교류한 수많은 인사 중 하나였다. 그는 1903년 당시 외무장관으로, '유대인 문제' 해결책으로 동아프리카

팔레스타인 위임통치령, 1922~1948년

를 제안*한 인물이기도 했다.⁵⁸ 밸푸어의 제안을 거절한 세계시온주의기구는, 1897년 열린 세계 최초의 시온주의 대회에서 도출한 '팔레스타인에 유대인의 나라를 세울 것'이라는 결의를 고수했다.⁵⁹ 바이츠만은 기독교 신앙에 따라 영국과 시온주의자의 이해관계에 부합하는 노선을 선택하도록 밸푸어와 로이드 조지 등 주요 인사를 설득했다. 런던의 정책 결정에 영향을 미친 포괄적인 지정학적·제국주의적 요인과 성경에 기반을 둔 낭만주의가 어우러진 결과였다. 게다가 제1차 세계대전 중 영국 지도자들은 동맹국 지원 문제와 관련해 입장을 재고했다. 밸푸어는 "옳건 그르건, 좋건 싫건 간에, 현재 그곳에 사는 70만 아랍인의 욕구보다 시온주의가 훨씬 더 중요하다."라고 주장했다.⁶⁰ 외무장관 밸푸어는 팔레스타인을 '유대인을 위한 민족적 고향'으로 만들겠다는 선언에 서명할 준비를 하고 있었다.⁶¹

하지만 모두가 밸푸어의 생각에 동의한 것은 아니었다. 커즌은 아랍인을 대하는 영국 정부의 표리부동한 태도와 유대인에 대한 비현실적인 약속을 통렬히 비난했다.⁶² 팔레스타인에 거주하는 70만 명의 아랍인은 정당한 권리를 지니고 있었으나, 유대인은 고작 6만 명에 불과했다. 팔레스타인이라는 작고 메마른 땅에 무려 1200만 명에 달하는 전 세계 유대인을 수용하는 것은 불가능했다. 결국 밸푸어선언은 유대인을 위한 '민족적 고향'이라는 독립체를 언급했다. 하지만 커즌은 '민족적 고향'이라는 모호한 용어가 영국이 내건 약속의 근거가 될 수 없다고 생각했고, 유대인을 위한 종교적인 중심지가 아니라 독립 국가를 세우겠다는 시온주의의 진정한 의도

---

* 1903년 영국 정부가 유대인들을 위한 자치 지역을 동아프리카에 조성하자고 제안한 '우간다 계획'을 가리킨다. 유대인들이 유럽에서 반유대주의를 피할 수 있는 일시적인 피난처로 동아프리카 지역의 우간다를 제시했고, 1905년 제7차 시오니스트 회의에서 찬반 투표가 이루어졌지만 부결되었다.

를 가리기 위해 의도적으로 이 모호한 표현이 사용되었다고 주장했다. 그에게 '민족적 고향'이라는 모호한 개념은 영국이 공식적으로 약속할 만한 근거가 되지 못했다. 마침내 맥마흔과 후세인의 합의가 이루어졌다. 커즌은 친시온주의적인 선언서가 아랍인들을 분노하게 만들 것이라 주장하며 "영제국이 미래에는 아랍인의 독립을 보장하겠다고 약속한 지역에 팔레스타인도 포함된다."라고 보았다.[63]

정치라는 체스판의 달인이었던 바이츠만은 유대인 공동체 내에서 자신에게 반대하는 세력도 능수능란하게 휘두를 정도였다. 사방에서 비난이 쏟아졌지만 바이츠만과 미국 정부의 막후 협상은 상황을 바꿔놓았다.[64] 그는 오랜 친구이자 대법관이었던 루이스 브랜다이스Louis Brandeis에게 도움을 청했고, 이에 브랜다이스는 윌슨 대통령에게 시온주의 운동을 지지하도록 로비를 벌였다. 윌슨 대통령은 시온주의가 내세운 대의명분에 반대하지 않았고, 유대인의 영향력이 미국 대통령에게까지 미친다며 로이드 조지를 설득했다. 그로부터 몇 주 뒤, 밸푸어선언이 승인되었다.[65]

밸푸어선언은 유대인을 위한 '민족적 고향' 건설을 무엇보다 강조하고 팔레스타인에 사는 토착민의 권리 보호를 약속했다. 그럼에도 불구하고 '민족적 고향'이라는 표현의 모호함 때문에 해석이 분분해졌다. 사실 밸푸어선언은 일종의 타협안이었다. 밸푸어선언으로 영국이 지켜내고자 한 것은 결국 자국의 이익이었다. 영국의 이익을 지켜내려면 아랍인과 시온주의자에 대한 지지 정도를 조정할 수밖에 없었다.[66] 어떤 쪽이 영국에게 도움이 될지 명확하지는 않았다. 팔레스타인에서 갈등이 생겨난 초창기에는 특히 그랬다.

밸푸어선언과 아랍혁명

　원래 로이드 조지가 원한 것은 미국이 팔레스타인 지역을 위임통치하는 것이었다. 그렇지만 윌슨 대통령은 로이드 조지의 뜻을 받아들이지 않았다. 이라크 석유회사가 1930년대 초 이라크 북부에 위치한 모술에서부터 팔레스타인의 항구 도시 하이파까지 송유관을 건설하긴 했지만, 팔레스타인은 이라크와 달리 석유가 넘쳐나는 땅이 아니었다. 하지만 많은 영국인이 '팔레스타인'이라는 성지에 정서적으로 애착을 느꼈고, 대중의 태도를 가볍게 넘기기는 힘들었다. 유대인을 너무도 싫어해서 메마른 황무지로 보내버리고 싶어서든, 유대인만의 나라를 갖고 싶다는 갈망을 지지해서든, 시온주의 프로젝트에 매료된 사람도 많았다.[67]

　시온주의 프로젝트에 대한 지지는 영리하게 설계된 것이었다. 바이츠만 외에도 많은 시온주의자가 로비 활동에 적극적으로 동참했다. 밸푸어 협상이 진행되는 동안, 시온주의자들의 로비 범위가 매우 광범위하다는 인식이 널리 퍼졌다. 실제로 시온주의자들의 로비가 수십 년 동안 영국과 미국의 관계 및 팔레스타인의 미래에 미친 영향은 상당했다. 팔레스타인의 유대인 공동체 이슈브Yishuv는 세계시온주의기구와 함께 전 세계의 지원을 받았다. 이는 정치적·재정적 우위 확보에 도움이 되었다. 세계적인 지지가 뒷받침되자, 시온주의는 다른 지역 내 민족주의 운동과는 다른 양상을 띠었다. 시온주의 운동을 개발주의 관점에서 이해하던 영국에서 로이드 조지, 밸푸어, 커즌 같은 이들은 '유대인종'이라는 용어를 사용했다. 최종 원고 내용이 수정되지 않았더라면 밸푸어선언문에는 '유대인Jewish people' 대신 '유대인종Jewish race'이라는 표현이 사용되었을 것이다. 역사적인 환경 때문에 영국인은 유대인을 별도의 인종으로 여겼다. 영국 역사학자 아놀드 토인비 Arnold Toynbee는 "문명화라는 담장 안팎의 사람을 구분하는 '인종화'가 진행되었다."라고 언급했다. 대다수의 영국인은 유대인이 여전히 담장 밖에 있다고 여겼다.⁶⁸

영국 관료들은 유대인보다 더 철저히 아랍인들을 문명화 부류에서 배제했다. 영국의 자칭 전문가들은 아랍인들이 팔레스타인의 다채로운 역사 속에서 정교하게 법·문화·정치·경제 체제를 발전시켜 왔음을 부정했다.⁶⁹ 아랍 전역의 시골 지역에서는 수 세기 동안 아얀a'yan(종교적인 지위나 가문의 지배력을 토대로 권력을 손에 쥔 명망 있는 지도자)과 방대한 숫자의 소작농 사이에서 '후원자와 피후원자의 관계'가 발달했다. 상품을 포함해 다양한 대상의 교환을 보장하는 도덕적·종교적 경제가 이 관계의 바탕이었으며, 아랍인들은 이 같은 관계가 보장하는 토지 접근성을 특히 중요하게 여겼다. 하지만 오스만제국의 지배로 아랍 지역은 자본주의 시장과 더욱 긴밀하게 통합되었다. 친족, 마을, 지역, 부족같이 중복되고 상충되는 개념으로 후원자와 피후원자의 관계가 달라지기 시작했다. 뿐만 아니라 오스만제국이 1850년대 새로운 토지법을 도입하자 팔레스타인 외 아랍 지역의 부유한 거주자들은 유례없는 토지 매입에 나섰다. 하지만 그로부터 20년 뒤, 아얀의 경제 패권을 가장 크게 위협한 존재는 상당한 자본을 들고 등장해 팔레스타인 땅을 수탈한 유럽 출신 유대인 정착민들이었다. 당연히 자기 소유라고 믿었던 땅에서 농사도 짓지 못하고, 가축에게 풀을 먹일 수도 없었다. 땅이 아예 없는 농부와 땅이 있어도 가난한 농부가 나날이 늘어났다. 아랍 농부들은 유대인 정착지를 공격하고 약탈했다. 농부들은 오랫동안 유지된 후원자와 피후원자의 관계에도 의구심을 제기했다. 개인적인 불만에서 비롯된 대중의 의식이 나날이 정치화되었지만, 미래의 영국 식민지 개척자들은 아랍인들을 제대로 이해하지 못했다.

시온주의에 대한 격렬한 반대는 아랍인들을 하나로 묶었다. 아랍어로 쓰인 신문, 시, 속담을 포함해 갖은 형태로 시온주의에 대한 반대 목소리가 터져나왔고, 민족주의 운동 역시 거세졌다. 영국의 새로운 정책 때문에 대중적 급진주의가 민족주의 운동과 결합되면서 아얀의 패권은 더욱 큰 도전을 받았다. 현지인들은 "우리 형제는 힘을 합쳐 사촌과 싸우지만, 외부인과 싸울 때는 사촌과 손잡는다." 같은 속담으로 단합과 분열에 관한 생각을 드러냈다. 그들은 유대인이든 영국인이든, 팔레스타인에서 외부인을 몰아내고 싶어 했다.

당연하게도 머지않아 갈등이 폭발했다. 제1차 세계대전 당시 유대인 군단에서 영국을 위해 싸웠던 러시아 태생 유대인이자 훈장을 받은 군인인 블라디미르 자보틴스키Vladimir Jabotinsky는, 1920년 3월 무렵 관점에 따라 자경주의로 보일 수도 있고 정당방위로 보일 수도 있는 방식으로 공공연하게 수많은 의용병을 훈련하고 있었다. 그는 불안감을 자극하는 여러 통의 편지를 보내 "언제든 집단 학살이 벌어질 수 있다."라고 바이츠만에게 경고했다.[70] 자보틴스키의 극단주의는 바이츠만의 지휘 아래 세계시온주의기구가 설립한 시온주의위원회Zionist Commission의 극단주의와는 달랐다. 영국은 시온주의위원회와 그 뒤를 이은 유대기구Jewish Agency와 손잡고 시온주의자들이 정착지 건설, 아랍인 소유의 토지 매입, 이민 등의 방법으로 팔레스타인을 식민지화하도록 도왔다. 그 무렵, 유대기구는 자경주의 방식의 폭력을 사용하는 여러 극단주의 집단(자보틴스키가 이끄는 집단 등)으로부터 점점 더 거센 비난을 받게 되었다.

네비무사 축제에서의 폭동

1920년 초, 자보틴스키는 폭력 가능성을 경고했다. 바이츠만은 영국 관료들에게 폭력 사태를 경고하러 팔레스타인으로 떠났지만, 한 달이 채 지나기도 전에 예루살렘에서 분쟁이 벌어졌다. 팔레스타인의 이슬람교도들이 매년 여는 네비무사Nebi Musa 축제가 시작되자, 거의 7만 명에 달하는 아랍인이 도시 광장에 집결했다. 그동안 온갖 불공정한 사건이 벌어진 탓에 아랍인들은 연례행사인 네비무사 축제를 마음껏 즐기지 못했다. 시온주의자의 이주율, 토지 구매율, 농민 퇴거율이 치솟았고, 터무니없이 높은 지방세율부터 파이살의 축출까지 영국의 정책은 현지 아랍인들을 벼랑 끝으로 내몰았다. 아랍인들은 좁은 골목길이 미로처럼 얽혀 있어 도망치기 어려운 예루살렘 구시가지에서 유대인을 공격했다. 수십 년 동안 지속된 팔레스타인에서의 평화로운 공존은 산산조각 났다. 다마스쿠스에 본거지를 둔 아랍 민족주의 조직의 분파인 아랍클럽Arab Club 발코니에서 지도자들은 반시온주의를 독려했다. 그 앞에 모인 군중은 "독립, 독립!"이라 외쳐댔다.[71] 몇몇 아랍 경찰도 군중과 함께 박수를 쳤다. 약탈과 절도, 강간, 살인이 뒤따랐고, 폭도들은 건물에 불을 지르고, 묘비를 박살 냈다. 영국 정부는 계엄령을 선포하고 구시가지를 봉쇄했다. 현지 수비대가 폭동 최전방에서 철수했다. 구시가지에 남은 유대인들은 알아서 살아남아야 했다. 자보틴스키와 의용군에게는 사실상 아무 힘도 없었다. 사흘간의 폭동으로 다섯 명의 유대인과 28명의 아랍인이 죽었고, 200명의 유대인과 수없이 많은 아랍인이 다쳤다.[72]

영국군 대령이자 처칠의 아라비아 첩보원이며 20세기 초 동아프리카에서 제국의 저항 세력을 진압한 리처드 마이네르츠하겐은 반유대주의적이

예루살렘에서 열린 네비무사 축제의 폭동 발생 이전 모습, 1920년 4월

고 반시온주의적인 정서로 폭동을 선동하고 아랍 지도부에게 구체적인 방안을 제시했다며 군부와 행정부 내 여러 사람을 비난했다. 마이네르츠하겐이 비난한 사람들은 유대인을 위한 민족적 고향 건설에 반대한 사람들이었다. 시온주의위원회는 마이네르츠하겐의 주장을 지지했지만, 영국 정부가 꾸린 조사위원회는 이에 동의하지 않았다. 조사위원회는 현장 병력의 '과신'이 문제였다고 지적하며, 이번 사태의 주된 책임을 시온주의자들에게 돌렸다. "최종 목표를 조급하게 이루려는 그들의 성급함과 경솔함이 이 같은 사태의 가장 큰 원인이다."[73] 또한 조사위원회는 아랍인들의 동기 역시 검토하면서, 당시 영국이 "불의와 실망으로 인해 극도로 격분하고, 미래에 대한 공포로 패닉 상태에 빠져 있으며, 그 결과 90퍼센트에 달하는 인구가 영국에 대해 깊은 적개심을 품고 있는 원주민을 상대하고 있다."라고

인정했다.⁷⁴ 관료들은 팔레스타인 사건이 영국 정부와 무관하다고 선을 그었고, 모든 책임을 자보틴스키에게 떠넘기며 15년형을 선고했다. 수십 명의 유대인이 자보틴스키와 함께 투옥되었다. 이집트와 팔레스타인에서 영국군 지휘관으로 활약한 장군 월터 콩그리브 경Sir Walter Congreve은 마이네르츠하겐을 몰아내고 자보틴스키와 유대인들을 석방했지만, 그렇다고 시온주의를 지지하지는 않았다. "난 모두가 똑같이 싫다. 시리아와 팔레스타인의 아랍인, 유대인, 기독교인은 모두 끔찍한 종족들이다. 그 사람들을 전부 모아도 단 한 명의 영국인만 못하다."⁷⁵

네비무사 사태가 진정될 무렵, 한 시온주의 간행물은 "영국 정부가 팔레스타인의 유대인에 대한 전쟁을 선포했다."라고 선언했다. 시온주의를 이끌었던 모셰 스밀란스키Moshe Smilansky는 영국이 팔레스타인에서 아랍과 유대인 공동체 간의 분열을 재정의하고 악화시켰다는 점을 강조했다. 그는 이스라엘 신문 〈하아레츠Haʾaretz〉에 "지난 100년 동안 이처럼 심각한 충돌은 없었다."라고 기고했다.⁷⁶ 이후 영국 관료들은 영국 중심적인 선언문을 새롭게 발표하고, 유대인 이민 할당량을 조정했다. 그리고 팔레스타인 전체가 유대인의 '민족적 고향'이 되는 것이 아니라, 팔레스타인 내에 유대인을 위한 '민족적 고향'이 생기는 것뿐이라며 아랍인을 안심시켰다.

1923년 9월, 국제연맹의 결정에 따라 영국은 팔레스타인을 위임통치하게 되었다. 네비무사 폭동을 촉발한 친아랍·반시온주의 정서가 무엇이었든 간에, 영국은 위임통치 체제하에서 '현대 세계의 거친 환경 속에서 스스로 설 수 없는 민족들과 신성한 문명적 신탁을 맺을 책임'을 지게 되었다. 또한 1917년 11월 2일, 영국 정부가 발표한 밸푸어선언을 이행하고, '유대 민족과 팔레스타인의 역사적 연관성을 인정하며, 그들이 이 땅에서 민족적 고향을 재건할 근거를 수용할 것'을 공식적으로 명시해야 했다.⁷⁷ 이에 따라, 영국은 '팔레스타인 내 유대인의 민족적 고향'이라는 개념을 정치적으로 활용할 여지가 크게 줄어들었으며, 특히 영국이 이라크와의 양자협상을 진행하면서 국제연맹이 위임통치 조항을 엄격히 적용하기 시작하자, 영국 당국자들은 더욱 제한을 받게 되었다. 그러나 영국은 자국의 이익이 걸린 문제에서는 여전히 팔레스타인의 아랍인들을 안심시키려 했으며, 이를 위해 외교적 조치를 취하거나 여러 차례 위임통치국 백서를 발표하면서 '국가 경제가 감당할 수 있는 범위 내에서' 유대인 이민 할당량을 조정하는 방식으로 대처했다.[78]

팔레스타인의 혼돈

영국은 파이살을 이라크 왕위에 앉히려고 노력하는 동시에, 팔레스타인에서 영국의 국익에 보탬이 되고 현지 정복 및 통제에 박차를 가하는 데 도움이 될 협력 세력을 꾸렸다. 유대기구와 협력하는 한편, 자문기구 최고무슬림위원회Supreme Muslim Council, SMC를 설립하고, 막강한 권력을 지닌 팔레스타인 명문가 출신 알하즈 아민 알후세이니Al-Hajj Amin al-Husayni를 수장으로 임명했다. 예루살렘의 대무프티grand mufti*이기도 한 알후세이니는 아랍인의 반영·반시온주의 정서를 잠재우라는 실현 불가능한 임무를 맡았다. 그와 동시에, 아랍에서 권력을 가진 또 다른 부류 중에는 폭동이 계속되고 영국의 보복적인 폭력이 이루어지는 상황 속에서 패권을 되찾은 아얀이 있었다. 아얀은 팔레스타인아랍회의Palestine Arab Congress에서 아랍집행

---

* 이슬람교도의 최고 종교지도자를 뜻한다.

위원회Arab Executive를 꾸리며 권력의 중심에 섰다. 아랍집행위원회는 최고 종법학자와도 협력했지만, 기본적으로 별도의 조직이었다.[79] 지역 정치, 권력, 기회주의에서 비롯된 분열은 이후 영국의 이익에 결정적인 역할을 하게 되었다. 영국 당국자들은 아랍 사회의 균열을 적극적으로 활용하여 지역 공동체를 분열시키고, 영국의 이해관계를 강화하는 데 협력할 준비가 된 아랍 지도자들에게 보상을 제공했다. 특히, 자국의 이익을 위해 동족에게 폭력 행사를 마다하지 않는 아랍인들에게 정치적·경제적 혜택을 제공하며 식민 통치를 더욱 공고히 해나갔다.

이 무렵 튜더가 이끄는 예비사단과 블랙앤탠 부대가 오래된 항구도시 야파에 도착했다. 팔레스타인에 새롭게 도착한 이들은 정박한 배에서 내리자마자 숨 막히는 더위와 맞닥뜨렸지만, 먼지와 습도 때문에 구토가 올라올 때만 잠시 멈출 뿐 야파 거리를 쉬지 않고 행진했다.[80] 막강한 치안 유지 권한을 지닌 튜더는 아일랜드에서 혹독한 시간을 보낸 총 700명의 병력으로 이루어진 영국 헌병대, 아랍인과 유대인을 감시하는 영국인 장교로 이루어진 팔레스타인 헌병대, 소규모의 영국 경비대를 지휘했다. 여기에는 몰타, 수단, 남로디지아, 모리셔스, 키프로스의 신병도 포함되어 있었다. 이들의 경험, 생각, 편견이 어우러져 팔레스타인의 전반적인 식민지 행정에 반영되었지만, 이 중 팔레스타인에 대해 제대로 아는 사람은 아무도 없었다. 간단한 아랍어를 쓸 줄 아는 사람도 드물었고, 아일랜드 밖에서 치안 활동 경험이 있는 사람도 소수였다. 런던의 벨그레비어에서 아일랜드공화국군이 윌슨을 저격하기 전 콩그리브와 윌슨이 아일랜드 상황에 회의적이었듯이, 영국 출생 유대인이자 열렬한 시온주의자인 팔레스타인 초대 고등판무관 허버트 새뮤얼Hebert Samuel 역시 팔레스타인의 미래에 회의적이었다. 콩그리브는 "처칠이 공허한 말, 비행기, 유대인, 블랙앤탄 출신 인원들로 이 지역을 통치하려 한다. 이들만으로 다소 불확실한 나라에 의심의 여지가 없는 완전한 평화가 찾아올 것이다."라며 빈정거렸다.[81] 또한 "확실한 사실은 처칠이 메소포타미아와 팔레스타인을 저비용으로 통치하려는 임무와, 안보와 평화를 보장하는 진짜 임무 사이에 서 있다는 것이다."라고도 이야기했다.[82] 당시 영제국이 얼마 안 되는 예산으로 운영되고 있음을 모르는 사람은 거의 없었다.[83] 실제로 튜더와 그의 부대가 도착하기 전, 60만 명이 넘는 팔레스타인 인구를 관리하는 영국 경찰관은 20명도 채 되지 않았다.

아일랜드에서 훈련받은 부대의 투입으로 팔레스타인의 치안 방침은 순식간에 달라졌다. 제임스 먼로James Munro, 레이먼드 카페라타Raymond Cafferata, 더글러스 더프Douglas Duff 같은 전직 왕립아일랜드경찰대 소속 장교가 포함된 튜더 부대는 준군사 전술 및 훈련 방식을 널리 퍼뜨렸다. 2년 후, 튜더와 함께 팔레스타인으로 온 부대는 완전히 자격을 갖춘 경찰 병력으로 거듭났다. 먼로는 팔레스타인의 영국 경찰훈련학교British Police Training School의 초대 교장이었다(참고로 튜더는 간신히 아일랜드공화국군을 따돌린 뒤, 팔레스타인을 떠나 신분을 숨긴 채 뉴펀들랜드에서 여생을 보냈다).

1930년대 초, 팔레스타인은 아일랜드를 대신해 식민지 경찰을 세뇌시키는 공식적·비공식적 훈련장이 되었다. 더불어 제국 전역에서 활약할 수십 명의 고위급 경찰관과 미래의 게릴라 소탕대원을 키우는 인재양성소이기도 했다.[84] 1920년대 말, 팔레스타인 경찰이 군대화되며 상대적으로 평화롭던 시기는 끝났다. 팔레스타인 경찰은 티베리아스와 하이파로 이어지는 해안도로를 따라 이동하며 숙소를 징발했다. 주변을 엉망진창으로 파괴한 탓에 지역 주민들 사이에서 팔레스타인 경찰의 평판은 좋지 않았다. 영국 경찰 파견대의 이미지는 그보다 훨씬 더 부정적이었다. 영국 경찰 파견대는 저항하던 아랍 사무원을 문서 보관함, 책상, 의자와 함께 창문 밖으로 내던지기도 했다. 영국 경찰의 가혹행위에 대한 보복도 잇따랐고, 팔레스타인 중부 도시 나블루스의 어느 벽에 걸린 담배통에는 자기 소총에 맞아 머리뼈가 산산조각난 경찰관의 뇌가 담겨 있었다.[85] 이에 미래의 예루살렘 경감 더프는 "우리는 '법을 따르지 않는 질이 낮은 부류'에 대해 지금과는 전혀 다르게 생각했다. 정신적으로는 여전히 영제국의 절정기에 살아가던 우리 태도는 빅토리아 여왕 즉위 60주년 무렵의 영국인과 다를 바 없다. 우리에게 비유럽인은 모두 '유색인'일 뿐이다. 영국인이 아닌 서양인은 그것보다 약간 더 나은 존재였다. 하지만 뇌가 담긴 담배통을 보고 내 마음속 깊은 곳의 무언가가 달라졌다. 서양인의 분홍빛 피부가 아닌 다른 색의 피부를 지닌 사람들도 인간이다. 나는 그 사실을 깨달았다."라고 이야기했다.[86] 하지만 그는 마음의 변화를 행동으로 보여주지 않았다. 자유제국주의의 확고한 지배력을 믿었기 때문이다. 예루살렘 통곡의 벽Wailing Wall[*]을 둘러싸고 아랍인과 유대인 간의 갈등이 정점에 이르자 더프와 부하들의 성향이 적나라하게 드러났다.

통곡의 벽을 둘러싼 갈등

통곡의 벽은 이슬람교도, 유대교도, 기독교도 모두가 신성시하는 장소였다. 그중 이슬람교도는 예언자 무함마드Muhammad[**]가 승천하기 전에 전

---

[*] '서벽' 혹은 '서쪽 성벽'이라고 부른다.
[**] '마호메트'라고도 불린다.

설 속의 알부라크al-Buraq를 묶어두었다고 알려진 지역 이름을 따, 통곡의 벽을 '알부라크'라고 불렀다. 이슬람교도는 통곡의 벽을 예루살렘 구시가지 언덕에 위치한 알하람 알샤리프al-Haram al-Sharif 혹은 성전산Temple Mount 의 서쪽 경계라고 여겼다. 한편, 유대인은 통곡의 벽이 1세기 로마군이 파괴한 유대교성전의 마지막 흔적이라 생각했다. 수백 년 동안 이 벽에 대한 법적 소유권은 무슬림들에게 있었지만 각 종교 공동체가 접근할 수 있었으며, 실질적인 사용 제한은 암묵적으로 무시되는 유연한 관행이 형성되어 왔다. 그러나 이러한 상황은 밸푸어선언 이후 달라졌다.

1918년 초, 바이츠만은 밸푸어에게 통곡의 벽 주변에 늘어선 '구질구질하고 더러운 오두막집과 버려진 건물에 대한 불평을 늘어놓았다. 그는 미심쩍기 짝이 없는 종교 공동체의 손아귀에 들어 있는 통곡의 벽을 넘기면 시온주의자들이 후한 보상을 내놓을 것이라고 장담했다.[87] 머지않아 식민성은 "저명한 유대인이 금전적인 제안에 관심 있는 일부 이슬람교도에게 접근하자 이슬람교도들은 심하게 동요했다."라고 공표했다.[88] 자보틴스키는 통곡의 벽을 둘러싼 상황을 잘 이용하면 팔레스타인에서 시온주의적 민족주의에 대한 대중의 지지를 이끌어낼 수 있다는 사실을 간파했다. 이에 공개 시위를 주도하고, 통곡의 벽 접근 권한을 규제하던 오랜 관습을 무시하며 종교적인 침범을 시도했다. 유대인들은 오랫동안 유지된 관행을 어기고 벽을 끼고 있는 보도에 벤치와 의자를 설치했고, 이슬람교도들은 통곡의 벽 돌의 틈새에서 자라는 잡초를 뽑지 못하게 막았다. 1928년 속죄일 예배 전날, 유대교 복사들이 남녀 신도를 분리하려고 벽 앞 보도에 커다란 가림막을 설치했다. 유대교도들이 오랫동안 지켜온 관행을 망가뜨린 데 분노한 이슬람교도들은 영국 정부가 파견한 예루살렘 지방 부판무관 에드워드 키스로치Edward Keith-Roach에게 불만을 호소했고, 키스로치는 경찰에게

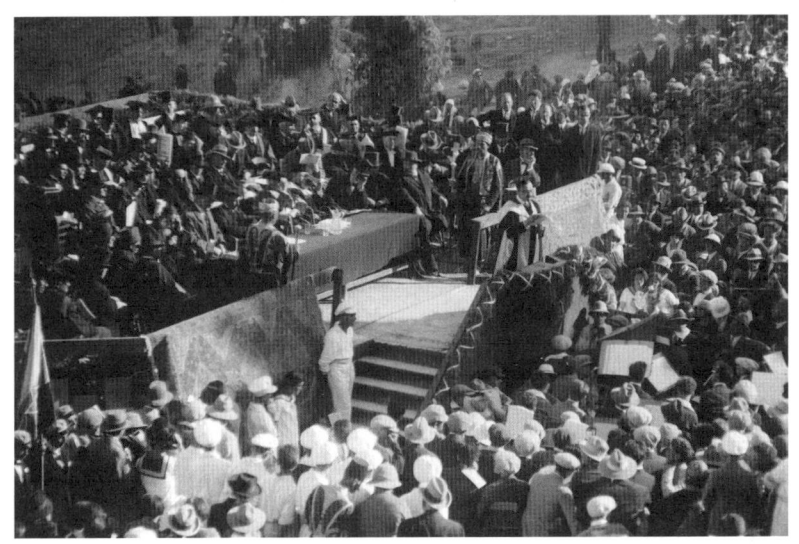
예루살렘 히브리대학교에서 연설하는 하임 바이츠만, 1925년

가림막 철거를 지시했다. 곧 스코푸스산에서 예루살렘으로 이동한 더프와 전직 블랙앤탠 요원들은 아랍 주민들의 환영을 받으며 행진했다. 이들은 임시가림막을 해체한 다음, 철거를 거부하는 한 유대인과 함께 기드론 골짜기로 던져버렸다.

며칠간 소요 사태가 지속되었다. 더프는 무차별적으로 채찍을 휘두르고 군중을 발로 차며 이렇게 묘사했다. "야만인이었던 우리 선조들이 그랬듯, 또다시 '난폭해질 때' 찾아오는 낯설지만 완벽하게 숭고한 황홀경에 빠져들었다. 군중을 향해 달려들 때, 내 행동에 대해 어떤 생각도 들지 않았다."[89] 바이츠만의 보좌관 나훔 소콜로우Nahum Sokolow는 "한 무리의 경찰, 그러니까 패거리 두목들이 그곳에 모인 사람들을 급습했다. 그곳이 마치 적으로 둘러싸인 요새나 무장강도 소굴이라도 되는 듯이 기습했다. 되는 대로 주먹과 팔꿈치를 휘두르자 예배하던 사람들이 사방으로 흩어졌다. 쓰레기 같은 아랍인들은 돌을 던졌다. 유대인들은 자기가 가진 것을 잘 지켜내며 적절한 순간을 기다려야 한다."라고 자기 생각을 밝혔다.⁹⁰ 또 다른 시온주의 지지자는 "유대인들이 자신들의 민족적 고향에서 제한 없이 공개적으로 예배하는 권한을 보장받지 못한다면 팔레스타인 위임통치령이 다 무슨 소용인가?"라고 물었다.⁹¹ 영국 관료들은 자신들이 "성지에서의 '기존 권리'를 보호하기 위한 위임통치 조항을 이행하고 있으며, 현상 유지를 위해 노력하고 있다."라고 주장하는 것 외에는 별다른 입장을 내놓지 않았다.⁹² 1928년 11월, 영국은 다음과 같은 내용이 담긴 백서를 발표했다.

> 서벽 혹은 통곡의 벽은 고대 유대교 사원 서쪽 외벽의 일부였다. 따라서 통곡의 벽은 유대인 공동체에 신성한 곳이다. 그곳에서 기도하는 유대교도의 관습은 중세로 거슬러 올라간다. 더 먼 과거로 거슬러 올라갈 수도 있다. 동시에 통곡의 벽은 하람 알샤리프의 일부다. 따라서 이슬람교도에게도 신성한 곳이다. 통곡의 벽은 이슬람교 공동체의 절대적인 재산이며, 통곡의 벽과 마주한 보도는 와크프Waqf* 관리자가 보관하는 서류에서 확인할 수 있듯 와크프 재산이다. 유대인 공동체가 기도하기 위해 보도에 접근할 수 있는 권리가 있다는 데는 의심의 여지가 없지만, 이슬람 당국이 항의할 때마다 오스만제국 당국은 보도로 의자와 벤치를 갖고 오는 행위처럼 기존 관행에서 벗어난 행위는 허용하지 않겠다는 결정을 반복했다. 보도 가림막 설치 금지는 1912년 결정된 것으로 보인다.⁹³

---

* 이슬람교에서 찾아볼 수 있는 기부의 일종. 주로 공익 목적의 재단을 설립하는 형태로 진행된다.

바이츠만과 다른 시온주의 지도자들은 영국의 요구에 따라 '이슬람교 성지의 불가침'을 인정하는 성명서를 발표하며 현재의 상황을 바꾸려는 시도를 철회했지만, 자보틴스키는 아니었다. 자보틴스키와 추종 세력이 통곡의 벽에 대한 완전한 소유권을 요구하며 시온주의 공동체는 분열되었다. 1929년 1월, 히브리어 일간지 〈도아 하욤Doar HaYom〉 창립자 이타마르 벤아비Itamar Ben-Avi는 이렇게 적었다. "자보틴스키, 당신은 유대인을 죽일 방법을 마련하고 있다. 유대인의 죽음에 대한 책임은 당신에게 있다. 당신은 그에 관한 심판을 받을 것이다."[94] 끔찍한 예측에도 불구하고, 세계시온주의기구 지도부는 자보틴스키의 공격적인 요구를 따랐다. 역사학자 메리 룬드스텐Mary Lundsten의 지적대로, 지도부는 자보틴스키의 부당한 요구를 협상에서 활용해 온건한 조정 방안을 도출해내고, '시온주의자의 권리를 확대하는 협정'이 이루어지도록 영국을 압박했다.[95]

영국 관료들은 '당사자들 사이에서 우호적인 합의를 끌어내는 것이 자신들에게 주어진 의무'라고 생각했지만,[96] 이는 현실적으로 불가능한 목표였다. 알후세이니는 요구가 받아들여지지 않으면 유혈 사태도 불사하겠다는 자보틴스키 추종 세력에 격분한 아랍 투사들을 통제하기 위해 애쓰고 있었다. 상징적인 도화선이 된 통곡의 벽은 팔레스타인의 과거와 미래에 관한 상반된 주장과 영국의 과세 및 토지 매각 증가로 아랍 농민들이 겪은 실질적인 사회경제적 어려움을 대변했다.[97]

아랍인과 유대인의 전쟁

통곡의 벽을 둘러싼 분쟁 때문에 몇 달이나 긴장 상태가 지속되었다. 결국 1929년 8월 23일 새벽, 사회경제적인 불만이 폭발한 수천 명의 아랍 농부들이 예루살렘으로 모여들었다. 표면적으로는 평화로운 시기라 병력을 감축한 탓에, 영국 경찰이 아수라장 같은 상황을 통제하기에는 역부족이었다. 트랜스요르단과 이집트에서 증강 병력이 들어왔다. 알하즈 아민 알후세이니는 평화를 위해 연설했지만, 이는 상황을 더욱 악화시켰다. 성난 군중과 무질서가 예루살렘을 뒤흔들고 팔레스타인 전역으로 퍼져나갔다. 가장 걱정스러운 곳은 예루살렘 남쪽으로 30킬로미터 떨어진 헤브론이었다. 헤브론에 과거 아일랜드 복무 경험이 있는 레이먼드 카페라타가 새롭게 부임해, 23명의 경찰로 이루어진 작은 치안대를 지휘하게 되었다. 이 경찰대는 헤브론과 그 주변 40개 마을, 총 2만 명의 주민을 담당했으며, 주민 대부분은 아랍인이었다. 800여 명의 유대인 소수집단 역시 헤브론에 거주했다. 헤브론의 유대인과 아랍인은 수 세기 동안 평화로운 관계를 유지해왔으나, 시온주의자들의 이민 확대 요구로 관계에 금이 간 상태였다. 아랍 민족주의자들은 자신들에게 돈을 빌려준 유서 깊은 유대인 상인 가문을 향한 분개를 숨기지 않았다. 외국인들이 자신들의 땅을 빼앗고 이슬람의 신성함을 침해한 데 따른 분노로 거친 반응을 보이기도 했다.[98]

헤브론과 인근 지역을 순찰하던 카페라타는 폭동을 통제할 수 없었다. 5마력짜리 시트로엥을 버리고 말에 올라탄 카페라타와 그의 부하들은 자택에 갇힌 유대인을 구하기 위해 군중에게 총을 쐈다. 카페라타는 어느 집에서 맞닥뜨린 광경을 이렇게 묘사했다. "한 아랍인이 칼을 들고 아이의 목을 베고 있었다. 나는 사타구니를 향해 낮게 총을 쐈다. 그의 뒤에는 야파의 이사 세리프Issa Sherrif라는 아랍인 순경과 피를 뒤집어쓴 유대인 여자가 있었다. 사내는 손에 단검을 들고 여자를 위협했다. 내 얼굴을 본 사내는 다른 방으로 뛰어 들어가 아랍어로 '나리, 저는 경찰입니다.'라고 소리쳤다. 나는 그 방으로 달려가 총을 쐈다."[99]

아랍인 경찰의 이 같은 행동은 그다지 특이한 것이 아니었다. 팔레스타인의 영국군은 아랍인과 유대인으로 구성된 현지 경찰로부터 한결같은 충성심을 얻지 못했다. 제국 내 다른 지역과 다르지 않았다. 선명한 분열선은 계속 흐릿해졌다. 헤브론에서는 유대인 공동체의 거의 3분의 2가 이웃에 사는 아랍인의 집으로 피신했다. 어떤 사람들은 피난처를 제공했다는 이유로 심각한 부상을 입었고, 부상자를 적극적으로 돌보는 사람도 있었다. 결국 60명이 넘는 유대인이 목숨을 잃었고, 고문을 당하거나 신체가 훼손된 사람도 있었다. 유대기구 수장 다비드 벤구리온David Ben-Gurion은 헤브론 사건을 집단 학살에 비유했다. 팔레스타인에서 발생한 가장 섬뜩한 공격이자 전례 없이 끔찍했던 한 주 동안 벌어진 사건의 일부였다. 133명의 유대인이 죽었고, 339명이 다쳤다. 아랍인은 116명이 사망했고 232명이 다쳤는데, 아랍 측 사상자는 축소 신고되었을 가능성이 크다.[100]

영국 국왕이 수여하는 경찰훈장을 받은 카페라타는 고향 리버풀에서 유대인을 구하고 영국인의 명예를 지킨 영웅으로 떠올랐다. 그는 "나는 반유대주의자도, 반아랍주의자도 아니다. 나는 그저 친영파일 뿐이다."라고 이야기했다. 팔레스타인에서 영제국이 법치의 보호 아래 갈등을 조장하는 상황이었던 만큼, 쉽게 이해되면서도 많은 것이 드러나는 발언이었다. 대학살에 이르기까지 영국이 여러 사건에 개입했음은 의심할 여지가 없었다. 카페라타가 그랬듯, 아일랜드의 선례에 푹 빠진 현지 식민행정부의 일부 관료는 팔레스타인 사태가 '아일랜드 쇼의 반복'이라 여겼다. 유대인의 이민과 토지 매매, 이슬람교의 성지에 대한 유대인의 권리 주장을 제한하는 등 영국이 어느 정도 아랍의 요구를 받아들이지 않으면 훨씬 심각한 문제가 터져나올 것이라 생각했다.101

팔레스타인의 안정성을 위협하는 것은 정치적인 우여곡절만이 아니었다. 블랙앤탠 때문에 영국과 팔레스타인 현지 주민 사이에 조금이라도 남아 있었을지 모르는 선의마저 완전히 사라진 것이다. 통곡의 벽에서 '난폭한 모습'을 드러낸 더프와 부하들은 예루살렘 너머 곳곳에서 아랍인들의 소요 사태를 진압했다. 더프는 후에 다음과 같이 말했다.

> 언덕 마을에 사는 많은 사람이 '고문'과 구타를 직접 목격하고 견뎌냈다. 주로 '물통'이 사용되었다. 바닥에 등이 닿도록 피해자를 눕힌 다음, 머리는 멍 자국이 남지 않도록 쿠션 사이에 단단히 고정한 채 주둥이가 가느다란 커피포트로 피해자의 콧속에 물을 부었다. 솔직히 이런 일을 이야기하는 것도 유쾌하지 않지만, 내가 이를 직접 목격했다는 사실을 인정하는 것은 더욱 불쾌하다. 나를 비롯한 영국 장교들은 대개 옷이 더럽혀지지 않기를 바라면서 뒤쪽에 조심스럽게 서 있었지만, 부하들이 가련한 용의자나 범죄자로부터 얻은 정보를 이용할 준비는 되어 있었다.102

고위급 장교들은 더프가 못 믿을 사람이라 일축했지만, 더프는 자기 행동이 시대의 광범위하며 허용 가능한 규범을 벗어나지 않았다고 여겼다. 영국은 통곡의 벽 사건 당시 더프가 한 행동을 변호하는 데서 한 발 더 나아가 그를 칭찬했다. 1931년에서야 고등판무관이 파리드 무함마드 셰이크 이브라힘Farid Muhammad Sheik Ibrahim이라는 사람에게 '신체적 압박'을 가하도록 명령했다는 혐의로 기소된 더프에 대한 형사재판을 검토했다. 이 사건은 더프를 경질할 수 있는 근거를 제공했지만, 사실 더프의 경질은 고문에 대한 분노 때문이 아니라 까다로운 성격 탓에 통곡의 벽 사건 당시의 대처를 공개적으로 보여준 어리석은 행동 때문이었다.[103] 어쨌든 더프 일당의 소행은 되돌릴 수 없는 영향을 미쳤다.

하임 할레비Chaim Halevi라는 한 대학생은 팔레스타인으로 이민 갈 날만 기다리던 유럽에 있는 자신의 가족에게 '통곡의 벽에서 더프가 저지른 끔찍한 행동'에 대한 편지를 썼다. 할레비는 이 같은 행동이 지역판무관 키스로치를 비롯한 영국 행정부와 경찰의 특징이라 여겼다. "나는 너무 큰 상처를 입었다. 상처가 아직 치유되지 않았기 때문에 아직 이 문제를 제대로 평가하는 것은 불가능하다."라고 적은 할레비는 같은 땅에 대한 주권을 요구하는 두 민족 사이에서 대두된 강렬한 반감에 대해서도 언급했다. "그들은 우리를 싫어한다. 그리고 그럴 만한 이유가 있다. 우리 역시 그들을 싫어하니까." 할레비는 시온주의자들의 꿈을 실현할 유일한 방법이 팔레스타인에서 아랍인을 몰아내는 것이라 생각했다.[104]

무르익은 국가 주도의 폭력

당시 새로 선출되어 어떤 검증도 거치지 못한 램지 맥도널드Ramsey MacDonald 노동당 정부는 월터 쇼 경Sir Walter Shaw이 이끄는 조사위원회를 파견했다. 팔레스타인의 신임 고등판무관 존 챈슬러 경Sir John Chancellor은 카페라타와 마찬가지로 영국 행정부의 최선의 이익을 위한 안정성 확립에 도움이 되기만 한다면 아랍인들에게 양보하는 방안을 승인했다. 쇼위원회는 팔레스타인 시골 지역에서 아랍인들의 증언을 수집하고, 영국 정책에 대한 신랄한 분개와 반대 내용을 기록했다. 카밥이라는 마을에 사는 샤이흐* 사이드 아부 고시Sa'id Abu Ghosh는 쇼위원회에 이렇게 이야기했다.

> 밸푸어선언이 우리에게 무엇을 요구하는지 잘 알고 있다. 우리에게 닥친, 우리를 파괴할 수도 있는 위험과 재앙에 대해서도 잘 알고 있다. 도시 사람들은 침묵하지만 우리 농부들은 모든 힘을 모아서 저항할 것이다. 결코 침묵하지 않을 것이다. 농부가 유대인에게 땅을 판다면, 밸푸어선언에 따라 정부가 농부에게 부과한 과중한 세금 때문일 것이다. 저주스러운 선언이 만들어낸 힘든 경제 상황 때문에 그런 일이 벌어지는 것이다. 진정으로, 지금 우리 모습은 밸푸어선언이 만들어낸 기괴한 현상이라 생각한다. 밸푸어선언으로 인한 수많은 고통 때문에 밸푸어선언 자체가 두렵다.[105]

쇼위원회는 중재에 방점을 둔 최종 보고서를 내놓았다. 아랍의 자치 요구가 밸푸어선언과 조화될 수 있겠느냐는 질문이 쏟아졌다. 1930년 3월 발표된 쇼위원회의 최종 보고서는 그 무렵 발생한 여러 폭력 사태의 고의성을 부정했고, 알후세이니를 비롯한 아랍 지도자들에게 폭력 사태 선동의 책임을 떠넘기지 않았다. 대신 팔레스타인 위임통치권에 내재된 이중의무와 유대인의 지속적인 이민 및 토지 거래라는 심각한 문제가 폭력 사태의 본질이라 지적했다.[106]

국제연맹 상임위임통치위원회는 6월에 이 문제와 관련해 특별회의를 열

---

* 일종의 원로다.

었다. 통곡의 벽을 둘러싼 폭동이 벌어진 1929년, 이라크 문제에 불안해하던 국제연맹 상임위임통치위원회에서 시온주의에 대한 공감대가 높아졌다. 이전에도 반아랍 정서의 확대를 효과적으로 활용한 바이츠만은 이번에도 시온주의 세력의 로비 활동을 이끌었다. 바이츠만은 쇼위원회 보고서를 앞장서서 비난하며 상임위임통치위원회 소속 위원들을 설득했다. 특별회의는 영국의 정치적·강압적 의지 부족을 공격했다. 쇼 보고서에 공격을 퍼붓는 시간이었다. 영국은 왜 강하게 철권을 휘두르지 않았는가? 왜 폭동 시작 단계부터 엄격한 검열법을 적용하지 않았는가? 왜 가혹하게 개입하지 않았는가? 양보에 불과한 유대인 이민 중단 결정을 내린 이유가 무엇인가? 상임위임통치위원회는 아랍의 요구가 밸푸어선언과 양립할 수 없다고 판단했다. 상임위임통치위원회의 임무는 위임통치안의 조건 변경이 아니라 있는 그대로 실행하는 것이었다. 위임통치안의 조건이 '이중의무'가 아닌 '유대인의 이민'이라는 단일 문제 중심으로 축소되더라도 위임통치위원회가 맡은 임무의 본질은 바뀌지 않는다고 생각한 것이다.[107]

영국 정부가 새로 발표한 패스필드백서Passfield White Paper에는 쇼 보고서와 그 뒤에 공개된 호프 심프슨 보고서의 제안에 따라 유대인 이민 제한 정책을 도입해야 한다는 내용이 실렸다. 바이츠만은 정부의 이러한 방침에 반대 세력을 모으려 애썼다.[108] 처칠, 로이드 조지, 전 식민장관 레오폴드 애머리, 전 외교장관 오스틴 체임벌린 모두 바이츠만을 지지했다. 몇 달 후, 맥도널드는 바이츠만에게 한 통의 서신을 보냈다. 이 서신 때문에 사실상 패스필드백서는 영제국의 휴지통에 버려지고 말았다. 팔레스타인 위임통치안에 명시된 밸푸어선언은 곧 '판결문'이었다.[109] 영국의 강한 억압이 필요하다는 상임위임통치위원회의 요구에는 국제연맹의 자유제국주의 정신 혹은 '제국주의적 국제주의' 정신이 반영되어 있다. 여기에 시온주의에 대한 지지를 얻기 위해 곳곳에서 로비를 벌이고 전 세계 식민지에서 민족자결권 요구가 커지는 현상을 적극 활용한 바이츠만의 예리한 통찰력이 더해지자 팔레스타인은 충돌을 피할 수 없었다.

국가 주도 폭력은 팔레스타인뿐 아니라 영제국 내 다른 곳에서도 새로운 국면을 맞이하고 있었다. 팔레스타인의 아랍인들은 무기를 집어 들고 영제국 보병에게 정면으로 분노를 표출했다. 국가 주도 폭력과 나날이 발전하는 폭력의 논리가 전례 없는 방식과 규모로 광범위하게 표출되었다. 팔레스타인 위임통치령에서 해리스와 그의 부하들은 정보 수집 및 심문 기법뿐 아니라 '블랙앤탠' 방식을 의도적으로 반복화하고 제도화했다. 이러한 폭력의 결합은 사전에 계획된 것이 아니었다. 오히려 위임통치령에서 점점 더 격화되는 상황에 대한 반응으로 형성되었으며, 수십 년간 제국 내에서 축적된 '영국의 무법성을 합법화'하기 위한 예외적 규제 조치들도 마찬가지였다.

5장
팔레스타인에 집중된 제국주의

LEGACY OF VIOLENCE

1939년 6월, 수많은 유대인이 유럽대륙 동쪽에서 약속의 땅 팔레스타인으로 안전하게 넘어갈 방법을 찾아 헤매고 있었다. 이 무렵, 국제연맹에서 팔레스타인을 대표하는 팔레스타인아랍대표단Palestine Arab Delegation의 자말 알후세이니Jamal al-Husayni 단장은 제네바 빅토리아호텔에 틀어박혀 편지를 쓰고 있었다. 수신인은 국제연맹 상임위임통치위원회였다. 자말은 제3국이 아닌 팔레스타인에서 영국의 자유제국주의 체제 아래 벌어진 끔찍한 상황을 조사할 수 있도록 간청했다.¹ 국제연맹은 국제연맹규약 제22조에 따라, 영국에게 위임통치령 팔레스타인 거주민들의 '행복과 발전을 위한 문명화라는 신성한 신탁'을 수여했지만,² 자말은 영국 통치에서 신뢰할 만한 점을 찾기 어려웠다.

아랍봉기

예루살렘에서 가장 영향력 있는 정치 가문 중 한 곳에서 태어난 자말은 전간기 팔레스타인 사태와 관련해 조용히 핵심 인물로 부상했다. 그는 팔레스타인과 중동 전역, 미국, 유럽을 종횡무진 누비며 영국인들에게도 실용주의와 회유적인 접근 방법을 중시하는 사람으로 알려졌다. 자말은 외교관으로서 나날이 악화되는 팔레스타인의 시민 소요 사태와 식민 지배에 대한 불만, 영국인과 아랍인, 유대인의 삼각관계를 둘러싼 골치 아픈 문제, 특히 유대인의 이민 확대 및 토지 구입 확대를 둘러싼 문제 해결을 위해 쉼 없이 노력했다.[3]

이 무렵, 팔레스타인은 3년째 암울한 상황이었다. 1936년 4월 총파업의 형태로 시작된 아랍봉기는 팔레스타인 시골 곳곳으로 퍼져나갔다. 아랍 민족은 유대인의 자유로운 팔레스타인 이주와 팔레스타인 땅 구매를 막았고, 밸푸어선언과 유대인을 위한 '민족적 고향'의 건설 약속도 철회했으며, 팔레스타인의 독립 보장을 요구했다. 영국의 대응은 매우 가혹했다. 아랍 정치인들과 유럽 선교사, 현지에서 활동하는 식민 관료, 팔레스타인 주민, 군경 관계자들은 주로 아랍인을 겨냥한 팔레스타인에서의 탄압을 문서로 기록했다.[4] 이 중 일부는 팔레스타인 통치 책임자인 영국의 몇몇 고등판무관과 영국 성공회 대주교, 영국의 육군성 및 식민성에도 알려졌다.[5] 언제나 그랬듯, 영국 정부의 공식적인 반응은 부인이었다. 영제국의 명성을 훼손하려는 유럽의 파시스트 물결에 아랍 선전가들이 넘어가 벌인 일이며, 보고에는 거짓과 과장이 섞였다는 것이었다.[6] 1937년 5월 영국 총리가 된 네빌 체임벌린Neville Chamberlain과 내각은 팔레스타인이 주장하는 여러 혐의에 대해 "완전히 터무니없다. 영국 병사의 기개는 너무도 잘 알려져서 정당성을 입증할 필요조차 없다."라고 주장했다.[7]

책상 위에 영국군 고발 내용이 쌓여가는 상황에서 자말은 자신의 국제적인 명성을 통해 영제국 책임자를 건너뛰고, 국제연맹 수장인 상임위임통치위원회 '위원장'에게 직접 이의를 제기했다. 그는 역사적인 비유를 들어 상황의 엄중함을 드러냈다.

> 영국군은 조국을 수호하려는 팔레스타인 아랍인들을 상대로 점점 더 억압적이고 공포를 조장하는 조치를 취하고 있다. 오늘날 인류가 혐오와 공포의 눈으로 되돌아보는 암흑시대의 만행들(범죄 수사 과정에서의 고문, 평화롭게 집에 머물고 있는 이들에 대한 폭력, 그리고 그들의 재산을 무차별적으로 파괴하는 일)이 지난 3년 동안 거의 매일같이 자행되어 왔다.

도 넘은 폭력 행위란 뜨거운 철 막대로 신체 일부를 그슬리는 행위, 가죽끈을 이용한 가혹한 매질, 특수 장비로 손톱을 뽑고 그 밑의 생살을 그슬리는 행위, 생식기를 잡아당기는 행위 등이었다. 영국군은 가택 약탈은 물론이고, 즉결 처형도 서슴지 않았다. 무고한 시민에게 식량과 물 공급을 끊어버렸고, 성인 여성은 물론 여자아이들까지 강간했다. 자말은 합당한 요청으로 호소문을 마무리했다. "영국의 위임통치 세력이 이 같은 난폭 행위와 무관하다면, 모든 관계자는 우리가 요구하는 중립적인 조사를 환영해야 마땅하다."[8]

파시즘이라는 현실 정치 상황 때문에 국제세계는 자말의 호소문을 쉽게 처리하지 못했다. 허용 가능한 규범의 틀 안에서 호소문 내용을 판단하려는 움직임도 있었다. 이때의 규범은 특히 영국과 영제국에서 자유제국주의가 널리 확산되던 시기에 깊이 뿌리내리고 있었다. 빅토리아 시대 이전까지 거슬러 올라가는 이 시기에는 유색인종이라는 개념, 폭력을 정당화하는 태도, 우월한 문명을 가졌다는 도덕적 주장 등 매우 다채로운 관념들이 생겨났다. 식민행정부와 제국 치안군의 형태로 표출된 이러한 관념은 식민 지배의 법적 근거를 마련하고 영국의 민족주의적인 신념을 떠받치는 역할을 했다. 위반 행위를 감독하는 곳이지만 자유제국주의 정신이 반영되어 있기도 한 국제연맹의 상임위임통치위원회에서도 새로운 관념이 표출되었다. 전 세계에서 점차 반식민주의 담론이 거세지며 영국 정부 주도의 탄압에 대한 비난의 목소리가 시위, 정치적인 글, 문학 작품에 크게 영향을 미쳤다. 이 같은 점으로 미루어볼 때, 자말은 제국 내 다른 곳에서 발달한 개념, 제도, 인력이 모두 팔레스타인에 집중된다는 사실을 잘 알고 있었던 것이 틀림없다. 그럼에도 불구하고 폭력은 의사결정권자부터 실무담당자까지 영국의 수많은 권력자가 반드시 필요하다고 생각하는 하나의 체제로 자리 잡았다.

심각해지는 폭력

제2차 세계대전 발발 전, 팔레스타인은 영제국 곳곳에서 수십 년간 발달한 자유제국주의적인 개념과 관행이 가장 극적이고 중대한 방식으로 통합된 곳이었다. 이 같은 개념과 관행 그리고 실행 담당자들의 세력 범위와 영향력은 팔레스타인을 넘어 확장되었고, 영국은 제국을 유지하는 동시에 새로운 세계질서 속에서 자리를 확보하기 위해 조직적으로 폭력을 동원하게 된다.

자말이 상임위임통치위원회에 인상적인 호소문을 보내기 3년 전, 부주교 웨스턴 스튜어트Weston Stewart도 그와 비슷한 글을 썼다. 이는 1936년 6월 초, 선교사들과 팔레스타인의 기독교인들로부터 영국군이 무고한 아랍인들에게 불필요한 공포감을 조장한다는 보고를 받았기 때문이었다. 예

아랍봉기 당시 나사렛에서 장갑차를 타고 있는 팔레스타인 경찰, 1936~1939년

루살렘 목사관에서 안락하게 살아가던 성공회Anglican Church(잉글랜드 국교회) 부주교 스튜어트는 수없이 충격적인 사건 중 무고한 시민을 대상으로 한 악의적인 살해와 분별없는 재산 손괴, 건물 폭파, 만연한 약탈 사례를 면밀히 조사했다. 그 뒤 팔레스타인 수석장관 존 홀John Hall에게 보고했지만, 변화가 없자 염려하는 바를 글로 표현했다. 스튜어트는 영국 정부에 다음 같은 서신을 전달했다. "매일 영국 경찰이 원주민, 특히 아랍인에게 행하는 불필요하고 상당히 무차별적이며 난폭한 행동에 관한 이야기가 사방에서 들려온다."

영국 경찰은 "더프 식으로 마구 두드려 패라.Duff them up."*라는 표현대로 아랍 용의자를 대했다. 팔레스타인에서 일상적으로 사용되던 이 표현은 전 세계에서 포로 학대와 관련된 대화에 널리 쓰였다. 스튜어트는 이 같은 표현이 악명 높은 더글러스 더프와 그가 지휘하던 전직 블랙앤탠 요원을 일컫는다고 주장했다. 스튜어트는 이렇게 적었다. "경찰은 법을 손에 넣으려 애쓴다. 정의의 원칙과 기본적인 기독교의 표준이 무시될 때, 이를 공개적으로 언급하는 것은 성공회를 대표하는 내가 할 일이다."⁹

스튜어트의 편지가 당도하고 일주일 뒤, 팔레스타인 수석장관의 책상 위에 또 한 통의 편지가 도착했다. 북부 지역을 돌아본 팔레스타인 식민정부 복지감독관 마거릿 딕슨Margaret Dixon의 편지였다. 딕슨은 담당 지역에서 다섯 개 마을을 자세히 조사한 결과 "잔혹 행위에 대한 소문이 끝없이 들려왔다."라고 전했다. 영국 부대가 마을에 들이닥쳐 남성 주민들을 두들겨 패고, 문과 창문을 부수고, 가구와 그릇, 재봉틀, 축음기, 라디오 등을 산산조각 냈다는 것이었다. "영국 부대원들은 탱크로 베두인족이 사는 천막까지 산산이 부숴버렸다. 공정한 마음을 가진 사람이라면 수치심과 혐오감을 느끼지 않고는 이 이야기를 들을 수 없을 것이다."¹⁰ 홀은 스튜어트와 딕슨에게 즉각 응답했다. "6주가 넘도록 계속해서 위험한 임무를 수행하다 보면 누군가의 잘못을 보고하고픈 마음이 들기 마련이다. 그렇지만 경감이 불안정한 상황을 안정시켰을 것이라고 확신한다. 덧붙여 정치적인 동기 때문에 혐의가 과장될 가능성도 충분하다."¹¹

보고서 제출 며칠 후, 딕슨은 수석장관의 심복 중 한 명인 무디에게 불려갔다. 딕슨에 따르면, "무디는 정부의 허가 없이 특정 조사를 시행했다는 이유로 나를 견책해야 하는 불쾌한 일을 맡았다." 사임하겠다는 딕슨에게 무디는 "지금 사임하면 정부의 입장이 상당히 난처해진다."라고 지적했고, 딕슨은 "정부와 상의 없이 추가로 비슷한 조사를 할 수는 없다."라고 답

---

* '두들겨 패다'라는 뜻의 영어 표현 'beat up'에서 'beat' 대신 더프의 이름을 넣어서 만든 표현이다.

했다. 두어 해 정도 팔레스타인에 더 머문 딕슨은 주어진 임무에 맞춰 여성 및 아동 문제를 해결하는 데 집중했다.[12] 불길한 예감을 떨쳐내지 못한 스튜어트는 비공개로 "전반적인 상황이 점차 나빠지고 있다."라는 글을 남겼다.[13] 이후 몇 주, 몇 달 동안 스튜어트와 선교사들은 지속적인 학대에 대한 보고서로 서류철을 채웠다.

나치의 등장

1930년대 초에는 유대인 정착민과 식민 당국에 대한 아랍인의 공격이 점차 늘어났다. 1933년에는 나치가 권력을 잡고 히틀러가 수상이 되었다. 독일 국회의사당이 화염에 휩싸였고 나치 무리는 뮌헨과 빈을 행진했다. 유럽의 유대인은 이전과 차원이 다른 곤경에 놓였다. 팔레스타인 상황 역시 일촉즉발이었다. 국제연맹 회원국들은 각기 다른 이유에서 많은 유대인을 팔레스타인으로 이주시키도록 영국을 압박했다. 폴란드, 루마니아, 헝가리 같은 일부 국가는 자국에서 유대인을 몰아내려 했다(물론 유대인을 보호하려는 나라도 있었다).[14]

유럽 각국의 논리는 달랐지만 결과는 같았다. 1933년부터 1936년까지 팔레스타인은 40만여 명의 난민으로 넘쳐났다. 단 3년 만에 유대인 이민자가 85퍼센트나 증가한 것이다. 팔레스타인 인구의 약 30퍼센트를 차지하는 유대인 정착민은 아랍 농부들로부터 팔레스타인 땅을 계속해서 사들였다. 이는 유대인이 팔레스타인으로 자본을 갖고 갈 수 있도록 허용한 세계시온주의기구와 나치의 협정 덕에 가능한 일이었다. 1930년 당시 식민지 조세 부담, 제한된 신용 접근, 연이은 흉작, 세계 대공황의 여파로 큰 타

팔레스타인 아랍봉기 당시 주민들이 거주하던 주택을 폭파하는 작전에 동원된 영국 치안군,
1936~1939년

격을 입은 가난한 농부 중 약 3분의 1은 땅을 전혀 소유하지 못했고, 전체의 75퍼센트는 생계를 겨우 이어가기에도 부족한 토지만을 가지고 있었다. 어느 아랍 농부는 자기가 맞닥뜨린 상황을 팔레스타인의 주요 아랍어 신문 〈팔라스틴Falastin〉에 기고했다.

> 나는 땅과 집을 팔 수밖에 없다. 정부가 세금과 십일조를 내라고 강요하는데, 정작 나와 가족이 먹고살 최소한의 수단조차 없는 형편이기 때문이다. 이런 상황에서 나는 부잣집을 찾아가 돈을 빌릴 수밖에 없고, 한두 달 안에 50퍼센트의 이자를 붙여 갚겠다고 약속한다. 그러다 어음을 또 갱신하고, 빚은 두 배로 불어나고… 결국에는, 겨우 얼마 안 되는 돈을 빌렸을 뿐인데 그걸 갚기 위해 땅을 팔게 된다.[15]

농사지을 땅이 없어 자유노동자로 일할 수밖에 없어진 아랍 농부들은 하이파, 야파, 예루살렘 등으로 이주했다. 대공황에 전 세계가 허덕일 때도 유대인 자본이 유입된 팔레스타인에서는 산업이 성장했지만, 일자리는 대부분 유대인에게 돌아갔고, 이는 아랍인들의 분노에 불을 지피는 일이었다.[16]

시골 출신의 젊은 지식인들은 급진적인 민족주의 사상을 발전시킬 만한 비옥한 땅을 찾아냈다. 특히 나블루스, 제닌, 툴카름으로 이루어진 북쪽의 삼각지대는 반대파의 온상이었다. 혁명의 바람이 불어닥친 아일랜드에서처럼, 단순한 형식과 내용으로 마음을 흔드는 노래와 시가 도시의 시장과 커피숍에도 도달했다. 현지인들은 이브라힘 투칸Ibrahim Tuqan, 압드 알라힘 마무드Abd al-Rahim Mahmud 같은 예술가들의 작품을 큰소리로 낭독하고 노래했다.[17] 아랍 젊은이들 사이에서는 다음 노래가 특히 인기를 끌었다.

칼은 젊음을 새롭게 하고
피는 치욕의 삶을 지운다.
팔레스타인의 학생들아, 시간이 되었다.
깨어나 죽을 각오로 조국을 되찾아라.

칼날 위를 걸으며
조국을 위해 그대의 피를 팔아라.
칼이 모든 것을 심판할지어니
팔레스타인이여, 결코 포기하지 마라.
우리가 그대의 번영을 위해 모두 목숨을 바칠 것이니.[18]

1920년대 말과 1930년대 초, 값싼 수입 농산물과 연이은 흉작 때문에 시골 경제는 가파르게 나빠지고 있었다. 팔레스타인에도 여러 포퓰리즘 정당이 등장했다. 그중 급진주의 성향의 이슬람교 원로 잇즈앗딘 알깟삼Izz ad-Din al-Qassam은 빠른 속도로 늘어나는 도시 빈민가의 임시 노동자에게 집중했다. 알깟삼은 '아랍의 지난 세월'이라는 전통적인 개념과 '민주주의와 국가, 개혁 중심의 이슬람교'에 초점을 맞춘 새로운 아이디어를 모두 활용했다. 알깟삼의 메시지는 시온주의자와 영국의 지배뿐 아니라, 영국 당국이 영향력을 행사하고 일정 수준의 평화를 유지하기 위해 의존했던 아얀의 권위에도 직접적인 도전을 가하는 것이었다.[19]

빠르게 발전하는 아랍 농부들의 의식 수준은 쇼위원회의 주의를 끌었다. 쇼위원회는 "아랍의 농부와 마을 주민들이 상당수의 유럽인보다 정치에 관심이 많지도 모른다."라고 강조했다.[20] 현실적으로, 이는 식민정부가 임명한 종법학자 알하즈 아민 알후세이니(자말 알후세이니의 사촌)의 입지가 점차 불안정해진다는 뜻이었다. 그는 영국 정부의 신임을 잃지 않으면서 나날이 과격하고 전투적으로 변해가는 아랍인의 신뢰도 지키는 동시에 사리사욕까지 챙기려고 애쓰고 있었다.

1930년대 초, 알깟삼 추종자들은 시온주의자들이 사는 마을에 소규모 무장공격을 시작했다. 1935년 11월에는 전면적인 혁명 준비를 마쳤다. 영국군은 광범위한 봉기가 뿌리내리기 전에 알깟삼을 죽였다. 농부들과 포퓰리즘을 표방하던 여러 조직은 알깟삼을 순교자로 여겼다. 그의 죽음은 호전적인 민족주의의 유산을 남기고, 효과적인 무장 조직 모델을 제시했다. 영국 정부는 알깟삼을 사기꾼으로, 추종 세력을 광신도로 묵살했다. 눈먼 영국 관료들은 아랍인에 대한 뒤틀린 이해 때문에 알깟삼이 적극 활용한 서민들의 불만 수준을 오판했다. 그들은 아랍인이 느끼는 불만의 근원이 유명인의 권력 투쟁에 있다고 생각했다. 권력 다툼의 한쪽에는 종법학자 알후세이니 가문이, 반대쪽에는 경쟁 관계인 나샤시비Nashashibi 가문이 있다고 믿은 것이다. 반면, 벤구리온은 훨씬 선견지명이 돋보이는 평가를 내놓았다. "알깟삼이 영국군에 의해 죽은 사건은 아랍인의 의식이 발달하는 분수령이었다."[21]

팔레스타인에서 대규모 봉기가 일어나기 직전이었다. 필요한 것은 혁명에 불을 지필 불쏘시개뿐이었다. 1936년 4월 15일, 나블루스에서 툴카름으로 이어지는 도로 검문소에서 알깟삼 추종 세력으로 여겨지는 이들이 두 명의 유대인 승객에게 총을 쏘았다. 마침내 불쏘시개에 불이 붙은 것이다. 이 사건 때문에 아랍과 유대 조직 사이에서 보복과 반격이 계속 오갔다. 4월 19일, '새로운 풀뿌리 정치 인프라'를 발판으로 여러 호전적인 아랍 단체들이 총파업을 요구했다. 역사학자 찰스 앤더슨Charles Anderson은 "전국 위원회뿐 아니라 파업 감독 위원회, 의료 구호 위원회, 금융 지원 위원회, 공급 위원회, 유대인 제품 및 영국 제품 불매 위원회, 중재 및 갈등 해소 위원회 등이 있었다. 그 외에 여성과 학생들이 조직한 온갖 단체가 있었다."라고 지적한다. 이는 국민 주권 원칙을 중심으로 '반란 국가 형성 과정'이 진행 중이었음을 의미한다.[22] 알후세이니 가문과 나샤시비 가문을 비롯해 계급이 높은 아얀 세력은 다시 지배권을 되찾기 위해 협조했다. 채 일주일도 지나기 전, 자말 알후세이니는 다양한 아랍 조직과 손잡고 아랍고등위원회Arab Higher Committee를 설립했다. 이는 전투적인 민족주의자들이 팔레스타인의 정치에 관여하기 시작했다는 명백한 징후였다. 아랍고등위원회는 영국이 유대인 이민 정책을 중단하고, 토지 매매를 금지하고, 그 외의 온갖 요구를 받아들일 때까지 계속해서 총파업을 하겠다고 선언했다.

1936년 4월, 아랍 상임위원회
자말 알후세이니는 뒷줄 맨 왼쪽에, 알하즈 아민 알후세이니는 앞줄 왼쪽에서 두 번째에 있다.

긴급칙령

영국 정부는 수십 년째 이어진 합법화된 불법을 미래 대반란 활동의 모델이 될 비상지휘권으로 통합했다. 1931년, 통곡의 벽을 둘러싸고 폭력 사태가 벌어졌다. 국제연맹은 강압이 부족하다며 영국을 다그쳤다. 위임통치 정부는 팔레스타인 방위긴급칙령Palestine Defence Order in Council을 통과시켰다. 긴급칙령은 고등판무관에게 당시까지 통과된 모든 법안을 넘어서는 권한을 허락했다. 아일랜드와 인도의 규정을 기반으로 한 팔레스타인 방위긴급칙령은 총파업과 팔레스타인 아랍봉기가 시작되기 전까지 공표되지 않았다. 제2차 보어전쟁에서 부상당한 참전용사이자 1931년 팔레스타인 고등판무관이 된 직업군인 아서 워홉Arthur Wauchope은 긴급칙령을 근거로 1936년 4월 19일 팔레스타인에 비상사태를 선언했다. 긴급칙령에는 건축물과 필수품 점유, 차량·화기·통신·선박 통제, 언론 통제 및 검열, 영장 없는 체포, 재판 없는 구금, 강제 추방, 마을과 가정집을 포함한 모든 건축물의 파괴 권한, 화기 사용, 전선 및 철도 파괴 행위에 사형을 선고하는 권한을 허용했다.[23]

1933년부터 팔레스타인과 트랜스요르단을 담당해온 영국 공군 소장 리처드 피어스Richard Peirse와 1936년 9월 책임자가 된 피어스의 후임 중장 존 딜John Dill은 비상사태 규정만으로는 충분하지 않다고 생각했다. 특히 과거 아일랜드에서 허용된 바 있던 징벌적인 재산 손괴와 보복 행위를 진행하기에 부족하다고 여겼다. 1920년대 중반부터 팔레스타인에서 적용되기 시작한 집단책임·처벌조례Collective Responsibility and Punishment Ordinances는 중요하지 않았다. 얼마 전 제정된 집단 과태료 조례Collective Fines Ordinance 역시 마찬가지였다. 피어스는 계엄령을 원했다. 식민성과 육군성 관료들은 인도와 메소포타미아에서 장교로 활약한 법무장관 도널드 서머벨Donald Somervell과 서아프리카에서 복무한 법무차관 테런스 오코너Terence O'Connor를 런던에서 만났다. 서머벨과 오코너는 "1715년과 1745년에 자코바이트 반란Jacobite rising*이 일어났을 때도 국왕 폐하의 군대에 지금 군 당국이 주장하거나 권고하는 정도의 권한이 주어진 적은 없다."라고 말했으며, 계엄령이 너무 제한적이어서 군 당국이 원하는 만큼 권력을 주지 못한다고 주장했다. 예컨대 팔레스타인 민사법원이 탄압적인 군사 행동에 이의를 제기

---

* 1688년에서 1746년에 걸쳐 브리튼제도에서 일어난 반란으로, 스튜어트 왕가의 복권을 목표로 일어났으며, 라틴어로 제임스를 뜻하는 'Jacobus'에서 이름을 따와 '자코바이트'라고 불린다.

할 수도 있고, 현재 팔레스타인이 전쟁 상태에 놓였다고 보기 힘들다고 결정할 수도 있었다는 것이다. 법사학자 앨프리드 심슨은 "이 회의가 사실상 계엄령의 사형 집행 영장에 서명했다고 볼 수 있다. 계엄령은 군인의 권한을 제한할 뿐이다."라고 강조했다.[24]

합법화된 불법이 한 단계 발전하는 결정적인 순간이었다. 영국의 법무장관과 법무차관은 다른 회의 참석자들과 함께 군대에 막강한 권한을 부여하는 새로운 법규를 제안했다. 1936년 9월 26일, 일반적인 계엄령을 대신해 팔레스타인 계엄칙령Palestine Martial Law Defence Order in Council*이 선포되었다. 이 같은 이름이 붙은 것은 정부의 결단력이 전혀 약해지지 않다는 사실을 보여주는 동시에, 세부적인 내용을 잘 알지 못할 아랍 반란 세력에 계엄령과 함께 무자비한 군사 행동이 시작될 것이라는 인상을 주기 위해서였다. 뒤이어 1937년 3월 18일, 새로 공표된 팔레스타인 방위긴급칙령은 행정부에 많은 권한을 주었다. 긴급칙령 제6조 제1항은 "치안을 확보하고, 팔레스타인을 방어하고, 공공질서를 유지하고, 반란이나 저항, 폭동을 진압하고, 공동체 운영에 필요한 공급 및 서비스를 유지하기 위해 편리하거나 필요하면 어떤 제약도 없는 재량 범위 내에서 고등판무관이 새로운 규정을 만들어도 좋다."라고 명시했다.[25]

"법은 규제된 무력에 불과하다."라는 19세기 정치사상가 제임스 스티븐의 공언은 20세기 팔레스타인에서 논리적인 결론에 도달했다. 팔레스타인의 현재에 빅토리아 시대의 그림자가 드리워졌다. 데메라라, 자메이카, 아일랜드, 인도 같은 식민지에서 국가 주도 폭력을 둘러싼 법률 논쟁에 불을 지핀 '폭력의 필요성과 정당한 폭력이라는 문제'가 팔레스타인에서는 특별

---

* 계엄칙령이란 추밀원(국왕 자문기구)의 조언을 받아 국왕이 내리는 명령이다.

규제 조치로 해결되었다. 군경을 포함한 모든 치안군과 고등판무관은 팔레스타인에서 징벌적인 재산 손괴, 항소권 없는 군법회의 재판을 비롯해 원하는 대로 권한을 가졌다.²⁶ 이념적으로 자유제국주의에 뿌리를 두고 있으며 제국에서 펼쳐진 여러 무대와 법정, 그리고 영국에서 국토방위법에 따라 수십 년간 발전해온 합법화된 불법은 완전히 성숙한 형태로 구현되었다.²⁷

군법교범

육군성은 자체적인 군 규정만 따른다면 야전장교와 병사들이 상당한 재량권을 가지고 무력을 사용할 수 있도록 허용했다. '폭력이 미개한 종족에 미치는 도덕적 효과'를 강조했던 콜웰의 영향력 있는 초기 작품을 바탕으로, 찰스 그윈Charles Gwynn 소장은 저서 《제국 치안Imperial Policing》을 통해 식민지 전쟁에서 영국 군인들이 '민간 권력의 지원'이라는 명분 아래 어떻게 행동해야 하는지를 구체화하는 데 기여했다. 그윈을 비롯한 많은 이는 이러한 식민지 전쟁을 단순한 군사 작전이라기보다는, 치안 유지 활동의 일환으로 간주했다.²⁸

1929년 군사규범은 '군법교범Manual of Military Law'이라는 제목으로 성문화되었다. 중요 내용만 발췌해 주머니에 들어갈 만큼 작게 제작한 〈민간정부 지원을 위한 제국 치안 유지 활동 및 임무에 관한 참고사항Notes on Imperial Policing and Duties in the Aid of the Civil Power〉은, 팔레스타인은 물론 제국 각지의 최전선 부대들이 손쉽게 참고할 수 있었다.²⁹ 1929년에 발표된 군법교범은 암리차르 학살이 있었음에도 불구하고, 폭동 진압 시 군대 대응 방식에 대해 기존과 거의 동일하게 개정되었다. 존 스미스John Smyth 대령을 포함한 일부 군 교관은 제국의 미래 지도자들을 가르치면서 헌터위원회를 규탄하고 암리차르 학살 당시 다이어의 행동을 정당화했다. 군 최고위층부터 계급이 낮은 병사까지 군 전반에 이 같은 생각이 만연했다.[30]

군인은 군인인 동시에 시민이다. 그러므로 군인에게는 군법뿐 아니라 민법도 적용된다. 무장 반란 상황이라면 반란에 효과적으로 대응하는 데 필요한 모든 강도의 무력 사용이 정당화된다. 반란 진압에 사용된 무력이 무고한 사람에게 고통을 줄 수도 있지만, 무력은 최후의 수단으로 반드시 필요하다.[31]

영국의 부대와 현지 경찰은 군의 행동 수칙과 민간의 비상조치 사이에서 어떤 제약이나 고발에 대한 두려움 없이 자유롭게 활동했다. 스튜어트 부주교와 팔레스타인 수석장관, 런던 식민성과 육군성 관료들의 책상 위에 군인들의 권력 남용 사례를 고발하고 이와 관련된 불만 사항 호소문이 쌓여갔지만, 법적으로는 아무것도 할 수 없었다. 최종 기소되는 일도 매우 드물었으며, 기소된다고 해도 대부분 무죄로 방면되었다. 여론 문제는 영국 정부의 교묘한 여론 관리에 맡겨졌고, 상임위임통치위원회를 포함한 국제 사회의 외교적 환경 속에서 처리될 사안으로 넘겨졌다.

자유제국주의가 세계 곳곳에서 20세기의 허용 규범으로 탈바꿈한 데는 국제연맹의 역할도 컸다. 1936년 4월부터 휴전된 10월까지 이어지던 팔레스타인 아랍봉기의 첫 단계가 막을 내린 뒤, 상임위임통치위원회는 설전에 가담했다. 스튜어트를 포함해 여러 관계자가 남긴 기록에서 확인할 수 있듯, 이 6개월 동안 영국군은 블랙앤탠 전술과 무력 진압이라는 보기 드문 방식을 총동원했다. 피어스는 이렇게 이야기했다.

> 반군에게서 주도권을 되찾는 유일한 방법은, 반군과 파괴공작원들이 나오는 마을 주민들을 상대로 조치를 취하는 것이라는 사실은 곧 분명해졌다. 그래서 나는 경찰청장 R. G. B. 스파이서R. G. B. Spicer와 협력하여 마을 수색을 시작했다. 걸보기에는 무기와 수배자를 찾기 위한 수색이었지만, 실상 경찰이 실행한 조치는 터키식 방식에 기초한 것으로, 징벌적이면서도 효과적이었다.[32]

법적 계엄령 선포 전에도 허용적인 군의 규범 문화 속에서 '징벌적'이 어떤 의미인지에 대해서는 해석의 여지가 많았다. 피어스가 주장하는 '징벌적이면서 효과적'이라는 표현의 원인과 결과를 잇는 핵심은, 1936년 6월 오래된 항구 도시 야파에서 적나라하게 드러난 잔인함이었다. 영국군은 야파 주민들의 건강과 위생 개선이라는 명분으로 250채의 다가구 주택을 폭파했다. 반란 세력의 장악 지역에 쉽게 접근할 수 있는 통로를 만들기 위해서였다. 그 결과, 무려 6000명의 아랍인이 집을 잃었다. 영국군은 폭파 당일 아침에서야 성의 없이 경고문을 투하했고, 주민들은 단 몇 시간 만에 집을 완전히 비운 뒤 새 보금자리를 찾아야 했다. 수많은 가구가 옷가지만 간신히 챙겨서 집에서 빠져나온 탓에 거주 위기가 뒤따랐고, 거주 위기는 이후 몇 년간 매우 심각하게 악화되었다.[33]

표리부동한 영국의 태도

법정까지 다다른 몇 안 되는 아랍 사건 중 하나의 공판을 진행한 재판장 마이클 맥도널 경Sir Michael McDonnell은 이 같은 상황에 몸서리쳤다. "원고는 공익을 위해 표리부동한 도덕적 용기 부족을 폭로했다. 정부가 박애주의적인 동기에서 비롯된 일이라며 사람들을 속이려 들지 않고, 책임자들이 방어를 위한 일이었다고 솔직하고 진실하게 이야기했더라면 훨씬 명예로웠을 것이다."[34]

맥도널의 비난은 아랍 공동체를 열광시켰다. 아랍인들은 맥도널 재판장의 판결문을 수천 부씩 복사해 배포했고, 아랍 언론은 신문 검열을 피하고자 풍자의 형식으로 야파 사건을 보도했다. '잘 가, 잘 가, 유서 깊은 도시 야파여. 군대가 그대를 폭파시켰구나Goodbye, goodbye, old Jaffa, the army has exploded you'라는 식의 제목이 쏟아졌다. 기사는 국왕의 '다이너마이트 상자'를 폭파해 도시를 '더 아름답게' 만들었다며 군대를 조롱했다.[35] 정부는 맥도널을 대법원장에서 해임했고, 이는 팔레스타인 내 사법부에 강렬한 메시지를 전했다. 즉 사법부는 표면적으로는 독립한 상태지만, 실제로는 날로 협력 관계가 공고해지는 군과 행정부의 권력 체계로부터 자유롭지 않다는 것이었다.

재산 손괴는 여름 내내 지속되었다. 1936년 9월, 식민성은 아랍봉기가 '영국 정부의 권위에 대한 팔레스타인의 직접적인 도전'이라는 뻔한 입장을 밝혔다.[36] 토착 주민을 소외시키는 정책은 알깟삼 추종 세력을 비롯해 도시와 시골에서 활약하는 다른 무장 게릴라 집단에 가입하고 활동을 지지하도록 아랍인들을 부추길 뿐이었다. 무장 게릴라 집단 중 상당수는 아랍고등위원회와 무관했다. 처음에는 시리아에서, 그다음에는 이라크에서 전설적인 사람으로 떠오른 파우지 알까우끄지Fawzi al-Qawuqji도 무장 게릴라에서 활동한 사람 중 하나였다. 그는 범아랍 무장의용대와 함께 팔레스타인에 전투 기술을 접목하고, 스스로를 아랍봉기의 총사령관이라 밝혔다. 알까우끄지는 게릴라 세력을 네 개의 전선으로 나눈 다음, 별도의 지역 사령관과 200명의 무장 반란군을 이끄는 개별 소대장이 각 전선을 이끌게 했다.[37] 다른 봉기 지도자들도 추종 세력과 함께 나블루스, 제닌, 툴카름을 '공포의 삼각지대'로 만들었다. 영국이 '아랍 반란 세력을 체포할 생각으로' 2만 명의 부대원 파견을 끝낸 9월 말, 딜 중장이 군대 책임자가 되었다.[38]

알하즈 아민 알후세이니와 아랍고등위원회의 다른 아얀들은 미약하게나마 우위를 점하고 있었다. 중동 전역을 아우르는 아랍 외교망의 도움으로 영국 당국과 임시 휴전을 협상했지만, 필 경Lord Peel*이 이끄는 또 다른 왕립조사위원회가 팔레스타인의 미래를 결정지었다. 필위원회는 9개월 후 400쪽이 넘는 길이의 보고서를 통해 다음과 같이 말하며 영국이 현지인의 분노에 불붙인 부분도 있음을 시사했다. "기간이 길어질수록 위임통치에 대한 아랍의 적대감은 더욱 강렬하고 격렬해질 것이다. 엄격한 탄압 체제를 통해서만 팔레스타인의 평화, 질서, 선치가 유지될 수 있다." 필위원회는 "그 끝의 빛이 보이지도 않는 상황에서 탄압이라는 어두운 길을 걷는 것은 결코 쉬운 일이 아니다."라고 한탄했다.[39] 빛에 닿을 수 있는 유일한 방법은 밸푸어선언으로 되돌아가 아일랜드처럼 팔레스타인을 분할하는 것이었다.

필 보고서는 팔레스타인 분할이라는 심각한 논쟁을 초래할 만한 방안을 제안하는 동시에, 현지 식민행정부와 강압적인 수단 활용 의지 부족을

---

* 본명은 윌리엄 로버트 웰슬리 필William Robert Wellesley Peel이며, 왕립아일랜드경찰대의 기반을 마련한 로버트 필 경Sir Robert Peel의 손자다.

거침없이 비판했다. 또한 계엄령을 마땅히 선언해야 하고, 봉기가 일어나면 팔레스타인을 하나로 통합된 군사 통제 아래 두어야 한다고 지적했다.[40] 필위원회는 영국의 법무장관과 법무차관이 국가 주도 폭력을 합법화했으며, 치안군의 잔혹한 대응 방식에 대한 기소를 막는 데 비상사태에 관한 특별 규정이 계엄령보다 도움이 된다고 지적했다는 사실을 알지 못한 듯하다.

1937년 7월, 국제연맹 상임위임통치위원회에서 친시온주의 위원들은 영국의 위임통치권 집행 의지와 분할의 필요성에 의문을 제기했다. 전 세계 언론뿐 아니라 자말, 바이츠만 등 상임위임통치위원회를 상대로 로비하려는 사람들이 제네바에 몰려들었다. 자말은 국제연맹에서 이라크 대표 위원과 함께 아랍의 단호한 반대 의견을 전달했다. 바이츠만은 다른 시온주의 지도자들보다는 팔레스타인 분할 정책에 개방적인 태도를 보였다.

부끄러운 기색도 없이 친시온주의적인 태도로 일관한 상임위임통치위원회는 이중의무보다는 관리자로서 제대로 역할을 해내지 못한 영국의 실패, 즉 무력을 이용한 유대인 이주 지원 실패에 더 관심을 보였다.[41] 상임위임통치위원회 위원들은 필 보고서보다 훨씬 더 강하게 아랍인들의 '열렬한 민족주의'를 헐뜯고, "아랍인은 무지몽매한 인종이며 유대인과 유럽의 잣대에 견주면 특히 그렇다."라는 식민장관 윌리엄 옴스비고어의 발언을 지지했다.[42] 몇 주 동안 19세기에 만연하던 인종차별적 발전 단계 개념과 포괄적인 자유제국주의 의제를 다루는 문명화 담론이 오갔다. 이는 애초에 국제연맹의 탄생을 뒷받침했던 사상적 기반이기도 하다. 옴스비고어와 팔레스타인 수석장관 홀을 비롯한 수행단은 제네바에서 몇 주를 보내며 상임위임통치위원회의 집요한 질문을 견뎌내고 답을 내놓았다. 영국은 아랍인에 맞서 많은 폭력을 사용하고, 계엄령을 선포하고, 엄격히 검열했다. 영국 정부에 청원을 한 아랍인들 중에서도 자말을 가둬버리고 마을을 폭탄으로 공격하겠다고 협박해야 한다는 주장이 제기되었지만, 옴스비고어는 이렇게 항변했다. "좋든 싫든 영국인은 자유주의와 민주주의를 사랑한다. 영국인은 '옳음과 옳음 간의 갈등' 해결을 위해 군사력을 동원해야 한다는 주장을 오랫동안 납득하지는 않을 것이다."⁴³

옴스비고어의 말 중 한 가지는 옳았다. 수십 년 된 글을 하나하나 법적으로 따지는 상임위임통치위원회의 방식은 문제 해결에 전혀 도움이 되지 않았다. 시점에 따라 아랍인과 유대인의 주장은 둘 다 정당했다. 다만 옴스비고어의 말 중 '군사력'을 동원하는 영국의 자유민주주의에 관한 내용은 거짓말이었다. 그가 1937년 제네바에서 혼란스러운 상황을 변호한 것은, 본질적으로 영국 정부가 팔레스타인에서 자행한 국가 주도의 폭력 때문이었다. 그러나 상임위임통치위원회는 옴스비고어의 고귀하지만 공허한 항의를 외면하고 탄압을 지지했다.⁴⁴ 홀이 팔레스타인의 최전선에서 지휘하는 동안, 영국 관료들은 극단적인 방법 사용을 부인하고 우려하는 사람들을 능수능란하게 억압했다. 1937년 상임위임통치위원회가 팔레스타인에서 벌어지는 상황을 어느 정도 알고 있었는지는 불분명하다. 그러나 더 많은 유대인을 팔레스타인으로 이주시켜야 하는 절박한 상황을 고려할 때, 탄압 지지 입장은 달라지지 않았을 가능성이 크다. 런던에서는 제국에 대한 긍지와 바이츠만의 개입 때문에 탄압 정책에 대한 우려가 사라졌다.

분할 제안

영국 정부는 도덕적 목적을 찾으려고 했다. 하원 의사당에서 열띤 토론 중 아치볼드 싱클레어Archibald Sinclair 의원은 이렇게 선언했다. "필 보고서를 읽으며 굴욕감을 느끼지 않을 수 없었다. 보고서는 1929년 이후 팔레스타인에서의 영국 행정이 우유부단의 연속이었음을 분명히 하고 있으며, 지금 우리는 영국 정치사에서 가장 창의적인 기획 중 하나가 파산에 이른 현실과 마주하고 있다. 유대인에게 주어진 그 약속이 무엇이었는지, 우리는 그것을 분명히 인식해야 한다."[45] 또 다른 의원은 "분할 제안은 충분한 검토 없이 제안되었으며, 터무니없이 모호하고 지나치게 투기적이며 위험하다. 이로 인해 앞으로의 상황은 지난 15년보다도 오히려 덜 평화로울 수 있다."라는 말로 많은 의원의 생각을 요약해서 전달했다.[46] 의회는 제국의 상처를 핥으며 바이츠만과 다른 이들을 상대로 다시 기존의 약속을 재확인했다. 이에 따라 런던과 제네바에서 이루어진 통치와 권력을 둘러싼 담론이 지대한 영향을 미치게 되었다. 물리적이든 상징적이든 폭력을 독점해 통치 책임을 유지해야 하는 영국의 의무가 어떤 수단보다 중요해졌다. 팔레스타인을 포함한 영제국 전역에서, 현지 사회의 동의를 얻지 못한 반자치 식민국가는 마치 자유제국주의 프로젝트를 떠받든 강압과 개혁의 변화무쌍한 흐름을 초월해 존재하는 것처럼 보였다. 반자치 식민 상태는 오랫동안 이어져온 사상에서 파생된 부수적인 현상이었다. 의무적인 통치와 국가가 지원하는 폭력에 대한 서로 다른 의견이 명확하게 드러나자, 문명화 사명의 이상(특히 위기 상황에서 문명화 사명이 내세우는 이상)을 근거로 막강한 군·행정 복합체가 탄생했다. 이 같은 복합체는 팔레스타인의 평범한 농부와 제국 전역에서 영국에게 지배당하는 수많은 토착 주민에게 매우 파괴적인 영향을 미쳤다.[47]

국제연맹의 분할 제안은 범아랍권의 반대 의견에 불을 지폈다. 알후세이니 가문은 바삐 움직였고, 아랍고등위원회는 필 보고서를 맹렬하게 비난했다. 알하즈 아민 알후세이니는 시리아에서 400명의 대표가 참여하는 범아랍회의를 개최하고 영국을 격렬히 비난했다. 무엇보다 팔레스타인 분할 금지와 위임통치령 및 밸푸어선언 무효화를 촉구했다. 팔레스타인이 다시 무질서 속으로 빠져든 지 얼마 되지 않은 1937년 9월 26일, 갈릴리 지역 판무관 루이스 앤드루스Lewis Andrews가 암살당했고, 이와 동시에 팔레스타인 아랍봉기는 2단계에 접어들었다.

식민정부는 지도부만 없으면 봉기 세력이 무너질 것이라는 잘못된 판단으로 아랍봉기를 무력화시키려고 노력했다. 아랍고등위원회와 무슬림최고회의는 강제로 해체되었고, 영국은 아랍의 여러 지도자를 신속하게 세이셸제도로 강제 추방했다. 변장한 알하즈 아민 알후세이니는 어둠을 틈타 야파와 하이파로 차례로 달아난 뒤 레바논으로 도주해 체포를 피했다. 자말 알후세이니 역시 시리아로 달아났다. 국제 경험이 풍부하던 두 알후세이니는 아랍 곳곳에서 팔레스타인의 명분을 향한 지지를 호소했다. 존경받는 외교관이었던 자말 알후세이니는 1938년 다마스쿠스에서 세운 정보부Information Office를 통해 온갖 소식과 성명서를 확보하고 널리 퍼뜨렸다. 런던아랍국과 선교사 공동체를 비롯해 팔레스타인에서 아랍을 지지하는 다양한 조직과 직접 연락했다. 아랍이 파시스트 세력과 손잡았다는 영국의 주장에 귀가 솔깃했던 이탈리아 및 독일 영사관은 알하즈 아민 알후세이니와 정보부에 약간 도움을 주었다.⁴⁸

알후세이니 가문 유력 인사들이 갇히거나 망명자 신세가 되자, 나샤시비 가문은 경쟁 가문과 맞설 기회를 놓치지 않고 자신들의 이익을 위해 영국과 협조했다. 파크리 나샤시비Fakhri Nashashibi와 그의 삼촌이자 가문 지도자인 라그헤브 나샤시비Ragheb Nashashibi가 주축이었다. 나샤시비 가문은 영국 관료 및 시온주의 지도부와 손잡고 무아라다al-Mua'rada(반대 혹은 방에)당을 설립했다. 이 불경한 동맹은 완곡하게 '평화 도당peace band' 또는 '평화단peace gang'이라 불렀다.⁴⁹ 평화단의 활약은 아일랜드와 다른 곳에서 벌어진 선례를 떠올리게 만든다. 이들의 활동 방식은 전후 제국에서 널리 확산되었다. 평화단의 활동에는 목적 달성을 위해 고의로 토착 주민 간의 갈등을 심화시키는 영국 정책이 잘 반영되어 있었다. 정부와 군 관료들은 영국에 협조적인 지역사회를 무장시킨 뒤, 대가로 충성심의 증명을 요구했다. 1938년 5월, 옴스비고어를 뒤이어 식민장관으로 임명된 맬컴 맥도널드Malcolm MacDonald는 체임벌린 내각에게 간결하게 평화단 정책을 설명했다. "우리가 하는 추구 정책은 나샤시비파를 격려하는 것이다."⁵⁰ 팔레스타인 의사 H. D. 포스터H. D. Forster는 이 같은 정책이 "모든 무크타르(마을 촌장)에게 마을을 대표해 정부에 충성하고, 반란 세력을 혐오한다는 서약서에 서명을 요구한 것이나 다름없다. 그렇게 하지 않으면 해당 마을은 정부의 공언된 적으로 간주되었다. 문명화된 사회에서 그것의 의미를 모르는 사람은 없었다."라고 설명했다.⁵¹

나샤시비 가문과 알후세이니 가문

아랍봉기가 2단계에 접어든 뒤 정부의 후원을 받는 평화단 규모는 점점 늘어났고, 영향력 또한 점점 세졌다. 아랍봉기가 다시금 거세지자 시골 지역은 나날이 황폐해졌다. 농부들은 서로 반목 중인 파벌 사이에서 이러지도 저러지도 못했다. 포스터는 이렇게 이야기했다. "각 촌장은 우즐oo-zlc(아랍의 반란 세력)로부터도 영국에 충성을 맹세하면 죽게 될 것이라는 친서를 받았다. 영국군은 충성을 맹세한 사람들을 보호해줄 수 없다고 인정했다."⁵² 솔직히 영국군 지휘자에게 시골 농부들의 처지는 그다지 중요한 문제가 아니었다. 영국군은 전달자 역할을 하는 아랍인, 나샤시비 가문, 평화단과 협력했고, 편들기를 거부하는 사람은 폭탄과 총으로 고통스럽게 고문했다. 영국 정부는 영제국에 대한 충성심을 행동으로 드러내는 사람이 어떻게든 반군의 손에 죽을 수밖에 없다는 사실을 잘 알고 있었다. 결국 '학살자'라고도 불리던 평화단 지도자 파크리 압드 알하디Fakhri 'Abd al-Hadi는 가문을 위해 피의 복수를 벌였다.⁵³ 이들은 영국의 무기와 지원을 적극적으로 활용했다. 영국도 평화단이 목적 달성을 위해서라면 어느 쪽과도 기꺼이 손잡는다는 사실을 잘 알았지만, 팔레스타인의 아랍 주민이 반군보다 영국 정부와 치안군을 두려워하도록 만드는 데 평화단이 필요했다. 사실, 반군은 시골 지역에서 통치권을 빼앗아 세금 징수, 징병, 정보 수집, 정의 구현 등을 위한 자체적인 시스템과 별도의 통치 구조를 만들고자 했다. 식민정권을 몰아내는 데서 그치지 않고, 팔레스타인을 직접 통치하고자 한 것이다.⁵⁴ 현지 관료들은 누가 누구와 손잡았는지 분간하지 못할 때도 있었지만, 정부는 반란정권을 무너뜨리고 지지자들을 진압하기 위해 계속해서 현장으로 평화단을 파견했다. 평화단은 여러모로 영국의 탄압 정책에서 최후의 일격을 가하는 경우가 많았다. 신체적으로나 정신적으로나 영국군에게 완전히 짓밟힌 농부들이 살아남기 위해 무엇이든 하겠다는 태도를 보이자, 영국 정부는 아랍의 내부 분열을 제대로 활용했다.⁵⁵ 아랍 봉기 2단계 내내 영국군은 일반 대중까지 습격해 상황은 점차 악화되었다.

영국이 고위급 행정관을 전면적으로 숙청하면서 나샤시비 가문과 알후세이니 가문의 운명은 뒤바뀌었다. 팔레스타인에서는 역사적으로 고등판무관이 자주 교체되었는데, 무능한 데다 미온적인 대처 방식 때문에 '실패자'라고 불리던 워홉이 가장 먼저 쫓겨났다.⁵⁶ 고등판무관 자리에 오를 당시, 워홉 역시 선임자들처럼 희망을 품고 팔레스타인에 부임했지만, 결국 후임 수석장관 윌리엄 배터실William Battershill에게 이렇게 글을 남기고 떠났다. "팔레스타인의 상황이 이토록 악화된 시점에 은퇴해야 한다는 사실이 몹시 유감스럽다. 와이츠만이 그 단어를 지나치게 반복해서 사용하지 않았다면, 나 역시 '비통하다'는 표현을 썼을지도 모르겠다."

식민성은 합법화된 불법을 바탕으로 팔레스타인 치안군에게 아낌없이 권력을 허락할 호전적인 성향의 해럴드 맥마이클Harold MacMichael을 고등판무관 자리에 앉혔다. 시온주의자들은 냉혹한 성품의 맥마이클을 미심쩍어했다. 벤구리온은 맥마이클이 친아랍도, 친시온주의도 아닌 속물이라 여겼고, 맥마이클 역시 '영국인'일 뿐이며 "영국 행정부의 이익에 부합하는 방식으로 움직인다."라고 말했다.[57]

식민지 치안 유지, 군 탄압, 공중폭격, 심문과 정보 수집 등 영제국의 흑마술 사용에 앞장선 사람들이 팔레스타인에 도착했다. 이들은 봉기 진압 및 영국의 국익 수호라는 이중 목표에 도움만 된다면 유대인과 아랍, 양쪽의 협조를 기꺼이 받아들였다. 캘커타의 전설적인 경찰국장 찰스 테가트Charles Tegart도 팔레스타인에 가장 먼저 도착한 사람 중 하나였다. 1901년 인도경찰청Indian Police Service에 들어간 테가트는 단숨에 거듭 승진했다. 아일랜드 출신인 테가트는 '철의 사나이Man of Iron'로 불리며 벵골 및 제국 내 다른 지역에서 '테러' 진압의 동의어로 여겨지는 사람이었다.[58] 이 중에서도 벵골은 무장 시위의 역사가 깊은 지방이었다. 수십 년간 제국이 가한 기근과 폭력, 부패의 상처 때문에 고통받았다는 사실을 고려하면, 벵골에서의 무장 시위는 솔직히 놀라운 일도 아니었다. 벵골 주민들은 영국이 과거에 사용한 속임수 때문에 자신들이 부당한 상황에 놓였다는 사실을 잘 알고 있었다. 영국에서 칭송받는 클라이브와 헤이스팅스는 한때 자신들이 약탈한 땅에서 혹평받는 신세가 되었다.

인도는 자유를 얻을 것인가?

1905년, 영국령 인도제국은 벵골을 주로 힌두교도가 거주하는 지역과 다른 무슬림이 거주하는 지역으로 분할통치하는 벵골 분할령을 발표했다. 이후 자주국가, 자치, 외국 제품 불매를 요구하는 스와데시 운동에 불이 붙었다. 이와 함께 '바드라록bhadralok'이라 불리는 교육받은 힌두교 중산 엘리트 계층도 등장했는데, 이들은 영국령 인도 정부를 겨냥한 무장 봉기, 폭탄 테러, 표적 암살을 계획하고 실행하는 조직적 운동을 전개했다.[59] 비폭력을 주장하던 인도 국민회의 주류 스와데시 운동 안에서도, 베핀 찬드라 팔Bepin Chandra Pal과 아우로빈도 고시 같은 급진 인사들은 무장 행동을 요구했다(앞서 언급했듯 고시는 훗날 영적 지도자가 되기 전에 1908~1909년 알리푸르 음모 사건에 연루되어 재판을 받았고 무죄 판결을 받은 바 있다). 이들의 박식하며 분노 가득한 글은 고시가 편집을 맡은 캘커타의 영자 신문 〈반데 마타람 Bande Mataram〉, 벵골 지역에서 발행되던 주간 신문 〈유간타Yugantar〉, 〈산디아Sandhya〉 같은 주류 언론으로 널리 확산되었다.[60] 발행 부수가 많은 이 신문들은 일찍부터 영국의 자유제국주의를 비난했다. 1907년 〈반데 마타람〉에 실린 '인도는 자유를 얻을 것인가?Shall India be Free?'라는 제목의 기사도 그중 하나였다.

어떤 형태의 전제 정치도 인류에 대한 범죄라는 생각은 이제 본능적인 감정으로 자리 잡았고, 현대의 도덕과 감성은 한 민족이 다른 민족을, 한 계급이 다른 계급을, 한 인간이 다른 인간을 지배하고 억압하는 일에 본능적으로 반발하게 되었다. 이러한 시대적 감성을 마주한 제국주의는 자신을 정당화할 필요가 있었고, 그것은 마치 자신이 자유의 수호자인 양, 위로부터 문명을 전파하라는 사명을 받고 미개한 이들을 개혁하고 훈련시키는 존재인 것처럼 가장함으로써만 가능했다. 그리고 언젠가는 이 '자애로운 정복자'가 할 일을 다하고 나면 사심 없이 물러난다는 식의 이야기였다. 이러한 바리새적* 위선은 특히 영국 제국주의에서 더욱 필요했다. 왜냐하면 영국에서는 청교도적 중산층이 권력을 잡았고, 이들이 영국인의 기질에 위선적인 자기 의로움을 덧씌웠기 때문이다. 이들은 정의롭고 이타적인 척하지 않고서는 부정과 이기적인 약탈조차 스스로 정당화하지 못하는 성향을 갖게 되었다.⁶¹

벵골 민족주의자들은 생각이 비슷한 사람들의 존재를 알아차렸다.⁶² 인도의 민족주의 운동을 이끄는 지도부와 일반 병사들은 영감을 얻고 전략을 익히기 위해 제국의 다른 곳, 특히 아일랜드로 눈을 돌렸다.⁶³ 벵골에서는 다양한 민족주의 운동의 형태를 두고 논쟁이 벌어졌다. 간디는 "신페인당 당원들이 모든 형태의 폭력을 사용하고, 그들의 '공포감 조성'은 다이어 장군의 방식과 다르지 않다."라고 비난했다.⁶⁴ 반면 벵골의 민족주의자들은 순교자와 영웅을 찾기 위해 아일랜드를, 그리고 다소 덜하지만 남아프리카를 주목했다. 벵골인들은 스스로를 '인도공화국군Indian Republican Army, IRA'이라 부르며, 영제국 내 제한적인 자치가 아닌 완전한 독립국가로서의 인도를 요구했다. 마이클 콜린스와 에이먼 드 발레라는 자연스럽게 그들의 영웅이 되었다. 콜린스는 탁월한 게릴라 전략가로서, 드 발레라는 국가를 세운 지도자로서 벵골 독립운동가들에게 깊은 영감을 주었다.⁶⁵ 하

---

* 바리새인은 성경에서 겉으로는 경건한 척하지만 실제로는 위선적인 인물로 묘사된다. 오늘날 '바리새적'은 위선을 비판하는 표현으로 쓰인다.

지만 아일랜드 독립운동의 상징이 된 것은 1916년 부활절 봉기에서 순교한 패트릭 피어스였다. 혁명을 지지하는 팸플릿에는 벵골인들을 촉구하는 다음과 같은 내용이 담겨 있었다. "피어스, 젊은 아일랜드의 보석의 역사를 읽고 배우라. 그러면 그의 희생이 얼마나 고귀한지 알게 될 것이다. 피어스는 죽었고, 그의 죽음은 국민의 마음속에 무장 혁명에 대한 굴하지 않는 열망을 불러일으켰다. 누가 이 진실을 부정할 수 있겠는가?" 벵골 혁명가 자틴드라나스 다스Jatindranath Das는 투옥 중 단식투쟁으로 생을 마감한 코크 시장 맥스위니의 희생에 감명을 받아, 1929년 라호르의 감옥에서 단식투쟁에 돌입했다. 정치의식이 높은 벵골인들은 다스를 숭배했고, 다스가 세상을 떠난 뒤 캘커타 시장은 미망인에게 "맥스위니는 아일랜드가 자유를 찾을 수 있도록 인도했다. 자틴드라나스 다스가 그의 뒤를 따랐다."라는 서신을 보냈다.[66] 아일랜드에서와 마찬가지로 장례식과 민요는 민족주의적 정체성을 형성하는 요소가 되었으며, 이는 슬픔에 잠긴 벵골 공동체를 하나로 묶어 오랫동안 함께 상상해온 미래를 향해 나아가게 했다.[67]

1908년 8월, 영국령 인도제국은 지역 치안판사 암살 미수와 두 명의 여성 살해 혐의로 18세의 쿠디람 보스Khudiram Bose에게 유죄를 선고했다. 〈타임스〉는 당시 이 사건으로 보스가 '순교자이자 영웅'으로 떠올랐다고 보도했다.[68] 벵골에서 가장 인기 있던 민족주의 노래 중 하나는 보스의 희생을 기리는 노래였다. 이 노래에는 벵골 주간지 〈유간타〉가 모든 벵골인에게 촉구한 "목숨을 바치되 먼저 적의 목숨을 취하라. 자유를 위해 네 삶을 바쳐라."라는 호소와 가상의 모국에서 벌어진 혁명에 관한 내용이 남겨 있었다.

어머니, 제게 한 번만 작별 인사를 해주세요. 저는 여행을 떠납니다.
미소를 띠고 교수대에 오를 것이니, 인도의 모든 사람이 지켜볼 것입니다.

토요일 10시, 법원은 사람들로 가득했습니다.

아브라힘은 유배를 떠났고, 쿠디람은 교수형에 처해졌습니다.

열 달 열흘 뒤 저는 이모 집에서 다시 태어날 것입니다.

어머니, 그때 저를 알아보지 못하시겠거든 제 목에 둘려 있는 올가미를 찾아보세요.[69]

벵골의 혁명 활동에 가장 크게 영향을 미친 것은 댄 브린Dan Breen의 《아일랜드의 자유를 위한 나의 투쟁My Fight for Irish Freedom》이었다. 1924년 출판되어 힌두어, 펀자브어, 타밀어로 번역된 이 책은 아일랜드공화국군 병사가 쓴 첫 번째 회고록이었다. 아일랜드의 반역자인 경찰, 정보원, 고위급 정부 관료를 처단해야 한다고 언급한 이 책은 반란 세력의 교본이었다. 벵골 혁명가들은 이 책을 '우리의 성경 중 하나'라고 이야기했다. 이 책은 많은 반란 행위에 불을 지폈는데, 1930년 4월 벌어진 치타공 무기고 습격 사건Chittagong Armory Raid이 대표적이다. 이 사건은 60명 가까운 투사들이 경찰 무기고를 습격해 무기와 탄약을 탈취한 사건이었다. 반군이 철도와 전신선을 파괴한 사건도 있었다.[70] 어느 정부 관료는 1916년 벌어진 부활절 봉기와 아일랜드 독립전쟁에서 영감을 얻은 치타공 무기고 습격 사건을 '벵골에서 테러 세력이 벌인 최대 규모의 쿠데타'라고 칭했다.[71] 치타공 무기고 습격 사건이 가장 극적이기는 했지만, 유일한 사건은 아니었다. 벵골경찰정보부Bengal Police Intelligence Branch는 1906년부터 1935년까지 500여 건의 혁명 범죄와 200여 건의 무기·탄환 절도 사건을 확인했다. 1920년대 말에는 암살도 만연했다. 1930년부터 1934년 사이 벵골 혁명가들은 현지 정보원 및 경찰관뿐 아니라, 경무관을 포함한 영국 관료 아홉 명을 살해했다. 한 비평가는 벵골 혁명가들을 '인도의 신페인당원'이라 불렀다. 1932년에는 테러 사건과 요주의 인물에 관한 보고서가 끊이지 않는 데 격분한 영국 국왕 조지 5세가 "벵골은 도대체 왜 그러는 것인가?"라고 공개적으로 말하기도 했다.72

아일랜드 출신의 치안 담당자들

아일랜드는 폭력적으로 혁명을 추구하는 사람들에게만 중요한 곳이 아니었다. 치안 담당자들은 테가트를 영제국의 대표적인 아일랜드 경관으로 여겼다. 테가트의 전설적인 활약은 벵골과 제국 내 다른 곳에서 영국이 사용한 치안 활동 및 첩보 수집 모델이었다. 테가트만이 아니었다. 일반 병사들은 물론 벵골 경무관 앨프리드 오설리번Alfred O'Sullivan, 인도제국 경찰Indian Imperial Police의 일원이자 인도정치정보국Indian Political Intelligence(인도 최고 기밀정보국) 국장이었던 필립 비커리Philip Vickery 같은 최고위급 인사들 중 아일랜드 혈통도 혁명가들에게 별다른 동정심을 보이지 않았다. 이들은 식민 통치를 직접 경험하며 그로 인한 분열을 겪었고, 제국의 현 체제 속에서 단련된 전사로서 배치되었다. 벵골의 한 논평자는 "많은 영국계 인도 경찰관들이 힌두인의 사고방식을 이해하려 했지만, 가장 성공적으로 이를 파악한 것은 대개 아일랜드인들이었다."라며, 그들이 이러한 통찰력을 이용해 벵골의 영국 지배 저항을 탄압했다고 지적했다.73

아일랜드에서 탄압에 앞장선 이들도 인도 행정부에서 새로운 보금자리를 찾았다.74 인도시민관리국에서 일하는 사람 중에는 암리차르 학살 당시 펀자브 부총독이었던 오드와이어도 있었다. 또한 아일랜드 독립전쟁 당시 더블린성에서 국무차관을 지내고 블랙앤탠과 왕립아일랜드경찰대 예비사단을 감독했으며 아일랜드재건법Restoration of Ireland Act하에 재판 없는 대규모 구속 및 억류를 완전히 합법화한 존 앤더슨 경Sir John Anderson도 그중 하나였다. 10년 후, 앤더슨은 어느 고위급 관계자가 '궂은일'이라 표현한 벵골 총독직을 맡았다. 인도 남부를 아일랜드와 비슷하게 통치하려면 반란 세력을 가혹하게 탄압한 아일랜드의 선례가 무엇보다 중요했다.[75] 앤더슨은 임기 동안 벵골을 가혹하게 통제했다. 아일랜드에서 영감을 받은 법적 조치를 도입해 이미 탄압 일색이던 벵골 식민정부의 탄압 역량을 한층 더 강화했다. 앤더슨은 이후 '법령통치ordinance raj'*라고 알려진 방식으로 벵골에서 계속 새로운 행정 명령을 내렸다. 인도 부왕은 정치 폭력을 진압하는 이 같은 접근 방법을 '효율적인 전제주의efficient despotism'라고 불렀다.[76] 그뿐 아니라 앤더슨은 정보장교의 지원을 바탕으로 영국군 및 인도군과 공동 군사 작전에 중점을 두었다. 아일랜드, 서북변경주, 팔레스타인을 비롯한 제국 내 다른 곳에서와 마찬가지로 용의자, 밀수품, 정보를 찾기 위해 무차별적으로 마을을 수색했다. 한 장교는 영국과 인도의 연합군이 사용한 "폭력에 폭력으로 맞서는 방법은 조잡했다. 무기를 찾기 위해 가옥을 수색하는 전술은 대개 성과가 없었다."라고 이야기했다.[77] 앤더슨이 벵골을 떠난 1937년 무렵, 벵골인들은 앤더슨을 마구 헐뜯었다. 벵골어 일간지 〈아난다 바자르 파트리카Ananda Bazar Patrika〉는 "아일랜드가 앤더슨 시대의 이야기를 아직 잊지 못했듯이 앤더슨이 남긴 '고통스러운 기억'은 벵골에서도 영원히 잊히지 않을 것이다."라고 보도했다.[78]

벵골 경찰 조직에서 앤더슨에 필적할 만한 인물을 꼽자면, 바로 테가

---

* 1935년 인도 정부법에 따라 의회가 회기 중이 아니고 즉각적인 조치가 필요하다고 판단될 때, 인도부왕 또는 각지의 총독은 의회의 사후 승인을 받는 것을 조건으로 법령을 만들 수 있었다.

트였다. 얼스터에서 태어났지만 아일랜드 남부에서 성장한 테가트는, 소위 '제국의 테러범' 탄압에 일생을 바쳤다. 1906년 캘커타에서 경찰 부국장으로 승진한 그는, 7년 뒤 인도 식민지 경찰 내에 새로 설립된 정보부의 초대 수장을 맡았다. 1917년에는 롤라트위원회*를 지휘하며 인도(특히 벵골과 펀자브 지역)에서 발생하는 테러나 혁명 활동을 조사하는 임무를 맡았다.[79] 영제국 관료들은 테가트를 대테러 활동 전문가로 여겼다. 인도의 저명한 학자 파사 채터지Partha Chatterjee는 "롤라트위원회가 국가에 대한 폭력을 공모할 가능성이 큰 인물들을 징벌적·예방적으로 통제하는 것이 유일한 대응책이라고 결론짓는 데 테가트가 중요한 역할을 했다."라고 설명했다.[80] 인도의 한 식민장교는 테가트를 가리켜 '위험에 맞닥뜨려도 쉽게 동요하지 않는 사람'이라고 말했다.[81]

테가트는 위장술의 대가이기도 했다. 그는 시크교도 택시 운전사, 홍등가에서 창녀를 고르는 벵골 신사, 평범한 카불인이나 파탄인 등으로 분장했다. 위장하지 않았을 때는 부하들과 함께 벵골 혁명가들을 습격했다.[82] 테가트는 벵골 혁명가들이 '열등하고 여성적이며, 매우 예민하고 감정적인 존재'라고 생각했다.[83] 그는 벵골 혁명가들의 '잘못된 애국심'을 특히 싫어했다. 그의 동료들은 그가 원하는 결과를 얻지 못하면 '인습에 얽매이지 않는 무모한 방법'을 선택했다고 입을 모아 말했다. 원하는 성과를 내기 위해서라면 테가트는 기꺼이 법을 우회했다.[84] 그는 캘커타에서 고압적인 심문 전술을 사용했으며, 버마해안에서 130킬로미터 떨어진 벵골만 안다만제도의 감옥에서도 마찬가지였다.[85]

---

* 1917년, 영국 식민 당국이 인도 내 반제국주의 운동을 조사하기 위해 설치한 특별조사위원회로, 위원장을 맡은 고등법원 판사 시드니 롤라트Sidney Rowlatt의 이름을 따서 명명되었다.

영제국에서 가장 악명 높은 교정 시설 중 하나인 안다만제도의 셀룰러감옥 Cellular Jail은 19세기 말 '매우 긴급한 문제' 때문에 지어졌다.[86] 영국 정부는 상당한 돈을 들여 열대 섬을 유배지에서 악명 높은 감옥으로 바꿔놓았다. 셀룰러감옥까지 가려면 칼라 파니 Kala Pani ('죽음의 물' 혹은 '검은 물'이라는 의미)를 건너야 했다. 일곱 장의 꽃잎이 사방으로 펼쳐진 형태인 이 원형 교도소에는 수많은 정치범이 수감되었는데, 이 중 상당수는 벵골 출신이었다. 영국 정부는 1915년 인도방위법을 근거로 많은 사람을 구금하고 추방했다.

테가트는 한 번에 몇 달씩 독방에 갇혀 기본적인 위생도 보장받지 못한 채 굶주림에 허덕이며 가혹한 노동을 견디고 기계적인 고문에 시달리던 이들에 대해 잘 알고 있었으며, 셀룰러감옥 수감자들 역시 테가트가 어떤 사람인지 잘 알고 있었다.[87] 함께 제국을 이끌어나가던 사람들이 '자신감을 뿜어내는 전설적인 사람'이라며 숭배하는 만큼, 인도인들은 테가트를 혐오했다.[88] 그렇지만 테가트는 끊임없이 암살 위협에 시달리며 여섯 번 이상 가까스로 목숨을 건진 후에도 고압적인 태도를 유지했다.[89]

비밀정보국의 활동

1918년, 인도의 자치를 열렬히 지지하며 급진적인 반체제 문화의 중심에 서 있던 영국의 여성 사회개혁가 애니 베전트 Annie Besant는 테가트를 눈여겨보았다. 베전트는 자치를 요구하던 초기 단체 중 하나인 범인도자치연맹 Home Rule League을 설립한 사람으로, 신지학협회 및 인도국민회의에서 활약했고 1917년에는 인도국민회의를 이끌었다. 40년간 인도에서 살아온 베전트는 영국 정부가 자기 의견에 반대한다는 사실을 잘 알고 있었다. 투옥된 베전트는 인도국민회의와 무슬림연맹Muslim League이 베전트를 석방하지 않으면 전면 시위에 돌입하겠다고 협박한 후에야 겨우 풀려났다. 당연히 인도 식민 당국은 베전트를 몹시 싫어했는데, 이는 베전트가 테가트와 부하들이 죄수들을 두들겨 패고 살해 협박까지 한다고 공개적으로 비난한 탓이었다. 겉만 번지르르한 조사 이후 테가트는 모든 혐의에서 자유로워졌지만,⁹⁰ 추문의 흔적이 사라지지 않은 탓에 캘커타 경찰국장 자리에서 물러났다.

로이드 조지 총리는 테가트를 영국으로 불러들였고, 조국으로 돌아간 테가트는 영국 비밀정보국에서 방첩 활동을 맡았다. 그는 처칠의 부름을 받고 고향 아일랜드로 향했지만, 아일랜드에서 정보 수집 활동이 총체적인 난국을 맞은 탓에 오래 머물지 못했다. 몇 달 만에 아일랜드를 떠난 덕에 테가트와 몇몇 정보장교는 야밤에 영국 첩보원을 대거 살해한 아일랜드공화국군의 공격을 가까스로 피할 수 있었다. 테가트는 기사 작위를 받고 벵골로 돌아와 테러 근절 업무를 맡았다(이 일은 테가트가 가장 잘하는 일이었다). 1930년 여름, 한 벵골 민족주의자가 테가트의 발밑에 폭탄을 던졌다. 가까스로 목숨을 건진 테가트는 엄격한 통치를 꿈꾸는 사람들에게 귀감을 보이며 은퇴했다.⁹¹ 인도 행정부에 몸담은 유명 사업가 퍼시벌 그리피스 Percival Griffiths 경은 이후 "당시 벵골에서 인도시민관리국이나 인도경찰청에서 일한 모든 사람의 마음속에 테가트의 이름이 영원히 각인될 것이다. 모두가 테가트를 본받고 싶어 하지만, 그렇게 할 역량이 없었을 뿐이다."라고 이야기했다.⁹²

몇 년 후 아랍봉기가 2단계에 막 접어든 무렵, 식민장관 옴스비고어는 테가트에게 전면적인 팔레스타인 경찰 개편을 위한 고문 역할을 맡겼다.⁹³

1937년 12월, 테가트는 직접 선발한 보좌관 데이비드 피트리David Petrie와 함께 팔레스타인에 도착했다. 인도 정보국장을 지냈으며 오랫동안 테가트의 방식을 찬양해온 피트리는 테가트와 아주 잘 맞았다. 테가트는 이렇게 회상했다. "나는 충동적이고 서두르는 경향이 있는 데다 즉각적으로 조치가 취해지지 않으면 초조해하는 반면, 피트리는 냉정하다. 논리적인 추론으로 천천히 결론에 도달한다. 우리는 팔레스타인에서 어떤 상황이 벌어졌는지 제대로 된 정보를 확보하고 있었다."[94] 테가트와 피트리는 블랙앤탠의 치안 활동을 강화하는 동시에, 지지부진한 기존 첩보 작전을 완전히 없애고 새로운 조직 구성을 위한 청사진을 제시했다. 아랍의 도적떼 소탕을 위해서는 상대만큼이나 능수능란하고 거친 부류가 필요하다고 생각한 이들은 벵골에서 활약한 타격 부대와 비슷한 부대가 필요하다고 주장했으며, 인도에서와 마찬가지로 처벌해야 할 '나쁜' 마을과 세금 감면 등으로 보상해야 할 '좋은' 마을을 분류한 명부를 원했다.[95]

두 사람은 영국 영사이자 프랑스 위임통치령 시리아에서 널리 존경받던 정보장교 길버트 매커레스Gilbert MacKereth 중령과도 협력했다. 범아랍네트워크는 중동 전역에서 팔레스타인의 형제들에게 자금을 지원하고 필요한 물건을 제공하고 있었으며, 알후세이니 가문은 다마스쿠스와 베이루트에 은신하며 이러한 지원 활동을 조율하고 있었다. 일부 반란 세력은 은신처를 찾아 시리아 국경을 넘었지만, 금세 매커레스의 먹잇감이 되었다. 매커레스는 국경을 넘어 시리아로 온 아랍인 중 일부를 영국 첩보원으로 변신시켰다. 사실, 평화단 책임자 압드 알하디는 매커레스가 양성한 인재 중 하나였다. 매커레스는 조직을 분열시켜 아랍봉기 자체를 약화시킬 생각으로 압드 알하디를 훈련시킨 다음 다른 협력자들과 함께 팔레스타인으로 돌려보냈다. 테가트와 피트리가 다마스쿠스에 매커레스를 찾아간 1938년 초, 압드 알하디는 팔레스타인에서 이미 파크리 나샤시비와 손잡고 평화단 활동을 시작한 상태였다. 자신의 이름이 흑수단Black Hand Gang 암살 목록의 제일 위에 올라갔다는 사실을 알고 있던 매커레스는 런던에 전보로 방탄조끼를 요구했다.

　매커레스는 알깟삼 추종 세력의 암살 위협을 무사히 넘겼지만, 나샤시비 가문 사람들은 대부분 그렇지 못했다. 1941년 이후, 알후세이니가 이끄는 무장 세력은 파크리를 포함해 나샤시비 가문의 몇몇 인사를 총으로 쏴 죽였다.⁹⁶ 테가트와 피트리는 팔레스타인의 기존 범죄조사국을 '제대로 훈련되지 않았고, 사실상 아랍어를 구사할 줄 아는 장교도 없으며, 지휘 체계도 무능한 곳'으로 여겼다. 둘은 영제국 내 다른 지역에서 사용되던 심문 기술과 훈련 기법을 팔레스타인에 적용했다.⁹⁷ 머리칼이 희끗희끗해지고 주름이 가득한 테가트의 겉모습은 아랍수사센터Arab investigation center 출범에 아무런 문제가 되지 않았다. 아랍수사센터는 벵골 심문소와 안다만 제도의 셀룰러 감옥을 본떠서 만든 것으로, 팔레스타인의 한 관료는 "선발된 경찰관들이 '자백할 때까지' 아랍인을 고문하도록 훈련을 받았다."라고 이야기했다.⁹⁸ 이러한 심문 기법은 팔레스타인 전역으로 확산되었으며, 이른바 '테가트 요새'라고 불린 여러 경찰 요새에서도 일상적으로 사용되었다. 단계적으로 건설된 총 70개에 달하는 테가트의 발명품은 전략적인 이유로 팔레스타인 곳곳에 세워졌다. 아랍봉기 기간 동안 시리아와 레바논 국경에 세워진 경찰 요새의 목적은 군경 협동 작전이었다. 아랍 반란 당시, 시리아 및 레바논 국경에 세워진 요새들(그중 가장 거대한 것은 훌레계곡을 내려다보는 네비무사 마을의 요새였다)은 경찰과 군이 공동 작전을 수행하도록 설계되었다. 완공된 테가트 요새는 인도의 경찰 요새를 본떠 만들어졌으며, 심문실과 구금 시설, 합동 보안부대를 위한 휴게 공간, 세탁실, 식당, 주방, 독신

자 및 기혼자를 위한 숙소 등 다양한 편의 시설을 갖춘 독립적인 시설이었다.[99]

통제권을 상실한 영국군

테가트가 팔레스타인에 남긴 흔적은 경찰 요새뿐만이 아니었다. 지중해부터 훌레호수까지 8킬로미터에 걸쳐 뻗은 악명 높은 철조망 담장에는 테가트의 이름을 본떠 '테가트 장벽Tegart Wall'이라는 이름이 붙었다. 콘크리트로 지어진 감시초소 혹은 '사격진지'가 전략적으로 곳곳에 배치되었다.[100] 테가트 장벽은 약 1.5미터의 간격을 두고 나란히 서 있는 1.8미터 정도 높이의 철조망 담장 두 개가 평행하게 늘어선 구조물로, 두 철조망 담장 사이의 공간은 지그재그로 이어진 철조망으로 채워졌다. 아래에는 엉망으로 뒤얽힌 느슨한 철사가 놓였다.[101] 총기 밀수업자, 반란 세력, 반란 첩보가 북쪽 국경을 넘지 못하도록 막기 위해 만들어진 테가트 장벽의 설치 비용은 10만 파운드(약 92억 원)에 육박했지만, 효과는 거의 없었다. 밤이 되면 아랍인들은 철조망을 자르거나 낙타에 줄을 연결해 상당 부분을 무너뜨리고, 트럭으로 철조망을 납작하게 만든 다음 팔아서 필요한 물건을 샀다.[102]

최초의 진상 조사 및 보고서 제출을 끝낸 지 9개월 뒤, 테가트는 식민성의 애원에 못 이겨 팔레스타인으로 돌아갔다.[103] 그가 자리를 비운 동안 아랍 반란 세력은 시골에서 꾸준히 통제력을 장악했고, 특히 팔레스타인 북부에서 반란 세력의 영향력이 커졌다. 야파와 예루살렘을 비롯한 도시와 도로 대부분이 포위되었고, 기차역과 철도는 사용 불가능한 수준으로 훼손되었다. 경찰서, 우체국, 은행 및 기타 정부 시설은 잦은 공격과 강도질에 시달렸으며, 지뢰 때문에 사실상 거의 모든 이동이 위협을 받았다. 영국 식민장교, 경찰, 정보원으로 의심되는 사람들이 암살당하는 일도 비일비재했다. 아랍 내부는 물론, 아랍인과 유대인 간의 폭력 사태가 만연했다. 반란군은 영국을 주요 공격 대상으로 삼았으며, 영국군은 통제권을 상실했다. 1938년 9월, 군사 작전 담당자인 신임 군사령관 로버트 하이닝Robert Haining 장군은 "정부 행정과 국가 통제가 사실상 이루어지지 않는 상황이다."라고 기록했다.[104] 같은 달, 시온주의 지지자인 테가트는 팔레스타인의 경찰과 군 사이에서 전면적인 연락책의 역할을 맡았다. 이 때문에 테가트는 영국 정부에 "내가 맡은 역할의 목적이 무엇인지에 대한 추가적인 정의를 원치 않는다."라는 점을 분명하게 전달했다.[105]

하이닝의 지휘를 받는 군 병사들은 경찰을 거의 배려하지 않았고, 신임 경무관 앨런 손더스Alan Saunders를 '협력이 필요하긴 하지만 무능한 사람'으로 여기며 무시했다. 테가트는 보안부대 간 협력을 조율하고 정보 수집 및 배포를 원활하게 하는 역할을 맡았다. 특히 그는 영국 공군 첩보조직, 경찰 범죄수사부, 그리고 다마스쿠스에서 활동하는 매케레스의 작전팀 간 정보 공유를 촉진하는 데 집중했다. 벤구리온, 유대기구와도 적극적으로 협력했다. 런던에서는 식민지 사무국과 그 대리인, 특히 바이츠만의 절친한 친구인 루이스 네이미어Lewis Namier가 테가트의 활약과 팔레스타인 행정부의 업적을 시온주의 지도자들에게 지속적으로 알렸다. 테가트는 팔레스타인의 병력과 예산을 늘리는 데 힘을 보탰다. 테가트의 노력에 힘입어 팔레스타인에서 영국 경찰관 숫자는 3000여 명으로 세 배나 늘어났고, 유대인 예비군의 규모가 거의 1만 2000명까지 확대되어 해임당한 아랍 경찰관보다 다양한 역할을 맡았다. 영국은 넉넉지 않은 군자금으로 유럽과 다른 지역에서 커다란 전쟁을 치르려고 준비하는 상황이었지만, 테가트의 노력 덕에 팔레스타인의 국내 안보 예산은 84만 2000파운드(약 773억 원)에서 350만 파운드(약 3211억 원)로 네 배 늘어났다.[106]

하지만 테가트의 극적인 계획과 인력 및 예산 확대만으로는 승리를 장담할 수 없었다. 신임 연락장교 테가트가 팔레스타인으로 돌아가자, 고등판무관 맥마이클은 영국 정부에 경찰력 보강을 위해 최대한 많은 병력을 파견해달라는 내용의 전보를 보냈다. 쇼위원회가 경고했던 아랍 사회의 정치적 급진화는 현실로 나타났으며, 맥마이클은 다음과 같이 심각한 우려를 표명했다. "이번 반란은 의심할 여지 없이 팔레스타인의 모든 계층을 포함한 국민적 반란으로 발전했으며, 팔레스타인 이외 지역에 사는 아랍인들에게도 상당한 지지를 받고 있다. 해외 의용병이 많긴 하지만 무장 세력의 대다수가 외국인이라는 것은 사실이 아니다. 의용병은 대부분 현지인이며, 마을 주민들이 정부군과 교전 중인 조직을 돕기 위해 대거 나서는 사례도 여러 차례 발생했다."[107] 이에 하이닝은 영국 정부에 신속한 병력 증원을 긴급 요청했다. 유럽의 전쟁 위협이 임박한 상황이라 육군성은 병력 증강을 망설였지만, 1938년 9월의 뮌헨회담Munich Agreement 체결로 나치독일과의 즉각적인 충돌을 피한 영국 고위 군 관계자들은 결국 하이닝의 요구를 받아들였다. 머지않아 2만 명의 병사로 이루어진 두 개 사단이 팔레스타인에 주둔하게 되었고, 이들을 지원하는 상당한 규모의 영국 공군 역시 팔레스타인에 배치되었다. 하이닝은 경찰을 포함한 모든 영국 보안부대의 작전 지휘권을 완전히 장악했다. 비록 군은 경찰을 능력 부족과 입이 가벼운 조직이라며 폄하했지만, 경찰은 여전히 다양한 작전에 투입되었으며, 특히 아랍 마을을 대상으로 한 보복 작전에서 중요한 역할을 맡았다.[108]

사실상 맥마이클은 권력에서 밀려났으며, 하이닝과 그의 부하들이 테가트, 다른 정보장교들과 함께 아랍봉기 기간 동안 실권을 장악했다. 이들은 아랍봉기 시작 무렵 군 작전에 참모가 내놓은 다음 보고서를 마음에 새겼다. "장기적으로 보면 처음부터 탄압하는 것이 평화를 되찾기 위한 가장 편리하고 인도적인 방법이다. 하지만 억압이 타당하다는 논리적 결론에 도달하지 못하면 위험할 수도 있다."[109] 아랍봉기는 틀림없는 진압 대상이었다. 맥마이클을 비롯한 팔레스타인 행정부와 끝없는 의견 충돌과 갈등을 겪긴 했지만, 모든 결정권을 갖게 된 영제국의 군·행정 복합체에게 남은 것은 규범적으로 허용되고 법적으로도 문제될 것 없는 탄압의 권력을 휘두르는 것뿐이었다.

1938년 여름, 팔레스타인에서 벌어진 아랍봉기가 2년째에 접어들었다. 봉기와 관련된 모든 세력이 아랍 주민을 위협했다. 반란 세력은 시골 지역을 점령하고, 팔레스타인 인프라 상당 부분을 파괴했으며, 귀중한 송유관이 묻힌 땅을 파헤쳐서 구멍을 낸 다음 기름에 불을 질렀다. 영국이 반란 세력을 진압하기 위해 새로운 지도부를 뽑으려고 서두르는 와중에, 한 정보장교가 테러범들을 두려움에 빠뜨려 붙잡은 다음 완전히 말살하는 계획을 제안했다.[110]

전설이 된 윙게이트

정보장교 오드 윙게이트Orde Wingate 대위는 머지않아 전설적인 인물이 되었으며, 심지어 상관들에게도 자신을 '윙게이트'로 부르라고 할 정도였다. 그의 외모와 행동은 군 장교로서는 상당히 특이한 편이었다. 그는 1937년식 낡은 오픈카를 타고 지뢰가 깔린 팔레스타인의 도로를 질주하며, 식민

행정관, 밀고자로 의심되는 자들, 경찰관들을 무차별적으로 암살하던 아랍인들을 대놓고 조롱했다. 그의 차 안은 작은 무기고와 다름없었다. 자동차 좌석과 바닥에는 수류탄 몇 개, 소총 탄약이 담긴 탄띠 하나, SMLE 소총* 한 자루, 먼지로 뒤덮인 온갖 종이와 지도 등 온갖 무기와 각종 용품이 널브러져 있었다.[111] 여러 측면에서 윙게이트와 닮은 자동차였다.

시원한 여름 정장을 입고 양말 한쪽은 발목에 느슨하게 늘어뜨린 채, 6연발 권총을 엉덩이에 슬쩍 늘어뜨린 꾀죄죄한 모습으로 항상 파나마모자를 쓰고 다니며 덥수룩하게 검은 턱수염을 기른 윙게이트는 결코 군인처럼 보이지 않았다. 그는 생양파와 마늘을 목에 걸고 다니며 가끔 한입씩 베어 물었다. 그러면서 모기를 쫓기 위한 행동이라고 말하곤 했다. 더러운 양말로 찻잎을 거르고, 손목에 자명종을 차고 다녔으며, 자명종 소리가 나면 어떤 회의 중이든 간에(심지어 하던 말이 끝나지 않았을 때조차) 즉시 회의를 중단했다. 그는 특히 옷차림에 대한 형식적인 규율을 전혀 따르지 않았다. 예컨대 목욕 중 갑자기 지시 사항이 떠오르면 목욕 모자 외에 아무것도 걸치지 않은 상태로 뛰쳐나와 명령을 내렸으며, 공식 브리핑을 할 때 완전히 벌거벗은 채 부하들 앞에서 거들먹거리며 칫솔로 음모를 빗기도 했다. 이는 벼룩을 제거하는 데 효과적인 방법이었다.[112] 작은 체구에 뛰어나지 않은 운동 능력 때문에 영국 남자다운 용맹함이 부족한 것처럼 보였지만, 강인한 의지와 영제국 및 시온주의에 대한 불 같은 열정을 지닌 윙게이트는 현장에서 부대원보다 빨리 움직이는 것으로 유명했다. 그는 덜 자고 덜 먹었으며, 부대원들에게도 자신과 비슷한 정신적·신체적 강인함을 요구했다. 제2차 세계대전과 전후에 팔레스타인과 영제국 내 다른 지역에 윙게이트가

---

* 제1차 세계대전 기간에 사용된 리엔필드 소총이다.

흔적을 남긴 것은 그가 창설한 특수야간부대Special Night Squad와 시온주의라는 대의에 대한 헌신, 아랍인에 대한 온전한 경멸 때문이었다.

1936년, 아랍어를 능숙하게 구사하는 신임 정보장교 윙게이트가 팔레스타인에 도착했다. 언어 습득 능력이 뛰어나던 그는 팔레스타인 도착 6개월 만에 히브리어까지 유창하게 구사했다. 또한 영국의 식민 지배를 받던 인도의 보수적 복음주의 가정에서 성장한 덕에 길고 난해한 성경 구절도 즉석에서 암송할 수 있었다. 그는 뛰어난 인맥으로도 유명했는데, 한동안 군·정계의 영향력 있는 사람들로부터 신뢰를 얻고 보호받았다. 팔레스타인에서 잇따라 영국군 지휘를 맡은 세 장성, 딜 중장, 아치볼드 웨이벌 경 Sir Archibald Wavell, 하이닝 장군도 적극적으로 윙게이트를 지지했다.[113] 영국이 아랍의 손에서 팔레스타인 야간통제권을 빼앗으려 한 1938년 봄, 장성들의 지지는 윙게이트가 뜻을 이루는 데 큰 도움이 되었다. 하이닝은 "야간에 팔레스타인 전역에서 군대와 경찰을 은밀하게 투입해 폭력 집단을 기습하고 농부들의 신뢰를 회복한 다음, 시골 지역에 대한 정부 통제 확보 시스템을 마련하겠다."라는 윙게이트의 계획을 공식적으로 지지했다. 그의 목표는 단 하나였다. 아랍 반군을 비롯해 자신에게 걸림돌이 되는 사람을 모두 없애버리겠다는 것이었다.

윙게이트는 영국의 뛰어난 국민성, 훈련 능력, 타고난 공격성을 잘 활용해 고도로 훈련된 대테러 작전을 진행하기로 마음먹었다.[114] 처음에 그는 자신의 사설 군대를 '기드온 야간부대Night Squads Gideon Force'라고 명명하여 구약성서 속 영웅에게 경의를 표하려 했으나, 상급자들은 편향성이 강하다는 이유로 이 명칭을 기각했다.[115] 특수야간부대는 윙게이트가 직접 선발한 영국인과 유대인 병사로 구성되었다. 이 같은 구성은 군, 식민성, 팔레스타인 고등판무관 워홉이 합의한 정책에 위배되었다. '이슈브'라고도 불렸던 유대

팔레스타인에서의 특수야간부대 훈련, 1930년대 말

인 공동체를 무장시킨다는 발상에 아연실색한 워홉은 런던에 있는 영국 관료들에게 "팔레스타인 내 아랍인을 상대로 한 유대인 공동체의 공격적인 행동을 허용하면 두 민족이 평화롭게 공존할 가능성이 자손 대대로 사라져 버릴지도 모른다."라고 경고했다.[116] 그럼에도 불구하고 아랍혁명 기간 동안 영국군 지휘관들은 비공식적으로 유대인 조직의 지원을 활용했다. 1938년, 워홉의 뒤를 이어 팔레스타인 고등판무관이 된 맥마이클은 식민장관에게 자신과 팔레스타인 행정부가 경찰을 비롯한 각종 조직에 동원된 유대인들을 모르는 체했다고 알렸다.*[117] 이에 대해 윙게이트는 한 치의 망설임도 없이 자신의 견해를 밝혔다.

---

* 맥마이클은 대의나 명분보다는 오직 영국의 이익에만 관심을 갖는 냉혹한 인물이었다.

유대인은 제국에 충실하며 약속을 잘 지킨다. 유대인이 지금까지 이곳에서 어떤 일을 해냈는지 상상조차 못 할 것이다. 사막이 장미처럼 피어난 모습을 보면 매우 놀랄 것이다. 어디를 가든 집약적인 농업이 이루어지고 있으며, 그들의 에너지, 신념, 능력, 창의성은 세상이 한 번도 본 적 없는 수준이다. 이들은 우리보다 더 나은 군인이 될 것이다. 우리가 해야 할 일은 유대인을 훈련시키고, 무기를 주는 것뿐이다. 팔레스타인은 우리 영제국에 필수적이고, 영제국은 영국에 필수적이며, 영국은 세계 평화에 필수적이다. 이 안에 이슬람이 설 자리는 없다.[118]

윙게이트와 동시대에 살았던 많은 사람은 '이해할 수 없는' 유대인에 대한 반유대주의와 아랍 문화에 대한 낭만적인 동경을 품고 있었다. 윙게이트는 아랍인이 특별히 숭고하지 않다고 생각했다. 윙게이트는 아랍인을 이렇게 평가했다. "아랍인은 어떤 종류의 변화나 뜻밖의 상황도 제대로 직면하지 못한다. 이것이 바로 아랍인의 성격이며, 아랍인은 이러한 성격을 바꿀 수 없다. 아랍인은 허약하다. 그들의 전쟁 이론은 재빨리 도망치는 것뿐이다. 무지하고 원시적인 모든 민족이 그렇듯, 아랍인은 특히 쉽게 극심한 공포에 빠진다."[119] 종교적인 신념이 동반된 윙게이트의 세계관에 군사 전략이 더해지자 굴하지 않고 시온주의 명분을 실현하기 위해 헌신하는 태도가 생겨났다. 그의 세계관은 그의 유명한 사촌 '토머스 로런스'를 혐오하는 마음과 반아랍주의에 불을 지폈다.[120]

아랍인들을 겨냥한 대테러 활동

서로 정반대였던 윙게이트와 로런스가 지지하는 한 가지 공통된 명분은 '영제국의 유지'였다. 비록 해석은 달랐지만 그들은 영제국이 이익을 얻을 수 있도록 헌신적으로 노력했다. 윙게이트와 특수야간부대는 아랍인들이 기습 공격에 쉽게 공황 상태에 빠진다는 사실을 활용하여, 아랍 마을과 다른 반군 용의자들의 은신처를 직접 공략하는 대테러 활동을 벌였다. 송유관이 파괴되던 어떤 날의 야간공습은 여느 때와 다를 바 없었다. 마을에 도착한 윙게이트의 부하들은 현지 주민들을 심문했지만, 누구도 무언가를 듣거나 봤다고 자백하지 않았다. 해당 작전에 참여했던 상등병 프랭크 하우브룩Frank Howbrook의 증언에 따르면, 아랍 주민 중 누구도 순순히 심문에 응하지 않자 윙게이트는 다음과 같이 말했다. "이들에게 본때를 보여주기 위해 마을의 모든 남자를 잡아들였다. 밖에서는 검은 기름이 가득한 큰 웅덩이가 불타고 있었다. 우리는 아랍 남자들을 모두 그 옆에 세워놓고 팔과 다리를 하나씩 잘라 웅덩이 가운데로 던져 넣었다."[121]

대테러 활동에서 사망자의 숫자는 성공적인 탄압의 지표였고, 특수야간부대는 전설이 되었다. 이들은 군 내부에서도 독립적인 권한과 명성 때문에 일반 병사들의 질투를 샀으며, 총알보다는 총검과 폭탄을 사용해 신체적 고통을 가하는 방식을 선호했다. 그 배경에는 윙게이트의 '처벌의 도덕성'이라는 신념에서 비롯되었다.[122] 보복은 특수야간부대의 레퍼토리였다. 특수야간부대는 비협조적인 아랍인, 특히 유대인 정착지를 공격한 아랍인의 입속에 석유를 잔뜩 머금은 모래를 가득 쑤셔 넣었다. 윙게이트는 "송유관 주변에서 수상한 행동을 하는 자는 신속하고 조용하게 사라지게 될 것이다."라고 자랑스럽게 말했다.[123]

그는 강해질 필요가 있다고 생각하는 사람들을 신체적으로 학대했는데, 특히 유대인 부하들을 무자비하게 훈련시켰다. 그럼에도 불구하고 윙게이트에 대한 군인들의 존경심은 대단했다. 임시 병사 치온 코헨Tzion Cohen은 "윙게이트가 우리에게 가치 있는 군인이 되는 법을 가르쳤다."라고 상기했다.[124] 코헨을 비롯한 유대인 병사들은 영국 병사들과 함께 아랍 주민의 얼굴에 강제로 석유와 진흙을 발랐다. 또한 마을을 습격할 때 아랍인의 숫자가 15명을 채울 때마다 한 명씩 총을 쏴 죽였고, 잠든 여자와 아이를 살해하기도 했다. 일부 유대인 지도자는 윙게이트의 전술에 발끈했다. 유대기구 정치부 책임자 모셰 샤레트Moshe Sharett는 "유대인 가운데서도 가장 우수한 사람들만이 억제력을 타고나는데, 윙게이트의 전술은 이런 억제력에 완전히 반대된다."라고 적었다.[125] 그럼에도 불구하고 영국과 영제국에 대한 충성이라는 치열한 경쟁 속에서, 한 보고서는 다음과 같이 전했다. "영국군은 젊은 유대인이 훌륭한 군인이자 좋은 전우가 될 수 있고, 히브리인 이슈브가 단순히 돈을 쫓는 상인들로만 이루어진 것이 아님을 확인했다."[126]

특수야간부대는 아랍인에게 저항할 미래의 유대인 반란군 양성훈련소였다. 이 부대는 영국 치안군에서 활약한 사람들을 대거 받아들였다. 그중에는 하우브룩처럼 사람을 죽이도록 훈련받은 직업군인도, 시드니 버Sydney Burr처럼 경험이 부족한 병사도 있었다. 팔레스타인에서 경찰로 근무하던 그는 아랍인을 '왝스wogs'*라고 부르며 다음과 같이 말했다. "우리가 확보한 정보는 대개 고문으로 얻은 것이다. 고문은 이들을 상대하는 유일

---

* 아랍인, 남아시아인, 아프리카인 등 비서구권 민족을 경멸적으로 부르는 인종차별적 비속어로, 특히 영국군이나 식민지 행정관들이 식민지 주민들을 멸시할 때 자주 사용하던 표현이다.

한 방법이다."¹²⁷ 팔레스타인 경찰은 이처럼 급하게 뽑은 젊은 병사들에게 블랙앤탠의 전통을 가르쳤다. 나중에 키프로스 총독이 되었다가 카라돈 경Lord Caradon으로 승격되는 휴 풋Hugh Foot도 젊은 시절 식민장교로서 야간 작전에 참여했다. 영제국의 관점에서 모든 것을 선악으로 단순화하는 어린 시절의 신화를 신봉하며 모험에 대한 갈망과 함께 성장한 카라돈 경은 이렇게 이야기했다.

> 아랍봉기 기간에는 상황이 꽤 험악했다. 그 나이에 아랍봉기를 즐겼다고 말하기는 부끄럽지만, 우리는 반란을 즐겼다. 정말이지 재미있었다. 일종의 보이스카우트 활동 같았다. 밤이 새도록 일개 중대를 이끌고 걸어서 툴카름 산악지대 마을을 빙 둘러쌌다. 아랍인들이 군대가 어느 쪽에서 오는 것인지 전혀 감을 잡지 못하도록 딱 해 질 녘 제닌에 도착한 다음, 곧장 팔레스타인을 가로질렀다. 개가 짖지 못하도록 만들고는 마을을 에워쌌고, 마을로 들어간 다음에는 절박한 사람을 찾아냈다. 영국 경찰은 우리 부대뿐 아니라 다른 부대와도 훌륭하게 협력했다. 물론 상황이 좋지 않은 날이 많을 수밖에 없기는 했지만 말이다.¹²⁸

영국 공군의 활약

이 무렵, 해리스는 예루살렘의 유명한 킹데이비드호텔* 꼭대기 층 사무실에 앉아 거대한 책상 건너편에 앉은 젊은 비행장교 제임스 펠리프라이

---

* 성경에 나오는 다윗왕King David의 이름을 따서 명명한 예루살렘의 역사적 호텔이다.

James Pelly-Fry를 살펴보고 있었다. 제복에 수많은 훈장이 달린 해리스는 넓은 어깨를 쫙 펴고 단호한 눈빛으로 팔레스타인과 트랜스요르단 공군장교가 된 펠리프라이를 똑바로 응시했다. 뛰어난 비행 솜씨를 지닌 펠리프라이는 전쟁으로 짓밟힌 팔레스타인 땅과 그 위 하늘에 정신이 팔려 있었다. 해리스 역시 테가트와 윙게이트 못지않게 뛰어나고 냉철하게 성과를 달성한다는 평판을 지니고 있었다. 젊은이들은 해리스를 두려워하고 존경했다. 펠리프라이 같은 일부 젊은이들은 해리스에 대해 "그렇게 빨리 인정하고, 정확히 판단하고, 신속히 행동하는 사람을 본 적이 없다."라고 이야기하기도 했다.[129]

'영국 공군의 신동'으로 불렸던 펠리프라이는, 한때 이라크 사막에서 활동하던 시절을 뒤로하고 팔레스타인 및 트란스요르단 공군사령관 자리까지 올랐다. 1938년 여름, 펠리프라이와 그의 아내는 예루살렘에 도착했다. 펠리프라이 부부는 저녁 파티를 자주 열었다. 아랍 반군 소탕에 나서거나, 민간인을 탄압하거나, 모래파리 열, 말라리아, 장티푸스 같은 풍토병에서 회복 중이 아닐 때 치안군에게 가장 중요한 것은 사회생활과 여가 활동이었다. 계급을 막론하고 모든 영국인이 팔레스타인의 오리 사냥*을 즐겼다. 축구와 당구 같은 평범한 취미를 즐기는 사람도 있었고, 탁구 같은 새로운 취미를 즐기는 사람도 있었다. 영국인이 개발한 타란툴라와 전갈의 목숨을 건 대결도 인기를 끌었다(이 대결에서는 대개 전갈이 살아남았다).

영국 치안군이 즐기던 또 다른 취미는 과음이었다. 그들은 마구 술을 마신 후 현지 시장이나 카페에서 싸우다가 재미 삼아 아랍인을 두드려 패거나 죽이곤 했다.[130] 해리스는 좋아하는 위스키와 탄산음료를 마시며 젊

---

* 팔레스타인에 주둔한 영국 군인들이 즐기던 식민지적 여가 활동 중 하나다.

은 장교들을 지도했다. 그의 '판단력'은 전술적인 무자비함으로 바뀌었다. '아랍인들이 이해하는 유일한 언어는 강압적인 힘'뿐이라고 믿었던 해리스는 폭격의 가치를 미화했다. "반군을 대할 때는 평화로울 때보다 거칠게 부족한 숫자를 벌충해야 한다. 주제넘은 소리를 하는 마을에 말한 지 몇 분 혹은 몇 시간 내에 약 113킬로그램이나 227킬로그램짜리 폭탄을 투하하라. 혹은 몇 개 마을을 골라서 완전히 파괴하라. 모든 일은 다른 사람들을 격려할 때 도움이 된다."[131]

아랍봉기 1단계 당시 영국 내각은 민간인에게 어떤 폭격도 가해서는 안 된다며 폭격 제한 방침을 분명히 했지만,[132] 영국 공군에게는 영국군을 향해 발포한 마을에 기관총을 발포해도 좋다고 허락했다.[133] 영국 공군은 약 51킬로그램짜리 시한폭탄을 투하하고, 기체 앞에 장착한 기관총을 내뿜다가 급강하해 공격했다. 교전 규칙에 따라 주거지 약 460미터 내에서 사용이 허용된 약 9킬로그램짜리 폭탄을 잇달아 투하해 아랍인 마을을 초토화시켰다. 아랍봉기 기간 공식적으로 집계된 사망자의 절반은 영국 공군이 사살한 것이었다. 어느 정찰기는 거의 130명의 아랍 반군을 해치웠고, 영국 정찰기가 20여 명의 아랍인을 사살하는 일도 허다했다. 당연히 부수적인 피해가 발생했다.[134] 현지 의사인 포스터는 "비행기가 하늘로 치솟았다가 지상에 기관총을 쏘아대며 급강하했다. 불쾌한 광경이었다."라고 일기에 적었다.[135] 병원에서 부상자를 치료하던 포스터의 환자 중에는 양떼를 돌보다가 하늘에서 떨어진 총알에 맞은 양치기도 있었다. 양치기의 복부는 심각한 손상을 입었고, 수술했지만 내상으로 사망했다.[136]

해리스와 그의 부하들은 'XX 호출 시스템'을 통해 지상군에 즉각적인 지원을 제공하며 중요한 역할을 했다. 이 시스템은 다른 모든 무선 호출보다 우선순위가 높았다.[137] 연막탄같이 눈에 보이는 지대공 신호를 쫓아 단

몇 분 만에 현장에 도착한 해리스 부대 조종사들은 공중 지원을 강화했다. '고정 작전' 혹은 '지상군이 도착할 때까지 공중에서 마을을 봉쇄하는 시스템' 같은 전술이 사용되었다. 해리스는 영국 공군이 '달아나는 모든 사람을 기관총으로 쏠 것'이라고 명확하게 밝혔다. 제6비행중대 운영 일지에는 '저지선을 뚫고 달아나는 사람'을 사살했다는 이야기가 반복적으로 등장했다. 이들 중에는 반군도 있었지만, 군대와 경찰의 맹습을 피해 달아나던 시민도 있었다.[138]

공군을 지휘하던 해리스는 밤마다 지상에서 어떤 작전이 진행되는지도 잘 알고 있었다. 그는 반군을 가장 효과적으로 제압하는 방식이 "특수야간부대에서 이루어지고 있으며, 이들은 선발된 장교 한 명과 최대 30명 정도의 혼성 자원병, 그리고 선서한 현지인(대부분 유대인) 강경파들로 구성되어 있다."라고 판단했다. 해리스는 윙게이트의 발명품이 '현지의 내부 치안 조항에서 빠진 부분'을 보완한다고 생각했다. 1938년 여름, 특수야간부대가 전면 배치되었다. 하이닝 장군은 어둠 속에서 잔인한 전술을 펼치는 특수야간부대를 높이 평가했다.

> 뛰어난 지략과 진취성과 용기를 보여준 나의 참모, 왕립포병대Royal Artillery 오드 윙게이트 대위가 조직하고 훈련시킨 특수야간부대에 대해서는 아무리 칭찬해도 모자랄 정도다. 부족한 부대원은 유대인 임시 병사들로 보충했고, 그들은 영국군과 훌륭하게 협력했다. 이 같은 활동을 점진적으로 발전시키고 성공시킨 모든 관련자의 진취성과 독창성에 아낌없는 찬사를 보낸다.[139]

하이닝뿐 아니라 바이츠만도 윙게이트를 지지했다. 바이츠만은 팔레스타인에서 친구가 된 윙게이트와 많은 신념을 공유했다. 그중에는 영국의 군사교리에 뿌리를 둔 것도 있었다. 콜웰의 책 《작은 전쟁》이 수많은 정치인과 식민 관료에게 영향을 미쳤듯, 윙게이트의 목적과 언어 역시 폭력에 관한 바이츠만의 관점에 활력을 불어넣었다. 시온주의 운동 지도자 바이츠만은 아랍인 탄압을 되돌아보면서 "아랍인 탄압전술이 유익한 도덕적 효과를 얻었다."라는 사실을 확인했다.[140] 윙게이트는 아랍인 탄압 작전의 효과와 현장 작전이 문명화에 미치는 영향을 바이츠만에게 직접 알렸다.[141]

윙게이트의 또 다른 아이디어 중에는 영국군의 오랜 제국전쟁 역사에 뿌리를 둔 것도 있었다. 윙게이트는 콜웰이 《작은 전쟁》에서 그랬듯, 영국의 '뛰어난 국민성'과 아랍인의 '원시적인 본성'에 주목했다. 또한 그는 영국군이 발표한 야전규정Field Service Regulations에도 영향을 미쳤다. 제1차 세계대전 이후 개정된 야전규정에는 제국 곳곳에서 진행되는 '진정한 군인 양성'을 위한 제도적인 노력이 반영되었다.[142] 이러한 맥락에서 수많은 '비정규군'이 등장했으며, 이들은 콜웰의 저술뿐만 아니라 인도, 아일랜드, 팔레스타인에서 발전한 사상과 관행에 뿌리를 둔 테가트의 전술에도 영향을 받았다. 1938년 6월 윙게이트가 발표한 제안서 〈특수야간부대 운용 원칙Principles Governing the Employment of Special Night Squads〉은 혁신적이었지만, 역사적·군사적 배경 없이 탄생한 것이 아니었다. 윙게이트를 따르던 어느 장교가 완곡히 '황량한 서부, 넘쳐나는 6연발 권총'이라 표현했던 잔인한 전술 역시 갑작스럽게 등장한 것은 아니었다.[143] 당연히 한층 무자비해진 영국군의 전술 역시 느닷없지는 않았다.

몽고메리의 전쟁

1938년 11월, 팔레스타인에 도착한 몽고메리는 해리스 못지않게 아랍의 '전문 도적떼'를 경멸했다. 몽고메리는 이들이 '전국적인 운동이라 볼 수 없는 군사 작전'으로 영국의 명성을 더럽혔다고 생각했다.[144] 아일랜드 독립전쟁 당시 신페인당을 맹공격한 야심 찬 영국계 아일랜드인 몽고메리는 정치를 거의(혹은 전혀) 중요하게 여기지 않았다. 몽고메리는 자신의 접근 방식을 명확하게 밝혔다. "나는 모든 민간인을 신페인당 지지자로 여겼고, 그중 누구와도 거래하지 않았다. 전쟁에서 이기려면 무자비해야 한다는 것이 내 생각이다."[145] 이러한 태도를 팔레스타인에 그대로 적용한 몽고메리는 자신의 사단을 이끌며 위임통치령을 실험장으로 삼았고, 이는 곧 유럽에서 벌어질 전쟁을 준비하는 무대이기도 했다.

해리스처럼 몽고메리도 팔레스타인으로 이동하면서 계급이 올라갔는데, 그 모습이 마치 신 같았다고 한다."[146] 팔레스타인 수석장관 배터실은 소장으로 승진한 몽고메리가 '창공으로 갑자기 날아 들어온 새로운 별처럼 등장했다고 회상했다. 팔레스타인 행정부는 몽고메리가 행정부를 장악할지도 모른다고 두려워했는데, 실제로 몽고메리와 부하들은 행정부를 장악했다.[147] 몽고메리는 전쟁 중이라 선언하고, 자기 방식을 흔들림 없이 밀고 나갔다. 그의 부대는 반란부대를 끈질기게 뒤쫓아서 파괴하고, 전투가 일어나면 반드시 사살했다.[148] 윙게이트의 특수야간부대도 마찬가지였다.

영국군 최고의 훈장 중 하나인 무공훈장 Distinguished Service Order을 받은 직후인 1938년 가을, 윙게이트는 런던으로 휴가를 떠나 처칠과 다른 정부 관료들에게 시온주의의 대의명분에 대한 지지를 호소했다. 야간 공습 시 유대인 임시 병사들이 대거 참여한 사실을 상세히 알렸다. 상급자들은

예루살렘 야파 게이트Jaffa Gate에서 벌어진 폭동, 1938년 1월

위계질서를 흐트러뜨린 그에게 분노했고, 윙게이트는 팔레스타인 임무에서 해임되었다. 하이닝 장군은 윙게이트가 영국 정부 고위 관료들을 찾아가 직접 의견을 전달한 탓에 정보국에서 난처해졌다고 이야기했다.[149] 그럼에도 불구하고 윙게이트의 특수야간부대는 계속 활동했다. 1939년 작성된

군사 정보 요약서에서도 "고도로 훈련된 소수의 야간부대와 매복 순찰대가 대규모 부대보다 더 큰 심리적·물질적 효과를 낼 수 있다."라고 강조되어 있다.[150]

군 교본에 적힌 말로 표현해보면, 몽고메리와 다른 군 지도부는 반란에 효과적으로 대처하며 대응에 필요한 정도의 무력 사용만 허가했다. 비상지휘권이 전면적으로 발효된 상황에서 치안군의 대처 방식을 축소할 만한 법적 조치는 거의 존재하지 않았다.[151] 여러 이유로 군사 활동과 경찰 활동을 구분하기가 힘들었다. 아랍봉기가 2단계에 접어들자 영국군과 영국 공군, 경찰, 다양한 정보 수집 전문가들은 긴밀히 협력했다. 마을 습격 시에는 공조 활동이 특히 강화되었다. 선교사와 행정가만 팔레스타인에서의 폭력 사태를 기록한 것은 아니었다. 군인과 경찰 역시 당시의 일기, 이후 작성한 회고록과 인터뷰 등을 통해 징벌적으로 마을을 파괴한 일화를 언급했다. 이들은 마을 습격 당시의 약탈 행위에 대해 생략했지만, 포스터 박사를 비롯한 일부 목격자들은 만행을 자세히 적었다.[152] 경찰관 버는 가족에게 보내는 편지에서 어떤 '패거리'가 체포를 피했으며, 자신과 순찰대의 다른 동료들은 "인근 마을 전체를 쓸어버리라는 명령을 받았고, 그 명령에 따랐다."라고 적었다. "모든 동물과 곡식, 식량이 파괴되었고, 사람들은 소총으로 두들겨 맞았다. 그곳에서 상당히 많은 장례식이 열릴 것 같다. 그들은 덤덤탄을 쓰고 있기 때문에 여기서 총에 맞는다는 건 정말 끔찍한 일이다. 하지만 우리도 비공식적으로 사용하고 있다."[153] 버는 가족들에게 "제발 우리가 고결한 아랍인을 상대하고 있다고 착각하지 마라. 신문에는 당연히 아무런 소식도 나오지 않는다. 그러니 영국에서 신문을 통해 접하는 정보는 단지 대중의 불안을 잠재우기 위한 것일 뿐이다."라고 경고했다.[154]

영국은 팔레스타인 내 유해한 정보의 흐름을 관리했다. 그런 소식이 영국 대중이나 다른 식민지에서 벌어진 선례를 따르려고 열렬히 노력하는 민족주의자가 있는 제국 내 다른 지역으로 퍼져나가지 않게 막으려면 무엇보다 언론 통제가 중요했다. 예컨대 뉴델리에서는 대무프티가 "팔레스타인에서 벌어진 성전은 국가적인 동시에 종교적이며 영국의 탄압은 야만적이다."라고 선언했고, 팔레스타인의 영국인 관료들은 그 말을 신문에 실었다는 이유로 아랍 신문사 세 곳을 폐쇄했다. '억압국Suppress Bureau'이라는 별명으로 불리던 영국의 제1차 세계대전 언론국Great War Press Bureau의 선례에 따라 시행되던 언론 검열은 비상시국 규제의 초석이 되었다.

영제국 안에서 정보 관리가 이루어진 선례도 있었다. 1930년대, 인도에서는 민족주의에서 비롯된 폭력이 횡행했다. 간디가 주도한 시민 불복종 운동이 확산되자 영국 정부는 1910년 제정된 언론법Press Act을 엄격하고 징벌적인 형태로 다시 적용했다. 팔레스타인에서는 몽고메리의 지휘 아래 열정적으로 언론 검열이 진행되었다. 다양한 언론 검열 중에서도 특히 '승인되지 않은 사진 재생산'이 전면 금지되었다. 몽고메리는 남은 기자단을 세 개의 트럭에 나눠 태웠다. 그다음 한 목격자의 말처럼, "그들을 쫓아내 예루살렘으로 데려갔다." 이 같은 조치로 하이파 지역에서는 사실상 언론 보도가 중단되었다.[155]

징벌적인 습격의 진실

공식적인 뉴스에는 징벌적인 습격이 거의 등장하지 않았다. 징벌적 습격을 주도한 사람 중에는 영국 장교 존 그래프턴John Grafton도 있었다. 다른 많은 영국 장교가 그랬듯, 젊은 시절의 그래프턴 역시 인도의 영국군에 깊은 유대감을 느꼈다. 샌드허스트에서 공부를 마친 그래프턴은 1936년 팔레스타인에 도착해 인도를 떠올렸다. "인도에서는 테러범이나 국경 지역 주민 중 누군가 해서는 안 될 일을 하면 그곳에 가서 철저히 박살을 냈다. 공군은 마을을 폭격하곤 했다." 그래프턴은 사파드 마을에서 그동안 영국이 내세워온 문명화 사명을 실행하며 동료들과 함께 '징벌적인 습격'의 기술을 익혔다. 눈에 보이는 모든 것을 때려 부숴 마을을 파괴한 다음, 온갖 잔해를 깨진 항아리에서 쏟아져 나온 올리브기름과 섞어버리면 겁에 질린 마을 주민들은 쉽게 맞서지 못했다. 징벌적이고 난폭한 기술을 가르쳐야 하는 부대장에게 그래프턴은 이렇게 이야기했다. "일단 시작하면 아무도 멈출 수 없었다. 그렇게 모든 것이 파괴된 장면은 아마 본 적 없을 것이다. 지금은 누구도 잔인하게 대할 수 없는 시절인 만큼, 어떤 일이 벌어지는지 알려주는 것도 제법 계몽적이라 생각한다. 우리가 실제로 그런 짓을 했기 때문이다. 어쩌면 그 일을 계기로 제대로 교훈을 얻은 사파드 마을에서는 어떤 소리도 흘러나오지 않았다고 말해야 할 것 같기도 하다."[156]

사파드 마을에서 벌어진 사례와 같은 문서화된 사건은 수없이 많았다. 그중에는 왕립얼스터연대Royal Ulster Rifles와 왕립얼스터연대 장교 데스먼드 우즈Desmond Woods가 알바사 마을에서 실행한 '징벌적인 조치'도 포함되어 있었다.[157] 왕립얼스터연대는 반군이 매설한 지뢰 때문에 같은 연대 소속 병사 여럿이 죽자 알바사 마을을 보복 대상으로 삼았다. 수많은 롤스로이스 장갑차가 현장에 도착했고, 병사들은 마구잡이로 기관총을 발사한 다음 마을을 전소시켰다. 몽고메리가 발코니에 서서 마을을 뒤덮은 불길 위로 치솟는 검은 연기를 바라보는 동안, 그의 부하들은 그동안 갈고닦은 전술을 통해 응징에 박차를 가했다. 우즈는 영국군 병사들이 '임시 철창에 가두었던 아랍인들'을 징발한 택시에 태워 영국 순찰차보다 앞서 달리도록 만들었다. 지뢰가 터지면 택시에 탄 아랍인들의 몸이 갈가리 찢어질 테니 지뢰도 찾고 아랍인도 처형할 수 있는 일거양득의 지뢰 제거 전술이었다. 우즈는 아랍인으로 채워진 택시의 무게가 지뢰를 폭발시키기에 충분치 않으면 아랍인으로 버스를 꽉 채운 다음 영국군 순찰차보다 앞서 달리게 만들었다. 훗날 그는 그 방법이 효과가 있었다고 회상했다.[158]

알바사에서는 복수가 계속되었다. 경찰관 해리 애리고니Harry Arrigonie가 직접 목격한 사건은 우즈가 기억하는 초창기 공작 방식과 다르지 않았다. 그는 이렇게 증언했다. "병사들은 알바사에서 50명쯤 되는 남자들을 모아서 그중 20여 명을 버스에 태웠다. 공포에 사로잡힌 주민들한테는 총을 쐈다. 버스 운전사는 강압에 못 이겨 지뢰가 매설된 도로 위를 달릴 수밖에 없었다. 두 번째 지뢰는 첫 번째 지뢰보다 훨씬 강력해 버스를 완전히 파괴할 정도였다. 버스에 탄 사람들의 몸이 여기저기 찢겨 훼손된 채 사방으로 흩어졌다. 영국군의 강요에 못 이긴 마을 사람들은 구덩이를 판 다음, 시체를 인정사정없이 구덩이 속으로 던져 넣었다."[159] 당시 현장을 촬영한 애리고니는 1998년 사진을 공개했지만, 당시의 공식 발표에는 알바사와 인근의 또 다른 마을 지브의 실상에 관한 내용이 거의 포함되지 않았다. 정부 입장을 대변하는 〈팔레스타인 포스트Palestine Post〉는 "범죄 현장과 가까운 곳에 위치한 알바사와 지브 마을에 대한 징벌적인 작전을 진행 중이다."라고 보도했다.[160] 몽고메리는 왕립얼스터연대 부대장 제럴드 휫필드Gerald Whitfield를 불러들여 결과 보고를 지시했다. 휫필드는 자신이 징벌 조치를 취하지 않았다면 '국경지대를 통제할 수 없었을 것'이라며 자신의 행동을 정당화했다. 잠시 생각에 잠긴 몽고메리는 이렇게 답했다. "좋아, 앞으로는 강도를 조금 낮추게." 우즈는 이후 "왕립얼스터연대는 아랍인을 매우

단호히 대했다. 정말 효과적인 방법이지만 요즘에는 그런 짓을 할 수 없다."라고 회상했다.[161]

파시스트 제국주의

고문과 심문 문제도 있었다. 1938년 초, 예루살렘의 성공회 주교는 팔레스타인 수석장관 배터실을 찾아갔다. 주교는 심문 보고서를 들고 있었는데, 그 보고서에는 무수히 많은 무고한 용의자의 목숨을 빼앗거나, 사지를 망가뜨리고, 이를 부러뜨리고, 피부를 그슬리고, 눈이 부풀어 오를 만큼 폭력을 행사했다는 내용으로 가득했다. 주교는 '사실상 신체적인 고문이 포함된 고문 사용'에 대해 경고하며 "내가 직접 확인한 증거들만 보더라도, 군과 정부가 자행했다고 알려진 가장 극단적인 테러 행위들에 대한 최악의 소문들이 완전히 과장된 것만은 아니라는 점을 시사한다."라고 강조했다.[162] 군대와 경찰 내부에서 주교의 우려를 뒷받침하는 목격자들의 수많은 증언이 나왔다. 영국군 데이비드 스마일리David Smiley도 "아랍 용의자가 입을 열지 않자 경찰이 한 명을 거꾸로 매달아 가죽 허리띠로 발바닥을 때렸다. 또 다른 경찰은 고환에 불붙은 담배를 갖다 대 실토할 때까지 지졌다. 이 같은 행동에서 게슈타포*의 기미가 보였다."라고 이야기했다.

영국군의 전술을 당시 새롭게 떠오르던 유럽의 파시스트 정권에 비유한 사람은 스마일리만이 아니었다.[163] 또한, 이러한 비교는 경찰의 외형적

---

* 나치 독일의 비밀 경찰 조직으로, 정치적 반대자 탄압, 고문, 강제수용소 운영 등 깊이 개입한 악명 높은 조직이다.

팔레스타인 티베리아스의 영국 치안군 기동부대, 1938년 7월

이미지에서도 비롯되었다. 버의 증언에 따르면, 경찰들은 방패 전면에 커다란 만卍 자 무늬를 붙였으며, 길에서 서로 마주칠 때면 나치식 경례를 했다. 이 같은 행동은 상급자들에게도 자제하라는 지적을 받았다.[164]

아랍봉기는 계속되었다. 자유제국주의의 새로운 상징에 담긴 정치적인 불경스러움을 뛰어넘는 것은, 자유제국주의적인 관행의 공포뿐이었다. 여기에 제국에서 시험을 거친 다양한 처벌과 새로운 파괴 방식이 더해졌다. 15세에 맨체스터연대에 입대한 아서 레인Arthur Lane은 생포한 반군을 군용차량 뒤에 붙들어두거나 말뚝에 묶어놓고는 "소총, 총검, 칼집, 주먹, 군화 등 무엇이든 잡히는 대로 이용해서 그들을 학대했다."라고 밝혔다. 레인은 다음과 같이 회상했다.

5장 팔레스타인에 집중된 제국주의

거기 한 불쌍한 녀석이 있었다. 아마 내 또래였을 것이다. 나는 예전에 눈을 빼서 깨끗이 씻은 다음 다시 집어넣을 수 있다는 말을 들은 적이 있었고, 그걸 사실이라고 믿었다. 하지만 사실이 아니었다. 그 애의 눈이 완전히 튀어나와서 볼과 입술 위로 축 늘어져 있었다. 눈이 통째로 빠져서 매달려 있었고, 얼굴 위로 피가 뚝뚝 떨어졌다. 말 그대로 처참한 상태였지만, 울지도 애원하지도 않았다. 그들 모두 마찬가지였다. 심하게 얻어맞았는데도 그냥 서로 조용히 이야기 나누고 있을 뿐이었다.

맨체스터연대 간부들은 아크레 감옥에서 재판을 받을 예정인 일곱 명의 반군 포로를 억류했다. 그들의 다음 행보를 보면 다이어 장군의 관행이 팔레스타인에서 건재하다는 사실을 알 수 있다. 레인은 자신과 다른 병사들이 어떻게 행동했는지 자세히 설명했다.

우리는 포로들을 건물 뒤편으로 데려갔고, 그때 한가했던 병사들이 모두 모여 두 줄로 섰다. 어떤 이들은 곡괭이나 뾰족한 쇠꼬챙이 같은 것을 들고 있었고, 어떤 이들은 총검이 꽂힌 총검집, 어떤 이들은 소총, 또 어떤 이들은 천막 말뚝망치나 말뚝을 들고 있었다. 반군들은 한 명씩 그 사이를 지나가게 되었고, 이른바 '곤렛'이라 불리는 그 구간을 지나며 양쪽에서 마구 두들겨 맞았다. 반대편 끝까지 도달한 자는 곧장 경찰의 수송차에 태워졌고, 아크레 감옥으로 보내졌다. 맞아 죽은 자들은 다른 수송차에 실려 외곽 마을 중 한 곳에 버려졌다. 아크레 감옥으로 끌려간 이들은 보통 하루, 길어야 이틀을 버틴 뒤 모두 교수형에 처해졌다.[165]

이처럼 신속한 사형 선고는 대개 형편없는 증거를 바탕으로 이루어졌으며, 그마저도 대부분 고문을 통해 억지로 자백을 받아낸 것이었다. 그러나 허위 증거 따위는 제국의 재판관이나 아크레 교수대 앞에서 아무런 문제가 되지 않았다. 아랍인 죄수들은 레인 같은 자들의 만행으로부터 보호받을 방법이 거의 없었다. 아크레 감옥은 영국 군인들이 괴롭힐 아랍인을 고르기 위해 종종 찾는 곳이었다. 레인은 당시 영국군 병사들이 다음과 같은 만행을 저질렀다고 이야기했다.

그들은 반군 다섯 명이나 세 명을 빌린 다음 트럭 보닛에 앉혀, 언덕 위에 있는 사람이 트럭 위에 앉은 아랍인을 보고 공격하지 못하도록 했다. 그리고 임무가 끝나면 운전수는 핸들을 마구 흔들었다. 그러면 앞에 앉은 불쌍한 유색인이 차에서 굴러떨어졌다. 운이 좋으면 다리 하나만 부러지고 끝나지만, 운이 나쁘면 뒤에서 오던 트럭에 치였다. 그런 것들을 챙기는 사람은 단 한 명도 없었다. 그냥 그렇게 내버려두고 가버렸다.

레인과 다른 군인들은 세금이나 단체 벌금을 내지 않거나 보복 행위에 가담한 주민들의 집을 불태우고 마을을 폭파했다. 자신과 전우들이 왜 그렇게 행동했는지 떠올리던 레인은 버크가 1세기 전 경고한 제국전제주의의 폭포 효과를 언급했다. "그때는 잘 몰랐다. 나는 젊은 전사였고, 그저 신났을 뿐이다. 나는 많은 것을 책임지고 통제할 수 있었다. 어떤 일이든 실행할 수 있는 권력이 있었고, 실제로 그렇게 행동했다."[166]

영국 정부의 뒷공작

영국의 '만연한 난폭 행위'에 대해 '중립적인 조사'를 진행해달라는 자말의 호소가 상임위임통치위원회의 책상에 당도할 무렵, 사실상 아랍봉기는 거의 끝나가고 있었지만 상황은 그 어느 때보다 잔혹했다. 1939년 5월, 블랙워치연대Black Watch Regiment는 할훌이라는 마을을 에워싼 뒤 마을 남자들을 '착한 철창'과 '나쁜 철창'에 몰아넣었다. 착한 철창 안의 사람들에게는 음식과 물, 쉴 곳을 제공했지만, 나쁜 철창에 갇힌 사람들은 무더운 햇볕 아래 최소한의 물만 주고 방치했다. 나쁜 철창에 갇힌 사람이 정보를 제공하며 협조하면 착한 철창으로 이동시켰다. 이 시련이 끝날 무렵, 나쁜 철창 속 사람들은 생존을 위해 자기 소변을 마셔야 했고, 결국 10여 명이 죽었다. 이 사건은 곧 팔레스타인에 널리 알려졌고, 이에 대해 포스터는 "우리는 히틀러에게 가르칠 것이 남아 있는지도 모른다. 강제수용소 운영 방식에 관해서 말이다."라고 이야기했다.

철저히 비밀로 하던 군사특별조사위원회는 아무 성과도 내지 못했다. 식민행정관 키스로치는 고등판무관 맥마이클이 추가 조사를 막기 위해 개입했음을 인정했다.[167] 런던 정계는 이 같은 사건에 대해 알고 있었지만, 고통받는 아랍 농부보다 인도 민족주의자와 관련된 세부사항에 훨씬 관심이 많았다.

팔레스타인 시골 지역에서는 최후의 소탕 작전이 계속 진행되었다. 소위 아랍평화단은 제국의 나머지 궂은일이 마무리되도록 열정적으로 도왔다. 무고한 생명이 수없이 죽어나가는 모습을 지켜본 아랍 주민들은 살아남기 위해서 무엇이든 할 준비가 되어 있었다. 이들은 '착한 사람'과 '나쁜 사람'으로 분류하는 마을 정책을 따랐다.[168] 1939년 7월, 몽고메리는 육군성에 이렇게 보고했다. "반란은 확실히, 그리고 완전히 진압되었다." 그와 그의 동료들은 더욱 불길한 유럽의 지평선을 바라보기 시작했다.¹⁶⁹

한편, 자말의 서신이 제네바에 도착하기 한참 전부터 국제연맹과 영국 정부 둘 다 팔레스타인의 아랍 주민을 고통에 빠뜨리는 잔혹함에 대해 잘 알고 있었다. 프랜시스 뉴턴Frances Newton의 발표로 팔레스타인, 영국, 스위스의 관료들에게 은밀하게 비공개로 전달되던 내용이 일반인에게 알려졌다. 교회선교회Church Missionary Society* 소속이었던 뉴턴은 아랍봉기 발발 당시 팔레스타인에서 40년째 선교 활동 중이었다. 뉴턴은 영국군의 만행과 그로 인한 공포를 공들인 증거 자료로 바꿔놓았다. 여기에는 직접 목격한 내용을 비롯해 수많은 현지 주민, 다른 유럽 출신 선교사, 사업가, 식민 관료 등이 목격한 내용이 모두 포함되었다. 뉴턴에게 목격담을 전한 사람들은 대개 보복에 대한 두려움 때문에 실명 공개를 거부했다.¹⁷⁰

이는 터무니없는 염려가 아니었다. 1937년, 뉴턴은 〈팔레스타인에서 사용된 징벌적인 방법Punitive Methods in Palestine〉이라는 소책자를 발표했고, 런던의 아랍센터Arab Center는 뉴턴의 소책자를 널리 배포했다. 소책자는 의회로 들어갔고, 노동당의 레지널드 소런슨Reginald Sorenson이 지지를 표명했다. 소런슨은 이전에도 제국을 비판한 적이 있었다. 그는 1933년 노동당 회의에서 "인도에서 자행된 제국주의 활동은 본질적으로 히틀러주의자의 행위와 전혀 다르지 않다. 우리는 독일의 유대인이 당하는 일에 질겁하지만 인도에서 벌어진 일도 그에 못지않다."라고 비난했다.¹⁷¹ 1938년 3월, 소런슨은 팔레스타인에 주목했다. 그는 뉴턴의 소책자를 수중에 넣은 뒤 팔레스타인 식민장관 옴스비고어에게 물었다. "팔레스타인에서 행해진 것으로

---

* 1799년 설립된 성공회 계열 선교협회다.

보이는 군경의 무자비한 불법 행동, 잔인함, 위법 행위 등으로 점철된 아랍 선전에 관심을 갖고 있는가? 이러한 선전에 대응하려 어떤 조치를 취했는가? 특히 이런 혐의를 조사해 그 결과를 공개할 생각이 있는가?"[172]

옴즈비고어의 답변은 제국에 대한 비판을 잠재우기 위한 광범위하고 효과적인 캠페인의 일부였다. 그는 이렇게 말했다. "나는 이러한 선전이 스스로의 명백한 허위성과 과장으로 인해 충분히 신뢰를 잃었다고 본다." 그러나 정작 그는 제네바를 오가며, 그곳에서 영국 대표단이 '수많은 아랍인을 학살했다'고 발언하는 것을 들었으며, 상임위임통치위원회의 위원들이 더 강경한 탄압을 요구하는 장면도 목격했다.[173] "팔레스타인 행정부가 이미 많은 부담을 지고 있는 상황에서, 살인과 폭력에 맞서 싸우려는 영국군을 상대로 제기된 무책임하고 근거 없는 모든 비난을 일일이 조사할 생각은 없다."[174] 영국 정부는 팔레스타인에서 들려오는 다른 모든 혐의처럼 뉴턴이 충분한 근거를 바탕으로 제시한 혐의 역시 '모두 거짓'이라 주장했다.

하원에서 영국군 혐의를 모두 부인한 옴스비고어는 이후 예루살렘 주교에게 보내는 간결한 친서에서 이 내용을 다시 언급했다. 주교는 알바사 사건 이후, 매우 분노한 몽고메리와 긴 대화를 나누는 등 성공회의 이름을 앞세워 종교와는 무관한 정치 활동에 힘을 쏟았다.[175] 또한 옴스비고어에게 보내는 서신에서 〈팔레스타인에서 사용된 징벌적인 방법〉에는 충분한 진실이 담겨 있다."라며 은밀히 뉴턴을 옹호했지만,[176] 옴스비고어는 입 다물고 정치에 개입하지 말라는 명료한 메시지를 전달했다.

영국 정부는 뉴턴의 입도 틀어막았다. 고등판무관 맥마이클은 비상지휘권을 들먹이며 뉴턴을 추방했다. 이 같은 결정은 뉴턴처럼 공론화를 고민하던 사람들에게 강력한 메시지를 전했다. 하이닝 장군은 이 문제에 한 치의 모호함도 없다는 점을 명확하게 짚고 넘어가기 위해, 팔레스타인 부주교 스튜어트에게 서신을 보냈다. "쉽게 속아 넘어가는 나라에서는 거짓 투성이 운동을 시작하기가 아주 쉽다. 영국군을 음해하는 선전이 생겨나는 진짜 이유는 영국군이 수행하는 작전이 그만큼 효과적이기 때문이다."177 스튜어트는 그때부터 침묵을 지켰다. 모든 것이 전지전능하신 하느님의 일이라 믿으며 스스로를 달랬다. "순결하신 하느님이 만들어내신 중오 가득한 괴로움 속에서 어떻게든 구원이 이루어진다고 믿지 않았다면 싸움을 그치고 포기하고 싶었을 것이다."178 수십 년간 몸 바쳐 일한 땅에서 쫓겨난 뉴턴은 어떤 침묵의 맹세도 거부하고 속세에서 활동했다. 런던과 제네바에서 집요하게 정보를 수집해, 자말에게 팔레스타인 내에서 영국의 탄압을 증명하는 추가 증거를 제공했다. 뉴턴이 제공한 자료는 독립적인 조사를 요구하는 자말의 마지막 탄원서에 포함되었다.179

방대한 증거를 제시했지만, 자말은 바이츠만을 당해낼 수 없었다. 그는 기괴할 정도로 놀라운 정치 솜씨와 뜨거운 자유제국주의 정신으로 무장한 채였다. 자말은 제2차 세계대전 전날 국제연맹을 뒤흔든 유대인의 강박적인 갈망, 어느 정도 납득되는 제약 없는 팔레스타인 이주에 대한 유대인의 갈망과도 마주했다. 어쩌면 자말은 전쟁으로 피폐해진 팔레스타인과 국제연맹 내의 변화에 영향을 미치기 위해 쓰인 자기 서신이 역사적인 기록이라는 사실을 알았는지도 모르겠다. 상임위임통치위원회는 아랍인들이 낸 비슷한 진정처럼 자말의 서신도 묵살했다. 진정서 중에는 영국군이 독가스를 사용하고, 치안을 유지하며 생명과 재산을 보호해야 할 임무에 위배되게 행동한다는 주장이 담긴 것도 있었다.180 시온주의자의 로비가 막강한 데다, 유대인 이주 문제에 있어 영국이 위임통치의 원래 조건을 지키지 않았고 충분한 탄압 정책을 취하지 않았다는 상임위임통치위원회의 입장은 분명했다. 그 결과 자말 같은 사람이 '중립적 조사'를 다시 요구하더라도 전혀 받아들여지지 않았다. 결국 자말은 어떤 답변도 받지 못했다.

영국의 이해관계

독일은 1939년 9월 1일에 폴란드를 침공했고, 마침내 세계대전이 발발했다. 밸푸어선언 때문에 국제연맹의 경직된 정책에서 오랫동안 벗어나지 못한 영국은 제2차 세계대전의 발발과 함께 상임위임통치위원회 활동이 중단되자 입장을 바꿨다. 정치가 위임통치령 수립 문서에 대한 국제연맹의 법률적인 해석을 능가했다. 영국 관료들은 자국의 잇속을 위해 '밸푸어 경의 판단 착오'라고 부르던 부분을 폐기했다.[181] 팔레스타인 농부들의 떼죽음과 이들의 피해를 둘러싼 논란이 잠잠해질 무렵, 영국은 아랍 측의 요구를 수용하겠다고 발표했다. 이는 1939년 9월이라는 시대적 맥락 속에서 영국의 이익과 일치하는 결정이었다. 런던은 향후 5년 동안 팔레스타인에 7만 5000명의 유대인 이민자 입국을 허용하되, 이후 모든 이민은 아랍인의 동의에 따라 결정하겠다고 백서를 발표했다. 유럽 탈출을 절실히 갈망하는 유대인이 수십만 명에 달했지만, 영국은 그들의 팔레스타인 탈출 방안을 차단해버렸다. 이는 매우 이례적인 조치였다. 특히 영국이 수년간 상임위임통치위원회로부터 유대인 이민자들에게 팔레스타인 국경을 활짝 열라는 압력에 시달려온 것을 생각하면 더욱 그러했다. 바이츠만은 '기본적인 정의와 정치적 품위를 간청했지만,[182] 영국 대표단은 단호히 거절했다. 영국은 자국에 유대인과 아랍인에 대한 '이중의무'가 있으므로 제한 없는 이민 정책이 허락되지 않는다고 주장했지만, 백서 공개 무렵 영국 치안군은 이미 아랍인을 굴복시킨 상태였다. 유대인 이민이 늘어나더라도 아랍인은 저항할 수 없었다. 그러나 영국의 이해관계가 바뀌고 있었다. 영국 관료들은 팔레스타인에서 새롭게 발견한 제국의 자유 행동권을 마구 휘두르며, 한때는 동맹관계였던 시온주의자들을 전략적 필요를 위해 희생시켰다. 제2차 세계대전 탓에 영국은 아랍 의존국들의 지원이 필요할 뿐 아니라, 팔레스타인에 주둔한 병력 규모도 줄여야 했다. 하지만 반유대 정책을 펼치는 나치 탓에 유대인은 영국을 버릴 수 없었다.

 백서는 10년 이내 팔레스타인에서 단일 국가가 탄생할 것이라 가정했다. 새로운 나라는 유대인 국가도, 두 민족으로 이루어진 국가도 아닌, 소수민족인 유대인이 보호받는 아랍 국가라고 명시되었다. 영국은 제국을 위한 계책을 꾸미면서 아랍봉기 당시 동맹으로서 유대인을 육성한 전략이 어떤 결과로 이어질지 거의 고려하지 않았다. 3년간 영국군의 동맹으로 활약한 유대인은 합법화된 불법이 판치며 영국의 다양한 관계자들이 온갖 곳에서 각종 규범과 논리를 교묘히 통합하는 모습을 지켜보았다. 아랍봉기는 제국 융합 과정에서 나타난 중요한 전환점이자 언젠가 또 다른 팔레스타인 전쟁을 초래할 정치적인 매듭이었다. 그때 바이츠만과 잘 훈련된 유대인 임시 병사들, 지지 세력과 정보를 모으는 시온주의 인맥은 모두 영국의 편에 서지 않을 테지만 말이다. 하지만 영국은 이에 앞서 한층 큰 전투와 맞닥뜨린 상황이었다. 이번에는 영국과 유럽의 전장 및 심문 장소에서 다양한 형태의 전쟁을 치러야 했다.

2부
전쟁의 소용돌이에 빠진 제국

LEGACY OF VIOLENCE
A history of the British empire

일본군이 진주만을 공격한 후 말레이반도로 진격할 무렵, 앤서니 대니얼스Anthony Daniels와 무수히 많은 영제국 병력은 머지않아 마주하게 될 운명을 예감하지 못한 채 '싱가포르 요새Fortress Singapore'에 자리를 잡았다. 다민족 상점이 줄지어 늘어선 싱가포르 발레스티어 로드에서 대가족과 함께 사는 젊은 유라시아인 대니얼스는 낮에 세인트제임스스쿨에서 공부하고, 저녁에 발레스티어 로드의 아시아 다원주의 사회로 복귀했다. 그는 1937년 영국군 면접을 본 뒤 왕립육군의무부대Royal Army Medical Corps 간호 잡역병이 되었다.[1]

당시 싱가포르는 영제국의 보루였다. 1923년 해군기지 건설 계획을 발표한 영국은 싱가포르 북쪽 셈바왕에 해군기지를 건설하는 데 2500만 파운드(약 2조 607억 원)를 쏟아부었다. 영제국의 위력과 전략을 상징하는 셈바왕은 동남아시아와 그 너머에서 영제국이 난공불락임을 증명했다. 영제국 무역의 거의 25퍼센트가 말레이반도 남단을 지나 인도양으로 흘러가기 때문에 싱가포르의 경제적 가치는 한층 높아졌다. 싱가포르는 제2차 세계대전 발발 무렵 영제국 안에서 가장 비싼 땅이었으며, 동남아시아 전역과 영

국 경제의 상당 부분을 차지했다.²

그러나 진주만 공격 직후, 수백만 명이 일본 육군 대장 야마시타 도모유키山下奉文가 영제국에 도전하는 믿기 힘든 모습을 지켜보았다. 야마시타는 태국과 마주한 북쪽 국경을 지나 말레이반도로 진격하며 빠르게 말레이반도 전역을 파괴했다. 영국인들이 〈말라야 방어를 위해 노력하는 제국군Imperial Forces for Malaya's Defence〉과 같은 정부 제작 영화(이 영화에는 싱가포르로 향하는 호주군이 친근하게 손을 흔드는 장면과 매우 효율적인 방식으로 훈련하는 인도군의 모습이 담겨 있었다)를 시청한 지 불과 몇 주 만에, 일본군은 페낭을 포함한 여러 지역을 초토화했다.³

일본이 공격을 퍼부은 지 얼마 되지 않아, 영국이 동남아시아에 건설한 가장 오래된 거점 하나에서 불길이 치솟았다. 가차 없는 공격이 뒤따랐고, 병원은 순식간에 팔다리가 떨어져 나간 부상자로 가득 찼다. 일본은 "영국 신사들이여, 우리의 폭격이 어떤가? 당신네 위스키 소다보다 더 좋은 강장제 아니겠는가?"라고 묻는 라디오 선전으로 영국의 안일함과 우월감을 조롱했다. 12월 말, 동남아시아에서 활동하던 영국의 최고위급 민간관료 앨프리드 쿠퍼Alfred Cooper는 대다수가 대피했다고 말하며 주민들을 안심시켰지만,⁴ 그가 이야기한 대다수란 백인 농장주, 상인, 공무원, 그리고 그 가족들이었다. 수백만 명의 신민은 영제국의 자만심이 초래한 결과와 마주할 수밖에 없는 처지였다.

일본군은 자전거를 타고 페낭에서부터 말레이반도를 따라 이동했다. 영국의 전략 전문가들은 빽빽하게 숲이 우거진 밀림이 일본의 맹공격을 막아낼 핵심 방어선이라 믿었지만, 영국의 엔지니어와 말라야의 노동자들이 건설한 영제국 최대 규모의 도로망은 말라야와 태국의 국경이 있는 북쪽부터 말라야 남단의 조호르 해변을 거칠 것 없이 연결했다. 일본의 '자전

말라야에서 싱가포르로 이동 중인 일본제국 육군 자전거 부대, 1942년

거 기동 작전Bicycle Blitzkrieg'은 매우 효율적이었다. 수만 명에 달하는 히로히토 일왕의 병사들이 맹렬히 남쪽으로 페달을 밟는 동안, 영국군은 자전거 소리를 적군의 탱크 소리로 착각했다.[5] 일본군이 싱가포르를 공격할 수 있을 만큼 접근했을 때, 그들이 지나온 점령지는 이미 초토화되어 있었다. 처음에는 일본군이, 그다음에는 영국군이 청야 전술로 천연자원과 인공자원을 파괴했다. 말라야의 유럽인은 안전하다고 여겨지는 싱가포르에 은신하기 위해 재빨리 남쪽으로 이동했다. 당시 말라야 해안을 뒤돌아보며 남겨진 사람들의 얼굴을 쳐다본 어느 영국 여성은 훗날 그 광경을 두고 "절대로 잊힐 수도 없고, 용서받을 수도 없다."라고 기록했다.[6] 이로써 영국령 말라야는 무너졌고, 그와 함께 150년이 넘는 영국의 통치와 가부장적 권위와 보호의 허울도 함께 무너졌다.[7]

약 5년 전, 말라야 사정에 능통한 아서 퍼시벌Arthur Percival 중장은 '은밀하게 말라야를 강탈할 일본의 능력'을 경고했다.⁸ 퍼시벌이 말라야 전체를 통솔하는 장성으로 임명된 1941년 봄, 영국은 세계 곳곳에서 전쟁 중이었다. 처칠은 동남아시아보다 중동, 수에즈운하, 러시아 같은 다른 지역을 더욱 우선시했다. 게다가 그는 과장된 자기선전을 맹신하며 영국군이 '상상 속의 싱가포르 요새'를 만들어냈다고 철석같이 믿었다.⁹

영국의 자기기만을 더욱 악화시킨 것은 제국의 민족성과 목적의식을 뒷받침하는 인종차별적 관념이었다. 영국 관료들은 대부분 일본인이 왜소하고 약한 종족이기 때문에 영국의 적수가 아니라고 생각했지만, 영국은 말라야에서 굴욕적으로 패배했다. 1942년 2월, 일본군이 싱가포르를 점령하면서 영국은 치욕적인 상황에 직면했고, 이는 요크타운 전투* 이후 최악의 패배로 기록되었다. 처칠은 싱가포르 함락을 '영국 역사상 최악의 참사이자 가장 심각한 항복'이라고 불렀다.¹⁰

싱가포르 전투가 끝나갈 무렵, 대니얼스는 탕린병원에서 피에 흠뻑 젖은 채 수백 명의 사상자를 분류했다.¹¹ 퍼시벌은 아일랜드에서 신페인당과 맞서 싸울 당시 게릴라 전술을 고안하고 적용한 사람이었지만, 순식간에 대학살이 벌어진 탓에 말라야에서는 게릴라 전술에 투입할 신병을 훈련할 시간이 허락되지 않았다. 영국군은 거의 일주일간 방어에만 매진했지만, 이는 패배를 늦출 뿐이었다. 패배가 눈앞에 닥치자 병사와 시민들은 하나

---

* 1781년 10월 미국 독립전쟁 중 찰스 콘월리스Charles Cornwallis 장군이 이끌던 영국군이, 조지 워싱턴George Washington이 이끌던 대륙군과 프랑스 연합군에 항복한 전투로, 북아메리카 식민지의 승리를 사실상 확정 지은 사건이다.

같이 술독에 빠졌다. 그들은 전설적인 래플스호텔*의 바를 텅 비웠고, 마치 익숙한 영국식 내일의 아침이 올 것처럼 성실하게 계산서에 서명했다.¹²

런던에서 상황을 지켜보던 처칠은 말라야 전쟁 작전을 감독한 영국의 인도 총사령관 아치볼드 웨이벌에게 필사적으로 전보를 치며, 제국과 조국을 위해 최후의 항전을 벌일 것을 요구했다. "지금 이 단계에서는 군대를 구하겠다거나 주민 희생을 줄이겠다고 생각해서는 안 된다. 어떤 희생을 치르더라도 끝까지 전투를 치러야 한다. 사령관과 고위급 장교들은 병사들과 함께 목숨을 바쳐야 한다. 영제국과 영국군의 명예가 걸린 일이다."¹³ 그러나 영제국의 명예는 이미 일본군의 압도적인 군사력과 영국의 허울뿐인 제국적 강인함 앞에 제물로 바쳐진 상태였다. 퍼시벌이 야마시타에게 항복할 무렵, 처칠의 '아마겟돈 명령'은 사실상 실행된 것이나 다름없었다.

1942년 2월 15일, 싱가포르에서 가장 높은 건물 위로 욱일기가 나부꼈다. 싱가포르 전 지역이 초토화되었다. 영국 사상자는 1만 명에 달했다. 실로 엄청난 숫자의 영국 시민과 이주자가 일본군의 손에 죽었다. 일본군은 13만여 명의 영국인을 인질로 잡았고, 그중 상당수는 악명 높은 포로수용소로 이송되었다. 전쟁이 끝날 때까지 말라야와 싱가포르에서 10만 명이 넘는 영국 시민이 일본의 만행, 질병, 기아로 죽었다. 한편, 대니얼스처럼 살아남은 이들도 있었다. 대니얼스는 싱가포르 함락을 겪고 일본군의 심문과 강제노동을 견뎌냈으며, 결국 시암**과 버마를 잇는 '죽음의 철도Death Railway'에서 탈출해 영국의 비밀작전부대인 136부대에 합류했다(이 부대

---

* 1887년 개장 이래 싱가포르 식민지 시절의 상징으로, 유럽 귀빈들과 작가들이 머물며 '제국의 품격'을 누렸던 장소였다. '싱가포르 슬링' 칵테일이 탄생한 곳으로도 유명하며, 제2차 세계대전 당시 일본군 점령 직전까지도 영국인들이 마지막 품위를 지키려 했던 신화적 공간으로 회자된다.
** 태국의 옛 이름이다.

싱가포르 함락, 1942년 2월

는 특수작전국Special Operations Executive, SOE으로도 알려져 있다).[14]

많은 사람이 미처 깨닫지도 못한 사이 동남아시아에서 영제국이 뿌리째 흔들리는 동안, 대니얼스와 무수히 많은 다른 영국 병사 및 신민은 적진 한가운데 남겨졌다. 이들은 영제국의 유산이자 미래의 희망을 상징했다. 대니얼스와 136부대가 동남아시아에서 제국을 확장하겠다는 영국의 희망에 다시 불을 지필 때까지 3년의 세월이 걸렸다. 그때까지 영국은 파시즘에 맞서기 위해 제국 각지에서 인력과 각종 물품을 동원했을 뿐 아니라, 전간기에 아일랜드, 팔레스타인, 벵골 등 지상과 하늘에서 갈고 닦은 전시 전술과 각종 기법도 활용했다. 영국은 전쟁에서 승리하기 위해 제국이 필요하다는 사실을 절감했고, 영제국은 패배의 벼랑 끝에서 조국과 동맹국을 구할 준비를 갖추고 있었다.

6장
제국전쟁

LEGACY OF VIOLENCE

　1939년 9월 3일, 영국은 제2차 세계대전에 참전했다. 그날 아침, 히틀러에 대한 네빌 체임벌린 총리의 최후통첩이 만료되었다. 50개가 넘는 영제국 영토가 영국의 선전포고를 지지했다. 1941년 이후, 영제국 영토들은 유럽과 아시아에서 다 함께 전쟁을 치렀다. 제2차 세계대전 때문에 영국뿐 아니라, 파시즘과 맞서 싸우는 전 세계가 제국의 중요성을 다시금 깨달았다. 영제국의 손길은 남극을 제외한 모든 대륙에 닿았다. 세계에서 가장 중요한 일부 항구와 뱃길, 공군기지, 활주로, 노동력과 군사력, 광물과 농업 자원까지, 영제국의 영향력이 미치지 않는 것이 드물 지경이었다. 그나마 미국의 경제력이 영국에 필적할 만했으나, 제국의 영토와 영향력부터 군사력과 명성에 이르기까지 많은 측면에서 영국은 여전히 미국보다 우월했다.
　파시스트들은 전투를 벌인 지 단 9개월 만에 영국을 제외한 세계 유일의 제국주의 열강 프랑스를 무너뜨렸다. 프랑스의 급작스러운 몰락은 영제국에 매우 큰 영향을 미쳤다. 프랑스가 몰락하자 아시아에서 영제국의 입지가 약해진 것이다. 한 고위 관료의 말에 따르면, 인도차이나의 비시정권*

은 이미 반쯤 열린 문을 완전히 열어 일본이 말라야, 싱가포르, 시암, 버마 등을 침략할 수 있도록 길을 터준 셈이었다.[1] 이때 일본 침략의 발판이 마련되었다고 볼 수도 있을 것이다.

독일의 프랑스 진격 몇 시간 전, 체임벌린은 영국 총리 자리에서 내려왔다. 그리고 인도의 서북변경주와 옴두르만, 제2차 보어전쟁에서 뛰어난 활약을 보여주었으며 여러 식민지의 국무차관 및 국무장관, 해군장관, 육군장관, 공군장관을 두루 섭렵한 처칠이 영국 총리가 되었다

총리 처칠의 첫 의회 연설

1940년 5월 13일, 처칠은 총리로서 진행한 첫 의회 연설에서 영국이라는 하나의 국가가 아니라, 영국이 일군 제국에게 말문을 열었다.

우리 앞에 고통스러운 시련이 닥쳤다. 여러분이 우리 목적에 대해 묻는다면 나는 한마디로 답할 수 있다. 바로 승리다! 어떤 희생을 치르더라도 얻어내야 할 승리, 두려움을 이겨내고 거머쥐어야 할 승리, 과정이 길고 괴롭더라도 반드시 얻어내야 할 승리가 바로 우리의 목적이다. 승리가 없으면 살아남을 수 없다. 승리 없이는 생존도 없다. 영제국의 생존뿐 아니라 영제국이 지켜온 모든 가치의 생존도 없다. 인류가 목표를 향해 나아가게 하는 시대의 열망과 충동조차 더 이상 존재하지 않을 것이다.[2]

---

* 프랑스의 친독일 정부.

1939년 9월, 영국의 상징적인 원수 국왕 조지 6세는 히틀러가 "영제국이 온 힘을 다해 자신에게 대항할 것임을 다 알면서도 전쟁에 나섰다."라고 기록했다.³ 처칠은 "암울하고 무시무시하면서도 영광스러운 이 기간, 우리는 크고 작은 모든 영제국 자치령으로부터 다 함께 이 난관을 헤쳐나가겠다는 확약을 받았다."라고 기록했다.⁴ 전쟁이 시작되자 제국 전역에서 많은 사람이 영국에 대한 충성을 맹세했다. 하지만 실상은 영국인 식민지 지배자가 단순한 끄덕임으로 충성을 맹세하게 만든 것이었다. 인도 총독 겸 부왕 린리스고 경Lord Linlithgow도 영국령 인도제국의 4억 신민에게 영국에 대한 충성 맹세를 강요했다. 하지만 이 같은 지시 전, 간디는 '영국인의 마음으로' 세계대전에 대해 생각하며 파괴된 런던의 모습을 떠올리자 눈물이 흐르고, 이런 생각만으로 폐부 깊숙한 곳까지 뒤흔들린다고 이야기했다.⁵

하지만 영제국만으로는 유럽과 아시아 전선에서 승리하기는 충분하지 않았다. 승리하기 위해서는 한때 영국의 식민지였던 미국의 도움이 필요했다. 미국의 달러와 인력을 얻기 위한 협상이 새로운 세계질서의 전조가 되었다. 처칠의 말대로, 영국 연합정부는 1940년 여름까지 평화 목표나 전쟁 목표의 수립을 일관되게 비판해왔다.⁶ 아무도 세부 논의를 원하지 않았다. 잘못 말했다가는 나중에 지킬 수 없거나 지키지 않을 약속에 대한 요구가 뒤따를 가능성이 컸기 때문이다. 1939년 11월, 체임벌린은 전쟁의 목적을 간략하게 요약했다. 그는 영국이 "끊임없이 무력으로 다른 민족을 지배하려 들고, 전혀 해가 되지 않는 시민을 학대하고 고문하며 잔혹한 만족감에 빠져들고, 직접 내건 약속을 국가의 이익이라는 명분에 따라 편리한 대로 부인하는 공격적이고 가학적인 사고방식을 무너뜨려야 한다."라고 주장했다.⁷ 그로부터 몇 달 후, 처칠은 '영국의 목적은 승리'라는 말로 정곡을 찔렀다.⁸

영국 지도자들은 유럽 재건과 국경 협상, 무기 감축이 모두 선의로 이루어지기를 바랐다. 그들은 제국을 둘러싼 질문이나 국제 권리, 국제 권리 보호 방법 등에는 거의 관심이 없었다. 기독교인이며 체임벌린 내각에서 외무장관을 지낸 핼리팩스 경Lord Halifax 정도가 예외적인 인물이었다. 그는 마치 복음이라도 전파하듯 공공연하게 전쟁을 정당화했다. 당시에는 기독교와 서구 문명, 민주주의, 법치를 하나의 완벽한 전체로 바라보곤 했다. 핼리팩스는 빅토리아 시대부터 제2차 세계대전까지 이어진 이 같은 정신을 구현했다. 그리고 고결한 감정 덕에 한 걸음 더 앞으로 나아갔다. 그는 '인권'을 강조했다. 제2차 세계대전이 '기독교를 위한 십자군 전쟁'이라 이야기하며, "대체로 한 나라가 다른 나라의 내정에 간섭해서는 안 된다."라고 강조했다.

> 그러나 오늘날 독일에서처럼 국제 관계 영역에서의 도전이 남녀에게 기본적인 인권을 부정함으로써 심화될 때, 그 도전은 즉시 인류 보편의 양심 속 본능적이고 깊은 무언가로 확장된다. 따라서 우리는 인간 간의 거래 관계와 문명국가의 위대한 사회 속에서 법치와 자비의 질을 유지하기 위해 싸우고 있는 셈이다.⁹

핼리팩스는 정부 밖에서도 예외적인 사람으로 여겨졌다. 영국에는 '인권'이 평시 체제의 토대라고 주장하기는커녕, 평시 체제의 구성 요소라고 생각하는 사람도 드물었다. 소설가이자 문명비평가인 허버트 웰스Herbert Wells는 예외였지만 말이다.

미국의 압박

웰스는 저서 《인간의 권리The Rights of Man》에서 고문받지 않을 자유, 원하지 않는 진료를 거부할 자유, 억지로 밥을 먹지 않을 자유뿐만 아니라 교육받을 권리, 원하는 종교를 가질 권리, 노동 권리, 재산과 인간성을 보호받을 권리 같은 권리 보호의 필요성에 관한 많은 글을 적었다. 1940년대 초, 그는 '대논쟁Great Debate'을 촉발할 것이라는 희망을 품고 〈타임스〉, 〈데일리 헤럴드〉 같은 주요 신문사에 직접 작성한 선언문을 공개했다. 일각에서는 볼셰비키로부터 영감을 받은 사회주의적인 유토피아를 강조한다고 여겨지던 웰스의 선언문은 다양한 언어로 번역되어 전 세계에 알려졌다. 웰스가 개인의 권리에 대한 국제적인 보호와 이를 둘러싼 논의에 얼마나 영향을 미쳤는지에 대해서는 논쟁의 여지가 있겠지만, 웰스와 그가 주창한 운동이 영국 정부에 영향을 미쳤다는 사실만은 틀림없다. 더불어 대서양 건너편에서도 영국 정부를 압박하는 움직임이 일어났다.[10]

1940년 11월, 전례 없이 3선 당선된 미국의 프랭클린 루스벨트 대통령은 영국에 희망과 우려를 동시에 안겼다. 당시 중립적인 태도를 고수하던 미국은 경제적·군사적으로 연합국을 전면 지지하도록 만들기 위해 협상을 진행 중이었다. 루스벨트 대통령은 먼저 미국의회의 승인을 받아야 했고, 목적 달성을 위해 연두교서에서 관련 내용을 언급했다. 루스벨트가 이념적인 우위를 차지할지도 모른다는 걱정에 사로잡힌 영국의 전시 거국내각*은 전후 미래에 대한 비전을 마련하기 위해 전쟁목적위원회War Aims

---

* 처칠은 제2차 세계대전 중 야당인 노동당을 포함한 거의 모든 정당이 참여하는 거국내각을 조직했다.

Committee를 설립했다. 처칠을 지지하는 법학자들은 "권리란 선험적으로 독립적인 정치 조직의 일부이기 때문에 문명화된 정부는 권리에 대해서 어떤 선언도 할 필요가 없다."라는 저명한 헌법학자 앨버트 다이시의 신념을 고수했다.[11] 개인의 자유를 어느 정도 유지해야 한다고 몇 차례 언급한 역사학자 아놀드 토인비를 제외하면, 자유를 지키고 보호해야 한다고 목소리를 높인 사람은 핼리팩스뿐이었다. 그에게 자유는 '인간의 형제애에 대한 기독교적 믿음'에 깃들어 있는 것이었다. 또한 그는 '부당함이나 궁핍에 대한 두려움 없이 살 권리'에 대한 글을 쓰기도 했다.

처칠은 이 같은 개념을 언급하지 않았고, 전쟁목적위원회가 고려하는 다른 사항에 대한 지지도 언급한 적이 없었다. 전쟁목적위원회가 내놓은 전쟁 목적에 관한 마지막 성명서는 처칠의 미결 서류함에 남았다. 이는 처칠이 성명서의 주인공인 핼리팩스를 싫어한 탓도 있고, 초안에 동의한 미국인들이 성명서에 별다른 지지를 보내지 않는 듯 보인 탓도 있다.[12] 그로부터 몇 주가 지난 1941년 1월 6일, 자유를 지지하는 핼리팩스의 목소리가 의회와 미국의 라디오에서 울려 퍼졌다. 미국 유권자들은 연합국을 지지해야 하는 수사적이고 실용적인 이유를 요구했다. 루스벨트는 이 같은 유권자들에게 무기대여법Lend-Lease policy 제정의 필요성을 주장하며, 언론과 표현의 자유, 종교의 자유, 결핍으로부터의 자유, 공포로부터의 자유 등 '4대 자유를 기반으로 한 세상'에 대해 이야기했다. 루스벨트의 발언은 미국은 물론 전 세계를 자극했다.

이것은 머나먼 미래의 이상향에 대한 비전이 아니다. 우리 시대에, 우리 세대가 이루어낼 수 있다. 그런 세상은 소위 '압제'*라는 새로운 질서와 정반대일 것이다. 미국의 역사가 시작된 이후, 우리는 수용소나 잔혹한 대량 학살 없이 변화해왔다. 다시 말해, 영속적이고 평화로운 혁명, 즉 변화하는 상황에 꾸준하고 조용히 적응해나가는 혁명에 참여해온 것이다. 우리가 추구하는 세계질서는 자유국들이 협력하며 만들어가는 우호적이고 문명화된 사회다. 자유란 인권의 보편적 우위를 의미한다. 우리는 이 같은 권리를 얻고 지켜내기 위해 애쓰는 사람들을 지지할 것이고, 우리의 목적을 통합하는 데 힘을 쏟을 것이다.[13]

루스벨트는 전쟁의 목적에 관한 국내와 외교 담론 속에 '인권'이라는 개념을 집어넣었다. 루스벨트의 연설 몇 주 전 주미 영국 대사로 부임한 핼리팩스 경은 깊은 감명을 받았다. 반면 앤서니 이든Anthony Eden을 비롯한 다른 사람들은 보다 신중한 입장을 보였다. 이든은 "'공포로부터의 자유'에 실질적으로 영향을 미치는 정치적인 질문, 루스벨트 대통령이 언급한 첫 번째 자유와 두 번째 자유에 대한 우리 생각을 자세히 언급하지 않을 것이다."라고 이야기했다.[14]

---

* 개인의 자유와 권리를 억누르는 전체주의적, 비민주적, 폭력적인 통치 체제 또는 그 체제를 유지하려는 억압적 질서.

'인권'이라는 개념의 등장

다른 사람들은 '인권'이라는 질문에 아예 손도 대지 않았지만, 영국 정부는 이를 따를 수밖에 없었다. 그것이 전쟁의 명분을 제공하는 수단으로 기능했기 때문이다. 하지만 루스벨트도 핼리팩스도 인권이 무엇인지 정의하지 않았기 때문에 인권이 의미하는 바와 인권 보호 방안 방법은 모두 짐작만 할 뿐이었다.15

루스벨트는 '4대 자유'에 대한 웅변으로 '새로운 종류의 세상', 즉 '압제'와 정반대되는 세상을 만들기 위한 이념적인 주장을 펼쳐나갔다.16 현실적으로 새로운 세계질서를 위해 미국은 연합군을 지지해야 했다. 3월이 되자 루스벨트는 영국에 전투기와 전함, 식량, 기름, 무기를 지원해도 좋다는 의회의 승인을 받아냈다. 의회의 승인은 전쟁에 참여한 미국의 다른 동맹국에도 적용되었다. 미국은 총 500억 달러(약 1360조 원)를 연합국에 지원했고, 그중 300억 달러(약 816조 원)가 영국을 지원하는 데 쓰였다. 연합국은 그 대가로 전쟁 기간 동안 미국의 여러 육군과 해군기지를 임대했다. 이로써 미국이 얻는 이익은 분명했다. 무기대여법으로 전쟁에 필요한 물자를 빌려주어 영국과 연합군이 전쟁을 지속하게 만들면, 미국은 전쟁에 직접 개입하지 않아도 되었기 때문이다.

몇 달 후 루스벨트와 처칠, 그 외 고위급 관료들이 뉴펀들랜드 플라센티아만에서 회동했다. 루스벨트와 처칠은 미국 전함 USS 어거스타에 승선했다. 1918년의 짧은 만남 이후 첫 회동이었다. 그날 이후 두 사람 사이에는 우정이라 할 만한 것이 싹텄다. 처칠이 "루스벨트 대통령이 '안녕하세요.' 하고 인사하는 소리만 들어도 샴페인 한 병을 마신 듯한 기분이 든다."라고 이야기할 정도였다. 전쟁이 끝날 때까지 두 사람은 2000회가 넘게 소

뉴펀들랜드에서 만난 프랭클린 루스벨트와 윈스턴 처칠, 1941년

통했다. 처칠은 루스벨트에게 '우리 우정은 내게 가장 의지가 되는 것'이라는 우아한 글을 적어 보냈고, 내성적인 루스벨트는 사적인 자리에서 처칠을 '고루한 사람 중에서도 진짜로 고루한 토리당원'이라 묘사했다.[17] 그래도 두 사람은 서로를 존중했을 뿐 아니라, 영국과 미국이 전시에는 반드시 협력할 수밖에 없는 동맹국임을 잘 알았다. 그렇지만 양국 사이에는 적대감도 있었다. 특히 미국은 제국 문제와 관련해 영국에 상당한 적대감을 느꼈다. 루스벨트는 세계 곳곳에서 7억여 명의 신민을 지배하는 '18세기 방식'에 불만을 드러냈고, 처칠 역시 자기가 '변발족', '되놈'이라 부르는 세계의 열등한 인종에 대한 미국의 감상적인 태도를 못마땅하게 여겼다.[18]

전 대통령 우드로 윌슨과 같은 실수를 저지르지 않겠다고 다짐한 루스

벨트는 미국의 고립주의자들과 치열하게 싸웠다. 사실 제1차 세계대전 이후, 고립주의 노선을 오해한 윌슨은 즉각적인 해방보다 식민지 개혁이 더 좋은 방법이라 믿었다. 윌슨의 생각은 보편적인 미국인의 정서와 별반 다르지 않았다. 윌슨은 비유럽민족들이 '문명화된' 정권의 자애로운 지도를 받아 진화함으로써 민족자결을 이루어내야 한다고 믿었다."[19] 물론 이 과정에는 국제기관의 감독이 필요했다. 20여 년이 흐른 뒤, 제국주의는 거의 사람들의 지지를 받지 못했다. 고립주의자도, 평범한 유권자도, 목숨 걸어 영제국의 유지를 도울 생각은 없었다. 영향력 있는 영국 작가 겸 식민지 전문가 마저리 퍼햄Margery Perham은 외교 관계 평론지 〈포린 어페어스Foreign Affairs〉에 이 문제를 이렇게 요약했다.

> 전쟁의 중단과 축소된 신문을 통해 우리에게 전달되는 미국인의 관점은 다음과 같이 간결하고 직설적으로 표현할 수 있다. "영국은 제국이라는 죄를 저질렀다. 미국인이 통제에서 벗어나 하나의 나라가 될 때까지 영국은 미국인에게도 죄를 지었다. 미국인에게는 이 같은 죄가 없다. 따라서 미국인은 다른 민족에게 계속 죄짓고 있는 영국을 도덕적으로 비난할 수 있다. 미국인이 지금 상황을 고통스럽게 받아들이는 것은, 이 전쟁에서 영제국을 방어하고 지지하라는 요구 때문이다."[20]

플라센티아만에서 루스벨트와 처칠이 회동한 1941년 8월, 두 사람의 대화는 상호 협력을 향한 다짐과 의심으로 가득했다. 영국 관료들은 미국 유권자에 대한 호소 방안과 전쟁 승리라는 시급한 문제에 집중했지만, 루스벨트와 수행단은 전후 합의와 관련해 영국의 양보를 받아내려고 했다. 1932년, 미국은 영국이 제국 내 특혜 관세 구역을 만들고 제국에 소속되지 않은 국가에는 높은 관세를 부과하겠다며 체결한 오타와협정Ottawa Agreement을 폐기하고자 했다. 영국이 전후 확장을 꾀하는 것을 저지하려 한 것이다. 하지만 영국 역시 미국이 영제국의 잿더미 속에서 새로운 제국을 건설하지 못하도록 막겠다는 강한 의지를 보였다. 전후의 제국은 기껏해야 영연방 내 자치 지역의 집합체였을 뿐이지만, 역사학자 윌리엄 루이스가 말했듯, 처칠은 "미래의 세계질서는 19세기처럼 영제국의 세력과 번성과 위신을 기반으로 할 것이다."라고 확신했다.[21]

전후 제국의 향방

영국 관료들은 일부 식민지가 너무 작고 주민들도 무지몽매하기에 영원히 독립국이 되지 않을 것이라 여겼다. 반면, 루스벨트는 처칠과의 회동을 준비하는 내내 실현 가능한 다양한 전후 시나리오를 상상하며 제국에 대해 고민했다. 제국에 대한 루스벨트의 생각은 계속 발전했다. 그는 제국에 책임을 묻기 위한 감독 체제가 필요하다고 보았고, 독립 역시 타협할 수 없는 목적임을 명확하게 이해했다. 루스벨트는 경제적·사회적 발전을 둘러싼 문제와 관련해 제국을 압박할 수 있도록 독립까지의 일정표를 원했다. 20~30년 이상 시간이 걸릴 수도 있겠지만, 어쨌거나 시간표가 필요하다는 것이 루스벨트의 생각이었다.[22]

몇 가지 비책도 있었다. 루스벨트는 처칠에게 전쟁과 평시 목적에 대해 합의한 내용을 바탕으로 공동 언론 발표문을 내놓자고 제안했다. 루스벨트 대통령 수행단은 미리 준비한 원고를 들고 나타났다. 예정에 없는 일이었지만 처칠은 미국과 연대를 강화할 기회를 놓치지 않았다. 루스벨트와 처칠은 몇 차례 양보와 수정을 거친 끝에 전 세계에 '영미 8대 계획The Anglo-American Eight Point Plan'을 공개했다. 언론은 양국 합의문에 '대서양헌장'이라는 이름을 붙였고, 처칠은 '승리만 뒤따른다면 인류 발전 역사에 영구적인 한 획을 그을 이정표 혹은 기념비가 될 단결된 선언문'이라고 말했다.[23] 대언론 공식 발표, 선언문, 계획문, 헌장 등 어떤 이름이든 간에 대서양헌장은 전쟁에 휩싸인 전 세계에 지대한 영향을 미쳤다. 서문에는 "더 나은 세계를 향한 양국의 공통 원칙을 만든다."라는 영미 양국 간의 연대 의지가 담긴 이상적 선언이 포함되었다.[24]

대서양헌장이 공개되자 영국 외무성은 당황했다. 처칠이 제국에 특혜를 주는 기존 방식을 포기하지 않았고, '인권'도 언급하지 않았지만, 정치 성향에 따라 적어도 반제국주의적인 저의가 있다고 해석될 가능성이 있는 문서에 서명했기 때문이다. 한 외교부 관계자는 대서양헌장에 관해 다음과 같이 묘사하며 분개했다. "국제연맹 시대의 구시대적이고 상투적인 문구로 가득하고, 끔찍할 정도로 뜻이 불명확한 문서다. 하지만 받아들이는 것 외에 다른 방법이 없었다. 이든은 루스벨트가 처칠에게 예상치 못한 제안을 했다고 생각했다. 사실 이 같은 일은 사전에 조율했어야 마땅하다."[25] 그중에서도 가장 모호했던 부분은 세 번째 조항이었다. 세 번째 조항의 내용은 "모든 민족에게 자국의 정부 형태를 선택할 권리가 있음을 존중한다. 강제로 주권과 자치권을 빼앗긴 민족은 이 같은 권리를 되찾기를 바란다."라는 것이었다.[26] 플라센티아만에서는 이 문제가 전혀 논란거리가 되지 않았지만, 두 정상이 헤어진 뒤 상황은 달라졌다. 전 세계 수많은 식민지 주민과 지지 세력이 대서양헌장의 세 번째 조항을 자유에 대한 분명한 요구로 해석했다. 총독들은 전쟁이 끝나면 이 세 번째 조항을 근거로 독립 요구가 빗발칠 것으로 예상해 재빨리 런던에 전달했다.

영국이 미국 독립의 교훈을 되새겨야 한다고 생각하던 루스벨트는 흑인과 황인을 비롯한 전 세계 모든 사람에게 '자치'가 적용되어야 한다고 믿었다. 그는 특히 인도인의 자치를 중요하게 여겼다. 루스벨트는 미국연합규약Articles of Confederation* 같은 임시 방안이 완전한 독립으로 나아가는 인도의 과도기에 도움이 될 수도 있다고 제안했다. 노동당 기관지 〈데일리 헤럴드〉는 대서양헌장을 식민지를 위한 '해방 선언문'으로 활용했다. '대서양헌장은 피부색이 어두운 인종에도 해당된다'라는 제목의 기사에서 "백인뿐 아니라 유색인종도 처칠과 루스벨트의 대서양헌장이 약속한 이익을 누릴 것이다."라고 적어 내려갔다. 두 정상의 대언론 공식 발표 며칠 후, 서아프리카 학생들을 만난 클레멘트 애틀리는 영국이 나치보다 '숭고한 생각'을 갖고 있다고 청중을 안심시키며 '자유'를 언급했다. 대서양헌장은 램프에 갇혀 있던 독립의 요정에게 마침내 자유를 주었다.[27]

처칠은 작성 당시만 해도 자기 눈에는 아무 문제가 없었던 성명서를 방어해야만 했다. 그는 대서양헌장 세 번째 조항이 나치에게 지배당하던 유럽민족에게 주권을 돌려주는 것이라고만 생각했다. 영국 식민지들은 '주권'을 가져본 적이 없기 때문에 애당초 자치권을 되찾을 수도 없었다. 처칠의 전쟁 내각은 대서양헌장 역시 문자 그대로 해석해야 옳다고 주장했다. 전쟁 내각은 대서양헌장이 "영제국의 국내 문제나 미국과 필리핀 간의 관계 같은 문제 해결을 위해 쓰인 것이 아니다."라고 주장한 것이다.[28]

---

* 미국 독립 기간 중 13개 주의 동맹관계를 규정하기 위해 정한 약관으로, 1781년 발효하여 미국 헌법이 제정되는 1789년까지 유효했다.

대서양헌장의 영향력

대서양헌장이 식민지 관리에 미칠 영향을 걱정하는 사람들도 있었다. 식민장관 모인 경Lord Moyne과 식민성은 대서양헌장이 신문에 실리자마자 피어오르는 의심의 불꽃을 꺼뜨리려 대대적인 캠페인을 펼쳤다. 모인은 내각 앞에서 여론을 억누르는 온갖 발언을 장황하게 늘어놓았다.

국제연맹 규약이 '현대세계의 고된 조건 속에서 아직 홀로 설 준비가 되지 않은 사람들'이라 표현한 식민지 주민에게 제약 없는 선택권을 허락할 수는 없다. 최대한 실행 가능한 수준까지 제도를 발전시키는 것이 지금까지 우리가 사용한 정책이자 현재 사용 중인 정책이다. 하지만 제국 내 모든 구성 단위가 온전한 정부로서 국정을 책임진다는 믿음을 있는 그대로 받아들이기는 시기상조다. 식민제국 내에는 50개 이상의 정부 단위가 있다. 연합을 통해 숫자를 줄일 수도 있겠지만, 여전히 많은 지역은 규모가 너무 작고, 일부는 전략적으로 너무 중요하기에 결코 스스로 운명을 결정하는 주체가 될 수 없다.

모인과 식민성의 태도는 단호했다. 근본적으로 식민지 발전은 영국이 생각하는 자유와 정의의 개념과 일치하는 방식으로 계속되어야 한다는 것이었다.[29] 플라센티아만에서 루스벨트를 만난 지 한 달 후, 처칠은 의회에서 루스벨트를 꾸짖으며 제국 수호의 의지를 밝혔다.

두 당사자가 성명서에 합의했다면, 일방이 상대방과 상의 없이 성명서 내용에 특별하거나 부자연스러운 해석을 덧붙이지 않는 것이 현명하다.

따라서 나는 오늘 오직 한 가지 배타적인 의미로만 말할 것을 제안할 것이다. '공동 선언Joint Declaration'은 인도, 버마, 그리고 제국 내 다른 지역에서 입헌정부를 발전시키겠다는 우리의 기존 정책을 어느 면에서도 수정하거나 제한하는 것이 아니다. 세 번째 조항은 오직 나치의 지배 아래 놓인 유럽의 국가들과 민족들이 주권과 자치, 국가적 삶을 회복하는 데만 적용되는 것이다. 유럽의 해방은 영국 군주에게 충성을 맹세한 지역과 민족의 자치기관을 점진적으로 발전시키는 것과는 상당히 다른 문제다. 우리는 본질적으로 자치령과 민족들의 상태 및 상황에 대해 여러 차례 선언문을 발표했다. 지금껏 발표된 선언문들은 이번 공동 선언에 영감을 불어넣은 '자유와 정의'라는 고귀한 개념과 완전한 조화를 이룰 것이다.[30]

그렇게 대다수의 영국인이 제국 사업의 본질이라 생각하던 '자유와 정의라는 고귀한 개념'이 처칠의 전쟁 역사 기록으로 들어갔다. 식민지 '자치기관'에 대한 영국의 선언이 '전혀 애매모호하지 않다'는 주장 역시 처칠의 전시 역사 연대기의 일부였다. 식민성 서류는 온통 애매모호했다. 모인과 식민성 직원들은 완전한 선언문 목록처럼 보이는 것을 만들어내기 위해 서둘렀다. 제국 내 정치 참여에 대한 일방적인 기록과 흐릿한 기억 외에는 그 무엇도 찾을 수 없는 식민지가 많았다. 그뿐 아니라 중요한 의사결정의 차원에서는 정치 참여가 영제국 여기저기에 흩어진 백인 정착민과 농장주의 전유물인 경우가 많았다.[31] 하지만 결국 미국을 전쟁으로 몰아간 것은 '인권'의 개념이나 '자치'와 '자유와 정의'를 둘러싼 논쟁이 아니라, 진주만에 떨어진 일본의 폭탄이었다.

제2차 세계대전의 폭발

일본의 진주만 공격 보도가 나간 지 채 24시간이 지나기 전, 루스벨트는 침울한 모습으로 의회에서 선언했다. "영원히 불명예스러운 날로 기억될 1941년 12월 7일, 미국은 일본제국의 해군과 공군으로부터 갑작스럽고 고의적인 공격을 받았다." 루스벨트는 전 세계를 향해 일본의 뻔뻔함을 강조했다. 히로히토는 태평양에서 평화를 유지하려는 미국의 시도를 거부했을 뿐 아니라 말라야, 홍콩, 필리핀과 태평양의 다른 자치령을 동시에 공격했다.[32] 미국이 일본과의 전쟁을 선포한 지 사흘 뒤, 이탈리아와 독일도 미국과의 전쟁을 선언했다. 일본이 아시아에서 맹위를 떨치는 탓에 무기력해진 영국은 진주만 공격이 두 달도 채 지나기 전에 홍콩을 내주었다. 자전거에 올라탄 일본군은 말레이반도를 초토화하고 남하하여 싱가포르에 다다랐다.

전시 총리로서 처칠은 다양한 인물로 연립정부를 구성했다.[33] 그는 자신만큼 뛰어난 경력에, 제국 전역에서 중대한 경험을 쌓았거나 제국주의적 가치관을 수호하는 데 익숙한 정부 요직 출신 인물들을 중용했다. 그중에는 1940년 11월 세상을 떠날 때까지 추밀원 의장을 맡은 네빌 체임벌린도 있었다. 그의 아버지 조지프 체임벌린은 빅토리아 시대 후기 장관을 지내며 제국에 헌신했고, 네빌 체임벌린은 이 사실을 증명하는 서인도제도 농장에서 관리자로 일하며 성인이 되었다. 네빌 체임벌린이 세상을 떠나자 존 앤더슨이 그 자리를 차지했다. 앤더슨은 먼저 아일랜드에서 차관으로, 그 다음 벵골에서는 총독으로 재직하며 '궂은일'을 맡았는데, 이곳에서 그는 테가트와 협력하여 영제국식 억압의 한 형태를 만들어냈고, 이는 현지 주민들에게 '고통스러운 기억'으로 남았다. 실제로 조지 5세가 벵골에 무슨

영국의 전시 내각, 1941년

문제가 있는지 농담을 던졌을 때, 앤더슨은 "가장 두드러지고 가장 시급한 문제는 의심할 여지 없이 테러리즘의 진압이다."라고 응수하기도 했다.[34]

강경 제국주의자인 레오폴드 애머리 역시 영제국의 광활한 영토를 오가며 다양한 경험을 쌓았다. 인도에서 태어난 애머리는 제2차 보어전쟁 당시 처칠과 함께 특파원으로 활동하다 생포될 위기에서 가까스로 벗어났다. 그는 밸푸어선언의 초안을 작성하는 데 도움을 주었으며, 이후 윌슨의 '자결권'이라는 피상적인 구호'와 모든 국가가 동등한 의결권을 가진다는 국제연맹의 개념을 조롱했다.[35] 전간기에 식민장관이었던 애머리는 영제국에서 벌어진 가장 격동적인 사건을 몸소 겪었으며, 처칠이 수장으로 있는 전시정부에서 인도·버마 국무장관을 지냈다. 이 직책으로 인해 그는 처칠과 심각한 의견 차이를 보일 때가 많았다(이후 애머리는 자신의 회고록에 처칠이 "인도 문제와 관련해 조지 3세가 미대륙 식민지에 대해 알았던 정도밖에 알지 못한다."라고 적었다).[36]

처칠의 전시 내각에는 제국에서 활약한 다른 인물들도 있었다. 전간기에 외무장관을 지내고, 오직 자신을 위해 만들어진 국제연맹 장관을 역임했으며, 처칠의 뒤를 이어 영국 총리가 될 것이라 모두 생각하던 앤서니 이

카이로 주재 영국 대사관 정원에 앉아 있는 처칠과 스머츠, 1942년 8월 8일

든도 그중 하나였다. 체임벌린 내각에서 외무장관을 지낸 이든은 이탈리아에 대한 유화 정책에 항의해 사퇴했다. 이든의 사퇴는 처칠을 '암울한 절망의 바다'로 내몰았다. 처칠은 이든을 이렇게 묘사한 적이 있었다. "길고 음산하며 질질 끄는 추세와 항복, 잘못된 판단과 허약한 충동의 흐름에 맞서는 강한 젊은이가 등장한 것 같았다. 그는 그 순간, 인류를 위해 수많은 일을 해왔고 여전히 줄 것이 남아 있는 위대한 영국 국민의 생명력과 희망을 상징하는 존재처럼 느껴졌다."[37]

영제국의 인종 분리주의자들도 처칠의 주변에서 활동했다. 제1차 세계대전 후 얀 스머츠는 팔레스타인 고등판무관직을 고사했지만, 남아프리카를 다른 식민지의 모델로 삼아야 한다고 계속 주장했다. 역사학자 마크 마조워는 "스머츠는 선구안을 가지고 세계를 누빈 정치가이자 철학자였으며, 백인의 선한 인도 아래 우주가 이룰 조화에 대한 진화론적 패러다임에 전념했다."라고 말했다. 스머츠가 전시에 영국을 지원한 것은 그가 1948년 민족주의자 다니엘 말란Daniël Malan과 아파르트헤이트 정권의 등장으로 사라지기 전까지 남아프리카에서 권력을 쥐고 있었음을 증명했다.[38]

전쟁 전 서인도제도왕립위원회West Indies Royal Commission 위원장을 지낸 모인 경도 처칠의 전쟁 내각을 대표하는 사람 중 하나였다. 그는 대서양헌장 발표 이후 처칠의 전쟁 내각에서 식민장관 등 다양한 직위를 두루 섭렵했다. 제2차 보어전쟁에서 제국 의용기병대Imperial Yeomanry로 활약했으며 고향에서 월터 기네스Walter Guinness라고 불리던 모인은 보수당 정치인인 동시에 전설적인 맥주 양조 가문의 후계자였다. 친구인 처칠과 마찬가지로 바다에 대한 뜨거운 사랑을 가감 없이 드러내던 모인은 수많은 요트를 소유했으며 종종 바다를 항해했다. 강경 보수주의 성향으로 유명하던 그는 윌슨의 '신세계에 대한 비전'에 관한 자신의 생각을 밝혔다. "마호메트 시대 이래로, 이토록 미신에 가까운 경외심을 받으며 귀 기울여진 예언자는 없었다."[39]

영제국을 위하여

언론도 처칠의 정부에 한 자리를 차지했다. 처칠의 절친한 친구인 보수당 의원 비버브룩 경Lord Beaverbrook은 대중의 마음을 잘 파고드는 판단 빠른 사업가였다. 언론을 '어떤 정치적인 갑옷도 뚫을 수 있는 불타는 칼'이라 부르던 그는, 제1차 세계대전 당시 로이드 조지 정부에서 정보장관을 지낸 바 있었다. 정보장관이란 비버브룩의 경쟁자인 〈데일리 메일〉 소유주 함스워스가 맡았던, 선전 책임자 자리를 보완하는 직책이었다. 언론의 위력을 제대로 이해한 비버브룩은 십자군 전사를 자신이 소유한 〈데일리 익스프레스Daily Express〉의 상징으로 삼았다.[40] 〈데일리 익스프레스〉는 1936년 일일 발행 부수가 무려 225만 부(1949년에는 400만 부)에 달하며 세계 최대 규모의 신문으로 발돋움했다. 〈데일리 익스프레스〉의 소유주로서 언론계 거물이 된 비버브룩은 제국주의에 관한 자신의 생각을 가감 없이 표현했다. 〈데일리 메일〉이 1면에 '국왕과 제국을 위하여'라고 새겼듯, 〈데일리 익스프레스〉는 전 세계에서 영국의 지위에 대한 비버브룩의 생각을 표출했다. "우리 미래는 유럽이 아니라 제국에 있다. 〈데일리 익스프레스〉는 좋을 때든 나쁠 때든 제국이라는 정책을 설파하지 못한 적이 없으며, '영제국'이 세계 역사상 가장 위대한, 선을 위한 도구라고 믿는다."[41]

전쟁의 최전선에서는 영국 참모총장 대부분이 제국에서 쌓은 풍부한 경험을 갖고 있었고, 주요 전선 사령관들과 장군들 역시 마찬가지였다. 몽고메리는 팔레스타인에서 아랍인들을 진압한 직후였다. 중동 총사령관으로 팔레스타인 전투에 참여했던 아치볼드 웨이벌은 이후에도 같은 직책을 유지하다가 동남아시아로 자리를 옮겼다. 버마 제14군 사령관 윌리엄 슬림William Slim과 중동 및 인도에서 군을 지휘한 클로드 오킨렉Claude Auchinleck 역시, 인도에서 군 경력을 시작해 계급을 차근차근 올린 인물들이었다. 이 밖에도 제국에서 단련된 수많은 장교가 지휘 계통에 포함되어 있었으며, 윙게이트도 그중 하나였다. 웨이벌은 윙게이트의 비정통적 전술을 높이 평가했고, 아랍혁명(1936~1939년) 당시 윙게이트식 작전을 승인하기도 했다. 몇 년 뒤에는 윙게이트에게 에티오피아에서 특수작전국을 조직하라고 지시하기도 했다.

이후 수년 동안 특수작전국은 나치가 점령한 독일에서 시작해, 동남아시아, 서아프리카, 동아프리카 등에서 활동했다. 전쟁 초기, 노동당 의원이자 처칠 내각에서 재무장관을 지낸 휴 돌턴Hugh Dalton은 특수작전국을 설립했다. 런던 비밀본부의 이름을 따 '베이커가 비정규군Baker Street Irregulars'이라고 알려진 특수작전국에는 '처칠 비밀부대Churchill's Secret Army' 또는 '비신사적인 육군성Ministry of Ungentlemanly Warfare' 같은 다른 별칭도 있었다. 첩보 활동, 파괴 공작, 정찰 등을 최우선으로 삼은 특수작전국은 대중의 눈에 띄지 않게 활동했다. 비밀 활동을 했음에도 특수작전국이 국가 지원의 게릴라 조직이라는 인식이 퍼져나간 것은 제국 때문이었다. 전쟁 내각이 특수작전국을 공식 승인한 1940년 6월, 처칠은 돌턴에게 첫 지시를 내렸다. "가서 유럽을 불태워라."⁴² 돌턴은 처칠의 지시를 이행하기 위해 제1차 세계대전 기간 로런스의 활동과 아일랜드공화국군의 전술을 본보기로 삼았다.⁴³

윙게이트와 버마에서 활동한 영국의 친디트 특공대원, 1944년

윙게이트는 특수야간부대 활약 전력이 있는 수많은 시온주의자와 수단 및 에티오피아 병사들로 구성된 새로운 기드온 부대를 결성했다. 그리고 이탈리아로부터 에티오피아를 탈환하기 위한 후방 공격을 성공적으로 이끌었다. 이후 웨이벌은 윙게이트에게 일본 전선 뒤에서 장거리 침투부대를 조직할 수 있는 재량권을 주었다. 윙게이트가 이끄는 특수작전국의 애칭은 친디트Chindit였다. 비록 성과는 들쑥날쑥했지만, 처칠에게 친디트는 한 줄기 빛과도 같았다. 1943년 9월, 윙게이트는 '미친 마이크Mad Mike'라고 불렸던 마이클 캘버트Michael Calvert 준장과 함께 밀림 전투 부대를 이끌고 버마에서 일본 부대와 시설물을 공격하는 위험한 작전을 펼쳤다. 친디트와 특수작전국은 버마와 남아시아 곳곳에서 말라야 시골 지역에서 활동하던 현지의 토착 저항 세력과 힘을 합쳤다.[44]

하늘에서는 아서 해리스가 팔레스타인 지휘 본부에서 유럽으로 복귀해 영국 공군 폭격부대 총사령관으로 승진했다. 전간기에 아덴 주둔 영국군 지휘관으로 활약하며 제국에서 경험을 쌓았던 공군 참모총장 찰스 포털Charles Portal의 부하였던 해리스는 처칠의 지시에 따라 독일 도시를 폭격했다. 제국 신민에게 공중폭격할 때는 인정사정없었던 처칠도, 유럽 민간인에게 비슷한 전술을 사용할 때는 초조함을 감추지 못했다. 1943년 여름, 영국 공군은 함부르크를 폭격했다. 폭격으로 무려 4만 5000명이 죽고, 100만 명에 달하는 함부르크 주민이 집을 잃었다. 사망자는 대부분 이틀 동안 폭풍처럼 번진 불기둥에 의해 죽었다.

해리스는 사람이 아닌 산업과 경제 시설만 폭격해야 한다는 영국 대중의 주장에 점차 좌절감을 느꼈다. 민간인 대상의 파괴 행위는 해리스의 '제국적 혈통'에 깊이 각인된 전술이었으며, 그는 이라크와 팔레스타인에서 그 치명적 결과를 직접 목격한 바 있었다. 이후 독일 중부 도시 카셀을 표적으로 한 소규모 공격으로 5500명 이상이 사망하자, 해리스는 런던에 서신을 보냈다. "연합 폭격 작전Combined Bomber Offensive의 목적, 그리고 이에 따라 폭격부대가 영국과 미국이 합의한 전략 안에서 맡게 된 역할은 명확하고 공개적으로 선언되어야 한다. 폭격의 목적은 독일 도시를 파괴하고, 독일 노동자를 살상하고, 독일 전역의 문명사회를 무너뜨리는 것이다."[45]

나치와의 전투

영국 공군은 제국에서 갈고닦은 실력으로 드레스덴을 비롯한 독일 도시들을 초토화시켰지만, 무고한 시민의 참혹한 고통도 나치의 사기는 꺾지를 못했다.[46] 결국 1939년, 제1차 세계대전 당시 제정된 국토방위법에서 발전한 비상법이 통과되었다. 팔레스타인과 제국 각지에서 해리스 등 영제국 군인들이 자행하던 합법화된 불법이 영국에도 상륙했다. 1939년 8월, 전쟁이 임박한 상황에서 의회는 영국 정부에 방어법을 만들고 실행할 수 있는 행정 권한을 허락했다. 비상권한법Emergency Powers (Defence) Act이 통과된 것이다. 전운이 감도는 와중에 제국방위위원회의 고된 막후 작업 덕에 비상권한법은 입법 승인 직전이었다. 제국방위위원회는 전쟁이 일어나면 어떤 법과 규정이 필요할지 고민했다. 실제로 전쟁이 발발하자 군 내부에서 불만을 선동할 가능성이 있는 행위를 금지하는 규정 39A, 영국의 참전에 대한 불안이나 실망을 드러내는 행위를 불법화하는 규정 39B, 불쾌한 자료 출판을 규제하는 규정 2C, 2D 같은 전시 법령이 만들어졌다.[47]

가장 논란이 된 것은 행정부 권한으로 재판 없이 영국 신민의 구금을 허용하는 규정이었다. 국왕에게도 '영국 신민이 아닌 적국인'이나 영국 거주 중인 외국인을 구금할 권한이 있었지만, 영국 신민에게는 적용되지 않았다. 군주제 시대에서 비롯된 이 같은 특권은 장관들이 군대 파견부터 국제조약 체결, 외국인 억류에 이르는 다양한 임무를 수행하는 근거였다. 새롭게 공표된 규정 18B는 영국 시민의 자유를 심각하게 제한했다. 제1차 세계대전 기간의 규정 14B를 본떠서 만들어진 규정 18B는 제국에서 발전해 온 행정부의 구금 정책을 기반으로 삼았으며, 전간기에 제국에서 사용된 구금 정책에서 법적 선례를 찾았다. 결국 이러한 규정들은 영국 정부가 국가 안전을 위협한다고 여긴 모든 영국 시민을 고소나 재판, 정확히 명시된 구금 기간 없이 일방적으로 구금할 수 있는 근거가 되었다. 노먼 버킷Norman Birkett(감리교 목사이자 훗날 뉘른베르크 재판*에서 대리 판사 역할을 맡게 된 유명한 법정변호사)이 위원장으로 있었던 자문위원회와 내무장관 앤더슨이 구금 여부를 결정할 수 있는 권한을 갖게 되었다. 자문위원회는 내무장관의 최종 승인 전에 구금 명령을 내리는 요식적인 과정을 감독하고 항소 심리를 진행했다. 항소 심리는 매우 드물게 열린 데다 성공률도 낮았다. 이 같은 '감독' 행위는 전쟁 기간에 영국인의 시민적 자유가 침해당할 가능성이 있다는 일부 의원의 우려를 누그러뜨렸다.[48]

처칠이 취임한 1940년 5월, 영국은 독일 침공에 대한 두려움에 사로잡혀 있었다. 히틀러가 이끄는 독일군은 유럽을 마음대로 휩쓸었고, 덴마크, 노르웨이, 벨기에, 네덜란드, 룩셈부르크가 차례로 함락되었다. 프랑스마저 독일에 점령되고 말았다. 나치가 영국 침공을 준비하던 5월 말, 처칠은 프랑스 항구 도시 됭케르크 해변에서 영국군을 철수시켰다. 요크셔의 외딴 마을 가게 주인부터 다우닝가의 총리까지 모든 사람이 첩자와 부역자

---

* 제2차 세계대전이 끝난 뒤 뉘른베르크에서 열린 나치에 대한 국제 군사재판.

같은 제5열fifth column*이 유럽대륙에서 나치의 성공에 도움을 주었을 뿐 아니라, 영국 내에서 영국의 전쟁 노력을 전복시키기 위해 만반의 준비를 하고 있다고 확신했다. 대중은 영국 각지에서 첩자를 찾았다. 독일 공군의 가차 없는 공중폭격을 영국 공군이 성공적으로 방어해낸 브리튼 전투Battle of Britain가 임박한 데다, 벨기에와 프랑스가 함락된 탓에 나치가 해상으로 영국을 침략할 가능성이 대두되자 영국인들은 극심한 공포에 사로잡혔다. 처칠은 이 같은 상황에서 적국인을 억류하는 대대적인 정책을 승인했다. 당시 영국의 적국인은 대개 가까스로 유럽대륙에서 벗어나 영국으로 피신한 유대인이었다. 그중에는 지저분한 강제수용소로 보내진 사람도, 쥐가 들끓는 공장으로 보내진 사람도, 물에 흠뻑 젖은 땅 위에 세워진 천막으로 보내진 사람도 있었다. 영국의 한 의원은 그런 장소에 억류하는 것은 국제협약 위반이라 주장했고, 또 다른 의원은 이 같은 활동을 감독한 정부 관계자에 대한 징계를 요구했다. 전쟁 내내 영국에서 거의 3만 명에 달하는 외국인이 억류되었다. 억류된 외국인을 위협 수준에 따라 A, B, C로 분류한 영국의 정책으로 인해 수용소 생활은 매우 참혹했다(가장 위협적인 존재가 A로 분류되었으며, 뒤로 갈수록 점점 위협 수준이 낮다는 의미였다). 일부는 캐나다로 강제 송환되어 그곳에서 수용되었으나, 아일랜드 해안 근처에서 선박이 어뢰에 맞아 침몰하면서 약 1200명이 목숨을 잃었다.[49]

외국인들을 억류한 뒤 "숨어 있던 악성 종양을 효과적으로 근절했다." 라고 선언한 처칠은 정치적으로 위협적이라 의심되는 영국 신민에게로 주

---

* 제2차 세계대전 당시 연합국 내부의 나치 동조자들을 일컫는 표현이다. 이 용어는 스페인 내전 당시, 반란군을 이끌던 파시스트 장군 에밀리오 몰라Emilio Mola가 마드리드 점령을 위해 네 개 부대를 진격시키며, 도시 내부에도 반란에 호응할 은밀한 지지자들이 존재한다며 이를 '제5열'이라고 부른 데서 유래했다.

의를 돌렸다.⁵⁰ MI5는 유력 용의자 관련 정보를 무자비하게 수집했고, 검토는 자문위원회가 맡았다. 이 과정은 흔히 '군법회의 요소에 기독교적인 다과회를 결합한 과정'으로 묘사되었다.⁵¹ 6월이 되자, 내무장관의 책상 위에는 826건의 구금 명령 서류가 쌓였다. 각 서류에 10분씩만 할애해도 총 138시간이 걸릴 만큼 방대한 양이었지만, 내무장관은 찬찬히 훑어보는 대신 단 한 번의 서명으로 수십 명의 서류를 처리했다. 당연히 무고한 신민도 많이 구금되었다. 하지만 영국 정부는 이를 범죄 예방 조치라고 정당화했으며, 언젠가 저지를지도 모르는 범죄를 막기 위해 2000명에 달하는 신민을 구금하는 것이 타당하다고 주장했다.⁵²

재판 없는 구금이 제국에서 영국으로 확대된 것은 전시 비상 권한 때문만이 아니었다. 모든 활동을 처음으로 총괄한 인물은 처칠의 첫 내무장관인 존 앤더슨이었다. 귀족적인 오만함 때문에 '신의 집사God's Butler'라는 별명으로 불리던 앤더슨은 아일랜드와 벵골에서 얻은 평판 덕에 한층 대담해졌다. 그는 누구든 영국의 전쟁 노력을 침해하는 사람에게 극단적인 조치를 취할 수 있는 권한을 요구했고, 내각은 앤더슨의 요구를 들어주었다. 전쟁의 성공적인 마무리를 위해 내무장관에게 전적으로 재량권을 줘야 한다고 판단한 것이다. 이에 관해 한 목격자는 이렇게 말했다. "앤더슨은 주어진 정보를 보편적이고 전반적인 관점으로 바라보았고, 구체적인 사항을 꼼꼼히 파헤치지 않았다. 자신이 아는 사건 정보와 문서에서 확인한 내용을 취합해 구금이 불가피하다고 결론지었다."

앤더슨의 경솔한 판단과 업무 처리 방식을 못마땅하게 여기던 노동당 의원 이디스 서머스킬Edith Summerskill은 이렇게 물었다. "내무장관이 우리를 마치 벵골 원주민처럼 다루어도 되는 것인가?" 또 다른 노동당 의원 허버트 모리슨Herbert Morrison도 이에 대해 "내무장관이 마음에 들지 않는 사람이라면 누구든 제대로 된 방어 수단 없이 교수형에 처하거나 사지를 절단하는 등 극단적인 처벌을 받을 수 있는, 너무나 기이하고 광범위한 권한이다."라고 비판했다.⁵³ 하지만 처칠은 자유제국주의를 따르는 앤더슨의 모습을 매우 높이 평가했다. 이에 조지 6세에게 다음과 같은 서신을 보내기도 했다. "총리나 외무장관(이든)이 사망하면 존 앤더슨 경을 그 자리에 앉혀야 한다고 조언하는 것이 총리의 임무라는 데는 의심의 여지가 없다."⁵⁴ 1940년 10월, 앤더슨은 추밀원 의장 겸 전쟁 내각 일원이 되었다. 뒤이어 내무장관으로 발탁된 사람은 한때 앤더슨을 비난했던 모리슨이었다.

국토방위행정위원회

첩보 수집에 특히 관심이 많았던 처칠은 총리 취임 이후 국토방위행정위원회Home Defence (Security) Executive라는 비밀위원회를 설립했다. 강경한 보수주의자였던 제1대 스윈튼 백작 필립 컨리프리스터Philip Cunliffe-Lister가 의장으로서 미래 반란 진압 및 첩보 활동 분야에서 활약할 인재들을 위원회에 영입했다. 옥스퍼드대학교에서 수학한 법정변호사 케네스 디플록Kenneth Diplock도 국토방위행정위원회 위원이었다. 디플록은 훗날 영국의 반란 진압 방식 및 정당한 법 절차 유예를 변호했고, 디플록의 활약은 북아일랜드 디플록법정Diplock Courts of Northern Ireland이 생겨나는 토대가 되었다. 하지만 국토방위행정위원회를 '겉으로는 그럴듯한 명분을 앞세우지만, 실제로는 보수당을 위해서 일하는 최악의 비밀조직'이라고 생각하는 사람도 많았다.⁵⁵

전쟁이 진행되는 동안 영국은 국토방위행정위원회와 MI5가 직접 관리하는 심문소를 여럿 설립했다.⁵⁶ 런던 근교의 시골 마을 햄 커먼 근처에 있는 캠프 020은 '래치미어 하우스Latchmere House'라는 빅토리아 양식의 저택에 자리하고 있었다. 영국 정부는 위풍당당한 대저택과 부유한 주인들로 유명한 런던의 부촌 '켄싱턴 가든스Kensington Palace Gardens'에 또 다른 심문소를 만들었다. 1940년 여름부터 1945년 9월까지 켄싱턴 가든스 7호, 8호, 9호는 은밀한 군사 부지 중 하나였던 '런던 케이지London Cage'로 통합되었다. 육군성이 운영하던 런던 케이지는 캠프 020과 마찬가지로 영국군과 MI5에서 활약했던 서기와 심문 전문가로 채워졌다. 그중 상당수가 제국에서 경험을 쌓은 사람들이었고, 일부는 영국군을 위해 일하는 독일인과 오스트리아인이었다.⁵⁷

제국에서 많은 경험을 쌓은 두 명의 MI5 직원이 런던 여러 심문소의 일상 업무를 감독했다. 캠프 020 감독은 '양철 눈' 로빈 스티븐스Robin Stephens였다. 얼굴에 외알 안경을 붙이고 다니는 탓에 노려보는 인상이라 붙은 별명이었다. 머리카락을 꼼꼼히 빗어 넘기고, **빳빳하게 풀 먹인 제복을** 입었으며, 왼쪽 어깨에 군에서 받은 상과 훈장을 주렁주렁 걸어놓은 스티븐스는 위협적인 행동거지란 어떤 것인지를 잘 보여주는 사람이었다. 알렉산드리아에서 나고 자라 서북변경주에서 성인이 된 스티븐스는 인도에서 20년 넘게 현역 복무했을 뿐만 아니라, 제국 내 여러 곳에서 많은 시간을 보냈다. 그는 독일어, 이탈리아어, 프랑스어를 유창하게 구사했고, 우르두어, 아랍어, 소말리어, 암하라어도 구사할 줄 알았다. 스티븐스는 MI5가 탐낼 만한 이상적인 인재였다. 부유한 가문 출신으로 인맥이 끈끈한 스티븐스는 MI5 합류 당시 동료 사이에서 첩자 역할도 맡았다.⁵⁸

MI5 초대 국장 버넌 켈은 MI5 지원자 채용에 오직 가족과 지인의 인맥만 활용했다. 켈이 채용한 인재는 대개 영국의 여러 식민지에서 활약한 인물이었다. 켈의 후임자들 역시 켈과 비슷한 방식을 택했다. 켈 다음으로 MI5 국장이 된 사람은 데이비드 피트리였다. 그는 벵골에서 활약했으며, 아랍혁명 시기 팔레스타인에서 테가트와 함께 치안 유지 활동을 책임졌다. 그다음은 영국령 남아프리카경찰British South Africa Police Force 정부부서 책임자를 지낸 퍼시 실리토Percy Sillitoe였다. 그 역시 인맥으로 영국 안보부 직원을 채용하는 관행을 이어갔다. 이후 실리토의 뒤를 이어 국장이 된 자들도 마찬가지였다. 실제로 앤더슨이 추밀원 의장직을 맡게 되었을 때, 그는 벵골에서 이른바 '테러리스트'들을 진압하며 함께 활동했던 식민지 시절 동료 피트리에게 MI5에 대한 전면 검토를 맡겼다.[59] 1941년 4월, MI5의 수장이 된 피트리는 그동안 제국에서 갈고닦은 다양한 경험을 바탕으로 재정비를 시작했다. 제국에서 팔레스타인의 아랍수사본부Arab Investigation Centre 및 여러 수사본부의 설립을 도운 피트리는 영국에서 가장 강도 높은 심문을 감독했다. 스티븐스와 그의 동료들은 식민 지배와 취미라는 공통된 경험과 감성뿐 아니라, 자유주의의 취약점이 반영된 제국 문화로도 연결되어 있었다. 전쟁 기간 동안 이러한 문화가 영국으로 옮겨갔을 뿐이다.[60]

영국군 정보장교 알렉산더 스코틀랜드Alexander Scotland는 켄싱턴 가든스 런던 케이지 운영을 위해 은퇴를 번복하고 업무에 복귀했다. 제1차 세계대전 당시 독일 포로를 성공적으로 심문한 공로로 영제국 훈장Order of the British Empire, OBE을 받은 스코틀랜드는, 20세기 초 아프리카에서 벌어진 전쟁으로 상흔을 입기도 했다. 모험을 원하던 스코틀랜드는 독일이 점령한 서남아프리카 지역에서 독일군에 입대했다. 그다음 자신의 성 스코틀랜드를 영국식 철자 'Scotland'에서 독일식 'Schottland'로 바꾼 뒤, 식민 지배에 저항하는 헤레로족과 나마콰족에게 자행된 대량 학살 전쟁에 참여했다. 그러나 독일군은 스코틀랜드를 영국 첩자로 의심하고, 서남아프리카 수도 빈트후크에 1년 넘게 감금했다. 이때 독일의 심문기법은 스코틀랜드에게 깊은 인상을 남겼고, 그는 회고록에 다음과 같이 적었다. "독일 식민부대 소속 참모장교가 내게 가한 길고 고된 심문을 견디는 동안, 나는 어쩌면 내 인생에서 가장 귀한 교훈을 얻은 건지도 모른다. 적을 심문하는 몇 가지 기법을 익혔다."61

영국의 첩보 활동

육군성은 전쟁 중인 런던에서 심문 및 정보 작전의 중요성을 강조했다. "합동심문소Combined Services Detailed Interrogation Centre, CSDIC는 육군성 산하의 군사정보국 제9부(MI9)가 모든 영국군을 대표해 운영하며, 특수 심문 기법을 통해 전쟁포로에게서 모든 형태의 정보를 추출하는 임무를 수행한다. 합동심문소에서 얻은 결과가 작전에 가장 중요하다는 사실은 아무리 강조해도 지나치지 않다."62 '시즈딕CSDIC'이라 불리던 합동심문소 중 하나인 캠프 020에서는 스티븐스가 모든 억류자와 특수 심문 기법을 감독했다.63 모두 과거 제국에서 쌓은 경험을 토대로 한 방법이었다. 스티븐스는 자신이 채용한 심문관을 '조련사'나 '수사관'으로 규정했다. 조련사는 수감자를 구워삶아 어떻게든 정보를 털어놓게 만들었고, 수사관은 수감자에게서 구체적인 내용과 관련 기밀을 뽑아냈다.64

스티븐스는 MI5 B사단 사령관 가이 리델Guy Liddell, 부사령관 딕 화이트Dick White, 처칠의 국토방위행정위원회에 업무를 보고했다. 전시 심문 시스템 총괄 감독자는 화이트였다. 화이트는 육군성과의 긴밀한 협력을 통해 영국 주변 아홉 개의 수용소, 즉 심문소를 설립했다. 심문팀은 적군 용의자를 영국의 포로수용소로 보낼지, 추가 심문을 위해 런던으로 보낼지 결정했다. 화이트는 MI5와 MI6의 수장이 되어 영국 첩보기관 역사상 독보적인 업적을 남겼다. 전시의 이 같은 경험은 첩보 활동과 곧 시작될 제국의 종말을 알리는 여러 전쟁에 광범위하게 영향을 미쳤다. 심문소를 운영하고 배치된 인물들만 제국과 연결된 것은 아니었다. 합동심문소에 얼마나 많은 수감자가 갇혔는지, 수많은 수감자의 마지막 운명이 어땠는지 명확하게 정리한 역사적인 기록은 찾기 힘들다. 심문소에 갇힌 수감자 일부는 규정 18B에 따라 구금된 영국 신민이었고, 국왕의 명령에 따라 구금된 외국인도 있다는 사실만 확인할 수 있을 뿐이다.

영국 밖에서 체포된 사람도 있었다. 1942년, 영국은 케냐의 해안 도시 몸바사를 비롯한 제국 내 여러 거점에서 고위급 나치요원 여럿이 신분을 숨기고 활동하고 있다는 첩보를 입수했다. 포르투갈령 모잠비크 같은 유럽 식민지에는 파시스트 첩자도 은신해 있었다. 법적으로 관리 감독을 받지 않는 캠프 020은 이 같은 정보원 심문에 이상적인 장소였다. 실제로 MI5는 한 독일인을 국경 너머 영국령 식민지로 유인하기 위해 매춘부를 매수해 그를 유인했고, 그 독일인이 국경을 넘자 체포하여 런던의 캠프 020으로 이송한 적도 있었다. 심문할 목적으로 외국 첩자를 납치했으면서도 법적인 부분을 따진다는 자체가 놀랍지만, MI5는 외국 영토보다 영국에서 정보원을 체포하는 것이 법적으로 유리하다고 여겼다. 법적 보호에 대한 우려는 고위층까지 전달되었고, 화이트는 이러한 송환 작전이 법적으로 정당화될 수 있는지를 MI5의 수석 변호인단에게 문의했다.

식민지에서 적국 요원을 억류해서 영국으로 데려오는 법적 절차가 위법하다는 판결이 내려질 경우, 우리는 매우 심각한 상황에 놓인다. 이 문제를 불확실하게 남겨둘 수는 없다. 계획에 따라 구금된 적국 요원이 구속적부심을 청구한다면(죄수가 법정에서 구속의 적절성에 대한 심사를 요구하도록 허용하는 법적인 절차), 이미 그 요원은 캠프 020에 수감된 이후일 것이기 때문이다. 구속적부심 청구에 언론이 관심을 보이면 캠프 020에 매우 해로울 수밖에 없고, 캠프 020과 관련된 영국의 전반적인 입지 자체가 위태로워질 수도 있다.[65]

나치 요원으로 의심되는 자를 구금하는 것은 영국의 전시 비상규정 아래서도 문제가 되는 행위였다. 식민 영토에서 이들을 납치하는 MI5 작전 역시 마찬가지였다. 상당 지역에는 18B에 상응하는 규정이 없었기 때문에 식민지에 구금된 외국인에게는 구속적부심 청구권이 있었다. 화이트는 법 자체가 비정상적이라고 해도 엄격하게 법치를 고수했다. MI5 및 식민성 법률고문들도 화이트에게 힘을 보탰다. 총독에게 선박 또는 항공기에서 외국인 용의자를 끌어내리고, 해당 지역을 떠날 때까지 구금할 수 있는 권한을 주는 '임시 법률 제정'에 동의한 것이다. 이에 영국 최고의 법률 전문가들은 정당한 법적 절차 없이 외국인을 구금할 수 있었다. 이 같은 임시방편이 없었더라면 외국인을 적법한 절차 없이 구금하고 이송하는 데 정당성을 부여할 방법을 찾지 못했을 것이다.[66] 이들의 해결 방안은 '합법화된 불법'이 어떻게 작동하는지를 보여주는 명백한 사례였다.

몇몇 사학자는 런던의 심문소에서 자행된 폭력이나 고문 그 자체를 부인하지만,[67] 역사적 증거를 보면 그렇지 않다. 몇몇 죄수가 고문을 포함해 다양한 학대가 있었다고 주장하자, 스티븐스와 스코틀랜드의 수용소들은 정밀한 조사를 받게 되었다. 국토방위행정위원회가 캠프 020의 최고 의료 담당자로 임명한 해럴드 디어든Harold Dearden은 여러 심문 담당자와 함께 음식물 공급 중단, 수면 방해, 교수형과 사형 협박 등 추후 부인할 수 있을 만한 갖가지 고문 방법을 고안해냈다. 한 수감자는 캠프 020에서 만난 디어든에 대해 이렇게 회상했다. "얼마 지나지 않아 기억이 흐려지기 시작했고, 결국 내 인생의 어떤 시기는 기억에서 완전히 사라졌다. 수용소 의사는 내게, 그 치료가 '정신을 무기력하게 만들고 아무 말이나 쏟아내게 하는 상태'를 유도하기 위한 것이라고 분명히 말했다."[68]

1943년, 오토 비트Otto Witt는 고문 문제를 영국의 육군장관에게 정식으로 항의했다. 그로부터 몇 년 뒤, 함부르크에서 게슈타포 요원들이 재판을 받을 때 고문 의혹이 다시 불거졌다. 이들은 제2차 세계대전 당시 스탈라그 루프트 3(Stalag Luft III) 포로수용소에서 탈출한 영국 공군 장교 50명을 살해한 혐의로 기소되었다. 독일인 피고들은 대개 런던 케이지에서 조직적인 폭력과 고문을 당해 어쩔 수 없이 자백서에 서명했다고 주장했다. 피고들은 모두 스코틀랜드의 감독 아래 어떤 고통을 겪었는지 구체적으로 진술했다. 그러나 피고 50명 중 14명이 교수형에 처해졌고, 수용소 내에서의 폭력 실태와 관련해서는 어떤 조치도 취해지지 않았다.[69]

영국군의 고문과 학대

나치 장교 프리츠 크뇌힐라인Fritz Knöchlein은 자신과 다른 포로들이 견딘 조직적인 학대를 폭로했다. 124명의 영국 병사 살해 혐의로 사형을 선고받은 그는 자신이 물고문과 굶주림에 허덕이고, 쉴 새 없이 일했으며, 수면 부족에 시달렸다고 주장했다.[70] 영국 정부는 그의 주장을 심각하게 받아들여 특별조사위원회까지 고려했지만, 심리를 진행하지는 않았다.[71] 크뇌힐라인의 범죄를 생각하면 "진상을 파헤치기 위해 특별조사위원회를 운영하는 것은 무익하다."라고 결론 내렸기 때문이었다.[71] 결국 크뇌힐라인은 처형되었다.[72]

1954년, 스코틀랜드는 런던 케이지의 일을 상세히 기록했다. 외무성은 그의 원고에 영국 정부를 상당히 곤란하게 만들 심문 방법이 묘사되어 있다고 보았다. MI5의 법률고문은 이 원고가 수정 없이 출간될 경우, 영국은 '제네바협약을 명백히 위반한 것이며, 국제법의 명문 조항에 전면적으로 어긋나는 방식들을 사용한 것'이 된다고 강하게 주장했다. 결국 원고는 문제가 될 만한 부분을 대거 삭제해 몇 년 후에야 공개되었다.[73]

영국 관료들은 전시심문소에서 개발된 기법들이 정보 수집뿐 아니라 더블 크로스 시스템Double Cross System으로 알려진 방첩 활동과 간첩 작전에도 크게 도움이 된다고 생각했다. 처칠이 적과 내통하는 세력을 두려워한 것은 당연한 일이었다. 독일 정보기관 압베어Abwehr는 낙하산, 잠수함, 중립국 경유 등으로 첩자 수백 명을 영국에 침투시켰다. MI5와 영국의 군 정보 당국은 독일 첩자의 심문 과정에서 이중 첩자들을 포섭했다. 이들은 마이크 숨기기와 경찰 끄나풀을 적극 활용하는 'M 커버' 같은 대표적인 전시 기법을 활용했으며, 독일 첩자가 더블 크로스 시스템을 우호적으로 받아들이도록 다른 심문 기법도 대거 동원했다. 막후에서 이중 첩자 활용 방안을 생각해낸 것은 MI5와 정보장교 및 학자들로 구성된 '20위원회Twenty Committee'였다. 20위원회의 의장은 옥스퍼드대학교 교수이자 크라이스트처치 시절 MI5 부사령관 화이트의 멘토였던 존 매스터맨John Masterman이었다. 20위원회는 대대적인 속임수 시스템을 감독하고, 더블 크로스 시스템을 지지했다. '더블 크로스'라는 이름은 20을 가리키는 로마 숫자 XX에서 파생된 것이었다. 더블 크로스 시스템의 공식적인 역사를 기록한 매스터맨은 자신의 지도 아래 "우리가 이 나라에서 독일의 첩보 시스템을 적극적으로 운영하고 통제했다."라고 자랑스럽게 말했다.[74]

다양한 수단으로 정보를 수집한 심문팀은 나치 첩자의 전향 설득에도 수단과 방법을 가리지 않았다. MI5 B사단 사령관 리델은 스코틀랜드가 수감자를 마구 두들겨 패고 턱을 주먹으로 때렸다고 일기에 적었다. 스코틀랜드는 다음 단계로 넘어가 '수감자가 마구 말을 늘어놓도록 유도하는 것처럼 보이는 약물이 들어 있는 주사기'를 사용했다.[75] 결국 스코틀랜드는 죄수 불프 슈미트Wulf Schmidt를 전향시키는 데 성공했다. '테이트Tate'라는 암호명으로 활동한 슈미트는 이중 첩자 역할을 성공적으로 해냈다. MI5가 나치 세력을 전향시키는 효과적인 시스템을 만들어내긴 했지만, MI5의 활동이 시민의 자유를 증진하는 데 도움이 된다는 처칠의 주장과는 정반대로, 전쟁 기간에 MI5가 첩보와 방첩 영역에서 거둔 성과 때문에 시민의 자유가 대거 훼손되었다.

이처럼 수용소가 활발히 돌아가던 전쟁 초, 처칠은 정부의 비상권한 사용을 비난해 곤경에 처한 내무장관 모리슨을 지지했다. 그 무렵, 극우 파시즘 정당 영국파시스트연합British Union of Fascists 당수 오즈월드 모슬리Oswald Mosley가 구금에서 풀려났다. 언론과 의회는 이 사건에 관심이 많았다. 의회는 격렬한 논쟁 끝에 모슬리를 석방해야 한다는 모리슨의 결정에 찬성했다. 그러나 한 법사학자에 따르면, 의회 토론이 열리기 전까지만 해도 모리슨이 사임하게 되거나, 연립정부 자체가 붕괴할 위험도 있었다. 1943년 11월, 처칠은 카이로에서 모리슨에게 "당신의 행동을 적극적으로 승인한다."라는 내용의 전보를 쳤다. 사흘 후, 처칠은 다시 전보를 보내며 유명한 말을 남겼다.

행정부가 법에 명시된 혐의도 없이 사람을 감옥에 가두는 권한은 매우 혐오스러운 것이며, 특히 그 사람에게 동료 시민들로부터 재판을 받을 권리마저 부정하는 것은 더욱 그러하다. 이러한 권한은 나치나 공산당 같은 모든 전체주의 정부의 근간이 된다. 인기가 없다는 이유로 누군가를 투옥하고 감옥에 가두는 것보다 혐오스러운 일은 없다. 이것이야말로 문명을 시험하는 일이다.[76]

모슬리 사건 덕에 영국 내에서는 시민의 자유가 가까스로 인정되었지만, 다른 곳에서는 여전히 시민의 자유가 짓밟혔다. 제국은 전시 심리 작전과 각종 전술 통합뿐 아니라, 새로운 병사와 훈련장, 훈련기지를 공급했다. 연합군의 승리에 무엇보다 중요한 요소들이었다. 예컨대 폭격부대에서 활약한 전시공군 항공병 중 거의 절반은 영제국과 영연방에서 필요 기술을 익혔다. 호주, 남아프리카, 남로디지아, 캐나다는 영제국훈련계획British Empire Training Scheme으로 15만 명의 항공병을 배출했다. 황금해안, 아삼 등 발전이 없던 지역들은 중동과 아시아 방어를 위한 중요 공군기지로 떠올랐다. 제국 곳곳에 활주로, 비행장, 비행정 정박지 등이 생겨났다. 바레인, 모리서스, 몰디브, 코코스제도, 실론같이 지리적인 측면에서 상대적으로 중요성이 떨어지던 지역에 전략적인 중요성이 새롭게 대두되었다. 바다에서도 제국은 여전히 세계를 무대로 교역과 순찰을 이어갔다. 전 세계의 항구와 기지를 잇는 네트워크는 그런 선단이 머무는 기반이었고, 그 중심에는 제국이 있었다. '싱가포르 요새'가 고통스러운 기억이 된 탓에, 영국은 몰디브, 프리타운, 핼리팩스, 더반 등에 새로운 시설을 건설했다. 영국이 전쟁을 무사히 끝내기 위해서는 북미와 영국, 전 세계의 외딴곳을 오가며 사람과 자원을 실어 나를 세계적인 해상 교통로가 반드시 필요했다.[77]

제2차 세계대전 중 영국이 공개한
'단결의 힘Unity of Strength' 포스터

제국의 전쟁 기원

전쟁에 참전한 제국 소속 전투원 및 비전투원은 550만 명이 넘었으며, 이는 영국 전체 전력의 거의 절반에 해당하는 수치였다. 영국은 6년 넘게 제국 출신 병사들의 도움을 받아 독일과 일본, 이탈리아, 그 외의 동맹국과 맞서 싸웠다. 1941년 말, 영국야전군 제8군의 인구 구성을 살펴보면 영국인은 4분의 1 정도였다. 4분의 3을 인도, 뉴질랜드, 남아프리카, 남로디지아, 호주, 바수톨란드, 베추아날랜드, 실론, 키프로스, 감비아, 황금해안, 모리셔스, 나이지리아, 팔레스타인, 시에라리온, 세이셸제도, 스와질란드,* 탕가니카, 우간다 등 제국과 영연방 출신들이 채웠다. 1945년 여름, 영국 해군제독 루이스 마운트배튼Louis Mountbatten이 이끄는 동남아시아 연합군의 25퍼센트는 아프리카인, 약 60퍼센트는 인도인이었다. 인도는 어떤 식민국가보다 전쟁에 많이 기여했다. 1939년 10월에 20만 5058명이었던 인도군의 규모는 1945년 7월에 225만 1050명으로 10배 이상 늘어났다.[78]

전쟁에서 특히 중요한 지역은 싱가포르와 수에즈운하였다. 참모총장 에드먼드 아이언사이드 경Sir Edmund Ironside은 수에즈운하가 '영제국의 중심'이라 선언했다. 표면적으로 독립 상태였던 이집트의 수도 카이로는 영제국의 전쟁 활동 상당 부분을 총괄하는 전시 수도 역할을 했다.[79] 석유 공급지이자 수에즈운하와 비교해도 손색없는 소통 경로였던 중동은, 싱가포르 함락 뒤 더욱더 중요해졌다. 영국군은 중동을 지키기 위해 1941년 이라크, 이란, 시리아를 점령했다. 인도양은 항로 때문에 해군의 주요 작전 및 교전에서 특히 중요한 역할을 했다. 대서양이나 지중해도 마찬가지였다. 동남아시아는 상당 지역이 함락되었지만, 작은 섬 몰타는 3년간 추축국**의 공격을 견뎌내며 영국이 지중해와 수에즈운하를 지켜내는 데 일조했다. 제국 병사의 비중이 높은 제8군은 1942년부터 적에게 패배를 안겼고, 북아프리카까지 밀고 내려온 영국군과 미국군의 도움을 받아 추축국을 몰아내기 시작했다.

전쟁 중 영국의 끝없는 욕구를 충족시키기 위해 자원을 내놓은 곳이 중동만은 아니었다. 인도 역시 20억 파운드(약 124조 원)가 넘는 재화와 서비

---

* 에스와티니의 옛 이름.
** 제2차 세계대전 당시 독일, 이탈리아, 일본을 중심으로 형성된 동맹국.

스를 제공했고, 전쟁은 인도의 산업화를 촉진했으며, 그동안 자급자족 해왔던 영역에서 장기적으로 경제적 이익을 안겨주었다. 인도 학자 마두스리 무케르지Madhusree Mukerjee는 다음과 같이 지적한다.

> 식민지에서 상업적으로 생산되는 목재, 모직 섬유, 가죽 제품 전량과 철강 및 시멘트 생산량의 4분의 3은 전쟁에 사용된다. 캘커타 근처의 여러 공장은 탄약과 수류탄, 폭탄, 총 등 여러 무기를 만들어냈고, 봄베이의 공장들은 제복과 낙하산을 생산했다. 인도 전역의 공장들이 자동차 트렁크와 본체, 차대, 온갖 기계 부품, 갑자기 수요가 급증한 쌍안경 같은 온갖 제품을 만들어냈다. 영국을 제외하면 인도가 제국전쟁에 가장 많이 기여한 나라일 것이다.

평범한 인도인들은 국가의 무게를 고스란히 느꼈다. 병력 채용 및 공급은 말할 것도 없고, 광범위한 징발과 배급이 무수한 신민의 일상생활을 지배했다. 배고픈 부대를 먹이기 위한 전시 곡물 수출로 많은 사람이 굶주림에 허덕이다 죽었다. 1933년 조사에 의하면 인도인의 약 60퍼센트는 '영양 상태가 좋지 않거나 영양이 매우 부족한 상태'였다.[80] 영국은 전쟁 물자 마련을 위해 날이 갈수록 제국 신민을 가혹하게 통제했다. 영국이 북로디지아산 구리, 실론산 찻잎, 동아프리카의 목화와 사이잘,* 카리브해의 바나나 같은 주요 수출품을 대량 구매했기 때문에 현지 노동자들은 제국의 광산, 들판, 공장에서 강제로 노동을 해야 했다. 말라야 함락으로 영국의 주요 주석 공급처 중 한 곳이 사라지자, 나이지리아의 식민행정부는 10만 명

---

* 로프나 바닥, 깔개를 만드는 데 사용되는 섬유.

영국의 아프리카 식민지에 배포할 용도로 제작된 전쟁 선전용 포스터 '승리하려면 땅을 파자Dig for Victory', 1940년

에 달하는 아프리카인을 조스고원의 노천광에 밀어 넣었다. 탕가니카에서는 8만 5000명의 아프리카인이 대형 농장에 강제로 동원되었다. 1940년 북로디지아의 구리 광산지대에서, 그리고 1942년 바하마에서 노동자들이 파업을 벌이자 경찰과 군대가 이들을 향해 발포했다. 영국이라는 국가의 존망이 위태로운 상황이었기 때문에, 전쟁 내내 잦은 무력이 사용되었다.[81]

이러한 전시 전술은 인도에서 특히 두드러졌다. 1935년 제정된 인도정부법Government of India Act에 따라 주 정부 차원에서 '책임정부'를 비롯한 몇 가지 개혁 조치가 도입되었지만, 연방 차원에서 인도인의 뜻을 제대로 대표하기는 역부족이었다. 영국령 인도제국의 인도인은 책임감 있는 주 정

부가 관리하는 주에서 살며 종교에 따라 투표했다. 1909년, 영국이 종교에 따라 인도의 선거구를 나눈 것 또한 종교적인 정체성에 따라 투표하는 인도인의 특성에 크게 영향을 미쳤다.[82] 이런 상황에서 민족주의적인 요구가 계속되자 정치에 식민지를 참여시키려는 영국의 노력이 매우 더디다는 사실이 다시금 드러났다. 분할통치 전략이 확대되고, 새롭고 불길한 탄압 정책이 시행되었다. 인도 부왕 린리스고 경은 민족주의 지도자들과 상의 없이 독단적으로 인도를 전쟁에 참전시켰다(나중에 이 사실을 알게 된 민족주의 지도자들은 인도의 참전에 반대했다).

부왕의 전쟁 선언 이후, 인도국민회의는 즉각적인 권력 이양을 요구하며 주 정부에서 대거 사퇴했지만, 무슬림연맹은 영국을 지지했다. 인도국민회의가 자초한 정치 공백의 여파로 무슬림연맹의 영향력만 강화되었다. 1940년 6월, 프랑스가 함락되자 인도국민회의의 지지를 얻는 것이 시급해졌다. 당시 영국은 성공적인 전쟁을 위해 식민지의 지지 확보가 무엇보다 중요했다. 린리스고는 '인도에서의 국가적 목적 통합'이 당장 필요하다고 강조하며, 영국 전시 연립정부의 '8월 제안August Offer'을 전달했다. 인도장관 애머리는 8월 제안을 의회에 전달하면서 다음과 같은 정부의 조건을 강조했다. 부왕은 "일정 수의 인도 대표를 자신의 행정위원회에 참여시키고, 인도 각 지역의 공국 대표와 인도 사회의 다양한 계층을 포함하는 전쟁자문위원회War Advisory Council를 설립해 정기적으로 소집할 것"이라는 내용이었다. 하지만 영국 정부는 "영향력 있는 상당수의 인도 국민이 정부 제도와 권한에 직접적으로 거부 의사를 밝힌다면, 현재 영국이 맡고 있는 인도의 평화 및 복지와 관련한 책임을 어떤 형태의 제도에도 넘길 수 없다."라고 밝혔다. 궁극적으로 애머리와 부왕은, 인도가 '영연방 내에서 자유롭고 평등한 동반자 관계에 이르도록 길을 여는 과정'을 감독하게 될 것이었다. 이러한 동반자 관계는 제국 왕실과 영국 의회가 공식적으로 천명하고 수용한 목표로 여전히 유지되고 있다.[83] 영국의 8월 제안은 영연방 내 자치를 허용하겠다는 이전의 제안, 즉 인도국민회의와 무슬림연맹이 1930년대에 거부한 제안을 새롭게 재포장한 것이었다. 영국은 여기에 새로운 조건을 집어넣었다. 소수집단을 포함한 내부 의견이 일치되어야 한다고 주장한 것이다. 하지만 이는 무슬림연맹에 영합한 영국의 그릇된 판단이었다.

무슬림연맹의 요구

무함마드 진나Muhammad Jinnah가 이끄는 무슬림연맹은 1940년 3월 라호르결의안Lahore Resolution을 채택하고, 파키스탄이라는 단일국가 또는 여러 국가로 구성된 국가 창설을 요구했다. 린리스고는 이들이 '힌두교가 지배하는 영국령 인도제국'을 두려워하며 연방국가 형태의 인도 탈퇴보다 소수집단 보호를 원한다고 생각했다.[84] 결국 인도국민회의와 무슬림연맹 모두 8월 제안을 거부했다. 이에 분노한 인도국민회의 소속 의원들은 일부 즉각적인 시민 불복종을 요구했고, 특정한 대상을 겨냥한 간디의 비폭력 불복종 운동이 널리 퍼졌다. 인도국민회의 소속 몇몇 의원들은 체포될 작정으로 반전 연설을 했고, 그 결과 무려 2만 명이 구속되었다.

1942년, 전시의 여러 사건 때문에 영국은 인도국민회의 및 무슬림연맹과 또다시 협상을 시도했다. 영국이 미얀마의 중심지 양곤에서 퇴각하고 싱가포르마저 함락되자, 머지않아 일본이 인도까지 쳐들어올 것이라는 우려가 퍼져나갔다. 루스벨트는 처칠에게 일찍이 인도의 과도정부 설립을 압박했는데, 이에 대해 처칠은 "내가 너무 강경하게 반응하며 의견을 길게 늘어놓는 바람에 루스벨트는 다시 그 이야기를 입 밖에 꺼내지 않았다."라고 회상했다.

루스벨트 대통령의 머릿속은 다시 미국 독립전쟁으로 돌아가 있었고, 그는 인도의 문제를 18세기 말 조지 3세에 맞서 싸운 13개 식민지의 사례로 이해하고 있었다. 하지만 지금은 영제국과 인도의 '미래 관계'를 결정지으려 '시행착오'를 견디며 헌법 실험을 할 때가 아니다. 미국 내 여론을 만족시키는 것이 결정적인 요인이 될 수 있는 문제도 아니다. 우리는 무정부 상태에 빠지거나 정복당하도록 내버려둠으로써 인도 사람들을 저버릴 수는 없다.[85]

처칠은 분열된 인도국민회의와 무슬림연맹의 관계 봉합을 위해 노동당 의원 스태퍼드 크립스Stafford Cripps를 인도로 파견했다. 크립스를 맞은 것은 적대감과 종교적인 열정이었다. 무슬림연맹의 일부 의원은 영국에 대한 전면적인 반란을 요구했고, 수천 명에 달하는 진나 추종자가 라호르결의 2주년을 기념해 초록색 깃발을 흔들며 거리에서 행진했다. 크립스는 두 정당 모두에게 전쟁이 끝나면 완전한 영연방 자치령의 지위를 주고 불특정한 미래의 어느 시점에 영연방을 떠날 수 있는 선택권을 주겠다고 제안했다.

진나는 파키스탄의 명분을 만족시키기 위해 적극적으로 행동하는 크립스의 모습에 다소 놀랐지만, 그럼에도 전체 인구의 약 35퍼센트에 달하는 무슬림 유권자에게 어떤 권리를 허락할지 명확히 명시해달라고 요구했다.[86] 진나와 무슬림연맹은 제안을 거부했지만, 전쟁이 끝날 때까지 영국 진영에 남아 있었다. 한편, 인도국민회의 지도부는 소수집단 보호 정책이 지나치다고 생각했다. 영연방 내에서의 지속적인 자치라는 개념은 말할 것도 없고, 전쟁 내내 무성의하게 권력을 공유하는 영국의 행태도 용납할 수 없었다. 결국 1942년 8월, 인도국민회의는 크립스의 제안을 거부하고 전쟁 지원에 대한 대가로 즉각적인 자치를 요구했다.

네루와 간디 등 일부 의원은 추축국에 반대했지만, 인도국민회의의 일부 의원은 적국 쪽으로 마음이 기울어 있었다. 20세기 초, 아시아 전역에는 일본의 무역과 투자가 넘쳐났다. 자전거, 장난감, 의류, 옷 등 온갖 일제 상품을 말라야를 비롯한 식민지 시장에서 쉽게 볼 수 있었다. 일본 선박, 매춘부, 화학자, 여행객, 온갖 부류의 일본 자본가가 동남아시아 전역을 휘저었다. 현지 경제에 도움을 주기도 하는 이들은, 사실상 일본의 첩자들이었다. 첩자들의 표적은 인도국민회의 안에서 일어나는 불만의 움직임과 버마, 말라야 등 동남아시아 곳곳에서 불어닥친 민족주의 운동이었다.[87] 일본은 아시아 전역에서 '제국주의 운명을 짊어질 젊은 군인과 정보 장교를 양성하겠다'는 범아시아 제국주의 의제를 추구했다. 일본의 제국 건설 계획은 단순히 무력과 속임수를 위한 것만이 아니었다. 일본은 제국 건설이 자국의 현대화에 도움이 된다고 생각했다.

1930년대 도쿄는 급진적인 아시아 민족주의자들의 안식처였다. 이들은 학술 모임에 참여하고, 대학에 진학하며, 반식민 단체에서 활동했다. 가차 없이 중국을 공격하는 행태가 일본이 주장하는 범아시아주의 비전과 어울리지 않는다고 생각하는 부류도 있었지만, 전쟁이 시작되자 추축국과의 동맹이 탄압 정책을 고수하며 사회적·정치적 통합이라는 섣부른 약속만 내거는 영국의 비타협적인 지배에 대한 대안으로 떠올랐다. 영국령 인도제국은 영국의 명령에 따라 전쟁에 참여할 군대를 모집하자 일본에도 기회가 생겼다. 불만에 사로잡힌 인도 군인과 벵골 급진주의자들이 일본군에 대거 자원했기 때문이었다.

일본군의 전략

라쉬 비하리 보스Rash Behari Bose도 일본의 호소에 귀 기울인 사람 중 하나였다. 벵골 혁명가로 활동하다 영국군에 붙잡혀 감금되고, 가까스로 탈출해 도쿄로 달아난 그는 일본 강연자들과 함께 어린 급진주의자들에게 반영反英 감정을 불어넣으며 인도독립연맹Indian Independence League을 설립했다. 인도독립연맹 방콕 지부를 이끈 프리탐 싱엄Pritam Singham의 말에 따르면, 이 조직의 목표는 '아시아 전역에서 앵글로색슨족을 말살하는 것'이었다.[88]

수바스 찬드라 보스Subhas Chandra Bose도 일본과 동맹을 맺을 또 다른 이유를 찾았다(수바스 찬드라 보스와 라쉬 비하리 보스는 혈연관계가 아니다).* 부유한 벵골 가정에서 14명의 자녀 중 하나로 태어난 보스는 영국령 인도제국이 주장하는 백인의 책무에 몹시 격노했다. 그는 교사에게 보복했다가 퇴학당하는 등 일찌감치 시민 불복종을 경험했지만, 학연과 지연 덕에 케임브리지대학교에 진학할 수 있었다. 그 뒤, 인도시민관리국 시험을 치르고 4등을 했다. 아버지는 보스가 혁명의 꿈을 버렸다고 생각했지만, 사실은 그렇지 않았다. 1921년 인도로 돌아간 그는 인도국민회의 대표 자리까지 올라가 공산주의자를 제외하면 인도국민회의에서 가장 급진적인 파벌이었던 포워드 블록Forward Bloc의 지도자가 되었고, 이후 20년에 걸쳐 수감과 석방을 반복했다. 자유의 몸이 된 후에는 유럽을 돌며 아일랜드의 드 발레라를 비롯한 여러 반식민 혁명가들과 메모와 아이디어를 공유했다.

보스와 네루 모두 간디의 후계자였지만, 해방에 대한 두 사람의 생각은

---

* 이후 언급되는 '보스'는 전부 수바스 찬드라 보스를 가리킨다.

완전히 달랐다. 전쟁이 가까워질수록 인도 민족주의 운동 세력 안의 깊은 분열이 더욱 두드러졌다. 간디와 네루는 온건주의를 강조했지만, 1938년 인도국민회의 대표였던 보스는 영국의 지배에 항거하는 대대적인 시민 불복종 운동을 공개적으로 요구했다. 문제는 급진주의자인 그와 달리 인도국민회의는 대부분 중도 성향이라는 것이었다. 보스는 여론에 떠밀려 어쩔 수 없이 사퇴했지만, 그는 절망하지 않았고 당 대표로서의 실패를 딛고 일어서서 극단적인 혁명운동을 주도했다.

보스의 첫 번째 안건은 매우 상징적이었다. 그는 캘커타 블랙홀 사건을 공격하며 1756년 사망한 병사와 주민을 기리기 위해 캘커타 중심부에 세워진 홀웰기념탑의 철거를 요구했다. 한 걸음 더 나아가, 영국의 탄압적이고 태만한 지배 때문에 죽은 수많은 벵골 주민을 기리는 기념비는 어디 있느냐고 물었다. 시위를 조직한 그는 머지않아 철창에 갇혔고, 단식투쟁에 돌입했다. 건강상의 이유로 석방된 지 얼마 지나지 않아 벵골을 빠져나와 카불로 달아난 다음 모스크바로 이동하고, 최종적으로 베를린으로 옮겨갔다.[89]

인도국민회의와 무슬림연맹을 통합하려던 크립스의 노력이 실패한 뒤, 보스가 주도한 급진주의 운동에는 인도 전역, 특히 젊은 층 사이에서 널리 퍼진 불만족이 반영되었다. 급진주의 운동이 불만을 더욱 부추기기도 했다. 간디가 '인도를 떠나라Quit India'라는 시민 불복종 운동을 전개하며 시위는 순식간에 인도 전역으로 걷잡을 수 없이 퍼졌다. 1942년 8월, 영국령 인도제국에 반대하는 대규모 시위가 벌어졌고, 시위대는 경찰서와 정부청사 등 공공건물을 공격했다.

역사학자 크리스토퍼 베일리Christopher Bayly와 팀 하퍼Tim Harper가 이야기하듯, "인도를 떠나라 운동의 가장 중요한 특징은, 인도 전역에서

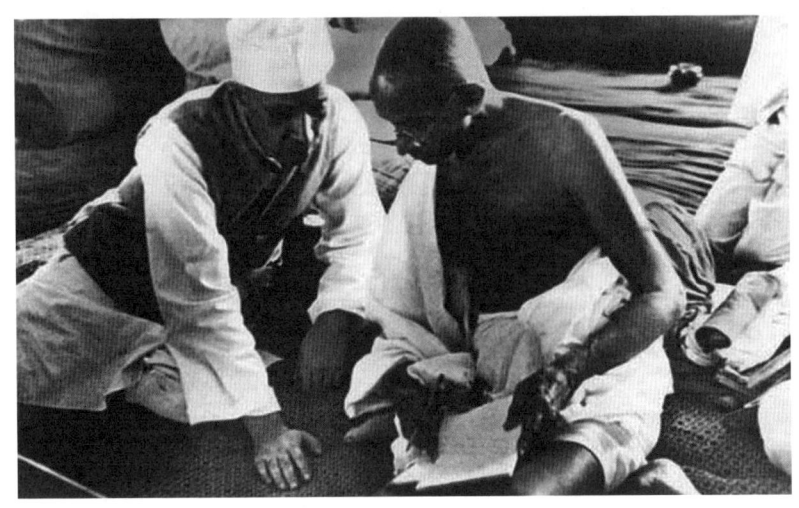
'인도를 떠나라' 결의를 받아들인 자와할랄 네루와 마하트마 간디,
1942년 8월 8일

불만에 사로잡혀 분개하는 사람들이 시위에 참여했다는 점이 아니라 본질적으로 분명한 조직이 없는 대중 운동이었다는 점이다."[90] 영국을 숭배하던 마음은 전부 사라졌다. 종교와 인종, 카스트 계급을 막론한 모든 인도인은 싱가포르, 말라야, 버마에서 패배한 백인 부대가 아삼을 거쳐 캘커타로 돌아오는 모습을 지켜보았다. 돌아온 인도 병사들은 잇따른 전투에서 영국에 패배를 안긴, 훈련 잘된 일본인 병사 이야기를 떠들어댔다. 징발에 대한 분노가 수면 위로 떠오르면서 인도 곳곳에서 대규모 연좌 농성이 일어났고, 케케묵은 토지 논쟁도 대두되었다. 시위에 가담한 민중은 영국령 인도제국이 건립한 전시 통신 시설, 교통 시설, 공장 생산 시설 등을 공격했다. 철로를 뜯어내고, 전신선을 절단했으며, 교량을 폭파했다.[91]

1939년, 간디의 무저항 불복종 운동에 참여한 2만 명을 체포할 수 있

봄베이의 고왈리아 탱크 마이단 공원에서 벌어진 '인도를 떠나라' 운동 진압 과정 중
최루탄 진압, 1942년 8월 9일

는 인도방위법이 통과되자, '합법화된 불법'이 인도에서 더욱 널리 확산되었다. 영국은 광범위한 탄압 권한을 허용하는 비상규정 '인도방위준칙Defence of India Rules'을 도입했지만, 영국의 가혹한 대응은 '인도를 떠나라' 운동이 더욱 불붙는 계기가 되었다. 식민정부는 간디, 네루, 인도국민회의 지도부 등을 신속히 구금했지만, 인도국민회의를 주축으로 풀뿌리 민족주의는 계속 퍼져나갔다. 상대적으로 서열이 낮은 지도자들이 인도국민회의를 통솔하려 애썼지만, 상당수가 파벌에 대한 충성심 때문에 탈퇴한 전력이 있던 인도국민회의 지도부 때문에 공동체 간 분쟁이 발생했다. 이 모든 상황을 베를린에서 지켜보던 보스는 이제 귀국할 때가 되었음을 직감하고, 형제 중 한 명에게 이렇게 털어놓았다. "기관총 사격, 공중폭격, 최루가스, 총검을 이용한 돌격, 사형 등 어떤 무자비한 방법도 비무장 상태의 인도인을

6장 제국전쟁

무릎 꿇리지 못했다."⁹²

'인도를 떠나라' 운동은 영국령 인도제국의 입장에서 1857년 이후 가장 타격이 큰 봉기였다. 전시 명령과 강력한 법률 규정, 군 병력을 총동원한 정부군은 단 몇 주 만에 '인도를 떠나라' 운동을 억압했다. 그러면서도 비상지휘권을 통해 대중이 탄압 정책을 알 수 없게 만들었다. 서북변경주에서 갈고닦은 공중폭격 기술을 활용한 결과, 2500명이 사망하고 2500명의 신민이 태형을 당했다. 영국은 치밀한 계획 공격으로 전쟁 중에도 간디 등 인도국민회의 지도부를 대거 구금했다. 감옥은 견디기 힘들 정도로 열악했다. 조기 석방을 약속받은 일부는 인도국민회의에 등을 돌렸지만, 거의 3년간 투옥된 네루 같은 이들은 인도국민회의 배신에 이어지는 특혜를 거부했다. 네루는 영국령 인도제국의 대량 검거 및 투옥 바람에 휩쓸린 여동생 비자야락슈미 판디트Vijayalakshmi Pandit에게 편지를 보내며 영국에 굽힐 의사가 없음을 분명히 밝혔다. "나는 마치 우리 안에 갇힌 야수처럼, 얌전하게 굴면 몇 발짝 움직일 수 있도록 가끔 줄을 풀어주는 그런 취급을 받고 싶지 않다. 내 뜻대로 행동하는 걸 폭력이 막는다면 받아들일 수밖에 없지만, 나는 내가 가진 최소한의 정신적·행동적 자유만큼은 끝까지 지키고 싶다."⁹³

인도의 반란

감옥에 갇힌 간디의 건강이 나빠졌다. 그는 자신이 비폭력을 위해 애썼으며, 특히 '인도를 떠나라' 운동이 벌어진 후에도 비폭력을 위해 노력했다는 사실을 린리스고가 인정하지 않는 데 크게 실망했다. 역사학자 주디스 브라운Judith Brown이 지적하듯 "간디는 여전히 자신의 명분이 옳다고 확신했으며, 탄압을 통해 폭력을 부추겼다는 점에서 폭력은 정부의 잘못이라고 주장했다."[94] 간디는 항의의 뜻으로 3주 동안 단식을 선언했다. 건강 악화를 염려한 관료들이 제안한 임시 석방도 거절했다. 영국령 인도제국 관계자는 "'마하트마 간디에 대한 맹신' 때문에 이 노인 광신자가 죽을 경우를 대비해 인도 전역에 경찰과 군대를 배치해야 하는 인도의 현재 상황은 말도 안 된다."라며 신랄하게 비판했다.[95] 그렇지만 구금된 동안 간디는 자신에 대한 정부의 견해와 '인도를 떠나라' 운동에 불을 붙이는 현실 간의 괴리를 좁히지 못했다(1944년 봄, 간디는 심각한 말라리아, 십이지장충병, 아메바성 이질로 고통받는 상태에서 석방되었다. 체포된 10만여 명의 시위자와 정치활동가 중 1만 4000명 역시 전쟁 내내 처참한 감옥 생활을 견뎌냈다).[96]

비폭력과의 작별 준비를 끝낸 보스는 인도의 해방에만 관심을 가졌다. 나치의 몇몇 사령관과도 만났다. 그는 영국의 지배에서 벗어날 수만 있다면 독일이 자신의 신념에 위배되는 파시즘 정책을 고수하는 나라라는 사실은 신경 쓰지 않기로 마음먹었다. 그는 독일 잠수함 U보트를 타고 도쿄로 건너가, 후지와라 이와이치藤原岩市 일본군 소령이 창설한 인도국민군 Indian National Army, INA을 이끌었다(후지와라는 일본 정보기관에서 탄탄한 입지를 가지고 있었는데, 이는 아시아의 민족주의 문화를 잘 이해한 덕분이었다). 인도국민군은 영제국을 포함한 연합국에 맞서 싸우려는 투지 넘치고 불만 많은 영국 시민으로 구성된 친추축국 성향의 군대였다. 싱가포르에서 처음 창설되었고, 초기 병력은 일본 수용소에 있던 6만 명의 인도인 전쟁포로였다. 전쟁포로와 인도국민군 일반 사병들은 '독립'이라는 약속의 땅으로 데려다줄 지도자를 원했고, 그들이 선택한 인물은 보스였다.[97]

'진실한 마음으로 혁명을 추구한다'는 명성을 얻은 보스는 인도국민군

뿐 아니라, 일본 점령 아래 상당한 권한을 얻은 인도독립연맹도 금세 장악했다. 실제로, 싱가포르 함락 불과 몇 달 만에 인도독립연맹 최초의 주요 회의가 도쿄에서 열렸다. 1년 후, 인도독립연맹은 방콕에서 두 번째 회의를 개최했으며, 말라야, 태국, 인도, 버마, 홍콩, 싱가포르, 마닐라, 자바 지부 대표단이 참석했다. 인도독립연맹 소속 지부에서 파견된 여러 대표단은 인도 해방을 위해 노력하겠다고 맹세했다. 보스의 지휘 아래 아시아 전역에서 인도독립연맹 회원이 35만 명으로 늘어났다. 일본 전쟁포로뿐 아니라 농부, 플랜테이션 노동자, 상인, 사업가, 변호사 등 다양한 사람이 몰려들어 인도국민군 의용병은 거의 10만 명으로 늘어났다. 또한 몇몇 인도군 병사도 보스가 이끄는 인도국민군으로 전향했다. '인도를 떠나라' 운동 전후로 영국령 인도의 억압 정책은 일시적으로 영국의 통제를 회복시킨 것처럼 보였지만, 동시에 1857년 이후로 계속되어 온 제국의 불안을 드러내는 일이기도 했다. 인도국민군은 사면초가 상태로 영국과 제국을 살리기 위해 싸우는 병사들에게 이 같은 메시지를 보냈다. "인도 형제 여러분, 일본군은 같은 아시아 형제들과 싸우기를 원하지 않는다. 그러니 우리와 싸우지 말기 바란다. 수년 동안 여러분을 노예처럼 부리고 학대해온 영국을 위해 싸우다 목숨을 잃는 것은 어리석은 일이다."[98]

다양한 사람들로 구성된 인도국민군은 연합군에 맞서 적극적으로 싸웠다. 인도국민군 병사 상당수는 "내게 피를 주면 당신에게 자유를 약속한다!"라는 보스의 철학을 위해 헌신했다.[99] 자발적인 의용병 그 이상이었다. 1943년 10월, 보스는 '자유인도임시정부Arzi Hukumat-e-Azad Hind, Azad Hind'를 선포했다. 그리고 같은 달 말, 보스는 추축국이 승리하면 해방시켜 주겠다는 약속을 믿고 영국과 미국에 대한 전쟁을 선포했지만, '자유인도'라는 이름에도 불구하고 보스가 지휘한 임시정부는 일본의 부속품 역할밖에

전쟁포로들을 인도국민군에 정식 입대시키는 수바스 찬드라 보스

하지 못했다. 자유인도임시정부 수립 장소로 안다만제도와 니코바르제도를 고른 것도 일본인이었다. 보스를 따르는 민족주의자들은 한때 영국이 심문을 위해 사용한 안다만제도와 니코바르제도에 샤히드Shaheed(순교자)와 스와라지Swaraj(독립)라는 이름을 붙였다. 일본군은 안다만제도의 셀룰러감옥에서 반역자로 의심되는 인도인을 고문했다. 인도독립연맹 관리자와 선전원들은 자유인도임시정부를 장악해 우표, 통화, 법정, 민법 등 임시 제도와 상징을 만들어냈다. 추축국 열강들은 자유인도임시정부와 임시정부를 방어할 인도국민군의 권한을 인정했다. 보스는 거의 전쟁 내내 싱가포르에서 지내며 라디오로 메시지를 송출하고, 영국군과 맞서는 인도국민군의 여러 작전(특히 버마 작전)을 지휘했다.[100]

영국이 견고하게 지켜온 제국주의라는 갑옷에 균열이 생겨났다. 싱가

포르 함락, '인도를 떠나라' 운동, 영국의 인도 지배에 반대하는 사람들을 모아 보스가 꾸린 인도국민군, 제국 전역에서 진행된 강력한 탄압, 전쟁에 아일랜드가 보인 중립적인 태도, 의회에서 격렬한 논쟁이 오간 끝에서야 결정된 남아프리카가 참전 등이 그 증거였다. 그렇지만 영국은 곳곳에서 입증된 제국의 영향력 및 통일성과 비교하면 이 모두가 부차적인 일들뿐이라 믿었다. 영국의 전쟁 노력을 광범위하고 노골적으로 지지하는 표현들이 제국의 공격적인 행위나 영국과 영제국의 걱정스러운 관계를 상쇄했다.

하나의 깃발, 하나의 명분

약 4만 5000명의 아일랜드인이 군대에 자원했다. 남아프리카는 전선에 두 개 사단을 파견했으며, 영국의 명분을 위해 더반 같은 항구를 열어주었다. 1939년 9월 3일, 호주 총리 로버트 멘지스Robert Menzies는 "제국 구성원을 하나로 잇는 하나의 국왕과 하나의 깃발, 하나의 명분이 있다."라고 선언했다. 뉴질랜드 총리 마이클 새비지Michael Savage도 라디오 연설을 통해 뉴질랜드 국민을 안심시키며 "우리는 두려움 없이 영국과 함께 설 것이다. 영국이 가는 곳에 우리도 가고, 영국이 서 있는 곳에 우리도 서 있을 것이다."라고 공표했다.[101]

다른 지도자들도 자기 생각을 알렸다. 예를 들면, 나이지리아 국회의원 아데예모 알라키자Adeyemo Alakija는 '모든 전쟁을 끝내기 위한 전쟁이 아니라, 인류에게 영구적인 평화와 자유를 안겨줄 전쟁'이라며, 영제국 식민지인 나이지리아의 흑인 신민들에게 영국 지지를 맹세하자고 발의했다.[102] 온갖 전시 기증품이 쏟아졌고, 나이지리아 북쪽 도시 카노는 영국 전투기

자유인도임시정부 우표,
1943년 독일에서 생산되었으나
발행되지는 않았다.

'스피트파이어'의 구입을 위해 1000만 파운드(약 8910억 원)를 내놓았다. 영국이 노예들을 재정착시킨 역사가 있는 식민지 시에라리온은 현금 기부와 함께 향수를 담은 시구를 붙였다. "지난 135년 동안 영국 국기 아래에서 시에라리온이 받아온 위대한 혜택에 감사드리며."[103] 인도에서는 '인도를 떠나라' 운동에 대한 격렬 탄압에도 불구하고, 아니 어쩌면 바로 그 탄압 때문에, 역사상 가장 규모가 큰 자원군이 결성되었다. 이들 중 상당수의 의용군은 제국에 대한 의무감만큼이나 배급에 매료되어 입대했다. 인도군도 연합군의 승리에 크게 기여했다. 중동과 인도에서 차례로 총사령관을 지낸 뒤 육군원수가 된 오킨렉 역시 "인도군이 없었다면 영국은 제1차 세계대전과 제2차 세계대전을 견뎌내지 못할 것이다."라고 말했다.[104]

이러한 식민지의 기여는 영국의 전시 선전기관에 큰 도움이 되었다. 영국 선전기관은 과거에서 자신들에게 유리한 이야기만 골라, 이를 실처럼 엮어 정교하게 구성한 태피스트리를 만들어냈다. 그렇게 만들어진 이야기는 영국과 충성스러운 신민을 감싸 안으며 제국의 역사를 미화한 신화적 이미지를 심어주었다. 끝이 없을 것 같은 고난의 세월 동안 쌓아올린 역사, 영웅, 상징은 영국의 생존에 무엇보다 중요했다. 이 사실을 잘 알았던 처칠 정부는 영국과 전 세계에 흩어진 제국 신민의 마음을 사로잡으려 영국의 제국주의적 민족주의를 그럴듯하게 포장했다. 하지만 위기는 균열도 가져오며, 그것을 면밀히 들여다보는 이들에게는 과거를 의심하고 새로운 세계를 상상할 수 있는 기회를 제공한다. 식민지 신민은 전쟁과 전쟁으로 인해 드러난 단층선에 이미 길들여져 있었다. 제국의 탐욕스러운 경제 체제에 시달려온 식민지 신민들은 영국의 개발주의 논리와 주권을 되돌려주겠다는 공허한 약속을 믿지 않았다. 신민들의 펜이 불타올랐다. 일부 신민은 영제국은 '악마의 소굴'이라며 다른 사람들이 겪은 일을 글로 옮겼다. 제국은 폭력의 시스템이요, 파시스트 프로젝트였다. 그렇지만 온갖 역사, 영웅, 상징이 영제국의 정당성을 증명해 보일 것이다. 흑인 급진주의자와 영국 역사학자 및 정치인 간의 이념전쟁은 현대 제국사의 뿌리가 얼마나 깊은지 잘 보여줄 것이다.

7장
이념전쟁

LEGACY OF VIOLENCE

> 정치인이 무슨 말을 하든, 전쟁은 분명히 민주주의를 위한 것이 아니다.
> _ 조지 패드모어, 범아프리카주의 지도자, 1939년 11월[1]

전쟁으로 인해 충성심이 고조되었다는 사실에는 의심의 여지가 없었지만, 상당수의 식민지인들은 전쟁에서 영국을 지지하면 새로운 도덕계약을 맺을 수 있으리라는 희망을 품고 그나마 나은 쪽을 선택한 것뿐이었다.[2] 1938년, 영국이 유화 정책을 펴기 위한 협상을 진행하자 나이지리아 신문 〈웨스트 아프리칸 파일럿West African Pilot〉은 전쟁 기부금에 대한 주민의 이해를 강조하는 사설을 실어 "신뢰는 신뢰를 낳고, 영국 헌법의 초석과도 같은 민주주의의 이상에 활력을 불어넣기 위해서는 정치적·사회경제적 평등이 필요하다."라고 선언했다.

인간에게는 어떤 통치 형태 아래 살고 싶은지 말할 권리가 있고, 국적 문제와 관련해서 어떤 나라에 충성을 다할지 결정할 권리가 있다. 정치적 자율성을 누릴 수 없는 소수집단을 위해 민족자결권 원칙을 자세히 설명한 것이다. 유럽인에게 보편적으로 적용되는 이 원칙을 아프리카인에게는 적용하지 못할 이유가 없다. 이것이 국제도덕에 이의를 제기하는 '부흥하는 아프리카인Renascent African'의 목소리다.³

혁명의 신문

1937년, 나이지리아 정치인 은남디 아지키웨Nnamdi Azikiwe는 〈웨스트 아프리칸 파일럿〉을 창간했다. 식민지 현실과는 다른 미래를 상상하고, 억눌린 목소리와 민족주의적 요구를 표출할 수 있는 통로로 만들기 위해서였다. 〈웨스트 아프리칸 파일럿〉 창간은 혁명의 일부였고, 지역 및 세계 연결망 속에서 유통되는 대안 담론에 생명을 불어넣은 지역 언론과 팸플릿 역시 혁명에 동참했다. 〈웨스트 아프리칸 파일럿〉에 실린 내용은 자메이카의 〈퍼블릭 오피니언Public Opinion〉이나 트리니다드의 〈뱅가드Vanguard〉에 등장했으며, 벵골이 아일랜드 투쟁 소식을 표제로 내보냈고, 인도는 황금해안에서 발행된 신문 칼럼을 다시 찍어냈다. 황금해안 역시 인도의 신문 칼럼을 다시 찍어냈다. 런던에서 발표된 기사는 전미유색인종지위향상협회 National Association for the Advancement of Colored People, NACCP가 발행하는 잡지 〈크라이시스The Crisis〉와 미국 주류 언론에 실렸다. 공산당이 발행하는 신문 〈니그로 워커The Negro Worker〉와 독립노동당Independent Labour Party이 발행하는 신문 〈뉴 리더New Leader〉도 전 세계의 소식을 전했다.⁴

민족주의자, 국제적인 비전을 요구하는 사람 등 다양한 부류의 반식민주의자가 제국의 지식 엘리트층이 좋아할 만한 책과 논문을 썼다. 이들은 현지 신문과 자국어 언론으로 거리와 들판, 노동 현장에서 식민지 신민에 접근했다. 예컨대 아지키웨는 1937년 '부흥하는 아프리카Renascent Africa'라는 주제로 논문을 집필했는데, 300쪽이 넘는 이 논문은 아프리카 대륙의 식민지 주민들에게 두 가지 선택지를 제시했다. "자유이거나, 복종이거나." 아지키웨는 "부흥하는 아프리카인이 새로운 아프리카의 도래를 알려야 한다. 내일의 아프리카인은 정치적인 노예 상태에 머물러서는 안 된다."라고 주장하며 '민족주의의 힘'이 '민족자결권'을 가져온다고 생각했다. 그는 라이베리아의 1847년 독립선언을 인용하며 모든 아프리카인에게 다음과 같이 상기시켰다. "우리는 모든 인간에게 특정하고 양도 불가능한 권리가 있음을 인정한다. 그 권리에는 생명, 자유, 재산을 획득하고, 소유하고, 향유하며, 방어할 권리가 포함된다."[5]

아지키웨는 혼자가 아니었다. 유럽 전역에서 파시즘이 흉흉한 기세를 떨치는 가운데, 영제국 곳곳에서 흑인 작가들이 놀라운 속도로 책을 펴냈다. 흑인 작가들은 노예 문제, 탄압, 강제노동, 흑인 차별, 자유, 정의에 관한 생각을 퍼뜨렸다. 이들의 사상은 아지키웨와 다른 흑인 지식인, 언론인, 민족주의자, 공산주의자, 범아프리카주의자 등 제국의 많은 신민에게 집단의식을 불어넣은 사람들의 생각과 교차했다. 이 같은 상황에서 옥스퍼드대학교에 재학 중인 트리니다드 출신 에릭 윌리엄스Eric Williams가 쓴 《자본주의와 노예제도》라는 책이 출간되었다. 이 책은 냉정한 경제적 계산이 아닌 양심의 가책 때문에 노예무역과 노예노동을 폐지했다는 영국의 고결한 주장에 의문을 표했다. 그와 동시에 케냐 중부 지방 출신의 정치인 조모 케냐타Jomo Kenyatta는 런던정치경제대학교 재학 시절 키쿠유족 문화를 옹호하는 저작을 집필했고, 이는 훗날 《케냐산을 마주하며Facing Mount Kenya》라는 책으로 출간되었다. 마찬가지로 세인트루시아 출신 경제학자 윌리엄 루이스William Lewis도 런던정치경제대학교 재학 중 노동과 자본주의 성장에 관한 '루이스 논문Lewis Thesis'을 생각해냈다. 이때 떠올린 이론은 1979년 루이스가 흑인 최초로 노벨경제학상을 받는 데 결정적인 기초가 되었다.[6]

시릴 제임스 역시 참기 힘든 식민지 상황에서 싹튼 흑인들의 디아스포라 전통의 한 부분을 차지했다. 노예 후손인 제임스는 20세기 초 트리니다드 투나푸나에서 태어났다. 그가 마주한 노예해방 이후의 세상은, 이동의 자유만 보장될 뿐 선조들의 세상과 크게 다르지 않았다. 트리니다드의 수도 포트오브스페인에서 중등학교 장학금을 받고 퀸스로열칼리지에 진학한 제임스는 에릭 윌리엄스같이 장래가 유망한 사람들에게 영어를 가르쳤다. 재능 있는 작가이자 신흥 활동가였던 제임스는 반식민주의 모임 비컨 그룹 회원이기도 했다. 이들은 트리나드에서 발간되는 월간지 〈비컨The Beacon〉에 다양한 글을 기고하는 현지 작가들이었다. 〈비컨〉 작가들은 범아프리카주의를 제창한 마커스 가비Marcus Garvey가 활동하던 할렘, 듀보이스의 글, 볼셰비키 혁명 이후 영제국 전역에서 확산된 전간기 사회주의 이념과 유럽의 지적 사상이 통합되는 현상 등에 뿌리를 둔 전 세계 흑인 공동체와 영향을 주고받았다.[7]

패드모어의 등판

세계 곳곳에서 활동하던 서인도제도 공동체는 다국적주의와 반식민주의 사상의 구심점으로 떠올랐다. 바베이도스 작가 조지 래밍George Lamming은 "아프리카, 아시아, 유럽이 우리가 카리브해라고 부르는 미대륙 군도에서 만난 사례는 인류 역사상 전례가 없다."라고 강조했다.[8] 카리브해의 여러 섬나라와 세계 각지에 흩어져서 살아가는 카리브해 공동체는 시릴 제임스, 윌리엄 루이스, 에릭 윌리엄스뿐 아니라 마커스 가비, 르네 마랑, 에메 세자르Aimé Césaire, 프란츠 파농, 스토클리 카마이클Stokely Carmichael을 배출했다. 제임스는 투나푸나에서 유년기를 보내며 맬컴 너스Malcolm Nurse*와 영원토록 변치 않을 우정을 쌓았다. 제임스와 너스는 힘들게 노예로 살아가던 가족의 역사를 함께 나누며 방대한 도서가 꽂힌 너스 아버지의 서재에서 유럽 사상을 담은 고전과 흑인 지식인들의 글을 읽으며 자랐다. 제국주의 색깔이 뚜렷한 세상에서 영국식 사고와 습관에 흠뻑 빠진 채 어른이 된 제임스와 너스는 제국의 권력과 식민지 신민으로 살아가는 삶을 모두 이해했다. 나름의 방식으로 식민지인이 갖춰야 할 영국인스러운 태도를 익힌 두 사람은 1930년대 각자의 길을 걷기 시작했다.

제임스는 동쪽으로 향했다. 트리니다드 사람들은 제임스의 행적에 대해 "그 영국 지식인은 영국으로 갔다."라고 이야기했다. 제임스는 영국에서 《허영의 시장Vanity Fair》**, 크리켓***과 사랑에 빠졌다.⁹ 그의 첫 직장은 〈맨체스터 가디언〉 신문사였다. 한동안 크리켓에 관한 글을 쓰던 제임스는 트로츠키주의**** 공부 모임에 들어갔지만, 트로츠키조차 그에 대해 "사고 방식이 지나치게 전형적인 영국인 같다."라고 평가했다.¹⁰ 이후 제임스의 작품에서 나타난 변화를 보면 그가 제국에서 급속히 전개된 다양한 사건을

---

* 조지 패드모어의 본명이다.
** 윌리엄 메이크피스 새커리William Makepeace Thackeray의 대표작으로, 19세기 영국 사회의 허영과 위선을 풍자한 풍속소설이다.
*** 영국의 국민 스포츠로, 식민지 시절 문화 제국주의의 대표 사례로 여겨진다.
**** 러시아의 사회주의, 공산주의 혁명가 레프 트로츠키의 사상을 말한다. 트로츠키는 한 나라에서 사회주의 건설이 가능하다는 스탈린의 일국사회주의를 비판하면서 세계혁명 없이 사회주의 사회의 승리는 불가능하다며 영속적인 혁명을 주장했다.

받아들이려고 애썼음을 알 수 있다. 스스로도 이렇게 말했다. "영국과 관련해 나는 지식과 무지가 뒤엉킨 이상한 존재다. 다행스럽게도 나는 그 사실을 잘 알고 있다. 백인이 아닌 식민지 주민이 영국에 관한 판단을 바로잡으면서도 초점을 잃지 않는 것은 악마나 해낼 법한 일이며, 악마는 그 일을 해내는 데 지대한 관심을 기울일 것이다."[11] 제임스의 작품에는 맹렬한 비애와 함께 영국식 자유주의의 진보적인 본질 속에 함축된 영국식 가치관이 반영되어 있었다. 동시에 제국과 영국에서 식민지 주민이 겪는 생생한 경험의 실상도 폭로했다.[12] 실제로 제임스에게 있어, 제국의 경계를 떠나 영국에 도착했을 때 비로소 글을 쓰고 자신의 생각을 말할 수 있게 되었다는 사실 자체가, 영국 자유주의가 본토 바깥으로 확장될 때는 얼마든지 억압이 될 수 있음을 입증하는 사례였다.

널리 알려진 영국인의 관용을 식민지에서는 거의 목격할 수 없다는 것이 놀랍지는 않다. 본국에서는 관용과 자유로운 사상으로 존경받던 이들도, 식민지에서는 달라진다. 곧장 그를 통제되지 않는 혁명 분자로 낙인찍어 버릴 테니까 말이다. 다시 말해, 영국인은 다른 영국인이 대중을 위해 소리 높이는 것을 자랑스레 여기면서 식민지 주민이 다른 식민지 주민을 위해 소리 높이는 것을 허락하지 않는다. 본국에서는 가장 훌륭하게 여겨지는 덕목이 식민지에서는 가장 심각한 범죄인 셈이다.[13]

미국으로 향한 너스는 피스크대학교에서 의학을 공부한 뒤, 뉴욕에서 공산당에 합류했다. 나날이 급진주의 성향이 짙어져가던 너스는 '조지 패드모어'라는 새로운 이름을 얻었다. 영제국에서 살아가던 수많은 흑인 지식인과 마찬가지로, 패드모어 역시 해외 이주 후에 의식이 확대되었다. 그는 뉴욕, 워싱턴 D.C., 미국 남부, 모스크바, 독일을 거쳐 1933년 런던에 입성했다. 그 과정에서 듀보이스, 케냐타, 아지키웨, 흑인 정치학자 랠프 번치Ralph Bunche, 흑인 작가 알레인 로크Alain Locke, 시에라리온 태생의 활동가 겸 정치인 아이작 월리스존슨Isaac Wallace-Johnson 등과 교류했고, 비주류 좌파 성향의 백인 협력자들과도 친구가 되었다.

코민테른* 당원이 된 패드모어는 미국과 유럽 전역에서 당원 모집에 열을 올리며 〈니그로 워커〉를 포함한 다양한 매체로 자기 생각을 활발하게 전파했다. 런던, 파리, 뉴욕, 케이프타운, 나이로비, 카디프 등 영제국 및 세계 각지에서 발행되던 〈니그로 워커〉는 편집을 맡은 패드모어의 지휘 아래 당시로서는 혁명적인 매체로 자리매김했다. 〈니그로 워커〉는 패드모어가 문제의 근원이라 여기던 시스템을 개혁하고자 하는 사람들, 특히 흑인과 지식인들의 도전 의식을 북돋웠다.[14]

유색인종을 대하는 영국인의 태도

1933년 초 나치가 정권을 잡았을 당시, 패드모어는 함부르크에 있었다. 나치의 강력 탄압 정책 탓에 패드모어는 영국으로 추방되었다. 영제국 신민인 패드모어는 영국에서 안전하게 지낼 수 있었지만, 주름 하나 없이 깔끔히 다린 양복, 넥타이, 반짝이는 구두, 양복 재킷에 단정하게 꽂힌 장식용 손수건, 말끔하게 빗어 넘긴 머리 등 흠잡을 데 없는 신사의 모습임에

---

* 세계 각국의 공산당 및 공산주의 단체의 연합체로, 공산주의 인터내셔널Communist International의 약칭이다. 1919년 모스크바에서 결성되었고, 1943년 해체되었다.

조지 패드모어

도 5주 동안 집을 구하느라 애를 먹었다. 제임스와 마찬가지로, 패드모어 역시 영국의 문명화 사명을 온몸으로 구현하는 존재였다. 즉 최소한 행동거지만큼은 영국인 같은 흑인을 만들어내겠다는 진보적인 포부를 보여준 것이다. 하지만 트위드 양복을 입고 파이프 담배를 피워도 흑인에게는 집을 빌려주려는 사람이 드물었던 전간기 런던에서 이 같은 사실은 그다지 중요하지 않았다. 1930년 당시 전체 인구가 4500만 명에 달한 영국에 거주하는 유색인종은 흑인, 인도인, 중동인을 포함해 2~3만 명 정도였다. 영국의 백인은 절대 다수가 앵글로색슨인이었다(영국인이 '유대인종'이라 부르던 30만 명 정도의 유대인은 전체 인구의 1퍼센트가 채 되지 않은 반면, 가톨릭 신자인 아일랜드인은 약 50만 명 정도로 훨씬 많았다).[15] 패드모어는 이 시기를 돌아보며 〈크라이시스〉에 다음과 같은 글을 남겼다.

영국인은 인종과 상관없이 특유의 교양 있고 냉담한 태도로 모든 사람을 대하지만, 사회적 지위와 무관하게 피부색이 어두운 사람에게 혐오감을 드러낸다. 인종이기주의와 국가적인 오만이 영국인과 제국의 유색인종 간 갈등을 유발하며, 정치적·경제적 조정이 이루어진 뒤에도 두 집단의 사회적 화해를 극도로 어렵게 만들 것이다.

패드모어는 영국에 사는 유색인종이 맞닥뜨리는 현실도 묘사했다.

영국에 오는 대부분의 유색인 학생은 정치적으로 무지하며, 고국에서 교사들로부터 주입받은 영국의 민주주의와 환대에 대한 거대한 환상을 품고 온다. 그러나 그 모든 환상은 하숙집 주인과 호텔 관리자들에 의해 곧 산산이 깨져버린다. 사회 제도적인 인종차별이 식민지 지식인과 학생 사이에서 반영 정서를 만들어내는 것이 틀림없다. 인종차별은 유색인종 사이에서 미래의 반제국주의 지도자를 양성하는 데 도움이 되고 있다. 영국인들은 제 손으로 무덤을 파는 중이다![16]

런던에서 재회한 패드모어와 제임스는 흑인 노동자에게 주목하는 아프리카 디아스포라 사상과 정치 행동의 중심에 섰다. 런던의 흑인들은 자신들에게 고통을 안기는 식민주의 세계에 의구심을 표했다. 런던 크랜리가에 있는 패드모어의 집 거실은 흑인 급진 사상이 움트는 장소가 되었다. 그곳에서는 자유, 정의, 존엄을 공통의 언어로 삼으며 치열한 토론과 연대가 오갔다. 또한 런던은 듀보이스의 '이중의식'이 식민주의 체제 비판과 결합된 장소이기도 했다. '흑인이자 미국인으로 살아가면서도 동료 시민들에게 멸시받거나 기회의 문이 닫히지 않도록 하려는' 듀보이스의 대표작 《흑인의 영혼The Souls of Black Folk》속 바람은, 패드모어와 제임스 그리고 카리브해와 아프리카 출신 지식인들이 영국의 인종차별적 제국주의에 맞서 써 내려간 글 속에서도 그대로 울려퍼졌다.[17] 듀보이스의 자전적 성찰이 담긴 책에도 탄압으로 이어지는 제도에 관한 질문이 담겨 있었다. 한편, 같은 시기 런던에서 '유색인종연맹League of Coloured Peoples'을 이끌며 보다 온건한 정치 노선을 취했던 해럴드 무디Harold Moody 같은 흑인 작가들과 활동가들은, 이와 같은 구조적 문제에 대해 훨씬 덜 급진적인 인식을 지니고 있었다.[18]

인종자본주의의 언어

런던에 도착하기 전부터 백인 세계가 신봉하는 제도에 의문을 품고 유럽의 자유제국주의와 노동 문제에 주목했던 패드모어는 인종자본주의의 언어를 구사했다. 1931년 첫 번째 역작 《흑인 노동자의 삶과 투쟁The Life and Struggles of Negro Toilers》을 공개해 자본주의와 인종차별주의, 식민주의 간의 불경스러운 동맹을 보여주는 사례들을 언급했다. 패드모어는 자본주의, 인종차별주의, 식민주의가 탄압으로 단단하게 묶인 삼위일체라고 생각했다. 《흑인 노동자의 삶과 투쟁》에는 패드모어가 직접 목격한 자유제국주의의 처참한 실상이 반영되어 있었다. 패드모어는 왕립아프리카소총부대King's African Rifles이 케냐 정치인 해리 투쿠Harry Thuku의 체포에 반대하는 시위대에게 발포한 사건을 지적했고(이 시위는 참가자의 상당수가 여성이었다), 시위만 벌어지면 정부가 오두막과 농작물을 불태우고 3만 명이 넘는 여성을 대거 체포하는 나이지리아 사례도 언급했다. 또한 식민정권이 식민지 탄압에 반대하는 현지 시위대를 억압하기 위해 합법화된 불법을 자행하고, 현지 경찰력뿐만 아니라 필요한 경우 군대까지 동원한 바수톨란드, 감비아, 황금해안, 시에라리온, 서인도제도의 사례도 소개했다.[19]

《흑인 노동자의 삶과 투쟁》은 온갖 식민 '제도', 즉, '강제노동 제도', '플랜테이션 제도', '정부 제도'를 가차 없이 해부했다. 이 제도들은 집단 처벌, 토지 징발, 인종차별 영구화, 언론 및 집회의 자유 박탈 등 노예와 다름없는 조건을 가능케 하는 구조였다.[20] 패드모어는 파산한 프티부르주아 개혁주의자들에게도 분노를 쏟아냈다. 또한 남아프리카 노조 지도자 클레먼츠 카달리Clements Kadalie와 마커스 가비에게도 분노를 표현했다. 이들의 방식으로는 흑인 초국가주의가 추구하는 '자유와 해방'을 실현할 수 없다고 보았기 때문이다.[21] 이 책은 금세 금서가 되었지만, 이 때문에 오히려 인기가 높아져 음지에서 비밀리에 유통되었다.

범아프리카주의 활동가 라스 마코넨Ras Makonnen은 이 책의 영향력을 언급하면서 오랜 친구 너스가 '손에 마법의 무기'를 쥐었다고 이야기했으며, 이 책이 새로운 시대를 예고한다고 여겼다. "패드모어는 언어부터 완전히 달랐다. 새로운 접근 방법으로 내게 계시를 주었다. 거의 새로운 용어 사전을 만든 듯하다."[22] 패드모어의 글은 영제국 안에 존재하는 수천 개의 분열된 목소리에 활력을 불어넣는 단 하나의 명쾌한 언어였다. 그는 사실 기반으로 반론했다. 정부 발표 자료, 의회 토론, 정치인 연설 등에서 수집한 방대한 공공 데이터를 분석했다. 그가 능숙하게 데이터를 분석할 수 있었던 것은 식민 지배 세력의 언어에 능숙했을 뿐 아니라, 이 언어를 식민 프로젝트에 불리하게 문서화하는 데도 능수능란했기 때문이다. 패드모어의 비전은 범아프리카주의와 한층 가까워졌다.[23]

나치가 권력을 잡은 후 러시아가 영국을 포함한 서구 국가와 조금씩 가까워지며 파시즘이 명백한 적으로 자리 잡자, 코민테른은 유럽 제국주의 문제를 뒤로 미루었고, 패드모어는 사임했다. 패드모어는 레닌을 역사상 가장 중요한 사상가로 여겼고, 인종과 식민주의를 항상 강조하면서도 항상 유물론에 대한 애정을 드러냈다.[24] 그러다 두 사건이 패드모어와 런던에서 활동하는 흑인 지식인층을 자극하며 사상과 글을 근본적으로 변화시켰다. 그중 첫 번째는 1935년 10월 벌어진 이탈리아의 아비시니아[*] 침공이었다. 하일레 셀라시에Haile Selassie[**]가 이끄는 이 나라는 라이베리아와 더불어 유일하게 유럽 제국주의 지배를 받지 않았던 아프리카 영토였으나, 무솔리니 군대에 의해 함락되었다. 국제연맹은 이에 효과적으로 대응하지 못했다. 패드모어는 국제연맹을 '도둑들의 소굴'이라며 비난했다. 그는 국제연맹과 그 자리에 함께한 서구 민주주의 국가들이, 파시즘의 '공격적인 민족주의'와 '영토 확장'이 '백인 인종'이라는 이름 아래 전진하도록 방조했다고 보았다.[25] 패드모어의 집 거실에서 되살아난 분노는 마코넨이 운영하던 아프리카계 카리브해 출신을 위한 카페, 독립노동당, 런던의 시위 현장, 연극 무대로 퍼져나갔다. 제임스, 케냐타, 윌리엄스, 그 외의 여러 흑인 지식인이 여성 운동가 실비아 팽크허스트Sylvia Pankhurst, 정치 활동가 낸시 커너드Nancy Cunard, 소설가 에셀 매닌Ethel Mannin, 훗날 매닌의 남편이 될 레지널드 레이놀즈Reginald Reynolds, 독립노동당 대표 페너 브로크웨이Fenner Brockway와 협력했다.

---

[*] 에티오피아의 옛 이름이다.
[**] 1930년부터 1974년까지 재위한 에티오피아의 마지막 황제로, 아프리카 유일의 독립국 군주로서 존경을 받았다.

영국 정당 간의 동맹 강화

파시스트 세력이 확대되자 영국 정당 간의 동맹이 강화되었다. 1893년 급진주의자와 사회주의자들이 설립한 독립노동당은 1906년 노동당의 일부가 되었다. 초창기 노조와 사회주의 단체의 연합체였던 노동당은 1918년 개인 단위 가입 제도를 도입했다.* 이에 더욱 좌경화된 독립노동당은 1932년 노동당에서 분리되었다. 상대적으로 규모가 작고 구성원이 다양한 독립노동당은 전간기가 끝날 무렵 극좌 세력의 담론에 지대한 영향을 미쳤다. 조지 오웰, 영국의 정치·문화 잡지 〈뉴 스테이츠맨 앤 네이션New Statesman and Nation〉 편집자 킹즐리 마틴Kingsley Martin 등 유명한 당원들이 독립노동당의 지대한 영향력에 한몫했고, 제국주의 문제에 관해 글을 쓰는 런던의 흑인 급진주의자들의 영향력도 상당했다. 제국주의에 대한 경제 비판 및 소비 부족 이론 등 획기적인 주장을 펼친 존 홉슨, 버지니아 울프Virginia Woolf의 남편이자 작가 겸 정치이론가였던 레너드 울프Leonard Woolf 등 유명한 좌파 제국주의 비평가들이 다양한 지점에서 독립노동당과 연결되었다. 브로크웨이는 1920년대부터 네루와 개인적으로 끈끈한 우정을 이어갔고, 레이놀즈 역시 네루와 우정을 쌓았다. 네루는 독립노동당이 발행하는 신문 〈뉴 리더〉에 이따금 글을 기고했다. 독립노동당 당원들은 팔레스타인에 대한 우려를 드러내고 인도 정치에 깊이 개입했다. 브로크웨이를 포함한 독립노동당 당원들은 의회에서 자유제국주의와 인도에서의 정치범 수감에 항의했고, 런던에서 활동하는 인도연맹Indian League과도 다양한 지점에서 긴밀히 협력했다.[26]

---

* 이전까지는 노동조합 같은 단체 단위만 노동당에 가입할 수 있었다.

독립노동당 여름학교
에서의 조지 패드모어,
1938년

그렇지만 독립노동당은 노동당 잠식에 실패했다. 아일랜드나 암리차르에서 벌어진 극적인 탄압에는 여론이 폭발했지만, 팔레스타인에서 벌어진 일상적인 폭력에는 그렇지 않았기 때문이다. 사실 제국 문제를 대하는 보수당원과 노동당원의 태도는 종류가 다르다기보다 정도의 차이가 있는 수준이었다. 대개 정당 사이에서, 주로 노동당 내 주류 세력과 독립노동당 소속 급진주의자 사이에서 제국에 관한 논쟁이 벌어졌지만,[27] 규모가 큰 노동당에서 탈퇴한 독립노동당은 당원 수가 적었기 때문에 논쟁이 한쪽으로 치우칠 수밖에 없었다. 역사학자 스티븐 하우가 지적하듯, 1930년대 내내 "노동당 의석에서는 분명한 합의가 존재했다." 그 합의란 곧 "정치적 변화보다는 경제 발전을 중시하는 개발주의적·온정주의적 관점이었으며, 탈식민화에 대한 논의는 철저히 배제되었다. 식민지 신탁통치 원칙은 노동당 정통 노선의 신념과도 같았다."[28]

아비시니아가 무솔리니에게 함락된 사건은 흑인 급진주의 사상과, 그

것이 영국 제국주의 합의에 맞서 펼친 반담론에 있어 중대한 전환점이었다. 패드모어와 제임스는 독립노동당 안팎에서 돈과 인맥을 모두 갖춘 협력자들을 찾아냈다. 이들은 독립노동당이 제국을 바라보는 관점을 바꾸도록 유도하고, 일부 당원이 좀 더 과격한 표현을 사용하고 영국의 제국주의 프로젝트를 한층 신랄하게 비판하도록 만들었다. 독립노동당의 일부 당원은 제국주의를 앞세워 아비시니아를 침략한 이탈리아에 대한 제재를 망설였지만, 패드모어는 이 문제와 관련해 무엇이 옳고 그른지 자기 생각을 분명하게 밝혔다. 제임스도 〈뉴 리더〉에 비슷한 생각이 담긴 글을 기고했다. "영국 제국주의는 아비시니아나 집단 안전 보장을 위해 싸우지 않을 것이다. 영국 제국주의는 오직 자국의 이익을 위해서만 싸울 것이다."29

유색인종 신민으로서 제국을 경험한 사람들은 파시즘과 제국주의를 구분하지 않았다. 1936년 패드모어가 공개한 《영국은 어떻게 아프리카를 지배하는가 How Britain Rules Africa》에는 파시즘과 제국주의를 동일시하는 태도가 잘 드러난다.

> 이러한 양상은 특히 남아프리카, 남로디지아, 서남아프리카, 케냐 같은 나라들에서 두드러진다. 이 같은 잔혹성과 야만성은 오늘날 독일의 상황을 떠올리게 한다. 그러므로 악명 높은 나치 비밀경찰의 수장이었던 헤르만 괴링이 베를린에서 열린 구 식민장교 모임에서 '그들을 옛 독일령 동아프리카 무장 식민군의 전통을 잇는 후계자'라고 공식 선언한 것은 결코 우연이 아니다.30

케냐타도 〈뉴 리더〉에 '히틀러도 케냐에서보다 더 최악일 수는 없다 Hitler could not improve on Kenya'라는 제목의 글을 기고했다. 케냐타는 제국주의 세력과 반제국주의자를 구분하지 못하는 영국의 노동단체를 맹비난하며, 케냐의 임시수용소가 파시스트 국가의 강제수용소나 노동수용소와 비슷하다고 꼬집었다.[31] 시에라리온 태생의 윌리스존슨 역시 급진주의적인 견해를 받아들인 뒤 청중을 일깨웠다. "영국인이 파시즘에 대해서 논하고 싶다면 독일이나 이탈리아를 생각할 필요 없이 영제국을 돌아보면 된다. 영제국의 지배계층은 원주민의 땅을 빼앗아 끔찍한 환경에서 강제로 노동시키고 쥐꼬리만 한 급여를 준다. 그리고 그 땅 전부를 거대한 강제수용소로 바꿔 놓았다."[32]

국제아프리카봉사국의 창립

패드모어는 '파시스트 제국주의fascist-imperialism'라는 말과 '식민 파시즘 colonial fascism'이라는 새로운 표현을 만들어냈다.[33] 트리니다드의 〈피플The People〉과 전미유색인종지위향상협회가 발행하는 〈크라이시스〉가 패드모어와 윌리스존슨의 글과 연설을 발췌해 공개하면서 이 메시지가 흑인 사이에서 널리 퍼졌다. 트리니티컬리지 유럽 역사학 교수 수전 페니배커Susan Pennybacker가 지적하듯, '백인 활동가들이 주장하는 자유적이고 급진적이며 제국주의적인 개혁 흐름'에 이의를 제기하는 이러한 비평은 노골적이었다.[34] 일부 독립노동당 당원은 아비시니아를 당이 직면한 결정적인 문제로 여기지 않았다. 전쟁 직전, 브로크웨이는 다른 독립노동당 당원들과 마찬가지로 완전히 과격해졌다.

제국주의 아래에서는 원주민이 민주적인 권리를 인정받지 못한다. 그런 측면에서는 나치주의와 비슷하다. 독일에서는 개인의 자유가 인정되지 않는다. 누구든 재판도 없이 무기한 감옥이나 강제수용소에 갇힐 수 있다. 인도와 영국 정부의 직할 식민지에서는 이 같은 일이 비일비재하다. 독일의 나치는 스스로를 뛰어난 인종으로 여기고, 특히 유대인을 인간 이하의 짐승쯤 되는 존재로 대한다. 백인 '나리'들도 유색인종에게 이 같은 태도를 보인다.[35]

급진적인 비난 대상은 극좌 백인만이 아니었다. 패드모어는 자신이 흑인 지식인층 부르주아라고 부르던, 많은 사람이 '존경할 만한' 지도자라고 여기던 사람들도 비난했다. 예를 들어, 온건함을 요구하는 무디에게 패드모어는 이렇게 쏘아붙였다.

정치적이고 경제적인 폭력 제도를 제외하면 제국주의란 무엇일까? 고교회파* 신도 핼리팩스 경이나 비국교도** 체임벌린같이 위선적인 찬송가를 불러대는 악당들이 어떻게 제국을 손에 쥐었다고 생각하는가? 폭력 아닐까? 어떻게 제국이 아직 유지될까? 그 답 역시 폭력이 아닐까? 자메이카의 흑인이 백인 주인에게 동전 몇 푼만 달라고 요구하면 폭력을 당하지 않을까? 왜 내게는 폭력이 제국주의의 대제사장처럼 느껴질까.[36]

---

* 성공회 안의 가톨릭적 의식과 전통을 중시하는 세력을 가리킨다. 참고로, 개신교적 성향의 신도는 '저교회파'라고 한다.
** 성공회가 아닌 프로테스탄트 교파에 속한 신도를 가리킨다. 장로교, 감리고, 침례교, 회중교회 등이 있다.

이탈리아의 아비시니아 침공은 무디가 이끌던 온건한 성향의 유색인종연맹을 넘어서는 정치조직이 탄생하는 계기가 되었다. 다른 협회로는 서아프리카학생연합West African Student Union과 보다 폭넓게 활동한 반제국주의연맹League Against Imperialism이 있었는데, 의도는 좋았으나 사실상 무용지물이었다. 범아프리카주의 활동가인 제임스는 마커스 가비의 아내 에이미 가비Amy Garvey와 함께 '에티오피아를 위한 국제아프리카우호회International African Friends of Ethiopia, IAFE'를 결성했으며, 1937년 5월에는 패드모어가 이를 대체할 보다 광범위한 조직으로 '국제아프리카봉사국International African Service Bureau, IASB'의 설립을 추진했다.

국제아프리카봉사국은 인종·자본주의·제국주의를 비판하는 범아프리카주의 중심으로 영국의 흑인 디아스포라 공동체를 구성하는 다양한 지지층을 통합하고자 했다. 상당수의 독립노동당 당원과 백인 투사들이 국제아프리카봉사국 활동에 참여했다. 훗날 식민장관이 되는 아서 크리치 존스Arthur Creech Jones도 친에티오피아 성향의 출판물을 펴낸 팽크허스트, 커너드와 함께 활동했다. 브로크웨이는 〈뉴 리더〉를 국제아프리카봉사국의 주장을 표현할 수단으로 제공했다.[37] 흑인 지식인들은 놀라울 만큼 많은 양의 글을 계속 적었다. 패드모어가 1937년 발표한 《아프리카와 세계평화Africa and World Peace》는 제국주의를 서구 정치인들이 만들어낸 '아마겟돈'의 근원으로 지목했다. 서문은 크립스가 맡았다.

> 패드모어는 이 책에서 또 다른 위대한 깨달음을 주었다. 그가 폭로한 사실은 의심할 여지 없이 불쾌하고, 아프리카 식민지화에 관한 이야기는 극도로 비도덕적이다. 하지만 전부 사실이다. 우리 중 많은 사람이 '백인의 책무'라는 분위기 속에서 자랐다. 우리 마음은 오랫동안 지속된 제

국주의 선전으로 흐려졌다. 아프리카에서 서구 민주주의 국가들이 주장한 문명화 사명이라는 신화의 민낯을 용기 있게 폭로한 패드모어의 글을 읽으면 충격에 빠질 것이다.38

완고한 제국주의자들이 싫어할 만한 내용이었다. 1년 후, 브로크웨이는 노동절에 발행된 〈뉴 리더〉 특별 증보판을 제국에 헌정했다. 독립노동당은 전쟁, 파시즘, 제국주의와 싸울 방법을 찾는 데 열중했고,39 〈뉴 리더〉 편집진은 영국 노동자 계층의 주의를 촉구하기 위해 특별 증보판을 준비했다.

> 파시즘에 대한 증오 때문에 우리는 제국주의의 독재를 잊을 수도 있다. 무솔리니와 히틀러가 이탈리아와 독일에서 자행한 잔혹 행위는 영제국 안에서도 끊임없이 실행되었다. 진실은 영제국의 5분의 4가 파시스트 국가와 다를 바 없는 독재국가라는 것이다. 우리가 영국에서 민주적인 권리를 누리는 것은, 오직 영제국에서 행해지는 탄압 때문이다.40

레이놀즈가 쓴 인도에 관한 글, 케냐타가 쓴 케냐에 관한 글, 패드모어가 쓴 트리니다드에 관한 글 등 같은 주제를 논하는 여러 글이 실렸다. 그중 〈뉴 리더〉 특별 증보판에서 가장 주목할 만한 부분은 직접적인 증거와 데이터였다. '공중폭격 때문에 공포에 사로잡힌 부족들Tribes Terrorised by Aerial Bombing'이라는 제목의 기사는 인도 서북변경주에서 활약한 영국군을 칭찬한 토리당 의원의 말을 인용했다. 또 다른 기사는 식민성과 중동에서 공중폭격을 퍼부은 해리스를 칭찬하는 식민성의 입장에 대한 것이었다.41 〈뉴 리더〉는 '총에 맞은 반란 시위대Revolting Workers Shot Down', '서인도 제도의 식민 파시즘Colonial Fascism in the West Indies', '아일랜드의 영국 제국주의British Imperialism in Ireland'같이 극적인 제목으로 강제노동, 인종차별, 나이지리아 여성 시위대에게 실탄 발포 등에 관한 기사를 냈다. 기사에 목격 진술 기록도 함께 공개했는데, 이는 데이터 중심의 설득 기법으로 독자의 관심을 사로잡기 위한 전략이었다.⁴²

런던의 웨스트민스터 극장을 파고든 급진주의는 다소 극적으로 영국 대중과 만났다. 제임스가 각본을 맡은 연극 〈투생 루베르튀르: 역사상 유일하게 성공한 노예 반란 이야기〉Toussaint Louverture: The Story of the Only Successful Slave Revolt in History》*는 웨스트민스터 극장 무대에 올라 대중에게 제국주의의 잔혹성을 알리고 혁명이 자유를 얻기 위한 해결 방안을 일깨웠다.⁴³ 사실 이 시기에 런던에 모여든 모든 흑인 급진주의자 중 진정한 문학적 천재성과 설득력으로 그때까지 생각지도 못했던 연관성을 떠올리게 한 사람이 바로 제임스였다. 매진을 거듭한 공연이 상연된 지 2년 후, 제임스는 루베르튀르의 과거를 제국주의가 지배하는 현재의 관점에서 풀이한 《흑인 자코뱅당원The Black Jacobins》이라는 책을 발표했다. 제임스는 이 책을 통해 독자들에게 "역사가 마땅히 쓰여야 할 방식으로 쓰일 때, 사람들을 경탄하게 만드는 것은 민중의 격렬함이 아니라 그들의 절제와 오랜 인내심일 것이다."라는 시대를 초월한 메시지를 전달했다.⁴⁴

---

* 이 연극의 제목인 '투생 루베르튀르'는 아이티 독립운동가의 이름이다. 그는 본래 노예였으나 1791년 프랑스 식민지 생도맹그(지금의 아이티)에서 노예 반란을 일으켜 프랑스군을 격파하고 노예를 해방했으며, 1801년 생도맹그 자치정부를 수립했다.

런던 트래팔가 광장에서 연설 중인 시릴 제임스, 1935년

제국주의 시스템의 실체

제2차 세계대전 전날, 급진주의자들은 흑인을 억압하는 시스템에 의문을 제기했다. 암리차르 학살 이후, 패드모어는 다이어 장군을 벌하기보다는 그 같은 존재를 만들어낸 시스템을 바꾸고 싶다는 간디의 말을 떠올리며 자신이 '제국주의 시스템'이라 표현한 것의 실체를 폭로했다.[45] 《흑인의 영혼》 발표 30여 년 후 듀보이스 역시 인종차별주의, 자본주의, 제국주의로

구성된 불경한 삼위일체의 증거를 제시하며, 젊을 때는 이 세 가지 요소가 어떻게 맞물리는지 제대로 이해하지 못했다고 인정했다. 그는 저서 《어스름한 새벽Dusk of Dawn》에 이렇게 적었다. "내 비판은 우리 민족과 세계 운동과의 관계에만 국한된 것이었다. 나는 세계 운동 그 자체를 의심한 것이 아니었다. 백인 세계가 추구하는 목표와 이상은 충분히 옳은 것이라 믿어 의심치 않았다."⁴⁶ 듀보이스는 제임스, 패드모어, 그 외의 다른 흑인 급진주의자들과 마찬가지로 파시즘을 진보의 행진에서 약간 벗어난 일탈이나 예상치 못한 우경화가 아닌 서구 문명화 자체의 논리적인 발달로 여겼다. 흑인 급진주의자들은 자본주의 정치 경제뿐 아니라 인종차별적 이데올로기에 뿌리를 둔 세계적 시스템인 노예제도와 제국주의가 파시즘과 매우 닮았다고 여겼다.⁴⁷

흑인 급진주의자만이 아니었다. 미국 정치학자 번치는 하워드대학교에서 '파시스트 제국주의'의 개념과 제국의 '희극적인 인종 미화'를 널리 알렸다.⁴⁸ 영국과 미국이 세계대전을 앞두고 있을 무렵, 대서양 양쪽 흑인들은 영국식 변종이든 흑인 차별 정책을 낳은 미국식 변종이든 간에 자유제국주의가 만든 체제를 전면 비난했다. 각 체제가 추구하는 목표는 달랐지만 둘은 닮은 점이 있었고, 제국주의적인 인종차별을 초월하는 시스템 속에서 국가를 초월하는 연결성이 생겨났다. 적어도 국제아프리카봉사국에서 활동하는 지식인, 활동가, 정치인은 이 같은 희망을 품었다. 국제아프리카봉사국은 선언했다. "우리는 어떠한 편협한 인종 원칙도 설파하지 않는다. 그것은 동인도인과 가장 긴밀히 협력하는 아프리카계 지식인이 해야 할 일이다."⁴⁹

카리브해 지역에서 벌어진 사건들에서도 이 같은 정서가 표출되었다. 여러 지역(특히 자메이카, 바베이도스, 영국령 온두라스, 영국령 기아나, 세인트키츠, 세인트

빈센트, 세인트루시아, 트리니다드)에서 시위와 폭동이 잇따랐고, 동시다발적으로 시위나 폭동이 벌어질 때도 있었다. 1930년대 말, 개인과 집단의 요구에 따라 노예제도가 폐지된 지 100년이 지났음에도 거의 변하지 않은 사회 경제 체제를 반영하고 있었다.[50] 생산 수단 접근성은 여전히 대체로 백인 지주 계층의 특권이었고, 통제를 위해 강압을 사용하는 방식은 사라지지 않았다. 헨리 노먼 경Sir Henry Norman이 1897년 의장을 지낸 위원회를 비롯한 여러 위원회가 지역경제를 다각화하고 플랜테이션 체제에서 벗어나자고 제안했지만, 현지 식민정부는 이러한 제안을 무시했다. 런던의 지원 아래 본국과 제국 내에서의 영국의 이익이 지속되도록 보장하는 한편, 현지 주민들의 생활 수준을 어느 기준으로 보아도 형편없도록 유지시켰다.[51]

흑인 급진주의자들의 목소리

이탈리아의 아비시니아 침공 후 카리브해 지역과 북로디지아, 나이지리아 등 아프리카 일부 지역 내 일어난 일련의 폭동은 흑인의 급진적인 사상에 불을 지핀 두 번째 중대 사건이었다. 자신들의 뿌리인 식민지에서 폭력적으로 불만이 분출된다는 사실은 흑인 지식인과 활동가들에게 결코 사소한 문제가 아니었다. 그들은 펜을 들었고, 런던 거리로 나섰다. 하이드파크 스피커스 코너*에서 열린 시위는 디아스포라 급진주의자들이 촉발한 논쟁의 장이 변화하고 있음을 보여주었다. 패드모어는 자유주의의 해방과 억압, 계몽과 혼란이라는 이중적인 능력의 핵심을 꿰뚫었다. 그는 함께 토

---

* 런던 하이드파크에 위치한 자유 연설 구역으로, 표현의 자유를 상징하는 장소다.

론하고 계획을 수립한 다른 식민지 출신 급진주의자들과 마찬가지로, 인종차별주의, 외국인 혐오, 착취 같은 식민지인에게 영향을 미치는 자유제국주의의 중요한 시스템을 몸소 체험했다. 서인도제도 문제를 둘러싼 시위에 등장한 표현들은 여러모로 아비시니아 사태에 관한 표현과 유사했다. 흑인 급진주의자들에게 국제연맹이 유럽 제국주의의 시녀 역할을 했듯, 제국 전역에서 일어난 폭동들 또한 야만과 문명을 잘못 겹쳐놓은 자유제국주의의 오랜 결과였다. 인종차별주의, 자본주의, 제국을 하나로 묶는 억압의 접착제 때문에, 불특정한 어느 미래 시점에 구원될 것이라는 자유제국주의의 낡아빠진 약속이 두드러졌다. 패드모어, 제임스, 듀보이스, 번치를 비롯한 급진주의자들은 제국주의와 파시즘이 별반 다르지 않다고 생각했다. 그리고 히틀러도 그렇게 생각했다.

히틀러를 포함한 독일의 제국주의자들은 영국이 오랫동안 막강한 힘을 지닐 수 있었던 원천이 영제국이라 생각했다. 영국은 전 세계 유색인종을 적극 활용해 '대분기Great Divergence'*의 물결에 올라탔다. 영국이 손에 쥔 땅과 에너지, 시장, 인구는 산업혁명에 불을 붙이고 앵글로색슨족의 위대함을 알리는 수단이었다. 히틀러는 저서 《나의 투쟁》에서 "경제적 정복을 이처럼 잔인한 폭력으로 준비하고, 그 이익을 이처럼 무자비하게 지켜낸 민족은 영국이 유일하다."라고 써 내려갔다.[52] 영국의 제국주의 과거는 나치와 비슷한 사례로 가득했다. 히틀러는 영국이 인도에서 채찍을 휘둘렀으며 다른 곳에서는 무주지 정책을 들먹이며 현지 주민을 말살했다고 주장했다. 빅토리아 시대 인류학자들은 이러한 정책을 낱낱이 기록했으며, 심지어 장

---

* 서방세계가 전근대적인 제약 요소를 극복한 뒤 세계에서 가장 강하고 부유한 문명으로 부상하는 과정을 가리킨다.

려한 적도 있었다. 또한 남아프리카의 강제수용소, 이라크와 인도 서북변경주에 대한 공습, 아랍봉기의 철저한 진압 등도 그 연장선에 있었다.[53]

19세기 중반 발생한 세포이항쟁으로 자유제국주의가 폭력을 정당화하는 성향이 있으며, 실제로도 폭력의 정당화를 위해 애쓴다는 사실이 드러났다. 세포이항쟁 이후 "법은 규제된 무력에 불과하다."라고 주장한 스티븐은 1883년 강도를 높여 "인도 정부같이 '동의가 아닌 정복으로 세워진 절대 정부'는 '공개적이며 단호하며 솔직한 태도로 우수성을 주장하는 적대 문명'을 대표한다."라고 선언했다.[54] 아프리카 식민지, 팔레스타인, 인도, 아일랜드, 벵골, 중동, 카리브해 지역에서 제국을 통치한 영국은 갖가지 형태로 탄압을 자행하며 이 같은 정신을 그대로 표출했다. 영국은 노동계약 위반을 법으로 금지하는 주종계약을 활용해, 노동단체의 일상적인 운영 원칙마저 탄압 대상으로 삼았다. 영국인에게 너무도 소중하던 법치는, 자유제국주의의 기치 아래 영국이 사용하던 갖가지 도구 중 합법화 및 정당화의 수단일 뿐이었다. 제국 전역에서 펼쳐지는 합법화된 불법의 실태를 살펴보면, 누구든 식민지 법적 제도의 밑바탕에 이념적이고 정치적인 틀이 반영된다는 사실을 쉽게 이해할 수 있다.

문명화 사명이 현지 주민을 개혁하고 사회를 개혁하려는 의도가 있었던 점은 부정할 수 없다. 인도의 헌법 개정 시도처럼 영국의 이익 유지에 철저히 맞춰져 있었다 하더라도 말이다. 중요한 점은, 영국을 포함한 대부분의 유럽 열강 관점에서 인도 등 여러 식민지는 애초에 주권을 가진 적이 없으므로 제국은 주권을 빼앗은 것이 아니라는 인식이었다. 식민지화 이전에도 인도와 세계 각지에는 다양한 정치 체제가 존재했으나, 오히려 영국은 인종과 발전의 개념에 따라 주권을 식민지 주민에게 점진적으로 '부여'하는 것이라 여겼다. 이러한 관점은 국제법에도 반영되어 있었다. 한 인도 공무원에 따르면, 국제법은 '서로 동등하고 독립된 유럽 국가들 간의 관계'를 규정할 뿐 아니라, 유럽의 식민 지배라는 전제를 정당화하고 반영하는 역할도 수행했다.[55]

반면, 나치의 제국주의 야심에는 개혁과 관련된 부분이 없었다.[56] 히틀러 정권은 인종적인 차이는 불변한 것이고, 제국은 영원히 계속된다고 여겼다. 영제국에서 법이 정당성을 부여하는 수단이었듯, 히틀러의 제국에서도 마찬가지였다. 하지만 그 법이 정당화한 체제와 그로부터 비롯된 시스템은 자유제국주의자들의 시스템과는 다른 성격을 띠고 있었다. 나치 이데올로기는 '점진적인 개혁을 꾀한다'는 개념을 매우 싫어했다. 인종적 순수성에 뿌리를 둔 나치극단주의는 대규모 몰살을 관료화하고 체계화한 정권의 탄생으로 이어졌다. 독일 제국은 우수한 인종이 열등한 인종을 지배하는 것 자체를 목표로 삼았다. 히틀러 부대가 나치제국주의 야심의 중심지인 동유럽으로 진격하자, 히틀러는 국제법을 완전히 뒤집었다. 영국과 프랑스가 아프리카 영토의 상당 부분을 차지했던 방식과 유사했다. "체코슬로바키아와 폴란드의 독립국가를 말살함으로써, 나치는 '한번 획득한 주권은 문명사회의 일부로서 폐지되거나 축소될 수 없다'는 진보주의적 전제를 뒤집어버렸다."라고 마크 마조워는 상기시킨다.[57]

깨어진 믿음

패드모어를 비롯한 일부 인사는 국제법과 주권을 둘러싼 질문 때문에 국제연맹과 국제연맹에 가입한 유럽 국가의 취약점이 드러났다고 생각했다. 국제연맹은 무솔리니가 에티오피아의 주권을 빼앗을 때에도 별다른 대응을 하지 못했다. 하지만 나치가 동유럽을 점령하자 제국주의는 비유럽 세계에 국한된다는 원칙이 사라졌다. 바로 이 문제, 즉 '식민지에 따른 차이 원칙'과 이를 반영하고 합법화한 법이 유럽에서 대두되자 정치 노선을 막론하고 영국의 모든 정치인이 공포에 사로잡혔다.[58] 영국 정치인들은 전쟁 내내 국토방위법 같은 합법화된 불법이 다시 모습을 드러냈다는 의심을 떨쳐내지 못했다. 히틀러가 동유럽 국가들의 주권을 빼앗자 '제국은 유색인종이 사는 저 멀리 어딘가에 존재한다'는 잘못된 믿음도 산산이 부서졌다. 일시적으로나마 반드시 필요하다고 여겨지던 이 같은 법은 존 앤더슨의 지휘 아래 전시의 영국에서 시민적 자유의 침해도 합법화했다.

　제국과 런던의 급진주의자 사이에서 시대 상황을 반영한 반대 담론이 시작되었다. 이들은 인종차별적인 차이와 착취, 부당함으로 표현되는 자유제국주의 시스템을 논했다. 자유제국주의 시스템은 이따금 식민지에서도 심각한 폭력 행위로 이어졌다. 정도의 차이는 있지만, 대부분 법의 테두리 안에서 합법화되는 폭력이었다. 하지만 영국의 제국주의는 파시즘과 비교하면 억압적인 동시에 해방적인 모습을 보였다. 영국의 제국주의는 문명화 사명의 담론 안에서 식민주의적 폭력과 착취를 애매하게 만들었지만, 이따금 책임 소재를 분명하게 밝힐 수 없는 어려움에도 불구하고 제국주의의 부당함을 드러냈다. 식민지 주민에게는 이 같은 차이가 학문적인 것일 뿐이었다. 이들에게는 파시즘과 제국주의가 서로 다르지 않았다. 하지만 이 같은 차이는 다가오는 전쟁의 도가니 속에서 제국주의적 위기에 대한 영국의 대응에 영향을 미쳤다. 카리브해 지역 전역에서 일어난 폭동과 시위에 관심을 돌린 영국 정부는 다양한 제국주의 지지자에게 호소하는 것으로 담론의 방향을 수정했다. 나치의 파시즘에서는 찾아볼 수 없는 이념적인 탄력성이 반영된 변화였다. 이 같은 탄력성은 자유제국주의가 살아남는 데 매우 중요한 역할을 했다.

하이드파크에서 한창 시위 중이던 영국의 참전 1년 전, 모인 경은 카리브해 지역의 잦은 소요 사태를 조사하는 위원회를 이끌었다. 그는 눈앞에 닥친 파시스트 전쟁에 집중하기 전에, 제국주의에 대한 우려를 누그러뜨리고 트리니다드산 석유를 비롯해 카리브해 지역에서 지속적으로 원자재를 확보하려 애썼다. 그렇지만 영국령 서인도제도에서 사망자와 부상자, 체포되는 사람이 늘어만 갔다. 1938년에는 자메이카에서만 여러 건의 공습이 이루어졌다. 그 결과 여덟 명이 사망하고, 200명이 다치고, 700명이 투옥되었다.

위원회의 관리 범위는 매우 넓었다. 주택, 감옥, 부두, 학교, 토지, 정치, 헌법, 정신병원, 공장 등 다양한 문제를 다뤘다. 위원회는 26개 센터로 거의 400명에 달하는 목격자나 목격자 집단으로부터 증거를 수집했다. 국제아프리카봉사국, 유색인종연맹, 흑인복지협회 Negro Welfare Association는 권고안을 내놓았다. 아서 크리치 존스와 자메이카 총독을 지낸 노동당의 시드니 올리비에 Sydney Olivier 역시 치안군의 탄압 조치와 조치를 정당화하는 정부의 인종차별적인 담론을 거부했다. 올리비에는 식민지와 각종 위원회를 순환하며 근무하던 식민 관료들을 가리켜 이렇게 비판했다. "그들은 대개 자본주의 사회의 교육 시스템이 길러낸 삼류 인물들로, 사회주의적 관점을 취하지 못하며, 흑인을 동등한 인간으로 보는 시각조차 갖추지 못한 자들이다."[59]

거의 500쪽에 달하는 보고서가 완성될 무렵이 되자, 모인 같은 강경파조차 태도가 바뀌었다.[60] 폭동에 참여한 사람들은 '제국주의라는 탄광 속의 카나리아'를 연상시켰다. 영국 정부는 이 탄광이 '미국을 위한 영국의 전시장'이자, 영제국을 엿보는 미국의 비판적인 눈길이 머무는 곳이라 여겼다.⁶¹ 검열과 진압에도 불구하고 제국과 관련된 갖가지 견해가 이전보다 빠르게, 더욱 널리 퍼져나갔다. 역사학자 토머스 홀트Thomas Holt는 당시 상황을 이렇게 설명했다. 서인도제도에서 벌어진 사건들이 제국 전체, 특히 거대한 아프리카 식민지들의 미래를 미리 보여준다는 우려가 존재했다. 서인도제도에서 폭력과 시위가 발생하자 영국의 핵심 정책 입안자들은 식민 제국 전체의 미래에 의문을 던졌다."⁶² 모인위원회도 미국과 영국의 중대한 여론 차이를 반영했다. 모인위원회는 마치 동전의 양면이 나뉘어 있기라도 한 듯, 정치 개혁과는 반대로 경제 개혁을 강조했다. 이후 백인의 책무는 복지 정책을 포함하게 되었으며, 이는 봉기가 일어날 것이라는 불안을 누그러뜨리고, 식민지 신탁통치에 대한 변화하는 인식에 식민 정책을 일치시키려는 목적을 담았다. 한편, 영국은 불충분한 경찰력을 확대하고 필요할 경우 영국 등 다른 어디에서라도 군대를 확보하고자 하는 영국인 지역 사령관을 배치해 철권통치를 더욱 강화했다.⁶³

대중에게 모인 보고서를 공개할 무렵, 영국은 무쇠 주먹에 벨벳 장갑을 두른 듯 태도가 온화해졌다. 모인위원회 보고서는 전시에 공개하기에는 지나치게 자극적이었다. 한편, 요제프 괴벨스Joseph Goebbels가 지휘하던 나치 선전기관은 "제국 내 6600만 명의 빈곤한 원주민 농노들로부터 착취한 부로 호화롭게 살고 있다."라며 영국을 비난했다. 가장 성공적인 나치의 선전 활동 중 하나인 〈옴 크뤼거Ohm Krüger〉 같은 장편영화들은 제2차 보어전쟁 중 영국이 운영한 강제수용소에서 아프리카너 여성과 아동이 겪은 고난을 묘사했다. 다른 한편으로, 많은 미국인이 시대착오적인 제국을 유지하려고 돈과 생명을 바쳐야 한다는 데 반감을 가졌기에 영국의 전쟁 지원에 반대했다.⁶⁴ 이와 동시에 일부 노동당 의원은 모인 보고서에 관해 토론을 요구하는 크리치 존스 같은 이들을 지지했지만, 영국 정부는 이러한 요구를 차단했다.

원탁회의 운동

이러한 상황에 개입한 것은 전쟁이 시작될 무렵 공식적으로 설립된 영국 정보성Ministry of Information, MOI이었다. 해리 호드슨Harry Hodson, 앨프리드 쿠퍼, 브렌던 브래컨Brendan Bracken 같은 막강하고 열렬한 제국주의 지지자들이 정보성을 이끌었다. 정보성 내 제국부서의 뿌리는 밀너 시절과 제2차 보어전쟁으로 거슬러 올라간다. 1909년, 전설적인 제국주의자 밀너와 몇몇 '밀너 유치원생'은 앵글로색슨 남성들의 모임이자 영국과 영국의 여러 자치령 식민지를 한층 긴밀하게 융합할 방안을 찾기 위한 싱크탱크이기도 했던 원탁회의Round Table 운동을 이끌었다. 이 운동은 철저히 '밀너주의Milnerism'에 젖어 있었으며, 한 역사학자의 표현에 따르면 이는 "기획되었다기보다는 그렇게 체험되었고, 결국 그것은 하나의 '제국 비전'으로, 영국의 위대함에 대한 특정한 전제를 기반으로 형성되었다. 그 전제란 곧, 문명화된 우월성이라는 믿음이 전 세계적 사명을 정당화하고 가능하게 만든다는 것이었다."[65] 1년 후, 밀너와 라이어널 커티스Lionel Curtis, 필립 커Philip Kerr, 제프리 도슨Geoffrey Dawson은 제국 연방을 포함한 제국주의자들의 사상을 키우고 육성하는 학술지 〈원탁회의The Round Table〉를 창간했다. 원탁회의 운동에 참여한 사람들은 다양한 문제에 대해 서로 의견이 달랐지만, 영제국과 영연방이 보존되어야 한다는 믿음만은 확고했다.[66]

정보성이 공식 출범하자, 밀너 일당은 전쟁 선전과 밀접하게 뒤엉켰다. 정보성 제국부서 책임자가 된 〈원탁회의〉 편집자 호드슨은 새로운 기관에서 제국을 위해 목소리를 내는 일에 순조롭게 적응했다. 호드슨은 엘리트 계층을 겨냥한 학술지의 공식적인 편집자로 활동하며, 올소울스칼리지 연구원으로 일하는 진지한 사람이라는 인상을 남겼다. 호드슨은 밀너를 추종하는 여러 사람과 마찬가지로, 어느 정도는 도슨 덕에 옥스퍼드대학교 올소울스칼리지에 자리 잡을 수 있었다. 1912년, 〈타임스〉 편집자였던 도슨은 몇 달 뒤 올소울스칼리지의 특별연구원이 되었다. 함께 원탁회의 운동을 펼친 동료들은 〈원탁회의〉 편집자라는 도슨의 역할이 얼마나 가치 있는지 잘 알았다. 그중 한 사람은 "〈원탁회의〉가 막강한 협력자가 되었기 때문에 제국 연방은 안전하다."라며 언론과 밀너주의 신념 간의 관련성을 솔직히 인정했다.[67]

제2차 세계대전이 발발하기 직전, 도슨은 〈타임스〉의 상징적 존재가 되어 있었다. 하지만 〈데일리 메일〉뿐 아니라 〈타임스〉의 소유주이기도 한 함스워스의 결정에 따라 도슨은 〈타임스〉에서 인정사정없이 내쫓겼다. 이 시기 도슨과 원탁회의 무리는 아일랜드, 이집트, 인도 등 제국 각지의 위기를 살펴보며 영제국의 문제 해결을 위해 새로우면서도 서로 연결된 발상이 필요하다고 결론 내렸다. 이들은 〈원탁회의〉를 통해 제국의 비전을 공표했고, 19세기 후반 존 실리가 저술한 《잉글랜드의 확장》을 제국주의적 사상의 기반으로 삼았다. 그럼에도 불구하고 밀너 추종자들은 영제국을 뒷받침하는 정치 이론이 부족하다고 믿었다. 학술 및 행정 측면에서 제도적인 협력이 이루어지지 않은 것처럼 신중한 연구와 계획, 개념 확산은 찾아보기도 힘들었다.[68] 도슨은 올소울스칼리지로 눈을 돌려 수십 년간 비어 있던 일곱 개의 '연구원 자리'에 주목했다. 그는 "올소울스칼리지가 앞으로 일반적인 교육 기관이 되는 것이 아니라, 스스로를 '제국의 학생'이라 칭하는 인재들을 영입함으로써, 영국의 가장 시급한 정치 문제를 실질적으로 개선하고, 동시에 옥스퍼드대학교의 새롭게 떠오르는 연구 지향에 지적 자극을 불어넣는 데 가장 효과적으로 기여할 수 있을 것이다."라고 생각했다.[69]

가장 먼저 임명된 사람은 토머스 로런스였다. 도슨은 로런스가 영국의 중동 지배에 도움이 되리라 믿었지만, 실망스럽게도 올소울스에서 로런스가 남긴 가장 큰 업적은 《지혜의 일곱 기둥Seven Pillars of Wisdom》이라는 한 권의 책이었다. 어쨌든 로런스처럼 제국주의 정신을 지녔으며 탐스러운 결실을 거둔 사람들이 올소울스칼리지에서 연구 활동에 동참했다. 〈원탁회의〉 공동 설립자이자 1912년 옥스퍼드대학교에서 식민 역사를 가르치는 베이트 교수Beit Lecturer 커티스도 그중 한 사람이었다. 밀너의 심복이었던 커티스는 남아프리카 전쟁에 참여했다. 커티스는 그곳을 재건하며 인종에 따라 도시 공간과 노동 공급을 합리적으로 나누고, 제국의 미래에 크게 도움이 될 만한 토대도 마련했다. 남아프리카의 성공적인 연방 구조를 토대로 영연방을 상상한 커티스는 〈원탁회의〉를 장식하던 '영연방'이라는 표현을 강조했다. 1921년 올소울스칼리지 임명은 제국 역사를 본격적인 학문으로 출발시키는 계기가 되었고, 각종 세미나와 방문자 프로그램으로 이어지며 옥스퍼드대학교와 영국 정부의 관계를 제도화했다.[70] 커티스는 독실한 종교인 같은 마음으로 제국을 받아들였다. 그는 "예수가 다시 환생한다면 현 세상에서 그의 계율을 가장 잘 실행할 수 있는 곳이 어디겠는가?"라는 질문에 '영연방'이라 답했다.[71]

도슨이 올소울스 프로젝트와 영국 제국사의 미래로 끌어들인 가장 중요한 사람은 레지널드 커플랜드Reginald Coupland였다. 커플랜드는 원래 고대학를 연구하는 뛰어난 역사학자였으나, 커티스의 권유로 제국학에 발을 들이고 올소울스칼리지에서 연구를 시작했다. 〈원탁회의〉 편집장이었던 커플랜드는 1920년, 35세 나이에 올소울스칼리지 식민역사학과 베이트 교수가 되었다. 그는 제국과 세계문제에 관한 핵심 개념을 정리한 올소울스 사업에 학문적인 명성을 안겨준 사람이었다. '제국의 역사는 곧 자유가 펼쳐지는 이야기'라는 정신을 받아들인 커플랜드는 30년 넘는 세월 동안 10여 권의 책을 출판했다.[72] 또한 팔레스타인 문제를 조사한 필위원회의 보고서 초안을 작성하고, 인도국민회의와 무슬림연맹의 관계 개선을 위해 인도로 파견된 크립스 의원을 보좌하는 등 자기 생각을 곧장 제국에 적용할 수 있는 영향력 있는 요직도 두루 섭렵했다. 그뿐 아니라, 매주 일요일 저녁 로즈하우스Rhodes House*에 모여 식민지 문제를 논의하는 대학생 학회 롤리클럽Raleigh Club에서 젊고 유망하며 생각이 비슷해서 제국을 위해 일할 만한 인재들을 모집하기도 했다. 옥스퍼드대학교와 그 너머에서 이같은 제국주의의 전성기에 탄력이 붙자, 다른 역사학자와 사상가들도 원탁회의 운동에 참여했다. 제국 연방이 어떤 모습이 되어야 할지에 대해서는 의견이 분분했지만, 제국의 과거, 현재, 미래에 관해서는 모두 생각이 비슷했다.[73]

제국주의 프로젝트

제국 사업에 뛰어든 것이 올소울스칼리지만은 아니었다. 옥스퍼드대학교, 케임브리지대학교, 킹스칼리지런던의 제국주의 역사학자들은 지배

---

* 영국 제국주의를 상징하는 인물인 세실 로즈의 이름을 따서 지어진 건물로, 옥스퍼드대학교 중심부에 자리 잡고 있다.

적인 세계관에 부합하는 이야기를 내놓았다. 그들은 식민지화된 세계 전역에서 영국의 노력을 이념적으로 방어하며 명확하게 설명했다. 백인의 책무를 짊어진 채 전 세계의 열등한 인종에게 자비를 베풀고 문명을 소개하는 앵글로색슨족의 신탁통치는, 수십 년 동안 영국의 제국주의 과거에 생명을 불어넣었다. 제국 프로젝트는 그 자체에 역사의 징고이즘*적인 뿌리가 있었다. 올소울스칼리지 식민역사학과 베이트 교수 자리는 제2차 보어전쟁의 수혜를 입은 사람들이 기부한 돈으로 탄생한 최초의 제국 역사 교수직이었다. 그로부터 몇 년 후, 마찬가지로 제국주의적 애국심에 뿌리를 둔 다른 기부금 덕에 킹스칼리지런던의 제국사학과 로즈 교수Rhodes Chair of Imperial History, 케임브리지대학교의 제국사·해군사학과 비어 함스워스 교수Vere Harmsworth Chair of Imperial and Naval History 자리가 생겨났다.

가장 먼저 베이트 교수직을 차지한 휴 에저턴Hugh Egerton과 커플랜드 같은 유명 인사들은 일찌감치 매콜리와 실리가 수행한 역할을 맡았다. 그들은 제국이라는 마차를 국가와 민족에 대한 휘그당의 이야기와 연결지었다. 즉 영국사의 대서사는 곧 진보의 역사라는 관점이다. 의기양양한 전진으로 인해 영국 전역, 나아가 전 세계에서 자유가 퍼졌다. 역사학자들에게 영국식 제국 통치의 본질은 헌법상의 자유를 확대하는 것이었으며, 이는 노예노동이 아닌 자유노동, 자유무역, 전제주의와 야만성이 배제된 통치와 법체계를 통해 실현되는 것이라 여겨졌다. 이 같은 이상은 머지 않아 《케임브리지 영제국사Cambridge History of the British Empire》를 비롯한 여러 권의 방대한 저서에 남겨졌다.[74]

이런 식의 목적론적인 관점에서 쓰인 제국사는 제국이 확대되는 과정

---

* 편협한 애국주의 또는 맹목적 애국주의를 의미한다.

에서 폭력이 중요한 역할을 했다는 사실을 부인했다. 강압과 공포의 존재를 전면적으로 부인하거나 최소화하고, 강압과 공포가 잘못된 것이 아니라고 적극적으로 해명했다. 1921년 베이트 교수직을 맡아 첫 강의에 나선 커플랜드에게 아일랜드, 이집트, 인도, 팔레스타인에서 제국을 위협하는 위기가 잇따라 발생했다. 탄압이 벌어지고 있었다는 사실은 그에게 중요하지 않았다. 대신 그는 '신탁통치 원칙의 성장'이라는 미덕을 찬양했다.[75] 커플랜드보다 앞서 베이트 교수를 지낸 에저턴도 일찍이 발표한 〈영제국은 대규모 약탈의 결과인가?Is the British Empire the Result of Wholesale Robbery?〉라는 소책자에서 "우리 제국이 폭력 덕에 성장했다는 주장도 똑같이 잘못된 것이다. 실제로는 빈 땅을 평화롭게 점령했을 뿐이다. 이따금 근처의 인도 원주민들 때문에 문제가 발생한 것이 틀림없다.[76] 유럽 문명과 접촉한 결과로 원주민이 구축한 정부 시스템의 기반이 약화되고, 추가 개입이 필요한 무정부 상태가 생겨났으므로 아시아와 아프리카에서 영국이 도덕적·정치적 공백을 메우기 위해 온정주의적인 권력을 행사할 수밖에 없었다."라고 주장한다.[77]

1933년, BBC 라디오에 출연한 커플랜드는 이 같은 자기 생각을 영국 대중에게 직접 전달했다. 약 2만 명에 달하는 인도국민회의 의원과 지지자들이 감옥에서 고통받는 상황이었음에도 커플랜드는 영국인에게 "18세기의 짧은 10년을 제외하면, 영국이 인도와 맺은 오랜 관계 속에 명백히 암흑이라 부를 시기는 없었다."라고 강변했다.

자유제국주의에 대한 옹호

킹스칼리지런던 교수이자 커플랜드와 함께 원탁회의 운동에 참여한 빈센트 할로Vincent Harlow 역시 '제국사를 성공회 특유의 자유제국주의의 관점에서 바라보는 학파의 능숙한 사도'였다. 할로는 영국의 제국주의적인 '인도주의', 특히 노예제도와 노예무역 폐지 및 선교 활동을 강조하는 산업의 선봉에 섰다.[78] 정보성이 호드슨을 제국부서 책임자로 임명하자, 영국 정부는 '전시 선전 강화'라는 명백한 목표와 함께 할로에게 식민지 업무를 맡겼다. 영국은 역사학자들이 내놓은 갖가지 정보로 자유제국주의를 적극적으로 옹호했다. 역사학자들도 자유제국주의를 옹호하는 정부의 입장이 반영된 자료를 내놓았다. 정보성의 방송, 영화, 언론 보도, 뉴스영화로 이 같은 내용이 공개되었다. 수많은 식민성 정보장교가 정보성 캠페인에 참여했다. 식민성 정보장교들은 정보성의 지시를 따르는 동시에, 영국 최초의 식민지 홍보관 노엘 서빈Noel Sabine의 지휘를 따랐다. 괴벨스의 선전이 기승을 부리는 가운데, 정보성과 식민지 홍보관의 영역 전쟁이 기승을 부렸다. 하지만 국내 전선의 분위기를 살리고 미국인들의 마음까지 사로잡도록 세심하게 계획된 제국 홍보 활동을 벌여야 한다는 궁극적인 목표는 같았다. '파시스트 제국주의'를 외치는 독립노동당의 골칫덩어리들을 처리하겠다는 의도도 있었다.

정보성 캠페인의 첫 번째 반半공식적 활동은 '모인 보고서 감추기'였다. 이에 모인 보고서는 1945년까지 빛을 보지 못했다. 1940년 2월, 전쟁 내각은 제국에 대한 정치적인 비판을 초래할 만한 요소가 배제된 권고안만 공개할 것을 승인했다. 영국 정부는 동맹국과 적대국 양측으로부터 쏟아질 비판을 피하려 했다. 동시에, 식민지의 착취적 정치경제 구조를 '사회 및 경제 개발'이라는 진보적 정책으로 탈바꿈시키며 제국주의의 민감한 국면을 조심스럽게 넘기려 했다.[79] 영국의 식민지 폭력은 경제적 불평등과 매우 밀접하게 연결되어 있었다. 노예해방 이전부터 인종 분열 같은 사회 갈등이 너무 깊이 뿌리내려서 1930년대까지도 별다른 변화가 없는 카리브해 같은 지역도 있었다.

대공황 시기에 접어들자 설탕으로 얻는 이윤이 줄어들었다. 사탕무 설탕이 값싸게 대량 생산되면서 사탕수수 설탕의 경쟁력은 약해졌다. 노동자의 임금이 빈곤선 밑으로 떨어졌고, 수많은 사람이 해고되었으며, 생계에 필요한 최소한의 식량을 확보할 소규모 농지나 소작권조차 갖지 못했다. 자메이카의 수도에서만 실업률이 50퍼센트 가까이 치솟았지만, 제국주의에 기반을 둔 광범위한 지배 구조는 집회의 자유를 인정하지 않았다. 영제국 내 다른 곳에서와 마찬가지로, 카리브해 지역에서도 다양한 형태의 탄압이 극도의 가난과 밀접하게 연결되었다.[80]

자메이카와 주변 식민지들의 경우, 준군사 훈련을 받은 현지 경찰은 육군과 해군의 지원을 받을 수 있었으며, 폭력을 동원해 지역의 정치 경제를 반영하는 동시에 왜곡하는 인종차별적인 위계 질서를 유지했다. 좌파 성향의 노동당 의원 엘런 윌킨슨Ellen Wilkinson은 "영국군의 상시적 주둔이 저임금에 정당하게 항의하는 사람들을 위협하는 데 쓰이고 있는 것 아니냐"며 정곡을 찔렀다.[81] 자메이카뿐 아니라 제국 곳곳에서 노동분쟁과 경찰 단속, 정부 조사가 뒤따랐다. 예컨대 1915년 봄, 실론에서 대규모 폭동이 벌어지자 영국 정부는 늘 그랬듯 조사위원회를 꾸렸다. 이는 개혁의 가능성만 내비칠 뿐 거의 아무런 조치도 취하지 않으면서 정치적으로 은폐하기 위해 애쓰는 정부의 유서 깊은 전략이었다.[82]

신민들의 행복한 삶

모인 보고서에 다른 점이 있었다면, 1940년 식민지 개발 및 복지법Colonial Development and Welfare Act이 거의 동시에 발표되어 보고서의 권고 사항 외의 모든 내용이 은폐된 사실로부터 대중의 관심을 돌리고, 오히려 '가장 어두운 시기'에도 영국 제국의 자비로움에 주목하게 만들었기 때문이다. 프레더릭 루가드Frederick Lugard가 오래전부터 주장하던 이중책무Dual Mandate, 즉 토착민의 삶을 개선하면서 영국의 경제와 정치에도 도움이 되도록 해야 한다는 책무 대신 진보적인 형태의 신탁이 영제국의 정책에 영향을 미쳤다.

식민제국의 발전과 복지에 관한 폭넓은 질문과 관련해 정부 정책을 발표할 때가 되었다. 반갑지 않은 전쟁의 개입 때문에 발전 속도가 불가피하게 더뎌질지도 모르지만, 영국 정부는 시대 상황이 허락하는 한 가능한 한 멀리, 그리고 가능한 한 빨리 발전 정책을 추진할 계획이다. 이 같은 노력의 일환으로, 식민지 정부 당국과 본국 정부 당국은 긴밀하게 협력할 것이다.[83]

영국 정부는 제국주의 활동을 위해 경제적으로 착취한 적은 없다고 부인했다. 또한, 영국 납세자들이 10년간 식민지 개발 프로젝트를 위해 5500만 파운드(약 4조 1970억 원)를 내놓을 계획이라며 식민지인과 전 세계를 안심시켰다. 정부 발표를 지휘한 인물은 식민장관 맬컴 맥도널드였다. 맥도널드는 아랍혁명 당시 팔레스타인에서 활약하며 오랫동안 영제국을 위해 일해온 사람이었다. 맥도널드에게는 '사회적·경제적 발전'을 위한 정부의 새로운 약속이 '양심의 가책을 느끼는 조짐처럼 보이는 새로운 출발'로 받아들여지지 않았다. 그는 이 상황을 '영국에 의존하는 사람들을 위한 논리적이고 정상적인 차원의 온전한 정책 개발'로 이해했다.[84]

식민지 개발 및 복지법을 널리 퍼뜨리던 1940년, 정보성의 홍보 캠페인에는 맥도널드, 호드슨, 할로, 그리고 이들과 함께 제국주의를 위해 몸 바친 원탁회의 동지들의 정서가 반영되었다. 정보성 보고서는 제국에서 살아가는 신민들에 대해 이렇게 적었다. "그들은 영국의 지배 아래 충성스럽고 행복한 삶을 누리고 있다. 그리고 상황이 허락하는 한 우리를 열심히 도울 것이다. 정책은 그들의 계몽에 도움이 되고, 인도적일 뿐만 아니라 상당히 진보적이다." 밀너 추종 세력과 관료 집단은 자신들에게 필요한 내용만 전했다. 5500만 파운드의 경제 지원은 제국에게 충성심과 점진적인 발전에 대한 약속을 뒷받침했다. 그들은 높아지는 본국에서의 비난이 수영장에서 이는 잔물결에 불과하다고 생각했다.[85]

8장
동반자 관계

LEGACY OF VIOLENCE

싱가포르 함락은 제국 정보성을 뒤흔들었다. 아서 퍼시벌의 항복 몇 달 후, 루스벨트 행정부 내에서 매우 영향력 있던 국무차관 섬너 웰스Sumner Welles는 '반제국주의'라는 미국 정부의 입장을 재차 밝혔다. "대서양헌장 원칙은 전 세계, 즉 모든 대양과 모든 대륙에 보장되어야 한다. 싱가포르 함락은 상징적이다. 이 전쟁이 해방을 위한 전쟁이라면, 미대륙뿐 아니라 전 세계 모든 사람의 주권 평등을 보장해야 한다. 승리가 모든 사람에게 해방을 안겨줘야 한다. 인종, 신념, 피부색을 이유로 사람을 차별하는 정책은 폐지되어야 한다. 제국주의 시대는 끝났다."[1]

주류 지식인과 언론인의 목소리도 같았다. 언론가 월터 리프먼Walter Lippmann은 〈워싱턴 포스트〉 칼럼에서 영국 정보성이 모은 보고서를 숨김으로써 피하려 든 진실이 무엇인지 물었다. 개발과 복지에 대한 새로운 표현으로 아무리 그럴듯하게 꾸며대도, 제국주의를 기반으로 한 진보주의는 제국을 찬양했던 키플링 시대가 반복되는 키플링 2.0이나 다름없다고 리프먼은 주장했다. "서구 국가들은 지금껏 해내려는 의지가 부족했던 바로 그 일을 해야 한다. 서구의 명분을 동양인의 자유 및 안보와 동일시하는 '백인의 책무'는 치워버리고, 쓸모없고 실행 불가능하기까지 한 백인 제국주의라는 오명을 벗어던져야 한다."[2]

백인의 책무와 동반자 관계

크랜리가에서 토론의 꽃을 피우곤 했던 패드모어와 동료들은 전쟁 이후 상대적으로 조용하게 시간을 보냈다. 존 앤더슨과 MI5에 광범위한 권한을 부여한 국토방위법이 다른 시민적 자유도 억압했기 때문이다. 규정 39B는 '전쟁 수행이나 영토 방어에 해로운 방식으로 대중 여론에 영향을 미치려는 모든 시도' 자체를 범죄로 규정했다.[3] 정치 집회 금지 규정이 생겨나자 사실상 하이드파크 스피커스 코너에서 의견을 내는 사람이 사라졌다. 이 같은 시민적 자유 억압으로 인해, 전쟁 내내 국제아프리카봉사국은 껍데기만 남은 조직이 되었다. 시릴 제임스는 1938년 미국으로 떠났고, 조모 케냐타는 서식스로 떠나 정치적으로 침묵했으며, 라스 마코넨은 맨체스터에서 몇몇 소규모 사업을 운영했고, 아이작 월리스존슨은 고향 시에라리온에 도착하자마자 감옥에 갇혔고 이후 가택 연금을 당했다.[4]

영국의 극우 및 극좌 세력 모두를 규제하는 전시규정에 대해 잘 알았던 패드모어는 '파시스트 제국주의'라는 표현을 누그러뜨리고 '목적의 진실성'을 강조했지만, 그렇다고 가만히 있지는 않았다. 패드모어는 커너드와 함께 영국에서 〈백인의 책무 White Man's Duty〉라는 소책자를 펴냈다. 〈백인의 책무〉는 식민지를 만든 영국에 관한 이야기였다. 식민지 통치에 대해 영국 정부가 남긴 말을 명확히 공개하고 책임을 묻는, 지극히 패드모어다운 글이었다.[5] 이 책은 도입부에서 제국에 대한 충성심에 의문을 표한다.

이는 커너드와 패드모어가 앞서 〈크리아시스〉에서 미국 독자들을 상대로 주장한 내용을 반복하는 것이었다.

> 미국 본토의 원주민과 마찬가지로, 싱가포르 원주민들은 자국의 일에 대해 어떤 발언권도 갖고 있지 않았다. 그러니 위기가 닥쳤을 때, 총독 셴튼 토머스 경Sir Shenton Thomas이 말레이인, 중국인, 인도인을 포함한 민중을 일본의 공격에 맞서 싸우게 만들지 못한 것은 사실 그리 놀라운 일이 아니다. 국가 운영에 참여할 자격이 없다고 여겨져 그 존재 자체가 철저히 무시되어 온 사람들이, 어떻게 갑자기 되살아나듯 스스로 책임감을 갖고 자신들의 존재조차 인정하지 않았던 체제를 방어하는 데 나설 수 있었겠는가?[6]

싱가포르 원주민 중에는 일본의 후원을 받는 인도국민군과 보스를 위해 열심히 싸우는 사람들도 있었지만, 패드모어와 커너드는 동양에서의 굴욕이 영국 식민주의의 실패에 기인했다고 여겼다. 패드모어와 커너드가 보기에 영국의 실패는 지나친 제국주의적 욕심과 군사적인 자만심, 그리고 제국자유주의의 결함 때문이었다. 실제로 자유주의의 결함을 적극적으로 활용한 보스는 상당히 효과를 보았다.

패드모어와 커너드는 권리, 자유, 인종차별 철폐를 주장했다. 책임이라는, 변치 않는 문제도 언급했다. 패드모어는 싱가포르 함락 당시 식민장관이던 모인의 반응이 평상시와 다르지 않았다고 회상했다. "총독의 절대 권한은 유지되어야 한다. 총독이 '허가'와 '거부' 같은 필수 권한을 지니는 것이 무엇보다 중요하다." 동양의 재앙은 모인 보고서와 대서양헌장이 있음에도(어쩌면 대서양헌장 때문에), 제국을 전면적으로 옹호한 처칠의 태도와 맞물려 있었다. 논쟁의 핵심은 자결권이었다. 패드모어는 단호하게 이야기했다. "정치적 자치는 사회적·경제적 개선을 이끌어내기 위한 필수 전제조건이다."[7]

동양에서 일어난 일련의 사건은 대서양헌장 발표 이후, 자결권에 대한 요구가 거세지는 계기가 되었다. 영국에서도 폭포 효과가 나타났다. 철저하게 자유주의적 온정주의자인 마저리 퍼햄은 이렇게 설명했다. "말라야 참사는 영국인에게 엄청난 충격을 안겨, 갑작스럽게 우리 식민제국의 구조에 관심을 갖게 만들었다."[8] 퍼햄은 제국과 제국 관리에 관한 해박한 지식을 토대로 많은 글을 쓰고 강연도 하던, 당시 가장 영향력 있는 식민지 지지자였다. 그는 로즈재단의 상당한 지원 덕에 아프리카에서 많은 경험을 쌓았으며, 옥스퍼드대학교 너필드칼리지 최초의 여성 선임 연구원으로 뽑혔고, 식민행정을 가르쳤다. 퍼햄은 신문이나 잡지, 책에 들어갈 글을 쓰거나 의원 및 정부 관료들과 어울리지 않을 때는 식민행정 강의를 하며 젊은 인재를 양성했고, 수많은 공무원이 제국으로 떠나기 전에 자기 생각을 주입시켰다.[9] 다음은 말라야 참사 이후, 퍼햄이 〈타임스〉에 기고한 글이다.

> 지난 몇 주간 벌어진 일련의 사건은 우리에게 대략적인 가르침을 주었다. 열강으로서 살아남으려면 여기서 제대로 교훈을 얻어야 한다. 이 나라 사람들은 대개 우리가 맞닥뜨린 세상의 새로운 상황에 맞춰 식민행정을 수정해야 하는 것 아니냐며 의문을 표하거나, 그래야 한다는 직관적인 확실성에 사로잡혀 있다. 동맹국들은 우리가 제국을 방어하는 데 도움을 주고 있지만, 동시에 바로 그 제국을 염려하며 비판적인 눈길을 보내고 있다. 그런 만큼 더욱 변화가 절실하다.[10]

식민행정을 수정하자는 퍼햄의 제안은 자결권에 대한 메시지가 아니었다. 그의 구구절절한 이야기에는 제2차 세계대전의 요구에 부응하며 제국을 영속시키고 싶다는, 새로운 욕망이 반영되어 있었다. 그 무렵 제국은 새로운 생각과 언어를 공들여 만들어내는 퍼햄의 능력을 필요로 했다. 퍼햄은 언론을 통해 빅토리아 시대에 뿌리를 둔 제국은 변화가 필요하며, '원주민'의 발전 속도도 높여야 한다고 밝혔다.

우리는 제국을 본래 존재하는 질서의 일부이자, 이롭고 오래 지속될 체제로 여겨왔다. 무지몽매한 신민들에게는 부성주의적인 태도로 접근했으며, 그들이 언젠가 성숙할 수 있을 것이라는 생각조차 하지 못했다. 우리는 행정적 순수성의 기준을 세웠고, 지나치게 다루기 힘들고 비도덕적일 가능성이 큰 원주민의 참여로 기준이 망가지는 것을 두고 볼 수는 없다. '철저한 탄압 정책'에 대한 숭배와 인간의 제도는, 만들어지는 것이 아니라 성장한다는 믿음을 바탕으로 한다. 우리는 신속히 새로운 질서를 도입하는 대신 기존 질서를 점진적으로 발전시켜 변화를 도모하려고 했다. 이 중 일부는 당시만 해도 가치 있다고 여겨졌으며, 하룻밤 새 결점으로 바뀌지도 않았다. 하지만 현대적인 발명품과 행정 관리 방법이 인간사의 속도를 바꿔버렸으므로 어느 정도 수정할 수밖에 없다.

자유제국주의의 탄력성, 즉 재구성 능력이 적나라하게 드러난 순간이었다. 퍼햄은 전시에 신탁통치를 하겠다는 발상 자체가 시대에 뒤처졌다고 주장했다. "인종, 피부색, 언어, 관습의 차이가 곧 경계다. 후진성에 의해 사람들이 구분되지만, 우리는 편견만 사라진다면 얼마든지 적절한 수준의 교육을 제공하고 잠재적인 공동의 이익을 추구해 서로 협력하며 우정을 키워나갈 수 있다. 그러나 이러한 노력 없이는, 제국 통치는 다가오는 시대가 요구하는 원활한 동반자 관계로 바뀔 수 없다."[11]

'동반자 관계'란 자유제국주의의 새로운 선전 구호였다.[12] 이론상으로는, 영국이 제국 전역의 식민지 주민들과 협력하여 서인도제도에서 드러났던 사회적·경제적 불평등, 그리고 일본의 말레이반도 침공으로 드러난 문제들을 해결하기 위해 '문명화 사명'을 배가할 계획이었다. 〈타임스〉의 여러 사설 제목에 '식민지의 미래'를 둘러싼 내용이 오르내렸다.

당시 이렇게 주장한 사람이 퍼햄만은 아니었다. 영국 정부와 의회에서도 식민지의 미래에 관한 논의가 오갔다. 모든 재평가는 헤일리 경Lord Hailey에게 맡겨졌다. 헤일리는 동료 상원의원들과 퍼햄, 모인, 식민성 관료 등으로부터 존경받던 인물이었다. 싱가포르 함락 이후 제기된 영국의 문명화 사명과 식민 관료들의 유능함에 대한 비판에 맞서, '동반자 관계'라는 개념을 처음 구상한 인물도 바로 헤일리였다. 그는 인도 펀자브주 및 연합주 총독을 역임했으며, 식민성의 전후문제위원회 위원장이자 방대한 규모의 보고서 〈아프리카 조사African Survey〉를 작성한 인물이기도 했다.[13] 〈타임스〉는 독자들에게 지금은 제국에 충성을 다해온 병사들을 의심할 때가 아니라고 일깨웠다. 이들은 과거에 큰 공을 세운 바 있으며, 식민정부는 유럽 문명이 전 세계로 확산되는 데 있어 중요한 이정표가 되어주었기 때문이다. 하지만 동시에 불안을 내비치며 이렇게 호소했다. "제국은 너무 오랫동안, 너무 깊게 지나간 시대의 전통에 뿌리내려 있었다. 인종적 우월성에 대한 잘못된 관념과 경제 이익에 대한 협소하고 낡은 해석으로 가득 차 있었던 것이다."[14]

제국의 재창조

하원에서는 제국 재창조에 대한 논의가 이루어졌고, 상원에서도 못지 않게 흥미로운 논쟁이 오갔다. 헤일리는 상원에서 전후 자유제국주의를 위한 로드맵을 제시했다. 의원들은 책무를 다한 밀너에게 경의를 표했다. 밀너가 자신의 경력이 아니라 함께 일한 다른 사람들을 위해 모든 것을 포기했다고 생각한 것이다.[15] 모인은 전쟁의 교훈이 오히려 식민행정의 미래를 더 강화했다고 보았다. 그 미래는 현대적 기술 지식, 확대된 인재 모집, 효율적인 정보 공유 체계로 채워질 것이라고 상상했다. 그러나 모인과 헤일리 둘 다 동양에서 겪은 군사적 재앙이 '영국 식민행정의 실패를 분명히 드러낸 교훈'이라고 보지는 않았다.[16] 특히 헤일리는 "최근 몇 년간 행정부를 이끈 것이 보수당이든, 자유당이든, 다른 당이든, 신탁통치 원칙에서 벗어나지는 않았다고 확신할 수 있다."라고 주장했다.

> 신탁통치에 대한 새로운 해석이 있는 것은 사실이다. 과거에는 정치적이든 그렇지 않든, 국가를 근본적으로 학대에 대한 보호장치를 제공하는 권리의 보호자로 여기거나 자유방임주의의 관점으로 바라보았다. 하지만 이제는 전반적인 국내 정치사상의 배경 속에, 국가를 사회복지의 중심 기관으로 보는 인식이 자리 잡았다. 그리고 이 새로운 인식이 국내를 넘어 식민지 정치 영역으로도 스며들고 있으며, 바로 이것이 신탁통치를 더 건설적이고 유익한 방향으로 재해석하게 만드는 요인이다.[17]

헤일리는 신탁통치가 오늘날 우리에게 새롭고 긍정적인 의미를 지닌다고 확신했다. 또한 자결권을 향한 요구와 '잘못된 비유'가 포함된 비평문을 볼 때 '신탁통치'라는 표현이 식민지 사람들을 자극'하고 있음을 알 수 있다고 주장했다.[18] "굳이 공식적으로 표현한다면, 우리 관계는 같은 회사에서 일하는 상급자(시니어 파트너)와 하급자(주니어 파트너) 관계다. 동반자 계약은 사업 과정에서 하급자의 지분이 점진적으로 늘어난다는 조항이 포함된 것쯤으로 생각하면 된다."[19] 그렇지만 개혁의 조짐과 달리 극적인 변화는 나타나지 않았다. 하원은 헤일리의 권고를 받아들여 영국과 식민지 관계를 부모와 자녀에서 상급자와 하급자의 관계로 수정했지만, 일부 의원들은 여전히 제국의 '흑인'을 언급하며 전쟁 중 식민지에서의 '강제노동'과 처벌을 통한 제재의 필요성을 강조했다.[20]

대서양헌장 논쟁 이후 하원은 식민지의 자결권 허용 시기를 명시한 '식민지헌장Colonial Charter'을 마련하자는 요구도 거부했다. 식민성은 여전히 식민지별로 개별 일정이 존재한다는 처칠의 주장을 뒷받침하려 애썼지만, 하원과 상원은 자결권과 관련해서 어떤 도움도 주지 않았다. 대신 헤일리가 강조하고 (제국 업무에 매여 있는 모인을 대신해 식민장관으로 취임한) 크랜본 경 Lord Cranborne이 동의했듯, 제국을 구성하는 식민지와 자치령은 모두 성질이 제각각이라 보편적인 헌장도 적용할 수 없었다. 식민지와 관련된 논쟁이 일어날 때마다 19세기 철학자와 정치인들의 표현이 그대로 쓰였다. 새로운 식민장관 크랜본은 하원에서 이렇게 말했다.

대서양헌장은 히틀러가 만들어낸 완전히 새로운 상황에 대처하기 위해 탄생한 것이다. 식민제국 내에서의 입장은 상당히 다르다. 식민제국 내 상황은 전혀 새롭지 않고 지속적이다. 이처럼 보편적인 선언을 해버리면 아직 충분히 발달되지 못한 민족들이 걷기도 전에 달리고 싶어 할 수도 있다. 그 민족이 정말 달릴 준비가 되지 않았고, 우리 역시 그들이 달릴

준비가 되지 않다고 생각했다면, 믿음을 저버렸다며 그들이 우리를 비난할지도 모른다.[21]

'달릴 준비가 되지 않았다'고 여겨지는 제국 신민에 대한 두려움은 사상 최고 수준에 다다랐다. 케냐 총독은 '정착민에 대한 편향된 시각'을 담고 있으며, '인종 간 감정을 자극해 누구에게도 도움이 되지 않을 수 있다'는 이유로, 1941년 퍼햄이 발표한 《아프리카인과 영국의 지배Africans and British Rule》를 금서로 지정했다.[22] 윌리엄 루이스는 유색인종연맹 뉴스레터에 장문의 비판 글을 실으며 이렇게 논평했다. "옥스퍼드라는 풍요롭고 고립된 공간에서, 문화적 우월성이라는 오만한 태도를 갖는 것은 너무도 쉬운 일이다." 루이스에 따르면 이 책은 '인종차별'을 은근히 정당화하고, '무지몽매하며 야만적인 원주민'이라는 진부한 식민지 담론을 반복하고 있어, 결국 제국주의에 대한 변호서나 다름없었다.[23] 반면, 패드모어는 퍼햄이 제국행정부를 공식적으로 옹호하고, 제국주의를 무지몽매한 아프리카인을 위한 민주주의의 선물로 극찬하는 사람이라고 여겼다.[24] 자유주의적인 온정주의자로서 자유제국주의의 역동성을 표현한 퍼햄의 글은, 케냐에 사는 정착민만큼 패드모어도 분노하게 만들었다.

또 다른 형태의 속임수

《아프리카인과 영국의 지배》가 출판되자 극단주의자들은 분노했지만, 주류 노동당은 별다른 반응을 보이지 않았다. 서인도제도에서 폭력 사태가 벌어지고 모인 보고서가 공개되기 전까지, 노동당은 제국에 대한 어떤 중요한 정당 정책 문서도 내놓지 않았다. 모인위원회 출범 이후에도 보고서 문제에 관한 전면적인 토론 요구에 적극적이지 않았고, 그나마 관심을 둔 것도 전면적인 변화보다는 경제 개혁에 국한되었다.

이 같은 정서는 아서 크리치 존스와 리타 힌든Rita Hinden이 1940년 설립한 페이비언식민국Fabian Colonial Bureau*으로 제도화되었다. 패드모어와 루이스같이 식민 지배에 반대하며 비판하는 사람들에게 공감을 표현한 페이비언식민국은 식민지 연구를 주도하는 엔진 같은 역할을 했지만, 자결권을 요구하는 목소리까지 대변하지는 않았다. 대신, 페이비언식민국은 점진주의적 입장을 분명히 했으며 이는 '동반자 관계'를 통해 천천히 개혁해나가야 한다는 자유제국주의 노선에 가까웠다.

> 우리는 노동당이 이끄는 좌파 세력 내부와 그 주위 반식민 단체들이 요구하는 모든 식민지의 독립이 비현실적이라 생각한다. 영연방 내에서 식민지를 자치의 길로 이끌고자 하는 정부 정책에 동의하며, 일부 식민지는 자치 준비가 거의 다 되어 있는 반면, 동아프리카나 중앙아프리카 같은 지역은 아직 그렇지 않다는 점도 이해하고 있다.[25]

제국 문제와 관련해 깨어 있는 노동당 사람 중 하나였던 크리치 존스 역시 '동반자 관계'의 종류보다 정도가 문제라고 비판했다. 그는 하원에서 이 문제에 대해 논의하던 중 '신탁통치'가 구시대적이라는 데 동의했다. "우리 중 일부는 식민지 주민과 새로운 관계를 맺고 싶어 한다. 평등과 동료애

---

* 점진적 사회주의를 추구하는 영국 사회주의 조직 페이비언협회가 영국 식민지 정책 연구를 위해 설립한 기구다.

의 개념, 봉사와 실질적인 도움의 개념을 전달하고, 이 같은 개념을 역동적이며 건설적으로 표현할 수 있는 관계를 원한다. 헤일리가 주장하는 '동반자 관계'에는 기본적인 참정권과 사회권이 포함되어 있지 않다. 사회 제도적인 흑인 차별이 가장 확연한 사례다. 식민지 주민들이 헌장에 적힌 원칙을 실현할 수 있도록, 주기적인 프로그램과 실질적이며 설득력 있는 표현으로 확신을 심어주는 '보완적인 헌장'을 마련해야 한다."[26] 하지만 이러한 비판 외에는 전시의 초당파주의를 받아들여 동반자 관계에 크게 반발하지 않았다.

반면 크리치 존스와 같은 노동당 소속의 몇몇 평의원은 매우 공격적이었다. 레슬리 헤이든게스트Leslie Haden-Guest는 이렇게 말했다. "동반자 관계는 또 다른 형태의 속임수에 불과하다. 동반자 관계는 식민지를 동등한 동반자로 대하겠다는 영국 정부의 정책인가? 아니면 사실상 아무 의미도 없는 입에 발린 달콤한 속임수에 불과한 것 아닌가? '동반자 관계'란 도대체 무슨 의미인가?"[27]

'동반자 관계'라는 단어에는 헤일리가 이야기한 하급자와 상급자의 지위, 퍼햄이 신봉한 자유주의적 온정주의, 경제 발전에 주목한 노동당 주류 의원들, 어느 시점에는 높은 수준의 평등으로 함께 나아갈 수 있을 것이라는 크리치 존스의 희망을 모두 아우르는 본질적인 유연성과 모호성이 함께 내포되어 있었다. 전시에 어울리는 천재적인 발상이었다. 정보성은 재빨리 '동반자 관계'라는 개념을 받아들여 널리 퍼뜨렸다. 새로운 공보 비서관을 여럿 채용하고, 또 다른 정부 선전기관인 제국마케팅위원회Empire Marketing Board에서 일하던 제바스 헉슬리Gervas Huxley도 영입했다. 헉슬리는 '신탁통치'라는 표현을 거부하고, 제국을 다음과 같이 정의했다. "영국과 식민지 민중 간의 역동적인 동반자 관계. 정치 영역에서는 자치 제도의 발전을 향해, 사회 영역에서는 보다 나은 삶을 향해 함께 나아가는 관계."[28]

영제국의 전시 홍보

정보성은 비판 세력을 설득하기 위해 다면적으로 노력했으나, 영제국의 악행을 잘 알고 있던 식민성은 반독일 선전에 앞장서기를 주저했다. 나치를 악마로 묘사할 경우, 자기 꾀에 자기가 넘어갈 수도 있기 때문이었다.[29] 어느 식민성 보고서에는 이 같은 경고가 담겨 있었다. "일단 증오에 대한 욕망이 생겨나면 누그러뜨리기가 쉽지 않다. 독일인을 증오할 구실이 사라지면 정치적·사회적 의식이 발전하는 과정에서, 모든 흑인의 마음속에서 가장 먼저 떠오르는 대상에게 증오의 감정이 옮겨갈 수 있다. 특정 부류의 백인을 증오하도록 부추기면, 그 감정이 다른 부류에게 확대될 수도 있다."[30]

이 같은 걱정에도 불구하고 정보성은 독일의 악마화 선전에 열을 올렸다. 해리 호드슨의 설명에 의하면, 정보성은 "나치가 자유, 법, 종교, 가정을 파괴하고 군국주의를 퍼뜨리며 잔혹 행위를 일삼는다."라는 소문을 퍼뜨렸다. '독일인은 서아프리카인을 노예로 만들 것이다Germans Would Make West Africans into Slaves' 같은 제목의 소책자들이 영국령 아프리카 전역에서 상당히 관심을 끌었다. 히틀러가 《나의 투쟁》에서 "태어날 때부터 반쯤 원숭이인 존재를 계속 훈련시켜 변호사로 만들었다고 믿게 하는 건 범죄적 광기다."라고 쓴 대목은, 선전가들에게는 더없이 매력적인 소재였다. 정보부는 이 발언을 선전에 매우 효과적으로 활용했다.[31]

선전가들은 영국이 내건 제국주의 목표에 대한 '공감과 이해'를 고취

'제국의 힘The Empire's Strength',
영국의 전시 선전 포스터

하기 위해 노력했다. 방송, 소책자, 포스터, 그림, 기사, 관보, 한 장짜리 신문, 전단, 뉴스영화, 영화 등은 감사와 상호의존을 주제로 한 내용으로 넘쳐났다. 이동식 영화관으로 꾸며진 차량이 외딴 시골 지역을 돌아다니며 제국 신민에게 몇몇 영화를 소개했다. 〈6000만 명에 달하는 우리Sixty Million of Us〉를 비롯해 정보성이 발행하는 여러 소책자가 아프리카 신민에게 그들이 훨씬 커다란 제국의 일부라는 사실을 일깨웠다. 나이지리아에서 촬영된 〈카치나 탱크Katsina Tank〉, 〈우간다의 군인을 위한 위로Soldier

Comforts from Uganda〉 같은 영화는 아프리카인의 금전적인 지원과 개인적인 희생이 현지 주민을 파시즘으로부터 보호한다는 사실을 일깨웠다.

영국 왕실은 정보성의 충성 캠페인에서 가장 중요한 역할을 했다. 세계대전에서 미래의 승리자가 될 왕실의 위력과 그에 대한 경외심을 보여주기 위해 관공서, 초가집, 제국 골목길 곳곳에 예복 입은 왕실의 그림과 사진이 붙었다.³² 디즈레일리 시대부터 이어진 왕실에 대한 충성심의 개념은 여전히 강하게 남아 있었다. 제국 경험이 풍부한 처칠 정부의 장관들은 이 캠페인에 향수를 자극하는 격려의 말을 보냈고, 국가·제국·왕실의 강력한 결합이 전시의 도전을 이겨낼 수 있는 힘이 될 것이라 강조했다. 무엇보다도, 인도 국무장관 레오폴드 애머리와 같은 인물들에게는 제국이 여전히 절대적으로 정당하고 필수적인 존재라는 점에 아무런 의심이 없었다.

> 국왕과 신민들로 이루어진 제국은 하나의 단일한 공동체이며, 그 유대는 결코 분리될 수 없다. 제국의 모든 주민은 국왕의 신민으로서 국왕에게 충성을 바쳐야 할 뿐 아니라, 그 충성을 바탕으로 서로에게도 충실해야 한다. 제국에는 각 지역의 전통과 어우러진 공통된 전통이 있으며, 제국에 대한 애국심은 개별 국가나 공동체에 대한 애국심을 배제하는 것이 아니라, 그것을 포용하고 더욱 넓히는 성격을 지닌다.³³

영국에서는 정보성이 국가와 제국, 왕가에 관한 빅토리아 시대의 개념뿐 아니라 식민지와 관련된 지식, 사실, 역사를 특히 중시했다. 빈센트 할로와 원탁회의 참가자들은 이 같은 노력에 결정적인 역할을 했다.³⁴ 호드슨과 정보성은 "이미 존재하는, 상업적이거나 개인적인 유통 경로를 최대한 적극적으로 활용해야 한다."라고 주장하며 다양한 책과 소책자 출판을 재정적으로 지원했다. 식민성과 함께 주제도 엄선하고, 학문적으로 공명정대한 척하며 제국에 경의를 표할 역사학자를 선발했다.³⁵

제국 유지를 위한 영국의 여론전

1924년 호주인 최초로 올소울스칼리지 연구원으로 임명된 키스 행콕 Keith Hancock은 '제국과 자유'를 모두 받아들이려고 노력했다. 호주인이 두 가지 모두와 사랑에 빠질 수 있다고 믿은 것이다. 그렇지만 1943년 《제국의 주장 Argument of Empire》을 출간한 행콕은 이 때문에 '제국과 영연방에서 가장 위대한 역사학자'라는 명성을 잃었다.³⁶ 행콕은 《제국의 주장》도입부에서 아침에 깨자마자 '미국인이 영제국 해체를 전쟁 목표 중 하나로 삼았다는 인상을 주는' 조간신문 기사 제목을 훑어보는 일반적인 영국인의 모습을 묘사한다.³⁷ 그다음에는 됭케르크 철수 6주 뒤 통과된 식민지 개발 및 복지법의 전면적인 시행 등 제국을 위한 변명을 늘어놓는다. 행콕의 설명에 따르면, 식민지 개발 및 복지법은 미국인에게 소중한 개발 및 발전 원칙을 따르기 위해 노력하겠다는 약속이다. 이 책의 미국 내 판매 부수는 매우 적었지만, 영국인들은 마구잡이로 이 책을 사들였다. 박학다식한 행콕의 논리를 널리 퍼뜨리면 영제국에 쏟아지는 미국인들의 비난이 사그라들 것이라는 낙관적인 기대 때문이었다.³⁸ 그 결과 초판 7만 5000부가 단숨에 매진되었다.³⁹

《제국의 주장》은 1940년 6월 처칠의 연설을 상기시킨다. 처칠은 영국의 영웅적인 과거를 활용해 전시의 정체성과 영국의 미래를 광활한 제국과 엮었다. "우리는 우리의 의무를 다할 준비를 갖추어야 한다. 그리고 훗날 영연방과 제국이 천 년을 이어간다 해도, 사람들은 이렇게 말할 것이다. '이 때야말로 그들의 가장 위대한 순간이었다.'"⁴⁰

정보성은 〈식민지에 관한 50가지 사실Fifty Facts about the Colonies〉, 〈해외의 영국Britain Overseas〉, 〈영국의 식민제국과 영국 대중The British Colonial Empire and the British Public〉, 〈봉사하는 개척자Pioneers Who Served〉, 〈아직 이기지 못한 전쟁Wars Not Yet Won〉 같은 기초적인 문서와 다양한 형태의 정부를 개괄적으로 보여주는 영연방 지도 등을 만들어냈다. 신문에 특집 기사도 제공했다. 학교, 정당, 교회 청년회, 공장, 자발적으로 조직된 단체, 직업학교, 교육기관, 육군 시사국Army Bureau of Current Affairs에 무수한 문서와 그럴듯한 사진, 소책자, 지도, 책, 전단, 연설 원고를 뿌렸다. 정보성은 영국 내 여러 도시와 마을을 돌며 이동 전시회도 열었고, 특별회의를 열어 학생, 장관, 선교사, 자선단체 지도자 등을 한자리에 모았다. BBC는 라디오와 텔레비전을 감독하고, 정보성과 함께 제국 지배와 동반자 관계를 낭만적으로 바라보는 영화를 제작하는 등 제국을 겨냥한 대대적인 홍보 활동을 벌였다.⁴¹

영국에 평화가 찾아오기까지 1년이 채 남지 않았을 무렵, 미디어는 제국이 가장 중요하다고 호들갑을 떨었고, 영국 국민들도 제국의 과거와 현재, 미래를 기꺼이 받아들였지만, '동반자 관계' 문제는 여전히 해결되지 않은 상태였다. 노엘 서빈은 '동반자 관계'라는 개념이 백인 중심 국가인 영국에서는 별다른 열정을 불러일으키지 못할 뿐만 아니라 장기적으로 지속 불가능하다고 여겼다. 대신 종전이 가까워지자 제국 없이는 앞으로 영국이 세계 무대에서 강대국의 지위를 유지할 수 없다는 사실을 일깨워야 했다. 영국의 전시 연립내각에서 활약하던 사람들의 생각은 대부분 같았다. "영제국의 미래는 북해에 위치한 인구 4600만 명의 작은 섬이 아니라, 제국과 영연방으로서의 미래에 달려 있다."라는 믿음 때문에 이후 정책 수립 및 선전 활동은 국가의 이익과 재건 과정에서 제국의 역할 중심으로 운영되었다.[42]

영국과 시온주의자들의 대결

정보성이 자기만족적인 선전을 쏟아내기 7개월 전, 메나헴 베긴Menachem Begin은 영국과의 전쟁을 선포했다. 1939년 영국이 발표한 백서에 분노했기 때문이었다. 베긴은 팔레스타인에 세워진 유대기구로부터 독립해 에레츠 이스라엘Erez Israel* 전체를 지배하겠다는 뜻을 품었던 수정주의 단체, 이르군 쯔바이 레우미Irgun Zvai Leumi(히브리어로 '민족 군사 조직'이라는 뜻)의 지도자였다. 팔레스타인 식민통치령에서 살아가는 대다수의 유대인은 백서에 담긴 정책 때문에 영국이 전쟁 내내 아랍인 유화 정책을 도입해 수많은 사람을 희생시켰다고 생각했다.[43] 이들은 매년 1만 명만 팔레스타인으로 이주하게끔 허용하는 영국의 백서를 배신으로 여겼다. 팔레스타인 유대기구 수장 벤구리온은 훗날 "사탄도 이보다 더 고통스럽고 끔찍한 악몽을 만들어낼 수 없을 것이다."라고 회고했다.[44] 그의 오랜 친구이자 정치적 동지였던 맬컴 맥도널드는 1939년 백서 발표 당시 식민장관이었지만, 이후 벤구리온은 그를 '영국 최고의 사기꾼' 중 하나로 규정하게 된다.[45] 맥도널드의 뒤를 이은 후임 식민장관들도 영국 우선주의 원칙에 어긋난다면 제국 문제와 관련해 어떠한 '양심의 가책'에도 굴복하지 않겠다고 선언했다.[46] 영국

---

* '이스라엘의 땅'이라는 뜻으로, 원래 유대인이 살던 땅을 일컫는다.

우선주의 원칙을 지키기 위해서라면 '인도를 떠나라' 운동 때처럼 탄압할 태세였다.

이민은 모든 시온주의자에게 타협 불가능한 문제였다. 벤구리온은 영국에 전쟁을 돕겠다고 약속하는 동시에 정치·경제·외교 수단을 모두 동원해서라도 "마치 전쟁이 벌어지지 않은 것처럼 백서에 맞서 싸우겠다."라고 맹세했다.[47] 그는 먼저 팔레스타인 내에서 영국 당국과의 협력을 거부했다. 백서가 뒷받침하는 법, 특히 이민제한법을 무시하는 정책을 펼쳤다. 두 번째로, 국가 내 국가를 만들기 위해 노력했다. 자체적으로 군사력을 키우고 세계지원망을 강화함으로써, 유대기구의 그림자정부가 지닌 권한을 확대하고자 했다. 두 번째 전략과 관련해 벤구리온과 바이츠만은 미국 시온주의자들의 의욕을 고취할 목적으로 전미긴급위원회American Emergency Committee for Zionist Affairs를 설립했다. 가공할 만한 세력을 가진 랍비 아바 힐렐 실버Abba Hillel Silver가 선봉에 섰다. 이후 전미시온주의긴급위원회American Zionist Emergency Council로 재조직된 이 조직의 회원 수는 1940년대 초 무렵 수십만 명에 달했다.[48]

벤구리온과 바이츠만, 팔레스타인 밖에서 활동하는 주류 시온주의 로비 세력은 영국과의 직접적인 군사 대립을 원하지 않았다. 유대기구가 살아남기 위해서는 영국이 전쟁에서 승리해야만 했다. 벤구리온은 자기가 지휘하는 군대가 중동과 유럽에서 제국을 지지하도록 만들었다. 영국 역시 충성스러운 신민의 도움이 필요했다. 식민 관료들은 아랍혁명 때처럼 유대인 지하 민병조직 하가나Haganah와 새롭게 탄생한 하가나 내 정예 조직 팔마흐Palmach, 하가나의 정보조직 샤이Shai의 도움을 받았다. 특수작전국에 편입된 일부 팔마흐 대원은 에티오피아에서 윙게이트가 이끄는 기드온 부대에 투입되었다. 추축국에 맞서 비밀리에 활동하던 독일아프리카부대

German Afrika Korps가 팔레스타인을 점령할 경우에 대비해 저항 준비를 하는 대원도 있었다. 1944년 9월, 벤구리온은 영국 육군 내의 시온주의 여단이 유대기구 최고의 외교 성과라고 선언했다. 팔레스타인에서 5000명의 유대인 의용병이 연합군의 대의명분을 위해 싸우는 세 개의 보병대대를 이루었다. 시온주의 지도자 벤구리온과 팔레스타인 밖에서 시온주의를 위해 싸우는 이들은 전쟁 이후 영국이 백서 내용을 바꿀 것이라고 확신했다.[49] 문제는 이슈브 내부 분열로 유대기구의 낙관주의가 약해졌다는 점이었다. 이에 베긴 같은 인물이 등장했다.

1943년, 이르군 지도자가 된 베긴은 밸푸어선언 복귀가 아닌, 영국을 팔레스타인에서 몰아내기 위한 직접적인 군사 대결을 촉구했다. 베긴의 지휘 아래 이르군이 공표한 정치 목표 중에는 팔레스타인과 트랜스요르단을 통합해 하나의 독립된 유대 국가를 건설하고, 독립의 전제 조건으로 대규모 이민을 내세워 유대인이 다수 인종이 되도록 만든다는 내용도 포함되었다. 베긴은 해방전쟁을 벌이자고 목소리를 높였고, 결국 이르군은 1944년 2월 1일 영국을 몰아내기 위한 무장폭동을 선포했다.[50] 이르군은 유대인 공동체와 제국주의를 앞세운 지배 세력에게 이렇게 선언했다.

> 전쟁이 시작된 지 4년이 지났고, 처음에 우리 가슴을 뛰게 만든 모든 희망은 흔적도 없이 사라졌다. 우리는 국제적인 지위를 부여받지 못했고, 유대인 군대는 설립되지 않았으며, 국가의 문도 열리지 않았다. 영국 정권은 유대민족에 대한 수치스러운 배신을 확정지었다. 영국 정권이 에레츠 이스라엘에 존재해야 하는 도덕적 근거는 전혀 없다. 우리는 두려움 없이 결론지을 것이다. 형제들을 히틀러에게 넘긴 에레츠 이스라엘 내의 영국 행정부와 유대인 사이에 더 이상 휴전은 없다. 유대민족은 영국

정권과 전쟁을 할 것이고, 끝장날 때까지 계속될 것이다. 우리는 싸울 것이다. 조국의 모든 유대인이 싸울 것이다! 이스라엘의 하느님, 만군의 여호와가 우리를 도울 것이다. 후퇴는 없다. 자유 아니면 죽음뿐이다.[51]

이르군의 급진주의를 능가하는 것은 흔히 '레히Lehi'라고 불리던 로하메이 헤루트 이스라엘Lohamei Herut Israel(이스라엘의 자유를 위해 싸우는 전사들)의 급진주의뿐이었다. 이 조직을 창설한 아브라함 슈테른Abraham Stern은 무차별적인 테러 전술을 지지했다. '슈테른 갱Stern Gang'이라고도 불리던 레히는 조직원이 수백 명에 불과했지만, 과격한 테러 활동 탓에 이르군에서 떨어져 나왔다. 영제국을 시온주의의 주적으로 삼은 레히는 영국 경찰, 행정가, 제국주의 시설을 겨냥해 폭력적인 작전을 벌였다. 이념적으로는 반제국주의와 파시즘을 뒤섞은 독특한 조합을 지지했다. 레히는 팔레스타인 위임통치령 내 유대인의 대량 재정착 지원을 약속하면, 나치의 팔레스타인 정복을 돕겠다고까지 했다.

시온주의자들의 맹렬한 공격

'개인 테러'를 지지하며 핵심 인물 암살이 정치 흐름의 변화로 이어진다고 믿던 슈테른은 모인의 암살을 계획했다. 열정적으로 이민정책을 시행하던 모인의 결정 탓에, 1942년 2월 유대인 난민을 실은 선박 스트루마호가 침몰했기 때문이었다. 당시 식민장관이던 모인 경은 스트루마호에 탑승한 유대인 승객이 팔레스타인에 내리지 못하도록 막았고, 그 결과 스트루마호가 소련의 어뢰에 맞아 100여 명의 유대인이 익사했다.[52] 슈테른은 이렇게 말했다. "중동에서 모인 경을 암살하면 전 세계와 이슈브에게 우리 투쟁이 팔레스타인 내 영국행정부가 아니라, 영국 자체에 대한 것이라는 교훈을 줄 수 있다. 강대한 제국에 맞서 반란을 일으키면 노예처럼 살아가는 사람들에게 본보기와 모범이 될 테고, 우리는 독립할 수 있을 것이다. 아니, 독립할 때까지 멈추지 않을 것이다."[53]

모인 경 암살 전인 1942년 2월, 슈테른은 경찰 구금 중 미심쩍은 상황에서 사망했지만, 슈테른의 죽음에도 레히는 와해되지 않았다. 추종자들은 오히려 복수심에 불탔다.[54] 1943년 재구성된 레히의 작전 총책임자는 이스라엘 정치인 이즈하크 샤미르Yitzhak Shamir였다. 제2차 세계대전 초기, 슈테른 추종자라는 이유로 영국 정부에 의해 투옥되기도 했던 샤미르는 1944년 1월, 모인 경이 카이로 최고위직에 올라가자 암살 계획을 재개했다. 카리브해 지역에서 진상 규명 업무를 마친 모인 경은 전시 정부에서 차관을 지낸 다음 식민장관을 지내고, 카이로로 옮겨온 상황이었다.

1944년 9월 중순 어느 오후, 카이로 어느 광장(지금의 타흐리르 광장)의 아스트라 카페에서 모인 슈테른 추종자들은 이제 영국의 중동변리공사가 된 모인 경 암살의 기초를 닦았다. 엘리아후 하킴Eliahu Hakim도 그중 하나였다. 베이루트에서 팔레스타인으로 10대에 이주한 하킴은 팔레스타인의 점령자로서 유대인에게 민족적 고향을 허락하지 않는 영국을 매우 싫어해서 1941년 이르군에 합류했다가 곧 레히로 전향했다. 상류층 출신인 데다 세파르디, 즉 스페인 또는 포르투갈계 출신인 하킴은 대부분 중하위 계층 출신에 중동부 유럽 출신인 다른 레히 조직원과 달랐다. 극단주의자의 길에서 벗어나라는 부모의 성화에 순응하는 척 영국육군에 입대했지만, 카이로에 도착하자마자 재빨리 레히에 재합류해서 무기 밀수업자가 되어 무기가 가득 담긴 짐 가방을 시나이 사막 건너편으로 수송했다. 영국육군을 떠나 팔레스타인으로 돌아온 하킴은 영국과 관련된 모든 것을 공격하는 레히의 지속적인 작전에 참여하는 핵심 요원이었다.[55]

1944년, 하킴 같은 요원 때문에 점차 영국의 팔레스타인 통제가 불가능해졌다. 거듭된 공격 때문에 20명 가까운 경찰이 사망했다. 예루살렘, 텔아비브, 하이파의 경찰서가 부서졌다. 두려움에 사로잡힌 고등판무관 맥마이클은 런던에 이렇게 연락했다. "안보 상황이 악화될 수도 있다. 전망이 밝지 않다."[56] 150명의 이르군 대원이 중무장한 경찰 초소 네 곳을 폭파했다. 하킴도 두 차례나 작전에 참여한 맥마이클 암살은 결국 실패했지만, 범죄조사부 부총경 톰 윌킨Tom Wilkin은 백주대낮의 예루살렘에서 레히 무장대원의 손에 죽었다.

자신을 시온주의자로 여기던 처칠은 극단주의자들의 손에 잇따라 영국 관료들이 죽어나가는 데도 팔레스타인에 대한 정책을 한층 완화했다. 그는 시온주의 운동을 '역사적 상처를 바로잡기 위한 노력이자 현재와 미래를 위한 긍정적인 움직임'[57]으로 여겼으며 1939년 백서가 유대인과의 신뢰를 깨뜨렸다고 생각했다.* 1917년의 밸푸어선언을 유대인과의 약속으로 여겼기 때문이었다. "피난처와 망명지를 제공하겠다는 이 약속은 팔레스타인에서 살아가는 유대인이 아니라, 팔레스타인 밖에서 살아가는 유대인, 즉 곳곳에 흩어져 박해받으며 세상을 떠도는 수많은 불행한 유대인, 강렬하고 흔들림 없으며 무엇으로도 꺾을 수 없는 민족적 고향에 대한 열망을 가진 유대인을 위한 것이었다."[58]

처칠은 제1차 세계대전 동안 유대인의 로비가 미국의 정책에 상당한 영

---

* 1939년 영국 정부는 5년간 팔레스타인이 7만 5000명의 유대인 이민자를 수용한 이후, 아랍의 동의 여부에 따라 유대인 이민을 결정하겠다는 내용을 골자로 한 백서를 발표했다.

향을 미쳤으며, 영향력 또한 나날이 강력해지고 있다고 믿었다. 처칠은 이렇게 물었다. "미합중국의 의견은 어떤가? 백서 때문에 나날이 늘어나는 미국의 지원과 동조의 측면에서 영국이 잃는 것이 더 많은가? 아니라면 현지 행정의 측면에서 얻는 것이 더 많은가? 혹시 얻는 것도 있다면 말이다."[59] 루스벨트는 미국 국무장관에게 영국이 팔레스타인을 유대인에게 주겠다던 '약속을 어기는 이유' 물었다. 미국 내 유대인들의 시위에 자극받은 루스벨트는 최초의 위임통치 조건 위배를 이유로 백서 지지를 거부했지만,[60] 백서 철회에 대한 아랍인들의 거부 역시 격렬했다. 처칠 내각의 여러 장관과 팔레스타인 내의 영국 행정부와 군에 소속된 인사들은 대부분 아랍인에게 공감했지만, 영국은 또다시 약속을 번복했다. 중동에서 수그러드는 독일의 위협과 전쟁에 아랍인이 별다른 도움이 되지 않았다는 믿음, 백서에 대한 처칠 개인의 강경한 입장에 더해 팔레스타인은 물론 미국의 시온주의자들까지 기존 정책에 반대하며 거세게 시위하는 상황이 더해진 결과였다.

1944년 11월 초, 처칠은 바이츠만에게 가까운 미래 내각회의에서 팔레스타인 분할 방안을 논의하기로 마음먹었다고 밝혔다. 세계시온주의기구 수장 바이츠만은 처칠과 루스벨트가 협력해 팔레스타인 문제를 해결하며 히틀러 정책으로 터전을 빼앗긴 난민을 위한 고향을 만들어줄 것이라 믿는다고 선언했지만,[61] 이 선언은 바람 앞의 촛불과 마찬가지였다.

'암살범들, 문 앞에서 모인 경을 살해하다Gunmen Murder Lord Moyne on Doorstep',
〈데일리 익스프레스〉, 1944년 11월 7일

모인의 암살과 처칠의 분노

1944년 9월, 하킴은 위조서류를 주머니에 넣은 채 이집트에 도착해 17인으로 구성된 레히 비밀조직에 합류했다. 이 조직을 이끌던 라파엘 사도브스키Raphael Sadovsky는 아스트라 카페에서 하킴을 비롯한 네 명의 공작원을 만나 모인 암살의 기초를 닦았다. 하킴은 카이로에서 샤미르의 제자이자 역시 레히 조직원인 엘리아후 벳추리Eliahu Bet-Zuri도 만났다. 벳추리는 라트런 감옥Latrun Prison에서 집단탈옥을 지휘한 바 있는 인물이었다. 둘에게는 샤미르가 '전 세계를 충격에 빠뜨릴 작전'이라고 생각하던 카이로 임무가 주어졌다.[62]

1944년 11월 6일, 운전사가 차를 몰고 웅장한 대저택 앞에 다다를 때까지, 샤미르의 부하들은 오랫동안 모인을 지켜보았다. 동태 파악은 그리 어렵지 않았다. 제국 전역에서 식민행정가들이 살해당했지만, 모인은 점심 일정을 수정하지 않았다. 그날 오후에도 늘 그랬듯 모인은 리무진 뒷자리에 앉아 있었다. 부관 휴스온슬로Hughes-Onslow가 저택 현관문을 여는 동안 차에서 기다리던 모인은 하킴의 느릿느릿하고 침착한 목소리를 들었다. "꼼짝 말고 가만히 있어." 벳추리는 달려드는 운전사에게 총을 쏘았고, 하킴은 차 안으로 몸을 숙여 모인에게 세 발을 발사했다. 영제국을 위해 몸 바친 모인은 몇 시간 뒤 숨을 거뒀다.[63]

하킴과 벳추리는 짧지만 극적인 추격전 끝에 붙잡혔고,[64] 몇 달 후 카이로에서 재판을 받았다. 암살재판은 반제국주의 캠페인으로 바뀌었고, 하킴은 '행위를 통한 선전'을 하게 된 목적을 분명하게 밝혔다.

> 우리는 모인 경 살해 죄로 기소되었다. 우리는 그를 의도적으로, 그리고 철저히 계획한 끝에 죽였다. 그러나 우리는 영국 정부야말로 수백, 수천 명에 달하는 우리의 형제자매들을 의도적이고 계획적으로 죽였다고 고발하고자 한다. 모인 경은 중동 내 범죄 정책을 대표하는 인물이었다. 우리는 '살인하지 말라'는 말씀이 적힌 책, 성경을 바탕으로 교육받은 민족이다. 그런데도 우리가 총을 들었다면, 이는 정의를 실행하고 있다고 확신했기 때문이다.

벳추리는 문학적인 비유로 영국이 추구하는 자유제국주의의 실상을 알렸다. "영제국은 지킬 박사와 하이드의 나라다. 영국에서는 모두가 지킬 박사처럼 굴지만, 식민지에서는 모두 하이드가 된다."[65] 3개월 후, 벳추리와 하킴은 처형당했다. 사형이 집행되는 동안 레히 선전기관은 두 사람의 법정 연설을 전 세계에 널리 알렸다. 처칠은 오랜 친구 모인의 죽음에 슬픔을 드러냈다. 처칠은 의회연설에서 레히의 폭력성을 비난하며 바이츠만에게 한 약속을 지키지 않겠다고 선언했다.

이 수치스러운 범죄는 전 세계를 충격에 빠뜨렸다. 나처럼 오랫동안 유대인의 일관된 친구이자 그들의 미래를 함께 설계해온 사람들에게는 더욱 그러했다. 시온주의에 대한 우리 꿈이 암살자들의 권총 연기 속에서 사라져버리고, 유대인의 미래를 위한 우리 노력이 나치 독일에나 어울릴 만한 새로운 깡패를 만들어내는 결과로 이어진다면, 나를 포함한 많은 사람이 과거에 그토록 한결같이 오랫동안 유지해온 입장을 재고할 수밖에 없다. 시온주의가 평화롭고 성공적인 미래를 맞이할 수 있을 것이라는 희망을 품고 싶다면, 이처럼 사악한 행동은 중단되어야 하며 이렇게 행동한 사람은 철저히 말살되어야 한다.[66]

1944년 여름 고등판무관 자리에서 내려오기 전, 가까스로 암살 위험에서 벗어났던 맥마이클은 극단주의가 '시온주의자의 요구에 관심을 기울이게 만드는 효과적인 방법'이라 말했다. 맥마이클의 설명에 의하면, 베긴과 추종자들은 수정주의 운동이 "추가적인 유화 정책을 마련하라고 영국 정부를 압박할 수 있을 뿐만 아니라 유대기구의 결단력 있는 행동을 부추기는 데 도움이 된다."라고 믿었다. 하지만 정보성은 수정주의자들의 공격이나 암살 시도가 대중의 귀에 들어가지 않도록 막았다. 이미 위험을 인지하고 있다는 사실을 팔레스타인 사람들에게 알리거나 위험이 존재한다는 사실을 전 세계에 알림으로써, 좀 더 단시간 내에 상황이 절정으로 치닫는 일이 벌어지지 않도록 위임통치령 행정부와 긴밀하게 협력했다.[67] 전쟁이 계속되는 상황에서 팔레스타인에 우선순위를 둘 수는 없었다. 이후 노동당 의원 리처드 크로스맨Richard Crossman은 의회 의원들에게 이렇게 말했다. "팔레스타인은 이미 먹거리로 넘쳐나는 접시 위에 올라온 또 하나의 새로운 음식일 뿐이다. 앞으로 팔레스타인 처리 능력에 따라 영국의 선거 결과가 좌지우지되는 일은 없을 것이다."[68] 결국 정부의 검열과 유럽에서의 전쟁이라는 이중 장벽 속에서, 이따금 발생하는 중동의 소규모 테러 사건들은 언론의 주목을 받지 못했다.

유대인 공동체의 내전

모인 암살과 하킴, 벳추리 재판 소식은 신문을 떠들썩하게 장식했다. 중도파의 길을 걷던 시온주의 공동체는 충격에 사로잡혔고,[69] 바이츠만은 애통해했다. "모인 경 암살이나 테러 행위가 우리의 대의명분에 해악을 끼쳤다고 이야기하는 것은, 이 사건 때문에 영국 정부의 의도가 바뀌어서가 아니다. 이번 사건이 적에게 편리한 구실을 제공하고, 여론 심판에서 자신들의 행동을 정당화할 수 있는 핑곗거리를 주었기 때문이다."[70] 벤구리온의 반응도 마찬가지였다. 유대기구와 수정주의자들은 방법과 정당성을 놓고 갈등했다. 두 세력은 성격과 영향력이 달랐다. 벤구리온은 베긴을 경멸했고, 이슈브와 시온주의 운동 전체를 장악하려는 의도 역시 이르군이 테러 전술을 활용하는 목적 중 하나라고 믿었다. 벤구리온은 베긴을 히틀러와 비교하며 이르군을 '나치 갱', '유대인 나치'라고 불렀다.[71]

팔레스타인과 런던의 영국 관료들은 신속한 응징에 대한 엄청난 압박감에 휩싸였다. 영국은 유대인의 팔레스타인 이민 중단 방안과 유대인이 소유한 불법 무기를 모두 몰수하는 대대적인 작전을 고려했다. 식민장관 올리버 스탠리Oliver Stanley는 이렇게 결론 내렸다. "어떤 것이든 즉각적으로 조치하고, 대중에게 극적이라는 인상을 주도록 노력해야 한다. 우리는 팔레스타인뿐 아니라, 중동과 전 세계에 미칠 영향까지 고려해야 한다. 영국의 명성을 위해 눈에 띄는 조치가 필요하다. 인상적인 규모의 군대 이동은 틀림없이 이러한 목적 달성에 가장 도움이 되는 조치 중 하나일 것이다."[72]

유대인 이민 중단이 '극단주의자의 손에 놀아나는 꼴'[73]이라 판단한 처칠은 다른 방안도 고려했다. 불법 무기 압류의 경우 작전 수행에 두 개 대대가 필요했지만, 전쟁 중이었기에 불법 무기 수색에 두 개 대대를 투입할 여력이 되지 않았다. 영국 정부는 이 같은 전략 실행을 위한 정치적인 의지가 없었다. 내각 각료들은 아랍혁명 때와 비슷한 작전 동원이 중도 성향의 유대기구나 민병조직 하가나의 반란을 부추길까 봐 우려했다. 미국 입장도 고려해야 했다. 처칠은 유대기구에도 어떤 편에 설지 확실히 선택할 것을 요구했다. 분할통치라는 중대한 이해관계 게임에서 이슈브가 영국 정부의 테러범 색출을 적극적으로 돕지 않으면, 영국은 팔레스타인 내의 유대인 공동체를 가혹하게 응징할 터였다.

벤구리온은 영국 정부를 달래는 동시에, 이슈브 지도부의 통제권을 장악했다. 하가나를 동원해 극단주의자도 억압했다. 온갖 수단을 동원한 결과, 사이슨Saison*('사냥의 계절'이라는 뜻)이라는 권력 투쟁이 시작되었다. 유대기구는 영국 당국에 협조해 수정주의 운동에 참여하는 인사들의 행방과 활동에 대한 방대한 정보를 제공했다. 벤구리온이 이끄는 유대기구는 수

---

* 벤구리온이 이끄는 하가나와 시온주의자들이 이르군과 레히를 진압하기 위해 벌인 비밀 협력 작전.

정주의자의 체포, 심문, 암살도 도왔고, 샤미르와 레히 대원들은 사이슨이 진행되자 자취를 감췄다. 베긴과 추종 세력은 벤구리온의 분노를 온몸으로 느꼈다. 몇 달이 채 지나지 않아, 영국은 유대기구가 테러범 근절보다 훨씬 극단적인 목적으로 1944년 11월 체결한 협력협정을 활용한다는 사실을 깨달았다. 유대기구는 협력협정을 핑계 삼아 케케묵은 정치적인 원한을 풀었다. 경찰의 손에 잡힌 용의자를 하가나가 운영하는 비밀 구금 시설로 빼돌렸다. 영국의 정책은 날로 악화되는 유대인들의 내전에 기름을 끼얹었다.

영국 정부는 악화일로로 치닫는 상황을 통제하기 위해 애썼지만, 하가나 요원들은 죄수를 석방하라는 현지 당국의 요구에 코웃음 쳤다. 유대기구의 묵인 아래 납치, 구금, 가혹한 심문이 지속되었다. 1944년 11월 13일, 베긴은 다음과 같은 명령을 내렸다. "항복하지도 말고, 무기도 사용하지 마라. 공작원들에게는 죄가 없다. 그들은 우리 형제다. 우리는 방해자들의 의지에도 불구하고, 하나의 투쟁 진영으로 함께 봉기할 중요한 날을 향해 다가갈 것이다." 베긴과 추종 세력은 간신히 공격을 막아냈고, 1945년 1월에는 팔레스타인에서 단 한 건의 테러도 벌어지지 않았다. 벤구리온은 약속을 이행했다. 당시 중동에서 활약하던 영국 관료들은 수정주의자들에 대한 가혹한 응징을 요구했다. 모인 곁에서 아랍 문제에 대한 고문으로 일했던 준장 일타이드 클레이턴 경Sir Iltyd Clayton은 빽빽한 글씨로 쓰인 네 장짜리 서신으로 줏대 없는 영국 정부를 비판했다.

소식에 정통한 중동의 모든 당국은 모인 경 암살이 테러 활동의 최종 목표가 아니라, 하나의 발전 단계에 불과하다는 사실을 잘 알고 있다. 암살 대상으로 영국 관료와 유명인의 이름이 올라간 '블랙리스트'가 존재한다는 믿을 만한 근거도 있다. 팔레스타인의 아랍인들은 이렇게 떠들어댄다. 1937년 아랍 폭력배들이 갈릴리 지역 판무관을 쏘아 죽였을 때는 영국인이 팔레스타인 내의 주요 아랍 인사를 모조리 잡아들여 세이셸제도로 추방했지만, 유대인이 영국 각료를 쏘아 죽였을 때는 아무 반응도 하지 않는다고 말이다.

오랫동안 영국의 이집트 대사를 지내고 수단의 고등판무관을 역임한 킬리언 경Lord Killearn은 영제국 보병의 생각을 이렇게 요약했다. "월터의 살해는 우리가 이전에 제대로 대응하지 못한 탓에 치르는 값비싼 대가다. 내가 제대로 이해한 것이 맞다면, 식민성은 다음 참사가 벌어질 때까지 일부러 기다리겠다는 태세 아닌가? 만약 그게 사실이라면, 영국인이라는 사실이 부끄러워지기 시작한다!"[74]

처칠은 모인 경 암살 사건으로 이슈브가 받은 충격과 '절제와 온건함을 권고'하는 바이츠만의 노력이 거짓은 아니라고 믿었다. 바이츠만은 2년 전 스물다섯 살 난 아들 마이클이 영국 공군에서 임무를 수행하다가 세상을 떠났을 때보다 더 큰 상실감에 빠졌다. 그는 이렇게 이야기했다. "아들의 죽음은 개인적인 비극이다. 하느님이 주신 것을 다시 거둬간 것이다. 그렇지만 모인 경 암살 사건은 나라 전체의 비극이다."[75] 반영 세력의 폭력이 판치는 한편, 극단주의자를 뿌리 뽑으려는 움직임이 거세게 이는 상황은 유대인 공동체 내의 갈등을 여실히 드러냈다. 결국 바이츠만은 시온주의자와 영국의 관계를 애도한 셈이었다.

분할에 관한 모든 논의가 끝나버리자 모인의 죽음이 '영국 정부의 계획'이 변화로 이어지지는 않을 것이라는 바이츠만의 믿음은 사라졌다. 처칠은 팔레스타인 문제를 뒷전으로 미뤘고, 1945년 얄타회담에서 이 사실이 분명해졌다. 모인이 암살되기 며칠 전, 처칠은 예루살렘에서 3대국 정상회담Big Three conference을 열자고 제안했지만, 흑해 연안에 도착했을 무렵 처칠의 주요 의제에 팔레스타인 문제는 올라와 있지 않았다. 처칠은 팔레스타인 문제를 언급할 생각조차 없었고, 루스벨트와 스탈린이 팔레스타인에 대해 언급할 때 처칠은 한마디도 하지 않았다.[76]

수용소가 즐비한 영제국

모인 암살 이후, 처칠의 전쟁 내각은 팔레스타인 상황을 바로잡을 만한 '엄선된 전문가'를 요구했다.[77] 벵골과 팔레스타인에서 테러범과 맞서 싸워본 MI5의 수장 데이비드 피트리는 런던에서 활동하던 앨릭스 켈러Alex Kellar를 적임자로 여겼다. 위급할 때마다 놀라운 천재성을 발휘할 뿐만 아니라 성격마저 대담한 켈러는 첩보원들 사이에서 이미 전설적인 존재였다. 시온주의 조직과 이슈브를 둘러싼 복잡한 정치 상황에 관해서도 타의 추종을 불허할 지식이 있었고, 런던과 예루살렘의 유대기구 간 대화 감청 자료에 접근하는 능력도 뛰어났다. 정보 수집 및 반란 활동 진압을 담당하는 제국 내의 거대한 조직도 잘 알고 있었다. 팔레스타인에서 다양한 작전이 켈러의 행동에 어떤 영향을 미쳤는지를 살펴보면, 전쟁이 끝날 무렵에 통합된 혹독하고 관료화된 시스템의 복잡한 전모가 드러나며, 이는 전후 영국이 제국 전략을 어떻게 구상하고 실행할지 직접적으로 보여준다.

켈러가 위임정부의 허술한 정보 및 치안 작전을 파악하는 데는 그리 오래 걸리지 않았다. 팔레스타인에서 벌어지는 테러 활동을 생각해보면 인력이 더 필요했지만 인재가 부족했다. 현지 정보가 너무 부족해서 범죄조사

부서는 핵심 시온주의 용의자들을 제대로 심문조차 하지 못했다. 켈러는 에리트레아 수용소로 보내진 수감자들을 카이로 외곽 도시 마디의 합동심문소로 이송했다. 전쟁 초기 설립된 마디 합동심문소는 초창기 직접 심문, 숨겨놓은 마이크, 경찰 정보원, 수용소 관계자들이 심문소 유치장에 심어놓은 전향포로나 비밀요원 등 다양한 기법으로 하루 최대 60명의 포로를 심문했다. 연합군이 북아프리카에서 잇따라 승전하자, 런던에서 파견된 심문관들이 마디에서 포로를 심문하고, 중동에서 활동하는 다섯 개 이동식 부대를 운영하기 위해 도착했다. 이동식 합동심문소는 현장에서 포로를 가려내 군대에 쓸 만한 정보를 전달한 다음, 추가 심문을 위해 용의자를 카이로 외곽의 합동심문소로 보냈다.[78] 하지만 이 같은 노력에도 심문은 쉽지 않았다. 켈러는 노련한 심문관들에게도 이렇게 이야기했다. "구금된 시온주의자들은 지나치게 광적인 존재처럼 보인다. '블랙앤탠'이 활개치던 시기의 아일랜드공화국군처럼, 시온주의자를 심문하는 일은 매우 힘들거나 어쩌면 불가능할 것이다."[79]

중동은 영제국의 가장 심각한 문제 중 하나였다. 연합군의 승전보가 이어지자 영국 관료들은 전쟁포로에 관한 정보를 처리하고, 심문하고, 전향시키기 위해 관료화된 시스템을 만드느라 분주했다. 제국을 어떻게 관리할지 고민하던 영국 정부는 히말라야의 작은 언덕에 몇몇 합동심문소를 신설해 '실험적인 선전 캠페인'을 집중하기로 했다. 많은 포로를 감금하고 심문해야 하는 상황에, 어쩌면 인도에서의 경험이 도움이 될 수도 있다고 생각한 것이다. 영국령 인도는 대규모 재소자뿐 아니라 기근과 전염병으로 고통받는 난민을 다루어온 역사가 있었다. 인도는 남아프리카에 난민수용소를 만드는 데 모델 역할을 했고, 이후 키치너도 전쟁 말기에 인도의 난민수용소를 20세기식 강제수용소 모델로 활용했다. 수십 년 후 인도에서 전쟁이 벌어졌을 때도 여러 임시수용소를 만들었다. 영국은 27만 5000명에 달하는 이탈리아 전쟁포로 중 4분의 1 이상을 이곳으로 이송했다. 대서양 양쪽에서 제국과 관련된 정보 캠페인을 진행하던 정보성이 수용소 선전을 담당했고, 런던 케이지에서 경험을 쌓은 베테랑들이 심문을 맡았다.

영국 합동심문소의 전시 성공에도, 인도에서는 또 다른 문제가 드러났다. 수용소 관계자들은 협조 의사가 있는 포로와 악성 파시스트들을 제대로 걸러내고 분리하지 못했다. 합동심문소에서는 첫 2년간 포로를 '백색(전향 가능성 있음)', '흑색(전향 가능성 없음)', '회색(애매모호)'으로 재차 선별하고 분류하는 데 대부분의 시간을 할애했다(이 색상은 전쟁포로가 파시즘을 얼마나 지지하는지를 나타냈다). 이러한 '엄격한 규율'은 개혁을 위한 수단이었지만, 실제로는 전쟁포로의 약 20퍼센트가 '흑색(전향 가능성 없음)'으로 분류될 정도로 그들의 입장을 더욱 강경하게 만들었다. 머지않아 포로들은 오래된 담뱃갑을 뜯어 파시스트 회원증을 만들기 시작했다. 한 심문관은 포로들에 대해 이렇게 보고했다. "수감자들은 영국 당국보다 비밀 파시스트 조직을 더 두려워한다. 위험 없는 집단적 허세와 영웅심의 환상이 이런 심리를 부추기고 있다. 이탈리아에서 〈조비네차Giovinezza〉(이탈리아 국가파시스트당의 공식 찬가)를 들으며 지루해하던 이들이, 이제는 그 노래를 누구보다 열정적으로 합창하고 있다. 그들 마음속에서 파시즘은 곧 애국심이 되어버렸다."[80]

영국 관료들은 인도 합동심문소에서 포로들의 마음과 정신을 변화시킬 '재교육 프로그램'을 구상했다. 한때 따로 분리하던 '백색' 포로에게 더 나은 배급, 영어 수업, 신문, 반파시즘 선전물을 제공했다. 개인 소장용으로 키플링의 첩보소설 《킴》을 증정해 이들을 '제5열'로 끌어들였다. 하지만 1943년 자유 이탈리아 운동Free Italy Movement의 뜻을 내려놓은 영국에게 절실한 것은 포로들의 충성심이 아니라 노동력이었다. 전쟁포로들은 인도, 호주, 중동, 영국으로 대거 이송되었고, 연합군은 이송된 포로를 노동에 투입했다.[81] 합동심문소 심문관들은 참전용사들과 함께 식민행정부, 군, 정보기관 등에 투입되어 제국 내 심문소, 수용소, 도시 거리, 시골 마을 등에 탄압 전술과 함께 힘들게 얻은 지식을 전파했다.

회색 물결의 수용소

19세기 인도의 난민수용소와 남아프리카의 강제수용소에서 그랬듯, 위기가 닥치자 새로운 형태의 통제와 구원과 강압이 판쳤다. 전시 인도에서는 남아 있는 심문관들이 인도 전역으로 흩어졌다. 수천 명의 난민이 국경을 넘었고, 많은 심문관이 영제국의 동쪽 변경 지역으로 향했다. 동쪽 변경 지역에서는 심문팀, 군, 경찰, 복지 부서에서 파견 나온 상당수의 지원 인력이 전진 캠프, 수집 센터, 베이스캠프의 일상 업무망을 감시하고, 호위하고, 감독했다. 영국 관료들은 이탈리아 포로를 대할 때와 마찬가지로 제국에 충성하는 사람을 '백색'으로 분류했다. 인도국민군과 인도독립연맹을 앞세운 일본의 선전에 넘어갈 가능성이 있지만, 위험하지 않은 것으로 여겨지는 사람은 '회색'으로 분류되었다. 충성심이 매우 의심스럽고 안보에 위험하다고 간주되는 사람은 '흑색'이었다. 특수훈련을 받은 MI5 요원과 군 정보원이 아프가니스탄 국경 근처의 비밀수용소 어톡요새Attock Fort에서 일부를 심문했고, 나머지는 1857년 세포이항쟁 당시 반란의 중심지인 델리의 명물, 무굴제국의 붉은요새에 신설된 중앙심문소Central Examination Center에서 감금된 채 분류된 뒤 징계를 받았다.[82]

영국령 인도제국의 구금 시설을 가득 메운 '회색' 포로들도 골칫거리였다. 영국 정부는 회색으로 분류된 포로의 수를 줄이기 위해 히말라야 기슭에 '휴양소Holiday Rest Camps'라는 이름의 재교육수용소를 설치했다. 합동심문소 관계자들은 회색 포로가 반역적인 생각과 반영 정서에 감염된 '환자'라고 이야기했다. 영국 정부는 회색 포로들이 충분히 휴식하면서 제대로 된 음식을 섭취하고 규칙적으로 운동하며 재교육을 받으면 영국에 대한 충성심을 되찾을 것이라 생각했지만, 휴양소는 공간이 충분하지 않았다. 처리해야 할 인도국민군 수가 너무 많았다. 제대로 된 심문, 개조, 재활까지 생각하면 그 규모는 감당할 수 없을 정도였다. 전향 가능성에 따라 포로를 분류해 개별 집단의 특성에 맞게 대하는 작전은 색깔 분류에 목매는 악몽으로 변질되었다. 관계자들은 백색과 회색을 새롭게 정의하고, 따로 수용 공간을 마련하느라 고군분투했다. 또한 '짙은 회색'이라는 새로운 분류까지 등장했다. 이들은 완전한 흑색으로 분류하기는 어렵지만, 그렇다고 휴양소에 보낼 만큼 준비가 된 것도 아닌 애매한 존재들이었다.[83]

전쟁이 끝나갈 무렵, 유럽과 영국은 최후의 일격으로 '그린 서비스Green Service' 작전을 시행했다. 그린 서비스란 '민간인 피억류자를 비롯한 영국, 인도, 영연방 자치령, 식민지, 연합군 포로를 대규모로 후송, 수용, 처리'하는 작전이었다. 관계자들은 자유인도군단Free Indian Legion이 인도에 잠입할지도 모른다는 걱정에 사로잡혔다. 자유인도군단은 영제국의 통치로부터 해방되겠다는 목표를 지니고 나치 사령부의 지원을 받아 보스가 꾸린 군대였다. 하지만 그런 일은 벌어지지 않았다. 1945년 자유인도군단 대원들은 포로, 난민, 실향민을 받아들이는 그린 서비스 작전에 편승해 인도로 돌아갔다. 군 관계자 및 식민 관료들은 마드라스, 캘커타, 방갈로르의 그린 서비스 접수 시설에서 용의자들을 심문했다. 그들은 블랙리스트에 이름이 올라가 있지만 아직 그물망에 잡히지 않은 사람들을 찾으려고 애썼다.[84] 체포된 용의자 중 일부는 어톡요새로 송환되었고, 벵골 구금 시설에서 열린 예심 군법회의에서 최후를 맞이한 사람도 있었다. 델리의 붉은요새로 이송된 수백 명의 나머지 포로들은 영국령 인도제국의 다음 행보를 기다릴 수밖에 없었다.

유엔선언의 발표

승리가 가까워지자 영국 정부는 제국을 향한 충성심과 앞으로의 제국 유지 가능성에 초점을 맞췄다. 영국의 공식 방침은 평화 시기에 관한 이상주의적인 발언들을, 새로운 세계질서를 반영한 구체적이고 복잡한 정책으로 전환하는 데 동력을 제공했다. 처칠과 영국의 선전기관이 '동반자 관계'라는 새로운 기치 아래 제국의 인내를 강조한 것처럼, 루스벨트도 반제국주의 정서를 퍼뜨리려 노력했다. 루스벨트가 주장하는 '4대 자유', 대서양헌장, 인권이 새로운 형태의 '전후 문명'에 대한 갈망으로 통합되었다.[85] 루스벨트와 처칠은 24개국 정상과 함께 대서양헌장을 공개했다. 전쟁에 대한 전폭적인 지지에 더해 모두가 합의한 집단적 평화에 대한 약속이었다. 1942년 1월 1일, 백악관에서 짧은 서문과 함께 공개된 '유엔선언The Declaration by United Nations'은 전쟁의 구렁텅이에 빠진 세계에 영감을 불어넣었다. 유엔선언 서명국들은 "자국뿐 아니라 타국에서도 생명, 자유, 독립, 종교의 자유를 수호하고, 인권과 정의를 지키기 위해서는 적에 대한 완전한 승리가 필수적이라는 확신을 가지고 있다. 지금 그들은 세계를 지배하려는 야만적이고 잔혹한 세력에 맞서 공동의 투쟁을 벌이고 있다."라고 선언했다.[86]

연합국은 저마다 자국민에게 메시지를 전했다. 영국은 국가와 제국과 왕실의 중요성을 일깨웠고, 미국은 국민들의 희생이 전 세계가 자유로운 미래의 밑거름일 것이라 일깨웠다. 루스벨트는 유엔헌장 서명 직후 이렇게 단언했다. "유엔 가입국들은 우리가 추구하는 부류의 평화와 관련된 몇 가지 주요 원칙에 동의했다. 대서양헌장은 대서양 연안 국가들뿐 아니라 전 세계에 적용된다. 침략국의 군비 축소, 국가와 민족의 자결권, 4대 자유(표현의 자유, 종교의 자유, 결핍으로부터의 자유, 공포로부터의 자유)가 그 원칙이다."[87] 몇 달 후 루스벨트는 국제학생총회를 대상으로 다시 한번 메시지를 전달했다. "오늘날 곤경에 처한 러시아와 중국의 젊은이들은 오랫동안 그들을 옥죄던 제국주의적 전제주의의 오래된 사슬을 벗어던지며 개인의 존엄성을 새롭게 실현하고 있다. '서구 문명'이라는 용어는 이제 과거의 것이다. 전 세계의 온갖 사건과 온 인류의 공통된 요구 때문에 아시아 문화가 유럽 및 미국 문화와 결합되었다. 역사상 처음으로 진정한 세계 문명이 생겨나고 있다. 4대 자유의 개념과 대서양헌장의 기본 원칙 속에서 우리 자신을 위해 숭고하고 무한한 목표를 세웠다."[88]

인권과 자결권에 대한 반복적이며 강렬한 미국 대통령의 언급은 영제국에 영향을 미쳤다. 19세기 이후 권리에 대한 논의가 시작된 제국 곳곳에서 반식민 담론과 자결권을 향한 요구에 불이 붙었다.[89] 제2차 세계대전이 시작되기 전, 서로 뒤엉켜 있던 권리와 해방담론의 범위가 국제무대로 확대되었다. 유엔선언이 제국 통치에 반대한다고 생각하는 사람들도 있었지만, 유엔선언과 자유제국주의 사이에 모순되는 내용이 거의(혹은 전혀) 없다고 믿던 처칠은 유엔선언을 승인했다.

처칠의 승리

처칠은 '권리'라는 표현을 루스벨트와 다르게 받아들였다. 처칠에게 권리란 국가가 만들어내서 시민에게 넘겨주는 것이었다. 19세기에 접어들어 민주주의가 대두되자 기본권은 18세기 계몽주의가 남긴 흔적이 되어버렸다. 20세기에도 국가는 특정한 권리를 가질 수 있는 자와 그럴 수 없는 자를 나누었다. 정치사상사 연구자 앤드루 피츠모리스Andrew Fitzmaurice가 지적하듯, 실증주의의 등장은 곧 "국가의 테두리 밖에서 살아가는 민족은 주권을 가질 때만 권리를 가질 수 있다."라는 의미였다.[90]

영국과 영국이 세운 제국, 그리고 근대 유럽국가와 그들의 제국은 권리를 보편적인 것으로 여기지 않았고, 국가가 만들어 시민에게 넘겨주는 것으로 여겼다. 만약 대서양헌장이 히틀러가 침략한 국가에만 주권을 돌려준다면, 영제국의 신민은 주권과 권리 사이에서 이러지도 저러지도 못하는 딜레마에 빠질 수밖에 없었다. 이 논리를 끝까지 밀고 나간다면, 전 세계 7억 명의 비주권자들에게는 결국 '언제 주권을 부여할지'를 영국이 결정하게 되는 것이며, 이는 인종과 문명의 발전 단계에 기반한 점진주의적 관점을 반영한다. 인권에 관한 한, 식민지 신민은 사실상 당장 귀속된 국가가 없지만 언젠가는 거듭 발전해 국가를 이룰 민족인 셈이었다. 그렇게 국가가 새롭게 생겨나야 시민에게 권리의 개념을 부여할 수 있을 터였다.[91]

역사학자 겸 정치이론가 앤서니 패그든Anthony Pagden이 시사하듯, '19세기 민족주의자들이 국가가 없는 사람은 거의 사람이 아니라고 믿었다면' 적어도 국가의 관점에서는 그들이 하나의 인격체로 거의 인정받지 못하는 셈인데, 전쟁 중에 발표된 자유와 권리에 관한 숭고한 성명을 어떻게 영국의 식민지 신민에게 적용할 수 있을까?[92] 존재하거나 존재할 수도 있는 주권의 열쇠를 쥔 것은 영국이었다. 자치의 점진적인 단계에 따라 주권이 주어지고, 이와 함께 다른 권리도 주어질 터였다. 식민지 신민은 주권이 생겨야만 인격을 갖춘 사람으로 온전히 인정받을 수 있었다. 적어도 20세기 국제법으로 통용되던 실증주의 법의 관점에서는 그랬다.

하지만 주권을 얻으려 노력하는 식민지 신민에게 권리가 아예 없는 것은 아니었다. 자유주의를 기반으로 한 제국들을 독특하게 만든 것은, 자치도 단계적으로 인정하고 권리도 단계적으로 허락했다는 점이었다. 영국은 자치 요구가 분열되고 점차 폭력적으로 변해감에도 불구하고 변화 속도를 통제할 수 있을 것이라 굳게 믿었다. 현지 식민정부는 런던과 협력하며 하위직 일자리를 원주민으로 채웠다. 또한 개발주의적인 기준을 통과한 영국 신민에게 일부 권리를 주었고, 기준을 통과한 신민들은 제한적인 참정권과 이동의 자유 등 다양한 권리를 확보했다.

변화의 속도와 형태는 장담할 수 없었지만, 분수령이 된 제2차 세계대전 중 권리의 보편성 논쟁은 사그라들지 않았다. 1944년 여름, 루스벨트와 처칠이 스탈린 및 중국 대표와 함께 덤버턴오크스의 회담 테이블에 앉았을 때, 그들에게 가장 중요한 쟁점은 제1차 세계대전 말과 크게 다르지 않았다. 그것은 힘의 균형과 주권, 더 구체적으로 말하자면 '국가적 관할권'과 '제국의 관할권' 문제였다. 루스벨트는 힘의 균형을 위해 주권 문제를 포기했다. 적어도 제국 신민의 주권은 포기해버렸다. 덤버턴오크스에서 회담이 열린 지 얼마 되지 않아, 루스벨트는 처칠의 입에서 흘러나올 법한 견해를 공개적으로 지지했다.

역사에는 이른바 '선언'이라 불리는 것들이 존재한다. 그중에는 상당히 중요한 의미를 지닌 것도 있고, 대중의 사고에 영향을 주어 어떤 목표를 향해 나아가게 만들기도 하며, 더 나은 세상을 위한 지향점을 제시하는 경우도 있다. 대서양헌장도 그런 목표 가운데 하나다. 수세기 전부터 이어져온 많은 선언이 아직 실현되지 않았지만, 그 목표들은 여전히 유효하며, 그것들이 처음 발표되었을 때만큼이나 여전히 의미 있다.[93]

전쟁 기간 동안 루스벨트는 제국 내 자유, 책임, 자결권의 시기 등에 대해 여러 차례 발언했지만, 결국 즉각적인 해방을 요구하는 압박을 멈췄다. '자유세계의 지도자'로 불리던 그는, 미국과 서유럽의 자유와 안보를 보장받기 위해 7억 명의 식민지 주민들을 거래한 셈이었다.

반제국주의 기조를 내려놓은 루스벨트의 태도 변화에 놀란 사람도 있었지만, 오랫동안 노련한 정치인으로 활동해온 얀 스머츠는 이러한 변화를 예상했었다. 덤버턴오크스회담 1년 전, 스머츠는 세 강대국의 힘의 균형을 바탕으로 새로운 세계질서가 생겨나면 영국의 영향력 때문에 제국은 유지될 테고, 미국 역시 영제국을 지지할 것이라 예상했다. 그는 제국이 진화해야 한다고 믿었다. 기본 전제는 달라지지 않더라도 아프리카 같은 곳에 연방을 설립해 이런저런 부분을 합리적으로 개선할 수 있으리라는, 제국에 대한 미래 지향적인 비전이 있었다.[94] 하지만 덤버턴오크스회담에서는 전후 제국주의와 유엔에 영향을 미칠 강대국 체제에 대한 세부사항이 논의되었다. 공식적인 계획은 지역주의와 신탁통치를 모두 벗어던지겠다는 것이었지만, 비공식적인 목표는 사실상 강대국의 '독재'를 국제 거버넌스의 핵심으로 남겨두는 것이었다.[95]

유엔협정의 과정

1945년 봄, 대표단이 샌프란시스코에 도착하기도 전에 유엔헌장은 거의 완성된 상태였다. 회의까지 2주도 채 남지 않은 상황에서 루스벨트가 죽고 트루먼이 대통령으로 취임하자, 반제국주의 정서가 사라질 것이라 예상되었다. 하지만 국제연맹 협상 때와 달리 이번에는 미국이 주도권을 쥐었다. 진주만 공격의 기억이 여전히 생생하고 윌슨의 실패가 그리 오래되지 않은 상황인 만큼, 고립주의는 더 이상 선택지가 아니었다. 보편적인 이상을 기반으로 한 유토피아와 국제적 대의 같은 주권 포기는 없을 터였다. 도덕적 책임은 뒷전으로 밀리고, 그 자리를 강대국 간의 세력 균형이 대신하게 되었다. 샌프란시스코 회의가 '전 세계를 위한 뉴딜A New Deal for the World' 정책의 전조였다는 주장이 등장했지만, 이 회의는 결코 제국 신민을 위한 회의가 아니었다.[96]

서구 정치인들은 공식적인 명분에 따라 협상 테이블에 앉은 것이 아니었으므로 대중의 정서가 중요했다. 대서양 양쪽에서 궁지에 몰린 유권자들에게, 고통의 결실로 힘의 균형이 재구성되었다고 설득하는 일은 당선에 아무런 도움이 되지 않았다. 스머츠는 덤버턴오크스에서 어떤 일이 벌어져도 아프리카에서 백인 중심의 연방제국을 설립하겠다는 자기 비전에 걸림돌이 되지 않을 것이라 생각했지만, 국제연맹이 제대로 형태를 갖추고 성공하려면 대중의 지지가 필요했다. 스머츠가 작성한 유엔헌장 서문은 숭고한 포부로 가득했지만, 서명국들의 약속은 전혀 담지 않았다.[97] 더불어 핼리팩스와 크리치 존스를 포함하는 영제국의 기독교적 도덕성과 진보적인 발전도 훼손하지 않았다. 영국을 '가장 위대한 식민강국'이라 칭송한 스머츠는 19세기부터 국제연맹의 제국주의적 국제주의를 거쳐 전후 시대

샌프란시스코에서 열린 유엔회의, 1945년

까지 영국의 궤적을 쫓았다. 스머츠에 따르면, 영제국은 '전 세계의 남녀, 심지어 스스로를 돌볼 능력이 없는 종속된 민족까지도 전쟁을 방지하려는 원대한 계획 속으로 끌어들이는' 체계였다.[98]

수억 명에 달하는 이 '종속된 민족'에 관한 한, 영국의 입장은 영제국이 전쟁 이전과 마찬가지로 계속 유지되야 한다는 것이었다. 1945년 2월 얄타 회담에서 처칠은 "40~50개국의 어설픈 손길이 영제국의 존립에 간섭하는 것을 결코 허락하지 않을 것이다."라고 단언했다. 팔레스타인에서 일어난 사건과 모인 암살 사건이 모든 이의 뇌리에 생생하게 남아 있고, 수천 명이 갇혀 있는 인도의 상황에 대해 미국인들이 계속 우려하고 있었지만, 루스벨트는 보다 중요하게 당면한 과제를 위해 반제국주의를 포기했다.[99] 식민성 사무차관이자 영국 식민성을 대표해 샌프란시스코 회의에서 중요한 역할을 하던 힐턴 포인튼 경Sir Hilton Poynton은 다른 나라 대표단에게 처칠의 의견을 전달했다. "유엔이 식민지 문제에 간섭할 권한을 가져야 한다는 주장을 받아들일 수 없다."[100]

두 달에 걸친 협상 끝에, 유엔헌장 제73조에는 전 세계 식민지 주민의 복지를 증진시킬 '신성한 신탁'이라는 빅토리아 여왕 시대의 언어가 그대로 담겼다. 유럽제국들은 영국 의회 논의에서 따온 표현 그대로 "각 지역 및 그 주민의 특수 사정과 서로 다른 발전 단계를 고려해 자유로운 정치제도의 점진적 발달을 지원한다."라고 약속했다.[101] 유엔헌장에 따라 위임통치령은 신탁통치 지역이 되었다. 국제 '동반자 관계'와 반대되는 새로운 개념인 '국제 신탁통치 시스템'은 주권 문제를 직접적으로 다루며 강대국의 이익과 노골적으로 연결된다는 점만 제외하면 과거의 상임위임통치위원회와 크게 다르지 않았다.

유럽의 다른 식민지들은 이제 '비자치 지역'이라 불리게 되었고, 유엔헌장에 따라 유엔은 비자치 지역에 개입할 어떤 권한도 없었다. 각 행정 당국과 제국이 할 일은 해당 지역의 경제·사회·교육 상황에 관한 최신 정보를 제출하는 것뿐이었다. 영국령 비자치 지역 41곳을 포함한 71개의 비자치 지역의 정치 문제는 규제 논의에서 제외되었다. 이들에게는 유엔 청원 권리도 주어지지 않았다.[102] 영국 대표단 일원이었던 찰스 웹스터Charles Webster는 이렇게 설명했다. "영국의 위임통치령은 유엔신탁통치이사회의 통제를 허용했지만, 제국의 나머지 부분은 전쟁 전과 완전히 똑같았다."[103] 모든 논의가 끝나고 발표된 후, 미국 시사주간지 〈타임〉은 샌프란시스코에서 벌어진 일을 냉철하게 분석했다. "유엔헌장은 강대국을 위해 쓰였고, 중요하지 않은 이유로 다듬어졌다. 유엔헌장은 강대국에 의해, 강대국을 위해 만들어진 문서로, 강대국의 힘에 대한 상당한 불신 때문에 다소 억제되었을 뿐이다."[104]

식민당하는 신민들의 반발

대서양헌장 공개 이후, 나이지리아의 유명한 민족주의자 은남디 아지키웨는 〈웨스트 아프리칸 파일럿〉 지면을 빌려 영국 총리에게 물었다. "아프리카인이 계속 전쟁 이전의 상태로 살아야 한다면, 우리는 지금 유럽의 안보를 위해 싸우는 것인가?"[105] 샌프란시스코 회의 이후 답은 분명해졌다. 그렇다고 헌장의 무수한 로비스트와 50개국 282명의 공식 대표 중 상당수가 투쟁하지 않았다는 뜻은 아니다. 특히 에티오피아, 필리핀, 이집트, 에콰도르 대표가 극심하게 반대를 표명했다. 미국의 자문의원 윌리엄 듀보이스 역시 반대했지만, 외부에서 사건에 영향을 미치려고 애쓰는 세력을 〈워싱턴 포스트〉가 '언론과 대표단에 로비하기 위해 애쓰는 작은 독립운동가 부대'라고 폄하했듯이, 강대국들도 명목상의 미국 대표와 주변 국가들을 유엔의 결과를 바꿀 힘이 없는 존재로 치부했다.[106] 하지만 그럼에도 굴하지 않고 끈질기게 저항하는 대표도 있었다. 특히 필리핀 대표 카를로스 로물로Carlos Romulo 장군은 독립을 포기할 생각이 전혀 없었다. 로물로 장군의 입에 재갈을 물리려면 미국의 도움이 필요했다. 식민장관을 지낸 크랜본은 반제국주의 세력을 향해 신세계가 어떻게 돌아갈지 분명하게 전달했다.

> 사다리의 맨 아래 칸에는 현지 자국 행정의 일부에만 참여할 수 있는 가장 원시적인 민족이 있다. 우리 모두 자유에 찬성하지만, 이들 자치령 중 상당수에게 자유란 원조와 지도와 보호를 의미한다. 식민제국은 자유 방어를 위한 거대한 기구로 융합되었다. 우리가 이 같은 기구를 파괴하는 방안을 정말 고려할 수 있을까?[107]

샌프란시스코 회의가 한창일 때, 듀보이스는 국제무대에서 스머츠를 마주한 것이 단순히 상징적인 사건이 아님을 깨달았다. 스머츠의 인종차별 정책은 샌프란시스코에서 새 생명을 얻었다. 5월, 논의가 거의 끝났다고 생각한 듀보이스는 이렇게 이야기했다. "우리는 독일을 이겼지만 독일의 신념은 꺾지 못했다. 우리는 여전히 백인우월주의를 믿는다. 우리는 여전히 백인우월주의를 신봉하고, 흑인을 통제하려 하며, 7억 5천만 명에 이르는 식민지 사람들을 지배하면서도 그것을 '민주주의'라는 말로 포장하고 있다. 흑인 급진주의자들도 유엔협상을 맹비난했다. 라고스에 머무르던 아지키웨는 유엔협상이 현상 유지에 불과하다고 비난했다. "흑인을 위한 또 한 번의 기회는 없다. 식민주의와 흑인의 경제적 예속은 계속될 것이다."[108]

그로부터 5개월이 지난 1945년 10월, 듀보이스와 패드모어를 비롯한 수십 명의 흑인 디아스포라 지도자가 맨체스터에 모여 범아프리카회의를 열었다. 흑인 지도자들은 유엔헌장의 도덕적 파산과 연합국이 전 세계 식민지 신민에게 내건 공허한 주권과 약속에 대한 이야기를 나눴다. 맨체스터에 모인 대표단은 "'동반자 관계', '신탁통치', '후견인 역할', '위임통치 체제'는 우리의 정치적 바람을 충족시키지 못한다. 주민들이 발전시킨 토착 제도의 민주적인 본질은 불쾌하고 억압적인 법과 규정 때문에 훼손되었다. 주민들의 바람과 전혀 다른 독재적인 정부 체제가 그 자리를 대신한다."라고 주장했다.[109] 대표단은 "자유, 민주주의, 사회적 진보를 위해 우리가 할 수 있는 모든 방식으로 싸울 것이다. 최후의 수단으로, 아프리카인들은 자유를 쟁취하기 위해 무력을 사용할 수도 있다. 설령 그것이 우리 자신과 세계를 파괴하게 되더라도 말이다."라고 맹세하며 급진적인 국제주의를 받아들였다.[110]

맨체스터에 모인 사람들을 비롯해 인권에 눈을 돌린 흑인 지도자들은 자결권이 곧 인권으로 이어진다는 사실을 이해했다. 최우선 사항은 독립이었지만, 그렇다고 인간의 존엄성, 억압으로부터의 자유 같은 보편적인 권리의 개념이 사라지지는 않았다. 영국 같은 나라들은 이 같은 권리에 대한 식민지 신민의 자체적인 발상이 불안을 초래한다고 생각했다. 식민지 신민이 받아들인 새로운 개념이 국가 자체뿐 아니라 국가와 신민 간의 관계도 위협했기 때문이다. 인권은 전 세계 식민지 주민에게 광범위하게 인정되는 이상과 언어, 즉 오랫동안 허락되지 않던 기본적인 존엄성에 대한 이상을 제공했다.[111] 영국과 유럽의 여러 제국은 샌프란시스코의 전투에서 승리했지만, 더 큰 전쟁이 그들을 기다리고 있었다. 모두가 한층 대담해졌지만 한 가지는 확실했다. 나이지리아 신문 〈데일리 서비스 Daily Service〉는 다음과 같은 기사를 내놓았다. "샌프란시스코와 세상이 다시 한번 식민지 영토를 차지했다. 영향력 확대를 위한 치열한 쟁탈전으로 되돌아갔다. 약탈적 제국주의는 새 생명을 얻었다."[112]

9장
제국의 부활

LEGACY OF VIOLENCE

1945년 7월 5일 아침, 거의 10년 만에 총선이 치러졌다. 영국 정계는 강력한 적과 맞서 싸우기 위해 전쟁 내내 처칠이 총리, 애틀리가 부총리인 연립내각을 운영했다. 하지만 유럽 전승 기념일과 함께 새로운 정치의 여명이 밝아왔다. 부총리 클레멘트 애틀리는 일본의 항복을 기다리지 않고 총선을 열었다. 3주 뒤 공개된 총선 결과는 놀라웠다. 노동당은 전후 영국 총선 역사상 가장 큰 격차인 12퍼센트 차이로 보수당을 따돌리며, 146석의 의석 차로 압승을 거두었다. 영국인들은 전쟁에 휘말린 영국을 처칠만큼 잘 이끌 사람이 없다고 믿었지만, 회복은 다른 문제였다. 영국을 밝은 미래로 이끌 정당은 노동당이었다.

대중에게 평화를 안겨줄 노동당?

1945년 선거 당시, 노동당은 제1차 세계대전 이후의 실패를 이야기하며 '이제는 미래를 마주할 때'라고 선언했다. "전쟁을 잘 치러낸 철면피 같은

유럽 전승 기념일, 1945년 런던

그 사람들은 자신들에게 꼭 맞는 평화를 찾아냈지만, 결국 그 평화를 잃어버렸다. 여기서 이야기하는 '평화'에는 조약뿐 아니라 전투 뒤에 등장하는 사회경제 정책도 포함된다." 노동당은 처칠이 이끄는 연립내각에서 노동당과 어깨를 나란히 한 보수당 인사 및 영국 노동자들의 노동력을 착취해 재산을 일군 '철면피 같은 사람들'을 비판했다.

그들은 은행, 광산, 대형 산업을 통제하고, 언론과 영화관도 거의 장악했다. 사람들이 바깥세상에 대해 배우는 방식을 통제했다. 전간기의 불황은 불가항력도, 어쩔 수 없는 일도 아니었다. 극소수의 사람 손에 너무 많은 경제력이 집중된 탓에 발생한 분명하고도 확실한 결과였다. 이들은 민주주의 국가 안에서 전체주의적 과두정치와도 같은 존재였다.

9장 제국의 부활

관료적으로 운영되는 민간 독점 기업의 이익을 위해 행동하는 법만 배웠다. 그들에게는 국가에 대한 책임감이 없다.[1]

노동당의 계획은 '대중에게 평화를 안겨주는 것'이었다.[2] 제2차 세계대전 전, 보수당 정권 시절 영국은 실업률 급증을 경험했다. 나라의 재건이 최우선 목표였다. 노동당은 1942년 발표된 베버리지 보고서*에 대한 폭넓은 유권자 지지를 적극 활용했는데, 이 보고서는 나태, 무지, 질병, 불결, 결핍이라는 '5대 악'을 해결하기 위한 사회복지 제도의 청사진을 담고 있었다.[3] 노동당은 전후 완전 고용, 의료, 사회 보장, 교육을 책임지는 복지국가를 약속했다. 산업의 일부 분야를 국유화하는 등 명확한 경제 계획의 필요성도 강조되었다.

처칠은 노동당의 의제가 사회주의나 다름없다고 생각하며, 노동당이 주장하는 정책을 실행하려면 '일종의 게슈타포'가 필요하다고 지적했다.[4] 이 같은 오판은 보수당이 얼마나 승리를 과신했는지 잘 보여준다. 일부 보수당 의원은 지속적인 국제 안보를 강조하는 처칠의 후광을 업고 다시 권력을 잡을 수 있을 것이라 믿었다. 문제는 그들이 사회 문제 및 경제적 통치와 관련해서 불투명한 약속만 내걸 뿐, 진정한 전후 회복 계획은 제시하지 못했다는 점이다.

노동당의 승리는 우연이 아니었다. 한층 발전한 노동당의 호소력에, 향상된 대중매체의 포용력이 더해진 결과였다.[5] 20세기 초부터 1945년까지 노동당이 비약적으로 성장한 데는 대중 민주주의 도입을 비롯한 전간기의 다양한 변화가 뿌리로 작용했다. 1918년 이후 10년간 영국 유권자는 네 배

---

* 1942년 윌리엄 베버리지William Beveridge가 작성한 사회 보장 제도 개혁안이다.

나 늘어났으며, 노동자 계층 남성과 노동조합원들, 수백만 명의 여성이 처음으로 투표소에 발을 들여놓았다. 점점 다양해진 영국 민주주의의 양상은 노동당의 폭넓은 구성원층에도 반영되었다. 노동조합원, 마르크스주의자부터 페이비언까지 아우르는 사회주의자들, 불만을 품은 자유당원 등 그 면면이 다양했다. 보수당의 일반 당원들이 당 노선을 철저히 따르는 데 탁월했던 것과 달리, 노동당은 초창기부터 내부 이견에 자주 부딪혀야 했다. 이념적 다양성을 수용하지 못했던 경우는 극히 드물었으며, 그마저도 독립노동당 일부 당원이 탈당했던 때와 같은 예외적인 상황에 불과했다.[6]

역사학자 로스 맥키빈Ross McKibbin이 지적하듯, 보수당은 '국가적' 이익을 '계급에 관한 고정관념'과 '사회적 통념'으로 교묘히 포장해 활용하는 데 능했다.[7] 보수당 지도부는 일부 영국인이 경제적으로 최선의 이익과 반대되는 주장을 지지한다는 사실을 기회로 삼았다. 제2차 세계대전이 눈앞에 다가온 상황에서 실업률이 치솟자, 영국 정치권은 많은 유권자가 편견보다 사리사욕을 우선시하거나, 적어도 사회경제적 재건에 관한 노동당의 제안에 수용적이라는 사실을 깨달았다. 노동당은 치밀한 언론 캠페인을 벌였다. 이로 인해 '국가'와 오래전부터 존재해온 '구조적인 계층'에 대한 이해가, '국민'과 '국민의 이익'이라는 광범위한 개념으로 재구성되었다. 노동당 지도부는 좁은 지지층을 확대해 의회를 장악했다. 총리 관저까지 차지하려면 계층과 성별을 아우르는 다양한 유권자의 마음을 사로잡아야 했다.

제2차 세계대전이 막바지에 이르자, 노동당은 수년간 사회주의 정책을 보다 이해하기 쉬운 언어로 재구성하고 설득해온 성과를 바탕으로 지지를 끌어냈다. 그 결과, 대중의 두려움은 영국식 볼셰비키 혁명이 아니라 사회민주주의적 개혁의 미래로 옮겨가기 시작했다.[8] 문화 민주화가 노동당 지지율 증가와 함께 영국의 일상생활 거의 모든 부분을 파고든 것은 우연이 아니었다. 광고, 영화, 라디오, 인쇄 매체의 혁명 덕에 영국인은 아주 빠르게 다양한 견해와 이미지를 소비했다. 1939년에는 5000만 영국인 중 거의 절반이 매주 영화를 보러 극장을 찾았고, 70퍼센트 이상이 라디오를 소유했다. 라디오 소유주가 겨우 1퍼센트 정도였던 1922년과 비교하면 괄목할 만한 발전이었다. 영국의 주요 일간지 일일 판매 부수는 1922년부터 두 배 이상 늘어나 약 1100만 부에 달했다. 영국 정보성은 이 점을 정확히 파악해 제국 캠페인을 성공적으로 진행했다.[9]

전간기에 노동당 간부 중 허버트 모리슨만큼 나날이 발전하는 당의 메시지를 효과적으로 전달하고, 언론 매체 활용에 능숙한 이는 드물었다. 런던 거리에서 심부름꾼으로 일하며 자란 모리슨은, 옥스퍼드 같은 명문대학교를 졸업한 엘리트 집단과는 거리가 멀었다. '국가'와 '애국심'에 '현대적'이라는 단어를 융합한 모리슨과 노동당은 특히 고용, 복지, 교육과 관련해 사회주의적인 정책을 지지하며 매우 진보적인 미래를 상상했다. 역사학자 로라 비어스Laura Beers가 지적하듯, 모리슨은 영국 대중을 인구 통계학적 범주로 파악했다. 이를테면 노동조합원, 사무원, 비서, 기타 사무직 노동자, 가정주부, 중산층 교외 거주자 등으로 말이다. 모리슨의 정치적 호소는 이러한 사회적·문화적 경계를 넘어 다양한 이해관계를 하나로 묶기 위해 설계된 것이었다.[10]

모리슨의 노하우는 노동당 전반에 퍼져나갔다. 1945년에는 친노동당 성향의 〈데일리 헤럴드〉가 보수당의 탄탄한 기반이 되어준 일간지 〈데일리 메일〉, 〈데일리 미러The Daily Mirror〉, 〈데일리 익스프레스〉와 경쟁을 벌였다. 전체 일간지 판매량에서 〈데일리 헤럴드〉의 비중은 20퍼센트가 채 되지 않았지만, 일일 판매량은 180만 부가 넘었다. 노스클리프 경과 그의 후계자 로더미어 경Lord Rothermere, 비버브룩 경이 소유한 친보수당 일간지들이 쏟아붓는 엄청난 돈과 온갖 수단을 고려하면 결코 작은 수치가 아니었다. 〈데일리 메일〉, 〈데일리 미러〉, 〈데일리 익스프레스〉는 노골적으로 소유주의 사적 이익을 대변하면서 동시에 보수당의 입장을 대변했다(특히 비버브룩의 제국 특혜 정책 옹호가 대표적 사례였다). 하지만 모리슨은 혼자가 아니었다. 1945년 애틀리를 앞세워 승리할 무렵, 노동당은 스스로를 시대에 맞게 변화시키고 광범위한 유권자층에 호소할 수 있는 현대적 정당임을 입증해 보였다.[11]

노동당의 메시지에는 제국에 대한 어떤 선언도 포함되어 있지 않았다. 노동당이 전후 세계 영국의 입장과 관련해 명확히 밝힌 것은 소련에 대한 견해뿐이었다. 노동당이 발표한 성명서에 의하면 '좌파는 좌파와 통한다'는 원칙은 미래 협상의 전조가 될 터였다.[12] 그 외에 노동당은 1942년 공개된 윌리엄 베버리지의 보고서를 근거로 복지국가 건설에 전력투구했다. 일부 극좌파를 제외하면 반식민 급진주의자들은 노동당원들에게 의미 있는 영향력을 행사하지 못했다. 〈뉴 리더〉 제국 특집호 역시 제국 유지의 정당성을 거의 의심하지 않던 사회 분위기 속에서 선거용 자료로 활용되기는 어려웠다. 선거에서 압승을 거둔 해럴드 윌슨Harold Wilson, 휴 게이츠켈Hugh Gaitskell 같은 의원들이 노동당의 주요 지도자가 되었지만, 이들은 제국에 관해서는 열정을 보이지 않았다. 경제 개혁과 동반자 관계를 설교하던 아서 크리치 존스의 페이비언식민국 같은 노동당의 주류 채널에서도 제국주의에 대한 비판 의견을 내놓지 않았다. 제국주의에 대한 비판은 약 10년 뒤 출범하는 식민지 해방 운동Movement for Colonial Freedom에서 터져나왔다. 자유제국주의 '체제'에 대한 의회의 의문 제기는 먼 훗날의 일이었다. 그때까지 애틀리 정부가 직면한 핵심 질문은 제국이 영국의 전후 회복과 국가 정체성의 재구성 속에서 어떤 역할을 하게 될 것인가 하는 점이었다.

폐허에서 부활한 영제국

떠들썩하던 노동당의 승리 자축이 끝나자, 전후의 참혹한 폐허가 부각되었다. 영국이 전장에서 사지를 잃은 영웅들의 귀환을 환영하고 목숨을 잃은 40만 명의 병사와 민간인을 애도하는 동안, 승리의 디스토피아 위에 먹구름이 드리웠다. 많은 영국인의 내면과 사회경제적 현실이 반영된 먹구름이었다. 조금씩 회복되고 있었지만 아이들은 식량과 희망을 찾아 헤맸고, 기습 공격의 잔해를 헤집고 다니며 배급 통장에 매달리는 사람도 있었다. 배급은 1950년대까지 지속되었다.*

영국의 빈곤층은 여전히 조선소, 공장, 제철소 등에서 상대적으로 보수가 낮은 일만 했다. 전후 경제는 호황을 맞이했지만, 전쟁의 상흔은 사라지지 않았다. 근본적으로 19세기와 다를 바가 없었다. 패기 넘치고 새로운 전후 체제가 아니었다. 문제 해결을 위해 영국이 또다시 제국으로 눈을 돌린 것은 어찌 보면 당연한 일이었다.[13] 디즈레일리가 빅토리아 여왕을 인도 황제로 즉위시켜 의도적으로 국가 정체성을 만들고자 했던 1877년부터, 제국은 영국인들의 정신 속에 깊고 넓게 자리 잡았다. 제국의 민족주의는 군주제, 허용된 강압, 사회진화론을 모두 아울러 대중문화 곳곳에 내재한 독특한 세계관을 만들어냈다. 전시 기간 동안 제국 담론을 형성했던 정보성과 역사학자들이 제국의 이상을 조장하고 유지한 것은 사실이지만, 대중의 '허위의식'을 악용한 것은 아니었다. 그보다는 영국이라는 나라

---

* 영국 정부는 1939년 제2차 세계대전이 시작될 때부터, 군대와 필수 서비스에 우선적으로 물품을 공급하고 민간인에게 적정 품질의 상품을 저렴하게 공급하기 위해 배급 시스템을 도입했다. 배급제는 전쟁이 끝나고도 부분적으로 계속되다가, 1954년 석탄을 제외한 모든 품목의 배급제가 종료되었다.

에 대한 대중의 생각이 반영되어 있었다. 도덕주의적인 주장은 오히려 애국심을 고취시켰다. '백인의 책무'는 국가적 사명을 부여하는 동시에, 고통받던 영국 노동계층에게도 자신들이 '타인을 지배하는 위치에 있다'는 자각을 상기시켰다. 이는 소비와 문화적 행태를 통한 간접적인 방식이기도 했고, 제국의 전선에서 병사·경찰·정착민·행정관으로 복무하는 직접적인 방식이기도 했다.[14]

1921년 노동당의 아일랜드 보고서는 이렇게 지적한다. "현재 상황은 비극 그 자체이며, 폭력에 의존하는 방식은 정치의 파산을 고백하는 것이자, 인간성을 상실한 자들의 절박한 궁여지책이다."[15] 그런 일이 벌어진 곳이 아일랜드만은 아니었고, 기이한 폭력의 순간들은 영국의 자비심에 대한 불안으로 이어졌다. 20세기 초 죽어가는 아프리카너 여성과 아이들 모습이 영국에 알려지자 이러한 우려는 더 커졌다. 영국의 일부 지식인은 이 같은 제국주의 정신을 통렬히 비판했다. 특히 조지 오웰은 자신의 경험한 것을 토대로 제국주의를 비난했다. 1922년부터 1927년까지 버마에서 경찰관으로 일하며 사람들을 발로 차고, 매질하고, 고문하고, 교수형에 처하는 일을 맡은[16] 오웰은 영국으로 돌아온 뒤에도 버마에서의 일을 쉽게 떨쳐내지 못했다. "악몽처럼 느껴지던 버마의 광경은 내 마음속 깊이 각인되어 잊히지 않았고, 그 광경을 떨쳐내려 소설을 쓸 수밖에 없었다."[17] 1934년 펴낸 《버마 시절》에서 오웰은 반자전적인 캐릭터 '제임스 플로리'의 입을 빌려, 악화일로를 걷는 제국주의의 실상과 자신의 죄책감을 토해냈다. 전쟁 전날에는 플로리 같은 등장인물의 입도 빌릴 것 없이 '제국 문제와 관련해서 좌파 정치인들은 협잡꾼'이라는 날선 비난을 내뱉었다. 제국 경찰관으로 일해본 오웰은 〈흑인을 헤아리지 않으며 Not Counting Niggers〉라는 에세이에서 '제국의 정의를 바로잡으려 봉기한, 건조한 땅 여기저기 널브러진 작은 세

제국 항공Imperial Airways 포스터

균 몇 개'를 보았다고 적었다.[18] 오웰은 1942년, 키플링에 대한 비난도 내놓았다. "키플링은 영국 제국주의의 예언자이자 맹목적인 제국주의자이며, 도덕적으로 둔감하고 미적으로 혐오스러운 인물이다."[19]

다른 비평가들은 상황에 따라 일시적으로 걱정하기도 했지만, 헤이스팅스나 다이어처럼 제국에서 폭력을 저지른 사람들도 똑같이(어쩌면 더 강력하게) 지지했다. 최소한 감정이 가라앉고 나면 식민지에서의 폭력은 늘 그렇듯 무시되거나 변명으로 덮였고, 미공개 보고서 속에 묻힌 채 잊혔다. 전쟁 전이든 전쟁 중이든 마찬가지였다. 식민지 지배는 억압 조치를 의미했지만, 7억 명에 달하는 식민지 신민을 통치할 권리를 두고 진지하게 문제를 제기하는 사람은 없었다.

제2차 세계대전 이후에도, 영국인의 전반적인 정서는 오웰보다 키플링에 가까웠다. 1942년, 오웰은 〈사자와 유니콘The Lion and the Unicorn〉이라는 에세이에서 자신의 애통함을 표했다. "영국의 수많은 지식인에 관한 매우 중요한 사실은 그들이 보편적인 문화와 단절되었다는 것이다. 영국의 전반적인 애국심을 생각해보면, 지식인들은 반체제적인 사고로 구성된 일종의 섬에 살고 있다. 어쩌면 영국은 자국 지식인들이 국적을 부끄러워하는 유일한 강대국일지도 모른다."[20] 키플링이 선지자였다면, 커플랜드, 할로, 그리고 그들과 원탁회의 운동을 함께했던 역사학자들도 모두 선지자였다.

영국인의 자부심이 된 영제국

지식 생산의 낙수효과는 영국 전역의 초등학생들에게까지 미쳤다. 로버트 로버츠Robert Roberts는 저서 《클래식 슬럼The Classic Slum》에서 여전히 전후 세대에 영향을 미치는 에드워드 시대* 영국인의 사고방식을 더듬었다. "《잉글랜드의 확장》이라는 실리의 제국주의적 저작을 배운 교사들은 대개 키플링의 열렬한 독자였고, 애국심을 종교적 열정에 가깝게 설파했다."[21] 도덕주의와 자유제국주의의 승리가 군주제, 계층제, 인종 배척과 함께 전후의 교실을 어지럽혔다. 조지 헨티George Henty, 헨리 해거드Henry Haggard, 로버트 발렌타인Robert Ballantyne 같은 작가가 쓴 아동용 도서도 교

---

* 빅토리아 여왕이 사망한 후 국왕이 된 에드워드 7세가 통치하던 1901~1910년을 가리킨다. 19세기 중후반을 가리키는 '빅토리아 시대'와 대비되는 용어로 사용된다.

〈제국 청년 연보〉 표지

실로 파고들었다. 〈제국 청년 연보Empire Youth Annual〉*는 1950년대까지 계속 발행되었으며, 거의 모든 대형 출판사가 제국의 역사와 영웅들을 다룬 시리즈물을 출간했다. 베이든파월이 남아프리카 전쟁을 비롯한 여러 제국주의 전쟁 경험을 바탕으로 창설한 보이스카우트는 엄청난 영향력을 끼쳤으며, 유사한 청소년 단체인 소년여단Boys' Brigade과 함께 영국 청소년의 약 40퍼센트가 이들 단체에 소속되어 있었다. 20세기 전체를 보면, 영국인 남녀 다섯 명 중 세 명이 제국주의적 가치를 반영한 청소년 단체의 일원이었던 것이다.²² 비슷한 성향의 다양한 조직이 설립되었는데, 그중에는 성인

---

* 청소년을 대상으로 영제국의 역사, 문화, 주요 인물과 군사적 업적 등을 흥미롭게 전달한 연감 형식의 간행물로, 제국주의적 가치와 이상을 자연스럽게 주입하는 데 목적이 있었다.

'흥미진진한 세계 경주, 참가자들에게 제국 내 무역을 알려주는 신나는 경주'라고 묘사된 보드게임 '바이 브리티시Buy British'

남성을 위한 국제 클럽Overseas Club도 있었다. 1910년 설립된 국제 클럽은 일종의 '성인을 위한 보이스카우트'였다.[23] 이 같은 조직들은 인종에 따른 위계를 거부감 없이 받아들이는 백인 중심의 국제주의를 받아들였다.[24]

영화와 방송 같은 새로운 매체에도 이 같은 추세가 반영되었다. 제국 내에서의 영국의 역할과 통제력을 묘사한 장편 극영화와 뉴스영화, 다큐멘터리가 넘쳐났다. 낭만적인 전기영화가 칭송 일색의 글에 생명력을 불어넣어 〈인도의 클라이브Clive of India〉(1935년), 〈아프리카의 로즈Rhodes of Africa〉(1936년), 〈스탠리와 리빙스턴Stanley and Livingstone〉(1939년) 같은 영화가 개봉했다. 알렉산더 코르더Alexander Korda와 마이클 발콘Michael Balcon이 제작한 위대한 제국주의에 대한 영화는 1930년대와 1940년대를 통틀어 가장 큰 흥행 기록을 세웠다. 정보성은 제2차 세계대전 중에 영국인 식민지 장교와 아프리카인 피아노 연주자가 등장하는 〈두 세계의 남자들Men of Two Worlds〉 같은 영화를 제작했다. 1945년 이후, 영국의 식민지 반란과 영웅적인 제국의 개척자를 강조한 영화가 여러 편 상영되었다. 말라야 사태를 묘사한 〈농장주의 아내The Planter's Wife〉(1952년), 마우마우 사태를 그린 〈심바Simba〉(1955년), 키프로스 사태를 다룬 〈높게 빛나는 태양The High Bright Sun〉(1965년) 등 제국전쟁을 배경으로 한 장편 극영화도 여럿 등장했다.

BBC도 제국주의 선전에 노련하게 앞장섰다. 특히 크리스마스 프로그램을 계속 방영했는데, 영국인이 사랑한 대표적인 BBC 크리스마스 프로그램은 영화배우 로런스 올리비에Laurence Olivier와 존 길구드John Gielgud의 매력적인 목소리가 생명력을 불어넣은 1950년대의 제국 탐방 프로그램이었다. 영국인들은 카리브해 지역 식민지에서 온 설탕 한두 숟가락을 곁들여 실론티를 마시고, 제국을 떠올리게 만드는 포장지를 뜯어 비스킷을 꺼내 먹었다. 이러한 포장은 식품과 음료뿐 아니라 섬유, 자동차 같은 다양한 제품을 알리는 광고에도 쓰였다. 제국의 이미지는 특히 전후 회복기 시기의 국민 정서에 호소하며 상품 판매에 효과를 발휘했다. 그리고 그 상품들은 제국의 풍요로움을 고스란히 반영하고 있었다.[25]

1953년, 영국 소비자들은 제국과 영연방의 실체를 두 눈으로 확인하기 위해 19세기 선조들처럼 런던으로 몰려들었다. 사람들을 런던으로 끌어모은 것은 엘리자베스 2세의 대관식이었다. 빅토리아 여왕의 다이아몬드 주빌리 때처럼 제복을 차려입은 세계 각지의 영국 식민지 대표단이 정치인, 외교관, 영국의 중산층 및 노동자 계층과 함께 영제국을 호령하는 여왕의 퍼레이드를 보기 위해 줄지어 늘어섰다. 젊은 여왕과 공작 부부는 영국 왕실 역사상 가장 광범위한 영제국 및 영연방 순방을 위해 왕실 전용선에 올라탔다. 라디오, 텔레비전, 무수한 뉴스영화가 여왕의 순방을 기록했다. 제국을 오간 사람이 여왕만은 아니었다. 사우샘프턴, 리버풀, 글래스고, 틸버리 같은 곳에서 매주 제국과 영연방으로 떠나는 배가 출발했다. 제국 해운회사들의 선박은 영국의 영향력이 미치는 제국 먼 곳과 주요 항구에 줄을 이었다. P&O, 커나드Cunard, 유니언캐슬Union-Castle 같은 제국 해운회사는 영국의 영향권 말단까지를 오가며 정기적으로 항해했다. 이들 선박을 타고 제국으로 이주한 영국인 중에는 전쟁에서 복무한 후 실망과 환멸을 안고 제대한 병사들도 있었다. 이들은 1919년 '병사 정착 계획Soldier Settlement Scheme'으로 참전용사 정착민이 늘어난 케냐 같은 지역에서 제1차 세계대전 참전자들과 합류하기도 했다. 하지만 대부분 캐나다, 호주, 뉴질랜드 같은 백인 자치령에 모여들었다. 1945년 이후 20년간, 거의 180만 명에 달하는 영국인이 백인 자치령으로 향했다.[26]

제국 없이는 존재하지 않을 영국

제국 없는 영국은 더 이상 영국이 아니었다. 이것은 특히 영국인에게 너무나 분명한 사실이었다. 토니 주트Tony Judt는 권위 있는 저서 《전후 유럽 1945~2005》에서 제국에 대한 영국인의 생각을 이야기했다.

> 나처럼 전후 영국에서 자란 사람에게는 '잉글랜드', '영국', '영제국'이 거의 동의어에 가깝다. 초등학교에 걸린 세계지도에는 제국의 색깔인 붉은색이 세계 곳곳에 칠해져 있었고, 역사 교과서는 특히 인도와 아프리카에서의 영국 정복사를 상세히 다루었다. 영화, 라디오 뉴스, 신문, 잡지, 아동 문학, 만화, 운동 경기, 비스킷 통, 통조림 과일 라벨, 정

·육점 진열창 등 모든 것이 국제적인 해상 제국의 역사적·지리적 중심에 영국이 있다는 사실을 끊임없이 상기시켰다.[27]

당시에는 정치 성향과 상관없이 모든 정당이 제국 유지를 지지했다. 제국은 노동당, 보수당, 자유당, 연합당 의원들이 대부분 동의하는 몇 안 되는 문제였다. 1940년대 후반 식민성이 실시한 조사에서는 영국인이 영제국의 지리와 헌법적인 구성 요소에 대해 놀라울 정도로 무지하다는 사실이 드러났지만, 이 같은 구체적인 내용이 중요한 문제는 아니었을 것 같다. 오히려 중요한 것은 폭넓은 공감대였는지도 모른다.[28] 특유의 세계관 때문에 오랫동안 영국에서 국가와 제국은 동의어였다. 영국인의 도덕적·문화적 우월감과 만족은 빅토리아 시대 후기를 지나 제2차 세계대전 이후까지 이어졌다.

제국을 향한 영국의 지배의식은 덧없는 것일 뿐이었지만, 영국이 제국을 이해하는 방식에 큰 영향을 미쳤다. 제국의 어두운 이면은 때때로 지워지곤 했다. 역사학자 커플랜드는 1933년 BBC 라디오 연설에서 영국이 인도를 지배한 19~20세기에 '암흑기'가 없었다고 주장했다. 대부분의 영국인은 빅토리아 시대의 수사법을 동원해 폭력을 정당화하고 정상적인 일로 받아들였다. 이러한 폭력의 정상화는 종종 미화로 이어졌고, 다이어 장군의 계속된 옹호, 키치너 같은 제국 영웅들에 대한 찬양, 그리고 헨티의 책이나 베이든파월의 단체들을 통해 청소년에게 자유제국주의의 외양을 주입한 사례에서 그 일면이 드러났다.[29] 인종차별적인 폭력과 영웅주의가 문화적 형태에 스며든 상황에서, 제국의 영향력은 결코 과소평가할 수 없었다. 오웰은 이렇게 지적했다.

나는 대부분의 사람이 소설이나 영화 등으로부터 스스로 인정하는 것보다 훨씬 더 큰 영향을 받는다고 생각한다. 이 점에서 가장 형편없는 책들이 오히려 가장 중요한 책이 되는 경우가 많은데, 대개 그런 책들은 인생에서 가장 먼저 읽히기 때문이다. 자신을 매우 세련되고 '진보적'이라고 여기는 많은 이조차도, 실은 어린 시절에 형성된 상상력의 배경을 평생 지니고 살아가는 경우가 많다.[30]

정치 성향을 막론하고 모든 사람이 제국주의의 승리에 관한 영국의 서사를 적극적으로 발전시켰다. 미래 세대를 위해서였다. 자메이카, 아일랜드, 인도 등지에서 식민지 폭력이 너무 공공연해서 부인할 수 없을 때도 식민지 사명에 대한 영국의 지지는 꺾이지 않았다. 영국이 폭력적으로 길들이고 개혁해야 하는 식민지 신민의 야만성, 식민지 통치라는 백인의 책무, 이따금 등장하는 암적인 존재들은 진실을 속이기 위해 거짓으로 만들어낸 것이 아니었다. 이 요소들은 제국의 지배 방식뿐 아니라 영국인의 상상력에 영향을 미치는 자유제국주의의 고유한 특성이었다.

전쟁의 파괴력으로 제국이라는 갑옷의 균열이 드러났다. 싱가포르에서 욱일기를 휘날리던 일본은 버마 함락 이후 인도 문턱까지 진격했다. 우기가 찾아와 보급선을 잠기게 만들었고, 그 외 예상치 못한 요소가 없었다면, 인도는 일본군에 함락되어 역사가 완전히 달라졌을 수도 있다. 그러나 파괴는 어디에나 존재했다. 1943년 세계 최악의 기근이 벵골을 덮쳤을 때도 영국은 자원 징발에만 급급했다. 영국의 전시 징발 정책 때문에 300만여 명이 죽었다. 효율적이며 자애로운 방식으로 제국을 운영하겠다는 영국의 주장은 공허하기 이를 데 없었다. 영국의 정치적·도덕적 취약점이 드러났다.[31]

세계 곳곳에서 전쟁 때문에 어쩔 수 없이 타협한 영국은, 이후 몇 년간 그 여파를 체감했다. 막대한 석유 자원과 전쟁 중 전략적 중요성으로 인해 중동은 영국의 핵심 이익 지역이었다. 영국 정부는 아랍 국가들의 지지를 확보했지만, 그 대가로 치러야 했던 비용은 전쟁 이후까지도 지속되었고, 이는 영제국의 미래는 물론 중동의 안정에도 큰 영향을 미쳤다.[32] 유럽에 평화가 찾아오자 베긴의 혁명 선언이 부각되었다. 영국은 중동, 북아프리카, 동남아시아에서 복무할 40만 명의 아프리카 신민을 모집했다. 난생처음 고향에서 멀리 떨어져 전쟁터에 투입된 아프리카 병사들은 아시아인의 손에 백인 식민지 개척자들이 얼마나 취약한지 목격했다. 이 병사들 중 약 70퍼센트는 글을 읽고 쓸 수 있게 되었고, 자결권이라는 전 지구적 담론에도 참여하게 되었다. 전쟁이 끝나자 병사들은 대서양헌장, 남아시아의 민족주의, 공산주의에 대한 지식을 습득한 상태로 고향으로 돌아갔다. 역사상 처음으로 아프리카 사회 전반에서 반식민지 정신이 폭넓게 퍼져나갔으며, 이는 종종 내부의 민족 갈등이나 자유와 권위에 대한 지역적 관념들과 맞물려 전개되었다.[33]

노동당의 제국 정책

제국의 변경 지역에서 애틀리 정부의 출범은 낙관론을 받아들일 만한 정당한 근거였다. 신임 총리 애틀리는 공식적으로 대서양헌장을 제국에 적용하겠다는 뜻을 밝혔다. 외무장관 어니스트 베빈과 당시 식민차관이었으나 1946년 가을 식민장관이 된 크리치 존스 등 식민 정책에 가장 큰 영향력을 행사하는 사람들이 제국주의 과거와의 단절을 암시하는 성명을 발표했다. 1946년 7월, 의회에서 열린 첫 식민 정책 토론에서 크리치 존스는 정치적 스펙트럼 전반의 목소리를 경청한 뒤, "현실적으로 볼 때, 연립정부의 정책과 현재 노동당 정부의 정책 사이에는 아무런 차이가 없다."라는 생각을 단호히 일축했다. 이어 다른 노동당 의원들의 잘못된 생각을 친절하게 바로잡고, 보수당 의원들을 도덕적으로 비난했다.

> 노동당 의원들 가운데 일부가 식민지 문제에 있어 보수당과 노동당의 정책이 별반 다르지 않다고 여긴다면, 나는 그들에게 상기시키고자 한다. 우리는 사회주의자이자 인도주의자로서, 식민지 주민들의 처우에 대해 적극적으로 옹호해왔고, 제국주의의 본질을 거세게 비판하며 끊임없이 분석해왔으며, 경제적 측면에서도 지속적으로 비판을 가해왔다. 우리는 영국 대중 사이에서 훨씬 더 진보적이라는 사실을 확인했다. 이는 제국주의의 내용을 바꾸려는 열망이자, 식민지 주민들에게 인간으로서의 고유한 권리와 자유, 평등, 경제적 정의에 대한 요구를 인정하는 진보적인 정책을 적용하고자 하는 의지를 목격해왔다. 따라서 노동당 의원들은 현 정부의 식민 정책이 과거 정책의 연장선일 뿐이라는 인식을 받아들이기보다는, 마침내 우리의 선전이 보수당 의원들마저 훨씬 더 인간적이고 자유주의적인 접근 방식으로 변화시켰다는 점을 기뻐해야 할 것이다.[34]

2년 후, 전후 국제 문제에서 가장 영향력 있는 노동당 의원 베빈은 "우리는 제국주의를 신봉하지 않으며 누구도 지배하지 않는다."라고 선언했다.[35] 노동당이 제국주의 정책을 거의 수정하지 않았다는 사실과 이러한 성명을 어떻게 조화시켜야 할까? 크리치 존스는 선의로 그런 주장을 했지만, 브로크웨이, 패드모어, 오웰 등이 노동당의 제국주의 입장에 실질적 변화를 주었다는 생각은 분명 과장이었다. 애틀리의 지도 아래 노동당이 권력을 잡았을 때도, 1907년 램지 맥도널드가 《노동당과 제국Labour and Empire》을 출간한 이후 등장한 초당파적인 여론은 건재했다. 맥도널드는 이렇게 경고했다. "우리가 원주민을 지배 대상으로 여기는 한, 국내에서는 민주적으로, 해외에서는 독재적으로 통치한다는 명백히 불가능한 일을 시도하고 있는 셈이다. 그 결과, 우리의 민주주의 자체가 오염되고, 민주적 제도는 그 기반을 내부에서부터 갉아먹는 식민 통치의 독재성 때문에 붕괴하게 될 것이다."[36]

제국의 존재가 영국에 미칠 부정적인 영향에 대한 우려는 수십 년간 지속되었지만, 노동당은 적극적인 대책 강구보다 문제에 대응하는 차원에 머물렀다. 노동당은 전략이나 철학에서 보수당과 실질적으로 다른 입장을 제시하지 못했다. 전후 식민장관을 지낸 조지 홀George Hall의 표현을 빌리면, 노동당은 '지배나 착취'에 반대하는 '건설적인 제국주의자'의 페르소나를 만들어내려 한 듯하다. 그러나 홀은 중요한 사실을 언급하지 않았다. 전쟁 중 간디, 네루, 수천 명의 국민회의당 인사들이 투옥되는 데 노동당이 동의했으며, 강제노동과 같은 억압적 조치들을 전시에 필요하다는 이유로 지지했다는 점이다.[37] 홀은 이 문제와 관련해 "총선 이후 처음으로 평시 식민지 정책 성명을 내놓는다. 초당적인 표현으로, 우리에게 식민지는 중요한 신탁이다. 식민지는 자치가 가능하다는 것을 스스로 입증해 보일 수 있을 만큼 빨리 나아가야 한다."라는 점을 일깨웠다. 홀이 가장 우려한 것은 전후의 제국 이미지였다. 식민장관인 그는 "동반자 관계와 사회경제적 발전에 깊이 뿌리를 둔 영제국 접근 방식을 사람들이 좀 더 잘 파악하고 이해한다면, 여전히 제국주의라는 오명을 뒤집어쓴 우리 식민 정책에 대한 비

난이 국내외에서 대폭 줄어들 것이다."라며 애통해했다.[38]

일부 노동당 의원은 빅토리아 시대 이래 영국의 자유제국주의에 영향을 미친 '차이의 원칙'에 뿌리를 둔 일종의 사회주의적 온정주의를 지지했지만, 신임 총리 애틀리는 크리치 존스와 베빈처럼 태평하게 '무지몽매한 민족들'에 대해 이야기했다.[39] 미국 언론이 허버트 모리슨에게 노동당이 제국 해체를 주도하게 될 것인지 묻자, 이미지 정치에 능한 모리슨은 '노동당은 유서 깊은 제국의 유쾌하고 좋은 친구들'이라고 답했다. 전기 작가들에 따르면, 모리슨은 '거의 키플링에 가까운 제국에 대한 숭배심'을 지녔으며, 훗날 아프리카와 동남아시아에서 현대적인 자유를 보장하자는 모든 개념도 일축했다.[40] 이전 행정부와 마찬가지로, 제국뿐 아니라 영국 내에서도 인종 문제가 자유주의에 영향을 미쳤다. 애틀리와 노동당 의원들은 유색 인종이 거의 없는 섬에서 목적의식을 찾고, 그 섬의 이익을 추구하는 백인 위주의 국가를 대표하는 존재였다. 그리고 영국인들은 바로 이 식민지 신민들을 기준 삼아, 전후 시대에 맞게 재구성된 자신들의 앵글로색슨식 문명성을 가늠하고 있었다.[41] 제국은 여전히 저 멀리 있었고, 젊은 여왕의 아버지 대관식 때처럼 제국의 일원이 본국에 모습을 드러냈을 때, 사실상 인종 장벽이 유색인들을 일정한 거리 밖에 머물게 했다.[42] 타인을 지배하는 것과 그들이 당신의 호텔 방에서 잠을 자고 당신 가게의 식기를 사용하는 것은 전혀 다른 일이었다.

과학적 사회주의의 원칙과 빈곤 해소라는 이상이 애틀리와 같은 정치인들을 노동당으로 이끌었다. 애틀리는 대서양헌장에 대해 서로 충돌하는 듯한 해석을 내놓았지만, 그것을 전통적인 가치관 위에 사회주의 요소를 조금 섞은 점진적인 방식으로 그럴듯하게 설명해낼 수 있었다. 그러나 결국 그는 해방자의 운명을 타고난 사람이 아니었다. 영연방 자치령의 지위를 부여하되 군사적인 관계를 이어나가는 방안을 지지했음에도 애틀리는 인도를 해방시키지 못했다. 정치적 반대편에 선 처칠은 영국의 인도 지배가 지속될 것이라고 믿었으며, 그런 생각은 하원의원들 가운데서도 결코 예외가 아니었다. 한편, 모리슨은 가까운 미래에 아프리카 식민지와 피부색이 짙은 인종의 영토에 자치 권한을 주는 것은 "열 살 난 아이에게 대문 열쇠와 은행 계좌, 엽총을 주는 것과 다름없다."라고 주장했다.[43] 의회에서 이 주장에 반대하는 사람은 거의 없었다.

현실적으로 볼 때, 노동당은 제국 문제를 감당할 준비가 되어 있지 않았고, 역량도 부족했다. 처칠의 전시 내각을 구성했던 보수당 의원들은 풍부한 실무 경험을 갖고 있었다. 식민지 행정부 고위직은 대부분 정식 보수당원들이었고, 그들이 본국으로 돌아온 뒤에는 당의 자문 네트워크를 형성했다. 이에 비해, 노동당은 국내 정책에서는 유능한 기술관료들을 많이 보유하고 있었지만, 식민지 문제에 있어서는 경험 많은 전문가가 거의 없었다. 이는 군사와 정보 분야에서도 마찬가지였는데, 이들 역시 외무성, 인도부, 식민성의 업무와 긴밀히 얽혀 있었으며, 특히 제국 내에서 탄압 문제가 핵심 이슈로 부상할 때 그 중요성이 더욱 두드러졌다.[44] 일부 노동당 의원은 식민지와 해외에 대한 경험을 갖고 있었지만, 내각직 배분이 전문성, 경력, 관심과 거의 무관하게 이루어졌다는 점은 놀라운 일이었다."[45]

1945년, 휴 돌턴은 가장 유력한 외무장관 후보였다. 그는 네빌 체임벌린의 유화 정책에 격렬하게 반대했고, 이후 특수작전부를 구성하고 지휘하는 데 도움을 주었다. 그러나 돌턴은 재무장관이 되었기 때문에 외무성은 베빈이 이끌게 되었다. 이후 외교 문제에 거의 무지했던 모리슨이 국내 전략가로서의 능력만으로 베빈의 뒤를 이어 외무장관직을 맡았다. 식민성은 전직 광부였던 홀이 맡았다. 그는 영국의 제국주의적 이미지를 걱정하며 식민지 개발 계획의 희망 목록을 충실히 읊어댔지만, 식민지 문제를 다룰 만한 전문성이나 경력을 갖추지 못했으며, 그런 점에서 그는 전임자들에 비해 현저히 자격이 부족했다. 그로부터 1년 후, 식민지 문제에 대해 가장 많은 경험과 관심을 가진 인물로 평가받던 노동당 의원 크리치 존스가 식민장관으로 취임했지만, 인물 간의 정치적 역학과 신세계질서 속에서 영국의 위상 변화는 제국 정책에 대한 그의 영향력을 약화시켰다.[46]

제국에 대한 미국의 태도

전쟁에서 승리한 대가는 엄청났고, 애틀리가 이끄는 새 정부는 존 케인스John Keynes가 '금융 됭케르크Financial Dunkirk'*라고 선언했던 난관을 극복했다.[47] 하지만 1945년 8월 중순에 접어들어 런던 거리에서 대일 전승 기념일을 축하하는 떠들썩한 분위기가 가라앉은 뒤에도 영국인들은 국내 회복을 위해 제국을 처리해야 한다고는 전혀 생각하지 않았다. 이러한 분위기를 감지한 크랜본 경은 "승리의 순간, 영국인은 가장 먼저 이토록 중대한 위험을 헤치고 나아갈 수 있도록 이끌어주신 하느님을, 그다음으로 위대한 제국의 시민임을 자랑스럽게 만들어준 국왕을 떠올릴 것이다."라고 선언했다.

하지만 대서양 건너 미국의 태도는 조금 달랐다. 덤버턴오크스, 얄타, 샌프란시스코에서 이루어진 협의에도 불구하고, 많은 미국인이 들뜬 마음

---

* 제2차 세계대전 직후, 영국이 막대한 부채로 국가 부도 직전까지 몰렸다가 가까스로 위기를 벗어난 상황을, 1940년 5월 됭케르크에서 연합군 30여만 명이 기적적으로 철수한 사건에 빗대어 표현한 말이다.

으로 영제국의 해체를 요구했다. 일본군 퇴각 이후, 영국군은 싱가포르와 홍콩을 다시 장악했다. 유엔헌장과 함께 자결권이 점점 후퇴하자, 천 년간 이어져온 영국의 환상을 지속시키기 위해 수많은 사람이 죽은 것일지도 모른다는 미국의 두려움에 신빙성이 생겼다. 〈시카고 트리뷴Chicago Tribune〉 은 많은 사람이 공감할 만한 경고를 남겼다. "우리는 영국의 억압적인 제국 유지에 아무런 관심이 없다. 영국이 우리의 외교 정책을 지배하는 상황이 지속되도록 내버려두지 않을 것이다. 영국이 제국을 유지하는 유일한 방법이기 때문이다."[48] 갤럽Gallup 설문조사에 따르면, 미국인의 약 60퍼센트가 과거 식민 지배국인 영국에 추가로 대출을 제공하는 데 반대한다고 응답했다.[49] 미국은 정부 고위층 차원에서 누가 돈줄과 제국의 운명을 쥐고 있는지 영국에 일깨웠다.

전쟁이 끝나자 미국의 무기 대여도 끝이 났고, 케인스는 영국의 경제적인 미래를 둘러싼 미국과의 협상에서 중요한 역할을 맡았다. 5년 전, 20세기 가장 영향력 있는 경제학자 케인스는 《전쟁 대금 지불 방법How to Pay for the War》이라는 책을 출간했다. 이 책에서 그는 평화로워졌을 때 지출할 돈을 미리 모아야 한다며 저축을 권고했고, 높은 세율 부과로 국제 분쟁에 필요한 자금을 조달해 적자 지출과 인플레이션을 피해야 한다고 조언했다.[50] 1944년 7월, 전쟁이 끝나자 케임브리지대학교 교수로 강의하던 케인스는 여러 차례 심장마비와 전반적인 건강 악화에도, 브레턴우즈에서 영국 대표단을 이끌었다. 미국은 뉴햄프셔 화이트산맥에 자리 잡은 마운트워싱턴호텔에서 경제력을 협상력과 바꿀 수 있기를 기대했다.

케인스는 '재정적 아마겟돈'을 피하려면 영국이 방위비 지출을 줄이고, 수출을 늘리고, 무엇보다 미국으로부터 돈을 빌려야 한다고 믿었다. 케인스는 미국인들에 대한 혐오감을 억눌렀다(그는 미국이 영국의 재정적 약점을 이

브레턴우즈협정에 참석한 존 케인스, 1944년

용해 '영제국의 눈알을 뽑아내려 한다'고 강하게 비판한 바 있다). 일왕이 항복을 선언한 지 몇 주 후, 워싱턴으로 날아간 케인스는 핼리팩스 경과 함께 절박한 마음으로 대출 협상에 임했다. 협상단에 동행했던 또 다른 영국 대표는 당시 워싱턴 협상의 분위기를 이렇게 묘사했다. "화성에서 온 방문자가 이 광경을 본다면, 우리가 패전국 대표로서 패배의 경제적 대가를 논의하는 자들로 보아도 전혀 이상하지 않았을 것이다."[51]

영국 언론은 전쟁에서 승리했다는 사실을 잊고 탐욕을 부린다며 미국을 비난했다. 미국이 머뭇거리던 암울한 시기, 영국은 홀로 서 있지 않았던가? 파시즘으로부터 전 세계를 지키기 위해 영국 병사들이 목숨을 내놓지 않았는가? 프랑스가 일찌감치 파시스트 정권의 손에 넘어간 뒤, 국내 전선을 강화하고 대공습을 견뎌낸 것은 영국 아니었나? 그렇다면 〈타임스〉가 보도한 것처럼, 미국은 프랑스가 함락된 이후부터 본격적인 무기 지원이 이루어지기 전까지 영국이 자체적으로 구매한 물자에 대해 일종의 '소급적 무기 대여' 방식으로 보상해야 하는 것 아닌가?"[52] 워싱턴은 이러한 발상에 코웃음을 쳤고, 핼리팩스와 케인스에게 영국과 미국 간의 관세 인하를 약속한 무기대여법 제7조 내용을 지키라고 촉구했다. 이 조항은 관세 인하를 위한 영미 양국의 공동 노력을 약속한 것이었다. 영국이 재정적으로 궁지에 몰린 상황에서, 미국은 제7조를 활용해 '제국 특혜 관세 제도'를 공격했다. 이 제도는 영제국의 무역 시스템 밖에 있는 국가에는 높은 관세를 부과하는 반면, 영제국 내의 국가나 식민지에는 관세를 낮추거나 면제하는 방식으로 차별했다. 영제국의 특혜 관세를 없애는 것은 대서양헌장이 공표될 당시부터 중요한 전시 문제였다. 문제의 핵심은 전 세계에서 자유무역이 이루어지는 경제에 대한 미국의 전후 비전이었다. 미국은 제국주의와 관세, 교역품에 대한 보조금을 토대로 한 영국의 보호주의 정책을 시대착오적이라고 여겼다. 19세기 초중반의 영국처럼, 미국은 막강한 경제력을 바탕으로 자유무역의 문을 강제로 열어젖히려 했고, 목적 달성을 위해 어떤 일도 불사할 준비가 되어 있었다.

파운드통화권의 탄생

미국의 앞길을 가로막은 것은 영제국에 속한 식민지와 영토에 특혜 관세를 주는 무역협정만이 아니었다. 영국의 제국주의적인 통화 협력 역시 큰 걸림돌이었다. 통화 의존성은 영국 패권의 오래된 특징이었다. 제국에는 단일 통화가 없었지만, 파운드화는 국제 거래 통화로서 절대적으로 우위에 있었다. 그래서 제국에 속하지 않은 다른 국가의 입장에서는 환율을 파운드화에 고정시키고 파운드화로 국제 거래를 하는 편이 합리적이었다. 파운드화는 독보적인 외환 및 준비금 수단이 되었고, 런던은 상업 서비스 및 금융 서비스의 중심지가 되었다. 이 같은 시스템이 잘 굴러간 것은 영국 생산 제품과 제국 원자재가 세계 시장을 장악하고, 재화와 원자재 거래가 파운드화로 이루어졌기 때문이었다.[53]

하지만 영국의 경제적인 입지가 약해지고 달러로 구매해야 하는 미국 제품에 대한 세계 수요가 증가하자, 영국은 국제 통화 문제에 직면했다. 1932년 열린 제국경제회의Imperial Economic Conference는 '영제국 내 특혜 관세'라고 알려진 제국무역특혜Empire Trade Preference 시스템을 제안했다. 제국과 영연방은 환율을 파운드화에 고정시키는 '파운드 블록'이라는 비공식 협약에 합의했다. 당시 영국은 파운드 가치를 금과 다른 통화에 대해 변동 환율제로 운영하고 있었다. 이 기간, 상당수의 영연방 자치령과 인도는 자체적으로 중앙은행을 설립했다. 각 지역의 중앙은행은 파운드 블록 준비금 혹은 파운드 잔고를 대부분 보유한 잉글랜드은행(영국 중앙은행)과 긴밀하게 협력했다. 제2차 세계대전이 일어나자, 영국은 파운드 블록 국가들을 파운드통화권sterling area이라 불리는 통화연합으로 공식화하는 법안을 통과시켰다. 파운드를 달러 같은 다른 통화로 교환하는 정책이 중단되었다. 영국이 파운드통화권에 참여하는 자치령이나 식민지, 국가가 런던에 보관해 둔 준비금을 빌리도록 허용하는 일련의 긴급방어금융규정Emergency Defence Finance Regulation을 토대로 제국의 통화 관계가 작동했다.[54]

전쟁이 끝날 무렵, 세계 무역의 50퍼센트가 파운드화로 이루어졌다. 파운드화는 전 세계 외화준비금의 80퍼센트를 차지했다. 국제 통화 시스템 전체가 파운드화에 의존하고 있었으며, 1944년 브레턴우즈에서 체결된 많은 합의는 실행 불가능했다. 브레턴우즈는 파운드화를 달러화로 바꾸도록 장려해 국제 결제를 자유화하는 메커니즘을 만들어냈지만, 전후 재건과 복구를 위한 자본에 대한 수요가 너무 높았다. 경제학자 캐서린 솅크Catherine Schenk는 이렇게 설명한다. "전시가 끝나고 재건이 시작되자, 미국 상품과 투자에 대한 세계적 수요가 너무 컸기 때문에, 유럽 중앙은행들이 보유한 달러 자산으로는 감당할 수 없었다. 따라서 유럽 통화들이 달러로 전환 가능하게 되면, 중앙은행의 달러 보유고가 순식간에 바닥났을 것이다. 이는 영국도 예외가 아니었다." 하지만 전쟁 때문에 유럽의 생산력이 대거 약화된 상황이었다. 파운드통화권은 영국, 영연방, 제국이 전후 복구를 위해 선택할 수 있었던, 현실적이고 자국 중심적인 대안이었다. 솅크는 이렇게 설명한다.

> 파운드통화권에 속한 국가들은 파운드화에 대한 고정 환율을 유지하고, 외화준비금의 상당 부분을 파운드로 보유하며, 파운드화에서 다른 통화(특히 미국 달러)로 이탈할 가능성을 방지하기 위해 영국과의 공동 외환 관리에 합의했다. 그 대신, 영국과 자유롭게 무역하며 다른 나라보다 더 쉽게 영국 자본을 사용했다. 1950년대에는 런던 자본 시장에 접근할 수 있다는 자체가 특히 중요했다. 브레턴우즈 체제로 인한 자본 통제 때문에 다른 시장들이 엄격하게 규제당했기 때문이다.

한 가지 중요한 사실은 어떤 국가가 파운드통화권을 탈퇴할 경우, 가혹한 벌이 내려진다는 것이었다. 파운드통화권의 외환 관리 범주를 벗어난 국가의 파운드 자산은 다른 통화로 환전할 수 없었다. 이집트처럼 파운드통화권을 떠나 자산이 차단된 몇몇 나라가 실제로 겪은 일이었다.[55]

하지만 파운드통화권은 식민지를 착취하기에 좋은 시스템이었다. 식민지들은 영국의 강압에 따라 어쩔 수 없이 파운드통화권에 합류했다. 다른 구성원들과 마찬가지로 각 지역 통화를 뒷받침하는 것은 파운드 자산이었지만, 식민지의 주요 경제 활동은 대외 무역이었으므로 통화 공급은 국제수지에 정비례했다. 고정 환율을 유지할 수 있도록, 식민지는 현지 통화 가치의 100~110퍼센트에 달하는 파운드화 자산을 보유하고 있었다.[56] 이러한 구조 속에서 영제국은 국제 수지 변동에 노출되었다. 잉글랜드은행이 시행한 준비금 정책은 제국이 절실히 필요로 하던 개발 자본을 빼앗고, 그 자금을 영국 경제를 위해 사용했다. 사실상 영국은 통화 정책을 통해 제국으로부터 이익을 취하고 있었던 것이다. 이는 애틀리 정부의 전후 의사결정을 이해할 때 염두에 두어야 할 핵심 사항이다.

영국의 착취적인 통화 정책에는 또 다른 요소도 있었다. 모든 파운드통화권 구성 지역이 외화준비금을 공동 보유했으므로, 미국 달러 등 모든 통화 수입을 런던에서 한데 모아두고 함께 관리할 수 있었다. 전쟁 후에는 소비재 구입에 사용할 미국 달러가 부족했기에 연간 수입 목표를 달러통화권에서 결정했지만, 영국은 파운드통화권 내 다른 회원국들과의 무역에서는 대체로 흑자를 기록했다. 파운드통화권 국가들은 세계 다른 지역들과의 무역에서도 흑자를 냈기 때문에, 런던에 모인 공동 외환 보유고를 통해, 영국은 제국과 영연방이 벌어들인 외화를 활용할 수 있었다. 특히 제국에서 수입되는 원자재는 흑자를 창출해 영국의 막대한 적자를 상쇄할 수 있었기 때문에 이러한 원자재는 앞으로 영국에 매우 중요해질 수밖에 없었다. 그뿐 아니라, 영제국에서 생산된 원자재를 구매하는 주요 국가인 미국의 달러 외환도 대거 런던으로 유입되었다. 영국은 런던으로 유입된 달러를 통해 부채를 갚고 미국 제품을 구매했다. 물론 현지의 필요를 충족시키는 용도로 식민지가 달러를 사용하지 않는다는 전제 조건이 뒷받침되었다.[57]

평화에 대한 비용

영국인들은 영국에 유리한 관세와 파운드화를 통한 환전을 골자로 하는 제국 특혜 관세가 전후 재건에 무엇보다 중요하다고 생각했다. 그 탓에 런던은 1945년 워싱턴에서 진행된 케인스의 장기 협상을 초조하게 지켜보았다. 한때 세계 금융의 중심지였던 영국 역시, 제국과 영연방에 빚을 지고 있었기 때문에 평화에 대한 대가를 어떻게 지불할지 답을 찾아야 했다(인도에만 13억 파운드(약 76조 원)의 빚이 있었다). 처칠은 미국이 제정한 무기대여법이 영국의 국가 재정 문제의 만병통치약이라 떠들어댔지만, 미국이 전시에 아낌없이 베푼 무기들은 결코 공짜가 아니었다. 결국 영국의 재정은 바닥을 드러냈고, 노동당은 무려 270억 달러(약 560조 원)짜리 무기대여 고지서를 포함한 전후 금융 위기를 물려받았다.[58]

영국의 전후 부채 규모를 모두 더하면, 액수가 어마어마했다. 전쟁 중 발생한 해외 자산 손실과 부채 누적으로 국부가 28퍼센트나 급감했다. 케인스와 핼리팩스는 영미차관협정Anglo-American Loan Agreement 체결로 시간을 벌어주었다. 미국은 무기대여법을 통해 영국에 빌려준 차관을 6억 5000만 달러(약 14조 원)로 차감했고, 영국은 37억 5000만 달러(약 83조 원)의 차관을 얻었으며, 미국은 1951년부터 2006년까지 오랫동안 차관을 상환받기로 했다. 영국이 치른 대가는 영연방 자치령의 동의를 받아 1932년 오타와협정에서 약속한 제국 특혜 관세를 포기하는 것이었다. 보호 관세 문제와 제국, 영연방, 파운드통화권과 영국 간의 수출입은 전후 복구 기간 영국과 미국 사이의 주요 갈등 요인이 되었다.[59]

파운드화 잔고와 파운드통화권 전반에 관한 문제로 영국인들은 불안해했다. 영국 정부의 전시 의사결정을 돌아보면 일찍이 케인스가 남긴 조언을 따르지 않은 것으로 보인다. 케인스는 영국이 '건실한 국가 재정 관리 원칙은 완전히 잊은 채' 전시에 필요한 돈을 대부분 신용으로 조달했다고 지적했다.[60] 영국 관료들은 영연방 자치령과 인도가 파운드 수지협상에 응하기를 바랐다. 영국과 제국 사이에서 권력 이동의 조짐이 있다면 이는 파운드 수지협상 문제 때문이었다. 제2차 세계대전 발발 전에는 식민 영토 대부분이 영국에 빚이 있었지만, 전쟁이 끝나자 바로 그 식민 영토들이 전시 차관 때문에 영국의 채권국이 되었다. 영국은 1939년 체결된 국방비지출협정Defence Expenditure Agreement에 따라 인도에 많은 돈을 갚아야 했다. 인도가 전쟁 분담금으로 영국에 제공한 13억 파운드(약 76조 원)는 장부에 그대로 기록되었다. 호주와 뉴질랜드는 영국의 빚을 1퍼센트씩 탕감해주었고, 캐나다는 영국 시장의 붕괴를 막기 위해 12억 5000만 달러(약 28조 원)의 차관을 제공하며 영국을 향한 충성심을 보여주었다.[61]

워싱턴에서 돌아온 케인스가 상원으로 향했을 때, 사람들은 케인스의 노력에 찬사를 보냈지만 그를 환영하지는 않았다. 당장은 케인스가 영국을 '금융 됭케르크'로부터 구해냈지만, 영국 재정의 미래는 여전히 암울했다. 영국이 새로 받아낸 차관은 총 50억 달러(약 112조 원), 영국의 파운드화 잔고는 36억 파운드(약 212조 원)였다. 영국의 시사주간지 〈이코노미스트The Economist〉는 "공동의 대의를 위해 국부의 4분의 1을 잃은 대가로 받은 보상은, 전쟁으로 부를 축적한 이들에게 앞으로 반세기 동안 조공을 바치는 것이다. 거지에게는 선택권이 없다. 하지만 오랜 전통에 따라, 야망으로 들끓는 부자들을 저주할 수는 있다."라고 빈정거렸다.[62]

문제는 단순히 돈만이 아니었다. 미국의 경제력과 그 경제력을 휘두르려는 의지 때문에 영국은 굴욕적인 하급자로 전락했다. 이러한 사실은 브레턴우즈에서 처음 드러났고, 1945년 무기대여법 및 차관협상으로 더욱 노골적으로 알려졌다. 미국은 영제국을 유지해온 보호주의 정책과 영제국 자체에 대한 혐오가 반영된 경제 전략을 추구했다. 노동당은 상대적으로 부족한 국제 및 식민지 경험을 보완하기 위해 개성 넘치는 인물을 발탁했다. 그 공백을 채운 인물이 바로 외무장관 어니스트 베빈이었는데, 사실 그는 노동당의 탈을 쓴 강경한 제국주의자의 전형이었다. 애틀리 행정부에서 순회 식민 관료를 지내고 상원에서 노동당 원내총무를 지낸 리스토웰 경 Lord Listowel도 베빈을 '내심 제국을 확장하고 싶어 하는 구식 제국주의자'라고 여겼다.

구식 제국주의자, 베빈의 활약

베빈은 정규 교육을 거의 받지 못했지만, 운수 및 일반 노동조합Transport and General Workers Union을 발판삼아 노동당의 높은 자리까지 올라갔다. 그는 까다로운 노조와의 협상 능력 덕에 깊은 존경을 받았으며, 케인스주의를 이해하는 몇 안 되는 노동조합원이기도 했다. 처칠은 '전형적인 영국의 노동자 계층' 베빈이 외무장관까지 올랐다는 사실이 곧 제국의 힘과 목적에 대한 일반 시민의 지지 증거라고 이야기했다. 비꼬는 투였지만, 분명 칭찬이기는 했다.[63]

전쟁 중 베빈은 처칠 전시 내각의 일원으로서 실력을 입증했고, 1945년 여름 포츠담 회담에서는 러시아 및 미국 측 인사들과의 외교 접촉을 통해 자신의 국제적인 능력을 유감없이 발휘했다. 확장 지향적인 제국주의 성향 덕에 베빈은 전후 외무성과 식민성을 지탱하던 옥스퍼드와 케임브리지 출신 공무원들로부터 깊은 신망을 얻었다.[64] 부하 직원 간 존재하던 명백한 문화 충돌에 더해, 이론적으로는 식민성이 베빈의 권한 밖임을 고려하면 이 같은 애정과 충성심은 눈여겨볼 만하다. 베빈은 강력한 의지로 크리치 존스를 복종시키며 제국과 관련된 모든 문제에 영향력을 확대했다. "크리치 존스는 식민성 내 행정을 실제로 장악하는 것처럼 보이지 않았다. 그는 하원에서도 형편없었으며 내각에 아무 기여도 하지 못했다."라고 평가한 애틀리는 이 같은 상황을 기꺼이 묵인했다.[65] 이에 반해, 고압적인 태도로 유명한 귀족 출신 돌턴은 가장 유력한 외무장관 후보로 여겨졌으나, 막상 베빈이 임명되자 그의 강경한 제국 정책에 불만을 품었다. 돌턴은 영국이 군사적으로 과도하게 개입하여 전쟁으로 재정이 어려운 상황에서 이러한 부담을 줄여야 한다고 주장했다. 이 같은 생각은 집권 초기에 당의 야심 찬 국내 복지 정책을 실현하고자 했던 총리 애틀리도 일정 부분 동의하는 바였다.[66]

전후 영제국의 정책 수립과 정의에 있어서 베빈을 따라올 사람은 없었다. 베빈의 전기 작가 앨런 불럭Allan Bullock은 다음과 같이 설명했다. "다른 나라들 역시 영국의 경제력이 약해지는 징후를 금세 포착했고, 영국을 한때는 위대했으나 쇠퇴기에 접어든 제국으로 취급했다. 하지만 베빈은 그들 중 지나치게 나서는 자들에게 단호히 경고했다. 영국이 예전만큼 강력하지는 않더라도 여전히 무시할 수 없는 나라이며, 함부로 휘둘리거나 배제당할 생각은 전혀 없다는 점을 분명히 한 것이다."[67] 베빈은 1945년 열린 노동당 연례회의에서 입장을 분명히 밝혔다. "전 세계 모든 지역에 영향을 미치는 위대한 제국과 영연방의 중심에 서는 정부를 만들어나가야 한다. 혁명으로는 지리도, 지리적인 요구를 바꿀 수 없다."[68]

냉전이 막 시작되었을 때, 베빈에게는 3대 강국으로서의 입지와 강대국으로서의 위상 유지가 무엇보다 중요했다. 1945년, 전 세계로 눈 돌린 베빈은 전후의 영제국이 19세기 말 빅토리아 여왕이 다스리던 제국과 아주 비슷하다고 여겼다. 그의 시각은 과거의 영광, 많은 국가와 함께 파시즘과 싸운 최근의 기억 등으로 굴절되어 있었다. 문제는 이 같은 시각으로 영국의 미래도 바라보았다는 점이다.

19세기 말, 영제국이라는 왕관을 아름답게 장식하던 인도는 여전히 영국의 지배 아래 있었다. 버마, 말라야, 싱가포르 등 대부분의 동남아 지역도 마찬가지였다. 영국은 케냐, 남로디지아, 북로디지아, 나이지리아, 황금 해안 등이 포함된 아프리카의 방대한 식민 영토를 여전히 손에 쥐고 있었다. 카리브해와 남태평양의 여러 섬, 팔레스타인, 아덴, 홍콩, 그 외 호주, 뉴질랜드, 캐나다같이 영연방의 지위를 획득한 영토도 제국의 손안에 있었다. 여전히 전 세계 영토의 거의 25퍼센트가 영제국 차지였다. 일본의 항복으로 끝난 참혹한 전쟁 후에도 조지 6세가 통치하는 전 세계 신민은 7억 명이 넘었다. 식민성은 영국 내에서 영향력을 키워나갈 준비가 되어 있었고, 영국령 아시아와 아프리카, 그 외 지역에서의 독립은 구체적인 계획 없이 국가적 이익이라는 모호한 구상 속에만 머물러 있었다.[69]

베빈은 새로운 세계질서 내에서의 영국의 역할, 미국의 손아귀에서 벗어날 수 있는 능력, 영국의 전후 경제 회복이 모두 제국과 맞물려 있다고 생각했다. 그는 특히 지정학적으로 중요한 중동의 석유 자원을 통해 제국의 힘을 재확인했다. 엄청난 전쟁 비용을 통해 영국을 구제한 동시에 굴욕적으로 무릎 꿇린 미국의 태도는, 제국이 영국을 구원할 것이라는 베빈의 굳은 믿음에 불을 지폈다. 문제는 베빈의 계산법에 제국의 전후 상황이 거의 반영되어 있지 않다는 점이었다. 동남아시아는 수년간 지속된 일본의 지배로 참혹하게 부서진 상태였다. 인도와 팔레스타인에서는 강력한 반식민투쟁과 국내 폭력 사태 때문에 불만이 분출되기 직전이었다. 유럽 재건을 위한 마셜 플랜은 있었지만, 식민지 신민을 위한 마셜 플랜은 없었다.*
한편, 영국에는 본국 공장에서 일할 노동자가 필요했다. 노동자들이 벌어들이는 수출 수익이, 영국이 재정난에서 벗어나는 발판이 될 수 있는 상황이었다. 애틀리 정부 일각에서 영국의 해외 영토 유지에 필요한 병력에 대해 대대적으로 재고를 요구한 것은 이러한 이유 때문이었다. 이에 전쟁이 끝나면 병력 규모가 단숨에 대폭 줄어들 것으로 예상되었지만, 여전히 350만 명이 세계 각지에 주둔했다. 많은 영국인이 독일이 점령했던 지역과 제국 곳곳에 배치되었다.[70]

제국으로서의 권력 재건까지는 아니더라도, 제국을 유지해야 한다는 것이 영국의 초당적인 의견이었다. 주요 인사 중 반대하는 사람은 애틀리와 돌턴뿐이었다. 베빈은 영국의 자율성을 원했으며, 역사학자 필립 머피 Philip Murphy가 말했듯, 미국과의 협력은 어디까지나 일시적인 방편으로 여겨졌고, 중요한 과제는 영제국 및 영연방 재건이었다.[71] 베빈은 외교 문제에서 우리 몫을 다하고 전후 세계에서 미국의 간섭 없이 독자적으로 움직이기를 결심했지만, 이는 국가가 재정적 파탄을 면하려는 노력과 충돌했다.[72] 더불어 재무부에 군비 지출이 늘어나면 돌턴의 관할 아래에서 이미 악화되고 있던 위기를 더욱 심화시킬 뿐이었다. 1946년 말, 돌턴은 일기에 속마음을 털어놓았다. "동료들에게 계속 이야기한 것처럼, 군비를 포함해 해외 지출을 대폭 줄이고 지금보다 수출을 대거 늘리지 않으면 2년쯤 후에는 캐나다와 미국에서 빌린 차관이 바닥나 영국 경제는 파탄 날 것이다."[73] 돌턴은 제국 없는 영국이 '진정한 영국'이 아닐 수도 있지만, 제국을 내려

---

* 마셜 플랜이란 제2차 세계대전 이후 미국이 서유럽 국가들의 경제 재건과 공산주의 확산 방지를 위해 시행한 대규모 원조 계획이다. 여기서는 영국 식민지에 그와 같은 경제 재건 지원이 전혀 주어지지 않았음을 비판적으로 강조하는 의미로 사용되었다.

놓지 않으면 재정이 파탄 난다는 사실 또한 잘 알고 있었다.

영국과 미국의 특별한 관계

전후 시대에는 영국이 미국에 매인 신세임이 틀림없었음에도 영국 정부가 미국 정부의 입장을 반박하곤 했지만, 이런 과정에서 양국 간에 '특별한 관계'가 발전했다. 그러나 이 관계는 결코 일방적이지 않았다. 동서 관계가 경직되자 영국을 포함한 유럽의 여러 제국에 대한 미국의 입장이 복잡해졌다. 전후 몇 년간 소련의 지원으로 체코슬로바키아에서 쿠데타가 시작되었고, 공산주의는 빠르게 확산되었다. 이후 소련은 베를린 봉쇄로 서방이 통제하는 서베를린을 오가는 교통 시설을 차단했고, 그 후 지중해 동부와 중동으로 세력을 넓혔다. 모택동이 중국을 점령하고, 한국전쟁이 발발했다. 이런 상황 속에서 미국 정부는 공산주의의 위협이 거세지는 가운데 국고가 바닥나 미국의 원조에 의존할 수밖에 없는 유럽 각국 정부들이 현지 민족주의를 억누르려는 시도를 이해할 수 없었다.[74] 하지만 그럼에도 영제국의 전략적 가치는 미국에게 무시할 수 없는 자산이었다.

냉전으로 새로운 세계질서가 두드러졌다. 공산주의가 확산되자, 이전까지 제국주의에 반대하던 미국이 영제국을 지지하는 쪽으로 정책을 수정했다. 1945년 4월, 루스벨트 대통령의 사망한 뒤 케인스는 미국이 세계 각지에서 영국 정책을 뒷받침하고 있다고 확신했다.[75] 새로운 세계질서가 명확해지자 미국은 유럽의 지지를 기반으로 '트루먼 독트린Truman Doctrine'*을 통해 파운드통화권을 계속 지지했다. 영국의 제국주의적인 합의와 재건 정책을 크게 문제 삼지 않았다. 반공주의가 반제국주의보다 중요했고, 미국은 영국과 프랑스 등 동맹국들의 세력 강화를 위해 노력했다. 공산주의와의 대결에서 영제국은 매우 중요한 존재였다. 이에 미국은 국가 안보라는 명목 아래 제국주의 체제를 아낌없이 지원했으며, 영국 유권자들은 제국의 좋은 점만 취했다.[76]

미국 정부는 대내외적인 잇따른 성명 발표로 이 같은 견해를 뒷받침했다. 1948년 6월, 미 국무부는 영제국 강화라는 '관행'을 '정책'으로 전환하겠다고 발표했다. "영국과 영연방 자치령, 식민지, 보호령은 전략적으로나 군사적으로 매우 큰 가치를 지니며, 방어 거점이자 작전의 전초기지 역할을 해왔다. 우리는 기본적으로 민족자결권을 지지하는 입장을 유지하지만, 이 지역의 통합성을 유지하는 것이 우리의 목표다."[77] 이후 상원에서 북대서양조약 North Atlantic Treaty에 대해 증언한 상원의원 헨리 로지 Henry Lodge는 이렇게 강조했다. "우리에게는 이 국가들이 강해야만 한다. 이 국가들은 식민지 없이 강해질 수 없다."[78] 1950년, 냉전기의 저명한 외교관이자 역사가인 조지 케넌 George Kennan도 미국의 입장을 확인시켰다. "영제국의 해체는 우리의 이익에 부합하지 않는다. 영연방은 우리가 할 수 없거나 원하지 않는 일들을 해줄 수 있는 존재이며, 그들이 그런 역할을 계속 해주기를 바라고 있다."[79]

이 같은 미국의 태도에도 불구하고, 영국의 강경한 제국주의자들은 자신들을 먹여 살리는 미국에 계속 반기를 들었다. 그들은 언젠가 제국의 위력을 등에 업고 영국이 세계무대에서 독자적으로 움직일 수 있을 것이라고 확신했다. 베빈을 비롯한 이들은 영국의 새로운 세계질서 속 역할과 금

---

* 1947년 33대 미국 대통령 해리 트루먼이 제시한 외교 정책으로, 냉전시대 미국의 대외 정책 방향을 결정짓는 전환점이 되었다.

융 위기를 '제국'이라는 연결고리로 엮어 생각했다. 베빈은 〈서구 문명에 대한 위협The Threat to Western Civilization〉이라는 글에서 널리 퍼진 정서를 다음과 같이 표현했다. "미국과 소련에 필적하는 자체적인 힘과 영향력을 개발해야 한다. 영제국에는 물적 자원이 있다. 우리가 그 자원을 개발했다. 지금이라도 당장 정신적인 지도력을 발휘하면 우리가 미국이나 소련에 굴종하지 않음을 분명하게 보여주는 방식으로 우리 임무를 수행할 수 있다."[80] 영국을 다른 모든 나라보다 우위에 둔 베빈은, 제국 개발을 '우리가 주인공인 서구 문명에 내재한 윤리적이고 영적인 힘을 체계화하고 통합'하기 위한 원대한 시도의 일부로 간주하며 자유제국주의 복음을 전했다.[81] 제국은 영국의 국제적 위상을 높여줄 뿐 아니라, 금융 위기까지 해결해줄 만병통치약이었다. 베빈은 "식민제국이 우리가 당면한 경제 문제 해결에 크게 도움이 될 수 있다."라고 단언했다.[82]

베빈과 다른 장관들은 점점 심화되는 대미 의존은 말할 것도 없고, 영국의 금융 위기와 국내의 궁핍한 상황을 식민지를 통해 해결할 수 있다고 믿었다. 중동의 유전, 말라야의 고무 농장 등 세계 각지의 식민지들은 여전히 다양한 상품을 생산하고 있었다. 경제사학자 찰스 파인스타인Charles Feinstein의 지적처럼, 1945년 이후 미국을 비롯한 달러통화권 국가와의 무역에서 발생한 파운드통화권 전체의 적자를 줄이는 데 식민지의 기여와 파운드 잔고의 증가는 매우 중요해졌다.[83] 제국은 달러통화권에 고무, 코코아, 구리, 그 외 다른 원자재를 수출해 상당한 수익을 올렸다. 영국은 이러한 달러 수익이 대미 수입품 구매에 사용되지 않도록 식민행정관들에게 절약을 강하게 요구했다. 이로 인해 막대한 달러 흑자가 발생했고, 다른 파운드통화권 가입국, 특히 영국과 백인 자치령들은 무역으로 벌어들인 달러 흑자를 자국의 이익을 위해 활용했다. 1952년까지 금·달러 누적 적자가

98억 5000만 달러(약 148조 5976억 원)까지 치솟을 것이라 예상되던 만큼, 연간 수억 달러에 달하는 제국의 달러 무역 흑자는 영국의 부채 상환에 크게 도움이 되었다.[84] 1948년, 1억 2000만에 달하는 달러(약 2조 5223억 원)를 벌어들인 말라야는 '파운드통화권의 달러 무기고'로 여겨졌다.[85] 영국은 상품 수출(특히 고무, 코코아, 사이잘, 광물같이 미국으로 향하는 상품 수출)에 집착했지만, 세계 수출을 위해 생산을 늘린 품목이 이것만은 아니었다. 시에라리온과 보르네오의 쌀, 남로디지아의 담배, 케냐 커피, 제국 끝자락 여러 식민지에서 생산된 땅콩, 대두, 아마씨, 차, 목재 등은 수출 확대 대상이었으며, 특히 달러통화권 국가들을 주요 시장으로 삼았다. 1940년 제정되었으며 '동반자 관계'로 포장된 식민지 개발 및 복지법은 영국의 금융 회복에 무엇보다 중요했다. 식민지 개발 및 복지법은 오래된 약속을 일련의 새롭고 개선된 개발 프로젝트로 재구성했다. 이 법은 조지 3세가 미대륙 식민지에 적용한 과세 정책과 유사하지만, 훨씬 정교한 메커니즘을 지니고 있었다. 조지 3세는 영국의 18세기 전쟁 부채를 갚기 위해, 제국을 조잡하게 쥐어짜는 과세 정책을 수립했다. 이 정책이 미국 독립혁명에 불을 지폈다. 이러한 영국의 '잘못된 통치'로 미국에서 반란과 독립이 일어났으며, 이후로 영국은 국내 재정을 위해 제국에 세금을 부과하지 않았다. 이와 비교하면 식민지 개발 및 복지법은 영국의 통화 정책을 발판 삼아, 영국의 20세기 전쟁 부채를 갚기 위해 제국을 이용했다.

1948년, 식민지개발공사Colonial Development Corporation가 설립되었다. 공사 설립의 주목적은 '영국에 공급하거나 해외에 판매하면 영국의 국제 수지에 도움이 될' 원자재와 식료품 생산이었다.[86] 본국의 수요를 충족시키기 위해 런던에 비축된 수출 수익을 끌어다 썼고, 제국과 영연방 파운드통화권 그리고 미국 제품에 불리하게 작용하는 제국 특혜 관세는 영국의 재정

회복을 뒷받침했다. 제국의 생산을 늘리기 위한 보조금은 단숨에 수입을 늘릴 수 있는 프로젝트에 직접 투입되었다. 방대한 규모의 자본 투자는 기아나의 준설 채굴업, 감비아의 양계업, 포클랜드의 바다표범 사냥 같은 대규모 사업으로 흘러들어갔다.[87] 파운드통화권 시장과 국제 통화 시스템 내에서 영국의 입지를 보호하면서 석유, 고무, 그 외 돈벌이 작물의 생산을 늘리기 위해 일부 식민지 경제에 현금을 투입했다. 일부 계획은 완전히 실패했지만 말이다.[88]

이 같은 조치는 장기적으로 영국 산업의 경쟁력과 혁신을 억누르고, 투자 자본이 국내 경제 성장에 쓰이지 못하도록 막고, 파운드화의 가치 유지를 위해 인위적으로 금리를 높였다. 유럽과 관련된 기회비용도 있었다. 유럽대륙과 긴밀하게 통합될 즉각적인 가능성도 있었지만, 영국은 별다른 노력을 하지 않았다.[89] 노동당은 유럽의 통일된 사회주의 국가를 만들어나가자고 제안했지만, 이는 과장된 수사적 표현일 뿐이었다. 베빈과 돌턴 모두 유럽인으로서의 정체성이 없었다. 한편, 노동당 의원들은 유럽 통합과 관련해 '더럼의 광부들은 그런 생각을 받아들이지 않을 것'이라는 모리슨의 견해를 지지했다.[90] 영국이라는 국가의 정체성에 있어서, 핵심은 유럽이 아니라 제국이었다. 정체성이 경제적인 의사결정에 미치는 영향을 부인할 수는 없었다. 헤이스팅스와 동인도회사 시대에도 그랬고, 파운드화 등 경제와 관련된 거의 모든 것이 제국과 긴밀하게 얽힌 제2차 세계대전 이후 역시 마찬가지였다.

영국은 일상적으로 자국의 재정적인 취약성을 보여주는 극적인 증거와 마주했다. 그리고 이 같은 문제가 대두될 때마다 미국에 다양한 형태의 구제 방안을 요구했다. 케인스가 주도한 협상에서 미국이 차관 제공 대가로 요구한 파운드화와 달러화 태환 정책이 1947년 7월 도입되었다. 보유고가 급감하는 바람에 영국은 달러 인출을 중단할 수밖에 없었다.* 파운드화의 붕괴로 국제시장에서 파운드화의 역할을 조정하라는 미국의 압력에 영국이 굴복할 것이라 예상되었지만, 동구권에서 공산주의의 위협이 거세지자 미국의 외교 정책은 180도 달라졌다. 그 덕에 파운드화는 붕괴를 면하고, 원래 역할을 해나갈 수 있었다.[91] 2년이 지난 1949년 9월, 영국은 파운드화 환율을 1파운드당 4.03달러에서 2.80달러로 평가절하했다. 그동안 금융시장이 파운드화를 과대평가하고 달러화를 저평가한 결과였다. 파운드화는 달러 대비 30퍼센트나 가치가 하락했다. 파운드화 가치 하락의 여파가 영국, 영제국, 영연방으로 퍼져나갔다. 그 결과 파운드통화권의 수입 비용이 상승하고, 파운드화에 대한 국제적인 신뢰도는 최저치를 기록했다.[92]

노동당의 제국 부활 정책

제국 재건을 위한 영국의 노력은 민족주의를 기반으로 한 절망에서 비롯되었다고도 볼 수 있다. 식민주의에 반대하는 목소리가 제국 곳곳으로 확산하는 가운데 '식민지 착취'라는 정당한 비난이 식민지개발공사는 물론 다른 재정 조치들의 발목을 잡았다. 영국이 돈벌이 작물을 마구잡이로 심은 결과, 심각한 토지 훼손 문제가 대두되었다. 이에 대응하여 진행한 계단식 농사 프로젝트에서 현지 주민의 노동력을 추가로 동원한 탓에, 외딴 마을에 살던 제국 신민은 영국의 경제적·기술적 간섭의 여파를 온몸으로 느꼈다. 제국 변방에서 비난이 쏟아졌다. 애틀리 내각은 "유럽의 이익을 위

---

* 당시 1파운드당 4.03달러로, 시작 한 달 만에 태환이 정지되었다.

해 식민 영토를 착취하는 그 어떤 제안도 해서는 안 된다."라고 판단했지만,[93] 영국 정부가 가장 우려한 것은 식민지 주변부의 목소리가 아닌 소련의 반응이었다. 애틀리는 영국이 자국의 어려움을 해결하기 위해 식민지 민중을 착취하고 있다는 원망의 목소리가 커지고 있다고 강조했으며 소련은 이 문제를 일정 부분 활용했다.[94] 그러나 아무리 영제국이 이 문제를 회피하려 해도, 애틀리 내각은 '제2차 식민 점령기'라고 부르는 시기를 이끌었다. 이는 제국의 역사에서 경제적으로 가장 많이 착취한 시기였다.

새롭게 시행된 노동당의 제국 부활 정책은 탄압 강화로 이어졌다. 팔레스타인이 여전히 불씨로 남은 현실, 수백 명에 달하는 인도국민군 병사가 인도의 붉은요새에 갇힌 상황, 1945년 범아프리카회의에서 반식민주의 투쟁을 위한 무력 사용 요구가 높아지는 현상 모두 전후 제국주의와의 충돌을 예고했다. 애틀리 내각의 일부 장관은 협상으로 재정 문제를 해결해보려 했지만, 다른 장관들은 국가 주도 폭력에 의지했다. 생포한 나치 용의자 송환을 비롯해 심문소를 합법화하는 다양한 형태의 규정이 난무했으며, 다양한 종류의 심문소를 통해 혹독한 관행과 합법화된 불법이 판쳤다. 평화가 찾아오자 캠프 020과 런던 케이지 정보원이 담당하던 일부 심문 활동이 전후 유럽과 제국으로 옮겨갔다.

애틀리가 다우닝가에 입성할 무렵, MI5 책임자 피트리와 MI5 B사단 부사령관 화이트는 엄선한 심문관과 경비요원을 포함해 상당한 인력을 독일로 파견했다. 이들에게는 곧 있을 뉘른베르크 재판에 필요한 정보를 수집하는 역할이 주어졌다. 독일에서 작전을 총괄한 사람은 캠프 020 책임자인 로빈 스티븐스였다. 스티븐스는 '바트넨도르프의 새로운 심문소 설립'이라는 임무를 맡았다. 한때 온천이었던 건물 안 개인 욕실은 심문실과 격리실로 안성맞춤이었다.[95] 스티븐스는 심문관들이 '최단기간에 진실을 찾아

'양철 눈'이라는 별명으로 불리던
로빈 스티븐스 중령

내기 위해' 굶주림이나 물고문 기법 등 갖가지 형태의 신체적·정신적 압박을 가했다고 설명했다.[96]

바트넨도르프 합동심문소는 제국 전역과 영국의 영향력이 미치는 모든 곳에서 심문으로 정보를 수집하는, 훨씬 큰 시스템을 구성하는 여러 합동심문소 중 하나였다. 수많은 합동심문소가 인도에 우후죽순 생겨났고, 팔레스타인, 시리아, 이라크, 그리스, 동남아시아, 북아프리카와 동아프리카 각지에도 설치되었다. 육군성 보고서에는 합동심문소가 '정보 수집을 위한 장소'였으며, 전시의 교훈이 분명한 가치를 지닌 곳이었다.[97] 물고문, 오물 고문, 암페타민이나 티록신 같은 약물 실험, 기아 고문, 시청각 자극 등을 이용한 환각 실험에 이르기까지 합동심문소 곳곳에서 갖은 전술이 등장했다.[98] 영국 정부는 개별 심문관의 신원뿐 아니라 심문소의 존재까지 비밀에 부치기 위해 노력했지만, 현지인들은 심문소에서 새어나오는 비명을 들었다. 인근 병원은 다양하게 아픈 수감자들이 병원 문 앞에 버려져 있다고 신고했다.[99] 자포자기한 채 숟가락을 삼킨 사람도, 사지가 잘린 사람도 있었다. 보는 사람이 몸서리 쳐질 만큼 쇠약해진 사람도, 고통에 죽어간 이도 여럿이었다.[100]

학대 사실을 감출 수 없자, 영국군은 스티븐스와 부하들의 일탈이라 일축했다. 영국 안보부는 "우리는 그 문제에 대한 어떠한 책임도 없다. 안보부와 이 사건과의 유일한 연결 고리는 캠프 사령관인 스티븐스 중령이 MI5에 지원했다는 사실뿐이다."라고 주장했다.[101] 정상 참작 요인도 있었다. 내부 보고서에는 이렇게 적혀 있었다. "안보를 위해 일반적인 범죄 적발 활동보다 과감한 심문 방법을 사용하는 '합동심문소 74'의 존재는 반드시 필요하다. 여기서의 심문 활동으로 가장 가치 있는 정보를 얻었다."[102] 서류상 심문관은 '인도적인 방식'으로 업무를 수행했다. 심문관들은 '수감자의 신체 건강과 정신 건강을 부당하게 해쳐서는 안 된다'는 사실을 잘 알고 있었다. '심문 방법'은 '철저히 비밀에 부쳐진 일급비밀'이었다.[103] 스티븐스는 바트넨도르프 심문관들에게 구두로 이 지침을 전달했다. 특정 죄수에게 어떤 기법을 사용하고, 피해야 하는지 알렸다. 스티븐스는 "정보부 Intelligence Division가 각 사건에 대해 개별 지시했으며, 우리는 그 지시를 따랐다."라고 설명했다. 그는 정보부 책임자가 바트넨도르프를 여러 차례 시찰했으며, 방문할 때마다 구두로 지시를 내렸다고 주장했고, 부하들도 이 주장을 뒷받침하는 증언을 했다.[104] 기록으로 남겨진 것이 거의 없었기 때문에 '심문에 잘 응하도록 하기 위해 일부 포로에게 신체적 학대'를 가한 책임을 심문소를 관리하던 몇몇 사람에게 돌리는 것은 불가능했다.[105] 애틀리 정부는 이 점을 분명히 짚었다.

캠프 사령관인 스티븐스 대령이 가장 큰 책임을 져야 한다. 수감자를 징벌방에 가두고 가혹하게 처우하는 시스템과 아픈 수감자에 대한 부실한 의료 처치에 대해서 말이다. 스티븐스 대령이 자살을 꾀한다고 추정되는 수감자의 죽음을 전면적으로 조사하지 않은 점에 미루어볼 때, 직무태만으로 인한 징계는 정당하다.[106]

통제위원회Control Commission는 수감자들의 신체적·정신적 고문 및 사망에 관한 믿을 만한 보고서를 다수 찾아냈다. "바트넨도르프에서의 수감자 처우에 관한 궁극적인 책임 중 상당 부분이 정보부, 즉 화이트와 지휘관인 레스브리지Lethbridge 소장에게 있다는 것이 법원의 의견이다."[107] 영국 정부는 바트넨도르프 문제 처리에 최선을 다했지만, 통제위원회는 영국 정부의 모든 노력을 외면했다. 사건은 톰 헤이워드Tom Hayward가 책임자인 특별조사위원회에 정식으로 회부되었다. 헤이워드는 거의 모든 의료기록을 뒤져 130쪽에 달하는 보고서를 작성했다. 스티븐스을 비롯한 거의 모든 경비요원, 의료 담당자, 잡역부, 심문관을 면담했다. 그중에는 캠프 020에서 기술을 갈고닦은 사람도 많았다. 헤이워드는 증언을 대가로 면책특권을 받은 50명의 경비요원과 잡역부도 면담했다. 대부분이 바트넨도르프에서 자행된 끔찍한 학대에 대해 상세히 진술해주었다. 헤이워드의 보고서에는 수많은 수감자의 사망 기록, 신체적·정신적 고문, 영양실조, 수감자에게 굴욕감을 주는 다양한 기법, '정강이 비틀기'같이 나치가 사용하던 기법, 일상적인 장기 독방 감금 등을 뒷받침하는 갖은 증거가 더해졌다. 내용이 어찌나 충격적인지 읽기도 힘들 정도였다. 헤이워드의 보고서 제출 며칠 만에 영국 지상군 총사령관 브라이언 로버트슨Brian Robertson 장군은 스티븐스와 그의 부하 몇몇을 군법회의에 넘기라고 명령했다.[108]

더 이상 숨길 수 없는 영국의 비행

군사재판이 임박한 가운데, 몇 가지 문제가 생겼다. 일단 홍보 문제가 불가피했다. 베빈이 이끄는 외무성은 학대 증거가 넘쳐난다는 사실에 더해, 고문당한 수감자 중 일부가 망명을 시도하던 소련인이라고 인정했다. 한 관계자는 베빈에게 이렇게 이야기했다. "이 사건에는 여론이 집중될 만한 부분이 두 가지 있다. 첫째, 바트넨도르프가 구소련 점령 지구에 관한 정보를 수집하기 위해 사용되었으며, 러시아와 독일 국적자들이 갇혀 있었다는 것이다. 둘째, 우리가 독일처럼 강제수용소의 수감자를 대한다고 알려졌다는 것이다." 독일과 영제국 곳곳에서 비밀리에 상당수의 합동심문소가 운영되었다는 것도 문제였다. 적십자Red Cross와 다른 조직들은 합동심문소의 존재 자체를 알지 못했고, 스티븐스 사건으로 영국의 작전이 폭로될 위험이 있었다. 한 외무성 관계자는 이렇게 말했다. "영국의 영향력이 미치는 곳에 유사한 심문소가 여럿이라는 증거가 요구될지도 모른다. 그렇지만 심문이라는 구체적인 목적을 위해 파견된 사람들이 정보를 얻어낼 작정으로 자행한 잔혹 행위라는 점에서 정상 참작의 여지가 있다."[109] 스티븐스는 학대와 고문을 부인하는 대신, 학대와 고문 사실을 몰랐다고 주장했다.[110] 스티븐스를 모범 사령관이라 칭하며 옹호하던 스윈턴 경Lord Swinton은 심문 중 포로들을 무너뜨리기 위해 사용된 폭력은 물론, 그 외 잔혹 행위를 모두 부정했다.[111]

많은 것이 걸린 상황이었고, 스티븐스의 죄가 밝혀지면 애틀리를 비롯해 상부에 앉아 있는 이들 중 그럴듯하게 사실을 부인할 수 있을 만한 인물은 거의 없었다. 스티븐스는 이 같은 사실을 잘 알고 자신에게 유리하게 활용했다. 군법회의 시작 전, 스티븐스는 육군성에 캠프 020 관련 정보를 폭로하겠다고 여러 번 편지를 보냈다. 법무장관 하틀리 쇼크로스Hartley Shawcross는 애틀리에게 스티븐스가 협박하고 있다는 사실과 자신의 계획이 담긴 편지를 보냈다. 쇼크로스는 "바트넨도르프에서 잔혹 행위가 있었다면, 그것은 전시에 MI5 심문소에서 체계적으로 채택된 일종의 관행 때문이다. 그 뒤에 피트리 경을 통해 장관들이 독일의 수용소에서 그런 관행을 활용할 수 있도록 승인했다."라고 주장할 계획이었다. 스티븐스 변호인단은 영국 안보부의 고위급 인사들을 모두 소환해, 최고위직 장관들이 MI5가 캠프 020과 다른 곳에서 고문과 그 외 학대 방안을 '체계적으로' 도입하도록 승인했음을 인정하게 만들 계획이라 밝혔다.[112] 증언대에서 스티븐스 변호에 비협조적으로 굴면 피트리, 화이트, 스윈턴 외 다른 사람들도 바트넨도르프에서뿐 아니라, 캠프 020과 제국 내 다른 합동심문소에서 당한 처우를 알고 있는지, 혹은 그런 처우를 직접 지시했는지 추궁당할 수도 있었다. 영국 정부는 캠프 020과 바트넨도르프에서 발전시킨 기술이 포기하기에는 너무 뛰어나고, 공개하기에는 정치적으로 너무 위험하다고 판단했다. 군사정보부Military Intelligence 책임자 더글러스 패커드Douglas Packard 소장은 합동심문소의 역할과, 과거와 미래의 군 관행에서 그곳이 지닌 중요성에 대해 비공개로 법정 증언을 했다. "알려진 바에 의하면, 우리가 도출한 결과는 적이 심문으로 얻은 어떤 결과보다 뛰어나다."라며 군법회의 동안 합동심문소나 캠프 020 관련 정보가 공개되어서는 안 된다고 주장했다.[113] 영국 정부는 수십 년간 영국군의 비행에 관한 모든 정보를 대중에게 숨겼다. 유명한 첩자와 유력한 정부 인사가 피고석에 서지 않았다는 것은, 군법회의가 법정 미제출 증거와 비공개 증거에 근거해 판결했음을 시사한다. 전직 경비요원과 수감자들이 다양한 형태의 고문을 증언했고, 의학적 증거도 있었지만, 스티븐스는 끝내 자유의 몸으로 법정 밖을 나왔다.

스티븐스가 다시 제국에 모습을 드러낸 것은 영제국의 재건 노력을 위협하는 민족주의자를 탄압하는 MI5 작전과 함께였다. 노동당은 스티븐스 같은 정보원을 치안군과 함께 제국 일선에 투입했다. 실제로 제국이 경제적 이익을 가져다주었든 그렇게 여겨졌든 간에, 경제적 이익은 '문명화' 질서를 강제하고 식민지 신민을 노동시장으로 몰아넣어 영국 내 경제 회복을 도모하는 데 필요한 합법화된 불법 및 관료적 통제 시스템과 밀접하게 연결되어 있었다. 영국 정부는 제국을 자국의 경제 문제 해결을 위한 만병통치약으로 다루면서, 새로운 세계질서 속에서 영국의 입지를 다지기 위해 폭력에 의존했다. 오랫동안 발전해온 법적예외주의에 내재된 힘의 지렛대가 애틀리의 손에 있었다. 애틀리가 그 지렛대를 어떻게, 어디로 당기는지에 따라 노동당 정부에게 영향을 미치고 제국의 유산을 정의하게 될 터였다.

3부
운명과의 약속

LEGACY OF VIOLENCE
A history of the British empire

1947년 8월 14일, 조국의 독립이 몇 시간 남지 않은 상황에서 자와할랄 네루는 연설을 통해 인도제헌의회 India's Constituent Assembly를 매료시켰다. 인도뿐 아니라 식민세계 전체를 위한, 희망과 기회의 미래에 손짓하는 연설이었다. 네루는 의원들의 지역적이고 세속적인 감성에 호소하며, 그들이 함께한 미래의 꿈이 시간과 장소를 초월한다는 사실을 일깨웠다.

오래전, 우리는 운명과 약속했다. 온전하거나 충분하지 않더라도 이제 약속을 지켜야 할 때가 왔다. 잘 찾아오지 않지만 낡은 것에서 벗어나 새로운 것으로 나아가는 순간, 한 시대가 끝나는 순간, 오랫동안 억압 당하던 한 나라의 영혼이 마침내 목소리를 되찾는 순간이 왔다. 이 엄숙한 순간은 인도와 인도 국민을 위해, 인류의 더욱 큰 대의를 위해 헌신을 맹세하기 적절하다.[1]

1947년 8월, '운명과의 약속'과 마주한 나라가 인도만은 아니었다. 총리 클레멘트 애틀리와 그 내각만큼 영제국의 유산과 우선순위를 잘 아는 이

'운명과의 약속'에 대해 연설하는 네루, 1947년 8월 14일

는 드물었다. 새로운 세계질서 속에서 영국이 미래에 얻을 경제적·정치적 위상은, 탄압과 경제적 착취 정책에 굴복하지 않는 전후 제국에 달려 있었다. 처칠의 냉정한 비판은 노동당 정부의 불만을 부추겼다. 2년 전 총리직에서 밀려난 상처가 아직 아물지 않은 처칠은 노동당의 식민 정책이 '성급한 철수 작전'이라며 맹비난했다.[2] 처칠에게 인도는 개인적으로 각별한 의미를 지닌 지역이었으며, 영제국의 다른 어떤 지역보다 감정을 자극하는 곳이었다. 처칠은 스태퍼드 크립스의 시도(인도의 전폭적인 협조와 전쟁 지원을 얻어내려던 시도)가 실패로 돌아가는 모습을 지켜보았고, '인도를 떠나라' 운동을 진압하기 위해 폭력 사용을 허용했으며, 18세기 이후 최악의 기근에 시달린 수백만 명의 벵골인에게 구호물자를 지원하라는 요청을 거부했다. 서북변경주에서 노래하던 젊은 시절이 최근의 기억에도 영향을 미쳤다. 애틀리 정부는 처칠 정부, 이전의 수많은 영국 정부가 사용한 정책과 관행 때

문에 동남아시아라는 거대한 불씨를 물려받았다. 애틀리 정부는 수바스 찬드라 보스가 이끈 인도국민군과 인도군에서 활약한 수천 명의 병사가 인도로 귀환하는 상황에서, 인도를 영연방에 잔류시키기 위해 인도국민회의 및 무슬림연맹과 필사적으로 협상했다.

처칠은 하원에서 외무장관 베빈을 질책하고, 노동당의 제국 정책을 맹비난했다. 동료 의원들에게는 이렇게 한탄했다. "영제국이, 그동안 누리던 영광과 인류를 위해 베푼 모든 노고와 함께 무너져내리는 모습을 지켜보니 슬프기 짝이 없다."

우리는 닥쳐오는 불행을 직시해야 하며, 그것을 막을 힘조차 없다는 사실도 받아들여야 한다. 이러한 상황 속에서도 최선을 다해야 하며, 영국이 동방에서 사라진 뒤 닥쳐올 몰락과 재앙을 조금이라도 완화할 수 있는 어떤 수단도 배제해서는 안 된다. 그러나 최소한, 부끄러운 도피나 시기상조의 허둥지둥한 철수로 수많은 이가 느끼는 슬픔에 수치심이라는 오점까지 더하지는 말아야 한다.[3]

제2차 세계대전 직후, 폐허가 된 영국령 인도제국을 이끌던 부왕 아치볼드 웨이벌은 이미 무너진 인도총독부를 이끌며 '반역자'로 지목된 인도국민군 억류자들의 재판을 주관하고, 영국령 인도군의 귀환과 함께 수백만 난민이 폐허가 된 아대륙을 헤쳐나가는 상황에 직면하고 있었다. 웨이벌을 골치 아프게 만든 것은 전쟁의 혼란 속에서 더욱 깊어진 힌두교도와 이슬람교도의 분열이었다. 인도는 인도국민회의가 진행한 시민 불복종 운동, '인도를 떠나라'를 탄압했다. 전쟁 내내 네루와 간디를 감금했지만, 무슬림연맹의 진나는 시민 불복종 운동에 참여하지 않았다. 영국의 확고한 동맹으로 남음으로써 이슬람교도들에게 힌두교의 인도 지배가 진정한 위협이라는 확신을 심어주었다. 네루와 마찬가지로 영국화된 인도제국의 산물이었던 진나는 맞춤 제작한 정장과 실크 넥타이, 변호사 자격증, 깔끔하게 면도한 외모, 세속적인 행동 방식(위스키를 마시고 모스크는 거의 찾지 않는 모습)으로 영국령 인도제국 관료들을 무장 해제시켰다. 1916년 러크나우협정 체결 이후, 진나는 힌두-무슬림 화합을 상징하는 대사'Ambassador of Hindu-Muslim Unity'로 선정되었다.

제2차 세계대전 중, 진나는 이슬람교도는 이슬람교도만의 국가를 가져야 한다고 주장했다.[4] 네루가 '운명과의 약속'을 연설한 시기, 진나도 파키스탄 제헌의회 연설에서 파키스탄의 종교적 관용을 영국의 종교적인 관용에 비유했다.

> 구교도와 신교도는 서로를 박해했지만, 지금은 모두가 영국의 동등한 시민이자 영국이라는 나라의 구성원이다. 새롭게 시작하는 지금이 박해의 시대가 아니라 정말 다행이다. 차별도 없고, 공동체 간의 구분 같은 것도 없고, 카스트나 교리 간의 차별 같은 것도 없는 시대가 다가오고 있다. 우리 모두가 한 국가의 동등한 시민이라는 기본 원칙으로 새롭게 발을 내딛고 있다.[5]

간디는 이렇게 말하는 진나를 '사악한 천재'라고 불렀다.[6] 영국에게도 나름대로 계획이 있었다. 인도가 곧 얻을 자유는 제국 전역에 찾아올 광범위한 해방의 전조가 아니었다. 애틀리 내각은 이 점을 분명하게 짚고 넘어갔다. "인도에서의 철수는 우리의 약점에 의해 강요된 것으로 보여서는 안 되며, 제국 해체의 첫걸음으로 비쳐서도 안 된다."[7] 베빈 입장에서 제국의 우선순위는 상품 생산 및 지정학적 우위에 중요한 중동이었다. 외무장관 베빈과 그 뒤를 이은 노동당 및 보수당의 외무장관들은 '제안을 쉽게 받아들이는 왕자와 파샤와 협력하는 처칠의 정책을 적극 활용했다. 이는 걸프만, 아프리카, 동남아시아의 여러 산유국에서 젊은 민족주의자들과 손잡은 미국의 정책과는 정반대였다.[8] 처칠의 기존 정책을 계속 활용하는 영국 외무성의 방침을 보면, 당시 영국이 전후 상황을 제대로 파악하지 못했음을 알 수 있다. 이들은 전시에 확인된 충성심이 앞으로도 계속될 것이라는 잘못된 가정을 토대로 영제국을 다스리려 했다.

전 정권으로부터 제국주의 정신과 체제를 물려받은 노동당은, 수십 년간 제국에서 발달해온 탄압 도구를 활용할 준비가 되어 있었다. 자유와 권한을 요구하는 현지인의 목소리에 영국이 대응하는 방식은 팔레스타인 아랍혁명 때와 매우 비슷했다. 1939년 의회가 내린 비상권한령Emergency Powers Order 덕에, 식민 관료들은 1930년대 말 팔레스타인의 정책 및 관행과 유사한 '합법화된 불법'을 동원할 수 있었다. 팔레스타인의 전후 수석장관 헨리 거니는 이렇게 적었다. "비상조치는 계속해서 추가되고 강화되었다. 결국엔, 고등판무관에게 원하는 어떤 조치든 취할 수 있는 권한을 부여하는 한 문장으로 규정 전체를 표현할 수 있다고 말해도 과언이 아닐 정도였다."[9]

영국은 제국의 억압과 파괴를 위한 새로운 무기들도 손에 쥐고 있었다. 전쟁 중 발전한 포로의 대규모 이동 관리 방식(검열, 분류, 보상과 처벌 정책의 시행)은 전쟁 이후 제국의 전선에 도입될 태세를 갖추고 있었다. 말라야와 케냐 같은 식민지에서 반란 진압을 위해 가혹한 인구 통제, 감시, 심문 방법을 도입하면서, 영제국은 노예무역 시대 이후 가장 커다란 규모의 민간인 이동을 목격했다. 영제국 관료들은 19세기 이후 자유제국주의에 생기를 불어넣은 폭력의 논리를 받아들이려고 애쓰며, 나날이 발전하는 인권 규범

진나에게 권력을 이양하는 루이스 마운트배튼 경, 1947년 8월

을 피하기 위해 특별한 조치를 제정했다. '체계화된 폭력 자행'이라는 영국의 관행은 제국의 기록에서 삭제될 예정이었다. 인도의 독립 기념행사장 곳곳에서 불탄 문서의 재가 흩날렸지만, 훗날 영제국이 역사의 뒤안길로 사라질 무렵에는 잿더미도 자취를 감췄다. 영국을 위해 제국에서 일한 관계자들이 현지 주민에게 폭력을 휘두를 때처럼 갈수록 은폐에 능숙해진 탓이었다. '운명과의 약속'과 마주하는 동안, 전 세계의 영제국 관료들은 제국주의를 바탕으로 영국이 자비를 베풂으로써 승리했다는 신화에 안 좋은 영향을 미칠 만한 문서를 은밀하게 제거하고 파괴했다.

1945년의 영제국

1945년의 아시아

영국의 비상사태와 MI5의 주요 초소

10장
유리의 집

LEGACY OF VIOLENCE

> 현재를 정당화하기 위해 과거를 이용하는 것도 나쁘지만, 과거를 정당화하기 위해 현재를 이용하는 것 역시 나쁘기는 매한가지다. 그런 짓을 할 수 있는 사람은 많지만, 우리가 그들을 참을 필요는 없다.
>
> ㅡ 아미타브 고시 Amitav Ghosh, 《유리 궁전》[1]

뉴델리의 붉은요새 심문관들은 변절자들을 모아 영국군에서 달아난 이유와 보스의 부대에서 4년여 동안 정확히 무슨 일을 했는지 알아내고 싶어 했다.[2] 대부분 입을 꾹 다문 채 답하지 않지만, 다람 찬드 반다리Dharam Chand Bhandari는 싱가포르에서 목격한 일련의 사건이 인도국민군과 자유 인도 임시정부에 헌신하게 된 계기였음을 인정했다. 말레이반도가 함락되자, 반다리는 인도국민군에 합류해 싱가포르 북쪽에 있는 일본의 포로수용소에서 선전 활동을 했다. 반다리의 역할은 전쟁포로를 대상으로 '민족정신'을 고취하는 연극을 무대에 올리는 것이었다. 〈에크 히 라스타Ek Hi Rasta(유일한 길)〉, 〈밀라프Milap(화합)〉, 〈발리단Balidan(희생)〉 같은 연극이 큰 인기를 끌었고, 인도국민군에서 활동할 신병을 모집하는 데 효과적이었다. 한 인도국민군 병사는 영국의 심문을 받던 중 〈에크 히 라스타〉가 전달한 '어떻게 영국의 억압 아래 인도인이 인도 경찰로부터 고문과 잔혹 행위를 당할 수 있는가'라는 메시지가 특히 설득력 있었다고 상기했다.[3]

보스의 죽음

보스의 추종자들이 병사들을 모집하는 과정에서 영국의 과거를 얼마나 깊이 이용했는지를 보여주는 것은, 반다리의 가장 아끼던 작품이자 한때 압수되었던 연극 〈잔시의 라니: 3막극The Rani of Zanshi: A Play in Three Acts〉의 원고였다. 1857년을 배경으로 한 이 연극은 세포이항쟁을 이끈 번왕국 잔시의 여왕 라니에게 생명력을 불어넣었다. 서막에서 문맹인 한 직공은 영국령 인도제국의 탄압을 정의하고, 미래의 동반자 관계에 대한 모든 제안을 일축하는 역사적인 반대 담론을 활용한다.

당신들은 보잘것없는 잡상인으로 이 땅에 들어왔으면서, 이제는 자신들을 정부라고 주장하는가? 무슨 정부? 어떤 정부란 말인가? 100년 전 클라이브라는 무례한 방랑자가 한 달에 200루피짜리 일자리를 가지고 이곳에 왔다가, 신뢰를 배반하고 시라주다울라를 몰락시켰다. 헤이스팅스는 문서를 위조해 벵골의 부유한 시민 난드쿠마르를 교수형에 처했고, 아우드의 기혼 여성들을 방에 가둬 굶기며 그들의 재산을 모조리 빼앗았다. 이게 당신들이 말하는 '정부'란 말인가? 말해보라. 말해보라![4]

인도국민군은 1857년 벌어진 영국령 인도제국에 대한 봉기 이후, 영제국 통치에 저항한 유일한 대규모 무장 반란을 주도했다. 1946년 8월 반다리가 심문받을 무렵에는, 그도 이미 영국령 인도제국에 의해 본국으로 이송된 뒤 수감된 1만 8000여 명의 인도국민군 중 하나였다.[5] 인도국민군을 이끈 보스는 1945년 8월, 일본이 점령한 포르모사(지금의 대만)섬에서 비행기 사고로 세상을 떠났다. 충돌한 비행기에서 치솟은 불길로 인해 전신에 3도 화상을 입은 48세의 존경받는 지도자는, 몇 시간 뒤 숨을 거둘 때까지 계속 인도의 독립을 이야기했다고 한다. 일본군은 보스의 유해를 화장해 도쿄로 보내 안장했다.[6]

보스의 사망 소식이 알려지자 지지자들은 충격과 슬픔에 휩싸였다. '인도를 떠나라' 운동 때 투옥된 '인도의 나이팅게일' 사로지니 나이두Sarojini Naidu는 보스가 택한 길에 반대했지만, 수많은 다른 사람과 마찬가지로 '깊은 개인적인 애도'를 표했다. 존경받는 의회 지도자이자 시인이던 나이두는 공개 추도사도 발표했다. "보스의 위풍당당하며 끈질기고 맹렬한 정신은, 그가 이 땅을 지키기 위해 항상 빼 들고 있던 불타는 검과 같다. 조국과 민족을 위해 목숨을 바치는 것보다 더욱 위대한 사랑은 없다."[7] 보스를 위해 나이두가 써 내려간 감동적인 표현은, 수많은 영국령 인도제국 신민의 가슴속에 깊이 자리 잡은 전시의 충성심을 뛰어넘었다. 보스는 순교자였다.

인도국민군 수감자들이 처형을 기다리는 동안, 영국군 지도부는 점차 인도군과 분리되었다. 전쟁이 인도 병사들에게 안긴 피해가 점점 드러났지만, 군 지도부는 인도군의 고난과 전쟁이 인도 병사의 민족주의 정서에 미친 영향에 그다지 신경 쓰지 않았다. 250만 명에 달하는 인도군 병사 대부분이 3년 이상 군 복무를 했지만, 대개 2년간 전혀 휴가를 얻지 못했다. 약 9만 명에 달하는 병사가 죽거나 다쳤다. 인도, 버마, 실론에 있는 50개의 정신건강센터 전문가들은 '심각한 정신기능 장애'를 보고했다.[8] 일본의 항복 이후에도 영국에 충성하는 인도 병사가 치러야 할 전쟁은 끝나지 않았다. 일부 병사는 영국의 동맹국인 네덜란드와 프랑스의 질서 회복을 돕기 위해 인도네시아와 인도차이나로 파병되었다. 1945년 11월, 영국은 마지막 전투를 위해 인도군을 파병했다. 영국은 2만 4000명의 병력과 20여 대의 탱크 및 항공기를 투입해 인도네시아 수라바야를 대대적으로 공격했지만, 공습이 끝난 후에도 신속히 부대를 철수시키지 않았다. 1946년 봄에도 중동과 일본에 두 개 여단, 홍콩에 한 개 여단, 버마와 인도네시아에 네 개 사단, 말라야에 세 개 사단, 보르네오와 시암에 한 개 사단이 주둔해 있었다. 해산된 병력은 20퍼센트에 불과했고, 주둔 병력은 1947년 4월에야 50만 명으로 줄어들었다.[9]

북쪽 캘커타부터 남쪽 싱가포르까지 뻗은 동남아시아의 '거대한 초승달' 지역 곳곳에서 병사들은 자유제국주의의 민낯을 목격하고, 물리적·정신적 파괴력에 잠식당했다.[10] 버마와 말라야에서는 수십만 명의 난민이 전쟁 이후 기아, 콜레라, 결핵이 만연한 고향으로 귀환했다. 인도국민회의 사무총장 사르다르 파텔Sardar Patel은 "도시, 아이, 노인, 짐승 등 모든 것이 부서졌다. 서구 문명의 끝없는 잔혹성이 잘 드러난다."라고 지적했다.[11] 인도군은 이러한 잔혹 행위를 직접 경험했다. 잔혹 행위는 전후에도 수그러들지 않았다. 탐욕스러운 영국 군정은 말라야에서 인프라와 싱가포르 요새 잔해 복구를 위해 강제로 현지 노동자를 동원했다. 영국 관계자들은 굶주린 노동자를 무력으로 위협했고, 밀매한 아편으로 노동자를 꾀었으며, 그 결과 아편 중독이 만연했다. 영국 정부는 6개월마다 독특한 색깔 덕에 쉽게 알아볼 수 있는 아편 알갱이를 5000만 개씩 사용했다. 바이마르 독일에 버금가는 인플레이션 때문에 이미 망가질 대로 망가진 지역 경제는 초토화되었다. 쌀 같은 필수 식료품은 전쟁 전에 비해 30, 40배 높은 가격에 거래되었다. 영국군과 영연방군은 현지 암시장을 통제했고, 그 과정에서 얻은 이윤과 부패한 관행을 공공연히 떠벌렸다. 영국이 철수한 1942년, 남겨진 지역 주민들은 또다시 제국으로부터 버림받은 신세였다. 한 유럽인은 이렇게 회상했다. "군대가 마치 정복한 영토에 있는 것처럼 행동했다. 그 지역에 남아 있던 영국의 도덕적 권위는 모두 사라져버렸다."[12]

보스 추종자들

영국은 미국, 소련과 함께 3대 강국의 지위를 유지했다. 영국 내 경제 회복을 꾀하는 도약판의 역할을 할 동남아시아의 제국은, 영국 민족주의자들이 상상하던 제국과는 전혀 다른 모습이었다. 군인들이 제대 후 인도로 돌아갔을 무렵, 물가 폭등에 비하면 그들의 급여는 쥐꼬리 수준이었다. 영국령 인도 정부는 배급 제도를 도입했고, 암상인들은 생필품을 팔러 다녔다. 인도 국민은 계속 굶주렸다. 기근에서 겨우 살아남은 벵골인들은 넝마주이만 걸친 채 거리를 떠돌아다니며 음식을 찾아다녔다. 푸석하게 부풀어 오른 썩은 시체에 대한 기억이 도시와 마을에 지울 수 없는 상처를 남겼다. 영국의 냉혹함 때문에 1943년부터 1944년 사이에 무려 300만 명의 벵골인이 죽었다. 물론 인종차별적 관점 역시 많은 벵골인의 사망 원인이었다. 처칠은 기근이 일종의 맬서스주의*적인 딜레마의 결과라며 구호물자 보내기를 거부했지만, 인도장관 레오폴드 애머리는 처칠이 인도인 전체에게 '히틀러 같은 태도'를 보인다고 비난했다.[13] 네루의 여동생 판디트는 기아에 시달리는 벵골을 돌아보며 '팔과 다리가 나무 막대처럼 비쩍 말라 곧 쓰러질 것 같은 아기와 주름진 얼굴로 젖을 먹이는 어머니, 음식과 잠이 부족해 얼굴이 푸석하게 부어오르고 눈이 움푹 꺼진 아동, 진이 빠져 기진맥진한 상태로 걸어 다니는 해골 같은 성인 남자'를 목격했다.[14] 인도군 병사들은 인도인만큼 희생했다고 보기 힘든 영국 장교들에게 굽실거리기를 거부했다. 전쟁의 피해 때문에 수억 명의 삶이 달라졌다. 이로 인해 민족주의적인 정서도 함께 달라졌는데, 이 같은 변화는 영국인들에게 놀라운 일이었다.

이러한 전후 상황 속에서 인도국민군 수감자 처리 방안에 선뜻 답을 내놓기는 어려웠다. 일부 인도인은 보스가 "이기적이고, 자만심이 강하며, 인정사정없다."라고 비난하며, 보스 추종자를 교수형에 처해야 한다고 주장했다. 당시 인도국민군은 입대 거부자를 가혹하게 처우하는 것으로 알려져 있었다. 인도 총사령관 클로드 오킨렉도 인도국민군의 이 같은 방침이 지나치다고 생각했지만, 인도 대중은 물론 한때 인도군 소속이었던 200만 명에 달하는 병력도 인도국민군을 강력히 지지했다. 이들의 지지는 종파 갈등도 초월했다. 영국령 인도제국은 자신들에게 정당한 폭력이 어떤 것인지 결정할 권한이 있다고 주장했지만, 합법적인 폭력과 불법적인 폭력의 차이를 구분할 법적 권한이 영국에 있다는 주장은 더 이상 식민지 신민에게 통하지 않았다.[15]

1945년 11일, 영국령 인도제국 관료들은 깊은 고민 끝에 영국 정부에 대항한 인도국민군 수감자들을 풀어주기로 결정했다. 대신 태형, 고문, 살인 등 불법적인 폭력 행위를 저지른 7000명의 '흑색' 수감자 처형에 힘을

---

* 영국 경제학자 토머스 맬서스Thomas Malthus가 저서 《인구론》에서 주장한 학설로, 식량은 산술급수적으로 늘어나는 반면 인구는 기하급수적으로 증가하는 탓에 빈곤의 원인이 생겨난다고 설명한다.

쏟았다. 가장 먼저 인도국민군 장교들이 피고석에 앉았다. 석방된 지 얼마 되지 않았던 의회 지도자들이 인도국민군 장교들을 전면적으로 지지했다고 볼 수는 없지만, 의회 지도부는 영국의 이 같은 결정을 맹렬히 비난했다. 네루는 '애국자'인 인도국민군 장교들이 상황을 잘못 판단했다고 여겼다. 네루의 걱정거리는 영국령 인도제국 전역, 그중에서도 특히 벵골에서 인도국민군을 지지하는 '대중 미화' 운동에 불을 붙인 민중에 대한 통제권을 잃는 것이었다. 의회 지도부의 걱정 역시 네루와 같았다. 의회 지도부는 권위를 유지하고 상황을 잘 활용하기 위해, 수감자들에 대한 대중적 지지의 물결에 올라타 식민 지배에 반대하는 전 국민의 분노를 선거에 유리하게 활용했다.[16]

수십 년 동안 일상적인 폭력이 이어졌던 벵골에서, 전후 긴장은 반영 시위의 형태로 표출되었다. 현지 주민들은 2세기에 걸친 강간, 마을 방화, 군중 총격, 광범위한 기근의 책임을 묻고자 했다. 곳곳에서 "혁명 만세!"라는 구호가 들려왔다. 현지인들은 벵골의 영국인이 나치보다 나은지 물었고, 언론은 "유엔이 과연 인도에서 재판을 열 용기와 공정성을 갖고 있는가?"라는 의문을 표했다.

인도국민군 수감자들이 석방되자, 인도 전역의 주민들은 그들을 영웅처럼 열렬히 환영했다. 그러나 이러한 환호의 순간은 곧 반영시위와 더 많은 폭력, 그리고 질서 유지를 위해 애쓰던 현지 경찰의 손에 또 다른 희생자가 발생하는 사태로 이어지곤 했다.[17] 제2차 세계대전 동안 영국 통치에 반대하는 힌두교도, 이슬람교도, 시크교도를 하나로 모은 보스는 광범위한 종교적 지지를 끌어냈다. 영국령 인도제국이 진행한 여론 조작용 재판은 일시적으로나마 인도 대중의 단결에 불을 지폈다. 일본 전범과 나치 관계자들이 뉘른베르크에서 재판을 앞둔 상황에서, 영국령 인도제국은 본보기로 삼겠다며 인도국민군 샤나와즈 칸Shahnawaz Khan 대위, 프렘 세갈Prem Schgal 대위, 구르박쉬 딜론Gurbaksh Dhillon 중위를 반역 혐의로 재판에 세웠다. 각각 이슬람교도, 힌두교도, 시크교도였던 셋을 본보기로 삼겠다는 것이었다. 하지만 이러한 영국의 결정은 오히려 종교의 차이를 뛰어넘어 대중의 지지를 끌어냈다.

붉은요새에서의 재판

1945년 11월 5일, 영국령 인도제국 검찰은 붉은요새에서 세 명의 피고인 인도국민군 장교를 재판했다. 1857년 세포이항쟁 이후, 무굴제국의 마지막 황제가 재판받은 붉은요새를 재판장으로 고른 것은 큰 판단 착오였다. 붉은요새에서 재판이 열리자, 과거의 기억을 떠올린 인도 대중은 종교를 뛰어넘어 광풍에 휩싸였다.[18] 인도국민회의의 조직적인 노력 덕에, 재판정에 선 장교들을 위한 변호기금이 조성되었다. 재판 초기 영국령 인도제국 전역과 동남아시아 전역의 인도인이 인도국민군 주간(보스와 추종자들을 기리는 행사)을 기념하면서 변호기금 규모는 더 커졌다. 인도국민군의 날을 맞아 지역 주민들은 가게 문을 닫았다. 시위가 다시 폭력적인 양상을 띠는 가운데, 인도국민군 주간이 막을 내렸다. 사흘 가까이 이어진 시위로 캘커타에서 30명이 죽었고, 인도 전역에서 광범위한 무질서 사태가 벌어졌다.[19]

붉은요새 재판은 영국의 지배와, 이를 가능하게 만들고 합법화하는 국제질서 관련 심판이 되었다. 네루를 비롯한 인도국민회의 지도부는 적극적으로 피고인을 변호했다. 인도 아대륙 전역의 인도인은 재판에 완전히 마음을 빼앗겼다. 각종 신문은 매일 법정 기록을 보도했고, 영국령 인도제국 정보기관도 피고인들에게 광범위한 동정 여론이 조성된다고 보고했다. 시위와 폭력이 시민들이 보여주는 지지의 척도를 의미한다면, 피고에 동조하는 사람들이 나날이 늘어났다고 볼 수 있다. 법정 안에서는 자유제국주의의 도덕적·법적 결함에 초점을 맞췄고, 검찰의 판단력 부족을 폭로하는 변호 전략을 사용했다. 피고 측 수석 변호인 불라바이 데사이Bhulabhai Desai는 국제법이 유럽 국가의 전유물이 아니라는 주장으로 능수능란하게 국제법에 대한 통념을 완전히 뒤집었다. 데사이는 진술에서 유럽의 여러 제국이 문명 중재자의 역할을 자처하며 주권을 빼앗은 뒤, 수억 명에 달하는 신민을 거칠게 다뤘다고 주장했다. 그러면서 주권을 가진 유럽 국가 간의 전쟁만 '정당한 전쟁'으로 간주되는 이유가 무엇이냐고 물었다. 검사는 영국 국왕 겸 인도 황제의 인도 통치가 무조건적이라 주장했지만, 데사이는 지배당하는 사람들에게 전쟁을 일으킬 권리가 없다는 서구의 주장에 제대로 된 설명을 요구했다. "전쟁 문제 관련 국제법은 영구불변이 아니다. 특정 국가의 '국제법' 가입 여부를 유럽이 취사선택하는 방식 때문에, 한 번 피지배 상태에 놓인 인종은 영원히 피지배 상태로 남을 수밖에 없는 악순환이 생겨났다. 그런 논리라면 피지배 상태에 놓인 민족이 해방을 위해 일으키는 전쟁은 결코 합법적인 전쟁일 수 없다."[20]

데사이는 영국의 도덕적 실패와 범죄 행위를 법적으로 철저히 조사해야 한다고 주장했다. 1943년 약 300만 벵골인이 기근으로 사망했을 때, 제국의 책임자인 린리스고 경 또한 재판을 받아야 하는 것이 아닌가? 싱가포르가 함락되었을 때 퍼시벌 장군은 인도인들과 국왕의 모든 신민을 야마시타에게 넘겨주고, "이제 당신들은 일본 정부의 명령을 영국 정부의 명령처럼 따르라. 그렇지 않으면 처벌을 받을 것이다."라고 명령하지 않았는가? 여러 외국 정부가 한때 초기 미국을 승인했던 것처럼, 자유인도임시정부를 승인한 나라도 있었던 것 아닌가? 그렇다면 서구의 선례에 따라 자유인도임시정부는 독립 정부이며, '승인은 곧 국가의 증거'이고, 인도국민군은 독립군으로서 '자국민을 해방시키기 위한 전쟁'을 수행할 권리가 있는 것이었다.[21]

영국령 인도제국의 최후

영국 법원은 데사이의 수정주의적인 국제법 해석과 영국에게 주어진 것으로 여겨지는 무제한적인 주권에 대한 이의 제기를 거부했다. 더불어 영국 국왕 겸 인도제국 황제에 대한 반역죄로 피고들에게 유죄를 선고했지만, 장교들을 불명예 제대시켰을 뿐 종신형에 처하지는 않았다.[22] 오킨렉은 훗날 이렇게 털어놨다. "형 집행을 시도했다면 인도 전역이 혼란스러워질 테고, 군 내부에서 반란이나 불화가 일어나 군대가 해산될 수도 있었다."[23] 하지만 불화는 이미 시작되었다. 붉은요새 재판으로 무엇이 합법적인 폭력이고, 불법적인 폭력인지 정의하지 못하는 영국령 인도제국의 무능함이 만천하에 드러났다. 붉은요새 재판의 파급 효과로 인해 억압적인 통제 방식 유지는 불가능해졌다. 민간인들의 동요도 충분히 심각한 문제였지만, 군의 지휘 체계 붕괴가 더 큰 문제였다. 재판 도중 인도왕립공군Royal Indian Air Force과 인도군 장병들은 인도국민군 장교를 위한 변호기금에 공개적으로 기부하고, 제복을 입은 채 지지 집회에 참석했다. 1946년 초, 인도왕립공군과 인도왕립해군Royal Indian Navy의 지지는 시위로 이어졌다. 1월이 되자, 동남아시아 전역의 14개 공군기지에서 복무하던 5만여 명의 장병이 인도네시아와 인도 전역에서 계속 군 복무를 이어가는 현실과 열악한 복무 환경에 항의 시위를 벌였다. 현지 언론의 적극적인 부추김 덕에, 이들의 무장 요구는 제국 전역으로 퍼졌다. 영국 공군기지는 지브롤터, 카이로, 싱가포르같이 멀리 떨어진 곳에서까지 공격을 받았다.[24]

공군 장병들의 행동에 영감을 받은 봄베이 HMIS 탈와르 선원들은, 형편없는 배급과 계속되는 인종차별에 항의하며 대규모 시위를 벌였다. 선원들은 보스의 포스터를 높이 들고 나머지 인도국민군 수감자들의 석방을 요구하며 봄베이 거리를 행진했다. 선박에는 인도국민회의, 무슬림연맹, 공산당 깃발이 나부꼈다. 시위는 봄베이 항구의 다른 선박으로 금세 퍼져나갔고, 인도 해역의 선박 400척이 시위에 합류했다. 총 3만 명의 장병이 동원 해제, 급여 인상, 인도국민군 수감자 석방을 요구했다. 선원들이 주장하는 대의명분에 대중이 합류하며 사회적인 불안이 고조되었다. 대중이 군인들의 대의명분을 적극적으로 지지한 것은, 선원들의 불만에 대한 연대의식 때문이라기보다 전후 상황에 대한 개인적이며 집단적인 분노 때문이었다. 봄베이와 카라치의 시위대는 모든 상거래를 중단했다. 기차와 자동차를 불태우고, 거리를 봉쇄했다. 방향성과 통제력이 없는 상태에서의 전면적인 폭동을 두려워한 인도국민회의와 무슬림연맹의 개입이 없었다면, 영국령 인도제국은 시위를 진압하겠다며 내세운 무력 사용 위협을 실제로 실행에 옮겨야 했을 것이다.[25] 그렇지만 인도군이 반란 진압 명령을 따를지도 알 수 없었다. 영국령 인도제국의 운명은 끝났다. 한 영국인 목격자는 여동생에게 보낸 편지에 캘커타 거리를 걷다 보면 '나치 장교가 파리 거리를 걸을 때나 느낄 법한 그런 기분'이 든다고 적었다.[26] 오랫동안 불법적인 수단을 합법화하며 활용하던 영국이라는 해가 인도제국에서 지고 있었다.[27]

1945년 봄 웨이벌이 행정위원회 재구성을 목적으로 심라에서 연 정치회의는, 진나가 무슬림연맹이 이슬람교 대표를 임명해야 한다고 주장하는 바람에 결렬되고 말았다. 웨이벌은 선거를 통해 주정부와 중앙입법부를 구성하고 헌법을 개혁해야 한다고 주장했다. 1946년에 발표된 선거 결과는, 인도가 얼마나 분열된 상태였는지를 보여주었다. 수십 년에 걸쳐 형성된 정치적 구분은 영국의 사회 공학적 통치 전략과 이에 대한 토착사회의 대응이 맞물리며 생겨난 것이었고, 지역의 종교적 소속감에서 기인해 인도 사회와 정치의 특수성 속으로 깊숙이 파고들었다. 인도국민회의는 대부분 비이슬람계 의석을, 무슬림연맹은 펀자브와 벵골을 차지했다. 무슬림연맹은 이슬람교도의 표를 얻어 봄베이와 마드라스에서도 좋은 성적을 거두었다.

진나는 이 선거가 파키스탄 문제에 관한 국민 투표라고 주장했지만, 이 말이 영토 측면에서 어떤 의미인지 제대로 이해하는 사람은 드물었다. 인도국민회의와 무슬림연맹 간의 종교 갈등이 분명해지자 영국 대표단이 인도를 찾았다. 협상으로 적용 가능한 헌법을 만들고, 궁극적으로 권력을 이양하기 위해서였다.[28] 크립스가 다시 인도에 도착한 뒤 영국 관료들과 인도국민회의, 무슬림연맹 사이의 불신은 고조되었다. 네루는 크립스가 전시에 날카롭게 분열된 인도국민회의와 무슬림연맹 관계 봉합에 실패했다는 사실에 더해, 자신과 동료 의원들이 투옥된 세월까지 전부 생생하게 기억하고 있었다. 인도국민회의도 무슬림연맹도, 권력 공유에 관한 중요 쟁점에 동의할 수 없었다. 네루는 진나를 '문명화 정신이 완전히 결여되어 있음을 보여주는 분명한 사례'라고 생각했다. 진나는 친구에게 이렇게 이야기했다. "내가 두려워하는 것은 간디뿐이야. 그는 머리가 좋고 항상 모든 문제를 내 탓으로 돌리려고 애쓰지. 나는 항상 경계하고 정신을 바짝 차리고 있어야 해."[29]

캘커타 대학살과 인도제국에서의 철수

영국 대표단이 인도를 떠나자마자, 진나는 8월 16일을 직접 행동의 날 Direct Action Day로 선포하며 '영국이 시행해온 노예제 종식'을 요구했다. 또한 그는 '카스트 제도와 힌두교도의 지배에 맞선 투쟁'도 선언했다.[30] 캘커타에서 이슬람교도의 반영 시위로 시작된 운동이, 인도 최악의 종파 간 폭력 다툼으로 번졌다. 캘커타 대학살로 인해 6000명 이상의 힌두교도와 이슬람교도가 죽고, 1만 2000여 명이 다쳤다. 정부는 거의 사흘이 지난 후에야 진압에 나섰지만 사태를 완전히 수습하지는 못했다. 거리 곳곳에 시체가 널브러져 있었고, 콜레라까지 창궐해 수많은 생명을 앗아갔다. 벵골 이외 지역에서 1600여 건의 노동분쟁이 발생하며 영국령 인도제국 내 상업 활동은 사실상 중단되었다. 시골에서는 임대료와 대출에 대한 대가로 강제노동을 요구하는 지주와 고리대금업자에 맞서기 위해 무장 농부들이 결집했다. 여전히 감금된 5500여 명의 인도국민군 수감자의 석방을 요구하는 시위도 1947년 초까지 지속되었다. 웨이벌과 오킨렉은 뜻을 굽힐 수밖에 없었다. 20명을 제외한 모든 인도국민군 수감자가 석방되었고, 유죄판결을 받은 수감자는 12명뿐이었다.[31]

제국주의를 기반으로 인도를 통치할 수 없다는 사실을 깨달은 웨이벌은 영국 주민과 군대가 무사히 인도를 빠져나갈 수 있도록 신속한 '철수 계획'을 마련했다. 영국의 무력함에 대한 명백한 인정은 '싸우기 좋아하는 온정주의자'를 연상시켰지만, 문제는 권력 이양 그 자체가 아니라 '이양 속도'였다. 베빈은 애틀리에게 영국령 인도제국 정부가 "어떤 품위나 계획도 없이 인도에서 허둥거리며 빠져나오려고 애쓰는 것 외에 아무 노력도 하지 않는다."라고 알렸으며, 영국의 철수 날짜를 명확히 하는 데 반대했다. 애틀리는 아무런 대안도 마련하지 못한 베빈을 질책하며 이렇게 답했다. "상황을 되는 대로 흘러가게 내버려두면 허둥지둥할 수밖에 없다." 1947년 2월 20일, 애틀리는 의회에 1948년 6월로 예정된 영국의 인도 철수 시간표를 공표했다. 재무장관 돌턴은 애틀리의 인도 철수 일시 공표 며칠 뒤, 일기에 이렇게 적었다. "그들이 스스로를 다스릴 능력이 얼마나 부족하든, 그들의 의사에 반해 억지로 붙잡아둘 수는 없다는 건 분명하다. 전쟁 기간 동안 동양에서 정해진 변화의 속도는 확연히 빨라졌고, 이 군중을 억누르려는 시도는 영국인들의 생명과 영국의 돈을 낭비하는 일일 뿐이다. 설령 피와 부패, 온갖 무능을 겪더라도, 그들이 '자유'라 여기는 것을 향해 스스로 길을 찾아가도록 놔둬야 한다."[32]

애틀리는 조지 6세의 사촌 마운트배튼 제독을 영국령 인도제국의 마지막 부왕으로 임명했다. 마운트배튼은 '전권'을 요구했고, 이 요구는 받아들여졌다. 정치가 겸 행정가이자 군사령관이던 그는 '거부할 수 없는 매력'과 늠름하고 잘생긴 외모로 영국에서 영국령 인도제국의 이상화된 이미지를 표현했다. 귀족 출신인 마운트배튼은 민족주의자와도, 유명 인사들과도 잘 어울렸다. 애틀리는 마운트배튼에게 1948년 6월까지 시간적 여유를 주며, 다른 누구도 하지 못했던 임무를 맡겼다. 간디, 네루, 진나를 협상 테이블에 불러들이고, '영국령 인도제국에 어떤 형태로든 중앙정부를 남기는 방식으로 영국의 유산을 유지하는 것이 바로 그의 임무였다.[33] 마운트배튼은 군인 같은 업무 방식과 신속한 판단으로 유명했다. 이것은 강점인 동시에 약점이었다. 한 부하는 "그는 우리를 혼란에서 벗어나게끔 재빨리 이끌 수도 있지만, 누구보다 빨리 우리를 혼란 속으로 밀어 넣을 수도 있다."라고 회상했다.[34]

단숨에 진나를 '사이코패스 같은 사람'이라 평가한 마운트배튼은 인도

국민회의와 무슬림연맹을 화해시킬 수는 없다고 선언했다. 애틀리가 정한 시한보다 무려 10개월 빠른 1947년 8월 15일을 권력 이양 날짜로 선언해 모두를 충격에 빠뜨렸다. 마운트배튼이 그토록 고집을 부리며 서둘러 권력을 이양한 데 대한 논란은 여전하지만, 《한밤중의 분노Midnight's Furies》 저자 니시드 하자리Nisid Hajari의 설명은 꽤 설득력이 있다. 하자리는 이렇게 말했다. "대부분의 영국령 인도제국 정부 관계자들은 이미 지칠 대로 지쳤고 냉소적이었으며, 내전의 심판 역할을 맡을 의지도 관심도 없었다."[35] 인도의 종파 갈등이 영국을 무너뜨리기 전, 분할은 신속하게 진행되었다. 몇 년 뒤, 애틀리는 영국이 예상보다 일찍 인도를 떠난 데 대한 자기 견해를 밝혔다. "보스의 군사 활동 때문에 인도 육군과 해군 장병 사이에서 영국 국왕에 대한 충성심이 약해진 것이 중요한 원인이었다."[36]

권력 유지에 동원할 강압적인 수단이 부족한 영국은, 영연방 내에 두 개의 신생 독립자치령을 만드는 분할 계획을 추진했다. 런던의 영국 관료들은 조지 6세가 문서에 서명할 때 '국왕 겸 황제George Rex Imperator'로 서명할지, 아니면 단순히 '국왕George Rex'으로 서명할지를 놓고 실랑이를 벌이고 있었다. 그 사이 애틀리는 파키스탄과 인도의 임시 국경을 명시한 법안을 의회에서 통과시켰다. 이후 이 경계선은 위원회를 통해 북서부 펀자브와 남동부 벵골 지역의 '무슬림 다수 지역과 비무슬림 다수 지역'을 어떻게 나눌 것인지 확정하는 기준이 되었다.[37]

마운트배튼의 결단

마운트배튼은 인도에 한 번도 가본 적이 없는 시릴 래드클리프 경Sir Cyril Radcliffe을 국경위원회 위원장 자리에 앉혔다. 래드클리프가 이끄는 국경위원회는 먼저 펀자브를 분할한 다음, 벵골에서 관료주의의 칼날을 휘둘렀다. 위원들은 캘커타 벨베데레하우스에 격리된 채, 높은 천장과 샹들리에, 유화 그림, 엄청난 규모의 아치형 창문으로 햇볕이 쏟아지는 고온다습한 인도의 여름을 견뎌냈다. 국경위원회 위원들이 한 일은 모든 면에서 인상적이고 역사적이었다. 18세기 이탈리아 르네상스 양식으로 지어진 백색 회반죽 외벽의 벨베데레하우스는, 약 3만 6700평에 달하는 열대 정원 위에 세워져 있었다(이 건물은 벵골 태수 미르 자파르Mir Jafar가 헤이스팅스에게 선물한 것이었다. 헤이스팅스는 위법 행위 관련 재판 및 탄핵 재판으로 런던에 소환되던 1785년까지 이곳에서 살았다).

국경위원회는 벨베데레 멧커프홀에 앉아 지도와 문서를 자세히 살피고, 래드클리프의 의사결정에 영향을 미치기 위해 필사적으로 애쓰는 여러 현지 정당의 증언을 들었다. 놀랍게도 위원회는 예상보다 훨씬 빨리 작업을 마무리했고, 래드클리프는 재빨리 인도를 떠났다. 한편 마운트배튼은 독립 이후 벌어질 인구 대이동의 혼란을 조금이라도 늦출 수 있을 거라 판단해, 인도와 파키스탄의 공식 국경 발표를 독립일로부터 이틀 뒤로 미뤘다. 그러나 그 결과는 진나의 말처럼 '여기저기 잘려나가고 좀먹힌 국가의 모조품'에 불과한 분단국가를 낳았다.[38]

그는 믿기 힘들 만큼 오만하고 냉혹하게 효율성만을 추구했다. 7월 말, 펀자브 주지사는 마운트배튼에게 "지금 라호르의 분위기는 어쩌면 지금까지 중 가장 심각한 수준일 것이다. 방화와 흉기 난동, 폭탄 테러가 매일같

〈벨베데레하우스〉, 윌리엄 프린셉William Prinsep,
캘커타(콜카타) 알리푸르, 1838년경

이 벌어지고 있다."라고 보고했지만, 마운트배튼은 "영국군 철수를 너무 오래 미루지 않는 것이 현명하다고 생각한다. 영국군 철수가 진행 중인 상황에서 대규모로 문제가 발생하면 곤란해질 것이다."라고 주장했다. 라호르를 방문한 마운트배튼은 현지 주민 보호를 허용하지 않고 영국군 철수에만 박차를 가했다.[39] 종파 간 폭력 사태가 극에 달한 8월, 영국군은 완전히 철수했다. 민간인 대피가 끝나자 영국은 공식적인 권력 이양을 준비했다. 8월 14일, 수천 명의 인파가 뉴델리에 몰려들었고, 곧 새로 생겨날 나라의 삼색 국기가 휘날렸다. 마운트배튼과 식민지 시대의 복장을 한 장교들도 현장에 있었다.

　세심하게 권력 이양 행사를 마무리한 마운트배튼과 부하들의 모습은 주위의 활기찬 분위기와는 대조적이었다. 마운트배튼과 부하들의 행동을 통해 본국 정부가 전달하고자 한 메시지, 즉 영국이 인도뿐 아니라 남은 제국의 영토에서 행사 진행 중이라는 메시지가 전달되었다. 1947년 8월, 인도, 파키스탄, 영국, 그리고 방대한 나머지 제국 영토에 조지 6세의 메시지를 전하는 마운트배튼의 목소리가 전파를 타고 흘러나왔다. "자유를 사랑하는 전 세계 사람들이 여러분의 축하 속에 함께하고 싶어 할 것이다. 이번 자발적 권력 이양을 통해, 영국인과 인도인 모두가 굳게 헌신해온 위대한 민주주의 이상이 실현된 것이기 때문이다. 이 모든 것이 평화로운 방식으로 이루어졌다는 사실은 참으로 고무적이다."[40] 영국 국민은 종교적 관용을 장담하는 진나의 말과 케임브리지대학교에서 공부한 네루가 고른 유창한 에드워드식 표현을 들으며 영국의 문명화 사명이 완전히 성공했다고 생각했다. 영국은 200년 동안의 통치 이후 이루어진 질서 정연한 권력 이양이, 영국이 세심하게 관리해온 문명화 업적의 대미를 장식한다고 여겼다. 식민지 관료들은 자국의 유산을 지켜내기 위해 온갖 노력을 기울였다. 그 유산은 격조 높은 연설의 말투 속에, 마운트배튼의 금빛 견장에 반짝이는 빛 속에, 그리고 델리 독립기념일 군중의 환희 속에 담겨 있었다. 그 환호의 물결은 식민지 관료들을 위해 따로 구획해둔 구역을 뚫고 나아갔고, 그렇게 영국령 인도제국의 권위와 형식을 무너뜨렸다.[41]

불타버린 인도의 기밀문서

영국령 인도제국의 막이 내릴 무렵, 영제국과 관련된 인도의 문서들은 자욱한 연기를 내며 불에 탔다. 영국 정부 관계자들은 붉은요새 중정에서

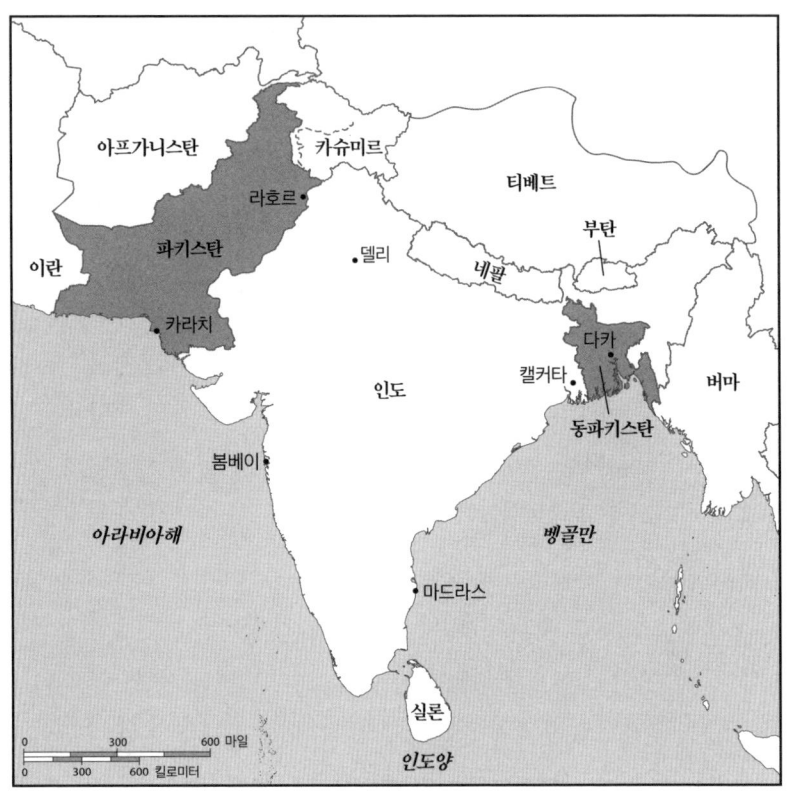

인도 분할, 1947년

서류가 가득한 수레를 모닥불에 던져 넣었다. 불길은 몇 주간 뉴델리의 하늘을 밝혔다. 그들은 불리한 자료들이 잘못된 손에 들어가는 일을 막기 위해, 문서들을 골라내고, 제거하고, 불태워 재로 만들었다. 그런 문서들은 자칫하면 영국 정부를 곤혹스럽게 만들고, 영국이 세계 도덕적 권위의 전달자로서 주장해온 과거와 현재, 그리고 미래의 정당성을 무너뜨릴 수도 있었기 때문이다.[42] 이 같은 서류 중에는 영국의 심문 체계와 방법, 인도 전역에서 시행된 감시 작전 등을 기록한 수많은 정보문서도 있었다. 한동안 '흑색' 수감자로부터 정보를 빼내던 심문관 휴 토예Hugh Toye는 영국령 인도제국의 마지막 기록 보관 담당자 중 한 사람이었다. 토예는 1959년 《튀어오르는 호랑이The Springing Tiger》라는 저서에서 보스와 추종 세력을 뒤쫓은 자신의 영웅적인 업적을 적었지만, 뉴델리 붉은요새에서 문서에 불붙인 일화는 언급하지 않았다.[43]

웨이벌은 인도를 떠나기 전에 일부 문서의 파기를 지시했다. 웨이벌의 일지에 따르면, 그는 네루와 해당 문서들에 대해 이야기를 나눈 적이 있었다. 네루는 "정보국이 문제 소지가 있는 문서들은 모두 파기했더군요."라고 말했고, 웨이벌은 "그렇소. 내가 확실히 그렇게 하라고 지시했소."라고 답했다.[44] 일기에는 웨이벌의 답변을 들은 네루가 웃었다고 적혀 있었지만, 네루의 미소가 어떤 의미였는지는 알 수 없다. 웨이벌과 토예뿐만이 아니었다. 런던의 관료들은 꼴사납게 서두르며 다니는 탓에 2세기 동안 누적된 문서들을 제대로 처리할 시간이 없다는 것을 잘 알고 있었다. 영국 정부는 현지 식민 관계자들이 "도시를 뒤덮은 연기만 영국의 기록물이 대대적으로 파기됨을 시사할 뿐이었다. 영국과 인도의 관계 개선에 전혀 도움이 되지 않은 1947년 권력 이양기 당시의 뉴델리 사건같이 바람직하지 않은 일을 피하기 위해 애썼다."라고 설명했다.[45]

마지막 날 마무리해야 하는 의례적인 업무를 모두 끝낸 마운트배튼은, 집으로 돌아와 아내와 함께 밥 호프Bop Hope의 신작 로맨틱 코미디 영화 〈마이 페이버릿 브뤼넷My Favorite Brunette〉을 보며 시간을 보냈다. 이때 마운트배튼은 "몇 분 동안은 내가 세상에서 가장 막강한 권력을 가진 사람이야."라며 혼잣말을 되뇌었다고 한다.[46] 그러나 삼엄한 경비 속에서 안락한 분위기가 지속되던 부왕 관저 밖에서는 끔찍한 광경이 펼쳐지고 있었다.

암발라역의 난민 특별열차, 1947년

분할을 앞둔 몇 달 동안 종파 간 폭력 사태가 격해진 탓이었다. 특히 영국이 결정한 국경 때문에 갈가리 찢긴 펀자브와 벵골에서 폭력 사태가 심각했다. 인도 북부와 새로운 파키스탄을 가로지르는 국경 너머 펀자브의 수도 라호르에 남아 있던 영국 관료들은, 길거리에 널린 시체를 헤치고 피에 젖은 열차 승강장에 도착해 서둘러 봄베이 특급열차에 올라탔다. 관료들은 영국의 뛰어난 기술을 상징하는 기차에 몸을 싣고 남쪽으로 향하며 불타는 마을을 바라보았다.[47] 수년간 누적된 종파 간 폭력이 권력 이양까지 단 며칠밖에 남지 않은 영국령 인도제국을 완전히 삼켜버리자, 힌두교도와 시크교도는 필사적으로 파키스탄에서 벗어나 인도로 향했다. 겁에 질린 이슬람교도들이 안전을 위해 파키스탄 국경을 넘으면서, 인도 전역에 전례 없는 숫자의 난민이 몰려들었다.[48] 새로운 삶의 터전을 향해 떠난 난민들은 학살당했고, 위험을 무릅쓰고 고향에 남은 이들 역시 목숨을 잃었다. 하자리는 저서 《한밤중의 분노》에서 "살인자 무리가 마을 전체를 불태우고, 성인 남자와 아동과 노인을 난도질하고, 젊은 여자들을 끌고 가 강간했다."라고 적었다.

나치 죽음의 수용소를 직접 목격한 영국 병사와 기자들은, 인도와 파키스탄 분할이 초래한 잔혹 행위가 더 심각했다고 주장했다. 그들은 임신한 여성의 가슴을 도려내고, 배에서 아이를 끄집어냈다. 어떤 아기들은 온몸이 그슬린 채 침에 뒤덮인 상태로 발견되기도 했다. 폭력을 피해 달아난 가난한 난민의 도보 행렬은 80킬로미터 넘게 이어졌다. 녹초가 된 농민들이 지친 몸을 이끌고 걸어가는 동안, 말 위에 올라탄 게릴라들이 길가에 늘어선 키 큰 농작물 사이에서 뛰어나와 그들을 마구잡이로 도살했다. 난민들을 가득 태운 특별열차는 목적지로 향하는 내내 매복 공격을 당했다. 구슬픈 침묵 속에서 국경을 넘는 열차의 객차 문 아래로 피가 뚝뚝 떨어졌다.[49]

펀자브의 주민 대량 학살이 가장 두드러졌지만, 인도 대부분의 지역이 비슷한 상황이었다. 1948년, 1500만 명 넘는 주민이 이주를 끝내자 대이동은 끝났다. 야스민 칸Yasmin Khan은 저서 《위대한 분할The Great Partition》에서 정신이 번쩍 들 만큼 냉혹한 결론을 제시한다.

1947년의 분할은 식민지 개입의 위험성과 정권 교체의 심각한 난관을 알려주는 사례다. 공동체의 발전을 파괴하고, 역사적 궤적을 왜곡하고, 어떤 결과로 이어졌을지 알 수 없지만 다른 길을 걸었을 수도 있는 사회

분할 당시 델리에 세워진 난민수용소, 1947년

에 폭력적인 국가 형성을 강요한 제국의 어리석음을 잘 보여준다. 분할은 제국의 오만함이 얼마나 위험하며 극단적인 민족주의가 어떤 반응을 보일 수 있는지 잊을 수 없는 교훈을 주었다. 인도와 파키스탄은 좋든 싫든 남아시아에서 계속 어깨를 맞댄 채 이러한 유산을 안고 살아간다.[50]

인도 아대륙의 여러 공동체는 거의 천 년간 종교적 정체성이 민족적 정체성이나 언어적 정체성보다 덜 두드러지는 문화적 융합 속에서 공존했다. 그곳에는 인도와 이슬람이 섞인 혼합 문명이 존재했다. 19세기 인도는 전통, 언어, 문화가 다양한 종교 집단에 영향을 미치고, 사람들이 주로 종교적 신념에 따라 스스로를 정의하지 않는 곳이었다.[51] 팔레스타인에서 영국의 위임통치가 시작되며 여러 공동체의 공존이 힘들어졌듯, 영국 식민정권의 무게에 짓눌리자 인도의 공동체들 사이에서 합의는 무너져내렸다. 영국령 인도제국의 분할 정책은 화학 반응 같은 연쇄 반응을 일으켰다. 오랫동안 이어져 내려온 공존의 전통을 무너뜨리고, 자신만의 야망과 열정과 충성심을 가진 각 지역 사람들과 상호작용했다. 제국에서 진행된 또 다른 자유주의 실험은 끔찍한 실패로 끝나버렸다.

간디의 죽음

분할로 인한 사망자는 100만에서 200만 명으로 추산된다. 살아남은 사람들도 어느 의사가 '인간 쓰레기장'이라 표현한 난민수용소에서 콜레라와 장티푸스와 맞서 싸워야 했다. 마운트배튼의 분할협정으로 '무덤의 평화'가 찾아올 것이라 예상한 간디와 달리, 네루는 분할 이후 잇따라 발생한 끔찍한 사건을 지켜보며 공포에 떨었다. "사람들이 얼마나 잔인하며 가학적인지 미처 몰랐다. 어린아이들이 길거리에서 도륙당한다. 델리 곳곳의 가정집이 시체로 가득하다. 나는 쉽게 동요하지 않는 사람이지만, 지금은 내가 감당할 수 있는 수준을 넘어섰다." 늘어나는 사망자 수에 네루를 찾아간 마운트배튼은 무슨 말을 해야 할지 알 수 없었는지, 런던에서 열리는 엘리자베스 여왕과 자신의 조카 필립 마운트배튼Philip Mountbatten의 결혼식에 네루를 초청했다.[52]

몇 달 후, 간디는 단식에 돌입했다. 인도가 파키스탄에 5억 5000만 루피(영국 전쟁 부채 중 파키스탄 몫)를 내놓지 않는 상황이었다. "이번 단식은 힌두교도와 이슬람교도를 향한 것만이 아니다. 거짓된 가면을 쓰고 자신과 나,

그리고 사회를 배신하는 유다들을 향한 것이기도 하다."⁵³ 인도의 정치적·정신적 상징이었던 노쇠한 간디가 사흘 동안 단식하자, 인도 내각은 파키스탄에 돈을 지급하기로 합의했다. 간디 입장에서는 너무 많은 희생을 치르고 얻어낸 승리였다. 급진적인 힌두교 단체들은 이미 간디를 '진나의 꼭두각시', '모하마드 간디'*라고 부르고 있었다.⁵⁴ 그들은 평화에 대한 요구를 배신 행위로 여겼다. 파키스탄의 몫을 주지 않는 문제를 놓고 간디가 벌인 단식은, 그들의 주장에 더욱 힘을 실어주었다.

단식을 끝낸 지 2주가 지난 1948년 1월 30일, 뉴델리에서 회복 중이던 간디는 저녁 기도회를 이끌기 위해 비를라하우스에서 나와 정원을 지나갔다. 종손녀 마누벤과 입양한 딸 아바가 간디를 부축했다. 세 사람이 군중 사이로 지나갈 때, 급진적인 힌두교 민족주의자 나두람 고드세Nathuram Godse가 간디에게 세 발의 총을 쏘았고, 간디는 딸의 무릎 위로 쓰러졌다. 곳곳에서 울부짖는 가운데 간디는 "오, 신이시여! 오!"라고 중얼거렸다.⁵⁵

몇 시간 후, 네루는 새로 탄생한 국가를 향해 처음에는 힌디어로, 그다음은 영어로 연설했다. "우리 삶에서 빛이 사라졌다. 사방에는 어둠뿐이다. 뭐라고, 어떻게 말해야 할지 모르겠다. 우리가 바푸Bapu**라고 부르던 사랑하는 지도자, 조국의 아버지는 이제 우리 곁에 없다."⁵⁶ 간디가 암살되기 몇 주 전, 진나는 "간디의 연설에는 독이 한 방울씩 들어 있다."라고 말한 바 있다. 하지만 진나는 추모 연설에서 간디를 지지하는 마음도 드러냈다. "우리 정치 견해가 얼마나 다르건, 간디는 힌두교 공동체가 배출한 가장 위

---

* 모하마드는 이슬람 창시자인 무함마드Muhammad의 이름에서 온 것으로, 이슬람을 상징하는 이름이다. 간디가 무슬림에게 관대하다고 여겨, 그를 무슬림처럼 취급하며 배신자로 낙인찍은 표현이다.
** 구자라트어로 '아버지'라는 뜻이다.

대한 인물 중 한 명이며, 힌두교도로부터 널리 신뢰받고 존경받는 지도자였다. 인도 북부와 파키스탄이 자유를 얻은 지 얼마 되지 않은 이 중대하고 역사적인 시점에 그가 세상을 떠난 것을 진심으로 애도하며, 위대한 힌두 공동체와 유가족에게 깊은 위로의 뜻을 전하고자 한다."[57]

세계 각지에서 애도와 추모가 쏟아졌다. 영국에서도 마찬가지였다. '평화를 위해 애쓰고 폭력을 규탄한, 오늘날 세계에서 가장 뛰어난 지도자 중 한 분이 암살당했다'는 소식을 전해 들은 애틀리는 '깊은 공포'를 느낀다고 이야기했다.[58] 스머츠도 "고결한 품격을 지닌 분이 세상을 떠났다. 우리는 돌이킬 수 없는 상실을 겪은 인도와 함께 슬픔에 빠졌다."라고 외쳤다.[59] 처칠 내각에서 인도 국무장관을 지낸 제국주의자 애머리도 매우 비통해했다.

인도 역사와 지난 세대의 영국과 인도 관계에서 간디가 맡은 역할은 오직 역사에 의해서만 평가될 것이다. 마하트마 간디만큼 인도에서 영국의 통치가 종식되는 특정한 방식에 크게 기여한 사람은 없다. 간디의 죽음은 세계 역사의 위대한 마지막 장에 찾아왔다. 적어도 인도의 마음속에서 그는 새로운 장의 시작과 언제나 함께 기억될 것이다. 그 시작이 아무리 혼란스럽더라도, 그 장이 인도를 위한 평화와 화합, 번영으로 이어지기를 모두가 희망해야 할 것이다.[60]

갈등의 전초전

전후 인도에서 자유제국주의가 주장하던 동반자 관계가 무너져내리던 1946년 7월 22일, 수천 킬로미터 떨어진 예루살렘에서는 리처드 캐틀링Richard Catling이 장애물과 철조망으로 가득한 거리를 지나 킹데이비드호텔로 향하고 있었다. 경찰 특수부에서 일하던 오랜 친구 로더릭 머스그레이브Roderick Musgrave를 만나기 위해서였다. 영국 서퍽 출신인 캐틀링은 10년 전 입스위치 열차 승강장에서 팔레스타인 경찰에 막 지원한 남학생을 만났다. 대공황 시대의 농사짓는 가족이 겪는 절망감을 뒤로한 채 다른 인생을 경험하고 싶다는 열망에 사로잡혀 있던 캐틀링은, 남학생의 이야기에 영감을 받아 런던 중심부 밀뱅크에 있는 중앙 재정 및 채용 담당 기구 크라운 에이전트 사무소Crown Agents office로 달려갔다. 그는 간단한 면접을 거친 후 팔레스타인 경찰로 일하게 되었고, 아랍혁명 당시 크게 활약해 단숨에 승진을 거듭했다. 당시 그는 유대인 문제를 담당하는 범죄수사부 부경무관이었다.[61]

팔레스타인에서는 식민지 경찰관이라면 누구나 부담스러워할 만한 상황이 벌어졌다. 노동당이 총선에서 승리한 이후, 팔레스타인은 보복과 반격의 악순환 속에 마치 1920년대 아일랜드를 연상케 했다. 1945년 7월, 시온주의자들은 대부분 애틀리의 집권을 축하했다. 노동당은 오랫동안 멸시받던 1939년 백서를 폐기하고, 유대인의 제한 없는 팔레스타인 이민 허용을 촉구하는 결의안도 내놓은 적이 있었다. 제국을 되살리기 위해서는 중동이 가장 중요했다. 베빈은 석유가 풍부한 중동 지역이 영국의 경제 회복에 반드시 필수적이고, 강대국의 지위 유지에도 매우 중요하다고 확신했다.[62] 그런데 중동 지역을 마음대로 주무르려면 영국과 아랍의 관계 강화가 필수였다. 이는 선거 전, 팔레스타인 문제에 대해 노동당 입장과 반대되는 목표였다. 베빈은 친아랍 성향의 외무성과 내각의 도움을 받아 아랍의 지지를 끌어냈지만, 팔레스타인 문제를 둘러싼 영국과 미국의 협력은 노동당 정부가 추구하는 광범위한 제국주의 의제 중 가장 말썽이 많고 불만스러운 문제였다. 이 문제는 베빈이 워싱턴의 손아귀에서 벗어나려고 끈질기게 노력한 가장 중요한 이유이기도 했다.

선거 없이 대통령이 된 데다 상대적으로 지지도가 낮은 미국 트루먼 대통령은 백악관 친시온주의 고문들에게 깊이 의지했다. 트루먼은 "나는 시온주의의 성공을 염원하는 수십만 유권자에게 화답해야 한다. 내 유권자 중 아랍인은 수십만 명도 되지 않는다."라고 이야기했다.[63] 하지만 정치가 문제의 전부는 아니었다. 트루먼은 홀로코스트 이후 유럽에서의 일을 떨쳐내지 못했다. "이 시점에서 시온주의자들이 유대국가를 세우려는 목표보다 더 시급한 문제는, 난민들의 고통을 덜어줄 방법을 찾는 일이었다."[64]

영국과 유대인 공동체 이슈브 사이에서 벌어진 논쟁처럼, 영국과 미국 간의 논쟁에서도 이민은 첨예한 문제였다. 노동당 집권 전에도 트루먼은 포츠담에서 처칠에게 이민 제한을 없애라고 요청했다.[65] 이로부터 얼마 지나지 않아 정부 간 위원회Intergovernmental Commission 미국 대표 얼 해리슨Earl Harrison으로부터 난민수용소의 처참한 실상을 자세히 묘사한 유럽의 난민 관련 보고서를 받기도 했다. "몰살하지 않는다는 점만 제외하면 우리가 유대인을 대하는 방식 역시 나치와 다르지 않은 듯하다. 많은 유대인이 나치 무장 친위대 대신 우리의 무장 경비 아래 수용소에 갇혔다."[66] 해리슨은 터전을 빼앗긴 유대인이 팔레스타인에서 살아갈 수 있도록 10만 장의 이민 증명서를 추가 발급하는 방안을 영국에 권고했다. 10만이라는 숫자를 제시한 트루먼은 향후 협상에서도 전혀 양보의 기미를 보이지 않았다.

반면, 영국은 중동에서 아랍의 지지를 잃어서는 안 되는 상황이었다. 유대인의 대규모 팔레스타인 이주는 아랍인의 분노에 불을 지르는 심각한 결과를 초래할 수도 있었다. 영국은 유대인이 팔레스타인으로 돌아가는 대신, 유럽사회에 재흡수되어야 한다고 여겼다. 홀로코스트 생존자에 대한 냉담한 태도 때문에, 베빈은 트루먼은 물론 시온주의자들의 환심도 사지 못했다. 괴상한 유머 감각과 유대인이 겪은 고통에 대한 무감각한 태도 때문에 반유대주의자라고 비난당하기까지 했다. 베빈은 '국제 유대인'에 대한 진부한 견해를 갖고 있었으며, 시온주의와 소련이 결탁해서 음모를 꾸미고 있다고 믿었다. "소련은 이민을 통해 충분히 공산주의 사상에 물든 유대인들을 대거 유입시킴으로써, 그 지역을 아주 짧은 시간 안에 공산주의 국가로 만들 수 있다고 확신하고 있다. 뉴욕의 유대인들은 사실상 그들을 대신해 그 일을 해내고 있는 셈이다."[67]

영국의 재정 파탄, 전략적으로 세를 확장하며 중동에 지나치게 의존하는 상황, 시온주의자들의 폭력 증가, 이로 인한 아랍의 비타협적인 태도 등 베빈이 마주한 갖은 문제는 어떤 관점에서도 벅찼다. 미국의 개입과 미국 국내 정책의 중요성 또한 끊임없이 영국을 힘들게 하는 요소였다. 이성에 호소함으로써 트루먼을 설득할 수 있다고 믿었던 베빈은, 유럽의 유대인 난민 문제와 팔레스타인 이민 문제 연구를 위한 공동위원회 설립을 지지했다. 양국 정부는 영미팔레스타인조사위원회Anglo-American Committee of Inquiry on Palestine를 통해 모든 당사자의 의견을 묻기로 합의했다. 베빈도 보고서가 만장일치로 작성되면 권고 내용을 따르겠다고 밝혔다.

시온주의 세력의 분노

1945년 11월, 영미팔레스타인조사위원회의 요구사항을 하원에 전달하면서 베빈은 팔레스타인이 여전히 영국의 손에 있다고 확언했다. 베빈은 팔레스타인 문제 해결에 정치 생명을 걸었다.[68] 1939년, 백서 철회를 거부한 베빈은 팔레스타인에서 독립된 유대국가가 아닌 아랍인과 유대인이 공존하는 국가를 세우는 방안을 지지했다. 격노한 유대기구는 시온주의 무장 세력 이르군 및 레히와 휴전협정을 체결했다. 영국의 양보를 얻어내고 밸푸어선언에 명시된 조건이 지켜지도록 만들기 위해 이르군 및 레히와 미약하나마 동맹도 맺었다.

베빈이 팔레스타인에 정치 생명을 걸기 몇 주 전, 이슈브는 유대인 저항 운동Jewish Resistance Movement을 공표했다. 더불어 유대인 공동체 전체가 영국과의 전쟁을 선포했다.[69] 델리에서 인도국민군 재판이 열리기 며칠 전, 이슈브 준군사부대는 팔레스타인의 영국 시설에 대규모로 첫 번째 연합 공격을 했다. 1945년 11월 1일, 팔마흐 소속 50개 분대가 150개가 넘는 지역에서 팔레스타인 철도망을 파괴했다. 이르군 병사들은 열차 교차로, 열차 차량 정리 지점, 작은 교량을 폭파했다. '열차의 밤The Night of the Trains'이라고도 알려진 시온주의 세력의 극적인 무력 과시는 팔레스타인 하이파의 정유공장으로 확대되었다. 레히 조직원들은 정유 시설을 가차 없이 폭격했다. 하이파와 야파의 파출소도 폭격 대상이었다. 팔마흐 조직원들은 유대인 불법 이민 선박 단속에 사용되던 세 척의 선박도 침몰시켰다. 하이파 정유 시설 화재로 인한 연기가 팔레스타인 해안에 먹구름을 드리웠지만, 베빈과 영국 정부는 팔레스타인의 전후 실상을 제대로 직시하지 못했다. 이슈브 연합 민병대의 막강한 위력에도 베빈은 전혀 흔들리지 않았고, 유대기구가 이르군 및 레히와 손잡고 팔레스타인 곳곳을 공격할 때도 런던에서 만난 바이츠만에게 "싸움을 원하면 얼마든지 응해주겠다."라고 도발했다.[70] 경제적·외교적으로 불리한 위치에 있으면서도 막강한 상대와의 전쟁을 각오한 외무장관의 발언치고는 상당히 강경한 말이었다.

전간기에 팔레스타인의 유대인 인구는 25퍼센트 증가해 1945년 가을에는 55만 명에 달했다. 이슈브는 팔레스타인에 350개의 정착촌을 건립했고, 시온주의 프로젝트는 경제적으로도 급속히 성장해 1937년부터 1943년 사이 산업 생산량이 5배 증가했고, 총 생산액은 3750만 팔레스타인 파운드(약 2조 3400억 원)에 달했다. 가파른 성장률과 유대인 주도로 진행된 산업화로, 팔레스타인의 농업 잠재력에 주안점을 둔 고등판무관의 전후 경제 계획은 무용지물이 되었다. 군사적으로 따져보면, 유대기구의 지하 민병 조직 하가나의 병력은 거의 4만 5000명에, 정예 병력 팔마흐 소속 장병은 9000명에 달했다. 각각 약 1500명, 400명인 이르군과 레히 병력은 상대적으로 규모가 적었지만, 유대인 저항 운동에서는 폭력을 사용할 의지가 있다고 밝힌 수정주의 민병대가 중요한 역할을 했다. 팔레스타인 내 전체 유대인 인구 중 무장 저항 세력의 비중은 약 10퍼센트로, 제국주의를 둘러싼 다른 전쟁과 비교하면 저항 세력의 비중이 믿기 힘들 만큼 높았다.[71]

질서 있고 조직적으로 움직이는 유대기구의 영향력은 팔레스타인 국경 밖에서도 막강했다. 세계시온주의기구의 목표는 유대기구의 의제뿐 아니라 하가나의 전략에도 크게 영향을 미쳤다. 전미시온주의기구 Zionist Organization of America, ZOA와 랍비 실버가 이끌던 전미시온주의긴급위원회의 회원 수는 백만 명에 달했다. 전미시온주의기구에서만 백만 장 넘는 전단과 팸플릿을 언론에 뿌렸다. 1945년 한 해 동안 각종 신문은 전미시온주의기구가 제공한 뉴스를 4000건 이상 재인쇄했다. 수정주의 세력 역시 유대기구와 마찬가지로 조직적이었다. 이르군은 베긴의 지휘 아래 미국에서 활동하는 수정주의 지도자 힐랄 쿡Hillel Kook이 이끄는 전미자유팔레스타인연맹American League for a Free Palestine 등 여러 해외 조직으로부터 지원을 이끌어냈고, 레히는 팔레스타인정치행동위원회Political Action Committee for Palestine의 지지를 끌어냈다.72

시온주의 세력의 확대는 나날이 쇠퇴하는 영국의 처지와 대비되었다. 노동당이 정권을 잡은 1945년부터 세상을 떠난 1951년 봄까지, 베빈은 원대한 제국주의 전략을 추구하며 중동에 대한 흔들림 없는 의지를 보여주었다. 베빈 역시 전임자들처럼 친영적이었다. 영국의 동맹 관계 변화가 중동의 안정성을 저해하고 가끔 불분명한 영국의 이해관계를 저해하더라도, 베빈은 오직 친영 정책만을 추구했다. 20년 넘게 이해관계라는 바람이 어디로 부는지 지켜보면서 매번 다르게 흔들리던 영국 정부의 정책은 계속 바뀌었다. 온갖 위원회가 등장하고, 내용이 상충되는 여러 백서가 공개되었다.

역사학자 톰 세게브Tom Segev의 지적처럼, 고등판무관 맥마이클 같은 사람에게는 누군가의 지시만 있다면 무엇이든 가능했다. 분할을 원하면 분할이 이루어지고, 국가를 원하면 국가가 건국되었다. 맥마이클은 정치에 아무 관심도 없었을 뿐만 아니라 이해하지도 못했다. 정치는 맥마이클이 상관할 바도, 해야 할 일도 아니었다. 맥마이클이 맡은 일은 질서 유지였다.73 맥마이클과 다른 고등판무관들은 맡은 임무를 완수하기 위해 강압적으로 행동했다. 예를 들어 영국군이 징벌적인 공격을 감행할 목적으로 반란 세력 거주지로 원정을 떠나면, 같은 민족끼리 모여 사는 현지 주민들의 공동체가 파괴되었다. 영국군은 민간인에게 굴욕을 안기고 고문했고, 대포와 공중폭격을 과도하게 활용했다. 사소한 규칙을 어겼다는 이유로 용의자를 교수형에 처했다. 강압은 영국의 자유제국주의에 내재한 특징일 뿐 아니라, 런던 정계에서 끝없이 반복되는 아랍과 유대인의 폭력 사태 논쟁에서 우위를 차지하기 위해 반드시 필요한 전술이었다. 시온주의자의 반란에 직면한 영국 정부는 문제 해결을 위해 인력을 교체했다.

1945년 11월, 앨런 커닝엄Alan Cunningham이 새로운 고등판무관으로 취임했다. 58세의 미혼남이자 직업군인인 커닝엄은 제2차 세계대전 당시 경험했던 개인적인 실패를 교훈 삼았다. 북아프리카 전선에 중장으로 참여한 커닝엄은 리비아에서 전투를 치르던 중 초반 공세에 큰 손실을 입어 작전 축소를 권고했다. 하지만 상관들은 커닝엄의 지휘권을 박탈한 뒤 영국으로 돌려보냈고, 그는 전쟁이 끝날 때까지 사무직으로 일했다. 이후 팔레스타인 고등판무관이라는 민간 고위직까지 올라간 커닝엄은, 드디어 속죄의 기회가 찾아왔다고 생각했다. 커닝엄은 팔레스타인 특유의 제국적 제약과 이 갈등의 복잡한 양상을 빠르게 파악했다.

시온주의 세력의 일상적인 공격에 직면한 그는 언제든 막강한 무력을 동원할 수 있는 권한을 쥐고 있었다. 그러나 그것을 실제로 사용하는 것은 점점 신뢰를 잃어가던 온건파 유대인 기관의 입지를 약화시키고, 이탈자들을 인간 표적 제거에 주저하지 않던 수정주의자들의 진영으로 몰아넣을 위험이 있었다. 게다가 시온주의 선전의 영향을 받은 국제사회의 감시가 영국군의 무력 사용을 전례 없이 강력하게 견제하고 있었다.[74] 군사적 수단을 사용하려면 정치적인 요구가 뒷받침되어야 했다.[75] 하지만 갈등이 고조되자 즉각적인 대응이 필요했다. 커닝엄은 방위비상규정Defence (Emergency) Regulations과 아랍혁명 때 합법화된 방안에 눈을 돌렸다. 전시에 영국에서 제정된 국토방위법과 1939년 제정된 비상권한법을 토대로, 1939년 비상권한긴급칙령Emergency Powers Order in Council이 공표되었다. 비상권한긴급칙령은 식민지 총독이나 고등판무관에게 일반적인 법으로는 혼란을 억제할 수 없을 경우 비상사태를 선포할 수 있는 권한과 함께, '공공의 안전, 영토 방위, 공공질서 유지, 반란·폭동·소요의 진압, 그리고 공동체의 생존에 필수적인 물자 및 서비스의 유지'를 위해 필요하거나 적절하다고 판단되는 규정을 제정할 수 있는 권한을 부여했다.[76] 팔레스타인의 신임 고등판무관 커닝햄은 비상규정에 기록된 50개 문단을 근거로 치안군에게 통행금지, 몰수, 단체 벌금, 체포, 구금 시행 권한을 주었다. 새로운 규정에 따라 총기나 폭발물 소지 같은 온갖 범죄에 다시 사형이 적용되었고, 군사법정도 복원되었다. 팔레스타인에 다시 들어선 군사법정은 사전 심리나 피고인에 대한 증거 제출 없이 약식 판결을 내릴 수 있는 권한을 가졌다. 또한 유죄 판결을 받은 사람을 사면하거나, 혐의를 확정하거나, 기각할 수 있는 전권을 가진 팔레스타인 주둔 영국군 총사령관에게 청원하는 권리를 제외한 항소권도 인정하지 않았다.

비상규정은 조직적인 공격, 매일같이 설치되는 부비트랩, 정부 재산 손괴, 영국 관료 암살 등 파괴적인 유대인 저항 운동의 활동 진압에 별 도움이 되지 않았다. 유대기구 정치부 책임자 모셰 샤레트는 비상규정이 '대중 전체를 위협하는 살인적이고 잔혹한 법'이라며 온건한 유대인의 정서를 대변했다.[77] 한편, 수정주의 세력은 영국의 탄압 조치를 정면으로 공격할 전략을 생각해냈다. 훗날 베긴은 이렇게 회상했다. "역사와 우리의 관찰은, 만약 우리가 에레츠 이스라엘(팔레스타인)에서 영국 정부의 위신을 무너뜨릴 수만 있다면, 그들의 지배는 자동적으로 사라지리라는 확신을 주었다. 그 순간부터 우리는 그 약점을 집요하게 파고들었다. 봉기 내내 우리는 영국 정부의 위신을 겨냥해 의도적으로, 끊임없이, 그리고 쉬지 않고 타격을 가했다."[78] 현지 영국 관료들은 이것이 무슨 의미인지 잘 알고 있었다. 한 기밀 보고서에는 "이르군 지도자들은 현재 사용 중인 전술의 효과를 믿으며, 폭력이 영국 정부의 정치적인 양보를 이끌어내는 유일한 수단이라 생각한다."라는 내용이 담겼다.[79] 베긴이 '가장 현명한 사람 중 하나'라고 부른 이르군 지휘관 사무엘 카츠Samuel Katz는 전후 환경에서 폭력과 영국의 정치적 약점 간에 어떤 관계가 있는지 제대로 이해했다.

영국 정부가 감히 넘어설 수 없는 탄압의 한계가 있다. 우리를 상대로 전력으로 무력을 행사할 수는 없다. 팔레스타인은 폭격으로 굴복시킬 수 있는 아프가니스탄의 외딴 언덕 마을이 아니다. 팔레스타인은 전 세계가 유심히 지켜보는 '유리의 집'이다. 1945년, 영국은 유대인에 대한 자신들의 태도가 미국의 태도와 정책에 중요한 영향을 미친다는 사실을 깨달았다.[80]

베긴이 내세운 '반란의 논리Logic of the Revolt' 역시 "에레츠 이스라엘은 유리의 집을 닮았다."라는 카츠의 주장을 강조했다. 베긴은 '무기는 공격을 위한 우리의 도구이고, 유리의 투명성은 방어를 위한 우리의 방패'라며 비유를 확장했다.[81] 이 모든 전략의 기저에 깔린 "우리는 싸운다, 고로 존재한다."라는 광범위한 수정주의 정신에는 해방 논리와 영국의 통치를 둘러싼 현실 정치가 담겨 있었다.[82] 수정주의자이며 훗날 히브리대학교 법학 교수가 되는 벤자민 아크진Benjamin Akzin은 이렇게 회고했다. "조사이아 웨지우드Josiah Wedgwood*는 늘 말하곤 했다. '영국인들은 누구의 말도 듣지 않

---

* 영국 노동당 정치인이자 대표적인 친시온주의자로, 유대인의 팔레스타인 이주와 국가 수립을 강력히 지지했다. 제국주의와 인종차별에 비판적이었으며, 1939년 백서에 반대하며 유대인 난민 수용을 촉구했다.

고, 정치운동도 진지하게 받아들이지 않는다. 영국 대사관 창문 몇 개쯤은 부숴야 비로소 귀를 기울인다.'"[83]

팔레스타인 기동부대

영국군은 장교를 비롯해 일반 사병까지 온건한 시온주의 세력의 지지와 국제적인 관심에 대한 커닝엄의 전반적인 우려에 공감하지 않았다. 영국 치안군 역시 시온주의 봉기를 부추기는 정치 상황에 크게 신경 쓰지 않았다. 대신 이들은 검증된 탄압으로 통제권을 재확립하는 것을 중요하게 여겼다. 커닝엄은 잇따라 취임한 여러 총사령관과 참모총장인 육군원수 몽고메리의 무분별한 강경 진압 요구를 누그러뜨려야 했다. 몽고메리는 하가나, 이르군, 레히가 다르지 않다고 생각했고, 공격 때마다 테러범을 소탕하지 못한 책임을 물으며 거세게 커닝엄을 질책했다. 1945년, 2만 명의 병력으로 구성된 제6공수사단 전체가 팔레스타인에 도착했다. 반란이 최고조에 달하자 병력은 10만여 명으로 늘어났다. 역사학자 존 벨John Bell은 이렇게 적었다.

해안에는 순양함 두 척, 구축함 세 척, 그 외 다른 해군 함정들이 배치되어 있었고, 해변에는 해군 레이더와 통신기지가 있었다. 영국 치안군과 유대인 전체 인구의 비율은 대략 1 대 5 정도였다. 팔레스타인 전체가 무장 막사 그 자체였다. 시골에는 거대한 테가트 요새와 영국군 막사, 강화된 장애물, 관측소가 있었다. 도시에서는 끊임없이 순찰이 이루어졌다. 모든 정부 건물은 철조망과 보초용 건물로 둘러싸여 있었고, 기차에는 무장 경비원이 있었다. 영국군은 안전을 위해 철조망과 모래주머니로 둘러싸인 지역으로 철수했다.[84]

애틀리 내각의 승인을 받지 못했으므로, 커닝엄은 아랍혁명 때처럼 공세를 펼치지 않았다. 한편 팔레스타인 경찰은 과거 아랍인과 유럽인의 귀항 사태 때처럼 1차 방어선의 역할을 했다. 당시 팔레스타인 경찰은 준군사 훈련, 강압적인 전술 활용, 나날이 심해지는 기강 해이 등으로 악명이 높았다. 제2차 세계대전이 발발한 이후, 영국인 장병과 수정주의 민병대 간의 긴장이 현저히 고조되었다. 경찰관 레이먼드 카페라타는 10여 년 전 헤브론 폭동을 진압했던 인물로, 당시 하이파 지역 사령관으로서 이 충돌의 중심에 있었다. 그는 무기와 탄약을 찾기 위한 시온주의 정착촌 급습을 지휘했다. 1943년에는 공중 엄호를 받으며 40대의 경찰차에 거의 800명에 달하는 병사를 태워 '라마트 하코베쉬Ramat HaKovesh'라는 키부츠*를 공습하기도 했다. 팔레스타인 경찰은 아랍혁명 때와 마찬가지로 유대인 성인 남성을 철창 안에 몰아넣고 키부츠를 약탈했다. 이 과정에서 24명의 정착민이 다치고 한 명이 사망했다. 한 경찰관은 자신과 동료들이 여성과 아이들을 구타한 이유가, 그들이 인간 방패를 형성하며 자극적인 행동을 했기 때문이라고 주장했다. 공식 보고서에는 유대인 민간인들이 '제정신이 아닌 야수처럼 행동하고' 경찰과 군대를 겨냥한 '잔인한 공격'에 참여했다고 적혀 있었다.[85]

히브리어 신문들은 분노했다. 현지 정부는 히브리어 신문을 즉시 폐간했지만, 이 결정은 더 많은 폭력 사태로 이어졌다. 이번에는 텔아비브에서

---

* 이스라엘의 유대인 집단 농장 공동체.

폭력 사태가 벌어졌고, 이후 몇 년간 습격이 지속되었다. 카페라타는 기바트 하임Givat Haim 키부츠를 겨냥했다. 완전 무장한 치안군이 탱크의 지원을 받아 기바트 하임 키부츠를 습격한 결과, 수십 명의 정착민이 다치고, 일곱 명이 사망했다. 하지만 팔레스타인 경찰은 습격 자체가 정당방위라고 주장했다.[86]

어떤 면에서 카페라타는 전형적인 팔레스타인 경찰관이었다. 그는 팔레스타인으로 옮기기 전, 왕립아일랜드경찰대 예비사단 소속으로 우수한 성과를 내며 예비사단 최고위직에 올랐다. '나는 그저 친영파일 뿐'이라는 카페라타의 정신은 그의 행동에도 영향을 미쳤다. 제2차 세계대전 당시, 인력 부족에 시달리던 팔레스타인 행정부는 의회 입법을 근거로 경찰을 군 지휘 아래 두었다. 이러한 구조 덕에 3년 계약이 만료된 경찰의 고용도 계속 유지되었다. 이는 곧 팔레스타인 경찰이 '군법의 적용을 받는 군대'라는 뜻이기도 했다.[87] 이러한 조치는 왕립아일랜드경찰대 산하의 블랙앤탠식 준군사적 문화를 더욱 강화했다.

1943년, 팔레스타인의 지역 경찰 사령관 여덟 명 중 다섯 명은 블랙앤탠 출신이었다. 이들은 팔레스타인 경찰의 활동에 지대한 영향을 미쳤으며, 상부의 징계를 별로 두려워하지 않았다.[88] 전후 팔레스타인 식민행정부는 인력 부족 문제로 골머리를 앓았다. 팔레스타인 경찰은 인력 충원을 위해 노력했지만, 항상 인력이 부족했다. 1945년 말, 계약이 종료된 약 3000명의 경찰이 떠났고, 이에 따라 수석장관 존 쇼John Shaw는 식민성에 병력 증강이 필요하다고 간청했다.[89] 정예 준군사부대인 팔레스타인 기동부대Palestine Mobile Force 역시 필요 인력은 2000명인데 1000명만 배치되었을 만큼 인력 부족이 심각했다. 1946년, 영국 정부는 결국 기동부대의 연령 제한을 낮췄고, 전체 신병의 75센트가 18~19세로 구성되었다. 이 신병들은 군사 교련(행군 훈련), 무기 훈련, 최소한의 언어 훈련으로 단 몇 주 만에 준군인이 되었다(기동부대 전체 병력 중 히브리어를 구사할 줄 아는 사람은 4퍼센트가 채 되지 않았다). 기동부대는 복장을 갖춰 입고 군사 훈련을 받았다. 전투복을 입고 박격포, 브라우닝 자동 권총, 기관총, 연막탄을 소지한 채 경량 탱크 같은 장갑차를 타고 팔레스타인을 순찰했다.[90] 전투 경험은 없지만 준군사 문화에 잔뜩 물든 10대가 중무장한 기동부대에 배치된 셈이었다. 부대를 이끌 장교도 부족하고 조직적이지도 않은 기동부대가 위험성과 스트레스도 높은 상황에 배치되는 경우가 잦았다. 몽고메리가 팔레스타인 기동부대를 삼류 병사보다 하등 나을 것이 없다고 생각한 것도 무리는 아니었다.[91]

팔레스타인 기동부대에 합류한 젊은이들은 매일 나날이 심해지는 공격과 맞섰다. 반란이 시작된 첫 6개월 동안, 유대인 저항 운동은 거의 50건에 달하는 공격을 감행했다. 1946년 2월 25일, 이르군과 레히 연합군은 릿다, 카스티나, 크파르 시르킨의 공군비행장을 공격해 영국에 굴욕적인 패배를 안겼다. 시온주의 민병대는 폭격기 세 대를 파괴하고 여덟 대를 작동 불능 상태로 만들었으며, 전투기 일곱 대, 다목적 항공기 두 대, 그 외 소형 항공기 세 대를 폭파시켰다. 특공대 방식의 습격, 기습 공격, 지뢰와 폭발물을 이용한 원격 파괴 작전은 제국주의 시설물에만 국한되지 않았다. 인간을 표적으로 삼는 일도 점차 늘어났다. 범죄수사부 요원들이 반란 세력에 침투하려다 실패하는 일이 여러 차례 벌어지자, 수정주의자들은 범죄수사부를 표적으로 삼았다. 그 결과 경찰을 겨냥한 공격이 뒤따랐다. 영국은 이러한 시온주의자들의 전술을 '불명예스럽고 비열하다'고 여겼다.[92]

시온주의 반란 세력 상당수는 아랍혁명 때 첫 경험을 쌓았고, 제2차 세계대전에서 특수작전국 요원으로 활동하며 영국군과 함께 전투에 참여했다. 따라서 이들은 영국의 전술뿐 아니라 약점도 잘 알고 있었다. 영국은 정보 공유를 거부하는 이슈브 전체와 싸워야 했다. 팔레스타인의 새 수석 장관 거니는 "어떤 유대인도 유대인이 아닌 사람에게 다른 유대인 관련 정보를 제공하지는 않을 것이다."라고 적었다.[93] 거니의 전임자들은 살해 위협을 받고 팔레스타인을 떠났다. 당연하게도, 이러한 두려움은 잠재적인 유대인 정보 제공자의 사기를 저하시켰다.

팔레스타인의 범죄수사부는 자체적으로 정보 작전을 수행할 여력이 되지 않았다. 심지어 범죄수사부 유대인 담당 책임자인 캐틀링조차 히브리어를 이해하지 못했다. 그는 "내가 예루살렘 특수부서에 있었던 당시, 히브리어를 어느 정도 유창하게 구사할 수 있는 영국 경찰관은 두 명도 채 되지 않았다. 이건 정말 치명적인 일이었다. 이는 우리가 피의자를 심문하거나, 압수한 히브리어 문서를 번역하거나, 작전을 수행하는 데 제약이 많았다는 뜻이었다. 예컨대 같은 감방에 수감된 두 명의 유대인 용의자의 대화를 엿듣는 것조차 어려웠다."라고 회상했다.[94]

MI5 정보원의 조언 등으로 팔레스타인 정보부서를 재편하려는 시도가 있었지만 역부족이었다. 열악한 조직, 예산 부족, 신민 이해에 무엇보다 중요한 현지 언어와 문화를 익히기 위한 전반적인 노력 부족 등이 수십 년간 지속된 탓에, 정보부서 재편은 쉽지 않았다. 범죄수사부는 정보 수집뿐 아니라 요원 생존에도 많은 관심을 쏟았으나, 잇따라 부임한 군 지도부는 폭력을 중시할 뿐 정보 수집은 뒷전으로 미뤘다. MI5는 전문적인 첩보요원 몇몇을 팔레스타인으로 불러들여 최고의 성과를 거두었다. 데즈먼드 도란Desmond Doran 소령도 그중 하나였다. 전쟁 중 중동안보정보부Security Intelligence Middle East 요원으로 카이로에 주둔했던 도란은 팔레스타인으로 옮겨간 뒤 흠잡을 데 없는 히브리어와 책으로 익힌 레히 관련 정보, 뛰어난 심문 기술로 수정주의자들의 주요 표적이 되었다. 1946년 9월, 이르군 암살단이 텔아비브 자택에서 도란을 총살하고 집을 폭파했다.[95]

이에 반해, 영국이 시온주의 세력에 약간이라도 정보가 흘러가지 않도록 차단하면서 주도권을 잡는 일은 드물었다. 이슈브 출신 경찰은 능수능란하게 영국인 동료를 염탐했다. 한 영국 경찰관은 이슈브 출신 경찰관이 '제5열까지는 아니라도 틀림없이 제4열* 정도는 된다.'라고 생각했다고 회상했다.[96] 유대인 출신 경찰의 상당수는 하가나에 동조했고, 지하 활동을 하는 이도 있었다.[97] 또 다른 이들은 식민행정부 하위직 곳곳에 포진해 있었다. 예를 들어, 카페라타의 비서는 카페라타가 발송하는 편지를 성실하게 타이핑한 다음 하가나에 복사본을 전달했다. 카페라타가 라마트 하코베쉬와 기바트 하임에서 한 짓을 잊지 않은 레히는 카페라타의 이름을 공격 대상 명단에 올려두었다. 1946년 어느 비 내리는 봄날, 카페라타는 차량 뒷유리에 쏟아진 총격을 피해 가까스로 살아남았다. 이후 그는 본국으로 송환되었다.[98]

수많은 제6공수사단 병사의 목숨을 앗아간 4월 주차장 공격 이후, 존 다시John D'Arcy 중장은 병력 통제를 위해 노력했다. 아일랜드 부활절 봉기 당시 더블린 우체국 탈환을 주도한 다시는 팔레스타인에서 부하들이 '잠깐이나마 법을 마음대로 주무르며 동료들을 대량 학살한 것'에 대한 광란의 보복을 준비했다.[99] 다시는 커닝엄을 만나 집단 처벌과 텔아비브 내 모든 유대인의 강제 무장 해제를 요구했지만, 커닝엄은 통행 금지 시간 연장에만 동의했다. 사실 그로서는 어쩔 도리가 없었다. 1946년 4월 30일, 이슈브를 상대로 보복하려면 런던의 내각으로부터 승인을 받아야 한다는 통보가 날아

---

* 적과 내통 세력을 일컫는 제5열까지는 아니더라도, 유사한 행동하는 사람을 가리킨다.

들었기 때문이다. 공교롭게도 영미팔레스타인조사위원회 보고서가 공개된 날, 트루먼은 '유대인 10만 명의 팔레스타인 추가 이주 허용'이라는 위원회의 권고를 승인했다. 문제는 유대인 이민 증가가 아랍인의 분노 유발 원인이 될 수 있다는 영국 정부의 생각에는 변함이 없다는 사실이었다. 애틀리 정부는 유대인 난민의 팔레스타인 이주를 허용하지 않을 생각이었다.[100]

하가나의 테러

영미팔레스타인조사위원회의 권고를 받아들이지 않는 영국에 분노한 하가나는, 기차 및 차량 통행용 교량 10개를 폭파했다. 대부분이 트랜스요르단 국경에 위치했다. 이르군은 '다리의 밤Night of the Bridges' 사건이 일어난 1946년 6월 16일 이후, 텔아비브 장교 클럽에서 점심을 먹던 영국인 장교 다섯 명을 납치했다. 베긴의 부하들은 장교들을 지하 은신처에 쇠사슬로 묶은 뒤, 팔레스타인 정부에 전달하는 메시지와 함께 두 명만 풀어주었다. 그들은 팔레스타인 정부가 교수형을 선고한 두 명의 이르군 대원을 석방하지 않으면 세 명의 영국 장교를 처형할 계획이었다. 이제는 영국군이 주도권을 장악할 때였다. 육군원수 몽고메리가 지휘를 맡았다. 6월에 일찌감치 팔레스타인을 둘러본 몽고메리는, 자기가 보고 들은 상황에 상당히 동요했다. 팔레스타인의 진정한 지배자는 유대인인 듯했다.[101] 몽고메리는 커닝엄뿐 아니라 영국 치안군을 무력하게 만든 런던의 불운한 결정도 비난했고, 열띤 내각회의에서 힘겹게 베빈의 지지를 얻어내 공세에 박차를 가했다. 6월 29일에는 다시의 후임 에벌린 바커Evelyn Barker가 애거사 작전Operation Agatha('검은 안식일Black Sabbath'이라고도 불린다)을 명령했다. 군은 팔레스타인 전역에 통행 금지를 적용했고, 약 10만 명에 달하는 영국 치안군의 거의 모든 병력이 수십 개의 시온주의자 정착촌을 에워쌌다. 미쉑 예르고아Mishek Yergoa 키부츠의 정착민들이 성인 여성과 아동으로 인간 방패를 만들어 출입구를 막고, 애거사 작전에 참여한 치안군과 탱크를 노려보았다. 바커 휘하의 참모장교 피터 마틴Peter Martin과 부하들이 정착촌에 수류탄을 집어던지자, 아이들은 재빠르게 젖은 모래로 수류탄을 덮었고, 한 여성은 수류탄이 담긴 모래를 퍼서 물속으로 던져 넣었다. 작전 지휘관이 "쏴! 어서 쏴!"라고 소리를 지르자, 질서정연하게 진행되던 수색은 순식간에 아수라장이 되었다. 마틴은 무슨 일이 벌어졌는지 설명했다.

> 그 순간, 심문을 위해 철조망으로 철창을 만들던 한 병사가 두 대의 화염방사기 사용을 제안했다. 하지만 화염방사기에는 차량용 석유 교환기에서 나온 원유가 담겨 있었다. 다시 말해, 화염방사기는 탁하고, 지저분하고, 더러운 검은 기름으로 가득 차 있었다. 나는 정착민들에게 길을 터주지 않으면 화염방사기를 쏘겠다고 경고했다. 지금도 아주 또렷하게 기억난다. 커다란 붉은색 꽃이 달린 하얀색 원피스를 입은 여성이 목표 지점의 중앙에 서 있었다. 발포 지시에 따라 화염방사기에서 뿜어져 나온 검은 원유가 인간 방패 역할을 하던 여성들의 머리카락, 얼굴, 면치마에 들러붙었다.[102]

유대기구 사무실을 급습한 치안군은 카페라타의 비서가 성실하게 복사한 문서를 비롯해 수많은 증거를 압류했다. 치안군은 광범위한 수색을 통해 50만 발의 탄약, 500여 개의 무기, 0.25톤에 달하는 폭발물이 보관된 30개 이상의 무기고를 찾아냈다. 대규모 체포가 뒤따랐다. 작전이 끝날 무렵, 치안군은 1000명이 넘는 용의자를 체포했다. 체포된 용의자 중에는 유대기구 간부 네 명과 샤레트도 있었다. 체포된 사람들은 곧장 라트룬 수용소로 이송되었고, 수백 명은 다시 동아프리카의 수용소로 이송되어 반란 끝까지 재판 없는 구금을 견뎠다. 애거사 작전 덕에 하가나의 기세가 꺾였지만, 계속되는 통행 금지와 노상 검문, 심문에도 이르군과 레히는 거의 영향을 받지 않았다. 하지만 힘을 과시한 덕에 영국 치안군은 새롭게 통제력을 얻었다. 교수형에 처해질 예정이던 이르군 포로 두 명은 감형받아 목숨을 건졌지만, 바로 다음 날 이르군은 납치한 영국 장교 세 명을 살해해 큰 상자에 집어넣은 다음 거리에 내다버렸다.

킹데이비드호텔 테러

예루살렘의 킹데이비드호텔은 반란 중에도 영제국 내 다른 지역에서는 찾아볼 수 없는 우아함을 뽐냈다. 군 장교, 행정관, 고위직 민간인 등이 즐겨 찾던 약 5500평 규모의 이 호텔은 구시가지 위로 우뚝 솟은 천국이었다. 철조망, 수류탄을 막는 그물망, 최첨단 경보 장치, 기관총을 쏠 수 있는 참호, 수없는 치안군이 킹데이비드호텔을 방어하는 저지선 역할을 했다. 턱시도를 입은 신사들과 이브닝드레스를 입은 숙녀들은 수단 출신 웨이터가 서빙하는 식전주를 즐기며 연주회나 문학 행사에 참여했고, 테니스와 수영을 즐겼다. 그곳에서는 호텔 바깥의 전투 상황과는 동떨어진 문화 생활이 펼쳐졌다. 아랍혁명 이후, 호텔의 일부를 징발한 영국군은 대부분의 행정 기능을 호텔 남쪽 건물 최상부 세 개 층으로 옮겼다.[103]

1946년 7월 22일, 킹데이비드호텔 내 팔레스타인 사무국에서 친구 머스그레이브와 대화하던 경찰간부 캐틀링은 폭발 소리에 놀라 상황을 자세히 파악하려 발코니로 달려 나갔다. 캐틀링은 서둘러 계단을 내려가 밖에서 대기하던 기사에게 무슨 일인지 물었지만, 사소한 폭발로 치부되었다.[104] 하지만 그가 호텔 로비를 지나 사무실로 되돌아갈 때 폭발물로 가득 찬 일곱 개의 커다란 우유통이 폭발하며 군부와 사무국 사무실이 산산조각 났다. 캐틀링은 기적적으로 경미한 부상만 입은 채 살아남았다. 잔해에 깔린 시체가 곳곳에 널브러져 있었기에, 당시 사상자 규모를 생각하면 놀라운 일이었다.[105] 몇 주간의 준비 끝에 이르군이 실행한 이 공격에는 약 450킬로그램 규모의 공중 투하 폭탄과 맞먹는 폭탄이 동원되었다. 엄청난 위력 때문에 한 층이 통째로 무너져내려 아래층과 뒤엉켰다. 마침내 연기가 잦아들 무렵에는 폭탄에도 끄떡없다고 알려진 호텔 건물이, 부서진 콘크리트와 깨진 유리 조각 더미로 바뀌었다. 정부 부처 직원의 약 4분의 1이 부상을 입거나 사망했다. 폭발 직전 캐틀링과 대화하던 사무국 직원들이 가장 큰 피해를 입었고, 머스그레이브는 죽었다. 캐틀링은 당시의 폭발을 이렇게 회상했다. "나는 킹데이비드호텔 폭발 사건을 최악의 잔혹 행위라고 생각한다. 사망자 수가 정말 엄청났다. 무고한 사람들이 죽었다. 대부분 팔레스타인 사람이었고, 나 역시 가까스로 죽음을 피했다. 죽음을 가까이에서 마주하면, 그 당시의 상황은 오랫동안 마음에 각인된다. 그 사건에 조금이라도 관련이 있었다면, 아마 절대 잊지 못할 것이다."[106] 팔레스타인 행정부와 치안군에 소속된 거의 모든 관계자가 누군가를 잃었다. 보복을 요구하는 목소리가 몽고메리에게까지 전해졌고, 몽고메리는 영국이 나약하게 폭력에 굴복하지 않는다는 것을 이 세상과 유대인에게 보여주기로 마음먹었다.[107]

킹데이비드호텔 공격은 이르군이 행한 가장 극적인 공격이었다. 유대

킹데이비드호텔 폭발 이후 생존자를 수색하는 영국 치안군, 1946년 7월 28일

기구와 레히는 누가 공격했는지 알고 있었지만, 영국 정보기관이 책임자를 색출하거나 체포하거나 법정에 세우지 못하게 했다.[108] 킹데이비드호텔 테러 이후 영국군은 '상어 작전Operation Shark'에 돌입했다. 텔아비브를 봉쇄하고 모든 성인을 대상으로 수색과 심문을 벌였다. 결국 1000명의 용의자를 구금했다. 경사 T. G. 마틴T. G. Martin은 일렬로 세워놓은 용의자 중에서 모인 암살 사건의 주동자이자 레히 지도자인 이츠하크 샤미르를 찾아냈다.

그는 랍비로 위장한 상태였다. 샤미르는 심문을 위해 동아프리카의 수용소로 강제 추방되었고, 마틴은 두 달 뒤 하이파의 테니스장에서 총에 맞아 사망했다.

지나친 폭력을 견딜 수 없었던 유대기구는 불법 이민 작전만 지속하고 유대인 저항 운동에서는 손을 뗐다. 유대기구 수장 벤구리온은 '이르군은 유대인의 적'이지만 베긴 또한 영국인 못지않게 이슈브에 위협적인 존재라고 여겼다.[109] 그는 인정할 수 없는 영국 정부의 정책과 팔레스타인 내 수정주의자들이 득세하는 현실 사이에서 아슬아슬한 행보를 걸었다. 커닝엄은 벤구리온 측이 선의로 수감자 일부를 석방해주길 바랐지만, 영국 정부가 이민 문제에 대해 전혀 양보하지 않아 그런 일은 일어나지 않았다.

이르군과 레히는 '의도적이고, 끊임없고, 쉼 없는' 폭력으로 영국의 통치를 비웃었다. 베긴은 "일부 식민지 개발 과정에서 교육적인 목적의 채찍이 만들어졌다. 채찍은 말 안 듣는 아이들이 아니라, 제멋대로 구는 성인에게도 휘둘러졌다."라고 적었다.[110] 이르군은 제국주의적 온정주의를 상징하는, 혐오스러운 문명화 개혁의 수단에 주목했고, 이를 영국군에 대한 공격 수단으로 전환해 충격적인 효과를 거두었다. 1946년 말, 베긴은 이르군의 지하 간행물 〈헤룻Herut〉을 통해 다음과 같이 선언했다.

> 당신들은 수백 년간 식민지에서 '원주민'을 채찍질했음에도 어떤 보복도 당하지 않았다. 어리석은 긍지에 사로잡혀 에레츠 이스라엘의 유대인 역시 원주민으로 여긴다. 당신들은 착각에 사로잡혀 있다. 시온(팔레스타인)은 유배지가 아니며, 유대인은 줄루족*이 아니다. 당신들은 유대

---

* 남아프리카공화국의 한 종족이다.

인의 조국에서 유대인을 채찍질할 수 없다. 영국이 유대인을 채찍질한다면, 그에 대한 보복으로 영국인 장교 역시 채찍질당할 것이다."[111]

베긴은 영국 치안군이 두 명의 젊은 이르군 대원을 매질한 것에 대한 복수로, 네타니아의 해안가 호텔에서 아내와 함께 식사 중이던 패디 브렛 Paddy Brett 소령을 납치했다. 얼마 지나지 않아 이르군 전사들이 영국 장교 세 명을 인질로 잡았다. 이르군은 납치한 장교들을 가혹하게 채찍질한 다음 공원의 나무에 묶어두었다.[112] 폭력, 사망, 굴욕에 대한 책임이 이슈브 전체에 있다고 여긴 영국군의 한 고위 장교는 이렇게 말했다. "전체 유대인 중 수동적인 방관자와 적극적인 무장 세력을 구분할 수 없다. 방관자와 무장 세력을 구분하기 위해 '테러범'이라는 단어를 적용할 수는 없다. 모든 유대인이 순교 콤플렉스와 불안정한 기질을 갖고 있기 때문에, 정치적인 스트레스가 큰 상황이 닥치면 유대인은 폭력적이고 예측할 수 없는 반응을 보인다."[113] 바커 장군은 친목 금지 칙령을 공표하며 모든 치안군에게 유대인 시설 접근 금지를 명했다. "유대인의 주머니를 공격하자. 그들의 주머니에 대한 우리 경멸을 내보여 유대인이 가장 싫어하는 방식으로 벌할 것이다."[114] 국제시온주의 단체들의 잇따른 반발에 바커는 공개적으로 철회 의사를 밝혔지만, 비공개적으로는 자신의 아랍인 연인에게 이렇게 털어놓았다. "나는 유대인이 싫어! 시온주의자건 아니건 상관없어. 왜 유대인을 싫어한다고 솔직하게 말하면 안 되지? 이 빌어먹을 인종에게 우리가 유대인을 혐오스러워 사실을 알릴 때가 되었어."[115]

유대인을 향한 적대감

치안군의 좌절감이 높아지고 사기가 떨어지자, 유대인에 대한 적대감이 공공연하게 드러나기 시작했다. 유대기구는 반유대적인 비방을 일삼는 장병과 경찰에 대한 불만을 제기했다. 영국 치안군은 히틀러가 시작한 일을 끝내겠다고 다짐하며 "빌어먹을 유대인", "돼지 같은 놈", "히틀러 만세!"를 외쳤다.[116] 경찰들 중에는 유대인들을 더럽고 불결한 존재로 묘사하는 이들도 있었고, "아랍인 엉덩이를 걷어차도 아무 일 없겠지만, 유대인 소년에게 손가락 하나라도 갖다대는 날에는 웨스트민스터가 미쳐 날뛸 것이다. 경찰을 관둘 때 유대인이 불타고 있더라도, 그 유대인에게 오줌 한 방울도 안 뿌려줄 것이다."라며 비웃는 경찰도 있었다(물론 좀 더 신중하게 대응하는 경찰도 있었다).[117]

아랍과 시온주의자 사이에서 영국 정책이 오락가락하자, 영국 치안군의 분위기도 때마다 달라졌다. 처음에는 유대인이 영국인의 친구고 아랍인이 적이었지만, 점차 유대인에게 공격적으로 바뀌었다. 그 무렵, 경찰 내부 분위기도 다르게 흘러갔다.[118] 몽고메리는 군 병력이 아닌 영국 정부에 분노했다. 그는 10년 전 아랍인 진압 때처럼 무력으로 시온주의 반란 세력 탄압하기 위해 팔레스타인으로 향했지만, 상황은 나날이 나빠졌다. 영국의 사상자 수는 하루 두 명으로 늘어났다. 몽고메리는 애틀리에게 이야기했다. "팔레스타인에서 법과 질서를 유지할 준비가 되어 있지 않다면 철수하는 것이 낫다."라고 이야기했고,[119] 이후 커닝엄의 정책이 비겁하고 줏대 없다고 말하며, "커닝엄은 팔레스타인에서 법과 질서를 만드는 데 실패했다. 국왕이 일궈낸 평화를 유지하려면 강력한 사고방식을 받아들일 필요가 있다."라고 지적했다.[120] 몽고메리에게 커닝엄은 이미 신뢰를 잃은 인물이었다. 그는 이렇게 말했다. "기억하겠지만, 커닝엄은 1941년 12월 시디 레지그 전투에서 48시간이나 일찍 항복했다."[121]

커닝엄은 유대기구와의 정치적인 해결 방법을 꾸준히 모색했지만, 1946년 말 이 방안에 대한 지지도는 급감했다. 처칠은 의회에서 영국이 '비굴한 패배의 길' 위에 서 있다며 베빈을 웃음거리로 삼았다.[122] 육군성 메모에는 영국군의 입장이 분명하게 명시되어 있었다. "군사적으로 유화정책은 실패했다. 법과 질서를 회복하려면 평화 방해 세력을 척결하는, 일관성 있고 강력한 정책을 채택하는 수밖에 없지만, 이 같은 정책은 시행되지 않고 있다. 팔레스타인의 현 상황이 감당할 수 없을 만큼 나빠지지 않도록 예방하려면, 지금 당장 팔레스타인에서 군사적 예방 조치를 취해야 한다."[123]

채찍질 사건 이후, 몽고메리의 재촉에 못 이긴 베빈과 노동당 정부는 새해 내각회의에서 그의 요청을 승인했다. 노동당 정부는 '단호하고 가차 없이, 세계 여론이나 미국 내 유대인의 반응과 무관하게' 새로운 정책을 시행할 것이라고 알렸다.[124] 곧 커닝엄에게도 새로운 지시가 내려왔다. "법과 질서를 회복하도록 가능한 모든 조치를 즉시 취하라. 경찰과 군대는 법을 어기는 상대에 대해 공세를 취하라. 국왕의 군대와 경찰이 주도권을 잃지 않도록 하라."[125] 몽고메리가 초안을 작성한 지침에는, "정책의 주요 방향을 실행하기 위해 취하는 모든 조치에 대해 영국 정부가 전폭적으로 지지한다."라는 내용이 담겨 있었다. 여기서 말하는 '모든 조치'는 법률에 근거한 계엄령을 통해 실행될 수 있는 것들이었다.[126] 1947년 1월, 몽고메리는 10만 병력이 그동안 갖지 못한 주도권을 되찾고, 강력한 탄압 정책으로 영국이 유대인과의 갈등에서 승리하게 될 것이라고 기대했다.

11장
팔레스타인을 떠나 말라야로

LEGACY OF VIOLENCE

> 정치적 언어는 거짓을 진실처럼 들리게 만들고, 살인을 정당한 일처럼 보이게 하며, 공허한 말에 그럴듯한 외양을 부여하기 위해 고안된 것이다. 조금씩 차이는 있겠지만, 보수당부터 무정부주의자까지 모든 정당이 예외는 아니다. 누구도 이 모든 것을 한순간에 바꿀 수는 없지만, 적어도 자기 습관을 바꿀 수는 있다. 때때로 충분히 큰 소리로 야유한다면 낡고 쓸모없는 표현을 그에 어울리는 쓰레기통에 던져 넣을 수도 있다.
>
> _ 조지 오웰, 1946년[1]

1947년 12월, 조지 오웰은 스코틀랜드 서해안 인근의 주라섬에서 위 문장을 곱씹고 있었다. 오웰은 전쟁이 끝난 후 런던을 뒤덮은 암울한 분위기와 아내의 갑작스러운 죽음 이후 줄곧 따라다닌 슬픔에서 벗어나고자, 《동물농장》의 인세로 주라섬 북쪽 끝의 황량한 농가 반힐을 빌려 한적한 삶을 꾸리고 있었다. 그러나 그곳의 자연환경은 그에게 전혀 도움이 되지 않았고, 건강 역시 점점 악화되었다. 기온은 급강하했고, 눈은 반힐의 지붕 위에 쌓였으며, 서리는 실내로 스며들어 창문과 해어진 커튼, 나무 마룻

바닥 위를 수놓듯 퍼져나갔다. 오웰은 새 원고 집필을 중단하고 글래스고로 가 결핵 진단을 받은 후 치료를 받았다. 의료진은 치료 기간 동안 오웰의 타자기를 압수했지만 담배는 그냥 두었다.

1948년의 《1984》

오웰은 폐허탈요법 등 힘든 치료를 견뎌냈지만, 어떤 치료도 결핵 후유증을 완화하는 데 별다른 도움이 되지 않았다.[2] 오웰에게는 미국에서 널리 사용 중인 새로운 항생제 스트렙토마이신이 필요했지만, 달러가 많지 않은 영국 정부는 효과적인 연구를 위해 50킬로그램만 구입해 무작위로 배포했다. BBC는 더 많은 양의 스트렙토마이신이 필요하다며 긴급 지원을 호소했고, 스트렙토마이신 거래를 위한 암시장이 우후죽순처럼 생겨났다. 죽음이 목전까지 다가왔음을 직감한 오웰은, 미국에서 직접 스트렙토마이신을 구매했지만 부작용에 시달렸다. "얼굴이 눈에 띄게 붉어졌다. 피부도 벗겨진다. 무언가를 삼키기가 매우 힘들다. 목과 양쪽 뺨 안쪽에 궤양이 생기고 물집이 잡혔다. 머리카락이 빠진다. 감염된 물집이 터졌다." 결국 오웰은 스트렙토마이신 복용을 중단한 뒤 다시 글을 쓰기 시작했다.[3]

이중사고란 모순되는 두 가지 신념을 동시에 받아들이는 힘을 의미한다. 당의 지식인은 기억을 어떤 방향으로 바꿔야 하는지 잘 알고 있기 때문에 자기가 현실을 속이고 있다는 사실도 잘 안다. 하지만 이중사고를 통해 현실을 훼손하지 않았다며 만족스러워한다.[4]

오웰은 여러 병원과 요양원, 잠깐 되돌아간 반힐에서 결핵과 싸우며 《1984》를 집필했다. 오웰은 속임수의 불길한 효과를 그려낸 이 걸작을 1948년에 완성했다(제목인 '1984'는 당시 연도의 숫자를 바꿔 붙인 것이라는 설이 있다).[5] 《1984》는 전체주의의 결과에 관한 이야기지만, 동시에 전후 '동반자 관계'라는 명목 아래 궁지에 몰린 상황에서도 적응할 수 있었던 자유제국주의의 결과에 대해서도 말하고 있다. 그러나 자유제국주의의 개혁은 점점 분간하기 어려워졌고, 제국이 가장 탐내는 식민지들을 끝까지 움켜쥐기 위해 필요한 억압은, 승리를 자축하는 수사와 독립기념일 기념식 행사 속에 가려졌다. 대중이 폭력에 대해 알고 있었다는 사실은 국가의 반응에 영향을 미쳤으며, '전쟁이 곧 평화'고 '자유가 곧 노예의 삶'인 오웰의 소설 속 가상공간 오세아니아는 영국과 영제국의 실상을 잘 반영했다. 제국주의를 신랄하게 비판한 오웰은 국가가 이중적인 인사로 진실을 감추고 모든 책임을 회피한다는 사실을 잘 알고 있었다. 하지만 아무리 모닥불 속에 서류를 던져 넣어도 완전히 없앨 수 없는 진실들이 있었다.

흑인 급진주의자 패드모어는 '파시스트 제국주의'에 대한 증거를 직접 수집하며 많은 글을 썼다. 병사들은 제국 일선에서 사용된 강압 수단을 편지에 묘사해 고향으로 보냈고, 선교사들은 목격한 바를 공개적으로 폭로했다. 신문 기사와 사설은 남아프리카, 인도, 팔레스타인 등지에서 영제국을 둘러싸고 일어난 충돌을 알렸다. 매체는 이따금 직설적인 폭로도 서슴지 않았다. 오웰의 《버마 시절》처럼 소설로 남은 학대 기록도 있었다. 이러한 지식의 원천들은 제국 내 사건들에 대한 대중의 인식을 높이는 데 중요한 역할을 했다. 또한 '팍스 브리타니카'의 성과를 강조하면서 폭력을 부인하거나, 마치 아이처럼 단호한 손길로 이끌어야 하는 '무지몽매한' 식민들을 개화시키기 위한 것이라며 폭력의 목적을 합리화했던 영국의 공식적인 이중사고를 자극했다. 1946년, 오웰은 "인도에서의 영국 통치 같은 일은 확실히 변호할 수 있겠지만, 그 논리는 대부분의 사람이 직면하기에는 지나치게 가혹하며, 정당들이 내세우는 목표와도 전혀 맞지 않는다."라고 적었다.[6]

숨겨진 진실이 국가의 비밀주의를 침식하려 하자, 이중사고는 더욱 강화되어 영국이라는 국가와 영국의 미래를 지켜냈다. 제2차 세계대전 이후, 필사적으로 재건에 매달리던 영국인들은 제국이 사용한 폭력에 무관심했으며, 여전히 남아 있던 호전적이며 제국주의적인 민족주의 역시 이러한 태도에 영향을 미쳤다. 제국에서의 직접적인 경험은 이중성이 어떻게 작동하는지에 대한 오웰의 생각에 중요한 바탕이 되었다.

> 그 과정은 의식적이어야 한다. 그렇지 않으면 충분히 정확하게 수행될 수 없다. 하지만 동시에 무의식적이기도 해야 한다. 그렇지 않으면 거짓임을 느끼고, 죄책감을 느낄 수밖에 없기 때문이다. 의도적으로 거짓을 말하면서도 그것을 진심으로 믿는 것, 불편해진 사실은 잊고 있다가 다시 필요해지면 그것을 망각 속에서 불러와 필요한 시간만큼만 활용하는 것, 객관적 현실의 존재를 부정하면서도 동시에 자신이 부정한 그 현실을 계산에 넣는 것. 이 모든 것은 반드시 필요한 일이다.[7]

1949년 6월, 출판사는 서둘러 오웰의 신간 《1984》를 공개했다. 소설의 마지막 장면에서 주인공 윈스턴은 밤나무 카페에서 체스판 옆에 앉아 진을 마시고 있다. 소설은 "윈스턴의 가슴이 두근거렸다."라는 문장으로 시작한다.

온종일 아프리카에서의 참패와 관련된 생각이 머릿속을 떠나지 않았지만, 그다지 동요하지는 않았다. 유라시아군이 개미 떼처럼 여태 한 번도 침범당하지 않은 국경을 넘어 아프리카 한쪽 끝으로 쏟아지는 광경이 눈에 훤히 보이는 듯했다. 어째서 어떤 식으로든 선수 치지 못한 것일까? 서아프리카 해안의 윤곽이 그의 마음속에 선명하게 떠올랐다. 윈스턴은 백기사 말을 집어 체스판 반대쪽으로 옮겼다. 딱 적당한 자리였다. 검은 무리가 남쪽으로 돌진하는 모습이 보였다. 언제 집결했는지조차 알 수 없는 또 다른 세력이 갑작스럽게 뒤에서 모습을 드러내, 육지와 바다에서 통신을 차단하는 모습도 눈에 들어왔다. 신속하게 행동해야만 했다. 그들이 아프리카 전체를 장악했다. 케이프의 비행장과 잠수함 기지를 손에 넣는다면 오세아니아가 둘로 나뉠 수밖에 없다. 그것의 또 다른 의미는 패배, 붕괴, 이 세상의 재분할, 당의 붕괴일지도 모른다! 윈스턴은 숨을 깊이 들이쉬었다. 그다음 백기사 말을 제자리에 두었다. 윈스턴의 생각이 다시 흩어졌다. 윈스턴은 거의 무의식적으로 먼지 쌓인 테이블에 손가락으로 무언가를 그리기 시작했다.

$$2+2=5^8$$

《1984》가 출간된 지 7개월 후, 오웰은 46세의 나이로 세상을 떠났지만, 영제국의 이중사고는 계속 살아남았다.

싸늘한 겨울

60년 만에 가장 혹독했던 1947년 겨울은 또 다른 피해를 초래했다. 해가 떠 있는 시간이 나날이 짧아져 1월에는 최저 기온을 기록했다. 눈보라와 눈더미가 도로와 철로를 막아 석탄 재고를 발전소로 옮길 수 없었다. 에너지 공급에 문제가 생기자 가정집은 냉골이 되었고, 산업 활동이 중단되어 실업자가 400만 명에 달했다. 굶주린 동물은 벌판에서 얼어 죽거나 굶어 죽었고, 채소도 들판에서 얼어버렸다. 텔레비전 방송이 중단되고, 라디오 방송도 제한되었으며, 신문 크기는 축소되었다. 연료동력부 장관 이매뉴얼 쉰웰Emanuel Shinwell은 다수의 살해 위협을 받고 경찰의 경호를 받았다. 이미 하락세에 접어든 노동당의 여론조사 지지율은 보수당보다 3~4포인트 앞서 있었지만, 봄이 되자 보수당과 지지율이 같아졌다. 한파가 한창일 무렵, 쉰웰은 석탄 재고가 충격적으로 적다는 사실을 인정했다. 영국 정부는 국민에게 '스누크'라는 값싼 남아프리카 생선을 식량으로 공급하려 했지만, 맛이 너무 형편없어 고양이 사료로 만들 수밖에 없었다.[9] 보수당의 성실한 일꾼 스윈턴 경은 이 위기가 '신의 뜻이 아니라 쉰웰이 아무 대처도 하지 않은 결과'라고 선언했다.[10] 보수당 입장에서는 노동당의 무능함을 공격하기 위해 굳이 제국을 들먹일 필요도 없었다.

거의 2주간 해가 비치지 않던 1947년 2월 4일, 애틀리 내각 각료들은 다우닝가 10번지에서 열릴 회의에 참석하기 위해 한데 모여 눈을 헤치며 걸어갔다. 1948년 6월까지 인도에서 철수하기로 결정했지만, 아직 발표는 하지 않은 상태였다. 하지만 팔레스타인의 미래는 여전히 해결되지 않았다. 애틀리는 자리에 앉아 창문을 바라보았다. 창에 얼음이 잔뜩 끼어 런던의 고통스러운 상황은 보이지 않았다. 애틀리 뒤로는 하나밖에 없는 벽

영국 더비셔 벅스턴의 페어필드 공원에서 눈을 치우는 죄수들, 1947년

난로가 추위와 맞서 싸웠다. 벽난로 선반 위에는 18세기 영국의 강력한 총리 로버트 월폴 경Sir Robert Walpole의 초상화가 걸려 있었다. 월폴 경은 겨울의 한기에 움츠러들어 허리를 숙이고 조국의 절망에 어쩔 줄 몰라 하는 애틀리 내각 장관들을 내려다보았다.

외무장관 베빈은 해결책에 대한 희망을 품고 연초 런던에서 여러 번 협상을 시도했지만, 아랍인과 시온주의자를 둘러싼 교착 상태는 여전했다. 베빈은 아랍인, 시온주의자, 전쟁 이후 한층 더 강력하고 은밀해진 미국인과 마찬가지로 매우 복잡한 계획과 쟁점들을 저울질하고 있었다. 영국 정치인들은 트루먼의 도움 없이 팔레스타인의 미래를 해결할 수 없고, 시온주의 세력의 미국 내 로비가 지나치게 영향력이 크며, 전쟁의 여파에서 벗어나려면 영국이 계속 미국의 재정 지원을 받아야 한다는 데 동의했다. 1946년 팔레스타인에 10만 명의 유대인 이민자를 추가로 받아들이라고 권고한 영미팔레스타인조사위원회는 미국의 영향력을 이미 인정한 셈이었다. 영미팔레스타인조사위원회에 영국 대표 자격으로 참석한 리처드 크로스먼Richard Crossman은 동료 위원들에게 이렇게 상기시켰다. "1933년부터 1944년까지는 유럽에서 수십만 명의 무고한 사람이 난민 신세가 되는 등의 박해 기간이었다." 크로스먼은 전쟁 이전부터 이후까지, 총 20만 명의 유대인 난민을 수용한 영국과 미국을 비교했다.

> 이 끔찍한 고통의 시기, 미국은 이민자 수를 줄이기 위해 이민 할당을 엄격히 관리했다. 이 기간 동안 36만 5000명의 이민자가 미국에 입국했다. 그중 약 25만 명은 난민이다. 이는 지난 100년간 가장 적은 수의 이민을 받아들인 시기였다. 나치의 박해에도 불구하고, 11년간 유대인 이민은 16만 명이었다. 1920년대 미국에 입국한 유대인의 절반 정도에 불과한 수치였다. 캐나다와 호주의 유대인 이민 수용 기록 역시 별반 다르지 않다.[11]

전쟁이 끝난 뒤, 유대인 난민은 유럽의 지저분한 실향민 수용소에 거주 중이었다. 이들을 책임지려는 나라는 거의 없었다. 영국은 매달 유대인 1500명의 팔레스타인 이주를 허용했지만, 미국이 1945년 5월부터 1946년 9월까지 받아들인 유대인은 6000명이 채 되지 않았다. 월평균 350명 정도 되는 숫자였다. 크로스먼은 불평했다. "미국이 유대국가 건설을 지지하는 데는 많은 이유가 있다. 미국은 영제국과 영국의 제국주의를 공격하고, 자신들에게는 어떤 책임도 없는 도덕적 대의를 옹호한다. 가장 중요한 점은 문제의 근본 원인이 미국의 이민법이라는 사실로부터 다른 데로 사람들의

1946년 7월, 전미시온주의긴급위원회는 매디슨 스퀘어 파크에서 영국의 팔레스타인 정책에 반대하는 시위를 조직했다.

관심을 돌린다는 것이다. 미국의 시온주의자들은 열성적인 반영주의자들이며, 거의 모든 미국 내 유대인과 언론을 조직화했다."[12] 또한 크로스먼에 따르면, 이들은 특별고문 데이비드 나일스David Niles를 통해 트루먼 대통령과 직접 소통할 수 있었으며, 그의 임무는 시온주의자들을 만족시키는 것이었다. "미국인은 뉴욕에 유대인이 너무 많아지는 것을 원하지 않는다."라는 베빈의 발언은 트루먼과 시온주의자 모두를 불쾌하게 만들었다.[13]

영국과 미국 간의 갈등을 고려하면, 양국이 1946년 가을 '모리슨-그레이디 계획Morrison-Grady Plan'이라 불리는 제안에 합의하고 런던에서 아랍과 시온주의자 사이의 회담을 여러 차례 진행할 준비를 한 것 자체가 기적이었다. 역사학자 윌리엄 루이스는 "모리슨-그레이디 계획에서 가장 중요한 요소는 모호성이었다."라고 지적한다.

분할 혹은 아랍인과 유대인이 공존하는 국가로 나아가는 단계였다. 중앙 행정 당국이 일부 권한을 지닌 형태로 일시적인 자치권이 부여될 계획이었다(영국은 신탁통치 책임 국가로서 무기한 '행정 당국'이 된다). 유대인 거주 지역과 아랍인 거주 지역이 더해져 예루살렘을 이루고, 사람이 거의 살지 않는 사막 지역 네게브가 만들어질 예정이었다. 중앙정부는 외교 관계, 국방, 사법, 조세 등에 대한 권한을 지녔다. 이민에 대한 최종 권한 역시 중앙정부가 지녔다. 중앙정부는 경제적으로 수용 가능한 수준까지 지방정부의 요구를 받아들이고, 이민 요청을 승인했다.[14]

미국은 계획 실행을 위한 지상군 투입과 영국의 공동 신탁통치를 모두 거부했다. 모리슨-그레이디 계획에 대한 협상이 끝날 무렵에는 트루먼마저도 시온주의자들의 로비에 지칠 대로 지친 상태였다. 시온주의 로비 세력은 팔레스타인에 '게토'*를 만들었다며 트루먼을 강하게 질책했다. 유대인의 투표권을 생각하면 트루먼은 이 같은 모욕을 심각하게 받아들일 수밖에 없었다. 트루먼은 "예수 그리스도조차 살아생전 유대인을 기쁘게 하지 못했는데, 내가 무슨 수로 잘해낼 수 있겠는가?"라고 장관들에게 이야기했다.[15] 바이츠만처럼 트루먼도 이 계획이 팔레스타인 유대국가 건설의 전 단계라고 생각했다.

---

*   유대인을 비롯한 소수집단이 사회로부터 격리되어 강제 거주한 구역을 말하며, 차별과 고립의 상징으로 쓰인다.

협상의 결렬

1946년 12월, 바젤에서 열린 시온주의기구 총회에서 대표단은 171 대 154로 런던에서 열릴 다음 협상의 참여 방안을 부결시켰다. 모리슨-그레이디 계획 이후, 2년간 추가로 유대인 10만 명의 팔레스타인 이주를 허용하겠다는 베빈의 마지막 제안을 거절한 셈이었다. 오랫동안 바이츠만을 보좌한 밸푸어의 조카 블랑쉬 덕데일Blanche Dugdale은 당시 상황을 일기에 적었다. 수년간 바이츠만을 도운 덕데일은 바젤 투표가 바이츠만을 무너뜨렸다며 애통해했다. 바이츠만은 너무 경솔하며 친영 성향이었다. 랍비 실버는 "분할에 반대하고, 저항을 지지한다는 도전장을 내밀었지만, 그것이 테러와 어떻게 구별되는지에 대해서는 한마디도 하지 않았다."라고 이야기했다. 수십 년간 바이츠만과 세계시온주의기구를 위해 일한 덕데일은 "영국에 비협조적인 정책을 추구하는 집행부와는 함께 일할 수 없다."라며 사임했다.[16] 팔레스타인에서 보복과 반격이 계속되고, 1947년 1월 영국 내각이 시온주의 반란 세력을 진압하기 위해 군사력 사용을 전면 승인한 상황임에도 불구하고, 베빈은 성공적인 중재가 가능하다고 믿었다. 베빈의 판단 착오에 많은 사람이 눈살을 찌푸렸다. 런던 회의를 통해 아랍인과 시온주의자의 확고한 입장 차이가 재확인되고, 베빈의 외교적인 역량 결여가 다시금 부각되었다. 아랍인들은, 분할은 물론 지속적인 유대인 이민에도 단호하게 반대했다. 시온주의 세력 역시 유대국가 건설을 향한 집념을 꺾지 않았다. 외무성은 외무장관 베빈에게 이렇게 설명했다. "지금까지 영국 정부는 중동에서의 영향력 유지를 중요한 정책 목표로 여겨왔다. 영국이 중동의 전략적인 중요성에 관심이 클 뿐 아니라, 나날이 중요해지는 석유 생산에도 지대한 관심 있기 때문이다. 영국의 중동 정책을 검토할 때는, 이러한 일반적인 배경과 영국의 이해관계를 고려해야 한다."[17]

살벌하게 추웠던 2월 14일, 다우닝가 내각회의실에 자리 잡은 베빈과 식민장관 크리치 존스는 이 문제를 유엔으로 끌고 가야 하는 이유를 설명했다. 두 사람은 애틀리와 다른 각료들에게 아랍인과 유대인 모두 유엔의 개입에 반대한다고 설명했다. 곧이어 베빈은 영국이 '지금' 유엔에 문제를 상정하겠다는 확고한 의지를 공표하면, 아랍과 유대인이 합리적인 마음가짐을 얻을지도 모른다고 강조했다. 유엔총회가 다시 열릴 때까지는 7개월이 남아 있었기에, 영국의 위협이 효과를 발휘할 시간은 충분했다. 이미 이 방안을 고려한 바 있는 내각은, 유엔 상정이 '매우 창피한 일'이라 일축했다. 베빈은 유엔이 어떤 해결책을 승인하건, 반드시 시행해야 할 법적인 의무는 없다며 동료 장관들을 안심시켰다.[18] 유엔에 안건을 상정하면서도 해결책이 마음에 들지 않을 경우 따를 필요가 없다는 모순된 희망 탓에, 내각에서는 절망적인 분위기가 고조되었다. 영국의 인도 철수 일정 공개 이틀 전인 2월 18일, 베빈의 제안은 승인되었다.

> 영국 정부에는 위임통치 조건에 따라 팔레스타인을 아랍인이나 유대인에게 주거나 분할할 권한이 없다. 영국은 아랍인 또는 유대인이 원하는 계획을 받아들이거나, 그들에게 직접 해결책을 강요할 수는 없다고 판단했다. 따라서 우리는 이 문제를 유엔의 판단에 맡기는 방법밖에 없다고 결론 내렸다. 9월에 열릴 다음 정기 총회 전에 유엔이 이 문제를 고려하기는 어려울 것이다. 그때까지 최종 합의안을 기다려야 한다는 점이 아쉽다. 그동안 영국 행정부가 계속 부담을 느낄 수밖에 없다는 점을 생각하면 특히 그렇다. 하지만 이 문제가 유엔에 상정될 예정인 만큼, 최종 판단이 나올 때까지 모든 관계자가 자제력을 발휘할 것이라 믿는다.[19]

처칠은 회의적이었다. 시온주의 암살단이 카이로에서 모인을 살해한 뒤 팔레스타인에 대한 입장을 수정하고, 다시는 바이츠만과 만나지 않았던 처칠은 처음 공개된 밸푸어선언이 '책임감 있는 정부가 할 수 있는 수준을 넘어선 과도한 약속'이었다고 지적했다.[20] 마침내 유엔이 개입할 때가 되었고, 그 시기는 빠를수록 좋았다. 처칠은 노동당이 무책임한 정책으로 파국으로 치달았으면서도 위기를 더욱 장기화시키고 있다며 이렇게 말했다.

해결책이나 어떤 지침도 제시할 수 없는 상황에서 유엔이 안건을 상정하는 9월도 아니고, 이 문제를 제대로 해결할 때까지 이 모든 부담, 즉 팔레스타인에서 법과 질서를 유지하며 행정 업무를 이어나가는 부담을 계속 떠안아야 하는 현실을 우리가 왜 이해해야 하는가? 18개월 동안 끌면서 지연시킨 후 어떤 해결책도 제시할 수 없다고 선언하는 것인가? 영국에서도 필요로 하는 10만 명의 영국 장병을 왜 팔레스타인에 계속 주둔시키는가? 그러잖아도 부족한 우리의 자원을 이토록 오랫동안 매년 3000~4000만 파운드(약 1조 6000억~2조 1400억 원)씩 지출하는 것을 어떻게 정당화할 수 있는가?[21]

베빈은 "장기적인 지연에 대해 이처럼 수사적인 표현을 사용하다니 매우 유감이다."라고 쏘아붙였다.[22] 처칠을 달래려는 노력도 하지 않았다. 국가 주도의 폭력을 총동원하는 것이 애틀리 정부의 뒤늦은 제국주의 정책이었다. 애틀리 내각은 베빈이 유엔에 외교적 중재를 호소하기 한 달여 전인 1월, 전면 공격을 승인했다. 베빈은 유엔 중재를 운운하며 시간을 끄는 사이 시온주의자들을 진압하려 했고, 당시 영국과 이해관계가 가장 일치하던 아랍 측에 추가로 양보하도록 압박했다.

비밀 작전을 위한 특수부대

1947년 겨울, 팔레스타인 이슈브에 국가 주도의 강압을 행한 사람은 몽고메리만이 아니었다. 1946년 3월, 고등판무관 커닝엄은 영국 해병대 대령을 지냈으며 치안 유지 경험은 없지만 오랫동안 전투 경험을 갈고닦은 윌리엄 그레이William Gray를 경찰국장 자리에 앉혔다. 스코틀랜드 출신에 키 180센티미터가 넘는 그레이는, 노르망디 해안과 라인강에서 흠잡을 데 없는 작전을 펼쳤다. 그레이의 전쟁 영웅담은 영국 청소년이 즐겨 읽던 〈소년잡지〉에 미화되어 수록되었다. '미묘한 정보 활동에 시간을 거의 할애하지 않고 직접 행동하는 사람'이었던 그레이는 엄격한 규율과 고압적인 무뚝뚝함으로 타인을 불편하게 만들고 소외시키는 것으로 악명 높았지만,[23] 커닝엄은 식민성과의 많은 논의 끝에 그레이를 발탁했다. 주민들이 진정된 상태라면 일상적인 치안 활동으로도 많은 정보를 얻어낼 수 있겠지만, 그런 시기는 이미 한참 전에 끝났다고 보는 편이 옳았다. 팔레스타인에서는 반란 세력 잠재우기가 무엇보다 시급했다. 경찰관이 주민의 미움을 받고 경찰관을 쏘아 죽일 기회가 환영받는 팔레스타인에서는, 지도부가 새로운 전략을 고안할 때까지 나날이 줄어드는 경찰을 보호하는 것이 급선무였다.[24]

제국과 전시 유럽에서 특공대로 활약하며 비밀 작전을 펼친 경험이 있는 그레이는, 애틀리 내각이 팔레스타인 문제를 해결하기 위해 다양한 외교 방안을 고려하던 1946년 10월에 런던을 찾았다. 그는 식민성, MI5, MI6, 특수작전국, 공수특전단Special Air Service, 그리고 애틀리와 긴밀하게 협의했다.[25] 이들은 뜻을 모아 암살단이나 다름없는 비밀부대를 꾸릴 계획을 세웠다. 그레이는 버나드 퍼거슨Bernard Fergusson에게 가장 먼저 팔레스

베긴(상단 좌측)을 비롯해 팔레스타인에서 지명수배 된 대표적인 인물 10인, 1947년

타인의 비밀 '대테러 활동'을 맡겼다. 퍼거슨이 적임자라는 데는 의심의 여지가 없었다. 35세의 스코틀랜드인 퍼거슨은 유서 깊은 제국 엘리트 가문 출신이었다. 그의 아버지와 할아버지는 제국에서 총독으로 일한 군인이었고, 할아버지는 인도 차관을 역임했다. 샌드허스트 사관학교를 졸업한 퍼거슨은 정보장교이며 웨이벌 장군의 후배였다. 그는 특수야간부대를 창설한 윙게이트로부터 아랍 용의자를 추적하고 제거하는 방법도 배웠다. 퍼거슨이 제일 먼저 배운 것이 아랍인 용의자를 상대하는 방법이었다. 몇 년

후, 버마에서 윙게이트가 이끌던 친디트 작전에도 참여했다. 그 후, 영국으로 돌아가 연합작전사령부Combined Operations Headquarters에서 차세대 비밀작전에 참여할 요원을 양성했다.[26] 1946년 말, 윙게이트는 죽고 없었지만, 그의 오른팔이었던 퍼거슨은 부경무관의 자리에 올라 팔레스타인으로 돌아갔다.[27]

사실, 퍼거슨은 식민성이 그레이에게 맡긴 업무를 수행할 적임자로 가장 먼저 발탁한 인물이었다. 하지만 1946년 가을, 팔레스타인 위기가 심각해지자 육군성은 퍼거슨을 팔레스타인 경찰 부경무관 자리에 앉혔다. 퍼거슨은 은밀히 새로운 비밀요원을 모아 '특수부대special squad'라고 이름 붙였다. 그리고 식민성에 '테러 기술 및 심리적인 지식을 모두 갖춘 소수의 장교'를 모집하겠다고 통보했다. 팔레스타인에 도착한 퍼거슨은 이슈브의 일원처럼 보이기를 바라며 장교들에게 민간인 복장을 입혔다.[28] 로이 패런Roy Farran은 퍼거슨이 채용한 최고의 인재였다. 키는 작지만 탄탄한 체격에 모래빛 금발과 선명한 파란 눈을 지닌 패런은 그야말로 전설 같은 존재였다. 그는 공군 장교였던 아버지를 따라 인도에서 자란 뒤, 샌드허스트 사관학교에서 훈련받았다. 1940년부터는 제국군과 함께 이집트, 리비아, 크레타에서 전투를 치렀고, 영웅적인 활약 덕에 전공 십자훈장, 무공 십자훈장, 무공훈장 등 갖은 훈장을 받았다. 패런은 유럽 전역에서 후방 특공대 작전을 수행한 공수특전단에서도 복무했다. 퍼거슨이 비밀요원을 모집하기 위해 런던으로 복귀한 1947년 초, 스물여섯의 청년 패런은 자신을 '키플링 시대의 유물'이라 자칭하며 그 용기로 명성을 떨치고 있었다. 그는 가차 없이 적을 제거하고 카리스마 넘치는 제국주의자의 남성미를 마구 뿜어내, 여성뿐 아니라 사병들의 마음까지 사로잡았다.[29] 패런은 퍼거슨이 필요로 하던 바로 그 요원이었다.[30]

영국이 팔레스타인 문제를 유엔에 상정한 지 한 달이 지난 1947년 3월, 패런은 앨리스터 맥그리거Alistair McGregor와 함께 멋지게 팔레스타인 경찰복을 차려입고 릿다공항에 도착했다. 두 사람은 샌드허스트사관학교에서 퍼거슨의 수업을 들은 적이 있었다. 맥그리거 역시 패런과 마찬가지로 전시에 공수특전단, 특수작전국, MI6에서 비밀 작전을 수행했다. 패런은 당시 수행한 임무를 이렇게 회상했다. "우리는 각자 맡은 구역 안에서 작전을 펼칠 수 있는 작전할 수 있는 전권을 부여받았다. 테러에 대한 방어를 조언하는 한편, 반체제 인사를 추적하고 체포하는 데도 적극적으로 참여할 예정이었다. 사실상 백지수표를 받은 셈이었고, 처음 그 역할을 부여받았을 때 나는 흥분을 감출 수 없었다. 모두가 제약이 있는 상황에서, 우리에게만은 테러에 맞서 완전한 자유가 주어진 것이었다."[31]

패런과 맥그리거는 팔레스타인 경찰 출신들을 특수부대로 선발했는데, 그중에는 전쟁 중 특수부대에서 활약한 인재도 있었다. 이들은 2주간 신병들에게 근거리 사격 훈련을 시켰다. '퍼거슨 부대'는 이후 키부츠 주민처럼 보이도록 복장을 갖추었지만, 히브리어를 할 줄 아는 사람은 거의 없었다. 정부는 이들에게 무기와 탄약을 실은 낡은 민간 차량과 트럭을 지급했고, 물자가 비축된 도시 내 은신처도 제공했다. 퍼거슨은 거의 아무런 정보 없이 표적 공격을 감행하는 데 전적으로 의존했다. 그러나 이 작전 전반에는 특공대식 자만이 뿌리박혀 있었다. 캐틀링은 훗날 이렇게 회고했다. "상황이 적절하지 않았다. 작전 환경도, 적도, 민심도 모두 맞지 않았다. 모든 조건이 성공에 불리했다."[32] 패런은 훗날 자신의 작전으로 단숨에 승리했다고 주장했지만, 그의 주장 외에 이를 뒷받침할 증거는 없었다.

이르군과의 전쟁

종전 직후, MI5는 시온주의 세력을 영국의 최대 안보 위협으로 여겼다.[33] 킹데이비드호텔 공격 몇 달 후인 1946년 10월 31일, 이르군은 약 450킬로그램짜리 폭탄으로 로마의 영국 대사관을 공격했다. 이 공격으로 대사관의 화려한 외벽이 지붕과 분리되었다. 이탈리아에서 이르군의 요직을 맡고 있던 엘리야후 터빈Eliyahu Tavin은 신병 모집에 어려움이 없었다. 그는 히틀러의 강제수용소에서 살아남은 이들 가운데, 팔레스타인 입국을 시도하다 영국에 붙잡혀 유럽 곳곳의 실향민 수용소에 갇힌 사람들을 쉽게 끌어모았다. 자포자기한 MI15는 국제사회가 쥔 협상의 저울 향방에 운명을 건 사람이 유럽 전역에서 35만 명에 달하는 것으로 추산했다.

'다이너마이트 사나이'로 유명한 야코브 엘리아브Ya'acov Eliav 역시 영국을 공격하기 위해 레히 조직원을 모집했다. 두 수정주의 조직 모두 "아일랜드에 도움이 된다면 히틀러와도 거래할 수 있다."라는 신념을 갖고 있던 아일랜드공화국군으로부터 지지와 훈련을 받았다.[34] MI5는 유럽 전역에서 이르군의 활동을 저지하기 위해 카이로에 있는 수뇌부에서 쉴 새 없이 일했다. 그러다 MI5 수장 데이비드 피트리와 퍼시 실리토는 머리카락이 쭈뼛해지는 보고서를 읽었다. "수정주의자들은 영국 정부 각료 암살을 목적으로 요원들을 훈련시키고 있다. 베빈의 이름이 특히 자주 언급된다. 또한 이르군 쯔바이 레우미와 슈테른 갱이 아일랜드공화국군과 비슷하게 활동할 다섯 개 조직을 런던으로 파견하기로 했다."[35] 공격이 임박했음을 알았지만, MI5는 수정주의 조직에 침투할 수도 없었다. 구성원이 다른 구성원을 알지 못하도록 조직된 구조여서 수정주의 조직을 무너뜨릴 수도 없었다.

1947년 3월, 영국 정보조직은 런던 중심부의 콜로니얼 클럽Colonial

Club*을 파괴하려는 레히의 시도를 저지하지 못했다. 한 달 뒤, 레히 공작원 베티 나우트Betty Knout는 〈데일리 텔레그래프〉와 〈이브닝 스탠더드Evening Standard〉로 감싼 폭탄을 코트로 감춘 채 식민성 정문을 통과했다. 나우트는 식민성 건물 지하 화장실 변기 위에 폭탄을 올려두고 떠났다. 제대로 작동했다면 식민성 역시 킹데이비드호텔처럼 무너져내렸을 것이다. 그 사이, 영국 각지의 정부 주요 인사 집 앞에 편지가 담긴 소포 폭탄이 속속 도착했지만, 대부분 제대로 폭발하지 않았다.36

1947년 5월 4일, 베긴의 부하들은 팔레스타인에서 또다시 대담한 공격을 감행했다. 이번 목표는 난공불락을 상징하는 영국의 에이커 감옥Acre prison이었다.37 이르군 대원들은 높이 21미터, 두께 1미터에 달하는 성벽, 중세풍의 철문과 낙문, 거대한 해자를 뚫고 감옥에 침투해 수감자 약 250명을 탈출시키는 데 성공했다. 베긴은 에이커 감옥 탈옥 작전을 '히브리 지하조직은 물론, 전 세계 모든 지하조직이 감행할 법한 가장 대담한 작전 중 하나'라고 표현했다.38 그렇지만 이러한 과감한 행동에는 대가가 따랐다. 수많은 이르군이 죽었고, 영국군은 다섯 명의 반란군을 생포했다. 그중 아브샬롬 하비브Avshalom Habib, 메이르 나카르Meir Nakar, 야코브 바이스Ya'acov Weiss는 영국 군사법원에서 재판을 받았다. 히브리어 일간지 〈하아레츠Haaretz〉의 런던 특파원은 사건 발생 다음 날, "에이커 감옥 공격 사건이 영국의 위신에 심각한 타격을 입혔다."라고 보도했다. 해외 언론은 에이커 감옥 공격을 '역사상 가장 위대한 탈옥', '이르군이 해온 임무 중 가장 도전적이며 완벽했던, 야심 찬 임무'라고 표현했다. 전 식민장관 올리버 스탠리는 의회에서 "에이커 감옥 사건으로 영국의 위신이 바닥까지 추락한 상황

---

* 영국 식민지 병사와 학생들을 위한 여가 시설이다.

에서, 영국 정부는 도대체 어떤 대응책을 마련하고 있는가?"라고 물었다.[39] 팔레스타인에서 하비브, 나카르, 바이스의 재판이 열릴 예정이었지만, 그것만으로는 충분하지 않았다. 영국 치안군은 보복을 원했다.

루보위츠의 죽음과 시온주의 세력의 복수

5월 6일 저녁, 나무가 늘어선 예루살렘 교외 마을 레하비아를 지나던 패런과 부하들은 열여섯 살 난 알렉산더 루보위츠Alexander Rubowitz를 발견했다. 루보위츠는 유대인 지하조직에 가입해 도시 곳곳으로 총을 운반하고 거리와 골목에 수정주의 포스터를 붙이는 소년이었다. 저녁 8시경, 한 목격자는 체격이 크고 금발인 남성이 루보위츠를 하란 거리에서 쫓아가는 장면을 목격했다. 근처에 있던 다른 두 소년도 6인승 세단이 루보위츠를 잡아가는 광경을 보았다. 이들은 격렬한 몸싸움 끝에 세단을 타고 온 남자들이 루보위츠를 뒷좌석에 강제로 밀어 넣었다고 이야기했다. 소년들은 차 안에서 "나는 루보위츠가 사람이다!"라는 외침이 들려왔다고 이야기했다. 다음 날 아침, 루보위츠의 형들이 동네 경찰서에 동생의 행방을 물었지만 제대로 된 대답을 듣지 못했고, 루보위츠 가족은 히브리어 신문사를 찾아갔다. 〈하아레츠〉는 '납치인가, 체포인가?'라는 제목으로 간단하게 사건을 설명했다. 〈팔레스타인 포스트〉도 이 사건에 관심을 보였다. 언론에 들어온 제보 중 상당수가 단도직입적으로 패런을 지목했고, 외모를 묘사한 목격담도 있었다. 납치 현장에서 발견된 중절모에도 패런의 이름과 비슷한 알파벳이 가죽 머리띠 부분까지 번져 있었다.[40]

예리코까지 25킬로미터를 달려간 패런과 부하들은 외딴 올리브 숲 나무에 루보위츠를 묶었다. 루보위츠의 입을 열게 하기 위해 패런은 그를 필요 이상으로 심하게 다루었으며, 심문 과정에서 돌멩이로 머리를 쳐 죽였다고 자백했다. 루보위츠의 옷을 벗겨 불태우고, 시체는 예리코 도로에서 벗어난 벌판 어딘가에 묻지도 않은 채 던져두었다.[41] 다음 날 아침, 패런은 퍼거슨에게 이 사실을 털어놓았고, 퍼거슨은 패런의 범죄를 덮기 위해 팔레스타인 당국과 식민성의 고위 관료들에게 도움을 청했다. 하지만 현지 언론은 중절모를 비롯한 패런의 유죄 암시 증거를 계속 찾아냈다. 5월 말, 경찰국장 그레이는 공식 조사에 착수할 수밖에 없었다. 패런은 시리아로 도주했지만, 6월 중순이 되자 운이 다한 듯했다. 패런은 체포된 뒤 예루살렘으로 송환되어 경비가 삼엄한 군사법정에서 재판을 기다렸다. 팔레스타인과 미국 신문들은 몇 달 동안 패런에 대한 분노 섞인 헤드라인을 마구 쏟아냈다. 여러 신문이 영국의 침투부대가 테러범에게 비정통적인 방법을 사용했다고 일침하며, 영국 정부가 '영어를 구사하는 갱단과 유대인 사이의 민족 항쟁'을 일으켰다고 비난했다. 그레이와 퍼거슨이 주도한 암살단의 내막뿐 아니라 사건 은폐를 위한 고위급 인사들의 노력, 패런의 잔인한 행동이 모두 폭로될 판이었다.[42]

1947년 10월 1일 시작된, 다소 축소된 이틀간의 재판에서 패런은 묵비권을 행사했다. 법원은 변호사의 비밀유지특권이 과장되게 해석되었으므로 패런의 자백을 인정할 수 없다고 판결했다. 시체는 발견되지 않았고, 목격자의 진술은 정황 증거였다. 변호인은 증거가 존재하지 않거나 부족하면 피고를 살인죄로 기소할 수 없다고 주장했다. 15분간의 심의 끝에 군법정 배심원도 동의했고, 군사법원은 패런에게 무죄를 선고했다. 영국 장교로 가득 찬 법정에서 "아주 멋진 쇼"라는 환호성이 터져나왔다. 패런은 재빨리 팔레스타인을 떠났고, 제2차 세계대전에서 용맹함을 뽐내고 지도력을 발휘한 공로로 미국 수훈장American Legion of Merit을 받았다. 그로부터 몇 달 후, 조지 6세는 버킹엄궁을 방문한 패런에게 무공훈장을 수여했다. 하지만 수정주의자들은 여전히 패런을 노렸고, 그의 집 앞에 폭탄이 든 소포를 놓아두었다. 끝내 폭탄이 터져 패런의 동생 렉스가 세상을 떠났다. 제국을 떠받치는 기둥이던 패런은 영국을 떠나 일찌감치 아일랜드공화국군의 표적이 된 사람들과 함께 영연방 내 가장 추운 나라인 캐나다에 자리 잡았다.[43]

패런 사건이 세간의 관심을 끈 6월 16일, 영국 군사법원은 에이커 감옥 탈옥 사건 당시 생포한 세 명의 피고인 하비브, 나카르, 바이스에게 교수형을 선고했다. 하비브는 '아일랜드의 아들들'에게 경의를 표하며 법원에서 자기 생각을 밝혔다.

> 당신네 영국인 폭군들은 교수대를 설치하고, 거리에서 사람을 죽이고, 사람들을 추방했다. 어리석게도 박해를 통해 아일랜드인의 정신을 무너뜨릴 수 있다고 믿었다. 당신네 영국인 폭군들이 현명하다면 역사를 통해 교훈을 얻었을 것이다. 아일랜드와 미국의 사례는 이 나라에서 서둘러 떠나는 편이 낫다는 깨달음을 주기에 충분하다. 당신들과 맞서 싸우는 과정에서 피가 떨어질 때마다 반란의 불길이 꺼지기는커녕 더욱 뜨겁게 타오를 뿐이다.[44]

영국군 사령관은 감형을 거부했고, 이르군은 보복을 준비했다. 몇 주 뒤인 1947년 7월 11일 저녁, 영국군 정보부 소속 하사관 클리퍼드 마틴Clifford Martin과 머빈 파이스Mervyn Paice는 네타니아 북부 영국군 주둔지와 가까운 작은 커피숍에서 아하론 바인베르크Aharon Weinberg를 만났다. 바인베르크는 킹데이비드호텔 폭격 등 수정주의 세력의 수없는 공격 이후에도 기꺼이 영국에 협력하는 하가나 정보장교 중 한 명이었다. 세 사람은 커피숍을 나와 집으로 향하던 중이었다. 그때 검은색 대형 세단이 그들 곁에 멈춰 서더니, 기관총을 들고 복면을 쓴 남자 다섯이 차에서 뛰어나와 그들을 곤봉으로 가격하고 기절시킨 뒤, 결박하고 입을 막은 채 차량에 태워 빠르게 사라졌다. 마틴과 파이스는 네타니아 외곽의 버려진 다이아몬드 공장으로 끌려갔고, 이르군은 이들을 위해 특별히 준비한 지하 감금실에 가뒀다. 그 방은 칠흑 같은 어둠 속에 방음이 철저하고, 공기조차 거의 없는 3세제곱미터 크기의 밀실이었으며, 산소통, 음식, 화장용 양동이까지 갖추고 있었다. 한편 바인베르크는 여전히 결박된 채 살아 있는 상태로 근처 오렌지 밭에 버려졌고, 끝내 발을 풀고 도망쳐 납치 사실을 알렸다. 이후 5000여 명의 병사가 약 2350만 평의 지역을 샅샅이 뒤졌지만 헛수고였다. 성과 없이 끝나버린 수색 활동과 가혹한 단속 조치에 반발한 수정주의 세력은 하사관들이 납치된 지 불과 2주 만에 무려 70여 건에 달하는 사건을 일으켰다. 이는 납치 발생 이전 3개월의 사건 기록을 능가하는 수준이었다.[45]

영국 하사관들의 처형

두 하사관의 납치 2주 후인 7월 29일, 하비브와 나카르, 바이스는 훗날 이스라엘의 국가가 된 〈하티크바Ha-Tikva〉를 부르며 교수형 집행장으로 향했다. 사형 집행 몇 시간 뒤, 베긴은 부하들에게 마틴과 파이스의 처형을 지시했다. 이르군 법정은 일찍이 마틴과 파이스가 '우리 조국에 불법으로 들어온 죄', '영국의 범죄·테러조직에 가입한 죄' 등 수정주의 세력이 범죄로 규정한 여러 불법 행위에 대한 혐의로 유죄를 선고했다. 이르군 대원들은 즉시 마틴과 파이스를 교수형에 처했다. 효과를 극대화하기 위해 두 하사관의 다리를 군복 바지 속에 쑤셔 넣고서 손과 맨발을 결박했다. 이르군의 처형 명령이 담긴 서류를 고정하느라 두 하사관의 살이 찢기고 속옷이 피로 물들었다. 시온주의 반군은 떼 지어 몰려다니는 치안군 순찰대를 피해 근처 유칼립투스 숲 나무에 결박된 시체를 매달아두었다. 이틀 뒤, 영국군 순찰대가 두 하사관의 시체를 발견했다. 순찰대는 현장 공개를 위해 기자단을 불렀다. 육군대위가 나무에 묶인 마틴의 시체를 떨어뜨리자 시체가 나무 아래 숨어 있던 지뢰 위로 떨어졌다. 지뢰 폭발로 마틴의 시체는 산산조각 났고, 파이스의 시체는 숲 너머로 날아갔으며, 대위는 심각하게 다쳤다.[46]

다음 날 아침, 훼손된 영국 병사의 시신이 담긴 사진과 두 하사관의 학창 시절을 담은 과거의 사진이 나란히 영국 신문 1면에 실렸다. 두 하사관의 죽음에 대한 반응은 극적이고 명백했다. 제6공수사단 소속 장병은 "팔레스타인 정부와 영국 치안군 내 모든 사람에게 영향을 미친 혐오의 감정은 제대로 설명하기 힘들다. 현장에 출동한 사람들이 가장 크게 영향을 받았다."라고 회상했다.[47] 두 하사관의 죽음으로 모든 것이 달라졌다.[48] 영국 치안군은 텔아비브에서 미친 듯이 날뛰었다. 버스와 가정집을 불태우고, 카페와 다른 민간 시설에 수류탄을 던졌다. 리버풀에서 시작되어 영국 전역으로 확산한 반유대인 시위는 무려 5일이나 지속되었고, 이는 전례 없는 일이었다. 시위대는 유대교 회당을 불태우고 가게를 뒤집어엎었다. 많은 시설물이 '모든 유대인을 교수형에 처하라', '히틀러가 옳았다', '유다왕국을 파괴하라' 같은 글귀와 낙서로 뒤덮였고,[49] 언론도 대중의 분노를 부추겼

'교수형에 처해진 영국인:
전 세계에 충격을 안길 사진HANGED BRITONS: Picture that will shock the world',
〈데일리 익스프레스〉, 1947년 8월 1일

다. 신문들은 매일 훼손된 하사관의 모습이 담긴 사진을 실었고, 수정주의 세력의 테러를 비난하는 유대인의 목소리를 보도해달라는 요청은 거부했다. 물론 시온주의자만 경멸 섞인 조롱에 시달린 것은 아니었다. 시온주의 세력 반란 초기부터 영국 정부는 가혹한 반란 진압에 대한 공세를 막아내야 했다. 영국에 대한 비난의 상당수는 유대기구의 정보부서가 미국 언론과 함께 쏟아낸 것으로, 비난은 일부 정당했다.

영국 정부 역시 치안군 사이에 퍼져나가는 반유대주의에 대해 잘 알고 있었다. 한 영국 장교는 베빈과 외무성에 "괴벨스의 영리한 제자들이 팔레스타인에서 영국 군복을 입고 돌아다닌다. 이들은 악랄하게 유대인에 대한 의심과 증오의 목소리를 낸다."라고 경고했지만, 영국 정부는 이러한 우려를 일축했다. 고등판무관 커닝엄 역시 마찬가지였다. "영국 국민은 현재 팔레스타인에서 영국군이 어떤 종류의 선전 대상이 되고 있는지 알고 있을 것이다. 우리 군은 특유의 인내심, 절제력, 쾌활함으로 힘들고 불쾌한 임무를 수행하고 있다." 대중보다 앞서나가야 한다고 판단한 영국 정부는 언론인이 기사를 내보내기 전, 선전에 돌입할 수 있도록 치안군 내부에 언론장교를 심어두었지만, 이 방법만으로는 기대한 효과가 나오지 않았다. 커닝엄은 아랍혁명 당시 정보 흐름을 차단했을 때와 비슷하게 검열 조치를 단행했지만, 히브리어 언론과 상황을 예의주시하는 국제사회의 감시 때문에 정보를 완전히 차단하는 것은 불가능했다.[50]

'영국의 위신'을 무너뜨리려는 수정주의 세력의 가차 없는 공격이 이어지면서 영국에서는 반유대주의가 부상했다. 베빈은 유대인이 이러한 결과를 자초했다고 여겼다. 한 중년 영국인은 이렇게 선언했다. "나는 항상 히틀러가 유대인을 대하는 방식이 옳다고 생각했다. 히틀러가 사용한 가스실과 관련해서 마음에 들지 않는 유일한 점은, 가스실이 충분하지 않았으며 효율적으로 운영되지 않았다는 것이다." 보수 성향 일간지들은 수정주의 세력의 폭력을 부각시켰다. 〈데일리 미러〉는 일상적으로 '유대인의 테러'를 보도했다. 〈데일리 헤럴드〉와 소수의 좌파 성향 언론만 모든 형태의 테러에 단호하게 반대하는 유대인의 목소리에 조금이나마 관심을 기울였다.

〈데일리 익스프레스〉가 '전 세계에 충격을 안길 사진'이라며 마틴과 파이스의 시신을 1면에 게재할 무렵, 영국의 탄압 강화를 요구하는 언론의 목소리가 커졌다. 특히 노동자 계층에서 이 같은 정서가 퍼져나갔다.[51] 영국 국민은 팔레스타인에서 자유제국주의가 말 그대로 산산조각 났다고 여겼다. 애틀리 내각이 모든 수단을 동원해 시온주의 세력을 진압하지 못한다면 영국은 팔레스타인을 떠날 수밖에 없었다.

노동당 정부의 오판

제국에 대한 영국의 자존심과 복수를 향한 요구만이 가장 중요한 문제는 아니었다. 경제 문제도 있었다. 애틀리 정부 내에는 제국을 전후 보물상자로 여기는 사람이 많았지만, 재무장관 돌턴처럼 팔레스타인이라는 밑 빠진 독을 초조하게 바라보는 사람도 있었다. 영국의 전체 병력 중 거의 10분의 1이 팔레스타인에 주둔한 상황에서, 영국 납세자가 지출하는 군비만 연간 4000만 파운드(2조 1400억 원)였다. 1947년 8월, 〈이코노미스트〉는 "국제사회나 아랍, 유대인, 심지어 미국이 팔레스타인에 얼마나 관심을 갖고 있는지 신경 쓸 게 아니라, 영국의 손익계산서를 작성할 때다. 영국이 왜 그 비용을 감당해야 하는가? 팔레스타인 때문에 영국이 떠안는 비용은 헤아릴 수 없을 정도다."[52] 영국의 문명화 사명은 더 이상 재정적으로도, 도덕적으로도 지속 불가능했다. 〈이코노미스트〉가 보기에 이제 유일한 해결책은 밸푸어선언을 폐기하고 분할통치를 시행하는 것이었다. 이는 유대인이나 아랍인이나 국제사회의 이익 때문이 아니라, 오직 오랜 고통을 겪고 있는 영국인들의 이익에 가장 부합하기 때문이다.[53]

탄압의 중심에 놓인 수정주의 세력은 분노했고, 베긴은 팔레스타인에서 영국을 몰아내겠다고 약속했다. 〈이코노미스트〉가 우려를 표현하기 며칠 전인 8월의 어느 날, 이르군이 운영하는 지하 라디오 방송 〈투쟁하는 시온의 목소리Voice of Fighting Zion〉는 이렇게 방송했다. "더러운 압제자여, 당신들은 이럴 줄 예상 못했는가? 우리는 이미 당신들에게 경고했다. 당신들의 채찍을 부숴버린 것처럼, 당신들이 세운 교수대도 뽑아버리겠다. 교수대를 뽑아버리지 못하면 당신네가 세워놓은 교수대 옆에, 당신들을 처형할 교수대를 세우겠다. 우리는 날마다 경고했다. 우리는 아직 나치와 결탁해 다른 누군가를 노예로 만들려는 영국인과의 채무를 모두 청산하지 못했다."[54] 노동당 의원 해럴드 레버Harold Lever는 "지난 2년간 아무런 계획도, 용기도, 지혜도 없는 행동으로 엄청난 금전적인 부담을 안겼고, 인력과 인명 손실이라는 셀 수 없는 손실을 끼쳤으며, 영국 사회를 반유대주의로 더럽혔다."라며 노동당 정부를 크게 책망했다. '인간 생명의 존엄성'을 위한 통렬한 비판도 아끼지 않았다. 또한 팔레스타인에서 '불굴의 투지'를 보여주겠다는 식민장관 크리치 존스의 호언장담은 아일랜드 사태의 반복에 불과하다며 "우리는 너무 늦었다. 아일랜드에서도 사실상 버티다가 쫓겨났다."라고 지적했다.[55] 처칠 역시 "현재 전 세계 상황을 돌아볼 필요가 있다."라고 하원의원들에게 촉구했다.

우리는 지난 200년간 의심의 여지없이 우리가 주권을 갖고 있던 강력한 제국과 인도대륙을 포기할 준비가 되었다. 정부는 4억 명의 인도인을 유혈 내전이라는 공포 속으로 내던지려 하고 있다. 인도에서 벌어질 내전과 비교하면 팔레스타인에서 어떤 상황이 벌어지더라도 사소한 일에 불과하다. 다시 말해, 코끼리와 쥐의 전쟁을 비교하는 셈이다.[56]

처칠의 선견지명은 인도에서 비극적일 만큼 장대한 규모로 펼쳐졌다. 하지만 그런 일이 벌어진 것은 영국의 지배 없이 내전이 불가피해서가 아니었다. 영국이 인도를 통치하기 위해 사람들을 분열시키고, 폭력 사태가 가까워지면 책임을 저버리는 행동을 일삼았기 때문이었다. 팔레스타인에서도 마찬가지였다. 영국 해군은 팔레스타인으로 향하는 유대인 이민자를 가로막아 유럽의 실향민 수용소로 강제 추방했다. 팔레스타인 상황에 관심을 갖고 있던 많은 이들은 이 작전을 영국의 냉담함을 상징하는 사건으로 보았다. MI6는 유대인 난민의 팔레스타인 유입을 막기 위해 막후에서 은밀하게 움직였다. MI6가 실행한 '엠배러스Embarrass' 작전은 승객이 없는 채 부두에 정박해 있던 난민선들을 노려, 그 배들을 파괴하거나 폭파했다. 영국 정부는 이 모든 일을 자신들이 만들어낸 가상의 조직인 '아랍팔레스타인수호자Defenders of Arab Palestine' 탓으로 돌렸고, 심지어 소련이 개입했다는 거짓말까지 퍼뜨렸다.[57]

이런 상황에서 유엔팔레스타인특별위원회UN Special Committee on Palestine는 영국의 철수 조건을 앞당겼다. 위원회는 1947년 여름 팔레스타인 현지에서 사실조사 임무를 수행했고, 그 과정에서 또 한 번 영국 외교 참사를 직접 목격했다. 영국 해군이 팔레스타인으로 향하는 유대인 난민선을 가로막아 유럽의 실향민 수용소로 돌려보내는 작전은, 관찰자들 눈에 영국의 무감각을 보여주는 상징적 장면이었다. 그 가운데 하나가 엑소더스호 사건이었다. 특별위원회가 진상조사 중이던 1947년 7월 18일, 영국은 프랑스를 떠나 팔레스타인으로 향하던 엑소더스호를 저지했다. 이 배에는 홀로코스트 생존자 4500명이 타고 있었다. 배가 팔레스타인 해안에 가까워졌을 때 영국군이 강제로 승선했고, 치열한 육탄전 끝에 유대인 세 명이 사망하고 수십 명이 부상을 입었다. 엑소더스호에는 치안군이 대기하고 있었으며, 군은 남은 승객들을 세 척의 영국 군함에 강제로 태워 유럽으로 보냈다. 대부분의 생존자는 독일 함부르크에 도착한 뒤 기차를 타고 포펜도르프와 암슈타우의 실향민 수용소로 이송되었다. 이 사건을 특별위원회 위원 세 명이 현장에서 직접 목격했다.[58] '유대인에게 교훈을 주려던' 베빈의 작전은 완전히 역효과를 낳았다. 친영파의 대표였던 바이츠만조차도 베빈을 두고 '잔인하고 저속하며 반유대적'이라고 평가했다.[59]

1947년 9월, 유엔팔레스타인특별위원회는 100쪽이 넘는 보고서를 발표했다. 11명의 위원은 영국의 팔레스타인 위임통치 종료를 만장일치로 권고했으며, 과반수는 팔레스타인 분할을 지지했다. 두 달 뒤 유엔총회는 결의안 181호를 압도적으로 채택했다. 이 결의안은 늦어도 1948년 8월 1일까지 위임통치를 종료하고, 팔레스타인을 아랍국가와 유대국가 두 독립국으로 분할하며, 두 국가는 유엔이 주관하는 공동경제감독위원회를 통해 연계되고, 예루살렘은 유엔이 직접 관리하는 '국제특별관리지역'으로 지정된다는 내용을 골자로 한다. 시온주의자들은 이 분할안을 수용했지만, 팔레스타인과 주변 아랍 국가들은 전원 거부했다.[60]

베빈과 영국 장교들은 유엔의 분위기를 오판했고, 시온주의 대의를 지지하는 웰스의 능력을 과소평가했다. 미국의 국무차관(1936~1943년)을 지냈으며 국제 외교에 경험이 많은 섬너 웰스는 베빈을 '처칠의 제국주의 정책을 영속시키는 위험 인물'이라 여겼다. 전후 영국이 추구하던 제국주의에 베빈의 이름을 따서 '베빈 폭스Bevin-pox'라는 이름까지 붙였다. 역사학자 루이스에 따르면, 웰스는 '시온주의자들의 유엔 전략을 설계한 주역 중 한 명'이었다. 그는 특히 유엔 남미 대표들에게서 분할안에 대한 찬성표를 끌어내기 위해 끊임없이 로비를 벌였다. 유엔의 분할 승인 소식이 전해지자 바이츠만은 웰스에게 가장 먼저 축하 전화를 걸었고, 웰스는 영제국을 무

다친 채 엑소더스호에서 쫓겨난
어린아이, 1947년

너뜨리려는 자신의 광범위한 노력에서 유엔이 중요한 역할을 했다는 사실을 깨닫고 만족감을 느꼈다.[61]

영국의 선택

시온주의자들이 아랍인에게 많은 것을 양보하도록 만들려던 베빈의 시도는 실패했다. 시온주의자들은 분할 문제를 유엔에 상정하겠다는 영국의 위협에 굴복하지 않고 공격 수위를 높였고, 식민정부는 합법적인 폭력에 대한 독점권을 상실했다. 그럼에도 불구하고 영국은 중동에게 관심을 누그러뜨리지 않고 최대한 아랍에 호의를 보였다.[62] 베빈은 영국군이 유대인 난민선을 폭파하고, 아랍과 소련에게 책임을 전가했다는 사실을 크게 고려치 않았다. 베빈은 유엔의 권고가 "아랍인에게는 너무도 부당해서 우리의 양심과 어떻게 조화시킬지 가늠하기 힘들다."라고 이야기했다.[63] 영국이 선택할 수 있는 유일한 방법은 즉시 철수하는 것이었다. 베빈은 "영국인의 목숨을 잃거나 한 팔레스타인 공동체를 억압해 다른 공동체를 이롭게 하는 일에 영국군이 소모되어서는 안 된다. 또한 우리는 중동에서 우리의 이익을 해치는 정책을 추구해서는 안 된다."라고 판단했다.[64] 유엔총회 표결 진행 전인 9월 말, 크리치 존스는 유엔에 '영국군과 영국 정부를 팔레스타인에서 조기 철수시킬 계획'을 통보했다.[65]

팔레스타인에서 내전 분위기가 고조되는 가운데 돈과 인력 낭비가 나날이 심해지자 영국은 철수 날짜를 앞당겼다. 팔레스타인 행정관들은 마지막 몇 달 동안 조롱하듯 '베빈그라드Bevingrad'라고 불렸던 보안 지역에서 머무르며 각종 서류를 파기했다. 친통일당 성향의 아일랜드인으로 예루살렘 지역 판무관을 지낸 제임스 폴록James Pollock은 영국이 제국에서 떠날 때 으레 따르는 '통상적인 관례'이라며 문서 파기를 정당화했다.[66] 한편, 치안군은 철수 일자가 가까워질수록 점차 심해지는 내전에 휘말렸다. 일부 치안군은 공개적으로 시온주의자 공격에 가담했다. 곧 시작될 이슈브와의 전쟁에 대비해 아랍인을 돕겠다고 영국군을 탈영하는 장병도 있었다. 경찰관 존 샌키John Sankey는 이렇게 회상했다. "팔레스타인에서의 마지막 세 달은 제법 끔찍했다. 우리에게는 권위가 없었다. 두 공동체는 각자의 구역에서 자리 잡아버렸다. 우리는 유대인 검문소와 아랍인 검문소를 통과할

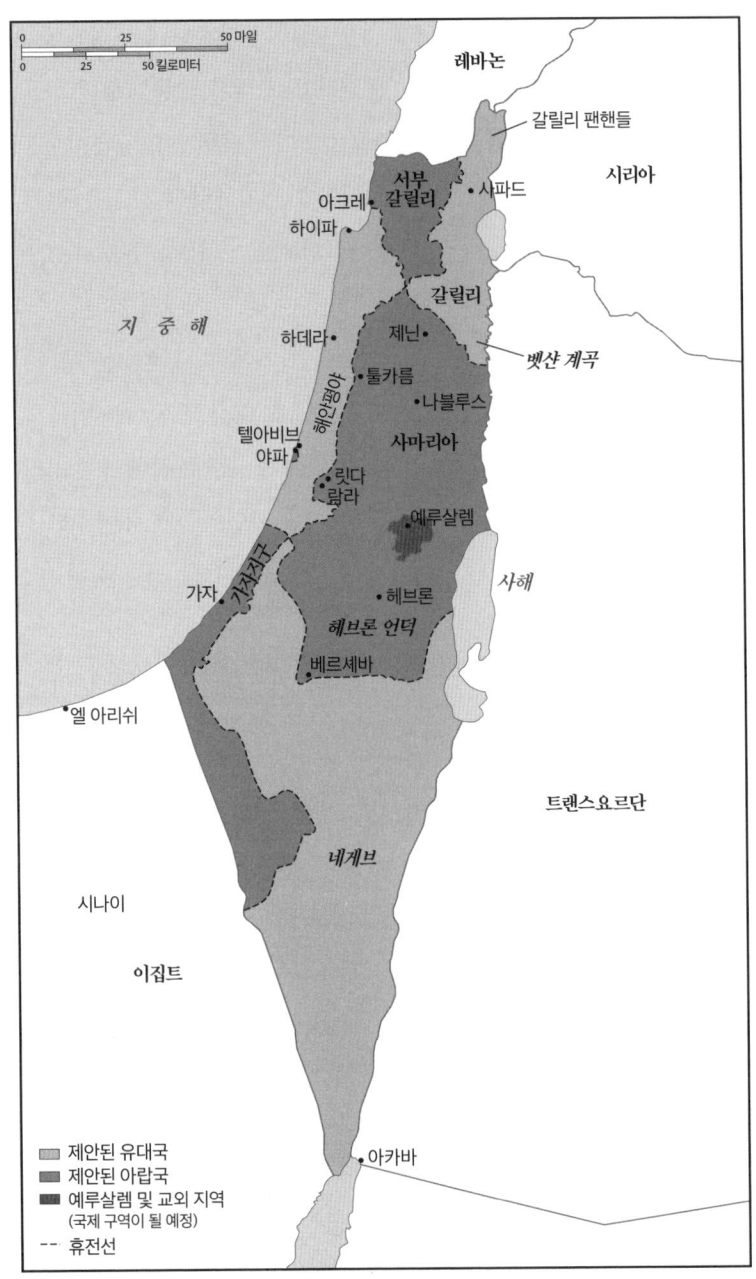

유엔의 팔레스타인 분할 계획, 1947년

때마다 검문당할 수밖에 없었다. 우리는 이름만 경찰이었다."⁶⁷ 시온주의 세력의 독립전쟁은 상당히 진척된 상태였다. 아랍인의 입장에서는 나크바Nakba, 즉 대재앙의 시작이었다. 은밀하게 시온주의를 지지하던 고등판무관 커닝엄은 '양측이 스스로를 방어하도록 허락하는 것'이 자신의 의무라고 느꼈다.⁶⁸

1948년 5월 14일, 커닝엄은 예루살렘 시온산 정부청사에서 휘날리던 영국 국기 유니언잭을 내렸다. 한 장교가 백파이프로 스코틀랜드 민요 〈하이랜드 라멘트Highland Lament〉를 연주했다. 내전이 임박한 하이파로 날아간 커닝엄은 사열한 의장대를 뒤로 하고, 조지 6세 시절 런던이 나치의 공습에 시달릴 때 생산된 약 2.5센티미터 두께의 창문이 달린 장갑차 뒷좌석에 올라탔다. 차량은 유대 검문소와 아랍 검문소에서 각각 한 번씩 정차하며 파괴되지 않는 하이파 거리를 이리저리 달리며 팔레스타인의 마지막 고등판무관을 부두에 내려놓았다. 차에서 내린 커닝엄은 HMS 유리알러스 순양함에 승선했다.⁶⁹

영국의 마지막 배가 하이파를 떠나고, 30년에 걸친 팔레스타인 통치가 끝났다. 시온주의자들은 이스라엘 건국을 선포했고, 팔레스타인 땅은 잔혹한 전쟁 속으로 빠져들었다. 인근 아랍국가들은 팔레스타인으로 군대를 파병했고, 시온주의자들은 아랍혁명, 제2차 세계대전 당시 영국군과 함께 훈련하면서 익힌 전술과 전략을 토대로 이스라엘방위군Israeli Defense Force, IDF을 신설했다.⁷⁰ 시온주의자들은 1930년대 영국 전술을 연상시키는 방식으로 아랍 가정, 마을, 공동체를 파괴했다. 팔레스타인에 살던 아랍 주민의 절반이 넘는 80만 명의 아랍인이 삶의 터전을 빼앗겼다. 531개 마을이 파괴되고, 11개 도시 지역에서 아랍 주민이 사라졌다.⁷¹ 엄청난 숫자의 실향민이 인근 아랍국가나 이집트와 요르단이 점령한 팔레스타인 영토로 피

이스라엘 대통령 하임 바이츠만, 1949년 2월 20일

신했다. 1948년의 전쟁은 역사적으로 팔레스타인에 대한 영유권을 주장해온 아랍과 시온주의 세력 사이에서 벌어진 수많은 전쟁 중 첫 번째였다. 밸푸어선언과 영국의 우유부단한 자기 본위 정책이 남긴 유산이었다. 영국이 자국의 이익을 관철하려 국가 주도 폭력을 사용한 탓에 폭력적인 문화가 생겨났고, 이 같은 유산은 팔레스타인의 감성과 전술과 전략을 부채질했다. 약 30년간 팔레스타인 경찰에서 복무한 존 비어드John Beard는 "이 시기가 지나면 1948년 이후 전 세계에 영향을 미친 중동의 모든 문제가 전적으로 그리고 명백히 영국의 책임이다."라고 회고했다.[72]

영국에서는 팔레스타인에서의 철수가 제국의 쇠퇴를 뜻하는 굴욕적인 징후로 여겨졌다. 한때 '밀너 유치원'의 일원이었던 제국주의자 애머리는

이렇게 말했다. "30년간 공들여온 일을 아무렇지도 않게 내동댕이쳐 모두 무너뜨리고, 유대인이나 아랍인에 대한 모든 책임에서 손 뗀다는 사실을 받아들이기가 힘들다. 중동에서 우리가 쌓아올린 도덕적·물질적 입지가 모두 처참하게 약해진 것처럼 보인다. 우리는 아랍인들로부터 어떤 지지도 얻지 못할 것이다."[73]

이스라엘방위군

영국은 벤구리온과 바이츠만이 각각 초대 총리와 대통령을 맡은 이스라엘을 인정했다. 또한 윙게이트의 영웅적인 행동과 이스라엘 역사가 뒤엉켜 득의양양한 이야기가 탄생했다. 1990년, 필립 공은 런던 국방성 근처의 공공정원 빅토리아 엠뱅크먼트 가든스에서 윙게이트의 기념비에 씌워진 덮개를 벗겼다. 윙게이트는 제2차 세계대전 중 인도 북부에서 비행기 사고로 41세의 젊은 나이에 세상을 떠났다. 윙게이트와 다른 친디트 부대원들의 시신 모두 형체를 알아볼 수 없을 만큼 타버렸고, 이 일은 윙게이트를 더욱 전설적인 존재로 만들었다. 기념비에 조각된 윙게이트의 옆모습 아래에는 '운명의 남자가 될 수도 있던 천재적인 남자'라는 글귀가 새겨졌다. 처칠이 수여한 이 비명 아래 '이스라엘방위군 창설 및 건국에 중요한 영향을 끼친 사람'이라는 두 번째 비명이 새겨졌다.[74]

이스라엘 국회의원 미하엘 오렌Michael Oren도 윙게이트를 추모했다. "윙게이트는 이스라엘방위군의 아버지였다. 방위군은 오늘날까지도 전술적인 측면에서 윙게이트를 따르고 있다." 이스라엘 신문 《타임스 오브 이스라엘The Times of Israel》은 윙게이트 사망 75주기를 맞아, 살아 있었다면 '이스라엘

런던
빅토리아 엠뱅크먼트 가든스의
친디트 전쟁 기념비

방위군의 초대 참모총장이 되었을지도 모르는' 윙게이트에게 장문의 헌사를 바쳤다. "이스라엘 건국 전 군대에 지대한 영향을 미쳐 전설이 된 고위급 장교 오드 찰스 윙게이트만큼 이스라엘에서 높이 평가받는 비유대인은 드물다. 이스라엘에는 윙게이트 거리나 광장이 있는 마을이 많다. 윙게이트라는 이름을 가진 많은 사람은 이스라엘이 윙게이트에게 진 빚을 상기시킨다."75

영국이 불명예스럽게 철수할 무렵, 팔레스타인에서 확인된 영국 통치의 또 다른 유산이 제국 전역으로 퍼져나갔다. 팔레스타인 경찰은 식민지 치안전술 및 인력 관리에 막대한 영향력을 미쳤다. 1930년대의 팔레스타인은 일반 경찰관뿐 아니라 지도부가 될 사람을 가르치는, 제국의 핵심 훈련장이었다. 1926년부터 1947년까지 약 1만 명이 제닌의 경찰 훈련소나 라말라 외곽의 예비 장교 훈련소를 거쳤다. 수십 년 동안 팔레스타인 경찰은 독자적으로 문화를 발전시켰다. 처음에 아일랜드가 상당한 영향을 미쳤지만, 영국이 팔레스타인을 통치하는 동안 동화된 부분도 많았다. 팔레스타인 경찰은 자체적인 기풍, 훈련 방법, 전통을 발전시켰다. 아랍혁명 동안 팔레스타인에서 벌어진 일련의 사건은 식민지 시대의 합법화된 불법 통합에 중요한 역할을 했다. 더불어 팔레스타인에서 훈련받고 전투를 치른 수천 명의 병사가 제국 곳곳을 순회하는 과정에서, 준군사적인 사고방식, 전술, 장비가 발달하는 데도 지대한 영향을 미쳤다.[76]

팔레스타인에서 영국이 철수한 지 두 달 후, 정복을 차려입은 그레이는 완벽하게 정렬한 채 정면을 응시하는 수백 명의 팔레스타인 경찰 앞에 마지막으로 모습을 드러냈다. 마찬가지로 정복을 갖춰 입은 조지 6세 앞에 꼿꼿한 자세로 섰다. 그에게서는 흔들림 없는 자부심이 배어났다. 팔레스타인 경찰은 버킹엄궁에서 제국주의적인 절차로 가득한 의식을 치렀다. 다음 날 신문에 실릴 사진을 촬영할 여러 대의 카메라 앞에서, 조지 6세는 그레이와 팔레스타인 경찰이 그동안 맡은 역할을 훌륭하게 해냈다고 선언했다.[77] 버킹엄궁 행사에 참가한 캐틀링은 영국이 철수했다는 충격, 팔레스타인에서 마지막 몇 년간 느꼈던 분노, 굴욕감, 불안, 좌절감 때문에 마음이 어지러웠다.[78] 바커 장군도 "팔레스타인에서 활약하던 우리 장교들이 납치되고 살해당했으며 심지어 매질까지 당했다."라며 분노했다. 수석장관 거니는 '미국의 언론과 시온주의자'들의 어리석음 때문에 이 모든 사태가 벌어졌다고 생각했다.[79] 그레이는 다음과 같은 생각을 밝혔다.

제국은 부당한 존재가 되는 것도, 압제적이고 공포를 주는 존재가 되는 것도, 전장이나 외교 무대에서 패배하는 것도 용납할 수 있다. 하지만 단 한 가지 용납할 수 없는 일이 있다. 바로 웃음거리가 되는 것이다. 지하조직이 우리 병사를 살해했을 때 우리는 살인으로 취급했지만, 그들은 교수대를 세우고 우리 병사를 처형했다. 마치 "우리도 당신네들처럼 이곳을 다스린다."라고 말하는 듯했다. 어떤 정권도 그런 상황을 견딜 수 없다. 우리의 선택은 명확했다. 전면적인 진압이냐 철수냐. 우리는 두 번째를 택했다.[80]

1948년 7월, 조지 6세는 버킹엄궁에 모인 사람들이 맡은 역할을 훌륭하게 해냈다고 치하하며, 다음 제국 임무를 잘해낼 수 있도록 용기를 북돋웠다. 팔레스타인 임무를 완수한 뒤 해산한 거의 1400명에 달하는 경찰이 제국과 영연방 곳곳으로 흩어졌다. 그중 한 사람이 황금해안에서 팔레스타인 부대와 유사한 기동타격대를 이끈 존 콜스John Coles였다. 수십 명의 전직 팔레스타인 경찰이 콜스가 이끄는 서아프리카 식민지 기동타격대에 합류했다. 8000명으로 늘어난 황금해안 기동타격대는 현지 폭동을 진압하고, 콰메 은크루마Kwame Nkrumah와 지지 세력의 민족주의 요구를 억압했다. 은쿠르마와 일부 지지 세력은 런던에서 패드모어와 함께 민족주의 사상을 발전시킨 바 있었다. 영국에서 개념과 기술을 익힌 다른 제국 요원들도 황금해안으로 향했다. 그중에도 바트넨도르프의 전후 심문실에서 포로 고 혐의를 받았다가 무죄 석방된 스티븐스도 있었다.

영제국의 균열과 말라야의 반란

MI5와 현지 식민정부 사이의 특별 연락장교로 임명된 스티븐스는 찰스 아든클라크Charles Arden-Clarke 총독과 직접 연락하는 사이였다. 모두 스티븐스가 그동안 보여준 실적과 기술 덕분이었다. 오랫동안 고문 기술로 용의자의 입을 열어온 스티븐스는 런던에서 서아프리카사무국West African National Secretariat, WANS을 광범위하게 감시하는 영국의 작전에 적극적으로 참여했다. 내무성은 MI5가 서아프리카사무국의 활동을 꿰뚫도록 지원했다.

서아프리카사무국 사무총장 은크루마는 서아프리카사무국이 무엇보다 중요하다고 여겼다. 은크루마는 이렇게 말했다. "런던 서아프리카사무국 본부는 모든 아프리카인과 서인도제도 학생, 친구들이 모이는 만남의 장소였다. 우리는 그곳에서 계획을 논의하고, 의견을 표출하고, 불만을 토로했다." 1948년 이후, 황금해안과 직접 소통하는 역할을 맡은 스티븐스는 황금해안 총독에게 내무성이 은크루마의 런던 활동을 주시한다는 정보를 전달했다. 또한 부하들과 함께 황금해안에서 확보한 정보를 런던에 전달하기도 했다.[81]

황금해안은 공산주의 위협에 시달리던 제국 내 여러 지역 중 하나였다. 1948년 2월, 황금해안에서 폭동이 일어나자 식민 당국은 은크루마를 체포 감금했다. 식민 당국은 은크루마가 소지한 서명 없는 영국 공산당원증과 함께, 현지 정보 당국이 전혀 아는 바 없는 '서클Circle'이라 불리던 메모를 발견했다. 콜스와 스티븐스, 그 외 현지의 다른 사람들이 조사에 돌입한 가운데, 가이 리델 등 런던에서 활동하는 고위급 치안 관계자들은 자유제국주의적인 견해를 유지했다.

서아프리카와 동아프리카에는 흔히 유럽에서 생각하는 그런 식의 공산주의가 존재한다는 근거가 없다. 현지 공산당도 없지만, 민족주의 운동은 활발하게 전개된다. 영국의 민주주의를 전파하러 간 다양한 부류의 사람들이 그곳의 민족주의 운동을 응원했다. 이곳을 찾는 흑인들이 공산당을 자주 방문한다는 것 자체는 사실이지만, 그렇다고 그들이 공산주의자라거나 칼 마르크스Karl Marx나 변증법적 유물론에 대해서 무언가를 알았다는 뜻은 아니다. 그들은 공산주의가 인종에 따라 사람을 차별하지 않고 원하는 방식대로 살아가고자 하는 흑인을 지지하기 때문에 공산주의자에게 동조할 뿐이다.[82]

수천 킬로미터 떨어진 말라야에서도 반란이 일어났다. 처참한 전쟁의 유산과 영국의 이기적인 전후 복구 시도가 더해져, 내전과 노동 분쟁이 고조되었고, 말라야의 중국계 주민들 사이에는 공산주의가 퍼져나갔다. 1948년 6월 16일, 착취당하던 세 명의 젊은 중국인이 자전거를 타고 말라야 북부 숭가이 시풋의 엘필 농장에 들이닥쳐 관리인을 쏘아 죽였다. 같은 날, 비슷한 불만을 품고 있던 중국인 10여 명이 판순 농장에서 두 명의 농장주를 베란다 의자에 앉힌 채 처형했다. 이틀 후, 영국은 관련 지역에 비상사태를 선포했다.[83] 애틀리 정부는 비상사태 실행을 위해 팔레스타인을 갓 떠난 인력들에게 손을 내밀었다. 영국 정부가 임명한 말라야를 이끌어나갈 고위급 관리자 중에는 그레이도 있었다. 팔레스타인 경찰국장으로 활약했으며 준군사 훈련 경력과 특유의 리더십으로 무장한 그레이는 500명 가까운 경찰관을 이끌고 쿠알라룸푸르로 향했다. 그레이와 함께 쿠알라룸푸르로 향한 상당수의 경찰관은 팔레스타인 사태 때문에 치욕과 분노에 사로잡힌 채 사기가 저하된 상태였다.

말라야에서의 정보조직 운영을 위해 도움이 필요했던 그레이는 옛 전우였던 캐틀링에게 "나와 함께 가지!"라고 소리쳤다. 버킹엄궁에서 그레이의 관심을 끌지 못했다면 그리스로 떠나야 했을 캐틀링은 그레이와 함께 쿠알라룸푸르로 이동했다. 그렇게 1948년 8월, 팔레스타인의 마지막 격동기를 갓 빠져나온 이 두 사람과 수십 명의 동료들이 비행기를 타고 말레이반도로 향했다. 그곳에서 그들은 익숙한 전술과 뜨거운 감정을 새로운 적에게 다시 쏟아부을 준비를 하고 있었다.[84]

그레이와 캐틀링, 수백 명의 전직 팔레스타인 경찰이 쿠알라룸푸르로 향한 이유를 이해하려면 제2차 세계대전 직후의 동남아시아로 돌아가야 한다. 당시 현지 중국계 주민은 영국의 식민 경제 정책, 전쟁이 끝난 말라야에서 다인종사회를 설계하려는 영국의 시도에 분노했다. 이러한 투쟁에 말라야에서 1948년 6월 일어난 유럽인 농장주 살해같이 아무 관련 없이 진행된 여러 사건이 모이자 영제국은 방어 태세를 갖췄다. 영국은 제국주의 서사를 공식화하고, 권력의 재확인을 위해 군대나 경찰의 임무가 끝났음을 알리는 의식을 고안했지만, 이러한 의식은 런던 중심가 팰맬거리에서 진행되는 행진과 버킹엄궁의 화려한 행사에 국한되지 않았다. 팔레스타인 참전용사들이 쿠알라룸푸르행 비행기에 탑승하기 3년 전, 호 씨안 푹Ho Thean Fook은 말라야 서해안 인근 도시 알로르스타에서 몰려든 군중과 함께 연단에 선 고위 관료들을 지켜보았다. 많은 군중이 이 순간을 직접 보기 위해 거리로 쏟아져 나왔다. 인근 주민들도 창밖으로 고개를 내밀었다. 1945년 11월 중순, 호를 비롯한 말라야 항일인민군Malayan Peoples' Anti-Japanese Army은 알로르스타 마을을 행진해 영국 최고위급 장교 앞에 정렬했다. 프랭크 메서비Frank Messervy 장군은 병사들에게 경작할 토지와 노점상 허가증, 기계 기술 훈련을 약속했으며, 민간 생활에 정착할 때까지 생

계를 이어가도록 350달러(약 780만 원)도 함께 지급하겠다고 밝혔다.[85]

영국 관료들에게 그날은 싱가포르 함락이 초래한 굴욕스럽고 수치스러운 시절에 종지부를 찍는 상징적인 날이었다. 그러나 영국 공군의 항공기 시험비행을 지켜보고 영국 국가를 들으며, 많은 말라야 병사가 식민지 신민이라는 자신들의 신분을 느끼게 했다. 3년간 밀림에서 힘들게 생활한 호와 현지 주민들은 일본 점령에 저항한 끝에 자신들이 무엇을 얻었는지가 궁금했다. 막사로 돌아온 전직 게릴라들은 낡은 빗자루를 다루듯 무기를 휙 집어던진 다음, 영제국이 작별 선물로 내놓은 다른 선물과 함께 메서비 연설문 사본을 불태워버렸다. "전쟁이 끝난 지금, 그 화려한 번쩍임과 리본, 훈장들이 우리에게 무슨 소용이 있었단 말인가? 우리는 그걸로 커피 한 잔을 살 수도, 국수 한 그릇으로 바꿀 수도 없잖은가?" 호는 향신료로 절인 짭짤한 오리고기를 사느라 월급 중 150달러를 썼다. 앞날에 대한 고민을 잠시나마 잊게 해주는 사치였다.[86]

쿠알라룸푸르 북쪽 이포에서 태어나고 자란 중국계 호는 안경을 쓴 학구적인 얼굴의 교양 있는 영어 교사였다. 호는 전쟁 전이나 후에나 공산주의를 거의 지지하지 않았다. 다른 사람들처럼 결혼하고 가정을 일구고 싶어 하는 평범한 중산층 젊은이였다.[87] 하지만 세계대전은 그런 젊은이의 꿈을 일시적으로 멈춰 세웠다. 키 작고 왜소한 일본 군인이 키 크고 덩치 큰 백인들을 무찌르며 말라야에서 싱가포르까지 밀고 내려왔을 때, 호는 자신을 비롯한 교육받은 중국인 친구들이 큰 충격에 빠졌다고 회상했다.[88] 이어지는 공습으로 이포는 폐허가 되었고, 일본군 트럭이 거리 곳곳을 누비며 공포와 불안이 퍼졌지만, 그는 마냥 위축되지는 않았다.[89] 일본군이 동포들을 죽이거나 수용소로 끌고 가는 동안 호와 친구 여섯은 은밀하게 퍼져나가던 공산당의 저항 메시지를 듣고 동참하기로 마음먹었다. 일본의 탄압이 눈앞에 닥친 가운데, 공산주의자의 메시지는 이념을 초월해 호의 마음을 사로잡았다. 호와 친구들은 지하조직에 가입해, 작전 중 사망한 호주 병사들이 버리고 간 기관 단총과 탄약총을 모아 밤마다 자전거를 타고 밀림 가장자리로 이동했다. 식량과 은신처를 제공해주는 다른 민간인의 도움으로, 마침내 그들은 갓 생겨난 말라야 항일인민군 게릴라 야영지에 도착했다.[90]

말라야의 울창한 밀림 속 적진 뒤편에는 다양한 사람이 모여 살았다. 4000명에 달하는 거주민 중에는 중국인 공산당원이나 마을 주민도 있었다. 싱가포르에서 야마시타 군대를 상대로 벌어진 최후의 결전에서 살아남은 간호사 대니얼스도 있었다. 성인 남녀가 지역별로 나뉘는 총 여덟 개의 연대를 구성했고, 말라야공산당Malayan Communist Party이 지휘와 통제를 맡았다. 영국 당국은 말라야공산당 총서기이자 '미스터 라이트Mr. Wright'라는 가명으로도 알려진 라이 텍Lai Teck과 오랫동안 관계를 맺고 있었다. 그는 말라야에서 활동한 영국 최고의 이중 간첩이었다. 말라야공산당 이인자 친평Chin Peng은 영국이 시키는 대로 하는 사람이 아니었지만, 전쟁이 발발하자마자 영국과 동맹을 맺었다. 그는 영국이 가장 신뢰하는 게릴라 전사였다.[91] 영국의 특수부대인 136부대는 말라야 특수부 훈련학교에서 친평 등 150여 명의 말라야 저항 세력을 양성했다. 훈련학교의 또 다른 영국 장교는 이들이 '우리 학교가 배출한 최고의 인재'라고 단언했고, 밀림에서 함께 싸운 일반 병사들도 매우 훌륭하다고 칭찬했다. "그 병사들은 용기와 불굴의 정신을 지녔을 뿐 아니라, 어려운 상황 속에서도 항상 즐거운 태도를 잃지 않았다. 이러한 태도에 대해 경탄을 금할 길이 없다."[92]

136부대는 게릴라군이 일본군을 상대로 기습 공격을 벌일 수 있도록 군수 물품도 지원했다. 하지만 가장 결정적으로 도움이 된 것은 일본군에 저항하는 중국계 민간인이었다. 일본군은 중국계 민간인을 신속하고 가차 없이 다루었다. 싱가포르 함락 직후 벌어진 '숙청Sook Ching(제거를 통한 정화)' 작전은, 영국이 철수하며 지역에 남겨둔 이들이 앞으로 어떤 운명을 맞게 될지를 예고하는 사건이었다. 이 작전으로 2만 5000명에서 5만 명에 달하는 중국계 주민들이 목숨을 잃었다. 일본인들은 그들의 반파시스트 정서를 일률적으로 검사한 뒤 마구잡이로 죽였다.[93] 말라야 항일인민군은 도시를 떠나 상대적으로 안전한 밀림 경계 지역에서 불법으로 살아가던 수십만 명의 중국계 주민들로부터 이념적·물질적 지원을 끌어내기 위해 부단히 노력했다. 밀림 경계 지역의 불법 거주민 숫자는 제1차 세계대전 이후 반복적으로 늘어났다가 줄어들었다. 밀림 언저리의 주석 광산과 고무 농장의 고용에 따라 많은 중국계 주민이 먹고살기 위해 해당 지역을 들락날락했다. 일본의 점령과 함께 밀림 주변 인구가 대거 늘어나 불법 거주민이 40만 명에 다다랐다.[94] 밀림 경계 지역 거주민 상당수가 모여 '말라야 항일인민연합Malayan People's Anti-Japanese Union'이라는 비밀조직을 결성했다. 항일인민연합은 친펑이 이끄는 부대에 식량, 의복, 자금, 무기, 정보, 수십명의 신병 등을 공급하는 광범위한 지하네트워크를 구성했다.[95]

영국의 배신과 친펑의 반격

친펑 추종 세력은 외세가 아시아 국가든 유럽 국가든 상관없이 제국주의 자체에 반대했다. 제2차 세계대전 직후, 영국군 고위 사령부는 말라야 군대가 아시아에서의 연합군 승리에 결정적인 역할을 했음을 외면했다. 한편, 게릴라들은 은신처에서 나와 일본 협력자로 의심되는 이들에게 새로운 방식의 테러를 가했다(공산주의자들은 그들을 '앞잡이'라 불렀다). 인민재판을 통해 일본 앞잡이를 재판하고, 분노한 군중은 자체적으로 정의를 실현하며 각 지역을 점령했다. 범죄와 이데올로기 사이의 경계가 모호해졌다. 내전은 영국 군정이 가혹한 형태의 자유제국주의를 앞세워 말라야에서 식민지배를 강화할 구실을 제공했다.[96]

알로르스타의 영국 철군 행사 두 달 뒤인 1946년 1월 6일, 영국령 인도제국이 무너지기 직전에 인도 부왕을 지낸 연합군 최고사령관 마운트배튼은 싱가포르에서 또 다른 의식을 거행했다. 마운트배튼이 거행한 의식은 불운한 시작과 종말을 의미했다. 영국 관료들은 친펑과 그 외 말라야 항일인민군 지도부 일곱 명을 싱가포르 래플스호텔로 초대해 와인과 식사를 대접했다. 융숭한 대접 이후 마운트배튼이 모든 참석자에게 각각 버마 스타 훈장Burma Star*과 1939-1945 스타 훈장1939-1945 Star**을 수여했다. 군중과 사진기자들이 지켜보는 가운데 행사는 화려하게 치러졌다. 세심하게 연출된 이 행사는 흰 제복 차림의 마운트배튼이 왕과 제국을 상징하며 통제력을 장악한 영국의 모습을 투영했다. 그러나 마운트배튼 앞에 선 여덟 명의 사내는 제국의 권위에 상징적으로 경례하며 반지에 입 맞추는 대신, 주먹을 불끈 쥔 채 높이 들었다. 그 순간, 한때 동맹이던 양측 사이에 남아 있던 선의는 순식간에 모두 사라졌다.[97]

그로부터 2년 반 뒤, 중국 공산당은 유럽인 농장주 셋을 냉혹하게 살해했다. 이에 친펑, 고등판무관 에드워드 겐트Edward Gent를 비롯한 많은 이가 충격을 받았다. 그 사이 영국은 정치적인 통제권을 강화하고, 말라야 전역

---

* 제2차 세계대전 당시 버마 전역에 참전한 군인에게 수여된 훈장.
** 제2차 세계대전 중 일정 기간 이상 복무한 참전용사에게 수여된 훈장.

싱가포르에서 친펑에게 축하의 말을 건네는 마운트배튼 장군, 1945년

에서 통용되는 새로운 시민의 신분을 만들기 위해 애썼다. 말라야는 영국 본토와 비슷한 길이인 약 750킬로미터에 달하는 지역으로, 지리적으로나 정치적으로나 인종적으로나 분열된 상황이었다. 말레이반도는 남중국해와 벵골만을 가로지르며 북쪽에서 남쪽으로 울창한 열대우림이 산맥을 따라 뻗어 있었고, 이 밀림은 전체 영토의 약 75퍼센트를 차지했다. 해안선을 따라 펼쳐진 평원에는 광활한 대농장과 광산, 그리고 밀림 경계 지역이 있었다. 영국이 통치하는 구역에는 다양한 정치 단위가 뒤섞여 있었다. 말레이 술탄은 아홉 개의 보호령을 통치했고, 영국은 직할 식민지이자 '해협식민지 Straits Settlement'로 통칭되는 싱가포르, 페낭, 말라카를 통치했다.

1946년 4월, 영국은 아홉 개의 보호령과 해협식민지를 말라야연합Malayan Union으로 통합하고, 싱가포르를 별도의 직할 식민지로 남겨두었다.

이는 다민족 공존주의multiracialism의 기치 아래 정치질서를 바로잡으려는 시도였고, 실질적으로 전후 말라야 주민의 민족주의와 정체성을 조작하려는 공격적인 시도였다. 영국은 말레이반도 내 여러 보호령과 말라카, 페낭의 권력을 자신들이 직접 통치하는 단일기관에 집중시킴으로써 술탄의 영향력을 제한하려 했다. 영국은 현지에서 태어난 모든 중국인과 인도인에게 '말라야연합 시민권Malayan Union Citizenship'이라는 별도의 공동 시민권 지위를 부여함으로써, 이미 술탄이 부여한 시민권을 지닌 말레이 인구에 포함시키려 했다. 하지만 대부분 말레이인으로 구성된 말레이민족연합United Malays National Organisation은 영국의 계획을 거부했다. 말레이민족연합 회원들은 영국이 불가침 영역, 즉 18세기부터 이어져온 말레이 통치자의 명목상의 주권과 주민들의 특권을 침해한다고 생각했다.[98]

말라야 반란의 배경

제2차 세계대전 이후, 말라야와 싱가포르에 살던 500만 명의 주민 중 50퍼센트는 말레이인이었다. 중국인은 38퍼센트, 인도인이 11퍼센트, 그 외 여러 소수집단이 1퍼센트를 차지했다.[99] 제2차 세계대전 이후 기술 전문가, 복지 관계자, 사회과학 연구원 등이 전례 없이 말레이반도로 몰려들었다. 말레이인, 중국인, 인도인 모두 제국주의의 부활을 온몸으로 느꼈다. 영국은 여전히 전쟁의 여파에 시달리고 있는 말라야의 토착 공동체가 자립 활동을 통해 빈곤에서 벗어나기를 기대했지만, 공산주의의 인기를 누를 수는 없었다. 1947년에는 말라야 공산당원 수가 1만 2000명에 달했고, 대부분이 중국인이었지만 모든 중국인이 공산당원인 것은 아니었다. 다

1945년의 말라야

양한 정치 성향의 중국인들이 회원 수가 25만 명 넘는 범말라야노조연합 Pan-Malayan Federation of Trade Unions에 가입해 인도인 및 다른 노동자들과 어울렸다. 1947년에만 300여 건의 파업이 발생해 총 100만여 명의 하루 업무량과 맞먹는 수준의 노동 손실이 발생하는 등 폭력과 탄압의 악순환이 반복되었다. 이에 정부군은 단식 행진을 하는 민간인에게 발포하기에 이르렀다.[100] 말레이인은 말레이민족연합의 기치 아래 격렬하게 시위했다. 각 보호령 술탄은 모두 말라야연합을 보이콧했다. 다양한 지역 갈등이 불지른 공동체 간의 폭력 사태가 농촌 지역을 휩쓸었다. 영국군 관계자는 학살 이후 페락강을 따라 이동하다 본 광경을 떠올렸다. "우리는 삼판*을 타고 장대를 통해 강을 따라 내려갔다. 약 2.4킬로미터를 이동하면서 사방에 널린 성인 남녀와 아이들 시체를 봤다. 모두 말레이인이었고, 총 56구였다."[101]

영국은 말라야의 경제를 원활하게 통제하기 위해 정치와 시민 생활 영역에서 질서를 바로잡고자 했다. 가까스로 전쟁에서 살아남은 말라야 항일인민군 병사와 말라야 전역의 노동자가 맞닥뜨린 세상은, 사회적 위기, 무주택, 질병, 기아에 가까운 굶주림으로 가득했다. 영국은 말라야에서 두 번째 식민 지배를 시작했다. 그 결과, 실업률은 높아지고, 물가는 치솟고, 세율은 인상되었다. 식민지 관료들은 영국의 경제적인 요구를 충족시키기 위해 말라야 신민의 경제적인 요구를 희생시켰다. 말라야의 수익성 높은 고무 및 주석 산업에서 벌어들인 귀중한 달러를 파운드통화권에 유입시켰다. 전쟁이 끝나자 밀레이반도의 수출에서 미국이 차지하는 비중은 30퍼센트가 되었다. 영국의 외환 통제로 대미 수입이 감소하고 달러 지출이 줄어들자, 말라야는 대미 무역에서 제국 내 다른 어떤 식민지보다 큰 흑

---

* 동남아시아 지역에서 흔히 사용되는 작고 평평한 바닥을 가진 나무 배.

말라야의 고무 생산 현장

자를 기록했다. 1948년, 영국의 무역 적자는 총 18억 달러(약 30조 원)에 달했으나 말라야에 유입된 달러는 1억 7000만 달러(약 2조 8200억 원)에 달했다. 황금해안이 4750만 달러(약 7900억 원), 감비아가 2450만 달러(약 4100억 원), 실론이 2300만 달러(약 3800억 원)를 기록했다.[102] 말라야는 영제국에 꾸준히 이익을 안겨주었으나, 노동자의 시위와 현지 공동체 간 폭력 사태가 이를 위협했다.

1948년 2월, 논란투성이 말라야연합을 밀어내고 등장한 말라야연방Federation of Malaya은 다인종 자유화 시대에 종지부를 찍었다. 새로 등장한 말라야연방은 제국의 시계를 1941년 이전으로 돌려놓았다. 술탄은 명목상의 주권을 유지하고, 말레이 지도층은 연방 조직 내에서 지위를 유지했다. 말레이 유권자에게는 시민으로서의 권리가 일부 보장되었지만, 중국인과 인도인에게는 이 같은 권리가 허락되지 않았다. 일부 중국인 가정은 수 세기 전포르투갈 통치 시기부터 말라야에 거주했지만, 말라야연방이 등장하자 시민권을 얻는 게 매우 까다로워졌다. 비말레이인이 말라야연방 시민권을 따려면 15년 넘는 의무 거주 기간을 채우고, 양친 모두 말라야연방 태생이어야 했다. 말라카와 페낭(해협식민지)에서 태어난 대부분의 비말레이인은 영국 신민이었지만, 아홉 개에 달하는 말레이주에서 태어난 대다수의 비말레이인은 '외국인'으로 여겨졌다. 한마디로, 이들은 무국적자였다.[103]

식민정부는 중앙집권적인 통제를 강화했다. 고등판무관의 지휘 아래 관료주의와 법체계가 강화되어, 현지의 유럽 농장주 계층은 임금 삭감, 노조 활동 제한, 노조 모집 단속 등으로 절실하게 필요로 하던 노동력을 확보할 수 있었다.[104] 오랫동안 발달해온 문화 규범 덕에, 유럽인은 말라야 사회 꼭대기에 올라섰다. 백인 특권층이 모여 살던 쿠알라룸푸르 레이크 클럽Lake Club만큼 영국인의 배타적인 문화를 잘 보여주는 곳은 없었다. 애틀리가 임명한 이 지역의 총지휘자는 노동당 최초의 총리인 램지 맥도널드의 아들이자 말라야·싱가포르 총독 맬컴 맥도널드였다.

말라야 주민들의 바람

옥스퍼드대학교에서 수학한 맥도널드는 식민장관을 두 번이나 지냈으며 자치령성 장관을 역임하는 등 제국 각지에서 다양한 경험을 쌓았다. 팔레스타인에서 아랍혁명 식민장관을 지낸 맥도널드는 제2차 세계대전 기간과 전후에 유대인의 팔레스타인 이민 제한 백서를 마련한 인물이었다. 동남아시아 부임 전 캐나다의 고등판무관이었던 맥도널드는 1946년, 젊은 캐나다인 아내와 쿠알라룸푸르에 도착했다. 그는 1930년대 팔레스타인에서 뛰어난 비행 솜씨를 자랑하던 조종사 아서 해리스와 마찬가지로 사교계의 중심에서 활동했다. 다인종 사회를 만들기 위해 맥도널드는 호텔, 댄스홀, 골프장 등에서 현지 지도층을 통합하려 노력했다. 말레이반도 전역에서 방대한 자산을 보유한 중국과 인도의 사업가들은 평범한 노동자보다 유럽인 회사 대표나 농장주, 광산주들과 훨씬 공통점이 많았다. 호 같은 사람들은 양극단 어딘가에 있었다.[105]

1948년 6월 14일, 말라야 안보부Malayan Security Service는 "말라야의 내부 치안과 관련해 당면한 위협은 없지만, 상황이 계속 바뀌고 있다. 위험해질 수도 있다."라고 경고하는 보고서를 발표했다.[106] 1947년, 말라야 공산당의 전임 지도자가 이중 첩자임이 드러나자 당원들은 그를 태국 국경 너머에서 암살했고, 이후 친펑이 그 뒤를 이어 총서기가 되었다. 그러나 당내 혼란과 친펑의 지도력 재정비 과정은, 공산당이 조직적으로 제국주의에 맞서 본격적인 행동을 취할 수 있는 시점을 의미하지는 않았다. 말라야에서 벌어진 급진화는 당의 지시나 위에서부터의 전략이 아니라, 차별 없는 더 나은 삶을 요구하는 중국계 민중들의 불만과 절박감에서 자연스럽게 확산된 것이었다. 농장주 살해 사건은 보안국이 즉각적인 위협은 없다고 보고한 지 불과 이틀 후에 발생했다. 중국계 자경단은 유럽인뿐 아니라 임금 착취와 노동 관행을 유지해온 중국계 노동 계약업자들도 그들과 똑같이 제거 대상으로 삼았다.[107] 1948년 6월 중순, 중국 공산당이 상부 지시로 영국 통치를 전복하려는 음모는 존재하지 않았다. 그러나 영국이 즉각적으로 비상사태를 선포하면서 긴장은 고조되었다.

1948년 8월, 말라야의 불안정한 정세 속에서 그레이와 캐틀링 등 팔레스타인 베테랑 경찰들이 싱가포르에 도착했다. 급하게 진행된 파견 때문에 제임스 나이번James Niven은 경찰 제복과 모자, 경찰 배지를 그대로 착용한 채 싱가포르에 발을 디뎠다. 팔레스타인에서 주둔 병력으로서의 권한 상실을 비통해하던 팔레스타인 경찰은 제국이 규정한 남성성을 되찾을 준비가 되었다.[108] 머지않아 '팔레스타인 출신'은 제국이 정당화한 무법 통치를 상징하는 새로운 표어가 되었다. 당시 말라야 경찰 내부에서는, '올드 말라얀Old Malayans'이라 불리던 기존 조직 구성원들이 그레이의 임명에 불만을 품고 있었다. 기존 조직 내 승진 규정을 무시한 조처였기 때문이다. 특히 그레이가 데려온 팔레스타인 출신 인물들, 예컨대 캐틀링처럼 새롭게 지휘권을 갖게 된 이들이 주요 자리에 앉으면서 갈등은 더 심해졌다. 이러한 상황을 올드 말라얀들은 '팔레스타인 졸개들의 승진'이라고 묘사했다. 그레이가 고위직을 팔레스타인 출신 인물들로 채우자, 현지에서는 그들을 로마 황제의 친위대에 빗대어 '근위병Practorian Guard'이라 불렀다.[109] 이에 일부 올드 말라얀들은 식민성에 탄원서를 보내, 전쟁 직후에는 치안보다 경제적 고려가 더 우선되어야 한다고 주장했다. 또한 자신들만이 '말라야 인구의 대다수를 이루는 문맹 또는 반문맹 대중'을 제대로 이해할 수 있다고 강조했다. 그들에 따르면, 현지에서 체득한 '가부장적 식민 통치'의 감각이야말로 '언제 얼마나 엄격하게' 토착민을 다루어야 분노를 일으키지 않을지 판단하는 능력의 원천이었다. 그러나 그레이와 그의 '전체주의 경찰국가' 아래에서, 올드 말라얀들은 '그레이에게 예스만 외치는 학교 반장 무리'로 전락했고, 그는 '테러 진압을 위한 특공대식 전술'을 밀어붙이며 경찰조직 전체를 재편해나갔다.[110]

1948년 여름, 총 500만 명에 달하는 주민을 1만 1000명의 경찰이 감시해야 했다. 기존 말라야 경찰은 수년간 지속된 일제강점기의 상처에서 회복 중이었다. 일본 포로수용소에서 간신히 살아남은 사람도 있었다. 언어도 문제였다. 중국어를 할 줄 아는 영국인 경찰관은 단 12명뿐이었고, 중국인 경찰도 228명밖에 없었다. 호키엔, 만다린, 광둥어 등 중국인이 사용하는 언어가 다양해, 그렇지 않아도 제한적인 경찰의 언어와 문화 기술은 더욱 걸림돌이 되었다.¹¹¹ 그렇지만 소위 팔레스타인 출신이라 불리는 경찰 병력을 말라야로 파견한 것은 인력 보충만을 위해서가 아니었다. 팔레스타인에서 불운한 운명을 맞이한 비밀부대는 '흰담비부대Ferret Forces'로 재정비되었다. 흰담비부대에는 윙게이트 밑에서 일하던 부하들도 여럿 포함되어 있었다.¹¹² 정부는 현지에서 "흰담비부대가 경찰이 아니라 준군사조직이 되어간다."라는 불만이 크다는 보고서를 내놓았지만,¹¹³ 영국 정부가 1948년 그레이와 부하들을 말라야로 보낸 것은 강압적인 경찰 조직을 구축하기 위해서였다. 그레이는 외교관으로 임명된 것이 아니었고, 경찰관으로 임명된 것도 아니었으며, '통제력 상실'이라는 중대한 위험과 마주한 헌병대를 지휘하는 군인으로 임명된 것이었다.¹¹⁴ 그레이 조사를 위해 파견된 사절단이, '올드 말라얀'들이 주장한 무능하고 전체주의적인 정권이 자신들을 소외시켰다는 말을 일축하면서 이 사실은 더욱 분명해졌다.¹¹⁵

싱가포르 일간지 〈스트레이츠 타임스Straits Times〉는 영국이 팔레스타인에서 겪은 갖은 굴욕을 보도하며, 제대로 통치할 수 없다면 나가라고 요구했다.¹¹⁶ 농장주들도 상당수가 전쟁 참전 경험이 있었다(136부대에 복무한 이도 있었다). 농장주들은 철조망, 조명, 참호, 깨진 유리와 파편으로 가득한 부비트랩 등으로 직접 만든 참호 뒤에 몸을 숨겼다. 또한 미국 시장으로 수출될 고무의 훼손을 막기 위해 미국이 지원한 탄약과 녹슨 일본 탱크를 개조해 방탄 차량을 만들고, 무장한 사병을 조직했다.¹¹⁷ 비상사태가 시작되자, 영국은 말레이연방의 공산주의 지도자들과 영국의 정치적·경제적 개입에 반발한 지역 지도자들을 체포·구금하기 위해 '좌절 작전Operation Frustration'에 돌입했다. 이 작전은 민주적 활동의 모든 형태를 억압하는 강경 조치였으며, 결과적으로 말레이민족연합을 제외한 거의 모든 정치 조직을 무력화시켰다. 그러나 친펑은 이 작전을 피하며 오히려 새로운 인력을 대거 확보할 수 있었다. 말라야 항일인민군에서 활동한 대원들은 체포의 두려움 때문에 밀림으로 달아났고, 말라야공산당은 이들 중 2000~3000명을 재조직하여 새로운 반군 세력인 '말라야 민족해방군Malayan National Liberation Army'을 결성했다.[118] 제2차 세계대전 중 게릴라 지원 활동에서 중추적인 역할을 하던 중국 민간인이 이번에도 각종 정보와 얼마 안 되는 수중의 물자를 제공하는 수동적이지만, 중요한 역할을 했다. '민 유엔Min Yuen' 혹은 '인민운동People's Movement'이라 알려진 시민 조력자 중에는 게릴라 활동을 열광적으로 지지하는 이도 있었지만, 강압에 못 이겨 물자를 제공하는 이도 있었다. 조력자는 대개 밀림 경계 부분에 살던 50만 명의 불법 거주자였다.[119]

영국 정부는 밀림 속에 2200~6100명의 무장 반군이 있다고 추정했다. 영국의 임무는 말라야의 공산당 조직을 무너뜨리고, 경제생활이 지속되도록 만드는 것이었다. 영국 정부의 내부 보고서에 의하면, 이러한 조치는 '고무와 주석 산업 그리고 그 산업에 종사하는 인력 보호, 나아가 정부가 국민을 보호할 수 있다는 신뢰 유지'를 수반하는 것이었다.[120] 하지만 경찰 인력은 턱없이 부족했고, 전력 보강이 12월까지 지연된 탓에 상황은 급격히 나빠졌다. 친펑의 부하들은 매복 작전을 진행하고, 소중한 고무나무를 베었다. 말라야의 유럽 주민 상당수는 말라야연방 곳곳의 고립된 장소에서 몸을 웅크린 채 공포에 떨었다. 비상사태 선언 2주가 채 지나지 않아, 크리치 존스는 젠트를 불러들였다. 식민성이 고등판무관 후임을 검토하던 중, 이를 반대하던 한 행정관은 "우리 정권이 억압만으로 유지되도록 내버려두는 익숙한 길로 다시 가고 있다. 이 같은 탄압이 팔레스타인에서 영국 통치가 맞이한 마지막 비극이었다."라고 지적했다.[121] 그렇지만 크리치 존스는 곧 마음을 굳혔다. 자유제국주의 방식을 마음껏 활용할 적임자로 그레이와 부하들을 선택한 것처럼, 식민성은 신중한 고민 끝에 팔레스타인의 마지막 수석장관 거니 경을 말라야 고등판무관으로 임명했다. 거니의 임기 동안 팔레스타인에서 많은 문제가 일어났지만, 식민성은 그럼에도 불구하고 거니가 적임자라고 판단했다.[122]

거니는 거의 30년간 기술을 갈고닦았다. 케냐의 소도시에서, 자메이카에서, 황금해안에서, 최종적으로 팔레스타인에서 차근차근 높은 자리로 올라갔다. 쿠알라룸푸르에 도착할 무렵, 그는 실전에서 많은 경험을 쌓고 조지 6세로부터 성 미카엘·성 조지 훈위 2등급 기사Knight Commander of the Order of St. Michael and St. George 작위를 받은, 근엄한 지도자로 거듭나 있었다. 거니는 제국 안에서 수십 년 동안 발전해온 통치 규칙들을 잘 알고 있었으며, 팔레스타인에서 실행되었던 '합법화된 불법'을 149쪽 분량의 비상사태 규정으로 말라야에 그대로 옮겨왔다. 그의 말에 따르면, 이 규정은 '자신이 원하는 어떤 조치든 취할 수 있도록' 해주었다.[123] 거니는 몇 달에 한 번씩 규정을 추가했다. 나날이 진화하는 고등판무관 거니의 경찰국가는 민간 행정부에 수색 및 압수, 검열 권한을 허락하고, 민간정부에 각종 금지령과 통행 금지를 선포하고, 집단 처벌을 가하고, 화기 소지 및 테러범과의 공모 등 갖은 범죄에 사형을 선고할 수 있는 권한이 주어졌다.[124] 〈스트레이츠 타임스〉 편집진은 '또 다른 팔레스타인 출신자'의 임명을 문제 삼으며, "식민부가 말라야를 제2의 팔레스타인이라 착각하는 오류에 빠져 있다."라고 지적했다.[125]

말라야와 팔레스타인은 영국이 현지 정보를 분석하지 못하는 탓에 정보력이 완전히 무너졌다는 점에서 비슷했다. 정치적인 안정과 정보 수집을 담당하는 영국 경찰관과 특수부대 요원들은 대부분 말라야 현지 언어를 이해하지 못했다. 주민들과 직접 대화를 나누는 것도, 문서를 번역하는 것도 어려운 상황에서, 그들은 간신히 얻은 정보마저 '문명화 사명'이라는 왜곡된 관점으로 해석했다. 대다수의 영국 관료는 여전히 제국 전역의 평범한 농부나 도시 주민을, 갈수록 말을 듣지 않고 쉽게 토라지는 어린아이라 생각했고, 대중의 자유와 인간의 존엄성 요구가 추종 세력을 착취하며 권모술수에 능한 지도자들이 부추긴 결과라고 생각했다. 자유제국주의 논리에 따르면 간디, 진나, 알후세이니, 베긴, 친평 등의 추종 세력은 아직도 자기 이익을 위한 민족주의나 테러리즘, 그리고 영국의 온정적인 선의 사이를 구별할 수 있는 기술과 감수성을 갖추지 못한 존재였다. 대중의 요구가 모여 폭력적인 반란 사태가 일어날 때마다 놀라움과 당혹에 휩싸인 이유는, 바로 자신이 몸담았던 자유제국주의 정신을 고스란히 반영하는 것이었기 때문이다.

이러한 한계에도 불구하고, 어쩌면 이러한 한계 때문에, MI5의 정보 수집 시스템과 전술은 전후에 더욱 확대되었다. 말라야에서는 MI5 국장 실리토가 말라야의 정보 작전 강화와 체계화 방법을 고심했다. 1948년 8월, 쿠알라룸푸르를 직접 방문한 실리토는 말라야 안보부가 완전한 재앙이라 선언하며 해체시켰다. 실리토는 중동 문제에 관해 질문이 있을 때마다 찾던 요원이자, 그 무렵 카이로의 중동안보정보부 책임자로 승진한 앨릭스 켈러에게 동남아시아의 자매기관을 맡겼다. 싱가포르의 극동안보정보부 Security Intelligence Far East는 안보 연락관이나 현지 MI5 요원들이 현지 특수부대 장교들과 함께 수집한 모든 정보를 취합 분석하는 정보센터였다. 극동안보정보부는 맬컴 맥도널드의 집무실이 있는 싱가포르 캐세이빌딩에 본부를 두었고, 현지에서는 '열대에 위치한 화이트홀'이라고 불렸다.[126]

싱가포르의 캐세이극장과 캐세이빌딩, 1941년

캐세이빌딩은 동남아시아 전역에서 가장 먼저 지어진 고층 건물로, 문화적인 상징성이 있었다. 그곳에는 유명한 레스토랑, 댄스홀, 옥상 정원, 냉방 장치가 있는 1300석 규모의 극장이 있었다. 영화를 좋아하는 사람들은 캐세이빌딩 극장에서 현지 웨이트리스가 가져다주는 식전주를 마시고, 담배를 피우며, 편안한 안락의자에 앉아 영화를 즐겼다. 싱가포르에 도착한 켈러는 무명과 리넨으로 만든 시원한 정장에 이집트면 셔츠와 상어 가죽 재질의 야회복 재킷을 갖춰 입고 캐세이빌딩 복도를 활보했다.[127] 그는 열대 기후에 맞는 복장을 구비하느라 지출한 돈을 본부에 청구했는데, 맥도널드는 이 점이 못마땅했다. 켈러가 동성애자라는 소문 역시 맥도널드의 심기를 건드렸다. 말라야 행정부는 서로 다른 성격의 소유자들이 모인 치명적인 장소였다. 맥도널드와 켈러는 첫날부터 서로 으르렁거렸다. 결국 켈러는 축출당하고, 오랫동안 인도특수부Indian Special Branch에서 활약한 잭 모턴Jack Morton이 그의 뒤를 이었다. 고등판무관 거니, 경찰총감 그레이, 보안담당 캐틀링, 그리고 말라야 초대 정보국장 윌리엄 젠킨스William Jenkins 또한 경찰과 정보 수집권을 둘러싸고 끊임없이 충돌했다. 일반 경찰들조차 갈등이 심했는데, 대체로 팔레스타인 파견 출신과 말라야 현지 출신 사이에서 분열이 일어났다. 그레이가 경찰 병력을 단기간에 1만 1000명에서 7만 3000명으로 늘리는 과정에서 갈등의 골은 더욱 깊어졌다. 나이가 어리거나 수준이 낮거나, 혹은 두 가지 모두 해당하는 신입 경찰이 늘어난 탓이었다. 충원된 경찰 조직에는 대부분 말레이계로 구성된 4만 1000명의 특별경찰대가 포함되었고, 1000명의 농장주들도 파견 형식으로 참여했다. 이는 현지 유럽인을 식민지 관리 업무에 동원해, 반란 진압에 참여시키는 영 제국의 전형적인 수법이었다. 25만여 명의 말레이인이 파트타임으로 예비대에서 활동하거나, 캄퐁수비대Kampong Guard에 합류했다. 아울러 밀림에 숨은 테러범 추적과 인민 운동 진압을 위해, 대부분 10대 후반 의무복무자들로 구성된 영국군 병력 세 개 대대도 파견되었다.[128] 수치만 놓고 보면, 영국은 반란을 진압하고 식민 통치를 회복하기 위해 '법과 질서'를 명분으로 막대한 병력과 자원을 동원하고 있었던 것이다.

중국인과 말라야 민족주의

처음 몇 년간, 영국 관료들은 '공산주의 반란 세력'이라는 표현을 쓰지 않으려고 노력했다. 경제적으로 고려해야 할 부분이 많은 탓이었다. 보험 회사들은 말라야의 부동산과 탄광이 '폭동과 소요 사태'와 관련한 손해만 보상할 뿐, '봉기'나 '반란'에 대한 보상은 제공하지 않았다. 런던에서 막강한 영향력을 자랑하던 로비단체 고무생산자협회Rubber Growers' Association는 식민성에 '반란'이나 '폭동' 같은 표현을 사용하지 말아달라고 요청했다. 그런 표현들이 사용되면 말라야 농장주들이 보험 혜택을 받지 못하고, 결국 재정난에 처한 애틀리 정부에 손실 보전을 요구할 것이기 때문이었다.[129]

말라야도 정치적인 이견을 범죄화하는 영제국의 오랜 관행에서 예외가 아니었다. 과거 제국에서 분쟁이 일어났을 때처럼 영국 관료들은 반란 세력이 알 수 없는 병에 감염되었다고 결론 내렸다. 식민장관 크리치 존스는 폭력 사태의 원인을 '공산주의자들이 사주한 폭력배' 탓으로 돌렸지만, 곧 거니는 중국인들이 '비밀결사 조직적 성향'을 지닌 사악한 민족이며, '압력에 순응하는 데 익숙한 존재'라고 믿었다.[130] 크리치 존스는 현재 말라야의 혼란이 '이 나라 국민들의 진정한 민족주의 운동에서 비롯된 것'이라는 인식을 막기 위해, 영국이 국내외에서 공산주의 선전에 강력한 반격을 개시했음을 분명히 밝혔다.[131] 이 설명은 공산주의 세력의 목표에 대한 광범위한 이해에 영향을 미침으로써, 극단적인 형태로 합법화된 불법을 동원하는 영국의 행태를 정당화했다. 새로 부임한 고등판무관 거니는 이보다 더 나아가, 말라야 내 중국계 공동체와 그들 사이에서 빠르게 확산되고 있던 공산주의에 대해 성급한 판단을 내렸다. 새롭게 부상한 민원, 특히 불법 거주민들에 대해 그는 "이들은 말라야 공동체 삶에 어떤 부분에서도 속하지 않는다."라고 단언했다. "그들은 말레이어를 사용하지도 않는 데다 완전히 전형적인 중국인의 시각을 갖고 있다. 아무리 생각해봐도 현재 중국인은 말라야의 일부라고 볼 수 없다."[132] 공산주의에 대해서도, 그는 '정치 이념이 아니라 단지 강도질이며 무법 상태일 뿐'이라고 단언했다.[133]

중국계 주민은 범죄자이며 불법 체류자였다. 영국 입장에서 중국계 중심으로 진행되는 운동은 말라야 민족주의와 무관했다. 중국계 소수민족은 20세기 초부터 말라야 인구 증가와 사회경제적 참여에 깊숙이 관여해 왔음에도 불구하고, 말라야에서 '외국인'으로 간주되었다. 역사학자 앨버트 라우Albert Lau에 따르면, 제2차 세계대전 직전 말라야는 여러 말레이 국가의 집합체에서 정치적으로 중요한 '복합사회plural society'로 전환되었다. 중국계와 인도계 이민자 집단이 토착 말레이 인구를 넘어서자, 런던의 식민 장교들은 비말레이계 주민에게 일종의 시민권 지위를 부여하고자 다양한 방법을 모색했다. 제2차 세계대전 중 일본의 숙청과 노동수용소에서 겨우 살아남은 수만 명의 말라야 주민이 삶의 터전을 잃었다. 이로 인해 영국의 말라야 재점령 기간 동안 끝날 기미가 보이지 않던 내전은 더욱 심해졌다. 말레이계 주민들은 영국 정부에 시민권 확대 계획 중단을 요구하며, 말라야연합을 폐기하고 말라야연방을 출범시켰다. 이들은 영국이 식민 통치를 통해 역사적으로 보호해온 말라야 구체제 내에 자신들의 권리가 내재해 있다고 주장했다. 그러나 이러한 주장에도 불구하고, 1947년까지 이른바 '이민자 인구'의 60퍼센트 이상이 실제로 말라야에서 출생한 사람들이었으며, 역사학자 팀 하퍼Tim Harper가 지적하듯 "질병과 혼란이 이 세대의 세계관을 형성했다."[134]

영국 관료들이 '폭력배', '테러범', '도적'이라고 부르던 대상은 말라야에 살던 이 세대의 공산주의 반란 세력과 말라야 밖에서 태어난 공산주의자들이었다. 소련 중앙위원회 서기 안드레이 즈다노프Andrei Zhdanov는 '즈다노프 독트린Zhdanov Doctrine'이라는 문화 이념을 제시했다. 이는 세계를 서구의 '제국주의' 정권과 소련의 '민주주의' 정권으로 양분한 이데올로기적 노선이었다. 영국은 오랫동안 즈다노프 독트린이 말라야 공산당에 영감을 불어넣었다고 믿으며, 캘커타와 베이징이 각 지역에서 반란을 조직했다고 확신했다. 런던에서는 말라야 공산주의를 '서방 세력에 맞서려 크렘린이 진행한 세계적인 캠페인의 일부'로 여겼다. 이 같은 관점은 식민성이 1950년 미국을 위해 발표한 보고서의 내용과 일치했다. 이 보고서는 영제국을 냉전의 맥락에서 재평가하고 모스크바가 전 세계에서 식민지를 공략하는 작전을 벌이려 한다고 주장했다.[135] 런던과 말라야의 일부 관리는 중국의 영향력을 더 확신했지만, 보여줄 수 있는 것은 곧 중화인민공화국으로 수립될 중국 정부로부터 말라야 '해방 운동'을 지지한다는 메시지뿐이었다.[136] 영향력을 미친 나라가 소련이든 중국이든, 영국은 말라야 현지 주민이 너무 무지한 데다 교양이라고는 없어서 직접 공산주의 운동을 시작할 능력이 없다고 생각했다. 친평과 추종 세력은 외부 물질 지원을 거의 받지 못한 상태로 민족해방전쟁을 벌였는데 말이다.[137]

이념을 둘러싼 투쟁 초기에는 말라야 공산당이 우위를 점했다. 말라야 공산당은 전단 배포망으로 영국의 '백색테러white terrorism'*를 널리 알렸다. 〈프리덤 뉴스Freedom News〉라는 말라야 공산당 기관지도 있었지만, 공산당원 수를 늘리는 데 무엇보다 도움이 된 것은 말라야연방 주민에게 직접 메시지를 전달하려는 공산당원의 노력이었다. 호가 신병을 모집하던 일제강

---

*   극우 성향의 백인우월주의자들이 저지르는 폭력 행위나 협박 등을 가리킨다.

점기처럼, 공산당이 주도하는 반란 참여자들도 야간학교에 다녔다. 인도국민군에 자원입대한 신병들과 마찬가지로, 친평의 조력자를 꿈꾸는 사람들은 극적인 연기와 읽을거리로 공산주의 메시지를 보고 들었다. 공산주의 교리만큼이나 반제국주의적인 메시지였다. 화려한 기법이 가미된 메시지들은 6여 년 전 일본에 침략당한 뒤 전쟁 때문에 고통스러웠던 문맹의 농촌 주민들 마음을 사로잡았다.[138] 중국계 주민을 기껏해야 잘못 배운 범죄자나 외국인으로 여기는 식민지 관료들의 태도는 제국의 명분에 도움이 되지 않았다.

1948년 6월 말, 인도에서 복무한 경력이 있는 찰스 부셔Charles Boucher 소장이 말라야로 향했다. 부셔가 이끄는 부대는 제2차 세계대전 당시 영국의 최정예부대 중 하나인 특수작전국에서 훈련을 받은 뒤, 136부대에 소속되어 적진 한가운데서 싸운 경험이 있는 게릴라와 정면으로 맞붙게 되었다. 그렇지만 게릴라들의 이러한 배경에 대해 알지 못하던 부셔는 이렇게 단언했다. "내가 지금껏 맞닥뜨렸던 문제 중 단연코 가장 쉬운 문제다. 끔찍한 나라라는 것도, 게릴라가 숨는 데 아주 능숙하다는 사실도 잘 알지만, 기술이나 용기 면에서 그리스나 인도의 공산주의자들보다 훨씬 약하다."[139] 영국군은 서북변경주에서처럼 폭탄을 쏟아붓고 공중폭력으로 무력을 과시한 다음, 반군을 밀림 밖으로 끌어내고 아예 없애버리겠다는 계획을 세웠다. 문제는 식민 관료들이 진입 불가능한 정글 지형과 중국계 주민에 대해 거의 아는 바가 없다는 것이었다.[140] 현지 신문이 갈수록 늘어나는 유럽인과 현지인의 매복 공격, 소름 끼치는 살인 관련 기사뿐 아니라, 수십만 그루의 고무나무가 참혹히 파괴된 현장 관련 기사를 실은 점으로 미루어볼 때, 나날이 엄격해지는 비상규정은 물론 그레이와 부셔의 전술도 먹히지 않는 것이 틀림없었다.[141]

말라야 농장주들의 경제적인 이익을 대변하는 현지 언론 〈스트레이츠 타임스〉는 식민정부를 신랄하게 비난했다. 〈스트레이츠 타임스〉는 거니가 말라야에 도착하기 직전, '팔레스타인보다 까다로운 말라야Malaya Tougher Than Palestine'라는 제목의 기사를 실었고, 거니가 취임하자 말라야의 치안 군이 충분치 않다며 강력한 탄압을 요구했다.[142] 런던의 식민차관 데이비드 리스윌리엄스David Rees-Williams는 애틀리 정부가 말라야에 공산주의 봉기 진압에 필요한 전권을 주고 있음을 분명히 밝혔다.

우리는 죄 없는 시민들과 법을 준수하는 국민들의 생명을 보호하기 위해 할 수 있는 모든 조치를 다할 것이다. 말라야 정부가 요청한 모든 권한은 이미 부여되었으며, 만약 추가 권한이 필요하다면 그 권한을 부여할 것이며, 우리가 할 수 있는 모든 조치를 취할 것이다. 어떤 야당 의원이 표현한 것처럼 '쥐잡기 식의 소극적 대응'은 하지 않을 것이다. 우리는 끝까지 이 사태를 밀어붙일 것이며, 반드시 이 혼란을 뿌리 뽑을 것이다. 영국 정부와 말라야 정부 모두, 이 임무가 끝날 때까지 결코 칼을 칼집에 넣는 일은 없을 것이다.[143]

말라야에 주둔한 일부 영국인 장교는 이 전투가 장기전이 되리라는 사실을 일찍감치 예감했다. 그중 한 명이 바로 로버트 톰슨Robert Thompson이었다. 그는 목사의 아들로 케임브리지대학교에서 수학했으며, 광둥어와 여러 중국어 방언에 능통했다. 1938년 말라야 행정관으로 공직에 들어선 그는, 한 관찰자의 말에 따르면 "잘생기고, 총명하며, 언제나 웃음을 머금은 미혼 남성으로, 일반적으로 떠올리는 고루한 식민행정관의 이미지와는 거리가 멀었다."[144]

말라야의 비상사태

톰슨은 제2차 세계대전 중 훗날 팔레스타인 비밀부대의 일원이 된 사람들과 함께 친디트에서 윙게이트의 가르침을 받았다. 일본 패망 뒤, 말라야로 돌아온 톰슨은 페락에서 중국 담당 부서에 상주하며 영국군 지도부의 핵심적인 식민 관료로 자리매김했다. 특수작전국 경력과 뛰어난 언어 능력 및 문화 이해 능력 덕에, 톰슨은 말라야연방 내 식민 관료와 군 관계자 중에서도 매우 특별했다. 그는 비상사태 선포 시 말라야 전투를 결코 '제국 내의 사소한 충돌'로 여겨서는 안 된다고 경고한 몇 안 되는 사람 중 하나였다.[145] 1948년 말에야 톰슨과 같은 결론에 도달한 거니는 말라야연방 의회 개회사에서 '공산당의 몰락은 시간 문제'라던 10월 연설을 번복했다.[146] 거니는 "테러는 모든 공동체가 겪을 수 있는 가장 값비싼 질병이며, 오랫동안 내버려둘수록 더욱 심해진다."라며 낙관론을 철회했다.[147] 그는 비상사태가 말라야에 끼친 피해와 장기 분쟁의 위험성, 말라야의 까다로운 상황에 대한 영국의 역할을 인정했다. 〈타임스〉 기자 루이스 헤렌Lous Heren은 위임통치 말기에 팔레스타인에서 보도했던 경험을 떠올리며, '말라야의 비상사태Malayan Emergency'라는 제목의 2부 연재 기사로 말라야 주민의 정서를 담아냈다. 헤렌은 다음과 같이 썼다.

> 말라야 공산주의자들이 자신들의 테러 캠페인을 강화하거나 확대하지 못할 것이라는 증거는 어디에도 없다. 내가 팔레스타인에서 알고 지냈던 이르군 쯔바이 레우미 소속 전투원 50명이 있다. 만약 그들을 아시아인처럼 위장할 수만 있다면, 예루살렘에서 그랬던 것처럼 말라야 전체를 마비시키고 행정부를 철조망 뒤의 무력한 안전지대로 몰아넣을 수 있을

것이다. 테러의 효율성은 유대인들만의 독점물이 아니다. 말라야의 테러리스트들도 배우고 있으며, 그들 나름의 효율성 캠페인을 진행하고 있다. 이를테면 그들의 매복 공격은 이제 거의 교범에 나올 법한 시범 수준이며, 예전의 어설프고 계획 없는 충돌과는 전혀 다르다. 총기 배치 역시 일반적인 군용 호송대 세 대를 동시에 사격할 수 있도록 설계되어 있다. 그들은 이제 지뢰를 직접 제작하고, 전기식으로 폭파시키는 기술도 익혔다.[148]

"현재의 전술과 기법으로 공산당 세력의 확장을 저지할 수 있을지는 매우 의심스럽다. 끝은 아직 보이지 않으며, 전쟁 피로감은 위험할 정도로 커지고 있다."라는 보도였다.[149] 이 글은 1952년 8월, 영국이 말라야에서 4년에 걸쳐 값비싸고 잔혹한 전투를 이어오던 시점에 쓰였다. 이 전투는 본질적으로 경제적 자원을 둘러싼 전쟁이었다. 비록 말라야에서는 위임통치 시기와는 다른, 보다 자유주의적인 식민 통치 전략이 점차 확대되고 있었지만, 팔레스타인이 남긴 감정적 그림자와 경험의 영향력은 여전히 말라야의 정세와 판단을 짓누르고 있었다.

12장
집과 가까운 작은 곳

LEGACY OF VIOLENCE

> 더러운 전쟁이었다. 내 말은, 모든 게릴라전이 더러운 전쟁이라는 뜻이다. 그렇지 않을 수가 없다. 사랑과 전쟁은 수단을 가리지 않는다.
>
> ─아서 험프리Arthur Humphrey, 말라야연방 국내 치안 및 국방 담당 장관[1]

1948년 12월 10일, 파리 샤이오궁 대연회장에서 영국을 포함한 58개 유엔 회원국 중 48개국이 결의안 217A에 찬성했다. 전 세계 언론은 새롭게 채택된 세계인권선언이 역사의 전환점이 될 것임을 알렸다. 유엔인권위원회 초대의장 엘리너 루스벨트Eleanor Roosevelt를 비롯한 주창자들에게 세계인권선언의 서문과 30개 조항은 전 미국 대통령 프랭클린 루스벨트가 강조한 4대 자유의 완성과도 같았다. 세계인권선언에는 미국의 제2차 세계대전 참전 이전, 루스벨트 대통령이 의회에서 옹호한 개인의 기본권에 대한 보편적인 신념이 담겨 있었다. 민족자결과 관련해 루스벨트 대통령이 남긴 유산이 위태로운 상황이었다. 고인이 된 남편을 위해 인권의 횃불을 든 엘리너 루스벨트는 채택 전날 유엔총회에서 보편적인 권리에 담긴 약속을 언급하며 세계인권선언이 '전 세계 모든 사람을 위한 국제적인 대헌장일 될'

가능성을 시사했다. "우리는 유엔총회에서 세계인권선언을 선포한 것이 프랑스인권선언Declaration of Rights of Man 이나 미국권리장전Bill of Rights에 버금가는 결실을 맺길 바란다."² 전후의 국제정치에 대처하는 한편, 전 세계 모든 인류의 보편적인 권리의 의미에 관심을 기울인 엘리너 루스벨트의 역할은 저평가될 수 없다.

세계인권선언

엘리너 루스벨트는 "보편적인 인권이란 어디에서 시작되는 시작되는가?"라고 질문한 뒤, 이렇게 답했다.

집과 가까운 작은 곳, 너무도 가깝고 작아서 세계 어떤 지도에도 표시되지 않는 곳. 모든 남성과 여성, 어린이가 동등한 정의와 기회, 동등한 존엄을 찾는 곳이다. 이곳에서 권리가 의미를 갖지 못한다면, 그 어느 곳에서도 마찬가지일 것이다.³

지금까지도 인권의 날로 기념되는 12월 10일은 모든 인간이 갖고 태어난, 양도할 수 없는 권리를 보호하려는 기본적인 인간성과 인간의 기본적인 욕구에 대한 새로운 신념을 알린 날이었다.

당시 영국 정부의 분위기는 침울했다. 상당수 관계자가 여전히 문명화 사명을 통해 제국 신민에게 점진적으로 권리를 부여해야 한다고 믿었다. 고통스러운 전쟁과 그 전쟁이 남긴 폐허 때문에 전 세계의 시각이 달라졌지만, 영국 관료들은 신념을 버리지 못했다. 12월 10일 투표 직전 몇 달 동

스페인어로 적힌 세계인권선언을 들어 보이는 엘리너 루스벨트, 1949년

안, 이들은 유엔헌장 서문처럼 선언문 형태인 탓에 법적 구속력이 없는 세계인권선언과 직접 서명하고 비준한 국가에 구속력이 적용되는 협약 사이에서 전략적으로 움직였다. 영국 입장에서는 다행스럽게도 상당한 시간을 들여 협상한 끝에 인권선언과 협약을 분리시킬 수 있었다. 노동당 의원 에릭 플레처Eric Fletcher는 이 같은 변화에 믿기 힘들다는 반응을 보였다.

> 유엔 헌장은 지난 전쟁 이후, 인권을 정의하고 보호하기 위한 국제조직 설립 방안을 구상했다. 바로 루스벨트 대통령이 말한 고전적인 표현, 곧 '4대 자유'를 뜻한다. 파시즘과 나치즘의 경험을 바탕으로, 인권 인정과 세계 평화의 유지 사이에는 밀접한 관련이 있는 듯했다.

플레처는 우려하면서 한 가지 중요한 사항을 지적했다. "구속력도 없고 집행도 되지 않는 경건한 선언을 추진하는 것은 기만이며 허상에 불과하다."[4] 그러나 결국, 적어도 단기적으로는 상황이 플레처의 말대로 흘러갔으므로 식민성은 사태의 전환을 낙관했다. 크리치 존스 역시 마찬가지였다. "협약을 체결했어도 실행 제안까지 한동안 시간이 걸릴 수도 있다. 식민지 입장에서는 이 같은 가능성이 특별히 불리하지는 않을 것이다."[5]

열망으로 가득한 세계인권선언 때문에 영국 정부 관계자들은 심기가 불편했지만, 협약문 작성, 서명, 조인, 발효에는 30년이 더 걸릴 터였다. 식민성은 세계인권선언 13조 이동의 자유, 21조 참정권, 25조 기본적인 생활 수준을 제국에 적용하기가 매우 힘들 수도 있다.라고 주장했다.[6] 크리치 존스는 세계인권선언이 제국 문제와 관련해 '곤란한 상황의 원인'일 가능성이 있다고 지적했다.[7] 제국 각지의 총독과 고등판무관은 관보에 세계인권선언 내용을 공개하지 않았다. 아니, 언급조차 하지 않았다. 식민성은 제국 각지의 총독과 고등판무관에게 다음과 같이 전달했다. "세계인권선언의 용어가 어렵기 때문에 학생들은 세계인권선언을 평신도 교리 문답서쯤으로 여길 가능성이 높다. 교사들이 이를 통해 현재의 정치 문제와 관련해 학생들을 혼란에 빠뜨리지 않도록 하라."[8]

일각에서는 법적 강제력이 없는 탓에 도덕적인 목적 실현이 어렵다고 비판했다. 세계인권선언 선포 1년 후, 케임브리지대학교 국제법 석좌교수이자 인권을 위해 싸우는 저명한 국제변호사 허쉬 라우터파하트Hersch Lauterpacht가 의견을 피력했다. "세계인권선언 채택 당시에는 선언에 천명된 인권의 근본적 성격을 열렬히 인정하면서도 행위의 영역에서 법적 의무를 발생시키는 근거로 인정하길 거부하는 모순에 대해 어울리지 않는다는 당혹감이 없었다. 이 자체가 국제사회의 도덕성에 대한 중요한 문제를 제기한다."⁹ 라우터파하트가 제안한 '행위의 영역'에서 세계인권선언에 법적인 구속력을 부여하는 해법은, 인권에 대한 해석과 그 책임 권한을 가진 국제 기구, 특히 법원에 넘기는 것이었다. 국제법 전문가 마르티 코스케니에미 Martti Koskenniemi가 저서 《문명으로 인도하는 신사적인 나라The Gentle Civilizer of Nations》에서 이를 지적한 바 있다.[10] 제2차 세계대전에서 비롯된 온갖 비극으로 인해 국제법과 국제기구에 대한 라우터파하트의 신념은 더욱 확고해졌고, 20세기 초반의 격동기를 지나온 인생 여정 또한 그의 생각에 영향을 미쳤다.

국제법의 개정

라우터파하트는 1897년 과거 오스트리아·헝가리제국의 일부였으나 현재 폴란드 남동부와 우크라이나 동부를 가로지르는 갈리시아의 작은 마을에서 태어났다. 제1차 세계대전 이후 1919년부터 1920년까지 박해를 피하려는 유대인의 대탈출로 갈리시아의 유대인 인구는 20퍼센트 줄어들었다. 라우터파하트 역시 유대인 대탈출 행렬에 끼어 학업을 위해 빈으로 떠났고,[11] 빈대학교에서 국제법을 공부했다. 차별 때문에 오스트리아에서 미래를 기약하기가 힘들었던 라우터파하트는 두 개의 박사학위를 딴 뒤, 반유대주의가 팽배한 유럽대륙을 떠나 영국으로 향했다. 영국에도 반유대주의 정서가 있었지만, 자유국제주의에 빠져든 전간기의 영국 법조계에 동화되면서 유대인으로서의 정체성은 점점 희미해졌다. 1873년에는 법 전문가로 구성된 국제조직 국제법학회가 설립되었다. 라우터파하트는 유럽 중심의 국제법 문화와 관행에 일원이 되었다. 하지만 세상을 '문명화된' 유럽과 '미개한' 제국으로 양분하는 개발주의적인 사상에 빠져 있던 초기 법학자들과 달리, 라우터파하트는 식민지 사업에 양면적인 태도를 보였다. 그는 법을 강압적으로 인간의 행동을 규정하는, 일종의 사회적 제재 수단으로 여기는 스피노자의 철학만으로는 충분치 않다고 생각했고, 제국에서는 강압과 개혁을 함께 활용해야 한다고 믿었다.[12] 라우터파하트는 민족주의적 제국주의가 '군정의 전제적인 통치로 유지되는, 가장 무자비한 원주민 착취'라고 이야기하면서도 노예무역을 폐지한 '영국 외교 정책의 자유주의 전통'을 높이 평가했다. 라우터파하트의 시선에서 노예무역 폐지는 국제법의 자연스러운 발전 단계였다. 세상이 합리적인 자유주의 이상을 따르며 점차 발전한다는 빅토리아 시대의 사상이었다.[13]

전간기, 세계정세에 환멸을 느낀 법학자들은 점차 유럽뿐 아니라, 제국에도 유용할 국제적인 해결책을 지지했다. 라우터파하트는 빈대학교 박사논문 주제였던 국제연맹협약을 '국제사회의 기본 헌장'이라 칭했다.[14] 절차적인 규정이 없는 탓에 해석은 각 회원국의 몫이었다. 국제연맹의 아비시니아 사태 개입 시도가 강대국의 결탁으로 좌절되자, 패드모어는 국제연맹을 '도둑소굴Thieves' Kitchen'이라 부르기 시작했다.[15] 그러나 여전히 라우터파하트는 문명화 정도에 따라 A, B, C로 분류하는 위임통치 방식에 토착민의 권리 보호 절차가 포함된다고 생각했다. 절차가 제대로 집행되는지는 국제연맹 회원국들이 감시했다. 일부 국제법 전문가는 보편적인 인권법 확대를 추진하며, 1929년에는 '국제인권선언Declaration of the International Rights of Man'을 채택하라고 국제법학회에 압력을 행사했다. 미개한 신민을 포함해 유럽의 소수집단 보호를 목적으로 한 국제인권선언은, 전쟁의 도화선인 열렬한 민족주의에 짓밟힌 보편적이고 세속적인 인본주의에 기반을 두었다. 국제인권선언의 내용은 명확했다. '문명화된 세계의 법률적인 양심은 국가의 모든 침해로부터 보호되는 개인의 권리를 인정할 것을 요구하며', 국가에는 '국적, 성별, 인종, 언어, 종교에 따른 구별 없이' 모든 사람에게 생명, 자유, 재산, 자유로운 종교 활동 및 언어 사용의 권리를 보장할 의무가 있다는 선언이었다.[16]

스위스 의사이자 국제적십자위원회의 주요 인사 프레데리크 페리에르Frédéric Ferrière 같은 일부 국제주의자들은 전시 경험을 토대로, 국가 폭력 사태로부터 무고한 시민을 보호하도록 국제법을 대폭 개정해야 한다고 목소리를 높였다. 1919년에 공개된 연합국위원회 보고서는 추방, 집단 처벌, 인질 살해, 고문, 성폭력 등 페리에르와 다른 여러 국제주의자가 직접 목격한 내용을 강조했다. 국제적십자위원회는 점진적인 변화를 위해 앞장섰다. 노력의 일환으로 유럽 내 전시 폭력으로 고통받은 모든 피해자에게는 도움을 청할 권리가 있다고 선언하는 구속력 없는 결의안을 채택했지만, 민간인 보호는 국가 주권의 영역에 속한다는 프랑스의 주장 때문에 페리에르가 요구한 다양한 민간인 보호 방안은 보류되었다.[17] 국제적십자위원회는 종합적인 민간인 보호 방안에서 후퇴했다. 1934년에 개최된 도쿄회의에서 인도주의적 충동이 담긴 제안을 내놓았지만, 주권이 국가에 있다는 주장 때문에 범위가 심각하게 줄어들었다. 모나코에 모인 국제법 학자들은 1929년의 국제인권선언과 연계해 '전시인권' 보호를 위한 제재 등 포괄적인 방안이 담긴 초안을 작성했지만, 국제적십자위원회와 세계열강은 이 모나코 초안Monaco Draft을 거부했다. 스페인 내전과 중일전쟁이 터지자 협상에 참여한 일부 당사자가 특정 부류의 주민을 추방하고 반체제 인사를 투옥하면서, 국제적십자위원회의 후원 아래 탄생한 도쿄 초안Tokyo Draft 역시 1937년에 폐지되었다.[18]

'인권'이라는 개념의 탄생

엘리너 루스벨트가 상당수의 비서구권 나라 및 대표단과 함께 세계인권선언 초안을 작성할 무렵, 인권에 관한 생각은 제2차 세계대전 전후로 어느 정도 확산된 상태였다.[19] 하지만 인권 개념은 독일이 식민지 반란 진압 방식을 유럽에 도입하기 전까지는 주변부에 머물러 있었다. 독일은 주권국가들을 나치 제국으로 집어삼키고 집단학살을 자행함으로써, 서구 세계에 당연했던 질서를 무너뜨렸다. 그 영향은 국제사회 전반에 커다란 여파를 미쳤다. 라우터파하트의 가족은 조카 한 명을 제외한 전원이 600만 명의 다른 유대인과 함께 살해당했지만, 국제적십자위원회는 중립을 유지했다. 비난을 삼가는 정책에 어긋난다는 이유로 전례 없는 잔혹 행위를 규탄하지 않았다. 국제적십자위원회가 제2차 세계대전 기간 끔찍한 결정을 내린 이후, 스위스의 국제인도주의변호사 장 픽테Jean Pictet는 국제적십자위원회 쇄신운동을 주도했다. 그는 노르웨이의 인권변호사 프레데 카스트베르Frede Castberg와 함께 집단 처벌과 고문 폐지를 비롯해 무력 분쟁 시 인간의 존엄성을 보호할 방안 도입을 도모하는 법학자 조직을 이끌었다. 이 중 일부 법학자는 내전과 식민전쟁으로 그 보호 범위를 확대해야 한다고 주장했다. 이는 피지배 민족을 제국의 지배 아래 방치하고, 주권과 국제법의 보호를 부정했던 문명화 위계 질서에서 벗어난 놀랍고도 중대한 변화였다.

1948년 여름 전시 행동 규제 같은 이전 조약의 개정과 갱신을 위해 50개 정부와 52개국 적십자사가 스톡홀름에 모였다. 스톡홀름에 모인 대표들은 이후 1949년 '제네바협약'이라는 이름으로 알려진, 총 429개 조항으로 구성된 네 개의 협약 초안을 마련했다. 각 협약은 무력 분쟁 시 특정한 범주의 인명을 보호하는 내용을 골자로 했다. 제1 협약과 제2 협약에는 부상자와 병자, 조난자, 제3 협약에는 전쟁포로, 제4 협약에는 민간인 보호 내용이 담겨 있었다. 네 개 협약에 일괄 적용되는 공통 조항도 있었다. 그중 공통 3조가 가장 많은 논쟁을 초래했다. '미니 협약'이라고도 하는 공통 3조는 제네바협약의 적용 범위를 비국제적 무력 충돌로까지 확장했다. 협약 초안은 각국 국내뿐 아니라 제국의 문제까지 포괄했으며, 다음과 같이 명시했다. "국제적인 성격이 아닌 모든 무력 충돌, 특히 내전이나, 식민지 분쟁, 종교 전쟁과 같은 상황이 하나 이상의 체결 당사국의 영토에서 발생하는 경우, 본 협약의 원칙은 모든 교전 당사자에게 의무적으로 적용된다."[20] 그러나 국제적십자위원회는 '식민지의 절대적 주권에 정면으로 맞서는 것'에 대해 내부적으로 의견이 갈렸다. 영국과 프랑스는 공통 3조 초안에 분명 동의하지 않을 것이었고, 이는 자유세계에 대한 보다 광범위한 보호 조치를 향한 진전을 저해할 수 있었다. 법률사학자 보이드 판 다이크Boyd van Dijk에 따르면, 전 국제적십자위원회 위원장 막스 후버Max Huber는 식민지 주권, 교전국, 게릴라 등과 복잡하게 얽힌 문제들 사이의 민감한 관계를 인식하고 더 신중한 길을 택했다.[21] '내전이나 식민지 분쟁, 종교전쟁 등이 일어날 경우'라는 내용이 삭제되고 '국제적인 성격이 아닌 무력 충돌이 일어날 경우'라는 문구로 대체되었다. 이때 무력 충돌의 의미는 정의되지 않았다. 프랑스 대표단은 이후 협상에서 서명국이 "전쟁의 공포로부터 민간인을 보호하고, 문명의 보루인 인권 원칙을 존중하고, 언제 어디서든 원칙을 적용할 의무가 있다는 사실을 자각해야 한다."라는 내용의 서문을 제4 제네바협약(전시의 민간인 보호)에 추가했다.

그러나 프랑스는 점령지나 베트민Viet Minh(베트남독립동맹군) 전사에게까지 이 보호 조치를 확대할 의도가 전혀 없었다.[22] 그래도 법률가들은 이 서문을 개인적인 형사 책임과 공정한 재판을 입법화한 여러 조항 초안과 통합했다. 영국의 식민성과 외무성, 육군성은 몹시 분노했다. 육군성 관계자들은 "'인권 원칙'을 보호할 '포괄적인 조항'에 반대하며 제네바협약 개정안 또는 확대안, 인권법, 범죄법 등을 식민지 내 분쟁 규제 활동과 연결 짓는 시도를 모두 거부했다.[23] 결국 이 서문은 전면 폐기되었고, 그와 함께 '인권'에 대해 언급된 부분도 모두 삭제되었다. 인권 문제는 세계인권선언이 다루어야 할 문제로 넘어갔다. 분명한 것은, 말라야와 인도차이나에서 분쟁이 계속되던 당시 영국과 프랑스 관리들은 제국 내에서 자유롭게 주권을 행사하고 싶어 한 반면, 미국은 냉전에 대한 우려에 사로잡혀 있었고 영국과 함께 공습 피해자들에 대한 보호 조항을 약화시켰다. 유럽 열강 역시 '빨치산'의 권리를 축소했다. 영국 관계자들은 '팔레스타인의 슈테른 갱 같은 저항운동 등 적대적인 무장 지하운동'이 보호 대상에 포함될 가능성을 우려했다. 프랑스 또한 '제2차 세계대전 중 점령당했던 경험' 때문에 별도의 보호 필요성을 제기했다. 영국 협상단에 따르면, '중요한 시험은 프랑스가 바라는 국내 인물들을 포함하면서도, 팔레스타인 내 기존 테러리스트들이 포로로 붙잡혔을 때 전쟁포로의 권리를 인정받지 않도록 하는 포괄하는 정의'를 만드는 것이었다. 이 목표는 달성되었다.[24]

1949년 8월 12일, 영국을 포함한 17개국 대표단은 네 개의 제네바협약에 서명했다. 국제인도법 역사상 처음으로 전시에 '생명과 신체에 대한 폭력, 인질 억류, 개인의 존엄성을 해치는 잔혹 행위(특히 굴욕적이고 모멸적인 처우), 문명국가에서 필수 불가결하다고 인정한 격식에 따라 설립된 법정의 사전 판결 없이 가해지는 처형'으로부터 민간인을 보호하는 제4 협약도 포함되었다.[25]

1950년 말까지 61개국이 제네바협약에 서명했다. 1957년에 비준한 영국 등 상당수의 서명국이 비준을 몇 년간 미뤘지만, 서명만으로도 협약의 목적을 저해할 만한 행동을 자제할 의무가 발생했다. 1864년, 1906년, 1929년, 1949년에 서명된 제네바협약과 1977년과 2005년에 체결된 추가 의정서, 1899년과 1907년에 체결된 헤이그협약은 '전쟁에 관한 법과 관습'으로 알려진 국제인도법의 일부가 되었다.[26] 1949년, 라우터파하트는 제네바협약이 국제법뿐 아니라 인권의 측면에서도 새로운 시대의 도래를 알린다며 감탄했다. "이 협약은 적용 영역이 제한적이지만 진정한 의미에서의 보편적인 인권선언이라 할 수 있다. 1948년에 유엔총회에서 채택된 선언과 달리 제네바협약은 단순한 도덕 원칙이나 이상적 행동 기준을 천명한 것이 아니라, 법적인 권리와 의무를 명시한 문서다."[27] 하지만 제네바협약에는 구속력이 없었다. 적어도 국제재판소의 심판을 받을 수는 없었다. 각국 법정은 자국민과 관련해 '중대한 위반' 사건이 일어날 때 제네바협약에 따라 집행했다. 즉 각국은 '중대한 위반' 행위를 한 자국 군인이나 시민을 법정에 세울 수 있었지만, 실제로 그런 일은 드물었다. 다만 이 조항에는 중요한 단서가 하나 있었는데, 그 취지 자체는 매우 주목할 만했지만 실제로는 일관되게 이행되지 않았다. 군사 및 법률사학자 제프리 베스트Geoffrey Best가 저서 《1945년 이후의 전쟁과 법War and Law Since 1945》에서 강조했듯이, 각국 법원은 '자국의 관할권 내 국민뿐 아니라 외국인까지도 재판할 수 있는 권한'을 부여받았던 것이다. 체결국은 '이러한 중대한 위반 행위를 저질렀다고 의심되는 자들'을 반드시 법의 심판대에 세워야 했고, 자국 법정이 아니면 타국에 인도하여 재판을 받도록 해야 했다.[28]

제네바협약을 둘러싼 갈등

라우터파하트의 호평에도 불구하고, 제네바협약은 전혀 포괄적이지 않았다. 베스트 또한 이렇게 질문했다. "국제적 성격을 지니지 않은 무력 충돌'이란 도대체 무엇인가?"

이 질문은 아직도 해결되지 않았다. 누구도 그것이 '산적들의 무용담이나 어떤 종류든 폭동'을 의미할 수는 없다고 생각했으며, 동시에 '내전'과 '식민지 내 반란'(비록 제국주의 열강은 공개적으로 인정하려 들지는 않았지만)을 뜻한다는 데는 모두가 동의했다. 그러나 한 종류의 충돌이 어디에서 시작되었으며, 다른 충돌이 어디에서 끝났는지 누구도 묻지 않았다. 대표단은 이 문제가 그다지 중요하지 않다고 여기며 만족하는 듯했다. 어차피 각국 정부에게 요구되는 것은 그들이 당연히 지킬 법한 최소한의 인간적 예의에 불과했기 때문이다. 이후 모든 국가가 기본적인 인권을 존중하고, 범죄자나 도적에게도 고문이나 심각한 학대 또는 공정한 재판 없이 처형하려고 들지는 않을 것이라는 논쟁이 오갔다. 그렇다면 국제적인 성격이 아닌 무력 충돌의 존재 여부를 두고 왜 그렇게 법석을 떨었을까?[29]

하지만 앞서 보았듯 영국과 프랑스는 이 문제를 놓고 온갖 소란을 일으켰고, 조약에서 '식민전쟁'에 관련된 모든 내용(포괄적으로 '인권'에 대해 언급한 서문)을 삭제하는 데 개별로 또는 함께 입김을 행사했기 때문이다. 실제로 제국주의 열강은 자신들의 제국 내에서 벌어지는 충돌을 무력 충돌 수준까지는 아니어도 내부 치안 문제로 간주하며, 공통 3조가 적용되지 않는

유럽인권조약 서명, 1950년 11월 4일

다고 일관되게 주장했다. 이들은 '범죄자', '도적떼', '깡패들'이 국가와 법질서를 위협하는 것일 뿐이라고 본 것이다. 허무맹랑한 주장이었지만, 중립적인 조직인 국제적십자위원회는 제국 열강이 제네바협약을 따르도록 강제할 수 없었다. 유럽제국 내의 무력 충돌 피해자와 민간인에게 인도적 지원을 제공하려면 미묘한 협상을 벌일 수밖에 없었다. 영국의 경우 유엔에서는 인도가, 국내에서는 극좌 세력이 주도한 반식민 반란 세력이 정부의 이중성을 비난하며, 전후의 국제협약과 권리에 대한 담론을 이용해 영국 정부를 폭로하고 비판했다. 전시의 기본권, 포괄적으로 인권에 대한 요구는 민족자결 요구와도 긴밀히 연결되었다. 유엔 같은 국제조직 덕에 비서구권 관계자들은 제국 안팎에서 영국의 이중사고에 이의를 제기할 수 있었다. 이들은 여전히 식민지로 남은 영토에 대한 책임감 있는 태도, 궁극적으로는 식민지의 독립을 요구했다. 전후 유럽이 자체적인 인권법 제정과 채택을 향해 나아가면서, 제국에 책임을 묻기 위한 또 다른 경로가 열렸다. 바로 세계에서 가장 진보적이고 강제력이 있는 협약 가운데 하나로 자리 잡게 된 유럽인권조약European Convention on Human Rights, ECHR이 탄생한 것이다.

국제 인도법과 마찬가지로, 유럽의 전후 인권법 또한 유럽 대륙과 세계를 뒤흔든 전체주의 위기에서 비롯된 산물이었다. 1948년, 유럽 18개국에서 온 750명의 대표단이 유럽의회Congress of Europe 참석을 위해 헤이그에 모였다. 윈스턴 처칠이 명예 의장을 맡은 이 회의에서, 대표들은 19세기부터 지속적으로 발전해온 국제법 사상을 바탕으로 새로운 정치 질서를 구축하고자 했다. 유엔에서 초안을 작성 중이던 세계인권선언과는 차별화된, 유럽의 고유한 인권 개념과 시민과 국가의 관계를 규정하려는 시도였다.[30] 이에 따라 유럽인권재판소European Court of Human Rights의 설립 요구가 제기되었다. 이러한 움직임은 이후 10개 유럽 국가의 지지를 받아 유럽평의회Council of Europe 창설로 이어졌다. 이 과정에는 유럽운동European Movement이라는 비정부기구도 큰 영향을 미쳤는데, 이 단체는 전후 유럽의 강력한 통합을 적극적으로 촉구했다.

1949년 여름, 영국은 프랑스 스트라스부르에서 진행된 유럽인권조약 초안 작성 과정과 유럽평의회 내에서 주도적인 역할을 했다. 제국 중심의 경제 정책과 유럽 통합에 대한 무관심으로 인해, 영국이 유럽 대륙에서 고립되었다는 비판이 커지는 상황에서 이를 상쇄하려는 목적도 있었다. 이 협약은 유럽 안보에 관심을 두던 베빈 외무성이 손쉽게 성과를 거둘 수 있는 과제였고, 영국 정부는 유럽의 자유를 보장하기 위한 노력에 집중했다. 영국은 공산주의에 의한 체제 전복 시도에 맞서기 위해 유럽대륙 국가들과 힘을 모았는데, 당시는 공산주의의 확산 가능성이 무한해 보이던 시기였다. 유럽평의회 협상의 영국 대표 레이턴 경Lord Layton은 유럽인권조약의 목적을 이렇게 강조했다. "우리 각국의 민주적 생활 방식을 내부로부터든 외부로부터든 잠식하려는 교묘한 시도에 맞서 저항력을 강화하고, 서유럽 전체에 더 큰 정치적 안정을 부여하기 위한 수단이다."[31]

1950년 11월 4일, 유럽평의회 회원국 대표들은 로마의 가장 화려한 교황 궁전 중 하나인 바르베리니 궁전에 모였다. 피에트로 다 코르토나Pietro da Cortona의 작품 〈신의 섭리의 승리Triumph of Divine Providence〉 아래 모인 각국 대표단은 인권과 기본적 자유의 보호를 위한 유럽 협약European Convention for the Protection of Human Rights and Fundamental Freedoms*에 서명했다. 영국은 1951년 3월 이 협약, 유럽인권조약을 가장 먼저 비준했다. 1953년 9월 룩셈부르크가 열 번째 비준국이 되기까지 유럽인권조약은 발효되지 않았으나, 서명 자체로도 기념할 만한 사건이었다. 유럽 통합과 인권의 열렬한 지지자였던 폴 앙리스파크Paul Henri-Spaak는 이 조약의 역사적인 중요성을 전달하며 '다하우의 유럽에서 스트라스부르의 유럽으로From the Europe of Dachau to the Europe of Strasbourg'라는 연설을 했고, 이 연설을 통해 유럽평의회가 그간 기울여온 노력을 기념하며 상징적인 피날레를 장식했다.[32] 이러한 축하 분위기에도 불구하고, 영국 관료들은 이 협약이 자유의 수호를 위해 꼭 필요하다는 점에는 동의하면서도(특히 냉전이 심화되던 시점에서), 식민지의 반란이나 전복 시도를 진압하는 데 필요한 억압 조치의 사용을 약화할 수도 있다고 깊이 우려했다.[33] 실제로 영국이 유럽인권조약을 비준한 바로 다음 날, 언론 감각이 뛰어난 노동당의 허버트 모리슨이 병세가 악화된 어니스트 베빈을 대신해 외무장관이 되었다. 모리슨은 인권 지지자들을 달랠 만

---

* 유럽인권조약의 정식 명칭.

큼만 양보하는 동시에, 영제국의 여러 지역이 의존하던 '합법화된 불법' 체제를 가능하게 하고 정당화하는 국제법적 구조를 공고히 했다.

유럽인권조약 협상 중에도, 영국은 말라야를 포함한 여러 비상사태에 휘말려 있었다. 유럽인권조약 제63조 '식민지 조항'은 이 조약이 유럽 제국의 식민지에 선험적으로 적용되는 것을 면제했다. 영국 정부의 입장에서 볼 때, 유럽인권조약은 식민지 신민 문제에 관한 한 인권을 앞세운 두 악법 중 차악이었다. 영국 관료들은 자체 협약을 협상하던 유엔보다 유럽 동맹국이 훨씬 더 예측 가능하다고 보았고, 모리슨 휘하의 외무성은 입장이 분명했다. "식민지 관점에서 보면 당혹스러울 수밖에 없는 유엔과의 작업에서 빨리 벗어날수록 좋다."[34] 따라서 외무성이 유럽인권조약의 효력을 45개의 식민지와 자치령으로 확대 적용한 것은 당연한 수순이었다. 한 역사가가 지적했듯이, 그 목적은 결코 '식민지 신민의 처지를 개선'하기 위해서가 아니었다. 오히려 식민지 정부가 '인권을 존중한다고 공개적으로 천명함으로써 영국의 식민 정책과 관행을 긍정적으로 포장하고, 훗날 유엔 인권 조약이 채택되더라도 수용하지 않을 명분을 마련하려는' 조치였다.[35]

제국주의의 입김

더욱이, 영국은 유럽인권조약을 자국의 제국 전체로 확대 적용하면서도 별로 잃을 것이 없다고 생각했다. 첫째, 유럽인권조약은 개인의 청원권을 허용했지만, 의무화하지는 않았다. 영국은 1966년까지 개인의 청원권을 거부했고 그때까지 다른 회원국들이 고소 접수기관인 유럽인권위원회 European Commission of Human Rights에 청원을 제기할 권리만 인정했다. 영국 관료들은 국제법이 오로지 국가에만 적용된다고 주장했지만, 법사학자 심프슨이 지적했듯이 영국이 개인에게 청원권을 허용하지 않은 진짜 이유는 '식민지와 보호령에 미칠 파장이 두려워서'였다.[36] 둘째, 유럽인권조약 초안이 작성될 당시 영국 정부는 '국민의 이익을 위협하는 전쟁이나 기타 공공 비상사태가 발생할' 경우 협약 체결 당사국이 협약의 일부 조항을 일시적으로 유예할 수 있도록 하는 '예외 조항'을 도입하고, 이를 끝까지 고수했다.[37] 영국이 요구한 이 조항은 결국 제15조로 채택되었으며, 전시 또는 비상사태하에서 협약의 상당 부분을 유예할 수 있도록 허용했다. 단, 제15조에 따라 아무리 면제를 선언하더라도 일부 조항은 여전히 유효했다. 가장 눈에 띄는 것은 제3조, 즉 "어느 누구도 고문, 비인간적이거나 모멸적인 처우, 처벌을 당해서는 안 된다."라고 명시한 '고문 금지' 조항이었다.[38] 그러나 이 예외 조항은 단 한 줄의 서명만으로 일시적으로 필요할 때 보편적 권리를 훼손할 수 있도록 허용했다.

이후 몇 년간 유엔이 공개한 두 개의 협약 역시 유사한 예외 조항과 유예를 인정했고, 이는 영국이 환영한 부분이었다. 반면, 프랑스는 1974년까지 유럽인권조약을 비준하지 않았다. 이 때문에 유럽인권조약은 알제리 등 프랑스의 주요 해외 영토에 적용되지 않았다. 대조적으로 영국은 유럽인권조약의 틀 안에서도 여전히 식민 영토를 지배하고, 강제하며, 배제하는 기존의 능력을 유지할 수 있었다. 영국 관료들은 인도주의법과 인권 관련 협상을 진행하는 내내, 말라야에서 전개되고 있는 정책과 관행을 분명히 인식하고 있었다. 실제로 1949년 12월, 애틀리 내각은 공통 3조에 관해 논의하며 이렇게 밝혔다. "현재의 조항으로는 반란에 신속하고 효과적으로 대응하기가 힘들다. 일부 조항은 사실상 실행할 수가 없다. 예컨대 현재 말라야에서 진행되는 작전에 유럽인권조약을 적용해야 한다고 주장하지 않기를 바란다."³⁹ 유럽인권조약에 정의되지 않은 '국제적 성격을 지니지 않은 무력 충돌'이라는 표현은 명백히 제국주의적 의도를 반영한 것이었고, 내각의 우려를 어느 정도 달래주었다. 애틀리 내각은 말라야에서의 반란 진압 활동이 의미하는 바를 잘 알고 있었다. 1949년 1월, 말라야 고등판무관 헨리 거니는 식민성에 메모를 보냈다. "현재 경찰과 군대는 매일 법을 위반하고 있다. 경찰과 군인들은 성인이 아니기 때문에, 모든 사소한 실수가 공개 조사 대상이 되리라는 인상을 주거나, 잘못된 행동을 재빨리 해치우는 것보다 아무것도 하지 않는 편이 낫겠다는 인식을 갖지 않도록 하는 것이 매우 중요하다."⁴⁰

거니가 비상조치를 통해 가능하게 만든 '합법화된 불법'조차 치안군의 행동을 모두 덮을 수 없었다. 그래서 그는 더 나아가, 말라야연방 내 중국계 주민을 직접 겨냥하는 또 다른 법적 절차를 고안해냈다. 제국의 식민 통치 경험을 참고하여, 말라야 정부 관료들은 새로운 정책을 도입했다. 그 첫 번째 방어선은 추방이었다. 말라야 정부는 최대한 많은 용의자를 중국으로 추방했다. 그다음 거니의 부하들은 남은 중국인 일부를 재판 없이 구금하고, 나머지 중국인을 모두 말라야연방 전역의 제한된 구역으로 이주시켰다. 이 제도는 곧 부패와 고통으로 가득 찼다. 이러한 조치들은 그 자체로 강압적이었으며, 거니의 메시지도 마찬가지였다. 거니는 식민장관에게 "잘 아시다시피 중국인은 더 두려운 쪽으로 쉽게 기우는 경향이 있다. 지금은 정부가 그쪽인 듯하다."라고 전했다.⁴¹

그럼에도 거니는 더 강력한 정부 주도의 공포 조치를 원했다. 거니는 크리치 존스에게 '도적떼를 대할 때보다 강력하고, 더 큰 두려움을 야기하는' 조치가 말라야에 필요하다고 주장했다.⁴² 크리치 존스와의 서신 전반에서 거니는 위임통치령의 경험과, 팔레스타인에서 경찰국가 체제를 신속히 구축하지 못한 결과를 계속 참조했다. 1949년 5월, 그는 말라야의 미래를 예견하며 다음과 같이 썼다.

> 팔레스타인에서는 비상조치가 계속해서 추가되고 강화되어, 결국에는 모든 규정을 단 하나의 조항, 즉 고등판무관이 원하는 어떤 조치든 취할 수 있도록 허용하는 조항으로 요약할 수 있을 정도가 되었다. 처음부터 이 모든 권한이 부여되고 실행되었다면 결과가 달랐을지도 모른다. 마찬가지로 말라야에서도 같은 과정이 진행 중이다. 반란 시작 6개월이 지나서야 좀 더 극단적이고 무자비한 방안을 활용할 권한이 부여되고 실행되었다.[43]

1948년 10월 거니가 고등판무관으로 임명되기 전, 말라야연방 당국은 12세 이상의 모든 주민을 포함하는 국가 등록 시스템을 마련했다.[44] 영국 관료가 신민을 감시하고 통제하기 위해 신분증을 발행한 것은 처음이 아니었다. 팔레스타인에서도 아랍 반란 당시 신분증을 도입해, 보안군이 신원 확인으로 용의자를 색출했다. 역사학자 앤서니 쇼트Anthony Short에 따르면, "말라야에서 시행된 국가 등록 시스템 또한 범법자와 법을 준수하는 주민을 구분하기 위한 수단이었다. 영국은 원칙적으로 등록된 자와 등록되지 않은 자를 분리하는 체제였다."[45] 말라야 공산당과 지지 세력은 이 사실을 알고 있었고, 신분증을 찢거나 지문 채취와 사진 촬영에 동원된 등록팀을 위협하기도 했다. 말라야의 국가 등록 시스템은 연방의 시민권법에 따라 '외국인 불법 체류자'인 수십만 명의 중국인을 색출해 추방하기 위한 수단이기도 했다.[46] 등록 절차는 1948년 말 대부분 완료되었고, 이후 말라야 정부는 본격적으로 구금과 추방을 시작했다. 정부는 "국가 안보를 최우선으로 고려해야 한다."라는 입장을 고수했다.⁴⁷ 크리치 존스는 이 같은 정책을 적극적으로 옹호했다. 그는 무고한 시민이 처벌받지 않고 유죄인 사람들도 공정한 처우를 받도록 처리하고 있다고 주장했다. 그러나 비공식적으로 그의 부처는 "현 상황에서는 안보의 필요성이 최우선이며, 때로는 기본적 인권을 제쳐둘 필요가 있다."라고 인정했다.⁴⁸

말라야화교협회의 탄생

새로운 비상조치 규정들은 인간을 분류하는 과정을 가능하게 했으며, 이는 말라야의 줄어드는 자원을 한층 더 소모하는 강압적이고 관료적인 절차였다. 비상조치 규정 17B, 17C, 17D는 중국계 '악당'들과 그들을 도운 혐의를 받는 사람들과 부양 가족까지도 대대적으로 체포하고 구금하도록 허용했다. 그레이가 이끄는 준군사조직은 활동을 강화해 매일 50여 명을 임시수용소로 보냈다. 6000명으로 정해진 수용소의 정원은 금세 초과되었고, 정부는 더 많은 용의자를 수용할 공간을 확보하기 위해 수감자를 중국으로 추방했다.⁴⁹ 말라야 민족해방군에 식량과 정보를 제공했다는 사소한 규정 위반을 이유로 마을 주민 전체를 체포하고 구금하기도 했다. 경찰국장 그레이와 말라야 주둔 총사령관 찰스 부셔는 마을 수색 작전과 선별, 그리고 아랍 반란 시절을 연상케 하는 마을 파괴를 둘러싸고 갈등을 시작했다. 한 경찰관은 "군에 의한 건물 방화로 인해 많은 문제가 발생할 것 같아 걱정스럽다. 부셔 장군이 해당 법률을 따를 생각이 없다고 언급했다."라고 보고하며, 민간 거주지의 철거는 경찰 관할임을 암시했다.⁵⁰

이러한 갈등과 무관하게, 1948년 6월 비상사태가 발효된 초기부터 중국계 마을을 파괴하는 것이 대표적인 징벌 수단으로 자리잡았다. 거니 또한 "경찰과 지역 군대 사이에 명확한 경계선을 그을 수 있는 시대는 지났다."라고 보았다. 오히려 이들이 통합된 영국의 치안군으로 간주되어야 하며, 말라야의 공산주의 반란을 진압하기 위해 정부가 강압적 조치를 효과적으로 시행하려면 이들이 일체로 작동해야 한다고 강조했다.[51] 〈스트레이츠 타임스〉는 '80채의 가옥을 태워버린 경찰80 Houses Burned by Police'이라는 제목으로 이러한 마을 파괴 사례를 보도했고, 유사한 기사들이 계속 실렸다.[52] 이러한 사실은 런던의 국회의원들도 알고 있었다. 영국 정부 내부 보고서에서는 이러한 방화 행위가 '잘못된 편에 선' 마을 주민들에게 '매우 강력한 억제 효과'를 준다고 강조했다.[53] 한 육군대령은 오직 '불'과 '살육'만이 현재 상황을 해결할 수 있다고 말했다.[54] 공산주의 세력의 거점인 카차우에서는 말레이계 이발사가 중심가에서 살해된 이후, 치안군이 400명에 달하는 주민을 모두 표적으로 삼았다. 그들은 주민들에게 두 시간 내에 집을 떠나라고 명령한 뒤 주택들을 불태웠다. 이에 대해 거니는 해당 작전이 '인근 지역 불법 정착민들의 완전하고 자발적인 이주'였다고 주장했다.[55] 공산당 기관지 〈프리덤 뉴스〉의 어조는 달랐다. 〈프리덤 뉴스〉는 "방화, 살해, 감금, 착취, 무력을 이용한 강제 퇴거 같은 극악무도한 조치는 영국이 수행하는 대규모 '인간 살상과 유혈 전쟁의 일환'이라고 지적했다.[56]

영국 정부는 여전히 '중립을 지키는' 주민들에게 실망하며 선전 캠페인을 벌였다. 총 5100만 장에 달하는 정보 전단이 제작되었고, 그 안에는 '경찰에 정보를 제공하라. 좋은 보상이 따른다', '공산주의는 정직한 노동자의 적'과 같은 단순한 문구가 써 있었다.[57] 비행기가 빽빽한 밀림 위로 마구 전단을 뿌려댔고 '홍보 장교'들은 마을에서 전단을 직접 배포했다. "가족과 함께 행복하게 살자."라는 메시지와 함께 반군의 참혹한 시신 사진을 돌리는 등의 회유는 공포와 뒤섞였다. 그러나 식민 당국은 지역의 표현 방식과 언어에 무지했고, 공산당은 재미있는 이야기, 심야 모임, 〈프리덤 뉴스〉, 〈휴머니티 뉴스Humanity News〉, 〈뱅가드 프레스Vanguard Press〉, 〈컴배턴트 뉴스Combatant News〉처럼 탄탄한 지하 언론을 통해 주민들에게 익숙한 언어와 형식으로 이해하기 쉽게 이념과 사상을 전파했다.[58]

영국 관료들 못지않게 냉혹하던 친평 부대는 말라야 농촌 전역에 만연한 공포 유발과 갈등을 더욱 부채질했다. 정보원으로 의심되는 사람들을 주저 없이 살해했고, 전쟁을 지속하기 위한 군자금 조달과 보호 명목으로 현지 주민으로부터 돈을 거둬들이는가 하면, 식량과 각종 생필품도 갈취했다.[59] 공산당은 배신자로 의심되는 모든 사람을 위협했다. 새로 설립된 말라야화교협회Malayan Chinese Association, MCA* 회원 등 정부와 협력하는 주민과 실제 정보원뿐만 아니라, 정보원으로 의심되는 사람까지 잔혹하게 공격했다. 영국 정부가 정치적으로 안전하다고 평가했을 뿐만 아니라, 흔쾌히 말라야연방 통합을 위해 일하던 탄쳉록Tan Cheng Lock을 협회장으로 둔 보수적인 단체 말라야화교협회는 반도 내에서 가장 부유한 중국계 사업가들로 구성되어 있었다. 이들은 오랜 기간에 걸쳐 형성된 후원 관계망을 마을 단위에서 활용하려 했다. '보이스카우트든 감리교든 불법 체류자들은 권위를 상징하는 쪽에 편승할 것'이라 믿던 거니는 말라야화교협회는 탄생을 돕는 '산파' 역할을 했다. 그러나 말라야화교협회는 공산주의 세력이 감행하는 잇단 공격의 표적이 되었다. 페락 사무소 역시 마찬가지였다. 탄쳉록은 아내와 함께 가까스로 몸을 피해 목숨을 건졌지만, 당시 입은 부상

---

* 현재는 주로 '말레이시아화인협회'로 번역되지만, 당시는 말레이시아라는 국가가 생기기 전이므로 이 책에서는 '말라야화교협회'로 표기한다.

에서 완전히 회복하지는 못했다.⁶⁰

추방 또는 송환

영국 정부는 강압적인 법안을 끊임없이 강화하며, 합법화된 불법 사례를 반복해서 양산했다. 예를 들어, 카차우 마을이 초토화된 직후 거니는 즉시 비상조치 18A조와 18B조를 발효했다. 이 조항들은 치안군에 '건물과 구조물을 파괴할 권한'을 부여했으며, 동시에 카차우의 파괴 행위에 대해 소급적 법적 면책을 제공했다.⁶¹ 이제 영국 치안군은 카차우 같은 '문제 지역'의 주민 전체를 구금수용소로 이송할 수 있었다. 이 수용소들은 무차별적인 검거와 체포로 이미 과포화 상태였다.⁶² 1949년 봄, 거니는 식민장관에게 "중국 송환 없이는 말라야 전투에서 승리할 수 없다."라고 이야기했고,⁶³ 〈스트레이츠 타임스〉도 이에 동조했다. 〈스트레이츠 타임스〉는 거니가 말라야에 도착하기 전부터 정부의 추방 지연 정책을 강하게 비판해왔다. 비상사태 이전에도 말라야 정부는 이미 미심쩍은 정책들을 합법화하고 있었으며, '외국인' 범죄자들을 본국으로 송환하는 추방 권한을 행사하고 있었다. 범죄자들이 송환되는 나라는 대개 중국이었다.⁶⁴ 반란이 시작되자 현지인들은 과거의 관행을 더욱 빠르게 확대 적용하기를 원했다. 〈스트레이츠 타임스〉는 '바람직하지 않은 자들은 떠나야 한다Undesirables Must Go'라는 제목의 기사를 내보내며, 독자들에게 1년 전에도 다음과 같은 입장을 표명한 바 있음을 일깨웠다.

온 나라를 공포에 떨게 하고, 마을 전체를 약탈했으며, 주민을 인질로 삼고 경찰과 시민을 마구잡이로 살해해 무법천지가 일상이 되도록 만든 살인자와 폭력배, 깡패를 추방하라. 정부는 단호한 조치를 취하라. 가능한 한 신속하게 불법 이민자를 추방하지 않으면 이 상황을 실질적이고, 최종적이며, 지속적으로 통제할 수 없다는 사실을 정부가 깨달아야 한다.[65]

그러나 추방 권한은 시간도 오래 걸리고 절차도 복잡했다. 추방 건마다 고등판사와 행정위원회의 심사를 받아야 했기 때문이다. 이에 1949년 초, 거니는 이러한 심사 과정을 우회하기 위해 비상조치 제17C조와 17D조를 각각 개정하고 도입했다. 치안군에게 공식적으로 '영토에 속하지 않는 자'인 말라야연방 용의자를 합법적으로 대거 추방할 수 있는 권한을 부여하기 위해서다. 역사학자 칼 핵Karl Hack은 "유럽 소유의 〈스트레이츠 타임스〉조차 쉽게 받아들이지 못하던 새로운 추방 절차였다."라고 지적한다.[66] 용의자의 상당수는 말라야에서 태어났거나 오래 거주했지만, 말라야 정부는 이들을 모두 중국인 불법 체류자로 간주했다. 거니는 말라야 정부가 이들을 '추방한 것이 아니라 송환한 것'이라 강조했다. 말라야 정부는 "국제법에 의하면 외국인이 자국 영토에 정착하도록 허락할 의무가 있는 나라는 없다."라고도 상기시켰다.[67] 거니는 제국 역사상 전례 없는 규모의 추방 작전을 시작했다. 1949년 1월, 그는 말라야연방 주민이 아니라고 추정되는 모든 주민과 그 가족들을 매달 2000명씩 송환하기로 했다.[68] 공산주의자들이 '백인 원숭이 대장'이라 폄훼하던 맬컴 맥도널드는, 이 새로운 규정이 인종 문제 해결에 도움이 되는 만큼 극단적이지만 반드시 필요한 조치라고 주장했다. 크리치 존스는 이른바 중국인 불법 체류자를 몰아내려는 작전 사실을 잘 알고 있었으며, "이 새로운 규정에 따라 내려진 명령에는 항소할 수 없고, 어떤 법원도 그 명령의 정당성을 다룰 수 없다."라고 언급했다. 식민장관은 외무장관에게 보내는 편지에 "중국인 추방 작전이 심각한 권리 침해일 수도 있지만, 해당 작전을 받아들인다."라고 적었다.[69] 애틀리 총리 역시 이 중국인 추방 정책을 최종 승인했다.[70] 약 2만 5000명에 달하는 추방을 집행하기 위해 시행된 조치들은 말라야 정부가 얼마나 절박하고 단호하게 통제권을 장악하려 했는지를 보여준다. 런던의 식민 관료들은 이렇게 이야기했다. "추방 절차의 형태와 방식, 공개 여부와 관련된 모든 질문은 고등판무관의 몫이었다. 우리는 이 문제에 대해 이후로도 들은 바가 없다. 짐작건대 추방에 어떤 절차가 사용되었든 공표하지 않은 듯하다."[71] 이처럼 추방 또는 '송환'이 대반란 진압 정책의 핵심 축으로 떠올랐지만, 이 작전 전체가 중국 내 중대한 정세 변화에 좌우되었다. 당시 중국에서는 국민당과 공산당 간의 내전이 격렬하게 전개되고 있었고, 1949년 10월 중화인민공화국이 정권을 장악하면서 모든 항구를 폐쇄하고 말라야에서 송환을 기다리던 사람들을 받아들이지 않겠다고 거부했다. 이에 따라 거니는 런던의 여러 부서와 홍콩, 북보르네오, 케냐 등지의 식민 관료들과 협상을 이어갔다. 그는 제국의 다른 지역이나 대만(포모사) 같은 인근 지역으로 추방 대상자들을 떠넘길 방안을 찾으려 했다. 한편, 추방을 앞둔 수천 명의 중국인은 중국 내 '고향'이 어디인지조차 모른다고 호소하며 자신들이 말라야 사람이라 주장했다.[72]

혼잡한 수용소

1950년, 영연방의회 대표단이 포트 스웨트넘 임시수용소Port Swettenham Transit Camp를 방문했다. 성인 남녀와 아동(심지어 일부는 가족과도 떨어진 채)이 철판 지붕 아래의 숨 막히는 더위 속에서 추방될 날을 기다리는 곳이었다.[73] 식민장관 크리치 존스는 훗날 식민장관이 되는 앨런 레녹스보이드Alan Lennox-Boyd가 이끌던 대표단 의원들이 "열악한 수용소 환경에 더해 여성과 아동 역시 구금된다는 사실에 충격을 받았다."라는 점을 인지하고 있었다.[74] 말라야에서는 거니와 그레이, 법무장관이 마을 주민의 추방 여부를 결정했다. 많은 주민이 추방 대상자로 결정되었고, 임시수용소는 수감자로 넘쳐났다. 1949년 1월부터 3월까지 총 석 달 동안 그레이의 병력은 무려 일곱 차례의 작전을 진행했다. 앞으로 더 많은 작전이 예정되어 있었다. 수석차관 에지워스 데이비드Edgeworth David는 추방을 앞둔 사람들의 상황을 '완전하거나 부분적인 빈곤 상태'라고 설명했다. "중국으로 돌아가더라도 굶주림에 내몰릴 수 있고, 고향 마을에 전혀 닿지 못할 수도 있다."라고 경고한 그는 이 정책을 다음과 같이 평가했다.

> 유럽에서 전시에 주민을 대거 이주시키는 방안이 얼마나 비인도적이었는지에 대해서는 이미 많은 글이 쓰였다. 우리가 시행 중인 이 조치가 그보다 규모는 작을지언정, 중국인 송환자들을 이주시키는 과정에서 동반되는 상황은 그와 별반 다르지 않다. '집단적 죄책감'이라는 개념이 아무리 강하게 정당화된다고 하더라도, 이러한 조치들이 상당한 수준의 고통과 비인도적 처우를 수반한다는 점에는 의문의 여지가 없다. 이를 옹호하기도 매우 어렵다.[75]

영국이 말라야에서 내세운 '법치주의' 정책은, 그들이 자처하던 문명화 사명의 마지막 흔적마저 삼켜버렸다. 중국이 문을 닫아 걸자 체포 범위와 규모가 확대되었고, 포트 스웨트넘은 임시수용소에서 장기수용소로 바뀌었다. 말라야 수석장관 데이비드 웨더스턴David Watherston은 "애초 임시수용소로 만들어진 곳이었으므로 다른 수용소보다 열악하다."라고 인정했다. 정부는 서둘러 부지에 철조망을 둘러 좀 더 많은 수용 공간을 확보했지만, 추방 위기가 확산되면서 다른 수용소 역시 점차 혼잡해졌다. 그런데도 웨더스턴은 레녹스보이드와 크리치 존스에게 이렇게 이야기했다. "생각 있는 사람이라면 지금 우리처럼 많은 사람을 계속 구금하는 상황을 만족스러워할 수 없지만, 지금으로서는 이런 수용소의 존재가 불가피하다."76 레녹스보이드와 크리치 존스는 각 당의 대다수 의원과 함께 이 같은 웨더스턴의 생각에 동의했다. 식민성은 '필요성'이라는 논리를 고수하며, 연방정부가 결국 어떻게 추방을 재개하게 되었는지 설명하는 과정에서 도덕적·윤리적 질문들을 일축했다.77 웨더스턴의 지적처럼, 공산당의 중국 장악 뒤에 일어난 중국인 추방 속도 둔화는 '비상사태와 관련된 가장 심각한 문제'로 간주되었다. 이 문제를 해결하지 못하는 것은 정부를 지지해온 중국계 주민들에게 심각한 영향을 주고 있었다. 정부를 지지하던 중국인은 추방 예정인 용의자들이 풀려나면 보복이 가해질까 두려워하고 있었다.78 일부 주민이 개인적인 원한을 갚기 위해 다른 주민을 고발하는 사례가 있는 만큼, 말라야와 런던의 관료들은 보복에 대한 두려움을 느낄 만한 근거가 충분하다고 생각했다. 하원 보고서에는 "중국 경찰관들은 개인적인 이유로 누군가를 용의자로 신고하는 짓도 서슴지 않는다."라고 적혀 있었다.79 내부 문건에는 말라야 공무원이자 훗날 말라야 치안 및 국방 담당 장관이 될 험프리의 회고를 뒷받침하는 내용들이 담겨 있었다. 험프리는 이렇게 이야기했다. "무자비했다. 여성들이 쓰러졌고, 아이들은 비명을 질렀다. 엄청나게 고통스러웠을 것이다."[80] 험프리는 작전 시 자기 역할이 무엇이었는지도 설명했다.

> 나는 약 4만 명에 달하는 중국인을 추방했다. 중국 공산당은 혼혈처럼 보이려고 애썼지만, 공산주의 운동 자체가 중국에서 시작된 만큼 대부분 그냥 중국인이었다. 안타까운 사례도 있었다. 많은 가족이 뿔뿔이 흩어졌다는 점은 인정해야 한다. 그리고 이 사람들을 추방하는 데 상당한 문제가 있었다. 그들은 처음에는 공산주의자들을 도왔거나 지지했다는 이유로 구금수용소에 수감되었다.

험프리는 추방 과정에 대해서도 자세히 설명했다.

> 우리는 포트 스웨트넘에서 중국으로 추방자들을 실어 나르는 일련의 선박을 운용했다. 전 과정은 극비로 진행되었고, 언론에도 거의 보도되지 않았다. 우리는 최대한 조용히 처리하라는 지시를 받았다. 부분적으로는 도착지의 공산당 당국에 뇌물을 주며 일을 진행했기 때문이다. 추방자들은 노르웨이 국기를 단 배에 실려 포트 스웨트넘에서 출항했고, 선장과 선원들은 스칸디나비아 출신이었다. 우리는 그들의 주머니에 돈을 충분히 찔러주어 그 배들을 계속 운항하도록 했다. 국가의 안전과 존립이 걸려 있다면, 목적을 달성하기 위해 약간의 뇌물 정도는 아까워하지 않을 것이다. 그렇지 않은가?[81]

대규모 추방이 진행되었는데도 수용소 인구는 계속 늘어만 갔다. 적절한 시설을 마련하고, 인력을 충원하고, 필요한 물품을 확보하기 위해 여러 부서가 신속하게 움직였다. 푸아루 제레작 같은 옛 검역 시설은 구금 시설로 전환되었고, 탄종 브루아스와 마지디 등지에 새로운 수용소가 세워졌다. 말라야에만 총 12개가 넘는 수용소가 있었다. 각 수용소는 영국의 반란 진압 전략에서 정부가 '점진적인 단계 시스템progressive stage system'이라 부르는 특별한 개혁 기능을 수행했다. 경찰 특수부서 대원들은 전시의 인도 같은 곳에서 난민 심사, 구금, 처리에 쓰이던 제국의 과거 관행을 활용했다. 경찰심문부서의 일원이 된 이들은 수감자들을 심문한 다음 공산주의 사상 주입 수준에 따라 분류했다. '흑색' 분류자는 구제 불가능한 강경분자로, '회색'은 갱생의 여지가 있는 비교적 경미한 동조자로 간주되었다. 말라야 정부는 '흑색'을 모두 추방하고 싶어 했지만, 수백 명이 '말라야연방' 사람인 탓에 아무리 애써도 이들을 중국이나 다른 곳으로 몰래 추방할 수가 없었다. 대신 말라야 정부는 이들을 '특별수용소'로 보냈고, 그곳에서는 정책상 강제노동이 허용되었다. 이는 국제노동기구International Labour Organisation 협약을 위반하는 행위였다. 나머지 수감자들은 적어도 이론적으로는 자발적인 노동 참여가 허락되는 여러 수용소로 이송되었다. 협조적인 수감자는 직업 훈련이나 기타 기술 훈련이 제공되는 갱생 센터로 이송되었다. 심사팀이 맨 처음 '회색'으로 분류한 인민운동 지지자들은 갱생 센터에서 그들과 재회했다. 1950년 중반에는 수용소 수감자 수가 절정에 달해, 대다수의 중국인과 수백 명의 말레이인과 인도인을 모두 더한 인원이 1만 명을 넘어섰다. 이 모든 작전에 들어가는 비용은 어마어마했다. 말라야 정부는 1952년까지 수용소에만 거의 3000만 달러(약 4500억 원)의 비용을 쏟아부었다.[82]

타이핑 갱생수용소

최대 규모의 개혁센터는 타이핑 갱생수용소Taiping Rehabilitation Camp였다. 갱생 부책임자로서 수용소 활동을 관리하던 제임스 패트릭James Patrick은 수감자, 간수, 갱생 담당 직원들을 '하나의 행복한 대가족'이라 묘사했으며, 그 목적은 "그들을 다시 좋은 사람으로 재교육해, 사회로 돌아가 영국 통치라는 영광의 복음을 읽도록 하는 데 있었다."라고 회상했다. 하지만 동시에 "어떤 식으로든 재교육을 받지 않으려는 사람들이 많았다. 강경한 이들은 어떤 상황에서도 굽히려 들지 않았다."라고도 이야기했다.[83]

1950년 타이핑을 방문한 노동당 의원이자 마운트배튼의 오랜 친구 톰 드리버그Tom Driberg의 관점은 달랐다.[84] 그는 타이핑 갱생수용소를 영국 월턴 파크의 전시 억류 시설에 비유했다. 그는 영국의 일요 신문 〈레이놀즈 뉴스Reynolds News〉에서 타이핑 갱생수용소가 '영연방, 말라야연방, 노동당 정부 모두에게 치욕'이라는 생각을 솔직히 밝혔다.[85] 전체적으로 보아, 이 수용소들은 패트릭이 회고한 것처럼 개혁의 중심지는 아니었다. 오히려 수용소는 공산주의 사상을 주입하는 장소로 변질되었다. '타이핑대학교'라 불리던 이 수용소에서 강경파 수감자들은 대규모 체포 작전으로 함께 들어온 일반 범죄자들과 무고한 이들을 체계적으로 전향시켰다.[86] 그중에서도 최악으로 꼽힌 이포 수용소에서는 약 1300명의 수감자가 여성 수감자 전원 석방과 열악한 수용소 환경 개선을 요구하며 단식 투쟁을 하고 폭동을 일으켰다. 간수가 이성을 잃고 실탄을 발포하기도 했다. 말라야 범죄수사부 부국장은 "일제강점기 때보다 수감 환경이 더 나쁜 경우도 있었다."라고 지적했다.[87] '갱생'은 무해하게 들리는 '송환'과 다를 바 없는 제국주의적인 표현이었다. 이 두 용어는 '도덕적 효과'라는 초기 개념에서 시작해, 끊임없이 진화해온 용어들의 연장선에 있었다. 말라야에서 사용된 '점진적 단계 시스템'은 개혁적 수용을 위해 설계되었지만, 실제로는 이념적으로, 구조적으로, 법적으로 정당화된 통제와 강압의 여러 층위에 비해 그 중요성이 훨씬 덜했다. 중국으로 돌아간 수감자들은 중화인민공화국 화교구제 위원회Overseas Chinese Relief Committee에 학대에 대한 충격적인 이야기를 전했다.[88] 다음은 '말라야 공산주의자들의 연락책' 혐의로 체포된 첸융량Chen Yung-liang의 증언이다. 그는 그 이후에 벌어진 일을 다음과 같이 묘사했다.

> 그들은 나를 경찰서로 끌고 간 뒤, 내 옷을 모두 벗기고 이렇게 말했다. "네 몸이 강철로 되어 있진 않지. 그러니 빨리 말해!" 내가 아무것도 모른다고 답하자, 머리와 온몸에 주먹이 날아들었다. 저녁이 되자 그들은 다시 내 옷을 벗기고 욕실에 가둔 뒤 호스로 몇 시간 동안 물을 뿌려댔다. 그다음에는 젖은 몸이 마를 때까지 전기 선풍기를 틀어두었다. 추위로 온몸이 뻣뻣해질 때까지 이 과정을 반복했다. 이후에도 날카로운 대나무 조각을 손톱 밑에 억지로 쑤셔 넣는 등 온갖 잔혹한 방식으로 고문을 당했다.[89]

또 다른 송환자 첸춘융Cheng Chun-yung은 심문관들이 그의 양손의 손가락 하나와 양발의 발가락 하나씩을 밧줄로 묶어 천장에 매달았다고 증언했다. 이후 그들은 밧줄을 놓아버렸고, 그는 그대로 추락했다. 그들은 그를 며칠 동안 굶기기도 했다. 그는 또 '영국군과 경찰'이 실탄, 총검, 곤봉을 사용해 수용소 폭동을 진압한 일을 회상했다. 이 과정에서 치안군은 세 명의 수감자를 살해했고, 여러 수감자에게 상해를 입혔다. 첸춘융은 부상은 면했지만 다른 수감자들과 함께 뙤약볕 아래 철창에 며칠 동안 갇혔고,

그 뒤로는 다시 어두운 감방으로 옮겨졌다. 취조관들은 그곳에서 "약 6센티미터 길이의 핀을 손톱 밑에 박고 불로 그 핀을 지졌다." 여성 송환자 첸 스즈안Chen Sze-an은 수용소 관계자들이 "여성 수감자의 옷을 벗기고 핀으로 가슴을 찔렀다."라고 진술했고, 또 다른 중국인 수감자는 "비눗물을 억지로 목구멍에 들이부었다."라고 증언했다.[90]

화교구제위원회는 송환자의 증언을 공개하고, 영국 외무성에 여러 차례 편지를 보내는 한편, 유엔경제사회회UN Economic and Social Department 등 여러 외부 기관에도 이를 전달했다. 중국 정부는 말라야의 수용소와 임시 수용소 조사를 허가해달라고 요구하며, 영국 대중에게 다음과 같은 공개 호소문을 발표했다. "중국인과 함께 평화롭게 살아가기를 희망하는, 편견 없는 영국인이라면 누구나 이번 조사 임무의 성공을 기원할 것이라고 믿는다."[91] 중국 정부는 그동안 어떤 답변도 받지 못했다는 사실을 강조하며 말라야의 영국 식민 당국이 중국인에게 저지른 다양한 잔혹 행위에 대해 항의했다. 중국 정부는 1948년 6월 18일 이후 제정된 이른바 '비상규정'을 겨냥했다.

> 고문, 구타, 사기, 강간 등 우리 동포들은 일일이 나열할 수 없을 만큼 많은 고통을 겪었다. 다양한 구실로 진행된 중국 학교 수색, 말라야 귀환을 위한 비자 절차 변경, 중국인 마을 폭격, 연좌제의 적용, 건강한 남성을 대상으로 한 강제징용, 유령 지역 설정 등 충격적이고 유혈이 낭자한 사례도 많다.[92]

영국과 미국의 신문들도 이 사건을 보도했다. 영국 신문 〈옵서버The Observer〉는 "영국인이 중국인을 박해했다."라는 주장을 공산주의의 선동으로 일축하며, "대표단을 들여보내는 것이 최선이다. 대표단 위원들은 성명서에 포함된 터무니없는 주장에 아무 근거가 없다는 사실을 금방 깨달을 것이다."라고 보도했다.[93] 쿠알라룸푸르와 런던의 정부 관료들 사이에서는 분노와 은폐가 뒤섞인 반응이 이어졌다. 영국 외무성 관료들은 화교구제위원회를 두고 "말라야의 영국 당국을 격렬히 비난하고 있다."라고 평가하면서도, 이에 어떻게 대응해야 할지 갈피를 잡지 못했다.[94] 그럼에도 추방 조치는 계속되어야 했다. 외무성은 "추방할 이유가 충분한 불량분자에 대해 위협 때문에 주저해서는 안 된다."라고 밝혔다.[95] 영국 내부 문건은 중국의 요구에 대해 '특파원들도 수용소 방문을 허가받은 적이 없으며, 말라야의 내부 사정 접근에 있어서는 화교구제위원회 대표단이 언론보다 몇 단계 아래'라는 점을 강조했다.[96] 동남아시아에서 관련 작전을 감독하는 영국의 최고위급 관료들은 적십자 같은 인도주의 조직이 서비스를 제공할 수 있도록 허용하는 제네바협약 정신을 외면했다. 이들은 식민장관에게 이렇게 보고했다. "우리는 국제적십자처럼 공정한 기관의 사찰에 찬성하지 않는다. 아시아 기준으로는 매우 훌륭하지만, 이런 기준에 익숙하지 않은 사람들에게는 수용소가 바람직하지 않은 평가를 받을 수도 있다."[97] 영국 정부는 하원의원 톰 드리버그의 비판에 대해서는 어느 정도 주의를 기울였지만, 중국의 비난은 일련의 비판적 논평을 통해 일축했다. 영국 외무성은 전 세계 거의 모든 국가와 식민지의 '폐하의 외교 대표들'에게 보낸 각서에서, 중국 외교부로부터 흘러나오는 '언론과 라디오를 통한 선전'이 영국 정부의 송환 정책이나 수용소, 임시수용소의 실태를 전혀 반영하지 않는다고 강조했다.[98]

한편 당시 외무장관 모리슨의 입장에서는, 책임은 중국 정부에 있었다. 그는 중국 관료들에게 "중국이 다른 나라에서 추방된 자국민을 받아들여야 할 주권 국가의 의무를 기꺼이 받아들이고 이행했다면, 송환을 앞둔 사람들이 지금 수용소에 있지 않을 것이다. 중국 정부가 계속 외부 세계와의 접촉을 차단하고 중국 내 언론을 억압한다면, 중국 내에서는 해외에서 벌어지는 사건에 대해 완전히 왜곡된 생각이 퍼질 수밖에 없다."라고 일갈했다.[99]

재정착 정책

비상사태 발령 18개월째인 1950년 2월, 말라야의 위기는 계속해서 고조되었다. 거니는 상황을 이렇게 평가했다. "공산주의 세력의 활동 증가로 말라야연방의 치안이 심각할 만큼 나빠졌다. 사건 발생 건수 증가, 도적 사살 건수 감소, 비교적 규모가 큰 공산 반군의 이동과 집중 현상이 관찰된다는 보고가 그 증거다."[100] 수용소는 포화 상태였고 극비 추방 작전은 계속되었지만, 공산주의 반란 세력으로 의심되는 사람들과 시민 조력자 모두에게 구금이나 추방 명령을 내릴 수는 없었다. 고등판무관 거니는 맥도널드에게 이 문제의 핵심을 분명히 전달했다. "나는 이 비상사태를 끝내려면 항상 불법 체류자 문제를 해결해야 한다고 생각했고, 최근 이런 생각을 공개적으로 밝혔다. 문맹인 데다 떠돌이이며 거의 외국인인 이들이 반군에게 인력과 식량, 쉼터를 제공하기 때문이다. 이들의 존재는 일제강점기의 유산이다.[101] 민간에서 이 문제 해결을 촉진하기 위해 할 수 있는 일은 없다."[102]

말라야 정부는 불법 체류자 문제를 해결해야만 했다. 말라야의 초대 작전국장으로 임명된 해럴드 브리스Harold Briggs 중장은 은퇴 생활을 접고 다시 현역으로 복귀한 뒤 말라야연방의 미래 군사 전략의 기틀을 닦았다. 브릭스가 이 직책에 발탁된 이유는 버마 난민 사태를 비롯한 풍부한 전시 경험 때문이었다. 그레이처럼 브릭스도 민간 직책에 임명된 직업군인이었다. 그레이보다 직급이 높은 그는 모든 치안군의 역할을 조정하고, 말라야연방 전역의 농촌 지역을 재편할 작전 전략을 수립했다.[103] 말라야 시골 지역 또는 엘리너 루스벨트가 이야기한 '집과 가까운 작은 곳'이 바로 수십만 명의 중국계 불법 체류자가 사는 곳이었다. 그곳이 말라야의 새로운 비상조치 대상이 된 것이다. 브릭스가 사용하는 새로운 비상조치들과 그 집행 방식은 "보편적 인권이 그곳에서 의미를 갖지 못한다면, 그 어디에서도 의미를 가질 수 없다."라는 엘리너 루스벨트의 명언을 시험대에 올리게 되었다.[104]

브릭스 등장 전에도 식민 당국은 이미 일부 지역에서 재정착 정책을 실험하고 있었다. 특히 반란 세력을 돕는 것으로 악명 높은 지역에서 재정착 정책을 적극 활용했다. 1948년 말, 말라야연방은 불법 체류자 정책 수사를 위한 위원회를 설립했다. 위원회는 수많은 농민 인구를 강제 이주시키기보다는 '현지 정착' 방식으로 통제할 것을 권고했지만, 잇따른 사건 때문에 실행될 수 없었다. 말라야 비상사태 초기에 투쟁의 온상이었던 풀라이 지역에서 치안군은 주민을 모조리 체포해 일부를 수용소로 보내고, 약 350명은 통제 상태로 마을에 정착시켰다. 마을은 이중 철조망으로 둘러싸였고, 통행금지령, 신체 수색, 이동 제한 명령, 식량 배급 정책 등을 통해 통제되었다. 역사가 탄탕피Tan Tang Phee에 따르면, 이는 '공산주의자와 마을 주민 간의 물품 보급을 차단하려는 시도'였다.[105] 이미 2000명 가까운 순게이 시푸트 주민과 1000명에 달하는 순게이 바투 주민이 다른 지역으로 강제 이주된 사례도 있었다. 정부의 부실한 계획 때문에 순게이 바투 주민들은 다허물어져 가는 천막에서 생활해야 했고, 일부는 탈출을 시도할 정도로 절박한 상황에 놓였다.

일본의 대학살을 기억하던 티티 주민들은 전쟁 이후에도 생존자 상당수가 골수 공산주의자가 되었다. 인근 지역 공무원은 당면한 문제의 해결법을 과거에서 찾고자 했다. 그는 이렇게 제안했다. "일본군은 티티와 페르탕 주위에 철조망을 치고 해당 마을에 부대를 배치한 다음 주민을 방어 구역 내에 살게 했다. 우리도 같은 방법을 시도해볼 수 있지 않을까?" 몇 달 후, 경찰과 군대가 진입해 600명의 마을 주민을 강제 이주시킨 다음 오두막을 불태워 없애버림으로써 티티를 '거주 불가 지역'으로 만들었다.[106] 각 주 행정부가 재정착 과정을 감독했기 때문에, 외국인 불법 체류자를 다른 주에 이주시키려 할 때 행정적·물류적 측면에서 갖가지 문제가 일어났다.[107] 치안 문제도 있었다. 거니의 부하들은 충성을 맹세하고, 행정부의 통제 아래 놓인 마을이 '도적의 표적'이 되지 않도록 지켜주지 않았다. 고등판무관 거니는 경각심을 일깨우기 위해 말라야 민족해방군이 철조망 방어선과 준경찰을 피해 마을을 완전히 불태운 심팡 티가를 예로 들었다.[108]

1950년 6월에 시작된 '브릭스 계획Briggs Plan'의 일부는 비상규정 17E를 통해 법적으로 실행되었다.[109] 이 조례는 강제 이주 권한을 부여했으며, 식민 당국은 정글 변두리에 살던 불법 체류자들을 '보호 구역'으로 이주시켰다. 이전의 실험들과 마찬가지로 이 구역들 역시 철조망으로 둘러싸였고, 경찰이 엄격한 통제와 처벌 조치를 집행했으며, "지배는 본질적으로 경찰의 우선 과업이었다."[110] 브릭스는 친펑이 이끄는 말라야 민족해방군과 민간인 사이의 보급선을 차단했다. 불법 체류자 재정착 지역에 침투하려 시도하는 공산주의 반군 용의자와 허가 없이 재정착 지역을 벗어나는 민간인을 사살함으로써 전쟁에서 승리할 계획이었다. 그는 친펑의 부하들에게 필요한 물자와 정보를 차단하고 제거하려 했던 것이다. 브릭스의 목표는 단지 게릴라 병력만이 아니었다. 그는 말라야연방의 민간인도 표적으로 삼았다. 한 극비 보고서에는 다음과 같은 기록이 있다. "산적 무리에 대한 승리는 보안에 필수적이지만, 실제로는 그저 '손등을 한 대 때린 것'에 불과하다. 우리가 겨눠야 할 곳은 '심장부', 즉 중국인 밀집 지역과 불법 거주 지역이다. 그 지역을 장악하는 것을 핵심 목표로 삼아야 한다."[111] 이를 실행하기 위해 브릭스는 이를 위해 노예무역 시대 이후, 영제국 역사상 최대 규모의 강제 이주를 단행했다. 총 57만 3천 명, 그중 거의 90퍼센트가 중국인이었으며, 이들은 480개의 재정착지로 강제로 이주했다. 문제는 단순히 이주의 규모뿐만 아니라 그 속도였다. 이는 막대한 관료적 혼란과 고통을 초래했다. 말라야연방 정부는 자금 부족에 시달렸지만, 놀랍게도 이주와 관련된 모든 주에 정책 실행에 필요한 모든 자금과 물자, 인력을 지원했다. 브릭스는 시골에 거주하는 불법 이주민의 재정착을 추진하면서 고무 농장과 주석 광산 노동자도 공략했다. 재정착수용소가 말라야연방 농장 소유주를 위한 임시 노동력 공급처 역할을 했듯, 브릭스가 만들어낸 노동전선도 사실상 말라야연방에 많은 달러를 벌어다주는 산업을 위한 노동력 공급처 역할을 했다. 말라야연방 정부는 약 65만 명의 노동자를 노동전선으로 재배치했고, 이로 인해 강제 이주하고 재정착한 영국 신민과 외국인 추정 인구가 거의 120만 명에 달했다.[112]

영국이 불태운 말라야

1950년 2월, 제임스 그리피스James Griffiths는 런던에서 식민성 지휘를 맡았다. 연방정부는 그리피스에게 '테러범 지원 세력에 좀 더 무자비한 조치'를 가해야 한다고 통보했다.[113] 브릭스가 농촌 주민에 대한 공격을 개시하자, 거니 정부는 '영국의 본토 전시 규정 18B에 따른 용의자 구금 권한'을 더욱 강화했다.[114] 말라야 정부 관료들은 이미 제2차 세계대전 때와 유사한 수준의 예방적 감금 권한을 활용 중이었다. 한 연방 보고서의 표현에 따르면, "개인은 그가 했다고 믿어지는 일에 대해 간단히 재판을 받고, 그가 할 것이라 합리적으로 추정되는 일로 인해 구금된다."[115] 수감자의 항소권과 석방권은 더욱 엄격히 적용되었다.[116] 몇 달 후, 말라야의 법무장관은 식민장관 그리피스에게 편지를 보냈다. "중립을 유지하는 사람이 설 자리는 없다. 민주적인 삶의 방식을 믿는 모든 사람이 싸움에 동참해야 한다. 말레이인, 중국인, 인도인, 유럽인, 유라시아인 모두 본격적으로 싸워야 한다. 이제 모두가 입장을 분명히 밝히고, 우리 대의명분을 실현하도록 용맹하게 싸우는 치안군에게 전폭적인 지지를 보내야 한다."[117] 말라야 농촌 지역에 거주하던 중국계 주민에게 영국의 '본격적인 정책'이란 강제 이주가 사전 경고 없이 진행된다는 뜻이었다. 특히 '흑색'으로 분류된 지역에서는 그 경향이 더욱 두드러졌다. 어느 식민 관료는 훗날 다음과 같이 설명했다. "재정착이 진행되면 가장 먼저 거의 매복과 다름없는 상황이 벌어졌다. 새벽에 갑작스럽게 모든 경찰과 군인이 마을을 포위했다. 상당히 공포스러운 광경이었다."[118]

기습 효과를 노린 치안군은 주민들이 포위망을 빠져나가 공산당 반군 캠프로 향하는 것을 막고자 했다. 강제 이주 작전이 빠르게 전개되었기 때문에 주민들은 대부분 짐도 제대로 싸지 못한 채 이주용 트럭에 실려 재정착 캠프로 이송되었다. 그 혼란스러운 상황 속에서 가족이 흩어지고 마을 공동체는 해체되었다. 중국계 불법 체류자를 가득 태운 트럭이 말라야 시골과 도시 변두리 곳곳의 새로운 정착지로 떠나면, 치안군은 마을을 모조리 불태웠다. 한 공산당 반군은 자기 마을이 불타는 광경을 목격하고 이렇게 회상했다. "그 장면을 결코 잊을 수 없을 것이다. 영국 군인들은 내 고향에 불을 지르고 잿더미로 만들었다. 거의 일주일 동안 나는 그저 하늘로 치솟는 연기를 바라볼 수밖에 없었다. 분노 때문에 증오심이 더욱 커졌고, 영국 식민정부에 맞서 싸우겠다는 의지가 더욱 굳건해졌다."[119]

정부 보고서에는 "안전한 생활 터전이 수많은 실향민을 기다렸다."라고 기록되었다. 정부의 공식 입장은 재정 지원으로 재정착 과정을 돕고 의료, 교육, 수도, 전기, 주민들이 농작물을 재배할 경작지를 제공한다는 것이었다. 그러나 실제로 강제 이주민들은 살기 힘든 곳에 정착해야 했다. 모래로 뒤덮인 황무지, 곳곳에 늪지가 포진한 지역, 배수 시설이 거의 없는 진창, 주석을 채굴하고 남은 자갈투성이의 광맥이 자리한 광대한 지역 등이었다.[120] 말라야 정부가 서둘러 막사를 세우기도 했지만, 작고 허술한 임시 거처에 불과했다. 현지 관료들은 피난민이 직접 가져온 자재나 정부로부터 받은 '이주 수당'으로 구입한 재료로 영구 주거지를 직접 짓기를 바랐다. 그러나 이 '수당'은 실질적으로는 대출에 가까웠고, 이조차도 받을 수 있는 이들에게만 해당되었다. 이는 일종의 식민지식 채무 예속 체제로, 정부의 지원조차 이주민에게 새로운 부담이 되었다. 정부는 기존의 사회적 유대망과 소속감을 해체했고, 많은 마을 주민이 새로 배정된 이웃들의 말을 이해할 수조차 없었다. 현지 관료들은 결속을 막고 정보 흐름을 차단하기 위해 의도적으로 호키엔 사용자와 광둥어 사용자를 하카스어, 조주어, 푸저우어 사용자와 뒤섞어놓았다.[121] 일부 정착촌에는 최대 1만 3000명의 주민이 거주했지만, 각 정착지의 평균 주민 수는 적었다. 말라야연방 각지에서 끌려온 100명에서 1000명에 달하는 난민이 각 정착촌에 모여 다양한 상태의 굶주림과 공포, 혼란 속에서 생활하게 되었다. 당시 정부 선전 전단에 떠들썩하게 소개된 정착촌의 편의 시설을 기억하는 사람은 거의 없다.[122] 한 기사는 "조호르, 케다, 켈란탄, 트렝가누, 말라카의 어떤 불법 체류자 정착 지역 어디에도 수도나 전기가 갖춰 있지 않았다."라고 전했다.[123] 깨끗한 물을 얻으려면 악취가 나는 곳을 헤치고 지나가야만 했다. 정착촌에서 생활했던 한수인Han Suyin은 당시를 이렇게 묘사했다.

악취가 진동하는 맹그로브 늪지대, 그 뒤편에는 정글이 음침하게 위협하고, 철조망 뒤로는 경찰 초소가 지키고 있었다. 아이들을 포함해 약 400명이 그곳에 몰려 있었고, 썩은 물에 고인 진흙이 발목까지 찼다. 늪지대로 이주된 가족들은 물조차 없이 지냈다. 흙으로 만들어놓은 도랑은 얕아서 일주일도 채 되지 않아 흙으로 넘쳐났다. 우물은 길 건너편에 있었다. 늪에 사는 사람이 도로로 가서 고지대의 우물 또는 상점, 고무 농장으로 올라가려면 경찰 초소 두 개를 지나야만 했다. 곧 늪지 주민이 우물에서 물을 긷기 위해 경찰 초소를 지날 때마다 10센트를 내야 한다는 불문율이 생겼다.[124]

말라야의 방대한 농민 인구는 생존을 위해 허덕였다. 연방 당국은 강제 이주 과정에서 그들의 농작물을 불태우고 일부 가축을 압수했다. 그러나 재정착지에서는 오두막들이 바짝 붙어 있었고, 한수인의 말에 따르면 "닭장을 놓을 자리도, 돼지우리도, 채소밭도 없었다." 한수인이 머물렀던 정착지에서는, 그나마 비어 있는 작은 땅조차 '경찰용 운동장'으로 할당되었다. 1950년대 초반에는 진료소나 학교도 거의 없었다.[125] 하지만 정부는 감시와 통제, 규율을 위한 24시간 체제를 구축하는 데는 자금을 아끼지 않았다. 작전 초기 몇 달 동안만 해도 '재정착 지역'을 둘러싸기 위해 770톤의 철조망이 필요했다고 〈스트레이츠 타임스〉는 전했다. 대부분의 마을을 약 2.3미터 높이의 이중 철조망이 감쌌기 때문에 놀라운 일이 아니었다.[126]

합동신문소에서 누적된 경험

난민들이 생활하는 임시 거주지에는 전기가 들어오지 않는 경우가 많았지만, 정착촌 중앙의 경찰 초소를 기점으로 조명이 달린 감시탑이 재정착지 주변 경계를 빽빽이 메우며 늘어섰다. 말라야 정부 관계자들은 각 집 대문에 숫자를 그려 넣은 다음 거주자의 이름과 나이, 직업을 하나하나 기록했다. 주민들의 이동은 철저히 통제되었고 해 질 녘부터 해 뜰 때까지 통행금지령으로 엄격히 제한되었다. 철조망이 둘러진 마을의 출입문에는 감시병이 배치되어 남녀를 성별에 따라 나누어 세운 뒤, 출입할 때마다 철저한 수색을 벌였다. 일부 지역에서는 '비협조'에 대한 집단 처벌로 하루 22시간의 가택 연금이 시행되기도 했다. 식량 또한 통제 대상이었다. 낮 동안 농장에서 고무를 채취한 노동자들은 정착촌에서 반쯤 굶다시피 했다고 회상했다.[127] "정부가 농지를 준다고 해서 기뻤다. 정부가 우리를 공산주의자로부터 안전하게 지켜줄 거라고 생각하기도 했다. 하지만 철조망 뒤의 삶이 그렇게 될 줄은 꿈에도 몰랐다. 강제수용소와 다를 바 없었다."[128]

정착촌은 각지에서 이루어진 선별 조사, 즉 심문이 이루어지는 장소 중 하나가 되었고, 이는 1948년 봄 말라야 비상사태가 발발한 이후 줄곧 곪아온 문제를 더욱 악화시켰다. 정보가 없으면, 그것도 다량의 정보 없이는 강압 조치도 무력했다는 사실을 식민성과 MI5는 잘 알고 있었다. 악화일로를 걷던 말라야 사태는 정보 수집의 또 다른 실패 사례였다. 다시 한번, 영국의 자기만족적 오만이 그대로 드러났다. 영국은 제국 신민을 갓 걸음마를 뗀 아이와 동일시하는 19세기 사고에서 벗어나지 못했다. 영제국에는 대대적인 정보 업무 개편이 필요했다. MI5는 역대 정보국장들과 수많은 안보 연락장교들이 제국의 요충지를 순회하며 최선을 다했지만, 폭발적인 정보량 증가를 따라잡을 수 없었다. 위기의 확산 속도를 따라잡기에는 역부족이었다. 1949년, 크리치 존스는 제국에 더 많은 전시 정보 역량을 이식하고자 했고, 모든 총독과 고등판무관에게 다음과 같은 편지를 보냈다. "여러 식민지에서 정보부서와 특수부서를 강화하려는 진전이 이루어졌다는 사실을 잘 알고 있다. 하지만 효율성을 개선하고 유럽 본국의 경험과 현지에서 개발된 방법을 적용하는 데 있어 여전히 보완할 점이 있을지도 모른다."[129]

크리치 존스의 '방법'은 런던과 독일 바트넨도르프에 위치한 영국의 전시 합동심문소에서 개발된 기법들이었다. 이러한 심문 기법은 전시 및 전후에 일부 식민지로 퍼져나갔지만, 모든 식민지에 전달되지는 않았다. 말라야에서는 크리치 존스의 부하들이 군 수뇌부에게 심문관 부족을 호소했다. '숙련된 인력 부족 문제를 제외하더라도, 말라야연방 정부가 전쟁 중 대규모 심문이 필요했을 때 개발된 기법과 기술에 대해 충분히 인지하고 있지 않다는 의심'을 피력했다.[130] 말라야의 정보 수집은 조직적 차원에서도, 인적 자원 면에서도 심각한 문제를 안고 있었고, 식민성은 이 점을 군 당국에 다시금 분명히 했다. "가장 큰 약점은 숙련된 장교와 필요한 통역관으로 구성된 심문 전담팀이 없다는 점이다. 심문을 대규모로 실행할 수 있을 때까지는, 결국 상황에 따라 '0을 몇 개 더 지우거나', '3으로 나누는' 주먹구구식 수준으로 적의 전력을 추산할 수밖에 없다."[131]

1949년 8월, 런던의 영국 정부 관계자들은 여전히 숙련된 심문관과 통역관의 부족을 절망적으로 지켜보고 있었다. 이는 제국 전역에서 너무나 명백하게 드러나는 문제였기에, 오늘날의 시점에서 보면 어떻게 이런 뻔한 실수가 반복될 수 있었는지 의문이 들 정도다. 영제국의 방대한 식민 관료 조직의 중심은 런던이었다. 여러 식민지로 분산된 권한의 통제를 위해서는 행정조직 개편이 필요했지만, 영제국의 통치 문화는 '현장에 있는 사람을 신뢰하라'는 신념에 기반을 두고 있었다. 더불어 식민성은 정보 문제를 중앙에 집중시키고 한 식민지에서 확보한 정보를 제국 다른 곳으로 퍼뜨리려 했지만, 일상적인 운영에 있어서는 현지 총독과 고등판무관들을 설득하는 데 그칠 수밖에 없었다. 식민성 관료들은 말라야 정부에 합동심문소 역할을 하는 통역 및 심문소 설립에 동의하라고 요구하며, 산적한 수감자를 제대로 심문하려면 이 프로젝트가 반드시 필요하다고 주장했다.[132] 1949년 말, 거니와 그레이는 중동에서 포로를 심문한 경험이 많은 해럴드 맥밀런 대령의 영입에 동의했다. 맥밀런은 말라야 연방 경찰국장 그레이가 합동심문소의 지휘를 직접 맡는 조건으로 합동심문소 설립 관련 자문을 맡게 되었다.[133] 말라야에 새로 설립된 합동심문소는 일본군 전쟁포로를 심문하고 확보한 문서를 조사하기 위해, 버마 등 다른 곳에 설립된 '합동심문소에서 누적된 방식과 조직 체계'를 모델로 삼았다.[134] 또한 싱가포르와 런던의 고위급 첩자들은 말라야의 새로운 정보 작전이 어떻게 배치되고 조직되어야 하는지를 제국의 다른 지역에서 성공적으로 수행된 심문 작전을 바탕으로 정확히 제시했다. 내부 보고서에 따르면, '모든 수준의 경찰 및 군사 작전을 위해 사용할 수 있는 선별 조사팀의 배치, 주요 포로들에 대한 체계적인 심문, 확보한 문서의 통합적 분석, 세부적인 심문 센터의 설립'이 반드시 필요했다.[135]

브릭스 계획

1950년, 말라야에 브릭스가 도착할 무렵 말라야 합동심문소Malayan Combined Services Interrogation Centre가 마침내 반쯤 가동되기 시작했다. 중국어를 구사할 수 있는 특수부 소속 리언 컴버Leon Comber는 말라야 합동심문소가 '항복한 적군의 수용, 심문, 사후 관리'를 담당한 극비 군사 심문 시설에 있었다고 설명했다. 약 3미터 높이의 철조망으로 둘러싸인 신설 합동심문소는 쿠알라룸푸르 외곽의 경찰 훈련장 근처에 있었으며, 24시간 내내 군대의 상시 순찰을 받았다. '화이트하우스White House'라고도 불리던 심문 센터의 존재는 철저히 비밀에 부쳐져 극소수만이 알았다. 합동심문소 옆에는 오스터 항공기가 심문을 위해 생포되거나 항복한 반군을 내려놓는 활주로가 있었다. 심문을 받은 반군은 수용소로 이송되거나 전향되어 '이중간첩'으로 훈련받고 정글에 남아 있는 동료들에게 파견되기도 했다. 합동심문소 내부는 런던 케이지나 캠프 020과 매우 흡사하게 설계되었고, 심문실에는 양방향 거울이 설치되어 있었으며, 다양한 도청 장치도 곳곳에 숨겨져 있었다. 이외에도 요원들은 합동심문소 내부의 특수 작업장에서 '기술 장치'를 만들었는데, 이는 제임스 본드 영화에 등장할 법한 '파괴 및 교란용 도구들'이었다.[136] 심문관들에 관해서 컴버는 "미래의 국장을 비롯한 MI5와 MI6 요원들이 드나들었고, 육군은 특수지부에 군사 정보 요원들을 지원해주었다."라고 회고했다.¹³⁷ 연방정부는 MI5 본부에서 훈련받도록 현지에서 심문관을 선발했다. 그레이 같은 경찰 고위 간부들은 '영국 육군 정보 수뇌부, MI5 국장, 기타 영국 정보 고위직, 식민부 고관들과 만날 수 있는 기회'를 가졌다.¹³⁸

이러한 지식 공유는 단순히 대면 교육이나 강의에 그치지 않았다. 1949년 봄, 크리치 존스의 지시에 따라 거니는 해외방위위원회Overseas Defence Committee가 식민정부 같은 일반 지침의 토대로 활용할 수 있도록 말라야에서 현재 진행 중인 작전을 정리한 11쪽에 달하는 기밀 문서를 작성했다. 제국 각지의 행정관에게 이미 '방위계획준비Preparation of Defence Schemes' 지침을 배포한 식민성은 고등판무관이 제공한 상세한 문서를 전면적으로 지지했다. 극비 문서는 거니가 황금해안, 팔레스타인, 말라야에서 직접 경험한 내용을 담았고, 테러리즘, 신분 등록, 정보와 정보 수집 활동 등 모든 항목을 다루었다. 식민성이 미리 배포한 '방위계획준비'처럼 거니의 문서도 영제국 각지의 총독과 고등판무관에게 비밀리에 전달되었다. 이는 영제국이 전역에서 적용 가능한 식민지 통제의 표준 모델로 삼으려 한 일종의 비밀 지침서였다.¹³⁹

중국어 통역사들도 말라야로 대거 파견되었다. 아시아와 중동 전역과, 런던대학교의 동양아프리카학부 소아즈에서의 성공적인 모집 활동은, MI5와 말라야연방 정부 관계자들에게 큰 도움이 되었다. 통역관들은 화이트하우스와 말라야 전역의 이동 심문장소에서 특수부 및 군 정보장교들과 함께 일했다. 늘어난 정보는 작전뿐 아니라 좀 더 효과적인 심리전에도 쓰였다. 1950년대 초, 합동정보선전위원회Joint Information and Propaganda Committee는 말라야의 군 관련 부서와 민간부서를 조율함으로써 말라야연방의 부실한 정보 활동을 개선하려 했다. 그러나 모든 것은 현지 지식에 크게 의존했고, 영국 관료들은 관련된 정보 수집에 어려움을 겪었다. 한 장교는 이렇게 회상했다. "처음 3년간은 어떤 정보도 얻지 못했다. 적의 사고방식과 미래 정책, 의도를 파악할 수 있는 자료조차 없었다."140 군 사령부는 "심문소를 복지기관처럼 운영해서는 안 된다. 심문소는 엄격한 규율이 유지되어야 하는 곳이다."라고 강조했다. 그러나 심문팀이 실제로 유용하고 신뢰할 수 있는 정보를 확보했는지는 여전히 의문으로 남았다.141 합동심문소는 이따금 비정통적이고 강압적인 전술로, 때론 끔찍한 고문까지 동원해 용의자를 압박하고 정보를 얻어냈다. 일부 용의자를 전향시켜 이중 간첩으로 활용하기도 했다. 브릭스 계획이 본격적으로 시행되면서, 말라야 전역에는 다양한 유형의 심문자가 배치되었다. 특수지부 요원, 특수지부 부대에 소속된 일부 군사정보장교, 보안연락장교를 포함한 MI5 요원, 전향된 적군 등이 포함되었다. 이들은 모두 제2차 세계대전 중 영국이 수행했던 더블 크로스 시스템의 방식처럼 적을 전향시켜 활용했다. 바트넨도르프에서 영국 심문관들이 포로의 정강이에 나사를 조이며 고문하던 시점, 영국 정부는 이미 이 같은 행위를 인지하고 있었다. 이러한 심문 방식은 얼마 뒤 전후 인도주의법이 서명되고 비준되기 전까지 계속되었다. 이로써 영국은 그러한 행위를 단지 비난하는 데 그치지 않고, 국내 법률 체계 내에서 이러한 관행을 금지하고 처벌해야 할 국제법적 의무를 지게 되었다.

다시 말라야로 돌아가면, 1949년 체결된 제네바협약에 따라 고문이 금지되었다. 영국 연방 내에서 공통 3조에 명시된 '국제적인 성격이 아닌 무력 충돌'이 존재한다고 영국 당국이 동의했는지 여부와 무관하게, 영국군은 1955년 협약의 취지를 따라야 한다고 제안했다. 육군성은 〈전시의 심문 Interrogation in War〉이라는 소책자에서 다음과 같이 밝혔다.

포로들은 항상 제네바협약에 따라 처우될 것이다. 고문이나 학대에 의한 심문은 어떤 상황에서도 허용되지 않는다. 사실, 이러한 방법이 유용할지조차 의문이다. 포로는 실제 사실과 무관하게 심문관이 듣고 싶어 하는 말을 하려는 경향이 있기 때문이다. 폭력적인 행동이나 앙심은 적대감만 부추길 가능성이 크다. 그러한 접근 방식은 결국 심문관의 실패를 인정하는 셈이다. 심문관의 기본적인 목적은 포로의 자발적인 협조를 얻어내는 것이다. 그래야만 신뢰할 만한 정확한 군사 정보를 얻을 가능성이 높아진다. 이러한 협조와 존중은 단호함, 이해심, 공감의 조화를 통해 얻을 수 있다.[142]

제네바협약의 준수를 요구하는 군의 지침이 위선적으로 보일 수도 있다. 영국군과 식민지 행정부, 보안기관은 전시 동안 효과적이었다고 판단된 심문 체계의 구축과 그 기법의 확산을 장려해왔으며, 이들 방식은 지금에 와서는 국제법, 적어도 협약 초안자들이 의도한 정신에는 어긋나는 것이었기 때문이다. 앞서 살펴보았듯, 이 같은 가혹한 심문 기법들과 그것을 가능하게 한 체계는 1955년 이전과 이후를 막론하고 영제국 전역에서 의도적으로 확산되었고, 암묵적으로 묵인되었다. 이런 과정을 통해 얻은 정보는 군사정보국장 패커드 소장이 '적의 심문 방식으로는 얻을 수 없었던 최상의 성과'라고 평했던, 바트넨도르프 심문 결과와 유사했기 때문이다.[143]

역사가들은 이 문제를 두고 많은 논쟁을 벌였다. 일부 역사가는 전쟁 중 합동심문소 수감자들이 "제대로 된 음식과 의류를 공급받은 뒤, 조용하고 호의적으로 심문을 받았다."라고 주장했지만, 다른 역사가들은 독일의 심문실이나 제국 전역에서 고문이 자행되었음을 인정하면서도, 이 같은 사건이 '놀라울 정도로 오랫동안 영국이 심문 관행을 표준화하지 않고, 심문 관계자들의 기강이 해이한 탓에 벌어진 일탈이었다고 주장한다.[144] 해이해진 기강에 심문관들은 끔찍한 혁신을 시도했고, 당국도 이 문제를 알았지만 이 같은 관행을 저지하기보다는 필요할 경우 적극적으로 은폐했다. 심문의 표준화 역시 이미 수년 전부터 진행 중이었고, 전후 제국 곳곳으로 확산되었다. 이후 살펴보겠지만, 여러 지역의 심문센터에서는 혐의자에게 자백을 강요하기 위한 수법들이 점차 유사해졌다.

심문의 앞뒤

영국 관계자들은 포로들이 전쟁에 지친 데다 심문관의 억제력과 설득력이 뛰어난 덕에 별다른 압박 없이도 공산당 반군과 용의자의 협조를 얻어낼 수 있었다고 주장했다. 1952년부터 1954년까지 말라야 특수부를 이끈 가이 매덕Guy Madoc은 자신도 이 같은 입장을 따랐다고 회고한다. "체포되거나 투항한 테러리스트를 상당히 합리적으로 대우하고 친절히 처우했다."[145] 팔레스타인 경찰에서 복무한 뒤 말라야에서 12년을 보낸 존 생키 John Sankey 또한 용의자를 전향시키던 주된 방법이 '정밀한 심리 전술'이었다고 회고했다.

> 회유와 협박을 적절히 활용했다. 용의자에게 계속 질문을 퍼붓고 멈추지 않았다. 피로는 아주 강력한 무기였다. 우리는 용의자들이 자지 못하도록 했다. 그들을 피로에 시달리도록 해 저항심을 무너뜨렸다. 이렇게 하면 결국 누구나 정보를 내놓게 된다.[146]

다른 이들의 기억은 달랐다. 1960년, 한 군인은 10여 년 전에 받은 정보부대 훈련을 떠올렸다. 그 군인의 말에 따르면, 그 훈련은 군의 공식 지침과는 어긋나는 것이었다.

> 내가 몸담은 소대는 포로 심문 방법을 포함해 다양한 것을 배웠다. 경우에 따라 다양한 형태의 신체 고문을 해야 한다고 들었다. 젖은 담요로 온몸을 감싼 뒤 두드려 패는 방법, 몸 안에 마구 물을 넣은 뒤 뜨거운 난로 앞에 세워놓는 방법 등 우리가 배운 고문 방법에는 눈에 띄는 자국을 남기지 않는다는 장점이 있었다. 자국이 남으면 국제적십자에서 나온 사람들이 알아차릴 수도 있으니 말이다. 우리 교관은 정보부대 정규 하사관이었는데, 버마에서 일본 포로를 상대로 이 같은 고문을 사용하는 것을 목격했다고 말했다.[147]

케냐에서 복무하다 말라야에 배치된 신병의 기억도 비슷했다. "정보를 얻기 위한 고문이 일상이었다. 필요하면 실신할 때까지 두드려 패기도 했다. 그중 일부는 우리가 나타나기만 해도 정보를 술술 불었다. 그러지 않으면 고문당할 걸 잘 알고 있었으니 말이다."[148] 중국으로 추방된 이들이 이러한 증언에 구체적인 내용을 더했다. 그들은 '눈에 띄는 흔적을 남기지 않도록 고안된 것'과는 다른 방법으로 고문당했다고 이야기했다. 위협 사격, 발길질, 주먹질, 등나무 줄기를 이용한 혹독한 매질, 손톱 아래 바늘을 찔러 넣는 고문 등등. 당시 영국 당국은 이러한 고문 행위가 있었음을 잘 알고 있었다.[149] 특수부 장교 딕 크레이그Dick Craig는 이렇게 설명한다. "현장 장교들은 수단과 방법을 가리지 않고 정보를 수집했다. 정보를 얻기 위한 과도한 강압 사용이 비일비재했다. 매우 효과적이라고 소문 난 고농도 자백약도 많이 쓰였다."¹⁵⁰ 고위 경찰 간부들과 친분을 쌓고 그들의 전술을 가까이에서 들여다볼 수 있었던 몇 안 되는 인물 현지 언론인 해리 밀러 Harry Miller는 다음과 같이 적었다.

> 경사 같은 사람들에게 중국인은 누구나 진짜 도적이거나 잠재적인 도적일 뿐이었다. 그들에게 걸맞은 처우는 하나뿐이었다. 중국인은 누구나 '두드려 패야' 했다. 중국인이 입을 열지 않을 때 턱을 가격하거나 명치를 걷어차면 원하는 결과가 나왔다. 영국인 경사가 묵직한 장화를 신은 경찰관에게 용의자를 축구공처럼 다루라고 부추기는 모습을 직접 목격한 적도 있다.¹⁵¹

정착촌 자체가 사실상 거대한 심문소였다. 당국은 그곳에서 언제든지 현지 주민들을 선별 심사할 수 있었다. 현지의 중국인 시민군 역시 특수부, 경찰, MI5, 군 장교와 함께 이 과정에서 중요한 역할을 했다. 엄중한 감시를 뛰어넘어 반군에게 물자를 전달하는 주민을 적발하고, 다른 주민에게도 정보를 내놓으라고 강요했다. 그러나 대개는 좌절감이 앞섰다. 영국 정보장교 존 로빈슨 John Robinson은 "고집스럽게 침묵하는 사람들도 있었다. 그들은 바로 눈앞에서 벌어진 일을 전혀 본 적이 없고, 자신의 오두막에 덕지덕지 붙어 있는 공산당 포스터를 누가 붙였는지 모른다고 주장했다. 이처럼 완고한 불법 체류자의 태도에 분노한 심사팀은 그들을 싸잡아 '빌어먹을 빨갱이'라고 부르며 두들겨 패곤 했다."라고 증언했다.¹⁵²

거니의 암살

철조망 뒤 곳곳에 심문팀이 배치되었다. 어떤 팀에서는 마을 주민이 한 명씩 차례로 작은 승합차 옆을 걸어가는 방식으로 체계적인 검열 행진이 이루어졌다. 승합차 안에는 정착촌 주민이 '유령 대장'이라 부르는 특수부 정보원이나 전향한 반군이 타고 있었다. 이들은 반군 동조자로 의심되는 사람이 지나가면 승합차 내부를 두드려 심사팀에게 신호를 보냈고, 심사팀은 용의자를 불러 세워 추가 심문에 들어갔다. 마을 주민들이 이웃을 고발하면 현지 관료들이 심문한 뒤 구금하거나 추방했고, 두 가지 처벌을 동시에 집행하기도 했다.153 마을 주민들은 누구를 믿을 수 있고 믿을 수 없는지 알지 못했다. 그저 치안군을 '붉은 머리 악마'라며 몹시 두려워했다.154 관수이롄Guan Shui Lian은 오빠 중 한 명이 이포 수용소로 끌려간 뒤 중국으로 추방되었다고 이야기했다. 다른 오빠에 대해서는 다음과 같은 이야기를 들려주었다.

> 문 앞에서 어머니의 울음소리가 들렸다. 오빠가 주민들에게 식량을 얻기 위해 게릴라 무리를 이끌고 주석 광산으로 갔다가, 밀고를 받고 당국에 발각되었다. 오빠는 달아나다 총에 맞아 죽고 말았다. 그들은 속옷만 남긴 채 오빠의 옷을 모조리 벗긴 뒤, 마치 죽은 개를 다루듯 오빠 시체를 트럭에 묶은 채 10킬로미터가 넘는 거리를 달려 우리 정착촌으로 왔다. 트럭이 도착했을 때는 이미 오빠를 알아볼 수 없었다.155

브릭스 계획의 규모와 범위, 그 실행에 동원된 전술은 공산주의자를 상대했을 때 성공적이었던 듯하다. 역사학자 베일리와 하퍼는 다음과 같이 전한다.

친펑은 일본이 실패했듯, 영국의 강제 이주 또한 실패할 것이라고 예상했다. 말라야 혁명의 중심 전략은 마을 주민들이 영국에 맞서 일어날 것이라는 가정에 기반하고 있었다. 그러나 말라야 민족해방군은 자신들 못지않게 끈질기고 더 나은 장비를 갖춘 정권으로부터 주민들을 거의 보호하지 못했다. 농민들의 저항은 소용없었다. 말라야 혁명은 잘못된 전제 위에 실패했다.[156]

식량 공급이 줄어들자 공산당은 대규모 부대를 유지할 수 없었다. 1951년, 공산당은 10월 지침October Directives을 발표하고, 이전보다 규모가 작은 반군 부대를 조직했다. 정글에서 식량을 생산하고, 민간인 피해를 초래하는 기반 시설 및 고무나무에 대한 파괴 활동 축소, 무기 탈취와 보안군 공격에 집중하는 방향으로 전략을 대대적으로 조정했다. 말라야연방 정부 관리들은 당시에 이를 체감하지 못했을지 모르지만, 영국이 진행한 재정착 계획 때문에 공산당은 주민에게 해를 끼치지 않는 방향으로 전략을 급격하게 수정해야만 했다.[157] 10월 지침은 공산당의 테러가 주민을 공포에 떨게 만들었다는 사실을 인정하는 것이었다. 한 불법 체류자는 "현지에서 벌어지는 인민운동과 정부 정보원, 양측 모두를 피하고 떨어져 나와 침묵을 지키지 않으면 언젠가 분명 곤경에 처했다."라고 회상했다.[158] 공산당은 이 같은 농민들에게 미래를 걸었지만, 자신들의 행위가 얼마나 자멸적이었는지 깨닫는 데는 시간이 걸렸다. 하지만 마을 주민들에게는 반란에서 살아남는 것이 최우선 과제였다.

그 달 초, 거니는 아내와 비서와 함께 롤스로이스 뒷좌석에 올라타 쿠알라룸푸르 북쪽 고지대에 자리한 휴양지 프레이저스힐로 주말 여행을 떠났다. 식민지 고위 관료의 위상에 걸맞게 그의 차량은 왕관 문장과 말라야연방 국기가 장식되어 있었다. 수풀 사이 구불구불한 좁은 길을 오르는 롤스로이스에 꽂힌 연방 국기가 펄럭였다. 그러나 정글 수풀 속에는 공산주의자 30명으로 구성된 매복부대가 거의 이틀째 기회를 엿보며 숨어 있다는 사실을 거니와 경호 차량은 알지 못했다. 반란 이후 가장 좋은 기회를 포착한 친펑의 부하들은 거니가 탄 차량이 급커브를 돌며 시야에 들어오자마자 기관총을 마구 쏘았다. 수십 발의 총탄이 순식간에 롤스로이스 차량을 관통했다. 머리와 몸에 총을 맞은 거니는 뒷좌석에서 겨우 빠져나와 강둑으로 향했으나, 끝내 쓰러진 채 생을 마감했다. 제국의 외딴 길가 배수로에서였다. 거니와 함께 차를 탄 아내와 비서는 살아남았다.[159] 거니의 죽음은 단순한 부주의로 치부될 수는 없었다. 이 매복 공격은 말라야 사태를 통제하지 못하고 자국민조차 지키지 못했다는 영제국 식민 통치의 한계와 실패를 여실히 보여준 사건이었다.[160] 한 육군장교는 당시 상황을 두고 "이제 제국은 더는 소년잡지에 나올 법한 판타지가 아니다."라고 회고했다.[161] 실제로 거니의 암살은 몇몇 군인에게 소년 시절 품었던 제국에 대한 환상을 산산조각 냈다. 팔레스타인 킹데이비드호텔 폭파 사건에서도 살아남았던 리처드 캐틀링은 "이 사건은 영국군의 사기에도 확실히 큰 영향을 미쳤다."라고 회고했다.[162] 당시 말라야는 민군 사이에 남아 있던 동료 의식조차 위태로운 상황이었고, 거니의 죽음은 그 균열을 완전히 드러냈다. 말라야 특수경찰국장이었던 매덕은 이렇게 술회했다. "안타깝게도 우리 중 상당수가 결국 이런 결론에 도달하게 되었다. 거니의 끔찍하고 비참한 죽음이야말로 어쩌면 이 모든 일의 전환점이 될지도 모른다."[163]

# 13장
체계화된 폭력

LEGACY OF VIOLENCE

1951년, 거니의 암살 소식은 총선을 불과 몇 주 앞둔 시점에 런던에 전해졌다. 장기 해외 순방을 앞둔 조지 6세는 겨우 5석 차이로 과반 의석을 유지하는 노동당의 위태로운 상황을 깊이 염려했다. 이처럼 근소한 차이가 유지될 것이라 보기도 힘든 상황이었다. 국가원수로서 신임 총리 인준에 참석해야만 하는 조지 6세는 자신이 영국에서 먼, 제국의 전초기지에 있는 사이 애틀리 정부가 실각할까 봐 걱정했다. 9월, 국왕의 권유에 따라 애틀리 총리는 의회를 해산하고 한 달 뒤 조기 총선을 치르겠다고 발표했다.[1]

보수당과 다른 노동당?

노동당은 '평화의 확보, 완전고용의 유지와 생산성 향상, 생계비 절감, 정의로운 사회의 건설'이라는 4대 공약을 내걸었다. 노동당의 선거 공약은 유권자들에게 '국제 협력을 위한 끝없는 노력과 함께하는 국내 복지, 해외 평화'라는 기본 원칙을 상기시켰다. 제국 문제에 있어서 노동당은 보수당의 '어두운 과거'와 선을 그으며, 자신들의 자유제국주의는 분명히 다르다고 강조했다.

보수당인 토리당은 여전히 빅토리아 시대의 제국주의와 식민지 착취라는 틀에 갇혀 있다. 위기가 닥치면 그들은 곧바로 무력을 사용하겠다고 위협하는 반응을 보인다. 이러한 편협한 시각은, 평화를 보장할 수 있는 유일한 길인 전 세계적 협력을 가로막는 장애물이다. 그들이 집권했다면 인도, 파키스탄, 실론, 버마에 자유를 허락하지 않았을 것이다. 전쟁과 평화라는 중대한 사안이 열강의 대표자들 사이에서 논의될 때, 문명의 운명을 위해서라도 노동당의 목소리가 반드시 들려야 한다.[2]

노동당이 제국 정책과 실천에서 보수당과 차별성이 있다는 주장을 유권자들이 어떻게 받아들였는지는 알 수 없다. 다만 한 가지는 명확하다. 1951년 당시 영국 국민 대다수는 자국의 제국을 유지하는 것에 여전히 찬성하고 있었다는 사실이다. 그해 식민성의 의뢰로 중앙정보성Central Office of Information은 '식민지 문제 관련 대중 인식'에 관한 설문조사를 진행했다. 응답자 가운데 단 40퍼센트만이 수많은 영국 식민지 중 한 곳이라도 이름을 댈 수 있었지만, 무려 75퍼센트가 제국이 없으면 영국이 더 나빠질 것이라 믿었다. 동반자 관계 개념에 있어서는 더욱 회의적이었다. 관련 질문에서도 영국이 식민지 복지에 도움이 된다고 생각하는 사람은 20퍼센트였다. 어느 응답자는 많은 사람이 공감할 만한 답을 했다. "지금 우리는 세금을 너무 많이 낸다. 그런데 우리가 어떻게 그들을 도울 수 있겠는가?" 어느 식민성 관계자는 대중의 무관심과 무지를 반영하는 대중 언론, 라디오, 영화에 대해 불평했다.[3] 값비싼 전쟁을 치른 뒤, 여전히 제국의 현재와 미래를 이해하려 애쓰던 일부 영국인의 무관심은 부정할 수 없는 현실이었다. 제국은 이제 그저 거실 벽의 낡고 해진 벽지처럼 존재할 뿐이었지만, 여전히 위안이 되는 풍경이기도 했다. 민심이란 단편적으로 측정될 수 있는 것이 아니라 전체적으로 바라보아야 하는 복합적인 문제였다. 세부사항과 관료주의에 집착하는 한 공무원의 시선으로는, 다양한 형태로 퍼져 있던 제국주의적 정서를 포착하기 어렵다.

이 정서는 대중 매체, 언론 그리고 광고 산업 전반에서 끊임없이 반영되고 강화되고 있었다. 전후 영국 사회의 척박한 현실 속에서, 호전적인 다수의 제국주의자에게 제국은 여전히 '위대함'의 상징이었다. 그러나 그 위대함은 점점 유권자들의 손아귀에서 미끄러져 빠져나가고 있었고, 그들은 여전히 전시와 다를 바 없는 경제적 어려움 속에 놓여 있었다.

보수당의 시각에서 보자면, 노동당은 나라를 재정 파탄과 국제적 몰락으로 이끌었다. 1951년 총선에서 보수당은 오랫동안 공들여 다져온 대중 정서를 자극하며 선거에 임했다. 그들의 공약집은 영국인들에게 이렇게 상기시켰다. "우리는 한때 어떤 존재였고, 지금은 어떤 처지에 놓였는가."

> 오늘날 우리의 위상을 6년 전과 비교해보라. 그때는 모든 적이 우리 앞에 무릎을 꿇었다. 전쟁의 공포가 더는 우리 세대와 다음 세대를 괴롭히지 않을 것이라는 희망과 믿음을 품을 자격이 있었다. 전 세계가 우리를 존경하고 흠모했다. 그러나 이 섬나라가 자유 기업 제도를 통해 위대한 명성을 얻었는데도, 교조적인 사회주의를 억지로 강요하려는 시도가 영국의 힘과 번영에 심각한 상처를 입혔다.[4]

보수당의 선거 공약 선언문은 파운드화 평가절하, 국유화, 현 통치자의 무모한 재정 운용이 영국을 벼랑으로 내몰았다고 선언했다. 하지만 '제국과 영연방 유일의 사회주의 정부'와 영국 국민에게는 쇄신의 희망이 있었고, 제국의 과거와 현재, 미래에서 그 희망을 찾을 수 있다고 믿었다. 처칠은 노동당이 제국을 '내팽개치기' 이전, 즉 1945년 총선 때 자신이 내걸었던 공약에서 직접 메시지를 끌어와 다음과 같이 강조했다.

> 이 섬나라를 벗어난 더 넓은 세계에서, 우리는 영제국과 영연방의 안전과 발전과 결속을 최우선으로 생각한다. 우리는 방위와 무역 부분에서 모든 힘을 다해 결속하고, 서로 협력해야 한다. 제국 내 상거래 촉진을 위해 '제국 특혜 관세Imperial Preference'를 유지할 것이다. 국내시장에서는 제국 생산자가 국내 생산자 다음의 자리에 서게 될 것이다. 다음으로, 수억 명에 이르는 영어권 사용자의 결속이 있다. 이들이 조화를 이루어 행동하기만 한다면, 자유와 전 세계의 평화를 지킬 수 있을 것이다.[5]

노동당에게 1951년 총선은 재앙이었다. 득표율에서는 승리했지만 의석수는 20석이나 줄어들어 보수당이 과반을 차지하게 되었고, 처칠이 다우닝가로 복귀하는 모습을 지켜볼 수밖에 없었다. 아이러니하게도 애틀리가 조기 총선을 결심했던 주요 이유 중 하나였던 조지 6세의 해외 순방은 결국 이루어지지 못했다. 국왕은 너무 쇠약해 여행을 떠나지 못했고, 엘리자베스 공주와 에든버러 공작이 대신해 왕실 순방에 나섰다. 순방 세 달 뒤, 그들은 케냐 아버데어 숲 가장자리에 위치한 트리탑스 산장에서 비보를 접했다. 조지 6세가 서거한 것이다.

엘리자베스 2세 여왕 대관식 날 웨스트민스터 성당에서 버킹엄궁으로 행진하는 식민부대, 1953년 6월 2일

제국의 마지막 여왕

이제 영국의 왕좌에는 겨우 스물다섯 살의 군주가 앉게 되었다. 난생처음 의회에서 정회를 선언하는 자리에서, 엘리자베스 2세의 말에서는 빅토리아 여왕의 어투가 울려 퍼졌다. 영국의 새 여왕은 슬픔에 빠진 영국에게 제국의 위대함과 테러의 위협 때문에 치른 희생을 일깨웠다. 엘리자베스는 여왕으로서 이렇게 적었다. "가장 먼저 영연방 전역과 그 너머에서 많은 이가 애도하는, 사랑하는 나의 아버지가 떠오른다." 여왕은 여전히 국내의 식량 배급제나 재정 위기보다는, 영국의 세계적인 위상에 관심을 돌렸다. "나의 장관들은 국제 협력을 촉진하고 평화를 유지하려는 유엔 기구

의 노력에 변함없는 전폭적 지지를 보내고 있다." 그리고 여왕은 동남아시아를 심각한 파멸로부터 구하기 위해 치른 희생을 상기시켰다. "말라야에서 우리 군과 민정은 인내심과 결단력을 갖고 까다로운 임무를 수행하고 있다. 막대한 손실과 고통에도 불구하고, 모든 공동체가 그들의 자유를 지키기 위해 어느 때보다 적극적으로 참여하고 있다."[6]

엘리자베스 2세는 즉위한 지 8개월이 지난 시점에서 이 같은 제국주의적·국제주의적 격려의 메시지를 내놓았다. 그사이, 처칠이 임명한 새 식민장관 올리버 리틀턴Oliver Lyttleton은 경호원 역할을 하는 350명의 치안군을 태운 여섯 대의 호송 차량을 거느리고 장갑차에 올라타 말라야를 순방했다. 영국으로 돌아온 리틀턴은 말라야연방과 그 내부의 혼란한 행정 상황에 대해 신랄한 평가를 내놓았다. 그는 사실상 대부분의 중국계 주민이 감시와 통제 속에 살고 있는 만큼, 이제는 단호하게 말라야연방을 장악해야 할 시점이라고 주장했다. 당시 나토 최고사령부 부사령관이던 몽고메리도 처칠에게 "이 모든 혼란 속에서 결국 중요한 건 '사람'이다."라고 말하며 리틀턴의 의견에 동조했다. 이어 리틀턴에게는 다음과 같은 간결한 전언을 보냈다. "우리는 계획이 필요하다. 둘째로, 사람이 필요하다. 계획과 사람이 함께 있으면 성공할 수 있지만, 그렇지 않다면 성공할 수 없다."[7] 몽고메리의 이 발언은, 말라야 위기를 타개하려면 명확한 전략과 강력한 지도자가 필수적이라는 점을 강조한 것이었다. 그가 직접 지휘를 맡을 것이라는 소문이 파다했다. 실제로 영국 정부는 몽고메리를 비롯해 여러 후보자를 신중히 검토했다. 제2차 세계대전 당시 독일 본토에 대한 대규모 공중 폭격을 주도하며 제국의 교훈을 하늘에 새긴 공을 인정받아 영국 공군 원수가 된 아서 해리스도 진지하게 고려되었다.[8] 결국 영국 내각은 제국에서 많은 경험을 쌓은 아일랜드인을 발탁했다. 그가 말라야에서의 임무를 마칠 즈음, 그의 이름은 반란 진압의 성공과 동의어가 되었다. 그는 '말라야의 호랑이Tiger of Malaya'라는 별명을 얻었다(이 칭호는 본래 일본군 야마시타 장군이 말라야 반도를 돌파해 싱가포르에 일장기를 휘날리며 얻었던 것이었다).

새로운 말라야의 호랑이

새로 등장한 호랑이는 제럴드 템플러Gerald Templer 장군이었다. 이 호랑이는 키가 작고, 얇은 콧수염 아래로 늘 자신만만한 미소를 띠고 있었다. 그는 이런저런 상징을 새긴 쇠붙이가 붙은 벨트를 어깨에 사선으로 맨 전형적인 군인의 모습으로 등장했다. 템플러는 왕립아일랜드퓨질리어 출신으로, 샌드허스트를 졸업하고 여러 전장에서 전투 경험을 쌓았다. 처칠의 항공 폭격 작전 시기 이라크에서도 활약했으며, 아랍 반란 시기에는 '도덕적 효과를 중시하던 전략하에 직접 순찰, 매복, 수색 작전을 지휘했다고 한다.[9] 말라야로 부임하기 전 그는 기사 작위를 받았고, 육군성 정보국장이자 몽고메리의 후계자로서 제국 부참모총장을 역임했다. 이 모든 경력은 고등판무관 겸 작전국장이라는 통합적인 역할을 맡게 된 템플러에게 결정적인 자산이 되었다. 템플러는 회오리바람처럼 말라야를 휩쓸고 지나갔다. 정보 책임자는 그의 등장과 함께 "현장 전체에 전기가 흐르듯 변화가 일어났으며 상황이 살아 움직이기 시작했다."라고 말했다.[10]

1952년 1월 고등판무관이자 최고 사령관으로 부임했을 때, 템플러는 청교도혁명공화국 건립에 큰 공을 세운 올리버 크롬웰Oliver Cromwell 이래 영국 역사상 어떤 장군보다도 막강한 권력을 거머쥐었다. 그의 전기 작가는 이를 '절대 권력'이라 표현했다. 템플러는 이 권력을 카리스마와 함께 적극적으로 활용해 지휘 체계를 간소화하고, 남아 있던 시기 질투와 사소한 갈등들을 차단했으며, 말라야의 정보 시스템을 더욱 통합하고 발전시켰다.[11] 민간과 군사 부분 모두에서 권력을 장악한 그는 인사 개편의 수혜도 입었다. 거니의 암살 이후 몇몇 고위 인사들이 사임했고, 그중 한 명은 영연방관계성 Commonwealth Relations Office 산하에 신설된 일급 기밀 정보부서 운영을 맡으러 떠났다. 그 사이 암 투병 중이던 브릭스는 키프로스에서 곧 숨을 거뒀다. 템플러는 식민장관 리틀턴의 전폭적인 지지를 받았다. 리틀턴은 말라야 반도를 직접 시찰하기 전부터 "영국은 틀림없이 곧 말라야의 통제권을 잃을 것이다."라고 개탄하고 있었다.[12] 리틀턴은 더 강력한 군사력을 원했고, 그의 요청에 국회는 거의 반대하지 않았다. 국가복무법 National Service Act에 따라 징집된 병력을 포함해 18세 청년들을 전투에 투입하겠다는 정부의 결정에 일부 반발이 있기는 했지만, 비상사태 내내 국회는 전반적으로 침묵을 지켜왔다. 영국에는 더 많은 병력이 필요했다. 곧 말라야 전역은 제국 전체가 개입하는 군사 작전 무대로 바뀌었다. 전 세계에서 병력과 장비가 집결했다. 10개의 영국 공군 비행대, 일곱 개의 영국 육군 부대와 여덟 개의 구르카 보병대대, 두 개의 왕립기갑 Royal Armored Corps 연대, 한 개의 해병 특공 여단, 해군의 소형 함대 한 대, 그리고 남로디지아, 동아프리카, 남태평양 식민지에서 차출된 세 개의 식민지 대대가 동원되었다. 말라야 자체에서도 말라야 보병연대 Malayan Regiment 소속 대대가 편성되었다.

1952년 말 기준으로 말라야에는 총 3만 명의 군 병력이 주둔했으나, 이 제국군 체제 속에서도 아프리카 영국군에 소속된 병사들은 제국의 인종차별적인 위계질서에서 결코 벗어날 수 없었다. 군의 급여 체계와 배급은 자유제국주의의 가치관을 반영했고, 아프리카 병사들이 지급받은 제복은 허리띠 고리나 주머니조차 없었다. 공립학교의 질 낮은 교복과 다를 바 없

말라야 페락 내 공산당의 공격, 1952년 무렵

는 군복처럼 급여와 배급도 차등 지급되었다. 밀림에서 소변을 볼 때, 흑인 병사는 지퍼가 없어 바지를 완전히 내릴 수밖에 없었다. 한 병사는 그 군복이 '우리를 전혀 존중하지 않는, 모욕적인 것'이었다고 이야기했다.[13]

말라야에 주둔하던 또 다른 군대로는 말라야스카우트Malayan Scouts가 있었다. 뉴질랜드, 호주, 남로디지아, 남아프리카 등 개척 정신과 합법적인 인종 지배 시스템이 결합된 지역에서 온 백인 신병들이 대거 합류한 군대였다. 한때 이 부대를 이끈 이는 '미친 마이크'라 불린 마이클 캘버트 중령이었다. 그는 팔레스타인에서 보여주었던 거칠고 직접적인 방식으로 작전을 지휘했다. 버마 전선에서는 윙게이트의 뒤를 이어 이인자로 활동했던 그는, 전쟁 중 공수 특전단 출신 요원들을 재배치한 비밀 작전을 탁월하게 지휘했지만 말라야스카우트의 군기를 엄격하게 잡지는 못했다. 템플러가 말라야에 도착할 무렵, 이 같은 조합은 결국 문제를 일으키고 만다. 말라

말라야 밀림에서 부상당한 병사를 대피시키는 공수특전단, 1953년 공개

야스카우트는 지휘 체계를 무시하고 무절제한 파티를 벌이는 등의 일탈로 해체 위기에 놓였고, 캘버트 역시 퇴출되었다. 당시 기준으로도 이 부대의 방식과 태도는 도가 지나쳤다.¹⁴ 그런데도 민간과 군 일부 엘리트 사이에서는 비밀 작전에 대한 신념이 굳건했다.

말라야 비상사태가 시작되고 팔레스타인에서의 비밀 작전이 실패로 끝난 직후, 크리치 존스 등 일부 인사는 다시금 암살단 운영을 시도하고자 했다. 식민성은 '흰담비부대'라고도 알려진 거니의 이른바 '변경부대frontier force' 또는 '정글부대jungle force' 창설을 승인했으며, 여기에 전시 특수부대인 136부대 출신 장교들을 적극 채용했다. 이들은 대개 런던 나이츠브리지의 특수부대클럽Special Forces Club에서 한가한 시간을 보내고 있었다. 이 작

13장 체계화된 폭력

전에는 또 다른 특수 작전 전문가였던 로버트 톰슨도 합류했다. 그는 중국 문제 전문가이자 식민지 행정가였으며, 전설적인 특수 작전 집행부의 선구자이기도 했다. 이들은 대부분 경찰조직을 기반으로 한 부대의 실무를 지휘했다. 식민성이 명시한 바에 따르면, '훤담비부대'의 임무는 '밀림에 숨어 있는 반군 세력을 색출하고 섬멸하며, 이들을 정규군과 경찰부대가 처리할 수 있도록 탁 트인 지대로 몰아넣는 것'이었다.[15]

리틀턴의 비밀 작전

훤담비부대 게릴라 작전의 성과는 매번 달랐지만, 비밀 작전이라는 발상은 건재했다. 비밀 작전에 집착하던 리틀턴은 '특별 수사팀이 특정 개인을 목표로 삼는 작전, 다시 말해 가족이나 연인 등을 통해 공산당 고위 간부를 추적하는 작전이 곧 실행될 것'이라며 처칠의 새 내각에 확약했다.[16] 이러한 방향에서 템플러의 경력이 중요한 영향을 미쳤다. 그는 제2차 세계대전 중 특수작전국행정위원회의 핵심 인물로 활동했으며, 전쟁 중 부상으로 런던에 회복 중일 때도 그 일원으로 활동했다. 이 같은 배경은 그가 말라야에서 공산주의자들을 소탕하는 데 있어 어떻게 작전을 설계하고 실행할지를 형성하는 데 큰 영향을 미쳤다. 템플러는 말라야의 공산당 게릴라들을 '공산당 테러리스트Communist Terrorists', 줄여서 'CT'로 명명했다. 그가 이끄는 정부는 기존의 공식 발표나 보도자료에서 사용되던 '도적'이라는 명칭을 폐기하도록 명령했고, 이는 단순한 명칭 변경을 넘어 심리전과 정보전의 전략 전환을 시사하는 조치였다. 공산주의자들을 단순한 범죄자가 아니라 국가 안보를 위협하는 '테러리스트'로 재규정한 것이다.[17] 말라야 공산당에 대한 명칭의 변화는 단지 내부적인 상징 조정이 아니라 외부 세계, 특히 미국을 의식한 전략 조치이기도 했다. 이에 대해 워싱턴 주재 영국 연락관은 다음과 같이 분명히 이야기했다.

> 그리스에서 보았듯이, 그리스 정부가 공산주의자들을 오랫동안 단순히 도적 행위로 묘사하고자 했을 때, 미국을 비롯한 국제 여론은 다음과 같은 입장을 취하는 경향이 있었다. 즉, 단순한 내부 소요를 진압하기 위해 대규모 군사 작전이 필요하다면, 어떤 식으로든 잘못된 정부 때문이라는 것이다. 이러한 시각은 식민지의 경우에 특히 두드러졌다. 그 결과 우리는 국제 공산주의 위협에 맞서 싸우는 명예로운 투쟁을 벌이고 있는데도 미국 대중 여론으로부터 동정과 지지를 받기보다는, 반란과 반대 세력을 억누르려는 무능한 식민 열강으로 간주될 위험이 있었다.[18]

영국 정부는 '도적'이라는 표현을 버리고, 반란 진압을 둘러싼 불미스러운 세부사항과 식민 통치를 둘러싼 내용을 미 당국과 공유하지 않았다. 비밀리에 작성된 한 내부 문서에 따르면, 이러한 정보는 오직 해외 파견 영국 관료들에게만, 게다가 극히 엄격한 조건에 따라 '알 필요가 있는 경우에 한해' 공개되었다.

통신 자료와 보고서를 포함한 공식 문서에 적힌 '기밀GUARD'이라는 글씨가 의미하는 바는 해당 문서를 작성자의 사전 동의 없이 미국 측에 공개해서는 안 된다는 것이다. 물론 '기밀'이 적혀 있지 않다고 해서 미국 측에 보여도 된다는 뜻은 아니다. 특히 외무성 문서라면, 기밀 여부와 관계없이 사전 협의 없이는 미국 측에 절대 보여줘서는 안 된다고 규정되어 있다. 또한, 그 내용의 기밀 등급과 무관하게 '절대로, 예측 가능한 한 어떤 경우에도 미국에 공개되어서는 안 되는 통신 자료'에는 보안 등급과 무관하게 '일급 비밀 및 기밀'로 표시된다.

원칙은 제국 전역에 걸쳐 동일하게 적용되었다.[19] 템플러가 웡게이트의 특수야간부대를 재구상할 때, 그는 식민성과 완벽히 보조를 맞추고 있었다. 그는 리틀턴에게 보낸 편지에서 이렇게 밝혔다. "정글 전투 경험이 풍부한 특수부대를 투입할 계획이다. 실제로는 '살인부대'가 될 것이다(하지만 의회에서 답변해야 할 상황에 부딪힐 수도 있으니 실제로 그렇게 부르지는 않겠다고 약속한다)." 템플러가 가장 우려했던 점은 병력 내부의 질서 유지였다. 템플러는 식민장관에게 이렇게 설명했다. "'살인부대' 활용이 그곳에 속하지 않은 모든 병력의 전투 사기에 나쁜 영향을 미칠 수도 있다. 그들은 정당하게 싸워볼 기회조차 얻지 못한다고 느끼기 때문이다."[20]

합동심문소의 확대

템플러의 성공 비법은 전시와 전후 시기를 거치며 발전해온 합동신문소의 확대와 기타 심문 방식의 강화에 있었다. 템플러는 〈스트레이츠 타임스〉의 밀러에게 합동심문소가 자신의 '최우선순위 과제'라고 밝히며 '우리의 정보 시스템으로 비상사태에서 승리할 것'이라고 단언했다.[21] 식민성 역시 "말라야 군사 작전에서 정보의 중요성은 아무리 강조해도 지나치지 않다."라는 데 동의했다.[22] 템플러가 정보국장 자리에 처음 낙점한 인물은 전시에 합동심문소를 지휘했으며, 전후에는 특히 바트넨도르프에서 합동심문소 확대를 위해 애쓴 딕 화이트였다. 하지만 MI5 국장직을 앞두고 있었기 때문에 말라야 임명은 불발됐다.

그러나 1954년 MI5 국장으로서 말라야를 직접 방문한 화이트는 식민지 정보 인프라를 강화하고, 말라야특수부 훈련학교Malayan Special Branch Training School에서 신병을 가르칠 MI5 장교를 추가로 파견했다.[23] 템플러는 결국 싱가포르 극동안보정보부 소속 잭 모턴을 정보국장으로 임명했다. 1952년에는 전쟁 중 일본군 포로였던 가이 매덕이 특수부 책임자로 임명되었다. 그는 포로 시절 몰래 말라야 조류에 관한 집필을 시작했던 인물이기도 하다. 이후 2년 뒤 매덕은 모턴을 이어 정보국장직에 올랐으며, 브릭스 휘하에서 복무했던 톰슨 역시 템플러의 정글 작전에서 핵심 역할을 계속 수행했다. 그는 윙게이트의 오른팔로 활약한 경험과 비상사태 이전부터 쌓아온 지식으로 밀림에서 테러범을 색출하는 말라야 작전에 기여했다.[24] 이는 초기에 논란을 낳았던 횐담비부대와 달리, 훨씬 더 체계적이고 전문화된 방식으로 작전이 전환되었음을 보여주는 중요한 변화였다. 윙게이트의 제자들은 제한된 인력으로 최선을 다했으며, 1950년 5월까지 4500명의 의무 복무 병력을 확보한 상태였다. 작전에 참여한 존 노블John Noble은 이들 의무 복무자 중 상당수가 차라리 다른 일을 하고 싶어 했다고 회상했다. 그는 연방으로 향하던 열차에서 매복 공격을 당했던 경험을 떠올리며, "우리를 훈련시킨 사람들은 이전에 유사한 작전을 펼쳐본 사람들이었다. 그러나 그런 훈련은 현지에서 '밀림 공격jungle bashing'이라 불리던 공산주의 세력을 추적하는 작전에 그리 도움이 되지 않았다." 그는 정글 작전의 비효율성과 위험성을 지적하며, "그렇게 많은 시간을 들이고도 겨우 몇 명의 '산적'만 잡을 수 있었다."라고 말했다. 당시 말라야 정글은 유럽인 농장주들을 공포에 몰아넣고 납치·고문했던 도적떼만큼이나 두려운 장소였다. 몸에 붙은 거머리는 담배로 지지지 않으면 상처를 감염시켰고, 모기, 뱀, 불개미, 지네가 항상 들끓었다. 병사들은 거머리뿐 아니라 피부를 마르고 발진 없이 유지하기 위해 자구책을 써야 했지만, 특히 고통스러운 발진이 엉덩이와 생식기를 뒤덮기도 했다. 이를 예방하기란 거의 불가능했다.[25] 템플러와 리틀턴 일당은 말라야연방 비상사태 이후 줄곧 영국의 무력 시위와 소탕 작전에도 포착되지 않았던 친펑과 그의 게릴라 조직을 생포하는 데 혈안이 되었다. 템플러는 사기가 저하된 말라야연방 행정부와 치안군에게 단비 같은 존재였다.

그러나 템플러는 그가 겨냥한 현지 주민과 공산주의자에게는 전임자 못지않게 무자비했다. 그는 총탄 자국으로 가득한 거니의 롤스로이스에 몸을 실어 말라야 각지를 순회하면서 이미 익숙한 영국식 전략을 적용해 나갔다. 연방 지역을 '백색', '회색', '흑색' 구역으로 분류한 것이다. 그는 페락 탄종 말림 같은 '나쁜' 마을, 또는 '흑색' 지역 주민을 맹비난하며 집단 처벌을 직접 감독했다. 지역 주민들이 수자원 공급을 차단하고, 질서 회복을 위해 파견된 치안국을 기습해 12명을 살해하고, 다수의 부상자를 낸 공산당 소대 정보를 끝내 은닉하자, 템플러는 강력한 보복 조치를 취했다.

템플러는 거니와 브릭스가 만들어놓은 올가미를 더욱 단단하고 엄격하게 조였다. 그는 즉시 해당 지역에 해가 뜨기 전까지 시행되던 야간 통행금지를 22시간으로 연장하고, 벌금과 집단 처벌을 명령했다. 특히 그는 식량 공급을 통제하는 '배급 박탈' 전략을 강화하며 지역 주민을 굶주림에 몰아넣었고, 현지인들이 자물쇠 달린 상자에 익명으로 쓴 용지를 넣어 정보를 제공할 때만 규제를 완화했다. 탄중 말림에서는 이러한 익명 제보 방식으로 약 40명이 체포되는 성과를 거두었다. 템플러는 이에 힘입어 이를 곧 말라야연방 전역으로 확대했다.[26]

끔찍한 새마을

템플러는 '새마을New Villages'이라 이름 붙인 재정착 지역에 '엄격한 식량 통제 조치'를 도입해,27 사면초가에 몰린 주민들을 더욱 옥죄기 시작했다. 반군에게 돌아갈 여분의 식량을 최소화하기 위한 목적으로 나트륨 작전Operation Sodium도 도입했고, '마을 경계 울타리에 치명적인 전기를 흘려보내는 새로운 규정'도 승인했다. 야간에는 '적절한 야간 경계 조명'을 설치해 어둠을 틈타 마을로 잠입하려는 반군들을 색출하고 차단하는 데 자원을 투입했다.28 우편함 작전Operation Letter Box으로 고발당한 농부들은 추가 유도 심문 활동을 위해 다른 곳으로 보내졌다. 템플러와 부하들은 '시신, 포로, 압수한 문서'에서 나오는 정보가 아니라, 적의 내부에 '깊숙이 침투할 수 있는 생생한 정보'를 좇았다.29 작전에 참여한 정보조직들은 불과 1년 만에, 정글 안팎에 퍼져 있던 친평의 공산당 조직에 침투하는 데 도움이 될 만한, 전례 없이 뛰어난 정보 지도를 구축했다. 그에 따라 가차 없는 공산당원 추적 작전이 개시되었고, 결국 전세가 뒤집혔다. 이러한 정보의 선순환은 합동심문소 요원들이 생포한 적국인Surrendered Enemy Personnel*을 대상으로 진행한 '심문'과 '전향' 작업 덕분에 더욱 가속화되었다. 전임자 거니가 도입했던 제도(정보 제공과 체포 실적에 따라 고액의 현금으로 보상하는 정책)의 효과이기도 했다. 이로 인해 일부 주민과 적군 인사는 훨씬 빠른 속도로 협력하기 시작했다. 함정 수사도 흔했다. 특수부가 공산주의 서적이나 무기를 갖다 놓고서 특정한 사람에게 누명을 씌워 체포한 다음 구금 또는 추방하겠다고 위협하

---

* 제2차 세계대전 이후 연합군이 사용한 공식 용어 중 하나로, '전쟁 포로'와는 구별된다. 특히 영국과 미국은 이 용어를 사용해 공식적으로 포로 지위(즉, 제네바협약상 권리)를 부여하지 않고 억류한 적군 인원을 지칭했다.

는 식이었다. 한 전직 정보장교는 "정보를 얻기 위해 사형시키겠다고 위협하는 때도 많았다."라고 회고했다.[30] 항복한 게릴라들에게는 다시 부대로 돌려보내겠다는 위협도 가해졌다. 이는 곧 '배신자 처형 캠프' 또는 친펑의 내부 보안부대에 의한 죽음을 의미했다. 공산당은 그들의 병력에 대해 극도로 가혹한 규율을 강제했고, 기자 해리 밀러는 수백 건의 노획 문서를 검토하며 이를 확인했다. "위반자는 나무에 묶인 채 물도 마시지 못하고 수 시간 동안 햇볕에 노출되기도 하고, 대나무 몽둥이로 36대까지 맞을 수도 있다. 산 채로 매장되기도 했다. 규율은 주위 상황에 따라 맞춰지기 마련이다. 이것이 정글의 규율이다."[31] 그런데도 여왕의 심문관들은 공산주의자들을 은밀한 식민지 요원으로 '전향'시키는 데 있어서 놀라운 성공을 거두었다.

프로펠러 추진 폭격기, 아브로 링컨이 밀림에 수천 파운드짜리 폭탄을 투하했다. 스핏파이어 전투기들은 기관총 사격으로 밀림의 우거진 숲을 뚫었다. 두 전술은 실질적인 타격보다는 심리적 효과가 더 컸다. 친펑은 결국 태국과 맞닿은 말라야 북쪽 국경으로 후퇴했다. 그는 훗날 내부 배신자 때문에 방어 작전이 무력화되었다고 회고했다. "그릭* 지역의 동지들은 내부에 배신자가 있다는 사실을 눈치챘지만, 정확히 누구인지를 파악하지 못했다." 결국 공산당 관계자들은 '리안 숭Lian Sung'이라는 지역위원회 간부를 색출해냈고, 그의 주머니에서 5만 달러짜리 정부 수표가 발견되었다. 그는 즉시 처형당했지만, 이미 친펑의 보급망에 돌이킬 수 없는 타격을 입힌 뒤였다. 이로 인해 친펑은 태국으로 공산당 지휘 본부를 이전할 수밖에 없었다.[32]

1954년, 영국 정부는 공산주의자와의 전투에서 승리 중이라는 성과 지

---

* '게릭'이라고도 불리는 페락의 지명이다.

표를 자랑스레 내세웠다. 공산주의자 사살 수는 꾸준히 증가하고 있었고, 정부 치안군을 향한 공격은 감소세를 보였다. 친펑의 부하들은 밀림 깊숙이 몸을 숨겼다. 보급로가 차단된 탓에 식량 자급이 반군의 최우선 과제가 되었다. 말라야 정부는 화학 무기로 농작물을 파괴하고, 덤불과 밀림 가장자리의 삼림을 모조리 없애버렸다. 거니가 사망하기 전, 말라야 식민정부는 이미 농촌 지역에서 축출된 반군이 정글 내에 조성한 경작지를 파괴하기 위해 비산나트륨을 실험적으로 사용하고 있었다. 이 비소 계열 살포제를 사용하자 '푸른 경작지가 시들시들 말라가는 갈색 땅덩어리로 변모'했지만, 독성이 지나치게 강해 당국은 영국 본국의 자문을 요청하게 되었다.[33]

1951년 11월, 영국 생물전위원회Biological Warfare Committee 제프리 블랙먼Geoffrey Blackman 위원장은 '하층 식생 제거를 위한 화학제' 사용을 권고했다. 이를 계기로 고엽제의 주요 성분 혼합물, 트리클로로아세트산 나트륨 등 각종 화학물질을 이용한 시행착오적 실험이 시작되었다. 말라야연방 관계자들은 실험의 성공을 낙관했다.[34] 문제는 화학물질의 독성이었다. 어느 보고서에 따르면, 현지 관계자들은 고체 형태의 트리클로로아세트산 나트륨 또는 해당 용액이 피부나 눈 등에 닿지 않도록 할 것, 트리클로로아세트산 나트륨과 접촉할 시 방수복, 방수 장갑 등의 표면을 물로 완전히 씻어내는 등 예방 조치가 필요하다고 주장했다.[35] 현지 식민 관료들은 소방 호스로 다량의 용액을 분사하는 방법을 시도했다. 이후 2, 4, 5-T(고엽제 성분인 트리클로로페녹시 초산)의 공중 살포 방안이 가장 선호되었다.[36] 말라야연방 정부는 영국 최대 규모의 화학물질 제조업체 임페리얼 케미컬 인더스트리Imperial Chemical Industries로부터 2, 4, 5-T 재고 전량을 사들였다. 템플러는 공산주의자 반군의 경작지를 파괴하기 위해 밀림 깊은 곳에 2, 4, 5-T를 살포했다. 1953년 3월, 헬리콥터가 본격적으로 살포를 시작하자 〈맨체스터 가디언〉이

"제초제 사용은 사실상 '화학전'에 해당한다."라며 템플러의 결정을 맹비난했다. 식민성은 이런 우려를 일축했다.

> 테러범들이 키우는 식량 작물을 파괴하려는 실험이 진행 중이라는 사실은 오래전부터 잘 알려져 있었다. 공산주의자들은 '화학전'이 벌어졌다는 다소 터무니없는 선전을 이미 적극적으로 활용해왔다. 그러나 그 문제가 제기될 때마다 우리는 설득력 있는 해명을 제시한 바 있다. 지금 시점에서 더는 이 사안을 논의할 필요가 없다고 본다.[37]

야당이나 대중도 말라야 현지 작전에 반대하지 않았다. 공산주의의 손아귀에서 문명을 구해냈다는 보수당의 주장을 반박하지도 않았다. 1952년 11월, 리틀턴은 의회 연단에 올라 템플러를 찬양하며 말했다. "템플러는 무한한 에너지, 선견지명, 정치 문제에 대한 자유주의적 접근을 통해 말라야 대중의 사기를 높이고, 모든 이에게 지금 해야 할 일과 앞으로 기대할 일을 제시했다."[38]

말라야를 평정한 영국

한 달 후, 〈타임〉은 '말라야의 템플러: 정글을 평정하다 Templer of Malaya: The jungle has been neutralized'라는 제목과 함께 템플러의 미묘한 미소를 표지에 실었다. 〈미소 짓는 호랑이 Smiling Tiger〉라는 장문의 기사는 '집단 처벌'을 정당화하고, "영국 청년들이 말레이인, 중국인, 인도인과 함께 목숨을 걸고 싸운다. 이들은 공산주의라는 진정한 적과 마주한다."라고 찬양했다. 〈타임〉은 영국 치안군이 참수한 반군의 충격적인 사진을 공개한 공산당 기관지 〈데일리 워커Daily Worker〉도 겨냥했다. 〈데일리 워커〉에 공개된 사진 중에는 참수된 중국인의 머리를 든 젊은 영국 해병이 환하게 웃는 모습도 있었다. 〈데일리 워커〉의 기자는 템플러에게 "그의 연대 처벌 정책이 나치가 쓴 방법과 같은 것이 아닌가?"라고 물었고, 〈타임〉은 그에 대한 템플러의 응답을 다음과 같이 전했다.

> 소리 없이 으르렁거리는 듯, 템플러는 입술을 일그러뜨리며 미소 지었다. 템플러는 자기가 마주한 평범하면서도 섬뜩한 실제 상황과 수치를 단호하게 읊어댔다. 〈데일리 워커〉 기자가 "파시스트 방식을 사용한다는 걸 부인하지 않는군요?"라고 묻자, 템플러는 이렇게 답했다. "그럴 필요가 없으니까요." 공산주의자인 기자가 다시 물었다. "말라야의 영양실조 수준은 어느 정도입니까?" 템플러는 답했다. "전혀 모릅니다." 기자가 되물었다. "왜 모르죠? 당신이 말라야 고등판무관 아닙니까?" 템플러는 조용히 답했다. "자리에 앉으세요.. 앉기 싫거든 나가세요." 템플러의 말에 기자는 자리에 앉았다.[39]

〈데일리 워커〉 외에 이 같은 논조를 보이는 언론은 없었다. 〈데일리 헤럴드〉, 〈맨체스터 가디언〉, 〈옵서버〉 같은 신문에 가끔 실리는 기사에는 말라야 비상사태라는 위기 앞에서 제국 통치를 지지하는 제4권력의 태도가 반영되어 있었다.[40] 영국이 팔레스타인에서 철수할 때는 각 매체가 매일같이 살해당한 두 영국인 하사관의 섬뜩한 사진이 게재된 관련 기사를 내놓았지만, 말라야 비상사태 때는 〈데일리 워커〉를 제외한 어떤 언론도 참수당한 반군의 사진을 다시 싣지 않았다. 공산주의 테러범에 맞서 무시무시한 전쟁에 나선 '우리 청년들'을 지지하자는 애국심이 널리 퍼졌고 언론 전반을 지배했다. 처칠 정부는 수십 년간 초당적으로 구축된 대응 논리를 바탕으로, 조지 오웰이 '이중사고'라 지적했던 사고방식을 반복했다. 국가의 폭력과 학대에 대한 비판이 제기될 때마다 정부는 상투적인 논리로 맞서며 진부한 답만 내놓았다. "너무나도 불가능에 가까운 임무를 수행 중인 왕실부대에게는 국민과 정부의 전폭적인 지지가 필요하다."라는 호소가 반복되었다. 물론 비판 세력도 일부 있었다. 노동당 소속 의원 톰 드리버그는 말라야의 강제수용소와 임시수용소를 직접 방문해 둘러본 뒤, 강압적 전술을 공개 비판했다. 그는 하원의 식민차관 앨런 레녹스보이드에게 해당 문제를 집중적으로 추궁했고, 이 논쟁은 BBC 홈 서비스* 라디오 방송을 통해 대중에게 알려졌다.

노동당 의원 드리버그는 말라야에서 경찰관이 용의자 심문을 위해 사용하는 방법을 어떻게 조사하는지 물었다. 이에 대해 레녹스보이드는 학대와 관련된 '다소 터무니없는' 비난이 다수 제기되어 왔으며, 그런 이야기들은 명백히 공산주의자들의 이해관계와 맞물려 퍼지고 있다고 주장했다. 그는 구체적인 혐의가 있는 경우는 모두 조사했으며 동기가 밝혀진 몇몇 사건은 엄중히 조치했다고 이야기했다. 드리버그는 이 사안에 대해 식민장관이 직접 조사해야 한다고 촉구했다. 레녹스보이드는 경찰관들이 겪고 있는 '끔찍하리만큼 어려운 상황'을 고려해, 그들 스스로의 문제를 더 심도 있게 살펴볼 필요가 있다고 맞섰다. 그는 '근거 없는 주장'을 조사하는 데 들이는 시간과 노력을 오히려 이 끔찍한 전쟁 종식에

---

* BBC 라디오 4의 전신이다.

써야 한다고 주장했다.⁴¹

드리버그를 비롯한 비판가들은 학대 의혹을 조사에 있어 정부 앞에서 속수무책이었다. 영국 당국은 매일 언론에 공식 통계를 담은 브리핑을 제공했고, 이는 언론인의 생명줄이나 다름없는 자료였다. 이러한 '사실'은 말라야의 철조망과 정글 깊숙한 곳에서 흘러나오는 근거 없는 고발들과는 극명히 대조되었다. 정부 발표에 따르면, 학대 사례가 있다 하더라도 '몇몇 사례에 불과할' 뿐, 결코 조직 차원은 아니었다. 주류 언론도 실증주의적인 보도 방식을 고수했다. 정부가 제공한 '준비된 사실'에 반하는, 확인하기 어렵고 근거도 약한 증거에 기대어 기사를 내는 것을 꺼렸다. 언론이 수용소나 마을, 치안군 내부에 접근하는 것이 제한적이었고, 치안군 내부에서도 입을 여는 일이 거의 없었기 때문이다. 군 내부에서조차 공개되지 않은 참수 사진들은 일종의 야만적 전리품이었다. 그리고 이러한 정보 유통을 형사 범죄로 규정하는 공무상비밀엄수법Official Secrets Acts은, 부적절하다고 여겨지는 정보의 흐름을 차단하는 데 있어 영국이 세계 선두에 선 이유이기도 했다. 이 법은 내부고발자가 될 가능성이 큰 사람들의 입에 자물쇠를 채웠다. 역사학자 에릭 린스트럼Erik Linstrum이 지적했듯, BBC 같은 언론사들은 보도 시 '두 가지 출처를 통한 정보 검증'을 요구했지만, 정보 미공개라는 정부 정책에 더해 정보 공개자에게 가혹한 처벌을 가하는 방침 때문에 이중 검증은 불가능했다. 루이스 헤렌Louis Heren 등 〈타임스〉와 〈데일리 워커〉의 회의적인 기자들은 공식 인터뷰에도 접근이 제한되거나 아예 배제되었고, 정부의 지속적인 감시와 방해를 받았다. 정부는 내부 조사를 대대적으로 홍보하며, 그 조사 결과가 정부의 공식 입장을 지지했다고 주장했다. 학대는 영국의 문명 수호 과정, 제국을 지키는 과정에서 불가피하게 발생한 일부 사례

말라야에서 밀림 순찰 중인 스코틀랜드 근위대, 1950년

일 뿐, 체계적인 문제는 아니라는 해명이 이어졌다.[42] '구체적인 혐의'를 조사했다는 주장은 약간의 사실에 온갖 거짓의 껍질을 씌운 것이었다. 이를 꿰뚫어본 드리버그는 템플러 체제하의 '새롭고도 더욱 무자비해진 정책'을 강하게 비판했다. 그는 집단 처벌을 '야만적이고 비민주적인 방식'이라 규정하며, "영국 정부는 '목적이 수단을 정당화한다'는 낡은 행정 원칙을 아직도 고수하는가?"라고 질문을 던졌다.[43] 또 다른 노동당 의원이 "집단 처벌이 유엔인권헌장 Charter of Human Rights of the United Nations에 부합하는가?"라고 묻자, 리틀턴은 집단 처벌이 "유엔헌장에 위배되지 않는다는 것이 내 생각이다."라고 답했다.[44] 집단 처벌 문제는 당시 보수당 정부에게 있어 가장 불편하고 골치 아픈 쟁점이었다. 이 사안만큼은 여야를 가리지 않고 논의의 필요성에

공감하는 분위기가 형성됐기 때문이다. 처칠의 식민성은 악랄한 공산 세력과 맞서 열심히 전투하는 영국 부대원들의 용맹성을 거듭 강조하며, 능숙하게 질문을 회피했다. 매번 똑같은 방식이었다. 한 고위급 장교가 쿠알라룸푸르의 영국 고문관에게 털어놓은 말은 이러한 분위기를 단적으로 보여준다. "어떤 조사의 범위를 축소할 만한 충분히 타당한 이유가 있는 경우도 많다. 그것이 부적절하다고 하더라도 말이다. 추가 정보 요구로 상대를 당혹스럽게 만드는 것은 우리 부처의 일이 아니다."⁴⁵

전쟁 초기, 말라야에서 범법 행위가 있었다는 주장이 제기되면 최소한으로 조사하는 관행이 생겨났다. 이와 관련한 가장 악명 높은 사건은 1948년 12월 중순에 벌어졌다. 스코틀랜드 근위대 제2대대에 소속된 14명의 정찰병이 바탕 칼리에 있는 중국인 고무 채취 정착촌에서 26명의 반군을 체포했다. 초기 보도에 따르면, 생포한 반군이 달아나려 하자 정찰병들이 발포했다. 그러나 〈스트레이츠 타임스〉는 이 사건에 의문을 표했고, 곧 "중국인들이 냉혈하게 살해되었다."라는 소문이 돌기 시작했다. 정부에 더 강경한 조치를 촉구하던 보수적인 언론조차 의심을 품을 정도의 사안이었다.⁴⁶ 부서 소장은 "용의자들이 마구 달아나며 경계 태세를 갖춘 보초병을 향해 내달렸고, 엄청난 양의 총알이 쏟아졌다."라고 이야기했다.⁴⁷ 그는 스코틀랜드 근위대 소속 소대가 20여 명의 용의자를 사살한 사실은 인정했지만, 그 외 세부사항에 대해서는 일절 언급을 거부했다. 자세한 내용이 공개되지 않았기 때문에 공산당 기관지는 취재에 열을 올렸고, 거니의 정부에는 의혹의 구름이 드리웠다. 말라야 법무장관은 곧 내부 조사를 받았지만, 내용은 공개되지 않았다. 크리치 존스는 하원의 질문을 간단히 묵살했다. "민간 당국이 이 사건을 조사했고, 제공된 증거를 면밀히 검토했다. 현장을 직접 방문한 후, 법무장관은 보안군이 발포하지 않았다면 해당 중국인 용의자들이 명백히 사전에 계획된 탈출 시도에 성공했으리라 판단했다."⁴⁸ 하지만 막후의 대화는 달랐다. 말라야연방 당국과 식민성 사이에서 오간 대화를 보면, 제국의 다른 전쟁에서도 반복된 끝없이 진화하는 정당화와 은폐의 패턴을 확인할 수 있다.

정당화와 은폐

두 조직 사이에서 오간 비밀 전보로 어떤 분위기가 만연했는지 확인할 수 있다.

이 상황과 관련된 어려운 문제 중 하나는 우리가 테러와의 전쟁과 동시에 법치주의를 유지하려 애쓰고 있다는 점이다. 사무실이나 집에 앉아 밀림에서 고군분투하는 치안군을 비판하기는 쉽지만, 실제로 그런 작전을 수행하기는 어렵다. 의심할 여지 없이 가장 고되고 위험한 일을 수행하는 사람들을 비판할 때는 보수적이어야 한다. 사건이 벌어진 뒤, 모든 행동 하나하나를 가장 엄격한 잣대로 평가받으면 치안군의 사기가 떨어질 것이다.⁴⁹

40년이 흐른 뒤에야 BBC가 공개한 다큐멘터리 〈피도 눈물도 없는 In Cold Blood〉 등 다양한 경로로 바탕 칼리와 관련된 사실들이 알려졌다. 사건 당시 병사들은 상부의 지시에 따라 반군을 사살했고, 이후 곧바로 은폐되었다.⁵⁰ 보수당 정부는 수많은 거짓에 약간의 진실을 섞어 능수능란하게 개혁의 필요성을 들먹였다. 영국 정부는 가혹하게 운영되는 템플러의 '새마을'이 식민지 주민을 변화시키는 자유제국주의의 능력에 대한 완벽한 본보기라고 여겼다. 실제로는 엄격히 통제된 재정착 구역이었지만, 적어도 영국 정부의 시각에서는 그랬다. 이중으로 둘러쳐진 전기 철조망 뒤에서 공산주의자들과 지지자들은 표면적인 '갱생'을 통해 현대적인 남녀로 거듭났다. 1953년 봄, 리틀턴은 의회 연단에 올라 식민지 전시 상황 내내 템플러가 단행한 광범위하고 전례 없는 조치와 '새마을'에 대해 극찬을 아끼지 않았다.

> 한동안 마을위원회가 있었지만, 지금은 현지에서 재정과 지역 운영을 책임질 권한을 가진 선출직 의회가 그 역할을 맡고 있다. 학교와 마을 회관이 세워졌고, 각 마을에서 의용병을 모집해 국방시민군을 육성한다. 마을 지도자들은 시민 교육 과정을 이수하며, 스포츠와 기타 지역 활동도 장려되고 있다. 새로 구축된 대다수의 마을에서 공동체 정신과 충성심이 커졌으며 정부와의 진정한 협력이 이루어졌다는 점이 매우 기쁘다.[51]

또 다른 자유제국주의의 표어가 널리 퍼지기 시작했다. 바로 '지역사회 개발'이었다. 공식 보고서에 따르면, 전쟁으로 황폐해진 말레이반도에 오랫동안 결핍되었던 제도와 서비스가 넘쳐났다. 식민 당국과 선전 기관들은 말라야연방 전역의 '새마을'에서 전례 없이 확대된 학교와 의료 서비스를 홍보했다. 식민 관료들은 수감된 민간인에게 히말라야에 세운 '휴양소'에서 파시스트들을 대상으로 진행했던 시민 교육을 상기시키는 새로운 교육 과정을 통해 향후 참정권 부여와 독립을 준비시키고 있다고 주장했다. 많은 식민 관료가 '어린아이 같은 원주민'의 문명화를 위한 개혁의 초석이 혹독한 규율이라고 믿었다. 그러나 이러한 갱생과 사회복지 프로그램이 공산주의의 확산을 얼마나 억제했는지는 의문이다. 확실한 것은 영국이 120만 명에 달하는 중국인 '불법 체류자'를 수용소나 '새마을'에 가둬놓은 후에야 말라야연방 전역의 철조망 안에서 소규모의 사회 개발 조치들이 도입되었다는 점이다.

중국인들은 남녀노소 가릴 것 없이 모두 말라야 내의 모든 세력을 무서워했다. 영국 식민 당국은 중국인을 굶기고, 벌하고, 심문하고, 고문하고, 착취했다. '새마을' 정신이 자유제국주의의 개혁을 상징하는 표현으로 통용될 무렵, 민간 사회는 와해되었고, 완전히 지친 주민들은 대부분 무일푼 신세였다. 자조조직과 여성단체의 설립, 시민권 확대 같은 발전이 이루어졌고 지역사회 기반의 치안 정책이 도입되었으며 공공기관에 대한 신뢰도 살아났지만, 기껏해야 자유제국주의의 최소 기준선이 한 단계 높아진 것뿐이었다. 1954년 5년 전과 비교해 영국 치안군의 행동에서 가장 달라진 점이 무엇인지 묻자 한 경찰관은 '구타 감소'라고 답했다.[52]

템플러의 '새마을 프로젝트'는 이후 '마음과 정신hearts and minds' 작전의 최초 성공 사례로 인식되었고, 이후 미국을 포함한 여러 나라의 모델이 되었다. 많은 사람이 템플러의 프로젝트를 모범 사례로 받아들였다. 이처럼 놀라운 성과는 영국 선전기관이 국내와 말라야에서 펼친 선전 활동 덕분이었다. 정부는 말라야연방의 '정보 서비스'에 연간 약 500만 달러(약 830억 원)를 지출했고, 템플러는 미국을 상대로 한 개인적인 매력 공세도 병행했다.[53] 리처드 닉슨Richard Nixon 부통령을 초청해 영국의 광범위한 반란 진압 작전을 브리핑하기도 했던 템플러는, 드와이트 아이젠하워Dwight Eisenhower로부터 한 통의 편지도 받았다. "귀하가 보여준 고무적인 리더십에 대해 축하의 말을 전한다." 아이젠하워 대통령은 공산주의 테러 진압에 성공한 템플러의 리더십을 강조했다.

적절한 시기, 말라야의 다양한 민족이 하나로 통합되어 말라야 자치 국가로 거듭날 수 있도록 지원하는 영국의 선견지명 있는 정책에, 미국은 다시금 깊은 공감을 표한다. 미국 역시 이 목표를 달성하는 데 따르는 복잡한 과제들을 충분히 이해하고 있으며, 이를 위한 일련의 진전된 조치 가운데 귀하와 귀하의 정부가 보여준 상상력 넘치는 리더십을 높이 평가한다.[54]

개혁의 유산을 갈고닦으려던 템플러의 방침은 '마음과 정신'을 사로잡는 전략의 환상을 지속시키는 데 크게 기여했다. 그가 말라야를 떠난 지 10여 년이 지난 무렵, 〈스트레이츠 타임스〉는 템플러가 당시를 회고하는 글을 게재했다.

이런 종류의 전쟁에서 총알로는 승리할 수 없다. 내 생각에, 지겨운 표현이긴 하지만 내가 처음 쓴 말인 듯한데, 사람들의 마음과 정신을 얻어야만 그들을 우리 편으로 만들 수 있다. 전략은 사람들을 우리 편으로 끌어들이는 데 있다. 곧 생활수준을 끌어올리고 삶을 풍요롭게 만들어, 이른바 서구식 삶의 방식이 공산주의식 삶보다 낫다는 것을 증명해야 이길 수 있다.[55]

거니와 브릭스, 템플러가 중국 민간인에게 가한 끊임없는 공격을 보면 '마음과 정신' 전술에 의문이 가듯이, 관련 통계와 숫자를 봐도 영국의 전술에 의구심이 생긴다. 정부 주도하에 테러, 정보 수집, 암살단의 공격, 추방, 대규모 재정착, 구금이 벌어지는 가운데 전면적인 사회경제 개혁이 진행되었다는 자료는 그 어디에도 없다.

'마음과 정신' 전술의 진실

전쟁 초기, 거니는 경고했다. "테러는 지역사회가 겪을 수 있는 가장 값비싼 형태의 질병이다. 오래 지속될수록 피해가 더욱 커진다."[56] 템플러가 말라야에 도착할 무렵, 군비 지출만 5000만 파운드(약 2조 3500억 원)에 달했다. 말라야연방 정부는 총 6600만 파운드(약 3조 960억 원)에 달하는 예산의 절반가량인 2900만 파운드(약 1조 3600억 원)를 비상사태와 관련해 지출했다. 당연히 사회 개혁과 지역사회 개발 비용이 가장 먼저 삭감되었다.[57]

연방정부가 1950년 수립한 개발 계획에는 다음과 같은 내용이 포함되었다. "현재 발생하는 반복적인 지출을 줄이거나 세수가 늘어나지 않는 한 사회복지 확대에 투입할 수 있는 자금은 매우 적다. 사실상 현실적인 대안도 없다. 규모와 상관없이 경제를 변화시키려면 기존 사회복지 비용을 줄일 수밖에 없다."[58] 한국전쟁이 아니었다면 말라야연방은 재정적으로 더욱 깊은 수렁에 빠졌을 것이며, 반란 진압 주도권을 쥐는 데도 실패했을 것이다. 1949년에서 1951년 사이 주석 가격이 거의 두 배로 뛰었지만, 말라야 경제를 실질적으로 구한 것은 고무 수요와 가격의 급등이었다. 말라야연방은 1950년 고무를 통해 2억 7400만 달러(약 4조 5700억 원)를 벌었다고 추정했지만, 실제 고무 수출로 벌어들인 금액은 4억 4300만 달러(약 7조 3900억 원)에 달했다. 1951년에는 수익이 4억 1000만 달러(약 6조 8400억 원)에 달하는 것으로 추산되었지만, 실제로는 7억 3500만 달러(약 12조 2700억 원)를 벌었다.[59] 템플러는 일부 지출 확대를 단행했는데, 1949년부터 1951년까지 교육 지출은 270만 달러(약 450억 원)에서 1420만 달러(약 2370억 원)로, 의료 서비스 지출은 690만 달러(약 1150억 원)에서 1330만 달러(약 2220억 원)로 늘어났다. 그러나 1955년 말 사회 개발 프로그램에 실제로 투입된 총액은 한국전쟁으로 경제가 호황기에 접어들기 전, 정부 관료들이 수립한 개발 계획에 따라 책정된 예산 규모보다 훨씬 적었다.[60] 경제가 전쟁 호황을 누리는 동안 얼마 되지 않는 노동자의 임금 상승을 상쇄할 만큼 물가가 가파르게 상승한 데다, 전쟁 특수가 끝난 후 찾아온 경기 침체의 탓이었다. 식민성은 말라야의 사회경제 환경을 완전히 바꾸기에 앞서, 개혁이 시급하다고 생각했다. 템플러는 "오랫동안 유지된 농촌의 생활양식을 갑자기 수정하려면 꼼꼼히 사회경제를 조사하고, 신중하게 계획을 수립해야 마땅하지만 '새마을'을 만드는 과정은 이 같은 과정 없이 급작스럽게 진행되었다."라고 설명했다.[61] 영국이 수립한 말라야 농촌 환경 수정 계획은 폐기되었다. 1953년, 맥도널드는 싱가포르 사무실 책상에 앉아 리틀턴에게 보낼 편지를 썼다.

> 말라야연방이 세율을 상당히 높은 수준까지 인상한다 해도, 필수 공공서비스 지출뿐 아니라 경제, 사회복지, 교육 그리고 기타 개발 사업에 필요한 금액에는 세수가 한참 못 미칠 것으로 보인다. 따라서 다른 곳으로부터 지원받지 못한다면, 템플러는 이 개발 사업들을 대폭 축소하는 것 외에는 대안이 없을 것이다. 그는 이미 이 같은 불행한 결정을 내릴 수밖에 없는 상황이다. 이미 진행 중인 예산 절감 조치는 대중의 사기에 부정적인 영향을 미치고 있다.[62]

말라야 농촌 지역은 상태가 점점 나빠지고 있었다. 영국도 이 사실을 알고 있었다. 한 정부 관계자는 "여러 새마을의 경제 상황이 나빠졌다."라고 지적했다.[63] 결국 말라야 새마을의 사회경제적 변화 속도와 범위는 현지 지배계층이 결정하게 되었다. 한국전쟁으로 인한 호황으로 아시아 기업들은 활력을 얻었고, 중국인은 벌어들인 돈을 현지 기업과 고무 농장 지분에 재투자했다. 기업가로 구성된 말라야화교협회는 농촌 지역에서 주도권을 잡아 말라야 정부가 필요로 하는 자금과 인력을 제공했다. 동시에 말레이계 관료들은 자기 민족 공동체 내에서 권력과 영향력을 더욱 공고히 했다. 1954년 말라야연방을 떠날 무렵, 템플러는 여전히 전쟁의 주도권을 쥐고 있었다. 그렇지만 현지 정치와 관련해 영국은 소외된 상태였다. 《잊힌 전쟁들Forgotten Wars》에서 베일리와 하퍼는 이렇게 지적한다. "이 싸움은 공동체를 재건하고, 일본 점령기에 심각하게 훼손되었던 네트워크와, 후원자와 고객 간의 관계를 복구하기 위해 나섰다. 이는 점점 더 민족 기반 위에서 이루어졌다. 말레이인을 주축으로 한 행정력과 중국의 경제력 간의 관계 회복은 반란 세력의 운명을 결정했다."64 템플러는 현지에서 '메르데카merdeka(자유)'라고 불리던 말라야연방의 자치를 앞당길 임무를 안고 1952년 2월 말라야에 도착했다. 비상사태 동안 말라야는 정복국가처럼 보였지만, 영국이 식민 지배를 지속하기 위해 계속 그 정도로 강압을 유지할 수는 없었다. 물론 그럴 필요도 없었다. 연방정부의 역할을 맡을 지도자를 육성했다면 이야기가 달랐겠지만, 공산주의 세력 소탕이 급선무였다. 팔레스타인 위임통치에서의 굴욕적인 패배 이후 영국의 체면을 회복하는 데도, 냉전의 긴박한 국면 속에서 영국을 새로운 대테러·심문·비밀 작전의 선구자로 바라보던 미국의 시선을 의식하는 데도 중요한 과제였다. 동시에 영국 당국은 제국의 끝에서 언제나 등장했던 과제를 해결해야 했다. 과제란 공식적인 식민 철수 이후에도 영국의 경제적·지정학적 이익에 부합하는 방식으로 국정을 운영할 파샤나 왕자 또는 다른 어떤 현지 엘리트를 찾아내는 일이었다.65 템플러가 말라야를 떠난 1954년, 독립한 미래의 말라야를 이끌 민족주의자인 동시에 동남아시아에서 영국의 이익에 앞장서줄 사람이 누구인지는 확실하지 않았다.

말라야의 영제국 후계자

압둘 라흐만Tunku Abdul Rahman은 전쟁 중 버마와 시암을 잇는 철도 건설에 참여한 말레이인 희생자를 도우며 유명해진 식민정부 공무원이자 말레이반도 중서부 케다의 툰쿠tunku(왕자)로, 케임브리지대학교에서 공부한 변호사였다. 방탕한 생활과 거친 운전으로 유명하며 '보비 왕자Prince Bobby'라는 애칭으로도 알려진 라흐만은 케임브리지대학교가 학부생의 자동차 운전을 금지하게 된 장본인이기도 했다. 3등급 학위*까지 무려 15년 넘게 걸렸지만, 라흐만에게는 부족한 학문적 역량을 상쇄하고도 남을 정도의 정서 지능과 정치적인 식견이 있었다. 라흐만은 말레이인의 민족주의ethnic nationalism에 호소하면서 말라야의 중국인 및 인도인 지배계층과의 중재를 위해 애쓰는 등 식민 지배가 종식될 무렵의 복잡한 정치 상황을 잘 이해했다.⁶⁶ 라흐만은 말레이민족연합 수장으로서의 첫 연설에서 말했다. 이 "'말라야인들'은 누구인가? 이 나라는 말레이인에게서 물려받은 것이다. 말레이인에게 돌려줘야 마땅하지만 '말라야인'이 누구인지는 아직 확실하지 않다. 그러니 말레이인들이 알아서 결정하게 내버려두자."⁶⁷ 비상사태 때 노동조합을 조직했고, 극좌 성향의 요구한 혐의로 구금되었다가 풀려난 말레이계 급진주의자들은 라흐만의 메시지에 매료되어 말레이민족연합에 합류했다. 영국이 말라야의 독립을 추진할 무렵, 지지 세력을 등에 업은 라흐만은 식민 정부에, 서둘러 권력 이양을 하지 않으면 협조하지 않겠다고 위협했다. 식민 관료들은 라흐만의 요구를 받아들이면서 '다민족 연합 정치 전선 구축'을 조건으로 내걸었다. 말레이민족연합과 말라야화교협회는 라흐만의 지도 아

---

* 평균 성적을 받은 학생에게 주어지는 학위.

래 막강한 조직력과 자금력으로 무장한 선거연합을 구축했다. 곧 말라야인도의회Malayan Indian Congress도 선거연합의 일부가 되었다. 보수적인 인종 기반 정당으로 자리 잡은 선거연합은 1955년 열린 첫 번째 연방 선거 일반 투표에서 80퍼센트의 표를 확보하며 압승을 거두었다. 그러나 말라야연방의 첫 선거였던 그 선거는 실질적으로 말레이인의 선거였다. 유권자의 85퍼센트가 말레이인이었고, 유권자 등록이 되어 투표 자격을 가진 60만 명의 중국계 중 실제 투표한 사람은 14만 명에 불과했다. 이는 말라야 전체 중국계 인구의 약 8분의 1 수준이었다.[68] 고위급 식민 관료 중 하나는 런던에 다음과 같은 전보를 보냈다. "라흐만 왕자는 의회에서 압도적인 지지를 얻었다. 현지 군대와 경찰은 대개 말레이계이며 라흐만은 목적을 위해 재판 없이 구금할 수 있는 법적 권한을 유지하려 들 것이다. 라흐만은 필요시 문제를 일으키는 중국인을 가차 없이 다룰 준비가 된, 표면으로는 민주적인 체하면서 구시대적인 이슬람식 독재 방식을 지향하는 인상을 준다."[69] 여러모로 영국이 꿈꾸던 전후 상황, 말라야의 미래상과는 거리가 멀었다. 일본군에 의해 굴욕적으로 말라야 반도를 상실한 후, 영국 당국은 '유기적이고 다인종적인 말라야 민족주의'를 형성하려 했다.[70] 그러나 역사가 베일리와 하퍼가 지적하듯, 말레이 현지인들은 이에 큰 감흥을 받지 않았다. 전쟁 전, 영국은 다양한 정책으로 구체제에 더욱 힘을 실었다. 그 결과 막강한 힘을 지닌 말레이 구체제 전후 영국의 다문화 육성 노력을 방해함으로써 세력을 증명하고, 중국계 주민의 국적에 의문을 표하며 그들을 '외국인'이라 부르고 탄압했다. 영국이 비상사태 시기 채택한 정책이 말레이계의 약진에 크게 도움이 되었다.

라흐만의 민족주의

1955년 무렵, 말라야에서는 중국계와 인도계 사업가들이 지지하는 라흐만의 민족주의가 자리 잡았다. 싱가포르에서는 1908년 오스만제국의 통치를 피해 바그다드에서 이주한 세파르디 유대인*의 아들 데이비드 마셜 David Marshall이 1955년 열린 연방 선거에서 노동전선Labour Front을 승리로 이끌었다. 영국에서 공부한 변호사 마셜은 1939년 독일이 체코슬로바키아를 침공한 뒤, 자원입대해 싱가포르에서 참전했고, 일본군에 포로로 잡혀 창이 교도소Changi Prison에 수감되었다가 일본 본토 강제수용소로 이송되었다. 마셜은 전쟁포로 시절의 경험을 다음같이 회상했다. "그전에도 잔혹함이 무엇인지 경험해봤지만, 그토록 광범위하고 장기적이며 냉혹하며 영구적인 잔인함은 처음이었다. 영국 제국주의들조차도 그만큼 잔인하지는 않았다."[71] 전쟁 이후 싱가포르로 돌아온 마셜은 사형당할 만한 범죄 행위로 기소된 현지인을 성공적으로 변호하며 명성을 높였다.

선거 당시, 마셜은 맨발에 샌들을 신고 부시 재킷**의 단추를 채우지 않은 채 털이 수북한 가슴팍을 그대로 드러내 식민 관료들을 곤혹스럽게 만들었다. 이후 그는 싱가포르의 최고장관으로서 싱가포르의 독립협상도 주도했다. 하지만 라흐만과 마셜에게는 한 가지 문제가 남아 있었다. 1955년, 난관에 봉착한 친평과 말라야 공산당은 독립을 위해 싸운다는 주장을 고수하며 계속 태국 밀림에 은신했던 것이다. 그해 12월, 친평은 툰쿠와 마셜과의 협상을 시도하기 위해 말라야 북부 국경지대의 외딴 마을 발

---

* 스페인과 포르투갈에 살던 유대인의 후예.
** 주머니와 벨트가 달린 캐주얼한 재킷.

링의 한 학교에서 회담을 가졌다. 현장에는 카메라가 설치되어 있었고, 기자들은 영국이 25만 달러(약 38억 원) 현상금을 내건 말라야 공산당 게릴라 지도자의 모습을 담고자 앞다퉈 몰려들었다. 친펑은 언론과의 직접 접촉이 금지되었지만, 비공개 협상 중 그의 요구는 분명했다. 말라야 공산당은 다음 두 조건이 충족되면 무장을 해제하겠다는 입장이었다. 첫째, 모든 게릴라가 전면 사면을 받고 말라야로 귀환할 수 있을 것, 둘째, 말라야 공산당이 합법 정당으로 정치에 참여해 향후 선거에 출마할 수 있을 것.[72] 그러나 협상은 곧바로 결렬되었고, 분노한 친펑은 "우리는 최후의 1인까지 결사 항전하는 쪽을 택하겠다."라고 위협했다.[73] 이후 태국 밀림으로 돌아간 친펑은 베이징으로 떠났다. 훗날 발링회담이 실패로 끝났을 때 실망했느냐는 질문에 라흐만은 "그렇지 않다. 애초에 회담의 성공을 원하지 않았다."라고 답했다.[74] 라흐만에게 발링 회담은 정치적인 천재성을 뽐낼 기회였다. 발링 회담을 통해 친펑과 공산당의 위협에 굴하지 않는 모습을 보임으로써 영국에 대한 충성심을 증명해 보이는 동시에, 유권자에게는 화해를 위한 협상 시도를 보여주며 지도자로서의 정당성을 높였다.

이후 점점 더 많은 권력이 라흐만과 그의 정치 연합에게 이양되었지만, 보수당 의원 로버트 부스비Robert Boothby 등 일부 영국 정치인은 "영국이 말라야에 얼마나 오래 머물 것인가?"라는 질문에 '천 년'이라고 답했다.[75] 제국의 유산은 완전히 사라지지 않은 상태였다. 그러나 남은 시간은 그리 길지 않았다. 1956년 초, 비상사태가 여전히 계속되고 있었으나 영국은 런던에서 열린 헌법회의에서 라흐만에게 말라야연방의 독립을 약속하고, 리드 위원회Reid Commission에 헌법권고안 제정을 맡겼다. 위원회는 1년 뒤 헌법권고안을 내놓았다. 중요한 경제적·군사적 문제와 관련해 잠정적으로 합의가 이루어졌다. 이로써 말라야는 영국이 그리는 통화 및 지정학적인 미래에서 중요한 역할을 맡았다. 영국 경제에는 막대한 액수의 달러를 벌어들일 역량을 갖춘 말라야가 파운드통화권에 남아서 기존 달러 소비 정책을 유지하기로 한 결정이 매우 중요했다. 1957년 8월로 예정된 독립 이후, 이 같은 방침을 따르겠다는 합의는 영국의 입장에서는 큰 승리였다. 그 대가로 말라야는 런던에서 돈을 빌리거나 런던 자본시장에 접근할 때 '우호적인 배려'를 받기로 했다. 또한 영국은 비상사태와 관련된 각종 비용을 계속 부담하기로 약속했다. 이러한 지원은 말라야가 비상사태를 최종적으로 해제한 1960년까지 이어졌다.[76]

말라야와 영국의 동반자 관계

말라야와의 관계를 파운드통화권을 통해 유지한 것은 19세기와 20세기를 거쳐 형성된 불균형한 경제 관계를 지속시키는 것이었다. 이러한 관계는 특히 제2차 세계대전 이후 휘청거리던 영국이라는 나라와 경제를 지탱하는 데 중요한 역할을 했다. 그러나 말라야인들이 완전히 영국의 뜻에 휘둘린 것은 아니었다. 그들은 교묘하게도 관대한 원조 방안을 요구했고, 이에 대해 런던 재무부는 처음에는 불쾌한 기색을 드러냈다. 결국 말라야에 남아 있던 식민지 관료들이 상황의 중대함을 다음과 같이 설명한 이후에야 재무성은 말라야의 요구에 응했다.

> 재정 지원에 찬성하는 주된 경제적인 논거는 한마디로 달러다. 파운드 블록이 사용하는 미국 달러를 가장 많이 벌어들이는 단일 국가 중 하나인 말라야를 지켜내려면, 말라야가 번영하고, 경제가 안정되어야 한다.

말라야는 연간 파운드통화권 전체가 벌어들이는 총금액의 4분의 1이 넘는 수억 달러를 벌어들인다. 파운드화가 받는 압력이 커질수록 이토록 중요한 달러 공급원을 잘 지켜낼 필요성 역시 확대된다. 파운드화를 지출해 이 같은 목표를 달성할 수 있다면 거의 어떤 대가를 치르더라도 저렴하다고 봐야 합니다.[77]

라흐만 정부의 예비 재무장관은 저명한 중국계 사업가였으며, 영국으로부터 1961년까지 3700만 파운드(약 1조 1800억 원)의 보조금 지급 약속을 받아냈다. 영국을 주축으로 하는 파운드통화권은 말라야로 흘러들어오는 달러를 잘 활용했다. 독립 이후 말라야에서는 중국계 사업가와 말레이계 국장, 영국 투자자들이 각자의 위치를 지키기 위해 협력했다. 말라야는 '정실 자본주의crony capitalism'의 중심지였다. 10년쯤 지나자, 영국에서 넘어온 자본이 말레이시아 전체 자본의 65퍼센트를 차지했다. 말레이시아에 사는 중국계 주민 소유의 예금 3분의 2가 중국의 화교은행Overseas Chinese Banking Corporation에 예치되었다. 말레이시아는 동서양을 초월한 신구 자본 흐름의 중심지가 되었다.[78]

말레이반도 전역에 공산당의 영향력이 확대될 수도 있다는 두려움 때문에 영국-말라야 방위협정Anglo-Malayan Defence Agreement이 성사되었다. 이 협정은 말라야 독립 이후 말라야연방의 안보를 보장했고, 영국에 또 하나의 승리를 선사했다. 독립 이후에도 영국군은 말라야에 주둔했고, 아직 독립하지 않았지만 제한된 자치권을 가진 싱가포르 역시 반복되는 사회 불안을 고려할 때 영국군의 주둔이 필요했다. 투표 끝에 최고장관직에서 쫓겨난 마셜의 후임자들도 중국 학생 및 노동조합원들과의 갈등을 빚었다. 최고장관 자리에 오른 림유혹Lim Yew Hock은 비상사태 조례를 발동해 이들을 체포하고, 구속했다. 결국 말라야 비상사태 시기의 법과 정책, 실천들은 공산당 지원을 조직적으로 망가뜨리고 개인과 지역사회 역시 잔인하게 짓밟았다. 결국 동남아시아는 탈식민지화로의 탈출로를 찾았다. 동시에 이는 영국의 이익을 보장하고 식민정권과 탈식민정권 사이의 법적 연속성을 확립해주었는데, 이는 독립의 비협상 조건이었다. 1959년, 싱가포르 초대 총리로 취임한 리콴유Lee Kuan Yew와 라흐만은 영국이 남긴 억압적 권한을 전면적으로 계승했다. 이들은 정치적 반대 세력을 억누르고 공산주의 확산을 막기 위해 지역적 버전의 '합법적 무법성'을 행사했다.[79] 이에 대해 런던의 당국자들도 잘 알고 있었고, 영국은 싱가포르의 국방과 외교 정책에도 계속해서 영향력을 행사했다. 1만 명의 병사가 계속 싱가포르에 주둔했고, 동남아시아에 드나드는 첩자들은 동남아시아 작전을 위한 전진 기지로 열대의 화이트홀을 활용했다.

말라야 독립 이후 MI5와 런던에서 활약하던 다른 장교들은 말라야연방 특수부에서 근무했다. 라흐만 정부 내에도 MI5 요원이 상주했다. 공식 철수를 준비하던 영국은 1942년 마주한 패배의 잿더미를 딛고 새로운 싱가포르 요새를 부활시켰다. 이에 대해 영국 내 반식민운동 단체였던 식민지 해방 운동은 실망 어린 어조로 이렇게 평가했다. "정치적으로는 자유로 워졌을지 모르지만, 말라야가 진정한 '독립' 국가가 되려면 가야 할 길이 멀다. 독립의 밑바탕인 런던협정 내용을 보더라도 영국의 경제적·군사적 이해가 여전히 말라야를 얽매고 있기 때문이다."[80] 헌법협정 체결 며칠 후인 1956년 2월, 비밀리에 또 다른 국가 주도 정책이 시행되었다. 식민 관료들은 말라야에서도 문서를 분류하고, 추려내고, 이송하고, 소각했다. 심문과 추방, 재정착, 구금 시스템과 마찬가지로 문서 선별 및 파괴를 위한 시스템 역시 갈수록 발전했다. 영국 관료들은 비밀 기록을 집요하게 감시하고, 귀중품 보관실을 운영했다. 분류된 문서가 파괴되거나, 본국으로 이송되거나, 말라야 독립정부로 이관되었는지 여부를 삼중으로 확인했다.[81] 분류에만 18개월이 걸렸다. 영국의 말라야 통치가 끝날 무렵, 말라야연방의 문서 파괴를 담당한 영국의 MI5 요원 중 한 사람은 "남겨진 문서로 인해 타협해야 하거나 곤란한 상황이 초래될 위험성은 매우 낮다."라고 자신 있게 보고했다.[82]

케냐의 폭동

영국 제국 전역에서는 말라야에서와 마찬가지로 또 다른 형태의 조직적 파괴가 진행되고 있었다. 케냐의 100개 구금소에서 벌어진 일이었다. 1952년 10월 비상사태가 선포된 뒤, 1957년 봄까지 1만 2000명의 '골수분자' 또는 '흑색' 수감자가 식민 당국에 협조하는 것을 거부했다. 수천 명의 '회색' 수감자는 강제수용소에 갇혔다. 수감자들은 폭동을 일으키며 단식투쟁을 했지만, 경비병과 심문팀은 여느 때와 다름없이 처벌과 강제노동을 가하며 철조망 안의 삶을 참을 수 없게 만들었고, 때로는 치명적인 상황으로 몰아넣었다. 1955년 여름, 식민성은 "우리가 1만 2000명의 사람을 언제까지 가둘 수 있을까?"라는 의문을 품었다.[83] 영국 정부는 비상사태 해제 이후에도 재판 없이 무기한 구금 조치를 유지하기 위해, 유럽인권협약 제15조의 유보 조항을 적용해오던 체계를 우회하려는 계획을 세웠다. 그 계획은 '강경분자'를 식민지 내 소수의 영구적인 '유배수용소'로 보내는 것이었다. 이 조치가 시행되면 케냐 신민 수천이 재판 없이 영구적으로 구금될 것이었다. 이는 명백한 유럽인권조약 위반이었다. 비상사태가 해제되면 영국은 제15조를 근거로 유럽인권조약 적용을 면제받을 수 없었다. 따라서 케냐 총독 에벌린 베링 경Sir Evelyn Baring과 식민장관 레녹스보이드는 국제인권법 우회 방안 찾기에 혈안이 되었다. 관건은 구금 인원의 규모였다. 베링은 "숫자가 너무 많지 않으면 영국 정부가 우선 다른 협약 서명국들에게 유럽인권조약 위반을 정당화할 수 있을 것으로 기대한다."라고 강조했다.[84] 런던과 나이로비의 정부 관료들에게 주어진 과제는 명확했다. 수용소에서 수감자들을 내보낸 다음, 영구적인 유배를 승인하는 법안 도출에 도움이 될 만한 협약 조건을 놓고 은밀히 협상하는 것이었다.[85] 현지 주재 영국 관료들이 주도권을 잡아야 할 때였다. 아프리카 업무와 지역사회 개발 책임자이자 케냐 센트럴주 특별 행정관을 맡은 캐러더스 존스턴Carruthers Johnston이 상황을 주도했다. 존스턴은 계획을 밀어붙이는 데 도움이 될 사람, 또는 영구 유배 대상인 1만 2000명의 수감자를 제외한 케냐의 나머지 골수분자 수용자들을 전향시키고 케냐 식민지를 비상사태 이후의 미래로 이끌 수 있는 인재가 필요했던 것이다.

케냐의 위기는 약 5년에 걸쳐 서서히 고조된 끝에 폭발했다. 1952년 10월 20일, 비상사태를 선언한 베링 총독은 크리스마스쯤이면 비상사태가 끝날 것이라 장담했다. 그러나 그 직전, 식민정부에 기회주의적으로 협조하며 현지인들 사이에서 '배신자'로 불리던 원로 족장 와루히우 이토테Waruhiu Itote가 자가용 뒷좌석에서 요란하게 암살당한 뒤에 비상사태가 선포되었다. 하지만 와루히우 암살이 케냐에 문제가 있음을 시사하는 첫 번째 징후는 아니었다. 제2차 세계대전 이후, 케냐는 여러 지역이 통제 불능의 상태에 접어들었다. 유럽 정착민 인구가 증가하며 케냐에는 토지 수탈 정책, 가혹한 노동법, 인종차별법 등이 넘쳐났다. 불평등이 만연하자 케냐 전체 인구의 약 20퍼센트를 차지하던 150만 키쿠유족이 가장 크게 타격을

자가용에서 암살당한 원로 족장 와루히우, 1952년 10월

입었다. 유럽 정착민들은 법적으로 백인 농부에게만 재배가 허용되던 수익성 높은 커피와 차를 길렀다. 키쿠유족은 노동법 위반을 범죄로 규정하는 빅토리아 시대 영국 노동법의 유물인 엄격한 주종관계법에 따라 고된 노동에 시달렸고, 노동 관련 위반 행위는 형사 범죄로 간주되었다.

전간기 식민정부는 아프리카 노동자들을 임금 경제에 편입시키기 위해 세 가지 조치를 취했다. 첫째, 다양한 부족을 물리적으로 분리하기 위해 종족 기반으로 '원주민 보호구역'을 만들었다. 센트럴주 내 세 개 지역, 즉 키암부, 포트홀, 니에리 거주 키쿠유족 역시 보호구역 정책의 대상이 되었다. 해당 지역은 나이로비에서 북쪽으로 넓게 뻗어 있었는데, 인구 밀도가 높아 전체 주민의 기본적인 욕구를 충족시킬 수 없었다. 둘째, 식민정부는 각 가구에 오두막세를, 주민 개개인에게 인두세를 부과했다. 이 두 세금을 합하면 25실링에 달했는데, 이는 아프리카인 평균 월급의 거의 두 달치에 해당했다. 과도한 세금을 견디지 못한 수천 명의 키쿠유족 주민은 토지와 일자리를 찾으려 원주민 보호구역에서 벗어났다. 셋째, 식민 관료들은 모든 아프리카인에게 '키판데kipande'라고 불리는 일종의 통행권을 소지하도록 해 현지 주민의 이동을 통제했다. 키판데에는 이름, 지문, 부족, 과거 고용 기록, 현 고용주의 서명이 기록되었고, 키판데 없이 통행하는 아프리카인은 벌금형이나 징역형에 처했다. 두 가지 처벌을 동시에 내리기도 했다. 키판데는 케냐 주민들이 가장 혐오하는 식민 통치의 상징이자, 제국 내 다른 지역에 비해 케냐 식민지 신민 통제와 감시에 얼마나 노력을 기울이는지 알려주는 지표였다.[86] 케냐는 정치학자 로빈슨이 붙인 '인종자본주의'라는 이름으로 유명한, 백인의 이익을 위해 유색인종으로부터 경제적·사회적 가치를 착취하는 방식을 잘 보여주는 대표적인 지역이었다. 진취적인 일부 아프리카인은 유럽이 통제하는 노동시장을 우회하고, 독립적인 수익 창출을 위해 옥수수를 직접 생산하고 판매했다. 비효율적인 백인 농장에서 생산된 작물보다 가격을 낮춰 곡물을 판매하는 등 지독하게 불공정한 시스템 회피를 위해 애썼지만, 식민정부는 아프리카인들에게 자신들이 정한 가격으로 곡물을 팔도록 강제하는 마케팅위원회를 설립해 이마저 불가능하게 만들었다.[87]

토지 소유권 문제와 관련된 인종적인 배타성 때문에 '백색고원'의 유럽 농부들은 제2차 세계대전 때까지 많은 키쿠유족에게 안전망을 제공했다. 키쿠유족은 백색고원에서 심각할 정도로 비효율적인 백인 지주 밑에서 소작농으로 일했지만, 전쟁으로 케냐산 원자재에 대한 수요가 급증하자 농업 기계화에 대한 투자가 늘어나면서 봉건적인 소작 제도가 사라졌다. 일자리를 잃은 상당수의 키쿠유족 불법 체류자들은 인구 밀도가 높은 보호구역으로 돌아가지 않고 나이로비 빈민가로 이주했다. 이와 함께 전쟁을 끝낸 수천 명의 아프리카 병사가 고향으로 돌아와, 직접 목격한 백인의 불완전성과 민족자결권에 대한 이상과 열망을 널리 퍼뜨렸다. 케냐타가 이끄는 케냐아프리카연합Kenya African Union이 주장하는 민족주의 담론 역시 갈수록 힘을 얻었다. 그러나 파시즘 타도를 위해 싸웠던 대가로 삶의 질이 나아질 것이라 기대했던 참전용사들에게 돌아온 것은 허망한 약속뿐이었다. 자유제국주의가 약속했던 동반자 관계는, 실상 노동당 정부가 제국 전역의 신민들의 노동력과 주머니를 통해 영국 경제를 부흥시키려는 착취적인 식민지 개발 및 복지법에 지나지 않았다.[88]

케냐의 새로운 지도자, 케냐타

흑인 급진주의 사상의 중심에는 키쿠유족 지도자 조모 케냐타가 서 있었다. 케냐타는 패드모어 등이 제국에서 벌어지는 '체계화된 폭력systemized violence'에 대한 논쟁에 불을 지피던, 제2차 세계대전 발발 이전의 크랜리가 시절부터 명성이 드높았다. 저명한 인류학자 브로니슬라브 말리노프스키Bronislaw Malinowski와 함께 런던정치경제대학교에서 수학한 그는 〈뉴 리더〉에 '히틀러도 케냐에서보다 더 최악일 수는 없다'라는 제목의 글을 기고하고, 키쿠유족 입장을 대변하는 《케냐산을 마주하며》라는 책도 출간했다. 1945년 맨체스터회의에서 핵심 역할을 맡아 진정성을 드러내기도 했다. 이 회의는 샌프란시스코에서 열린 유엔헌장회의에 대한 범아프리카적 대응이었다.[89]

케냐타의 범아프리카적인 열정과 공산주의 성향은 해를 거듭할수록 발전했지만 1946년 케냐로 귀국할 무렵, 케냐타는 패드모어와 비슷한 이유로 공산당과 결별했다. 소위 '반영선동가'로 불리는 다른 사람들처럼 케냐타 역시 오랫동안 영국 안보부에게 감시당했다. 안보부는 케냐타가 전쟁 내내 급진주의 세력과 멀어져 서식스에서 농사를 짓는다고 보고했지만, 케냐 식민 당국은 여전히 케냐타를 매력적인 화술로 무지한 농민에게 평등과 민족자결권 같은 위험한 사상을 주입하는 공산주의자로 간주했다.[90] 대중을 선동한 것은 케냐타가 아니라, 유럽인이 리프트밸리에서 쫓아낸 키쿠유족 불법 체류자들이 따르던 관습이었는데 말이다. 키쿠유족에게는 원래 전쟁이나 내부 위기 발발 시 결속을 강화하기 위해 원로들이 남성들에게 맹세를 시키는 관행이 있었다. 그런데 토지 소유권이 없는 불법 체류자들로 인해 키쿠유족의 맹세 관행이 급진적인 변화를 거쳤다. 키쿠유족 지도자들은 유럽인이 소유한 영토에서 쫓겨나지 않도록 맞서 싸우기 위해 남성뿐 아니라, 여성과 아동에게까지 의례적이고 도덕적인 계약을 적용했다. 이러한 대중 맹세 운동은 빠르게 확산되었고, 아프리카 정치인들은 그 조직력에 주목했다. 보다 온건한 케냐아프리카연합은 곧 조직의 주도권을 잃고, 백인 정착민 지대인 백색고원의 농장들, 나이로비의 빈민가, 키쿠유 보호구역 전역에 맹세 운동을 퍼뜨리는 다양한 무장 세력에 자리를 내주게 되었다.[91] 1950년까지 이 맹세의 규모와 확산 속도는 식민 당국을 긴장시켰고, 아프리카 담당 부서는 다음과 같은 우려를 표했다. "비밀 회합에서 불법적인 맹세가 이루어지고 있고 여기에 끔찍한 의식이 수반된다. 참여자들에게 정부 공무원을 적으로 간주하고, 정부의 명령에 불복종하며, 궁극적으로 모든 유럽인을 케냐에서 몰아내겠다는 내용의 맹세다."[92]

마우마우 사태로 알려진 키쿠유족 맹세 운동은 자유제국주의가 주장하는 인간 본연의 야만성과 동의어가 되었다. '캘커타의 블랙홀' 이후, 마우마우의 맹세처럼 유럽 정착민들이 피에 굶주린 원주민에 대한 인종차별적인 이미지를 떠올리게 만들며 두려움을 안긴 표현은 없었다. 비밀리에 진행될 뿐 아니라, 염소를 도살하고 고기를 물어뜯어 삼키는 등 여러 의식이 수반되는 마우마우의 맹세는 유럽 정착민이 느끼는 극도의 불안감에 더욱 불을 질렀다. 맹세는 총 일곱 차례에 따라 진행되었다. 각 단계가 진행될수록 마우마우 운동에 대한 더욱 깊은 헌신을 의미했다. 입회자는 다음 단계로 넘어갈 때마다 다양한 서약을 하고, "이 맹세가 나를 죽이게 하소서."라는 후렴구를 읊조렸다. 가장 흔한 두 가지 서약은 "우리 조직의 적을 알고도 죽이지 못한다면 이 맹세가 나를 죽이게 하소서."와 "이 맹세를 유럽인에게 누설한다면 이 맹세가 나를 죽이게 하소서."였다. 이 맹세는 마우마우 조직원으로 새롭게 태어난 키쿠유족에게 새로운 지위를 부여하고, 보복에 대한 두려움도 심었다. 맹세의 위력을 믿던 케냐 센트럴주 출신 농부 넬슨 가티기Nelson Gathigi는 "그 맹세는 키쿠유 신앙에서 매우 강력한 것이었다."라고 회상했다.93 그는 다른 마우마우 추종자들과 마찬가지로, 만일 맹세를 어긴다면 창조신 응가이Ngai가 죽음 등 육체적 형벌로 자신을 벌할 것이라며 두려워했다. 식민정부와 정착민들은 이러한 맹세를 야만적인 헛소리이자 키쿠유족의 무지몽매함을 보여주는 증거로 치부했지만, 키쿠유족의 관습에는 논리와 목적이 있었다. 다 함께 힘을 모아 새롭고 부당한 현실에 대응하면서, 거대한 사회경제적·정치적 변화를 이해하려는 시골 사람들의 합리적인 반응이었다.94

마우마우 운동에서 가장 중요한 목표는 '이타카 나 위야티ithaka na wiyathi', 즉 '땅과 자유'였지만, 직접 맹세한 사람들에게 '땅'과 '자유'라는 두 단어는 영국이 씌워놓은 멍에를 벗어던지고 조상의 땅을 되찾는 것 이상의 복잡한 의미가 있었다. 맹세한 사람의 연령, 성별, 출생지에 따라 마우마우의 의미가 달라졌다. 가령 농촌 출신의 가티기에게 이타카란 새로운 땅을 얻고, 가정을 꾸리며, 자신을 억눌렀던 나이 많은 장로들의 영향에서 벗어날 수 있다는 희망이었다. 반면 루시 무그웨Lucy Mugwe 같은 이들에게 위야티, 즉 자유란 영국 정부가 부과한 고된 단체 노동 프로젝트에서 해방되는 것이었다.[95]

마우마우가 영국이 진압하기 힘든 강력한 운동으로 발전한 것은, '이타카 나 위야티'가 구체적인 동시에 모호했기 때문이다. 식민정부는 150만 명에 달하는 키쿠유족 중 거의 90퍼센트가 마우마우의 1단계 맹세 또는 단결의 선서를 했다고 추산했다. 마우마우는 케냐 식민지 내의 유럽 정착민뿐 아니라, 통틀어 식민정부가 임명한 '충성파' 아프리카인 족장과 추종 세력도 표적으로 삼았다. 전쟁이 막 시작될 무렵, 정부는 마우마우와 적극적으로 싸우고 현지 선거 참여와 무역 권한, 토지 우선 접근권 같은 경제적인 특권을 보장하는 '충성파 증명서'를 받은 사람들을 '충성파'라고 정의했다. 대다수의 충성파는 키쿠유족 공동체를 희생시킨 대가로 부와 권력을 축적한 마우마우의 표적이었다. 충성파이자 원로 족장인 와루히우가 가장 먼저 살해되었다. 케냐의 반식민전쟁 역시 다른 식민지와 유사하게 내전이었다. 비상사태는 케냐에서도 보복과 반격이 반복되는 제국의 폭력 순환으로 이어졌다.

정부는 비상사태 정책으로 충성파와 그렇지 않다고 간주된 사람을 명확하게 구분하는 법과 구조를 만들었지만, 대다수 키쿠유족은 자신들을 그렇게 엄격한 이분법으로 분류하지 않았다. 대부분 식민정부가 임명한 족장과 현지어로 '와나인치wanainchi'라고 하는 일반인의 경계에 얽매이지 않았다. '우리 편이 아니면 모두 적'이라는 영국의 이분법적 분류는 현지에서 별로 효과가 없었지만, 정부는 민족·계급·지역·성별 등 다양한 축을 따라 서로 다른 연대와 소속감을 형성한 케냐 아프리카 사회의 특성을 비상사태 정책으로 없애려고 애썼다. 말라야와 마찬가지로, 민간인들은 생존을 위해 양측 사이를 오가며 줄타기를 해야 했다. 그럼에도 식민성은 '케냐 정부가 전직 마우마우 지도자들을 배제하고 충성파들을 중심으로 정책을 구축하는 방침'을 승인했다.[96] 정부는 마우마우를 기껏해야 현지 유럽 주민을 공포에 떨게 만드는 범죄자나 깡패로 묘사했다. 커다란 손도끼나 날이 넓고 무거운 마체테를 이용한 마우마우의 살해 방식을 보여주는 섬뜩한 사진을 전 세계에 공개했다. 런던 식민성에 소속된 케냐 선전 활동 책임자 그랜빌 로버츠Granville Roberts는 "마우마우로 인한 공포는 자유제국주의를 신봉하는 백인 및 계몽 세력과 비상사태 선포 이전의 평화롭고 진보적인 케냐 상황과는 극명히 대비되었다."라고 말했다.[97]

오랫동안 공개 태형, 매질로 인한 사망, 즉결 처형 등 폭력적인 정의 구현 등 백인우월주의에 매몰된[98] 케냐의 백인들은 원래도 아프리카인을 인류의 위계에서 가장 밑바닥에 두었다. 비상사태가 선포되자 인종차별이 더욱 심해졌다. 정착민들과 식민행정관들은 마우마우를 '진흙이 부글부글 끓고 집 안에 동물이 돌아다니는 불결하기 짝이 없고 제멋대로 뻗어나가는 가축우리 같은 집'에 살거나 '다른 야생 동물과 함께 수풀 속에서 살아가는 야만인, 짐승, 벌레'로 묘사했다. 이 같은 묘사에 따르면 마우마우는 다른 포식 동물들처럼 교활하고, 잔인하고, 피에 굶주린 종족이었다.[99] 비상사태 동안 마우마우는 32명의 유럽 정착민을 살해했다. 1500여 명의 백인 식민지 주민은 나이로비 거리로 쏟아져 나와 수단과 방법을 막론하지 말고 마우마우를 없애달라고 요구했다. 현지의 요구는 금세 본국으로 퍼져나갔다. 과거 반은 악마고, 반은 어린아이로 여겨지던 식민지인들이 사악하고, 구원받을 수 없는 존재로 변했다. 리틀턴은 영국 전역에 확산되는 키플링식 공포를 그대로 표현했다. "마우마우의 맹세는 비정상적인 사람이나 떠올릴 법한 야만적이고, 추잡하며 메스꺼운 주문이다. 마우마우처럼 사악한 세력이 이토록 가깝고, 강력하게 느껴진 적은 없었다. 메모나 지침서를 쓰다가도 갑자기 종이 위로 그림자가 드리우는 것을 봤다. 악마 그 자체의 뿔 달린 그림자였다."[100] 식민 관료들은 마우마우 운동이 공산주의에서 파생된 것이 아니라, 케냐에서 자생했음을 인정했다. 말라야의 식민 관료들이 팔레스타인 사례를 참고했듯, 케냐의 식민 관료들도 말라야를 케냐 비상사태의 청사진으로 여겼다. 베링 총독은 신속하게 말라야에서 진행된 '좌절 작전'처럼 반란 세력 지도부를 표적으로 삼는 '조크 스콧 작전 Operation Jock Scott'을 전개했다. 〈데일리 텔레그래프〉는 케냐타를 '아프리카의 작은 히틀러A Small-Scale African Hitler'라고 묘사하며 그의 존재를 부각했다. 그는 조크 스콧 작전의 핵심 표적이었다.[101] 케냐 북부의 황량한 외딴 지역 카펭구리아에서 열린, 부패한 판사와 매수된 증인으로 가득한 여론 조작용 재판에서 케냐타와 나머지 피고 다섯 명은 유죄를 선고받았다. 이들은 비상사태가 끝날 때까지 수감 생활을 했다.

끝나지 않는 반란

마우마우 운동은 오히려 세를 확장했다. 영국 정부는 평범한 키쿠유인들의 정치적 통찰력과 그들이 안고 있는 사회·경제적 불만을 심각하게 오판한 것이었다.[102] 베링은 말라야와 팔레스타인 등지에서 사용된 긴급조치 법령 전반을 케냐에 도입했다. 통행 금지, 연좌제식 처벌과 벌금, 개인과 집단의 이동 통제, 재산과 토지 몰수, 출판물의 검열과 금지, 모든 아프리카계 정치 조직 해산, 노동의 통제와 배치, 적법 절차의 중단, 재판 없는 구금 등은 케냐 경찰국가가 구사한 억압 수단 중 일부에 지나지 않았다. 정부는 동남아시아에서처럼 이중 전선을 펼쳤다. 약 2만 명의 마우마우 반군이 케냐산과 애버데어 산림지대로 피신해 근거지로 삼고 공격을 감행했다. 150만 명에 달하는 키쿠유 민간인 중 90퍼센트가 정보와 식량 같은 소극적인 지원을 제공했다. 케냐의 영국 치안군은 말라야에서처럼 키쿠유 민간인을 '소극 진영passive wing'이라 불렀다. 친평 부대의 위협에 못 이겨 정보와 물자를 제공한 중국계 농민처럼 마우마우 반군의 위력에 못 이겨 강제로 돕는 이들도 있었고, 자발적으로 마우마우를 지지하는 이들도 있었다. 하지만 한 사람이 영국의 반란 진압을 주도한 말라야에서와 달리, 케냐에서는 양분된 지휘 구조가 생겨났다. 이분화된 구조에 따라 군사령관이 모든 군사와 치안 작전을 조정하고 치안군 활동을 감독하고, 장관, 주정부 공무원, 지역 공무원으로 구성된 베링 행정부가 전쟁에서 민간인과 관련 부문을 책임지는 식이었다. 실제로는 작전과 인사 업무가 자주 뒤섞였고, 모든 활동을 맡는 곳은 1954년 초 설립되었다. 총독, 부총독, 군 총사령관, 정착민 대표 마이클 블런델Michael Blundell이 주축이 된 케냐의 전쟁위원회War Council였다. 전쟁위원회를 구성하는 네 자리 중 한 자리가 백인 정착민에게 할당되었다는 것은 정착민 공동체가 케냐에서 엄청난 영향력을 행사한다는 방증이었다. 케냐의 유럽 정착민은 2만 9000명에 달했으며, 정치적 권력은 수십 년간 제도화되었고, 식민지 헌법은 정착민의 이익을 중심으로 제정되었다. 케냐 입법부 내의 의석 중 총 11석이 정착민에게 돌아가는 불균형한 구조였다. '동반자 관계' 설계자 중 한 명인 퍼햄이 '병적인 분위기'라고 표현하던 환경과 함께 이런 영향력이 식민지 비상 작전 전반에 파고들었다. 현지 언어를 구사하는 많은 정착민이 케냐 연대Kenya Regiment

를 구성하고, 심문 작전에 참여하며 파견 구성원의 자격으로 식민행정부에서 일했다.103 케냐의 정부 관료들은 연방·주정부·지역 차원의 비상위원회로 의사결정과 정보 흐름을 통합하는 템플러식 접근법을 받아들였다.

제2차 세계대전 기간 부대를 이끌고 인도와 이집트에서 식민 작전을 주도한 조지 어스킨 경Sir George Erskine은 동아프리카 사령부의 최고사령관이 되었다. 강직한 성격의 어스킨은 처칠과 절친한 사이였다. 그는 직접 육군성에 업무를 보고했으며 식민군, 예비사단, 경찰, 치안군의 작전을 전적으로 지휘할 권한을 가지고 있었다.104 필요하면 계엄령을 선포할 권한도 있었지만, 어스킨은 단 한 번도 이를 발동하지 않았다. 비상 권한만으로도 충분했기 때문이기도 했고, 무엇보다 정착민을 무척 혐오하기 때문이기도 했다. 어스킨은 무타이가 클럽Muthaiga Club과 같은 백인 특권층 전용 구역이 상징하는, 정착민들의 극심한 인종차별주의와 타락한 생활 방식에 분노했다. 그는 특히 정착민 대표 블런델이 전쟁위원회에서 특권적 지위를 가진 데 크게 불쾌해하며, 가능한 한 그를 무시하려 애썼다. 어스킨은 아내에게 보낸 편지에 이렇게 썼다. "나는 그들 모두가 혐오스럽다. 하나같이 중산층 쓰레기다. 케냐 사람이라면 남녀를 가리지 않고 다시는 보고 싶지 않다. 몇몇을 제외하면 전부 싫다."105

1953년까지 영국군 세 개 대대, 갓 말라야 파병을 끝내고 돌아온 병력이 포함된 왕립아프리카소총부대 네 개 대대, 현지 의용병으로 구성된 케냐 연대, 포병대, 기갑 대대 등 수많은 군인이 케냐에 도착했다. 뱀파이어 제트기와 중폭격기를 운용하는 영국 공군 비행중대가 지상군을 지원했다. 이들의 임무는 사제무기로 무장한 상태로 케냐산과 애버데어 산맥에 숨은 토지해방군Land and Freedom Army, 마우마우 세력을 격퇴하는 것이었다. 토지해방군은 통일된 조직 구조조차 갖추지 못한 상태였다. 육군원수

데단 키마티Dedan Kimathi, '차이나 장군General China'이라 자칭하던 와루히우 이토테, 스탠리 마텡게Stanley Mathenge 등 세 명의 지도자가 등장했지만, 조직적인 공격을 감행하기에는 역부족이었다. 효과적으로 게릴라 작전을 펼치고 민간인으로 이루어진 소극 진영과 성공적으로 소통했던 이도 케냐산에서 반군을 이끈 차이나 장군뿐이었다. 차이나 장군은 제국 전시 문화의 산물로, 연합군에 합류해 일본과 맞서 싸우며 군사 기술과 규율을 익히고, 전 세계에서 모여든 다양한 유색인종과 어울리며 혁명적인 사상을 배웠다. 어느 아프리카 병사는 차이나 장군에게 아이티가 해방되었다는 소식을 전했고, 한 인도 민족주의자는 아프리카가 유럽 식민지 지배에 실질적인 도전조차 하지 못하고 있는 현실에 놀라움을 표하기도 했다.[106] 마우마우 저항군의 여러 한계와 영국의 압도적인 화력을 고려하더라도, 어스킨 부대는 1954년 말이나 되어서 군사적으로 주도권을 잡았다. 헤치고 들어가기 힘든 숲과 민간인의 마우마우 지원이 군사적인 우위를 점하려는 어스킨의 발목을 잡았다. 팔레스타인과 말라야 사례를 참고한 어스킨은 베링과 손잡고 나이로비와 보호구역, 유럽인 농장의 키쿠유족 민간인을 비밀 작전의 표적으로 정했다. 치안군은 마우마우 맹세를 했다고 의심되는 모든 주민의 이동을 제한했고, 숲에 숨은 반군의 생명줄, 보급선을 차단해 게릴라를 굶기고 고립시켰다. 또한 현지 환경에 맞는 살인부대로 게릴라를 제거할 계획을 세웠다. 대대적인 체포, 재판 없는 구금, 백색고원에 남은 키쿠유족 강제 추방과 함께 민간인을 대상으로 한 공격이 시작되었다. 식민 관료들은 수천 명의 키쿠유족 민간인을 열차와 트럭에 실어 보호구역으로 돌려보냈다. 1953년 봄, 엄청난 숫자의 주민이 케냐 국내에서 강제 이주당했다. 케냐 입법부는 여러 차례에 걸쳐 "작은 물방울이 모여 개울물이 되듯, 보호구역으로 돌려보내지는 사람이 대거 늘어나 물결을 이루었다."

마우마우 용의자를 감시하는 영국 치안군, 1954년

라고 표현했다. 정부는 몇 달 10만여 명의 키쿠유족을 임시수용소로 이주시켰다. 식민 관료들이 이미 포화인 보호구역으로 키쿠유족 주민을 다시 밀어 넣기 위해 궁리하는 동안 많은 주민이 부실한 위생, 식수와 식량과 배급 부족으로 쇠약해졌다.[107] 어스킨은 나이로비가 테러범에게 신병과 돈, 보급품, 탄약을 공급하는 마우마우 세력의 주요 공급기지라고 믿었다.[108] 나이로비가 '법과 질서의 붕괴 상태'에 빠졌다고 판단한 어스킨은 1954년

4월 24일 새벽, 팔레스타인 상어 작전과 유사하게 무력을 과시하는 모루 작전Operation Anvil을 펼쳤다. 어스킨이 배치한 2만 5000명의 치안군 병력이 도시 전체를 봉쇄했다. 마우마우 동조자 색출을 위해 나이로비 전체를 여러 구역으로 나눠 각 구역을 돌며 아프리카인을 몰아내고, 심문팀이 체포 대상자를 선별했다. 작전은 '게슈타포식'이라는 평가를 받을 정도였고, 어스킨은 이 작전을 '성공'으로 선언했다. 2만 명 넘는 마우마우 용의자가 철장 둘린 트럭에 타고 랑가타 임시수용소Langata Camp로 이송되었다. 마우마우 용의자들도 색깔 코드로 분류되었다. 상대적으로 덜 위험하다고 판단된 3만 명의 다른 키쿠유족은 보호구역으로 추방되었다.[109]

케냐 특수부

케냐 특수부는 말라야의 사례처럼 단기간 내에 정보량을 늘려야 했고 수많은 요원이 케냐로 흘러들어 갔다. 이 과정에서 제국 곳곳과 런던을 촘촘히 연결하는 정보 네트워크가 드러났다. 반란 한 달 만에 케냐가 도움을 청했다. 팔레스타인 수석장관을 지냈으며 킹데이비드호텔 폭파 사건에서 가까스로 살아남은 인물로, 신설된 MI5 해외 부문 국장이 된 존 쇼는 은크루마, 패드모어, 그 외 영국을 드나드는 흑인 급진주의자들을 감시했다. 중동, 아프리카, 아시아를 여러 차례 돌아다니며 현지에서 첩보 활동에 대한 자문을 제공하고, 말라야 임무를 갓 끝낸 켈러와 전직 인도 경찰관 앨릭스 맥도널드Alex MacDonald를 케냐 해외 부문에 파견했다. MI5 국장 실리토가 직접 이 임무를 지휘했다. 첩자들은 특수부가 심각할 정도로 많은 업무량과 서류 작업에 얽매여 있으며 예산 및 인력 부족에 허덕이고 있다고 평가했다. 맥도널드는 케냐에 1년간 상임 고문을 맡아 관련 병력을 훈련시키고, 재조직하면서 첩보 활동을 조율했다. 맥도널드는 자신의 노력이 임무가 성공적이라 자평했다. 맥도널드는 본부에 "특수부가 거듭 성공하고 있으며 우리는 훌륭한 정보원을 확보했다. 설립된 지는 얼마 되지 않았지만, 이 조직이 자립할 수 있도록 내버려둬도 충분하다."라고 보고했다. 맥도널드는 이후 식민성으로 파견된 MI5 최초의 보안 정보 고문이 되었고, 40명의 보안 연락장교가 영제국 전역에서 상임 직책을 맡아 상주하게 되었으며, 제국 내 정보 체계의 일관성과 통제력을 강화하는 핵심 축이 되었다. 이는 제국의 정보 시스템을 개혁하고, 제국의 관행을 여러 식민지로 전파하는 데 보안부가 중요한 역할을 했음을 시사한다.[110]

MI5는 비상사태 내내 케냐에 머물렀고, 케냐정보위원회Kenya Intelligence Committee는 총독, MI5 안보 연락장교, 군 정보부, 경찰국장으로 구성되었다. 케냐정보위원회에서 활동한 또 다른 사람으로는 스티븐스 중령과 함께 황금해안 임무를 갓 마친 트레버 젠킨스Trevor Jenkins가 있었다. 제2차 세계대전 기간 런던의 캠프 020을 운영한 스티븐스 중령은 전후 독일 바트넨도르프에서 나치 용의자들을 고문한 혐의로 고발당했으나 유죄 판결을 피한 사람이었다. 젠킨스의 후임자 역시 영국의 팔레스타인 위임통치가 끝날 무렵 황금해안에서 복무했던, 존 프렌더개스트John Prendergast였다.[111] 공식 보고서에 따르면, 심사팀은 '말라야에서처럼' 꾸려졌다. 심사팀은 말라야 등 여러 식민지에서 운영된 합동심문소를 본뜬 것으로 악명 높은 엠바카시의 마우마우 심문소Mau Mau Investigation Center를 비롯해, 관보에 공개된 수십 개의 심문소에서 활동했다.[112] 유럽인 소유의 농장과 경찰서에서 진행된 비공식 심문은 말할 것도 없고 각종 군사 작전, 임시수용소, 강제수용소 등 어디에서든 심문이 이루어졌다. 특히 인상적인 기법 중 하나는 가쿠

니아gakunia(천을 뒤집어쓴 충성파 키쿠유족)가 마치 판관처럼 의심자들을 선별하는 방식이었다. 후드를 쓴 이 충성파가 마우마우 용의자를 보고 고개를 끄덕이면 해당 인물은 추가 심문 및 구금 대상으로 분류되었고, 그렇지 않으면 보호구역으로 다시 이송되었다. '천을 뒤집어쓴 사람'을 이용한 심사 방법은 특수부 장교 이안 헨더슨Ian Henderson과 함께 마우마우 반군을 잡아들여 심문하는 과정에서 핵심적인 역할을 하던 젊은 군사정보장교 프랭크 킷슨Frank Kitson이 생각해냈다.

스코틀랜드에서 태어난 헨더슨은 부모와 함께 케냐로 이주한 뒤 가족이 운영하는 농장에서 키쿠유족 노동자 자녀들과 함께 성장했다. 이에 현지 문화에 대한 이해도가 높고 현지어를 원어민처럼 구사했다. 이 능력은 새로운 임무의 수행에 큰 도움이 되었다. 헨더슨의 활약은 영국이 제국 곳곳에서 활용한, 살인부대 전략을 변형한 킷슨의 '위장 반군 작전'을 보완했다. 킷슨은 '전향한' 마우마우 반군 무리에 영국 치안군 순찰대원을 끼워 넣었고, 그들은 은신한 마우마우 일당을 잡기 위해 얼굴에 검은 칠을 했다. 이들의 목표는 협조하지 않으면 법정에서 선고된 대로 처형을 집행하겠다는 협박에 못 이겨 '전향한' 요원을 미끼 삼아 마우마우 일당의 위치를 파악하고, 여전히 마우마우 반군과 함께 자유를 위해 싸우는 것처럼 행동하는 전향 요원으로부터 정보를 수집하는 것이었다.

1954년 1월, 대규모 치안군 순찰대는 차이나 장군을 생포해 헨더슨에게 넘겼다. 헨더슨은 68시간 동안 차이나 장군을 심문한 뒤 긴급 법정에 넘겼고, 법정은 차이나 장군에게 교수형을 선고했다. 그러나 놀랍게도 막후 협상이 타결되었고, 차이나 장군은 협력을 대가로 목숨을 건졌다. 고위급 정보원이 된 차이나 장군은 천여 명의 마우마우 전사들을 한자리에 모아 항복 조건을 설명하고 휴전협상을 유도하는 데 기여했다. 그러나 영국 치안군이 집결한 마우마우 반군에게 발포하자 위태롭던 협상은 결국 결렬되었다. 협상이 자신들을 죽이기 위한 함정이었다고 판단한 마우마우 게릴라들은 다시 숲으로 달아났다. 이용가치를 상실한 차이나 장군은 케냐타가 감금된 케냐 북쪽 사막 로키타웅 감옥으로 이송되었다(두 사람은 감옥에 서 깊은 유대감을 형성했고, 훗날 케냐 정치에 중요한 영향을 끼치는 우정으로 발전한다).[113]

한편, 위장 반군 작전은 놀라운 성과를 낳았고, 세 명의 반군 지도자

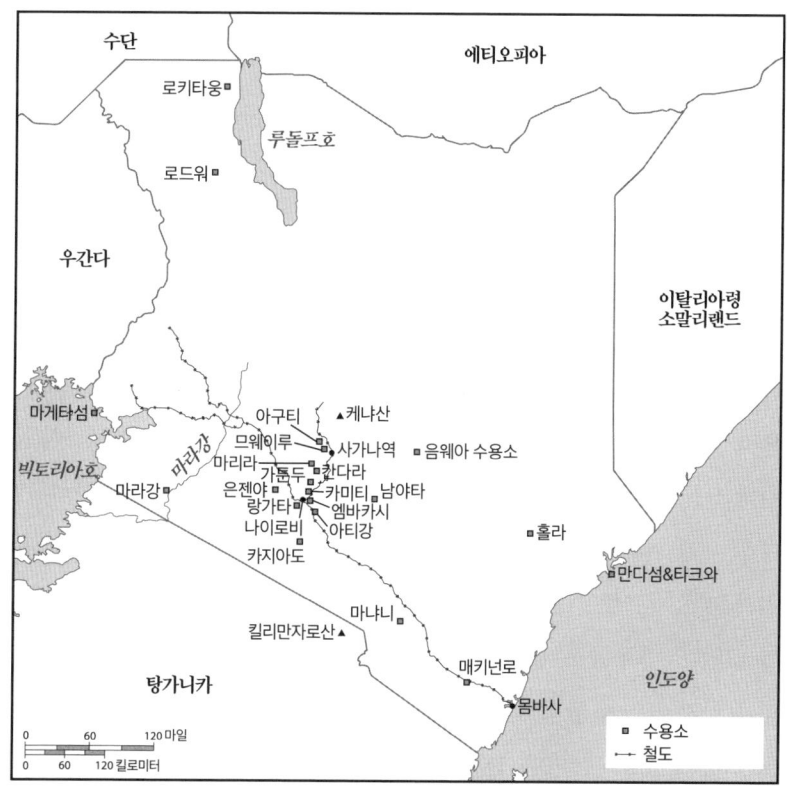

케냐의 주요 강제수용소 위치

13장 체계화된 폭력

801

중 마지막으로 키마티가 생포되었다. 그의 체포를 둘러싼 광적인 추격전의 선두에 선 이는 헨더슨이었다.[114] 영국은 키마티를 '무자비하고 광기 어린 반군'으로 묘사했지만, 그는 키쿠유족에게 '용감하고 고귀한 투사'로 추앙받았으며, 그에 대한 영웅적 신화는 오늘날까지 케냐에서 계승되고 있다. 실제 인물상은 그 중간 어디쯤이었겠지만 말이다. 헨더슨이 지휘하는 치안군은 비상사태가 4년째인 1956년 10월 21일, 마침내 키마티를 찾아내 총을 쏜 뒤 생포했다. 이로써 숲에서 진행되던 전쟁은 끝났다. 반군 잔당을 뿌리 뽑기 위한 사살 명령만 남았을 뿐이었다.[115] 하지만 키쿠유 주민과의 전쟁이 끝나지 않았다. 재판대에 선 키마티가 케냐의 비상규정에 따라 사형을 선고받고 군중이나 카메라의 시선이 철저히 차단된 카미티 감옥의 거대한 문과 철조망 너머 교수대로 향한 이후에도 베링의 식민정부는 계속 골머리를 앓았다. '땅과 자유'를 되찾으려 애쓰는 수십만 명의 키쿠유족 민간인을 꺾어야 했기 때문이다.

비상사태 선언 이후, 베링의 책상에 항의 서한이 들이닥쳤다. 교회선교회 소속 캐넌 뷰스Canon Bewes는 가장 먼저 항의한 인물 중 하나였다. 그는 영국 치안군이 고문을 포함한 '3도 심문third degree' 수법을 사용하고 있으며, 죽을 만큼 용의자를 구타할 뿐만 아니라 경찰이 거세용 기구까지 동원해 고문한다고 고발했다.[116] 비공식적인 심문팀도 어디에나 있었다. 마우마우 사태 기간 키쿠유족 사이에서는 '심사screen'가 식민 통치와 동의어로 여겨졌다. 키쿠유어나 스와힐리어에는 심사의 뜻을 정확히 표현하는 단어가 없었다. 마우마우 사태를 겪은 키쿠유족은 아직까지도 비상사태 시대의 강압과 고문을 함축적으로 표현할 때 '심사'라는 단어를 쓴다. 심사팀과 치안군, 수용소 및 마을 관계자들은 정보와 맹세에 대한 자백을 요구했다. 분노로 인해, 또는 재미를 위해 끔찍한 방법을 동원하기도 했다. 그러한 학대 행위들은 단순한 일탈이 아니었다. '영국의 문명화 사명'이라는 미명 아래 형성된 '허용 가능한 규범, 인간성에 대한 개념, 개인적 신념에 뿌리 내린 광범위한 시스템의 부산물'이었다. 영제국의 백인 요원은 물론 흑인 요원들까지 케냐에서 영국의 지배를 방어한다는 명목으로 끔찍한 범죄를 저질렀다. 용의자에게 자동차 배터리를 연결해 전기 충격을 가하고, 밧줄을 이용해 용의자를 차량 범퍼에 묶어 질식시키거나 끌려 죽게 만들기도 했다. 불붙은 담배와 불, 뜨거운 석탄도 동원했다. 깨진 병과 총신, 칼, 뱀, 벌레, 막대기, 뜨겁게 달궈진 달걀 등을 남성의 항문이나 여성의 질 속에 밀어 넣었다. 뼈와 치아를 부수고, 손가락이나 손끝을 자르고, 특수 제작된 도구로 음낭이 터질 때까지 용의자의 고환을 때리는 방식으로 남성을 거세하기도 했다. 앵글리칸 교회 관계자들에 따르면, 이러한 고문은 일부러 설계된 방식이었다. 코뿔소 가죽으로 만든 채찍 '키보코'를 비롯해 곤봉, 주먹, 경찰봉으로 폭행을 가했고, '양동이 노역 bucket fatigue'처럼 인간의 배설물을 이용한 고문 역시 일상적으로 사용되었다. 마우마우 용의자와 수감자들은 분뇨가 담긴 양동이를 맨손으로 닦아야 했다. 양동이를 머리 높이 들고 몇 시간씩 달리다가 양동이 속 똥오줌을 뒤집어쓰는 굴욕과 고통이 뒤범벅된 고문도 당했다.[117] 남녀노소를 가리지 않고 키쿠유족은 누구도 이런 잔혹한 상황으로부터 안전하지 않았다. 마우마우 심문소에서는 가장 악랄하고 잔혹한 조치가 자행되었다. 케냐 연대 소속 한 정착민은 이렇게 증언했다.

> 여기는 우리가 생포한 마우마우 조직원 가운데 가장 악질적인 놈들을 보내는 곳이었다. 마우마우 심문소에서 느리게 진행되는 고문 방식이 가장 끔찍할 수 있다는 걸 우린 잘 알고 있었다. 마우마우 심문소의 특수부에

게는 쿠크Kuke*를 천천히 전기 처형하는 방식이 있었다. 며칠씩 두들겨 패면서 말이다. 한번은 직접 한 놈을 데려다줬다. 특별한 '치료'가 필요한 놈이었다. 몇 시간 동안 거기서 도우며 마우마우 조직원을 손봐줬는데, 상황이 통제하기 힘든 상태였다. 내가 그 조직원의 양쪽 고환을 잘라낼 쯤엔 이미 귀는 없었고, 오른쪽 눈알이 눈구멍 밖으로 대롱대롱 튀어나와 있었다. 아쉽게도 별다른 정보도 얻지 못했는데 죽어버렸다.[118]

파이프라인

어스킨이 모루 작전을 마무리하던 1954년 5월, 케냐에서는 강제수용소와 포로수용소로 구성된 영제국 역사상 최대 규모의 군도를 건설 중이었다. 베링은 모든 마우마우 용의자가 '다른 상황에서라면 전쟁 포로가 되었을 부류'이므로 제네바협약에 따라 보호받을 수 있다고 생각했다. 철조망 뒤에서 벌어진 모든 일은 베링, 존스턴, 감옥 관리부서 책임자 존 루이스John Lewis의 책임이었다.[119] 구금을 위해 말라야에서 사용되던 '점진적인 단계 시스템'에서 영감을 받아 세워진 케냐의 수용소들은 '파이프라인Pipeline'이라 불렸다. 파이프라인에서 '백색'으로 분류된 사람은 문제가 없다고 간주되어 카쿠유족 보호구역으로 송환되었다. 마우마우식 맹세는 했으나 비교적 순응적인 이들은 '회색'으로 분류되어 파이프라인 아래 강제수용소로 내려보냈다. 이론상으로는 수감자들이 손으로 땅을 파서 건설한 약 60킬로미터에 달하는 야타 남부의 관개용 도랑을 포함한 각종 공공 근

---

* 식민정부가 키쿠유족을 얕잡아 부르는 표현.

로 프로젝트에 자발적으로 참여했다고 설명되었다. '흑색' 수감자들은 '강경파'로 분류되어 파이프라인 상부의 특별수용소에서 강제노동을 했다.[120] 파이프라인에는 재판 없이 구금된 수감자뿐 아니라, 마우마우 관련 범죄로 유죄 판결을 받고 감옥에 갇힌 수감자도 수천 명 있었다. 마우마우 피고인의 변호사는 피츠 드 수자Fitz de Souza같이 대개 나이로비에 기반을 둔 소규모 남아시아 공동체 출신이었다. 마우마우 사태 전, 전체 구성원 수가 10만 명 정도인 남아시아 공동체는 케냐 역사에서 모순적인 입지를 차지하고 있었다. 일부 남아시아인이나 그 조상들은 20세기에 접어들 무렵 계약노동자로 케냐에 들어선 다음 몸바사에서 나이로비를 거쳐 동아프리카 내륙으로 이어지는 영국 철도를 건설했다. 근로 조건은 형편없었다. 영국인이 '쿨리coolie'*라고 부르던 수천 명의 노동자는 탈진, 질병, 너무나 빈번했던 사자의 공격으로 죽었다. 또 다른 일부 남아시아계는 철도 계약 노동 이주와는 별도로 수세기에 걸친 이주 역사 속에서 아랍계와 함께 동아프리카 해안 지역으로, 나아가 내륙으로 들어온 이들이었다. 상당수가 자본가와 무역업자였고, 일부 아프리카인은 이들을 혐오스러운 중개인으로 여겼다. 식민주의의 위계질서 속에서 남아시아인을 유럽인과 흑인 사이에 끼워 넣는 영국의 분할 정책 때문에 이 같은 인식이 더욱 고착되었다.[121] 그러나 경찰의 괴롭힘은 물론 더 큰 위험을 무릅써야 했던 상황에서도, 드 수자 같은 남아시아계 변호사들은 인종적·민족적 고정관념을 초월해 긴급법정에서 마우마우 용의자를 변호했다. 그는 1950년대의 케냐 식민지 사법부가 어떤 양상이었는지를 이렇게 회고했다.

---

* 19~20세기 초 영제국이 아시아에서 데려온 계약 노동자를 가리키는 말로, 현재는 인종차별적 표현으로 간주된다.

이름도 없이 번호만으로 분류된 상태로 재판을 앞둔 마우마우 용의자들, 1953년 4월

변론을 준비할 시간조차 없었다. 이 피고인들은 대개 날조된 혐의로 기소되었고, 증거는 조작된 경우가 많았다. 검찰 측 증인들은 재판 직전에 갑자기 등장하곤 했다. 우리에게는 그들에 대한 반대심문 등이 허용되지 않았다. 사전 증거 공개 절차 등도 전혀 없었다. 우리는 그저 법정에 출석해, 이름조차 아닌 번호로 불리는 피고인을 변호할 뿐이었다. 할 수 있는 일은 고작 형량을 줄여달라고 호소하는 것 정도였다. 결국 이들은 법 체계를 흉내 낸 엉터리 재판을 통해 중형을 선고받았다. 평생 중노동형이라는 형을 선고받는 사람도 있었다.[122]

어떤 이들은 감옥에조차 가지 못했다. 긴급 법정은 1090명의 아프리카인을 교수대로 보냈다. 영제국 역사상 단일분쟁으로 이토록 많은 사람

나이로비 랑가타 수용소의 마우마우 용의자들, 1954년

이 처형된 전례가 없었다.[123] 형기가 끝날 무렵이면 거의 모두가 'C 유형'으로 분류되어 재판도 없이 즉시 구금된 이후 파이프라인에 속하는 여러 수용소 중 하나로 이송되었다.[124] 모든 남성 수감자들은 마냐니에서 매키넌으로 이어지는 도로를 따라 건설된 여러 수용소를 통해 공식적으로 파이프라인에 들어갔다. 수감 인원은 단숨에 최대 수용 인원인 2만 명을 넘어섰다. 반복되는 분류 과정을 견딘 수감자들은 수용소로 돌아갈 때마다 관계자들이 양쪽으로 길게 늘어서서 벌이는 케냐식 환영식을 거쳐야 했다. 백인 관계자들은 수용소 간수들에게 "피가, 피가 사나piga, piga sana(때려, 계속 두드려 패!)"라고 외쳐댔고 간수들은 수감자의 소지품을 마음대로 약탈했다. 수감자들은 강압에 못 이겨 옷을 벗고 소독액 가득한 가축 세척용 공간을 통과해야 했는데, 그 과정에서 여러 명이 익사하기도 했다. 식민 관료

들은 살아남은 사람들에게 말라야 현지 군인이나 경찰이 입던 것과 유사한 아주 얇은 죄수복을 지급했다. 관계자들이 수감자의 팔목에 고유한 식별번호가 찍힌 조악한 족쇄를 납땜해 부착했다. 대부분 남성수용소였지만 카미티 수용소 같은 여성 전용 수용소도 있었다. 아시강의 또 다른 수용소는 강경파로 분류되는 여성들만 수용했다. 파이프라인은 임시수용소, 노동수용소, 특별구금수용소, 추방수용소, 여성·미성년수용소, 족장수용소 등 총 여섯 종류의 수용소로 구성되어 있었다. 이 족장수용소는 수용자의 고향 지역에 위치했으며, 현지 충성파와 영국 행정관이 공동으로 운영했다. 이들이 수용자의 석방 여부에 대한 최종 결정을 내렸다.[125] 파이프라인은 전례 없는 개혁 장소가 될 예정이었다.

베링은 말라야의 템플러가 그랬던 것처럼, 케냐를 키쿠유족의 마음과 정신을 바로잡기 위한 전쟁터로 묘사했다. 식민차관 휴 프레이저Hugh Fraser는 대규모 분류, 강제 추방, 구금이 진행되는 케냐로 날아가 이렇게 보고했다. "현재는 수감자가 약 1500명에 불과하지만, 내년 6월에는 2만 5000~4만 명 수준을 넘어설지도 모른다. 베링 총독에게 이러한 규모의 인원이 구금될 경우를 대비해 '갱생'이라는 단어가 매우 중요하다고 강조했고, 이를 위한 기구가 설치되고 있다."[126] 베링은 케냐로 공무원을 보내달라고 템플러에게 전보를 쳤다. 템플러는 인력이 충분하지 않아서 파견이 힘드므로 케냐의 식민 관료를 보내면 수감자 갱생 방법을 가르치겠다고 답했다. 말라야연방을 2주간 견학한 지역사회 개발 판무관 토머스 애스퀴스Thomas Askwith는 수용소와 새마을 정착촌이 처벌을 위한 장소가 아니라, 공산주의 동조자들을 개혁시키고 식민 통치에 대한 신뢰를 다시금 회복할 기회라는 이상적인 보고를 내놓았다. 하지만 시대를 앞선 인도주의적 관점을 가진 개혁주의자였던 애스퀴스조차 케냐 상황이 말라야보다 훨씬 까다롭다는 사실을 잘 이해하고 있었다. 식민성은 마우마우 지지자들이 케냐에 속한 만큼 국외로 추방할 수 없다고 결정했다.[127] 식민 관료들은 1만 2000명의 강경파를 상설 추방수용소에 보내고자 했고, 나머지 수감자는 '마우마우의 때'를 벗겨 보호구역에 정착시킬 생각이었다. 하지만 10만여 명의 키쿠유족이 이미 보호구역으로 추방된 탓에 수용 한계를 넘어선 키쿠유족 보호구역은 붕괴 직전에 놓여 있었다. 애스퀴스는 석방 속도에 맞춰 일자리와 토지 공급을 확대하지 않으면 '갱생은 시간과 돈, 노력의 낭비가 되고 말 것'이라 예측했다.[128] 키쿠유족이 지닌 사회경제적 불만을 인정할 만큼 진보적인 애스퀴스조차도 "맹세는 마우마우족의 모든 악을 상징한다."라고 여겼다.[129] 베링은 곧 애스퀴스를 위해 지역사회 개발 및 갱생 업무를 동시에 담당하는 한층 확대된 직책을 만들었다.

깨어진 맹세

애스퀴스는 케냐의 '마음과 정신' 캠페인을 이끌어나갔다. 그는 현지인이 생각하는 키쿠유족의 정신과 마우마우 사태를 고려해 개혁의 추진 방법을 발전시켰다. 민족정신의학과 존 캐러더스John Carothers 박사가 발표한 보고서 〈마우마우의 심리학Psychology of Mau Mau〉은 키쿠유족 사이에서 성장해 그들의 언어를 익힌 유명한 고고학자 루이스 리키Louis Leakey의 사상과 교차했다. 리키는 입회자에게 맹세했다는 사실을 인정해야만, 키쿠유족의 전통적인 맹세의 위력을 깨뜨릴 수 있다고 설명했다. 이 같은 개념은 마우마우 맹세를 자백하고, 마우마우에 헌신하는 태도를 버리고, 영국이 강조하는 문명화 사명의 중심인 '기독교 청지기 정신Christian stewardship'을 받아들일 것을 요구하는 캐러더스 및 현지의 선교사상과 부합했다. 애스퀴스는 이러한 생각과 직업 훈련, 국민 윤리 수업, 가내 공업 수업, 서구식 지도가 모두 더해져야 갱생이 이루어진다고 믿었다. 이 요소들이 케냐의 수용소 철조망 뒤에서 진행된 '마음과 정신' 운동의 핵심이었다.[130] 물론 모두가 개혁의 효과를 믿지는 않았다. 어느 방문자는 갱생에 대한 현지의 태도를 이렇게 묘사했다.

> 정착민들은 뭐라고 말할까? 지난 몇 년간 사용된 유화정책은 중단되어야 한다. 정의는 좀 더 신속하고 효과적이어야 하며, 그 효과도 눈에 보여야 한다. 영국식 정의의 느리고 신중한 과정이 본국에서는 매우 소중하게 여겨지지만, 수세기 동안 거친 부족 규율에 의해 형성된 아프리카인의 정신으로는 이 과정을 제대로 이해하지도, 높이 평가하지도 못한다. 이러한 사고방식은 읽기, 쓰기, 산수 등 기본 교육의 피상적인 주입이나 대개는 걸치레에 불과할 기독교의 태도만으로는 바뀌지 않는다.[131]

케냐는 자금도 부족했다.[132] 1954년 6월, 파이프라인의 수용력을 넘어설 만큼 수감자가 늘어나자 전쟁위원회는 케냐 현지 상황에 맞게 수정한 말라야의 재정착 정책을 도입했다. 재정착 정책의 목표는 마우마우 민간인과 게릴라 간의 보급선을 차단하면서 키쿠유족을 통제하는 것이었다. 키쿠유족에게 집단 처벌, 집단 벌금, 강제노동 등 다른 수용소의 정책과 관행을 적용했다. 케냐 정부는 이를 '마을화villagisation'라고 불렀다. 케냐 정부 관료들은 전통적으로 흩어져 살던 키쿠유족을 23만 개의 오두막이 있는 804개 마을로 강제 이주시켰다. 마을화에는 채 18개월도 걸리지 않았다. 그동안 케냐 정부 관료들은 104만 899명의 키쿠유족을 보호구역에 강

비상촌을 내려다보는 국방시민군 경계 초소, 케냐 센트럴주

제 이주시켰고, 백색고원 불법 체류자들을 말라야와 유사하게 노동전선으로 몰아넣었다. 노동전선은 사실상 유럽인 소유 농장의 민간수용소나 다름없었다. 케냐의 유럽 정착민과 치안군은 키쿠유족 보호구역 내에 새로 생겨난 마을에서 사용되는 것과 유사한 방법으로 키쿠유족 불법 체류자를 감시하고, 처벌하고, 강제노동을 시켰다.[133] 그나마 노동전선에서는 통제가 덜한 편이었다. 공식적인 갱생 활동이 거의 진행되지 않았던 '비상촌 emergency village'은 철조망과 스파이크가 박힌 참호로 둘러싸여 24시간 경비대에게 감시당했다. 애스퀴스가 키쿠유족 전체를 위해 배치한 갱생 담당자는 약 250명이었다. 인구 6000명당 한 명의 갱생 담당자가 배치된 셈이었다.

수용소에서처럼, 기독교 선교사들이 공백을 메웠다. 케냐에서 활동하던 선교사들은 파이프라인에 대해 잘 알았다. 선교사들은 맹세를 고백한 수감자를 기독교로 개종시킬 수 있을 것이라는 희망을 품고 정기적으로 수감자를 방문했다. 도덕 재무장 운동Moral Rearmament 역시 중요했다. 계급과 국적을 초월한 화합을 주장한 도덕 재무장 운동 회원들은 오직 행위로서만 죄를 용서받는다는 원칙을 강조했다. 정직, 순수한 마음, 이기적이지 않은 태도, 사랑이라는 네 개의 절대적인 기준을 지지하는 등 일종의 대안적인 기독교 신앙을 주장했다. 도덕 재무장 운동 전도사들은 다양한 기독교 선교사들과 함께 수감자를 상대로 요란하게 하느님의 메시지를 전하는 야간 공개 방송, 설교, 강의를 쉴 새 없이 진행했다.[134] 키쿠유 보호구역에서는 영국 성공회 대주교의 아내 메리 비처Mary Beecher가 이끄는 자발적인 자조 조직 마엔델레오 야 와나와케Maendeleo ya Wanawake(여성발전회)와 현지 선교사들이 수공예 수업을 제공하며 마을 상황을 개선하고자 노력했다. 비처는 베링 총독에게 "여성이 공동 노동에 과도하게 참여하면 가정과 자녀를 돌볼 시간이 사라지고, 중대한 고통이 뒤따르고, 반정부 정서가 생겨나고, 마엔델레오 야 와나와케에서 가르치는 내용이 대개 쓸모없어지므로 우리는 여성의 과도한 공동 노동에 반대한다."라는 뜻을 밝혔다.[135]

수감 생활

키쿠유족 마을은 이름만 마을일 뿐 실상은 수용소였다. 1955년 말, 마을 주민 숫자에 파이프라인을 거쳐가는 약 14~32만 명의 수감자가 더해져 거의 모든 키쿠유족이 수감 상태에 놓였다. 말라야의 중국계 주민을 제외하면 제국 어떤 곳에서도 전례가 없는 일이었다. 정부는 통계적인 속임수로 실제 수감자 숫자를 숨겼다. 언론 배포 자료와 의회 보고서에 따르면 케냐 정부는 7~8만 명의 마우마우 용의자를 재판 없이 구금했는데, 이 숫자는 파이프라인을 드나드는 수감자 수를 반영하지 않은 일일 평균치였다. 수감자 입소율과 석방률을 고려하면 전체 수감자 숫자는 2~4배 정도 늘어났다. 정부는 마을로 강제 이주시키거나 노동전선에 붙들어둔 키쿠유족도 수감자 숫자에 포함시키지 않았다.[136]

키쿠유족 보호구역 내에서의 삶은 혹독했다. 마을화 작업은 말라야에서 벌어졌던 치안군의 작전을 연상시켰다. 케냐에서는 치안군이 이른 아침에 급습해 마을을 불태우는 일이 만연했다. 다른 많은 여성처럼 남편이 파이프라인에 있는 동안 케냐의 센트럴주에 살던 루스 은데그와Ruth Ndegwa는 다음과 같이 기억했다.

> 집을 불태운다는 어떠한 사전 경고도 없었다. 산등성이에 살던 주민 중 누구도 우리가 이사를 가야 한다는 것을 몰랐다. 그냥 어느 날 경찰이 나타나서 모든 사람을 집 밖으로 내몰더니 국방시민군이 우리 바로 뒷집을 불태우고, 모든 것을 태워버렸다. 옷가지 하나 남김없이 모조리 말이다. 이주 진행 중에 아이들과도 떨어졌지만, 아이들이 어디에 있는지 찾을 수도 없었다. 아이들은 앞에서 남은 소를 끌고 가는 중이었지만, 끝내 아이들을 찾지 못했다. 밤새도록 총소리와 비명이 들렸다. 나는 아이들이 죽은 줄 알고 밤새 울었다.[137]

어스킨은 마을화가 '가치 있는 결과를 가져온 징벌 조치'임을 선뜻 인정했다. 굶주림과 정신적 충격으로 고통받던 일부 여성이 정보를 제공하고, 반군 지원 거부를 약속하는 등 서서히 치안군에 협조했다.[138] 어스킨은 마을화 정책의 강도를 점차 높여갔다. 케냐 모든 작전의 총괄 책임자인 어스킨은 이와 관련해 이렇게 말했다. "이 문제에 대해 베링과 대화한 적이 있었다. 당시 나는 훨씬 더 강하게 나가지 않으면 소극 진영을 와해시킬 수 없다는 확고한 생각을 전했다. 베링은 이에 동의했고, 기꺼이 집단 처벌 시행 기준을 낮추려고 했다."[139] 1955년 중반, 케냐 정부는 11명의 영국 적십자사 직원이 선교사들과 함께 마을로 들어가 식량을 제공하도록 허락했지만, 베링은 어스킨과 뜻을 함께했다. 어스킨의 후임 제럴드 래스베리Gerald Lathbury 중장도 민간인 처벌을 더욱 혹독하게 밀어붙였다. 베링은 적십자와 선교사들이 구호품을 필요로 하는 키쿠유족이 아니라, 어느 때보다 정부의 많은 지원을 요구하는 충성파에게 식량과 물품을 나눠줘야 한다고 주장했다.[140] 케냐의 의료 부처는 '징벌적인 마을에서 발생하는 우려할 만한 어린아이 사망 건수와, 적십자의 구호 노력을 방해하는 정치적인 고려 사항'을 강조하는 통렬한 보고서를 내놓았다.[141] 국제적십자위원회는 영국 중앙아프리카 국제적십자위원회 대표 제프리 센Geoffrey Senn으로부터 영국 적십자사가 영국 정부의 이익에 부합하는 방향으로만 행동한다는 긴급 보고를 받았다. "영국 적십자는 이 모든 문제와 관련해 의무를 다하지 않는다. 지금껏 단 한 번도 그런 적이 없고, 태도를 바꾸려는 의지도 전혀 보이지 않는다."[142] 영국 적십자 지도부는 제네바 국제적십자위원회의 구호 활동을 적극적으로 반대했다. 제네바협약 공통 3조가 케냐 비상사태에는 적용되지 않으므로 적십자의 활동을 허락할 필요가 없지만, 영국 정부의 관대함 덕에 영국 적십자 직원들이 케냐에 인도적 지원을 제공하고 있다는 논리로 국제적십자위원회의 구호 활동에 대한 방해를 정당화했다. 이중사고가 케냐의 인도적 구호 활동 전반에 스며들었고, 영국 적십자의 이러한 가식이 일조했다.[143]

집단 처벌

이 무렵, 영제국에는 집단 처벌이 당연한 관행이 되어 있었다. 케냐의 특수부는 치안군과 말라야에서 시행된 징벌적 전술을 모방해 사용했다. 이는 〈문제가 있는 마을을 처리하는 기술Techniques for Dealing with Known Bad Villages〉이라는 문서에 자세히 기록되어 있다.¹⁴⁴ 육군성이 1949년에 공개한 〈민간 권력을 돕기 위한 제국의 치안 활동 및 의무Imperial Policing and Duties in Aid of the Civil Power〉에는 국제인도법이 민족에 따라 달리 적용된다는 사실이 명시되었다. 영국군 수뇌부는 "영국에서 필요한 무력의 정도 및 적용 방법은 해외 다른 지역과는 매우 다르다."라고 강조했다.¹⁴⁵ 식민성은 제네바협약 개정 및 확대와 관련해 대법관실Lord Chancellor's Office과 토의하는 과정에서 "마을 전체를 불태우는 식의 '집단 처벌'이 활용되었다. 다시 이 같은 방법이 사용될 수도 있다."라고 언급했다.¹⁴⁶ 육군성은 '필요성' 원칙을 수정해, 1949년 필요성 원칙을 '최소한의 무력 사용' 원칙으로 대체한 다음 영국군이 새로 작성한 소형 팸플릿에 관련 내용을 실었다.¹⁴⁷ 하지만 1958년 공개된 《군법 교범》 개정판에는 육군성이 과거에 오랫동안 고수해온 "무장 반란이 있을 시 효과적으로 반란에 대처하고 대응하는 데 필요한 모든 무력 사용이 정당화된다."라는 입장이 다시 언급되었다.¹⁴⁸ 필요성, 최소한의 무력 사용, 필요한 모든 무력. 영국은 자국의 무력 사용 정책 묘사를 수정하기 위해 노력했지만, 식민지 반란 진압 과정에서 영국이 전후 국제인도법의 정신을 어기고 있다는 사실은 달라지지 않았다. 영국 정부가 정의상의 허점을 활용해 제네바협약 공통 3조를 공식적으로 회피한 것은 수치스러운 일이었다. 하지만 정부와 군은 '필요'라는 단어를 사용할 수밖에 없었다. 이들은 "영국군이 야만, 테러, 공산주의의 손아귀에서 문명을 구한다."

라는 익숙한 주장을 변형해 영국의 '정당한 전쟁'을 합리화했다. 군의 문화적 적응 문제도 있었다. 역사학자 휴 베넷Huw Bennett은 이 상황을 완벽하게 요약한다.

> 제네바협약과 헤이그협약에 따라 모든 국가는 평시와 전시를 가리지 않고 협약 원문을 배포하는 등 협약에 관한 내용을 의무적으로 알려야 한다. 하지만 1966년도 참모양성학교, 제국방위대학교, 그 외 '핵심 서비스 기관이나 부처'에서 어떠한 교육도 이루어지지 않은 것이 분명하다. 육군법률서비스국Directorate of Army Legal Services은 관련 교육도 제공하지 않았다. 더 심각한 것은 육군법률서비스국 역시 협약 내용에 대해 제대로 알지 못했다는 점이다.[149]

육군참모양성학교 시간표를 보면, 면책권이 '발생 당시에는 불법이던 행위를 합법으로 만들고, 관계자를 법적 책임에서 벗어나게 만드는 법규'라고 가르친 내용은 확인된다. 하지만 영국군은 기본적인 교육의 차원에서 제네바협약과 헤이그협약이 요구하는 바를 준수하지 않았다.[150] 영국은 젊은 병사들에게 지금껏 우리가 이 책에서 지속적으로 확인해온, 합법화된 불법의 개념을 공식적으로 가르쳤다. 육군성은 말라야와 케냐에서 사용된 파괴적인 집단 처벌이 불가피한 동시에 필요하다고 믿었다.[151] 어스킨은 마을들이 '더 엄격한 통제 문제를 해결하는 열쇠'라며 이렇게 설명했다. "일단 마을이 세워지면, 통행 금지, 점호, 수색, 식량 통제는 단순히 조직의 문제로 전락한다.[152] 제국 내 다른 지역에서 확인했듯, 식량 통제나 제한은 민간인의 협조 부족에 대한 또 다른 형태의 처벌이었다.[153] 요점은 마을 주민들을 쉴 새 없이 노동에 투입하면서 식량 공급을 차단해 굴복시키는 것이었다."¹⁵⁴ 굶어 죽은 자녀를 묘비도 없이 땅에 파묻는 여성도 있었다. 현지 언론은 키쿠유족 보호구역을 휩쓴 영양실조에 대해 언급했다.¹⁵⁵ 케냐의 전쟁위원회는 "가능한 한 식량 제한 조치가 알려져서는 안 된다."라는 방침을 세웠지만, 우려할 점은 기아 정책뿐만이 아니었다.¹⁵⁶ 키쿠유족 보호구역은 파이프라인과 마찬가지로 극단적인 폭력이 벌어지는 곳이었다. 충성파나 국방시민군이 폭력 사태의 중심이었다. 어스킨은 말라야 출신의 필립 모콤Philip Morcombe을 키쿠유시민군Kikuyu Guard, 즉 국방시민군 사령관으로 임명했다. 모콤은 자기가 지휘하는 아프리카인 부대원에게 제복을 입히고, 쉽게 식별 가능한 은색 완장을 채웠다. 팔레스타인과 말라야의 충성파가 그랬듯, 케냐의 국방시민군 역시 피티나fitina(음모)로 잘 알려졌다. 훗날 국방시민군의 역사를 정리한 한 하급 장교는 '마우마우에 대한 오래된 원한'을 갚는 일도 그중 하나였다고 설명했다.¹⁵⁷ 식민 관료들은 각 비상촌에 국방시민군 경계 초소를 세웠고, 초소 내에서는 벌레와 배설물로 가득한 작은 감방에 주민을 감금했다. 다양한 고문과 강간, 폭행이 자행되었다. 치안군도 강간에 연루되었다. 수석장관이 주관하는 불만조정위원회 접수된 62건의 혐의 중 21건이 여성과 어린 소녀를 유린한 군인에 관한 것이었다.¹⁵⁸ 크리스티나 왐부이Christina Wambui는 다큐멘터리 시리즈 〈제국의 종말End of Empire〉에서 이렇게 증언했다.

> 국방시민군과 병사들은 아침 6시쯤 우리 마을에 들이닥치곤 했다. 문을 열라고 외치며 마구 두드리는 소리가 들렸다. 집 안으로 들어오면 그들은 곧장 우리를 때리기 시작했다. 일부는 중태에 빠진 채 경비초소로 끌려갔다. 끌려간 여자는 완전히 죽을 때까지 더 심하게 구타를 당하기도 했다. 경찰과 군인들이 집 안으로 들이닥치면 경찰이 집을 수색하는 동

안 군인들이 여성을 강간했다. 열 명의 군인이 한 여자를, 다섯 명이 한 여자를 강간하기도 했다.¹⁵⁹

경찰부국장 케네스 해딩엄Kenneth Hadingham은 다음과 같이 적었다. "즉결 심판이 많이 진행되었다는 데 의심의 여지가 없다. 이 사실을 공개적으로, 솔직하게 인정해야만 한다. 마우마우 동조자라 하더라도, 현지 주민에게 자행된 살인, 강간, 방화, 강도, 갈취를 결코 '정의로운 법 집행'이라 볼 수는 없다."¹⁶⁰

영국인의 이중사고

식민성은 비상사태 초기에 여러 건의 불만을 나열한 '잔학 행위 혐의Allegations of atrocities'라는 서류철을 모았다. 서류철에는 고향 친구들에게 자행된 '게슈타포 같은 만행'을 언급한 임시경찰 토니 크로스Tony Cross가 제기한 불만도 마찬가지였다. 심문 중 구타로 사망한 엘리야 은제루Elijah Njeru 사건도 포함되었다. 현지 치안판사는 예비 내부 조사로 영국인 가해자들이 "걱정과 후회의 형태로 상당한 벌을 받았음이 분명하다. 이 나라를 다시는 반란이 발생하지 않는 상태로 되돌려놓고자 힘을 모아야 하는 지금으로서는, 어떤 경우건 기소가 공익에 부합한다고 생각하지 않는다."라고 판결했다.¹⁶¹ 식민성과 베링 역시 치안판사의 의견에 동의했다. 케냐의 수용소나 마을에서 일어난 고문이나 살인은 대다수 은폐되었고, 드물게 유죄가 인정될 때조차 정상 참작되었다.¹⁶² 정부는 치안군의 사기를 떨어뜨려 봤자 누구에게도 도움이 되지 않는다는 논리를 내세웠다. 더불어 어떤 범죄가 자행되었다 해도 마우마우의 야만성에 비하면 사소할 뿐이었다. 그렇지만 케냐의 법무장관은 "고통스럽게도 나치 독일이나 공산주의 러시아의 상황을 떠올리게 한다."라고 비유했다.163 어스킨조차도 케냐 상황을 내부에 알리려고 노력했고, 육군장관 앤터니 헤드Antony Head에게 편지를 보내기도 했다.

> 군대와 경찰에 의한 무차별적인 총격이 상당히 많았다. 정보를 얻기 위해 수감자들을 구타했다고 확신한다. 구타에서 고문으로 넘어가는 건 한 걸음에 불과하고, 시간이 좀 걸렸지만 이제는 많은 경찰서에서 고문이 자행되었다고 믿는다. '심사팀'에 대해서도 알아두어야 한다. 행정부 밑에서 일하는 심사팀의 목표는 노동자들을 샅샅이 뒤져 일반인과 마우마우를 구분하고, 그 정도가 어느 수준인지 가려내는 것이다. 일부 심사팀 역시 고문을 활용한다.164

1953년 6월, 어스킨은 성명서를 통해 "이곳의 주민이 이 나라에 산다는 이유만으로 '구타당하는 것'에 강력하게 반대한다."라고 밝혔다. '수사와 관련해 경찰과 군이 전면적으로 상호 협력할 것'이라고도 강조했다.165 하지만 어스킨 역시 나날이 악화되는 상황을 감추는 거대한 공모 세력의 일부였으므로, 아무리 강력한 말도 별 의미가 없었다. 수석장관의 책상에 폭행, 고문, 강간, 살인 사건을 고발하는 문서가 쌓여갔다. 레녹스보이드는 여러 차례 의회 연단에 서서 변명의 여지가 없는 행동을 폐쇄적이고 애매모호한 수법으로 감쌌다. 오웰이 설명한 이중사고의 실체를 보여주는 또 다른 사례였다. 식민 관료들도 강제노동 관행이 문제라는 사실을 잘 알았다. 비상사태 초기, 리틀턴은 베링에게 "수감자의 노동 활용 방안은 국제강제노동협약International Convention on Forced Labour에 위배된다."라는 내용의 편지를 보냈다. 리틀턴은 정부의 이익을 위해 수감자들이 '노예'나 '값싼 노동력'으로 이용된다는 모든 주장을 반박할 수밖에 없었다.[166] 리틀턴은 베링에게 템플러가 만들어낸 수용소를 본뜬 '특별수용소'의 도입을 촉구했다. 이는 영국이 국제협약을 위반하는 사례가 일부에 불과하다고 보이게 하려는 발상이었다.[167] 하지만 1년 후, 케냐 국방장관은 겉 보기엔 자발적으로 임금이 지급된다고 주장되는 식민지 케냐의 노동수용소를 이렇게 평가했다. "우리는 노예상인이다. 현재로는 공공사업국Public Works Department이 우리 노예를 고용하는 셈이다."[168]

아서 영 대령의 양심

약 1년 전이던 1954년 2월, 아서 영Arthur Young 대령이 케냐에 부임했다. 런던 경찰국장이던 영은 1952년 지역사회 치안 확립을 위해 말라야로 파견되었다. 1년 후, 그의 작전은 정치 경찰 활동이나 정보 수집을 다루지 않았는데도 큰 성공을 거둔 것으로 발표되었고, 그는 곧 유사한 임무를 수행하기 위해 케냐로 파견되었다. 케냐의 신임 경찰국장이 된 영에게 경찰을 독립적이면서 부패하지 않는 조직으로 만들어야 한다는 어려운 임무가 주어졌다. 영은 곧 케냐 식민정부 관료들, 그중에서도 특히 베링 총독에게 혐오감을 느꼈다. 영은 "민간 치안군 대원들이 통제를 벗어나 그들의 '적'이라고 지목된 이들에게 혐오스러운 폭력과 잔혹 행위를 저지르고 있다. 이러한 문제를 베링 총독과 함께 해결하는 것이 나의 불쾌한 의무였다."라고 회상했다.[169] 베링은 범죄 해결을 위해 어떤 노력도 하지 않았다. 영은 베링이 적극적인 방해까지는 아니더라도, 수사의 원활한 진행을 막기 위해 모든 수단을 동원했다고 생각했다. 영은 일기에 이렇게 적었다. "의혹을 뒷받침하는 증거가 곧 나올 것이라는 믿음을 갖고, 우려되는 점을 정리해 베링에게 공식 보고서를 제출했다. 치안군이 저지른 잔혹 행위에 대해 직접 반감을 드러내고 이 문제를 매듭짓는 데 필요한 조치를 하도록 행정 조치에 앞장서 달라는 요청도 했다. 이러한 요청을 거듭 상기시켰지만, 답변은커녕 이 같은 평가를 인정하는 말조차도 듣지 못했다."170

1954년 12월, 경찰이 '공정한 지위'를 가질 수 없다고 판단한 영은 사표를 제출했다. 베링은 식민성에 다음과 같은 입장을 밝혔다. "경찰이 약하면 행정 서비스가 강해질 수밖에 없다. 우리 행정 관료들의 입장을 약화시킬 수는 없고, 그래서도 안 된다고 확신한다."171 베링은 경찰의 권한과 독립성이 강화되면 행정부에서 일하는 식민 관료, 보호구역과 파이프라인에 속한 직원들의 권한이 줄어들 것이라 여겼다. 즉, 영 같은 사람이 경찰국장 자리에 있으면 독립적인 경찰이 행정부의 부패와 잔혹한 정책이나 관행을 틀림없이 폭로할 것이라 믿었다. 베링이 이 같은 두려움을 느끼는 것은 당연했다. 영은 '경찰 본부에는 어떤 보고서도 제공되지 않은 채 행정부의 암묵적인 허가 아래 '충성파' 아프리카인과 유럽인들이 자행하는 수많은 심각한 범죄 및 혐오스러운 범죄'에 관련된 구체적인 내용을 베링에게 전달했다.172 1971년 영은 옥스퍼드대학 비공개 기록보관소에 관련 내용을 기탁했다. 덕분에 제국에서 벌어진 길고 긴 학대 속에서 처음으로 식민정부의 최고 관리가 경찰 주도의 학대뿐 아니라 식민행정부가 직접적인 역할을 했음을 지적하는 종합적인 증거를 확보하게 되었다. 이 기록은 영의 개인 소장 문서였으므로 제국 말기 진행된 국가 주도의 폐기 문서 대상에 포함되지 않았다. 영의 기록을 보면 경찰은 '악질적인 범죄'에 연루되어 있었다. 베링의 지원 없이는 공명정대한 조사부서를 꾸리는 것이 매우 힘든 일이었음이 확실하다.

1955년 1월, 런던으로 돌아간 영을 맞이하는 식민성 분위기는 냉랭했다. 옥스퍼드 시절부터 오랜 친구인 레녹스보이드와 베링은 제국과 관련해 지배계층으로서의 신념과 비전을 갖고 있었다. 리틀턴의 뒤를 이어 식민장관으로 취임한 1954년 7월, 레녹스보이드는 자신을 케냐뿐 아니라, 제국 어디에서건 자치에 제동을 거는 '브레이크'라고 여겼다.[173] 이러한 정신이 현장에서 쓰이는 접근 방법에 반영되었다. 레녹스보이드는 케냐를 여러 차례 방문했고, 그가 식민장관으로 취임한 지 불과 4개월 만에 케냐 센트럴주의 여러 키쿠유족 보호구역 최북단 니에리 남부를 시찰한 내용은 특히 눈여겨볼 만하다. 그는 베링 총독과 함께 비상사태와 관련된 다양한 장소를 시찰했다. 둘은 니에리 먼디아 지역의 먼디아 족장에 대한 재판이 임박했음을 알고 있었다. 족장은 몇몇 국방시민군 대원과 함께 여러 수감자를 구타한 끝에 그중 한 명을 사망하게 만든 혐의로 기소되었다. 둘을 호위한 해딩엄 경찰부국장은 이렇게 회상했다. "총독이 10분 정도 따로 불러내 먼디아 족장 사건에 대해 말했다. 총독은 '비공식적인' 대화라고 말하고선 그 문제와 관련해 지시사항을 전달하지는 않겠지만, 마우마우와의 전투에서 주도적인 역할을 맡은 충성파 족장의 처형은 정치적으로 부당하다는 생각을 밝힌 것이다."[174]

레녹스보이드는 베링 총독과 뜻을 같이했다. 이는 곧 영의 입을 막는다는 뜻이었다. 다른 제국 관료들처럼 영 또한 공무상비밀엄수법에 서명했다. 영이 사직서를 공개했다면 돌이킬 수 없을 정도의 파괴력이 생겼을 수도 있다. 영은 "내가 작성한 보고서를 의회에 공개했다면 최소한 총독이 소환되고 식민장관도 매우 곤란한 처지에 놓였을 것이다."라고 적었다.[175]

영과 레녹스보이드는 영이 직접 작성한 사직서에 기록된 구체적인 사항을 모두 배제하고 신중하게 언론 배포용 자료를 작성했다. 영은 "케냐 정부와의 의견 차이 때문에 경찰국장에서 물러난다."라고 대중에게 발표했다.[176] 보도자료는 지속적인 잔혹 행위가 '해이해진 기강 때문에 권력 남용 문제가 있는 국방시민군의 소행'이며, 정부가 '키쿠유족 국방시민군의 권력 오남용을 근절할 것'이라 강조하며 합법화된 불법이 케냐의 '미개한 흑인 탓'이라 비난하는 내용이 포함되었다. 치안군, 행정부, 수용소에서 일하는 유럽인이 저지른 범죄에 대해서는 전혀 언급되지 않았다. 오히려 식민성은 1954년 의회 대표단이 내놓은, '공명정대'한 경찰력에 대한 권고를 무시하며 비상사태의 긴급성을 강조했다.[177] 신중하게 선정한 단어로 쓰인 언론 공개 자료는 영국 정부의 공식 입장을 반복한 것이었다.

> 케냐 정부와 영 대령은 비상사태 상황, 경찰의 역할에 대해 의견 차이를 보였다. 케냐 정부는 지금과 같은 폭력적인 비상사태 국면이 지속되는 한 행정부와 경찰, 군이 테러 조기 종식에 모든 노력을 함께 쏟아붓고, 이를 위해 세 부처가 모든 차원에서 최고 수준의 통합과 합동을 위해 노력해야 한다고 생각한다.[178]

영의 사임 직후, 영국 정부는 영의 노력을 지지하던 여러 인사를 케냐 밖으로 내보냈다. 대표적인 사람 중 하나가 싱가포르 재판장이 되어 케냐를 떠난 법무장관이었다.

케냐의 새로운 지도자들

새롭게 케냐의 법무장관이 된 사람은 강압과 기소 면에서 베링과 태도가 비슷한 에릭 그리피스존스Eric Griffith-Jones였다. 영의 후임은 캐틀링이었다. 캐틀링은 '마우마우는 내가 팔레스타인과 말라야에서 경험한 비상사태에 비하면 다소 쉬운 문제'라고 여겼다. 캐틀링의 역할은 케냐의 통합 정보부서와 긴밀하게 협력해 마우마우에 감염된 사람들의 맹세를 깨뜨리고 전향시키는 것이었다.[179] 케냐와 영국의 식민 관료들은 영의 퇴임만으로는 충분하지 않다고 여겼다. 존스턴은 케냐 전역에서 폭력 사건과 그로 인한 불안을 목격하고, 법무장관에게 다음 같은 내용의 편지를 보냈다. "지역 관료들이 두려워하는 것은 행정부가 수많은 전쟁 범죄를 저질렀음을 폭로하는 잔혹행위위원회가 설립되는 것이다. 이 같은 종류의 마녀사냥이 바람직하지 않다는 사실을 강조할 필요도 없다. 런던의 법무차관과 협의해, 비상사태 동안 행정부와 치안군이 취한 조치를 포괄적으로 면책할 수 있는 일반 면책 조례를 어떻게 마련할 생각인지 물어봐주길 바란다."[180] 처칠과 내각은 전면적인 면책 조항을 승인했다. 치안군에 소속된 백인 및 흑인 대원은 행정부 관료들과 함께 정부의 1955년 1월 18일 공식 면책 발표 전에 일어난 어떤 범죄도 책임지지 않았다.[181]

정부의 면책 발표 다음 날, 베링은 강경파로 분류되는 수감자나 '비타협자' 관련 식민행정부 정책을 되풀이해서 이야기했다. 베링은 니에리에서 레녹스보이드가 "비타협자가 충성파 키쿠유족이 사는 곳으로 돌아갈 것이라는 데는 의심의 여지가 없다."라고 이야기했다며 군중을 안심시켰다.[182] 하지만 1955년 말, 유럽인권조약과 해당 조약 제15조를 둘러싼 문제가 예상보다 복잡하게 작용하자, 레녹스보이드와 베링은 앞서 한 발표를 철회했다. 비상사태가 해제되면 영국은 재판 없는 구금을 금지하는 유럽 인권조약을 외면할 수 없었다. 파이프라인에 거의 3만 명의 수감자가 갇힌 상황이었다. 레녹스보이드와 베링은 석방 속도를 높일 것을 요구했고, 존스턴에게는 그 문제를 해결하는 임무가 주어졌다.

제국 내 다른 영토에서처럼, 영국 정부 정책은 예상치 못한 일련의 연쇄 효과로 이어졌고 그중 두 가지가 존스턴을 성가시게 했다. 첫째, 파이프라인이 막혔다. 1만 명의 수감자를 수용하는 마냐니 수용소 등은 안내수용소reception center로 설계된 중심 수용소였다. 심사팀이 수감자 심문 및 분류를 끝낸 뒤 관료들이 다른 수용소로 배치할 때까지 수감자들은 안내수용소에 머물러야만 했지만, 파이프라인 곳곳의 수감자가 협조를 거부하는 탓에 석방률이 매우 낮았다. 이 때문에 안내수용소에 갇힌 수감자들을 보낼 곳이 없었다. 곧 식민 관료들은 이미 수용 가능 인원보다 6000명이나 많은 인원을 수용하던 마냐니 안내수용소를 장기수용소holding camp로 변경했다.

파이프라인이 막힌 데는 어스킨의 나이로비 공습 작전도 한몫했다. 모루 작전 때문에 1954년에만 수감자가 2500퍼센트 증가해 5만 2000명을 넘어섰고, 파이프라인은 그 여파에서 회복되지 못했다. 보건 당국은 마냐니에서 매키넌으로 이어지는 도로를 따라 건설된 장기수용소를 '위생적 위협'으로 명명했다. 장티푸스 같은 전염병 때문에 여러 지점에서 격리 조치가 실시되었다.[183] 존스턴이 석방률을 끌어올릴 수밖에 없는 상황에 부딪혔을 무렵, 암울하고 잔인한 수용소 상황 탓에 많은 수감자의 신념은 더욱 확고해졌다. 일부 수감자는 수용소 생활을 마우마우 사상을 더욱 깊이 주입할 기회로 삼았다. 지식을 갖춘 수감자들은 국제법의 수감자 보호 조항 관련 세부사항을 다른 수감자들에게 알렸다. 독립 이후 케냐에 어떤 미래가 찾아올지, 자신들에게 케냐의 독립이 어떤 의미인지 토론 그룹을 이끄는 이도 있었다. 영국의 잔혹한 정책과 관행으로 키쿠유 운동의 양상이 달라진 것이다. 수천 명에 달하는 수감자 역시 식민 당국에 냉혹한 태도를 보였다. 체포당할 때만 해도 마우마우에 양면적인 태도를 보였지만, 이제는 당국에 협조하기를 아예 거부하는 수감자도 있었다.[184]

존스턴은 '재흡수 문제reabsorption problem'를 해결해야 했다. 되돌아갈 수감자들을 받아들이기에는 이미 포화 상태인 키쿠유족 보호구역의 수용역량 부족 문제가 대두되었기 때문이다. 보호구역 인구 과밀 문제도 매우 심각했고, 이 문제는 좀 더 광범위한 충성파 보상 시스템과도 맞물렸다. '스위너튼 계획Swynnerton Plan'으로 알려진 지속적인 토지 통합과 기타 농업 개혁은 분산된 토지 소유를 합리화했다. 키쿠유족이 사는 시골의 생산성을 높이기 위해서였다. 보호구역 주민에게 부과되는 집단 처벌이나 벌금을 이미 면제받고 있는 충성파들이 장기적인 측면에서 사회경제적으로나 정치적으로 우위를 차지하도록 보장하는 장치였다. 스위너튼 계획은 본질적으로 키쿠유족, 케루족, 엠부족 중 충성파로 분류되는 사람들을 위한 일종의 '보상'일 뿐, 미심쩍은 마우마우 세력을 위한 토지 개간 사업이 아니었다.[185] 충성파에게 이미 많은 땅을 내준 존스턴은 석방된 수감자 재흡수 문제 해결을 위해 어떤 생활수준을 목표로 하는지 물었다.[186] 존스턴과 정착위원회는 펜을 한 번 휘둘러 공식 수치를 손보고 맨 처음 계획한 아프리카인의 생활수준을 낮춰, 보호구역 내에 15만 명을 추가 수용했다.[187] 대다수의 키쿠유족이 굶주리는 상황, 식민정부는 이미 끔찍하게 열악한 생활수준을 더욱 낮춰 재흡수 문제를 해결했다. 마우마우 맹세에 대한 고백이 협조의 첫 번째 징후라고 여기던 정부는 '회색'의 저항력 약화를 위해 새로운 파이프라인 정책을 도입했다. 꽉 막힌 파이프라인이 조금씩 뚫리기 시작했다. '회색'으로 분류된 이들이 곧 마우마우 맹세를 자백했고, 심사팀은 이들을 '백색'으로 재분류한 다음 고향에 세워진 족장수용소로 보냈다. 수용소를 관리하는 족장은 이들을 보호구역으로 석방했다.

개정된 비상규정

파이프라인에 남은 3만 명의 수감자에게 관심을 돌린 존스턴은 개정된 비상규정을 근거 삼아 더욱 압박을 강화했다. 수감자들로부터 억지로 협조를 얻어내려는 심산이었다. 일부 수감자는 비상(수감자)규정 제22조에 따라 요구되는 작업을 거부했다. 베링은 비상(수감자)규정 제17조를 개정해 사소한 위반을 '중대한 위반' 행위에 포함했다. 이전에는 '권위에 대해 고의적으로 반항하고, 합법적인 명령에 불복하는 행위'가 경범죄로 분류되었지만, 법률이 개정되자 이 같은 행위도 '중범죄'가 되었다.[188] 수용소 당국이 수감자를 독방에 가두거나 체벌했다. 레녹스보이드는 개정에 동의하고, 개혁을 장려하는 요소가 전혀 없는 개정안을 묵인했다.

아시다시피 많은 사람이 죄수의 기강을 잡기 위한 체벌에 반대한다. 이번 경우에는 법정에서 범죄 책임이 한 번도 입증되지 않은 수감자들을 대상으로 한다는 점 때문에 이러한 여론이 더욱 강화될 것이다. 나는 그간 수감자들의 특징에 대해 줄곧 언급해왔다. 위험하고 까다로운 문제를 해결하도록 여러분을 돕고 싶다. 반면, 한곳에 모인 좀 더 완강한 수감자를 통제하기 위해 케냐 정부가 위협이나 체벌에만 의존하게 된다면 나는 불안할 것이다.[189]

기강을 바로잡아야 할 때는 케냐의 기동타격대가 투입되었다. 비상(수감자)규정 제22조에 따라 합법화된 강제노동에 불복해 폭동을 벌인 마게타섬 수용소처럼 수용소에 갇힌 모든 사람을 구타하고 굶겨서 굴복시키는 일도 있었다. 문제는 강제노동만이 아니었다. 수감자들이 정부의 토지정책을 파악하는 것 역시 문제였다. 수감자들은 갇힌 상태였으나 철조망 너머의 정보를 갈망했고, 간수 매수 등 소식을 주고받을 갖은 방법을 고안했다. 마우마우의 일관된 요구는 '빼앗긴 땅의 반환'이었지만, 존스턴과 베링은 땅을 돌려줄 계획이 없었다. 존스턴은 강경책과 함께 '흑색', '회색', '백색'으로 분류하는 색 분류 시스템을 좀 더 복잡한 문자 기반 시스템으로 대체해 석방률을 높이려고 했다. '흑색'은 'Z1'과 'Z2'로 나뉘고 '회색'은 'Y'로 바뀌었다. '백색'은 'X'나 'C'였다. 존스턴은 '흑색'으로 분류된 가장 반항적인 부류를, 노동은 하지만 맹세했다고 고백하지 않는 부류와 분리하면 강경파를 좀 더 성공적으로 무너뜨릴 수 있을 것이라고 생각했다. 하지만 이 작전은 처음에는 인도에서, 나중에는 말라야에서 실패한 이전의 헛된 시도와 다를 바 없었다. 베링은 새로운 할당량을 도입했고, 이에 따라 존스턴의 우려는 늘어갔다. 1956년 봄, 베링은 존스턴에게 영구 수감자를 1만 2000명에서 수천 명으로 줄이겠다고 통보하고, 매달 1000명에서 2000명으로 석방률을 2배 늘릴 것을 요구했다. 영구 수감자를 줄이겠다는 베링의 결정은 재판 없는 구금을 금지하는 유럽인권조약에서 비롯된 것이었다. 비상사태가 끝나 영국이 제15조를 외면할 수 없게 되면 재판 없는 구금이 가장 심각한 문제가 될 터였다. 베링과 식민성 법률고문은 다른 서명국들과의 이면 협상으로 국제인권법을 교묘하게 우회하기가 생각보다 어렵다는 사실을 깨달았다. 재판 없이 장기간 구금하는 수감자의 수를 대거 줄일 수밖에 없었다. 8000~9000명의 타협 불가능한 수감자를 추가로 교화해야 하는 골치 아픈 임무를 맡은 존스턴은 또다시 분류 시스템을 개선했다. 분류를 좀 더 세분화하면 동요하는 사람과 진정한 강경파를 분리해 동요하는 부류가 좀 더 적극적으로 협조하고, 맹세를 자백하게 만들 수 있지 않을까 기대했다. 'Z', 'Y1', 'YY', 'XR' 등 새로운 분류 기호가 여럿 고안되었는데, 모두 기존 방식을 요식적으로 서투르게 흉내 낸 것이었다. 존스턴은 곧 이러한 변화가 무의미하다는 사실을 깨달았다.[190]

개비건의 등장

과감한 조치가 필요하다고 느낀 존스턴은 영제국을 위해 전임자들이 해내지 못한 일을 해냈다. 존스턴은 필요한 인재를 직접 발탁해 계획을 밀고 나갔다. 1957년 봄, 케냐에서 두 번째로 막강한 권력을 지닌 존스턴은 새로 만든 갱생 담당 지역 책임자 자리에 테런스 개비건을 앉혔다. 개비건의 관리 목록에는 케냐 음웨아 평원에 자리 잡은 다섯 개의 노동수용소가 모두 포함되었다. 개비건은 존스턴에게 직접 보고했다. 180센티미터를 훌쩍 넘는 키의 아일랜드인 개비건은 짧게 깎은 머리에 건장한 체격, 반투명한 파란 눈을 지녔고, 스쿼시 경기 중 겪은 사고와 수차례의 난투 덕분에 코가 휜, 남성적이고 강인한 인물이었다. 사립학교를 거쳐 옥스퍼드와 케임브리지대학교에서 수학한 일부 장교들은 개비건의 하찮은 혈통에 불만을 가졌다. 인도의 중산층 환경에서 성장한 개비건은 장학금을 받고 영국으로 유학을 떠난 뒤, 왕립얼스터연대에 합류해 21세부터 케냐에서 공무원으로 일하다 단숨에 거듭 승진했다.

개비건은 여러모로 정통적이지 않던 윙게이트, 다소 광신적이던 템플러와 닮은 점이 많았다. 개버건은 존스턴이 필요로 하던 바로 그런 사람이었다. 개버건은 가장 먼저 존 카원John Cowan을 찾았다. 음웨아 평원 다섯 개의 수용소 중 하나인 가티기리리의 현지 교도관 카원은 강경파의 신념을 꺾으려 '희석 기법'이라는 새로운 방법을 실험했다. 수용소 관계자들은 카원의 지시에 따라 나머지 음웨아 평원 네 개 수용소 중 한 곳에서 쇠고랑을 찬 50명의 수감자를 가티기리리로 이송했다. 가티기리리의 교도관과 간수들은 50명의 수감자를 여러 소집단으로 나눈 다음 무자비하게 폭력을 가했다. 주먹, 곤봉, 경찰봉, 채찍, 손에 닿는 갖가지 무기를 이용했다. 수감자들이 명령에 귀 기울이고, 노동에 참여하고, 자백할 때까지 폭력은 계속되었다. 희석 기법을 직접 목격한 케냐 국방장관 제이크 큐색Jake Cusack은 실험 결과에 깊은 인상을 받았고, 다른 수용소에서도 희석 전략을 즉각 활용하라고 권고했다. 카원이 마침내 '협조와 석방의 딜레마'를 해결할 가시적이고 검증된 해결책을 내놓았다.[191] 하지만 한 가지 문제가 있었다. 희석과정 중에 수감자들이 죽어나간 것이었다. 베링이 레녹스보이드에게 가티기리리의 수감자 무치리 기투마Muchiri Githuma가 "심각한 구타를 당했고, 희석 기법의 결과로 사망했다."라고 알렸다.[192] 베링은 수감자의 죽음에도 굴하지 않고 레녹스보이드에게 모든 고위층 관계자의 생각을 요약해서 편지를 보냈다. "'희석' 기법은 원활하게 돌아가고 있을 뿐 아니라, 몇 달 전만 하더라도 우리 모두가 오랫동안 타협 불가능한 존재로 남을 것이라 생각했던 수많은 마우마우 수감자를 언젠가 석방해 최종적으로 '파이프라인'을 해체할 수 있을 것이라는 희망을 전한다. 희석 기법을 포기하면 이런 과정에 심각한 문제가 발생할 것이다."[193]

자신에게 새로 주어진 임무에 '진보 작전Operation Progress'이라는 이름을 붙인 개버건은 희석 기법을 체계적이고 효과적인 프로그램으로 발전시켰다. 개버건이 도입한 프로그램은 잔혹했다. 수용소 내부를 전면적으로 기습 공격하고, 위압적으로 무력을 과시하는 데서부터 출발했다. 개버건은 음웨아 수용소 교도관과 갱생 담당자들로부터 도움을 받았을 뿐 아니라, 충성파 키쿠유족으로 구성된 '근위병'을 별도로 꾸렸다. 개버건은 키쿠유족 근위병이 "체격과 자세가 좋아 단시간 내에 간단한 비무장 전투를 하도록 훈련받았다. 종아리까지 오는 바지 위에 유도복 같은 탄탄한 면직으로 만든 윗옷을 걸쳐 입고 윗도리를 여미는 가죽 벨트에 나무로 만든 짧은 경찰봉을 매달고 다녔다."라고 설명했다. 개버건은 진보 작전을 일종의 '강간'이나 다름없다고 묘사했다. 음웨아 수용소에서 진행된 진보 작전은 매우 성공적이었고, 개버건은 마냐니 수용소의 강경파 수감자들을 무너뜨릴 목적으로 희석 기법을 마냐니로까지 확대할 태세를 갖췄다.[194] 케냐의 한 장관은 이렇게 적었다. "이러한 방식이 매우 위험했다는 사실을 알아야 한다. 개인적으로는 현재 가해지는 폭력과 비교하면 가티기리리(1월 한 명의 수감자가 살해당한 수용소)에서 사용된 폭력은 대수롭지 않게 느껴진다."[195]

전쟁위원회 역시 걱정에 사로잡혔지만, 전쟁위원회가 걱정하는 대상은 수감자가 아니라 '희석 과정으로 인한 사건 때문에 기소될지도 모르는 장교들'이었다.[196] 1957년 6월, 베링과 그리피스존스 법무장관은 체계적인 폭력을 위한 계획을 서술했다. 식민성의 공식적인 의견과 승인을 요구하는 비밀문서가 여러 차례 식민성에 전달되었고, 베링은 레녹스보이드에게 이렇게 설명했다. "개버건은 우리에게 모든 내용을 완벽하게 공개한다. 그는 마냐니 수용소에서 꾸준히 유입되는 'Z' 수감자를 훗날 각 지역 수용소로 내보낼 수 있다고 말했다. 우리는 개버건이 최악의 수감자들을 대상으로 이 같은 전략을 잘해낼 수 있다고 믿지만, 성공하려면 강경파를 거칠게 다루어야 한다. 일부 수감자에게는 폭력적인 충격이 필요하다."[197] 그리피스존스는 식민장관에게 보내는 별도의 문서에서 음웨아에 관한 자세한 내용, 즉 다른 고위급 식민 관료들과 함께 개버건이 어떤 식으로 일을 처리하는지 직접 목격한 내용을 알렸다. 다시 한번 짚고 넘어가자면, 레녹스보이드는 무슨 일이 벌어졌는지 잘 알고 있었다.

개버건은 그동안 유입된 수감자 중 좀 더 끈질긴 부류가 수용소에 들어오면 강제로 수용소 죄수복으로 갈아입힐 수밖에 없었다고 설명했다. 더불어 격렬하게 저항하는 일부 수감자가 '마우마우 신음Mau Mau moan'을 내기 시작했고, 단결된 저항심을 상징 행위인 울음 같은 신음을 내면 나머지 수감자들도 금세 같은 소리를 내며 울부짖었다는 것이다. 이 같은 일이 일어나면 '신음'이 수용소 전체로 퍼져나가지 않도록 막는 것이 무엇보다 중요했다. 따라서 가장 먼저 '신음' 소리를 내기 시작한 저항자를 즉각 바닥에 때려눕혀 발로 목을 짓이기며 입에는 진흙을 쑤셔 넣었다. 그런데도 저항 의지를 꺾지 않는 사람이 있으면 최후의 수단으로 의식을 잃을 때까지 폭행을 가했다.[198]

처음에 레녹스보이드가 망설인 이유는 개버건의 방식 자체에 대한 반대라기보다 그런 방식을 공식적으로 승인해달라는 요청 때문이었다. 하지만 남아 있는 수천 명의 수감자를 꺾으려면 체계화된 폭력을 공식적으로 받아들여야 할 상황이었다. 이 같은 우려를 감지한 그리피스존스는 모호한 법률 용어로 쓰인 일련의 법규를 만들어냈고, 레녹스보이드는 이를 승인했다.[199] 법규는 그리피스존스가 말하는 합법적이고 강제적인 완력과, 근거 법령이 없는 불법적이고 징벌적인 완력을 구분했다. 강제적인 완력은 '다루기 힘든 수감자를 제지하거나 제압하기 위해, 또는 적법한 질서를 따르도록 강제함으로써 무질서를 막기 위해 즉각적으로 필요할 경우' 사용할 수 있었다. 징벌적인 완력은 모든 종류의 불법적인 신체적 처벌을 의미했다.²⁰⁰ 비상(수감자)규정 제17조도 이미 개정된 상태였다. 수용소와 마을에서 징벌적인 완력이 널리 사용되지만, 폭력을 당한 사람이 법적으로 호소할 방법은 거의, 어쩌면 전혀 없었다. 폭력이 체계화되고 허용된 이후 진행된 법적인 보호 장치 마련을 위한 노력을 눈여겨볼 만하지만, 케냐 경찰국장 캐틀링은 영국 정부 정책이 충분하지 않다고 주장했다. 캐틀링은 "치명적인 사고가 일어날 위험이 크므로 관계자들은 어떤 형태로든 면책되어야 한다는 것이 나의 확고한 의견이다."라고 밝혔다.²⁰¹ 그러나 자신의 이름뿐만 아니라 보수당 정부의 명예가 걸린 상황에서, 레녹스보이드는 케냐와 런던의 관계자들을 회유해 본래 불법적인 행위를 합법으로 둔갑시키려 했다.²⁰²

희석 기법

수감자들은 음웨아 평원의 여러 수용소와 희석 기법 관행에 '지구상에 존재하는 지옥Hell on Earth'이라는 이름을 붙였지만,²⁰³ 개버건이 갱생 담당자 자리에서 물러난 1958년 3월 무렵 베링과 레녹스보이드는 진보 작전이 성공적이라 평가했다. 파이프라인은 개버건의 희석 기법 중심으로 재설계되었다. 니에리의 아구티 수용소와 음웨루 수용소, 포트홀의 마리라 수용소, 아티강 수용소에서는 모두 희석 기법이 쓰였다. 변화에 따라 이 수용소들을 '여과수용소filter camp'라고 불렀다. 공식적으로 허가된, 체계화된 폭력을 사용하는 수용소를 부르는 정부의 암호였다. 이 사건은 자유제국주의의 탄압 및 개혁 능력을 가장 극단적으로 보여주는 사례였다. 진보 작전에 동원된 강압은 모르는 척할 수 없는 수준이었지만, 유배수용소로 이송되는 수감자 규모를 축소하라는 압박에 시달리는 케냐 정부의 현실과 수감자들이 야만적이라는 주장이 이 같은 강압을 정당화했다. '원주민'은 혹독한 훈육이 필요한 아이이므로 반드시 교화해야 한다는 왜곡된 논리도 있었다. 대개 수감자들은 파이프라인 하부로 이동하는 수감자에게 기독교식 교육을 제공하는 선교사를 통해 갱생 교육을 받았지만, 폭력 없이는 고집 센 수감자들이 문명화 사명에 따라 갱생될 것이라는 희망을 품을 수 없었다. 케냐에서 진행된 도덕 재무장 운동에 참여한 사람들도 유사한 교육 활동에 참여했다. 일부 갱생 담당자들은 축구 시합을 열고, 국민 윤리 수업을 했다. '다루기 힘든 수감자'를 제압해야 한다는 그리피스존스의 어휘 선택에는 이미 널리 퍼진 정신이 배어 있었다. 당시의 '다루기 힘든 아이'는 '다루기 힘든 수감자'처럼 고집스럽게 말을 듣지 않거나 통제가 불가능한 존재였다. 적어도 수감자에게 가해지는 끔찍한 구타와 관련해 법적인 보호 장치를 제공하려는 사람들의 눈에는 그랬다.

 베링과 측근들은 진보 작전에 반발하는 몇몇 식민 관료를 해고했고, 애스퀴스도 해고당했다. 그는 개혁을 돕는 노력에 박차를 가해야 한다고 주장하는 퍼햄의 전후 온정주의를 연상시키는 정치적 감수성을 지니고 있었다. 애스퀴스는 존스턴과 수석장관 리처드 턴불Richard Turnbull에게 여러 차례 보고서를 제출했다. 애스퀴스는 '순종과 복종을 얻으려 수감자에게 가한 폭력적인 처우가 불운하게도 사망이나 중상으로 이어졌을 수도 있다는 것이 이 내용의 요지'라고 적었다.[204] 애스퀴스는 레녹스보이드에게까지 소신을 밝혔지만 전혀 소용이 없었다. 애스퀴스가 문제를 제기하자 베링은 수감자와 '갱생' 관련 모든 책임을 존스턴에게 넘겼다. 최종 책임은 존스턴에서 개버건에게 넘어갔다. 카원은 상황을 요약해서 설명했다. "애스퀴스 같은 직급쯤 되면 대부분 명예를 얻지만, 그는 불만만 품고 떠났다. 정부는 비상사태 문제로 여력이 없었는데, 애스퀴스는 음웨아의 갱생 과정에 잔혹한 방법을 계속 동원했다. 이미 압박에 시달리던 정부는 내부에서마저 압박에 시달리길 원치 않았다. 그래도 그 과정에서 신념을 굽히지 않은 점은 존경스럽다."[205] 카원이 이야기하는 '명예'란 많은 사람이 갈망하는 훈장, 즉 여왕이 수여하는 영제국 장교 훈장과 영제국 구성원 훈장Member of the British Empire, MBE이었다. 식민 관료가 이러한 영예를 얻으면 자유제국주의의 위계질서 속에서 진정한 권위를 인정받았다. 개버건은 영제국 구성원 훈장을 받았을 뿐 아니라 케냐 역사상 최연소 지역 판무관으로 발탁되었는데, 이는 마을화 과정에서 철조망 안에 갇힌 수십만 명의 남녀를 관리하는 책임을 포함한 자리였다. 카원의 훈장도 눈앞에 있었지만, 그 전에 그는 케냐 전역의 '파이프라인' 체계 속에 체계화된 폭력을 확산하는 작업을 마무리해야 했다.

14장
유산 작전

LEGACY OF VIOLENCE

> 식민전쟁이 발발하면 우리 모두 포로가 된다.
>
> _ 바버라 캐슬Barbara Castle, 영국 의회 의원, 1962년 6월[1]

 1952년 10월 케냐 총독 에벌린 베링이 비상사태를 선언할 무렵, 처칠의 개인 비서 존 콜빌John Colville은 갈수록 노쇠하는 77세의 처칠을 염려했다. "갈수록 피곤해하며 눈에 띄게 노쇠하고 있다. 연설문을 작성하는 것도 힘겨워하고, 더는 예전처럼 아이디어를 술술 떠올리지 못한다. 그는 최근 하원에서 이상하리만치 단순한 실수를 두 번이나 저질렀다."[2] 하지만 1953년 6월 뇌졸중 이후 저지른 실수에 비하면 이 같은 실수는 사소한 편이었다. 처칠은 정치 일선에서 물러나야 할지 고민했지만, 오히려 앞으로 나아가며 식민장관과 국방장관을 역임한 해럴드 맥밀런에게 지지를 드러냈다. 맥밀런은 1년 전 영국이 '조잡하고 감상적인 사회주의로 미끄러져 들어가거나 세 번째 영제국으로 나아가는 선택의 기로'에 섰다고 생각한다는 뜻을 밝힌 바 있었다.[3] 그러나 처칠의 뒤를 이을 적임자로 낙점된 사람은 '언제나 평화가 최우선'이라는 신조를 강조하며 보수당의 연속성을 대표하던 정치인 앤서니 이든이었다. 20여 년간 정부에서 여러 장관직을 두루 섭렵했으며 총리가 되기 직전 처칠 내각에서 외무장관을 지낸 이든은, 나날이 세계화되는 세상에서 독립적인 국가로 남겠다는 영국의 결의를 받아들였다. 그는 냉전 상황에서 미국의 지원을 이끌어내면서 영제국 부활 전략을 이어갈 준비가 되어 있었다.

처칠의 빈자리

처칠은 마지막 나날을 보내며 "우리는 영광스러운 제국을, 위대한 인도 제국을 내던져버렸다."라는 말을 여러 형태로 중얼거렸다. 이를 지켜본 콜빌은 그가 얼마나 현실 감각이 없어 보였는지를 오히려 드러내는 장면이었다고 회고했다.[4] 그러나 처칠의 빈자리를 메우기는 쉽지 않았다. 1955년 봄 처칠이 마지막 내각회의를 마무리하고 그가 아끼는 연못이 있는 차트웰로 떠날 무렵, 제국에 대한 현대인의 상상력 속에서 처칠보다 중요한 존재는 영국 왕실뿐이었다. 역사상 가장 다작한 작가 중 하나인 처칠의 글과 연설 속에는 항상 제국이 존재했다. 1953년, 노벨상 위원회는 처칠을 노벨문학상 수상자로 선정했다. '인간의 숭고한 가치를 옹호하는 탁월한 웅변'이 수상 이유였다.[5] 제국을 유지하려는 영국의 접근 방식에도 이 같은 가치가 반영되었다. 애틀리 내각 집권 당시 제국은 이미 상당 부분을 잃은 상황이었다. 1947년 인도와 파키스탄을, 이듬해 팔레스타인, 버마, 실론을 잃었는데도 처칠은 더는 후퇴하지 않았고, 대신 제국의 권력을 에덴에게 넘기면서 익숙한 강압 조치와 개발 약속을 통해 그 광대한 제국을 유지했다. 민족주의적 요구에 따른 조정이 이루어졌다 하더라도, 이는 영국의 의지에 민간인을 굴복시키거나 영국과 권력이나 이익을 공유하며 그 전략적·경제적 자산을 보호할 사후 식민지 지도자를 선출하는 등 실제와 상상의 통제에 기반한 사고방식에서 크게 벗어나지 않은 자기 이익적 전략에 불과했다. 보수당 의원 레오폴드 애머리가 전시에 반복했던 "구세계의 균형을 바로잡기 위해 해외에서 끊임없이 새로운 권력의 원천을 창출해야 한다."라는 주장은 여전히 정치적 신념으로 작용했고, 영국이 영향력을 행사하고 유지하는 방식 또한 변함이 없었다.⁶

애틀리 정부는 전후 인권 운동과 관련해 제국의 연속성을 위한 기틀을 마련했다. 애틀리 총리 시절, 영국은 유럽인권조약에 첫 번째로 서명했다. 비상사태 시 조약을 지키지 않을 권리를 명시한 조항이자 자유제국주의의 무제한적인 무력 사용을 허용하는 일종의 회피 조항인 제15조와 함께였다. 식민성은 1951년 속령 문제를 즉각 해결하지 않고도. 유럽인권조약을 비준하는 근거가 되는 제63조 3항에 동의했다.⁷ 런던의 정부 관료들은 유럽인권조약 확대를 놓고 제국 내 다양한 인사들과 광범위하게 협의했다. 이따금 비상사태가 발생하는 현실 때문에 식민지 총독과 고등판무관들은 보편적인 인권의 개념은 차치하고 국제적인 감독이라는 개념도 거의 받아들일 수 없었다. 말라야와 케냐에서 벌어지는 사건이 헤드라인을 장식했지만 자메이카, 그레나다, 영국령 기아나 같은 식민지에서는 경찰국가 정책과 관행이 동시에 전개되었다. 제15조는 이 조항을 거대한 '허점'이라 여기던 수많은 식민성 내부자의 우려를 불식시켰다. 영국 정부는 유럽인권조약을 제국으로 확대하면 엄청난 '선전 가치'가 있을 것이라고 생각했지만, 영국이 '사실상 조약 전체를 무효화하는 의무 면제 목록'을 보내기로 한 만큼 유럽인권조약의 제국 확대 방침은 어느 정도 속이 빤한 수작이었다. 영국이 7000만 명의 주민을 아우르는 42개 자치령에 유럽인권조약을 확대하겠다고 유럽회의에 통보할 때도 예외가 있었다. 홍콩도 그중 하나였다. 공산주의 선동가로 추정되는 세력의 지속적인 폭력과 위협 때문에 홍콩 관료들은 "완전한 인권 부정이 시대의 풍조였다."라고 적었다.⁸

법치라는 허구

1950년대에는 예외적이고 일시적인 것이 규칙으로 자리 잡았다. 법적으로 허용된 비상 상황이 식민지를 차례로 덮쳤고, 각 식민지에서는 법정 계엄령에 따라 경찰국가가 탄생했다. 경찰국가는 반대 세력을 진압하고, 영국의 이익 증진에 도움이 되는 정치적으로 수용 가능한 정권 창출을 목표로 했다. 국내 상황이 제15조에 해당한다는 주장을 뒷받침할 만한 최소한의 증거를 제시해 유럽인권조약을 회피하는 횟수에도 제한이 없었다. 유럽인권조약이 영제국 대부분 지역에서 발효된 지 6주 만에 영국은 말라야와 싱가포르를 유럽인권조약 적용 지역에서 제외했다. 곧 케냐와 영국령 기아나, 우간다의 부간단 주도 같은 신세가 되었다. 유럽인권조약 시행 직후, 10년간 영국이 면제를 신청한 사례가 거의 30건에 달했다. 영국을 제외한 유럽회의 45개국이 유럽인권조약 시행 이후 60년간 요청한 면제 건수보다 많은 수치였다. 이 같은 불균형이 일어난 데는 유럽에서 두 번째로 큰 식민 열강 프랑스가 유럽인권조약 비준을 오랫동안 미룬 탓도 있었다. 프랑스가 마침내 유럽인권조약을 비준한 1974년에는 잔인하고 장기적인 반란 진압 작전이 벌어진 알제리를 비롯해 프랑스가 차지한 해외 영토 대부분이 독립한 상태였다. 그러므로 전 세계 수백만 명의 식민지 신민의 생생한 경험에 영향을 미쳤을 뿐 아니라, 국제법과 관행에서 예외를 정상화한 '면제 정권derogation regime'과 동의어가 된 나라는 영국뿐이었다.⁹

제2차 세계대전이 발발 이전과 1950년대에는 중요한 차이가 있었다. 1950년대에는 국제법에 조건부로 권리를 포함하거나 제외시킨다는 내용이 포함되었다. 예를 들어, 유럽인권조약의 면제 조항은 체약 당사국이 공정한 재판, 자유, 재산 보호, 가족 및 사생활 보호에 관한 권리를 유예하도록 허용했다. 사형 금지 조항 역시 유예되었지만, 면제 조항이 체약 당사국에 고문할 권리나 노예의 노동력 사용 권리, '당시의 법에 위배되지 않는 일'로 누군가를 처벌할 권리는 허용하지 않았다. 이 같은 규정은 반란과 관련된 모든 범죄를 처벌할 근거가 되는 방대한 분량의 비상규정을 만들라고 식민국가들을 부추겼다. 제네바협약이 '국제적 성격이 아닌 무력 분쟁'을 정확히 정의하지 않은 탓에, 국제인도법에서 다양한 보호 방안이 제외되었다. 이로써 영국과 프랑스는 제국 내 반란 사태를 진압한다는 명목으로, 본래라면 어떠한 상황에서도 허용될 수 없는 고문을 적용할 여지를 갖게 되었다. 이처럼 무언가를 제외하고 포함하는 방식은, 겉으로는 인권과 인도법을 옹호하며 변화를 주장했지만, 실제로는 영국과 같은 국가에 아무런 의무도 지우지 않는 자유제국주의의 일환이었다. '법치'는 다양한 탄압 행위를 합법화하는 '강력한 허구'였다.[10]

이 같은 권력 남용과 인권 그리고 인도주의 원칙의 회피는, 영국이 제국을 지배할 정당한 권한을 갖고 있다는 확고한 믿음과 깊이 연관되어 있다. 전후 경제 회복을 위해서 영국은 권력을 남용하고, 인도주의 원칙을 회피할 수밖에 없었다. 헤이스팅스 재판이 열린 19세기 초 이후, 영국 자본주의는 줄곧 제국 및 국가 정체성과 명확하게 얽혀 있었다. 영국의 경제 관계는 동등한 파트너와의 자유무역을 기반으로 하지 않았다. 영국의 자유제국주의를 관통하는 이처럼 불공평하고 강압적인 노선은 제2차 세계대전 이후에도 지속되었다.[11]

영국의 만병통치약

냉전이 시작되자 영국은 제국이 체제 전복 세력의 온상이 될 위험이 큰 동시에, 공산주의 물결에 맞설 보루가 될 수도 있다고 보았다. 영국 정부는 제국을 경제 회복의 만병통치약으로 인식했고, 그 회복을 위해서는 탄압 체제가 필요하다고 판단했다. 면제 조항, 청원 절차, 감독위원회 등으로 인해 인권에 대한 요구도 다소 제한되었다. 애틀리 정부 입장은 처칠 내각에서도 거의 달라지지 않았다. 이든도 영국 정부의 기존 입장을 고수했다. 1950년대 초, 그간 실망을 안겨주던 노동당의 경제 회복 노력은 마침내 약 20년간 지속될 상승 국면으로 접어들었다.[12] 실질 GDP와 생산 효율성이 18세기 산업혁명 이후의 어떤 시기와도 견줄 수 없는 수준으로 증가했다. 여러 상승 추세 가운데 특히 주목할 만한 것은 전후 국제 무역의 확대였다. 전쟁으로 폐허가 된 다른 유럽 국가들과 달리, 영국은 상대적으로 뛰어난 생산 능력을 보유하고 있었기에 기본 소비재와 자본재 수출 수요를 훨씬 더 효과적으로 활용할 수 있었다.[13] 하지만 막대한 군사비가 전후 재건 사업의 발목을 잡았다. 군비가 총 공공지출의 20퍼센트, GDP의 약 8퍼센트를 차지했다. 전체 GDP의 5퍼센트만을 군비에 지출하는 미국에 비해 군비 지출이 매우 높았다. 그렇다고 군비를 감축하면 회복의 토대가 되는 정책이 위태로워질 수밖에 없었다. 영국의 경제 정책은 무수한 식민지 신민의 마음과 정신, 육체에 막대한 피해를 끼치는 값비싼 강압 조치를 기반으로 삼았다. 제국이 영국 경제에 무엇보다 중요하다는 믿음은 굳건했다. 1833년, 매콜리는 "문명인과 교역하는 것이 야만인을 지배하는 것보다 훨씬 더 이익이 된다."라고 주장했다.[14] 인도에서 총독의 고문으로 활동했으며, 영국에서 가장 영향력 있는 역사학자이자 정치인 중 한 사람으로 꼽히는 매콜리는 "유럽의 훌륭한 도서관 서가 한 칸이 인도와 아라비아의 토착문화 전체보다 가치 있다."라고 믿었다. 1857년 세포이 항쟁 이후, 그는 인도 형법 제정에 기여하며 제국 전역의 입법에 지대한 영향을 미쳤다.[15] 1852년, 훗날 영국 총리가 되는 디즈레일리는 '그 가련한 식민지들은 피할 수 없는 난제'라고 선언했다. 디즈레일리의 재정 평가는 옳았다. 영국의 국방비는 400만 파운드(약 7700억 원), 총 무역 수출은 800만 파운드에 달했다.[16]

1883년, 외교관 퍼시 앤더슨Percy Anderson은 영국이 세계에서 누려온 만족스러운 지위가 점차 사라지고 있다며 이렇게 기술했다. "우리는 행동할 수밖에 없는 상황에 놓인 듯하다. 보호령은 달가운 짐이 아니지만, 이번에는 불가피하게 반갑지 않은 영국의 보호령과 치명적일 수밖에 없는 프랑스의 보호령 중 하나를 선택해야 한다."[17] 1884~1885년, 유럽 열강과 아프리카 분할을 논의하기 위해 영국 정치인을 베를린으로 이끈 것은 전 세계에서 벌어지는 정치 및 경제 분야의 경쟁이었다. 유럽 지도자들은 자유제국주의 정신에 고무되어 '무역과 문명 발전에 가장 도움이 되는 조건'을 보장하면서 "원주민의 생활 조건 개선을 위해 노력하겠다."라고 약속했다.[18] 일찍이 제국의 어리석음을 비난했던 디즈레일리는 국가와 제국, 군주제를 하나로 묶는 19세기 후반 영국의 정체성을 형성하는 데 앞장섰다. 빅토리아 여왕이 인도 황제로 즉위한 1877년, 영국의 정체성이 만천하에 드러났다. 영국은 스스로를 탁월한 제국국가로 여기며, 세계에서 가장 위대한 문명화 사명을 수행하고 있다고 확신했다. 아직 현대 세계에 편입될 준비가 되지 않은 '어린아이 같은 원주민'을 교화한다는 명분 아래, 팍스 브리타니카의 문명화된 법치를 실현하고 있다고 믿었다.

제국에 대한 이중성

20세기에 접어들 무렵, 영국의 새로운 종교나 다름없는 자유제국주의가 영국 경제의 발목을 잡았다. 로즈는 식민지가 '생계의 문제'라고 주장했지만, 경제학자 홉슨과 일부 비평가는 본국 소비자들의 구매력이 부족한 상황에서 과잉 생산된 재화는 결국 제국 시장에 의존할 수밖에 없으며, 이는 소수 자본 지배 세력만을 위한 것이라고 지적했다. 홉슨은 영국 내 자원을 근본적으로 재분배한다면 영국인들이 가처분소득 부족으로 인한 고통에서 벗어날 수 있다고 보았다. 그렇다면 자본가들의 소비재를 팔기 위해 해외 영토를 정복·재정복하고, 현지 주민을 문명화하여 영국 제품을 소비하게 만드는 값비싼 사업 자체가 무의미해진다는 것이었다.

급진적인 홉슨의 경제이론은 학계에서 대체로 무시되었다. 정치인들은 대부분 홉슨이 민족주의적인 구조의 일부가 된 영국의 제국주의 경제에 의문을 표하는 괴짜 좌파라고 여겼다.[19] 거의 50년 후, 몽고메리 참모총장은 '영제국이 기존 생활수준을 유지하고 살아남으려면' 전후 제국이 무엇보다 중요하다고 선언했다.[20] 상당수의 좌파도 보수당을 대표하는 과거와 현재의 대표 인사들이 뜻을 같이했다. 베빈은 "제국은 영국인의 생활수준을 개선하거나 최소한 유지하기 위한 조건으로 널리 인식되어 왔다."라고 선언했고, 이에 대부분이 동의했다.[21] 40년 앞서, 영국의 위대한 '인종 애국자' 밀너는 "흑인을 희생시킬 수밖에 없다."라고 표현했다. 표현은 다소 완화되었지만, 근본적인 정서는 여전히 동일했다.[22] 많은 지식인이 제국을 비난하면서도 제국이 제공하는 물질적인 이익을 당연히 받아들였다. 제2차 세계대전이 가까워질 무렵, 오웰은 《위건 부두로 가는 길The Road to Wigan Pier》에서 다음과 같이 적었다.

좌파 '지식인'은 누구나 반제국주의를 자처한다. 그들은 자신이 계급적 틀 밖에 있다고 주장하듯, 무의식적이며 위선적으로 제국의 틀 밖에 있다고도 주장한다. 심지어 영국의 제국주의에 큰 불편함을 느끼지 않는 우파 '지식인'들조차 제국과 거리를 두는 듯한 태도를 연출한다. 영제국을 비꼬는 영리한 태도는 사실 너무나 쉽다. 〈백인의 책무〉 같은 시, 〈브리타니아여, 지배하라Rule, Britannia〉 같은 노래, 키플링의 소설을 떠올려보라. 인도에서 따분하게 살아가는 영국인 중 이것을 언급하면서 킬킬대지 않을 사람이 있을까?[23]

제국이 없는 삶의 실상과 마주하자 영국에서는 제국에 반대하는 시위가 줄어들었다. 브로크웨이가 새로 결성한 식민지 해방 운동 시위를 제외하면 1950년대 내내 이러한 분위기가 거의 달라지지 않았다. 오웰은 이를 신랄하게 비판했다.

자본주의 체제 아래 영국인이 상대적으로 안락하게 살기 위해서는 1억 명의 인도인이 굶주림에 허덕여야 한다. 참으로 사악하다. 대안은 제국을 없애고 영국을 춥고 보잘것없는 작은 섬나라로 축소하는 것이다. 그곳에서 영국인 모두가 열심히 일하며 주로 청어와 감자로만 연명해야 할 것이다. 그러나 어떤 좌파도 이 같은 상황을 원하지는 않는다. 그렇지만 좌파는 제국주의에 대해 어떤 도덕적 책임도 느낄 필요가 없다는 입장을 고수한다. 좌파는 제국이 만들어낸 산물은 기꺼이 누리면서도, 제국을 유지하는 사람들을 조롱함으로써 자신의 영혼을 구원하려 한다.[24]

영연방의 탄생

이든이 총리로 취임한 1955년 4월 무렵, 많은 사람이 제국의 경제적인 구매력을 인정하고 영제국을 대영국 또는 영연방으로 발전시키는 방안을 떠올렸다. 영국이 맨 처음 대영국의 일부가 될 것이라 상상하고, 1950년대 이후 연방의 중심에 선 곳은 자주적으로 운영되던 캐나다, 호주, 뉴질랜드, 남아프리카 같은 자치령이었다. 제국이 만들어낸 이들 자치령은 전쟁 중 영국에 대한 충성심과 패기를 증명했고, 이후 10년간 이 국가들은 계층제와 경제적 이익에 뿌리를 둔 제국 시스템의 초석 역할을 했다.[25] 영연방 자치령에서 살아가는 영국 신민들은 자신들이 종속된 제국(케냐, 자메이카 등)에서 살아가는 열등한 부류와 다르다고 여겼으며 영국인들도 대부분 같은 생각을 했다. 1948년부터 1957년까지 100만 명 넘는 영국 이민자가 자치령으로 이주했는데, 이는 인도, 서인도제도, 그 외 제국 각지에서 영국으로 들어가는 모든 이민자를 더한 것보다 많은 숫자였다. 국민당Nationalist Party의 집권 이후 남아프리카의 인종 정책은 극단으로 치달았다. 남아프리카의 백인우월주의 정책은 유럽인이 아닌 인종을 대하는 다른 자치령 정책만큼이나 인종차별에 기반을 두었다. 남아프리카의 아프리카너 민족주의 비밀결사조직 브루더본트Broederbond가 영제국에서 문화적 영감과 법적 지침을 찾은 것은 당연했다. 1950년대 초, 아파르트헤이트 정책을 시행한 남아프리카 총리 다니엘 말란은 케냐가 "만족하지 못하는 아프리카인을 어떻게 처우해야 하는지에 대해 모범을 보여준다."라고 칭찬했다.[26] 남아프리카는 인종 분리 정책을 했지만, 호주와 뉴질랜드는 현지 언어와 전통 관행의 흔적을 없애고 토지권을 제한하는 동화 정책을 도입했다. 인종을 기반으로 소유의 개념을 실천하는 자치령에서도 영국의 두 번째 식민지 점령

은 건재했다.²⁷

밀너가 강조한 '인종애국주의race patriotism'가 대영국 개념 형성에 영향을 끼쳤던 만큼, 세계화가 심화되는 상황에서 밀너교가 내세운 '영국 인종의 운명'이 변화하는 영국의 필요에 따라 재해석된 것은 자연스러운 흐름이었다.²⁸ 제2차 세계대전 기간 정보성에 역사가를 파견한 원탁회의는 밀너 시대와 비슷하게 영연방 자치령 전역에서 회원을 관리했다. 제국의 도덕적 전제가 다양한 구성원을 하나로 묶었다.²⁹ 당파를 초월한 영국의 모든 정치인처럼 원탁회의 역시 미국 또는 소련과 경쟁할 영국의 세력권 형성에 열을 올렸다. 영국의 세력권 강화를 위해서는 단기적으로 인종차별적 위계질서를 고수할 수밖에 없는 상황이었다. 장기적으로는 다문화적인 영국성의 개념을 수용해야 했다. 다문화주의는 토착민과 토착문화를 변화시키는, 여러 세대에 걸친 교육의 정점으로 이해되었다. 인도의 독립 역시 점진적인 제국의 성공을 상징하는 서사였다. 충격적인 갈등이 잇따르는 와중에도 자유제국주의는 진화를 거듭했고, 자유제국주의의 역량을 반영하는 새롭고 어수선한 다민족 공존주의가 등장했다. 오랫동안 대영 연방이라는 개념을 하나로 묶어온 '피비린내 나는 연대감'은 닳아서 해어졌다.³⁰ 문명화 사명은 피부색만큼이나 '인종애국주의'가 강조하는 문화적 가치에 관한 것이었고, 이론적으로는 분명 그러했다. 보수주의자와 좌파 진영 회의론자들은 대부분 그렇게 생각하지 않았지만, 인도와 파키스탄의 독립은 패배가 아닌 승리로 설명할 수도 있었다. 그런데 유색인종이 정말 영국인이 될 수 있을까? 영국인들은 그렇게 생각하지 않았다. 여러 문화가 공존하는 새로운 영연방에는 경제적인 유사점, 특히 파운드통화권 유지 문제와 관련된 경제적 유사점이 있었다.

파운드통화권

영국의 통화 정책은 수십 년간 광범위한 지정학적 문제, 군사 문제와 떼려야 뗄 수 없었다. 영국은 (비공식적으로) 금융과 무역 접근 방법으로 제국주의를 추구하던 19세기 방식을 훨씬 선호했지만, 1930년대에 추세가 역전되었다. 1932년, 제국경제회의는 제국 특혜 관세 정책을 도입해 영제국 시스템에 속하는 국가와 식민지에 부과하는 관세를 낮추거나 없앤 반면, 미국 등 영제국 시스템에 속하지 않는 국가를 차별했다. 통화 정책을 살펴보면, 하나의 통일된 통화가 없는 제국과 영연방 국가들은 파운드화에 환율을 고정시키는 비공식 파운드 블록을 만들기로 합의했다. 그러다 제2차 세계대전이 발발했고 파운드 블록은 좀 더 긴밀하게 통합된 파운드통화권으로 발전했다. 역사가 제롤드 크로제우스키Gerold Krozewski는 제2차 세계대전 상황을 다음과 같이 설명한다.

> 파운드화의 태환성이 중단되면서 재화와 결제의 자유로운 이동은 이른바 파운드통화권 내부로 제한되었다. 파운드통화권 외 지역에는 차별적 조치가 시행되었고, 영국은 외환 공유 시스템을 통해 달러 통화권과의 거래를 관리했다. 수출입이 상쇄되지 않을 때마다 파운드통화권 회원국들이 파운드를 보유할 수 있는 장치가 마련되었는데, 이러한 파운드 잔고는 영국의 국제수지 안정을 돕는 신용 장치이자, 언젠가는 영국이 갚아야 할 부채였다. 영국은 파운드통화권의 성과를 개선하며 위험을 줄일 방법을 찾았다.[31]

전쟁 이후, 영국은 미국이 파운드화를 이용한 무역이나 결제를 방해하지 못하도록 노력했다. 긴밀히 협력하며 영국의 금융 시스템에 도전하고, 영국의 국제 수지와 준비금 지위를 보호하는 차별적 전략에 대응하는 유럽 역시 영국을 골치 아프게 만들었다.³² 제2차 세계대전 이후, 영제국은 영국이 달러를 절약하고 파운드 잔고를 늘려나갔고, 식민지 개발 및 복지법을 근거로 식민지에 파운드화를 공급해 원자재 수출을 늘렸다. 영국은 특히 미국을 포함해 달러를 쓰는 나라를 대상으로 한 수출 늘리기에 힘을 쏟았다. 말라야와 황금해안 같은 식민지는 막대한 달러를 벌어들였다. 외환 통화도 런던에 보관했으므로, 식민지가 현지의 필요를 위해 달러를 사용하지 않는다면 식민지가 벌어들인 외환으로 영국이 미국에 진 빚을 갚고 영국 국내에서 사용하려는 목적으로 미국 제품을 구매할 수 있었다. 영국은 외환을 사용하지 않도록 각 식민지 재무 담당 부처에 압력을 행사했는데, 현지 통화의 100~110퍼센트에 해당하는 금액을 파운드 자산으로 뒷받침하라고 강요했다. 이 정책 때문에 제국은 개발 자본을 빼앗겼을 뿐 아니라, 파운드화 자산도 영국이 사용하도록 런던에 남겨둘 수밖에 없었다.³³

비트바테르스란트에 매장된 방대한 금을 차지하기 위해 제2차 보어전쟁을 치른 영국은 동남아시아에서 공산주의가 확산하지 못하도록 저지하면서, 통화 정책을 강화하기 위해 말라야에서 막대한 비용과 잔혹함이 뒤따른 반란 진압 작전을 감행했다. 달러화가 초강세인 상황에서 전후 제국의 부활이란 유럽과 거리를 두고 파운드화의 국제 통화 지위를 유지하면서 제국을 통해 외환준비금을 늘리고, 파운드화 잔고를 늘린다는 뜻이었다. 바로 이 지점에서 영국과 미국 간의 갈등이 드러났다. 미국은 세계 곳곳에서 영향력을 키워가는 소련의 폭주를 막는 동시에 유럽을 방어하려 마지못해 제국 그리고 통화와 관련된 영국의 요구를 수용하고 통화 정책을 인정할 수밖에 없었다. 미국 정부는 영국의 이 같은 정책에 맞서기 위해 끝없이 권력을 추구하면서 영국의 지속적인 보호주의 정책을 부인하는 세계적인 경제 자유화를 추진했다. 영국과 유럽대륙 사이의 거리를 유지하던 외무장관 베빈은 북대서양조약기구 North Atlantic Treaty Organization, NATO 설립의 법적 근거인 북대서양조약의 합의 과정에서 중요한 역할을 했다.[34] 지정학적인 이유로 당분간은 영제국을 지지하고 파운드통화권과 제국 특혜 관세를 인정할 수밖에 없었지만, 미국은 국제 무역 자유화와 유럽 강화를 집요하게 밀어붙였다. 자국의 재정적인 취약성을 극적으로 증명하는 상황에 직면한 영국은 미국에게 때마다 다양한 형태의 구제금융을 요청했다. 베빈과 미국의 협상 내내 긴장감이 팽팽했다.

1947년 7월 금 태환이 시작되었다. 달러 준비금이 급격히 고갈된 영국은 금 태환을 중단할 수밖에 없었다. 공산주의의 위협이 나날이 커지는 상황에서 미국이 개입했다.[35] 파운드화 잔고를 늘리고, 막대한 대미 무역 적자를 해결해야 할 필요성 때문에 수출을 늘리려던 영국의 부단한 노력 역시 문제 해결의 원동력이 되었다. 식민지 개발 및 복지법의 주요 특징 중 하나는 달러 지역으로의 수출을 위한 현재와 미래의 원자재 생산 확대였다. 1950년대 초, 상품시장이 호황기에 접어들자 이 같은 움직임이 영국에 크게 도움이 되었다. 식민지 파운드화 잔고 덕에 영국의 외화준비금과 파운드화 보유액도 늘어났다. 1946년에서 1952년 사이에 영국의 금·달러 적자는 112억 달러(약 189조 700억 원)에 달했으나 식민지에서 거의 20억 달러(약 33조 7600억 원)에 달하는 달러 흑자를 안겨주었다. 영국은 모든 파운드통화권 회원을 위해 흑자를 한데 모은다고 주장했지만, 주 수혜국은 영국과 자치령이었다. 태환 위기는 좀 더 광범위한 다자간 무역의 걸림돌이었지만, 영국의 통화 정책은 호주, 뉴질랜드, 남아프리카에 특히 크게 영향을 미쳤다. 영연방에 속하는 이 국가들은 파운드통화권에 남을 때 얻는 이익이 영국의 나머지 전쟁 부채를 갚을 때 발생하는 손실보다 크고, 영국의 전쟁 부채를 갚으면 적어도 부분적으로나마 파운드에 가해지는 압력이 어느 정도 완화된다고 생각했다.[36] 이 때문에 호주와 뉴질랜드 같은 국가들은 파운드통화권에 머물렀다. 제국 특혜 관세 역시 자치령들이 파운드통화권을 떠나지 않은 중요한 요인이었다.

영국은 1930년대 이후 오랫동안 제국 경제를 뒷받침해온 보호주의 정책을 고수했지만, 구시대적인 관념을 고집하는 정책 탓에 전후 세계 무대에서 영국의 위상에 큰 맹점이 있다는 사실이 드러났다. 어쩌면 파시즘을 무너뜨리는 데 공헌했으므로 전후 회복 과정에서는 제국이 매력적인 존재였을 수도 있다. 그러나 미국이 금융을 장악하고, 무역을 지배하는 등 초강대국의 위상을 얻을 미래를 보여주지 않았다면 제국은 추축국을 물리칠 만큼 강력한 위력을 발휘하지 못했을 것이다.[37] 전쟁 이후 보수당은 "영연방과 제국의 발전과 번영, 방어를 위해서는 경제적 통합이 필요하므로 제국 특혜 관세 원칙이 유지되어야 한다."라는 결의안을 발표했다.[38]

국제 무역은 빠르게 발전했다. 절대적인 수치상으로는 영국도 상당한 경제 발전을 이루었으나 상대적인 기준으로는 금세 뒤처졌다.[39] 다른 유럽 국가들이 전후 폐허에서 벗어나는 동안 다른 나라들보다 한발 앞선 영국은 전쟁으로 폐허가 된 시장에 제품을 공급했다. 저품질의 제품을 값비싸게 팔았으므로 공장을 혁신할 필요는 없었다. 배송 기간마저 길었다. 현재와 미래의 경제적인 안녕을 위해 갈수록 유럽과 미국 시장으로 향하는 영국 제품이 늘어났다. 자연스럽게 자치령과 식민지 중요성은 점점 줄어들었다. 영국은 마침내 제국특혜관세에 종지부를 찍고 관세 및 무역에 관한 일반협정General Agreement on Tariffs and Trade, GATT에 합의했다.[40] 파운드통화권을 유지하려면 미국의 보증이 필요했다. 냉전이 격해지자 미국 역시 영국과 영제국이 필요했다.

영제국의 필요성

미국은 소련에 맞서 굳건히 버티는 제국 영토를 포기하거나 절실하게 필요한 나토 동맹국들의 반감을 사는 일을 피하고자 제국의 설계를 크게 문제 삼지 않았다. 애틀리 정부가 나토 때문에 방위비를 3배 늘릴 때, 그 비용을 감당한 사람은 트루먼 대통령이었다. 미국은 영국이 말라야나 케냐 같은 곳에서 강압적으로 권한을 행사하는 것을 외면했다. 미국은 자국 해안 근처에서 공산주의의 위협이 고개를 들자, 영국을 미국의 지시를 충실하게 이행하는 나라로 만들기 위해 노력했다.

모인보고서 공개 이후에도 노동자의 생활이 거의 달라지지 않은 영국령 기아나는 설탕 농장과 수익성 높은 보크사이트 매장층을 지니고 있었다. 기아나는 이웃 국가 수리남과 함께 전 세계 공급량의 3분의 2를 미국에 수출했다. 영국령 기아나는 워싱턴과 런던 양쪽에게 감시당했다. 1953년, 체디 제이건Cheddi Jagan과 인민진보당People's Progressive Party은 영국령 기아나의 첫 총선 일반 투표에서 51퍼센트의 표를 얻었지만, 미국은 제이건을 공산주의자로 몰아붙였다. 영국 관료들은 제이건이 '영국령 기아나를 모스크바에 종속된 전체주의 국가로 만들기 위해' 시민 소요 사태를 일으키려 한다며 증거를 조작했다. 영국 관료들에게 제이건은, 영국 기업이 현지 노동력을 착취하고 보크사이트 판매로 얻은 달러를 파운드통화권으로 유입시키는 오랜 관행을 흔드는 위협적인 인물이었다.[41]

영국령 기아나 조지타운에서 행진하는 영국 병사들, 1953년

　자치에 대한 영국령 기아나의 노력은 금세 수포가 되었다. 제이건 재임 133일 만에 처칠이 군대를 파병했고, 앨프리드 새비지Alfred Savage 총독은 비상사태를 선언함으로써 헌법을 정지시켰다. 인민진보당 지도부를 구속하고 영국령 기아나의 미래를 조작했다. 이는 반공산주의자 포브스 버넘Forbes Burnham을 수상 자리에 앉히기 위해 영국과 미국이 오랫동안 공공연하게, 그러나 은밀하게 이어온 묵인의 서막이었다.⁴² 영국령 기아나는 제국 문제를 둘러싼, 미국과 영국의 상호 의존적이지만 불안한 관계를 보여주는 수많은 사례 중 하나였다. 국내와 국제적인 차원에서 영국이 가진 제국으로서의 힘은 사실상 영국과 미국의 부흥이었다. 둘 중 어느 쪽도 사실을

알리는 데는 관심이 없었다. 한쪽은 제국주의의 오명을 피하려 했고, 다른 쪽은 제국의 명성을 훼손시키지 않으려고 했다.[43]

영미동맹은 중동에서 시험대에 올랐다. 런던의 정부 관료들은 민족주의자들이 영국의 강대국 지위를 흔들어 파운드화의 국제적 신뢰를 약화시키려 한다고 우려했다. 이 같은 생각은 영국의 이집트 침공 결정에 중요한 역할을 했다. 이집트에서 냉전의 필요성과 세 번째 영제국으로의 행진이 충돌했다.[44] 문제는 처칠이 총리로 취임한 1951년 이후 줄곧 제시되었다. 군사 시설, 철도, 작업장 등이 자리 잡고 있으며 전체 면적이 웨일스와 맞먹을 만큼 거대한 수에즈운하 기지를 사용하는 영국의 권리가 1956년 만료될 예정이었다. 보수당 정부는 전 세계가 지켜보는 가운데, 오랜 굴욕을 감수하며 허둥지둥하거나 협상을 통해 물러나는 두 선택지 중 하나를 택해야 했다. 당시 영국의 정책은 이미 카이로 전역에서 폭동을 촉발하고 있었다. 1952년 1월 26일 '검은 토요일'에 벌어진 대규모 폭동도 그중 하나였다. 폭도들은 영국인 주민과 현지 지배계층에 분노했다. 카이로의 부자 동네에서 불길이 치솟고 자욱한 연기가 하늘을 뒤덮었다. 처칠은 '타락한 야만인'이 영국인을 살해했다며 이집트인은 "스스로 이집트인을 숙청할 때까지 문명화된 국가로 분류될 수 없다."라고 주장했다.[45] 파루크 1세King Farouk를 몰아낸 이집트 혁명으로 6개월 뒤 무함마드 나기브Mohammed Neguib 대령이 권좌에 올랐지만, 곧 숙청이 벌어졌다. 1954년이 되자 가말 압델 나세르Gamal Abdel Nasser가 이집트 정부를 장악했다. 처칠은 싸울 생각이었지만, 유화책을 펼쳐야 한다는 이든의 주장이 승리했다. 케냐와 말라야에 군대를 주둔시켜야 할 뿐 아니라, 지정학적인 요소도 있는 탓에 수에즈 기지는 핵무기 개발 이전 시대의 흔적이 되어버렸다. 영국은 비상사태가 발생하면 영국군이 복귀한다는 조건으로 8만 명의 병력을 이집트에서 철수시켜 다른 곳에 배치했으나, 영국 공군은 공군기지를 그대로 유지하며 이집트 영공에 대한 권리를 유지했다.⁴⁶

나세르는 영국과 미국의 꼭두각시가 아니었다. 1955년 말, 나세르가 체코슬로바키아와의 무기 거래로 소련의 원조를 받아들이자 중동 지역의 냉전 균형이 깨졌다. 이든 정부는 외교적 조치에도 불구하고, 아니 어쩌면 그로 인해 화해 노선을 뒤집고 이집트 침공을 추진했다. 한 차례 만남 이후 나세르는 이든이 '건달을 상대하는 왕자'처럼 굴었다고 주장했다.⁴⁷ 1956년 7월 영국이 수에즈 기지에서 마지막 병력을 철수시키자 나세르는 이집트의 피식민지 유산의 마지막 흔적인 수에즈운하회사Suez Canal Company를 국유화했다. 며칠 앞서, 미국과 영국이 아스완하이댐Aswan High Dam 건설 자금 지원 약속을 철회한 것이 나세르가 수에즈운하회사를 국유화하는 계기가 되었다. 유럽 석유 공급량의 3분의 2가 위험에 처하자, 영국은 재차 침공을 주장했다. 아이젠하워 대통령은 무력 개입의 조짐을 보이는 이든에게 "중동, 북아프리카, 그리고 어느 정도는 아시아와 아프리카 전역의 주민이 서방에 맞서 단결할 것이다. 이 같은 일이 일어나면 한 세대, 어쩌면 한 세기가 지나도 극복 불가능할 수 있다. 러시아의 이간질 능력을 고려하면 특히 우려가 크다."라고 경고했다.⁴⁸ 이든은 나세르에 격렬하게 반대하는 입장이었고, 개인 비서는 이든이 나세르를 무솔리니와 비교했다고 기록했다.⁴⁹ 잉글랜드은행의 조지 볼턴George Bolton은 이렇게 경고했다.⁵⁰ "이집트 정부가 초래한 상황 때문에 영국과 영연방의 생존이 위태롭다. 파운드화가 위험에 빠진 것처럼 느껴진다."⁵¹ 재무장관 맥밀런은 영국이 이집트를 침공하면 나세르가 운하를 막을 것이라고 생각했지만, 중동 대신 중남미에서 석유를 확보하도록 미국이 계속 달러를 지원할 것이라고 낙관했다. 영국은 미국을 배제하고 프랑스, 이스라엘과 공모해 토벌대를 파견했

영국-프랑스 연합군이 포트사이드를 점령한 가운데, 마을 일부가 화재로 소실되었다.
1956년 11월 8일

다. 동맹국의 기만을 깨달은 아이젠하워는 "이집트와의 분쟁에서 그들에게 유리한 점이 많다는 사실은 인정한다. 하지만 그것이 우리를 배신하는 이유가 될 수 없다는 점을 반드시 알려야 한다."라며 격노했다.[52]

수에즈 사건 이후

수에즈 침공은 곧 수에즈 위기로 이어졌다. 나세르의 부하들이 운하를 봉쇄하고 송유관을 파괴했다. 돈을 벌어들이는 수단인 석유 수출이 위협당하며 엄청난 규모의 인출 사태가 벌어지고, 파운드화에 대한 신뢰가 흔들렸다.⁵³ 파운드화 준비금이 줄어들자 맥밀런은 두 가지 시나리오를 제안했다. 첫 번째 시나리오인 변동 환율제를 채택하면 '영국 국민의 생활비뿐 아니라 영국의 모든 대외 경제 관계'에 악영향을 미치는 재앙이 벌어질 것이었다. 두 번째 시나리오는 미국에 또다시 대규모 구제금융을 요청하는 것이었다.⁵⁴ 아이젠하워는 이집트 철수에 동의한 후에야 국제통화기금International Monetary Fund, IMF과 수출입은행Export-Import Bank으로 파운드화를 구원할 10억 달러(약 14조 7700억 원)의 자금을 지원했다. 나세르는 순식간에 범아랍권의 영웅으로 떠올랐고, 이든은 총리직을 내놓아야 했다.

수에즈 사건은 초강대국이 되기 위한 영국의 노력에 마침표를 찍었다. 보수당 강경파 세력에게 수에즈는 영국판 워털루 전투* 같은 순간, 즉 영국이 전후의 3대 강국이 아님을 시사하는 순간이었다.⁵⁵ 수에즈 위기를 통해 영국이 미국에 의존하고 파운드화의 국제적 신뢰가 흔들린다는 사실이 확인되었으나, 제국을 유지하기 위해 영국이 반드시 초강대국일 필요는 없었다. 새로운 영국 총리 맥밀런은 1957년 아이젠하워를 만나 공산주의에 대항하는 공동 전선을 구축했고, 나토와 관련해 유럽과 긴밀하게 협력하는 등 영미 동맹을 강화하기로 약속했다. 맥밀런은 영국의 '하급 동반자 관계'에 대해 미국과 대화했다. 협력적인 민족주의자를 원하던 미국은 당분간 파운드통화권 국가와 식민지에 경제적·군사적 원조를 제공하기로 했다.⁵⁶ 영국의 통화 정책 및 군사 정책의 약점에도 불구하고, 맥밀런과 영국 정부는 강압적인 수단을 동원해서라도 제국을 유지하겠다는 의지를 굽히지 않았다. 사람과 국가는 경험만큼이나 감정에 휘둘리는 존재다. 수에즈

---

* 1815년 프랑스와 영국, 프로이센, 네덜란드 연합군 사이에서 벌어진 전쟁이다. 이 전투에서 패배하며 나폴레옹은 몰락한다.

위기로 팔레스타인 사태 때와 마찬가지인 충격적인 당혹감을 느낀 일부 영국 관계자들은 영국이 초강대국으로서 무력하다는 사실에 대한 좌절감을 식민지에 전가했다. 미국도 서구를 포용하는 탈식민정권에 대한 희망을 품고 영국이 반항적인 민족주의자 또는 '테러범'을 원하는 대로 처리하도록 조용히 내버려뒀다.

수에즈 사건 이후, 맥밀런은 막후에서 합리적으로 제국의 가치에 대한 냉정한 회계 감사를 요구했다. 맥밀런은 재정적·경제적으로 각 식민지를 포기하면 얻는 것이 많을지, 잃는 것이 많을지 득실을 따져볼 수 있도록 각 식민 영토의 손익 계정을 살펴보고 싶어 했다. 각 식민지와 관련된 정치적·전략적 고려 사항을 평가하는 것이 회계 감사의 목적이었다.[57] 그렇지만 맥밀런은 제국 전략을 재고할 필요를 느낄 뿐, "영제국 청산을 감독할 생각은 없다."라고 밝혔다.

> 전쟁 이후 우리는 가능한 한 버티는 쪽을 택했다. 높은 세금과 무거운 상속세를 감당하고, 일부를 폐쇄하며 나무 몇 그루를 베어야 했지만 낡은 집만큼은 포기하지 않았다. 우리가 직면한 진실은, 손에 쥔 자원으로 단순히 해결할 수 있는 문제를 넘어서는 노력을 기울여야 했다는 점이다. 절대적인 권한은 사라졌지만 영향력은 여전히 크게 남아 있었다.[58]

영국 국내 재정 상황이 마침내 바뀌었고 맥밀런은 선언했다. "대부분의 영국 국민은 지금처럼 풍요로운 시절을 맞이한 적이 없다. 영국을 두루 살펴보라. 산업 도시와 농장을 가보면, 살아오며 한 번도 누려보지 못한, 영국 역사상 전례 없는 번영을 목격할 수 있을 것이다."[59] 1957년, 변화가 한창인 가운데 '자유제국주의가 어떻게 다시 태어날 수 있는가'라는 화두가 발생

했다. 맥밀런은 개발주의적 시각에서 "제국은 해체되는 것이 아니라 성장할 뿐이다."라고 답했다.[60]

영국 정부의 제국 재평가 과정에서 맥밀런 내각은 이념적·실용적으로 분열되었다. 제국의 미래에 대한 평가에서 재무성과 식민성의 입장은 서로 정반대였다. 식민정책위원회Colonial Policy Committee는 제국의 어떤 부분이 영국의 이익에 가장 부합하는지 찾아낼 작정으로 얽히고설킨 영국의 경제와 제국 체제를 면밀히 검토했다. 식민정책위원회 보고서에는 영국이 역사적으로 겪어온, 좀 더 광범위한 곤경이 반영되었다. 식민정책위원회는 일관성 있게 탈식민지화를 평가했다.

> 경제적 고려사항은 대체로 비슷하다. 그러나 이러한 요소가 각 영토의 독립 여부를 결정하는 데 결정적인 영향을 미칠 가능성은 낮다. 때 이른 독립 허가로 피해가 발생할 수는 있지만, 식민지가 정치적·경제적으로 독립할 준비가 된 이후에도 독립을 지연시킨다면, 영국이 떠안을 경제적 위험은 가나와 말라야에서 선의의 분위기 속에 협상된 독립이 초래할 위험보다 훨씬 클 것이다. 따라서 어느 영토에서든 영국이 여전히 통제권을 행사할 수 있도록, 사업과 행정 측면에서 영국식 기준과 방식이 식민지 생활 전반에 깊이 스며들게 하는 것이 중요하다.[61]

식민정책위원회는 제대로 살펴보지도 않고 가나(구 황금해안)와 말라야의 독립협상이 '선의의 분위기' 속에서 진행되었다고 명시했다. 파운드통화권 잔류, 영국의 외환 정책 준수 등 영국의 독립 허가 조건을 꼼꼼히 따졌다. 세계 경제 상황은 빠르게 변하고 있었고 영국은 수익에 중점을 두었다. 1953년 이후, 상품 가격이 하락했다. 식민지 개발 및 복지법으로 영국은 여전히 연간 수백만 파운드를 지출했는데, 자본시장에서는 독립 정부에 대한 투자자들의 신뢰 부족으로 2500~3000만 파운드(약 9600억~1조 1500억 원)의 금융 대출 요구가 외면당했다. 내각 장관들은 나머지 식민지와 관련된 부담을 영연방 국가, 그중에서도 특히 캐나다와 공유하라고 촉구했다.[62] 제국을 유지하고, 값비싼 반란 진압에 들어가는 군사비도 고려되었다. 1957년 국방성이 발표한 "세계에서 영국의 지위와 영향력은 무엇보다 국내 경제의 건전성과 수출 무역의 성공에 달려 있다."라는 내용 또한 재무성의 판단을 뒷받침했다.[63] 국방성은 해당 검토 자료에서 단계적인 군사 지원 감축으로 1962년까지 식민지에 주둔하는 병력 규모를 70만 명에서 절반으로 줄여 "절실하게 필요한 과학자와 기술자 등 숙련된 인재가 제대 뒤, 민간 분야에 취직하도록 지원하면 수출과 자본 투자가 모두 늘어날 것이다."라고 설명했다.[64]

세계 경제와 파운드화

다시 파운드화가 중요한 문제로 떠올랐다. 유럽의 경제 회복 및 통합과 미국의 강세에 힘입어 세계 경제의 규모가 나날이 커졌지만, 세계 경제 자체가 선진국 중심이므로 영국은 1958년까지 완전한 태환을 추진하고, 식민정책위원회가 회계장부를 자세히 분석해 종속 제국의 일부 예치금은 즉각 현금화될 수 없다는 사실을 확인했다. 식민지 포기로 인해 파운드화의 대규모 인출 사태가 발생할 수 있다는 우려는 한층 약화되었다. 1957년 초, 영국의 부채는 40억 파운드(약 132조 7500억 원)에 달했으나 준비금은 7억 파운드(약 23조 2300억 원)에 그쳤다. 그럼에도 맥밀런 내각의 경제 전문가들은 마치 영국이 다문화 영연방의 한 구성원인 것처럼 상황을 조작하고 포장했다. 제국의 미래 정치 관계의 토대를 놓고, 모험을 택한 것이다. 또한 파운드화에 대한 신뢰를 무너뜨리지 않으려면 4억 파운드(약 13조 2700억 원)의 경상 수지 흑자를 기록해야 했다.[65]

영국인이 풍요로운 삶을 이어가려면 파운드화의 안정이 전제되어야 했고, 독립한 국가들 역시 영국의 이익을 지탱해야 했다.[66] 제국은 파운드통화권을 사실상 정치적 도구로 삼았다. 식민지의 충성심은 오래도록 파운드통화권의 기둥이 되었으나, 영국의 폭력적인 반란 진압은 독립 이후의 관계를 불안정하게 만들어, 식민지가 영국에 충성하는 근본적인 이유를 약화시켰다. 재무성은 영국의 경제적인 미래를 제국에 의존할 수 없었다. 대신 영국은 19세기에 영국이 활용한 '자유무역 제국주의'와 유사한 자유무역 및 환율 상황으로 파운드통화권과 파운드의 가치를 유지했다. 영국은 19세기에 막강한 경제력으로 무역의 문호를 계속 열어뒀으므로 공식적인 제국이 필요하지 않았지만, 1957년의 세계 경제와 그 속의 영국 위치는 과거 영국이 세계를 지배하던 시절과는 전혀 달랐다.[67]

맥밀런 내각의 일부 장관, 특히 식민장관 레녹스 보이드는 제국에 대한 처분을 영제국의 승리에 종지부를 찍는 행위로 여겼다. 그는 조기 철수가 '무정부 상태 또는 거의 무정부 가까운 상태'로 이어진다며 단호하게 반대했다.[68] 식민정책위원회의 최종 보고서에 레녹스 보이드의 영향력이 명확하게 드러난다.

> 영국의 역대 정부는 광범위한 대중적 지지를 업고 종속 민족들이 가장 현실적인 자치의 길을 걷도록 지원하는 식민 정책을 추진해왔다. 그러나 영국은 '독립국가'로서 볼품없고 혼란스러운 존재 자체가, 적들의 유혹거리가 될 것이 뻔한 미성숙하고 불안정하며 가난한 나라들을 양산했

다는 평가를 받기를 원치 않았다.[69]

식민정책위원회는 거의 20세기 내내 제국 정책의 기저에 깔린 지속적인 긴장감도 놓치지 않았다. 제2차 세계대전 이후 재정난을 겪던 영국은 제국의 재정적 지원이 필요했다. 그러나 경제적 착취가 심화되자, 이미 민족자결권과 보편적 권리를 요구하던 식민지에서는 시위와 반란이 한층 격화되었다. 맥밀런이 식민정책위원회 보고서 내용에 대해 고민하는 가운데, 영국은 네 개 대륙의 식민지 반란으로 곤경을 겪었다. 키프로스도 반란 사태가 벌어진 곳 중 하나였다. 작은 섬 키프로스는 영국뿐 아니라 미국을 위한 전략적 요충지였다. 미래에 핵무기 기지, 비밀 시설, 방송 시설, 무선 신호 감지 시설의 본거지가 될 키프로스는 영국과 미국의 가장 중요한 신호 수집 장소였다. 항공기와 미사일 실험을 진행하는 공산주의자 수뇌부가 위치한 소련 남단과의 거리를 생각하면, 키프로스에는 포기할 수 없는 지리적인 이점이 있었다.[70]

키프로스와 영국의 관계

키프로스는 오랫동안 불화로 몸살을 앓았다. 반영 지하조직, 그리스어 약어로 대개 '에오카EOKA'라고 불리던 키프로스 전사민족단National Organization of Cypriot Fighters은 에노시스enosis(그리스와의 정치적 통합)와 영국 통치로부터 해방되기 위해 전쟁을 일으켰다. 키프로스 섬 주민 50만 명 중 거의 80퍼센트가 그리스계 키프로스인이던 만큼 에노시스 운동을 주창한 정치 지도자이자 대주교인 마카리오스 3세Makarios III에 대한 지지는 압도적이었다. 그렇지만 팔레스타인의 시온주의자들처럼 그리스계 키프로스인들도 에노시스에 도달하기 위한 에오카의 방법을 놓고, 분열되었다. 그러나 키프로스의 핵심 갈등은 그리스계 내부가 아니라, 전체 인구의 20퍼센트를 차지하며 그리스와의 통합보다 분할을 선호했던 튀르키예계 주민과 그리스계 주민 간의 대립에서 비롯되었다.[71]

에오카 반란의 최전선을 지휘하던 게오르기오스 그리바스Georgios Grivas 장군은 전설적인 비잔틴 영웅의 이름을 따 '디게니스Dighenis'라는 별명으로 불렸다. 키프로스섬 자체는 영웅적인 신비로움에 둘러싸여 있었다. 신화가 살아 숨 쉬는 듯한 목가적 풍경 속에서, 리마솔과 파마구스타의 고대 해안 도시들은 옥빛 바다와 어우러져 반짝였다. 내륙의 트루도스 산악지대에서는 그리스 정교회 수도원과 섬세한 모자이크 장식이 아침과 오후의 햇살을 받아 은은히 빛을 발했다. 그리바스는 제국 전역의 반군 지도자들이 사용한 전략을 총동원하는 한편, 키프로스 지형에 대한 지식을 적극 활용했다. 그리바스는 메긴이나 콜린스처럼 반란군을 무자비하게 훈련시키며 키프로스 해방에 충성을 바칠 것을 요구했다. 그리바스는 "나 혼자 명령을 내릴 것이다. 모두가 복종해야 하며, 불복종은 죽음으로 다스릴 것이다."라고 경고했다.[72] 그리바스의 작전은 대담했다. 그리바스가 이끄는 소규모 에오카 부대는 해변에서 영국군을 사살하고 군사 시설을 폭파했다. 이에 1955년 11월, 영국은 비상사태를 선언하고 제15조를 근거로 키프로스를 유럽인권조약 적용 대상에서 제외했다.[73]

영국의 정보 수집 활동은 키프로스에서도 실패했다.[74] 백인 명부에 들지 못한 식민지 신민에 대한 이해 부족은 문명화 사명의 한계를 드러냈고, 권력과 계층에 대한 인종차별적 시각과 맞물려 영국은 값비싼 대가를 치렀다. 1954년, 최초의 식민성 보안 정보 고문이자 MI5 장교 앨릭스 맥도널

키프로스, 1956년

드Alex MacDonald가 키프로스에서 서투르기 짝이 없는 특수부 작전을 펼쳤다. 에오카가 공산주의 세력이 아닌 극우 조직임을 알아차리기까지, 영국 요원들은 수개월을 허비해야 했다.[75] 식민성은 키프로스 총독 로버트 아미티지Robert Armitage를 해임하고 후임으로 육군원수 존 하딩John Harding을 임명했다. 팔레스타인, 말라야, 케냐에서 두루 경험을 쌓은 하딩은 군과 정치 영역에서 전권을 휘둘렀다. 그는 키프로스에서 영제국 운영 방식, 그중에서도 특히 비상규정을 적극 활용해 3만여 명으로 늘어난 영국 치안군이 기소되지 않도록 보호하는 공직자 보호규정Public Officers' Protection Regulation 등 거의 80개에 달하는 새로운 법을 만들어냈다.[76] 그는 심사팀은 물론 제국의 영향을 받아 조직된 살인부대와 협력해 무력을 과시했다. 봉쇄 소탕 작전을 감행했으나, 1000명에 불과한 에오카 반군과 키프로스 시민 조력자들을 끝내 뿌리 뽑지 못했다. 키프로스에 도착한 제국 군인들의 면면을 간단히 살펴보면 얽히고설킨 제국의 인맥을 다른 각도에서 확인할 수 있다. 하딩 총독은 에오카 반란 진압 작전의 중심에 서서 매 순간을 즐기던 노련한 MI5 장교 도널드 스티븐스Donald Stephens와 긴밀하게 협력했다.[77] 케냐를 떠나 키프로스로 향한 베네스 웨이들리Benneth Wadeley는 특수부 개편의 주역을 맡았다.[78] 영제국의 가장 뛰어난 MI5 요원 중 하나로 꼽히던 존 프렌더개스트John Prendergast가 스티븐스의 뒤를 이어 키프로스의 정보국장이 되었다.[79] 1958년이 되자, 델리 붉은요새에서 인도인 수감자를 심문하던 이들과 1947년 영국의 인도 철수 전에 문서 폐기를 지휘했던 토에 등 유능한 요원들이 키프로스 정보국으로 집결했다. 그들에게는 영국이 75년간 키프로스를 다스리며 끝내 이루지 못한 과업이 맡겨졌다. 언어와 문화가 낯선 현지인을 이해하고, 그리스계 키프로스인 정보원의 도움을 받아 에오카 포로와 용의자를 설득해 불법적인 영국 정권에 필요한 정보를 얻어내는 일이었다.⁸⁰ 식민장관 레녹스 보이드가 홍콩에서 식민지 신민에게 시험한 적이 있는 유독가스, 정확히는 '전쟁용 독가스로 분류되는 비소 물질'의 사용을 고민하는 동안 키프로스 추적단 훈련소에서 치안군을 가르칠 케냐 연대 소속 백인 추적자가 키프로스에 도착했다. 하딩은 '수단과 방법을 가리지 말아야 때'라는 전략을 밝혔다.⁸¹ 하딩의 오른팔 겸 참모총장 제프리 베이커Geoffrey Baker 준장은 "키프로스인은 처우와 처벌의 단호함을 이해하고, 반응한다."라고 설명했다. 19세기 말 발표한 콜웰의 책《작은 전쟁》에서 처음 쓰인 폭력의 '도덕적 효과'는 건재했다. 베이커는 "외부에서는 정치적인 비난이 거세고, 내부에서도 불평불만이 있지만, 나쁜 짓을 하는 사람들을 효과적으로 저지하려면 개인적으로든 집단적으로든 처벌해야 마땅하다."라고 주장했다.⁸² 베이커와 하딩은 정보 수집 문제와 관련해 "심문관에게 서면으로 지시사항을 전달해서는 안 된다."라고 결정했다.⁸³

영국에 학대 관련 보고서가 쇄도했다. 보고서는 말라야, 케냐, 팔레스타인에서 접수된 내용과 놀랍도록 유사했다. 치안군과 심문팀은 에오카 용의자와 그리스계 민간인에게 환각제를 먹인 뒤, 병력이 양옆에 선 통로를 달리게 하며 무차별적으로 폭행했다. 그들은 벌거벗은 채 침대에 묶여 물고문을 당했고, 생식기 절단이나 고환을 비트는 잔혹한 고문도 자행되었다. 베개로 얼굴을 눌러 질식시키거나 전기의자에 앉히고, 천장이나 사다리에 매달아 고통을 가했다. 금속 양동이를 머리에 씌워 내리치고, 나사가 달린 철제 머리띠로 관자놀이를 조이며, 땅의 소금을 핥도록 강요하는 잔혹한 방법도 사용되었다. 에오카의 맹세와 그리바스에 대한 충성심 때문에 끝내 정보를 내놓지 않아 살해된 이들이 있었다. 그러나 거짓 정보를 흘려 가까스로 살아남은 이들도 있었다. 이들은 영국 심문관을 '영국 여왕의 고문관Her Majesty's Torturer'이라 불렀다. 고문을 견디고 살아남은 사람들

은 몇몇 고문관의 이름과 신체적 특징을 공개했지만, 식민 당국은 요원들의 신원을 세심하게 숨겼다.[84]

1950년대의 키프로스는 1930년대의 팔레스타인이 아니었다. 영국 관료들이 인권법과 인도법 협상, 관련법 채택과 시행 과정에서 농간을 부렸지만, 전후 인권법에는 잘 찾아내면 영국의 '면책' 주장에 이의를 제기할 수 있는 틈이 있었다. 스텔리오스 파블리데스Stelios Pavlides, 존 클레리데스John Clerides, 존 클레리데스의 아들 글라프코스 클레리데스Glafkos Clerides가 이끄는 키프로스변호사협회Cyprus Bar Council가 영국 정부에 지속적으로 이의를 제기했다. 현지의 그리스계 시장들도 영국 정부에 공동 서신을 보내며 키프로스변호사협회를 지지했다. "정의와 인권에 대한 기본 원칙이 깡그리 무시된 채 비상규정이 제정되었다. 비상규정의 궁극적인 목적과 수없이 이루어진 비상규정 개정의 목적은 사실상 범죄인 치안군의 월권 행위에 합법성이라는 기만적인 구실을 제공하는 것이다."[85] 키프로스 변호사협회는 현대 인권조직처럼 영국의 만행을 문서화하고, 비리를 저지른 사람의 명단을 발표하며, 법적으로 끊임없이 이의를 제기했다. 클레리데스는 "영국 행정부의 위신을 떨어뜨리는 상황을 바로잡는 것이 목적이었다."라고 이야기했다.[86] 얼마 지나지 않아 미래의 국제앰네스티Amnesty International 공동 설립자 피터 베넨슨Peter Benenson이 키프로스에 도착했다. 〈키프로스 타임스Times of Cyprus〉 소유주 찰스 폴리Charles Foley도 힘을 보탰다. 영국 신문업계의 관습으로부터 자유로운 폴리는 고문과 학대 의혹을 폭로했다. 하딩과 정부 관료들은 '불안감을 조성하는' 이러한 보도를 하면 기소하겠다고 응수하고, 언론 검열 규정을 강화했다.[87] 하딩과 행정부는 "여러 의혹의 가장 밑바닥에는 진실의 싹이 있을 가능성이 있으므로 정부를 공격하는 적에게 선전의 발판을 제공하는 기소를 시작하지 않도록 주의해야 한다."라고

암묵적으로 인정했다.[88]

그리스의 개입

하딩도, 런던의 관료도 그리스의 개입을 예상하지 못했다. 1956년 5월, 그리스는 영국이 유럽인권조약을 위반했다며 유럽인권위원회에 영국을 제소했다. 이 사건은 유럽인권조약이 비준된 뒤 처음으로 발생한 국가 간 제소 사례였다. 프랑스 스트라스부르에 본부를 둔 유럽인권위원회는 유럽인권조약 이행을 감독하고, 6월 회의에서 그리스와 영국의 법률팀을 중재했다. 그리스는 소송 내용을 비상사태 그 자체와 비상사태 선언, 그리고 관련 규정의 유럽인권조약 위반 여부로 제한하기로 합의했지만, 유럽인권위원회는 고문과 학대 문제와 관련해 그리스가 다음에 다시 영국을 제소하도록 여지를 두었다.[89] 진상 파악을 위해 유럽인권위원회가 파견한 수사팀[90]이 증거 수집에 돌입한 바로 그 순간, 하딩은 현지의 반대 세력을 엄중히 단속하고 심사팀과 심문관을 보호하기 위해 비상규정을 확대했다. 외무성 법률고문 프랜시스 발랏Francis Vallat은 '예의 바르게 협조하며 그리스의 제소라는 골칫거리를 어떻게든 점진적으로 무너뜨리는 정책'을 제안했다.[91] 영국의 보수당 정부가 여러 전선에서 식민지에서 자행된 학대 문제를 놓고 싸우는 만큼, 이 같은 방법이 효과적일지는 지켜봐야 했다. 반제국주의 정서를 지닌 기존 회원국과 협력하는 독립국의 대표가 점차 늘어나는 유엔 역시 영국의 큰 골칫거리였다. 그리스계 키프로스인 수감자들은 반제국주의를 지지하는 분위기를 직접 활용해 유엔인권위원회UN Human Rights Committee에 직접 편지를 보냈다. 유엔 사무총장과 영국 총리에게도 같은 내용을 전달했다. 코키노트리미시아 수용소에 갇힌 수감자들은 "무장 병사들이 야만적이고 잔인하게 구타하고 고문했다."라고 적었다.⁹²

런던에서는 말라야에서 학대가 자행되었다는 혐의에 대해 조용한 대응이 계속되었다. 야당인 노동당은 끈질기게 비판의 목소리를 냈다. 노동당의 비판에는 식민지 해방 운동의 역할이 컸다. 1954년 시작된 식민지 해방 운동의 기원은 패드모어를 필두로 한 흑인 운동가들이 브로크웨이 등 많은 사람에게 식민지에서의 학대를 초래한 시스템에 맞서려면 철저한 문서화가 매우 중요하다는 점을 일깨운 전간기로 거슬러 올라간다. 여러 반식민 조직이 함께 추진한 식민지 해방 운동은 전후 가장 중요한 원외 압력단체 중 하나로 전성기에는 300만 명의 회원을 자랑했다. 직접 발행하는 소식지와 평화주의 잡지 〈피스 뉴스Peace News〉로 정보와 지식을 퍼뜨린 식민지 해방 운동은 의원들이 의회에서 주로 언급하는 증거였다. 1957년까지 식민지 해방 운동에 참여한 약 100명의 의원은 식민지와 관련해 약 2000건의 문제를 제기했는데, 그중 상당수는 제국의 비상사태와 연관되었다. 식민지 해방 운동은 인권의 측면에서 식민지 학대를 비난하고, 영국의 강압 정책과 관행을 민족자결의 즉각적인 필요성을 의미하는 또 다른 조짐으로 지목하는 '도덕적인 십자군'이었다. 식민지 해방 운동의 반식민·해방 의제는 거의 10년간 다양한 회원을 끌어들였다.⁹³

케냐에서의 분쟁

키프로스 반란이 식민지 해방 운동의 의제에서 가장 중요한 자리를 차지한 첫 번째 식민 분쟁은 아니었다. 의회는 케냐에도 관심을 기울였다.

1954년 12월 영이 극적으로 사퇴하자 케냐 내 불법 행위 면책 수사 요구 목소리가 높아졌지만, 식민성은 "총독이 문제를 조사하고 있다."라고만 답했다.[94] 1955년, 〈타임스〉에 첫 번째 비난의 글을 게재한 교회선교회집행위원회는 "구금된 사람을 학대하지 말라는 총독의 간청이 치안군의 위법 행위 중단으로 이어지지 않았다."라고 지적했다.[95] 교회선교회집행위원회는 〈케냐여! 이제는 행동할 때!Kenya-Time for Action!〉라는 글을 발표했다.[96] 조사 요구가 의회로 흘러 들어가자 법무차관을 거쳐 노동당 정부에서 법무장관을 맡은 윌리엄 조윗 경Lord William Jowitt이 의회에서 연설했다.

> 우리는 이 사건을 있는 그대로 직시해야 한다. 아무 무기도 없는 포로를 학살하거나 자백을 받아내기 위해 고문한 사실에 대해서는 변명의 여지가 없다. 이러한 행위는 기독교의 이상에도, 영국의 사법 체계에도 맞지 않는다. 이를 단순히 과도한 충성심으로 치부하거나 경시하는 태도는 영국의 명성에 전혀 도움이 되지 않는다.[97]

노동당 의원들은 하원에서 충분한 설명을 요구했다. 노동당이 총선에서 승리한 1945년, 식민지 해방 운동 회원이자 노동당의 떠오르는 스타로 선거에서 낙승한 캐슬은 식민지 부조리를 밝히고 독립을 추진하는 데 정치 인생을 걸었다. 레녹스 보이드의 의사 진행 방해에 가차 없이 이의를 제기한 그는 훗날 레녹스 보이드가 "우리를 무시했다."라고 회상했다. "레녹스 보이드는 학대 사실을 인정하면서도 케냐 총독이 문제를 바로잡고 있다고 주장했다. 마우마우의 참상 등을 절대로 잊어서는 안 된다."[98] 인터뷰에서는 "자기만족감을 좇으며 영국 정부가 사건을 은폐해줄 것이라 기대하는 태도를 보며 무언가가 잘못되었다는 사실을 깨달았다."라고 주장했다.[99] 영의 사

런던의 바버라 캐슬,
1957년 9월

퇴 이후, 캐슬은 카마우 키치나Kamau Kichina의 죽음을 파헤치려 직접 케냐로 떠났고, '영국 식민지에서 일어난 일이라 상상하기 힘들고 끔찍한 일의 전말'을 밝혀냈다.¹⁰⁰ 영의 비서였던 덩컨 맥퍼슨Duncan McPherson은 얼룩말과 영양이 뛰노는 케냐의 국립공원으로 캐슬을 데려간 다음 끔찍한 진실을 자세히 알리며, 케냐 수용소의 상황이 자기가 직접 경험한 일본 포로수용소 상황보다 열악하다고 폭로했다.¹⁰¹ 다른 식민행정부 인사들은 입을 꼭 다문 채 얼버무렸다. 캐슬의 케냐 방문을 후원한 〈데일리 미러〉가 '비밀경찰에 관한 진실The Truth About the Secret Police' 같은 제목의 기사를 쏟아냈다. 〈뉴 스테이츠맨 앤 네이션〉 역시 '케냐의 정의Justice in Kenya'라는 기사를 내보냈다.¹⁰² 레녹스 보이드는 '말도 안 되는 비방'이라며 하원에서 캐슬에게 비난을 퍼부었다.¹⁰³ 영국 언론은 피부가 검은 모든 케냐인이 마우마우의 무분별한 잔혹성에 연루되었다고 확신하며 린치를 가했다. 이에 맞서 재판조차 받지 못한 이들의 권리를 옹호하다 보면, 명성을 얻는 동시에 비난도 피할 수 없다.[104] 케냐에서는 정보 유출에 대한 강력한 단속이 이루어졌다. '정보 보안Security of Information' 같은 제목의 여러 문서가 수용소 책임자들에게 전달되었다. 관련 문서들은 수용소 책임자와 관계자들에게 식민지 법령에 따라 언론과의 접촉, 정보 공개, 사진 유포가 금지되어 있음을 명확히 알리고, '이를 위반하는 모든 장교는 즉시 징계될 것'임을 경고했다.[105]

그러나 케냐에서는 계속 정보가 흘러나왔다. 레녹스 보이드는 언론 보도와 의회의 조사 요구에 요령껏 대처하며 키프로스에 대한 문의와 비난을 막았다. 1956년 12월, 30명 가까운 노동당과 자유당 의원들은 비상규정에 초점을 맞춘 채 에오카를 상대로 벌인 전쟁에서 영국이 시행한 작전의 '무자비한 혹독함'을 규탄하는 동의안을 발의했다.[106] 스트라볼기 경Lord Strabolgi은 상원에서 많은 노동당 의원의 전반적인 생각을 다음같이 표현했다.

이건 어떤 나라인가? 경찰국가인가? 나치 독일이 세운 나라인가, 아니면 소련의 방식을 본뜬 나라인가? 나는 이러한 의혹을 반드시 조사해야 한다고 생각한다. 우리가 키프로스에 세운 정부가 무한정 지속될 수는 없다. 그곳에서 젊은이들은 구타당하고, 무차별적으로 체포되어 심문받으며, 감옥에서 잔혹한 고문을 당하고 있다. 여기라면 결코 사형에 처하지 않을 사소한 이유로 교수형을 당하고 있는 것이다. 우리가 키프로스에 남긴 것이 있다면, 하나의 끔찍한 상징, 순교한 젊은이의 시신이 매달린 교수대다. 그 교수대는 그 불행한 섬을 상징하게 되었다. 그러나 보들레르가 〈키테라섬으로의 여행Voyage to Cytherea〉에서 묘사했듯, 우리는 가까이 다가갈수록 그 교수대에 매달린 시체가 곧 우리가 만들어낸 형상, 우리 죄책감과 수치심의 형상이라는 사실을 깨닫게 될 것이다.[107]

하딩은 죄책감이나 수치심을 느끼는 것처럼 행동하지 않았다. 레녹스 보이드에게 "키프로스 정부는 학대 혐의를 제기하는 비방 작전이 여론에 영향을 미치려는 의도적인 전술이라 확신한다."라고 주장하는 전보를 보냈고,[108] 문제 해결을 위해 모든 혐의에 반박하는 백서를 널리 유포했다. 그는 모든 것이 '비방 작전'에 불과하다고 주장하는 데서 한 걸음 더 나아가, 혐의 자체가 '고의적이고 조직적인 음모'의 일부라고 표현했다.[109] 1958년 9월, 유럽인권위원회는 키프로스 비상사태 선언의 정당성 여부에 대한 조사 결과를 발표했다. 키프로스에 "국가의 생존을 위협하는 비상사태가 존재했고, 유럽인권조약이 실제로 위반된 사례는 없었으며, 비상규정을 계속 사용해도 좋다."라는 내용이었다. 인권 보호를 위한 국제적인 노력의 승리라고 보기 힘든 결과였다.[110] 하지만 다른 혐의는 여전히 남아 있었고 유럽인권위원회의 결정에 대한 런던의 안도감은 그리 오래가지 않았다. 그리스는 1957년 7월 키프로스 변호사협회가 수집한 증거를 토대 삼아 49명의 고문 혐의로 영국 관계자들을 유럽인권위원회에 또다시 제소했다. 에오카 용의자 심문을 위해 프렌더개스트와 다른 요원들이 키프로스에 배치된 만큼, 영국은 유럽인권위원회 심문관들의 키프로스 방문을 허용할 수밖에 없었다. 팔레스타인에서 윙게이트의 부대원으로 활약했으며 제국 전역에서 다양한 직책을 맡은 키프로스의 신임 총독 휴 풋은 유럽인권위원회 심문관들이 "학대 증거에 주의를 기울였다."라고 이야기했다.[111]

레녹스 보이드의 논쟁 상대 캐슬은 솔직한 견해를 들려주는 현지 관계자들과 대화했다. 전임자들과 달리 학대를 줄이려 노력한 풋 총독 역시 그중 하나였지만, 오래된 폭력 문화 앞에서 풋의 노력은 위축되었다. 풋은 캐슬에게 "총격 사건 이후 반란 세력을 추격 중이라는 이유로 키프로스 주둔 병력은 불필요할 만큼 거칠게 행동해도 좋다는 허가를 받았다. 심지어 이

키프로스 산악 마을의 철조망 바리케이드 앞에 서 있는 영국 치안군, 1956년 4월

러한 방안이 권장되었다."라고 이야기했다.[112] 막후의 상황을 살펴보면 신임 총독 풋에게도 문제가 있었다. 풋이 공식 방침을 고수하기 위해 신설한 특별조사그룹Special Investigation Group은 과장된 학대 기록을 샅샅이 뒤져 실제로 행해진 학대 사례 은폐를 도왔다. 특별조사그룹은 키프로스 학대 사건과 관련해 영국의 입장에서 이야기를 만들어내는 데 중요한 역할을 했다. 한 영국군 장교는 "키프로스에서는 선전이 지극히 평범한 뉴스처럼 보이도록 위장하는 데 주력했다."라고 강조했다.[113] 〈데일리 헤럴드〉에서 캐슬이 치안군과 그들이 사용한 거친 방안에 대해 요란하게 떠들자, 식민지 폭력에 대한 대중의 역치가 어느 정도인지 드러났다. 하룻밤 새 노동당에서 캐슬의 지지도가 급락했다. 제국에서 벌어진 학대 사건 폭로와 영국군의 충

성심과 관련해 선을 넘는 것은 또 다른 문제였다. 노동당은 캐슬을 '마카리오스의 메시지 전달자'라고 불렀다.[114] 게이츠켈이 이끄는 노동당 지도부는 막후에서 캐슬을 맹비난했다.

식민지 해방 운동

제국 해체를 막는 데 혈안이 된 제국충성파동맹League of Empire Loyalists은 식민지 해방 운동 회의에 등장해 '반역자'라며 야유를 보냈다.[115] 식민지 해방 운동은 활력을 띠었지만, 브로크웨이 같은 사람들이 생각하는 수준에는 훨씬 못 미쳤다. 식민지에서 벌어진 학대 사건을 폭로하고, 민족자결을 위해 싸우는 것은 여전히 부수적인 정치일 뿐이었다. 보수당 정부 비난에는 이 같은 사건이 유용했지만, 게이츠켈 등 노동당 지도부는 영국군의 치부를 폭로해 노동당의 국내 의제를 뒤흔드는 일이 벌어지지 않도록 주의했다. 한편, 일부 토리당원은 캐슬의 조사가 크게 도움이 된다고 여겼다. 불굴의 보수당 의원 줄리언 애머리Julian Amery는 "키프로스에 대한 영국의 여론은 더없이 건전하다. 캐슬은 우리에게 백만 표의 가치가 있다."라고 했다.[116] 치안군의 강압 조치에 대한 지지도 계속되었고, 강압 조치가 필요하다는 의견이 팽배했다. 한 보수당 의원은 "키프로스의 모든 병사는 민간 정부를 돕기 위해 어떤 행동을 하도록 요구받건 최소한의 무력만 사용해야 한다는 사실을 잘 알았다. 하지만 우리는 키프로스에서 활약하는 치안군의 역할은 테러 진압이며, 최소한의 무력이 상당 수준의 무력인 경우가 많고 앞으로도 그럴 것임을 결코 잊어서는 안 된다."라고 이야기했다.[117]

캐슬과 유럽인권위원회는 물러서지 않았다. 고문 혐의에 대한 유럽인권

키프로스의 밀리코우리 마을과 근처의 키코 수도원을 수색하는 영국 치안군

위원회의 두 번째 조사는 계속되었다. 영국 관계자들은 그리스가 제출한 첫 번째 제소 보고서를 최소한의 인원만 열람하는 편이 낫다고 판단했다. 두 번째 조사는 비공개로 진행되었지만, 유럽인권위원회가 키프로스에서 자행된 고문에 대한 그리스의 제소를 전부 들여다본다면 어떤 사태가 벌어질지 알 수 없었다.[118] 한편, '책임감'이라는 단어가 유럽인권위원회의 감독 아래 새로운 의미를 갖게 되었다. 무엇보다 현지 병력의 사기를 유지하는 것이 중요했다. 첫 번째 제소 건에 대한 유럽인권위원회의 조사를 되돌아보던 키프로스 사법부의 한 관계자는 이렇게 설명했다. "행정부 고위 관계자들이 느끼는 분노는 아무리 강조해도 지나치지 않을 정도였다. 치안군 사이에서는 그 같은 정서가 더욱 두드러졌다. 편견을 감안하더라도 우

리 증인들은 대개 그 하위 위원회에 대해 나쁜 인상을 갖고 있었다. 그들의 능력과 진실, 둘 다 존중하지 않았다."[119]

1958년 11월 유럽인권위원회는 그리스의 두 번째 제소 관련 심리를 하고, 49건의 고문 사건 중 13건에 대한 추가 조사를 승인했다. 영국 역시 전후 인권 체제의 일부였지만, 영국은 권력 유지 방법이 전 세계에 노출되어서는 안 될 뿐 아니라 소위 테러범에게 양보하는 모양새가 되어서도 안 된다고 생각했다. 난관에서 벗어날 방법은 협상뿐이었다. 그리스와 튀르키에 정부는 영국의 승인 아래 취리히와 런던에서 키프로스의 운명을 결정했다. 1960년 그리스와 정치적으로 통합된 국가가 아닌, 하나의 통합된 키프로스 독립국이 잉태했다. 군사기지와 군사시설을 키프로스에 남겨둔 영국은 오늘날까지도 관련 시설을 유지하고 있다. 아이젠하워는 이보다 더 기쁠 수 없다며 직접 맥밀런에게 전보를 보냈고, 레녹스 보이드는 유럽 협조Concert of Europe*를 재건한 맥밀런을 칭송했다.[120] 스트라스부르에서 진행 중인 제소는 아무도 책임지지 않았다. 그리스와 영국은 독립 협상의 일환으로 소를 취하하기로 합의했고, 유럽인권위원회도 두 나라의 합의에 동의했다. "키프로스의 역사에 기록될 최근에 일어난 불행한 장은 가능한 한 빠르고 완전히 마무리되어야 한다."[121]

---

* 대 프랑스 전쟁을 이끈 오스트리아, 러시아, 프로이센, 영국이 1815년 빈 체제 유지하려 체결한 동맹으로, 유럽 강대국 사이 균형 체제를 의미한다.

드러난 희석 기법, 홀라 대학살

맥밀런 정부가 키프로스에서의 잔혹 행위 혐의 해결을 위해 고군분투하던 1959년 2월, 제국 내 다른 지역, 특히 케냐에서의 잔혹 행위에 대한 은폐 작전이 진행되었다. 레녹스 보이드는 수감자가 직접 작성한 편지, 행정부 내의 내부 고발자, 교회 지도부, 〈옵서버〉의 '눈가림은 그만No More Whitewash' 같은 제목의 기사로 반복해서 제기된 학대 혐의와 맞서 싸웠다.[122] 하원에서 독립 조사 승인 요청이 발의되었고, 사실에 입각해 제대로 된 답을 요구하는 야당 의원들의 요구가 빗발치는 가운데, 격렬한 논쟁이 벌어졌다. 투표 결과는 당론에 따라 찬성표 232표, 반대표 288표로 갈렸다. 〈데일리 텔레그래프〉는 이러한 투표 결과를 보수당 정부의 정당성을 보여주는 결과이자 또다시 실패한 사회주의자들의 계략으로 치부했다.[123] 〈뉴 스테이츠맨 앤 네이션〉은 맥밀런의 '오랜 친구들을 지켜주는 단체Old Pal Protection Society'를 낱낱이 파헤쳤고, 〈이코노미스트〉는 차분한 어조로 써 내려간 독립 조사 투표 관련 기사를 내보냈다. 케냐는 여전히 중요한 뉴스거리였다. 〈이코노미스트〉는 '마우마우를 위한 공명정대한 행동Fair Play for Mau Mau'이라는 기사에서 "현재의 식민 문제를 논의할 때는 '웨스트민스터와 단절되기 전, 영국의 행정 방식에 어떤 최후의 기억을 남길 것인가'를 최우선으로 고려해야 한다."라고 지적했다.[124]

반란을 진압하는 영국의 업무 처리 방식은 제국 곳곳으로 퍼져나갔다. 보수당 의원들이 독립 조사 투표를 무마하고 나서 불과 며칠 후, 케냐 홀라 수용소에서 10명의 수감자가 수레의 물을 마신 뒤 죽었다는 소식이 전해졌다.[125] 캐슬 중심으로 식민지 해방 운동 조사팀이 진실을 밝혀냈다. 이번에도 '사고사'라던 정부의 주장은 설 곳을 잃었다.[126] 조사 결과, 개버건

홀라 수용소, 1959년 6월

의 오른팔이던 카윈이 홀라 캠프에 희석 기법을 전파한 것이었다. 카윈은 제국 역사상 처음으로 체계화된 폭력을 동원하는 희석 기법 관련 내용을 문서화해 널리 유포했다는 사실이 드러났다. 이른바 카윈 계획은 치안판사 W. H. 고디W.H.Goudie가 작성한 홀라 사건 관련 내부 보고서에서 가장 중요한 부분을 차지했다. 맥밀런 정부는 관련 내용을 공개할 수밖에 없었다. 자세한 내용은 생략되었지만, 고디가 밝혀낸 내용을 보면 수감자들의 사망이 '물수레' 사건으로 은폐된 것이 분명했다. "각 수감자는 '폭력으로 인한 여러 건의 타박상에서 비롯된' 충격과 출혈로 사망했다고 밝혀졌다. 피해자들을 강제노동에 투입하기 위해, 또는 노동 거부를 벌주려 교도관들이 곤봉으로 심하게 구타했다."라고 강조했다.[127]

'홀라 대학살The Hola Massacre' 은폐는 정부를 무너뜨릴 만한 종류의 스캔들이었다. 맥밀런은 일기에 "정말 곤경에 처했다."라고 적었다.[128] 레녹스보이드가 사임하면 책임에 대한 요구가 더욱더 거세진다는 사실을 잘 알고 있었던 맥밀런은 그의 사임을 받아들이지 않았다. 맥밀런 정부가 희석기법을 승인했다는 사실만은 숨겨야 했고, 개버건과 카원 등 관계자들을 법적으로 보호할 방법도 찾아야만 했다. 런던으로 날아간 베링 총독은 자기 부하들을 '희생양'으로 삼지 말라고 경고했다.[129] 먹구름이 몰려오는 가운데 카원은 영제국 훈작사를 받았으나, 여론이 좋지 않은 상황에서 카원에게 훈장이 수여되자 맥밀런은 식민성 운영이 엉망이라고 비난했다.[130] 카원에게 내려진 훈장은 식민 현장의 관계자들이 영국 정부의 이름으로 행동하는 것이 마땅하다는 레녹스보이드의 확고한 믿음을 그대로 드러내고 있었다. 의회에서 홀라 대학살과 관련해 중대한 결정을 내리기 전날, 맥밀런과 내각은 총리 지방 관저로 내려가 끝까지 버티기로 의견을 모았다. 몇몇 하급 장교의 손에 몇 건의 불행한 사건이 일어났지만, 제국을 위해 일하는 영국의 용감하며 충직한 신하들이 야만적인 마우마우와의 전쟁에서 승리한다는 것이 영국 정부의 주장이었다. 설상가상으로, 홀라 대학살 논의는 중앙아프리카의 작은 식민지 니아살랜드(현재의 말라위) 탄압 논의와 같은 날짜에 진행될 예정이었다.

홀라 대학살의 결론

키프로스 총독 자리를 하딩에게 내주고 니아살랜드 총독으로 부임한 아미티지 총독은 1959년 3월 3일 비상사태를 선언하고, 제15조를 근거 삼아 유럽인권조약을 회피했다. 키프로스에서 문제가 발생하자 에오카를 척결하지 못한 과거를 뼈저리게 후회한 아미티지는 니아살랜드의 주요 민족주의 정당 아프리카민족회의African National Congress를 탄압했다. 1953년 니아살랜드, 남로디지아, 북로디지아가 소수집단인 백인 정착민이 막강한 권력을 지닌 중앙아프리카연방Central African Federation으로 통합된 데 대한 아프리카민족회의의 반대를 꺾어야만 자신의 과오가 사라진다고 믿었다. 아미티지는 문제의 싹을 자르려. 이제는 표준이 된 합법화된 불법 정책과 관행을 동원했다.[131] 아프리카민족회의 지도부는 자유제국주의 방식을 비난했고 영국이 인원을 침해했다는 주장을 다그 함마르셸드Dag Hammarskjöld 유엔 사무총장과 언론에 직접 이야기했다.[132] 레녹스보이드는 존경받는

니아살랜드 물란예에서 노상 검문 중인 영국 치안군, 1959년 3월

판사 데블린 경Lord Devlin에게 제한적인 조사 임무를 부여했다. 검열에도 불구하고, 데블린은 아미티지가 영국령 아프리카의 중심부에서 경찰국가 감독 중이라는 내용을 최종 보고서에 포함시켰다. 맥밀런은 데블린의 조사 결과가 '큰 충격'이라 밝혔다.[133]

맥밀런 정부와 영제국에 대한 신뢰가 어떤 방향으로 움직일지 알 수 없었다. 의회에서 홀라 사건 관련 논의가 진행되었고 캐슬은 앞장서서 발언했다. "분노로 몸이 떨려서 말하기 힘들 정도였다."라고 회상했다.[134] 캐슬은 홀라 대학살 등 그동안 어떤 학대 사건이 발생했는지 일목요연하게 소개했지만, 회의장을 열광의 도가니로 몰아넣은 장본인은 불만 많은 보수당 의원 에녹 파월Enoch Powell이었다. 영국 의회에서 암리차르 학살을 두고 논쟁이 벌어졌을 때의 처칠처럼, 파월은 케냐 행정부에 "지나칠 만큼 친절하다."라고 캐슬을 비난하는 한편 베링 총독 다음으로 많은 권한을 가진 존스턴과 케냐 국방장관 큐색이 케냐 수용소 시스템에서 중요하다고 이야기했다.[135] 처칠은 암리차르 학살이 '끔찍한 일회성 사건, 다른 일과는 무관하게 개별적으로 벌어진 사악한 사건'이라 일축했다. 파월 역시 카원 계획을 '이전에 시도된 어떤 일과도 심각할 정도로 다른 사건'이라 표현했다.[136] 하지만 케냐에서는 거의 20년간 희석 기법이 표준 관행으로 자리매김했고, 맥밀런 정부도 이 같은 사실을 잘 알았다. 그뿐 아니라 희석 기법을 승인하기까지 했다. 책임 소재를 명확하게 밝힐 필요가 있었다.

홀라 수용소 사건의 책임이 전적으로 케냐 관료들에게 있다고 한 파월의 발언은, 1919년 인도에서 벌어진 암리차르 대학살을 다시 떠올리게 한다. 파월은 "식민장관 레녹스보이드는 케냐에서 벌어진 일에 대해 아무 책임도 없다. 레녹스보이드의 행정은 현대에 들어서 식민성의 업무를 가장 훌륭하게 수행한 것이다. 장관님의 결백을 위해 책임 소재를 밝히고, 마땅히 책임 있는 담당자가 책임지도록 만들 것을 간청한다."라고 강조했다.[137] 그리고 문명화 사명의 목적에 대한 대중의 굳건한 믿음을 들먹였다.

"아프리카에는 아프리카식 기준을, 아시아에는 아시아식 기준을, 영국에는 영국식 기준을 적용하겠다."라고 말할 수는 없다. 우리에게는 그러한 선택권이 없다. 어디에서든 일관성을 유지해야 한다. 통치와 인간이 인간에게 미치는 모든 영향은 결국 의견에 의해 규정된다. 우리가 지금은 통치하고 있지만 언젠가는 통치하지 않을 아프리카에서, 우리가 무엇을 하느냐를 판단하는 것은 이 나라와 영국인의 행동 방식에 대한 평가다. 우리는 아프리카에서 세계 어느 곳보다도 높은 수준의 책임을 다하지 않을 수 없다. 감히 그 책임을 외면해서도 안 된다.[138]

홀라와 니아살랜드 논의 며칠 후, 맥밀런은 엘리자베스 2세 여왕에게 "홀라 사건은 용서할 수 없는 일이나, 식민장관과 총독이 하급 관리들의 과오까지 책임져야 한다고 보기는 어렵다."라는 내용의 편지를 보냈다.[139] 맥밀런은 '레녹스 보이드의 훌륭한 경력이 더럽혀지는 것은 견디기 힘들 것'이라 생각했지만, 실은 더 심각한 문제가 있었다.[140] 1919년에는 다이어 장군이 암리차르 학살을 책임졌지만, 1959년 내부 문건을 통해 정부 최고위직인 맥밀런까지 사건에 연루되었다는 사실이 드러났으므로 홀라 대학살과 관련해 누구도 희생시킬 수 없었다. 맥밀런에게는 다른 걱정거리도 있었다. 식민정책위원회가 제안한 낙관적인 경제 부양 방안을 실행하려면 제국 내에서 '선의의 분위기'가 유지되고 '질서 있는 권력 이양'이 이루어져야 했다. 하지만 연이은 반란 사태와 조사, 스캔들로 번질 우려가 있는 사건 은폐로 좀처럼 분위기가 조성되지 않았다. 국제인도법도 걸림돌이었다. 홀라 대학살에 대한 논의 진행 전, 여론 압박에 시달리던 영국 정부는 1957년 2월 작성된 국제적십자위원회 보고서를 공개 방안을 고려했다.

국제적십자위원회의 보고서

선교와 인도주의에 앞장선 스위스 주노드 가문의 일원 앙리 주노드는 오랜 친구 베링의 재촉으로 식민성의 승인을 받아 2개월 동안 수용소와 마을을 둘러보았다.[141] 앙리가 아프리카에 도착하기 전부터 국제적십자위원회의 중립성은 이미 훼손되었다. 레녹스 보이드에게 베링은 이렇게 이야기했다. "국제적십자의 앙리 주노드 박사와 폭력적 충격의 필요성에 대해 개인적으로 의견을 나눴다. 그는 남아프리카에서 평생 아프리카인과 협력해왔으며, 아프리카인 죄수들과도 오랜 시간을 함께한 인물이다. 앙리는 수감자를 사회로 복귀시키기 위해 폭력적 충격이 불가피하다면 그것이 정당하다고 믿는다."[142] 음웨아 수용소를 돌아보고 희석 기법을 직접 목격한 앙리는 개버건에게 이렇게 이야기했다. "걱정하지 말라. 알제리를 통치하는 프랑스인들에 비한다면, 당신들은 오히려 자비로운 천사에 가깝다."[143] 앙리 주노드의 보고서에는 희석 기법이나 직접 돌아본 18개 마을 주민들의 굶주림 실태, 방문한 52개 수용소에서 자행되는 강제노동과 폭력에 관한 내용은 전혀 포함되지 않았다. 유일한 비판은 케냐 법상 허용되지만 국제적십자위원회가 중단을 요구한 채찍질 관련 내용뿐이었다. 앙리 주노드는 베링의 친구로 남았다. 몇 달 뒤, 베링은 앙리에게 "심각한 정치적 어려움을 감수하고서라도 희석 기법 대신 사용할 만한 좀 더 가혹한 방안을 제안해달라."라고 요청하기까지 했다.[144]

1959년 6월, 식민성이 앙리의 비밀 보고서를 공개해도 좋을지 문의했다. 국제적십자위원회는 2년이 경과했다는 이유로 새로운 조사단을 파견해 최근 사건을 다시 조사하라고 권고했다. 베링은 국제적십자위원회의 권고 방안을 환영했다. 앙리는 감옥 및 수용소와 관련해 경험이 풍부하며 아프리카에 대해 잘 아는 앙리가 다시 이 일을 맡아주기를 원했고,[145] 영국 정부도 동의했다. 앙리는 장모리스 루블리Jean-Maurice Rubli 박사와 함께 다시 케냐를 방문했는데, 이들의 조사 결과는 심상치 않았다. 국제적십자위원회의 마르셀 주노드Marcel Junod 부총재와 루블리 박사는 최종 보고서 제출 전, 영국 정부와 논의할 작정으로 런던으로 날아갔으나 앙리는 참석하지 않았다. 스페인 내전에서 활약하고 제2차 세계대전 동안 유럽과 일본에서 뛰어난 임무 수행으로 가장 많은 훈장을 받은 국제적십자위원회 최고위 인사인 사촌 마르셀이 가문의 명예를 지키는 역할을 맡았다. 마르셀은 국제적십자위원회가 조사를 통해 "영국 식민 관료들이 마우마우 수감자들을 무너뜨리기 위해 충격적인 수위의 폭력과 고문을 사용한다."라는 사실을 밝혀냈다며 이러한 관행이 즉각 중단되어야 한다고 지적했다. 영국 정부는 홀라 대학살 이후 이미 내려진 결정에 따라 남은 수감자를 모두 석방했다.[146] 1957년 직접 방문하고도 케냐의 끔찍함을 제네바의 국제적십자위원회에 알릴 기회를 놓친 사촌 앙리에게 마르셀이 무슨 말을 했을지 궁금할 수도 있다. 앙리가 기회를 놓친 탓에 2년의 세월이 흘렀다. 그동안 영국은 국제인도법을 조롱하며 수많은 아프리카인을 살해하고 고문했다. 앙리는 1959년 제출한 국제적십자위원회 최종 보고서에서 자신이 케냐에 방문한 1957년 이후 "박해와 학대가 급증했다."라며, 실상을 은폐한 자신의 잘못을 덮으려고 했다.[147] 식민성의 일부 관료는 영국이 마우마우 반란에 제네바협약 공통 3조를 적용했다면 '케냐 문제'가 완화될 수 있었을지도

모른다며 한발 물러섰다.[148]

보수당의 선거 승리

홀라 대학살 관련 논의가 채 3개월도 지나지 않은 1959년 10월, 보수당은 총선에서 승리했다. 보수당의 선언문은 파운드화가 '전 세계 무역의 거의 절반에 사용되는 통화'임을 강조하며, 이를 의심스러운 제국 성공의 상징으로 삼았다. 이는 영국인이 "이토록 좋은 시절을 경험한 적이 없다."라는 주장에 정당성을 부여하기 위한 것이었다.[149] 보수당 선언문은 주로 사회주의자들이 주동하며, 영제국의 명성을 더럽히는 지속적인 '비방 작전'도 언급했다. 보수당 강령에는 '진실을 드러내고, 영국의 식민주의에 대한 왜곡된 사실을 바로잡는 것이 우리 스스로에게 지는 의무이자, 세계 어디에서나 자유라는 대의를 위한 의무'라고 명시되어 있다.[150] 맥밀런은 대중에게 들려줄 이야기를 교묘하게 조작했지만, 케냐와 키프로스, 니아살랜드 사건의 여파가 모두 더해지자 영국은 제국 곳곳에서 후퇴할 수밖에 없었다. 보수당 정부는 노동당, 국제적십자위원회, 유럽인권위원회, 유엔 가입국이 되어 나날이 세력을 키워가는 영국의 전 식민지, 언론, 전 세계의 수많은 선교사와 인도주의자보다 반 발자국 앞서 있었다. 영제국의 유산이 위태로운 상황, 식민정책위원회가 제출한 보고서에 기록된 경제적 낙관주의에 찬성한 맥밀런은 공식 통치를 비공식적인 영향력으로 전환하기 시작했다. 총선 이후, 맥밀런은 궁지에 몰린 레녹스보이드를 몰아내고 이안 매클라우드Ian Macleod를 식민장관 자리에 앉혔다. 매클라우드와 맥밀런은 영제국에서 연이어 터진 학대 스캔들과 앵글로색슨 세계 전역에 번진 권리

인정의 바람으로 인해, 수십 년간 이어져온 영국의 관행을 더는 옹호할 수 없다는 사실을 인식하고 있었다. 영연방 관료들은 동화주의 정책을 철회했다. 미국에서는 격렬히 저항했지만, 인종차별 정책이 철폐되고 민권법Civil Rights Act 통과가 임박했다. 인권, 존엄성, 평등이 화두로 떠오르자, 제국 지지자들이 보편적 규범을 거침없이 위반하며 내세운 '문명화 사명의 성공'이라는 승리의 서사는 훼손되었다. 아울러 영국이 관련 규정을 회피해온 전략이 만천하에 드러났음을 인정하지 않을 수 없었다.[151]

식민장관에 취임한 지 불과 몇 주 후, 매클라우드는 케냐 총독에게 "과거를 덮겠다."라고 이야기했다.[152] 매클라우드는 다음 요건에 해당하는 어떤 문서도 식민지에서 독립한 국가의 정부에 전달해서는 안 된다고 지시했다. 증거 자료를 불태우고 남은 재가 또다시 제국 전역으로 퍼져나갔다.

(1) 영국 정부나 다른 정부를 곤란하게 만들 가능성이 있는 문서
(2) 경찰이나 군, 공무원, 그 외 관계자(경찰 요원이나 정보원)를 곤란하게 만들 가능성이 있는 문서
(3) 정보의 출처를 위태롭게 만들 가능성이 있는 문서
(4) 뒤이어 들어설 정부의 장관이 비윤리적으로 사용할 가능성이 있는 문서[153]

일부 지역에서 유산 작전Operation Legacy이라 불리던 문서 제거 과정에는 말라야와 인도에서 쓰인 파괴 시스템이 동원되었다.[154] 케냐 관료들은 '감시' 시스템을 개발했고, 해당 시스템이 도입되자 모든 정부 부처는 문서를 '감시 대상'과 '유산'으로 분류했다. '감시 대상'으로 분류된 문서는 파괴되거나 영국으로 이송되었고, '유산'으로 분류된 문서는 케냐의 독립 정

부에 전달되었다.[155] 매클라우드는 '감시' 시스템을 직접 관리했다.[156] 총 3.5톤의 문서가 소각로에 들어갈 예정이었다.[157] 케냐 관료들은 식민성 비밀 회람 1282/59 규칙 3조 4항에 따라 파괴된 각 문서에 대해 파기 증명서를 작성했다.[158] 모든 파기 증명서 사본은 식민성으로 이송되어 영구 기록으로 남았다. 가장 신뢰받는 일부 장교가 개버건의 지휘 아래 현지에서 작전을 감독했다.[159] 케냐에서 영국 정부의 고문 책임자를 지낸 개버건은 식민 지배가 끝날 무렵 신뢰받는 기록 보관 담당자가 되어 있었다. 남은 제국 전역에서 다양한 형태의 유산작전이 시행 중인 1960년 2월, 맥밀런은 아프리카를 순회하고 남아프리카 상원과 하원에서 '변화의 바람Winds of Change'이라는 유명한 연설을 했다.[160] 아파르헤이트 지도자들은 당면한 현실을 설명하는 맥밀런을 지켜보았다.

> 우리는 오랫동안 다른 강대국에 의존하며 살아온 민족들 사이에서 민족의식이 깨어나는 과정을 지켜보았다. 15년 전, 이러한 움직임은 아시아 전역으로 번져, 각기 다른 인종과 문명으로 구성된 수많은 나라가 독립국가로서의 존재를 주장했다. 오늘날, 아프리카에도 동일한 변화가 일어나고 있다. 이 대륙에 변화의 바람이 불고 있으며, 민족의식의 성장은 명백한 정치적 현실이다. 우리는 이를 인정하고 국가 정책에 반영해야 한다.[161]

몇 주 후, 아파르헤이트 정부가 반응을 보였다. 아파르헤이트 정부의 치안군이 영국 정책을 본떠서 만든 통행법에 반대해 샤프빌에서 비무장 상태로 시위하던 흑인 시위대에게 발포했다. 이 사건으로 255명이 사망했다. 1960년 3월 21일에 벌어진 샤프빌 대학살Sharpeville Massacre의 실상이 카

남아프리카 트란스발주 내 샤프빌 대학살, 1960년 3월 21일

메라에 잡혔고 전 세계가 아파르트헤이트 정권의 잔인함을 지켜보았다. 일주일 후, 남아프리카 정부는 또다시 영제국의 법을 참고해 비상사태를 선포하고 2000명을 체포했다.

식민지 독립 선언

인도의 주도로 유엔총회의 성질이 달라졌다. 1960년 말 결의안 1514호가 통과되었고 이로써 영국이 반제국주의의 구심점인 유엔의 잠재력을 오판했음이 입증되었다. '식민지 독립 선언Declaration on the Granting of Independence to Colonial Countries and Peoples'으로 알려진 이 결의안은 신속하고 무조건적인 탈식민지화에 대한 요구가 '기본적 인권, 인간의 존엄과 가치, 남성과 여성의 평등권에 대한 믿음을 재확인하기 위해 유엔헌장을 통해 전 세계 모든 민족이 선언한 결의'와 직접적으로 연결되어 있음을 밝혔다.162 결의안 1514는 말라야, 케냐, 키프로스, 니아살랜드, 제국 각지의 민족주의자들이 이루어낸 것이었다. 결의안 1514는 유럽인권조약조차도 지켜내지 못한 것, 즉 인권과 인권 보호에 대한 요구를 민족자결과 영국 식민주의가 짓밟아온 법적 보호를 보장하는 국가 탄생과 연결했다.

 1960년 키프로스와 나이지리아, 1961년 시에라리온과 탕가니카, 1962년 우간다와 자메이카, 1963년 잔지바르, 1964년 니아살랜드(말라위로 국호 변경)와 북로디지아(잠비아로 국호 변경), 몰타, 1965년 감비아에서 영국 국기가 내려갔다. 잇따른 의식을 통해 차례로 새로운 국기가 게양되었지만, 식민 통치의 결과는 금세 사라지지 않았다. 케냐가 대표적이었다. 영국의 1959년 총선 이후 백인에게 주어진 특권에 푹 빠진 수많은 정착민은 긍정적이었지만, 정착민 지도자 블런델은 "빌어먹을 정착민들이 무슨 상관이야. 알아서 잘살게 내버려둬."라고 내뱉은 어느 보수당 의원의 발언에서 홀라 대학살 이후의 지배적인 분위기가 가장 잘 드러난다고 생각했다.163

케냐타의 석방

 케냐의 파이프라인에서 벌어진 일련의 사건도 모든 것을 바꿔놓았다. 1960년 5월, 신임 총독 패트릭 레니슨Patrick Renison은 이렇게 이야기했다. "케냐타는 마우마우를 조직한 비협조 운동의 주도자로 알려져 있으며, 폭력적이고 불법적인 마우마우를 관리하고 '더러운 맹세'를 한 혐의로 유죄판결을 받았다. 그는 대법원과 추밀원에 항소했으나, 세 법원 모두 그의 유죄를 확정했다. 그리하여 아프리카 지도자 케냐타는 어둠과 죽음의 길로 내몰리게 되었다."¹⁶⁴ 레니슨은 몇 달 전 발표된 마우마우 관련 영국의 공식 보고서를 그대로 읊었다. 보고서 작성자 프랭크 코필드Frank Corfield는 자신이 '완전히 사악하다'고 표현한 마우마우 운동의 역사를 정착민과 아프리카 충성파의 자료에 전적으로 의존해 기록했다.¹⁶⁵ 케냐타가 마우마우 주동자라는 사실을 의심하는 백인은 드물었다.¹⁶⁶ 1958년, 유명한 검찰 측 증인 라우손 마차리아Rawson Macharia가 "정부에 매수당해 다른 증인들과 함께 위증했다."라고 진술했지만, 코필드가 공개한 증거는 케냐타가 마우마우 주동자라는 견해에 힘을 실었다. 이후 영국은 거짓 진술 혐의로 마차리아를 기소했다.¹⁶⁷

1960년 5월, 헌법 및 독립 관련 첫 번째 협상을 위해 런던 랭캐스터하우스Langcaster House에 모인 아프리카와 영국 관계자들은 아프리카계가 다수를 구성하는 의회 민주주의에 합의했다. 케냐 최초의 전국 선거는 1961년 2월로 예정되었다. 케냐타가 유일한 쟁점이었다. 영국은 자국의 상업적·전략적 이익을 지켜줄 키쿠유 충성파 등 온건한 아프리카인 정권을 세우는 데 열중하는 상황이었다. 케냐타에게 쏟아낸 레니슨의 공개 비난은 케냐 아프리카 민족주의자들의 반감을 샀다. 1961년 보편적인 선거권을 가진 유권자들에게는 케냐타의 석방이 가장 중요한 쟁점이었다. 키쿠유족과 케냐에서 두 번째로 큰 규모를 자랑하는 루오족의 연합 정당인 케냐아프리카민족연합Kenya African National Union, KANU은 케냐타가 석방되지 않으면 당선되더라도 의정 활동을 하지 않겠다고 공약했다. 영국 정부가 은밀하게 지원하던 케냐아프리카민주연합Kenya African Democratic Union, KADU은 유럽 정착민의 권리 등 소수민족 권리를 옹호했다. 선거에서 케냐아프리카민족연합이 낙승하고 의원들이 공약을 이행하자 궁지에 몰린 영국은 케냐타를 석방할 수밖에 없었다.

석방된 케냐타, 1961년 8월 14일

1961년 4월, 케냐타는 기자회견을 지켜보는 기자, 정부 관료, 호기심에 참석한 관중에게 "여러분 중 일부가 저에 관한 사실을 그동안 잘못 전해왔지만, 오늘만큼은 진실에 충실하고 선정적인 기사 작성을 자제해주길 바란다."라고 이야기했다. 8년이 넘는 수감 생활로 눈이 움푹 꺼진 70세의 케냐타는 특유의 가죽 재킷을 입고 카메라 앞에 섰다. 그는 크랜리가 패드모어의 집에서 다른 흑인 급진주의자들과 함께했던 전간기를 떠올리는 듯, 명확하고 단호한 목소리로 말했다. 케냐타는 코필드 보고서가 거짓으로 가득하다고 비난한 다음 유죄판결을 내렸다. 자신을 가둔 사람들에 대해서는 "아버지, 저들을 용서하옵소서. 저들은 자기가 무슨 짓을 하는지 알지 못하옵니다."라고 말했다. 어릴 때 장로교 선교사들의 가르침을 받은 케냐타는 복수할 생각은 없다고 세상을 안심시킨 이후 오래 지속될 메시지를 전달했다. 케냐타는 '우후루'라고 선언했다. 자유를 뜻하는 스와힐리어 단어 '우후루'는 이후 케냐 아프리카인의 슬로건이 되었다. '우후루와 케냐타Uhuru na Kenyatta'는 거리에서 흔히 주고받는 인사말로, 대화를 마무리하는 말, 노래와 칭송하는 시에 들어가는 인기 글귀였다.[168] 수용소에 갇혀 있던 어느 케냐인은 케냐타의 석방 소식을 접하고 기쁨의 눈물을 흘렸다. 석방 소식은 순식간에 퍼졌고 사람들은 밤새도록 춤추며 축하했다. 자유의 몸이 된 지도자가 식민지 압제자들로부터 자신들을 구해줄 거라고 믿은 것이다. 응가이가 그들의 기도에 응답한 셈이었다.[169] 거의 10년 만에 처음으로 케냐를 순회하는 등 케냐타는 승리를 만끽했다. BBC는 황금 시간대에 45분짜리 인터뷰를 내보냈다. 수백만 명의 영국인이 거실에 앉아 양복을 차려입고, 성경을 인용하며, 유창하게 말하는 케냐타의 모습을 지켜보았다. 이마에 뿔이 없는 수수께끼 같은 남자를 어떻게 이해해야 할지 아무도 몰랐다. 겉보기에 케냐타는 완벽한 '문명인'이었다. 케냐타의 변신은 가장 어둡고 불길한 상황 속에서도 개혁을 완수하는 영국의 위력을 상징했다.

케냐의 독립

1963년 12월 11일, 영국이 케냐에서 최종적으로 권력을 이양하는 모습을 직접 지켜보기 위해 나이로비의 우후루 스타디움Uhuru Stadium에 군중이 모였다. 열광의 도가니에 빠져든 군중에게 케냐타는 '오늘은 케냐 역사상 가장 위대한, 내 인생에서 가장 행복한 날'이라 이야기했다. 여왕을 대신해 에든버러 공작 등 세계 각지의 고관이 케냐타 옆에 섰다. 에든버러 공작은

나이로비에서 케냐 독립을 축하하는 케냐타와 에든버러 공작, 1963년 12월 12일

케냐가 아프리카에서 서른세 번째로 유럽의 통치에서 벗어나 독립하는 모습을 지켜보았다. 자정이 되자 영국 국기가 내려갔다. 새로운 케냐 국기의 최초 게양 모습에 스포트라이트가 집중되었지만, 잠깐 동안 케냐의 새로운 국기가 펼쳐지지 않았다. 에든버러 공작은 몸을 숙여서 곧 대통령이 될 케냐타의 귀에 속삭였다. "마음을 바꿀 생각은 없습니까?" 바람에 펄럭이며 펼쳐지는 케냐 국기를 바라보던 케냐타는 미소를 지었고, 그 아래 모여 있던 군중은 환호했다.[170]

1952년 베링이 비상사태를 선포한 날이자 독립한 케냐의 제1회 케냐타 데이인 1964년 10월 20일, 케냐타는 선언했다. "오늘을, 이제 역사가 되어 버린 지난 고난과 모든 증오를 마음에서 지우는 날로 삼자. 과거는 언급하지 말고, 조국의 재건과 다가올 케냐의 미래를 위해 우리 모두가 뜻을 모

으자."¹⁷¹ 마우마우 시대에 저질러진 범죄에 대한 심판, 숲이나 수용소, 마을에서 자유를 위해 싸운 사람들을 위한 추모, 충성파에 대한 기소, 독립 이후 케냐에 남은 영국 식민 관료나 유럽 정착민 숙청은 없을 것이었다. 케냐타는 대중의 기억에서 마우마우를 지우고 포용의 메시지를 새기려 했다. 그 결과 "우리 모두 자유를 위해 싸웠다."라는 문장이 그의 새로운 독립 서사의 핵심이 되었다.

케냐타는 분열된 나라를 하나로 모은 위대한 지도자일까, 그렇지 않으면 케냐의 식민 과거와 닮은 미래를 주장하는 보수 정치인이었을까? 주로 키쿠유족이 사는 케냐의 센트럴주는 극심히 분열되었다. 식민지 시절에 마우마우를 지지하던 주민들은 비상사태 기간 끔찍한 범죄를 자행했으며 식민정부가 수용소에 갇힌 사람들에게서 빼앗아 나눠준 대규모 토지를 소유한 과거의 충성파들과 함께 살아갔다. 마찬가지로, 상대적으로 규모가 작은 마우마우 지지자들도 원로 족장 와루히우를 살해하는 등 다른 키쿠유족에게 범죄를 저질렀다. 복수에 대한 목소리가 드높았다. 분노를 억제시킬 만한 도덕적 권위를 지닌 사람은 케냐타뿐이었다. 마우마우와는 무관한 수백만 명에 달하는 다른 아프리카인은 키쿠유족이 케냐 정부를 장악하는 실상에 깊은 의구심을 품었다. 케냐타가 케냐 독립을 앞당긴 데 있어 마우마우의 공을 인정한다면, 독립의 성과를 요구하는 케냐의 수많은 다른 인종 집단은 어떻게 될까?

케냐타가 〈뉴 리더〉에 영국의 통치를 비난한 지 거의 30년이 흘렀다. 케냐타는 케냐의 구조와 시스템 해체에 관심이 없었다. 케냐타는 식민지 시절에 탄생한 구조와 시스템 덕에 자신이 가진 이른바 민주적인 권력을 강화할 수 있었다. 자기 행동을 정당화하기 위해 법과 질서의 언어를 사용했다. "우리는 훌리건이 케냐를 지배하도록 내버려두지 않을 것이다. 서로에 대한 증오를 버려야 한다. 마우마우는 제거되어야 마땅한 질병이었다."라고 공개적으로 주장했다.[172] 케냐타는 영국의 비상사태 법안을 근거로 시위한 아프리카인들을 구금했고, 베링 총독이 사용한 바로 그 책상에서 구금 명령에 서명했다. 빌다드 카기아Bildad Kaggia, 폴 은게이Paul Ngei 등 케냐타와 함께 수감된 다른 반체제 인사들은 케냐 정부의회에 진출했지만, 마우마우 수감자와 시민 조력자들에게 토지와 보상이 필요하다는 이들의 주장은 번번이 좌절되었다. 이들은 금세 권력에서 밀려나 빈곤하게 살았다. 직접 경험한 수용소에서의 삶을 회고록으로 남긴 유명한 수감자 조시아 카리우키Josiah Kariuki는 암살당했다. 자유의 열매는 케냐타를 필두로 신흥 과두정치 세력, 충성파, 케냐에 남은 정착민들이 나눠 가졌다. 실제로 케냐타는 백인들의 두려움을 달래기 위해 최선을 다해 노력했다. 케냐타는 백인들에게 이렇게 이야기했다. "케냐를 위해 손을 맞잡고 함께 일하자. 우리는 여러분이 이 나라에 남아 농사를 잘 지어주기를 바란다. 그것이 정부의 방침이다."[173] 수천 명의 정착민이 케냐타가 새롭게 내건 '힘을 모으자.'라는 뜻의 신조 '하람비Harambee'를 받아들이지 않고 케냐를 떠났다. 케냐 정부는 영국에 1250만 파운드(약 3500억 원)를 빌려, 케냐를 떠나는 백인 정착민들의 땅을 시가로 사들였다. 부유한 백인 투자자들과 막강한 자본을 가진 아프리카인 충성파가 이 땅의 상당 부분을 매입했지만, 케냐에서 가장 비옥하고 생산성이 높은 토지를 차지한 많은 정착민이 케냐에 남았다. 서구 자본주의를 기꺼이 수용한 케냐타는, 아프리카를 둘러싼 냉전의 치열한 암투 속에서 서구 세계의 총애를 받았다.

제국의 역사

식민지를 떠난 많은 영국 행정관은 제국의 유산에 다양하게 이바지했다. 홀라 사건 관련자 중 베링 총독은 남아프리카 호윅의 호화로운 저택에서 조류 생태 관찰에 몰두하다가, 곧 식민지개발회사Colonial Development Corporation, CDC의 사장으로 취임했다(이 회사는 이후 영연방개발회사Commonwealth Development Corporation로 이름이 바뀌었다). 애틀리가 주도한 제국 부활 시대의 유산인 이 회사는 다양한 개발 프로젝트에 직접 투자했고, 투자는 대부분 과거의 영제국 영토로 향했다. 최근에는 여전히 영국 정부의 완전한 소유인 영연방개발회사가 설립한 신흥시장 사모펀드회사 액티스Actis가 비공식적인 제국주의 관행을 따랐다는 혐의로 조사를 받았다. 액티스는 개발도상국에는 거의 도움이 되지 않는, 자사의 막대한 이익만 추구한다고 알려져 있다.[174] 잉글랜드은행은 카원 등 금융 능력과는 무관한 전직 케냐 관료들을 채용했다. 베링의 뒤를 이어 이인자로 권력을 누리던 캐러더스 존스턴은 군사 정보 분야에서 일했다. 정보 수집 부문 최전선에서 활약해 어떤 장군으로부터 '비상사태 종료에 누구보다 많은 일을 했을 것'이라는 찬사를 받은 헨더슨은 영국의 보호국 중 산유국인 바레인으로 옮겨 가 1966년부터 1998년까지 국가 보안 조사 총괄부서를 감독했다. 고문 사용, 마을 방화, 수많은 인권 협약 위반으로 '바레인의 도살자Butcher of Bahrain'로 알려진 헨더슨은 단 한 차례도 기소되지 않았다. 국제기구의 요구가 있었지만, 영국은 '국가 안보'를 이유로 헨더슨의 바레인 활동이 담긴 문서 공개를 거부했다. 이런저런 문제에도 불구하고, 30년 전에 조지 십자 훈장George Medal을 받은 헨더슨은 1984년 여왕으로부터 영제국 사령관 훈장도 받았다.[175]

영국은 다른 식민지와 마찬가지로 케냐에도 군사기지를 반환하지 않앉으며, 지금도 그곳에 군사기지를 유지하고 있다. 식민 시대 행정관들이 통치의 측면에서 아직 '성장하지 못한' 사람들을 가르쳤듯, 독립 후에도 MI5의 보안 연락장교들은 케냐에 남아 영국의 지정학적 안보 작전을 지원했다. 가장 악명 높은 체계화된 폭력 체제를 설계한 개버건도 그중 하나였다. 희석 기법을 개발하고, 영국의 케냐 통치가 막바지에 다다랐을 무렵 유산작전을 감독한 개버건은 독립한 케냐타 정부를 위해 '아프리카화Africanisation' 프로그램을 책임졌다. 즉, 케냐의 독립정부에서 일하는 수백 명의 신규 공무원을 훈련시켰다. 새롭게 탄생한 독립국가 케냐를 운영할 아프리카인의 수는 상대적으로 매우 적었다. 개버건은 '극도의 압박 속에서 진행된 단기 집중 프로그램'이라 이야기했다.[176] 케임브리지대학교 역사학자 존 론즈데일John Lonsdale은 1999년 출판된 개버건의 회고록 서문에서 "개버건이 도전장을 가장해서 내민 초대장을 받아들여 이 글을 쓰는 일은 상당한 도전이자 즐거움이었다."라고 적었다.

> 위험과 우정으로 가득한, 충만한 삶을 다룬 훌륭한 이야기다. 되돌아보면, 갱생은 개버건이 훗날 '아프리카화' 과정에서 중요한 역할을 담당하기 위한 필수 전제였다. 식민 당국의 승인 아래 진행된 갱생은, 영국의 반란 진압 역사에서 그 어떤 사례와도 비교할 수 없는 정치적 재교육 프로그램이었다. 그러나 일부 독자는 수감자들의 저항 의지를 꺾기 위해 동원된 물리적 폭력에 충격을 받을 수 있다. 설사 자유와 관련해 양국 모두의 이익을 위한 것이라 하더라도, 스스로를 자유의 투사이자 전쟁 포로로 여기는 사람들에게 외국 지배자가 '협조'를 강요할 정당한 이유가 있을까? 이는 영국 식민 지배가 안고 있는 자부심과 고통이 가장 복잡하게 교차하는 질문이다.[177]

제국 전역의 다른 식민장교들도 자기 잇속을 차리는 내용으로 가득한 회고록을 썼다. 그러나 개버건의 회고록만큼 널리 인정받은 것은 드물다. 개버건은 옥스퍼드와 케임브리지대학교에서 세미나를 열어 제국주의 역사가들과 열성적인 대학원생들에게 문명화 사명을 가르쳤고, 땅거미가 내려앉을 무렵 식민 지배에 대한 강좌를 마무리하며 셰리주를 나눠 마셨다. 역사학자 드레이턴이 묘사하는 '반이념적 전환anti-ideological turn' 같은 모습이었다. 1950년대에 들어 반이념적 전환이 일어나자, 영제국을 찬양하기에 바빴던 글들은 제국의 확장과 후퇴를 둘러싼 '공식적 사고'와 경제적 이익을 지키려는 일관된 목표에 집중하는 서사로 바뀌었다. 영국 제국주의 역사학의 두 거장 로빈슨과 갤러거의 영향을 받은 이러한 역사서는 남아 있는 기록에 거의 의문을 제기하지 않는다. 그러나 1950년 이후 도래한 반이념적 순간은 그 자체로 일종의 이념적 상태였다. 영국을 영웅으로 만들지는 못하는 그 이야기는 여전히 영국의 폭력, 경제적 착취, 인종차별, 그 결과에 관련된 질문을 희석한다. 그뿐만 아니라 여전히 회의적인 데다 반식민 민족주의가 내세우는 주장을 조롱한다. 제국의 역할을 확신하지 못하는 영국에 걸맞은 완벽한 형태의 제국 역사였다.[178] 제국을 위해 일하던 관료들은 기록보관소에 보관된 문서와 함께 회고록, 세미나 강연 자료를 제공했다. 이 자료들이 다음 세대가 영국의 제국주의 과거를 이해하는 방식에 영향을 미쳤고, 이로써 강압에 의존하던 자유제국주의의 실상 등 탈식민지화의 현실이 감춰졌다.

제국의 몰락

맥밀런이 '변화의 바람'을 연설할 무렵, 또 다른 징후가 제국의 몰락을 암시했다. 그중 하나로 영국의 1961년 유럽경제공동체European Economic Community(유럽연합의 전신) 가입 신청을 들 수 있다. 많은 사람이 한때는 전지전능했던 파운드화의 운명이 제국의 몰락을 암시한다고 생각했다. 광범위한 폭력 및 착취와 연결되어 있던 파운드통화권은 독립과 함께 시스템이 사라지자 영국의 통화 시스템에 필연적인 영향을 미쳤다. 1967년, 일련의 위기와 평가 절하를 겪은 영국은 파운드화 신뢰 유지에 충분할 만한 흑자를 내지 못했다. 1972년, 파운드화의 시대가 끝났다. 여러 요인이 복합적으로 작용했지만 영제국의 몰락도 분명히 그중 하나였다.[179] 식민지가 충성심을 유지할 것이라는 제국 말기의 가정이 얼마나 옳았는지는 논쟁의 여지가 있지만, 식민정책위원회는 대다수의 영국 대중처럼 문명화 사명의 성공에 의문을 표하지 않았다. 문명화 사명을 들먹이며 잔혹하게 반란을 진압할 때도 마찬가지였다. 개혁과 강압으로 이루어진 자유제국주의의 야누스적인 두 얼굴은 강력했다. 한편으로는 팍스 브리타니카의 평화에 주목하라고 요구하고, 다른 한편으로는 영제국의 폭력 수단을 부정하며 최소화할 것을 요구했다. 폭력을 어린아이 같은 식민지 신민에게 꼭 필요한 요소 또는 영국 식민 관료들의 '자부심과 고통'으로 받아들이도록 유도했다. '마음과 정신'이 향후 반란 진압에 영향을 미쳤다는 것은 논란의 여지가 없다. 말라야에서 반란을 진압한 후, '마음과 정신'은 현대적인 반란 진압 원칙을 나타내는 표현이었다. 1960년대에는 남베트남인과 미국인에게 '마음과 정신' 원칙이 적용되었다. 말라야 비상사태에서 중요한 사람 중 하나였던 톰슨은 베트남에서 새마을이나 민간인 통제의 개념을 적용한 '전략적 촌락 프로그램Strategic Hamlet Program'을 진행했다. 〈타임스〉에 의하면, 1961년부터 1965년까지 운영된 남베트남영국자문단British Advisory Mission in South Vietnam, BRIAM 책임자 톰슨은 대서양 양쪽에서 모두 시골 지역 내 게릴라 반란 사태를 진압하는 세계적인 전문가로 널리 인정받았다.[180] 존 F. 케네디John F. Kennedy 대통령과 로버트 맥나마라Robert McNamara 국방장관의 관심을 끄는 데 성공한 톰슨은 '주민들이 반란군과 정부군 중 어느 쪽을 지지할지 안심하고 선택할 수 있도록' 말라야에서 영감을 얻은 마을(또는 촌락) 건설 방안을 지지했다. 톰슨은 "필요에 의해 결정된 양측을 구분하는 경계선을 만드는 동시에, 정부가 무자비함과 동정심이 교묘하고 신중하게 뒤섞인 접근 방법을 활용해야 한다."라고 강조했다.[181]

남베트남이 1962년을 '전략적 촌락의 해Year of Strategic Hamlets'로 선포하고 필요성과 무자비함 사이에서 균형을 잡는 사이, 영국의 오래된 전략이 대규모로 실행되었다. 400만 명 넘는 주민이 3225개 촌락에 모여 살았지만, 이 작전은 처참하게 실패했다. 한쪽에서는 미 육군의 윌리엄 웨스트모어랜드William Westmoreland 장군이, 반대쪽에서는 세계적 석학 노암 촘스키Noam Chomsky가 작전을 비난했다.[182] 촘스키는 '톰슨은 영국이 베트남에 준 선물 중 하나'라고 조롱했다. 사이공 주재 영국 대사는 지나치게 서둘러 촌락을 만들고 "주민의 편의나 기본적인 인권을 고려하지 않고 마구잡이로 정책을 강요했다."라며 남베트남 대통령 응오딘지엠Ngo Dinh Diem과 남베트남 정부를 비난했지만,[183] 남베트남 정부의 정책은 말라야에서 시행한 영국 정책과 다를 바 없었다. 남베트남 대통령이나 정부의 실책보다 말라야 공산당에 비할 만한 베트콩 반군의 위력, 톰슨을 분노하게 만든 미국의 공중폭격, 말라야의 템플러 장군처럼 남베트남에서 정책 시행과 조율 책임자를 임명할 수 없는 미국의 상황 등을 실패의 원인으로 보는 편이 옳다.[184] 말라야는 영국의 식민지였지만 베트남은 미국의 식민지가 아니었다. 미국이 작전 담당 책임자를 임명했다면, 전 세계의 덜 발달한 모든 지역은 남베트남이 완전히 미국의 통제 아래 있다고 믿었을 것이다.[185]

남베트남영국자문단을 떠난 톰슨은 1966년 반란 진압 작전 안내의 교과서 중 하나로 꼽히는 《공산당 반란 진압Defeating Communist Insurgency》이라는 책을 펴냈다. 이 책은 법치를 고수하고 민간인의 마음과 정신을 사로잡아야 할 필요성 등 다섯 개 원칙을 열거해 반란진압 작전에 영국이 사용한 관행을 체계화했지만, 마음과 정신에 관해 톰슨의 결론을 뒷받침할 만한 데이터는 없다. 중국계 주민이 말라야의 공산당 반군 세력을 돕지 않는 이유가 무엇인지 정보를 수집한 사람은 아무도 없었다. 톰슨이 이야기한 '신중하게 뒤섞인' 접근 방법은 '동정'이나 개혁보다 '무자비함'에 치우쳐 있었다. '법치'는 예로부터 제국에서 합법화된 불법을 가리키는 표현이었다. 그런데도 말라야에서 시행한 영국의 작전은 성공적인 반란 진압의 기준이 되었다. 미국이 이라크에서 시행한 퍼트레이어스 독트린Petraeus Doctrine*의 토대가 되었을 뿐 아니라, 오늘날까지 서방의 반란 진압 작전에 영향을 미치고 있다.[186]

1960년대, 수십 년간 종파 간 폭력이 지속되던 북아일랜드에 '분쟁Troubles'이 일어났다. 서로 연결된 영국의 연결망이 또다시 확대되었다. 케냐, 말라야, 키프로스, 오만, 아덴에서 다양한 경험을 쌓은 프랭크 킷슨 등 제국 실무에 능숙한 인물들이 차례로 북아일랜드에 도착했다. 킷슨은 북아일랜드에서 공을 세우며 장군으로 승진했다. 키프로스에서 하딩의 후임으로 이

---

* "현지인의 마음과 정신을 사로잡아야 전쟁에서 이길 수 있다."라는 데이비드 퍼트레이어스David Petraeus 미 중부군사령관의 철학이 담긴 독트린이다.

인자가 된 베이커 역시 북아일랜드에 도착할 무렵에는 이미 장군의 지위에 올랐다. 베이커는 인권 문제와 관련된 소송 처리를 '씁쓸하고 불쾌한 경험' 이라 묘사한 '베이커 보고서Baker Report'를 작성한 바 있었다.[187] 아라비아반도의 작은 영토는 1963년부터 1967년까지 영국이 비상사태를 선포한 또 다른 장소였다. 짧게 케냐의 수석장관을 지낸 턴불이 아덴 부임했고, 케냐와 키프로스에서 정보 활동을 지휘하던 존 프랜더개스트가 억압 정책과 관행을 감독했다. 프랜더개스트의 주된 활동 지역은 아덴 모벗 요새심문소Fort Morbut Interrogation Center였다. 〈타임스〉가 '게리 쿠퍼Gary Cooper나 케리 그랜트Cary Grant 같이 근사한 외모를 가진 현실 속의 제임스 본드'라고 묘사한 프랜더개스트는 케냐에서 마우마우 용의자를 무너뜨린 공로로 조지 십자 훈장을 받은, 이미 전설적인 존재였다.[188] 국제적십자위원회와 국제앰네스티의 수사를 무마하고자 키프로스 사건이 기록된 베이커 보고서 사본을 확보한 턴불을 설득할 무렵, 프랜더개스트는 자만심으로 가득했다.[189]

말라야에서 정보 담당자로 활약하며 템플러의 오른팔 역할을 하다가 아덴에 배치되어 1964년 주요 정보 보고서를 편찬한 모턴도 북아일랜드로 파견되었다. 모턴의 제국주의 유산은 경찰관으로 근무하던 인도까지 거슬러 올라간다. '인도인은 미숙하고 무지하며 빈곤하므로 영국이 통치할 수밖에 없는 민족'이라고 여기던 모턴에게, '영국인은 우월한 존재'라는 인식은 커다란 자부심을 안겨주었다.[190] 1973년 북아일랜드 분쟁의 한복판에서, 왕립얼스터경찰대Royal Ulster Constabulary 특수부 쇄신을 역설하고 경찰 개혁에 대한 야심 찬 보고서를 남긴 모턴은, 제국에서 단련한 정신과 기술을 북아일랜드 상황에 접목했다.[191] 강제로 공개하려는 시도가 여러 차례 있었지만, 모턴의 보고서는 끝내 공개되지 않았다. 하지만 북아일랜드에서 사용된 고문 기법의 자세한 내용은 널리 알려졌다.[192]

억류와 심문

억류와 심문은 북아일랜드 분쟁 동안 가장 날카롭게 대립한 두 가지 문제였다. 제2차 세계대전 이후, MI5와 CIA는 심문을 강화하기 위해 환각제를 실험했고, 그다음에는 캐나다와 손잡고 심문에 사용할 '감각 상실sensory deprivation 기법'과 '스스로에게 고통을 안기는 기법'을 개발했다. 영제국에서 오랫동안 발전해온 기법이었다.[193] 1971년 8월 9일, 영국은 '데메트리우스 작전Operation Demetrius'이라는 이름의 새벽 기습 공격으로 342명의 아일랜드공화국군 용의자를 대거 체포 구금했다. 이후 사흘 동안 폭력 사태가 이어져 24명이 사망했다. 데메트리우스 작전 이후, 북아일랜드에서는 다시 구금이 시작되었다. 이번 조치는 영제국의 오랜 비상규정 역사에 뿌리를 두었고, 1921년 아일랜드 분할 당시 도입된 북아일랜드특별권한법Northern Ireland Special Powers Act에 따라 영국군도 합법적으로 작전을 수행했다. 데메트리우스 작전으로 검거된 이후, '복면 사나이Hooded Men' 또는 '기니피그'인 14명의 용의자는 발리켈리 비행장의 비밀 심문소로 이송되었다. 심문소의 영국 치안군은 벽 보고 세워두기, 두건 씌우기, 소음 노출, 수면 박탈, 음식 박탈 같은 '5대 기법'을 동원했다. 분쟁 기간 동안 많은 수감자가 이 같은, 혹은 더 나쁜 처우를 당했다.[194]

1971년 12월, 아일랜드 정부가 학대당한다고 알려진 사람들을 대신해 유럽인권위원회에 영국을 제소하면서 영국은 또다시, 이번에는 북아일랜드에서 국제법을 위반했다고 비난당했다.[195] 영국 관료들은 5대 기법만 동원되었다면서 심문 기법은 '고문' 또는 '비인간적이거나 모욕적인 처우나 처벌'에 해당하지 않는다고 주장했다. 키프로스에서는 유럽인권위원회의 조사를, 아덴에서는 국제적십자위원회와 국제앰네스티의 조사를 어렵게 만들었

영국 육군 총사령관 프랭크 킷슨 경(오른쪽)을 맞이하는 엘리자베스 2세 여왕, 1982년 여왕은 앞서 1980년 킷슨에게 기사 작위를 수여했다.

듯, 북아일랜드에서도 영국은 유럽인권위원회의 조사를 방해하기 위해 노력했다. 그러나 유럽인권위원회는 북아일랜드 사건과 관련해 1976년 "정보를 얻어낼 목적으로 이러한 기법을 체계적으로 적용하는 것은 오랜 세월 동안 사용된 체계적인 고문 방법과 명백히 닮아 있다."라고 판결했다.[196] 북아일랜드 사건은 다시 유럽인권재판소European Court on Human Rights에 회부되었다. 유럽인권재판소는 5대 기법이 "비인간적이고 모멸적인 심문 방법이며 공통 3조에 위배된다."면서도 "이 같은 방법이 고문이라는 단어에 내포된 특정한 강도와 잔인함을 야기하지는 않았다."라는 말로 유럽인권위원회의 결정을 부분 파기했다.[197] 영국 정부는 두 번째 소송에서 심문 시 5대 기법을 사용하지 않겠다고 재차 약속했다. 에드워드 히스Edward Heath 총리가 1972년 이미 의회에서 약속한 바 있었지만, 히스의 약속은 치안군에게 별다른 영향을 미치지 못했다. 총리의 약속과 영국 정부의 거듭된 재확인에도 불구하고, 이러한 기법은 사라지지 않았다. 심지어 2000년대 초반 이라크에서도 같은 심문 방식이 다시 동원되었다.

"테러범과 협상하기 전에 테러범을 무찌른다."라는 슬로건은 케냐에서 킷슨이 진행한 위장 반군 작전과 말라야에서 킷슨이 직접 지휘한 부대에 영향을 미쳤다. 최종적으로는 비밀 침투와 정보 수집 작전에 대한 그의 전반적인 접근 방법에 영향을 준 것이다.[198] 1972년 1월, 킷슨은 벨파스트에 주둔한 대대를 이끌고 런던데리에서 구금에 반대하는 민간인 시위대를 공격했다. 킷슨의 지휘 아래 작전에 참여한 낙하산 부대원 때문에 14명의 비무장 시위자가 죽었고, '피의 일요일'에 10명이 넘게 다쳤다.[199] 8년 후, 여왕은 킷슨에게 나이트 작위를 수여했다. 제국의 가장 걸출한 베테랑 군인 중 하나인 킷슨은 힘들게 얻은 교훈을 반란 진압 안내서 《저강도 작전Low Intensity Operations》에 담아내 1970년대 초에 출판했다. '마음과 정신'을 집대성한 톰슨의 책과 후속작이나 다름없는 킷슨의 책은, 솔직하지는 않았지만 영국이 어떻게든 반란을 진압해냈다는 군사적인 신념을 확인시켰다.[200] 그리고 21세기, 아프가니스탄과 이라크의 전장에서 똑같은 전략과 전술이 펼쳐졌다.[201]

북아일랜드 분쟁은 영국 왕실에도 영향을 미쳤다. 1979년 8월 27일, 인도의 마지막 부왕이자 빅토리아 여왕의 증손자이며 엘리자베스 2세 여왕의 6촌이기도 한, 에든버러 공작의 종조부이자 찰스 왕세자의 멘토인 마운트배튼 경이 아일랜드 북서 해안의 클래시번 성에서 가족과 함께 휴가를 즐기고 있었다. 전시에 동남아연합군최고사령관Supreme Allied Commander South East Asia Command을, 이후 나토군사위원회 의장도 지낸 마운트배튼은

아일랜드 런던데리에서 발생한 '피의 일요일' 사건, 1972년 1월 30일

현역에서 물러나 왕실의 일원 및 관련자들과 어울렸다. 군사 관련 기사를 쓰고 대자연을 즐기며 시간을 보냈다. 8월 27일 오전, 마운트배튼은 가족과 함께 약 9미터 길이의 낚싯배 섀도 5호에 승선해 바닷가재를 잡으러 바다로 향했다. 부두를 떠난 지 15분 만에 배가 폭발했다. 귀가 먹먹해질 정도의 소음이 하늘을 메웠다. 갈가리 조각난 나무와 구명조끼, 신발, 금속 좌석이 공중으로 치솟았다. 아연실색한 목격자는 "조금 전까지만 해도 배가 있었는데, 다음 순간에는 물 위에 무수한 성냥개비가 둥둥 떠 있는 듯한 광경이 펼쳐졌다."라고 회상했다. 연기가 자욱이 피어오르는 가운데 살아남은 이들이 몸부림치는 소리를 제외하면 폭발의 여파는 섬뜩할 정도로 고요했다.202

아일랜드에서 여름을 보내는 동안 보안 특무대를 파견하겠다는 제안에 마운트배튼은 "늙은이를 죽이고 싶어 하는 사람이 도대체 어디 있겠는가?"라며 코웃음을 쳤지만,[203] 1960년대부터 마운트배튼을 위협해온 아일랜드공화국군은 그의 예상을 뛰어넘었다. 엘리자베스 2세 여왕을 제외하면 국가와 제국, 왕실을 가장 잘 구현한 인물인 마운트배튼은, 여왕과 달리 제국의 최전선에서 자유제국주의의 취약성을 상징하는 존재였다. 8월 26일 밤, 2명의 아일랜드공화국군 병사가 섀도 5호 아래 원격 조종되는 젤리그나이트 폭탄을 설치했고, 다음 날 마운트배튼을 포함한 선박 탑승자 세 명이 즉사했다. 구조대가 도착했을 때 마운트배튼은 양쪽 다리가 거의 절단된 상태로 차가운 바다에 엎드린 채 떠 있었다. 몇 시간 후, 아일랜드공화국군은 워런포인트의 국경 근처에서 폭탄을 이용한 매복 공격으로 영국 병사 18명의 목숨을 앗아갔다. 〈뉴욕 타임스〉는 "로마 가톨릭과 개신교 무장 세력 사이에 전투를 진압하기 위해 영국군이 투입된 이후, 단일 사건으로는 10년 만에 가장 많은 영국군이 사망했다."라고 보도했다.[204] 아일랜드공화국군은 해당 공격이 자신들의 소행임을 즉각 인정하며, '이번 작전은 영국이 여전히 우리나라를 점령하고 있음을 영국 국민에게 알리는 가장 분명한 방법 중 하나'라고 선언했다.[205] 일각에서는 마운트배튼 살해가 피의 일요일에 대한 보복이라 주장했지만, 새로 선출된 마거릿 대처Margaret Thatcher 총리는 굴복하지 않았다. 대처는 수감된 아일랜드공화국군 대원에게 특정 권리를 부여하는 '특별 범주special category' 수감자 지위를 철회했다. 메이즈 감옥Maze Prison에서 14년간 복역한 보비 샌즈Bobby Sands는 단식투쟁에 돌입해 1981년 5월 5일에 사망했다. 영국과 북아일랜드는 암울한 시대에 접어들었다. 1998년의 성금요일협정Good Friday Agreement 덕에 불화는 그럭저럭 끝났지만, 마운트배튼의 죽음은 사람들의 기억 속에 오래 남았다.

찰스 왕세자는 웨스트민스터 성당에 2000명의 조문객에게 '내게는 없는 할아버지'라는 추도사를 전하다 울음을 터뜨렸다.

> 고통과 불신, 비참한 무감각이 뒤섞인 절망이 나를 덮쳤다. 곧 아일랜드 공화국군 문제를 어떻게든 해결하겠다는 사납고 폭력적인 결의가 뒤따랐다. 그분이 세상을 떠난 이상, 인생은 결코 이전과 같지 않을 것이다. 두 번의 세계대전과 수천 명의 독일인과 일본인도 이루지 못한 일을 오늘 해낸 사람들을 용서하려면, 아마도 아주 오랜 시간이 걸릴 것이다. 나는 다만 그분이 내게 품었던 기대에 부응하고, 마운트배튼의 이름을 기릴 수 있기를 바랄 뿐이다.[206]

30여 년 후, 아일랜드와의 화해를 위해 친선대사로 활동하게 된 엘리자베스 2세 여왕과 찰스 왕세자는 정치인들이 해내지 못한 일, 즉 제국의 상처를 치유하기 위해 노력했다. 2011년, 엘리자베스 2세 여왕은 아일랜드공화국군 사령관이자 신페인당 정치인이며 북아일랜드 자치정부 부수반이던 마틴 맥기니스Martin McGuinness와 악수했다. 〈가디언〉은 최근 당시의 만남이 화해를 위한 "매우 중요한 진전으로 환영받았다."라고 보도했다. 4년 후, 찰스 왕세자도 골웨이를 방문해 신페인당 당수 게리 애덤스Gerry Adams와 악수하는 등 비슷한 화해의 제스처를 취했다. 10분 동안 비공개로 대화한 뒤 애덤스는 이렇게 말했다. "양측의 마음이 통했다. 왕세자와 우리 모두 1968년 벌어진 사건에 대한 유감을 표했다. 우리는 같은 마음이며 다행히 모든 문제는 뒤에 묻어두기로 했다. 전쟁은 끝났다."[207]

런던 팰맬 거리를 지나가는
마운트배튼 경의 장례 행렬,
1979년 9월 5일

제국의 문학

타고르, 예이츠 등 제국 출신 노벨상 수상자들의 작품을 살펴보면, 처칠과 키플링이 내세운 문명화의 이상을 비판하며 고통과 회복을 탐구하는 복잡한 이야기를 확인할 수 있다. 물론 처칠과 키플링 역시 스톡홀름에서 환대받기는 했다. 식민 통치를 겪은 사람들의 회고록과 현지 역사에 문학 자료가 더해졌다. 남아시아 작품에 뿌리를 둔 탈식민지 연구 분야는 실리와 헤이스팅스 시대로 거슬러 올라가는 영국의 제국주의 서사에 이의를 제기했다. 자메이카 출신 학자 스튜어트 홀Stuart Hall의 글 역시 마찬가지였다. 그는 1960년 영국 시사 저널 〈뉴 레프트 리뷰New Left Review〉를 공동 창간하고, 영국 문화 연구의 초석을 다졌으며, 2014년 사망 후에는 '지난 60년을 대표하는 지식인 중 한 사람'으로 평가받았다.[208] 아프리카에서는 1963년 발표된 카리우키의 회고록 《마우마우 수감자Mau Mau. Detainee》와 1964년 출판되었으며 동아프리카인 최초로 영어로 소설을 출판한 응구기 와 시옹오Ngũgĩ wa Thiong'o의 《아이야 울지 마라Weep Not, Child》가 비상사태 동안 케냐 주민이 어떤 고통을 겪었는지 생생히 증언한다.[209] 북아프리카에서 1961년 출판된 파농의 《대지의 저주받은 사람들》이 영국의 식민 지배를 찬양하는 분위기에 찬물을 끼얹었다. "식민 지배를 당하는 사람들은 식민주의가 결코 스스로 무언가를 내주지 않는다는 사실을 깨달아야 한다. 피지배자들이 무장이나 정치 투쟁으로 쟁취한 모든 것은 지배자의 선량함 때문이 아니라, 그들이 더는 미룰 수 없는 한계에 다다른 결과일 뿐이다."[210]

1986년 12월, 서아프리카에서는 아프리카인 최초로 노벨문학상을 받는 월레 소잉카Wole Soyinka가 태어났다. 베이지색과 흰색 줄무늬가 있는 멋진 다시키*를 입고 스톡홀름에서 청중 앞에 선 소잉카는 그 순간의 역사적 의미를 잘 알고 있었다. 영제국의 위세가 한창일 때 태어난 요루바족 출신인 그는 '이 과거는 현재를 다루어야 한다This Past Must Address Its Present'라는 제목으로 노벨상 수상 연설을 시작했다. 소잉카는 20년 넘게 남아프리카 로벤섬에 수감된 넬슨 만델라Nelson Mandela에게 바치는 짧은 헌사로 연설을 시작했다. 그는 자신이 이야기를 시작하는 지점이 중요하다는 사실을 누구보다 잘 알았다. 소잉카는 케냐와 홀라 대학살에 관해 이야기했다.

---

* 아프리카 서부 남자들이 입는 화려하고 헐렁한 셔츠.

스톡홀름에서
노벨문학상을 받는
월레 소잉카, 1986년

젊고 포부 가득한 작가이자 배우로서 1950년대 말 런던 로열코트극장 Royal Court Theatre에서 즉흥 공연 극단의 일원으로 활동했던 소잉카는 스톡홀름의 청중에게 극단의 일원으로 활동할 당시의 일화를 들려주었다. 소잉카는 홀라 대학살을 소재로 한 연극 무대에 오르기를 거부했다. 남아프리카 출신의 흑인 연기자 블로크 모디사네Bloke Modisane가 완력을 동원해 소잉카를 무대로 끌어내려 했지만, 그는 끝끝내 무대에 오르지 않았다. 두 사람은 청중에게 훤히 보이는 자리에서 실랑이를 벌였다. 30년이 흐른 뒤, 소잉카는 직접 설명해야 할 필요를 느꼈다.[211] 그는 런던의 백인 관객 앞에서 공연한 〈홀라〉를 회상하며 "강렬한 영속성의 냄새, '전에 이곳에

와본 적이 있다'거나 '내가 이 사건을 목격했다', '과거가 현재를 재연한다'는 느낌이 깃들어 있었다."라고 표현했다. "자유를 위해 싸우는 투사의 죽음이 관중에게는 그저 또 한 건의 살상 기록일 수도 있었다. 투사의 죽음이 애국자의 순교가 아니라 악령 또는 동물, 짐승 같은 돌연변이의 죽음에 불과하다는 생각을 심어줄 수도 있었다." 소잉카는 대부분 백인으로 구성된 스톡홀름의 관중에게 말했다. 만델라가 아파르헤이트 정권이 마련한 독방에서 형기를 보내며 백인 제국주의가 만들어낸 모래시계에 계속 모래를 채워 넣는 것 역시 마찬가지라고, 그는 설명했다. 그다음 그는 오로지 자기만족을 위해 책임을 촉구한 파월과, '피해자를 위한 정의'라는 대의명분을 수용한 자유주의자와 인도주의자, 교화 지지자와 함께 기억 속 뮤즈에게 마지막 권고를 남겼다.

> 내 창작 의지를 잠식한 심오한 불안의 뿌리에는, 고통 속에 몸부림치는 인간에 대한 사적인 감정과 또 다른 방식의 반응을 요구하는 목소리가 있었다. 마치 나병 환자의 뒤틀린 팔을 억지로 내밀어 동정을 자극하는 불편한 무례함과도 같다. 나는 이것이 내 천직의 소명을 좌절시키고, 그것을 부적절하게 만들며, 동료들의 공감을 조롱하는 보이지 않지만 노골적인 거부의 원인이라고 생각한다. 그저 비인도적인 완전성이 우리에게 "편안한 감정은 혼자만 간직하라."라고 속삭이는 듯했다.[212]

그 순간, 그 자리에서 소잉카는 자유제국주의의 교묘한 본질, 곧 '비인도적인 완전성inhumane totality'이 홀라 수용소 수감자들뿐 아니라 형언할 수 없는 것을 표현하려는 나이지리아 청년의 능력마저 소거해버리는 위력을 전 세계에 일깨웠다. 다른 사람들이 자기가 영향을 끼친 서사를 고집할 때, 문학은 과거를 비추는 새로운 서사를 만들어낼 방법을 찾아낸다. 산문이든 시각 예술이든 공연이든 창작 예술은 언제나 침묵에 목소리를 부여한다. 그는 대체 가능한 서사가 권력의 잔해 아래 묻혔음을 역사학자들보다 한발 앞서 상기시킨다. 소잉카의 노벨상 수락 연설이 바로 그 증거였다. 소잉카가 자유제국주의의 과거 그 자체뿐 아니라, 자유제국주의의 과거가 현재에 영향을 미치는 방식도 비판했기 때문이다. 1963년 발표된 소잉카의 희곡 《숲의 춤A Dance of the Forests》은 풍자를 통해 영국 식민지에 뿌리내린 기만과 억압의 문화를 드러낸 작품으로, 독립에 이르기까지 식민지 현실을 고발한 수많은 작품 중 하나다. 소잉카의 작품 속에서 나이지리아의 독립을 축하하기 위해 걸출한 조상들이 소환되지만, 이들은 "부족이 꿈꾸던 이상적 인물이 아니라, 오래된 비통함과 억울함으로 가득한 인물임이 드러나며 모든 이들에게 '역겨운 존재'로 배척당한다."라고 이야기했다.[213] 산 자가 존경받는 죽은 자를 마주하자, 소잉카는 과거와 현재, 나아가 나이지리아를 넘어 영제국 전역에서 탈식민 정권이 과거의 방식과 다름없이 억압을 반복하는 독립 시대의 연속성을 비판했다.

사라질 수 없는 제국의 잔재

연속성의 기반은 법이었다. 영국의 법령으로 독립한 식민지는 달라질 기미가 보이지 않았다. 영국은 식민지 시대의 리바이어던에 계속 영향을 미쳤다. 식민지에 법과 복잡한 관료제, 각종 제도를 물려준 뒤에도, 영국은 현대사회의 거의 4분의 1에서 꾸준히 영향력을 과시했다. 17세기 토머스 홉스를 떠올리게 만드는 '리바이어던'은 식민지 주민에게 떠맡겨졌다.

탈식민국가들은 식민 지배 정권처럼 합법적으로 폭력을 독점함으로써 주권을 보호하며, 실질적 위협에 맞서기 위해 과거의 법을 적용하고, 새로운 법을 만들었다. 독립국가로서의 주권을 요구하던 민족주의 운동은 분열되었다. 극단적일 뿐만 아니라 잔혹했던 충성파 보상계획이나 분할통치 같은 식민 정책 때문이었다. 이처럼 분열된 운동이 탈식민국가를 실질적으로 위협했고, 인도, 아일랜드, 팔레스타인, 케냐, 키프로스에서 이 같은 현상이 반복적으로 일어났다. 여전히 민족, 종교, 문화적으로 분열된 탈식민국가들은 식민지 시대의 깊은 상처를 덮기 위해 '우리는 모두 자유를 위해 싸웠다'라는 구호나 '하람비' 같은 인위적 서사를 동원하며 국가적 통합을 위해 고심했다. '민족국가의 저주 Curse of the Nation-state'였다.[214]

소잉카는 탈식민 시대 나이지리아의 억압을 예견했다. 케냐타가 영국 식민정권에서 물려받은 공공치안보존법 Preservation of the Public Security Act과 각종 비상규정을 활용할 수 있었던 것도 바로 이러한 저주의 연장선이었다. 아프리카 밖의 다른 신생 국가들도 비슷했다. 예를 들어, 파키스탄과 인도는 1947년 제정된 인도독립법 India Independence Act에 따라 다른 헌법이 제정될 때까지 1935년 제정된 인도 정부법을 토대로 헌법을 따라야만 했다. 파키스탄에서는 독립 7년째가 되어서야 새로운 헌법이 제정되었다. 총독의 자리에 앉은 이스칸더 미르자 Iskander Mirza는 법적 결정 전에 여전히 '필요성'을 따지는 영국의 선례에 따라 탈식민국가를 통치했다. 1956년 제정된 새 헌법은 이슬람공화국의 첫 대통령 미르자에게 재판 절차 없이 영구적으로 구금할 수 있는 권한을 부여했다. 2년 후, 군대가 쿠데타를 일으켜 계엄령을 선포하고 미르자를 축출했다. 무함마드 아유브 칸 Muhammad Ayub Khan 장군은 '국가 필요의 법칙'이라는 영국의 선례를 따라 자기 행동을 정당화하며 파키스탄의 두 번째 대통령이 되었다.[215] 인도에서는 '헌법상의 기본권'을 인정하는 네루가 인도 헌법 제22조에 기술된 행정 구금 같은 비상 조항에 찬성했다. 이후 예방구금법Preventive Detention Act, 인도방위법, 인도방위준칙, 국내안보유지법Maintenance of Internal Security Act으로 범위는 더욱 확대되었고, 모든 법이 1939년 제정된 인도방위법과 전시에 영국이 도입한 비상규정을 재현했다.[216] 인도 헌법 제352조는 비상사태 선포를 허용했다. 마하트마 간디와는 무관한 네루의 딸 인디라 간디Indira Gandhi 총리는 1975년 6월 국내 파업과 인도 정부의 경제 정책에 반대하는 시위가 국가 안보를 위협한다며 비상사태를 선포했다. 인디라 간디 총리는 2년간 법령으로 통치하며 정적을 감금하고, 시민의 자유를 유예했으며, 언론을 검열했다. 과거의 영제국 영토 전역에서 유사한 헌법 조항과 규정이 쓰였다. 이스라엘 국회는 1948년 제정된 법률 및 행정 조례Law and Administration Ordinance에 따라 주로 아랍인에게 영국의 비상규정을 적용했다. 가나는 1958년 예방구금법을 통과시켰다. 말레이시아는 1960년 국내안보법Internal Security Act, 비상(공공질서 및 범죄 예방) 조례Emergency (Public Order and Prevention of Crime) Ordinance를 채택했다. 싱가포르는 헌법 제7장을 근거로 행정 구금법을 제정했다.[217]

팍스 브리타니카의 유산이 미친 영향은 단순히 법과 질서를 앞세운 가혹한 규정과 헌법에 국한되지 않는다. 소잉카의 말처럼, 과거의 복잡성을 제대로 이해하려면 죽은 자들이 "죽은 자들에게 춤출 공간을 남겨두어야 한다." 그러나 그러한 섬뜩한 공연을 엿보는 일은, 그 비극적인 역사 속 권력의 혜택을 누리고 있는 오늘날의 감수성에 충격을 던진다. 우리는 이 복잡한 춤사위를 외면해서는 안 된다. 오히려 이 책을 통해 시도했듯, 자유제국주의가 국가 주도로 행사한 폭력을 무대의 중심에 세워야 한다. 영제국이 어떻게, 그리고 왜 현대 세계를 형성하는 데 일조했는지 돌아봐야 할 것이다.

에필로그
영국으로 돌아온 제국

2011년 4월의 화창한 아침, 농촌에서 고되게 노동해온 세월이 얼굴에 고스란히 드러나는 키쿠유족 노인 다섯 명이 런던 왕립재판소 정면 입구 계단에 줄지어 섰다. 이들 앞에는 사진과 영상을 찍기 위해 기자와 취재진이 모여들었다. 가장 좋은 옷을 단정히 차려입은 제인 마라Jane Mara, 수잔 응곤디Susan Ngondi, 은디쿠 무투아Ndiku Mutua, 파울로 은질리Paulo Nzili, 왐부구 와 닝이Wambugu wa Nyingi는 끝없이 울려퍼지는 카메라 셔터 소리에 몹시 놀랐다. 이들은 자신들의 생각을 담아 법원과 영국에 바라는 바를 적은 플래카드를 들고 있었다. 플래카드에는 쟁점 사안이 무엇인지 잘 전달되도록 굵은 글씨체로 '영국이 세운 케냐의 강제수용소에 배상을!', '마우마우 고문 피해자들에게 이제는 정의를!', '모두를 위한 인권' 같은 메시지가 쓰여 있었다.[1] 1873년, 런던 왕립재판소가 지어질 때만 해도 누구도 상상하지 못한 광경이었다.

건축가 조지 스트리트George Street는 450채의 주택을 철거해서 마련한 약 7300평 규모의 건축용 대지에서 10년간 고딕 양식의 화려한 건물을 짓겠다는 목표를 세웠다. 완공된 런던 왕립재판소 내 우뚝 솟은 센트럴 홀에는 숨 막히게 아름다운 스테인드글라스 유리창이 자리 잡았다. 내부 공간에서 흘러나오는 속삭이는 듯한 메아리가 모자이크 대리석 바닥이 깔린 공간에서 울려퍼졌다. 곳곳에 새겨진 문장은 중세풍의 내부를 더욱 돋보이게 만들었다. 바깥에서 보이는 출입구는 영국에서 가장 존경받는 정의의 심판자들과 함께 예수와 모세에게 경의를 표하는 조각으로 장식되었다.

런던 왕립재판소의 개소

빅토리아 여왕은 인도 황제로 즉위한 지 5년이 지난 1882년, 직접 런던 왕립재판소 개소를 선언했다. 여왕은 법치주의를 따르겠다는 영국의 약속을 상징하는 건물에 왕실의 흔적을 남겼다. 100여 년이 흐른 후, 제국의 전 신민들이 영국 정부를 상대로 소송을 제기하면서 이 같은 약속과 빅토리아 시대의 원칙이 위태로워졌다. 은디쿠 무투아와 나머지 원고 넷은 비상사태가 선포된 1952년부터 1960년 사이에 지어진 수용소와 마을에서 영국 식민요원들이 체계적인 고문과 학대를 자행했다며 2009년 6월 소송을 제기했다. 이들은 30만 파운드(약 7억 5800만 원) 이상의 손해 배상과 함께 '고통, 괴로움, 쾌적한 삶 박탈'에 대한 보상을 요구했다.[2] 18세기 말 헤이스팅스 탄핵 재판 이후, 영제국이 런던 재판정의 피고석에 선 것은 처음이었다. 헤이스팅스 사건과 마찬가지로 책임 문제가 핵심 쟁점이었지만, 이번에는 의회가 아니라 런던 왕립재판소와 건물 밖의 행인을 분리하는 화려한 철문 뒤에서 재판이 진행되었다. 그럼에도 불구하고 헤이스팅스의 무죄 방면과 빅토리아 시대의 시작을 기록한 역사는 마우마우 피해자들의 소송 진행에 필요한 법적 논거 구성에 도움이 되었다. 제국의 전성기에는 제국 어

런던 왕립재판소 밖에 서 있는 마우마우 사건의 원고들, 2011년 4월 7일

느 곳에서나 백인의 책무를 찾아볼 수 있었다. 사실 1950년대까지도 백인의 책무는 영제국의 지도에 영향을 미치는 원동력이었다. 2011년의 햇살 반짝이는 아침, 이전과는 다른 표현으로 위장된 백인의 책무는 여전히 미묘한 영향을 미치고 있었다.

21세기 영국의 런던 왕립재판소에는 이제는 한물간 키플링의 문구가 '주의의무duty of care'*라는 다른 문구로 바뀌어 있었다. 이 사건의 핵심 질문은 영국 식민 유산의 본질과 관련된 것들이었다. 영국 정부가 마우마우 비상사태 케냐에서 관습법이 요구하는 '주의의무'를 다했는가, 그렇지 못했는가? 만약 '주의의무'를 다하지 못했다면 누구에게 책임이 있는가? 케냐 대표자들인가, 아니면 영국 대표자들인가? 혹은 둘 다인가? 영국이 늘 사

---

* 영미법에서 개인이나 기관이 타인에게 해를 끼치지 않도록 합리적인 주의를 기울여야 하는 법적 책임.

용해온 변론, 즉 제국에서 벌어진 학대는 개별적인 사건에 불과하고 전적으로 '암적인 존재'의 나쁜 행동 때문이라는 변론에도 이의가 제기되었다. 영국 관료들이 '원고들을 학대한 지휘 체계와 시스템'을 구축하고, 유지하는 데 적극적으로 연루되었는가?[3] 마우마우 사건은 이 같은 질문에 답하기 위해 4년이라는 격동기 동안 참고인 진술서, 증인 선서, 서면 요구, 문서 발견, 수없는 법률 전략 등으로 오랫동안 숨겨온 진실을 파헤치며 새로운 진실을 찾아냈다. 그 과정에서 케냐 시골 고원지대에서 온 고령의 원고 5인은 영국 정부의 전략적인 기억 상실과 기록보관소를 뒤흔들었다. 런던 왕립재판소는 과거에 일어난 일에 대해 판결하며, 니체식 표현으로 '현재의 무덤을 파는' 불편하기 짝이 없는 역할을 맡았다.[4]

불멸의 영제국

자유제국주의의 이면을 드러낸 마우마우 재판을 통해 영국 곳곳에서 잊힌 제국의 모습이 수면 위로 떠올랐다. 영제국은 사라졌지만 도시 건축, 교과서, 이념을 막론한 정치인들의 언사에 이르기까지 다양한 형태로 남아 있었다. 하루치 재판 일정을 끝낸 원고들은 클라이브, 윙게이트, 몽고메리, 키치너 같은 영제국의 영웅을 기리는 기념비와 동상을 지나갔다. 런던의 건축 환경은 수 세기 동안 지속된 인종차별적인 위계질서와 마우마우 사건의 원고들처럼 자치 능력이 없는 수백만 명의 사람들을 통치하는 자애로운 역할을 했다는 영국의 주장을 상기시켰다. 만약 다섯 명의 키쿠 유족이 템스강 남쪽을 돌아봤다면 카불, 칸다하르 등 19세기 제2차 영국 아프가니스탄전쟁Second Afghan War을 떠오르게 하는 옛 이름이 붙은 거리

영국 리버풀 워터스트리트에 위치한 리버풀 시청

를 지나갔을 것이다. 리버풀, 브리스틀 같은 도시는 노예무역과 제국에서 생산된 소모품 무역을 토대로 건설되었다. 이들이 리버풀 시청을 방문했다면 악어, 코끼리, 과장된 아프리카인의 얼굴을 강조하는 띠 모양의 장식이 키쿠유족 원고들을 내려다보았을 것이다.[5]

마우마우 원고들이 런던에서 가장 좋아한 드라이브 장소는 버킹엄궁전이었다. 엘리자베스 2세 여왕을 알현할 수는 없었지만, 마우마우 원고들에게 여왕은 여전히 존경과 혼란을 동시에 불러일으키는 존재였다. 엘리자베스 2세 여왕은 케냐의 신성한 땅에서 아버지의 서거를 애도했다. 케냐의 식민지 파이프라인에 속한 수용소에는 여왕의 젊은 시절 사진이 걸려 있었다. 영국 관료들은 수감자들에게 여왕과 왕실을 상징적이고 자애로운 통치자로 인정하라고 강요했다. 원고들의 마음속에서 지금 그들이 오랫동안 거부해온 정의를 호소하는 대상은 케냐의 수용소에 걸려 있던 사진 주인공인 바로 그 군주, 세계 역사상 가장 거대한 제국 중 하나를 다스리던 군주였다. 키쿠유족들은 나이 많은 은발의 여왕에게 경의를 표하고 싶어 했다.

변화의 시작

무투아를 포함한 5인의 원고가 영국 정부 상대로 소송을 제기하기 전까지, 수십 년간 개버건과 다른 관계자들의 행동은 대중의 감시에서 벗어나 있었다. 사건 50여 년이 지난 후라 많은 증인이 세상을 떠났거나 상황을 정확히 기억하지 못했다. 기록으로 남은 역사적 증거에 따라 소송의 승패가 갈릴 수밖에 없었다. 원고 측 변호인단은 런던 고등법원을 통해 유럽인권재판소가 하지 못한 일, 즉 제국 내 자행된 고문에 대한 영국의 책임을 묻기 위해 문서 수집에 많은 노력을 기울였다. 키프로스 사건과 북아일랜드 사건은 유럽인권조약을 토대로 유럽 국가의 정부가 또 다른 유럽 국가의 정부를 상대로 제기한 소송이었다. 하지만 마우마우 사건은 관습법을 근거로 제기된 불법 행위에 대한 소송이었다. 즉, 영국에 관습법상 요구되는 주의의무를 게을리하고, 학대 시스템을 구축한 것에 대한 책임을 묻는 대규모 개인 상해 소송이었다. 의도하지 않은 불법 행위나 과실에 대한 주의의무는 영국 관습법의 핵심이지만, 성문법에 명시된 법령은 아니었다. '주의의무'가 현대적인 개념으로 공식화된 때는 스코틀랜드에서 진저비어에 대한 법적 책임을 놓고, 도너휴 대 스티븐슨Donoghue v. Stevenson 재판*이

---

* 도너휴라는 여성이 스코틀랜드 선술집에서 병에 담긴 맥주를 모두 마신 뒤, 부패한 달팽이를 발견해 맥주 제조자인 스티븐슨에게 건 소송을 일컫는다. 맥주병 색깔이 짙어서 술을 다 마실 때까지 달팽이를 미처 발견하지 못했다는 사실에 불쾌해진 도너휴는 제조자 스티븐슨에게 소송을 걸었다. 불법 행위법의 발전 계기가 된 사건이다.

진행된 1932년부터였다. 이 사건으로 '이웃 원칙neighbor principle'이 확립되었다. 상원은 모든 사람에게 "이웃을 다치게 할 가능성이 있다고 합리적으로 예측되는 행위나 부작위*를 피하기 위해 합리적으로 주의를 기울여야 한다."라고 판결했다. '이웃 원칙'은 과실법law of negligence의 토대가 되었다. 과실법은 1990년 카파로 대 딕맨Caparo v. Dickman** 사건에서 상원이 당사자(마우마우 재판의 경우에는 영국 정부)에게 '주의의무'가 있다고 판단하려면 세 개 원칙이 충족되어야 한다고 판결하면서 한 단계 발전했다. 상원은 "주의의무가 성립하려면 피해가 합리적으로 예측 가능해야 하며, 당사자 사이 관계가 근접해야 한다. 주의의무를 부과하는 것이 공정하고, 정당하며, 합리적이어야 한다."라고 판단했다. 반면, 영국 정부가 학대 시스템 구축 및 유지에 계획적이고 적극적으로 공모했다는 원고들의 주장은 고의적인 불법 행위를 뜻했다.[6]

원고들이 2009년 소송을 제기한 것은 역사의 기록 방식이 달라진 덕이었다. 제국이라는 추악한 비즈니스에 대한 새로운 조사가 시작되자 오랫동안 망각해온 사실이 수면 위로 떠올랐다. 회피로 일관하던 역사학자들은 불편한 식민지 폭력과 마주하라는 요구를 받았다. 2005년에만 상호 보완적인 내용이 담긴 두 권의 책이 발표되었다. 그중 한 권이 마우마우 사태 수용소와 비상촌에서 벌어진 일을 역사상 처음으로 온전히 기록한 내 책 《제국의 심판》이고, 나머지 한 권은 마우마우 사태 사형 선고를 조사한 데이비드 앤더슨David Anderson의 《교수형당한 자들의 역사Histories of the Hanged》다. 《제국의 심판》의 경우, 목격자들이 남긴 증거와 의회 기록으로

---

* 마땅히 해야 할 일을 의도적으로 하지 않는 것을 의미한다.
** 전기 장비 제조업체 피델리티를 인수하려던 카파로가 피델리티 지분 확보 뒤, 주가가 계속 하락하자 회계사 딕맨에게 제기한 소송이다. 이 사건으로 '주의의무' 유무를 판단하는 기준이 확립되었다.

테렌스 개버건

남은 질의 내용, 더블린성 같은 곳의 언론 보도 자료가 공식 기록보관소에 흩어진 자료를 찾는 데 길잡이 역할을 했다. 수집한 자료를 수용소에 수감된 사람들 또는 식민지 관료들의 회고록이나 인터뷰와 비교했다. 대조에 10년여의 세월을 쏟아부었다. 이 과정에서 영국 정부가 거의 반세기 동안 지켜온 공식적인 서사에 이의를 제기하는 새로운 역사를 찾아냈다. 기록보관소에 남은 자료가 워낙 방대해서 유죄를 입증하는 모든 증거 자료를 없애기란 불가능했다. 케냐의 경우, 수감자들이 1950년대에 작성한 편지가 담긴 두툼한 서류함 두 통이 소각되지 않고 케냐국립문서보관소Kenya National Archives로 옮겨졌다. 갖가지 학대 사건을 자세히 기록한 편지에는 총독, 식민장관, 캐슬 의원, 심지어 여왕에게 호소하는 내용까지 담겨 있었다.[7] 영국국립문서보관소Britain's National Archives에 보관된 서류들은 고문, 강간, 살인에 대한 수감자들의 진술과 이 같은 행위가 체계적으로 실행되는 과정에서 영국 정부가 맡은 역할을 연결 지을 수 있는 근거였다. 베링 총독과 레녹스 보이드 식민장관이 1957년 6월 주고받은 편지에는 희석 기법, 정부 최고위급 차원에서 희석 기법 사용을 승인하는 내용, 법적인 보호 방안 등이 담겨 있었다. 이 편지들은 런던의 정부 관료와 케냐의 체계적인 폭력을 연결하는 일련의 증거를 제공했다.[8] 편지의 중심에는 현장에서 희석 기법을 고안하고, 실행한 식민 관료 개버건이 있었다. 《제국의 심판》이 출판될 때까지도 직접 쓴 두 권의 회고록 말고 다른 곳에서는 개버건의 이름이 등장하지 않았다. 개버건이 옥스퍼드대학교와 케임브리지대학교에서 열린 세미나와 사교 활동에 참석하고, 개버건의 두 번째 회고록 서문을 케임브리지대학교 교수가 작성했다는 점으로 미루어보면 개버건의 존재를 다른 문서에서 좀처럼 찾아보기 힘들다는 사실도 주목할 만하다. 물론 개버건이 혼자 저지른 일은 아니었다.

신화에 대한 도전

고등법원은 판결을 준비했다. 모든 문제를 몇몇 '암적인 존재'의 탓으로 돌린 영국 정부의 주장은 역사적인 증거들 앞에서 힘을 쓰지 못했다.[9] 수정주의 역사와 자유제국주의의 오랜 신화에 대한 도전이 법원의 면밀한 조사를 견뎌야 하는 순간이었다. 영국의 문명화 사명에 책임을 묻는 과정에서 주관적인 의구심이 개입할 여지는 없었다. 무언가가 사실인지, 실제로 발생했는지, 그렇지 않은지 판단할 뿐이다. 리처드 맥콤Richard McCombe 판사의 법정에서는 역사와 제국주의 전쟁과 관련된 어떤 날조도 설 자리가 없었다. 사건 담당 단독 판사 맥콤은 법정에 앉은 고령의 케냐인들이 들려주는 놀라운 주장을 뒷받침하는 증거를 직접 보고 듣고 싶어 했다. 전문가 세 명이 법정에 증거를 제시했다. 내가 첫 번째 전문가였다. 2년쯤 뒤, 마우마우 사태 때 법적인 절차 없이 처형된 사례를 전문적으로 파헤친 앤더슨과, 케냐에서 영국군이 어떻게 활동하는지 연구한 베넷이 법정에 관련 자료를 제공했다. 우리 세 사람은 참고인 진술서의 형태로 우리 전문 지식을 법정에 제출했다. 피고로 지정된 외무성은 두 번이나 미국의 약식판결 요청과 유사한 기각청구로 소송을 끝내려고 시도했다. 왕실 변호사 로버트 제이Robert Jay는 법적 절차 뒤에 숨었다. 1963년 12월 모든 책임이 독립국가인 케냐 정부로 이전된 만큼 현재의 영국 정부에게는 식민 지배 동안 벌어진 일과 관련해 어떤 책임도 없고, 사건은 기각되어야 한다고 주장했다. 법원이 자기주장에 동의하지 않더라도 사건을 기각해야 마땅하다고 했다. 3년의 공소시효가 오래전에 지났고, 영국 정부가 50년 전 사건과 관련해 공정한 재판을 받는 것은 불가능하기 때문이라 설명했다. 조건부 수임료로 원고 측 변호를 맡은 영국 최고의 인권 법률사무소 중 한 곳인 리 데이Leigh Day 법률팀이 이 같은 주장에 반박했다. 정식 재판만 허가되면 법원이 판결을 내릴 수 있을 정도의 충분한 증거를 제시할 수 있다고 주장했다.

세 명의 역사학자는 2011년 4월로 예정된 첫 번째 공판 전에 각각 자기 연구를 바탕으로 작성한 참고인 진술서를 제출했다. 진술서 제출에 앞서, 우리는 사건과 관련된 모든 기록문서를 참조했다. 참고인 진술서에는 어떤 해석도 포함되어서는 안 되었다.[10] 따라서 첫 번째 참고인 진술서 작성 시에는 진술 내용에 주장을 끼워 넣었다. 《제국의 심판》에서도 언급한 바 있는, 사건과 관련된 영국과 케냐의 기록문서 수백 건을 이야기했다. 원고들의 증인이 될 만한 사람도 적어두었다. 런던 남서부 퍼트니에서 정부 연금을 받으며 사는 개버건과 은퇴한 킷슨 장군 관련 문서도 포함되었다. 외무성은 생존 증인이 모두 고령이어서 믿을 만한 증거를 제시할 수 없다고 주장했고, 개버건과 킷슨은 어떤 증거도 내놓지 않았다. 참고인 진술서에 이전 연구에서 확보한 녹취록 자료는 포함시키지는 않았다. 하지만 개버건 등 각종 인물의 녹취록이 포함된 연구를 참고 자료로 표시했다. 1957년 편지와 수감자들의 편지 등 새롭게 발견된 문서와 오래된 증거를 수정주의적으로 읽어 내려가는 과정에서 각종 녹취록의 역할이 무엇인지 설명했다.[11]

맥콤 판사는 58쪽에 달하는 '승인 판결문'으로 조사 결과에 대해 판결했다. '수용소에서의 지속적인 학대를 입증하는 자료가 상당했다. 양국 정부는 학대 사실을 알았다. 학대를 저지하기 위한 효과적인 대응에 실패했다는 증거도 마찬가지다.[12] 식민 지배가 끝날 무렵 법적 책임이 케냐로 넘어갔다는 영국 정부의 주장과 관련해서는 대리책임의 가능성, 즉 과거의 식민행정부 및 개별 가해자의 잘못된 행동과 관련해 영국 정부에게 공동 책임이 있을 가능성'이 있음을 열어두었다. 반란 진압을 위한 영국의 명령 구조에 영국군과 육군성이 포함된 만큼 영국 정부에도 학대 책임이 있다는 주장이 제기되자 맥콤 판사는 한 걸음 더 나아가 "영국 정부에 시스템, 즉 1957년 6월 쓰인 편지에 표기된 희석 기법 승인에 대한 책임이 있을 가능성이 있다. 관습법이 요구하는 주의의무 위반에 대한 과실 책임이 있을 가능성도 존재한다."라고 판결했다. 맥콤 판사는 서로 연관된 문명화 사명의 두 가지 주제, 즉 '명예'와 '주의의무'에 대한 의견을 제시하며 판결문을 끝맺었다.

이 항소와 관련된 법의 기술적인 측면에는 명예가 있다. 고문 사용은 불명예스러운 일이다. 유럽 전역에서 사법적 고문이 일상적으로 이루어진 때 사법적 고문을 거부하는 관습법은 국가적 자부심의 원천이자 볼테르, 베카리아 같은 해외 계몽주의 작가들의 감탄을 끌어내는 원천이었다. 어떤 경우에도 고문으로 얻은 증거를 인정하지 않을 법체계가 주의

의무를 다하지 않았다는 점에 미루어볼 때, 정부가 예방 수단이 있었음에도 고문 예방에 실패하는 과실을 저질렀다는 주장을 거부하는 것은 이상하다. 어쩌면 '불명예스럽게' 여겨질 수도 있다.[13]

비밀의 공개

2011년 공판 몇 달 전, 외무성은 놀라운 발표를 했다. 원고들의 끈질긴 문서 공개 요청에 못 이긴 영국 정부는 MI5와 MI6가 수집한 자료를 비롯해 정부의 극비문서를 보관하는 한슬로프 파크에서 방대한 서류를 발견했다고 발표했다. 목가적인 분위기의 버킹엄서에 위치한 한슬로프 파크는 '스푹 센트럴'이라고도 알려져 있다. 영국 정부가 한 번도 공개한 적이 없는 300개의 문서 상자 속에는 영제국이 케냐에서 철수하기 직전, 케냐에서 영국으로 옮긴 약 1500개의 서류철이 담겨 있었다. 외무성은 케냐 문서와 함께 지배가 끝날 무렵 36개에 달하는 다른 식민지에서 갖고 온 8800개의 서류철도 공개했다. 케냐와 말라야 등 여러 식민지의 소각로에서 잿더미로 바뀔 운명이었으나, 간신히 살아남은 문서들이었다. 소각되지 않은 문서는 런던으로 옮겨져 마우마우 사건 때문에 법적 공개를 피할 수 없는 상황이 될 때까지 봉인되었다.

영국 정부가 이 문서의 존재를 공개하기로 한 이유에 대해 많은 추측이 오갔다. 2006년 위키리크스Wikileaks* 출범 이후 정부의 온갖 비밀이 폭

---

* 2006년 설립된 비영리 언론 플랫폼으로, 정부나 기업의 기밀문서를 수집하고 공개하는 것을 목표로 한다.

로되는 시대였다. 이 문서의 존재를 아는 내부인이 너무 많아 외무성이 법원이 요구하는 증거 규칙을 준수하지 않으면 영국 정부의 문서 은폐 사실이 드러날지도 모른다고 우려했을 수도 있다. 그런 일이 일어난다면 법적인 측면에서나 홍보의 측면에서나 파장이 매우 컸을 것이다. 법치에 근거한 또 다른 설명도 가능하다. 엄격한 공개 의무를 준수할 수밖에 없는 상황에서 외무성 법무팀이 문서를 공개하도록 압력을 행사했을 수도 있다. 문서 발견 소식이 전해지자 언론의 비난이 쏟아졌다. 영국 정부 측 변호사 제이는 고등법원에 이렇게 이야기했다. "기록저장소의 존재가 밝혀진 것은 제 의뢰인들에게 당혹감을 안겨주었다."[14] 제이는 그런 방식의 문서 처리가 행정 오류 및 비용 관리의 결과라며 '과거의 식민지와 관련된 서류는 그저 구석에 방치되었을 뿐'이라고 결론 내렸다.[15] 보수당 의원 데이비드 하월 David Howell 경은 의회에서 기록물의 발견을 인정했다. "독립 직전, 식민행정부가 식민성의 지침에 따라 총독이 보관 중인 문서 중 다음 정부에 넘기기 적절하지 않은 것들을 엄선해 영국으로 보내는 것이 일반적인 관행이었다." 하월 경은 영국으로 옮겨진 서류의 내용을 검토하고, "영구 보존이 필요하다고 판단되는 서류를 일반 대중이 열람하도록 국립문서보관소로 옮기겠다."라고 약속했다.[16] 외무장관 윌리엄 헤이그 William Hague는 "하나의 국가로서의 도덕적 권위와 장기적인 국익을 지키는 데 반드시 필요한 투명성의 절차가 이미 진행되었어야 마땅하다."라고 주장했다. 헤이그는 전면적인 공개 절차가 진행 중이라며 대중을 안심시키고, 한슬로프 파크에서 발견된 서류의 역사적인 중요성과 윤리적인 의미를 이야기하며 마우마우 서류와 관련해 실수가 있었음을 확인해주었다. 헤이그는 이 서류들을 "적절히 기록하고 대중에 공개했어야 마땅하다."라고 인정하며 "정보를 숨기려는 의도적인 시도는 없었다."라는 주장을 반복했다. 헤이그는 이 순간을 최대한 잘 활용해 전면 공개라는 새로운 도덕적 우위를 차지했다. "우리는 투명성과 개방성을 믿는 정부다. 우리는 법적인 면제가 보장되는 모든 관련 문서를 빠짐없이 공개한다. 내가 임명한 독립적인 고위급 인사가 이 모든 과정을 감독할 것이다. 잘못을 밝히고 과거의 실수에서 교훈을 얻으려는 의지는, 영국 민주주의의 변하지 않는 강점이다."17

헤이그는 약속대로 식민지 시대 관련 서류가 1958년 제정된 공공기록법Public Records Act을 위반해 수십 년간 공개되지 않은 경위와 이유에 대한 내부 검토를 캐나다 고등판무관 출신 앤서니 캐리Anthony Cary에게 맡겼다. 캐리의 최종 보고에 의하면, 영국 정부는 역사적인 증거 억압을 위해 일종의 음모를 꾸민 것이 아니라, 행정적으로 실수했을 뿐이었다. 캐리의 보고서가 영국 정부를 옹호한다고 여긴 하월 경은 현 외무성 직원의 전문성과 헌신에 대한 캐리의 찬사를 전적으로 지지했다.18 헤이그는 오랫동안 감춰진 식민지 시대의 서류 공개를 다음 목표로 삼았다. 헤이그는 한슬로프 파크에서 발견된 100만 쪽이 넘는 영제국 후기 문서 전체를 큐의 국립문서보관소로 이전하는 작업을 감독하는 독립 검토자로 케임브리지대학교 미국사 교수 앤서니 배저Anthony Badger를 임명했다. 외무성이 '이관 기록물'이라 부르는 한슬로프 파크에서 발견된 문서는 최종 목적지로 이동했다. 정부는 정보공개법Freedom of Information Act에 따라 제외된 문서, 즉 국가 안보나 개인의 사생활을 위협하는 문서만 제외하고 한슬로프 파크에서 발견한 모든 문서를 공개했다.19 2012년 4월, 외무성은 호기심 가득한 언론에 첫 번째 이관 기록물 자료를 공개했다. 큐에 자리 잡은 거대한 기록보관소에 카메라 세례가 쏟아졌다. 기자들은 새로 공개된 식민 시대 문서를 두 눈으로 확인하기 위해 혈안이 되었다. 각 신문은 정부의 공식 기록을 통해 '비밀'이 드러났다고 떠들어댔다.20 외무성은 광분한 언론에 먹잇감을 던져주고

문서 이관에 대한 공개적인 접근 방법과 관련해 공식적인 보도 성명을 내놓았다. 외무성의 발표에 의하면, 총 6회에 걸쳐 문서를 공개하고 2013년 말 마지막 문서가 기록보관소로 이관될 예정이었다.[21]

영국 정부의 입장

배저는 한슬로프 파크에서 발견된 서류 때문에 영국 정부가 '당혹스럽고 수치스러운 입장'에 놓이게 되었다고 이야기했다. 동시에 '이관 기록물 공개는 매우 양심적이고 투명한 절차로, 모든 관련 문서를 공개하겠다는 외무성의 목표는 달성될 것'이라 주장했다.[22] 배저는 이 문서들이 제국의 일상적인 운영, 다시 말해 '관료주의의 진부함'을 보여주는 내용으로서 역사적 가치를 지닌다고 보았다. 그러나 전체적으로 이관된 기록들을 살펴본 그는 이렇게 적었다. "이 자료들이 독립으로의 혼란스러운 전환 과정을 새롭게 조명하거나, 민족주의 반군을 상대로 벌인 더러운 전쟁에서 런던과 식민지 정부가 어떤 책임을 졌는지를 드러내는 '결정적 증거'를 제공하거나, 고문과 잔혹 행위에 대한 정부의 공모를 확실히 입증해줄 것 같지는 않다."[23] 배저의 결론은 대체로 옳았다. 1990년대에 검열을 피해 국립문서보관소로 이관된 1957년 6월 편지들과 비교하면, 완전히 공개된 이관 기록물에 어떠한 '결정적 증거'도 포함되어 있지 않았다.

문서 공개와 기밀을 둘러싼 소동은 영국 정부에게 그다지 새로운 일이 아니었다. 어떤 면에서 보면 마우마우 소송 및 한슬로프 파크 문서 발견에 대한 반응은 영국 정부의 전형적인 대응 방식이었다. 첫 번째 단서는 8800개의 서류가 그토록 오랫동안 감춰진 경위를 조사하려 헤이그가 의뢰하고, 캐리가 작성한 내부 보고서였다. 캐리가 찾아낸 내용은 영제국이 통치하던 시절에 진행된 수많은 내부 조사와 다르지 않았다. 캐리 보고서는 현재 공무원들도 과거처럼 자금 부족과 인력 부족 때문에 많은 어려움을 겪는다고 여러 번 언급하며 면죄부를 주려 노력했다. 하지만 내부 조사 과정과 눈가림에 급급한 조사 결과의 유사성에 미루어보면 영국의 비밀 유지 관행이 오늘날까지 지속되었음을 알 수 있다.

학계 전문가의 채용 역시 마찬가지다. MI5 활동 같은 민감한 주제와 관련해 정부가 임명한 역사학자로부터 자문을 얻는 것은 오랜 관행이다.[24] 제2차 세계대전 당시 제국의 선전 활동에 동원된 일부 역사학자는, 히틀러의 에니그마Enigma 통신을 해독하는 데 사용된 암호 체계 '울트라Ultra'의 비밀을 잘 알고 있었다. 하지만 정부는 역사학자들에게 공식 기밀을 누설하지 말고 전쟁 정보 및 관련 역사를 실제보다 온건하게 포장할 것을 요구했다. 정부는 상당히 능숙하게 비밀을 감출 뿐 아니라, 재빨리 과거를 세심하게 포장한 새로운 버전의 이야기를 내놓아 전시에 사용된 속임수 작전과 맞먹는 통합적인 역사 관리 프로그램을 만들어낸다. 정부가 임명한 역사학자의 세뇌와 이관 기록물 공개와 유사한 그럴듯하게 포장된 문서 공개 프로그램 역시 이 같은 역사 관리 프로그램의 일부다. 영국 정부가 이따금 엄선한 비밀정보국 문서를 공개하면 언론은 'MI5, 비밀 정보 문서 공개로 역사학자들 흥분시키다MI5 thrills historians with secret service archives' 같은 헤드라인을 쏟아낸다. 정부가 공개하는 문서 더미는 실체는 거의 없으면서 그럴듯하게 사람들의 주의를 분산시키는 자료였다.[25]

맥콤 판사의 쟁점

맥콤 판사의 법정에서는 문서 선별 및 파기 문제가 쟁점이 되었다. 모두가 지켜보는 가운데 문서 이관을 둘러싼 드라마가 펼쳐지자 마우마우 사건은 다음 단계로 넘어갔다. 공소시효 관련 기각 공판은 2012년 7월로 예정되었다. 법원은 원고 측 역사 전문가들이 공판을 준비하도록 외무성이 법원에 제출한 모든 한슬로프 공개 문서를 포함한 검색 가능한 데이터베이스에 접근하는 특권을 주었다. 영국 정부가 민감성과 관련성을 이유로 데이터베이스를 1차로 추려냈지만, 나는 거의 1년간 밤낮없이 다섯 명의 하버드 학생들과 함께 약 3만 쪽에 달하는 문서를 검토했다. 초기 공개를 통해 목록에 없는 수천 쪽의 서류가 공개되었다. 그중에는 식민 지배가 끝날 무렵 진행된 문서 파기 과정을 최초로 기록한 귀한 문서도 있었다. 하지만 외무성이 공개하지 않은 서류도 많은 탓에 정보 수집이 쉽지 않았다. 팀원들과 함께 사건과 관련 있어 보이는 문서 목록을 정리했다. 그다음 원고 측 변호인단이 외무성 법무팀에 보내는 공개 편지에서 문서 공개를 요청했다. 하지만 외무성 법무팀은 신속하게 대응하지 않았고, 문서를 조금씩 나눠서 넘겨주는 경우가 많았다. 하지만 최종 참고인 진술서에서 수천 쪽의 새로운 증거로 앞서 찾아낸 결과를 뒷받침했다. 법원과도 관련 있고 오랫동안 역사학자들을 괴롭혀 온 몇 가지 제국 말기와 관련된 질문도 파헤쳤다.[26] 맥콤 판사는 '공식적으로 정부를 대표하는 관계자들이 케냐에서 체계화된 폭력이 생겨나고 유지 과정을 감독했는지, 식민 지배가 끝날 무렵 관련 증거를 파기하고, 없애는 데 정부가 얼마나 개입했는지 판단'하기 위해 좀 더 많은 증거를 원했다. 사건이 정식 재판으로 넘어가면 법원은 책임 소재를 가리려 '영국을 대표하는' 런던의 정부와 '케냐를 대표하는' 나이로

비의 정부 중 어떤 식민정부가 주의의무를 다하지 못하는지 판단했다. 이것이 마우마우 사건의 핵심 쟁점이었다. 즉, 영국이 케냐에서 진행한 계획적이고 체계적인 반란 진압 정책이 생명과 재산을 둘러싼 학대 및 파괴에 얼마나 영향을 미쳤는가, '영국을 대표하는' 런던의 식민 관료들이 이러한 행위에 얼마나 연루되었는가가 중요 쟁점이었다.

이 같은 질문은 영국이 건설한 식민국가 및 식민국가의 운영 방식과 직결된다. 케냐에 건설된 식민국가는 국가 안에 세워진 또 다른 국가였다. 케냐 식민국가와 본국 사이 반⁀자치적인 관계 때문에 나이로비와 런던의 관계자들에게 부여되는 권한은 상황에 따라 늘어나거나 줄어들었다. 즉, 런던과 나이로비는 통합과 분리가 공존하는 관계였다. 양쪽 모두 상황에 따라 전략적으로 둘 중 하나를 강화하거나 축소했다. 예를 들어, 케냐의 파이프라인이 반항적인 수감자들 때문에 병목 현상에 빠져들었을 때 문제를 해결한 개버건의 희석 기법은 성공적이라 평가되었다. 개버건은 문제 해결 공로를 인정받아 영제국 장교 훈장을 받고 승진했다. 반면 홀라 대학살이 보수당 정부를 위협하는 추문으로 비추어지자, 베링 총독은 자기 부하들이 희생양이 되지 않도록 런던으로 날아갔다. 영국의 자애로운 이미지를 지켜내기 위해 런던보다는 케냐의 관계자를 희생시키려고 마음먹은 보수당 의원 파월은 런던과 케냐의 영국 관료를 구분하기 위해 애썼다. 런던의 고등법원과 법원이 던진 여러 질문에는 역사가들이 식민국가, 식민국가가 겪은 변화무쌍한 과정, 위기 상황에서의 책임 소재 등을 정의하는 과정에서 직면한 어려움이 반영되었다.

맥콤 판사가 공소시효 관련 심리 진행을 위해 재판정을 열었을 때 영국 정부의 다음 행보를 예상한 사람은 거의 없었다. 가장 먼저 증인석에 선 사람은 마라였다. 마라는 자기가 겪은 고문의 내용을 가슴이 찢어질 만큼 자세히 묘사했다. "비명을 지르며 몸을 움직여 온몸을 짓누르는 남자들에게서 벗어나려고 애썼지만, 유리로 된 탄산음료 병을 질에 삽입하는 등의 고문을 당했다."²⁷ 마라의 증언이 끝나자 법정에 있던 사람들은 대부분 동요했다. 영국 정부의 반대 심문 차례였다. 영국 정부 측 변호사 가이 맨스필드Guy Mansfield가 자리에서 일어서 잠깐 침묵을 지킨 다음 모두의 귀에 들릴 만큼 숨을 몰아쉬며 외무성은 마라의 증언에 이의를 제기하지 않는다고 발표했다. 뒤이어 원고들이 돌아가며 증언할 때마다 맨스필드는 외무성의 입장을 요약했다. 맨스필드는 아무 소리도 내지 않는 판사와 방청객에게 또렷하고 명확하게 말했다. "정부는 각 원고가 식민행정부로부터 고문 등의 부당한 처우를 당했다는 데 이의를 제기하지 않는다. 나는 끔찍한 일이 벌어졌다는 데 이의를 제기하지 않는다."²⁸ 수천 쪽의 새로운 문서에 담긴 조직적인 학대의 증거는 압도적이었다. 이에 외무성은 법의 기술적인 측면에 집중했다.

처칠과 파월의 시대에 그랬듯

영국 정부는 '영국을 대표하는' 식민 관료와 '케냐를 대표하는' 불한당을 구분하려 애썼다. 맨스필드는 개버건 등 현장에서 활동한 관료들이 마우마우 수용소와 심사 센터, 비상촌에서 독자적으로 활동했으며 식민 지배가 끝나기 직전에 나이로비에서 비밀리에 진행된 문서 파기 프로젝트 역시 이들의 독자적인 활동이었다고 주장했다. 맨스필드는 식민장관 매클라우드가 문서 파기 명령을 내린 것이 틀림없다고 주장했다. 덧붙여 개버건 등 현장 관계자들은 '영국을 대표하는' 관료들의 의도보다 훨씬 과격하게 문서를 파기했다. 그 결과, 거의 3.5톤에 달하는 문서가 소각되었다. 소각로에서 잿더미로 바뀌지 못한 문서는 인도양에 버려졌다. 리 데이 변호인단과 우리 연구팀의 활약 덕에 원고들은 대규모 문서 파기가 이루어졌다는 영국 정부의 주장을 뒷받침하는 다량의 증거를 제출했다. 맨스필드는 "케냐의 불한당 같은 관계자들이 마우마우 사건에서 영국 정부에 면죄부를 줄지도 모르는 그토록 많은 증거를 파괴했는데, 자기 의뢰인들이 어떻게 공정한 재판을 보장받을 수 있겠느냐."라고 물었다.

두 번째 공판 진행 중, 외무성이 너무 오랜 세월이 지나서 공정한 재판을 받기 힘들다고 주장하는 동안 맥콤 판사는 눈에 띄게 동요했다. 이 공판에서 원고들이 해야 할 가장 중요한 일은, 증거가 매우 많아서 얼마든지 공정한 판결이 이루어질 수 있다고 판사를 설득하는 것이었다. 원고들에게 유리한 것은 설득력 있는 증인 진술만이 아니었다. 제국 말기에 진행된 문서 파기 과정에서 살아남은 수천 쪽에 달하는 한슬로프 문서도 있었다. 《제국의 심판》과 《교수형당한 자들의 역사》에 기록된 증거와 함께 이러한 문서를 읽어 보면 정보 관리가 오랫동안 역사가들에게 제공된 공식적인 서류에 어떤 영향을 미쳤는지 알 수 있다. 예를 들어, 제국 전역에서 수만 건에 달하는 문서 파기 증명서가 런던으로 전송되어 공식 기록의 일부가 되었지만, 한슬로프 문서의 존재가 드러나기 전까지 단 한 건의 문서 파기 증명서도 공개되지 않았다. 이는 2차 공판에서 증거가 필요한 원고들에게 한슬로프 '발견'이 얼마나 중요했는지 잘 보여주는 수많은 사례 중 하나에 불과하다.

외무성을 변호하는 역사학자는 없었다. 외무성의 입장을 변호하려면, 《제국의 심판》과 《교수형당한 자들의 역사》 출판 전에도 식민지 케냐에서 체계적인 폭력이 자행되었음을 폭로하는 역사적인 기록이 존재했음을 증명해야 했다. 만약 이 같은 역사적 기록이 존재했다면, 외무성은 《제국의 심판》과 《교수형당한 자들의 역사》의 출판 전에도 이처럼 체계적인 학대 관련 정보가 공개된 상태였다는 주장을 토대로 원고들이 얼마든지 좀 더 일찌감치 소송을 제기할 수 있는 만큼, 맥콤 판사도 일반적인 공소시효를 인정했을 것이다. 하지만 《제국의 심판》과 《교수형당한 자들의 역사》 출판 전에는 마우마우 사태 당시에 자행된 학대 및 고문에 대한 학계 연구 자료가 없었으므로, 이 서적들이 출판되기 전에는 소송을 제기할 수 없었음을 입증하는 것은 원고들의 몫이었다. 즉, 영국의 증거 파기 및 은폐를 뒷받침할 자료가 없었음을 증명해야 했다.

씁쓸하지만 달콤한 승리

3개월간의 심사숙고 끝에 맥콤 판사는 다시 한번 설득력 있는 승인 판결문을 내놓았다. 맥콤 판사는 판결문에서 공소시효 적용을 배제하고, 대리책임, 과실, 연대책임 문제를 판단할 '공정한 재판'의 길을 열었다. 영국 정부는 첫 번째 기각 공판에서 식민지 케냐에서의 '주의의무'와 관련해 외무부의 '불명예스러운 변론'을 질책했던 판사 앞에서 체계적인 학대에 관한 장기 재판을 진행해야 할 처지가 되었다. 외무성은 항소하겠다고 밝혔지만, 물밑에서는 더 많은 원고가 포함될 수 있도록 합의안을 조율하고 있었다. 리 데이 변호인단은 케냐에서 소송인단과 연락을 주고받던 케냐인권위원회Kenya Human Rights Commission 변호사들과 함께 마우마우 수용소와 정착촌에서 학대당했다고 주장하는 1만 5000명의 사람들을 면담했고, 총 5225명이 추가로 소송에 참여했다.

합의가 이루어졌다. 합의서에 잉크가 마르자 외무장관 헤이그는 하원에서 천천히 자리에서 일어서 캐슬이 목격했다면 이해할 수 없다고 생각할 만한 말을 내뱉었다. "1952년부터 1963년 12월까지 비상사태 기간 및 마우마우 반란 시기를 겪은 케냐 시민들의 주장과 관련해 정부가 도출한 법적 합의에 대한 성명을 발표하고자 한다." 그는 잘못을 인정하기에 앞서 어렵고 위험한 상황에서 영국인이 치른 '명예로운 희생'에 대해 이야기했다.

> 영국 정부를 대표해 지금 이 자리에서 케냐의 비상사태 기간 사건과 연루된 이들이 느꼈을 고통과 고충을 이해한다는 점을 처음으로 밝히고자 한다. 영국 정부는 식민행정부로 인해 케냐인들이 고문과 다른 형태의 부당한 대우를 받았다는 사실을 인정한다. 또한 이 같은 학대가 독립으로 나아가는 케냐의 전진에 걸림돌이 되었다는 사실을 진심으로 유감스럽게 생각한다. 고문과 부당한 대우는 인간의 존엄성을 침해하는 혐오스러운 행위로, 우리는 이를 강력히 규탄한다.[29]

헤이그가 조용한 하원에서 성명을 발표하는 동안 영국의 케냐 고등판무관 크리스천 터너Christian Turner는 하원의원과는 전혀 다른 부류의 사람들 사이에 앉아 있었다. 나이로비 힐튼 호텔의 휑뎅그렁한 연회실에는 수백 명에 달하는 마우마우 소송인단이 모여 씁쓸하면서도 달콤한 승리를 축하했다. 헤이그가 런던에서 다시 자리에 앉자마자 터너가 일어서서 자기 상사인 외무장관 헤이그와 동일한 성명서를 낭독했다. 성명서에는 영국이 약 2000만 파운드(약 456억 원)의 손해배상금과 법률 비용을 지불하고, '식민시대에 고문과 부당 대우를 당한 희생자'를 기리기 위해 나이로비에 기념비를 건립하겠다는 약속이 포함되었다.[30]

영국의 고문과 부당 대우로 고통받은 희생자를 기리기 위해 건립된
기념비 공개 행사에 참석한 영국의 케냐 고등판무관 크리스천 터너(오른쪽).
나이로비 우후루 공원, 2015년 9월 12일

2013년 6월의 그날은 수천 명의 소송인단에게 일종의 마침표였다. 고등판무관 터너에게도 마침표 같은 날이었다. 이 역사적인 순간은 터너에게 공식적인 역할을 뛰어넘는 가슴 벅찬 감동을 선사했다.

이 이야기는 나의 개인사와도 관련이 있다. 1954년 케냐 경찰국장으로 부임한 나의 할아버지 아서 영 대령이 식민행정부가 치안군이 저지른 잔혹 행위 문제를 제대로 해결하지 못한 데 대해 책임지고 사임하셨기 때문이다. 나의 할아버지를 비롯해 비상사태 시기에 고통받은 모든 이를 위해 영국과 케냐가 상호 존중, 동반자 관계, 공동의 이익을 바탕으로 이해와 포용, 존엄의 정신으로 양국 모두에게 도움이 되는 관계를 이

어나갈 수 있기를 희망한다.³¹

역사학자들에게는 아직 이 이야기가 끝나지 않았다. 비공개인 한슬로프 문서를 공개하라는 역사학자들의 요구에 영국 정부는 어떤 답도 하지 않고 있다. 역사학자들은 한슬로프 문서와 함께 여전히 공개되지 않은 무수한 서류들을 공개하라고 요구하는 중이지만, 맨 처음 마우마우 소송을 제기한 사람들에게는 이 같은 증거 싸움이 큰 의미가 없다. 왐부구 와 닝이는 법정에서 이렇게 말했다. "내가 이 소송을 제기한 이유는 잃어버린 세월을 보상받고 케냐인들이 빼앗긴 것을 세상에 알리고 싶었기 때문이다."

여왕과 대화할 기회가 있다면 영국이 케냐에서 좋은 일도 많이 했지만, 나쁜 일도 많이 했다고 이야기하고 싶다. 정착민들은 우리 땅을 빼앗고, 케냐인을 죽이고, 우리 집을 불태웠다. 케냐의 독립 전 몇 년간, 사람들은 구타당하고 땅을 빼앗겼다. 여성들은 강간당하고, 남성들은 거세당했으며, 아이들은 살해당했다. 여왕 개인에게 책임을 묻는 것은 아니지만, 내가 세상을 떠나는 날 평화롭게 눈 감을 수 있도록 나와 다른 케냐인들이 당한 학대를 영국 정부가 인정하기를 바란다.³²

마우마우 소송인단이 소송을 제기한 2009년, 노동당 출신 총리였던 고든 브라운Gordon Brown은 다음같이 자기 생각을 밝혔다. "사과보다 과거의 많은 부분을 기리고, 영국의 가치에 대해 이야기해야 한다고 생각한다."³³ 뒤이어 총리가 된 보수당 출신 데이비드 캐머런David Cameron도 오랫동안 지속된 제국의 책임을 이어받아 영국의 과거를 기려야 마땅하다는 브라운의 선언에 생명을 불어넣었다.

마우마우 사건과 관련해 끝까지 싸우겠다는 브라운 정부의 굳건한 결의도, 고등법원 판사가 영제국이 케냐에서 저지른 만행을 낱낱이 파헤치는 동안 영국에 남겨진 제국의 유산을 지켜내기 위한 광범위한 시도가 있었다는 사실도 전혀 놀랍지 않다. 캐머런 정부는 인도의 클라이브까지 거슬러 올라가는 제국의 영웅들이 영국의 의식 속에 자리를 잡기 바랐고 캐머런 정부의 교육장관 마이클 고브Michael Gove는 이를 위해 역사학자들로 구성된 위원회를 꾸렸다. 《제국》의 저자 퍼거슨 역시 정부의 활동에 동참했다. 2010년 무렵, 이미 많은 사람에게 존경받던 지식인 퍼거슨은 6부작 다큐멘터리 등 다양한 텔레비전 방송에 출연하며 더욱 유명해졌다. 퍼거슨은 이 다큐멘터리에서 "제국은 어느 때보다 21세기에 더욱 필요하며 영국보다 나은 제국 모델을 제시하는 국가는 없다."라는 견해를 밝혔다. 후속작 《니얼 퍼거슨의 시빌라이제이션》에서는 문명사회에서 지속적으로 관찰되는 '법치' 등 전반적으로 문명이 서구적인 현상인 이유 여섯 개를 제시했다. 퍼거슨과 마찬가지로 부끄러움을 모르는 제국주의자 앤드루 로버츠Andrew Roberts는 《1900년 이후의 영어권 민족의 역사A History of the English Speaking Peoples Since 1900》에서 영국, 미국, 초창기 영연방 같은 백인 위주의 국가들을 향해 '품위 있고, 정직하며, 관대하고, 공정하며, 자기희생적인 제국이 인류를 위한 최후이자 최선의 희망'이라 주장했다.[34] 로버츠는 "다시 제국주의 사상에 관심을 가져야 할 때가 왔다."라고 선언했다.[35]

민족주의적으로 만들어낸 신화를 학교 교육 과정에 편입하려는 이 같은 시도는 왕립역사학회Royal Historical Society 등 영국 역사단체의 격렬한 저항에 부딪혔다. 역사학자 사이먼 샤마Simon Schama는 불쾌하고 모욕적이라고 이야기했고, 케임브리지대학교 역사학자이자 리지우스 석좌교수인 리처드 에번스Richard Evans 등 존경받는 여러 전문가도 여기에 동의했다.[36] 고브는 방침을 철회할 수밖에 없었다. 이처럼 학계에서 역사가 쓰이는 방식은 바뀌었지만, 변화가 학생들에게 영향을 미쳤는지는 확실하지 않다. 정보성이 교사들에게 애국심 고취를 위한 지침서와 학습 계획안을 나눠주지는 않지만, 제국의 신화를 영속시키기 위한 노력은 계속되었다. 2016년 〈가디언〉은 보도했다. "일부 역사학자와 정치인은 제국, 좀 더 구체적으로는 제국의 성과를 제대로 가르치지 못한다며 학교를 비난한다." 역사 수업이 식민지 시대 이후의 죄책감에 지나치게 치중된다고 불평한 전 교육장관 마이클 코브도 그중 하나다. 〈가디언〉은 최근 조사 결과도 이야기했다. "최근에 실시된 조사는 영국 학교에 다니는 학생들이 영제국에 대해 배우지 못한다는 주장을 뒷받침하지 않는다. 교사들의 증언, 교과서, 역사 교육 웹사이트 역시 부정적이고 반영적으로 영제국을 가르친다는 주장을 뒷받침하지 않는다."[37]

영국 언론의 반응

언론은 4년에 걸친 고등법원 재판에 상당한 관심을 보였다. 제국에서 자행된 체계적인 고문, 한슬로프 파크에서 발견된 서류, 맥콤 판사의 판결, 영국 정부의 사과, 2000만 파운드(약 456억 원)에 달하는 배상금 소식 등을 쏟아냈지만, 일부 관계자를 제외하고는 영국인의 생각을 바꾸는 데 별 도움이 되지 않았다. 체계적인 학대와 관련해 뒤이어 진행된 소송 역시 별다른 변화를 만들어내지 못했다. 키프로스에서 영국의 고문을 견뎌낸 생존자들이 2015년 제기한 소송 역시 4년간 지속되었지만, 언론은 거의 관심을 보이지 않았다. 영국 정부가 100만 파운드(약 22억 원)의 배상금을 물어주고 조용히 합의했다는 소식도 거의 알려지지 않았다.[38] 언론인 이안 코베인Ian Cobain이 2013년 고등법원 사건 당시에 발견된 문서에 비할 바가 안 되는 방대한 비밀문서가 발견되었다는 사실을 폭로했을 때도 반응은 비슷했다. 국방성은 6만 6000건, 외무성은 120만 건의 서류를 내놓지 않았다. 공공기록법 위반일 뿐 아니라, 사실상 정보공개법 권한 밖에 있는 이 문서는 바닥에서 천장까지 이어지는 무려 약 24킬로미터 길이의 선반을 가득 메울 만큼 그 양이 방대했다. 역사학자들에게는 이 같은 문서 은폐가 중요했지만, 대중은 그다지 관심을 보이지 않았다. 영국 정부가 비밀문서를 공개하도록 강제할 소송이 진행되지 않는 상태에서, 역사학자와 언론이 이를 밝히기 위해 할 수 있는 일은 거의 없었다.[39]

영국의 과거를 둘러싼 정부의 비밀주의가 방해 없이 계속되고 있다. 퍼거슨과 로버츠의 생각은 많은 영국인의 정서와 다르지 않았다. 2014년, "영제국은 자랑스러운 존재인가?"라는 질문에 약 60퍼센트의 영국인이 그렇다고 답했다.[40] 마우마우 소송 오래전부터 이 같은 정서는 존재했다. 전 영국독립당United Kingdom Independent Party 대표 나이절 패라지Nigel Farage가 영국 정계에서 영향력 있는 사람이 된 것도 모두 이러한 국민 정서 덕분이었다. 패라지는 제국민족주의, 유럽회의주의Euroskepticism,* 이민 반대 등 영국에서 포퓰리즘적인 의견을 대변하는 인물이다. 방송에서도 이 같은 주제에 대해 종종 이야기한다. 2012년, 나는 패라지와 영국 방송 〈채널 4 뉴스Channel 4 News〉에서 고등법원 소송 및 영국 정부가 마우마우 비상사태 고문을 사용했다고 인정한 사실의 중요성에 관해 토론했다. 패라지는 "우리가 케냐에서 상황을 악화시켰다. 매우 심한 짓을 저질렀다."라고

---

* 유럽의 통합에 반대하는 이념이나 사상.

인정했다.

하지만 제대로 사과하는 차원을 넘어서서 영원히 계속될 수도 있는 일련의 재판을 시작하는 것은 어려운 일이다. 아시다시피 사람들이 주장하는 학대 행위가 벌어진 지 60년이 지난 후에야 법정에서 제시되는 증거는 신뢰할 수 없다. 벨기에가 콩고에서 어떤 짓을 저질렀는지, 다른 유럽 열강이 아프리카에서 어떤 짓을 저질렀는지 보라. 지금이라면 절대적으로 잘못했으며 두 손을 높이 들어 올린 채 미안하다고 이야기할 수밖에 없는 짓을 저질렀지만, 솔직히 말해 영국이 이 같은 일련의 법적 소송을 시작한다면 돈과 시간 낭비일 뿐이다.[41]

패라지는 미래를 생각할 때라고 주장하며 토론의 가장 중요한 주제로 눈을 돌렸다. "현대를 살아가는 영국인에게 제국에 대한 모든 문제의 책임이 있는가? 특히 영국의 선조들이 전 세계에 널리 퍼뜨린 모든 훌륭한 업적과 견주어볼 때 현대의 영국인이 과거의 잘못을 떠안아야 하는가?" 이 질문에 대한 패라지의 대답은 "그렇지 않다."였다. 패라지는 수십 년간 영국에서 퍼져나간 포퓰리즘 사상을 토대로 능숙한 변론을 펼쳤다. 국가에 대한 영국인의 개념 속에서 제국의 유산이 명백하게 모습을 드러낸 경위와 이유를 알아내려면 인종 및 소속감에 대한 영국인의 생각과 자유제국주의 사이 관계를 생각해봐야 한다. 패라지는 1968년 '피의 강Rivers of Blood'이라는 연설로 영국의 인종차별적인 역사에 한 획을 그은 파월을 떠올리게 하는 사람이었다.

반이민 문화를 적극 활용한 파월

홀라 대학살에 대한 토론이 진행된 1959년, 파월은 식민지 케냐에서 '영국인의 행동 방식'이라는 유명한 말을 남겼다. 더불어 '피의 강' 연설에서 영국의 식민 지배가 끝난 뒤, "활짝 웃는 흑인 아이들이 영국으로 이주해와 영국을 검게 물들였다."라는 말을 내뱉었다. 파월은 '예방 가능한 악에 대비하는 정치의 뛰어난 기능'을 언급한 다음 유권자들의 생각을 빌려 자기 의견을 표출했다. 파월은 유권자 중 한 사람이 자신에게 이렇게 말했다고 회상했다. "내게 돈이 있다면 이 나라에 살지 않을 것이다. 이 나라에서는 15~20년만 지나면 흑인이 백인을 좌지우지할 것이다." 보수당 의원 파월은 영국에 닥친 인종차별과 이민자에 대한 공포에 불을 지르며 "매년 부양해야 할 사람이 5만여 명씩 유입된다. 장례를 치르러 바삐 장작을 쌓아 올리는 한 나라의 모습을 지켜보는 중이다."라고 비난했다. 고대 로마 시인 베르길리우스가 쓴 장편 서사시 〈아이네이스Aeneid〉에 나오는 역사적 비유를 인용한 불길한 종결부가 연설의 제목이었다. 파월은 청중에게 강조했다. "앞을 내다보면 불길한 예감에 휩싸인다. 로마인처럼 나는 '많은 피로 거품이 이는 테베레강'을 보는 듯하다."[42] 런던의 부두 노동자들은 곧 그들의 입장을 보여주는 '흑인으로 가득한 영국이 아니라, 진짜 영국을 지지하라Back Britain, Not Black Britain'라는 현수막을 들고 거리로 나왔다. 여론조사 결과, 약 75퍼센트의 영국인이 '유색인종' 이민자를 적대시하는 파월의 입장을 지지하는 것으로 밝혀졌다. 1970년 6월 실시된 총선에서 보수당은 낙승했다. 파월은 영국에서 오랫동안 확산된 인종차별적인 반이민문화를 적극 활용했다.

1938년, 패드모어는 타자기를 두드렸다. "사회적 지위와 상관없이 영국

에녹 파월

인은 대부분 피부색이 어두운 사람들에 대한 혐오를 드러낸다. 이 같은 인종이기주의와 국가적인 오만함이 영국인과 제국의 유색인종 간 갈등을 초래한다. 정치적·경제적 조정이 이루어진 뒤에도 인종이기주의와 국가적인 오만함은 이들의 사회적 화해를 아주 어렵게 만들 것이다." 전간기에 영국에 살면서 직접 인종차별법과 차별적 분위기를 경험한 패드모어, 제임스 같은 흑인 급진주의 지도자들을 괴롭힌 인종차별법이 1960년대에도 사라지지 않았다는 사실을 기억해두자. 패드모어는 다음같이 경고했다. "영국의 인종차별법은 식민지 지식인 및 학생 사이에서 상당한 반영 감정을 불러일으킨다. 인종차별법이 유색인종을 이끌 미래의 반제국주의 지도자를 대거 양성한다. 영국인은 영국의 무덤을 팔 사람들을 육성한다!"[43] 이 예언은 영국에서 현실이 되었다. 제2차 세계대전이 끝나자 제국 말기에 곳곳에서 벌어진 분쟁 외에도 많은 문제가 자유제국주의가 주장하던 '동반자 관계'를 위협했다. 1948년 6월 22일에 엠파이어 윈드러시Empire Windrush호가 틸버리에 정박해 500명 넘는 자메이카 이민자를 내려놓은 사건을 기점으로 황인과 흑인 신민의 역이민이 본격화되었다.[44] 제국 유지 전략의 일환으로 1948년 제정된 영국 국적법British Nationality Act에 따라 '영국과 식민지'에 적용되는 단일 시민권이 생겨났다. 영국 국적법에 따라 식민지와 독립한 영연방 국가에 사는 사람들에게 영국의 이민 문호는 열려 있었다. 이민 전문가 이안 파텔Ian Patel은 영국 국적법에 대해 다음같이 이야기했다.

> 영국 국적법은 제국 프로젝트 속에 영연방을 남겨두기 위해 영국이 기울인 노력의 중요한 한 부분이다. 이 법은 영연방 국가의 시민권이 제국의 심장부인 영국과 영원히 연결되도록 만들기 위한 법적 구조였다. 영국 국적법은 전후 제국의 연속성을 보장하기 위해 고안되었다. 1948년 탄생한 시민권은 영국 국적의 기본적이며 가장 중요한 형태였다. 영국 정치인들은 단순히 '영국 시민권'이라 부르곤 했다. 1948년 이후, 식민 지배하의 케냐나 자메이카에서 태어난 유색인종은 처칠과 같은 조건으로 시민권을 누렸다.[45]

1953년, 엘리자베스 2세는 뉴질랜드 오클랜드에서 방송된 크리스마스 메시지에서 선언했다. "영연방은 평등한 동반자 관계를 누리는 여러 국가와 인종으로 구성된다."[46] 하지만 왕실의 생각과 이를 법적으로 뒷받침하는 국적법은 오랫동안 백인의 정착에서 비롯된 대영 연방으로 상상된 영연방의 개념과 잘 어울리지 않았다. 남아시아, 서아프리카, 서인도제도 등지에서 이민자들이 도착하자 정치인들은 캐나다, 호주, 뉴질랜드의 백인 중

서인도제도 출신 이민자들을 싣고
템스강 틸버리 항구에 도착한 엠파이어 윈드러시호, 1948년 6월 22일

심의 앵글로색슨 공동체와 반대 개념으로 전후에 독립한 유색인종으로 구성된 제국 공동체를 가리키는 용어인 '신영연방New Commonwealth' 출신 이민자들의 유입에 당황했다.[47] 자유제국주의가 영국으로 되돌아왔고, 영국은 새롭게 백인의 책무를 짊어졌다. 즉, 영국인 중심의 민족국가를 유지하고 이민을 제한했다. 백인의 시민권을 보장해 주권을 수호하도록 공식적·

비공식적으로 각고의 노력을 할 수밖에 없었다.

사라지지 않은 인종차별

1955년 총선 처칠은 '백인 중심의 영국을 지켜내자Keep Britain White'라는 슬로건을 고려한 반면, 노동당 정부를 이끌던 애틀리는 무려 1951년 '유색인종 영연방 시민의 이민 제한 정책' 도입 방안을 생각해냈다.[48] 처칠은 노골적인 인종차별에는 반대했지만, 처칠의 메시지에는 다우닝가 밖 런던의 현실이 반영되었다. 하숙집 창문에 "흑인, 아일랜드인, 개 출입 금지"라는 표지판이 붙은 경우가 다반사였다. 런던 전역에 "백인 중심의 영국을 지켜내자."라는 글귀가 적힌 전단이 붙어 있었다.[49] 어느 연구에 의하면, 1950년대 말 영국의 유색인종 인구는 21만 명에 달했다. 서인도제도 출신이 11만 5000명, 서아프리카인이 21만 명, 인도인과 파키스탄인이 5만 5000명, 다른 지역의 이민자가 1만 5000명이었다. 런던은 만성적인 주택 부족으로 몸살을 앓았고, 흑인 세입자들은 사람이 넘쳐나는 빈민가로 밀려나 더럽고 비위생적인 환경에서 살았다. 아프리카계 카리브해인 이민자들은 셰퍼즈 부시, 브릭스턴, 노팅힐 같은 지역의 작은 단칸방에 모여 살았다. 혹독한 인종차별의 시련 속에서 새로운 정체성이 만들어졌다.[50]

시련의 여파가 영국 거리로 쏟아져 나왔다. 전후에 유행하던 화려한 불량 청소년처럼 입은 젊은 백인 청년들이 백인수호연맹White Defence League 등 노골적으로 인종차별을 앞세운 단체들의 지원을 받아 공공연히 흑인 및 황인 공동체에 대한 적대적인 감정을 드러냈다. 1958년 8월, 300~400명으로 구성된 백인 폭도가 노팅힐에 몰려들어 흑인들이 사는 주택과 흑인을 공격하고, 2주간 폭동을 일으켰다. 영국은 자국에서 최악의 인종 간 폭력을 경험했다. 폭력 사태는 패딩턴과 말리본까지 퍼져나갔다. 사회학자 에이드리언 파벨Adrian Favell에 따르면, 이러한 폭력 사태는 영국 전역에서 이민자를 '특이한 관습과 출신, 범죄를 저지르고 비도덕적인 성향 때문에 결코 동화될 수 없는 침략자 무리'로 묘사하는 정서가 반영된 결과였다.[51] 노팅힐 사건은 영국 국내의 인종 역사에서 중요한 기점이었다. 한 노팅힐 주민은 이렇게 회상했다. "폭동 전, 나는 영국인이었다. 유니언잭 아래에서 태어났기 때문이다. 하지만 인종 문제를 둘러싼 폭동 때문에 내가 누구인지, 어떤 사람인지 깨달았다. 그 사람들 때문에 나는 확고한 자메이카인이 되었다."[52] 폭동 이후 수십 명의 흑인과 백인이 체포되고 기소되었다. 그렇지만 고위급 경찰들은 내무장관에게 폭동의 배후에 인종차별적인 동기가 거의 혹은 전혀 없었다고 장담했다.[53]

인종차별 문제가 급속도로 악화되자 이민 반대 목소리가 거세지고, 흑인 공동체에 대한 노골적인 적대감이 퍼져나갔다. 그러다 케냐에서 학대 행위가 일어난다는 소식이 1950년대의 영국에 도달했다. 거리에서 폭력 사태가 벌어졌다. 공동체 사이 분쟁이 격화되는 사회 분위기에는 인종, 소속감, 영제국을 둘러싼 뒤엉킨 감정이 반영되었다. 케임브리지대학교 역사 교수 에번스는 당시의 분위기를 떠올렸다. 어린 시절의 에번스는 타밀 소년과 그의 부모 맘보, 점보가 이야기가 담긴 동화책 《꼬마 검둥이 삼보》를 읽는 법을 배웠다. 영국의 마멀레이드·과일잼 브랜드 로버트슨스Robertson's가 골든 슈레드Golden Shred라는 마멀레이드를 홍보하기 위해 무료로 나눠준 작은 흑인 인형 '골리왁'을 가지고 놀았다. 흑인을 인종차별적으로 표현한 골리왁은 칠흑같이 검은 피부, 과장된 하얀 눈, 두꺼운 빨간 입술, 헝클어진 곱슬머리를 가진 헝겊 인형이었다. 1950년대 말 텔레비전을 구입한

〈흑백 민스트럴 쇼〉 속 인물로 분장한 두 소년, 1967년 7월 28일

에번스의 가족은 얼굴을 흑인처럼 분장한 백인 가수가 흑인 특유의 몸짓과 몸동작, 미국 가수 앨 졸슨Al Jolson식의 과장된 억양을 선보이는 쇼 프로그램 〈흑백 민스트럴 쇼The Black and White Minstrel Show〉를 매주 시청했다. 에번스는 부모님이 학교 교사인 친구와 벌인 논쟁을 떠올렸다. 친구는 흑인이 백인보다 진화가 덜되어 유인원과 가까운 어디쯤 위치한다고 주장했다.54 이 같은 태도가 전후 영국의 전형적인 모습일까? 에번스는 답한다. "1950년대까지는 아무 고민도 없는 인종차별이 영국의 일상이었다. 대다수의 백인이 인종차별을 자연 질서의 일부로 받아들였다." 〈흑백 민스트럴

쇼〉의 성공은 일상적인 인종차별이 만연했음을 증명하는 지표나 다름없다. 1958년 정규 프로그램으로 시작된 〈흑백 민스트럴 쇼〉는 단숨에 BBC 최고의 히트작이 되었다. 1960년대에는 매주 〈흑백 민스트럴 쇼〉 시청자 수가 1600만 명에 육박했다. 1961년에는 권위 있는 몽트뢰 황금 장미Golden Rose of Montreux상을 수상했다. 인종차별 철폐 운동Campaign Against Racial Discrimination의 종영 요청에도 불구하고 〈흑백 민스트럴 쇼〉는 20년간 방영되었다. BBC 홍보 책임자는 일상적으로 〈데일리 메일〉 독자 의견란을 살펴보며 여론을 살핀 다음, "〈흑백 민스트럴 쇼〉는 특정 인종을 모욕적으로 표현한 프로그램이 아니다."라고 판단했다. BBC 회장 휴 그린Hugh Greene 역시 "추가 조치가 필요하지 않다."라는 말로 홍보 책임자의 의견에 동의했다.[55]

문명화 사명을 대하는 이중사고

케냐와 제국 다른 곳에서 벌어진 잔혹 행위가 알려졌을 때, 대다수가 관심을 보이지 않거나 팍스 브리타니카를 위해 반드시 필요한 부분이라 받아들인 것 역시 전혀 놀랄 일이 아니다. 폭력과 은폐의 전모가 드러나지는 않았지만, 뉴스 보도와 의회 토론에는 이 같은 사건이 일회성이 아님을 시사하는 많은 정보가 담겼다. 하지만 영국 정부의 이중사고는 막강했고, 영국 국민 역시 이중사고를 받아들일 준비가 되어 있었다. 자유제국주의 사상은 거의 한 세기 동안 문명화의 계층 구조에서 가장 높은 곳에 서 있는 영국인에게 문명화 사명을 위해 제국이 강압적으로 조처할 수밖에 없다는 점을 거듭 일깨웠다. 노동당은 극적인 폭로가 이루어지는 순간에만 제국 내 국가 주도 폭력 문제를 놓고 단결했다. 예를 들어, 홀라 대학살이 폭로되고 니아살랜드 폭력 사태를 조사한 데블린 보고서가 공개되자 이전까지 제국과 거리를 두던 게이츠켈 같은 당 지도부도 캐슬 등의 좌파 의원들을 중심으로 결집해 보수당 의원들의 은폐를 강하게 비판했다. 노동당의 입장에서도 쉽지 않은 일이었다. 전후 이민 정책으로 제국이 영국 땅으로 옮겨오자 노동당 역시 백인 사회 유지 정책을 지지했다. 노동당에도 제국에서의 체계적인 폭력에 대한 책임이 있는 것이 분명하므로 그럴 수밖에 없었을 것이다.

1962년, 유색인종의 영국 유입을 제한하기 위해 제정된 영연방이민법 Commonwealth Immigrants Act이 도입되며 이민법이 후퇴했다.[56] 대중의 인종차별적인 생각에 보수당과 노동당 정부가 차례로 대응한 결과였다. 어느 보수당 의원은 1959년 보궐 선거에서 "흑인 이웃을 원하면 노동당에 투표하라."라는 슬로건을 내건 뒤 당선되었다.[57] 1968년 파월이 '피의 강'이라는 연설로 유색인종을 두려워하는 유권자들의 마음을 대변할 무렵, 영국을 이끄는 윌슨의 노동당 정부는 이민법을 더욱 강화했다. 이 무렵 50만 명의 이민자가 영국에 유입되었다. 1960년부터 1962년까지 남아시아 출신 이민자의 급격한 증가를 비롯해 이민자 수가 두 배 이상 증가했다. 윌슨 정부에서 1968년 영연방이민법이 통과되었을 때 영국 전체 인구에서 백인 이외 인구의 비중은 약 1퍼센트에 불과했다.[58] 영국 정부가 새롭게 도입한 이민 강화 조치는 동아프리카에서 진행된 폭력적인 숙청을 피해 안전한 영국으로 이주하려던 인도인을 겨냥한 것이었다. 동아프리카에서는 식민지 시대에 영국이 사용한 분할통치 정책으로 아프리카인 공동체와 남아시아인 공동체 사이에서 첨예한 인종 갈등이 벌어지고 있었다. 애국심 때문에 새롭게 등장한 인종주의가 사람들을 좌파와 우파로 나누는 기존의 구분 방

나이로비공항에서 영연방이민법에 반대하며 시위 중인
케냐 출신 아시아계 주민들, 1968년

식을 초월했다.[59] 하지만 이렇게 당파를 초월하는 현상은 전혀 새롭지 않았다. 어디에서든 제국과 관련해서는 당을 구분하기가 어려웠다. 한 세기가 넘게 인종차별적인 위계질서의 개념과 문명을 위협하는 야만적인 원주민 이미지가 영국 문화에 스며들었다. 그러다 전쟁 이후 제국에서 이주한 사람들이 런던 근처 항구에 도착하면서 그 여파가 폭발적으로 터져나왔다. 파월이 대중적 인종주의popular racism를 만들어낸 것은 아니다. 다만 주권 수호, 이민 반대, 유럽회의주의, 제국 예외주의에 대한 변함없는 신념을 바탕으로 대중적 인종주의를 능숙하게 활용했을 뿐이다. 파월은 BBC 기자 마이클 카커렐Michael Cockerell과의 인터뷰에서 "인종주의가 어때서? 인종주의는 민족의식의 토대다."라는 말로 영국의 다수를 대변했다.[60] 파월은 1961년 성 조지 일St. George Day*에 이렇게 질문했다. "오직 영국만이 아는 영국에 대해 그들이 뭘 아는가?" 키플링의 시 〈영국 국기The English Flag〉에서 인용한 구절이었다. 맹목적인 애국심을 가진 시인 키플링은 국민들에게 영국 전역과 영제국 해안까지 뻗어나가 힘차게 펄럭이는 유니언 잭으로 자신들의 몸을 감싸라고 손짓했다. 파월은 영국의 남다른 과거에서 민족주의의 뿌리를 찾았다.

> 영국이라는 나라가 천 년 넘게 끊어지지 않고 이어진 것은 역사 속에서 찾아보기 힘든 유일무이한 현상이다. 생물학에서 새로운 진화의 계보가 우연히 시작되는 것처럼 특정한 역사적 상황이 만들어낸 결과다. 영국이라는 섬에서 하나로 똘똘 뭉친 민족의 영속적인 삶은, 영국이라는 나라가 이루어낸 특별한 능력과 성취의 토대가 되었다. 초창기 식민지부터 팍스 브리타니카, 정부와 입법, 상업, 사상 등 전 세계에 미친 모든 영향은 이곳에서 비롯되었다. 이 같은 영국의 영속적인 삶을 상징하고, 표현하는 것은 다른 무엇도 아닌 영국 왕정이다. 폭력과 무력이 항상 위험 요인은 아니었다. 우리는 이전에도 폭력과 무력을 견뎌냈으며 또다시 견뎌낼 수 있다. 값싼 타협이나 덧없는 목적을 위해 오랫동안 누적된 풍요로운 전통을 낭비하고, 신성한 상징을 깎아내릴지도 모르는 무관심과

---

* 영국인이 추앙하는 성인 성 조지를 기리는 날이다.

협잡이 위험할 뿐이다.⁶¹

파월은 '우리가 타협한다면 영국의 근간을 지키고 찬양하지 못할 것'이라 주장했다. 파월은 흑인 이민자들이 이러한 유산을 위협하는 현상이 계속되면 영국이 주권을 잃고, 후손들이 제국의 위대함, 즉 태곳적부터 지속된 영국 예외주의의 역사를 빼앗긴다고 생각했다.

이민법이 정의한 영국인

1951년에는 카리브해에서 태어난 영국인이 1만 5000명이었으나 영국이 영연방 시민에게 자동으로 부여되던 영국 체류권을 박탈하는 이민법 Immigration Act을 도입한 1971년에는 그 수가 30만 명을 넘어섰다. 이민법은 인종을 기반으로 이민과 시민권을 '이중'으로 관리하는 시스템을 제도화하려는 명백한 시도였다. 이민법의 등장과 함께 영국 거주권이 있는 사람을 가리키는 '패트리얼 patrial'이라는 용어도 생겨났다. 이 용어는 '거주권 right to abode'이라는 또다시 새로운 표현과 묶였다. 애국자를 뜻하는 영어 단어 '패트리어트 patriot'와 어원이 같은 '패트리얼'이란 영국에서 태어나거나 영국에 등록되어 있거나 영국으로 귀화한, 혹은 그런 부모나 조부모를 둔 영국 시민을 뜻했다. 영국에서 태어난 부모를 둔 영연방 출신 역시 '패트리얼'로 분류되었다. 〈이코노미스트〉는 '패트리얼'이라는 개념이 '종족을 가르는 끔찍한 전문 용어'라며 이 개념이 해외에 사는 백인에 해당하는 영국인 '일가친척'에게는 이민의 문호를 열어두고 영국 거주를 원하는 흑인과 황인에게는 이민의 문호를 걸어 닫는다고 지적했다. 인도 언론은 "영국 이민의 우선순위를 결정하려 인종적인 기준을 사용한다."라고 비난했다. 상원의원 찰스 로일Charles Royle 등 영국의 일부 노동당 의원들도 분노했다. 로일은 의회에서 분통을 터뜨리며 이야기했다. "'패트리얼'이라는 단어는 들어본 적도 없다. 심지어 내무장관은 이 단어를 어떻게 발음해야 하는지도 모르겠다고 이야기했다. 이 같은 단어와 그 근거가 되는 원칙의 도입이 차별이 아니라면 도대체 무엇이 차별인가?"

1971년 도입된 이민법은 혈통에 따라 차별하는 차원을 넘어섰다. 이민법에 따라 이민자의 경찰 등록이 의무화되었다. 영국 내무장관에게 전면적으로 추방할 권한이 생겼으므로 '국가 안보'를 위협하는 이민자를 재판이나 항소의 기회 없이 추방할 수 있었다. 이민법은 에드워드 히스Edward Heath 총리가 이끄는 보수당 정부가 도입했지만, 1974년 집권한 노동당 정부 역시 파텔이 '오늘날과 같은 적대적인 이민 환경이 조성되는 궁극적인 원인'이라 지적한 일련의 법 중 가장 마지막으로 제정된 이민법을 폐지하기 위해 어떤 노력도 기울이지 않았다.⁶² 1971년 이 같은 움직임이 나타난 데는 영국에서 인종 간 폭력이 격화된 탓도 있었다. 영국 흑인 급진주의의 대부 프랭크 크리츨로Frank Crichlow가 운영하는 맹그로브 레스토랑이 1930년대의 패드모어 집 거실과 비슷한 역할을 했다. 노팅힐 맹그로브 레스토랑은 제임스, 라이어널 모리슨Lionel Morrison 같은 지식인, 밥 말리Bob Marley, 니나 시몬Nina Simone 같은 예술가, 현지인들이 함께 어울리며 민권운동을 주제로 토론하는 흑인 공동체의 심장부가 되었다.

블랙 파워 운동

맬컴 X Malcolm X와 스토클리 카마이클 Stokley Carmichael로부터 영감을 받은 영국의 블랙 파워 운동 Black Power Movement 역시 영국의 과거에서 그 뿌리를 찾았다. 패드모어는 1959년 세상을 떠났지만, 제임스는 1953년 영국으로 돌아가 이후 30년간 영국과 해외를 오가다가 브릭스턴에 영구적으로 자리 잡았다. 나이지리아 태생의 소설가이자 극작가인 오비 에그부나 Obi Egbuna는 《흑인 자코뱅당원》 등 제임스의 글에 영감을 받아 블랙 파워 운동을 시작하고, 1960년대 말 유색인종협회 Universal Coloured People's Association를 공동 설립했다. 대서양 양쪽을 잇는 유색인종협회의 역할은 패드모어가 전간기에 발전시킨 범아프리카주의와 유사했다.⁶³ 영국 경찰은 블랙 파워 운동 참가자들이 모여 정부에 반대 의견을 모으고 계획을 수립하는 맹그로브 레스토랑을 여러 차례 급습했다. 1970년 여름, 주민들은 경찰서까지 항의 행진을 벌였고, 경찰서에서 폭력 사태가 발발해 수십 명이 체포되었다. 이 사건으로 '맹그로브 9인방 Mangrove Nine'으로 알려진 크리츨로 등 아홉 명의 피고가 중앙형사법원에서 재판을 받았다. 영국 정부는 1965년 제정된 인종관계법 Race Relations Act을 근거로 피고들을 '인종 증오 선동 incitement to racial hatred' 혐의로 기소 방안을 고려했다. 인종관계법의 최종 통과는 1965년이었지만, 브로크웨이는 1956년부터 1964년까지 여러 차례 인종관계법을 제출했다. 의회에서 수십 년간 제국의 민족자결과 공정성, 공평성을 요구하는 세력의 선봉에 선 브로크웨이는 비슷한 문제에 관심을 기울였다. 인종관계법은 '공공 이용 장소'에서의 차별을 금지하고 '인종 증오 선동'을 범죄로 규정했지만, 상점과 하숙집에서의 차별을 금지하기까지 3년이 더 걸렸으며 법안 통과 후에도 강력하게 시행되지 않았다.⁶⁴

맹그로브 9인방 재판의 증거로 제출된 노팅힐 시위 행진 사진

정부는 맹그로브 9인방을 백인 증오 선동 혐의 대신 폭동 선동 등 조금 더 그럴듯한 혐의로 기소했다. 영국에서 '이민법의 아버지'이자 '반인종주의 법률의 선구자'로 여겨지는 이안 맥도널드Ian Macdonald는 55일 동안 진행된 맹그로브 9인방 재판이 '분수령'이었다고 설명했다.[65] 브로크웨이나 캐슬처럼 유색인종을 위해 목소리를 높인 맥도널드는 인종관계법이 통과되고 인종관계위원회Race Relations Board를 통해 법이 시행될 수 있도록 로비하는 한편, 맹그로브 9인방이 법적 전략을 짤 수 있도록 도왔다. 맹그로브 9인방 중 일부는 맥도널드 같은 변호인의 변호를 거부하고, 영국이 소중하게 여겨온 '법치'를 정면으로 부정하며 법정에서 자신을 직접 변호했다. 미국의 블랙 파워 운동 활동가들이 모든 미국인의 동등한 법적 보호를 보장하는 미국 수정헌법 제14조Fourteenth Amendment를 인용했듯, 맹그로브

9인방은 자신과 같은 부류의 배심원 앞에서 재판받을 권리 등 기본적인 권리가 마그나 카르타Magna Carta*에 명시된다고 주장했다. 여기서 맹그로브 9인방이 언급한 비슷한 부류란 흑인 배심원을 뜻했다. 법정은 이들의 주장을 기각했지만, 맹그로브 9인방은 63명의 배심원 후보를 거부한 끝에 두 명의 흑인 등 총 12인으로 구성된 배심원단을 꾸리는 데 성공했다. 재판은 어느덧 인종차별과 런던 경찰청의 역할에 대한 국민 투표가 되었다.

배심원단은 주요 혐의에 대해 맹그로브 9인방의 무죄를 선고했다. 판사는 이 재판으로 "양측 모두의 인종 증오 증거가 드러났다."라고 발언했다. 당시로서는 놀라운 발언일 뿐 아니라, 사법부가 영국 경찰의 인종적인 편견을 인정한 첫 번째 사례였다.66 맥도널드는 맹그로브 9인방 사건에 대해 다음같이 회상했다. "우리는 경험을 통해 법원의 권력에 정면으로 맞서는 법을 배웠다. 피고들이 '피해자'의 역할을 거부했다. 변호사가 소위 '전문 지식'을 활용했기 때문이다. 피고를 자기주장을 펼치는 인간으로 인식하면 법정에서 모든 것이 바뀔 수밖에 없다. 변호사의 힘과 역할, 변론과 소송 준비. 급진적인 변호사가 할 일은 전통적인 변호사의 역할을 수행할지, 그렇지 않으면 대담하고 새로운 경험에 참여할지 결정하는 것뿐이다."67 그렇다고 탈인종차별 시대가 도래한 것은 아니었다. 1981년 4월, 브릭스턴에서 사흘 동안 폭동이 벌어졌다. 현대 영국에서 자유주의를 신뢰할 수 없음을 보여주는 또 다른 징후였다. 브릭스턴 주민 로스 그리피스Ros Griffiths는 "일종의 전쟁 같았다. 브릭스턴 폭동은 브릭스턴 봉기였다."라고 회상했다. 그리피스는 브릭스턴 사태가 런던 다른 지역과 영국 전역에

---

* 1215년 잉글랜드의 존 왕King John이 귀족들의 압력에 의해 서명한 헌정문서로, 국왕의 권한을 제한하고 법의 지배를 명문화한 최초의 역사적 문서 중 하나다.

서 폭력적인 시위를 촉발했다며 '인종 관계의 분수령 같은 순간'이었다고 설명했다.[68] 브릭스턴 폭동을 촉발한 직접적인 요인은 대처 총리의 발언 때문에 '쇄도 81 작전Operation Swamp 81'이라는 이름이 붙은 경찰 작전이었다. 대처 총리는 특정한 이민자가 계속 영국으로 오면 "20세기가 끝날 무렵 신영연방, 혹은 파키스탄 이민자가 400만 명에 달할 것이다. 대중은 다른 문화를 가진 사람들이 이 나라에 쇄도할지도 모른다는 두려움에 빠져 있다."라는 견해를 밝혔다.[69] 영국에는 불법 행위를 저지를 가능성이 있다는 의심만으로 용의자 체포 또는 유죄 확정 권한을 경찰에게 부여하는 유서 깊은 '불심검문법'이 있었다. 쇄도 81 작전이란 브릭스턴에서 열흘 동안 진행된 수색 작전이었다. 150명의 사복경찰이 1000여 건의 불심검문을 진행하고, 150여 명을 체포했다. 정부의 의뢰를 받아 즉시 브릭스턴 사건 조사를 진행한 스카먼 경Lord Scarman은 11월 보고서를 공개했다.

> 그동안 수집한 증거에 의하면 인종에 따른 불이익이 현재 영국에서의 삶의 일부라는 데 의심의 여지가 없다. 이 문제가 우리 사회의 생존을 위협하는 고질적이고 뿌리 깊은 질병이 되지 않도록 하려면 시급한 조치가 필요하다. 영국에 '제도적 인종주의'는 없지만, 인종에 따른 불이익과 그에 수반되는 불쾌한 부수물인 인종차별은 아직 사라지지 않았다. 이것들이 정신과 태도를 병들게 만든다. 즉, 이것들이 사회 불안을 초래하는 강력한 요인이며, 사라지지 않는 한 계속 사회 불안을 초래할 것이다. 우리 사회의 기본적인 결함을 해결하고 없애지 않는다면 치안 활동은 아무 소용없다.

스카먼은 '인종에 대한 편견이 반영된 행동 또는 인종차별 행동'을 경찰관 징계 사유로 지정하는 등 사회복지 및 치안에 도움이 되는 다양한 권고 방안을 제시했지만, '불심검문 권한'을 포함한 강경한 치안 활동 및 '물대포, 최루가스, 플라스틱 총알' 사용 등을 필수로 여기고, 이 같은 방안을 계속 지지했다.[70] 브릭스턴 폭동이 일어나고 스카먼 보고서가 공개된 해, 영국은 시민권을 영연방이 아닌 영국과 묶는 새로운 영국 국적법을 통과시켰다. 1981년 이후, 영국 시민은 부모 중 한 명이 영국 시민이고 '영국에서 태어난 사람'으로 정의되었다. 1948년 도입된 영국 국적법이 일련의 차별적인 이민법 때문에 수십 년 걸쳐 서서히 와해된 끝에 영국은 수십만 명의 '유색인종 이민자'를 영국으로 불러들인 영제국 시민권 시대가 끝났음을 인정했다. 유색인종이 영국에 쇄도할지도 모른다는 두려움을 해소한 새로운 영국 국적법은 누가 영국에 속하는지를 정확히 밝히며 영연방의 흑인과 황인이 진정한 영국인이 될 수 있다는 허울뿐인 명분은 완전히 폐기되었다.[71]

제국을 둘러싼 드라마

1980년대 내내 계속된 흑인을 대상으로 한 경찰의 프로파일링과 괴롭힘은 악명 높은 스티브 로런스 Stephen Lawrence 사건으로 절정에 달했다. 자메이카인 부모 밑에서 태어난 로런스는 1993년 4월 인종적인 동기로 백인 청년들의 손에 잔혹하게 살해당했다. 로런스 사망 사건과 용의자에 대한 엉터리 재판으로 맥퍼슨 조사 MacPherson Inquiry가 진행되었다. 1999년 공개된 조사 보고서는 스카먼이 제안했으나 실행되지 않은 여러 혁신 방안을 이야기했다. 사건 현장에서 로런스에게 응급조치를 하지 못한 데서부터 용의자를 조사하지 못한 데까지 경찰이 저지른 많은 실수를 지적했다. 보고서가 밝혀낸 가장 충격적인 사실은 "런던 경찰청과 다른 경찰청, 그 외 전국 각지의 다른 기관에 제도적인 인종차별이 존재한다."라는 것이었다. 보고서에는 총 70개의 개선 권고안이 기술되었다.[72] 이후 약간 변화가 있었지만 충분하지는 않았다. 경찰 같은 기관은 인종에 대한 영국인의 전반적인 태도 및 유색인종이 위협적인 존재라는 판단 아래 자기방어를 위해 애쓰는 영국의 노력과 완전히 분리되어 있지 않았다. 영국 전역에 퍼진 태도와 분위기 때문에 경찰 같은 기관이 만들어졌다고 보아야 옳다. 2017년 많은 논란이 된 라샨 찰스Rashan Charles 사망 사건*과 백인보다 흑인에게 한 불심검문이 19배나 많은 실태 등 경찰의 잔인한 치안 전술은 로런스의 사망 이후로 크게 달라지지 않았다. 런던 경찰청장을 지냈으며 영국 흑인경찰협회Black Police Association 회장을 맡은 리로이 로건Leroy Logan은 2020년 10월 "오늘날 런던 경찰청은 맥퍼슨 보고서가 나오기 이전만큼이나 인종차별적인 것처럼 보이고, 그렇게 느껴진다."라고 적었다.[73]

 '피의 강' 연설도 50년이 흘렀지만, 파월주의는 오늘날까지도 여전히 살아 숨 쉬고 있다. 더불어 변화가 진행 중이지만 국가, 주권, 시민권의 순수성, 영국 예외주의 관련 파월의 사상이 보수당의 강령, 복잡하게 뒤엉킨 브렉시트, 제국, 이주 노동자들이 영국인의 일자리를 훔쳐 간다는 믿음, 영국에게는 혼자 일어설 수 있는 특별한 능력이 있다는 신념을 떠받친다. 이 글을 쓰는 현재 영국에 사는 6460만 명의 주민 중 87.2퍼센트에 해당하는 5620만 명이 '백인'이지만, 인구 통계 자료를 보면 런던의 백인은 45퍼센트에 불과하다.[74] 현재 런던 시장은 제2차 세계대전 이후 영국으로 옮겨

---

* 20세의 흑인 찰스가 경찰의 불심검문 뒤 사망한 사건.

런던에서 열린 윈드러시 행동의 날#WindrushDayOfAction 시위, 2019년 6월 22일

온 제국의 산물 사디크 칸Sadiq Khan이다. 런던 남부에서 노동자 계급 수니파 무슬림 가정에서 태어난 칸은 파키스탄 이민자의 아들로, 인권 및 차별 소송 전문 변호사로 활약하다 2005년 의회에 입성했다. 2016년 57퍼센트의 득표율로 런던 시장에 당선된 칸은 전임자인 보리스 존슨과는 전혀 다른 사람이다. 2020년 6월 흑인 인권 운동 캠페인 '블랙 라이브스 매터'가 진행되자 칸은 '구시대'에서 비롯된 동상과 거리 이름을 바꾸기 위해 공공영역다양성위원회Commission for Diversity in the Public Realm를 출범시켰다. '윤리와 제국' 프로젝트로 "제국의 개입이 아니었다면 자기들끼리 전쟁이나 벌였을 사람들에게 제국의 지배가 통합적이고 평화로운 준법 질서를 가져다줄 수도 있다."라고 주장하는 보수 성향의 옥스퍼드대학교 신학 교수 나이절 비거 등 일부 영국인은 분노했다.[75] 비거는 "'탈식민지화' 운동에 대한 역사적인 가정은 매우 잘못되었다. 따라서 공공장소에 세워진 동상의 '탈식민지

화'는 잘못된 역사적 서사의 공개적인 승리에 해당하고, 대중에게 널리 퍼진 서사의 진실은 중요하지 않다."[76]라고 주장한다. 하지만 무슨 동상을 세우든 '잘못된 역사적 서사'가 생기지는 않는다. 문서를 불태우고 은폐하는 것 역시 마찬가지다. 제국에서 자행된 국가 주도 폭력을 외면하는 것도 다르지 않다.[77]

학계, 언론, 공공장소에서 진행되는 제국 기념행사를 둘러싼 토론 속에서 제국 역사 전쟁이 계속되는 탓에 제국을 둘러싼 드라마를 따라잡기란 쉽지 않다. 2018년, 테리사 메이Theresa May 총리가 이끄는 영국 정부의 내무성은 1973년 이전에 영국에 도착한 수천 명의 영국 신민에게 구금, 법적 권리 박탈, 여권을 압수했다. 추방 협박도 뒤따랐고, 그중 83여 명은 실제로 추방되었다. 내무성은 윈드러시 세대Windrush generation라고도 알려진 초창기 이민자들의 합법적인 영국 이민 기록을 파괴해 이들을 불법 이민자로 만든 다음 식민정부가 1950년대의 말라야에서 중국계 주민을 '외국인'으로 분류했듯, 이들을 외국인으로 대했다. 2018년 이처럼 노골적인 차별 정책을 둘러싸고 스캔들이 터졌다. 영제국에서 진행되던 내부의회 조사가 아니라, 20년간 영국 검찰청Crown Prosecution Service에서 근무한 이력이 있는 독립적인 검토위원 웬디 윌리엄스Wendy Williams가 내부 조사를 했다. 윌리엄스는 2020년 3월 '윈드러시 스캔들이 주는 교훈Windrush Lessons Learned Review'이라는 제목의 최종 보고서에 이렇게 적었다. "윈드러시 스캔들의 원인은 특정 집단의 영국 거주 자격을 제한 목적으로 1960년대 이후 도입된 이민과 국적에 관한 일련의 정책과 법에서 찾을 수 있다. 역대 정부는 이민 통제 정책을 강화하고, 적대적인 환경을 조성하고, 확대법을 통과시켜 이민에 강경한 태도를 드러내 보이고 싶어 했지만, 이 과정에서 윈드러시 세대는 완전히 무시되었다." 윌리엄스는 내무성의 운영 환경도 짚었다. "내무성이 관리상의 실수를 저질렀지만 내무성 안에서 조직적인 인종주의가 팽배하다는 결정적인 증거를 찾을 수 없었다." 윌리엄스는 변화와 개선을 위한 30개의 권고 방안을 제시했다. 윌리엄스의 권고 방안은 다음같이 크게 세 가지로 요약된다. 첫째, 내무성은 그동안 행해진 옳지 않은 일을 인정하라. 둘째, 내무성은 좀 더 포괄적인 외부 감시를 받아들이자. 셋째, 내무성은 이민과 좀 더 포괄적인 내무성 정책이 된 사람에 관여했다면 목적이 무엇이든 인류애를 기반으로 한 방향으로 조직문화를 바꿔나가야 한다.[78]

내무성은 사과문을 발표했지만, 영국의 유럽연합 탈퇴와 함께 다른 이민 제한 조치를 강화했다. 그러자 버킹엄궁에서 또다시 이민자 문제가 대두되었다. 2018년 5월, 해리 왕자와 메건 마클Meghan Markle의 결혼은 오랫동안 영국의 제국주의적 민족주의의 정체성에 매몰된 왕실에 탈인종 시대의 도래를 예고하는 사건으로 여겨졌다. 영연방 53개국을 상징하는 섬세한 꽃무늬 자수가 들어간 약 5미터 길이의 베일을 쓴 미래의 서식스 공작 부인Duchess of Sussex은 제국을 짊어지고 윈저성 성조지 교회로 걸어 들어갔다. 하지만 탈인종 시대가 도래했다는 꿈이 산산조각이 나기까지는 2년이 채 걸리지 않았다. 해리 왕자와 공작 부인은 영국 왕족의 역할을 내려놓고, 미국으로 떠났다. 2021년 초, 오프라 윈프리Oprah Winfrey와 마주 앉은 두 사람은 아들 아치가 태어나기도 전에 피부색에 대해 질문하던 왕실의 행태 등 고통스러운 인종차별 이야기를 들려주었다. 여왕의 한쪽 무릎에는 인도의 마지막 부왕이자 아일랜드공화국군에게 희생된 루이스 마운트배튼의 이름을 딴 루이 왕자Prince Louis가, 다른 한쪽 무릎에는 제국의 들판에서 일하며 때로는 폭력적으로 맞서 싸웠던 흑인의 후손이자 검은 피부를 지녔을 가능성이 있는 아치가 앉아 있는 가족 초상화는 어떤 모습일까? 영국의 제국주의자들이 오랫동안 눈엣가시처럼 여기던 아일랜드 신문

〈아이리시 타임스The Irish Times〉는 이 모든 일이 어떻게 끝날지 예상했다. "타블로이드 신문의 떠들썩한 보도에도 불구하고, 두 사람의 결혼은 왕실 덕에 신분 상승을 이루어낸 배은망덕한 극빈자의 이야기가 아니었다. 두 사람의 결혼은 훌륭한 두 가문, 윈저성과 캘리포니아의 유명인 간의 잠재적인 결합 이야기였다. 둘 중 하나에만 미래의 이야기가 있다. 넷플릭스Netflix와 계약한 쪽이 바로 미래가 있는 이야기다."[79]

인종차별과 제국의 잔재는 영국 왕실에 국한된 것이 아니지만, 존슨 정부는 영국이 "개방적인 사회이며 백인이 다수인 다른 국가의 귀감이 된다."라고 주장한다. 인종·민족격차위원회Commission on Race and Ethnic Disparities가 2021년 발표한 보고서 역시 이 같은 결론을 강조한다. 자메이카 이민자의 아들로 영국에서 교육 컨설턴트로 활약 중인 토니 슈얼Tony Sewell이 2020년 봄 '블랙 라이브스 매터' 운동이 퍼진 뒤 생겨난 인종·민족격차위원회의 위원장을 맡았다. 보고서는 영국에 노골적인 인종주의가 존재함을 인정한다. 살인 사건에서 흑인 사망 비율이 터무니없이 높고 코로나19로 인한 전체 사망자 중에서도 흑인의 비율이 지나치게 높게 나타나는 등 '고통스러운 데이터'가 존재함을 지적하면서도 '체계적이거나 제도적인 인종주의'의 증거는 없다고 발표했다. 흑인이나 아시아인 같은 소수민족 집단으로 분류되는 사람과 백인 간의 차이가 존재하는 부분과 관련해서도 인종·민족격차위원회는 입장을 밝혔다. "영국에서 소수민족에 불리하게 시스템이 의도적으로 조작되는 일은 벌어지지 않는다. 장애물과 격차가 존재하지만, 그 형태가 다양하고 그중 인종주의와 직접적으로 관련된 것은 드물다. 두루뭉술하게 모든 것을 설명하려 '인종주의'를 언급하고, 인종주의의 실상을 명확하게 파헤치기보다 인종주의가 존재한다는 주장을 그저 암시적으로 받아들이는 경우가 많다."[80]

영국 사회에서 나타나는 격차들

그렇다면 현재 영국 사회에서 나타나는 격차는 어떻게 설명할 수 있을까? 이번에도 역시 아직 완전히 진화하지 못한 사람들이 문제였다. 문화와 종교는 영국 내 소수집단의 발전을 막는 재앙이다. 보고서는 "가정생활과 구조에 따라 달라지는 다양한 경험이 교육 결과 및 범죄의 측면에서 나타나는 많은 격차를 설명할 수 있음을 시사하는 증거가 많다."라고 설명한다. 더불어 격차를 좁히려면 '우리(위원회)가 '참여'의 시대라고 표현하는 새로운 시기'가 필요하다고 지적한다. 과거의 자유제국주의 정권이 변화하는 정치 상황을 수용하기 위해 신탁통치나 동반자 관계 같은 표현을 사용했듯, 인종·민족격차위원회는 너무도 뻔히 자유제국주의식 어휘를 사용하는 오래된 관행을 따랐다. 이 보고서를 비판하는 많은 전문가 중 한 사람은 '정부 차원의 가스라이팅'이라는 표현도 서슴지 않았다.[81]

슈얼과 동료 위원들은 "우리는 영국의 영향력, 특히 영제국 시대에 영국이 행사한 영향력을 살펴볼 수 있는 교육 자료를 만들고 싶다."라고 선언했다. "우리는 영국스러움이 영연방과 지역사회에 어떤 영향을 미쳤는지, 영연방과 지역사회가 지금 우리가 아는 현대 영국의 모습에 어떤 영향을 미쳤는지 알아보고 싶다." 인종·민족격차위원회가 노예무역과 노예노동의 유산이나 팍스 브리타니카 기간 자행된 국가 주도 폭력의 유산에 관심을 돌릴 것이라 상상하는 사람도 있겠지만, 인종·민족격차위원회는 제국의 발전과 관련된 이야기를 계속 이어나가고 흑인과 황인도 언젠가는 영국인이 될 수 있다는 신화를 토대로 개발주의를 고수했다. 인종·민족격차위원회는 이렇게 이야기한다. "카리브해에서 있었던 일에 대한 새로운 이야기가 있다. 그 이야기는 노예 시대가 금전적인 이윤과 고통만이 존재하던 시대가 아니라, 아프리카인들이 문화적으로 아프리카와 영국이 뒤섞인 새로운 존재로 거듭난 시대라고 이야기한다."[82]

파월주의를 등에 업고 패라지와 존슨이 부상하기 전에도 토니 블레어Tony Blair의 신노동당 정권이 그때까지도 근대화되지 못한 세계 여러 지역과 맞서기 위해 '신자유제국주의new liberal imperialism'를 표방했음을 잊어서는 안 된다. 수십 년간 식민 통치당하던 이 국가들은 자립할 수 없을 것처럼 보였다. 2003년 이라크 전쟁이 시작되자 영국과 미국의 공동 프로젝트가 된 자유제국주의는 강압과 개혁의 힘으로 또다시 적응해나가야만 했다. 아래는 블레어 정부의 외교 정책 고문 로버트 쿠퍼Robert Cooper가 〈가디언〉에 기고한 글이다.

> 포스트모던 세계의 문제점은 이중잣대라는 개념에 익숙해져야 한다는 것이다. 우리 역시 법과 개방적이고 협력적인 안보를 토대로 나라를 운영하지만, 유럽이라는 포스트모던 대륙 밖의 좀 더 구시대적인 국가를 상대할 때는 예전에 사용하던 거친 방식으로 회귀할 수밖에 없다. 예를 들어, 무력, 선제공격, 속임수를 사용해야 한다. 여전히 19세기 방식으로 살아가는 사람들을 상대할 때 필요한 모든 방법을 동원할 수밖에 없다. 우리 사이에서는 법을 지키지만, 정글에서 싸울 때는 정글의 법칙을 사용하라.[83]

노동당의 '신자유제국주의'는 공식적으로는 수십 년간 제국의 성공을 떠들어댔지만, 근대 세계를 건설하겠다는 문명화 사명이 실패했음을 인정하는 놀라운 말이었다. 실패를 인정할 수 없는 영국은 과거의 제국에 문제가 생긴 것은 어린아이에게 너무 일찍 걸음마를 허락한 탓이라 주장했다.

공식적인 제국은 무너졌지만, 세계 각지의 흑인과 황인의 나라들은 아직 완전히 발전하지 않았기 때문에 19세기 이후 자유제국주의 체제의 필수 요소인 전제적인 지배는 건재했다. 쿠퍼는 "개입은 어떤 형태로 이루어져야 하는가?"라고 질문한 다음 아래와 같이 답했다.

> 혼돈에 대처하는 가장 논리적인 방법이자 과거에 가장 많이 쓰인 방법은 식민지 개척이다. 하지만 포스트모던 국가에서는 식민지 개척이 용납되지 않는다(일부 근대국가 역시 마찬가지다). 우리가 전근대적인 세상의 출현을 지켜보는 것은 바로 제국주의의 몰락 때문이다. 제국과 제국주의는 포스트모던 세상에서 일종의 학대, 지금도 식민지 개척의 기회와 필요성이 19세기만큼이나 크지만 기꺼이 그 일을 하려고 나설 만한 식민 열강은 없다.

블레어 행정부가 찾아낸 해답은 개별적인 유럽제국 건설이 아니라, 국제통화기금이나 세계은행World Bank 같은 국제 컨소시엄에 의해 운영되는, 세계 경제의 비공식적인 제국주의를 받아들이고 초제국적 구조를 구축하는 것이었다. 유럽연합은 지배와 감시, 개혁을 위해 노력할 새로운 제국을 만들었다. 서구 문명이 그 역할을 이어받을 것이다.

> 중앙에서 최소한의 통제는 해야 한다. '제국의 관료 체제'는 통제받아야 마땅하다. 책임감을 느껴야 하며, 연방의 주인이 아니라, 하인처럼 굴어야 한다. 이 같은 기관 구성원들은 자유와 민주주의를 위해 헌신해야 한다. 이 연방은 로마처럼 시민을 위해 법과 주화를 제공한다. 이따금 도로도 만들어줄 것이다.[84]

미국의 역할을 촉구하는 블레어 총리는 시카고 재계 모임 시카고 경제 클럽Economic Club of Chicago에서 다음같이 이야기했다. "국가의 가치관이 국가의 이익과 융합되어야 한다. 자유, 법치, 인권, 열린 사회라는 가치를 확립하고 퍼뜨리면 우리의 국익에도 도움이 된다. 우리의 가치관을 널리 퍼뜨릴수록 우리가 더욱 안전해진다."[85] 블레어의 외교 정책은 영국의 제국주의 과거 및 불안하지만 계속 지속되는 전후 영미동맹과 깊이 관련이 있다. 블레어는 제국주의의 색깔이 짙은 원탁회의 운동을 계승했으며 채텀하우스Chatham House라고도 알려진 왕립국제문제연구소Royal Institute of Foreign Affairs를 오랫동안 높이 평가해왔다. 전간기에 커티스의 지도력 아래 원탁회의 세력이 강해졌으며 '인종애국주의자라 자칭하던 밀너 유치원 원생들은 원탁회의 활동에 참여했으며 세계대전 기간 영국의 친제국주의 선전에 가담했다. 이들은 영제국 연방, 혹은 백인 자치령으로 이루어진 연방이라는 개념을 지지했다. 이 이야기에서 중요한 점은 커티스가 전간기에 채텀하우스도 설립했다는 사실이다. 채텀하우스는 왕실의 후원 아래 원탁회의 회원들을 그대로 흡수했다. 미국인들과 손잡고 기금을 조성해 미국에서도 자매단체인 외교협회Council on Foreign Relations를 설립했다.[86] 앵글로색슨족이 생물학적·문화적으로 우월하다는 인종차별적인 세계관을 토대로 설립된 두 조직과 일부 구성원들은 전후 영국과 미국의 정책에 지대한 영향을 미쳤다.[87]

2003년, 이라크에서 전쟁이 발발했다. 신노동당의 블레어와 공화당의 조지 부시George Bush가 손잡고 영제국의 '마음과 정신' 전략을 21세기식으로 변형한 전술을 활용하는 전쟁을 벌인다는 사실에 많은 이가 경악했지만, 자유제국주의가 지속된 오랜 세월과 정치적 성향을 초월한 영국과 미국의 끈끈한 관계를 생각해보면 그리 놀랄 일은 아니다. 자유제국주의는 여전히 영향력을 행사한다. 그렇지만 영국 정부가 꾸린 백인 권력 구조를 보면 서구국가로 구성된 연방을 만들겠다는 생각은 버린 듯하다. 2016년 브렉시트 투표로 영국의 독자적인 행보를 선호한 보수당은 신화화된 영국의 과거를 강조하고 영국만의 가치와 영광, 정체성을 훼손하는 세력을 표적으로 삼아 승리했다. 브렉시트 투표가 진행되었을 때 보수당은 '통제권을 되찾자'라는 슬로건을 내걸었다. 영국은 유럽과의 통합으로 대륙의 이민자들에게 문호를 개방한 탓에 이민자들이 영국을 더욱 오염시켰다고 확신했다. 영국 외무성은 메이 총리가 내건 '글로벌 영국'이라는 착각에 가까운 슬로건과 제국의 전후 몰락이라는 타고 남은 불씨에서 비롯된 '제국 2.0'을 함께 선전했다.[88] 하지만 오래된 교훈은 쉽사리 사라지지 않는다. 제대로 교훈을 얻었다면 말이다. 영국의 국제통상장관 리암 폭스Liam Fox는 영연방이 브렉시트 이후 영국의 무역을 늘려줄 만병통치약이라 주장한 바 있다. 이 같은 발언에는 경제적 경험주의economic empiricism가 아닌 제국주의 정서와 유럽회의주의에 다시 한번 영국의 운명을 걸어야 한다는 생각이 반영되어 있다.[89]

통제권과 포퓰리즘을 바탕으로 이를 부추기는 인종차별적인 세력의 은밀한 메시지가 비밀리에 세계 곳곳에서 전달되고 있다. 홀로 우뚝 서라는 요구, 인종·민족·종교 다수 집단에 특혜를 주라는 요구, '미국을 다시 위대하게 만들라'는 요구 등 비밀 메시지의 형태는 매우 다양하다. 오늘날 반대 의견에 대한 강력 탄압을 정당화하는 '법과 질서'의 언어 속에 홀라 대학살과 영제국 각지 내 사건의 근거가 되는 원칙과 유사한 '법치'가 자리잡고 있다. 인종차별에 반대하는 반복적인 영국 내 시위나 나렌드라 모디Narendra Modi 총리가 이끄는 인도 식민지 시대 제정 법 발동에 항의하는 평화로운 시위, 표면적으로는 '보호와 봉사'를 위해 애쓰는 경찰의 흑인 탄압

등을 생각해보면 이 같은 사실을 확인할 수 있다.

  자유주의에 반대세력을 탄압하는 권력을 안겨준 체계가 세계 곳곳에서 무너져내리고 있다. 동상 철거 및 거리 이름 변경 요구도 중요하지만, 이것들은 좀 더 큰 문제의 일부에 불과하며, 개혁은 표리부동한 자유주의 프로젝트의 고유한 특징이다. 권력을 쥔 사람들이 조직적인 차별을 끝내거나 민권법 또는 동등한 기회 보장하는 일은 드물다. 권력자들은 권한을 내어줄 때조차 '아직' 자립할 준비가 되지 않은 것으로 여겨지는 사람들에게 머뭇거리며 조금씩 개혁 정책을 추진할 뿐이다. 추방, 강력 탄압, 감금 등으로 만물의 자연질서를 위협하는 오염원을 벌하려는 시도는 계속된다. 역사로 증명되었듯, 자유주의의 '비인간적인 전체성inhuman totality'을 겪은 사람들은 때로는 평화롭게, 또 때로는 단호하게 보편적인 권리와 제약 없는 포용을 요구했다. 하지만 민주주의가 내건 보편적인 존엄과 평등이라는 약속이 실현되기 어려운 것처럼, 개혁이라는 또 다른 이름 아래 비인간적인 전체성이 다시금 고개를 드는 것은 자유주의 국가의 변하지 않는 특징이다.

부록

LEGACY OF VIOLENCE
A history of the British empire

감사의 말

이 프로젝트를 시작한 지 한 세대는 족히 지난 것 같은 기분이다. 이 프로젝트는 해를 거듭할수록 범위가 넓어지고 복잡해졌고, 나는 여러 차례 이 프로젝트를 마무리하려 했지만 번번이 실패했다. 더 많은 자료를 찾아 아카이브를 뒤지고, 여러 학문 분야를 넘나들며 읽고, 새 하드드라이브가 필요할 정도의 방대한 데이터베이스를 만들고, 수도 없이 개요를 작성하는 시간이 몇 년쯤 흐른 뒤였다. 그때 친구이자 동료인 수잔 피더슨이 내게 이렇게 말했다. "너는 지금 끝없는 후퇴의 구덩이에 빠지고 있어." 이 책을 쓰는 유일한 방법은, 그냥 쓰기 시작하는 것뿐이었다. 출판되기까지 오랫동안 의견과 지원, 조언, 우정을 아끼지 않은 수잔을 포함한 많은 분께 진심으로 감사드린다.

무엇보다도, 나는 나의 학생들로부터 이야기를 시작하고 싶다. 하버드에서 일함으로써 얻는 가장 큰 특권은 두려움 없이 어려운 질문을 던지는 놀라운 젊은이들과 함께 일하고, 그들로부터 배우는 데 있다. 고등법원 소송이 진행되는 동안 나는 하버드 학생들로 구성된 탁월한 연구팀을 꾸릴 수 있었다. 에린 모슬리, 윌 그로건, 릴리 파이크, 크리스틴 루페니언, 메건

슈처가 그들이다. 우리는 거의 1년 동안 24시간이 모자랄 만큼 바쁘게 움직였고, 그 과정에서 수집한 데이터는 재판뿐 아니라 이 책을 집필하는 데도 큰 도움이 되었다. 그들의 끈기와 소송에 대한 신념, 그리고 영국 런던까지 날아가 큐에 있는 국립문서보관소에서 새롭게 공개된 이주 기록물 발굴에 동참해주어 깊이 감사한다. 우리는 책 여러 권을 쓸 만큼의 데이터를 수집했지만, 그보다 더 소중한 것은 지금도 계속되고 있는 우리의 우정이다.

하버드 강의실은 나의 사유를 실험해보는 실험실이기도 했다. 수많은 학생이 폭력과 제국, 자유주의와 개혁, 민족문화에 관한 질문들을 더 깊이 검토하고 또 다시 돌아보도록 끊임없이 자극해주었다. 그중에서도 특히 스리마티 미터, 제임스 에스다일, 키린 굽타, 파나쉐 치구만찌, 이만 모하메드, 사피아 아이디드, 네이트 그라우, 아리엘라 카한, 커크 맥클레오드에게 깊은 감사를 전한다. 스리마티와 제임스는 해외 기록보관소에서 관련 문서도 찾아주었고, 스리만티는 래드클리프 연구소에서 대학 연구팀을 이끌고 없는 인터뷰 내용을 문서 기록으로 옮겨주었으며, 항상 제가 좀 더 날카롭게 사고하고, 분석하도록 도와주었다. 세부사항에 많은 관심을 기울여주고 온라인 문서 수집까지 끈기 있게 노력해준 미르체아 라이아누와 알리사 코스텔로, 키프로스, 아덴 관련 연구 자료에 훌륭하게 색인을 달아준 카한에게도 감사를 표한다.

하버드를 비롯한 여러 곳의 친구들과 동료들도 나에게 꾸준한 격려와 비판적 조언을 아끼지 않았다. 장 코마로프와 존 코마로프는 내 초고를 기꺼이 읽어주며 한없이 너그러운 지적 우정과 도움을 나눠주었고, 수잔 역시 초고를 꼼꼼히 읽고 중요한 피드백을 건네며 나를 지지해주었다. 웰 바야지드, 재클린 바바, 수가타 보스, 빈센트 브라운, 이안 코베인, 스티븐

하우, 마야 재서노프, 비크람 자얀티, 타룬 칸나, 리오라 라자루스, 대니얼 리더, 윌리엄, 스리마티, 메그 리스마이어, 프리야 사티아, 로버트 티그노 역시 초고를 읽고 중요한 피드백을 제공해주었다. 집필 마지막 단계에는 서로 힘이 되어주는 집필 그룹의 일원이 되는 기쁨을 누렸다. 만테나, 스테파니 맥커리, 수잔, 카밀 롭시스는 여러 장의 초고를 읽고 귀중한 피드백을 주었으며, 그 덕분에 나는 여러 번 내 스스로의 덫에서 빠져나올 수 있었다. 예리한 지성과 단단한 연대, 유머와 따뜻함, 그리고 지혜와 관대함을 두루 갖춘 이 여성들 곁에 있을 수 있었던 것은 참으로 특별한 선물이었다.

25년 넘게 하버드에 재직하면서 누린 많은 특권 중 하나는, 지적 교류를 넘어서는 깊은 우정을 쌓아온 일이다. 재클린 바바, 호미 바바 부부와 어린 아들 장고는 따뜻한 사랑과 풍성한 식사(호미의 카레는 그야말로 하늘이 내린 선물이다)와 웃음으로 나를 지탱해주었다. 래리 보보와 마시 모건의 남다른 지성과 헌신적인 우정, 포복절도하게 재미있는 유머 역시 큰 힘이 되었다. 내 인생에서 변함없는 존재감을 보여준 에블린 해먼즈에게 감사를 전한다. 에블린 히긴보텀은 학문과 용기, 친절함, 그리고 부드럽지만 단단한 강인함을 어떻게 통합할 수 있는지를 내게 가르쳐주다(그 절반도 실천할 수 있을지 모르겠다). 그 외에도 고마움을 전하고 싶은 동료들이 많다. 수잰 블라이어, 엠마 덴치, 드루 파우스트, 마를라 프레더릭, 헨리 게이츠, 엘리자베스 힌튼, 저메이카 킨케이드, 빌 커비, 미셸 러몬트, 질 레포어, 메리 루이스, 세라 루이스, 조지 미에우, 마사 미노우, 다이앤 파울루스, 리사 랜들, 토미 셸비, 다이애나 소런슨, 커스틴 웰드, 코널 웨스트가 그들이다. 또한, 이 프로젝트가 실현될 수 있도록 흔들림 없는 지지해준 코리 폴슨과 킴벌리 오헤이건, 아프리카 연구소의 막강한 팀, 특히 지칠 줄 모르는 지원과 친절함을 보여준 마지 젠킨스, 매기 로페스, 캔디스 로우에게도 깊은 감사를 표한다.

지난 몇 년 동안 나는 하버드경영대학원에서 특별한 환대와 동료애, 그리고 지적인 너그러움으로 나를 맞아준 동료들과 함께 가르치고 연구할 수 있는 특권을 누렸다. 이곳에서의 시간은 이 책을 헤아릴 수 없을 만큼 풍부하게 만들었고, 폭력과 통화 정책, 마케팅과 제국주의적 민족주의, 경제 심리와 실증주의 사이의 연결고리를 새롭게 사유하게 했다. 스리칸트 다타르, 니틴 노리아, 후안 알카카르, 로라 알파로, 질 에이버리, 라지 초드허리, 로빈 엘라이, 크리스틴 파베, 매츠 피비거, 프랜시스 프라이, 얀 해먼드, 레쉬마 후삼, 타룬, 카림 라카니, 캐슬린 맥긴, 캐런 밀스, 신시아 몽고메리, 데이비드 모스, 크리스틴 머그포드, 세덜 닐리, 마이크 노턴, 펠릭스 오베르홀저-기, 포리스트 라인하트, 메그, 얀 리브킨, 렌 슐레신저, 데보라 스파, 샌드라 서처에게 특히 감사한다. 진 커닝엄, 밸러리 포르시엘로, 라에르 무치아론, 애슐리 드레이밀러, 조이스 킴 등 지칠 줄 모르는 노력으로 이 책을 완성하도록 도와준 하버드경영대학원의 다른 동료들에게도 깊은 감사의 말을 전한다. 특히 조이스는 내가 만나본 가장 유능한 연구원이다. 사실과 인용문을 확인하고, 저작권 문제를 해결하고, 수많은 교정 원고를 읽으며 이 책이 완성될 수 있도록 큰 도움을 주었다. 이 책에 인용된 참고문헌 정리를 위해 가히 영웅적으로 노력해준 사스키아 피더슨과 참고문헌 정리라는 최종 단계를 훌륭하게 마무리해준 조이스에게도 특별한 감사를 전한다. 인터뷰 전사와 색인 작업을 도와준 시몬 리베라와 줄리 허스, 그리고 중요한 순간마다 문서를 스캔해준 하야 알-노아이미와 클라라 페레이라에게도 고마움을 전한다.

래드클리프 고등연구소에서 활동한 시간 역시 큰 도움이 되었다. 래드클리프 연구소 안팎에서 다른 동료들처럼 변함없는 우정과 지지를 보내준 리자베스 코헨에게 감사의 말을 전한다. 지금은 고인이 된 주디스 비치니악과 린디 헤스, 샤론 브롬베르크-린, 레베카 헤일리, 앨리슨 네이 역시 흔들리지 않는 우정으로 나를 지지해주었다. 또한 래드클리프 연구소는 훌륭한 학부생 연구 조교팀을 지원해주었는데, 이들에게도 깊은 감사를 전한다. 메레디스 베이커, 카트리나 케이들, 앨리사 코스텔로, 매튜 디슬러, 얼리사 리더, 샤론 스토브스키가 그들이다.

허친스 아프리카인·아프리카계 미국인연구소도 마치 집처럼 따뜻하고 가족 같은 분위기를 조성해주었다. 헨리 게이츠, 애비 울프, 크리슈나 루이스 등 놀라운 우정과 끊임없는 유머로 지지해주신 허친스 연구소팀에게 심심한 감사를 표한다. 내가 상상할 수 있는 가장 놀라운 연구 수업에도 특별한 감사를 전한다. 때로는 내가 기대만큼 생산적인 성과를 내지 못했을지 모르지만, 그 이유는 오래도록 지속될 소중한 우정들을 쌓고 있었기 때문이다. 그 우정이 얼마나 깊었던지, 스티븐 넬슨은 내 무스탕 코트를 찜해놓기까지 했다. 스티븐과 프랑코 바르치에시, 데빈 벤슨, 데이비드 빈드먼, 데이먼 버첼-사즈나니, 케리 찬스, 캐슬린 클리버, 그렉 헤치모비치, 캐리 람베르트-비티, 세라 루이스, 졸레라 망쿠, 마리아 샌체즈, 마리아 타타르에게 깊은 애정과 감사의 마음을 전한다.

나는 여러 기관에서 초청받아 발표하거나, 학회 패널에 함께한 동료들과 아이디어를 나누고 피드백을 받으며 다양한 논문과 초기 원고 초안을 공유했다. 이 자리를 빌려 특히 수닐 암리스, 요르다나 베일킨, 릴라 간디, 더바 고시, 리처드 헤르메르, 에릭 린스트럼, 리오라 라자루스, 윌리엄 루이스, 크리스틴 먼로, 필립 머피, 수잔 페너배커, 응구기 와 시옹오, 스튜어트 워드에게 깊은 감사를 전한다. 브라운대학교, 보스턴대학교, 데이비스센터(프린스턴), 영연방연구소(런던), 영국법정변호사협회 매트릭스 챔버스(런던), 캘리포니아대학교(어바인), 코펜하겐대학교, 나이로비대학교, 노스캐롤라 또는 대학교(채플힐), 텍사스대학교(오스틴), 토론토대학교, 버지니아대학교, 윌슨 센터(워싱턴 D.C.)의 동료 및 관계자들에게도 감사한다. 기록보관소, 역사, 법 관련 탐구 세미나를 진행하도록 자금을 지원해준 래드클리프 고등연구소와 하버드 법학전문대학원, 아프리카 연구소에도 감사드린다. 진과 존, 리처드 드레이턴, 카를 핵, 리오라, 마무드 맘다니, 마샤 미노우, 에린, 커스틴 등 통찰력과 동료애, 피드백을 나눠준 동료 참가자들에게도 감사드린다. 완벽한 타이밍에 '사실성' 문제를 짚고 넘어가준 마샤와 시간과 무수히 많은 다른 문제에 대한 아이디어를 준 리처드에게도 감사하다고 말하고 싶다. 마샤와 리처드는 지속적인 지지와 우정을 보여주었다.

앞서 언급한 기관들 외에도, 집필과 다양한 지역에서의 연구를 가능하게 해준 재정적 지원에 깊이 감사드린다. 구겐하임 재단, 사회과학 연구위원회(버크하트 펠로십), 웨더헤드 국제관계 연구소, 하버드 아시아센터의 후원이 큰 힘이 되었다. 전 세계의 기록보관소 관계자들 또한 나의 수많은 질문과 요청에 관대하고 인내심 있게 응해주었고, 그들이 가진 풍부한 지식과 전문성 덕분에 나는 많은 것을 배울 수 있었다. 국립문서보관소(큐), 보들리언 도서관(옥스퍼드), 소아즈(런던), 임페리얼 전쟁 박물관(런던), 왕립공군박물관(헨던), 중동센터(옥스퍼드), 와이드너 도서관(하버드), 후버연구소(스탠퍼드), 아크립 네가라 말레이시아(쿠알라룸푸르), 싱가포르 국립문서보관소, 에오카 박물관 기록보관소(니코시아), 키프로스 국가문서보관소, 케냐 국립문서보관소, 맥밀런 도서관(나이로비), 에이브러햄 하만 현대 유대인 연구소(예루살렘), 하가나 역사 문서보관소(텔아비브), 이스라엘 국가문서보관소(예루살렘)에서 기꺼이 도움을 주신 모든 분께 감사의 말을 전한다.

기꺼이 인터뷰에 응해 영제국 시절의 생생한 경험을 증언하고 통찰력까지 나눠준 수백 분에게도 가슴 깊은 곳에서 우러나오는 깊은 감사의 마음을 전한다. 수많은 언론 기사와 책, 에세이를 집필했을 뿐 아니라 원활한 인터뷰 진행에 도움을 주고, 완벽한 우정과 동료애를 보여준 이안에게도 특별한 감사를 표한다. 키프로스에서 인터뷰를 진행할 수 있도록 친절하고 관대하게 많은 도움을 주신 페트로스 페트리데스에게도 감사드린다.

런던 고등법원에서 마우마우 소송을 진행한 인권 변호사들은 내게 말로 표현하기 어려울 정도로 영감을 불어넣었다. 변호인단은 무한히 헌신하는 태도로 소송인단과 역사적 사실을 대했고, 그들과 함께한 몇 년의 시간 동안 나는 직업적으로나, 개인적으로나 큰 변화를 경험했다. 마틴 데이, 리처드, 필리파 코프만, 사프나 말릭, 조지 모라라, 데이비드 로버츠, 무소니 완예키, 마지막으로 법과 인권, 친절함, 우정을 갖춘 헌신적인 태도로 내게 끝없이 영감을 준 다니엘 리더에게 무한한 감사와 존경의 마음을 전한다. 댄과 안네크 반 우덴베르크 부부 및 그들의 딸 올리비아와 함께 대서양 양쪽을 오가며 함께한 시간은 이 소송을 함께 준비한 우리의 기나긴 세월을 지탱해준 귀중한 유산이다. 이 재판이 결국 성공할 수 있었던 것은 원고들의 용기 덕분이었다. 그 용기는 그때도, 지금도 여전히 경이롭다. 그리고 존 노팅엄도 마찬가지였다. 그는 나의 소중한 친구이자 동료, 공모자이자 장난꾸러기였고, 마우마우 연구 분야에 남긴 그의 영향력은 실로 헤아릴 수 없다. 나는 지금도 그가 너무도 그립다.

연구와 강연을 위한 여러 차례의 여정, 그리고 집필의 다양한 단계마다 전 세계 곳곳의 친구들이 문을 열고 마음을 내어 나를 맞아주었다. 그들에게 깊은 감사와 변함없는 애정을 보낸다. 패트리샤 에이헌스와 니콜라스 에이헌스, 웬디 애플바움과 힐튼 애플바움, 린다 바덴과 마이클 바덴,

미마 벨로-오사기와 하킴 벨로-오사기, 찬탈 바이너, 앨리스 바이너, 미셸 보나미, 고故 실비 캠페인과 조너선 캠페인, 피플레 데이비스, 리처드 드레이턴과 비타 피콕, 재닛 허드, 제인 헌터와 마크 월시, 제이넵 재퍼와 무즈타바 재퍼, 바크림 자얀티, 산드린 보나미-레비아와 루도빅 레이바, 제임스 므왕기와 메리 므왕기, 고故 제니퍼 오펜하이머와 조너선 오펜하이머, 고故 베티나 파이크와 타이론 파이크, 라네트 탈자드가 그들이다. 웰 바야지드와 마리아 바야지드에게도 특별한 감사를 전하고 싶다. 그들은 나를 집으로 초대해주었고, 그의 조부 자말 알후세이니를 비롯해 웰 가문에 대해 내가 수없이 질문할 수 있도록 허락해주었다. 또 웰은 내가 팔레스타인 아랍봉기에 대해 쓴 글을 꼼꼼히 읽어주었다. 오랜 세월 동안 우정과 지혜, 웃음을 나눠준 엘렌 버크만과 데이비드 브라이언트, 다이앤 보거, 낸시 코커리, 질 크리비, C. C. 다이어, 마거릿 기, 이페오마 파푼와, 벳시 팰런, 우조 이웨알라, 앨리슨 오닐, 테리 와이리무에게 감사를 전한다. 천재적인 재능과 사랑을 보여주고 전방위적인 지지해준 애나 스미스에게도 무한한 애정과 감사를 전한다.

이 책은 무엇보다도 내 에이전트 질 크니림과 크니림 앤 윌리엄스 팀 전체의 변함없는 지지와 조언 없이는 결코 완성되지 못했을 것이다. 질은 출판과 관련된 모든 일에 있어서 내가 신뢰하는 조언자이자 진실한 친구였고, 가장 필요한 순간마다 내게 격려와 부드러운 자극을 건네주었다. 담당 편집자 존 시걸은 내가 아는 사람들 중 가장 현명하고 뛰어난 인물 가운데 한 명이다. 시걸이 수백 쪽의 초고에 직접 남긴 메모, 셀 수 없이 많은 제안, 아낌없는 칭찬, 그리고 마땅히 받아야 할 비판들은 이 책의 완성도를 초고와는 비교할 수 없을 만큼 높여주었다. 책이 마침내 세상에 나올 수 있도록 도와준 크노프 출판사에도 깊은 감사를 전하며, 특히 에린 셀러스와 사라 페린에게 고마움을 전한다.

　마지막으로 가족들에게 감사를 전한다. 가족을 마지막으로 언급하는 것은 아무리 감사를 표해도 부족하기 때문이다. 10년 넘게 제 삶이 이 책과 어떻게 얽혀 있었는지는 말로 표현하기 힘들다. 누구의 초대도 받지 않았지만 오랫동안 우리 가족의 일원이었던 이 책은, 주말에 갑자기 찾아와 모두가 아무리 애써도 절대로 떠나지 않는 불청객처럼 모든 공식 근무일, 주말, 특별 행사, 휴가 기간 집 주위를 맴돌았다. 가족들은 나를 참아주며 이 책의 존재를 인정해주었다. 어머니 미미가 한결같은 사랑으로 동안 집안일을 도맡아 하면서 도와주지 않았다면 이 책의 출간은 불가능했을 것이다. 동생 크리스는 어떤 일이 벌어지건 항상 믿어주는 진실된 사람으로, 내 인생의 등대 같은 존재다. 끝없이 따뜻한 지지해준 올케 린에게도 깊은 감사를 전한다. 조카 타일러와 로비는 이따금 우리 가족과 함께 생활하며 끝없는 유머와 애정을 보여주었다. 큰형의 역할을 자처한 사촌 윌 버뱅크에게는 말로 다 표현할 수 없을 만큼 큰 고마움을 느낀다.

　아들 앤디와 제이크는 제 삶의 가장 위대한 업적이자 기쁨이지만, 이 책을 쓰면서 두 아들을 키우는 것은 때때로 고된 일이었다. 아이들이 골치 아픈 문제를 일으킨 경우가 더러 있었기 때문이다. 10대 시절에 저를 뛰어넘으려 애쓰며 무한한 독창성을 보여준 점에 대해서는 A를, 반성하려는 노력에 대해서는 관대한 마음으로 B를 주겠다. 앤디와 제이크는 이 세상의 모든 부모가 바랄 만한 가장 친절하고, 똑똑하고, 애정이 넘치고, 성실하고, 공감 능력이 뛰어나고, 재치 있고, 헌신적인 아들이다. 나는 일찌감치 두 아들을 연구 출장에 데려가기로 마음먹었다. 두 아들과 함께 키프로스에서 달팽이 요리를 먹어 치우고, 말레이시아에서는 인터뷰하기 위해 정글을 걷고 또 걸었으며(둘 다 정글 트레킹을 매우 좋아했다), 싱가포르 같은 곳에서는 기록보관소에서 자료를 찾는 법을 가르쳤다(이건 좀 덜 좋아했던 듯하다). 이 책이 완성되기까지의 긴 여정을 두 아들과 함께한 덕에 한 단계 높은 수준으로 생각과 분석을 끌어올릴 수 있었다. 두 아이가 아니었다면 결코 이루어내지 못했을 것이다. 아내 잉그리드 몬슨은 그 어떤 의미에서도 나의 헌신적인 동반자였다. 잉그리드는 학문적 엄밀함이란 무엇인지, 인문학자로서, 조건 없는 친구로서, 유쾌하고 따뜻한 인생의 동반자로서 어떻게 살아야 하는지를 몸소 보여주었다. 잉그리드는 이 책의 수많은 초고를 함께 읽으며 셀 수 없이 많은 조언을 해주었고, 동시에 우리가 사랑하는 연구와 교육, 글쓰기 너머에도 삶이 있다는 것을 늘 일깨워주었다.

이 책을 잉그리드, 앤디, 제이크에게 바친다. 이 책은 그들이 나에게 준 것에 비하면 아주 작은 보답에 불과하다.

주석

도입

1 Winston Churchill, "Never Give In, Never, Never, Never," October 29, 1941, https://www.nationalchurchillmuseum.org/never-give-in-never-never-never.html을 참고하라.

2 다음을 참고하라. "Winston Churchill Memorial Defaced with 'Was a Racist' During London Black Lives Matter Protest," *Evening Standard*, June 7, 2020.

3 다음을 참고하라. Gurminder K. Bhambra, "A Statue Was Toppled: Can We Finally Talk About the British Empire?," *New York Times*, June 12, 2020. 콜스턴 동상 철거는 20년 동안 논쟁과 요구가 지속된 끝에 이루어진 일이다. 다음을 참고하라. Araujo, *Slavery in the Age of Memory*, 70-79.

4 Oriel College, Oxford University, "Cecil John Rhodes (1853-1902)," https://www.oriel.ox.ac.uk/cecil-john-rhodes-1853-1902/:~:text=By20the201890s20Rhodes20was,in20his-20will205B75D.

5 Bell, *Reordering the World*, 193; and Brown, *Merchant Kings*, 249.

6 '제국의 역사를 둘러싼 전쟁'을 통렬하게 파헤친 내용이 궁금하다면 다음을 참고하라. Maya Jasanoff, "Operation Legacy," *New Yorker*, November 2, 2020. 다음 자료도 도움이 된다. Kennedy, *Imperial History Wars*; and Ward and Rasch, *Embers of Empire*, 1-14.

7 비거의 토론 내용 전체는 다음에서 확인할 수 있다. Drayton, "Biggar vs Little Britain," 143-56.

8 Biggar, *Between Kin and Cosmopolis*, 91.

9 Nigel Biggar, "Less Hegel, More Histories! Christian Ethics and Political Realities," *Providence*, May 18, 2016, https://providencemag.com/2016/05/less-hegel-history-christian-ethics-political-realities/.

10 "Ethics and Empire," McDonald Centre for Ethics, https://www.mcdonaldcentre.org.uk/ethics-and-empire; and Andrew Gimson, "Interview: Nigel Biggar Says Human Rights Are Not

Enough and the British Empire Was Good as Well as Bad," *Conservativehome*, September 16, 2020, https://www.conservativehome.com/highlights/2020/09/interview-nigel-biggar-says-human-rights-are-not-enough-and-the-british-empire-was-good-as-well-as-bad.html.

11 Ferguson, *Empire*, xix-xx. 《제국》, 민음사. 자유주의와 제국을 주제로 하는 광범위한 토론에 대한 훌륭한 개요는 다음에서 확인할 수 있다. Sartori, "British Empire and Liberal Mission."

12 설문조사 및 통계 자료는 다음에서 발췌했다. Richard J. Evans, "History Wars," *New Statesman*, June 17, 2020; and Robin Booth, "UK More Nostalgic for Empire than Other Ex-Colonial Powers," *Guardian*, March 11, 2020.

13 "Boris Johnson Exclusive: There Is Only One Way to Get the Change We Want—Vote to Leave the EU," *Telegraph*, March 16, 2016.

14 Ibid.; and "Full Text: Boris Johnson's Conference Speech," *Spectator*, October 1, 2016.

15 "The Rest of the World Believes in Britain. It's Time That We Do Too," *Telegraph*, July 15, 2018; and "Full Text: Boris Johnson's Conference Speech," *Spectator*, October 1, 2016.

16 Neal Ascherson, "From Great Britain to Little England," *New York Times*, June 16, 2016.

17 Gallagher and Robinson, "Imperialism of Free Trade"; and Cain and Hopkins, "Gentlemanly Capitalism."

18 "The White Man's Burden," *McClure's Magazine*, February 12, 1899; Farwell, *Queen Victoria's Little Wars*; and Hensley, *Forms of Empire*, 1-2.

19 영국에서 민주적 참여를 확대하려는 움직임은 난관으로 가득했으며, 19세기 영국에서는 일부 국내 유권자의 '무지몽매함'이 제국의 신민만큼이나 중요한 문제로 떠올랐다. 예를 들면, 개러스 스테드먼 존스Gareth Stedman Jones의 저서 《버림받은 런던Outcast London》에 기록된 '버림받은 런던'에 관한 내용을 살펴보라. 19세기에 쓰인 기초적인 글이 궁금하다면 다음을 참고하라. Mayhew, *London Labour*.

20 내가 이야기하는 내용은 매우 일반적인 것으로, 민족국가에 대한 방대한 학문과 논쟁을 폄훼하려는 의도는 없다. 국가나 정치 체제를 분석하는 여러 비교 역사 연구 자료가 있다. 그 중 일부를 소개하면 다음과 같다. Anderson, *Lineages of Absolutist State*. 《절대주의 국가의 계보》, 현실문화; Moore, *Social Origins of Dictatorship*; Eisenstadt, *Political Systems of Empires*; and Abrams, *Historical Sociology*.

21 Anderson, *Imagined Communities*. 《상상된 공동체》, 길.

22 Hobbes, *Leviathan*, 95-96. 《리바이어던》, 나남출판.

23 Locke, *Two Treaties of Government*. 《통치론》, 까치글방.

24 로크와 제국에 관한 문헌은 상당하다. 예를 들면 다음과 같은 문헌이 있다. Arneil, *Locke and America*; and Armitage, "Locke: Theorist of Empire?".

25 앞서 언급했듯이, '무지몽매한' 사람이라는 개념은 영국 국내에서도 적용되었다. 스테드먼 존스가 이야기하는 '버림받은 런던'의 많은 사람뿐 아니라 북부의 노동자와 공장, 탄광, 국내 서비스 부문에서 일하는 아일랜드인 역시 무지몽매한 부류로 취급받았다. 영국과 제국에서 신민으로 살아가는 삶과 둘 간의 관계를 분석한 권위 있는 글이 궁금하다면 다음을 참고하라. Hall, *Civilising Subjects*.

26 1장에서 관련 내용을 자세히 살펴보고, 자유주의, 인종, 제국을 주제로 하는 방대한 문헌을

언급할 것이다. 자유주의에 관한 유명한 글을 읽고 토론하는 제국 신민을 주제로 하는 뛰어난 최근 작품이 궁금하다면 다음을 참고하라. Harper, *Underground Asia*.

27 Seeley, *Expansion of England*. 《잉글랜드의 확장》, 나남출판; Armitage, "Greater Britain"; and Bell, *Idea of Greater Britain*.
28 "The White Man's Burden," *McClure's Magazine*, February 12, 1899.
29 Weber, "Politics as a Vocation."
30 Comaroff and Comaroff, *Truth About Crime*, 3-22; and Mantena, *Alibis of Empire*, 22 and passim. '올바른 통치'가 무엇인지, 올바른 통치와 '법치' 사이에는 어떤 관계가 있는지 궁금하다면 다음을 참고하라. Hussain, *Jurisprudence of Emergency*.
31 Stephen, *Life of Stephen*, 286.
32 Stoler, "Perceptions of Protest"; Comaroff and Comaroff, *Truth About Crime*, 3-22.
33 나는 준법 및 입법 폭력뿐 아니라 예외 상태를 분석하기 위해 중요한 이론 연구를 참고했다. 예를 들면, 독일 법학자 카를 슈미트Carl Schmitt와 이탈리아 철학자 조르조 아감벤Giorgio Agamben의 연구를 참고했다. 다음을 참고하라. Schmitt, *Political Theology*; and Agamben, *State of Exception*. 준법 및 입법 폭력에 관한 내용은 다음을 참고하라. Benjamin, *Essays, Aphorisms*, 277-300.
34 계엄령과 법정 계엄령의 '합법성'과 예외주의를 다루는 문헌이 상당하다. 가장 정곡을 찌르는 내용이 담긴 세 가지 문헌은 다음과 같다. Hussain, *Jurisprudence of Emergency*, 99-132; Poole, *Reason of State*, 196-209; and Simpson, *Human Rights*, 1-220. 1900년대 이전 문헌이 궁금하다면 다음을 참고하라. Benton, *Search for Sovereignty*, 279-99.
35 많은 연구를 근거로 이런 개념을 만들어냈다. 가장 직접적인 도움이 되었던 문헌은 준법 및 입법 폭력을 다룬 월터 벤야민Walter Benjamin의 《폭력 비평Critique of Violence》과 '법치'와 비합법적인 관행을 다룬 딜런 리노의 〈법치와 제국의 통치Rule of Law and Rule of Empire〉(742-43)다. 다른 참고문헌은 다음과 같다. Agamben, *State of Exception*; Foucault, *Discipline and Punish*. 앤 로라 스톨러Ann Laura Stoler, 진 코마로프, 존 코마로프가 인종과 제국의 맥락에서 푸코Foucault가 주장하는 생명 권력과 현대 사회에서 관찰되는 '모세관과 같은' 권력을 비평한 다양한 문헌도 도움이 된다. 다음 문헌을 참고하기 바란다. Stoler, *Race and the Education of Desire*; Stoler, *Imperial Debris*; and Comaroff and Comaroff, *Truth About Crime*, 3-22. 폭력과 제국에 관한 폭넓은 문학적, 이론적, 법학적 논의는 다음에서 확인할 수 있다. Bhabha, "Foreword: Framing Fanon," vii-xli; and Hussain, *Jurisprudence of Emergency*. 오늘날, 일부 법학자는 일반적으로 합법적이지 않은 일을 얄팍하게 합법화하는 행태를 묘사할 때 '겉치레만 차린 적법성'이라고 이야기한다. '합법화된 불법'에 관해 내가 언급한 내용은 제국에서 발생한 '겉치레만 차린 적법성'과 관련 있는 법적인 선례를 분석한 것으로 읽힐 수 있다. 이런 점을 지적해준 라자루스에게 감사의 뜻을 표한다.
36 Bhabha, "Foreword: Framing Fanon."
37 잠언 13장 24절은 영어 표준 성경에서 인용했다. 흠정 영역 성서King James Version에는 "매를 아끼는 자는 자식을 미워하는 자, 자식을 사랑하는 자는 때때로 자식을 훈계한다."라고 적혀 있다. 잠언 29장 18절, 23장 13~14절, 29장 15절, 19장 18절 등 비슷한 논조로 사랑과 훈육을 언급하는 부분이 여럿 있다.
38 Elkins, "'Moral Effect' of Legalized Lawlessness."

39 Lenin, *Imperialism*. 《제국주의, 자본주의의 최고 단계》, 아고라. Rodney, *How Europe Underdeveloped Africa*; and Luxemburg, *Accumulation of Capital*, 434-47.
40 Robinson, *Black Marxism*, 2.
41 Elizabeth II, "A Speech by the Queen on Her 21st Birthday, 1947," https://www.royal.uk/21st-birthday-speech-21-april-1947:~:text=I20declare20before20you20all,to20which-20we20all20belong.
42 Ibid.; and "My Grandfather Wrote the Princess's Speech," *Oldie*, 날짜 미상, https://www.theoldie.co.uk/article/my-grandfather-wrote-the-princesss-speech.
43 바바가 〈서문: 파농을 생각하며Foreword: Framing Fanon〉에서 묘사한 이미지.
44 Elizabeth II, "Speech by the Queen on Her 21st Birthday, 1947."
45 후기 빅토리아 시대에 논쟁 끝에 '자유제국주의'라는 표현이 생겨났다. 당시, 자유제국주의라는 표현은 팽창과 제국을 지지하며 글래드스턴에 맞섰던 로즈베리 경Lord Roseberry의 노력과 관련이 있었다. 이후 1886년 아일랜드 문제(민주주의와 자치 개념이 종속된 제국 영역에도 적용될 수 있는가)를 둘러싼 논쟁으로 자유당이 분열하면서, 자유제국주의는 제국에 대한 도덕적 정당성과 함께 쇠퇴한 것으로 여겨진다. 좀 더 많은 내용이 궁금하다면 다음을 참고하라. Mantena, *Alibis of Empire*.
46 관련 내용은 다음에서 확인할 수 있다. Mantena, *Alibis of Empire*; Metcalf, *Ideologies of the Raj*; and Mehta, *Liberalism and Empire*.
47 관습법과 제도, 폭력, 자유주의, 식민국가 간의 관계에 대해 함께 폭넓은 대화를 나눴던 진 코마로프와 존 코마로프에게 깊은 감사의 뜻을 표한다.
48 Hansard, "Native Policy in Empire," July 9, 1937, vol. 105, col. 426., HL Deb.
49 Hansard, "Imperial Conference," June 17, 1921, vol. 143, cols. 783-860, HC Deb; "The Imperial Conference," *Round Table: Commonwealth Journal of International Affairs* 11, no. 44 (1921): 735-58; and "The Future of Colonial Trusteeship," *Round Table* 24, no. 96 (1934): 732-45.
50 General Act of the Berlin Conference on West Africa, February 26, 1885, https://loveman.sdsu.edu/docs/1885GeneralActBerlinConference.pdf. 베를린 회의가 자유 무역 및 실질적인 지배의 원칙을 확립했다는 사실을 기억해야 한다. 베를린 회의에서는 자유무역과 실효적 점유라는 원칙이 확립되었다는 점에 주목할 필요가 있다. 실효적 점유란 유럽 열강이 아프리카 영토에 대해 단순히 문서상의 권리만 주장할 수는 없으며, 실제로 행정적 존재를 통해 점유해야 한다는 개념이다. 이러한 행정적 존재는 유럽 정부를 대신해 관리하는 특허 회사나 행정관 등 다양한 형태로 구현되었다.
51 League of Nations, Covenant, https://avalon.law.yale.edu/20th_century/leagcov.aspart22, 강조 표시 추가.
52 United Nations, Statute of the International Court of Justice, chap. 11, Article 73, https://www.un.org/en/about-us/un-charter/chapter-11.
53 Elkins, *Imperial Reckoning*, 190.
54 Gavaghan, *Of Lions and Dung Beetles*, 235.
55 Arendt, *Origins*, 157. 《전체주의의 기원》, 한길사. 아렌트가 에메 세제르Aimé Césaire를 비롯한 급진주의 흑인 작가들의 작품을 참고했다는 점을 기억하자. 세제르가 1950년에 출판한

《식민주의에 대한 담론》은 1939년에 발표한 시 〈귀향수첩Cahier d'un retour au pays natal〉에서 세제르가 발전시킨 주제를 바탕으로 한다. 아렌트가 《전체주의의 기원》을 발표하기 전에 등장한 다른 흑인 급진주의자들에 관한 내용은 이후 7장에서 살펴볼 것이다.

56　Arendt, *Origins*, 157. 《전체주의의 기원》, 한길사.
57　Ibid., 129-130.
58　Dwyer and Nettelbeck, "'Savage Wars of Peace.'"
59　Howe, "Colonising and Exterminating?" 8. 하우는 자신의 의견을 제시하며 "영국인 작가로서 편견을 가질 수 있으므로 가능한 모든 주의와 경계를 기울였다."라는 단서를 달았다.
60　Hughes, "Banality of Brutality," 354.
61　Elkins, *Imperial Reckoning*, 331.
62　Hochschild, *King Leopold's Ghost*. 《레오폴드왕의 유령》, 무우수.
63　Hull, *Absolute Destruction*, 2.
64　Arendt, *Origins*, 185, 221. 《전체주의의 기원》, 한길사. 다음 문헌도 함께 참고하라. Lindquist, "*Exterminate All the Brutes*", 《야만의 역사》, 한겨레출판. King and Stone, *Arendt and Uses of History*, 1-20.
65　영제국과 전제주의 정권 사이에 유사점이 존재하는 것은, 나치 관계자들이 영국의 제국주의 법과 관행을 차용한 탓도 있다. 이 책의 범위를 넘어서서 생각해보면, 남아프리카의 아파르트헤이트 정권이 그랬듯 나치 정권도 흑인 차별 정책의 영향을 받았다.
66　Arendt, *Origins*, 129. 《전체주의의 기원》, 한길사.
67　다음 문헌을 참고하기 바란다. Conklin, *Mission to Civilize*; Stora, *Histoire de l'Algérie coloniale*; and Aldrich, *Greater France*.
68　Arendt, *Origins*, 209. 《전체주의의 기원》, 한길사.
69　Fanon, *Wretched of the Earth*.
70　가장 먼저 소송에 참여한 5인의 원고는 은디쿠 무투아, 파울로 은질리, 왐부구 와 닝이, 제인 마라, 수잔 웅곤디였다. 해당 소송과 관련해 가장 먼저 쟁점이 되었던 구체적인 사항을 확인하고 싶다면 다음을 참고하라. Richard Hermer and Phillippa Kaufmann, "Particulars of Claim," 2009, *Ndiku Mutua and 4 Others and FCO*, Royal Courts of Justice; and Hon. Mr. Justice McCombe, Approved Judgment, 2011, ibid.
71　Elkins, "Looking Beyond Mau Mau."
72　George Padmore, "The Second World War and the Dark Races," *Crisis*, November 1939, 27.
73　Getachew, *Worldmaking*, 72.
74　Padmore, *History of Pan-African Congress*, 5.
75　United Nations, General Assembly, "Universal Declaration of Human Rights," December 10, 1948.

1부. 제국주의 국가

1　Winston Churchill, Primrose League Speech, July 26, 1897, http://www.churchillarchive.com/explore/page?id=CHAR2022F212F1image=0.

2   Perry, *Winston Churchill*, 52-53; and Toye, *Churchill's Empire*, 32-33.
3   Jenkins, *Churchill*, 28-29.
4   Toye, *Churchill's Empire*, 39.
5   처칠은 말년에 1951년에 출판된 니라드 초두리Nirad Chaudhuri의 저서 《어떤 인도인의 자서전 The Autobiography of an Unknown Indian》이 그동안 읽었던 가장 영향력 있는 저서 중 한 권이라고 이야기했다. 이 같은 사실을 일깨워준 루이스에게 감사를 전한다.
6   최근에 공개된 여러 문헌을 통해 제국 각지에서 다양한 직책을 맡았으며, 특히 전문 교육을 받는 형성기에 제국에서 활약했던 군사, 정보, 식민 행정 분야의 다양한 인물이 공개되었다. 군사 분야의 인물은 다음에서 확인할 수 있다. French, *British Way*. 정보 분야에서 활동한 인물은 다음에서 확인할 수 있다. Walton, *Empire of Secrets*. 행정 분야에서 활약한 인물은 다음에서 확인할 수 있다. Grob-Fitzgibbon, *Imperial Endgame*.
7   시간과 공간을 넘나드는 사상의 이동 및 발전에 관한 유사한 내용은 다음에서 확인할 수 있다. Armitage, "International Turn in Intellectual History," 241.

1장. 자유제국주의

1   Renan, *Qu'est-ce qu'une nation?* 7-9. 《민족이란 무엇인가》, 책세상.
2   John Zephaniah Holwell to William David, February 28, 1757, in Holwell, *India Tracts*, 257-58, 261.
3   채터지와 니컬러스 더크스Nicholas Dirks는 캘커타의 블랙홀 사건을 영국이 동양에서 제국을 건설하는 데 결정적인 순간으로 지목하고, 이를 토대로 중요한 글을 남겼다. Chatterjee, *Black Hole of Empire*; and Dirks, *Scandal of Empire*. 캘커타 블랙홀 사건의 신화와 이미지를 영속시키는 대중적인 설명이 궁금하다면 다음을 참고하라. Barber, *Black Hole of Calcutta*.
4   다음을 참고하라. Gupta, *Sirajjuddaullah*, 70-80; and Dirks, *Scandal of Empire*, 3-4.
5   Dirks, *Scandal of Empire*, 11. 동인도회사가 벵골에서 벌어들이는 이윤의 규모는 상당했다. 동인도회사의 이익률은 영국 중계 무역의 2~3배에 달했으며, 엄선한 여러 상품 중에서도 담배와 소금의 이익률은 무려 75퍼센트를 웃돌았다. 영국령 인도제국 시기에 영국이 인도를 어떻게 정복했는지는 다음에서 확인할 수 있다. Wilson, *Chaos of Empire*.
6   Mukerjee, *Churchill's Secret War*, xiv.
7   Travers, *Ideology and Empire*, chap. 2.
8   다음에서 인용했다. Mukerjee, *Churchill's Secret War*, xv.
9   Bose, *Peasant Labour*, 18.
10 다음을 참고하라. Travers, *Ideology and Empire*, 143-46, 181-206; and Dirks, *Scandal of Empire*, 14-18.
11 Traverse, *Ideology and Empire*, 217-23; and Dirks, *Scandal of Empire*, 14-18.
12 다음을 참고하라. Travers, *Ideology and Empire*, 217-21; Dirks, *Scandal of Empire*; Marshall, *Impeachment of Hastings*; Marshall, "Making of an Imperial Icon"; and Warren Hastings, *History of Trial of Hastings*.

13 버크의 인생과 제국에 대한 버크의 견해를 철저하게 분석한 내용이 궁금하다면 다음을 참고하라. Bourke, *Empire and Revolution*.
14 Mantena, *Alibis of Empire*, 24-25; and Travers, *Ideology and Empire*, 217.
15 Edmund Burke, "Fox's India Bill Speech," in Marshall, *Writings and Speeches of Burke*, 5:402-3.
16 Marshall, *Writings and Speeches of Burke*, 6:275-76.
17 로버트 트래버스Robert Travers는 《이데올로기와 제국Ideology and Empire》에서 이러한 주장에 대해 자세히 설명한다.
18 Ibid., 217-18.
19 Marshall, *Writings and Speeches of Burke*, 6:420-21.
20 Burke, *Speeches of the Right Honourable Edmund Burke*, Vol. I, 28.
21 클라이브가 벵골을 처음 정복했을 당시 폭력이 수반되었다는 사실은 버크의 관심사가 아니었다는 점이 중요하다. 버크는 이런 문제를 건너뛰는 데 전혀 불만이 없었다. 아마도 훗날 영국의 제국주의 미래를 장식하게 될 비슷한 여러 사건 역시 마찬가지였을 것이다. 이런 태도를 갖고 있었던 버크는 다음과 같은 유명한 말을 남겼다. "모든 정부의 시작에는 은밀한 베일이 드리워져 있다. 모든 것의 시작이 그러하듯, 모든 정부는 모호함 속에 가려진 몇몇 문제에 기원을 두고 있다." 다음을 참고하라. Edmund Burke, "Speech on Opening of Impeachment," February 15, 1778, in Marshall, *Writings and Speeches of Burke*, 6:316.
22 Ibid., 6:317.
23 Mantena, *Alibis of Empire*, 24.
24 Burke, "Fox's India Bill Speech," 5:390.
25 Mantena, *Alibis of Empire*, 25.
26 Dirks, *Scandal of Empire*, xii, 125.
27 헤이스팅스에 대한 강한 지지를 보낸 이들은 본국의 영국인들뿐만 아니라 제국 내에 거주하던 이들이기도 했다는 점에 주목할 필요가 있다. 예컨대 통치자들과 정치적인 유대감을 갖고 있었던 자메이카의 농장주들은 헤이스팅스에 대한 동정심을 표현했다. 자메이카 최고 갑부였던 사이먼 테일러Simon Taylor는 다음과 같이 이야기했다. "악당 무리의 소문에 희생된 헤이스팅스의 운명은 정말로 개탄스럽다. 실제로 침략이 발생한 시기에 웨스트민스터홀이 정한 규칙에 얽매인다면 그 나라는 곧 정복당하게 될 테고, 반란을 일으켜 조국을 망친 자들이 조국 수호를 위해 명예롭게 행동한 유일한 두 사람을 파멸시키려 드는 것이라고 생각할 수밖에 없다." Simon Taylor to Chaloner Arcedeckne, June 3, 1787, Vanneck Papers, Cambridge University Library, Cambridge, United Kingdom. 이 인용구를 나와 공유해준 빈센트 브라운Vincent Brown에게 감사를 전한다. 테일러가 어떤 인물인지 좀 더 자세한 내용이 궁금하다면 다음을 참고하라. Brown, *Reaper's Garden*, 21-22.
28 Mill, *History of British India*, 2:83.
29 Mantena, *Alibis of Empire*, 28, 30.
30 Hundson, *Macaulay's Essay on Clive*, 3.
31 역사학자 캐서린 홀은 매콜리가 발표한 《영국의 역사History of England from the Reign of James III》(5권 구성)가 빅토리아 시대의 베스트셀러였으며, 이 책에 '제국의 많은 민족이 여전히 역경을 겪는 상태인 야만에서 문명으로 나아가는 길고 긴 과도기에 관한 이야기, 즉 발전의 이야기'

가 담겨 있다고 설명했다. 홀의 설명에 의하면, "매콜리는 영국이 세상에서 가장 문명화된 국가이고, 세계를 지배하기에 적합한 위치에 서 있으며, 다른 국가를 이끌 준비가 되어 있다고 확신했다." 또한 매콜리는 '지난 160년 동안의 우리나라의 역사는 육체적, 도덕적, 지적 발전의 역사'라고 말했다. 다음을 참고하라. Catherine Hall, *Macaulay and Son*, xii.

32 July 10, 1833, vol. 19, col. 536, HC Deb.
33 Tucker, *Macaulay's Essays on Clive*, 3.
34 Ibid., 99.
35 Dirks, *Scandal of Empire*, 326-27. 초기 역사 기록에 대한 추가적인 내용은 다음에서 확인할 수 있다. Marshall, "Making of an Imperial Icon," 13.
36 영제국에 관한 설명은 다양한 출처에서 발췌했으며 특히 다음 문헌이 도움이 되었다. Morris, Farewell the Trumpets, and Hyam, *Britain's Declining Empire*, 3-12. 두 문헌 모두 이 책에 기록된 것과 유사한 포괄적인 개요를 제안한다.
37 다음을 참고하라. Metcalf, *An Imperial Vision*; and Metcalf, *Early Nineteenth Century Architecture*.
38 다음 문헌을 참고하라. Drayton, "Science, Medicine, and British Empire," 5:264-76; and Davis, Wilburn, and Robinson, *Railway Imperialism*.
39 나는 자유주의와 제국주의의 상호 구성적인 관계 및 19세기에 일어난 변화에 관한 수많은 문헌을 토대로 분석했다. 다음을 참고하라. Metcalf, *Ideologies of the Raj*; Mehta, *Liberalism and Empire*; Bhabha, "Of Mimicry and Man"; Mantena, *Alibis of Empire*; Pitts, *Turn to Empire*; Losurdo, *Liberalism*; Sartori, *Liberalism in Empire*; Armitage, "Fifty Years' Rift"; Pitts, "Political Theory of Empire"; and Armitage, "Locke, Carolina, and Two Treatises," 602, 아미티지는 이 문헌에서 "이제 정치사상사에서는 자유주의와 식민주의 사이에 오랫동안 상호 구성적인 관계가 있었다고 보는 것이 보편적이다."라고 설명한다. 뿐만 아니라, 아미티지는(620n1) '자유주의'와 '식민주의'라는 표현이 유용하긴 하지만, 19세기 이전 시기에 적용하기에는 시대착오적이고 애매모호하다고 지적한다.
40 주석 39번에 기술된 문헌을 참고하라. 자유주의와 개인에 대한 정곡을 찌르는 개요를 확인하고 싶다면 다음을 참고하라. Comaroff, "Images of Empire," 169-72.
41 Mehta, *Liberalism and Empire*, 20.
42 Metcalf, *Ideologies of the Raj*, 29. 인도와 남아프리카 케이프타운에서 자생적인 자유주의의 의미가 출현한 것과 관련해 자세한 내용이 궁금하다면 다음을 참고하라. Bayly, *Recovering Liberties*; and Trapido, "Liberalism in the Cape."
43 Mill, *On Liberty in Collected Works*, 18:236-37.《자유론》, 올리버.
44 밀과 제국주의에 대한 포괄적인 분석은 다음에서 확인할 수 있다. Sullivan, "Liberalism and Imperialism." 다음 문헌도 함께 참고하라. Mantena, *Alibis of Empire*, 1-55; Metcalf, *Ideologies of the Raj*, 31-41; and Pitts, *Turn to Empire*, 133-60. 전문이 궁금하다면 다음에서 확인할 수 있다. Mill, *On Liberty*, in *Collected Works*, 18:231-37.《자유론》, 올리버. John Stuart Mill, *Considerations on Representative Government*, in Mill, *Essays on Politics and Society*, pt. 2, 50-210.《대의정부론》, 아카넷.
45 Mill, *On Liberty in Collected Works*, 18:236.《자유론》, 올리버.
46 Mill, "Considerations," 69, 56, 54.《대의정부론》, 아카넷.

47 Stoler and Cooper, "Between Metropole and Colony."
48 John Stuart Mill, "A Few Words on Non-Intervention," in Mill, *Dissertations and Discussions*, 171.
49 만테나는 다음 저서에서 이런 주장을 펼쳤다. *Alibis of Empire*, 33.
50 다음을 참고하라. Urbinati, "Many Heads of the Hydra," 74-75.
51 대서양 연안에서 일어난 사건에 관한 자세한 내용이 궁금하다면 다음을 참고하라. Rugemer, *Slave Law*.
52 데메라라 반란에 대한 권위 있는 설명은 다음에서 확인할 수 있다. Viotti da Costa, *Crowns of Glory*.
53 자세한 내용은 다음에서 확인할 수 있다. Bryant, *Account of Insurrection*. 44쪽과 44~88쪽에서 인용했다.
54 Hussain, *Jurisprudence of Emergency*, 109.
55 Viotti da Costa, *Crowns of Glory*, 252-74; and Hochschild, *Bury the Chains*, 328-37.
56 Hussain, *Jurisprudence of Emergency*, 109.
57 계엄령의 역사에 관한 예리한 논평은 다음에서 확인할 수 있다. Ibid., 99-132; Poole, *Reason of State*, 196-209; and Simpson, *Human Rights*, 1-220. 1900년 이전의 시기는 다음에서 확인할 수 있다. Benton, *Search for Sovereignty*, 279-99.
58 Hussain, *Jurisprudence of Emergency*, 105.
59 Simpson, *Human Rights*, 57.
60 *Rex v. Pinney, Esq.*, 560-61.
61 Stokes, *Peasant and Raj*, 90-204.
62 다음을 참고하라. Chakravarty, *Indian Mutiny*.
63 Holmes, *Sahib*.
64 Dalrymple, *Last Mughul*, 4-5.
65 Herbert, *War of No Pity*, 2.
66 Ibid.; and Judd, *Lion and Tiger*, 70-90.
67 Simpson, *Human Rights*, 77, 78.
68 플랜테이션 소유주와 토지 관리인 목록, 그중에서도 특히 1865년에 자메이카에서 치안판사로 활약했던 이들의 목록은 다음에서 확인할 수 있다. *Reports of the Royal Commission, Part II, Minutes of Evidence and Appendix*, 1101.
69 Holt, *Problem of Freedom*, 295.
70 Hall, *Civilizing Subjects*, 138.
71 Holt, *Problem of Freedom*, 6-9.
72 Jamaica Committee, *Jamaica Papers, No. 1*, 21.
73 Holt, *Problem of Freedom*, 295-302.
74 Jamaica Committee, *Jamaica Papers, No. 1*, 86.
75 Gorrie, *Jamaica Papers, No. 6*, 9.
76 *Report of the Jamaica Royal Commission*, 15573, 18, 25-26.
77 John Stuart Mill correspondence with David Urquhart, October 4, 1866, in Mill, *Later Letters of Mill*, 206.

78 Mill, "Consideration," in Mill, *Essays on Politics and Society*, pt. 2, 75. 《대의정부론》, 아카넷.
79 Ibid., 69.
80 Ibid.
81 Mill, *On Liberty in Collected Works*, 18:236-37. 《자유론》 John Stuart Mill correspondence with William Sims Pratten, June 9, 1868, in Mill, *Later Letters of Mill*, 393-94.
82 Mill, "Disturbances in Jamaica, July 31, 1866," in *Collected Works*, 28: 107, 157.
83 John Stuart Mill to David Urquhart, October 4, 1866, in Mill, *Later Letters of Mill*, 206.
84 John Stuart Mill to William Sims Pratten, June 9, 1868, ibid., 393.
85 Mill, "Disturbances in Jamaica," 155.
86 Carlyle, "Occasional Discourse." 칼라일은 1849년에 이 글을 〈프레이저스 매거진Fraser's Magazine〉에 익명으로 기고했다. 그로부터 4년 후, 자신의 본명으로 이 글을 소책자의 형태로 출판했다.
87 Ibid., 670, 679.
88 선제 조치에 관한 내용은 다음에서 발췌했다. Poole, *Reason of State*, 200-201; and Hussain, *Jurisprudence of Emergency*, 112-14. 프랑스제국에서 관찰되는 비슷한 법적 논리에 관한 내용이 궁금하다면 다음을 참고하라. Ghachem, *Old Regime and the Haitian Revolution*, chap. 4.
89 Hussain, *Jurisprudence of Emergency*, 113. 위 구절은 후세인이 쓴 핀레이슨에 관한 글에서 발췌했다(112-14).
90 Ibid., 114.
91 영제국 내에서 노예노동의 사용을 폐지하는 법안은 1833년에 통과되었다. 이 법은 1834년 8월 1일을 공식적인 해방일로 정했지만, 실제로 노예노동이 완전히 종료된 것은 '도제 기간 apprenticeship period'이 끝난 1838년이었다. 이 점, 그리고 세포이항쟁(1857)과 모란트만의 반란(1865)에 대한 영국의 반응이 유럽 제국 내 여러 반란(특히 아이티혁명)에 대한 장기적인 반응의 일부였다는 사실을 상기시켜준 빈센트 브라운에게 깊이 감사드린다. 다음을 참고하라. Fischer, *Modernity Disavowed*.
92 Brown, *Moral Capital*; and Williams, Capitalism and Slavery. 《자본주의와 노예제도》, 우물이있는집. 브라운이 7년 전쟁(1756-1763년)과 미국 독립혁명 이후 영국을 휩쓸었던 좀 더 전반적인 도덕 개혁 운동과 신민에 대한 상상된 책임감을 지적했다는 사실을 기억해야 한다. 헤이스팅스 재판도 이런 맥락에서 이해해야 한다. 다음을 참고하라. Brown, "Empire without Slaves."
93 R.J. White, introduction to Stephen, *Liberty, Equality, Fraternity*, 4.
94 에어 총독을 둘러싼 논란과 해당 사건이 자유주의에 미친 영향에 대한 설득력 있는 분석은 다음을 참고하라. Mantena, *Alibis of Empire*, 37-39; and Metcalf, *Ideologies of the Raj*, 52-59. 마찬가지로, 세포이항쟁이 자유주의의 이념적인 변화에 영향을 미치는 시발점이 된 문헌은 다음과 같다. Stokes, *English Utilitarians in India*.
95 Jamaica Committee, *Jamaica Papers, No. 1*, 70.
96 James Fitzjames Stephen, "Sovereignty," in Stephen, *Horae Sabbaticae*, 55.
97 Hussain, *Jurisprudence of Emergency*, 67-68.

98 Stephen, *Liberty, Equality, Fraternity*, 209, 202.
99 R.J. White, introduction to ibid, 11.
100 Ibid., 200.
101 Mantena, *Alibis of Empire*, 40-41.
102 Stevenson, *Strange Case of Jekyll and Hyde*, 42. 《지킬 박사와 하이드》, 푸른숲주니어. 빅토리아 시대의 문헌 및 제국 내 폭력에 관한 훌륭한 분석이 궁금하다면 다음을 참고하라. Hensley, *Forms of Empire*.
103 Agamben, *State of Exception*, 1.
104 Mantena, *Alibis of Empire*, 1-55; and Metcalf, *Ideologies of the Raj*, 28-65.
105 이 내용과 관련한 광범위한 논의는 다음 문헌에서 확인할 수 있다. Mantena, *Alibis of Empire*.
106 Pitts, "Political Theory of Empire and Imperialism," 215. 제국이라는 이데올로기의 근대적인 뿌리 및 본국과의 관계가 궁금하다면 다음을 참고하라. Armitage, *Ideological Origins*.
107 Hobsbawm, "Mass-Producing Traditions," 263-69.
108 Ibid., 269, 265.
109 Metcalf, *Ideologies of the Raj*, 59.
110 Benjamin Disraeli, *Speech at the Banquet of the National Union of Conservative and Constitutional Associations at the Crystal Palace, June 24, 1872* (London: R.J. Mitchell & Sons, 1872), 11.
111 스티븐은 아일랜드 자치법을 둘러싼 논란으로 1886년에 자유당에서 탈당하게 된다.
112 Metcalf, *Ideologies of the Raj*, 59.
113 Cannadine, "Context, Performance and Meaning," 119.
114 Ibid., 101-64.
115 Ibid., 134-36.
116 Ibid., 127-28.
117 Besant, *Queen's Reign*, 92.
118 영국의 이데올로기와 자기표현에서 사회진화론과 인종의 역할이 궁금하다면 다음을 참고하라. Stocking, *Victorian Anthropology*; Stocking, *Race, Culture, and Evolution*; and Satia, *Time's Monster*, 124-25.
119 다음을 참고하라. Hall, *Civilising Subjects*; Thompson, *Empire Strikes Back?*; and Thompson and Kowalsky, "Social Life and Cultural Representation."
120 이 점은 다음 문헌에 잘 설명되어 있다. Thompson and Kowalsky, "Social Life and Cultural Representation," 253-54.
121 '문화 전반에 매우 광범위하게 유포된 사회적 에너지를 추적해' 문화 작품과 문학적 형식을 평가할 때 다음 문헌을 참고했다. Gallagher and Greenblatt, *Practicing New Historicism*, 6. 소설이 제국을 이해하는 데 어떤 영향을 미쳤는지 분석한 설득력 있는 문헌이 있다. 본문에서 몇 가지를 언급할 생각이다. 나는 수많은 작품 중 일부를 선택할 수밖에 없었다. 그러니 폴 스콧Paul Scott, 그레이엄 그린Graham Greene, 비디아다르 네이폴Vidiadhar Naipaul, 조지프 콘래드Joseph Conrad의 작품 등 이 책에서 언급되지 않은 작품이라고 해서 중요성이나 영향력이 적은 것은 아니다.

122 에드워드 사이드Edward Said와 오웰은 아동 문학이 성인의 세계관에 미치는 지속적인 영향력과, 아동 문학과 제국과의 연관성에 대해 잘 알고 있었다. 다음을 참고하라. Said, *Orientalism*, 13; and Orwell, *Collection of Essays* (1981 ed.), 305.

123 앨리스를 '살아 있는 제국의 아바타'로 표현한 내용은 다음에서 확인할 수 있다. Griffin, "Tales of Empire" (Ph.D. diss.), 6. 다음 문헌을 참고해도 좋다. Bivona, *British Imperial Literature*; and Richards, *Imperialism and Juvenile Literature*. For *Alice and Wonderland*, see Carroll, *Alice's Adventures*. 《이상한 나라의 앨리스》, 비룡소.

124 Castle, *Britannia's Children*.

125 MacKenzie, "Popular Culture," 222-23. 다음 문헌도 참고하라. MacKenzie, *Propaganda and Empire*; MacKenzie, *Imperialism and Popular Culture*; and Ward, *British Culture*, 1-20.

126 Tomkins, *David Livingstone*; and Rice, *Captain Sir Burton*.

127 MacKenzie, "Popular Culture," 221.

128 William Roger Louis, introduction to Winks and Low, *Historiography*, 8.

129 랑케가 현대 역사에 어떤 영향을 미쳤는지 다음 문헌에서 확인할 수 있다. Novick, *That Noble Dream*. 실리, 문서, 공식 기록보관소에 관한 내용은 다음 문헌에서 확인할 수 있다. Johnson, "Empire," 100.

130 Mantena, *Alibis of Empire*, 45.

131 Seeley, *Expansion of England*, 212, 251. 《잉글랜드의 확장》, 나남출판.

132 Kelley, *Frontiers of History*, 218.

133 Drayton, "Where Does World Historian Write From?"; and Satia, *Time's Monster*, 119-24.

134 키플링이 〈레굴루스〉를 처음 구상한 것은 1908년이며, 1917년 4월에 〈내쉬즈 매거진Nash's Magazine〉, 〈팰맬 매거진Pall Mall Magazine〉, 〈메트로폴리탄 매거진Metropolitan Magazine〉에 공개되었다. 이후 《생명의 다양성A Diversity of Creatures》(1917년)에 수록되었다.

135 1899년 2월 12일, 키플링이 쓴 〈백인의 책무〉가 〈맥클루어스 매거진McClure's Magazine〉에 공개되었다.

136 Matthew, *Gladstone*, 74.

137 Cooper and Stoler, *Tensions of Empire*, 4, 11, and 31.

138 Nicolson, *Curzon*, 13. 다음 문헌에서 인용했다. Mehta, *Liberalism and Empire*, 5.

139 Porter, *Critical of Empire*; and Matikkala, *Empire and Imperial Ambition*.

140 다음을 참고하라. Gott, *Britain's Empire*; and Kolsky, *Colonial Justice*.

2장. 크고 작은 전쟁

1 Toye, *Churchill's Empire*, 40.

2 Churchill, *Early Life*, 146. 《윈스턴 처칠, 나의 청춘》, 행복.

3 Jablonsky, *Churchill, the Great Game*, 36.

4 Toye, *Churchill's Empire*, 39-40, 41.

5 Hobsbawm, *Industry and Empire*, 190-91; and Nairn, *Break-Up of Britain*, 23.

6 남아프리카에서 벌어진 전쟁을 관리하는 왕립위원회, Cd. 1789, 35; Omissi and Thompson,

	Impact of South African War, 8; and Thompson, "Publicity, Philanthropy and Commemoration," 100-101. 중요한 정책 설문 및 전쟁과 수용소에 관한 사회사가 궁금하다면 다음을 참고하라. Spies, *Methods of Barbarism?*; and Van Heyningen, *Concentration Camp*.
7	다음 문헌에서 인용했다. Denoon, "Participation," 110.
8	Thompson, *Wider Patriotism*, 1-40; Pakenham, *Boer War*, 11-15; and Brendon, *Decline and Fall*, 220-25.
9	O'Brien, *Milner*, 177; Gollin, *Proconsul in Politics*; Thompson, *Life of Milner*, 87; and Milner, *England in Egypt*.
10	Thompson, *Wider Patriotism*, 38.
11	"Milner's Credo," *Times*, July 27, 1925.
12	Pakenham, *Boer War*, 119-20.
13	Brighton and Foy, *News Values*, 78.
14	Forth, *Barbed-Wire Imperialism*, 137-38; and Forth, "Britain's Archipelago," 669.
15	Thompson, "Publicity, Philanthropy and Commemoration," 100-104.
16	"Poem Fund Now £50,000," *Daily Mail*, December 1899.
17	Kipling, *Absent Minded Beggar*.
18	John Cannon, "The Absent-Minded Beggar," *Gilbert and Sullivan News* 11, no. 8 (1997): 16-17; John Cannon, "A Little-Heralded Sullivan Century," *Gilbert and Sullivan News* 11, no. 16 (1999): 18; and John Cannon, "Following the Absent-Minded Beggar," *Gilbert and Sullivan News* 4, no. 12 (2010): 10-12.
19	로버츠는 1857년에 직접 세포이항쟁 진압에 나섰으며, 두 명의 세포이를 죽인 공을 인정받아 빅토리아 십자훈장을 받았다. 로버츠는 둘 중 한 명을 현장에서 거의 참수했다. 세포이 항쟁 진압에 참여한 장교 중에는 윌리엄 니콜슨William Nicholson도 있었다. 니콜슨은 동남아시아에서 여러 전시 작전에 참여했으며, 이후 빅토리아의 뒤를 이어 영국 왕위에 오른 에드워드 7세의 보좌관 겸 참모총장이 되었다. 다음을 참고하라. *London Gazette*, December 24, 1858, 5516.
20	다음 문헌에서 인용했다. Ellis, *Social History of Machine Gun*, 86.
21	Carrington, *Rudyard Kipling*, 327.
22	Pakenham, *Boer War*, 493.
23	Forth, "Britain's Archipelago," 655-62; and Anderson, "Politics of Convict Space," 40-55. 빅토리아 시대의 영국, 런던 동부와 런던 도심이 분리되는 현상이 궁금하다면 다음을 참고하라. Stedman Jones, *Outcast London*. 빅토리아 시대와 20세기 초의 영국에 존재했던 노동수용소에 대해 궁금하다면 다음을 참고하라. Field, *Working Men's Bodies*.
24	Forth, *Barbed-Wire Imperialism*, chaps. 2 and 3.
25	Nasson, *South African War*, 221.
26	Forth, "Britain's Archipelago," 668.
27	Forth, *Barbed-Wire Imperialism*, 138-39.
28	Spies, *Methods of Barbarism?*, 265.
29	Hobhouse, *Report of a Visit*.
30	March 8, 1901, vol. 90, col. 1027, HC Deb; June 17, 1901, vol. 95, col. 592, HC Deb.

31 Seibold, *Emily Hobhouse*, 75.
32 June 17, 1901, vol. 95, cols. 580 and 587, HC Deb. 캠벨배너먼이 1901년 6월에 국가개혁협회 National Reform Union에서 한 연설이 궁금하다면 다음을 참고하라. Douglas, *Liberals*, 106.
33 Seibold, *Emily Hobhouse*, 88쪽에서 인용했다. 자세한 내용은 87-98쪽에서 확인할 수 있다.
34 Ibid., 110-11.
35 *Report on the Concentration Camps in South Africa*, Cd. 893.
36 Forth and Kreienbaum, "Shared Malady," 253-55.
37 Forth, *Barbed-Wire Imperialism*, 212.
38 Forth, "Britain's Archipelago," 653.
39 아프리카 수용소 및 사망률에 대한 기록 부족을 고려하면 이 수치는 보수적으로 산출했을 가능성이 크다. 다음을 참고하라. Spies, *Methods of Barbarism?*, 265-66. 포스는 강제수용소에 수감된 아프리카너와 피부색이 검은 아프리카인을 모두 더하면 25만 명에 달할 것으로 추산한다. 다음 문헌도 도움이 된다. Forth, "Britain's Archipelago," 666-67.
40 Spies and Nattrass, *Jan Smuts*, 19.
41 Hancock, *Smuts*, 1:1-35; and Smuts, *Jan Christian Smuts*, 1-24.
42 Mazower, *No Enchanted Palace*, 20, 34.
43 나는 마조워가 제안한 '제국주의적 국제주의'의 개념과 국제연맹 창설에서부터 유엔 창설에 이르기까지, 20세기 초에 제국주의적 국제주의가 발전하는 과정에서 스머츠가 맡은 역할, 밀너를 비롯한 다른 사람들이 맡은 역할을 직접 활용했다. 다음을 참고하라. Mazower, *No Enchanted Palace*.
44 Ibid., 33.
45 '정복 국가'에 관한 내용은 다음을 참고하라. Marks and Trapido, "Lord Milner," 72; and Stokes, "Milnerism," 58.
46 Pakenham, *Boer War*, 119.
47 Marks and Trapido, "Lord Milner," 50-80; and Stokes, "Milnerism," 47-60.
48 Thompson, "Publicity, Philanthropy and Commemoration," 113, 120.
49 다른 학자들도 고문, 폭력, 국가를 둘러싼 문제를 언급하며 비슷한 주장을 펼쳤다. 다음을 참고하라. Samuel Moyn, "Torture and Taboo: On Elaine Scarry," *Nation*, February 5, 2013.
50 Hussain, "Towards a Jurisprudence of Emergency," 101-3; and Chatterjee, *Nation and its Fragments*, chap. 2.
51 Hussain, "Towards a Jurisprudence of Emergency," 102.
52 Cooper, "Modernizing Colonialism," 67.
53 Lino, "Dicey and Constitutional Theory" and "Rule of Law." 리노가 다이시와 제국주의에 대한 나의 해석에 지대한 영향을 미쳤다. 나는 리노가 이 주제에 대해 가장 권위 있는 인물이라고 생각한다. 리노가 지적하듯, 다이시는 1915년에 공개된 《헌법 연구 개론》 여덟 번째 판에서 제국의 헌법 관계에 대한 긴 설명을 내놓았다. 다이시와 제국의 주권에 대한 또 다른 분석 자료가 궁금하다면 다음을 참고하라. Oliver, *Constitution of Independence*, chap. 3. 다이시와 법치에 대해서는 다음을 참고하라. Waldron, "The Rule of Law."
54 Dicey, *Introduction to Study of Law*, 289.
55 Ibid., 292-3.

56　Lino, "Dicey and Constitutional Theory," 762~63쪽과 766쪽, 769쪽에서 인용했다.
57　여기에서 이야기하는 제국을 대표하는 의원이란 의회에서 제국의 유권자를 대표하는 제국 출신 의원이다. 반면, 다다바이 나오로지Dadabhai Naoroji는 1892년에 영국 핀스베리 센트럴 지역에서 자유당 후보로 나와 의회에 선출된 최초의 인도계 영국인 의원이었다. 의회에 입성한 나오로지는 인도의 상황 개선을 지지했다.
58　Lino, "Dicey and Constitutional Theory," 771-72.
59　Ibid., 773.
60　Ibid., 776-78. '상대적으로 너그럽게'라는 표현은 776쪽에서 인용했다.
61　Lino, "Rule of Law," 742-43.
62　Symonds, *Oxford and Empire*; Kirk-Greene, "Thin White Line"; and Berry, "Hegemony on a Shoestring."
63　Kirk-Greene, "Thin White Line." 식민행정부의 '광신적 종교 집단' 같은 문화를 강조하고 나에게 해럴드 니콜슨Harold Nicolson의 일기를 언급해준 루이스에게 감사를 전한다. 영국 외무성 관료이자 보수당 의원이었던 니콜슨은 당시 많은 식민 관료 사이에서 퍼져 있었던 생각, 즉 '수단에서 우리가 했던 일이 결코 진정으로 이타적인 문명화 사명이 아니었다고 나를 설득할 사람은 아무도 없다.'라는 생각을 일기에 기록해두었다. Nicolson, *The Later Years*, 237.
64　Comaroff, "Colonialism, Culture, and Law," 305-6. 코마로프는 다음 문헌도 활용한다. Chanock, *Law, Custom*, 4.
65　Comaroff, "Colonialism, Culture, and Law," 306; and Benton, *Law and Colonial Cultures*, 127-29.
66　Pitts, "Political Theory of Empire," 220; Cooper, "'Modernizing Colonialism," 66; and Berman, "Perils of Bula Matari."
67　Shklar, "Torturers."
68　Chatterjee, *Nation and Its Fragments*, 10.
69　이들 미래의 이론가 및 실무자 중에는 톰슨과 킷슨이 있었다. 톰슨은 말라야와 베트남에 뚜렷한 흔적을 남겼으며, 킷슨은 여러 제국전쟁에 참여한 뒤 1970년대에는 북아일랜드에서 활약했다. 다음 문헌을 참고하라. Callwell, *Small Wars*. 콜웰은 다음을 비롯한 다양한 문서를 발표했다. "Lessons to be Learnt"; "Notes on the Strategy of Our Small Wars"; and "Notes on the Tactics of Our Small Wars." 콜웰이 가장 많이 인용되는 군사 이론가 및 실무가이긴 하지만, 소규모 전쟁에 관해서 글을 쓴 최초의 작가나 유일한 작가는 아니었다. 다음을 참고하라. Anglim, "Callwell Versus Graziani." 다음 문헌을 비롯해 영국의 대반란 전략 및 전술의 계보를 다루는 문헌이 상당하다. Beckett, "British Counter-insurgency"; Thompson, *Defeating Communist Insurgency*; and Kitson, *Low Intensity Operations*.
70　콜웰이 공개한 문헌 곳곳에서 '미개하고 야만적'이라는 표현을 확인할 수 있다.
71　Callwell, *Small Wars*, 102.
72　다른 학자들은 콜웰이 언급한 '도덕적 효과'를 분석했다. 물론 도덕적 효과가 낳은 영국의 잔혹성 수준에 관한 결론은 저마다 달랐다. 다음을 참고하라. Whittingham, "'Savage Warfare,'" 13-29.
73　Callwell, *Small Wars*, 41, 72, 148.

74 Ibid., 72. 다음을 참고하라. Whittingham, "'Savage Warfare,'" 19.
75 반란 진압 전문가 베킷은 "19세기부터 반란 진압 방법에 관한 특정한 국가적 전통이 언제나 존재했다."라는 말로 유사한 주장을 펼친다. 다음을 참고하라. Beckett, *Modern Insurgencies*, 25, 183.
76 Whittingham, "'Savage Warfare,'" 14.
77 Callwell, *Small Wars*, 40.
78 Pitts, *Boundaries of the International*; and Anghie, "Finding the Peripheries," 1-80.
79 제2차 세계대전 이전에 제네바협약(1864년)은 두 차례(1906년, 1929년) 개정되었으며, 헤이그협약(1899년)은 한 차례(1907년) 개정되었다. Sassòli, *International Humanitarian Law*, 6-10; and Mégret, "From 'savages,'" 270-73. 뒤낭이 알제리에서 사업상의 특권을 요구했는지에 관해서는 역사적인 논쟁이 있다.
80 Koskenniemi, *Gentle Civilizer of Nations*, passim.
81 Anghie, *Imperialism, Sovereignty*, 13-31; and Koskenniemi, "Empire and International Law," 1-4. 법과 헌법에 관한 개념이 전 세계에서 어떻게 유포되었는지는 다음 문헌에서 확인할 수 있다. Colley, *The Gun, the Ship*, part three.
82 Koskenniemi, *Gentle Civilizer of Nations*, 127-28.
83 Ibid., 129-31(129~30쪽에서 인용했다).
84 Ibid., 160. 다음 문헌도 참고하라. Anghie, *Imperialism, Sovereignty*, 32-114; and Lindqvist, *History of Bombing*, 2. 《폭격의 역사》, 한겨레출판.
85 Hull, *Absolute Destruction*, 122; and Convention (II) with Respect to the Laws and Customs of War on Land, The Hague, July 29, 1899, Articles 22-28, 47, and 50.
86 Wagner, "Savage Warfare," 225-26, 227; and Mégret, "From 'savages,'" 274-76.
87 Wagner, "Savage Warfare," 224.
88 Bennett et al., "Studying Mars and Clio," 275.
89 다음 문헌에서 인용했다. Khalili, *Time in the Shadows*, 228-29.
90 Hull, *Absolute Destruction*, 192.
91 Auld, "Liberal Pro-Boers," 79.
92 Fitzmaurice, "Liberalism and Empire."
93 자유주의와 제국의 맥락에서 19~20세기 국제법의 진화를 검토한, 중요하고 탄탄한 문헌이 있다. 내가 주로 활용한 문헌은 다음과 같다. Fitzmaurice, "Liberalism and Empire"; Pagden, "Comment"; Koseknniemi, *Gentle Civilizer*; and Best, *War and Law*.
94 다음을 참고하라. Darwin, *Empire Project*, 305-58; and Ashley Jackson, "The British Empire and the First World War," *BBC History Magazine* 9, no. 11 (2008).
95 Darwin, *Empire Project*, 305-58; and Jackson, "British Empire."
96 Mazower, *No Enchanted Palace*, 34-37.
97 Gerth and Mills, *From Max Weber*, 97.
98 Ferguson, *Pity of War*, 212.
99 Walsh, *News from Ireland*, 15.
100 다음 문헌에서 인용했다. Gillingham, "Images of Ireland," 18.
101 다음을 참고하라. Howe, *Ireland and Empire*; and Smith, *Fighting for Ireland*?

102 다음을 참고하라. Curtis, *Apes and Angels*.
103 Engels, *Condition of Working-Class*, 64; and Blake, *Disraeli*, 131.
104 Howe, *Ireland and Empire*, 66, 67.
105 Leadam, *Coercive Measures*, 7. 다음을 참고하라. Curtis, *Coercion and Conciliation*, 179-210; and Hogan and Walker, *Political Violence*.
106 Simpson, *Human Rights*, 79, 80.
107 Simpson, *Highest Degree Odious*, 4; and Hogan and Walker, *Political Violence*, 12-14.
108 Lino, "Dicey and Constitutional Theory," 763, 774-75.
109 이 인용문은 특별법에 대한 다이시의 견해를 심슨이 어떻게 해석했는지 잘 요약해서 보여준다. *Human Rights*, 80-81.
110 Ibid., 81; 국토방위법에 관한 자세한 논의가 궁금하다면 다음을 참고하라. Simpson, *Highest Degree Odious*, 5-7.
111 Simpson, *Highest Degree Odious*, 6-7.
112 Simpson, *Human Rights*, 82.
113 다음 문헌에서 인용했다. Townshend, *1916*, xviii.
114 Walsh, *News from Ireland*, 50.
115 다음 문헌에서 인용했다. Townshend, *1916*, 147.
116 Ibid., 186.
117 Ibid., 208.
118 Ibid; and Coogan, *1916*, 136.
119 Townshend, *1916*, 208.
120 Townshend, *Easter Rising*, 208-12.
121 Kennedy, *Genesis of the Rising*, 286-87.
122 McGarry, *Rising: Ireland, Easter*, 187.
123 위와 같은 문헌에서 인용했다.
124 Wills, *Dublin 1916*, 51-52.
125 Foley, "'Irish Folly,'" unpublished paper, 8.
126 Ibid.
127 "Continuance of Martial Law," May 11, 1916, vol. 82, cols. 941-42, HC Deb.
128 Walsh, *News from Ireland*, 53, 54.
129 Whitmore, *With the Irish*.
130 McCracken, *Irish Pro-Boers*; and McCracken, *MacBride's Brigade*.
131 Lowry, "'World's No Bigger,'" 280.
132 하버드대학교 영문학과 교수 일레인 스캐리Elaine Scarry는 '고통받는 몸'을 인간의 창의성과 연결 지어, 이러한 연관성을 가장 설득력 있게 그려낸다. 다음을 참고하라. Scarry, *Body in Pain*. 《고통받는 몸》, 오월의봄.
133 William Butler Yeats, "The Rose Tree," https://www.poetryfoundation.org/poems/57315/the-rose-tree.
134 William Butler Yeats, "Easter, 1916," September 15, 1916, https://www.poetryfoundation.org/poems/43289/easter-1916.

135　Mazower, *No Enchanted Palace*, 31-37.
136　Ibid., 37. 마조워의 표현을 빌리면, 나날이 진화하는 스머츠의 사고는 '민족주의'를 '정서, 충성심, 이해관계라는 보다 광범위한 국제적인 관계'와 연결했다.
137　Ibid., 41-43.
138　Pedersen, *Guardians*, 18.
139　위임통치권의 형태를 띤 '국제 신탁통치'에 대한 논의는 다음을 참고하라. Mazower, *No Enchanted Palace*, 21, 44-46.
140　Wertheim, "League of Nations," 212, 213.
141　Pedersen, *Guardians*, 17, 18.
142　League of Nations, Covenant, Article 22 (강조 표시 추가).
143　Mount, "Parcelled Out," 7-10.
144　Pedersen, *Guardians*. 서신을 통해 이 같은 사실을 일깨워준 피더슨에게 감사의 뜻을 전한다.
145　Mazower, *No Enchanted Palace*, 14.
146　McCarthy, *British People and League of Nations*; 피더슨의 중요한 논평은 다음 문헌에서 확인할 수 있다. "Triumph of Poshocracy."
147　Pedersen, *Guardians*, 77.
148　Adas, "Contested Hegemony"; and Das, *Race, Empire*.
149　Mazower, *Dark Continent*, 45. 《암흑의 대륙》, 후마니타스.
150　Hyam, *Britain's Declining Empire*, 32.

3장. 합법화된 불법

1　잘리안왈라 바그 사건과 1919년 4월 당시 펀자브 일대의 무질서와 보복에 관한 이야기는 방대한 문헌을 토대로 기술했다. 다음 문헌을 참고하라. Wagner, *Amritsar 1919*; Collett, *Butcher of Amritsar*; Fein, *Imperial Crime and Punishment*; Sayer, "British Reaction"; Draper, *Amritsar*; Datta, *Jallianwala Bagh*; and Swinson, *Six Minutes to Sunset*.
2　Heehs, *Bomb in Bengal*; Bose, "Spirit and Form," 129-44; and Hoda, *Alipore Bomb Case*.
3　Adas, "Contested Hegemony," 49-51. 타고르가 1905년에 벌어진 운동에 참여했다는 사실을 일깨워준 수가타 보스에게 감사의 마음을 전한다.
4　하퍼의 《언더그라운드 아시아Underground Asia》는 1900년부터 제2차 세계대전 발발 이전까지 아시아에서 널리 확산한 사상의 지적 흐름을 추적하며 케임브리지대학교 교수 프리야므바다 고팔Priyamvada Gopal이 쓴 《반란의 제국Insurgent Empire》은 인간과 사상이 전 세계에서 광범위하게 순회되는 현상 및 신민이 유럽 제국주의 프로젝트에 대항하여 해방에 대한 유럽의 개념을 적극적으로 전환한 방식을 추적한다.
5　Simpson, *Human Rights*, 82; and Ghosh, *Gentlemanly Terrorists*, 31-32, 42-44.
6　1916년에 체결된 러크나우협정과 관련해서는 다음을 참고하라. Brown, *Gandhi's Rise*, 31-32. 인도 민족주의 및 인도국회의의 등장과 관련해서는 다음을 참고하라. Seal, *Emergence of Indian Nationalism*; and Mehrotra, *Emergence of Indian National Congress*.

7   Gandhi, *Affective Communities*; and Hunt, *Gandhi in London*.
8   Brown, *Gandhi's Rise*, 1-33
9   Gandhi, *Gandhi: The Man*, 172.
10   롤래트법과 그 효과에 대해서는 다음을 참고하라. Brown, *Modern India*, 200-221.
11   Brown, *Gandhi's Rise*, 170-73; and Simpson, *Human Rights*, 64.
12   Sayer, "British Reaction," 136-38; and Ghosh, *Gentlemanly Terrorists*, 42-45. 롤래트법은 연방 차원에서 시행되지 않았으며, 고쉬가 지적하듯 "1921년 9월에 조용히 폐지되었다."
13   다음 문헌에서 인용했다. Simpson, *Human Rights*, 64.
14   *Report on the Committee…to Investigate the Disturbances in the Punjab., etc.*, Cmd. 681, xiv-v, 1000-1095.
15   Sayer, "British Reaction," 140.
16   Ibid., 140-42.
17   Ibid., 141.
18   *Report on the Committee…to Investigate the Disturbances in the Punjab., etc.*, Cmd. 681, 1088.
19   Sayer, "British Reaction," 142. 다음도 참고하라. Montagu's statement, July 8, 1920, vol. 131, cols. 1707-8, HC Deb.
20   *Report on the Committee…to Investigate the Disturbances in the Punjab., etc.*, Cmd. 681, 1116, 강조 표시 추가.
21   밀과 키플링에 관한 좀 더 광범위한 논의는 1장을 참고하라. 다른 학자들은 밀과 키플링, 다이어 사건을 둘러싼 담론의 연관성을 발견했다. 예를 들어 다음을 참고하라. Sayer, "British Reaction."
22   Padmore, *History of Pan-African Congress*; Das, *Race, Empire*, 1-32; and James, *George Padmore*, 1-14.
23   Rich, *Race and Empire*, 70-82; and Collett, *Butcher of Amritsar*, 377.
24   Angell, *Fruits of Victory*, 212.
25   Lawrence, "Forging a Peaceable Kingdom," 572-73.
26   몬터규에 대한 전반적인 배경이 궁금하다면 다음을 참고하라. Black, "Edwin Montagu," 199-218; 몬터규와 베네치아 스탠리Venetia Stanley의 비도덕적인 결혼 생활에 대해서는 다음을 참고하라. Levin, *Politics, Religion, and Love*.
27   *Report on the Committee…to Investigate the Disturbances in the Punjab., etc.*, Cmd. 681, vii.
28   July 8, 1920, vol. 131, col. 1739, HC Deb.
29   Ibid.
30   Collett, *Butcher of Amritsar*; and Swinson, *Six Minutes to Sunset*.
31   *Report on the Committee…to Investigate the Disturbances in the Punjab., etc.*, Cmd. 681, 30.
32   다음 문헌을 참고했다. July 19, 1920, vol. 41, col. 233, HL Deb.
33   헌터위원회는 저명한 법정변호사 치만랄 하릴랄 세탈바드Chimanlal Harilal Setalvad를 비롯한 인도계 소수집단이 포함되어 있었다. 이들은 헌터위원회가 내놓은 일곱 권의 최종 보고서와

함께 소수 보고서를 작성했다. 헌터위원회에 대한 훌륭한 논의와 의회에서 벌어진 다이어를 둘러싼 토론에 대해 알고 싶다면 다음을 참고하라. Wagner, *Amritsar 1919*, 223-42.
34   Collett, *Butcher of Amritsar*, 337-38.
35   Ibid., 378-79.
36   Ibid., 379.
37   *Daily Mail*, May 4, 1920.
38   *Disturbances in the Punjab: Statement by Brig.-General R.E.H. Dyer, C.B.*, Cmd. 771.
39   July 8, 1920, vol. 131, col. 1707, HC Deb.
40   July 8, 1920, vol. 131, col. 1708, HC Deb.
41   July 8, 1920, vol. 131, cols. 1709-10, HC Deb.
42   Toye, *Churchill's Empire*, 152.
43   July 8, 1920, vol. 131, col. 1725, HC Deb.
44   July 8, 1920, vol. 131, col. 1729, HC Deb.
45   July 8, 1920, vol. 131, cols. 1728-29, HC Deb.
46   Datta, *Jallianwala Bagh*, frontispiece. 다음에서 인용했다. Sayer, "British Reaction," 132.
47   July 8, 1920, vol. 131, col 1739, HC Deb.
48   July 8, 1920, vol. 131, col. 1738, HC Deb.
49   July 8, 1920, vol. 131, cols. 1775-76, HC Deb.
50   July 8, 1920, vol. 131, col. 1795, HC Deb.
51   July 19, 1920, vol. 41, col. 307, HC Deb.
52   July 19, 1920, vol. 41, col. 223, HC Deb.
53   Sayer, "British Reaction," 157.
54   Ibid., 158.
55   Collett, *Butcher of Amritsar*, 385.
56   Sayer, "British Reaction," 157.
57   Toye, *Churchill's Empire*, 154-56.
58   Tagore, *Essential Tagore*, 108-9.
59   Brown, *Gandhi's Rise*, 307-42.
60   Rose, *Literary Churchill*, 216.
61   Hyam, *Britain's Declining Empire*, 30-37.
62   Gallagher, "Nationalisms," 362.
63   Ibid., 367.
64   Fahmy, *Ordinary Egyptians*, 136-38; and Jakes, *Egypt's Occupation*, 249-53.
65   Fahmy, *Ordinary Egyptians*, 138.
66   Ibid., 138-39; Schulz, *History of Islamic World*, 54; and Jankowski, *Egypt*, 111-15.
67   다음 문헌에서 인용했다. Gallagher, "Nationalisms," 360.
68   다음 문헌에서 인용했다. Bishku, "British Empire and Egypt's Future" (Ph.D. diss.), 51, 53, 55.
69   Ibid., 58.
70   전간기 이집트에 어떤 정치적·경제적·전략적 이해관계가 있었는지 궁금하다면 다음을 참고하라. Daly, "British Occupation"; Mak, *British in Egypt*, 214-39; and Darwin, *Britain*,

Egypt, 80-137.
71 이 시기의 언론에 대한 광범위한 평가가 궁금하다면 다음을 참고하라. Koss, *Rise and Fall of Political Press*, 786-821; and Bishku, "British Press," 605.
72 다음 문헌에서 인용했다. Bishku, "British Press," 608.
73 Ibid., 609-10.
74 Blaustein et al., *Independence Documents*, 204.
75 Ibid.
76 아일랜드 독립전쟁에 관한 내용은 다음을 참고했다. Townshend, *British Campaign*; Townshend, *Political Violence*; Bennett, *Black and Tans*; Hart, *I.R.A. at War*; Coogan, *Michael Collins*; Jeffery, *Irish Empire?*; and Hittle, *Michael Collins*.
77 Hopkinson, *Last Days of Dublin Castle*, 64.
78 Holmes, *Little Field Marshal*, 357.
79 Townshend, *British Campaign*, 40-46.
80 Callwell, *Field-Marshal Sir Wilson*, 2:252.
81 예컨대 다음을 참고하라. November 24, 1920, vol. 135, cols. 495-96, HC Deb; February 15, 1921, vol. 138, col. 52, HC Deb; and November 29, 1920, vol. 125, cols. 1083-84, HC Deb.
82 Kissane, *Politics of Irish Civil War*, 39-98.
83 Lowry, "New Ireland, Old Empire," 173-74.
84 Rast, "Tactics, Politics, and Propaganda" (master's thesis); and Walsh, *News from Ireland*.
85 Dwyer, *Squad*.
86 왕립아일랜드경찰대의 기원과 본질에 관한 내용이 궁금하다면 다음을 참고하라. Palmer, *Police and Protest*; and Hawkins, "Dublin Castle." 왕립아일랜드경찰대를 상대하는 아일랜드 공화국군의 전략은 다음을 참고하라. Townshend, *British Campaign*.
87 Hart, *I.R.A. and Its Enemies*, 73.
88 Bennett, *Black and Tans*, 24.
89 Leeson, *Black and Tans*, 30.
90 Ibid., 234n94.
91 Bew, *Churchill and Ireland*, 95.
92 Neligan, *Spy in the Castle*, 174.
93 Leeson, *Black and Tans*, 32-33.
94 Simpson, *Highest Degree Odious*, 27-29. 인도에서 일찌감치 통과된 다른 유사한 법안에 관한 내용은 다음을 참고하라. Ghosh, *Gentlemanly Terrorists*, 34-45.
95 Leeson, *Black and Tans*, 173.
96 Ibid., 170-74.
97 Lawrence, "War, Violence," 577, 584.
98 Hannigan, *Terence MacSwiney*, 54, 56.
99 O'Donovan, *Kevin Barry*, 81, 103; and Golway, *Cause of Liberty*, 257-72.
100 O'Donovan, *Kevin Barry*, 127. 또 다른 자료도 있다. Ainsworth, "Kevin Barry"; and Doherty, "Kevin Barry."
101 O'Donovan, *Kevin Barry*, 213. 또 다른 노래와 시는 다음을 참고하라. 212-32.

102　Ryan, "'Drunken Tans,'" 78.
103　Leeson, *Black and Tans*, 51.
104　Ibid., 52.
105　Coogan, *Michael Collins*, 157-60. 14명의 사망자 전원이 영국 정보 요원인지에 대해서 논란이 있다는 사실을 기억해두자.
106　Murphy, *Bloody Sunday*, 206.
107　Seedorf, "Lloyd George Government," 60.
108　Townshend, *British Campaign*, 122.
109　Leeson, *Black and Tans*, 33; and Toye, *Churchill's Empire*, 139.
110　Coogan, *Michael Collins*, 156.
111　1921년 1월 5일, 계엄령은 먼스터에 있는 나머지 두 개 지역인 클레어와 워터퍼드, 렌스터의 두 개 지역인 웩스퍼드와 킬케니로 확대되었다.
112　White and O'Shea, *Burning of Cork*, 111-38.
113　Coogan, *Michael Collins*, 165.
114　다음 문헌에서 인용했다. "A Catholic Review of the Week," *America: The Jesuit Review*, October 23, 1920, 223.
115　"Ireland's Reign of Terror," *Literary Digest* 68, no. 3 (1921): 20.
116　Lawrence, "War, Violence," 577-82.
117　Ibid., 582.
118　위 문헌에 이 내용이 특히 잘 정리되어 있다.
119　"Military Operations and Inquiries: Disturbances: Military Inquiry into Incendiarism and Looting in Cork," December 1920, WO 35/88A, TNA.
120　Cabinet Meeting Minutes, December 29, 1920, CAB/23/23/341, TNA.
121　다음을 참고하라. December 13, 1920, vol. 136, cols. 171-72, 173, 178, and 181-82, HC Deb.
122　December 13, 1920, vol. 136, col. 176, HC Deb.
123　"Ireland in Parliament," *Times*, February 17, 1921, 11.
124　Messenger, *Broken Sword*, 140, 142.
125　Ibid., 145-46.
126　F. P. Crozier, "The R.I.C. and the Auxiliaries: Their Organisation and Discipline," *Manchester Guardian*, March 28, 1921, 7.
127　Messenger, *Broken Sword*, 138, 170; and Leeson, *Black and Tans*, 52.
128　Messenger, *Broken Sword*, 200.
129　Dwyer, *Squad*, 136.
130　Mockaitis, *British Counterinsurgency*, 20.
131　Kalyvas, *Logic of Violence*, 92.
132　Waghelstein, *El Salvador: Observations*, 42, 다음 문헌에서 인용했다. Kalyvas, *Logic of Violence*, 54.
133　Toolis, *Rebel Hearts*, 255-56.
134　Ryan, "'Drunken Tans,'" 78-83. 영제국과 관련된 다른 전쟁에 비해 양측의 성폭행 건수는 상대적으로 적은 편이었다. 이 같은 사실을 일깨워준 하우에게 감사를 전한다. 다음도 참고하

라. Clark, "Violence Against Women," 75-90.
135 다음을 참고하라. Kautt, *Ground Truths*; Kautt, *Ambushes and Armour*; and Sheehan, *Hard Local War*.
136 Townshend, British Campaign, 206.
137 McDonagh, "Losing Ireland."
138 Toye, *Churchill's Empire*, 140.
139 Ibid., 140-41.
140 조약 협상, 드 발레라와 콜린스의 분열, 곧이어 발생한 내전에 관한 세부적인 내용을 확인하고 싶다면 다음을 참고하라. Dwyer, *Big Fellow, Long Fellow*, 192-331. 콜린스의 마지막 나날과 장례식에 관한 내용은 다음에서 확인하라. Coogan, *Michael Collins*, 382-432. 콜린스가 사전에 계획되지 않았던 매복작전으로 목숨을 잃었다는 사실을 고려하면, 작전에 가담한 자들은 작전이 끝난 후에야 사망한 사람이 콜린스라는 사실을 알게 되었을 수도 있다.
141 Toye, *Churchill's Empire*, 141.

4장. "나는 그저 친영파일 뿐이다."

1 영국이 중동에서 펼친 제공 정책의 영향과 영국이 사막에서 진행한 임무의 본질은 학계로부터 상당한 관심을 받았다. 특히 이후 제2차 세계대전에 사용된 공중폭격 기술과 전략을 발전시키는 과정에서 영국이 어떤 역할을 맡았는지 학계는 많은 관심을 보였다. 해리스의 임무에 대한 자세한 내용은 다음을 참고하라. Probert, *Bomber Harris*. 이라크에서의 제공권에 관한 획기적인 최신 연구는 다음과 같다. Satia, "Defense of Inhumanity"; and Satia, *Spies in Arabia*, 201-338. 다음 문헌도 참고하라. Omissi, *Air Power*; Townshend, "Civilization and 'Frightfulness'"; and Omissi, "Technology and Repression."
2 Probert, *Bomber Harris*, 23-32.
3 Ibid., 43; Lindqvist, *History of Bombing*, 48. 《폭격의 역사》, 한겨레출판.
4 Probert, *Bomber Harris*, 32-43.
5 Corum, "Myth of Air Control," 63-65; Pedersen, *Guardians*, 40-42, 278.
6 Omissi, *Air Power*, 20-21; and Townshend, "Civilization and 'Frightfulness,'" 142-45. 1920년에 발생한 이라크 반란과 이라크 반란 이전에 발생한 일련의 사건을 둘러싼 포괄적인 역사가 궁금하다면 다음을 참고하라. Rutledge, *Enemy on the Euphrates*.
7 Hastings, *Bomber Command*, 5.
8 Miller, *Boom*.
9 다음 문헌에서 인용했다. Gooch, *Airpower*, 92.
10 Satia, "Defense of Inhumanity."
11 Ibid., 19-25; Thomas, *Empires of Intelligence*; and Scott, "Try It on the Natives."
12 Newbury, *Patrons, Clients, and Empire*; and Thomas, *Empires of Intelligence*, 2-4.
13 Bayly, *Empire and Information*, 1-9.
14 Walton, *Empire of Secrets*, 2-5.
15 Bayly, *Empire and Information*, 6-7, 315-37; Thomas, *Empires of Intelligence*, 27; Walton,

Empire of Secrets, 2; Hyam, *Britain's Declining Empire*, 10; and Kirk-Greene, "'Thin White Line.'"

16 Walton, *Empire of Secrets*, 3-5.
17 Simpson, *Highest Degree Odious*, 37-38; Thomas, *Empires of Intelligence*, 47-50; and Blyth, *Empire of the Raj*, 147-51.
18 Scott, "Try It on the Natives."
19 Westrate, *Arab Bureau*; Blyth, *Empire of the Raj*, 147-51; and Thomas, *Empires of Intelligence*, 49-52.
20 Thomas, *Empires of Intelligence*, 52.
21 Orlans, *T. E. Lawrence*, 120.
22 Mohs, *Military Intelligence*; and Mack, *Prince of Disorder*, 161. 로런스가 중동 전역에서 어떤 활동을 했는지 궁금하다면 다음을 참고하라. Anderson, *Lawrence of Arabia*.
23 Satia, *Spies in Arabia*.
24 Satia, "Defense of Inhumanity," 40-41.
25 Ibid., 31, 45-47.
26 다음 문헌에서 인용했다. Simpson, *Human Rights*, 72-73.
27 "Forms of Frightfulness" and Enclosure 2.(A), December 16, 1922, AIR 5/264, TNA; and Minute to File, December 28, 1922, AIR 5/264, TNA.
28 Minute to File, December 28, 1922, AIR 5/264, TNA.
29 Catherwood, *Churchill's Folly*, 85, 186.
30 Jonathan Glancey, "Our Last Occupation: Gas, Chemicals, Bombs—Britain Has Used Them All Before in Iraq," *Guardian*, April 19, 2003.
31 Air Marshal Sir J. M. Salmond, "Statement of His Views upon the Principles Govern[ing] the Use of Air Power in Iraq," January 1924, Air Staff Memorandum No. 16 (secret), AIR 5/338, TNA.
32 Ibid. 다음도 참고하라. Rockel, "Wedding Massacres," 274.
33 Wilson, *After the Victorians*, 219; and Baker, *Human Smoke*, 8.
34 Lindqvist, History of Bombing, 48. 《폭격의 역사》, 한겨레출판.
35 Rockel, "Wedding Massacres," 274.
36 Ibid.; and Townsend, "Civilization and 'Frightfulness,'" 155.
37 Minute to File, July 10, 1924, AIR 5/338/30A, TNA.
38 Pedersen, *Guardians*, 40.
39 1958년, 이라크에서는 군사 쿠데타가 일어나 파이살 2세와 왕가의 다른 일원들이 처형당했다. 1958년 쿠데타로 국왕에게 특별 행정 권한을 부여하고 이라크 공화국을 수립하는 영국의 문서 기록이라고 볼 수 있는 1952년 이라크 헌법이 폐지되었다. "Constitutional Law of Iraq," *Introduction to the Laws of Kurdistan*, 7-8, Iraq Working Paper Series, Pub. 2013, Iraq Legal Education Initiative, Stanford Law School, https://law.stanford.edu/wp-content/uploads/2018/04/ILEI-Constitutional-Law-2013.pdf.
40 Pedersen, *Guardians*, 263.
41 Ibid., 278.

42   이라크 해방과 이라크의 국제연맹 가입에 관한 세부사항은 다음을 참고하라. Pedersen, *Guardians*, 263-86. 이라크를 '석유 호수'로 묘사한 내용은 272쪽에서 확인할 수 있다.
43   Ibid., 282쪽과 271쪽에서 인용했다.
44   Ibid., 286쪽에서 인용했다.
45   Charlton, *Autobiography*, 271.
46   *Note on the Method of Employment of the Air Arm in Iraq*, Cmd. 2217; TNA, AIR 5/338, Bombing policy in Iraq, 1923-24; Townshend, "Civilization and 'Frightfulness,'" 149; Vinogradov, "1920 Revolt Reconsidered," 138; and Lindqvist, *History of Bombing*, 48. 《폭격의 역사》, 한겨레출판.
47   Townshend, "Civilization and 'Frightfulness,'" 158.
48   Rabindranath Tagore, "Progress, Hospitality and Humanity: Afghanistan," in Soares, *Lectures and Addresses*.
49   H. Tudor, Diary, 85-86, 342-48.
50   H. Tudor, Diary, 326, Private Papers of Major General Sir HH Tudor, Catalogue 2949, IWMDD.
51   Ibid., 327.
52   Ibid., 326-27; and Jeffery, *Field Marshal Sir Wilson*, 281-86.
53   '이슬람의 아랍 칼리프국'에 관한 내용은 다음을 참고하라. Sherif Husayn of Mecca to Sir Henry McMahon, His Majesty's High Commissioner at Cairo, July 14, 1915, in Pre-State Israel: The Hussein-McMahon Correspondence, July 1915-August 1916, https://www.jewishvirtuallibrary.org/the-hussein-mcmahon-correspondence-july-1915-august-19162.
54   Letter from McMahon to Husayn, October 24, 1915, Pre-Israel: The Hussein-McMahon Correspondence, https://www.jewishvirtuallibrary.org/the-hussein-mcmahon-correspondence-july-1915-august-19162, accessed November 2, 2020.
55   Lloyd George, *Memoirs*, 2:720.
56   Ibid., 2:721; and Segev, *One Palestine*, 333-56.
57   Weizmann, *Trial and Error*; and Reinharz, *Chaim Weizmann*, 215-20.
58   Fromkin, *Peace to End All Peace*, 274.
59   Zionist Congress: First Zionist Congress & Basel Program, August 29, 1897, https://www.jewishvirtuallibrary.org/first-zionist-congress-and-basel-program-1897.
60   다음 문헌에서 인용했다. Segev, *One Palestine*, 45; and Woodward, *Documents on Foreign Policy*, 4:345.
61   밸푸어선언, '유대인을 위한 민족적 고향' 건설, 그 의미에 대한 유용한 분석이 궁금하다면 다음을 참고하라. Shlaim, "Balfour Declaration," 251-70.
62   Friedman, *Question of Palestine*, 268.
63   다음 문헌에서 인용했다. Ingrams, *Palestine Papers*, 48. 커즌 경과 그의 제안서 '팔레스타인의 미래The Future of Palestine'에 관한 내용은 다음에서 확인할 수 있다. Hurewitz, *Struggle for Palestine*; and Vereté, "Balfour Declaration."
64   세계시온주의기구 사무총장이자 바이츠만의 보좌관이었던 소콜로우는 이를 위해 유럽 전역을 돌며 각국 수도에서 시온주의를 향한 지지 선언을 얻어냈으며 심지어 교황도 알현했

다. 소콜로우의 성공에 힘입어 바이츠만은 외무성에 영향력을 행사했으며, 독일 정부가 시온주의자들의 요구를 지지한다는 성명을 발표할 준비가 되어 있음을 시사했다. 시온주의와 '세계의 유대인'이 사실상 동의어이며 전쟁에서 승리하려면 유대인을 향한 지지가 중요하다는 내용이 담긴 해외 관료들의 보고서가 런던에 쏟아져 들어와 바이츠만의 로비 활동에 신뢰를 더했다.

65 Friedman, *Question of Palestine*, 263-64. 밸푸어선언에 관한 방대한 문헌 중 첫 번째로 공개된 중요한 분석 자료는 다음과 같다. Stein, *Balfour Declaration*. 이 문헌에서 미첼Mitchell은 바이츠만이 주도권을 잡았고, 런던의 많은 지도자가 공감하는 기독교적인 정치관과 함께 제국이 처한 현실과 전쟁이라는 특수 상황이 모두 외면당했다고 주장한다. 제국주의를 앞세운 자국 중심의 관점이 궁금하다면 다음을 참고하라. Sanders, *High Walls of Jerusalem*. 아랍 민족주의가 부상하는 과정에서 제1차 세계대전과 밸푸어선언이 어떤 역할을 했는지 궁금하다면 다음을 참고하라. Antonius, *Arab Awakening*. 협상에 관한 자세한 설명은 다음 문헌에서 확인할 수 있다. Friedman, *Question of Palestine*.

66 다른 많은 학자도 비슷한 주장을 펼친다. 루이스는 "밸푸어선언을 역사적인 전제로 활용하면 유대 국가 건설('민족적 고향'과는 반대되는 개념) 찬성과 반대 중 어느 쪽으로 주장을 발전시키든 지적으로 옹호할 수 있다."라고 설명한다. Louis, *British Empire in Middle East*, 39.

67 나와 서신을 주고받으며 이런 문제를 제기해준 피더슨에게 감사를 전한다. 다음을 참고하라. Khalidi, *Hundred Years' War*, 23-27. 《팔레스타인 100년 전쟁》, 열린책들.

68 Toynbee, *Study of History*, Volume 10, 554. 《역사의 연구》, 바른북스.

69 오스만제국의 지배하에 놓인 아랍 팔레스타인에 관한 묘사와 후원자와 피후원자의 관계에 관한 설명은 대개 다음 문헌을 참고했다. Khalidi, *Palestinian Identity*, 1-144; Kayyali, *Palestine*, 22-42; Tamari, *Great War*; Owen, *Middle East*; Swedenburg, "Role of Palestinian Peasantry"; and Swedenburg, *Memories of Revolt*.

70 다음 문헌에서 인용했다. Segev, *One Palestine*, 131.

71 Barr, *Line in the Sand*, 92.

72 Sachar, *History of Israel*, 122-23; Keith-Roach, *Pasha of Jerusalem*, 70-71; and Segev, *One Palestine*, 131-39.

73 다음 문헌에서 인용했다. Huneidi, *Broken Trust*, 35. 마이네르츠하겐의 불만과 최종적인 해고에 대해서는 다음을 참고하라. Meinertzhagen, *Middle East Diary*, 81; and Wasserstein, *British in Palestine*, 71. 마이네르츠하겐의 일기는 그가 출간 전에 내용을 수정했을 가능성이 제기되고 있어, 해석에 신중을 기할 필요가 있다.

74 Kayyali, *Palestine*, 77.

75 다음 문헌에서 인용했다. Segev, *One Palestine*, 9.

76 Ibid., 139.

77 League of Nations, Covenant, Article 22, June 28, 1919; and Palestine Mandate, July 24, 1922, preamble. 1922년 8월 10일, 영국의 팔레스타인 긴급칙령은 고등판무관의 권한, 행정부와 입법부의 구성 및 권한, 헌법 규정, 팔레스타인 사법부의 권한 등을 정의했다. 그중에서 가장 눈여겨볼 대목은 1923년 9월부터 영국의 위임통치가 이루어진다는 내용이다.

78 White Paper of June 1922, https://avalon.law.yale.edu/20th_century/brwh1922.asp; and Pedersen, "Impact of Oversight."

79   Kayyali, *Palestine*, 94-95; and Swedenburg, "Role of Palestinian Peasantry," 180-81. 아랍 팔레스타인의 정치 지도부에 관한 내용은 다음에서 확인할 수 있다. Al-Hout, "Palestinian Political Elite," 85-111.
80   Horne, *Job Well Done*, 78-84.
81   Fedorowich, "Problems of Disbandment," 98.
82   Ibid., 99.
83   다음을 참고하라. Cahill, "'Going Beserk,'" 60.
84   Sinclair, "'Crack Force,'" 51.
85   Duff, *Bailing*, 46.
86   Ibid.
87   Ibid.
88   Lundsten, "Wall Politics," 7.
89   Cahill, "'Going Beserk,'" 64; and Segev, *One Palestine*, 295-97.
90   Lundsten, "Wall Politics," 14n34.
91   Ibid., 14.
92   *Report on the Commission…to Determine the Rights and Claims of Moslems and Jews in Connection with the Western or Wailing Wall of Jerusalem*, 36.
93   Ibid., 38.
94   Lundsten, "Wall Politics," 18.
95   Ibid., 21.
96   *Report on the Commission…to Determine the Rights and Claims of Moslems and Jews in Connection with the Western or Wailing Wall of Jerusalem*, 7.
97   Winder, "'Western Wall' Riots"; and Swedenburg, "Role of Palestinian Peasantry," 177-84.
98   Winder, "'Western Wall' Riots"; and Segev, One Palestine, 316-19.
99   Segev, *One Palestine*, 323.
100 Ibid., 324-26; and Winder, "'Western Wall' Riots," 6.
101 Segev, *One Palestine*, 9, 325.
102 Duff, *Bailing*, 168.
103 Cahill, "'Going Beserk,'" 62-64; Segev, *One Palestine*, 296-97, 303, 307, 331; and Duff, *Bailing with a Teaspoon*, 169-73.
104 Segev, *One Palestine*, 307.
105 Anderson, "Petition to Confrontation" (Ph.D. diss.), 498.
106 Pedersen, "Impact of Oversight," 47; and *Report of the Commission on the Palestine Disturbances*, Cmd. 3530.
107 이 시기의 상임위임통치위원회와 팔레스타인에 관한 권위 있는 설명은 다음 문헌에서 확인할 수 있다. Pedersen, "Impact of Oversight," 39-66. 이 문헌에는 이민, 강압 등의 문제와 관련해 영국에 질의하는 상임위임통치위원회에 대한 유사한 논의가 포함되어 있다.
108 *Report of the Commission on the Palestine Disturbances*, Cmd. 3530; and *Palestine: Report on Immigration, Land Settlement and Development*, Cmd. 3686.
109 November 17, 1930, vol. 245, col. 78, HC Deb.

5장. 팔레스타인에 집중된 제국주의

1   Jamaal Husseini, president of Palestine Arab Delegation, to President of Permanent Mandates Commission, June 12, 1939, WO /32/4562, TNA; and Slocombe, *Mirror to Geneva*, 328.

2   League of Nations, Covenant, https://avalon.law.yale.edu/20th_century/leagcov.asp; and Part I, "The Condition of Palestine After the War," July 30, 1921, in League of Nations, *An Interim Report on the Civil Administration of Palestine, During the Period 1st July, 1920-30 June*, 1921, https://unispal.un.org/UNISPAL.NSF/0/349B02280A930813052565E90048ED1C.

3   Pappe, *Rise and Fall*, 275-76.

4   다음을 참고하라. Archdeacon to chief secretary, June 2, 1936, and J. Hathorn Hall to Stewart, June 3, 1936, both in File 1, Box 61, JEM, GB165-0161, MEC; M. Dixon, government welfare inspector, "Notes on Interview at Secretariat," c. June 13, 1936, File 2, Box 66, JEM, GB165-0161, MEC; B. M. Nasir to Archdeacon Stewart, July 20, 1936, File 1, Box 66, JEM, GB165-0161, MEC; Government welfare inspector to chief secretary, July 13, 1936, File 1, Box 66, JEM, GB165-0161; Archdeacon in Palestine to air vice marshal of Commanding British Forces in Palestine, June 16, 1936, File 1, Box 66, JEM, GB165-0161, MEC; President of Bir Zeit Council (memorandum), c. July 7, 1936, File 1, Box 66, JEM, GB165-0161, MEC; 1937년 봄부터 시작된 식민 경찰의 목격자 증언, Sydney Burr Private Papers, 88/8/1, Catalogue 3, IWMDD. 아랍봉기(1936-1939년) 시기에 벌어진 폭력에 관한 질문을 탐구한 최신작은 다음과 같다. Hughes, *Britain's Pacification*. 휴스가 일찍이 발표한 일부 자료를 5장에서 살펴볼 계획이다.

5   예를 들면 다음을 참고하라. Arab Ladies of Jerusalem to high commissioner, April 28, 1939, File 1, Box 66, JEM, GB165-0161, MEC; S. O. Richardson to archbishop of Canterbury, November 23, 1938, File 2, Box 66, JEM, GB165-0161, MEC; Bishop of Jerusalem to chief secretary, April 9, 1938, File 2, Box 66, JEM, GB165-0161, MEC; Bishop to High Commissioner MacMichael, August 8, 1938, File 2, Box 66, JEM, GB165-0161, MEC; Archdeacon of Palestine to Chief Secretary Hall, June 2, 1936, File 5, Box 65, JEM, GB165-0161, MEC; Parkinson to Sir Arthur Wauchope, May 18, 1939, CO, 733/413/3, TNA; Minute to file, May 20, 1939 CO 733/413/3, TNA; Dr. Izzat Tannous to Rt. Hon. Malcolm MacDonald, October 28, 1938, CO 733/371/2, TNA; Arab National Bureau to colonial secretary, December 22, 1938, CO 733/371/2, TNA; "Extracts from a Letter Received from an Englishman in Palestine," September 16, 1938, CO 733/371/2, TNA; and R. H. Haining, "Hostile Propaganda in Palestine, its Origin, and Progress in 1938" (memorandum), December 1, 1938, WO 32/4562, TNA.

6   November 24, 1938, vol. 341, col. 1988, HC Deb; "Germany's Hostile Propaganda," *Yorkshire Post*, December 22, 1938; P. Roger, minute to file, October 18, 1938, and J. S. Bennect, October 28, 1938, CO 733/371/2, TNA; Sir G. Ogilvie Forbes (telegram), December 23, 1938, CO 731/371/2, TNA; and under-secretary of state for foreign affairs to under-sec-

retary of state for colonies, "Anti-British Propaganda in Germany," December 2, 1938, CO 733/371/2, TNA.

7   G. D. Roseway to C. G. L. Syers, January 12, 1939, WO 32/4562, TNA.
8   Jamaal Husseini to PMC president, June 12, 1939, WO 32/4562, TNA.
9   Archdeacon to chief secretary, June 2, 1936, File 1, Box 61, JEM, GB165-0161, MEC.
10 Margaret Nixon to chief secretary (memorandum), June 9, 1936, File 2, Box 66, JEM, GB165-0161, MEC; and "Notes on Interview at Secretariat," June 13, 1936, File 2, Box 66, JEM, GB165-0161, MEC.
11 J. Hathorn Hall to [Weston Henry] Stewart, June 3, 1936, File 1, Box 61, JEM, GB165-0161, MEC.
12 "Notes on Interview at Secretariat," June 13, 1936, File 2, Box 66, JEM, GB165-0161, MEC.
13 Weston Henry Stewart to J.G.M., "Disturbances in Palestine" ("strictly confidential" memorandum), June 9, 1936, File 1, Box 61, JEM, GB165-0161, MEC.
14 Pedersen, *Guardians*, 283-84, 374.
15 Kayyali, *Palestine*, 158-59.
16 Mitter, "Financial Life," 289-310; Anderson, "Petition to Confrontation" (Ph.D. diss.), 471-97; Swedenburg, "Role of Palestinian Peasantry," 184-85; and Pedersen, "Impact of Oversight," 54-55.
17 Khalidi, *Palestinian Identity*, 143-75; Kayyali, *Palestine*, 163-71; and Swedenburg, "Role of Palestinian Peasantry," 186-87.
18 Bowden, *Breakdown of Public Security*, 187.
19 Sanagan, *Lightning*, 1-120.
20 *Report of the Commission on the Palestine Disturbance*, Cmd. 3530, 129.
21 Townshend, "Defence of Palestine," 920-21.
22 Anderson, "State Formation," 41-44. 다음 문헌도 참고하라. Winder, "Anticolonial Uprising," 75-95.
23 Simpson, *Human Rights*, 84-85.
24 Ibid., 85-86.
25 Ibid., 86.
26 Hughes, "Banality of Brutality," 318; and Simson, *British Rule, and Rebellion*, 96-103.
27 Simpson, *Human Rights*, 85-86.
28 Gwynn, *Imperial Policing*, 4.
29 War Office, *Manual of Military Law*, 1929 (London: HMSO, 1929); Duties in Aid of the Civil Power, WO 279/470, TNA; Notes on Imperial Policing, WO 279/796; and Hughes, "Banality of Brutality," 316-17.
30 Shoul, "Soldiers, Riot Control," 124-26, 132.
31 War Office, *Manual of Military Law*, 103, 255; and Hughes, "Banality of Brutality," 316-17.
32 Kayyali, *Palestine*, 196.
33 Hughes, "From Law and Order," 9-10.
34 Cohen, "Direction of Policy in Palestine," 250.

35 Hughes, "From Law and Order," 10; and Keith-Roach, *Pasha of Jerusalem*, 185.
36 *Palestine Royal Commission Report*, Cmd. 5479, 101.
37 Ibid., 87, 100-101; and Kayyali, *Palestine*, 196. 알까우끄지의 삶을 훌륭하게 설명한 내용은 다음을 참고하라. Parsons, *The Commander*.
38 *Palestine Royal Commission Report*, Cmd. 5479, 101. 아랍봉기가 2단계에 접어들 무렵 등장한 주요 반군 지도자 3인방은 압둘 라힘 알 하즈Abdul Rahim al Haj, 유세프 아부 도라Yousef Abu Dorrah, 아레프 압둘 라직Aref Abdul Razik이다. 다음을 참고하라. Hughes, "Palestinian Collaboration," 298.
39 *Palestine Royal Commission Report*, Cmd. 5479, 87, 373.
40 Ibid., 368.
41 Pedersen, "Impact of Oversight," 59.
42 Permanent Mandates Commission, Minutes, 32nd (Extraordinary) Session, July 30 to August 18, 1937, 39, 44. Widener Library, Harvard University, Cambridge, MA.
43 Pedersen, *Guardians*, 383.
44 Cohen, *Palestine, Retreat from Mandate*, 53; and Pedersen, "Impact of Oversight," 57-59.
45 July 21, 1937, vol. 36, col. 2264, HC Deb.
46 July 21, 1937, vol. 36, col. 2341, HC Deb.
47 식민국가, 군·행정 복합체, 폭력에 관한 중요한 분석 자료는 다음 문헌에서 확인할 수 있다. Hansen and Stepputat, *States of Imagination*, 1-38; and Young, *African Colonial State*.
48 Pappe, *Rise and Fall*, 280-90.
49 Al-Hout, "Palestinian Political Elite," 85-111; and Hughes, "Palestinian Collaboration," 291-315. 일부 역사학자는 나샤시비파와 알후세이니파를 구분하는 선을 항상 분명하게 그을 수는 없다고 지적한다. 다음을 참고하라. Anderson, "Petition to Confrontation" (Ph.D. diss.), and Mitter, "Financial Life." 이 같은 사실을 일깨워주고 아랍 팔레스타인 민족주의에 대한 의견을 제시해준 스리마티 미터에게 감사를 전한다.
50 Porath, *Palestine Arab National Movement*, 255.
51 H. D. Forster, May 1, 1939, 117, Forster Papers, GB-165-0109, MEC.
52 Ibid.
53 원래 알까우끄지의 부관이었던 압드 알하디는 반군이 내세우는 대의에 반감을 품고 영국 쪽으로 돌아섰다. 영국은 압드 알하디를 포섭하고 육성해 평화단을 이끄는 역할을 맡겼다.
54 Anderson, "State Formation," 44.
55 Hughes, "Palestinian Collaboration," 295-309.
56 Sydney Burr, letter dated February 2, 1938, Burr Papers, 88/8/1, Catalogue 3, IWMDD.
57 Segev, *One Palestine*, 415, 416.
58 Hoffman, *Anonymous Soldiers*, 72; and Tegart, *Terrorism in India*.
59 벵골 스와데시 운동에 관한 심층 분석은 다음을 참고하라. Sartori, "Categorical Logic of a Colonial Nationalism"; and Bose, *Nation as Mother*, 1-31, 91-122.
60 벵골에서 약 40년 동안 스와데시는 그 자체로 하나의 정치운동으로 자리매김했다. 인도국민회의는 비폭력을 고수하지만 두 운동은 여러 지점에서 조직적·이상적으로 뒤얽히게 된다. 다음을 참고하라. Sarkar, *Swadeshi Movement*; Bose, "Nation as Mother"; and Chatterjee,

"Bombs and Nationalism," 2-4.
61 Sri Aurobindo, "Shall India be Free?" *Bande Mataram* (Calcutta), April 29, 1907.
62 이 시기의 벵골 민족주의에 관한 권위 있는 설명은 다음을 참고하라. *Ghosh, Gentlemanly Terrorists.*
63 Silvestri, *Ireland and India*; Silvestri, "'Sinn Fein of India'"; Fraser, "Ireland and India"; Davis, "Influence of Irish Revolution"; and Holmes and Holmes, *Ireland and India.*
64 Silvestri, *Ireland and India*, 48.
65 Chatterjee, "Bombs and Nationalism," 11-12; Ghosh, *Gentlemanly Terrorists*, 139-40; and Silvestri, "'Sinn Fein of India,'" 467.
66 Silvestri, "'Sinn Fein of India,'" 469. 이 시기에 벵골에서 벌어진 단식투쟁과 단식투쟁이 대중의 정서에 미친 영향에 관한 자세한 내용은 다음을 참고하라. Ghosh, *Gentlemanly Terrorists*, 123-26.
67 Chatterjee, "Bombs and Nationalism," 1-33; and Anderson, *Imagined Communities.* 《상상된 공동체》, 길.
68 Chatterjee, "Bombs and Nationalism," 18; and Ghosh, *Gentlemanly Terrorists*, 71-72.
69 Chatterjee, "Bombs and Nationalism," 15, 18.
70 Ghosh, *Gentlemanly Terrorists*, 139-50; and Silvestri, "'Sinn Fein of India,'" 470.
71 Ibid.
72 Ghosh, *Gentlemanly Terrorists*, 139-60; and Silvestri, "'Sinn Fein of India,'" 461, 463, 466.
73 Silvestri, "'Sinn Fein of India,'" 486; and Silvestri, *Ireland and India*, 73.
74 Cook, "Irish Raj," 507-29; and Sinclair, "'Irish' Policeman," 173, 187.
75 Silvestri, *Ireland and India*, 70.
76 Ghosh, *Gentlemanly Terrorists*, 144, 132.
77 Silvestri, *Ireland and India*, 72-73.
78 Silvestri, "'Sinn Fein of India,'" 483.
79 Hittle, *Michael Collins*, 245.
80 Chatterjee, "Bombs and Nationalism," 24. 다음도 참고하라. Hittle, *Michael Collins*, 245; and Ghosh, *Gentlemanly Terrorists*, 132. 저자는 이 문헌에서 '효율적인 전제주의'를 만들어내는 데 테가트와 앤더슨이 어떤 역할을 했는지 설명한다.
81 Griffiths, *To Guard My People*, 409. 다음 문헌에서 인용했다. Silvestri, "Irishman Is Suited,'" 42.
82 Hittle, *Michael Collins*, 246; Silvestri, "'Irishman Is Suited,'" 41; and Silvestri, "Thrill of 'Dressing Up.'"
83 Tegart, *Terrorism in India*, 11.
84 Ibid.; and Silvestri, "'Irishman Is Suited,'" 43.
85 Silvestri, "'Irishman Is Suited,'" 41; Silvestri, *Ireland and India*, 74; Kevin Connolly, "Charles Tegart and the Forts that Tower over Israel," *BBC Magazine*, September 10, 2012; and Hittle, *Michael Collins*, 246.
86 Murthy, "Cellular Jail," 880.
87 안다만제도에서 테가트가 보낸 시간에 관한 내용은 다음을 참고하라. Mukherjee, "Colo-

nialism, Surveillance," 70-74. 셀룰러감옥 수감 생활에 관한 내용은 다음을 참고하라. Savarkar, *My Transportation for Life*; Sen, *Disciplining Punishment*; Mathur, *Kala Pani*; Murthy, "Cellular Jail," 879-88; and Cathy Scott-Clark and Adrian Levy, "Survivors of Our Hell," *Guardian*, June 22, 2001.

88 Griffiths, *To Guard My People*, 409; Ghosh, *Gentlemanly Terrorists*, 193-95; and Silvestri, "'Irishman Is Suited,'" 42.

89 Griffiths, *To Guard My People*, 258-61, 409-10; Connolly, "Charles Tegart"; Hittle, *Michael Collins*, 247; and Silvestri, "'Irishman Is Suited,'" 42.

90 Connolly, "Charles Tegart"; and Silvestri "'Irishman Is Suited,'" 42-43. 베전트에 관한 자세한 사항은 다음을 참고하라. Kumar, *Besant's Rise to Power*; and Bevir, "Theosophy and Origins."

91 Ghosh, "Revolutionary Women," 361; Hittle, *Michael Collins*, 246-47; and McMahon, *British Spies and Irish Rebels*, 38-39.

92 Griffiths, *To Guard My People*, 411.

93 팔레스타인에서 1929년에 폭력 사태가 벌어진 이후 식민조사관 허버트 다우비긴Herbert Dowbiggin은 팔레스타인의 경찰 병력에 대한 전면 검토를 실시해 경찰의 비군사화와 영국, 아랍, 유대인 경찰관의 통합을 지지했다. 팔레스타인 경찰에 대한 다우비긴의 평가에는 제국 내에서의 치안 활동에 관한 그의 잘못된 인식이 반영되어 있었다. 다우비긴은 제국의 경찰이 강압이나 위협이 아닌 동의를 통해 국민을 통치하는 영국 경찰과 유사할 것으로 생각했다. 다음을 참고하라. H. L. Dowbiggin, "Report on the Palestine Police Force," May 6, 1930, CO 935/4/2, TNA; and Kroizer, "Dowbiggin to Tegart," 118-23.

94 Kroizer, "Dowbiggin to Tegart," 132n52.

95 "Tegart Report," January 1938, CO 733/383/1, TNA; and "Summary of the Recommendations Contained in Sir Charles Tegart's Report on the Organisation of the Palestine Police," January 1938, CO 733/383/1, TNA.

96 Hughes, "Palestinian Collaboration," 293-97. 다음 문헌도 함께 참고하라. Cohen, *Army of Shadows*, 95-170.

97 테가트와 피트리는 아랍국과 긴밀한 관계를 맺고 있었던 이집트 경찰간부 아서 자일스Arthur Giles에게 팔레스타인의 제국방위위원회를 맡겼다. 현지에서는 존경의 의미가 담긴 '자일스 장관Giles Bey'이라는 호칭으로 더 잘 알려져 있었으며 야심 차고 아랍어에 능통한 매우 뛰어난 중동 전문가였다. 왕립아일랜드경찰대 출신의 또 다른 노련한 팔레스타인 장교 제럴드 폴리Gerald Foley와 특별 기금으로 꾸려진 증강 병력도 합류했다. 대개 아일랜드를 거쳐 팔레스타인에서 활약하며 제국에서 많은 경험을 쌓은 경찰관에 대한 추가적인 정보와 계보는 다음에서 확인할 수 있다. Miles W. Lampson to Harold MacMichael (memorandum), March 8, 1938, CO 733/383/8, TNA; High commissioner of Palestine to colonial secretary (telegram), March 7, 1938, CO 733/383/8, TNA; Harouvi, *Palestine Investigated*, 68; Hoffman, *Anonymous Soldiers*, 73; and "Individuals from ADRIC who Joined Palestine Gendarmerie," http://www.theauxiliaries.com/palestine/individuals.html.

98 Keith-Roach, *Pasha of Jerusalem*, 191; and Segev, *One Palestine*, 428.

99 Frantzman, "Tegart's Shadow," 10-14.

100 Keith-Roach, *Pasha of Jerusalem*, 191; Hoffman, *Anonymous Soldiers*, 73; Segev, *One Palestine*, 416; Kroizer, "From Dowbiggin to Tegart," 126-27; and Frantzman, "Tegart's Shadow," 10-14.
101 Frantzman, "Tegart's Shadow," 13.
102 Desmond Woods, 인터뷰, Accession no. 23846, IWMSA; Humphrey Edgar Nicholson Bredin, 인터뷰, Accession no. 4550, IWMSA; and Gilbert Alan Shephard, 인터뷰, Accession no. 4597, IWMSA.
103 다음 문헌에서 여러 건의 서신을 확인할 수 있다. "Police Reorganization: Sir C Tegart's Mission to Palestine," 1938, CO 733/383/1, TNA.
104 다음 문헌에서 인용했다. Porath, *Palestine Arab National Movement*, 238. 특히 1938년 여름에 벌어진 아랍 폭력 사태에 관한 내용은 다음을 참고하라. 237-38.
105 Minute to File, September 13, 1938, CO 733/371/1, TNA.
106 Minute to File, June 5, 1938, CO 733/371/1, TNA; Smith, "Communal Conflict," 70; Segev, *One Palestine*, 428; Frantzman, "Tegart's Shadow," 12; and Kroizer, "From Dowbiggin to Tegart," 128-29.
107 Hoffman, *Anonymous Soldiers*, 87-88.
108 Norris, "Repression and Rebellion," 29; and Smith, "Communal Conflict," 69-70.
109 "Military Lessons of the Arab Rebellion in Palestine, 1936," 166, 169, WO/191/70, TNA.
110 Fred Howbrook, 인터뷰, Accession no. 4619, IWMSA.
111 King-Clark, *Free for a Blast*, 158.
112 Ibid.; Humphrey Edgar Nicholson Bredin, 인터뷰, Accession no. 4550, IWMSA; Twigger, *Red Nile*, 399; Fred Howbrook, 인터뷰, Accession no. 4619, IWMSA; Sir John Evetts, 인터뷰, Accession no. 4451, IWMSA; and Tucker, *Great British Eccentrics*, 175.
113 Sykes, *Orde Wingate*, 108-15; and Anglim, *Orde Wingate*, 75.
114 Capt. O. C. Wingate of Force HQ Intelligence at Nazareth, "Appreciation of the Possibilities of Night Movements by Armed Forces of the Crown with the Object of Putting an End to Terrorism in Northern Palestine," June 5, 1938, Private Papers of Maj. Gen. H. E. N. Bredin, Catalogue 4623, IWMDD.
115 Bierman and Smith, *Fire in the Night*, 91.
116 Palestine High Commissioner Wauchope to Dill, December 15, 1936, WO 32/4178, TNA.
117 High Commissioner MacMichael to Rt. Hon. Malcolm MacDonald (secret memorandum), September 17, 1938, CO 733/371/1, TNA. 다음 문헌도 함께 참고하라. S. Burr, letter, March 8, 1939, Burr Papers, 88/8/1, Catalogue 3, IWMDD: "지난 2년 동안 그들은 이곳의 유대인에게 계속해서 최신 무기를 공급했고 무기 사용법을 훈련했다. 많은 유대인이 이곳의 연대에 합류했으며 외모는 영국인과 같다."
118 Humphrey Edgar Nicholson Bredin, 인터뷰, Accession no. 4550, IWMSA; and Bierman and Smith, *Fire in the Night*, 65.
119 Bierman and Smith, *Fire in the Night*, 85. 윙게이트에 관한 내용은 다음을 참고하라. Bredin 인터뷰, IWMSA.
120 Sykes, *Orde Wingate*, 132-33; and Anglim, *Orde Wingate*, 48-53, 72-73.

121　Fred Howbrook, 인터뷰, Accession no. 4619, IWMSA.
122　Bierman and Smith, *Fire in the Night*, 115.
123　Ibid., 115-16; and Capt. O. C. Wingate OCSNS, "Report of Operations carried out by Special Night Squads on Night of 11/12 July 1938," GB0099, 11/1936-1938, Capt. Sir Basil Henry Liddell Hart Papers, LHC.
124　Bredin 인터뷰, IWMSA; Howbrook 인터뷰, IWMSA; and Segev, *One Palestine*, 430.
125　Segev, *One Palestine*, 431. 이런 사건이 실제로 발생했는가가 아니라 이런 사건이 발생했을 당시 윙게이트가 현장에 있었는가에 대해 상당한 논쟁이 있다는 사실을 기억하자. 여기서 짚고 넘어가야 할 부분은 특수야간부대가 이런 짓을 자행했고, 1938년 가을에 윙게이트가 해임된 이후에도 특수야간부대의 임무가 계속되었다는 것이다. 이런 사건이 발생했을 당시 윙게이트가 현장에 있었는지에 대한 논의는 다음에서 확인할 수 있다. Anglim, *Orde Wingate*, 91-93.
126　Segev, *One Palestine*, 431-32.
127　Sydney Burr, letter c. June 1937, Burr Papers, 88/8/1, Catalogue 3, IWMDD. 다음을 비롯한 여러 서신에서 '왝스'라는 표현이 사용되었다. July 9, 1937; December 20, 1937; c. March 1938; and c. April 1938.
128　Lord Caradon, Bernard Wasserstein의 인터뷰, 1970, (82)14, HI.
129　Probert, *Bomber Harris*, 83.
130　John Stewart Sancroft Grafton, 인터뷰, Accession no. 4506, IWMSA; Desmond Woods, 인터뷰, Accession no. 23846, IWMSA; Sydney Burr, letters dated c. August 1937, c. December 1937, c. April 1938, Burr Papers, Catalogue 3, IWMDD.
131　Harris to AVM Nichol (memorandum), September 5, 1938, AIR 23/765, TNA.
132　CAB 23/85, CC 56(36), 22, TNA.
133　"Operations Record Book of No. 6 Squadron," September 8, 1936, AIR 27/73, TNA.
134　Probert, *Bomber Harris*, 82; and multiple dated entries in RAF logbook, "Operations Record Book of No. 6 Squadron," AIR 27/73, TNA.
135　H. D. Forster, Diary, entry for December 1, 1938, 97, Forster Papers, GB165-0109, MEC.
136　Ibid., entry for November 18, 1938, 95, Forster Papers, GB165-0109, MEC.
137　Ritchie, RAF, 70.
138　"Operations Record Book of No. 6 Squadron," October 19, 1938, and November 6, 1938, AIR 27/73, TNA; "Royal Air Force Operations in Palestine During the Arab Rebellion 1936-39" (lecture notes), 17-18, Harris 3, AVM AT Harris, Sir Arthur Travers Harris Papers, Royal Air Force Museum.
139　Anglim, *Orde Wingate*, 89, 57.
140　Chaim Weizmann to Leon Blum, December 12, 1937, in Weizmann, *Letters and Papers*, 258.
141　Anglim, *Orde Wingate*, 77-78.
142　Ibid., 19-40; and King-Clark, *Free for a Blast*, 177.
143　윙게이트와 그의 천재성 및 군사적 선례 간 균형과 관련해 가장 방대하고 설득력 있는 논거는 다음에서 확인할 수 있다. Anglim, *Orde Wingate*. 이 구절의 결론을 내리는 데 다음 문

헌이 가장 큰 도움이 되었다. 인용문은 다음에서 확인할 수 있다. King-Clark, *Free for a Blast*, 178.

144   Bernard Montgomery to Sir Ronald Adam, December 4, 1938, in Hamilton, *Monty*, 1887-1942, 292.
145   Sheehan, *British Voices*, 151.
146   Humphrey Edgar Nicholson Bredin, 인터뷰, Accession no. 4550, IWMSA.
147   Segev, *One Palestine*, 432; and Bernard Montgomery to Sir Ronald Adam, January 1, 1939, in Hamilton, *Monty*, 1887-1942, 305.
148   Montgomery to Adam, December 4, 1938, in Hamilton, *Monty*, 1887-1942, 293, 292.
149   Anglim, *Orde Wingate*, 57.
150   Ibid., 94.
151   War Office, *Manual of Military Law*, 255.
152   징벌적인 습격에 관한 내용은 다음을 참고하라. Smiley, *Irregular Regular*, 13-16; Gilbert Alan Shephard, 인터뷰, Accession no. 4597; Fred Howbrook, 인터뷰, Accession no. 4619; and Desmond Woods, 인터뷰, Accession no. 23846, 모두 다음에서 확인할 수 있다. IWM-SA. 포스터 박사가 기록한 약탈에 관한 내용은 다음 문헌에서 확인할 수 있다. "Personal Impressions of the Night of Friday, 19th August, 1938 and the Morning of Saturday, 20th August, 1938," August 27, 1938, Forster Papers, GB165-0109, MEC.
153   Sydney Burr letter, c. November 1937, Burr Papers, 88/8/1, Catalogue 3, IWMDD.
154   Sydney Burr letters, April 22 and March 1938, ibid.
155   Goodman, "British Press Control," 704, 700, 712; and Bredin 인터뷰, IWMSA.
156   John Stewart Sancroft Grafton, 인터뷰, Accession no. 4506, IWMSA.
157   다른 징벌적인 습격과 이런 습격이 주민과 가옥에 어떤 피해를 끼쳤는지 다음 문헌에서 확인할 수 있다. Complaints from Towns and Villages, A-H, File 1, and Complaints from Towns and Villages, I-Z, File 2, Box 66, JEM, GB165-0161, MEC.
158   Desmond Woods, 인터뷰, Accession no. 23846, IWMSA.
159   Arrigonie, *British Colonialism*, 35-36.
160   Goodman, "British Press Control," 708.
161   Woods 인터뷰, IWMSA.
162   "Notes: The Bishop's Visit to the Chief Secretary," February 17, 1938, File 1, Box 66, JEM, GB165-0161, MEC. 심문 과정에서 발생한 신체적인 학대에 관한 증거는 광범위한 문서에서 확인할 수 있다. File 5, Box 65; File 1, Box 66; and File 2, Box 66, all in JEM, GB165-0161, MEC.
163   Smiley, *Irregular Regular*, 15.
164   Sydney Burr, letter dated c. September 1937, Burr Papers, 88/8/1, Catalogue 3, IWMDD.
165   Arthur Lane, 인터뷰, Accession no. 10295, IWMSA.
166   Ibid.
167   Hughes, "Banality of Brutality," 339-41; and H. D. Forster, Diary, entries for May 13 and 15, 1939, Forster Papers, GB165-0109, MEC.
168   Hughes, "Palestine Collaboration," 310-12.

169　Segev, *One Palestine*, 441.
170　Newton, *Fifty Years*, 275-93.
171　Beers, *Red Ellen*, 377-78.
172　March 23, 1938, vol. 333, col. 1192, HC Deb.
173　Ibid.; and Pedersen, *Guardians*, 388.
174　March 23, 1938, vol. 333, col. 1192, HC Deb.
175　Keith-Roach, *Pasha of Jerusalem*, 195.
176　March 23, 1938, vol. 333, cols. 1192-93, HC Deb; and Bishop in Jerusalem to Rt. Hon. W. G. Ormsby-Gore, M.P., April 6, 1938 and Ormsby-Gore to Right Rev. G. F. Graham Brown, April 25, 1938, File 5, Box 65, JEM, GB165-0161, MEC.
177　R. H. Haining to Archdeacon W. H. Stewart, October 8, 1938, File 5, Box 65, JEM, GB165-0161, MEC.
178　Archdeacon to S. O. Richardson, September 3,1938, File 2, Box 66, JEM, GB165-0161, MEC.
179　Newton, *Fifty Years*, 289-90; and File 5, Box 65, JEM, GB165-0161, MEC. 제네바에서 자말을 위해 여러 문서를 번역하고 작성하며 보낸 시간을 비롯해, 팔레스타인에서 추방당한 후 뉴턴이 기록한 방대한 문서가 포함되어 있다. 다음에서 관련 내용을 확인할 수 있다. Newton to Colonial Secretary MacDonald, June 17, 1939. 다음과 같은 제목으로 동봉된 번역 자료. "Allegations of Illtreatment of Arabs by British Crown Forces in Palestine"; and Frances E. Newton to Bishop of Jerusalem, June 19, 1939.
180　Permanent Mandates Commission, Minutes, 32nd (Extraordinary) Session, July 30 to August 18, 1937, Annex 4, 211-18.
181　Pedersen, *Guardians*, 386.
182　Ibid., 384.

2부. 전쟁의 소용돌이에 빠진 제국

1　Anthony Daniel, 인터뷰, June 1, 1983, Accession nos. 0277/01 and 0277/02, NAS. For "Fortress Singapore," see Bayly and Harper, *Forgotten Armies*, 106.
2　Bayly and Harper, *Forgotten Armies*, 106-55; Jackson, *British Empire and Second World War*, 405-7; and Farrell and Hunt, *Sixty Years On*, 156-82.
3　Bayly and Harper, *Forgotten Armies*, 116; and Jackson, *British Empire and Second World War*, 407.
4　Bayly and Harper, *Forgotten Armies*, 120-21. See also Leasor, *Singapore*, 208-11.
5　다음을 참고하라. Headrick, *Bicycle Blitzkrieg*, 10-12; and Bayly and Harper, *Forgotten Armies*, 116.
6　Bayly and Harper, *Forgotten Armies*, 120.
7　Kheng, *Red Star over Malaya*; Farrell and Pratten, *Malaya*; Murfett et al., *Between Two Oceans*; and Bayly and Harper, Forgotten Armies, 114-20.

8 Kinvig, *Scapegoat*, 106.
9 Allen, *Singapore*, 195.
10 Callahan, *Worst Disaster*, 19; Bayly and Harper, *Forgotten Armies*, 116; and Jackson, *British Empire and Second World War*, 408.
11 Anthony Daniel, 인터뷰, June 1, 1983, Accession no. 0277/01, AVD, NAS.
12 1942년 2월의 싱가포르 함락을 다룬 방대한 문서 중 일부를 소개하면 다음과 같다. Owen, *Fall of Singapore*; Warren, *Singapore, 1942*; Farrell and Hunt, *Sixty Years On*; Callahan, *Worst Disaster*; and Bayly and Harper, *Forgotten Armies*, 106-55.
13 Schofield, *Wavell*, 256.
14 Anthony Daniel, 인터뷰, June 1, 1983, Accession nos. 0277/02, 0277/03, and 0277/04, AVD, NAS.

6장. 제국전쟁

1 잭슨은 "제2차 세계대전이 발발하기 전에는 영국이 세계 유일의 초강대국이었다."라고 주장했다. 다음 문헌에서 관련 내용을 확인할 수 있다. Jackson, *British Empire and Second World War*, 4-5. 갤러거는 "1941년까지 지속된 유럽 내전 시기가 바뀌었고, 1941년 이후에는 세계적인 전쟁이 되어 영제국을 뒤덮었다."라고 말한다. 다음을 참고하라. Gallagher, *Decline, Revival and Fall*, 139; and Jeffery, "Second World War," 316-17.
2 May 13, 1940, vol. 360, col. 1502, HC Deb.
3 Morris, *Farewell the Trumpets*, 432.
4 Morris, *Farewell the Trumpets*, 432.
5 Herman, *Gandhi and Churchill*, 448.
6 September 9, 1941, vol. 374, col. 67, HC Deb.
7 Simpson, *Human Rights*, 159.
8 May 13, 1940, vol. 360, col. 1502, HC Deb.
9 Simpson, *Human Rights*, 159-60.
10 Ibid., 161-67.
11 Loughlin, *Public Law*, 14-22, 47-50, 140-68; and Moyn, *Last Utopia*, 112. 《인권이란 무엇인가》, 21세기북스.
12 Simpson, *Human Rights*, 169-70, 171.
13 Franklin Delano Roosevelt, State of the Union address, January 6, 1941, https://www.gilderlehrman.org/sites/default/files/inline-pdfs/Four20Freedoms20Speech201941.pdf. 강조 표시 추가.
14 Simpson, *Human Rights*, 174.
15 모인은 자신의 저서 《인권이란 무엇인가》에서 "루스벨트가 아무렇지도 않게 '인권'이라는 표현을 전시의 중요한 개념으로 끌어올린 사건의 의미는, 이전의 추세가 확장돼 인권이 다양한 개념을 담을 수 있는 텅 빈 그릇이 되었다는 데 있다."라고 서술한다. 《인권이란 무엇인가》, 21세기북스.

16 Roosevelt, State of the Union address, January 6, 1941.
17 Clarke, *Last Thousand Days*, 8.
18 Roosevelt, *As He Saw It*, 36; Clarke, *Last Thousand Days*, 8; and Louis, *Imperialism at Bay*, 7.
19 Manela, *Wilsonian Moment*, 25.
20 다음 문헌에서 인용했다. Louis, *Imperialism at Bay*, 124.
21 Ibid., 5.
22 Ibid., 4-5.
23 September 9, 1941, vol. 374, col. 67, HC Deb.
24 Atlantic Charter, August 14, 1941, https://avalon.law.yale.edu/wwii/atlantic.asp.
25 Simpson, *Human Rights*, 179.
26 Atlantic Charter, 강조 표시 추가.
27 Louis, *Imperialism at Bay*, 125, 149.
28 Ibid., 129.
29 Ibid., 128-29.
30 September 9, 1941, vol. 374, cols. 68-69, HC Deb.
31 Louis, *Imperialism at Bay*, 131.
32 Franklin Delano Roosevelt, address to Congress, December 8, 1941, https://www.loc.gov/resource/afc1986022.afc1986022_ms2201/?r=-0.055,-0.012,1.217,0.75,0.
33 다음 문헌에 관련 내용이 잘 정리되어 있다. Jackson, *British Empire and Second World War*, 8-9.
34 Silvestri, *Ireland and India*, 70 and 236, fn 145; and Silvestri, "'Sinn Fein of India,'" 483. 다음 문헌도 참고하라. Wheeler-Bennett, *John Anderson*, 126.
35 Amery, *War and Peace*, 162-63.
36 Wolpert, *Shameful Flight*, 59.
37 Rose, "Resignation of Eden," 911.
38 Mazower, *No Enchanted Palace*, 57. 제1차 세계대전 이후부터 1950년까지 스머츠가 어떤 삶을 살았는지 궁금하다면 다음을 참고하라. Hancock, *Smuts*, Volume II.
39 Florence, *Emissary of the Doomed*, 156.
40 "Daily Express: A Chequered History," *BBC News*, January 25, 2001.
41 Beaverbrook, *Politicians*, 126.
42 Dalton, *Second World War Diary*, 62.
43 Hugh Dalton to Lord Halifax, July 2, 1940. 다음 문헌에서 인용했다. Foot, SOE in France, 8. 로런스의 영향력을 일깨워준 사티아에게 감사를 전한다.
44 다음을 참고하라. Rooney, *Mad Mike*; and Bidwell, *Chindit War*.
45 Warren, *World War II*, 239.
46 제2차 세계대전 당시의 폭격에서 해리스가 맡았던 역할과 좀 더 광범위한 맥락이 궁금하다면 다음을 참고하라. Hastings, *Bomber Command*, 102-29.
47 Goldman, "Defence Regulation 18B," 122.
48 Ibid.; and Simpson, "Detention Without Trial," 230-36.

49 Goldman, "Defence Regulation 18B," 124-26; and Simpson, "Detention Without Trial," 230-31.
50 June 4, 1940, vol. 361, cols. 794-95, HC Deb.
51 Simpson, "Detention Without Trial," 241.
52 Ibid., 247-48; and Simpson, *Highest Degree Odious*, 1-2, 37-50. 다음도 함께 참고하라. Cotter, "Emergency Detention," 238-86.
53 Simpson, *Highest Degree Odious*. 61쪽과 79~80쪽, 101쪽에서 인용.
54 Wheeler-Bennett, *John Anderson*, 316.
55 Simpson, *Highest Degree Odious*, 186.
56 Ibid., 185-91; and Cobain, *Cruel Britannia*, 7-11.
57 영국의 전시심문소에 관한 자세한 역사가 궁금하다면 다음을 참고하라. Simpson, *Highest Degree Odious*; Cobain, Cruel Britannia, 1-37; and Fry, *London Cage*.
58 Cobain, *Cruel Britannia*, 19.
59 Sir David Petrie, Report on the Security Service (MI5), February 11 to March 1, 1941, CAB 301/25, TNA. 피트리에 관한 좀 더 많은 배경 설명은 다음을 참고하라. Harper, *Underground Asia*, 199-200, 279-80.
60 Hoare, Camp 020, 8; Walton, *Empire of Secrets*, 24-29; and Sillitoe, *Cloak Without Dagger*.
61 Hoare, Camp 020, 8; Walton, Empire of Secrets, 24-29; and Sillitoe, *Cloak Without Dagger*.
62 "Interference with the Work of C.S.D.I.C. by the Construction of the Aerodrome at Bovingdon: Note for V.C.I.G.S," c. October 1941, WO 208/3456, TNA.
63 Stephens, "Digest of Ham," 41.
64 Ibid.; and Hoare, *Camp 020*, 18.
65 Walton, *Empire of Secrets*, 59-60.
66 Ibid., 60-62.
67 Ibid., 65-67.
68 Simpson, *Highest Degree Odious*, 242.
69 Fry, *London Cage*, 62-75.
70 Cobain, *Cruel Britannia*, 28-33.
71 "The Secrets of the London Cage," *Guardian*, November 11, 2005.
72   Scotland, *London Cage*, 81.
73 Cobain, *Cruel Britannia*, 31-33 (32쪽에서 인용); and Streatfeild, *Brainwash*, 365-66.
74 Masterman, *Double Cross System*, 3 (강조 표시는 원문 그대로); and Macintyre, *Double Cross*.
75 West, *Guy Liddell Diaries*, 1:98; Crowdy, *Deceiving Hitler*, 48; and Stephens, "Digest of Ham," 139-40.
76 Simpson, *Highest Degree Odious*, 391, 강조 표시 추가.
77 Jackson, *British Empire and Second World War*, 3-4.
78 Ibid., 1-3; Jeffery, "Second World War," 310-18; and Brown, *Modern India*, 319.
79 Jeffery, "Second World War," 316, 318.

80. Mukerjee, *Churchill's Secret War*, 5, 53.
81. Jeffery, "Second World War," 312-13, 324-26; and Brown, *Modern India*, 319.
82. 이 같은 사실을 일깨워준 사티아에게 감사를 전한다. 다음 문헌도 함께 참고하라. von Tunzelmann, *Indian Summer*, 237.
83. August 8, 1941, vol. 364, cols. 402-5, HC Deb.
84. Louis, *Ends of British Imperialism*, 397.
85. Louis, *Imperialism at Bay*, 149-50.
86. Talbot, *Khizr Tiwana*, 134.
87. Bayly and Harper, *Forgotten Armies*, 2-8.
88. Ibid., 122; and Harper, *Underground Asia*, 163-69, 292-97.
89. Bose, *His Majesty's Opponent*, 180-200; Talwar, *Talwars of Pathan Land*, 252; and Bayly and Harper, *Forgotten Armies*, 16-19.
90. Bayly and Harper, *Forgotten Armies*, 247.
91. Ibid., 247-48, 277.
92. Ibid., 278.
93. Tharoor, *Nehru*, 126.
94. Brown, *Prisoner of Hope*, 341.
95. Ibid., 342.
96. Simpson, *Human Rights*, 86-87; Brown, *Modern India*, 317-27; Bayly and Harper, *Forgotten Wars*, 18-19; Brown, *Prisoner of Hope*, 341-43; and Tharoor, *Nehru*, 126-27.
97. Fay, *Forgotten Army*, 75; and Toye, *Springing Tiger*, xiii.
98. Bayly and Harper, *Forgotten Armies*, 277.
99. Subhas Chandra Bose, "Give me blood and I promise you freedom!," July 1944, in Mukherjee, *Great Speeches*, chap. 17.
100. Singh, *Andaman Story*, 247; and Bayly and Harper, *Forgotten Armies*, 323-27.
101. Todman, *Britain's War*, 228.
102. Jeffery, "Second World War," 311.
103. Barker, *Ideas and Ideals*, 168.
104. Rakesh Krishnan Simha, "How India Bailed Out the West in World War II," *India Defence Review*, July 18, 2016, http://www.indiandefencereview.com/spotlights/how-india-bailed-out-the-west-in-world-war-ii/; and Mukerjee, *Churchill's Secret War*, 47-49.

7장. 이념전쟁

1. George Padmore, "The Second World War and the Dark Races," *Crisis*, November 1939, 327.
2. 수많은 식민지 신민이 전간기 내내 '도덕적 계약'을 상상하고 이를 주제로 토론했다. 제국의 다양한 신민들이 이런 논의 및 대화에 참여했고 특히 남아시아 출신 신민의 논의 참여가 활발했지만, 7장에서는 주로 범아프리카주의 운동과 흑인 급진주의에 집중할 것이다. 다음을 참고하라. Gopal, *Insurgent Empire*, chaps. 5 and 6.

3   Nwafor, "Wartime Propaganda," 238-39.
4   반식민 급진주의, 초국가적이고 국제적인 연결망, 언론과 다른 미디어를 통한 사상 전파에 관한 문헌은 다양하다. 그중 일부를 소개하면 다음과 같다. Gopal, *Insurgent Empire*; Von Eschen, *Race Against Empire*; Pennybacker, *From Scottsboro to Munich*; Schwarz, *West Indian Intellectuals*; and James, *George Padmore*.
5   Azikiwe, *Renascent Africa*, 10, 87, and 174.
6   Williams, *Capitalism and Slavery*; 《자본주의와 노예제도》, 우물이있는집. Kenyatta, *Facing Mount Kenya*. 루이스의 삶과 그가 경제 이론에 기여한 바에 관한 완벽에 가까운 연구 내용은 다음에서 확인할 수 있다. Tignor, *W. Arthur Lewis*.
7   Pyne-Timothy, "Identity, Society," 58.
8   James, *George Padmore*, 17.
9   James, *Beyond a Boundary*, 111, 18.
10 Gopal, *Insurgent Empire*, 331.
11 James, *Beyond a Boundary*, 111.
12 제임스, 그리고 영국스러움과 제국을 받아들이는 그의 태도에 관한 내용은 다음 문헌에서 확인할 수 있다. Howe, "C. L. R. James," 153-74.
13 Ibid., 164-65.
14 Pennybacker, *From Scottsboro to Munich*, 66-77.
15 Ibid., 3; Glynn, "Irish Immigration," 56; and George Padmore, "A Negro Looks at British Imperialism," *Crisis* 45 (1938): 396.
16 Padmore, "Negro Looks at British Imperialism," 396.
17 Du Bois, *Souls of Black Folk*, 2-3.
18 듀보이스의 사고 변화를 장기적으로 분석한 문헌이 궁금하다면 다음을 참고하라. Lewis, *Du Bois, 1868-1919*, and Lewis, *Du Bois, 1919-1963*.
19 Padmore, *Life and Struggles of Negro Toilers*, 9-27, 55-60.
20 Ibid., 18-19, 23, 65.
21 Ibid., 123-26.
22 Makonnen, *Pan-Africanism from Within*, 102-3. 다음을 참고하라. James, *George Padmore*, 36-37; and Schwartz, "George Padmore," 136.
23 James, *George Padmore*, passim.
24 패드모어와 코민테른에 관한 논의는 다음에서 확인할 수 있다. Pennybacker, *From Scottsboro to Munich*, 67-87.
25 Ibid., 7; and George Padmore, "Ethiopia and World Politics," *Crisis* 42, no. 5 (1935): 138-39, 156-57, 다음 문헌에서 인용했다. Schwartz, "George Padmore," 139.
26 독립노동당, 독립노동당의 노동당 탈퇴, 식민지 문제에 관한 독립노동당의 다른 견해에 관해 궁금하다면 다음을 참고하라. Pimlott, *Labour and the Left*; Cohen, *Failure of a Dream*; Howe, *Anticolonialism in British Politics*, 67-71; and Gopal, *Insurgent Empire*, 370-73.
27 Howe, *Anticolonialism in British Politics*, passim.
28 Ibid., 98-99.
29 다음 문헌에서 인용했다. Gopal, *Insurgent Empire*, 372.

30 Padmore, *How Britain Rules Africa*, 3.
31 Jomo Kenyatta, "Hitler Could Not Improve on Kenya," *New Leader*, May 21, 1937.
32 James, *George Padmore*, 44.
33 Padmore, *How Britain Rules Africa*, 4, 129, 322, 395.
34 Pennybacker, *From Scottsboro to Munich*, 90.
35 다음 문헌에서 인용했다. Howe, *Anticolonialism in British Politics*, 115.
36 James, *George Padmore*, 57, 강조 표시 추가.
37 월리스존슨이 편집을 담당하고 국제아프리카봉사국이 발행한 저널의 이름은 〈아프리카인과 세계African and the World〉였고, 이후 〈아프리칸 센티널African Sentinel〉로 바뀌었다. 1938년 여름, 〈아프리칸 센티널〉은 〈국제 아프리카 의견International African Opinion〉으로 바뀌었고 제임스가 초기 편집을 담당했다.
38 Cripps, foreword to Padmore, *Africa and World Peace*, ix.
39 Empire Special Supplement, *New Leader*, April 29, 1938, 1.
40 Ibid.
41 "British Govt. Is Also 'Imperialist Aggressor,' How 100,000 Square Miles Were Added to Empire Last Year, Tribes Terrorised by Aerial Bombing," ibid., iii.
42 "Africa Empire Is Slave Colony: Revolting Workers Shot Down," "Colonial Fascism in the West Indies," and "British Imperialism in Ireland: A Hundred Years of Terror," ibid., iv-vi.
43 Douglas, *Making Black Jacobins*, 18 and chap. 1.
44 James, *Black Jacobins*, 138.
45 Datta, *Jallianwala Bagh*, frontispiece, 다음에서 인용했다. Sayer, "British Reaction," 132.
46 Du Bois, *Dusk of Dawn*, 14. 이 인용구, 그리고 듀보이스와 세계 체제 구조의 관계에 대한 분석이 궁금하다면 다음을 참고하라. James, *George Padmore*, 9.
47 Kelley, "Poetics of Anticolonialism," 20. 켈리가 로빈슨의 주장을 근거로 삼았다는 점을 기억하라. 다음 문헌 역시 참고했다. Gopal, *Insurgent Empire*, 359.
48 Kelley, "Poetics of Anticolonialism," 20.
49 Pennybacker, *From Scottsboro to Munich*, 100.
50 Mandle, "British Caribbean Economic History."
51 Ibid.; *Report of the West India Royal Commission*, C. 8665; Marshall, "History of West Indian Migrations"; Kingston, *On the March*; Bolland, *Politics of Labour*; and Fraser, "Twilight of Colonial Rule."
52 Hitler, *Mein Kampf*, 144. 《나의 투쟁》, 범우사. 영제국이 히틀러에게 끼친 영향을 포함해 히틀러의 제국주의 사고에 관한 내용이 궁금하다면 다음을 참고하라. Moses, *Problems of Genocide*, 295-309 (295쪽 인용문은 이 책에 인용된 글귀와 약간 다르게 번역되어 있다.)
53 Mazower, *Hitler's Empire*, 581-82. 영국의 산업화와 영국이 중국을 비롯한 비서구 세계와 '분리'되는 과정에서 제국이 어떤 역할을 했는지 궁금하다면 다음을 참고하라. Pomeranz, *Great Divergence*. 《대분기》, 에코리브르. 다음 문헌도 참고하라. Stocking, *Victorian Anthropology*. 무주지의 개념과 폭력 사용에 관한 내용은 다음 문헌에서 확인할 수 있다. Lindqvist, "*Exterminate All the Brutes*." 《야만의 역사》, 한겨레출판.
54 다음 문헌에서 인용했다. Mazower, *Hitler's Empire*, 588.

55 Ibid., 587.
56 나치의 제국주의 이데올로기와 관행에 관한 내용은 위 문헌과 다음 문헌을 참고하라. Moses, *Problems of Genocide*, chap. 7. 나치의 제국주의 야심을 둘러싼 군사적인 측면은 다음을 참고하라. Hull, *Absolute Destruction*.
57 Mazower, *Hitler's Empire*, 587.
58 Chatterjee, *Nation and Its Fragments*, 10.
59 Howe, *Anticolonialism in British Politics*, 92-93, 100-103 (101n62에서 인용).
60 *West India Royal Commission Report*, Cmd. 6607.
61 Parker, *Brother's Keeper*, 23.
62 Holt, *Problem of Freedom*, 397.
63 Parker, *Brother's Keeper*, 23-24.
64 Lowry, "'World's No Bigger,'" 282; and Smyth, "Britain's African Colonies," 67.
65 Green, "Geoffrey Dawson," 250.
66 Louis, *Ends of British Imperialism*, 969; and May, "Empire Loyalists," 37-56.
67 Green, "Geoffrey Dawson," 251.
68 Ibid., 252; and Howard, "All Souls and the 'Round Table,'" 155-66.
69 Green, "Geoffrey Dawson," 255.
70 Ibid., 255-56; and Louis, *Ends of British Imperialism*, 968. 다음도 함께 참고하라. Simpson, *Another Life*, 45-50.
71 May, "Empire Loyalists," 40.
72 Louis, *Ends of British Imperialism*, 979.
73 Ibid., 978-79; May, "Empire Loyalists," 39-51.
74 Drayton, "Where Does World Historian Write From?," 676-78. 역사를 만들어나가는 과정에서 역사가가 하는 역할을 훌륭하게 분석한 문헌은 다음과 같다. Satia, *Time's Monster*.
75 Drayton, "Where Does World Historian Write From?," 676.
76 Egerton, *Wholesale Robbery?*, 4.
77 Ibid., 16.
78 Drayton, "Where Does World Historian Write From?," 677. 할로가 10년 넘게 로즈 교수로 재직한 후 1959년에 옥스퍼드에서 커플랜드의 뒤를 이었다는 사실을 기억하라.
79 Smyth, "Britain's African Colonies," 67.
80 다음을 참고하라. Mandle, "British Caribbean Economic History"; and Parker, *Brother's Keeper*.
81 다음 문헌에서 인용했다. Howe, *Anticolonialism in British Politics*, 97.
82 Thomas, "Political Economy of Colonial Violence" (unpublished paper), 1-14; Thomas, *Violence and Colonial Order*; Bolland, *Politics of Labour*; and St. Pierre, "1938 Jamaica Disturbances."
83 *Statement of Policy on Colonial Development and Welfare*, Cmd. 6175, 4, 8.
84 Smyth, "Britain's African Colonies," 68.
85 Ibid.

8장. 동반자 관계

1. Louis, *Imperialism at Bay*, 154-55.
2. Walter Lippmann, "Today and Tomorrow: The Post-Singapore War in the East," *Washington Post*, February 21, 1942; and Smyth, "Britain's African Colonies," 69.
3. James, *George Padmore*, 50. 전시 규정 및 시민적 자유에 관한 좀 더 광범위한 논의는 다음을 참고하라. Stammers, *Civil Liberties in Britain*.
4. Howe, *Anticolonialism in British Politics*, 87-88.
5. James, *George Padmore*, 52.
6. Cunard and Padmore, "White Man's Duty," 130.
7. Ibid., 156쪽, 151쪽, 148쪽에서 인용.
8. Margery Perham, "The Colonial Empire, I—The Need For Stocktaking and Review, A Challenge That Can Be Met," *Times*, March 13, 1942, 5.
9. Smith and Bull, *Margery Perham*; and Stockwell, *British End*, 1-141.
10. Perham, "The Colonial Empire, I," 5.
11. Ibid. 루이스가 나에게 지적했듯, 퍼햄이 나중에 기본적인 핵심이라고 강조한 것은 평등이었다.
12. 루이스 역시 다음 문헌에서 퍼햄을 비슷한 방식으로 이해했다. *Imperialism at Bay*, 134-46.
13. 다음을 참고하라. Wolton, *Lord Hailey*, 15.
14. "The Colonial Future" (editorial), *Times*, March 14, 1942, 5.
15. May 6, 1942, vol. 122, cols. 896, 928, HL Deb.
16. May 20, 1942, vol. 122, col. 1091, HL Deb.
17. May 6, 1942, vol. 122, cols. 919-20, HL Deb.
18. May 20, 1942, vol. 122, cols. 1091-94, HL Deb.
19. May 20, 1942, vol. 122, col. 1095, HL Deb.
20. May 20, 1942, vol. 122, cols. 1098, 1111, 1118, HL Deb.
21. May 20, 1942, vol. 122, col. 1127, HL Deb.
22. Twaddle, "Margery Perham," 106.
23. Ibid., 103-5.
24. Cunard and Padmore, "White Man's Duty," 155.
25. 다음 문헌에서 인용했다. Howe, *Anticolonialism in British Politics*, 136.
26. June 24, 1942, vol. 380, cols. 2041-44, HC Deb.
27. June 24, 1942, vol. 380, col. 2107, HC Deb.
28. Smyth, "Britain's African Colonies," 69-79.
29. Ibid., 74.
30. Furedi, *Colonial Wars*, 67.
31. Hitler, *Mein Kampf*, 430. 《나의 투쟁》, 범우사. Smyth, "Britain's African Colonies," 74, 78. 스미스의 글에서는 독일어로 쓰인 히틀러의 글이 다르게 번역되었다는 점을 기억해두자.
32. Ibid., 75-76; Chapman, *British at War*; and Woods, "Shaw to Shantaram."

33 다음 문헌에서 인용했다. Rose, *Which People's War?*, 281-82.
34 다른 원탁회의 회원들에 비해 할로는 영향력이 적은 편이었다.
35 Smyth, "Britain's African Colonies," 73.
36 Louis, *Ends of British Imperialism*, 984, 986.
37 Hancock, *Argument of Empire*, 7.
38 Davidson, *Three-Cornered Life*, 202-3.
39 Smyth, "Britain's African Colonies," 72.
40 June 18, 1940, vol. 362, col. 61, HC Deb.
41 Smyth, "Britain's African Colonies," 71.
42 Ibid., 72.
43 White Paper of 1939, https://avalon.law.yale.edu/20th_century/brwh1939.asp.
44 Ben-Gurion, *Memoirs*, 6:200. 1939년 백서는 연간 1만 명에 달하는 유대인의 팔레스타인 이민을 허용하는 데서 그치지 않고 '유대인 난민 문제 해결에 이바지하기 위해 고등판무관이 난민 아동과 부양가족을 특별히 배려하고 이들이 적절한 생활을 유지할 수 있도록 도울 준비가 충분히 되었다고 보장하는 즉시 2만 5000명에 달하는 난민의 입국을 허락할 것'이라고 명시했다.
45 '수정주의'는 논란이 많은 용어다. 나는 이 대목에서 바이츠만과 벤구리온의 정책을 비롯한 시온주의 정책 거부를 암시하기 위해 이런 표현을 사용한다. 다음을 참고하라. Zouplna, "Revisionist Zionism"; and Ben-Gurion, *Memoirs*, 6:507.
46 Smyth, "Britain's African Colonies," 68.
47 Jewish Agency for Israel, "The White Paper of 1939," http://archive.jewishagency.org/ben-gurion/content/23436.
48 Bauer, *Diplomacy to Resistance*, 47-48; and Halperin, *Political World*, 220-22. 바이츠만은 새로 탄생한 유대국가와 영국이 긴밀한 관계를 유지하기를 바랐던 반면, 벤구리온은 영국의 지지 여부와 관계없이 주권국가를 세우겠다고 굳게 결의했다는 점을 기억해두자.
49 Bauer, *Diplomacy to Resistance*, 114-18; and Sachar, *History of Israel*, 234-42.
50 수정주의자들에 대한 빈틈없는 분석은 다음을 참고하라. Bell, *Terror Out of Zion*. 베긴의 이념과 전략에 관한 내용은 다음 문헌을 참고하라. Begin, *Revolt*; Haber, *Begin*; and Bell, *On Revolt*, 41-42.
51 Begin, *Revolt*, 42-3.
52 Cohen, "Moyne Assassination," 360.
53 Wasserstein, "Assassination of Moyne," 76.
54 다음을 참고하라. Brenner, "Stern Gang"; and Heller, *Stern Gang*, 100-108.
55 Hoffman, *Anonymous Soldiers*, 162-64.
56 Bell, *Terror Out of Zion*, 91.
57 Makovsky, *Churchill's Promised Land*, 3.
58 James, *Churchill: Complete Speeches*, 6:6129, 6132-34.
59 Ibid., 6:6035.
60 Grose, "President Versus Diplomats," 35.
61 Wasserstein, "Assassination of Moyne," 81.

62　Hoffman, *Anonymous Soldiers*, 164.
63　Hoffman, *Anonymous Soldiers*, 168-69.
64　Cohen, "Moyne Assassination," 358-62.
65　Wasserstein, "Assassination of Moyne," 76.
66　November 17, 1944, vol. 404, col. 2242, HC Deb.
67　Carruthers, *Hearts and Minds*. 27쪽과 30쪽에서 인용.
68　Crossman, *Palestine Mission*, 191, 50.
69　Cohen, *Churchill and Jews*, 255-58; and Cohen, *Palestine to Israel*, chap. 9. 모인 경 암살에 대한 자세한 내용은 다음을 참고하라. Frank, *Deed*.
70　Weizmann, *Trial and Error*, 437-38.
71　Segev, *One Palestine*, 471-72.
72　Hoffman, *Anonymous Soldiers*, 174.
73　Ibid., 175.
74　Ibid., 190쪽, 176쪽, 180쪽에서 인용.
75　Ibid., 171.
76　Ibid., 194.
77　Ibid., 182.
78　Moore and Fedorowich, *Italian Prisoners of War*, 99-100.
79　Hoffman, *Anonymous Soldiers*, 185-86.
80　Moore and Fedorowich, *Italian Prisoners of War*, 114-29, 121쪽과 120쪽에서 인용.
81　Ibid., 114-29.
82　"Report on Security Measures Taken by the British Against the Indian National Army During the War," F. No. 601/12539/H.S, in Sareen, *Indian National Army*, 4:241-47; and "Report on Security Measures," ibid., 4:251-59. 붉은요새와 합동심문소에서 활동한 전직 군 정보장교가 쓴 글과 보고서는 다음 문헌에서 확인할 수 있다. Toye, *Springing Tiger*; and Private Papers of Maj. G. R. Storry, Catalogue 10549, IWMDD.
83　"Report on Security Measures," in Sareen, *Indian National Army*, 4:260-62, 279-83.
84　Ibid., 4:283-87, 4:283에서 인용.
85　Franklin D. Roosevelt, broadcast to the International Student Assembly, September 3, 1942, https://www.jewishvirtuallibrary.org/president-roosevelt-broadcast-to-international-student-assembly-september-1942.
86　"Declaration by United Nations," January 1, 1942.
87　Franklin D. Roosevelt, "On the Progress of the War," Fireside Chat 20, February 23, 1942, https://millercenter.org/the-presidency/presidential-speeches/february-23-1942-fireside-chat-20-progress-war.
88　Franklin D. Roosevelt, broadcast to the International Student Assembly, September 3, 1942, https://www.jewishvirtuallibrary.org/president-roosevelt-broadcast-to-international-student-assembly-september-1942.
89　다음 문헌들을 참고하라. Bayly, *Recovering Liberties*; and Ibhawoh, *Imperialism and Human Rights*.

90	Fitzmaurice, "Liberalism and Empire," 124. 보편적인 권리와 실증주의에 관한 방대한 문헌 중 일부를 소개한다. Pagden, "Comment"; Pagden, "Human Rights, Natural Rights"; and Moyn, *Last Utopia*, 28-43. 《인권이란 무엇인가》, 21세기북스.
91	Pagden, "Comment," 144-45.
92	Ibid., 144.
93	Franklin D. Roosevelt, Press Conference, December 22, 1944, https://www.presidency.ucsb.edu/documents/excerpts-from-the-press-conference-21.
94	Mazower, *No Enchanted Palace*, 46-65.
95	Moyn, *Last Utopia*, 56. 《인권이란 무엇인가》, 21세기북스.
96	다음을 참고하라. Borgwardt, *New Deal for the World*, 180-93. 모인도 《인권이란 무엇인가》에서 여러 차례 비슷한 주장을 펼쳤다.
97	Mazower, *No Enchanted Palace*, 61-65.
98	Ibid., 61.
99	Sankey, "Decolonisation," 96.
100	Louis, "Public Enemy Number One," 188. 포인튼의 관점이 식민성의 전반적인 견해를 대변하긴 하지만, 크리스토퍼 이스트우드Christopher Eastwood 같은 영국 공무원들은 좀 더 유연하고 현실적인 태도를 보였다. 루이스가 이 같은 사실을 일깨워주었다.
101	United Nations, Charter, Chapter XI, "Declaration Regarding Non-Self-Governing Territories," Article 73, https://www.un.org/en/about-us/un-charter/chapter-11.
102	Sankey, "Decolonisation," 96-97.
103	Sherwood, "'There Is No New Deal,'" 90.
104	Moyn, *Last Utopia*, 60. 《인권이란 무엇인가》, 21세기북스.
105	Sherwood, "'There Is No New Deal,'" 72.
106	Sherwood, "'Diplomatic Platitudes,'" 144.
107	Ibid., 146.
108	Getachew, *Worldmaking*, 72.
109	Padmore, *History of Pan-African Congress*, 55.
110	맨체스터 대표단은 '4대 자유와 대서양헌장의 원칙을 실천할 것'을 결의하고 '모든 인권을 무자비하게 짓밟는 행위'를 규탄했다. Ibid., 5, 57-58.
111	Ibid., 55.
112	Sherwood, "'There Is No New Deal,'" 93.

9장. 제국의 부활

1	Labour Party, Election Manifesto, 1945, http://www.labour-party.org.uk/manifestos/1945/1945-labour-manifesto.shtml.
2	Ibid.
3	*Social Insurance and Allied Services*, Cmd. 6404.
4	Lough, *No More Champagne*, 316.

5   노동당의 발전과 대중매체를 포용하는 방침에 대한 권위 있는 설명이 필요하다면 다음 문헌을 참고하라. Beers, *Your Britain*.
6   전간기에 노동당이 부상해 1945년 선거에서 정점을 찍은 데 대한 문헌은 방대하다. 다음과 같은 문헌을 참고하라. Hutt, *Post-War History*; Miliband, *Parliamentary Socialism*; Savage, *Dynamics of Working-Class Politics*; Rose, *Which People's War?*; and Beers, *Your Britain*.
7   McKibbin, *Ideologies of Class*, chap. 9.
8   Beers, *Your Britain*, introduction and chap. 1.
9   Ibid., chap. 1; and Wring, *Politics of Marketing*, chap. 2.
10 Beers, *Your Britain*, 13.
11 Ibid., 1-2.
12 Labour Party Election Manifesto, 1945.
13 MacKenzie, "Persistence of Empire," 26-27. 매켄지는 전후 영국과 1980년대의 영국을 직접 비교했다. 전후 영국에 대한 자세한 내용이 궁금하다면 다음을 참고하라. Kynaston, *Austerity Britain*. 전후 유럽에 관한 내용은 다음 문헌에서 확인할 수 있다. Judt, *Postwar*.
14 MacKenzie, *Propaganda and Empire*, 1-12, 253-58.
15 *Report of the Labour Commission to Ireland*, 1.
16 Meyers, *Orwell*, 23.
17 Ibid.
18 Orwell and Angus, *Age Like This*, 394-97.
19 George Orwell, "Rudyard Kipling," *Horizon*, London, February 1942.
20 Orwell, *Lion and Unicorn*, 63.
21 Roberts, *Classic Slum*, 112.
22 MacKenzie, *Propaganda and Empire*, 246. 다음 문헌도 함께 참고하라. Springhall, *Youth, Empire and Society*, 26-31.
23 May, "Empire Loyalists," 37.
24 MacKenzie, *Propaganda and Empire*, 213, 243, 246, 256.
25 제2차 세계대전 이후의 영국 문화와 제국에 관한 방대한 문헌 중 하나로 다음을 들 수 있다. Ward, *British Culture*.
26 Richards, "Imperial Heroes for a Post-Imperial Age," 129-33; MacKenzie, "Persistence of Empire," 26-32; MacKenzie, *Propaganda and Empire*, 255; and Patel, *We're Here*, 51.
27 Judt, *Postwar*, 278-79. 영제국이 영국 사회에 미친 영향에 대한 다른 견해가 궁금하다면 다음 문헌을 확인하라. Porter, *Absent-Minded Imperialists*, 1-24.
28 MacKenzie, introduction to *Imperialism and Popular Culture*, 9.
29 Ibid.; and MacKenzie, *Propaganda and Empire*, 254. 영제국이 영국 대중에게 어떤 의미였는지를 둘러싼 폭넓은 논쟁에 관한 중요하고 예리한 관점이 궁금하다면 다음을 참고하라. Ward, *British Culture*, 1-20.
30 George Orwell, "Boys' Weeklies," in Orwell, *Collection of Essays* (1981 ed.), 305.
31 Bayly and Harper, *Forgotten Armies*, 281.
32 Louis, *British Empire in Middle East*, 381-477.

33　Hyam, *Britain's Declining Empire*, 90-91.
34　July 9, 1946, vol. 425, cols., 238, 342-43, HC Deb, 강조 표시 추가.
35　Russell, "'Jolly Old Empire,'" 23.
36　MacDonald, *Labour and Empire*, 103, 강조 표시는 원문 그대로.
37　Howe, "Labour and International Affairs," 128.
38　July 9, 1946, vol. 425, col. 238, HC Deb.
39　Bayly and Harper, *Forgotten Wars*, 96.
40　다음 문헌에서 인용했다. Hyam, *Britain's Declining Empire*, 100.
41　Gilroy, "There Ain't No Black," chap. 2. 전쟁이 끝난 직후 3만 명의 유색인종이 영국에 거주한 것으로 추산된다. 다음을 참고하라. Hansen, *Citizenship and Immigration*, 3.
42　Rose, *Which People's War?*, 264.
43　Russell, "'Jolly Old Empire,'" 23.
44　Howe, "Labour and International Affairs," 124-25.
45　Ibid., 126.
46　Ibid., 124-26, 130-32.
47　Toye, "Churchill and Britain's Financial Dunkirk," 329.
48　Clarke, *Last Thousand Days*, 366.
49　Pressnell, *External Economic Policy*, 269.
50　Keynes, *How to Pay for the War*.
51　Ferguson, *Empire*, 294-95. 《제국》, 민음사.
52　"Retrospective Lend-Lease—A New Proposal," *Times*, September 22, 1945, 4.
53　Schenk, "Sterling Area," 772-73.
54　Ibid., 773-78; Krozewski, "Finance and Empire," 48, 54; Alford, "1941-1951," 186-96; and Feinstein, "End of Empire," 224-33.
55　Schenk, "Sterling Area," 771-76.
56　Ibid., 777.
57　Ibid., 776.
58　Clarke, *Last Thousand Days*, 400.
59　Ibid., 399-404.
60　Jeffery, "Second World War," 326.
61　Ibid., 325-26; Fieldhouse, "Metropolitan Economics," 88-113; and Cain and Hopkins, *British Imperialism*, 491-520, 541-64.
62　Baylis, *Diplomacy of Pragmatism*, 50.
63　Louis, *British Empire in Middle East*, 4-11, 120-22, 383-88; Howe, "Labour and International Affairs," 130-32; and Bullock, *Ernest Bevin*, 49-54, 121-25.
64　Russell, "'Jolly Old Empire,'" 23.
65　Howe, *Anticolonialism in British Politics*, 146.
66　다음과 같은 문헌에서 확인할 수 있다. Howe, "Labour and International Affairs," 131-32.
67　Bullock, *Ernest Bevin*, 51. 베빈이 자신의 소관 밝이었던 팔레스타인에서 어떤 역할을 했는지 세부적인 사항이 궁금하다면 다음을 참고하라. Louis, *British Empire in Middle East*,

383-96.
68 Vickers, *Labour Party and World*, 1:164.
69 식민성 확대와 전반적으로 투명성이 부족했던 식민성의 실태에 관한 내용은 다음을 참고하라. Ashton, "Keeping Change Within Bounds." 시간표 부재는 베일리와 하퍼, 그 외 여러 저자가 여러 차례 지적한 사항이며 다음 문헌에서도 관련 내용을 확인할 수 있다. Lynn, *British Empire in 1950s*, 1-15; Mawby, *British Policy in Aden*; Harper, *End of Empire*; Allen, *Burma*; Christie, *Modern History of Southeast Asia*; and Elkins, *Imperial Reckoning*.
70 Gupta, "Imperialism and the Labour Government," 100-1.
71 Murphy, "Britain as a Global Power," 51.
72 Ibid., 54.
73 Clarke, *Last Thousand Days*, 472.
74 Westad, *Global Cold War*, 112-13. 《냉전의 지구사》, 에코리브르.
75 Louis, *Ends of British Imperialism*, 460; and Latham, *Right Kind of Revolution*, 28-29.
76 Louis, *Ends of British Imperialism*, 460.
77 Burk, *Old World, New World*, 578.
78 Latham, *Right Kind of Revolution*, 29.
79 Louis, *Ends of British Imperialism*, 460n41.
80 Hyam, *Britain's Declining Empire*, 137-38.
81 Ibid., 136; and Murphy, "Britain as a Global Power," 54.
82 다음 문헌에서 인용했다. Hyam, *Britain's Declining Empire*, 131.
83 Feinstein, "End of Empire," 229.
84 Ibid., 229-30.
85 Bayly and Harper, *Forgotten Wars*, 98.
86 Gupta, "Imperialism and Labour Government," 106-7.
87 Cooper, "Modernizing Colonialism," 64-67; Constantine, *British Colonial Development Policy*; and Hyam, *Britain's Declining Empire*, 132.
88 Fieldhouse, "Metropolitan Economics," 103-13.
89 Ibid., 112-13.
90 Howe, "Labour and International Affairs," 132.
91 Alford, "1945-1951," 190.
92 Cairncross and Eichengreen, *Sterling in Decline*, 111-55.
93 Gupta, "Imperialism and Labour Government," 109.
94 Ibid.
95 Col. D. G. White to Brigadier Sir David Petrie, April 16, 1945, KV 4/327, TNA. 다음도 함께 참고하라. H. P. Milmo, Minute, October 5, 1944, KV 4/327, TNA; and Richard Butler, Minute, October 4, 1944, KV 4/327, TNA.
96 Stephens, "Digest of Ham," 109.
97 Notes on CSDIC Mediterranean, part 1, CSDIC-Med, "CSDIC (Mediterranean)," Attachment "D," no date, and Appendix I, "Use of 'I' Source in Mediterranean and Middle East Theatres

of War between Oct 1940 and May 1945," no date, WO 208/3248, TNA; and "The Interrogation of Prisoners of War," c. May 1943, WO 208/3458, TNA.

98   "Bad Nenndorf Trials (Note on the history leading up to the situation of the 19th June 1948)," c. June 1948, FO 371/70830, TNA; Cobain, *Cruel Britannia*, 24-25; and Simpson, *Highest Degree Odious*, 241-44.

99   Cobain, *Cruel Britannia*, 48; and "Provisional Comments on Detailed Interrogation Centre, Bad Nenndorf," Appendix B, Notes on Galla Case, c. April 1947, and Appendix C, Notes on Bergman Case, c. April 1947, FO 371/70830, TNA.

100 "Provisional Comments on Detailed Interrogation Centre, Bad Nenndorf," Appendix A, Notes on Butler Case, c. April 1947, FO 371/70830, TNA; and, for example, Detailed Interrogation Centre, Bad Nenndorf (Court of Inquiry Reports), FO 1005/1744, TNA; Detailed Interrogation Centre, Court of Inquiry, FO 1060/735, TNA; Enquiry from Mr. R. Stokes Regarding an Internee detained at Bad Nenndorf, April 28, 1948, 1060/735, TNA; and Major J. Morgan-Jones, witness statement, April 10, 1947, Appendix 12, FO 1005/1744, TNA.

101 Foreign Office to private secretary to Lord President of Privy Council, June 22, 1948, FO 371/70830, TNA; and Foreign Office to private secretary to prime minister, June 22, 1948, FO 371/70830, TNA.

102 "Bad Nenndorf Trials (Note on the history leading up to the situation of 19th June 1948)," no date, FO 371/70830, TNA.

103 Instructions for the Commandant of Bad Nenndorf Detailed Interrogation Centre (top secret), Appendix A, April 17, 1947, FO 371/70830, TNA.

104 Col. R. Stephens, witness statement, Appendix I, and Col. Roland Alfred Frederick Short, witness statement, Appendix II, both April 7, 1947, FO 1005/1744, TNA.

105 "Bad Nenndorf Trials (Note on the history leading up to the situation of 19th June 1948)," no date, FO 371/70830, TNA.

106 Ibid.

107 Cobain, *Cruel Britannia*, 61.

108 Plans and Reports Appertaining to General Conditions at D.I.C, Part II, April 1947, FO 1030/274, TNA; Statement from Prisoners, General, Part III, April 1947, 1030/274,TNA; Statements from Doctors and Camp Commandants at Hospitals and D.I.C.s, April 1947, FO 1030/275, TNA; Statements of Warders, Medical Orderlies, etc., Part V, Appendix A, April 1947, FO 1030/276, TNA; Statements of Prison Control Officers and Interrogators at D.I.C., April 1947, FO 1030/277, TNA; Statement of Colonel Stephens, Statement of Capt. Smith, Notes of Lt. Col. Short, and Statement of Major Mallalieu, April 1947, FO 1030/278, TNA; and Cobain, *Cruel Britannia*, 62-65.

109 Cobain, *Cruel Britannia*, 67쪽에서 인용, 강조 표시 추가, 68.

110 스티븐스가 군사재판에서 자기변호를 위해 며칠 동안 진행한 비공개 증언에서도 이 주제가 반복되었다. 다음 문헌을 참고하라. *In the Matter of a Court Martial re: Col. R. W. G. Stephens*, O.B.E., July 1948, 196-335, WO 71/1176/B, TNA.

111 Ibid., 198.

112 Cobain, *Cruel Britannia*, 74.
113 Ibid., 70.

3부. 운명과의 약속

1   Constituent Assembly of India, Fifth Session, vol. 5, August 14, 1947, https://www.constitutionofindia.net/constitution_assembly_debates/volume/5/1947-08-14.
2   March 6, 1947, vol. 434, cols. 669, 671, 678, HC Deb.
3   Toye, *Churchill's Empire*, 272.
4   Jalal, *Sole Spokesman*, 9. 진나에 대한 뛰어난 분석은 다음 문헌에서 확인할 수 있다. Jalal, *Sole Spokesman*. 하나로 통일된 독립국가 인도를 탄생시키기 위한 간디의 노력에 관한 내용은 다음에서 확인할 수 있다. Bose, *Nation as Mother*, 127-48.
5   Muhammad Ali Jinnah, First Presidential Address to the Constituent Assembly of Pakistan, August 11, 1947, http://www.columbia.edu/itc/mealac/pritchett/00islamlinks/txt_jinnah_assembly_1947.html.
6   Dalrymple, "Great Divide," 67.
7   Louis, "Dissolution of British Empire," 329.
8   Aldrich, *Hidden Hand*, 10-12.
9   Simpson, *Human Rights*, 82.

10장. 유리의 집

1   Ghosh, *Glass Palace*, 462. 《유리 궁전》, 올.
2   반역자라는 뜻을 가진 '지프Jiff 혹은 JIF'라는 표현은 '일본에서 영감을 받은 제5열Japanese-Inspired Fifth Columnist'의 머리글자를 따서 만든 것이다. 다음을 참고하라. Raghavan, *India's War*, 397; and Fay, *Forgotten Army*, 409.
3   Singh, *Testimonies of Indian Soldiers*, 169-70.
4   Ibid., 170-71. 또 다른 인도국민군 극작가 푸루쇼탐 나게시 오크Purushottam Nagesh Oak가 〈잔시의 라니〉를 집필했다. 잔시의 라니(여왕)는 이름이 락슈미바이Lakshmibai였고 보스가 이끄는 인도국민군 산하의 '잔시의 라니' 연대 지휘관의 이름도 락슈미(스와미너선)였다. 이 같은 사실을 일깨워준 보스에게 감사를 전한다.
5   "Report on Security Measures Taken by the British Against the Indian National Army During the War," F. No. 601/12539/H.S, in Sareen, *Indian National Army*, 291. 이 수치는 1만 4000명에 달하는 인도국민군 용의자와 민간인 용의자, 4000명에 이르는 서부전선 용의자, 제950연대 대원을 모두 포함한다.
6   보스의 비행기 사고 및 사망에 관한 자세한 내용은 다음을 참고하라. Lebra, *Indian National Army*, 194-99; Gordon, *Brothers Against the Raj*, 541; and Bose, *His Majesty's Opponent*, 304-21. 보스의 유해는 일본에 있는 사찰 렌코지에 안치되어 있다.

7   Bose, *His Majesty's Opponent*, 305.
8   Raghavan, *India's War*, 1; and Bayly and Harper, *Forgotten Wars*, 112, 217.
9   Marston, *Indian Army and Raj*, 242-47; and Bayly and Harper, *Forgotten Wars*, 179-81.
10 베일리와 하퍼가 다음 저서에서 만들어낸 표현이다. *Forgotten Armies* and *Forgotten Wars*.
11 Bayly and Harper, *Forgotten Wars*, 15.
12 Ibid., 105-10. 인용된 부분은 110쪽을 참고하라.
13 Sen, *Poverty and Famines*, 52-85; and Bose, "Starvation Amidst Plenty," 699-727.
14 Bayly and Harper, *Forgotten Wars*, 287-88.
15 Singh, *INA Trial*, 41-43. 엄청난 숫자의 인도국민군은 대부분 의용병이었으며, 영국이 주장하는 잔인한 신병 모집 전술은 대개 사실로 밝혀진 바가 없다. 다음을 참고하라. Fay, *Forgotten Army*, 100-112.
16 Connell, *Auchinleck*, 817-19; Kuracina, "Sentiments and Patriotism," 817-56; and Bayly and Harper, *Forgotten Wars*, 79-80.
17 Bayly and Harper, *Forgotten Wars*, 79-83.
18 인도국민군 재판에 관한 심층 분석은 다음을 참고하라. Mukherjee, "'Right to Wage War,'" 420-43; Kuracina, "Sentiments and Patriotism," 817-56; Alpes, "Congress and INA Trials"; Green, "Indian National Army Trials"; and Singh, *INA Trial*.
19 Raghavan, *India's War*, 447.
20 Ram, *Two Historic Trials*, 153-54. 국제법과 인도국민군 재판에 관한 자세한 내용은 다음을 참고하라. Desai, *INA Defence*, 1-172; and Mukherjee, "'Right to Wage War,'" 420-43.
21 Desai, *INA Defence*, 8.
22 Bayly and Harper, *Forgotten Wars*, 88-92.
23 Marston, *Indian Army*, 141.
24 Ibid., 218-19.
25 Spence, "Beyond Talwar," 489-508.
26 Bayly and Harper, *Forgotten Wars*, 221.
27 Weber, "Politics as a Vocation," 78.
28 Bose and Jalal, Modern South Asia, 147-80; Metcalf and Metcalf, *Concise History of India*, 206-13; and Brown, *Modern India*, 333-37.
29 Dalrymple, "Great Divide," 67; and Wolpert, *Gandhi's Passion*, 210.
30 Bayly and Harper, *Forgotten Wars*, 244.
31 Brown, *Modern India*, 337-38; Raghavan, *India's War*, 453-54; and Bayly and Harper, *Forgotten Wars*, 242-50, 284.
32 Clarke, *Last Thousand Days*, 475, 476, 478.
33 February 10, 1947, vol. 433, col. 1397, HC Deb.
34 Brecher, *Political Leadership*, 53.
35 Dalrymple, "Great Divide," 68; and Hajari, *Midnight's Furies*, 102.
36 Cohen, *Churchill and Attlee*, 293.
37 Bayly and Harper, *Forgotten Wars*, 287; and "India (Transfer of Power)," June 3, 1947, vol. 438,

cols. 35-46, HC Deb.
38 Von Tunzelmann, *Indian Summer*, 188.
39 Wolpert, *Shameful Flight*, 165.
40 Ibid., 171.
41 식민 관료의 군중 관찰 기록과 뒤이어 발생한 혼란에 대해서는 다음을 참고하라. Bayly and Harper, *Forgotten Wars*, 292.
42 A. J. Brown, Office of the UK High Commissioner in the Federation of Malaya, to R. W. Newsham, Commonwealth Relations Office, memorandum (secret), October 17, 1957, 1-3, DO 186/17, TNA.
43 Toye, *Springing Tiger*; and Aldrich, *Intelligence and War Against Japan*, 386-87, and 458n7. 다음도 함께 참고하라. Hugh Toye, obituary, *Daily Telegraph*, July 17, 2002.
44 Moon, *Wavell*, 347. Wavell's entry was made on September 5, 1946.
45 A. J. Brown, Office of the UK High Commissioner in the Federation of Malaya, to R. W. Newsham, Commonwealth Relations Office, memorandum (secret), October 17, 1957, 2, DO 186/17, TNA.
46 Von Tunzelmann, *Indian Summer*, 6-7, 234-52.
47 분할과 관련된 일련의 사건과 원인이 궁금하다면 다음 문헌을 참고하라. Jalal, *Sole Spokesman*, 241-93; and Jalal, *Self and Sovereignty*, 472-562. 인도와 파키스탄 분할에 관한 방대한 문헌 중 일부를 소개한다. Yasmin Khan's epic *Great Partition*; Von Tunzelmann, *Indian Summer*; and Hajari, *Midnight's Furies*.
48 분할과 관련된 중요한 인구 통계와 그 영향은 다음 문헌에서 확인할 수 있다. Hill, et. al., "Demographic Impact of Partition."
49 Hajari, *Midnight's Furies*, xviii-xix; and Dalrymple, "Great Divide."
50 Khan, *Great Partition*, 210.
51 Dalrymple, "Great Divide," 66.
52 Wolpert, *Shameful Flight*. 177쪽과 173~75쪽에서 인용. 자세한 내용은, 175~76쪽을 참고하라.
53 Wolpert, *Gandhi's Passion*, 253. 《영혼의 리더십》, 시학사.
54 Wolpert, *Shameful Flight*, 177.
55 Mishra, *Fundamentals of Gandhism*, 168; and Gandhi, "Let's Kill Gandhi!," 12.
56 Gandhi, *Gandhi: The Man*, 657.
57 Chakrabarty, *Politics, Ideology*, 170.
58 Radhakrishnan, *Mahatma Gandhi*, 525.
59 Hancock, *Four Studies*, 83.
60 Ministry of Information, *Homage to Mahatma*, chap. 5.
61 Sir Richard Catling, 인터뷰, Accession no. 10392, IWMSA; "Sir Richard Catling: Police Commissioner Who Dealt with Palestine, Malaya and Kenya," *Times*, April 12, 2005, 56; and "Visit to the Middle East" by A. J. Kellar, February 1945, KV 4/384, TNA.
62 Louis, *British Empire in Middle East*, 383.
63 Ibid., 420.

64　Truman, *Memoirs*, 2:144-45.
65　Zweig, *Britain and Palestine*, 112.
66　다음 문헌에서 인용했다. Louis, *British Empire in Middle East*, 388.
67　Ibid., 43.
68　November 13, 1945, vol. 415, col. 1934, HC Deb.
69　Katz, *Days of Fire*, 87; and Cohen, *Palestine and Great Powers*, 69-72.
70　다음 문헌에서 인용했다. Newsinger, *British Counter-Insurgency*, 13.
71　Sachar, *History of Israel*, 245-46.
72　Charters, *British Army*, chap. 3; and Ganin, *Truman, American Jewry*, 4-40, 120-24.
73　Segev, *One Palestine*, 465.
74　Hoffman, *Failure of Military Strategy*, 10. 두 개의 전선에서 동시에 진행된 이 전쟁에 관한 심층적인 논의가 궁금하다면 다음을 참고하라. Charters, *British Army*, chap. 3. 다음도 함께 참고하라. Louis, "Sir Alan Cunningham," 128-47.
75　Charters, *British Army*, 107.
76　Reynolds, *Empire, Emergency*, 92.
77　Hoffman, *Anonymous Soldiers*, 250-52. 252쪽에서 인용.
78　Begin, *Revolt*, 52.
79　"Palestine. Political. Irgun-Zvai Leumi," c. March 1946, Reference no. 47/154/2, HA.
80　Katz, *Days of Fire*, 110.
81　Begin, *Revolt*, 56. '반란의 논리'는 이 책의 5장 제목이다.
82　Ibid., 27.
83　Benjamin Akzin, Bernard Wasserstein의 인터뷰, January 7, 1970, (82)3, HI.
84　Bell, *Terror Out of Zion*, 153.
85　Segev, *One Palestine*, 455-56; Horne, *Job Well Done*, 279-80; and "Searches of Jewish Settlements for Arms and Ammunitions," c. November 1943, WO 208/1702, TNA.
86　Hadar to High Commissioner Jerusalem, "Searches of Givat Haim, Shefayim and Hogla Settlements Representation and Protest etc.," November 29, 1945; General Committee Zikhron Yaacov to High Commissioner for Palestine (telegram), November 29, 1945; R. Shreibman to High Commissioner, November 19, 1945; all in POL/29/45, 365/34, Israel State Archives, Jerusalem, Israel; and Hoffman, *Anonymous Soldiers*, 238-39.
87　Hoffman, "Palestine Police Force," 613.
88　Saunders to Tegart, February 23, 1939, File 4, Box 3, Tegart Papers, GB165-0281, MEC; High Commissioner MacMichael to colonial secretary, October 17, 1940, CO 733/416/75015/A, TNA; Kolinsky, *Mandatory Palestine*, 50-51; and Smith, "Communal Conflict," 79.
89　Hoffman, "Palestine Police Force," 614, 강조 표시는 원문 그대로.
90　Sir Charles Wickham, Report, December 2, 1946, CO 537/2269, TNA; Frank Jones, 인터뷰, March 16, 2006, GB165-0389, MEC; Martin Duchesne, 인터뷰, March 23, 2006, GB165-0390, MEC; John Sankey, 인터뷰, September 1988, Accession no. 10300, IWMSA; Hoffman, *Failure of British Strategy*, 123; Horne, *Job Well Done*, 264; Hoffman, *Anonymous Soldiers*, 358-59; and Smith, "Communal Conflict," 81.

91　Hoffman, *Anonymous Soldiers*, 359.
92　Mark Russell, 인터뷰, May 16, 2006, GB165-0396, MEC; James Hainge, 인터뷰, June 5, 2006, GB165-0402, MEC; Wilson, *Cordon and Search*, 48; and Farran, *Winged Dagger* 346.
93　Henry Gurney, "Palestine Postscript," 14, GUR 1/ 2, Gurney Papers, GB165-0128, MEC; and Golani, *Diary of Gurney*, 4.
94　Sir Richard Catling, 인터뷰, September 1988, Accession no. 10392, IWMSA.
95　Charters, *British Army*, 243n128; and "Avner," *Memoirs of an Assassin*, 12-13, 82-85. 팔레스타인 내에서의 첩보 작전에 관한 내용은 다음 문헌에서 확인할 수 있다. Charters, "British Intelligence"; Walton, "British Intelligence and Mandate of Palestine"; and Hoffman, "Palestine Police Force."
96　Martin Duchesne, 인터뷰, March 23, 2006, GB165-0390, MEC.
97　James Llewelyn Niven, 인터뷰, September 1988, Accession no. 10399, IWMSA.
98　Segev, *One Palestine*, 474-75.
99　Wilson, *Cordon and Search*, 48.
100　Heller, "Anglo-American Commission." 위원회 간사를 지낸 미국인의 독특한 관점은 다음 문헌에서 확인할 수 있다. Wilson, *Decision on Palestine*.
101　Montgomery, *Memoirs*, 387-88.
102　Peter Lawrence de Carteret Martin, 인터뷰, November 12, 1992, Accession no. 12778, IWMSA.
103　Bell, *Terror Out of Zion*, 169-73; Hoffman, *Anonymous Soldiers*, 290-312; and Segev, *One Palestine*, 7-8.
104　Catling 인터뷰, IWMSA; and Hoffman, *Anonymous Soldiers*, 290-302.
105　Ernest de Val, 인터뷰, September 1988, Accession no. 12592, IWMSA.
106　Catling 인터뷰, IWMSA.
107　Montgomery to Dempsey, July 24, 1946. WO 216/194, TNA.
108　Catling 인터뷰, IWMSA.
109　Bell, *Terror Out of Zion*, 173.
110　Begin, *Revolt*, 231.
111　Shindler, *Land Beyond Promise*, 28.
112　Hoffman, *Anonymous Soldiers*, 364-65.
113　Carruthers, *Hearts and Minds*, 34.
114　Bell, *Terror Out of Zion*, 174.
115　Segev, *One Palestine*, 480.
116　Ibid.
117　Mark Russell, 인터뷰, May 16, 2006, GB165-0396, MEC; and Frank Jones, 인터뷰, March 16, 2006, GB165-0389, MEC.
118　John Sankey, 인터뷰, September 1988, Accession no. 10300, IWMSA.
119　Montgomery, *Memoirs*, 428-29.
120　Hamilton, *Monty*, 1944-1976, 665-67.

121　Maj.-Gen. Harold Pyman to Hobart, January 1947, Pyman Diaries, 6/1/2, Private Papers, LHC.
122　James, *Churchill: Complete Speeches*, 7:7422.
123　"Use of Armed Forces, Part I: War Office View," December 19, 1946, CO 537/1731, TNA.
124　Montgomery to Pyman, January 2, 1947, Pyman Diaries, 6/1/2, Private Papers, LHC.
125　"Annex, Directive to the High Commissioner, Note on Conference at the Colonial Office," January 3, 1947, FO 371/61762, TNA.
126　Colonial secretary, "Use of Armed Forces" (memorandum), January 7, 1947, CP (47)3, CAB 129/16, TNA. Also Churchill, *Memoirs*, 469. 1947년 3월, 예루살렘과 텔아비브에서 '계엄령'이 시행된 15일 동안에도 법정 계엄령이 유효했다는 사실을 기억하자. 당시 참모총장들은 본래 의미의 계엄령보다 법정 계엄령이 더 심각하지는 않으면서도, 법적 도전을 받을 수 없다는 점에서 오히려 이점이 있다며 계엄령 도입에 반대했다. 하지만 일부 역사학자는 '제대로 된 계엄령과 법정 계엄령을 구분'하지 않는다. Simpson, *Human Rights*, 88-89, 89n127.

11장. 팔레스타인을 떠나 말라야로

1　"Politics and the English Language," in Orwell, *Collection of Essays*.
2　Bastian, "Down and Almost Out," 95.
3　Ibid., 95-97.
4　Orwell, *1984*, 214.
5　Bastian, "Down and Almost Out," 97. 일각에서는 오웰이 1948년을 비틀어 '1984'라는 제목을 만들어냈다는 주장은 잘못되었다고 지적한다. 이 책이 쓰인 데는 노동당 정부에 경고를 하려는 목적도 있었다.
6　Orwell, "Politics and the English Language."
7　Orwell, *1984*, 214.
8　Ibid., 289-90, 강조 표시는 원문 그대로.
9　Kynaston, *Austerity Britain*, 185-205.
10　Clarke, *Last Thousand Days*, 476.
11　Crossman, *Palestine Mission*, 46, 강조 표시는 원문 그대로.
12　Clarke, *Last Thousand Days*, 408-9; 통계 자료는 다음을 참고하라. Ibid., 407, 416.
13　Ibid., 408-9. 416쪽에서 인용.
14　Louis, *British Empire in Middle East*, 434-35. 루이스가 이 글이 쓰인 역사적인 상황을 고려하면 모리슨-그레이디 계획이 합리적이라는 견해를 밝혔다는 점을 기억하자.
15　Ibid., 436.
16　Clarke, *Last Thousand Days*, 480-81; and Rose, *Baffy*, 242-47.
17　Jasse, "Great Britain and Palestine," 560.
18　Ibid., 565, 568.
19　February 18, 1947, vol. 433, cols. 988-89, HC Deb.
20　Clarke, *Last Thousand Days*, 481.

21 February 18, 1947, vol. 433, col. 989, HC Deb.
22 Ibid.
23 Cesarani, *Major Farran's Hat*, 28-29; Aldrich, *Hidden Hand*, 260; and Horne, *Job Well Done*, 523-25, 563-64.
24 Sinclair, *End of the Line*, 109.
25 Cesarani, *Major Farran's Hat*, 30.
26 Ibid., 30-31.
27 Townshend, *Britain's Civil Wars*, 118-19.
28 Secondment of Army Officers to Palestine Police, c. February 1947, CO 537/2279, TNA.
29 Cesarani, "War on Terror," 652; and Cesarani, *Major Farran's Hat*, 63-83.
30 Secondment of Army Officers to Palestine Police, c. February 1947, CO 537/2279, TNA.
31 Farran, *Winged Dagger*, 348.
32 Smith, "Communal Conflict," 77; and Catling 인터뷰, IWMSA.
33 Walton, "British Intelligence and Mandate of Palestine," 435-37.
34 Ibid., 435-37, 454-55; Walton, *Empire of Secrets*, 91-101; and Cesarani, *Major Farran's Hat*, 45-46.
35 Cesarani, *Major Farran's Hat*, 44.
36 Walton, *Empire of Secrets*, xix-xx, 97-99.
37 Haber, *Begin*, 182-87.
38 Hoffman, *Anonymous Soldiers*, 412. 이르군이 탈옥시키려고 했던 41명의 죄수 중 23명만 살아남았다. 아랍봉기(1936~1939년) 기간에 범죄를 저질렀다는 혐의로 복역 중이었던 아홉 명의 아랍인을 비롯한 200명이 넘는 아랍인 죄수가 얼떨결에 자유의 몸이 되었다.
39 Grunor, *Let My People Go*, 187.
40 "Report on the Alleged Abduction and Murder of Alexander Rubovitz, and Subsequent Police Investigation," June 19, 1947, 2, CO 537/2302, TNA; and Cesarani, "War on Terror," 650-51.
41 "Report on the Alleged Abduction and Murder of Alexander Rubovitz, and Subsequent Police Investigation," June 19, 1947, 2, CO 537/2302, TNA.
42 "Strong Guard at Trial," *Palestine Post*, October 2, 1947, 3; Jewish Telegraphic Agency, "Farran's Gang Still at Work?," June 27, 1947, CO 537/2302, TNA; "Purge of Palestine Police Ordered," June 23, 1947, CO 537/2302, TNA; and Cesarani, "War on Terror," 659-62.
43 Cesarani, "War on Terror," 662; Cesarani, *Major Farran's Hat*, chaps. 4 and 5; "Farran in Liverpool," *Palestine Post*, October 14, 1947, 1; "Yard Keeping Watch on Farran," *Daily Herald*, October 31, 1947, CO 537/2302, TNA; and "Death Threat to Farran—By Post," *Daily Sketch*, October 31, 1947, CO 537/2302, TNA.
44 Begin, *Revolt*, 284.
45 Haber, *Begin*, 185-91; Bell, *Terror Out of Zion*, 227-28; Bethel, *Palestine Triangle*, 323-24; Hoffman, *Anonymous Soldiers*, 453-58; "Death in a Eucalyptus Grove—30 July 1947," Kent Collection, GB165-0453, MEC; and "Report on the Murder of Sgt Paice and Sgt Martin from 1st Guards Brigade," August 1, 1947, Papers of Palestine Police Old Comrades' Associ-

ation, GB165-0224, MEC. 바인베르크는 천식이 있다며 클로로폼 마취를 하지 말아 달라고 간청했고, 이르군 대원들은 바인베르크의 눈을 가리고 재갈을 물렸다.

46 Haber, Begin, 185-91; Bell, *Terror Out of Zion*, 227-28; Bethel, *Palestine Triangle*, 323-24; Hoffman, *Anonymous Soldiers*, 453-58; "Death in a Eucalyptus Grove—30 July 1947," Kent Collection, GB165-0453, MEC; and "Report on the Murder of Sgt Paice and Sgt Martin from 1st Guards Brigade," August 1, 1947, Papers of Palestine Police Old Comrades' Association, GB165-0224, MEC.
47 Wilson, *Cordon and Search*, 132.
48 Peter Lawrence de Carteret Martin, 인터뷰, December 11, 1992, Accession no. 12778, IWMSA; James Llewelyn Niven, 인터뷰, September 1988, Accession no. 10399, IWMSA; John Sankey, 인터뷰, September 1988, Accession no. 10300, IWMSA; Frank Jones, 인터뷰, March 16, 2006, GB165-0389, MEC; and Martin Duchesne, 인터뷰, March 23, 2006, GB165-0390, MEC.
49 Bagon, "Impact of Jewish Underground" (M.Phil. thesis), 126-29.
50 Carruthers, *Hearts and Minds*. 51쪽과 53쪽에서 인용. 구체적인 내용은 54~59쪽에서 확인하라.
51 Ibid., 61-63.
52 "Back to Partition," *Economist*, August 9, 1947, 227.
53 Ibid., 228.
54 Hoffman, *Anonymous Soldiers*, 461.
55 August 12, 1949, vol. 441, cols. 2340-44, HC Deb.
56 August 1, 1946, vol. 426, cols. 1256-57, HC Deb.
57 Jeffery, MI6, 691-95; and Walton, *Empire of Secrets*, 106-7.
58 Bethell, *Palestine Triangle*, 316-43.
59 Weizmann, *Letters and Papers*, 22:72.
60 UN General Assembly Resolution 181 (Partition Plan), November 29, 1947, https://www.mfa.gov.il/mfa/foreignpolicy/peace/guide/pages/un20general20assembly20resolution20181.aspx.
61 Louis, *British Empire in Middle East*, 487-93.
62 Jasse, "Great Britain and Palestine," 573.
63 Hoffman, *Anonymous Soldiers*, 469.
64 Ibid., 470.
65 United Nations, "U.K. Accepts UNSCOP General Recommendations," September 26, 1947, Summary Press Release GA/PAL/2, https://unispal.un.org/unispal.nsf/9a798adb-f322aff38525617b006d88d7/ecb5eae2e1d29ed08525686d00529256?OpenDocument.
66 J. H. H. Pollock, Bernard Wasserstein의 인터뷰, March 2, 1970, (82)11, HI.
67 Stankey 인터뷰, IWMSA.
68 Brendon, *Decline and Fall*, 484.
69 Ibid., 486; and Jasse, "Great Britain and Palestine," 558.
70 Pappe, *Ethnic Cleansing*; Gelber, *Palestine 1948*; Morris, 1948; and Rogan and Shlaim, *War for Palestine*.

71 Pappe, *Ethnic Cleansing*, xiii. 《팔레스타인 비극사》, 열린책들.
72 Horne, *Job Well Done*, 581.
73 Brendon, *Decline and Fall*, 484-86.
74 Chindit Memorial, Victoria Embankment Gardens, London, 1990년 10월 16일에 공개.
75 Hillel Kuttler, "75 Years After His Death, Why Orde Wingate Remains a Hero in Israel," *Times of Israel*, March 23, 2019.
76 Sinclair, "Crack Force,'" 56-60.
77 Horne, *Job Well Done*, epigraph.
78 Catling 인터뷰, IWMSA.
79 Heller, *Behind Prison Walls*, 5; and Gurney Diary, 28, 53, GUR ½, Gurney Papers, MEC.
80 Haber, *Begin*, 191.
81 다음에서 인용했다. Andrew, *Defence of the Realm*, 451. 다음도 함께 참고하라. Rathbone, "Political Intelligence and Policing," 84-104; and Sinclair, "Crack Force,'" 56-60.
82 Andrew, *Defence of the Realm*, 452.
83 고등판무관은 이틀 뒤 비상사태를 말라야 전체로 확대했다.
84 Catling 인터뷰, IWMSA.
85 Ho, *Tainted Glory*, 254-55. 베일리와 하퍼 역시 다음 문헌에서 호를 언급했다. *Forgotten Wars*, 41, 129-30.
86 Ibid., 255-56.
87 Ibid., 252.
88 Ibid., 21, 260.
89 Ibid., 29.
89 Ibid., 38-67.
90 Ibid., 38-67.
91 Walton, *Empire of Secrets*, 168.
92 Chapman, *Jungle Is Neutral*, 31, 157.
93 Blackburn, "Collective Memory," 74-75.
94 Sandhu, "Saga of the 'Squatter,'" 147.
95 Kheng, "Aspects of the Interregnum," 52-53; and Bayly and Harper, *Forgotten Wars*, 31.
96 Bayly and Harper, *Forgotten Wars*, 37-48.
97 Ibid., 203.
98 말라야연합과 시민권을 둘러싼 포괄적인 논의가 궁금하다면 다음을 참고하라. Lau, "Malayan Union Citizenship." 엄격하게 적용된 민족 범주를 초월한 말라야연합에 대한 복잡한 반응은 다음에서 확인할 수 있다. Harper, *End of Empire*, 84-148.
99 정부가 1947년에 실행한 말레이인 인구 조사에서 집계된 총계는 '말레이인'과 '그 외 말레이 반도 주민'을 포함한다. 말라야연방이 1947년에 진행한 인구 조사 데이터를 요약한 내용은 다음 문헌에서 확인할 수 있다. del Tufo, *Report on the 1947 Census*, 40.
100 Harper, *End of Empire*, 133.
101 Bayly and Harper, *Forgotten Wars*, 210.
102 White, *Business, Government, and End of Empire*, 12; and Stockwell, "British Imperial

Policy," 78.

103 Carnell, "Malayan Citizenship Legislation," 504-18; and Hack, "Detention, Deportation," 612-13.
104 Fong, "Labor Laws."
105 맥도널드는 나중에 동남아시아 경찰청장이 된다. 맥도널드에 관한 상세한 내용은 다음 문헌에서 확인할 수 있다. Leebaert, *Grand Improvisation*, 127-29, 241-49, and 290-96; and Bayly and Harper, *Forgotten Wars*, 276-77.
106 John D. Dalley, "Internal Security, Malaya," June 14, 1948, CO 537/6006, TNA.
107 Hack, "Detention, Deportation," 611-12.
108 James Llewelyn Niven, 인터뷰, September 1988, Accession no. 10399, IWMSA.
109 Hurst, *Colonel Gray*, 9, 7.
110 E. W. A. Scarlett, memorandum (private and confidential), February 19, 1950, CO 717/194/5, TNA.
111 Stockwell, "Policing During Malayan Emergency," 110; Bennett, "'Very Salutary Effect,'" 422; and Tan, "Oral History," 217.
112 Sinclair, "'Sharp End,'" 473; and Walton, Empire of Secrets, 174-75.
113 *Report of the Police Mission to Malaya*, March 1950 (Kuala Lumpur: Government Printer, 1950), CO 537/5417, TNA.
114 Hurst, *Colonel Gray*, 7.
115 "Report of the Police Mission," March 16, 1950, CO 717/194/6, TNA; and secretary of the Association of British Malaya to colonial secretary, June 27, 1950, CO 717/194/6, TNA.
116 Barber, *War of Running Dogs*, 30.
117 Bayly and Harper, *Forgotten Wars*, 439-40.
118 처음에는 말라야 민족반영군 Malayan Peoples' Anti-British Army 으로 창설되었으나, 1949년에 '말라야 민족해방군'으로 이름이 바뀌었다. 영국 관료들이 '민족'을 '인종'으로 잘못 번역해 말라야 인종해방군 Malayan Races Liberation Army 이라고 불리기도 했다.
119 민 유엔은 '민 청 유엔 퉁 Min Chung Yuen Tung' 혹은 '민중 운동 People's Movement'의 약자다.
120 "Law and Order," CID report, July 15, 1948, CO 717/171/3, TNA.
121 J. B. Williams, Minute to file, August 19, 1948, CO 537/3746, TNA.
122 이전의 실패에도 불구하고 식민 관료들을 제국 다른 지역으로 재배치하는 이러한 패턴은 적어도 19세기로 거슬러 올라간다. 19세기에 인도에서 일했던 영국 관료들은 1857년 세포이항쟁 이후 제국 다른 지역에 임명되었다. 이 같은 사실을 일깨워준 사티아에게 감사를 전한다.
123 Simpson, *Human Rights*, 82.
124 Federation of Malaya, "Detention and Deportation During the Emergency in the Federation of Malaya," White Paper no. 24 of 1953, CO 1022/132, TNA; and Dhu Renick, "Emergency Regulations."
125 Editorial, "Sir Henry Gurney," *Straits Times*, September 6, 1948.
126 Walton, *Empire of Secrets*, 172.
127 Andrew, *Defence of the Realm*, 448.
128 Stockwell, "Policing During Malayan Emergency," 110; Walton, *Empire of Secrets*, 197; and

Bayly and Harper, *Forgotten Wars*, 437-39.
129　White, *Business, Government, and End of Empire*, 30, 116-17.
130　Carruthers, *Hearts and Minds*, 124n176; Harper, *End of Empire*, 151; and Gurney to colonial secretary (telegram), October 8, 1948, CO 537/3758, TNA.
131　Carruthers, *Hearts and Minds*, 77.
132　High Commissioner Gurney to colonial secretary (telegram), December 2, 1948, CO 537/4240, TNA.
133　High Commissioner Gurney, Minute to file, May 31, 1949, CO 537/4751, TNA.
134　Lau, "Malayan Union Citizenship," 217; and Harper, *End of Empire*, 22-23, 35-44.
135　J. P. Morton, "The Problems We Faced in Malaya and How They Were Solved," July 1954, 11, KV 4/408, TNA; and "The Colonial Empire Today: Summary of Our Main Problems and Policies," May 1950, CO 537/5698, TNA.
136　Carruthers, *Hearts and Minds*, 88.
137　Stenson, *Communist Revolt in Malaya*; and Walton, *Empire of Secrets*, 177.
138　Carruthers, *Hearts and Minds*, 88-89.
139　Barber, *War of Running Dogs*, 42.
140　Short, *Communist Insurrection* 120, 136-37.
141　"Mine Murder, 2 of Gang Held," *Straits Times*, September 1, 1948; "Threats on Estate Alleged," *Straits Times*, September 1, 1948; "Murder of Federal Councillor, Shot Dead by Unknown Gunman," *Straits Times*, September 2, 1948; "Details of the War Damage Plan," *Straits Times*, September 3, 1948; "Bandits Raid Estate, Burn Factory," *Straits Times*, September 8, 1948; "Bandits Shoot Another Chief," *Straits Times*, October 4, 1948; and "Terrorists Kill Ten Gurkhas, Lorry Ambushed on Perak Road," *Straits Times*, October 7, 1948.
142　"Malaya's Security Forces Are Not Enough," *Straits Times*, October 12, 1948.
143　July 8, 1948, vol. 453, cols. 699-700, HC Deb.
144　Barber, *War of Running Dogs*, 24.
145　Ibid., 41.
146　"Sir Henry Gurney's Words of Hope: End of Terror Only Matter of Time," *Straits Times*, October 7, 1948.
147　Department of Information, *Communist Banditry in Malaya*, 36.
148　"Malayan Emergency, II—Discontents in a Plural Society," *Times*, August 12, 1952, 5.
149　Ibid.; and "Malaya Emergency, I—Four Phases of an Unfinished Campaign," *Times*, August 11, 1952, 7.

12장. 집과 가까운 작은 곳

1　Arthur Hugh Peter Humphrey, 인터뷰, Reel 5, Accession no. 0995, AVD, NAS.
2　Eleanor Roosevelt, "Adoption of the Declaration of Human Rights," speech to the UN General Assembly, December 9, 1948, https://awpc.cattcenter.iastate.edu/2017/03/21/adoption-of-

the-declaration-of-human-rights-dec-9-1948/.
3   Monteiro, *Ethics and Human Rights*, 434.
4   February 26, 1948, vol. 447, cols. 2263-65, HC Deb.
5   Simpson, *Human Rights*, 456.
6   Ibid., 457.
7   Klose, "'Source of Embarrassment,'" 242.
8   Simpson, *Human Rights*, 458.
9   Ibid., 460.
10 Koskenniemi, *Gentle Civilizer of Nations*, 400.
11 라우터파하트의 인생을 좀 더 자세히 알고 싶다면 다음을 참고하라. Sands, *East West Street*, 66-117. 《인간의 정의는 어떻게 탄생했는가》, 더봄. Vrdoljak, "Human Rights and Genocide," 1163-94.
12 Cairns, "Spinoza's Theory of Law"; and Vrdoljak, "Human Rights and Genocide," 1180.
13 Koskenniemi, *Gentle Civilizer of Nations*, 359-60.
14 Ibid., 376-77.
15 Pennybacker, *From Scottsboro to Munich*, 7; and George Padmore, "Ethiopia and World Politics," *Crisis* 42, no. 5 (1935): 138-39, 156-57, 다음 문헌에서 인용했다. Schwartz, "George Padmore," 139.
16 Buergenthal, "Evolving International," 783.
17 Van Dijk, "Human Rights in War," 561-63.
18 Ibid., 562-66.
19 세계인권선언, 자유주의, 제2차 세계대전 이전의 인권 규범 발달에 대한 예리한 비판은 다음을 참고하라. Mutua, *Human Rights*, 39-49. 비서구권에서 벌어진 담론은 다음을 참고하라. Mutua, *Human Rights*, chap. 3, and Sikkink, *Evidence for Hope*, chap. 3.
20 Castrén, *Civil War*, 66, 다음 문헌에 인용되어 있다. Bicknell, "Penumbra of War" (Ph.D. diss.), 226. 공통 3조 작성에 관한 논의는 다음을 참고하라. Elder, "Historical Background," 37-69.
21 Van Dijk, "Human Rights in War," 568.
22 Pictet, *Geneva Convention*, 12; and Van Dijk, "Human Rights in War," 571.
23 Van Dijk, "Human Rights in War," 574.
24 Interdepartmental Committee on the Review of the Geneva Convention, "Partisans (Memorandum by the Chairman for consideration by the Committee at their second meeting to be held on Wednesday, 17th September, 1947)," WO 32/12526, TNA.
25 Pictet, *Geneva Convention*, 25. 수십 년 동안 전투원과 비전투원은 서로 명확하게 다른 존재로 여겨졌고 국제인도법은 주로 전자를 보호했다. 제2차 세계대전 기간에 발생한 민간인 참상에 대응해서 체결된 제4 제네바협약은 더 이상 이런 일이 벌어지지 않도록 보장했다.
26 Chetail, "Contribution of International Court," 240.
27 Van Dijk, "Human Rights in War," 555n13.
28 Best, *War and Law*, 165. 제네바협약의 '중대한 위반'에 대한 기소 및 범죄인 인도, 사면과 필요성에 관한 질문이 궁금하다면 다음을 참고하라. Ratner, "New Democracies, Old Atroc-

ities," 712-26; and Roht-Arriaza, "State Responsibility to Investigate," 451-513.
29 Best, *War and Law*, 177.
30 Congress of Europe in the Hague, European Court of Human Rights, May 7-10, 1948, https://www.cvce.eu/en/recherche/unit-content/-/unit/04bfa990-86bc-402f-a633-11f39c9247c4/aadf5a4c-2972-41e8-9d44-9d5d4edb8dd1.
31 Reynolds, *Empire, Emergency*, 118.
32 Simpson, *Human Rights*, 808-9.
33 유럽인권재판소가 국내 관할권을 인정함에 따라 영국 정부 내에서 상당한 협상과 논의가 진행되었다. 특히, 영국은 재판 없는 구금을 비롯해 국토방위법에 따라 발효될 수 있는 미래의 법률을 집행할 권리를 유지하고 싶어 했다. 개별적인 청원이 없었기 때문에 영국 관료들은 자신들이 이 문제를 해결했다고 믿었다. 다음을 참고하라. Moravcsik, "Origins of Human Rights Regimes," 238-43.
34 Simpson, *Human Rights*, 813.
35 Ibid., 825.
36 Simpson, "Usual Suspects," 685. 심슨은 유럽인권재판소가 사용한 표현을 다음과 같이 자세히 설명한다. "1966년까지만 하더라도 국가 간 청원만 허용되었다. 유럽인권조약 제25조 1항에 따라 유럽인권위원회는 관련 국가가 동의할 경우 폭력의 피해자라고 주장하는 사람들로부터 개별 청원을 받을 수 있게 되었다. 1959년 4월 20일에 설립된 유럽인권재판소의 관할권을 수락하는 것 역시 선택사항이었다. 1959년 12월 31일까지 아일랜드공화국을 포함한 9개 체약 당사국이 개별 청원권을 받아들였지만 영국은 수락하지 않았다."
37 Reynolds, *Empire, Emergency*, 119.
38 European Convention on Human Rights, Article 3, "Prohibition on Torture," 7, https://www.echr.coe.int/Documents/Convention_ENG.pdf.
39 "Revision of Geneva Conventions," Minutes of a Meeting of Ministers, December 2, 1949, CAB 130/46/281, TNA.
40 "Law and Order in the Federation," January 28, 1949, Annexure A to Minute of BDDC(FE), CO 537/4773, TNA.
41 High Commissioner Gurney to colonial secretary (telegram), December 19, 1948, CO 537/3758, TNA.
42 "Law and Order in the Federation," January 28, 1949, Annexure A to Minute of BDCC(FE), CO 537/4473, TNA.
43 High Commissioner Gurney to colonial secretary, Federation of Malaya Dispatch No. 5, May 30, 1949, 2, CO 537/5068, TNA.
44 Ibid., 6.
45 Khalili, *Time in the Shadows*, 199; High Commissioner Gurney to colonial secretary, May 30, 1949, Federation of Malaya Dispatch No. 5, 6, CO 537/5068, TNA; and Short, *Communist Insurrection*, 142-43.
46 Sir Henry Gurney to colonial secretary (telegram), October 25, 1948, File 9, Box 29, Papers of Arthur Creech Jones, Mss. Brit. Emp. s. 332, BL.
47 Federation of Malaya, "Detention and Deportation During the Emergency in the Federation

48 Extract from Special Meeting of Conference of Rulers, Malay States, December 4, 1951, Appendix A, CO 1022/163, TNA.
49 전쟁 초기였던 이 무렵, 연방 정부는 앞으로 수용소를 드나들 수많은 용의자가 아닌 7250명의 수감자만 처리할 수 있는 능력을 갖추고 있었다.
50 Hale, *Massacre in Malaya*, 285.
51 High Commissioner Gurney to colonial secretary, Federation of Malaya Dispatch No. 5, May 30, 1949, 3, CO 537/5068, TNA.
52 "80 Houses Burned by Police," *Straits Times*, September 24, 1948. 집단 처벌에 관한 의회 논의가 궁금하다면 다음을 참고하라. April 2, 1952, vol. 498, cols. 1668-70, HC Deb; and November 19, 1952, vol. 507, col. 1870, HC Deb.
53 Hale, *Massacre in Malaya*, 286; and Bayly and Harper, *Forgotten Wars*, 450.
54 Hale, *Massacre in Malaya*, 285.
55 Bayly and Harper, *Forgotten Wars*, 449.
56 Hack, "Everyone Lived in Fear," 682.
57 Officer administering the government (OAG), Federation of Malaya, to colonial secretary (telegram), November 21, 1950, CO 717/197/5, TNA.
58 Bayly and Harper, *Forgotten Wars*, 480; Khoo, *Life as River Flows*, 186-87; and Ramakrishna, *Emergency Propaganda*, 54-86.
59 Sandhu, "Saga of the 'Squatter,'" 153.
60 Harper, *End of Empire*, 169; and Bayly and Harper, *Forgotten Wars*, 488-89.
61 Short, Communist Insurrection, 164.
62 Hack, "Detention, Deportation," 617-18.
63 High Commissioner Gurney to colonial secretary (telegram), April 2, 1949, CO 717/191, TNA.
64 Hack, "Detention, Deportation," 625.
65 "Undesirables Must Go," *Straits Times*, September 20, 1948.
66 Hack, "Detention, Deportation," 626.
67 Sir Henry Gurney to colonial secretary (telegram), October 25, 1948, File 9, Box 29, Mss. Brit. Emp. 332, BL; and Federation of Malaya, "Detention and Deportation During the Emergency in the Federation of Malaya," 7, White Paper no. 24 of 1953, CO 1022/132, TNA. 영토에 속하지 않는 '외국인'을 추방 혹은 구금할 수 있는 권한을 부여하는 비상규정에 대한 자세한 내용은 7~10쪽에서 확인할 수 있다.
68 말라야연방 공식 정책에 의하면, 1949년 1월 10일에 제정된 "비상규정 17D는 고등판무관에게 말라야연방 시민과 영국인 신민이 아닌 모든 혹은 일부 주민이 테러범을 돕고 방조하거나 테러범의 활동에 관한 정보나 해당 지역에 테러범이 존재한다는 정보를 책임 당국으로부터 숨기거나 이런 정보를 제공하는 데 실패할 경우 구금을 명령하고 뒤이어 추방을 명령할 수 있는 권한을 부여한다." '연방을 떠날 것을 요구받은 사람의 부양가족에게도 연방을 떠날 것을 요구할 수 있도록' 1949년 1월 22일에 비상규정 17C가 개정되었다. 다음을 참고하라. Federation of Malaya, "Detention and Deportation During the Emergency in the Federation

(앞쪽에서 이어짐) of Malaya," 3, White Paper no. 24 of 1953, CO 1022/132, TNA.

of Malaya," 8, White Paper no. 24 of 1953, CO 1022/132, TNA.

69 Sir Henry Gurney to colonial secretary (telegram), October 25, 1948, File 9, Box 29, Mss. Brit. Emp. s. 332, BL; Low, "Repatriation of Chinese," 368; Tan, "Oral History," 86; Hack, "Detention, Deportation," 627; and Bayly and Harper, Forgotten Wars, 481.

70 Hack, "Detention, Deportation," 638n67.

71 "Deportation of British Subjects in the Federation of Malaya," March 26, 1953, CO 1022/137/22, TNA.

72 Low, "Repatriation of Chinese," 363-92.

73 Federation of Malaya OAG to colonial secretary, October 16, 1950, Savingram no. 1349, CO 717/199/1, TNA; and Hack, "Detention, Deportation," 620. 1953년, 연방 정부는 런던에 1949년 12월부터 1953년 3월까지 '연방 정부 시민이나 현지에서 태어난 영국인 신민에 해당하지 않는' 2만 4036명을 본국으로 송환했다고 보고했다. 1955년에는 이 수치가 3만 1245명에 달했다. 1953년 봄까지 추방된 사람 중 1만여 명의 송환자와 부양가족은 1950년 10월 전에 송환되었고, 나머지는 그 이후에 송환되었다. 다음을 참고하라. Federation of Malaya, "Detention and Deportation During the Emergency in the Federation of Malaya," 8, 18, White Paper no. 24 of 1953, CO 1022/132, TNA; and French, *British Way*, 110.

74 Federation of Malaya OAG to colonial secretary, Savingram no. 1349, October 16, 1950, CO 717/199/1, TNA.

75 Short, *Communist Insurrection*, 190-91.

76 D. C. Watherston to A. T. Lennox-Boyd, October 6, 1950, CO 717/199/1, TNA; and Federation of Malaya OAG to colonial secretary, Savingram no. 1349, October 16, 1950, CO 717/199/1, TNA.

77 French, *British Way*, 110.

78 D. C. Watherston to A. T. Lennox-Boyd, October 6, 1950, CO 717/199/1, TNA.

79 "Extract from Minutes of Malaya Committee Meeting Held at the House of Commons," June 19, 1950, CO 717/199/1, TNA.

80 Arthur Hugh Peter Humphrey, 인터뷰, no date, 527/9/2, *End of Empire, Malaya*, Mss. Brit. Emp. s. 527, BL.

81 Arthur Hugh Peter Humphrey, 인터뷰, Accession no. 0995, AVD, NAS.

82 T. G. Askwith, "Detention and Rehabilitation," report submitted to Henry Potter, August 27, 1953, MAA 8/154/2 and AB 4/133/11, KNA; Federation of Malaya, "Detention and Deportation During the Emergency in the Federation of Malaya," White Paper no. 24 of 1953, CO 1022/132, TNA; "Malaya—Detention, Repatriation and Resettlement of Chinese," c. December 1950, CO 717/199/2, TNA; and *Federation of Malayan Government Gazette*, Supplement, July 23, 1948, no. 13, vol. 1, federal notification no. 2032. 1948년 8월, 경찰 특수부가 말라야 안보부를 대체했다는 사실도 기억해두자. 말라야 수용소 시스템에 관한 훌륭한 분석 자료는 다음 문헌을 참고하라. Hack, "Detention, Deportation."

83 James Marshall Patrick, 인터뷰, September 30, 1985, Accession no. 9141, IWMSA.

84 타이핑수용소는 중국인 남성을 수감하는 곳이었던 반면, 모리브와 마지디에 있는 갱생수용소는 각각 '인종'을 불문한 모든 말레이인 남성과 여성을 수감하는 곳이었다. 말라카 테록 마

스에는 '헨리 거니 승인학교Henry Gurney Approved School'라고 알려진 아동을 위한 별도의 수용소가 있었다. 다음을 참고하라. Federation of Malaya, "Detention and Deportation During the Emergency in the Federation of Malaya," White Paper no. 24 of 1953, 6, CO 1022/132, TNA; and Sandhu, "Saga of the 'Squatter,'" 167.

85   Tom Driberg, "In Detention," *Reynolds News*, November 12, 1950.
86   "Extract from Record of Meeting with B.D.C.C. and to Secretaries of State on 4th June" Annex II, CO 717/199/1, TNA; and James Marshall Patrick, 인터뷰, September 30, 1985, Accession no. 9141, IWMSA. 다음도 함께 참고하라. Jack Morton, "The Problems We Faced in Malaya and How We Solved Them," July 1954, 16, KV 4/408, TNA. 이 문헌에서 모턴은 다음과 같이 기술한다. "애초에 제대로 된 충분한 정보를 얻지 못했거나 정보가 아예 없었다는 것이 비극이었다. 이들 수감자 중 상당수는 죄가 없는 사람들이었지만 이제 적의 가득한 공산주의자로 바뀌어버렸다."
87   "Gang Forced Camp Strike," *Straits Times*, July 20, 1950; and Short, ***Communist Insurrection***, 193.
88   중화인민공화국은 중국인민구제국People's Relief Administration of China, 중국 적십자사Red Cross Society of China, 귀국화교회Returned Overseas Chinese Society의 후원 아래 화교구제위원회Overseas Chinese Relief Committee를 설립했다.
89   Enclosure to Canton P/L dispatch S/O 15 (10/17-1/51) of 23.5.51 to Far Eastern Dept., Foreign Office, CO 717/199/3, TNA.
90   Ibid.
91   Peking to Foreign Office, telegram no. 483, March 9, 1951, CO 717/199/2, TNA.
92   Ibid.; and Peking to Foreign Office, telegram no. 484, March 9, 1951, CO 717/199/2, TNA.
93   "Peking Bluff Over Malaya 'Persecution,'" *Observer*, March 11, 1951; and "Red 'Investigators' Ask Entry in Malaya," *New York Times*, March 10, 1951.
94   Peking to Foreign Office, telegram no. 483, March 9, 1951, CO 717/199/2, TNA.
95   Chin, "Repatriation of Chinese," 385.
96   Sir Henry Gurney to colonial secretary (telegram), February 3, 1951, CO 717/199/2, TNA.
97   Geneva Convention Relative to the Treatment of Prisoners of War, August 12, 1949, Article 3, 91-92, https://www.un.org/en/genocideprevention/documents/atrocity-crimes/Doc.32_GC-III-EN.pdf; and commissioner-general in Southeast Asia to colonial secretary (telegram), March 24, 1951, CO 717/199/2, TNA.
98   Foreign Office, telegram no. 66 Intel, March 22, 1951, CO 717/199/2, TNA.
99   Foreign Office to Peking, telegram no. 442, March 17, 1951, CO 717/199/2, TNA.
100 Henry Gurney to Malcolm MacDonald (top secret), February 15, 1950, enclosure, "The Armed Communist Situation in Malaya," 1, CO 537/5974, TNA.
101 Henry Gurney to Malcolm MacDonald (top secret), February 15, 1950, 1, CO 537/5974, TNA. '불법 체류자 문제'를 전쟁에서 승리를 거머쥐기 위한 결정적인 요인으로 여기는 정부의 태도에 관한 내용은 다음에서 확인할 수 있다. Sandhu, "Saga of the 'Squatter.'" 책을 비롯한 다른 역사가들은 다양한 문헌에서 이 문제를 언급하고 확장했다.
102 Henry Gurney to Malcolm MacDonald (top secret), February 15, 1950, 1, CO 537/5974, TNA.

103 Short, *Communist Insurrection*, 234-35.
104 Monteiro, *Ethics and Human Rights*, 434.
105 Tan, "Oral History," 98.
106 Bayly and Harper, *Forgotten Wars*, 489-90.
107 Tan, "Oral History," 97-99; and Hack, "Detention, Deportation," 632-33.
108 Henry Gurney to Malcolm MacDonald (top secret), February 15, 1950, 2, CO 537/5974, TNA.
109 Malaya Committee, "Various Matters Discussed with the Authorities in Malaya," July 14, 1950, CAB 21/1681, TNA.
110 "Top Secret—Outline of Future Anti-Bandit Policy in Malaya," c. May 1950, 2, CO 537/5975, TNA.
111 Ibid., 1-2.
112 Sandhu, "Saga of the 'Squatter,'" 159, 164; and "Resettlement in Malaya," no date, CO 1022/29, TNA. 고무 농장에서 일하는 노동자의 약 50퍼센트는 인도인, 30퍼센트는 중국인, 16퍼센트는 말레이인이었다. 탄광에서 일하는 노동자는 거의 전부 중국인이었다.
113 "Extract from Record of Meeting with B.D.C.C. and the Secretaries of State on 4th June," Annex II, CO 717/199/1, TNA.
114 Ibid.
115 Federation of Malaya, "Detention and Deportation During the Emergency in the Federation of Malaya," 3, White Paper no. 24 of 1953, CO 1022/132, TNA.
116 CO 717/199/1, TNA에 포함된 다양한 문서, 그리고 구금 및 검토위원회를 둘러싼 질문과 관련해 말라야와 런던 사이에서 오간 서신을 참고하라.
117 Federation of Malaya OAG to colonial secretary (telegram), November 21, 1950, CO 717/197/5, TNA, 강조 표시 추가.
118 John Davis, 인터뷰, Accession no. 1652, AVD, NAS.
119 Tan, "Oral History," 101.
120 Sandhu, "Saga of the 'Squatter,'" 161; and Tan, "Like a Concentration Camp," 222-23.
121 Strauch, "Chinese New Villages," 130; and Tan, "Like a Concentration Camp," 222.
122 다음을 참고하라. Tan, "Like a Concentration Camp," 223.
123 "$11 Million Spent on Squatters," *Straits Times*, November 22, 1950.
124 Han, *House Has Two Doors*, 66, 131-32.
125 Sandhu, "Saga of the 'Squatter,'" 160; and Han, *Rain My Drink*, 143-44.
126 "770 Tons Barbed Wire Needed," *Straits Times*, September 28, 1950.
127 Tan, "Like a Concentration Camp," 222-25; and Sandhu, "Saga of the 'Squatter,'" 163, 175-76.
128 Sandhu, "Saga of the 'Squatter,'" 163; and Tan, "Like a Concentration Camp," 221. 다른 주민들도 정착촌을 '강제수용소'에 비유했다. 예를 들어, 루오 란(Luo Lan)은 "소위 새마을이라고 불리는 이런 정착촌은 사실상 공산당 동조자를 게릴라 부대와 떼어 놓기 위한 강제수용소였다."라고 증언했다. Khoo, *Life as River Flows*, 123.
129 Colonial Secretary, "Review of Police and Security Forces in Relation to Communist Activities: Special Constables," 1949, CO 573/4404, TNA.
130 Colonial Office to Maj. Gen. C. D. Packard (memorandum), September 10, 1949, CO 717/172/3,

TNA.
131 O. H. Morris to Lt. Col. J. V. B. Jervis Read (memorandum), August 31, 1948, CO 717/172/3, TNA.
132 G. F. Seel to A. H. Clough (memorandum), August 3, 1949, CO 717/172/4, TNA.
133 "Provision of Interpreters and Interrogators for Operations in the Federation of Malaya," July 25, 1949, CO 717/172/4, TNA; and Gray to Morris, "Interrogation Center" (telegram), August 9, 1949, CO 717/172/4, TNA.
134 O. H. Morris to Lt. Col. J. V. B. Jervis Read, August 31, 1948, CO 717/172/3, TNA; and J. D. Higham to Maj. Gen. C. D. Packard, September 10, 1948, CO 717/172/3, TNA.
135 Maguire, "Interrogation," 138.
136 Comber, *Malaya's Secret Police*, 86.
137 Ibid., x.
138 Ibid., 111.
139 J. C. Morgan, "Preparation by Malayan Government of a Paper Setting Out Experiences Gained in Malayan Operations As Affecting Internal Security Arrangements," February 7, 1949, CO 537/5068, TNA; and High Commissioner Gurney to Colonial Secretary Creech Jones, Federation of Malaya top secret dispatch no. 5, May 30, 1949, CO 537/5068, TNA.
140 Maguire, "Interrogation," 12-14.
141 Andrew, *Defence of the Realm*, 450.
142 Joint Service Pamphlet, "Interrogation in War," 1955, 18, WO 33/2335, TNA.
143 다음 문헌에서 인용했다. Cobain, *Cruel Britannia*, 70.
144 French, *British Way*, 159; and Walton, *Empire of Secrets*, 192-93.
145 Guy Madoc, 인터뷰, August 1981, *End of Empire*, Mss. Brit. Emp. s. 527, BL.
146 John Sankey, 인터뷰, September 1988, Accession no. 10300, IWMSA.
147 French, *British Way*, 162.
148 Jeremy Hespeler-Boultbee, 저자의 인터뷰, November 12, 2013.
149 Walton, *Empire of Secrets*, 190.
150 Comber, *Malaya's Secret Police*, 83.
151 Miller, *Communist Menace*, 89.
152 Robinson, *Transformation in Malaya*, 79.
153 Tan, "Like a Concentration Camp," 225; and Khoo, *Life as River Flows*, 284.
154 Khoo, *Life as River Flows*, 123. 한수인 역시 다음 문헌에서 영국 치안군을 '붉은 머리를 한 몸집이 큰 사람'이라고 설명했다. *Rain My Drink*, 133.
155 Khoo, *Life as River Flows*, 283-84.
156 Bayly and Harper, *Forgotten Wars*, 513.
157 High commissioner to colonial secretary, "MCP's October Resolutions" (enclosure), December 31, 1952, CO 1022/187, TNA; Hack, "Everyone Lived in Fear," 684-85; and Hack, "Malayan Emergency," 397-401.
158 Tan, "Like a Concentration Camp," 226.
159 Short, *Communist Insurrection*, 303-5; and Guy Madoc, 인터뷰, August 1981, *End of Em-*

pire, Mss. Brit. Emp. s. 527, BL.
160 Peng, *My Side of History*, 287-89; and Short, *Communist Insurrection*, 303-6.
161 Peter Lawrence de Carteret Martin, 인터뷰, December 11, 1992, Accession no. 12778, IWMSA.
162 Sir Richard Catling, 인터뷰, September 1988, Accession no. 10392, IWMSA.
163 Guy Madoc, 인터뷰, August 1981, End of Empire, Mss. Brit. Emp. s. 527, BL.

13장. 체계화된 폭력

1 Attlee, *As It Happened*, 291.
2 Labour Party Election Manifesto, 1951, http://www.labour-party.org.uk/manifestos/1951/1951-labour-manifesto.shtml.
3 "Social Survey: Study of Public Knowledge of Colonial Affairs Conducted by Central Office," 1951, CO 875/2/3, TNA; and French, *British Way*, 222.
4 Conservative Party, General Election Manifesto, 1951, http://www.conservativemanifesto.com/1951/1951-conservative-manifesto.shtml.
5 Ibid.
6 "Prorogation," October 30, 1952, vol. 505, col. 2160, HC Deb.
7 Document 260, "Success in Malaya," note by Field Marshal Lord Montgomery (M/222, January 2, 1952), enclosed with Appointment of Templer, letter from Field Marshal Lord Montgomery to Mr. Churchill, PREM 11/169, January 2, 1952, in Stockwell, *Malaya: Communist Insurrection*. 다음 문헌도 함께 참고하라. Cloake, *Templer*, 201.
8 Document 260, "Success in Malaya," note by Field Marshal Lord Montgomery (M/222, January 2, 1952), enclosed with Appointment of Templer, letter from Field Marshal Lord Montgomery to Mr. Churchill, PREM 11/169, January 2, 1952, in Stockwell, *Malaya: Communist Insurrection*; Lyttleton to Churchill, January 4, 1952, Telegram No. T6/52, Document 259, PREM 11/639, in Stockwell, *Malaya: Communist Insurrection*.
9 Cloake, *Templer*, 59.
10 "Sir Gerald Templer Is Dead at 81; Repressed Red Rebels in Malaya," *New York Times*, October 27, 1979, 24; and Jack Morton, "The Problems We Faced in Malaya and How They Were Solved," July 1954, 14, KV 4/408, TNA.
11 Cloake, *Templer*, chaps. 9 and 10.
12 Short, *Communist Insurrection*, 334.
13 Komer, *Malayan Emergency*, 47; Short, *Communist Insurrection*, 326; and Bayly and Harper, *Forgotten Wars*, 522.
14 Short, *Communist Insurrection*, 326-29; and Bayly and Harper, *Forgotten Wars*, 521-22.
15 Walton, *Empire of Secrets*, 174; and Sinclair, "'Sharp End,'" 473.
16 C (51) 59, "Malaya," December 21, 1951, in Stockwell, *Malaya: Communist Insurrection*, 344-45.

17 Secretary of Defence, "Official Designation of Communist Forces" (memorandum), May 20, 1952, CO 1022/48, TNA.
18 Aldrich, *Hidden Hand*, 513.
19 E. N. Pierce on behalf of secretary for defence, Kuala Lumpur, appendix: Instructions for the use of "GUARD," December 16, 1953, FCO 141/7497, TNA; and colonial secretary, Savingram and Circular on "GUARD" procedure, December 28, 1954, FCO 141/7497, TNA.
20 Cloake, *Templer*, 260.
21 Ibid., 227.
22 Walton, *Empire of Secrets*, 180.
23 Comber, *Malaya's Secret Police*, 17.
24 Aldrich, *Hidden Hand*, 506-7.
25 John William Noble, 인터뷰, March 24, 1997, Accession no. 1733, IWMSA; and Bayly and Harper, *Forgotten Wars*, 470.
26 Aldrich, *Hidden Hand*, 505-6.
27 "Monthly Political Intelligence Report for Period Ending 20th June 1953," FCO 141/7377, TNA.
28 Secretary for defence, "Perimeter Fences" (memorandum), April 28, 1952, CO 1022/30, TNA; and "Perimeter Lighting in New Villages," c. September 1952, CO 1022/30, TNA.
29 C (51) 59, "Malaya," December 21, 1951, in Stockwell, *Malaya: Communist Insurrection*, 344.
30 Aldrich, *Hidden Hand*, 511.
31 Barber, *War of Running Dogs*, 89.
32 Peng, *My Side of History*, 324; Andrew, *Defence of the Realm*, 450; Aldrich, *Hidden Hand*, 509-10; and Komer, *Malayan Emergency*, 52.
33 다음에서 발췌했다. Malayan Weekly Intelligence Summary, no. 26, "Effect of Sodium Arsenate on Bandits Crops," November 2, 1950, CO 717/197/5, TNA; Judith Perera and Andy Thomas, "This Horrible Natural Experiment," *New Scientist*, April 18, 1985; and Hay et al., "Poison Cloud," 632.
34 C. G. Eastwood to Geoffrey Blackman, November 20, 1951, CO 1022/26, TNA.
35 Institute of Medical Research, Kuala Lumpur, "Precautions to Be Taken During the Handling of Sodium Trichloroacetate (STCA)," May 1952, CO 1022/26, TNA.
36 Ibid.; Perera and Thomas, "This Horrible Natural Experiment," 34-36; and G. E. Blackman to C. Eastwood, November 27, 1951, CO 1022/26, TNA.
37 T. C. Jerrom (memorandum), April 8, 1953, in Doug Weir, "The U.K.'s Use of Agent Orange in Malaya," November 12, 2014, https://www.toxicremnantsofwar.info/uk-agent-orange-malaysia/ [접속 불가].
38 November 19, 1952, vol. 507, col. 1867, HC Deb.
39 "Templer of Malaya," *Time*, December 15, 1952, vol. 60, issue 24, 26-33.
40 "Heroic Village," *Daily Worker*, August 26, 1952; "Village to Be Destroyed—Malayans Punished," *Manchester Guardian*, August 26, 1952; and "A Village Vanishes," *Daily Herald*,

August 19, 1952.
41   Linstrum, "Facts About Atrocity," 121.
42   Ibid., 108-127.
43   April 3, 1952, vol. 498, col. 1915, HC Deb; and November 19, 1952, vol. 507, col. 1870, HC Deb.
44   December 3, 1952, vol. 508, col. 1557, HC Deb.
45   J. M. Gullick to M. J. Hayward, May 7, 1956, FCO 141/7357, TNA.
46   Barber, *War of Running Dogs*, 96; and "Batang Kali Shooting," *Straits Times*, December 24, 1948. 당시 언론은 살해당한 반군의 숫자가 26명이라고 보도했으나, 이후에는 24명 또는 25명으로 보도되었다.
47. "82 Terrorists Killed, Seized in 3 Weeks," *Straits Times*, December 18, 1948.
48   Written Answer 104, "Incident, Selangor," January 26, 1949, vol. 460, col. 138, HC Deb.
49   Bayly and Harper, *Forgotten Wars*, 453.
50   Ibid., 454; and Walton, *Empire of Secrets*, 196.
51   March 4, 1953, vol. 512, col. 382, HC Deb. 시민권을 마을 주민에게까지 확대한 데 대한 내용은 다음 문헌에서 확인할 수 있다. Short, *Communist Insurrection*, 341-42.
52   Robinson, *Transformation in Malaya*, 79.
53   A. W. D. James (memorandum), November 8, 1955, FCO 141/7307, TNA.
54   Dwight D. Eisenhower to Gen. Sir Gerald Templer, October 5, 1953, FCO 141/7498, TNA.
55   Stubbs, "Counter-Insurgency," 51.
56   Department of Information, *Communist Banditry in Malaya*, 36.
57   Stubbs, "Counter-Insurgency"; and Bayly and Harper, *Forgotten Wars*, 527-28.
58   Draft Development Plan of the Federation of Malaya, 1950, 3, NAM.
59   Report of the Director of Audit on the Accounts of the Federation of Malaya, 1950, NAM; and Stubbs, "Counter-Insurgency."
60   Report of the Director of Audit on the Accounts of the Federation of Malaya, 1949 and 1951, NAM; and Rudner, "Draft Development Plan," 67.
61   Legislative Council Proceedings, Fifth Session, 1953, 11.
62   Commissioner-general in South-East Asia to Rt. Hon. Oliver Lyttleton, July 23, 1953, FO 371/106984, TNA.
63   Acting British Advisor Pahang to OAG (memorandum), Kuala Lumpur, February 3, 1956, FCO 141/7356, TNA.
64   Bayly and Harper, *Forgotten Wars*, 528.
65   Aldrich, *Hidden Hand*, 515-17.
66   Lapping, *End of Empire*, 180-81; and Bayly and Harper, *Forgotten Wars*, 530.
67   Harper, *End of Empire*, 322.
68   Bayly and Harper, *Forgotten Wars*, 532.
69   Ibid., 532-33.
70   Ibid., 532.
71   Political History of Singapore 1945-1965, David Saul Marshall, 인터뷰, September 24, 1984,

Accession no. 0156, AVD, NAS.

72　Andrew, *Defence of the Realm*, 451; Walton, *Empire of Secrets*, 200-1; Bayly and Harper, *Forgotten Wars*, 533-35; and Lapping, *End of Empire*, 182-84.

73　Bayly and Harper, *Forgotten Wars*, 534.

74　Ibid., 535.

75　Brendon, *Decline and Fall*, 465.

76　Sutton, "British Imperialism," 476-77.

77　Ibid., 479.

78　Ibid., 477-80; and White, "Beginnings of Crony Capitalism."

79　Malaya: Defence Agreement between UK and Federation of Malaya; Working Party on the Agreement on External Defence and Mutual Assistance, January 1, 1956, to December 31, 1956, FCO 141/7234, TNA.

80　Sutton, "British Imperialism," 483.

81　A. J. Brown to R. W. Newsham, October 17, 1957, DO 186/17, TNA; M. L. McCaul, security liaison officer, "Destruction of Records in the Federation of Malaya," September 9, 1957, DO 186/17, TNA; W. M. Young, "Records of the British Military Administration in Malaya," August 8, 1957, FCO 141/7524, TNA; Secretary for internal defence and security, "Records of the British Military Administration in Malaya," August 2, 1957, FCO 141/7524, TNA; "Records of the British Military Administration in Malaya," July 12, 1957, FCO 141/7524, TNA; Private secretary to high commissioner (memorandum), July 5, 1956, FCO 141/7524, TNA; W. J. Watts, various memoranda re: strong room, and appendices, July 1956, FCO 141/7524, TNA; and M. L. McCaul, "Destruction of Records in the Federation of Malaya," September 9, 1957, DO 186/17, TNA.

82　M. L. McCaul, "Destruction of Records in the Federation of Malaya," September 9, 1957, DO 186/17, TNA.

83　Mathieson to Gorell Barnes, Minute, July 23, 1955, CO 822/888, TNA.

84　Council of Ministers, Resettlement Committee, seventeenth meeting, April 27, 1956, Minutes, CO 822/1229/1, TNA.

85　Brief for colonial secretary for visit to Kenya, "The Continuation of the Emergency," 1957, CO 822/1229/1, TNA.

86　Berman, *Control and Crisis*, 150-51; and Leo, *Land and Class in Kenya*, chap. 1.

87　Berman, *Control and Crisis*, 168-70, 267-68.

88　케냐에 거주하는 불법 체류자의 역사가 궁금하다면 다음을 참고하라. Kanogo, *Squatters and Roots*. 케냐타는 1946년 9월에 케냐로 돌아가 1947년 6월에 케냐아프리카연합 회장이 되었다.

89　Jomo Kenyatta, "Hitler Could Not Improve on Kenya," *New Leader*, May 21, 1937; Murray-Brown, *Kenyatta*; and Lonsdale and Berman, "Labors of *Muigwithania*."

90　Andrew, *Defence of the Realm*, 454-56.

91　마우마우의 등장과 확산, 마우마우 운동의 사회경제적인 뿌리에 관한 포괄적인 내용은 다음을 참고하라. Kanogo, *Squatters and Mau Mau*; Throup, *Origins of Mau Mau*; and

Furedi, *Mau Mau War*.
92 Annual Report, 1950, 2, African Affairs Department, KNA.
93 Nelson Macharia Gathigi, 저자의 인터뷰, February 20, 1999.
94 Elkins, *Imperial Reckoning*, 26-28.
95 Gathigi, 저자의 인터뷰, February 20, 1999; and Lucy Ngima Mugwe, 저자의 인터뷰, March 10, 2002.
96 Bruce, Minute, November 25, 1955, CO 822/794, TNA.
97 Roberts, foreword to *Mau Mau in Kenya*, 7-9. 영국과 케냐의 정보 기록보관소에 있는 공식 서류 곳곳에서 이런 형용사가 확인된다.
98 정착민들이 일찌감치 사용한 부당한 처벌의 형태는 다음 문헌에서 확인할 수 있다. *Correspondence Relating to the Flogging of Natives by Certain Europeans in Nairobi*, Cd. 3256; *Report on the Native Labour Commission*, 1912-13; Kennedy, *Islands of White*, 142-44; and Anderson, "Master and Servant in Colonial Kenya."
99 Frederick Crawford to E. B. Davis, memorandum (secret), March 16, 1953, CO 822/489/20, TNA; and *End of Empire, Kenya*, vols. 1 and 2, Mss. Brit. Emp. S. 527/528, BL.
100 Lyttleton, *Memoirs of Lord Chandos*, 370.
101 "A Small-Scale African Hitler," *Daily Telegraph*, November 1, 1952.
102 Elkins, *Imperial Reckoning*, 44-46.
103 Clayton, *Counter-insurgency in Kenya*, 51.
104 Blundell to Harding, April 18, 1953, Cameron to Redman (VCIGS), April 30, 1953, WO 216/851, TNA; Report on the Commander-in-Chief, Middle East Land Forces, Visit to Kenya, May 11-16, 1953, WO 216/852, TNA; Lyttleton to Churchill, May 27, 1953, PREM 11/472, TNA; and "Top Secret Directive to C-in-C East Africa," June 3, 1953, 75/134/1, Erskine Papers, IWM.
105 Clayton, *Counter-insurgency in Kenya*, 11n21.
106 Anderson, *Histories of the Hanged*, 230-31, 248-50.
107 1952년 말부터 1953년 1월까지 이어진 키쿠유족 강제 이주에 관한 논쟁에서, 케냐 의회 의원들은 리프트밸리에서 키쿠유족 보호구역으로 강제 이주당한 키쿠유족이 늘어났음을 시사하며 "작은 물방울이 개울물이 되었다."라는 표현을 반복해서 사용했다. 다음을 참고하라. Kenya Legislative Council Debates, February 19, 1953, vol. 54, 128-85; Kenya Legislative Council Debates, May 7, 1953, vol. 55, 74-117; and "Advisory Committee on Kikuyu Movement," MAA 8/163, KNA.
108 "Outline Plan for Operation ANVIL," February 1954, CO 822/796 and WO 276/214, TNA; and Gen. Sir George Erskine, "The Kenya Emergency," April 25, 1955, WO 236/18, TNA.
109 Evans, *Law and Order*, 270; T. G. Askwith, 저자의 인터뷰, June 9, 1998; and acting governor to colonial secretary (telegram), May 9, 1954, CO 822/796/32, TNA.
110 Andrews, *Defence of the Realm*, 447, 456-59; Walton, *Empire of Secrets*, 125-26; and Elkins, "Archives, Intelligence and Secrecy," 267-68.
111 Heather, "Of Men and Plans," 23; and Walton, *Empire of Secrets*, 245.
112 Government's Policy for Rehabilitating Mau Mau, c. 1954, AA 45/22/2, HD; and Summary

113　Osbourne, "Introduction," 19-35.
114　Henderson and Goodhart, *Hunt for Kimathi*.
115　차이나 장군과 헨더슨, 키마티, 토지해방군에 관한 구체적인 내용은 다음 문헌에서 확인할 수 있다. Anderson, *Histories of the Hanged*, 230-50, 273-77, 288-90; and Itote, *"Mau Mau" General*; and Itote, *Mau Mau in Action*.
116　"Canon T. F. C. Bewes, African Secretary of the CMS on his Special Mission to the 'Mau Mau' Area of Kenya," February 9, 1953, CO 822/471/5, TNA; Granville Roberts to Potter (cable), February 10, 1953, CO 822/471/7, TNA; and T. F. C. Bewes to Governor Baring (private and confidential), January 28, 1953, CO 822/471/6, TNA.
117　Elkins, *Imperial Reckoning*, chap. 3; "Mau Mau" files, Box 2, Christian Council of Kenya, "The Forces of Law and Order," c. January 1954, Records of the Anglican Church, Imani House, Nairobi.
118　Anonymous, 저자의 인터뷰, Naivasha, Kenya, January 14, 1999.
119　Governor Baring to colonial secretary, July 17, 1953, CO 822/692/3, TNA.
120　"Rehabilitation," January 6, 1954, CO 822/794/1, TNA; and Federation of Malaya, "Detention and Deportation During the Emergency in the Federation of Malaya," 15, White Paper no. 24 of 1953, CO 1022/132, TNA.
121　'남아시아인'이란 영국 식민지인 인도 출신의 다양한 인종 집단을 일컫는다. 막노동꾼은 신드, 펀자브, 그 외 카라치와 가까운 다른 지역 출신이었다. 숙련된 노동자는 대개 봄베이 출신이었다. 고아인들은 철도 및 행정 업무에 종사했다. 남아시아인과 중동인의 동아프리카 내 이주 및 거주에 관한 내용은 다음 문헌에서 확인할 수 있다. Mangat, *Asians in East Africa*; Adam, *Indian Africa*; and Middleton, *World of Swahili*.
122　Fitz de Souza, 저자의 인터뷰, August 11, 2003. 다음도 함께 참고하라. Fitz de Souza, *End of Empire, Kenya*, vol. 1, Mss. Brit. Emp. s. 527/528, BL.
123　Anderson, *Histories of the Hanged*, 7.
124　Elkins, *Imperial Reckoning*, 131-32.
125　Ibid., chap. 5.
126　Hugh Fraser, MP, "Report of Visit to Kenya," October 6, 1953, CO 822/479/3, TNA.
127　Bruce, Minutes, November 25, 1955, CO 822/794, TNA.
128　T. G. Askwith, "Address Given to the African Affairs Sub-Committee of the Electors Union on November 16, 1953," 1 (애스퀴스 제공).
129　Askwith, 저자의 인터뷰, June 9, 1998. 애스퀴스와 맹세, 갱생에 관한 좀 더 자세한 내용은 다음을 참고하라. T. G. Askwith, "Detention and Rehabilitation," report submitted to Henry Potter, August 27, 1953, MAA 8/154/2 and AB 4/133/11, KNA.
130　T. G. Askwith, *Memoirs of Kenya*, 1936-61, 1:55, Thomas Askwith Papers, Mss. Afr. 1770, BL; "Rehabilitation," January 6, 1954, 2, CO 822/794/1, TNA; Carothers, "Psychology of Mau Mau"; and Leakey, *Defeating Mau Mau*, 85-86.
131　Ronald Sherbrooke-Walker, "Visitor to Mau Mau Kenya," March 1953, File 6, 1-4, Box 6, Sir

Arthur Young Papers, Mss. Afr. s. 486, BL.

132 Minister for finance and development on the cost of the emergency (memorandum), November 16, 1954, EMER 45/70A, HD.

133 키암부, 포트홀, 니에리, 엠부 지구 전역에서 마을화가 진행되었다. 케냐 정부는 메루 지구에서는 대규모 마을화 정책을 추진하지 않았다. 해당 지역의 정부 대표가 마을화 정책에 반대한 탓이 컸다. 메루 대표는 메루의 인구 밀도가 낮아서 마을에 사람들을 몰아넣지 않는 편이 안보에 도움이 된다고 믿었다. 메루에서는 공식적으로 총 50개의 마을이 건설되었다. 다음을 참고하라. District commissioner, Meru, "Villagisation" (memorandum), November 6, 1954, OP/EST 1/986/21/1, KNA. 처음에 말라야에서 그랬듯, 1953년 3월부터 키쿠유족 보호구역 전역의 여러 지역에서 임시 조치로 마을화가 도입되었다. 물론 마을화가 전면적인 정책이 된 것은 전쟁위원회가 결정을 내린 1954년 6월 이후였다. 다음을 참고하라. "Memorandum on the Aggregation of the Population into Villages in Rural Areas," April 12, 1954, AB 2/53/1, KNA; Press Office, handout no. 28, March 19, 1953, CO 822/481/1, TNA; and Central Province, Annual Report, 1956, VQ 16/103, KNA.

134 Elkins, *Imperial Reckoning*, 199.

135 Mrs. Beecher, "Resolution" (memorandum), March 4, 1955, OP/EST 1/688/2, KNA.

136 Elkins, *Imperial Reckoning*, 429n1.

137 Ruth Wanjugu Ndegwa, 저자의 인터뷰, March 22, 1999.

138 Chief secretary, War Council minutes, September 10, 1954, vol. 2, 40A, WAR/C/MIN.45, HD.

139 Bennett, *Fighting the Mau Mau*, 222.

140 Secretary of local government, health, and housing to Askwith, "Emergency Work Among Women—Central Province" (memorandum), June 6, 1955, AB 2/51/34, KNA. 선교사들의 관점 일부는 다음에서 발췌했다. Archdeacon Peter Bostock, 저자의 인터뷰, March 20, 1998; and Reverend Alan Page, 저자의 인터뷰, June 14, 1999.

141 Provincial medical officer, Central Province, to the director of medical services, "Commentary on Work of Red Cross Team in Nyeri" (memorandum), July 8, 1954, AB 17/11/46, KNA.

142 Klose, "Colonial Testing Ground," 112.

143 Ibid., 111-12.

144 Central Province Emergency Committee Meeting Held on Friday 17th February 1956, vol. 2, AA 45/23/1/3A, HD.

145 War Office, *Imperial Policing and Duties in Aid of the Civil Power* (London: HMSO, 1949), 5.

146 강조 표시는 원문 그대로. 추가적인 논의는 다음에서 확인할 수 있다. Bennett, *Fighting the Mau Mau*, 88-89; and Trafford Smith to C. G. Kemball, June 25, 1949, LCO 2/4309, TNA. 제네바협약의 적용 가능성에 대한 좀 더 폭넓은 논의는 다음을 참고하라. Geneva Convention Rules of War: Minutes of Meetings, 1949-1951, LCO, 2/4309, TNA.

147 Bicknell, "Penumbra of War" (Ph.D. diss.), 286.

148 Bennett, *Fighting the Mau Mau*, 88, 강조 표시 추가.

149 Ibid., 75.

150 Ibid., 89.

151 War Office, *Imperial Policing and Duties*, 35.
152 "Appreciation by the Commander-in-Chief of the Operational Situation in Kenya in June 1955," vol. 1, AA 45/66A, HD.
153 Committee of Enquiry into Thumaita Village to Baring, January 5, 1956, E19/12492A, HD. '징벌적인' 정책은 다음을 참고하라. Central Province Emergency Committee, January 8, 1954, vol. 2, EMER 45/23/1/3A, HD.
154 "Communal Labor," January 24, 1956, vol. 2, AA 45/51A, HD; and Elkins, *Imperial Reckoning*, chap. 8.
155 Elkins, *Imperial Reckoning*, chap. 8; and "Kenya: White Terror," *BBC Correspondent*, November 11, 2002.
156 "Food Denial Measures—Draft Press Announcement," September 30, 1955, vol. 1, AA 45/51A, HD.
157 J. A. Rutherford, *History of the Kikuyu Guard*, 178-79, Mss. Afr. s. 424, BL.
158 Caroline Macy Elkins, 참고인 진술서, May 25, 2012, paragraph 141, 54, *Ndiku Mutua and 4 Others and FCO*, Royal Courts of Justice.
159 Christina Wambui, 인터뷰, *End of Empire*, Mss. Brit. Emp. s. 527/28, BL.
160 K. P. Hadingham, assistant commissioner of police, "The Situation in South Nyeri Reserve with Particular Reference to Mathira," December 14, 1954, AA 45/55/2/21, HD.
161 "Finding of R. A. Wilkinson, 1st Class Magistrate at Embu who was in charge of enquiring into the death of Elijah Gideon Njeru at Embu on the 29th of January, 1953," CO 822/471, TNA.
162 "Telegram no. 282 to Secretary of State," March 9, 1953; and "Africans Death after Beating—Two Europeans Fined," *Times*, October 1, 1953, both in CO 822/471/12, TNA.
163 "Record of Meeting Between the Solicitor General and Mr. Hughes, of the British Council, and Two Africans, 26 May, 1953," vol. 1, AA 45/26/2A, HD.
164 Erskine to secretary of state for war, December 12, 1953, WO 32/15834, TNA.
165 Clayton, *Counter-insurgency in Kenya*, 38-39.
166 Lyttleton to Baring (telegram), March 12, 1953, CO 822/728/31, TNA.
167 Ibid.
168 Cusack to Tatton-Brown, Minute, November 20, 1954, AH 9/36/59, KNA, 강조 표시는 원문 그대로.
169 Arthur Young, "Introduction to Sir Arthur Young," no date, 18, File 1, Box 5, Sir Arthur Young Papers, Mss. Afr. s. 486, BL.
170 Ibid., 14.
171 Governor Baring to Gorell Barnes (memorandum), November 6, 1954, CO 822/1037/7, TNA.
172 Arthur Young, "Introduction to Sir Arthur Young," no date, 13, File 1, Box 5, Sir Arthur Young Papers, Mss. Afr. s. 486, BL.
173 Boyd, "Opening Address," 5; and Heinlein, *British Government Policy*, passim.
174 Assistant commissioner of police Nyeri to Young (memorandum), November 22, 1954, 1, File 6, Box 5, Sir Arthur Young Papers, Mss. Afr. s. 486, BL.

175　Ibid., 29-30.
176　Colonel Young, official statement of resignation, February 1955, CO 822/1293/1, TNA; and Colonel Young (Resignation), Written Answers, February 2, 1955, vol. 536, col. 119, HC Deb.
177　*Report to the Secretary of State for the Colonies by the Parliamentary Delegation to Kenya*, 1954, Cmd. 9081.
178　Colonel Young, official statement of resignation, February 1955, CO 822/1293/1, TNA; and Colonel Young (Resignation), Written Answers, February 2, 1955, vol. 536, col. 119, HC Deb.
179　Sir Richard Catling, 인터뷰, September 1988, reels 7 and 8, Accession no. 10392, IWMSA.
180　Minister of African Affairs, memorandum, September 2, 1954, vol. 1, CAB 19/4, HD.
181　Minute 1, January 13, 1955, CC (55), 3, CAB 128/28, TNA; and CC (55), 4, January 13, 1955, CAB 128/28, TNA.
182　Kenya Colony and Protectorate, public relations officer, "Governor's Speech at Nyeri," January 19, 1955, CO 822/1075/14, TNA. 식민 관료들은 마우마우 강경파의 향후 유배 계획에 대해 여러 차례 공개 성명을 발표했다. 다음을 참고하라. Reuters report, "Exile," July 1955, CO 801/822/51, TNA.
183　J. H. Lewis to minister of defence, "Prisons Department Emergency Expenditure Sanitation Mackinnon Road and Manyani" (memorandum), May 21, 1954, AH 9/5/16, KNA; and War Council, "Number of Detainees" (brief), October 15, 1954, CO 822/801/35, TNA.
184　Elkins, *Imperial Reckoning*, chap. 7.
185　J. H. Lewis, "Welfare—Warder Staff and European Officers below the Rank of Assistant Superintendent" (memorandum), February 19, 1955, JZ 4/51, KNA; and "Re: Exemption Certificates for KEM Special Tax," April 1, 1955, AB 1/90/23, KNA.
186　Resettlement Committee, "Long Term Absorption of Displaced Kikuyu—Absorption in the Kikuyu Districts," February 15, 1955, CO 822/797/8, TNA, 강조 표시는 원문 그대로.
187　Ibid.
188　Kenya's deputy governor to colonial secretary (telegram), August 23, 1957, CO 822/802, TNA.
189　Colonial secretary to Governor Baring (telegram), August 28, 1956, CO 822/802, TNA.
190　"Classification of Detainees," March 4, 1955, JZ 4/20, KNA; and Resettlement Committee, "Releases from Custody and Rate of Absorption of Landless K.E.M," April 25, 1956, CO 822/798/32, TNA. 재분류된 수감자는 파이프라인을 따라 새로운 분류에 해당하는 수용소로 이동했다. 뿐만 아니라, 존스턴은 일부 수용소를 특별갱생수용소로 지정했다. 특별갱생수용소의 간수와 갱생 담당자들은 새롭게 'Y1'로 분류된 수감자 혹은 덜 강경한 수감자들에게 자백의 이점을 일깨우는 역할을 맡았다. 이 시스템이 어떻게 운영되었는지는 다음에서 확인하라. A. B. Simpson, "Classification" (memorandum), October 9, 1956, JZ 2/17, KNA; "Movement of Detainees," October 20, 1956, AB 1/84/2, KNA; Ministry of Community Development, Community Development Conference, January 14-17, 1957, JZ 6/26/50A, KNA; and "Minutes of the 18th Meeting of the Rehabilitation Advisory Committee," November 12, 1956, JZ 6/26/48, KNA. 다음 문헌도 함께 참고하라. Elkins, *Imperial Reckoning*, 369.
191　John Cowan, "The Mwea Camps and Hola," 날짜 미상 (카원 제공); J. Cowan to J. H. Lewis, "Transfer of Detainees Ex Manyani," December 7, 1956, AH 9/21/215, KNA; Cusack, "Deten-

tion Camps—Progress Report No. 34" (memorandum), December 12, 1956, CO 822/802/128, TNA; "Minutes of the Nineteenth Meeting of the Rehabilitation Advisory Committee," March 11, 1957, JZ 6/26/51, KNA; Annual Report 1956—Aguthi Works Camp, January 20, 1957, JZ 18/7/41A, KNA; E. C. V. Kelsall, officer in charge, Gatundu Works Camps, Annual Report, January 25, 1957, JZ 18/7/54A, KNA; and R. J. Rowe, officer in charge, "Subject: Annual Report: 1956," January 7, 1957, JZ 18/7/39A, KNA.

192 Governor Baring to colonial secretary, February 5, 1957, telegram no. 104, CO 822/1249/1, TNA.
193 Governor Baring to colonial secretary, February 16, 1957, telegram no. 144, CO 822/1249/3, TNA.
194 마냐니 수용소에 수감되어 있던 일부 수감자는 철도 차량에 실려 체계화된 폭력이 기다리는 음웨아 수용소로 이송되었다. Gavaghan, *Of Lions and Dung Beetles*, 226-27. 개버건은 여러 차례에 걸쳐 이 장면을 설명했다. 일종의 '강간'과 관련해서는 다음을 참고하라. Terence Gavaghan, 인터뷰, "Kenya: White Terror."
195 Permanent Secretary for Community Development, "Rehabilitation—Mwea Camps," July 12, 1957, vol. 1, Bates 004637-39, AA 57A, HD.
196 Secretary for community development, memorandum, "War Council, Rehabilitation of Category 'Z' Detainees," March 8, 1957, War Council Memoranda, vol. 12, Bates 013769-70, HD.
197 Governor Baring to Colonial Secretary Lennox-Boyd (secret), June 25, 1957, CO 822/1251/1, TNA.
198 Eric Griffith-Jones, "'Dilution' Detention Camps—Use of Force in Enforcing Discipline" (memorandum), June 1957, CO 822/1251/E/1, TNA.
199 "Detention Camps and Movement of Detainees," September 5, 1957, vol. 1, Bates 004582-85, AA 57A, HD.
200 Eric Griffith-Jones, "'Dilution' Detention Camps—Use of Force in Enforcing Discipline" (memorandum), June 1957, CO 822/1251/E/1, TNA.
201 Lewis to Cusack, "Intake of 'Z' Detainees, July 27, 1957, vol. 1, Bates 004621, AA 57A, HD.
202 Eric Griffith-Jones, "'Dilution' Detention Camps—Use of Force in Enforcing Discipline" (memorandum), June 1957, CO 822/1251/E/1, TNA; colonial secretary to Governor Baring, July 16, 1957, telegram no 53, CO 822/1251/7, TNA; and Governor Baring to colonial secretary, July 17, 1957, telegram no. 597, CO 822/1251/8, TNA.
203 Elkins, *Imperial Reckoning*, 322.
204 T. G. Askwith to chief secretary, "Rehabilitation," December 16, 1957 (courtesy of Askwith).
205 John Cowan, 저자의 인터뷰, London, July 24, 1998.

14장. 유산작전

1 Barbara Castle, "Foley's Fight," *New Statesman*, January 5, 1962.
2 Grob-Fitzgibbon, *Imperial Endgame*, 294.

3 Louis, "Dissolution of British Empire," 340.
4 Shuckburgh, *Descent to Suez*, 173, 112.
5 Winston Churchill, *The Nobel Prize in Literature* 1953, https://www.nobelprize.org/prizes/literature/1953/summary/.
6 Louis and Robinson, "Imperialism of Decolonization," 464.
7 Reynolds, *Empire, Emergency*, 130.
8 Ibid., 129, 131.
9 Ibid., passim. 프랑스와 유럽인권조약에 관한 논의는 다음을 참고하라. Simpson, *Human Rights*, 2-9.
10 에드먼드 모건Edmund Morgan이 '법치'를 '강력한 허구'라고 언급한 내용은 다음에서 확인할 수 있다. Hussain, *Jurisprudence of Emergency*, 8.
11 역사를 '관통하는 노선'의 개념은 다음 문헌에서 발췌했다. McCurry, *Women's War*, 129-30.
12 노동당 정부의 경제 회복에는 평가 절하, 태환 위기, 막대한 규모의 무역 적자, 계속되는 높은 실업률, 배급, 방위비 등의 걸림돌이 있었다.
13 Alford, "1945-1951," 186-89; and Feinstein, "End of Empire," 212-16.
14 Hyam, *Britain's Imperial Century*, 52.
15 T. B. Macaulay, Minute, February 2, 1835, http://www.columbia.edu/itc/mealac/pritchett/00generallinks/macaulay/txt_minute_education_1835.html.
16 Newsome, *Victorian World Picture*, 131.
17 Hyan, *Britain's Imperial Century*, 280.
18 General Act of the Berlin Conference on West Africa, February 26, 1885.
19 Hobson, *Imperialism*; Hunt and Lautzenheiser, *History of Economic Thought*, 350-55; and Richmond, "John A. Hobson," 283-94.
20 Strachey, *End of Empire*, 146; and Feinstein, "End of Empire," 222.
21 Feinstein, "End of Empire," 217n11.
22 Pakenham, *Boer War*, 119-20.
23 Orwell, *Wigan Pier*, 98. 《위건 부두로 가는 길》, 한겨레출판.
24 Ibid.
25 Hopkins, "Rethinking Decolonisation," 212. 호주와 뉴질랜드는 각각 1942년, 1947년까지 이 법규를 받아들이지 않았다. 그뿐만 아니라 홉킨스와 다른 사람들이 지적하듯, 1931년에 제정된 웨스트민스터 헌장Statute of Westminster 자체가 '모호한 문서'였다.
26 Brockway, *Why Mau Mau?*, 14, Item 10, File 4, Box 117, Fabian Colonial Bureau Papers, Mss. Brit. Emp. s. 365, BL.
27 Hopkins, "Rethinking Decolonisation," 221-24.
28 "Milner's Credo," *Times*, July 27, 1925.
29 May, "Empire Loyalists," 39-40.
30 Hopkins, "Rethinking Decolonisation," 221.
31 Krozewski, "Finance and Empire," 48.
32 Ibid., 49.

33　Schenk, "Sterling Area," 771-90; Feinstein, "End of Empire," 224-33; and Hopkins, "Macmillan's Audit."
34　나토 그리고 좀 더 광범위하게 유럽 전역에서 베빈이 어떤 역할을 했는지 궁금하다면 다음을 참고하라. Adonis, *Ernest Bevin*.
35　Alford, "1945-1951," 190.
36　Feinstein, "End of Empire," 229-30; and Strachey, *End of Empire*, 182-86.
37　Alford, "1945-1951," 209.
38　Goldsworthy, *Colonial Issues*, 170-71.
39　Alford, "1945-1951," 186.
40　Feinstein, "End of Empire," 227-29.
41　Drayton, "Anglo-American 'Liberal' Imperialism," 326, 328.
42　Ibid., 329-39.
43　Louis and Robinson, "Imperialism of Decolonization," 468-69.
44　Ibid., 477.
45　Louis, *British Empire in Middel East*, 747.
46　Louis, "Tragedy of Anglo-Egyptian Settlement," 43-72; Louis, *British Empire in Middle East*, 229-30; and Hyam, *Britain's Declining Empire*, 221-26.
47　Hyam, *Britain's Declining Empire*, 227.
48　Westad, *Global Cold War*, 125.
49　Shuckburgh, *Descent to Suez*, 341.
50　Ibid., 281.
51　Kunz, "Importance of Having Money," 215.
52　Westad, *Global Cold War*, 125.
53　Louis and Robinson, "Imperialism of Decolonization," 479-80.
54　Ibid., 480.
55　Louis, "Dissolution of British Empire," 343.
56　Louis and Robinson, "Imperialism of Decolonization," 481.
57　Macmillan, "Future Constitutional Development in the Colonies," Minute to Lord Salisbury, January 28, 1957, CPC(57)6, CAB 134/1555, in Hyman and Louis, *Conservative Government*, 1. 제국에 대한 맥밀런의 평가를 예리하게 분석한 내용은 다음에서 확인할 수 있다. Hopkins, "Macmillan's Audit."
58　McIntyre, "Admission of Small States," 260.
59　Moore, *Margaret Thatcher*, vol. 1.
60　McIntyre, "Admission of Small States," 260.
61　"Future Constitutional Development in the Colonies': Memorandum for Cabinet Colonial Policy Committee," September 6, 1957, CPC (57)30, CAB 134/1556, in Hyman and Louis, *Conservative Government*, 34-35.
62　Ibid., 31-35.
63　*Defence: Outline of Future Policy*, Cmnd. 124 (London: HMSO, 1957), 3.
64　Ibid., 8-10.

65 Hopkins, "Macmillan's Adult," 254-58.
66 Ibid., 255-56.
67 Robinson and Gallagher, "Imperialism of Free Trade," 1-15.
68 "Future Constitutional Development in the Colonies," May 27, 1957, CPC (57), CAB 134/1551, in Hyman and Louis, *Conservative Government*, 4-28.
69 "Future Constitutional Development in the Colonies: Memorandum for Cabinet Colonial Policy Committee," September 6, 1957, CPC (57)30, CAB 134/1556, ibid., 36-37.
70 Aldrich, *Hidden Hand*, 567-70; and Walton, *Empire of Secrets*, 304-5.
71 키프로스에 관한 내용은 다음에서 발췌했다. Holland, *Britain and Revolt in Cyprus*; French, *Fighting EOKA*; Drohan, *Brutality*; Crawshaw, *Cyprus Revolt*; Foley, *Island in Revolt*; Foley, *Memoirs of Grivas*; Anderson, "Policing and Communal Conflict"; and Robbins, "British Counter-insurgency in Cyprus."
72 French, *Fighting EOKA*, 51-52.
73 Aldrich, *Hidden Hand*, 574.
74 Brendon, *Decline and Fall*, 622-23.
75 Walton, *Empire of Secrets*, 307-9.
76 War Office, *Imperial Policing and Duties in Aid of the Civil Power* (London: HMSO, 1949); "Report on the Cyprus Emergency," July 31, 1959, Annex "T," Emergency Legislation, 91-98, WO 106/6020, TNA; and Emergency Powers (Public Officer's Protection) Regulation, 1956, November 24, 1956, CO 926/561, TNA.
77 Andrew, *Defence of the Realm*, 463.
78 Cyprus governor to secretary of state, November 14, 1958, FCO 141/4502, TNA.
79 Cyprus governor to Colonial Office, December 16, 1958, FCO 141/4502, TNA.
80 키프로스 반란 사태 기간에 활동한 정보원에 대해서는 다음을 참고하라. French, "Toads and Informers."
81 Secretary of state to Cyprus governor, "Sickening Gas," October 28, 1955, FCO 141/4308, TNA; Cyprus governor to Colonial Office, June 1, 1956, FCO 141/4308, TNA; Chief of staff to Cyprus governor to Force Nairobi, August 24, 1956, FCO 141/4308, TNA; and Holland, *Britain and Revolt in Cyprus*, 108.
82 "GB" [Geoffrey Baker] to "Y.E." [Governor Harding], "An Appreciation of the Security Situation as at end September 1956" (secret), FCO 141/4308, TNA.
83 Harding to Baker and Baker to Harding, "Interrogation," April 4, 1956, FCO 141/4314, TNA.
84 인용된 내용은 다음 문서에서 확인할 수 있다. Governor to secretary of state (telegram), February 22, 1957, FCO 141/4310, TNA. 앞서 언급한 고문의 증거는 다음 문서에서 확인할 수 있다. Complete files of FCO 141/4310, TNA; Alleged ill-treatment of prisoners and detainees (1956-57); Complaints against Security Forces (1956-57), FCO 141/4390, TNA; Complaints against the Security Forces in Nicosia and Kyrenia (1956-59), FCO 141/4686, TNA; Reports of alleged ill-treatment of prisoners and detainees (1957-58), FCO 141/4674, TNA; and Complaints of ill-treatment of Greek Cypriots by the Security Forces, FCO 141; and Memoran-

dum of evidence from Bar Council (1957). 고문관 개인의 신상과 구체적인 고문 기법은 다음을 참고하라. Spanou, *EOKA*. 다음도 함께 참고하라. Newsinger, *British Counter-Insurgency*, 100-107; Foley, *Island in Revolt*, 131; and Drohan, Brutality, chaps. 1 and 2. 또한, 나는 전직 에오카 수감자와 그리스계 키프로스 민간인들을 인터뷰했다. Petros Petrides, North Finchley, England, August 15, 2013; Daphnis Panagides, Limassol, Cyprus, August 17, 2013; Vassos Giargallas, Zygi, Cyprus, August 20, 2013; Avghi Georgiandou-Karyda, Lanarka, Cyprus, August 20, 2013; Frixos Demetriades, Limassol, Cyprus, August 21, 2013; Esychios Sophocleaous, Nicosia, Cyprus, August 21, 2013; and Giannis Spanos, Nicosia, Cyprus, August 22, 2013.

85   Simpson, *Human Rights*, 910.
86   Draft Letter to Colonial Office, Clerides to Benenson, Annexure I, December 17, 1956, FCO 141/4361, TNA. 키프로스 변호사협회가 제공한 문서는 다음을 참고하라. "Note by the Attorney-General on matters raised by the Bar Council of Cyprus," August 1956, FCO 141/4361, TNA; and "Memorandum of Evidence Prepared by the Bar of Cyprus," August 1956.
87   "Allegations About Ill-Treatment of Villagers of Phrenaros by Troops," April 3, 1956, FCO, 141/4390, TNA.
88   "Allegations in the Press Against Security Forces," August 2, 1956, FCO 141/4390, TNA.
89   유럽인권재판소가 다룬 키프로스 관련 사건을 가장 철저하게 조사한 사례는 다음에서 확인할 수 있다. Simpson, *Human Rights*, 924-1052. 좀 더 최근에 진행된 조사는 다음을 참고하라. Drohan, *Brutality*, chaps. 1 and 2.
90   다음 문헌에 관련 내용이 잘 소개되어 있다. Drohan, *Brutality*, 42-46.
91   Ibid., 44.
92   L. Papastratis, M. N. Pissas, C. Loizou, S. Ellinas, and Y. Matsis to chairman of the Human Rights Committee of UNO, October 31, 1956, FCO 141/4390, TNA.
93   Howe, *Anticolonialism in British Politics*, 231-37. 다음도 함께 참고하라. Goldsworthy, *Colonial Issues*, 324-30; and Owen, "Four Straws in the Wind," 122-26.
94   Governor Baring to secretary of state (telegram), March 9, 1953, CO 822/471/12, TNA.
95   Kenneth Grubb, Church Missionary Society president, H. S. Mance, chairman of executive committee, and H. B. Thomas, chairman of African committee, letter to the editor, *Times*, January 22, 1955.
96   Church Missionary Society, "Kenya—Time for Action," January 28, 1955.
97   February 10, 1955, vol. 190, col. 1139, HL Deb.
98   Castle, *Fighting*, 263-64.
99   Barbara Castle, 인터뷰, 116, *End of Empire*, Kenya, vol. 1, Mss. Brit. Emp. s. 527/528, BL.
100 Castle, *Fighting*, 264.
101 Barbara Castle, 인터뷰, 117, *End of Empire*, *Kenya*, vol. 1, Mss. Brit. Emp. s. 527/528, BL.
102 "The Truth About the Secret Police," *Daily Mirror*, December 9, 1955; and "Justice in Kenya," *New Statesman and Nation*, December 17, 1955.
103 December 14, 1955, vol. 547, col. 1177, HC Deb.
104 Perkins, *Red Queen*, 140.

105 B. W. Hemsley for commissioner of prisons, "Security of Information" (memorandum), October 4, 1954, JZ 8/8/86, KNA; and J. Lewis, "Photographs" (memorandum), May 11, 1956, AB 2/49/30, KNA.
106 Drohan, *Brutality*, 37.
107 February 27, 1957, vol. 202, cols. 99-100, HL Deb.
108 Cyprus governor to secretary of state (telegram), March 2, 1957, FCO, 141/4310, TNA.
109 Drohan, *Brutality*, 54.
110 Ibid., 57-58; and Simpson, *Human Rights*, 1018-19, 1049.
111 Cyprus governor to Colonial Office (telegram), September 1, 1958, FCO 141/4423, TNA.
112 Perkins, *Red Queen*, 155.
113 Drohan, *Brutality*, 59064. 64쪽에서 인용.
114 Ibid., 157.
115 Ibid.
116 French, *British Way*, 224-25. 레오폴드 애머리의 아들 줄리언 애머리는 나날이 가속화되는 탈식민지화에 항의한 대표적인 보수당 의원이었다.
117 November 6, 1958, vol. 594, col. 1131, HC Deb.
118 N. Stylianakis, chief registrar Supreme Court, to John Martin, Colonial Office, February 19, 1958, FCO 141/4423, TNA; and Simpson, *Human Rights*, 1049.
119 N. Stylianakis to John Martin, February 19, 1958, FCO 141/4423, TNA.
120 Macmillan, *Riding the Storm*, 699.
121 Simpson, *Human Rights*, 1052.
122 수감자들의 편지는 Murumbi Papers와 KNA에 보관된 서류와 함께 JZ/7/4와 AH 9/17의 모든 서류를 참고하라. 케냐의 수용소와 선별 센터에서 벌어진 학대에 관한 널리 알려진 여러 사례에는 다음 저자들이 기록한 문헌이 포함되어 있다. Eileen Fletcher and Captain Philip Meldon. 다음을 참고하라. "Kenya's Concentration Camps—An Eyewitness Account," *Peace News—The International Pacifist Weekly*, May 4, 11, and 18, 1956; *Report on My Period of Employment in the Community Development Department of the Kenya Government*, July 1956, CO 822/1239, TNA; Memorandum on Allegations Published by Miss Eileen Fletcher on Conditions in Prisons and Camps, 날짜 미상, CO 822/1239, TNA; *Peace News—The International Pacifist Weekly*, January 11, 1957; Philip Meldon, "I Saw Men Tortured," Reynolds News, January 13, 1957; and Philip Meldon to Allan Lennox-Boyd, February 4, 1957, CO 822/1237/30, TNA. 추가적인 내용은 다음을 참고하라. Elkins, *Imperial Reckoning*, chap. 10. 〈옵서버〉에 실린 기사는 다음과 같다. "No More Whitewash," *Observer*, June 17, 1956.
123 의회 질의, February 12, 1959; and "Kenya Inquiry Refused," *Daily Telegraph*, February 25, 1959, CO 912/21/20, TNA.
124 "No Inquiry in Kenya," *New Statesman and Nation*, February 28, 1959; and "Fair Play for Mau Mau," *Economist*, February 28, 1959.
125 Press Office, "Death of Ten Detainees at Hola," March 4, 1959, Handout no. 142, MSS 115/51, KNA.

126 식민장관이 〈옵서버〉 편집자에게 한 설명은 다음을 참고하라. Alan Lennox-Boyd to David Astor, July 14, 1958, CO 822/1705/12, TNA.
127 Colonial Office, *Documents Relating to the Deaths of Eleven Mau Mau Detainees at Hola Camp in Kenya*, Cmnd. 778 (London: HMSO, 1959), 4, 14.
128 Horne, *Macmillan*, 174.
129 Gorell Barnes, Minute to file, June 4, 1959, CO 822/1261, TNA.
130 Horne, *Macmillan*, 175.
131 Simpson, "Devlin Commission," 21.
132 "African Leaders' Charges," *Times*, August 25, 1959, 6.
133 *Report of the Nyasaland Commission of Inquiry*, Cmnd. 814; and Walton, *Empire of Secrets*, 281.
134 Castle, *Fighting*, 288.
135 July 27, 1959, vol. 610, col. 234, HC Deb.
136 July 8, 1920, vol. 131, col. 1725, HC Deb; and July 27, 1959, vol. 610, col. 234, HC Deb.
137 July 27, 1959, vol. 610, cols. 235-36, HC Deb.
138 July 27, 1959, vol. 610, col. 237, HC Deb.
138 July 27, 1959, vol. 610, col. 237, HC Deb.
139 Macmillan, *Riding the Storm*, 735-36.
140 Ibid., 738.
141 앙리 주노드와 주노드 가문에 관한 자세한 내용은 다음을 참고하라. Morier-Genoud, "Missions and Institutions."
142 Governor Baring to Lennox-Boyd (secret), June 25, 1957, CO 822/1251/1, TNA.
143 Gavaghan, *Of Lions and Dung Beetles*, 235.
144 Klose, "Colonial Testing Ground," 113-14.
145 Governor Baring to colonial secretary, April 29, 1959, CO 822/1269, tna.
146 Klose, *Human Rights*, 131-32.
147 "Second Mission of the ICRC to Kenya, 1959," CO 822/1258, TNA.
148 Klose, *Human Rights*, 132.
149 "Conservative Manifesto 1959," in Craig, *British General Election Manifestos*, 215.
150 Ibid., 220.
151 Hopkins, "Rethinking Decolonisation," 237-47.
152 Macleod to Renison, November 10, 1959, CO 822/1230, TNA.
153 Colonial secretary, "Disposal of Classified Record and Accountable Documents," May 3, 1961, FCO 141/9657, TNA.
154 W. J. Marquand, "Operation Legacy," March 3, 1961, FCO 141/6957, TNA. 전체 문서 중 우간다 서신에서 '유산작전'이 발견된다. 정부 문서를 '감시' 및 '유산' 대상으로 분류하는 케냐 시스템에도 유사한 유산작전이 있다.
155 Ellerton, "The Designation of Watch" (memorandum), May 13, 1961, Bates 024225-231, 1943/17/B, HD; and Ministry of Defence to various departmental heads, provincial commissioners, and permanent secretaries, May 13, 1961, Bates 013042, I&S.137/O2(S), HD.

156 Colonial Office, "Protection and Disposal of Classified and Accountable Documents and Records Generally," September 1962, Bates 024198-200, 1943/17/B, HD; governor to colonial secretary, "Intel and Guidance Papers from Foreign Office" (telegram), November 23, 1963, Bates 024193, 1943/17/B, HD; and secretary of state to governor, "Disposal of Records" (telegram), May 10, 1963, Bates 0241935, 1943/17/B, HD.

157 Kenya Intelligence Committee, "Down Grading and Destruction of Classified Materials," October 6, 1958, Bates 013173-75, CS 10/2/4, HD; "Destruction of Classified Waste," September 24, 1959, Bates 013178, CS 10/2/4, HD; "Method of Destroyed Classified Documents," September 24, 1959, Bates 013179, CS 10/2/4, HD; and "Routine Destruction." 한슬로프 공개 자료 중 다음에 해당하는 모든 문서. Rec. 488, 1943/17/B, "Security of Instructions for Handling Classified Documents, released with Hanslope Disclosure," Bates 0131782-83, CS 10/2/4, HD; and Rec. 487, CS 10/2, vol. 2, "Security of Documents Including Those in Transit to and from Government House." 케냐에서의 문서 제거 및 파기에 대한 세부적인 정보를 제공한다. 다음도 참고하라. "Migrated Archives" at TNA, such as "Kenya: Security of Official Correspondence," March 1960-January 1962, FCO 141/6957, TNA; and "Kenya: Security of Official Correspondence," March 1962-April 1963, FCO 141/6958, TNA.

158 Colonial Office, "Protection and Disposal of Classified and Accountable Documents and Records Generally," September 1962, Bates 024198-200, 1943/17/B, HD.

159 예컨대 다음을 참고하라. T. J. F. Gavaghan, "Transfer of Functions to the Governor's Office," March 2, 1962, Bates 024217-20, AA 1943/17/B, HD. 다음 문헌도 도움이 된다. Gavaghan, "Protective Security in Headquarters Offices in Nairobi," March 6, 1962, FCO 141/6958, TNA.

160 제국 내 다른 지역에서의 문서 파기 및 제거에 관한 내용은 다음을 참고하라. Elkins, 참고인 진술서, May 25, 2012, 54-61; Cobain, *History Thieves*; and Sato, "Operation Legacy."

161 Harold Macmillan, address to Members of both Houses of the Parliament of the Union of South Africa, Cape Town, February 3, 1960, https://web-archives.univ-pau.fr/english/TD-2doc1.pdf.

162 United Nations, Official Records of the General Assembly, Fifteenth Session, Supplement No. 2 (A/4494), 1514 (V), "Declaration on the Granting of Independence to Colonial Countries and Peoples," 947th plenary meeting, December 14, 1960, 66-67, https://www.ohchr.org/en/instruments-mechanisms/instruments/declaration-granting-independence-colonial-countries-and-peoples.

163 Blundell, *So Rough a Wind*, 266.

164 Murray-Brown, *Kenyatta*, 300-1.

165 Corfield, *Historical Survey of Origins and Growth by Mau Mau*.

166 Lord Howick (Sir Evelyn Baring) and Dame Margery Perham, 인터뷰, November 19, 1969, 20-21, Mss. Afr. s. 1574, BL.

167 Lonsdale, "Kenyatta's Trials," 235-36.

168 Murray-Brown, *Kenyatta*, 304-5.

169 Hunja, Njuki, 저자의 인터뷰, January 23, 1999.

170 Elkins, *Imperial Reckoning*, 359-60.
171 Kenyatta, *Harambee!*, 2.
172 Kenyatta, *Suffering Without Bitterness*, 189.
173 Edgerton, *Mau Mau*, 217.
174 Department for International Development Annual Report & Resource Accounts—International Development Committee Contents, *Written Evidence Submitted by the Jubilee Debt Campaign*, February 3, 2011, https://publications.parliament.uk/pa/cm201011/cmselect/cmintdev/605/605vw12.htm; and The Future of CDC—International Development Committee Contents, *Written Evidence Submitted by Richard Brooks, Private Eye*, March 3, 2011, https://publications.parliament.uk/pa/cm201011/cmselect/cmintdev/607/607we03.htm.
175 John Cowan, 저자의 인터뷰, July 24, 1998; Jamie Merrill, "Government Refuses to Release Details of Relationship with Authoritarian Bahrain," *Independent*, March 10, 2015; and Glenn Greenwald, "In the Same Week, the U.S. and U.K. Hide Their War Crimes by Invoking 'National Security,'" *Intercept*, May 21, 2015.
176 Gavaghan, *Of Lions and Dung Beetles*, 286.
177 John Lonsdale, foreword, ibid., 7-8, 10-11.
178 Drayton, "Where Does the World Historian Write From?," 677-78.
179 Hopkins, "Macmillan's Audit," 258.
180 "Sir Robert Thompson," *Times*, May 20, 1992.
181 Thompson, *Defeating Communist Insurgency*, 142, 146.
182 Beckett, "Robert Thompson," 41, 54-55.
183 Ibid., 56.
184 미국의 베트남 내 군사 작전에 관한 톰슨의 비판은 다음을 참고하라. Thompson, *No Exit from Vietnam*.
185 Beckett, "Robert Thompson," 58.
186 "Malaya: The Myth of Hearts and Minds," *Small Wars Journal*, April 16, 2012, https://smallwarsjournal.com/jrnl/art/malaya-the-myth-of-hearts-and-minds; and Andrew J. Bacevich, "The Petraeus Doctrine," *Atlantic*, October 2008.
187 Drohan, *Brutality*, 79-80, 159-60.
188 "Sir John Prendergast," *Times*, October 4, 1993, 19.
189 Ibid.; and Drohan, *Brutality*, 102-50. 아덴, 그중에서도 특히 모벗 요새 심문소에서 자행된 고문에 관한 구체적인 내용은 다음에서 확인할 수 있다. "Allegation of Torture of Detainees in Aden: Amnesty International Report; Report of Investigation by Roderic Bowen QC," PREM 13/1294; "Allegations by Detainees of Torture Whilst in Detention," FCO 8/165; and "Monthly Returns on Complaints from Detainees," FCO 8/164. 아덴에서 자행된 학대에 관한 수사를 예리하게 파헤친 글은 다음을 참고하라. Bennett, "'Detainees Are Always.'"
190 "Northern Ireland Police Cover Up RUC Report by 'Racist' Officer," *Irish Times*, October 9, 2017.
191 Ibid.; and Phil Miller, "MI5 Report on RUC Special Branch to Remain Secret," *Irish Times*, May 13, 2019.

192 Miller, "MI5 Report on RUC Special Branch."
193 McCoy, *Question of Torture*, 8-12, 33-35.
194 Ibid., 5-20; Geraghty, *Irish War*, 46-51; Cobain, *Cruel Britannia*, 140-41, 158-59; and *Ireland v. United Kingdom*, 판결문, January 18, 1978, Strasbourg, https://www.law.umich.edu/facultyhome/drwcasebook/Documents/Documents/Republic20of20Ireland20v.20United20Kingdom.pdf.
195 McGuffin, *Guinea Pigs*; and "British Ministers Sanctioned Torture of NI internees," *Irish Times*, June 5, 2014.
196 Rodley and Pollard, *Treatment of Prisoners*, 101.
197 *Ireland v. United Kingdom*, 판결문, January 18, 1978, Strasbourg, https://www.law.umich.edu/facultyhome/drwcasebook/Documents/Documents/Republic20of20Ireland20v.20United20Kingdom.pdf.
198 Geraghty, *Irish War*, 137.
199 Morgan, "Northern Ireland and Minimum Force."
200 Kitson, *Low Intensity Operations*.
201 영국의 반란 진압 활동을 현대적인 전쟁의 모델로 여기는 데 대한 비평은 다음을 참고하라. Ucko and Egnell, *Counterinsurgency in Crisis*; and Porch, *Counterinsurgency*.
202 William Borders, "Lord Mountbatten Is Killed as His Fishing Boat Explodes; I.R.A. Faction Says It Set Bomb," *New York Times*, August 28, 1979.
203 Lesley Kennedy, "The IRA Assassination of Lord Moyne: Facts and Fallout," History.com, https://www.history.com/news/mountbatten-assassination-ira-thatcher.
204 Borders, "Mountbatten Is Killed."
205 Oppenheimer, *IRA, Bombs and Bullets*, 113.
206 Dimbleby, *Prince of Wales*, 267.
207 Caroline Davies, "Prince Charles to Visit Scene of 1979 Mountbatten Murder," *Guardian*, May 20, 2015.
208 Epstein, "Stuart Hall, Familiar Stranger," 193.
209 Kariuki, *"Mau Mau" Detainee*; and wa Thiong'o, *Weep Not, Child*.
210 Fanon, *Wretched of the Earth*, 92.
211 파월이라는 인물의 맥락에서 살펴본 소잉카와 로열코트극장에 대한 논의는 다음을 참고하라. Schofield, *Enoch Powell*, 133-34.
212 Soyinka, "Past Must Address Its Present," Nobel Lecture.
213 Chimdi Maduagwu, "Soyinka's 1960 Play: Leave the dead some room to dance…," *Vanguard*, October 3, 2015, https://www.vanguardngr.com/2015/10/soyinkas-1960-play-leave-the-dead-some-room-to-dance/.
214 Davidson, *Black Man's Burden*.
215 Hussain, *Jurisprudence of Emergency*, 1-3, 137-39.
216 Ibid., 139-40; and Simpson, "Usual Suspects," 658.
217 Chatterjee, *Empire and Nation*; and Simpson, "Usual Suspects," 633, 657-58.

에필로그. 영국으로 돌아온 제국

1. Elkins, "Looking Beyond Mau Mau," fig. 1, 855. 처음에는 다섯 명의 원고가 소송을 제기했지만, 무투아는 이후 소송을 취하했고, 응곤디는 첫 번째 기각 청구 심리 전에 사망해 세 명의 원고만 남았다.
2. "Claim Form," June 23, 2009, High Court of Justice, Queen's Bench Division, Royal Courts of Justice; and "Particulars of Claim," October 22, 2009, ibid.
3. Hon. Mr. Justice McCombe, 승인 판결문, July 21, 2011, paragraph 13, *Ndiku Mutua and 4 Others and FCO*, Royal Courts of Justice.
4. Nietzsche, *Use and Abuse of History*, 7.
5. Kwasi Kwarteng, "Britain's Imperial Landmarks: The Empire on Our Doorsteps," *History Extra*: *BBC History Magazine*, October 4, 2018, https://www.historyextra.com/period/georgian/british-empire-landmarks-doorsteps-kwasi-kwarteng-mp-cities-britain.
6. "Case Study: *Donoghue v. Stevenson* (1932)," https://lawgovpol.com/case-study-donoghue-v-stevenson-1932/; and "*Caparo v. Dickman* Case Summary," https://www.lawteacher.net/cases/caparo-industries-v-dickman.php. 마우마우 고등법원 사건에 대한 분석에 의견을 제시해준 라자루스와 리더에게 깊은 감사를 전한다.
7. 수감자들이 쓴 편지가 담긴 두 통의 서류함은 다음과 같다. JZ/7/4 and AH 9/17, KNA; 다음 문헌도 참고하라. Elkins, *Imperial Reckoning*, 205-16.
8. Lennox-Boyd to Baring, telegram no. 53, July 16, 1957, CO 822/1251/7, TNA. 세 건의 다른 문서는 '희석 기법'이 어떤 것인지 실질적으로 설명하고, 식민성이 케냐 음웨아 수용소에서 희석 기법이 사용되었으며 이를 승인했음을 시사했다. Baring to Lennox-Boyd (telegram), July 17, 1957, CO 822/1251/8, TNA; Baring to Lennox-Boyd (secret), June 25, 1957, CO 822/1251/1, TNA; and Eric Griffith-Jones, "'Dilution' Detention Camps—Use of Force in Enforcing Discipline" (memorandum), June 1957, CO 822/1251/E/1, TNA.
9. 흔히 '법원'이라고 불리는 왕립재판소는 잉글랜드·웨일스 고등법원과 잉글랜드·웨일스 최고법원Court of Appeal of England and Wales으로 구성되어 있다.
10. 사건 초기, 법원은 원고 측을 위해 우리의 연구를 법적으로 활용할 수 있는 범위를 제한했다. 당시 맥콤 판사는 증거를 제시하는 과정에서 내가 담당한 역할을 다음과 같이 명시했다. "엘킨스는 2005년에 영향력이 큰 글을 썼다. 법원은 엘킨스가 제시한 증거가 문서나 다른 자료를 식별하는 데 도움이 된다는 점을 인정했지만, 이런 문서 전체에서 무엇을 유추할 수 있는지에 대한 전문가의 증언(다시 말해서 의견 증거)으로 인정되어서는 안 된다고 판단했다. 엘킨스는 이 문서에 대해 잘 알고 있기 때문에 각 당사자의 주장에 가장 도움이 될 만한 문서를 식별할 수 있다." 앤더슨과 베넷이 합류했을 때도 똑같은 제약이 적용되었다. 다음을 참고하라. Hon. Mr. Justice McCombe, 승인 판결문, July 21, 2011, paragraph 35, *Ndiku Mutua and 4 Others and FCO*, Royal Courts of Justice.
11. Caroline Macy Elkins, 참고인 진술서, February 20, 2011, ibid.
12. Hon. Mr. Justice McCombe, 승인 판결문, July 21, 2011, paragraph 128, ibid.
13. Ibid., paragraphs 153-54.
14. "Archive at 'Spook Central' Had Secret Mau Mau Files," *Times*, April 8, 2011.

15. "Mau Mau Case Casts Light on Colonial Records," *Financial Times*, April 6, 2011.
16. Lord Howell of Guildford, Minister of State, FCO, statement, Public Records: Colonial Documents, April 5, 2011, HL Deb.
17. "Hague Lifts the Lid on Britain's Secret Past: Foreign Secretary Responds to Times Campaign," *Times*, April 9, 2011.
18. Anthony Cary, "The Migrated Archives: What Went Wrong and What Lessons Should We Draw?" Foreign and Commonwealth Office, February 24, 2011; and Lord Howell of Guildford, Minister of State, FCO, statement, Public Records: Colonial Documents, May 5, 2011, HL Deb.
19. Lord Howell of Guildford, Minister of State, FCO, statement, Public Records: Colonial Documents, June 30, 2011, HL Deb.
20. 예를 들면, 다음 문헌 등을 참고하라. Ben Macintyre, "Secret Colonial Files May Show More Blood on British Hands," *Times*, April 7, 2011. 모든 언론이 이 같은 투명성의 순간에 주목했지만, 〈가디언〉은 나중에 영국 정부의 문서 공개에 의문을 제기하는 심층 보도를 내놓았다. Ian Cobain and Richard Norton-Taylor, "Files That May Shed Light on Colonial Crimes Still Kept Secret by UK," *Guardian*, April 23, 2013. 코베인이 나중에 공개한 《역사 도둑 History Thieves》도 참고하라.
21. 외무성은 홈페이지에 이관 기록물, 검토 기록, 공개 일정을 알리는 별도의 공간을 마련했다. 이 공간은 캐리 보고서를 비롯한 다양한 문서와 소식을 확인하는 데 도움이 되었다. 하지만 외무성은 이후 이 공간을 폐쇄했다.
22. "Britain Destroyed Records of Colonial Crimes," *Guardian*, April 17, 2012; and Badger, "Historians," 803, 806.
23. Badger, "Historians," 803.
24. Andrew, *Defence of the Realm*; and Walton, *Empire of Secrets*.
25. Aldrich, *Hidden Hand*. 1쪽, 6쪽, 7~8쪽에서 인용.
26. Caroline Macy Elkins, 참고인 진술서, May 25, 2012, with Exhibits CE1-CE5, *Ndiku Mutua and 4 Others and FCO*, Royal Courts of Justice; David McBeath Anderson, 참고인 진술서, June 18, 2012, with Exhibit 3, ibid.; and Huw Charles Bennett, 참고인 진술서, May 25, 2012, with Exhibit 1, ibid.
27. Jane Muthoni Mara, 참고인 진술서, November 4, 2010, paragraph 32, 12, ibid.
28. "UKIP Nigel Farage—Channel 4 News, Speaking on Torture in 1950s Kenya," https://www.youtube.com/watch?v=jtS-32dW1bE.
29. June 6, 2013, vol. 563, col. 1692, HC Deb.
30. June 6, 2013, vol. 563, cols. 1692-93, HC Deb.
31. High Commission Nairobi, "Launch of Memorial to Victims of Torture and Ill-Treatment During the Colonial Period in Kenya," September 12, 2015, https://www.gov.uk/government/news/launch-of-memorial-to-victims-of-torture-and-ill-treatment.
32. Wambugu wa Nyingi, 참고인 진술서, November 4, 2010, paragraph 90, 29, *Ndiku Mutua and 4 Others and FCO*, Royal Courts of Justice.
33. "An Imperial History Lesson for Mr Brown," *Independent*, March 16, 2005.

34   Roberts, *History of English Speaking Peoples*. 다음에서 인용했다. 648, 2.
35   Andrew Roberts, "Why We Need Empires," *Telegraph*, January 19, 2005.
36   Warwick Mansell, "Michael Gove Redrafts New History Curriculum After Outcry," *Guardian*, June 21, 2013.
37   Sally Weale, "Michael Gove's Claims About History Teaching Are False, Says Research," *Guardian*, September 12, 2016.
38   "UK Government Pays £1m to Cyprus 'Torture Victims,'" *BBC News*, January 24, 2019.
39   Ian Cobain, "Ministry of Defence Holds 66,000 Files in Breach of 30-Year Rule," *Guardian*, October 6, 2013; and "Foreign Office Hoarding 1m Historic Files in Secret Archive," *Guardian*, October 18, 2013.
40   여론조사와 관련 통계 자료는 다음에서 발췌했다. Richard J. Evans, "The History Wars," *New Statesman*, June 17, 2020.
41   "UKIP Nigel Farage—Channel 4 News, Speaking on Torture in 1950s Kenya."
42   Enoch Powell, "Rivers of Blood," speech to the Conservative Association meeting, April 20, 1968, https://anth1001.files.wordpress.com/2014/04/enoch-powell_speech.pdf.
43   George Padmore, "A Negro Looks at British Imperialism," *Crisis* 45 (December 1938): 396.
44   윈드러시호의 도착이 제국에서 영국으로의 이주 역사가 '시작된 순간'으로 여겨지기도 하지만, 패드모어와 제임스 같은 개인의 이주 사례를 통해 살펴봤듯 윈드러시호는 이주 역사의 출발점이 아니었다. 대신, 이주 역사가 시작된 순간은 적어도 17세기로 거슬러 올라간다. 파텔이 자신의 뛰어난 저서에서 이 같은 사실을 여러 차례 언급했다. Patel, *We're Here*, 1-2, passim.
45   Ibid., 4. 파텔이 지적하듯, 시민권과 신민의 지위가 의미하는 바에 대해 많은 혼란이 있을 수 있다. 파텔은 1948년에 제정된 영국 국적법하에서는 '영연방 시민'과 '영국 신민'이 동의어였다고 지적한다. 심지어 파텔은 다음과 같이 이야기한다. "영연방에 속하는 독립된 개별 국가에는 독립적인 입법부가 있었지만, 1948년 영국 국적법은 영연방의 개념을 받아들이고 이를 영국 국적의 기본 토대로 삼았다. 예를 들면, 인도나 캐나다 시민권자는 영국법의 관점에서 보면 좀 더 폭넓은 제국주의적인 의미에서 영국 국적을 가진 영연방의 비외국인 시민이었다. 마찬가지로, 영국 시민 혹은 '영국과 식민지의 시민'은 좀 더 폭넓은 제국주의적인 의미에서 영연방 제국에 속한 '영연방 시민'이었다. 영국 의회가 독립된 영연방 국가의 법률을 제정할 수 없음에도 불구하고 영연방 시민권을 이와 같이 개념적으로 인정했다." 또한, 영제국 내 보호령에서 살아가는 다수의 사람에게는 1948년 영국 국적법이 적용되지 않았다. 보호령 주민들은 영연방 시민으로 인정되지 않았고 '영국의 피보호자British Protected Persons'의 지위를 부여받았다. Ibid., 56-58.
46   Ibid., 55.
47   Tomlinson, "Enoch Powell," 4. 제국, 이민, 인종, 민족 주체성에 관한 방대한 문헌 중 일부를 소개하면 다음과 같다. Gilroy, *There Ain't No Black*"; Gilroy, *After Empire*; Clarke, *Growing Up Stupid*; Kinkaid, *Small Place*; Hall, "Thinking the Diaspora"; Mead, "Empire Windrush"; Cummings, "Ain't No Black"; and Murdoch, "Enoch Powell, Stuart Hall."
48   Coleman, "U.K. Statistics on Immigration," 1148.
49   Tomlinson, "Enoch Powell," 4-5; and Cummings, "Ain't No Black," 598-99.

50 James, "Migration, Racism and Identity Formation," 254. 인구 통계는 다음을 참고하라. Patel, *We're Here*, 72. 1958년부터 남아시아 출신 이주자가 급증했다는 점도 지적했다.
51 Favell, *Philosophies of Integration*, 105.
52 Schofield and Jones, "'Whatever Community Is,'" 151.
53 Alan Travis, "After 44 Years Secret Papers Reveal Truth About Five Nights of Violence in Notting Hill," *Guardian*, August 24, 2002.
54 Richard J. Evans, "The History Wars," *New Statesman*, June 17, 2020.
55 David Hendy, "The Black and White Minstrel Show," *History of the BBC*, https://www.bbc.com/historyofthebbc/100-voices/people-nation-empire/make-yourself-at-home/the-black-and-white-minstrel-show.
56 Patel, *We're Here*, 11, passim.
57 Tomlinson, "Enoch Powell," 5.
58 Spencer, *British Immigration*, 117-19; and Patel, *We're Here*, 75.
59 Gilroy, *Small Acts*, 57.
60 Dorian Lynskey, "Enoch Was Wrong: The Attempted Rehabilitation of a Racist," *New Statesman*, June 18, 2012.
61 Enoch Powell, Speech to a Dinner of the Royal Society of St. George in London on St. George's Day, April 23, 1961, www.churchill-society-london.org.uk/StGeorg*.html [접속 불가].
62 Patel, *We're Here*, 86-90, 182-85.
63 Bunce and Field, "Obi B. Egbuna"; and Angelo, "Black Panthers."
64 Race Relations Act 1965, https://www.legislation.gov.uk/ukpga/1965/73/contents/enacted. 상점 및 하숙집과 관련된 법은 다음을 참고하라. Race Relations Act 1968, https://www.legislation.gov.uk/ukpga/1968/71/enacted. 다음 문헌도 도움이 된다. Hepple, "British Race Relations," 248-57.
65 Gus John, "A Walk Down a Long Road with Ian Macdonald QC," *Garden Court North Chambers*, November 19, 2019, https://www.gcnchambers.co.uk/walk-down-long-road/.
66 Bryan Knight, "Black Britannia: Today's Anti-Racist Movement Must Remember Britain's Black Radical History," *Novara Media*, June 18, 2020, https://novaramedia.com/2020/06/18/todays-anti-racist-movement-must-remember-britains-black-radical-history/; and Robin Bunce and Paul Field, "Landmark Court Case Against Police Racism," *Diverse Magazine*, December 1, 2010, https://web.archive.org/web/20180429025134/http://diversemag.co.uk/landmark-court-case-against-police-racism.
67 Ife Thompson, "Black Lives Matter UK: For Lasting Change, We Need 'Movement Lawyers,'" *Each Other*, August 3, 2020.
68 Aamna Mohdin, "The Brixton Riots 40 Years On: 'A Watershed Moment for Race Relations,'" *Guardian*, April 11, 2021.
69 Thatcher, Grenada TV 인터뷰, January 30, 1978, https://www.margaretthatcher.org/document/103485, accessed June 20, 2021, 강조 표시 추가.
70 Scarman, *Scarman Report*, 209-10쪽과 201-7쪽에서 인용.

71　Patel, *We're Here*, 8. '영국 시민권'과는 명확하게 달랐지만 '부양 시민권', '해외 시민권' 같은 다른 종류의 시민권도 있었다는 사실을 기억하자.

72　Sir William MacPherson of Cluny, *The Stephen Lawrence Inquiry*, Report presented to Parliament by the home secretary, February 1999. 스카먼 보고서에 관한 내용은 다음을 참고하라. Paragraph 2.20. '제도적인 인종차별'에 관한 내용은 다음을 참고하라. Paragraph 6.39; 70개의 개선 권고안은 다음에서 확인할 수 있다. chap. 47, "Recommendations."

73　Leroy Logan, "I'm an Ex-Officer. The Met Police Today Looks and Feels as Racist as It Was Before Macpherson," *Guardian*, October 20, 2020; and Peter Walker, Aamna Mohdin, and Alexandra Topping, "Downing Street Suggests UK Should Be Seen As Model of Racial Equity," *Guardian*, March 31, 2021.

74　Institute of Race Relations, "Ethnicity and Religion Statistics," https://irr.org.uk/research/statistics/ethnicity-and-religion/. 인종관계연구소Institute of Race Relations의 전국 통계 자료와 런던 통계 자료는 각각 2014년과 2011년에 수집한 데이터를 토대로 한다.

75　Biggar, *Between Kin and Cosmopolis*, 91.

76　Craig Simpson, "Sadiq Khan Unveils London Statue Review Panel Branded 'Unelected Activists,'" *Telegraph*, February 9, 2021.

77　나와의 대화 및 최근에 집필한 다음 글을 통해서 이와 같은 중요한 점을 짚어준 재서노프에서 감사를 전한다. "Misremembering the British Empire," *New Yorker*, October 26, 2020.

78　Home Office, "Windrush Lessons Learned Review," March 19, 2020, 7, https://www.gov.uk/government/publications/windrush-lessons-learned-review.

79　Patrick Freyne, "Harry and Meghan: The Union of Two Great Houses, the Windsors and the Celebrities, Is Complete," *Irish Times*, March 8, 2021.

80　Commission on Race and Ethnic Disparities, *Report*, March 31, 2021, 8-9, https://www.gov.uk/government/publications/the-report-of-the-commission-on-race-and-ethnic-disparities; and Walker et al., "Downing Street," *Guardian*, March 31, 2021.

81　Commission on Race and Ethnic Disparities, *Report*, 7, 11; and Walker et al., "Downing Street," *Guardian*, March 31, 2021.

82　Commission on Race and Ethnic Disparities, *Report*, 8.

83　Robert Cooper, "The New Liberal Imperialism," *Guardian*, April 7, 2002.

84　Ibid.

85　Strong, *Public Opinion, Legitimacy*, 123.

86　Bosco, "From Empire to Atlantic 'System.'"

87　Parmar, "I'm Proud of the British Empire,'" 225.

88　Stuart Ward and Astrid Rasch, "Introduction: Greater Britain, Global Britain," in Ward and Rasch, *Embers of Empire*, 1-14; and Kennedy, "Ongoing Imperieal History Wars."

89　"A British Illusion of Commonwealth Trade After Brexit," *Financial Times*, April 18, 2018.

참고문헌

런던 왕립재판소

마우마우 소송(사건번호 HQ09X02666) 당시 나는 전문가 증인의 자격으로 법원이 '한슬로프 공개 자료'라고 칭한 문서 증거를 확인했다. 이 문서들은 한슬로프 공개 자료를 뜻하는 약자 HD로 인용되며, 원본 서류 시리즈 번호와 베이츠 번호가 참조되어 있다. 이후, 영국 정부는 이 중 상당수의 문서를 정리해 새로운 서류 참조번호를 기준으로 외무성 문서 시리즈 141로 재분류했다. 뿐만 아니라 승인 판결문과 사건의 변론 및 증인 진술서 역시 참고했다.

왕립재판소에서 진행된 이 소송의 당사자는 은디쿠 무투아, 파올로 은질리, 왐부구 와 닝이, 제인 마라, 수잔 응곤디, 그리고 외무성이었다. 아래에 인용된 모든 문서에 사건번호 HQ09X02666이 공통으로 적용된다.

Anderson, David McBeath. Witness statement, June 18, 2012, with Exhibit 3.
Bennett, Huw Charles. Witness statement, May 25, 2012, with Exhibit 1.
"Claim Form," June 23, 2009, High Court of Justice, Queen's Bench Division.
Elkins, Caroline Macy. Witness statement, February 20, 2011, with Exhibits CE1-CE2.
Elkins, Caroline Macy. Witness statement, May 25, 2012, with Exhibits CE1-CE5.
Mara, Jane Muthoni. Witness statement, November 4, 2010.
Mara, Jane Muthoni. Witness statement, May 25, 2012.
McCombe, Hon. Mr. Justice. Approved judgment, July 21, 2011.
Nyingi, Wambugu wa. Witness statement, November 4, 2010.
Nyingi, Wambugu wa. Witness statement, May 25, 2012.
Nzili, Paulo Muoka. Witness statement, May 25, 2012.
Nzili, Paulo Muoka. Witness statement, November 3, 2010.
"Particulars of Claim," October 22, 2009, High Court of Justice, Queen's Bench Division.

영국 정부 문서 및 보고서

Commission on Race and Ethnic Disparities. Report, March 31, 2021, https://www.gov.uk/government/publications/the-report-of-the-commission-on-race-and-ethnic-disparities.
Correspondence Relating to the Flogging of Natives by Certain Europeans in Nairobi. Cd. 3256. London: HMSO, 1907.
Defence: Outline of Future Policy. Cmnd. 124. London: HMSO, 1957.
Department of Information. *Communist Banditry in Malaya: The Emergency with an Important Chronology of Events, June 1948-June 1951.* Kuala Lumpur: Standard Engravers and Art Printers, 1951.
Department for International Development Annual Report and Resource Accounts—International Development Committee Contents. *Written Evidence Submitted by the Jubilee Debt Campaign,* February 3, 2011, https://publications.parliament.uk/pa/cm201011/cmselect/cmintdev/605/605vw12.htm.
Disturbances in the Punjab: Statement by Brig.-General R.E.H. Dyer, C.B. Cmd. 771. London: HMSO, 1920.
Documents on British Foreign Policy, 1919-1939. London: HMSO, 1952.
Documents Relating to the Deaths of Eleven Mau Mau Detainees at Hola Camp in Kenya. Cmnd. 778. London: HMSO, 1959.
External Economic Policy Since the War: The Post-War Financial Settlement vol. 1. London: HMSO, 1986.
Foreign and Commonwealth Office. *Cary Report on Release of the Colonial Administration Files,* February 24, 2011, https://www.gov.uk/government/publications/cary-report-on-release-of-the-colonial-administration-files.
Future of CDC—International Development Committee Contents. *Written Evidence Submitted by Richard Brooks, Private Eye,* February 3, 2011, https://publications.parliament.uk/pa/cm201011/cmselect/cmintdev/607/607we03.htm.
High Commission Nairobi. "Launch of Memorial to Victims of Torture and Ill-Treatment During the Colonial Period in Kenya," September 12, 2015, https://www.gov.uk/government/news/launch-of-memorial-to-victims-of-torture-and-ill-treatment.
Historical Survey of the Origins and Growth of Mau Mau. Cmnd. 1030. London: HMSO, 1960.
Home Office. "Windrush Lessons Learned Review," March 19, 2020, https://www.gov.uk/government/publications/windrush-lessons-learned-review.
Imperial Policing and Duties in Aid of the Civil Power. London: HMSO, 1949.
Note on the Method of Employment of the Air Arm in Iraq. Cmd. 2217. London: HMSO, 1924.
Palestine: Report on Immigration, Land Settlement and Development. Cmd. 3686. London: HMSO, 1930.
Palestine Royal Commission Report. Cmd. 5479. London: HMSO, 1937.
Pre-State Israel: The Hussein-McMahon Correspondence, July 1915-August 1916, https://www.jewishvirtuallibrary.org/the-hussein-mcmahon-correspondence-july-1915-august-19162.

Report on the commission appointed by His Majesty's government in the United Kingdom of Great Britain and Northern Ireland, with the approval of the Council of the League of Nations, to determine the rights and claims of Moslems and Jews in connection with the Western or Wailing Wall at Jerusalem, December 1930. London: HMSO, 1931.
Report of the Commission on the Palestine Disturbances of August, 1929. Cmd. 3530. London: HMSO, 1930.
Report on the Committee Appointed by the Government of India to Investigate the Disturbances in the Punjab, etc. Cmd. 681. London: HMSO, 1920.
Report on the Committee Appointed by the Government of India to Investigate the Disturbances in the Punjab. Cmd. 1088. London: HMSO, 1920.
Report on the Concentration Camps in South Africa, by the Committee of Ladies Appointed by the Secretary of State for War. Cd. 893. London: HMSO, 1902.
Report of the Jamaica Royal Commission. 15573. London: Her Majesty's Stationary Office, 1866.
Report of the Labour Commission to Ireland. London: Caledonian Press Ltd., 1921.
Report of the Native Labour Commission. 1912-13. Nairobi: Government Printer, 1914.
Report of the Nyasaland Commission of Inquiry. Cmnd. 814. London: HMSO, 1959.
Report to the Secretary of State for the Colonies by the Parliamentary Delegation to Kenya, 1954. Cmd. 9081. London: HMSO, 1954.
Report of the West India Royal Commission. C. 8655. London: HMSO, 1897.
Royal Commission on the War in South Africa, Minutes of Evidence Taken Before the Royal Commission on the War in South Africa. Cd. 1789. London: HMSO, 1903.
Social Insurance and Allied Services, Report by Sir William Beveridge. Cmd. 6404. London: HMSO, 1942.
Statement of Policy on Colonial Development and Welfare. Cmd. 6175. London: HMSO, 1940.
War Office. *Imperial Policing and Duties in Aid of the Civil Power.* London: HMSO, 1949.
_____. *King's Regulations for the Army and the Royal Army Reserve.* London: HMSO, 1940.
_____. *Manual of Military Law*, 1929. London: HMSO, 1929.
_____. *Queen's Regulations for the Army.* London: HMSO, 1955.
West India Royal Commission Report. Cmd. 6607. London: HMSO, 1945.
White Paper of 1939, https://avalon.law.yale.edu/20th_century/brwh1939.asp.
White Paper of June 1922, https://avalon.law.yale.edu/20th_century/brwh1922.asp.

해외 문서

Atlantic Charter, August 14, 1941, https://avalon.law.yale.edu/wwii/atlantic.asp.
Congress of Europe in the Hague, European Court of Human Rights, https://www.cvce.eu/en/recherche/unit-content/-/unit/04bfa990-86bc-402f-a633-11f39c9247c4/aadf5a4c-2972-41e8-9d44-9d5d4edb8dd1.

Convention (II) with Respect to the Laws and Customs of War on Land, The Hague, July 29, 1899, https://ihl-databases.icrc.org/ihl/INTRO/150.

European Convention on Human Rights, https://www.echr.coe.int/Documents/Convention_ENG.pdf.

General Act of the Berlin Conference on West Africa, February 26, 1885, https://loveman.sdsu.edu/docs/1885GeneralActBerlinConference.pdf.

Geneva Convention Relative to the Treatment of Prisoners of War, August 12, 1949, https://www.un.org/en/genocideprevention/documents/atrocity-crimes/Doc.32_GC-III-EN.pdf.

Ireland v. United Kingdom. Judgment, January 18, 1978, Strasbourg, https://www.law.umich.edu/facultyhome/drwcasebook/Documents/Documents/Republic%20of%20Ireland%20v.%20United%20Kingdom.pdf.

League of Nations. Covenant. http://avalon.law.yale.edu/20th_century/leagcov.asp#art22.

League of Nations. *An Interim Report on the Civil Administration of Palestine, During the Period 1st July, 1920-30 June, 1921*, https://unispal.un.org/UNISPAL.NSF/0/349B02280A930813052565E90048ED1C.

League of Nations. "The Palestine Mandate," July 24, 1922, https://avalon.law.yale.edu/20th_century/palmanda.asp.

United Kingdom Public General Acts. 1965, c. 73. "Race Relations Act 1965," https://www.legislation.gov.uk/ukpga/1965/73/contents/enacted.

United Kingdom Public General Acts. 1968, c. 71. "Race Relations Act 1968," https://www.legislation.gov.uk/ukpga/1968/71/contents/enacted.

United Nations. Charter. Chapter XI, "Declaration Regarding Non-Self-Governing Territories," https://www.un.org/en/about-us/un-charter/chapter-11.

United Nations. Declaration, January 1, 1942, https://www.unmultimedia.org/searchers/yearbook/page.jsp?volume=1946-47&page=36&searchType=advanced.

United Nations. Official Records of the General Assembly. Fifteenth Session, Supplement No. 2 (A/4494), 1514 (V), "Declaration on the Granting of Independence to Colonial Countries and Peoples," 947th plenary meeting, December 14, 1960, https://www.ohchr.org/en/instruments-mechanisms/instruments/declaration-granting-independence-colonial-countries-and-peoples.

United Nations. Statute of the International Court of Justice, https://www.un.org/en/about-us/un-charter/chapter-11.

United Nations. Resolution 181 (II). Future government of Palestine, November 29, 1947, https://unispal.un.org/DPA/DPR/unispal.nsf/0/7F0AF2BD897689B785256C330061D253.

United Nations. "U.K. Accepts UNSCOP General Recommendations," September 26, 1947, Summary Press Release GA/PAL/2, https://unispal.un.org/unispal.nsf/9a798adbf322aff38525617b006d88d7/ecb5eae2e1d29ed08525686d00529256.

Zionist Congress. First Zionist Congress & Basel Program, August 1897, https://www.jewishvirtuallibrary.org/first-zionist-congress-and-basel-program-1897.

연설·선언문·성명서

Churchill, Winston. "Never Give In, Never, Never, Never," October 29, 1941, https://www.nationalchurchillmuseum.org/never-give-in-never-never-never.html/.

─────. *The Nobel Prize in Literature 1953*, https://www.nobelprize.org/prizes/literature/1953/summary/. ─

─────. Primrose League Speech, July 26, 1897, http://www.churchillarchive.com/explore/page?id=CHAR2022F212F1image=0.

Conservative Party. General Election Manifesto, 1951, http://www.conservativemanifesto.com/1951/1951-conservative-manifesto.shtml.

Disraeli, Benjamin. *Speech at the Banquet of the National Union of Conservative and Constitutional Associations at the Crystal Palace, June 24*, 1872. London: R.J. Mitchell and Sons, 1872.

Elizabeth II. "A Speech by the Queen on her 21st Birthday, 1947," April 21, 1947, https://www.royal.uk/21st-birthday-speech-21-april-1947.

Jinnah, Muhammad Ali. First Presidential Address to the Constituent Assembly of Pakistan, August 11, 1947, http://www.columbia.edu/itc/mealac/pritchett/00islamlinks/txt_jinnah_assembly_1947.html.

Labour Party. Election Manifesto, 1945, http://www.labour-party.org.uk/manifestos/1945/1945-labour-manifesto.shtml. ─

─────. Election Manifesto, 1951, http://www.labour-party.org.uk/manifestos/1951/1951-labour-manifesto.shtml.

Macmillan, Harold. Address to Members of both Houses of the Parliament of the Union of South Africa, February 3, 1960, https://web-archives.univ-pau.fr/english/TD2doc1.pdf.

Oriel College, Oxford University. "Cecil John Rhodes (1853-1902)," https://www.oriel.ox.ac.uk/cecil-john-rhodes-1853-1902/:~:text=By20the201890s20Rhodes20was,in20his20will20SB75D.

Powell, Enoch. "Rivers of Blood." Speech to the Conservative Association meeting, April 20, 1968, https://www.channel4.com/news/articles/dispatches/rivers2Bof2Bblood2Bspeech/1934152.html. ─

─────. Speech to a Dinner of the Royal Society of St George in London on St. George's Day, April 23, 1961, www.churchill-society-london.org.uk/StGeorg*.html [inactive].

Roosevelt, Eleanor. "Adoption of the Declaration of Human Rights." Speech to the UN General Assembly, December 9, 1948, https://awpc.cattcenter.iastate.edu/2017/03/21/adoption-of-the-declaration-of-human-rights-dec-9-1948/.

Roosevelt, Franklin Delano. State of the Union Address, January 6, 1941, https://www.gilderlehrman.org/sites/default/files/inline-pdfs/Four20Freedoms20Speech201941.pdf.

─────. Address to Congress, December 8, 1941, https://www.loc.gov/resource/afc1986022.afc1986022_ms2201/?r=-0.317,-0.115,1.653,0.75,0. ─

─────. "On the Progress of the War," Fireside Chat 20, February 23, 1942, https://millercenter.org/the-presidency/presidential-speeches/february-23-1942-fireside-chat-20-progress-war.

_____. Address to the International Student Assembly, September 3, 1942, http://www.fdrlibrary.marist.edu/_resources/images/msf/msfb0043. —
_____. Press Conference, December 22, 1944, https://www.presidency.ucsb.edu/documents/excerpts-from-the-press-conference-21.
Soyinka, Wole. "This Past Must Address Its Present." Nobel Prize in Literature, December 8, 1986, https://www.nobelprize.org/prizes/literature/1986/soyinka/lecture/.
Thatcher, Margaret. Grenada TV 인터뷰, January 30, 1978, https://margaretthatcher.org/document/103485.

미발표 문헌 및 논문

Anderson, Charles W. "From Petition to Confrontation: The Palestinian National Movement and the Rise of Mass Politics, 1929-1939." Ph.D. diss., New York University, 2013.
Bagon, Paul. "The Impact of the Jewish Underground Upon Anglo Jewry: 1945-1947." M.Phil. thesis, University of Oxford, 2003.
Bicknell, David. "A Penumbra of War: The Use of Lethal Force in British Military Operations in Internal Armed Conflicts." Ph.D. diss., King's College London, 2021.
Bishku, Michael Barry. "The British Empire and the Question of Egypt's Future, 1919-1922." Ph.D. diss., New York University, 1981.
Chatterjee, Partha. "Bombs and Nationalism in Bengal." Paper presented at "Empire and Terror" conference, Columbia University, New York, 2004, http://sarr.emory.edu/subalterndocs/Chatterjee.pdf [inactive].
Foley, Michael. "'The Irish Folly': The Easter Rising: the Press; the People; the Politics." Paper presented at Reflecting the Rising, Dublin Institute of Technology, March 28, 2016, https://arrow.tudublin.ie/aaconmuscon/19/.
Griffin, Brittany. "Tales of Empire: Orientalism and Nineteenth-Century Children's Literature." Ph.D. diss., University of South Florida, 2012.
May, Alexander. "The Round Table, 1910-66." Ph.D. diss., University of Oxford, 1995.
Rast, Mike. "Tactics, Politics, and Propaganda in the Irish War of Independence, 1917-1921." Master's thesis, Georgia State University, 2011, https://scholarworks.gsu.edu/history_theses/46/.
Stubbs, Richard. "Counter-Insurgency and the Economic Factor: The Impact of the Korean War Boom on the Malayan Emergency." Occasional Paper No. 19, Institute of Southeast Asian Studies, Singapore, 1974.
Thomas, Martin. "The Political Economy of Colonial Violence in Interwar Jamaica." Paper presented at the "Terror and the Making of Modern Europe" Conference, Stanford University, April 2008, https://stanford.edu/dept/france-stanford/Conferences/Terror/Thomas.pdf.

참고도서 및 기사

Abrams, Philip. *Historical Sociology*. Ithaca, NY: Cornell University Press, 1983.
Adam, Michel. *Indian Africa: Minorities of Indian-Pakistani Origin in Eastern Africa*. Dar es Salaam: Mkuki na Nyota Publishers, 2015.
Adas, Michael. "Contested Hegemony: The Great War and the Afro-Asian Assault on the Civilizing Mission Ideology." *Journal of World History* 15, no. 1 (2004): 31-63.
Adonis, Andrew. *Ernest Bevin: Labour's Churchill*. London: Biteback Publishing, 2020.
Agamben, Giorgio. *State of Exception*. Translated by Kevin Attell. Chicago: University of Chicago Press, 2005.
Ainsworth, John. "Kevin Barry, the Incident at Monk's Bakery and the Making of an Irish Republican Legend." *History 87* (2002): 372-87.
Al-Hout, Bayan Nuweihid. "The Palestinian Political Elite During the Mandate Period." *Journal of Palestine Studies* 9, no. 1 (1979): 85-111.
Aldrich, Richard J. "Britain's Intelligence Service in Asia During the Second World War." *Modern Asian Studies* 32, no. 1 (1998): 179-217.
―――. *The Hidden Hand: Britain, America, and Cold War Secret Intelligence*. Woodstock, NY: Overlook Press, 2002.
―――. *Intelligence and the War against Japan: Britain, America and the Politics of Secret Service*. Cambridge: Cambridge University Press, 2000.
Aldrich, Robert. *Greater France: A History of French Overseas Expansion*. New York: St. Martin's Press, 1996.
Alford, Bernard. "1945-1951: Years of Recovery or a Stage in Economic Decline?" In *Understanding Decline: Perceptions and Realities of British Economic Performance*, ed. Peter Clarke and Clive Trebilcock, 186-211. Cambridge: Cambridge University Press, 1997.
Allen, Louis. *Burma: The Longest War, 1941-45*. London: J.M. Dent, 1984.
―――. *Singapore, 1941-42*. Abingdon: Frank Cass, 1993.
Alpes, Maybritt Jill. "The Congress and the INA Trials, 1945-50: A Contest over the Perception of 'Nationalist' Politics." *Studies in History* 23, no. 1 (2007): 135-58.
Amery, L. S. *War and Peace 1914-1929*. Vol. 2 of *My Political Life*. London: Hutchinson, 1953.
Anderson, Benedict. *Imagined Communities: Reflections on the Origin and Spread of Nationalism*. London: Verso, 1983. 《상상된 공동체》, 길.
Anderson, Charles W. "State Formation from Below and the Great Revolt in Palestine." *Journal of Palestine Studies* 47, no. 1 (2017): 39-55.
Anderson, Clare. "The Politics of Convict Space: Indian Penal Settlements and the Andaman Islands." In *Isolation: Places and Practices of Exclusion*, ed. Alison Bashford and Carolyn Strange, 37-52. New York: Routledge, 2003.
Anderson, David M. *Histories of the Hanged: The Dirty War in Kenya and the End of Empire*. New York: Norton, 2005.
―――. "Master and Servant in Colonial Kenya, 1895-1939." *Journal of African History* 41, no. 3

(2000): 459-85.

———. "Policing and Communal Conflict: The Cyprus Emergency, 1954-60." In *Policing and Decolonisation: Politics, Nationalism and the Police, 1917-1965*, ed. David M. Anderson and David Killingray, 187-217. Manchester: Manchester University Press, 1992.

Anderson, Perry. *Lineages of the Absolutist State*. 1974; reprint New York: Verso, 2013. 《절대주의 국가의 계보》, 현실문화.

Anderson, Scott. *Lawrence in Arabia: War, Deceit, Imperial Folly and the Making of the Modern Middle East*. New York: Anchor Books, 2013.

Andrew, Christopher M. *Secret Service: The Making of the British Intelligence Community*. London: Heinemann, 1985.

———. *The Defence of the Realm: The Authorized History of MI5*. London: Penguin Books, 2010.

Andrew, Christopher, and Simona Tobia, eds. *Interrogation in War and Conflict: A Comparative and Interdisciplinary Analysis*. London: Routledge, 2014.

Angell, Norman. *The Fruits of Victory, A Sequel to "The Great Illusion."* London: W. Collins & Sons, 1921.

Angelo, Anne-Marie. "The Black Panthers in London, 1967-1972: A Diasporic Struggle Navigates the Black Atlantic." *Radical History Review* 103 (2009): 17-35.

Anghie, Anthony. "Finding the Peripheries: Sovereignty and Colonialism in Nineteenth-Century International Law." *Harvard International Law Journal* 40, no. 1 (1999), 1-80.

———. *Imperialism, Sovereignty and the Making of International Law*. Cambridge: Cambridge University Press, 2005.

Anglim, Simon. "Callwell Versus Graziani: How the British Army Applied 'Small Wars' Techniques in Major Operations in Africa and the Middle East, 1940-41." *Small Wars and Insurgencies* 19, no. 4 (2008): 588-608.

———. *Orde Wingate and the British Army, 1922-1944*. London: Pickering & Chatto, 2010.

Antonius, George. *The Arab Awakening*. London: Hamish Hamilton, 1938.

Araujo, Ana Lucia. *Slavery in the Age of Memory: Engaging the Past*. London: Bloomsbury, 2021.

Arendt, Hannah. *The Origins of Totalitarianism*. 1951; reprint New York: Harcourt, 1976. 《전체주의의 기원》, 한길그레이트북스.

Armitage, David. "The Fifty Years' Rift: Intellectual History and International Relations." *Modern Intellectual History* 1, no. 1 (2004): 97-109.

———. "Greater Britain: A Useful Category of Analysis?" *American Historical Review* 104, no. 2 (1999): 427-45.

———. *The Ideological Origins of the British Empire*. Cambridge: Cambridge University Press, 2000.

———. "The International Turn in Intellectual History." In *Rethinking Modern European Intellectual History*, ed. Darrin M. McMahon and Samuel Moyn, 232-52. New York: Oxford University Press, 2014.

———. "John Locke, Carolina, and the Two Treatises of Government." *Political Theory* 32, no. 5

(2004): 602-27.

———. "John Locke: Theorist of Empire?" In *Empire and Modern Political Thought*, ed. Sankur Muthu (Cambridge: Cambridge University Press, 2012), 84-111.

Arneil, Barbara. *John Locke and America*: *The Defence of English Colonialism*. Oxford: Oxford University Press, 1996.

Arrigonie, Harry. *British Colonialism*: *Thirty Years Serving Democracy or Hypocrisy?* Devon: Edward Gaskell, 1998.

Ashton, S. R. "Keeping Change Within Bounds: A Whitehall Reassessment." In *The British Empire in the 1950s: Retreat or Revival?*, ed. Martin Lynn, 32-52. Basingstoke: Palgrave Macmillan, 2006.

Attlee, C. R. *As It Happened*. London: Viking Press, 1954.

Auld, John W. "The Liberal Pro-Boers." *Journal of British Studies* 14, no. 2 (1975): 78-101.

"Avner." *Memoirs of an Assassin*. Translated by Burgo Partridge. New York: Yoseloff, 1959.

Azikiwe, Nnamdi. *Renascent Africa*. New York: Negro Universities Press, 1937.

Badger, Anthony. "Historians, a Legacy of Suspicion and the 'Migrated Archives.'" *Small Wars and Insurgencies* 23, no. 4-5 (2012): 799-807.

Baker, Nicholson. *Human Smoke*: *The Beginnings of World War II, the End of Civilization*. New York: Simon & Schuster, 2008.

Barber, Noel. *The Black Hole of Calcutta*: *A Reconstruction*. 1965; reprint Pleasantville, NY: Akadine Press, 2000.

———. *The War of the Running Dogs*: *How Malaya Defeated the Communist Guerrillas, 1948-1960*. 1971: reprint London: Cassell, 2004.

Barker, Sir Ernest. *Ideas and Ideals of the British Empire*. 2d ed. Cambridge: Cambridge University Press, 1951.

Barr, James. *A Line in the Sand*: *The Anglo-French Struggle for the Middle East, 1914-1948*. New York: Norton, 2013.

Bastian, Hilda. "Down and Almost Out in Scotland: George Orwell, Tuberculosis and Getting Streptomycin in 1948." *Journal of the Royal Society of Medicine* 99, no. 2 (2006): 95-98.

Bauer, Yehuda. *From Diplomacy to Resistance*: *A History of Jewish Palestine, 1939-1945*. New York: Atheneum, 1970.

Baylis, John. *The Diplomacy of Pragmatism*: *Britain and the Formation of NATO, 1942-49*. Kent, Ohio: The Kent State University Press, 1993.

Bayly, Christopher A. *Empire and Information*: *Intelligence Gathering and Social Communication in India, 1780-1870*. Cambridge: Cambridge University Press, 1996.

———. *Recovering Liberties*: *Indian Thought in the Age of Liberalism and Empire*. Cambridge: Cambridge University Press, 2011.

Bayly, Christopher A., and Tim Harper, eds. *Forgotten Armies*: *The Fall of British Asia, 1941-1945*. Cambridge, MA: Harvard University Press, 2005.

———. *Forgotten Wars*: *The End of Britain's Asian Empire*. London: Allen Lane, 2007.

Beaverbrook, Baron Max Aitken (Lord Beaverbrook). *Politicians and the War, 1914-1916*. London:

Thornton Butterworth, 1928.

Beckett, Ian F. W. "British Counter-insurgency: A Historiographical Reflection." In *British Ways of Counter-insurgency: A Historical Perspective*, ed. Matthew Hughes, 209-26. London: Routledge, 2013.

―――. *Modern Insurgencies and Counter-Insurgencies: Guerrillas and their Opponents since 1750*. London: Routledge, 2001.

―――. "Robert Thompson and the British Advisory Mission to South Vietnam, 1961-65." *Small Wars and Insurgencies* 8, no. 3 (1997): 41-63.

Beers, Laura. *Red Ellen: The Life of Ellen Wilkinson, Socialist, Feminist, Internationalist*. Cambridge, MA: Harvard University Press, 2016.

―――. *Your Britain: Media and the Making of the Labour Party*. Cambridge, MA: Harvard University Press, 2010.

Begin, Menachem. *The Revolt: Story of the Irgun*. London: W.H. Allen, 1951.

Bell, Duncan. *The Idea of Greater Britain: Empire and the Future of World Order, 1860-1900*. Princeton: Princeton University Press, 2007.

―――. *Reordering the World: Essays on Liberalism and Empire*. Princeton: Princeton University Press, 2016.

Bell, J. Bowyer. *On Revolt: Strategies of National Liberation*. Cambridge, MA: Harvard University Press, 1976.

―――. *Terror Out of Zion: Irgun Zvai Leumi, LEHI, and the Palestine Underground, 1929-1949*. New York: St. Martin's Press, 1977. Ben-Gurion, David. Memoirs. New York: World, 1970.

Benjamin, Walter. *Walter Benjamin: Essays, Aphorisms, Autobiographical Writings*, ed. Peter Demetz. New York: Harcourt Brace Jovanovich, 1978.

Bennett, Huw. "'Detainees Are Always One's Achilles Heel': The Struggle over the Scrutiny of Detention and Interrogation in Aden, 1963-1967." *War in History* 23, no. 4 (2016): 457-88.

―――. *Fighting the Mau Mau: The British Army and Counter-Insurgency in the Kenya Emergency*. Cambridge: Cambridge University Press, 2012.

―――. "'A Very Salutary Effect': The Counter-Terror Strategy in the Early Malayan Emergency, June 1948 to December 1949." *Journal of Strategic Studies* 32, no. 3 (2009): 415-44.

Bennett, Huw, et al. "Studying Mars and Clio: Or How Not to Write About the Ethics of Military Conduct and Military History." *History Workshop Journal* 88 (2019): 274-80.

Bennett, Richard. *The Black and Tans*. Barnsley, South Yorkshire: Pen & Sword Military, 2010.

Benton, Lauren A. *A Search for Sovereignty: Law and Geography in European Empires, 1400-1900*. Cambridge: Cambridge University Press, 2010.

―――. *Law and Colonial Cultures: Legal Regimes in World History, 1400-1900*. Cambridge: Cambridge University Press, 2002.

Berman, Bruce. *Control and Crisis in Colonial Kenya: The Dialectic of Domination*. London: James Currey, 1990.

―――. "The Perils of Bula Matari: Constraint and Power in the Colonial State." *Canadian Journal of African Studies 31, no. 3 (1997): 555-70.

Berry, Sara. "Hegemony on a Shoestring: Indirect Rule and Access to Agricultural Land." *Africa* 62, no. 3 (1992): 327-55.

Besant, Walter. *The Queen's Reign and its Commemoration: A Literary and Pictorial Review of the Period.* London: Werner, 1897.

Best, Geoffrey. *War and Law Since 1945.* Oxford: Clarendon Press, 1994.

Bethell, Nicholas. *The Palestine Triangle: The Struggle for the Holy Land, 1935-48.* New York: G.P. Putnam's Sons, 1979.

Bevir, Mark. "Theosophy and the Origins of the Indian National Congress." *International Journal of Hindu Studies* 7 (2003): 99-115.

Bew, Paul. *Churchill and Ireland.* Oxford: Oxford University Press, 2016.

Bhabha, Homi K. "Foreword: Framing Fanon." Preface to Fanon, *Wretched of the Earth*, vii-xli.

―――. "Of Mimicry and Man: The Ambivalence of Colonial Discourse." In Cooper and Stoler, *Tensions of Empire*, 152-60.

Bidwell, Shelford. *The Chindit War: The Campaign in Burma, 1944.* London: Hodder & Stoughton, 1979.

Bierman, John, and Colin Smith. *Fire in the Night: Wingate of Burma, Ethiopia, and Zion.* New York: Random House, 1999.

Biggar, Nigel. *Between Kin and Cosmopolis: An Ethic of the Nation.* Eugene, OR: Cascade Books, 2014.

Bishku, Michael B. "The British Press and the Future of Egypt, 1919-1922." *International History Review* 8, no. 4 (1986): 604-12.

Bivona, Daniel. *British Imperial Literature, 1870-1940: Writing and the Administration of Empire.* Cambridge: Cambridge University Press, 1998.

Black, Eugene. "Edwin Montagu." *Jewish Historical Studies* 30 (1987-1988): 199-218. Blackburn, Kevin. "The Collective Memory of the Sook Ching Massacre and the Creation of the Civilian War Memorial of Singapore." *Journal of the Malaysian Branch of the Royal Asiatic Society* 73, no. 2 (2000): 71-90.

Blake, Robert. *Disraeli.* London: Prion Books, 1998.

Blaustein, Albert Paul, et al., eds. *Independence Documents of the World.* Dobbs Ferry, NY: Oceanic, 1977.

Blundell, Michael. *So Rough a Wind.* London: Weidenfeld & Nicolson, 1964.

Blyth, Robert J. *The Empire of the Raj: India, Eastern Africa and the Middle East, 1858-1947.* New York: Palgrave Macmillan, 2003.

Bolland, O. Nigel. *The Politics of Labour in the British Caribbean.* Kingston: Ian Randle, 2001.

Borgwardt, Elizabeth. *A New Deal for the World: America's Vision for Human Rights.* Cambridge, MA: Harvard University Press, 2005.

Bosco, Andrea. "From Empire to Atlantic 'System': The Round Table, Chatham House and the Emergence of a New Paradigm in Anglo-American Relations." *Journal of Transatlantic Studies* 16, no. 3 (2018): 222-46.

Bose, Sugata. *His Majesty's Opponent: Subhas Chandra Bose and India's Struggle against Empire*. Cambridge, MA: Belknap Press, 2011.

―――. "Nation as Mother: Representations and Contestations of 'India' in Bengali Literature and Culture." In *Nationalism, Democracy and Development: State and Politics in India*, ed. Sugata Bose and Ayesha Jalal, 50-75. New York: Oxford University Press, 1997.

―――. *Peasant Labour and Colonial Capital: Rural Bengal Since 1770*. Cambridge: Cambridge University Press, 1993.

―――. "The Spirit and Form of an Ethical Polity: A Meditation on Aurobindo's Thoughts." *Modern Intellectual History* 4, no. 1 (2007): 129-44.

―――. "Starvation Amidst Plenty: The Making of Famine in Bengal, Honan and Tonkin, 1942-45." *Modern Asian Studies* 24, no. 4 (1990): 699-727.

Bose, Sugata, and Ayesha Jalal. *Modern South Asia: History, Culture, Political Economy*. Fourth Edition. London: Routledge, 2018.

Bourke, Richard. *Empire and Revolution: The Political Life of Edmund Burke*. Princeton: Princeton University Press, 2015.

Bowden, Tom. *The Breakdown of Public Security: The Case of Ireland 1916-1921 and Palestine 1936-1939*. London: Sage, 1977.

Boyd, Viscount [Allan Lennox-Boyd]. "Opening Address." In *The Transfer of Power: The Colonial Administrator in the Age of Decolonisation*, ed. Anthony Kirk-Greene, 2-9. Oxford: Committee for African Studies, 1979.

Brecher, Michael. *Political Leadership and Charisma, Nehru, Ben-Gurion and Other Twentieth-Century Political Leaders: Intellectual Odyssey I*. New York: Palgrave Macmillan, 2016.

Brendon, Piers. *The Decline and Fall of the British Empire, 1781-1997*. New York: Knopf, 2008.

Brenner, Y. S. "The Stern Gang, 1940-48." *Middle Eastern Studies* 2, no. 1 (1965): 2-30.

Brighton, Paul, and Dennis Foy. *News Values*. London: Sage, 2007.

Brockway, Fenner. *Why Mau Mau? An Analysis and Remedy*. London: Congress of Peoples Against Imperialism, 1953.

Brown, Christopher Leslie. "Empire Without Slaves: British Concepts of Emancipation in the Age of the American Revolution." *William and Mary Quarterly* 56, no. 2 (1999): 273-306.

―――. *Moral Capital: Foundations of British Abolitionism*. Chapel Hill: The University of North Carolina Press, 2006.

Brown, Judith M. *Gandhi: Prisoner of Hope*. New Haven, CT: Yale University Press, 1989.

―――. *Gandhi's Rise to Power: Indian Politics, 1915-1922*. Cambridge: Cambridge University Press, 1972.

―――. *Modern India: The Origins of an Asian Democracy*. Oxford: Oxford University Press, 1994.

Brown, Stephen R. *Merchant Kings: When Companies Ruled the World, 1600-1900*. New York: St. Martin's Press, 2009.

Brown, Vincent. *The Reaper's Garden: Death and Power in the World of Atlantic Slavery*.

Cambridge: Harvard University Press, 2008.

Bryant, Joshua. *Account of an Insurrection of the Negro Slaves in the Colony of Demerara.* Demarara: A. Stevenson, 1824.

Buergenthal, Thomas. "The Evolving International Human Rights System." *American Journal of International Law* 100, no. 4 (2006): 783-807.

Bullock, Alan. *Ernest Bevin Foreign Secretary, 1945-1951.* New York: Norton, 1983. Bunce, R. E. R., and Paul Field. "Obi B. Egbuna, C. L. R. James and the Birth of Black Power in Britain: Black Radicalism in Britain 1967-72." *Twentieth Century British History* 22, no. 3 (2011): 391-414.

Burk, Kathleen. *Old World, New World: Great Britain and America from the Beginning.* New York: Atlantic Monthly Press, 2008.

Burke, Edmund. *The Speeches of the Right Honourable Edmund Burke on the Impeachment of Warren Hastings.* Vol. I. London: Henry G. Bohn, 1857.

Cahill, Richard Andrew. "'Going Beserk': 'Black and Tans' in Palestine." *Jerusalem Quarterly* 38 (2009): 59-68.

Cain, Peter J., and Anthony G. Hopkins. *British Imperialism: Crisis and Deconstruction, 1914-1990.* London: Longman, 1993.

———. "Gentlemanly Capitalism and British Overseas Expansion." *Economic History Review* 39, no. 4 (1986): 501-25, and 40, no. 1 (1987): 1-26.

Cairncross, Sir Alec, and Barry Eichengreen. *Sterling in Decline: The Devaluations of 1931, 1949 and 1967.* London: Palgrave Macmillan, 2003.

Cairns, Huntington. "Spinoza's Theory of Law." *Columbia Law Review* 48, no. 7 (1948): 1032-48.

Callahan, Raymond A. *The Worst Disaster: The Fall of Singapore.* London: Associated University Press, 1977.

Callwell, Colonel C. E. *Field-Marshal Sir Henry Wilson: His Life and Diaries.* London: Cassell, 1927.

———. "Lessons to Be Learnt from the Campaigns in Which British Forces Have Been Employed Since the Year 1865." *Journal of the Royal United Service Institution* 31, no. 139 (1887): 357-412.

———. "Notes on the Strategy of Our Small Wars." *Minutes of Proceedings of the Royal Artillery Institution* 12 (1884): 531-52, and 13 (1885): 403-20.

———. *Small Wars: Their Principles and Practices.* 1906; reprint, Lincoln: University of Nebraska Press, 1996.

Cannadine, David. "The Context, Performance and Meaning of Ritual: The British Monarchy and the 'Invention of Tradition.'" In *The Invention of Tradition*, ed. Eric Hobsbawm and Terence Ranger, 101-64. Cambridge: Cambridge University Press, 1992.

Carlyle, Thomas. "Occasional Discourse on the Negro Question." In *Fraser's Magazine for Town and Country* 40 (1849): 670-79.

Carnell, F. G. "Malayan Citizenship Legislation." *International and Comparative Law Quarterly* 1, no. 4 (1952): 504-18.

Carothers, J. C. "The Psychology of Mau Mau." Nairobi: Government Printer, 1954.

Carrington, Charles. *Rudyard Kipling: His Life and Work*. New York: Penguin, 1970.

Carroll, Lewis. *Alice's Adventures in Wonderland & Through the Looking-Glass*. New York: Bantam Classics, 1984. 《이상한 나라의 앨리스》, 《거울 나라의 앨리스》, 시공주니어.

Carruthers, Susan L. *Winning Hearts and Minds: British Governments, the Media and Colonial Counter-Insurgency, 1944-1960*. London: Leicester University Press, 1995.

Castle, Barbara. *Fighting All the Way*. London: Macmillan, 1993.

Castle, Kathryn. *Britannia's Children: Reading Colonialism Through Children's Books and Magazines*. Manchester: Manchester University Press, 1996.

Castrén, Erik. *Civil War*. Helsinki: Suomalainen Tiedeakatemia, 1966.

Catherwood, Christopher. *Churchill's Folly: How Winston Churchill Created Modern Iraq*. New York: Basic Books, 2005.

Césaire, Aimé. *Discourse on Colonialism*. Translated by Joan Pinkham. New York: Monthly Review Press, 1955 [1950].

Cesarani, David. *Major Farran's Hat: The Untold Story of the Struggle to Establish the Jewish State, 1945-1948*. London: William Heinemann, 2009.

―――. "The War on Terror That Failed: British Counter-Insurgency in Palestine 1945-1947 and the 'Farran Affair.'" *Small Wars and Insurgencies* 23, no. 4-5 (2012): 648-70.

Chakrabarty, Bidyut. *Politics, Ideology and Nationalism: Jinnah, Savarkar and Ambedkar Versus Gandhi*. New Delhi: Sage, 2020.

Chakravarty, Gautam. *The Indian Mutiny and the British Imagination*. Cambridge: Cambridge University Press, 2005.

Chanock, Martin. *Law, Custom, and Social Order: The Colonial Experience in Malawi and Zambia*. Cambridge: Cambridge University Press, 1985.

Chapman, F. Spencer. *The Jungle Is Neutral*. New York: Norton, 1949.

Chapman, James. *The British at War: Cinema, State and Propaganda, 1939-1945*. London: I.B. Tauris, 1998.

Charlton, L. E. O. *Charlton: An Autobiography*. London: Faber & Faber, 1931.

Charters, David A. *The British Army and Jewish Insurgency in Palestine, 1945-47*. London: Macmillan, 1989.

―――. "British Intelligence in the Palestine Campaign, 1945-47." *Intelligence and National Security* 6, no. 1 (1991): 115-40.

Chatterjee, Partha. *The Black Hole of Empire: History of a Global Practice of Power*. Princeton: Princeton University Press, 2012.

―――. *Empire and Nation: Essential Writings 1985-2005*. London: Orient Black Swan, 2010.

―――. *The Nation and Its Fragments: Colonial and Postcolonial Histories*. Princeton: Princeton University Press, 1993.

Chaudhuri, Nirad C. *The Autobiography of an Unknown Indian*. 1951; reprint, Berkeley: University of California Press, 1968.

Chetail, Vincent. "The Contribution of the International Court of Justice to International Humanity Law." *International Review of the Red Cross* 85, no. 4 (2003): 235-68.

Christie, Clive J. *A Modern History of Southeast Asia: Decolonisation, Nationalism, and Separatism.* New York: I.B. Tauris, 1996.

Churchill, Winston. *Memoirs of the Second World War.* London: Houghton Mifflin Harcourt, 1990.

―――. *My Early Life.* 1930; reprint, London: Eland, 2000. 《윈스턴 처칠, 나의 청춘》, 행북.

―――. *The Story of the Malakand Field Force: An Episode of Frontier War.* London: Longmans, Green, 1898.

Church Missionary Society. "Kenya―Time for Action!," January 28, 1955.

Clark, Gemma. "Violence Against Women in the Irish Civil War, 1922-3: Gender-Based Harm in Global Perspective." *Irish Historical Studies* 44, no. 165 (2020): 75-90.

Clarke, Austin. *Growing Up Stupid Under the Union Jack.* Toronto: Thomas Allen, 1980.

Clarke, Peter. *The Last Thousand Days of the British Empire: Churchill, Roosevelt, and the Birth of Pax Americana.* New York: Bloomsbury, 2008.

Clayton, Anthony. *Counter-insurgency in Kenya: A Study of Military Operations Against Mau Mau.* Nairobi: Transafrica, 1976.

Cloake, John. *Templer: Tiger of Malaya, the Life of Field Marshal Sir Gerald Templer.* London: Harrap, 1985.

Cobain, Ian. *Cruel Britannia: A Secret History of Torture.* London: Portobello Books, 2012.

―――. *The History Thieves: Secrets, Lies and the Shaping of a Modern Nation.* London: Portobello Books, 2016.

Cohen, David. *Churchill and Attlee: The Unlikely Allies Who Won the War.* London: Biteback Publishing, 2018.

Cohen, Gidon. *The Failure of a Dream: The Independent Labour Party from Disaffiliation to World War II.* London: I.B. Tauris, 2007.

Cohen, Hillel. *Army of Shadows: Palestinian Collaboration with Zionism, 1917-1948.* Berkeley: University of California Press, 2008.

Cohen, Michael J. *Churchill and the Jews.* London: Frank Cass, 1985.

―――. "Direction of Policy in Palestine, 1936-45." *Middle Eastern Studies* 11, no. 3 (1975): 237-61.

―――. "The Moyne Assassination, November 1944: A Political Analysis." *Middle Eastern Studies* 15, no. 3 (1979): 358-73.

―――. *Palestine and the Great Powers, 1945-1948.* Princeton: Princeton University Press, 1982.

―――. *Palestine, Retreat from the Mandate: A Study of British Policy, 1936-45.* New York: Holmes & Meier, 1978.

―――. *Palestine to Israel: From Mandate to Independence.* London: Frank Cass, 1988. Coleman, David A. "U.K. Statistics on Immigration: Development and Limitations." *International Migration Review* 21, no. 4 (1987): 1138-69.

Collett, Nigel. *The Butcher of Amritsar: General Reginald Dyer.* London: Hambledon, 2005.

Colley, Linda. *The Gun, the Ship, and the Pen: Warfare, Constitutions, and the Making of the*

Modern World. New York: Liveright, 2021.

Comaroff, Jean, and John L. Comaroff. *The Truth About Crime: Sovereignty, Knowledge, Social Order*. Chicago: University of Chicago Press, 2016.

Comaroff, John L. "Colonialism, Culture, and the Law: A Foreword." *Law and Social Inquiry* 26, no. 2 (2001): 305-14.

———. "Images of Empire, Contests of Conscience: Models of Colonial Domination in South Africa." In Cooper and Stoler, *Tensions of Empire*, 163-97.

Comber, Leon. *Malaya's Secret Police Force 1945-60: The Role of the Special Branch in the Malayan Emergency*. Singapore: Institute of Southeast Asian Studies, 2008.

Conklin, Alice. *A Mission to Civilize: The Republican Idea of Empire in France and West Africa, 1895-1930*. Palo Alto, CA: Stanford University Press, 1997.

Connell, John. *Auchinleck: A Biography of Field-Marshal Sir Claude Auchinleck*. London: Cassell & Company, 1959.

Constantine, Stephen. *The Making of British Colonial Development Policy, 1914-40*. London: Frank Cass, 1984.

Coogan, Tim Pat. *Michael Collins: The Man Who Made Ireland*. New York: Palgrave, 2002.

———. *1916: The Easter Rising*. London: Weidenfeld & Nicolson, 2005.

Cook, Scott B. "The Irish Raj: Social Origins and Careers of Irishmen in the Indian Civil Service, 1855-1914." *Journal of Social History* 20, no. 3 (1987): 507-29.

Cooper, Frederick. "Modernizing Colonialism and the Limits of Empire." In *Lessons of Empire: Imperial Histories and American Power*, ed. Craig Calhoun, Frederick Cooper, and Kevin W. Moore, 63-72. New York: New Press, 2006.

Cooper, Frederick, and Ann Laura Stoler. *Tensions of Empire: Colonial Cultures in a Bourgeois World*. Berkeley: University of California Press, 1997.

Corum, James S. "The Myth of Air Control: Reassessing History." *Aerospace Power Journal* 14, no. 4 (2000): 61-77.

Cotter, Cornelius P. "Emergency Detention in Wartime: The British Experience." *Stanford Law Review* 6, no. 2 (1954): 238-86.

Craig, F. W. S., ed. *British General Election Manifestos, 1900-1974*. London: Macmillan, 1975.

Crawshaw, Nancy. *The Cyprus Revolt: An Account of the Struggle for Union with Greece*. London: George Allen & Irwin, 1978.

Cripps, Stafford. Foreword to George Padmore, *Africa and World Peace*. London: Secker & Warburg, 1937.

Crossman, Richard. *Palestine Mission: A Personal Record*. New York: Harper & Brothers, 1947.

Crowdy, Terry. *Deceiving Hitler: Double-Cross and Deception in World War II*. London: Osprey, 2008.

Cudjoe, Selwyn R., and William E. Cain, eds. *C. L. R. James: His Intellectual Legacies*. Amherst: University of Massachusetts Press, 1995.

Cummings, Ronald. "Ain't No Black in the (Brexit) Union Jack? Race and Empire in the Era of Brexit and the *Windrush* Scandal." *Journal of Postcolonial Writing* 56, no. 5 (2020): 593-606.

Cunard, Nancy, and George Padmore. "The White Man's Duty: An Analysis of the Colonial Question in Light of the Atlantic Charter." In *Essays on Race and Empire*, ed. Nancy Cunard and Maureen Moynagh, 127-78. Petersborough, Canada: Broadview Press, 2002.

Curtis, Lewis Perry, Jr. *Apes and Angels: The Irishman in Victorian Caricature*. Washington, DC: Smithsonian Institution Press, 1971.

———. *Coercion and Conciliation in Ireland, 1880-1892*. Oxford: Oxford University Press, 1963.

Dalrymple, William. "The Great Divide: The Violent Legacy of Indian Partition." *New Yorker*, June 29, 2015.

———. *The Last Mughul: The Fall of a Dynasty, Delhi, 1857*. London: Bloomsbury, 2006.

Dalton, Hugh. *The Second World War Diary of Hugh Dalton 1940-45*, ed. Ben Pimlott. London: Jonathan Cape, 1986.

Daly, M. W. "The British Occupation, 1882-1922." In *Modern Egypt, from 1517 to the End of the Twentieth Century*, ed. M. W. Daly, 239-51. Vol. 2 of *The Cambridge History of Egypt*. New York: Cambridge University Press, 1998.

Darwin, John. *Britain, Egypt and the Middle East, 1918-1922*. London: St. Martin's Press, 1981.

———. *The Empire Project: The Rise and Fall of the British World-System, 1830-1970*. Cambridge: Cambridge University Press, 2009.

Das, Santanu, ed. *Race, Empire and First World War Writing*. Cambridge: Cambridge University Press, 2011.

Datta, Vishwa Nath. *Jallianwala Bagh*. Ludhiana: Kurukshetra Lyall Book Depot, 1969.

Davidson, Basil. *The Black Man's Burden: Africa and the Curse of the Nation-State*. London: James Currey, 1992.

Davidson, Jim. *The Three-Cornered Life: The Historian WK Hancock*. Sydney: University of New South Wales Press, 2010.

Davis, Clarence B., Kenneth E. Wilburn, and Ronald E. Robinson, eds. *Railway Imperialism*. New York: Praeger, 1991.

Davis, Richard P. "The Influence of the Irish Revolution on Indian Nationalism: The Evidence of the Indian Press, 1916-192." *South Asia* 9, no. 2 (1986): 55-68.

Del Tufo, M. V. *A Report on the 1947 Census of Population*. London: Crown Agents for the Colonies, 1949.

Denoon, Donald. "Participation in the 'Boer War': People's War, People's Non-War, or Non-People's War?" In *War and Society in Africa*, ed. Bethwell A. Ogot, 109-22. London: Frank Cass, 1972.

Desai, Bhulabhi. *INA Defence*. Delhi: INA Defence Committee, 1954.

Dhu Renick, Rhoderick, Jr. "The Emergency Regulations of Malaya Causes and Effect." *Journal of Southeast Asian History* 6, no. 2 (1965): 1-39.

Dicey, Albert Venn. *England's Case against Home Rule*. London: John Murray, 1886.

———. *Introduction to the Study of the Law of the Constitution*, 9th ed., 1885; reprint, London: Macmillan, 1952.

Dimbleby, Jonathan. *The Prince of Wales: A Biography*. Toronto: Doubleday Canada, 1994.

Dirks, Nicholas. *The Scandal of Empire: India and the Creation of Imperial Britain*. Cambridge, MA: Harvard University Press, 2006.

Doherty, M. A. "Kevin Barry and the Anglo-Irish Propaganda War." *Irish Historical Studies* 32, no. 126 (2000): 217-31.

Douglas, Rachel. *Making the Black Jacobins: C. L. R. James and the Drama of History*. Durham, NC: Duke University Press, 2019.

Douglas, R. M. *The Labour Party, Nationalism and Internationalism, 1939-1951*. London: Routledge, 2004.

Douglas, Roy. *Liberals: The History of the Liberal and Liberal Democrat Parties*. New York: Palgrave Macmillan, 2005.

Draper, Alfred. *Amritsar: The Massacre That Ended the Raj*. London: Littlehampton Book Services, 1981.

Drayton, Richard. "Anglo-American 'Liberal' Imperialism, British Guiana, 1953-64, and the World Since September 11." In *Yet More Adventures in Britannia: Personalities, Politics and Culture in Britain*, ed. William Roger Louis, 321-42. London: I.B. Tauris, 2005.

―――. "Biggar vs Little Britain: God, War, Union, Brexit and Empire in Twenty-first Century Conservative Ideology." In *Embers of Empire in Brexit Britain*, ed. Stuart Ward and Astrid Rasch, 143-55. London: Bloomsbury Academic, 2019.

―――. "Science, Medicine, and the British Empire." In *Historiography*, ed. Robin W. Winks and Alaine Low, 264-76. Oxford: Oxford University Press, 1999.

―――. "Where Does the World Historian Write From? Objectivity, Moral Conscience and the Past and Present of Imperialism." *Journal of Contemporary History* 46, no. 3 (2011): 671-85.

Drohan, Brian. *Brutality in an Age of Human Rights: Activism and Counterinsurgency at the End of the British Empire*. Ithaca, NY: Cornell University Press, 2017.

Du Bois, W. E. B. *Dusk of Dawn: An Essay Toward an Autobiography of a Concept of Race*. 1940; reprint, New York: Oxford University Press, 2007.

―――. *The Souls of Black Folk*. New York: Dover, 1903.

Duff, Douglas V. *Bailing with a Teaspoon*. London: John Long, 1953.

Dwyer, Philip, and Amanda Nettelbeck. "'Savage Wars of Peace': Violence, Colonialism and Empire in the Modern World." In *Violence, Colonialism and Empire in the Modern World*, ed. Philip Dwyer and Amanda Nettelbeck, 1-22. London: Palgrave Macmillan, 2018.

Dwyer, T. Ryle. *Big Fellow, Long Fellow: A Joint Biography of Collins and De Valera*. New York: St. Martin's Press, 1998.

―――. *The Squad and the Intelligence Operations of Michael Collins*. Cork: Mercier Press, 2005.

Edgerton, Robert B. *Mau Mau: An African Crucible*. London: I.B. Tauris, 1990.

Egerton, H. E. *Is the British Empire the Result of Wholesale Robbery?* Oxford: Oxford University Press, 1914.

Eisenstadt, Shmuel N. *The Political Systems of Empires*. New York: Free Press, 1963.

Elder, David A. "The Historical Background of Common Article 3 of the Geneva Convention of 1949." *Case Western Reserve Journal of International Law* 11, no. 1: 37-69.
Elkins, Caroline. "Archives, Intelligence and Secrecy: The Cold War and the End of the British Empire." In *Decolonization and the Cold War: Negotiating Independence*, ed. Leslie James and Elisabeth Leake, 257-84. London: Bloomsbury, 2015.
―――. *Imperial Reckoning: The Untold Story of Britain's Gulag in Kenya*. New York: Henry Holt, 2005.
―――. "Looking Beyond Mau Mau: Archiving Violence in the Era of Decolonization." *American Historical Review* 120, no. 3 (2015): 852-68.
―――. "The 'Moral Effect' of Legalized Lawlessness: Violence in Britain's Twentieth-Century Empire." *Historical Reflections* 44, no. 1 (2018): 78-90.
Ellis, John. *The Social History of the Machine Gun*. Baltimore: Johns Hopkins University Press, 1986.
Engels, Friedrich. *The Condition of the Working-Class in England in 1844*. Translated by Florence Kelley Wischnewetzky. 1887; reprint, Las Vegas: Benediction Classics, 2012.
Epstein, James. "Stuart Hall, Familiar Stranger: A Life Between Two Islands." *American Historical Review* 124, no. 1 (2019): 193-96.
Evans, Peter. *Law and Disorder: Scenes of Life in Kenya*. London: Secker & Warburg, 1956.
Fahmy, Ziad. *Ordinary Egyptians: Creating the Modern Nation Through Popular Culture*. Stanford, CA: Stanford University Press, 2011.
Fanon, Franz. *Wretched of the Earth* (1961). Translated by Richard Philcox. New York: Grove Press, 2004.
Farran, Roy. *Winged Dagger: Adventures on Special Service*. London: Collins, 1948.
Farrell, Brian, and Garth Pratten. *Malaya: 1941-42*. Sydney: Big Sky Publishing, 2009.
Farrell, Brian, and Sandy Hunts, eds. *Sixty Years On: The Fall of Singapore Revisited*. Singapore: Marshall Cavendish Academic, 2003.
Farwell, Bryon. *Queen Victoria's Little Wars*. New York: Harper & Row, 1972. Favell, Adrian. *Philosophies of Integration: Immigration and the Idea of Citizenship in France and Britain*. New York: St. Martin's Press, 1998.
Fay, Peter Ward. *The Forgotten Army: India's Armed Struggle for Independence, 1942-1945*. Ann Arbor: University of Michigan Press, 1993.
Fedorowich, Kent. "The Problems of Disbandment: The Royal Irish Constabulary and Imperial Migration, 1919-29." *Irish Historical Studies* 30, no. 117 (1996): 88-110.
Fein, Helen. *Imperial Crime and Punishment: The Massacre at Jallianwala Bagh and British Judgment, 1919-1920*. Honolulu: University of Hawaii Press, 1977.
Feinstein, Charles H. "The End of Empire and the Golden Age." In *Understanding Decline: Perceptions and Realities of British Economic Performance*, ed. Peter Clarke and Clive Trebilcock, 212-33. Cambridge: Cambridge University Press, 1997.
Ferguson, Niall. *Empire: How Britain Made the Modern World*. London: Allen Lane, 2003. 《제국》, 민음사.

———. *The Pity of War: Explaining World War I*. New York: Basic Books, 2000. Field, John. *Working Men's Bodies: Work Camps in Britain, 1880-1940*. Manchester: Manchester University Press, 2013.

Fieldhouse, D. K. "The Metropolitan Economics of Empire." In *The Twentieth Century*, ed. Judith M. Brown and William Roger Louis, 88-113. Vol. 4 of *The Oxford History of the British Empire*. Oxford: Oxford University Press, 1999.

Fischer, Sibylle. *Modernity Disavowed: Haiti and the Cultures of Slavery in the Age of Revolution*. Durham, NC: Duke University Press, 2004.

Fitzmaurice, Andrew. "Liberalism and Empire in Nineteenth-Century Law." *American Historical Review* 117, no. 1 (2012): 122-40.

Florence, Ronald. *Emissary of the Doomed: Bargaining for Lives in the Holocaust*. New York: Viking, 2010.

Foley, Charles. *Island in Revolt*. London: Longmans, 1962.

———, ed. *The Memoirs of General Grivas*. New York: Praeger, 1965.

Fong, Leong Yee. "Labor Laws and the Development of Trade Unionism in Peninsular Malaysia, 1945-1960." *Journal of the Malaysian Branch of the Royal Asiatic Society* 69, no. 2 (1996): 23-38.

Foot, M. R. D. *SOE in France: An Account of the Work of the British Special Operations Executive in France, 1940-1944*. London: Routledge, 2004.

Forth, Aidan. *Barbed-Wire Imperialism: Britain's Empire of Camps, 1876-1903*. Berkeley: University of California Press, 2017.

———. "Britain's Archipelago of Camps: Labor and Detention in a Liberal Empire, 1871-1903." *Kritika: Explorations in Russian and Eurasian History* 16, no. 3 (2015): 651-80.

Forth, Aidan, and Jonas Kreienbaum. "A Shared Malady: Concentration Camps in the British, Spanish, American and German Empires." *Journal of Modern European History* 14, no. 2 (2016): 245-67.

Foucault, Michel. *Discipline and Punish: The Birth of the Prison*. Translated by Alan Sheridan. London: Routledge, 1995.

Frank, Gerold. *The Deed*. New York: Simon & Schuster, 1963.

Frantzman, Seth J. "Tegart's Shadow." *Jerusalem Post Magazine*, October 21, 2011, 10-14.

Fraser, Cary. "The Twilight of Colonial Rule in the British West Indies: Nationalist Assertion vs Imperial Hubris in the 1930s." *Journal of Caribbean History* 30, no. 1 (1996): 1-27.

Fraser, T. G. "Ireland and India." In *An Irish Empire? Aspects of Ireland and the British Empire*, ed. Keith Jeffery, 77-93. Manchester: Manchester University Press, 1996. French, David. *The British Way in Counter-Insurgency, 1945-1967*. Oxford: Oxford University Press, 2011.

———. *Fighting EOKA: The British Counter-Insurgency Campaign on Cyprus, 1955-1959*. Oxford: Oxford University Press, 2015.

———. "Toads and Informers: How the British Treated Their Collaborators During the Cyprus Emergency, 1955-59." *International History Review* 39, no.1 (2017): 71-88.

Friedman, Isaiah. *The Question of Palestine: British-Jewish-Arab Relations, 1914-1918*. Lon-

don: Routledge, 1973.
Fromkin, David. *A Peace to End All Peace: Creating the Modern Middle East, 1914-1922.* New York: Henry Holt, 1989.
Fry, Helen. *The London Cage: The Secret History of Britain's World War II Interrogation Centres.* New Haven, CT: Yale University Press, 2017.
Furedi, Frank. *Colonial Wars and the Politics of Third World Nationalism.* London: I.B. Tauris, 1994.
———. *The Mau Mau War in Perspective.* London: James Currey, 1989.
Gallagher, Catherine, and Stephen Greenblatt. *Practicing New Historicism.* Chicago: University of Chicago Press, 2000.
Gallagher, John. *The Decline, Revival and Fall of the British Empire.* Cambridge: Cambridge University Press, 1982.
———. "Nationalisms and the Crisis of Empire, 1919-1922." *Modern Asian Studies* 15, no. 3 (1981): 355-68.
Gallagher, John, and Ronald Robinson. "The Imperialism of Free Trade." *Economic History Review* 6, no. 1 (1953): 1-15.
Gandhi, Leela. *Affective Communities: Anticolonial Thought, Fin-de-Siècle Radicalism, and the Politics of Friendship.* Durham, NC: Duke University Press, 2006.
Gandhi, Rajmohan. *Gandhi: The Man, His People, the Empire.* Berkeley: University of California Press, 2007.
Gandhi, Tushar A. *"Let's Kill Gandhi!": A Chronicle of His Last Days, the Conspiracy, Murder, Investigation, and Trial.* New Delhi: Rupa & Co., 2007.
Ganin, Zvi. *Truman, American Jewry, and Israel, 1945-1948.* New York: Holmes & Meier, 1979.
Gavaghan, Terence. *Of Lions and Dung Beetles: A "Man in the Middle" of Colonial Administration in Kenya.* Devon: Arthur H. Stockwell, 1999.
Gelber, Yoav. *Palestine 1948: War, Escape and the Emergency of the Palestinian Refugee Problem.* Brighton: Sussex Academic Press, 2001.
Geraghty, Tony. *The Irish War: The Hidden Conflict between the IRA and British Intelligence.* London: HarperCollins, 1998.
Gerth, H. H., and C. Wright Mills, eds. *From Max Weber: Essays in Sociology.* 1919; reprint, New York: Oxford University Press, 1946.
Getachew, Adom. *Worldmaking After Empire: The Rise and Fall of Self-Determination.* Princeton: Princeton University Press, 2019.
Ghachem, Malick W. *The Old Regime and the Haitian Revolution.* Cambridge: Cambridge University Press, 2012.
Ghosh, Amitav. *The Glass Palace: A Novel.* New York: Random House, 2001. 《유리 궁전》, 올.
Ghosh, Durba. *Gentlemanly Terrorists: Political Violence and the Colonial State in India, 1919-1947.* Cambridge: Cambridge University Press, 2017.
———. "Revolutionary Women and Nationalist Heroes in Bengal, 1930 to the 1980s." *Gender & History* 25, no. 2 (2013): 355-75.

Gillingham, John. "Images of Ireland, 1170-1600: The Origins of English Imperialism." *History Today* 37, no. 2 (1987): 16-22.

Gilroy, Paul. *After Empire: Melancholia or Convivial Culture*. Abingdon: Routledge, 2004.

―――. *Small Acts: Thoughts on the Politics of Black Cultures*. London: Serpent's Tail, 1993.

―――. *"There Ain't No Black in Union Jack": The Cultural Politics of Race and Nation*. Chicago: University of Chicago Press, 1987.

Glynn, Sean. "Irish Immigration to Britain, 1911-1951: Patterns and Policy." *Irish Economic and Social History* 8, (1981): 50-69.

Golani, Motti. *The End of the British Mandate for Palestine, 1948: The Diary of Sir Henry Gurney*. London: Palgrave Macmillan, 2009.

Goldman, Aaron L. "Defence Regulation 18B: Emergency Internment of Aliens and Political Dissenters in Great Britain During World War II." *Journal of British Studies* 12, no. 2 (1973): 120-36.

Goldsworthy, David. *Colonial Issues in British Politics 1945-1961*. Oxford: Clarendon Press, 1971.

Gollin, A. M. *Proconsul in Politics: A Study of Lord Milner in Opposition and in Power*. New York: Macmillan, 1964.

Golway, Terry. *For the Cause of Liberty: A Thousand Years of Ireland's Heroes*. New York: Simon & Schuster, 2012.

Gooch, John, ed. *Airpower: Theory and Practice*. Milton Park: Routledge, 1995.

Goodman, Giora. "British Press Control in Palestine During the Arab Revolt, 1936-39." *Journal of Imperial and Commonwealth History* 43, no. 4 (2015): 699-720.

Gopal, Priyamvada. *Insurgent Empire: Anticolonial Resistance and British Dissent*. London: Verso, 2019.

Gordon, Leonard A. *Brothers Against the Raj: A Biography of Indian Nationalists Sara and Subhas Chandra Bose*. New York: Columbia University Press, 1990.

Gorrie, John. *Jamaica Papers, No. 6. Illustrations of Martial Law in Jamaica*. London: J. Kenny, 1866.

Gott, Richard. *Britain's Empire: Resistance, Repression and Revolt*. London: Verso, 2011.

Green, L. C. "The Indian National Army Trials." *Modern Law Review* 11, no. 1 (1948): 47-69.

Green, S. J. D. "Geoffrey Dawson, All Souls College and the 'Unofficial Committee for the Destinies of the British Empire,' c. 1919-1931." In *The Tory World: Deep History and the Tory Theme in British Foreign Policy, 1679-2014*, ed. Jeremy Black, 243-64. Abingdon: Routledge, 2016.

Griffiths, Sir Percival. *To Guard My People: The History of the Indian Police*. London: Ernest Benn, 1971.

Grob-Fitzgibbon, Benjamin. *Imperial Endgame: Britain's Dirty Wars and the End of Empire*. New York: Palgrave Macmillan, 2011.

Grose, Peter. "The President Versus the Diplomats." In *The End of the Palestine Mandate*, ed. William Roger Louis and Robert W. Stookey, 32-60. Austin: University of Texas Press, 1986.

Grundlingh, Albert. "The War in Twentieth-Century Afrikaner Consciousness." In *Impact of South African War*, ed. David Omissi and Andrew Thompson, 23-37. New York: Palgrave, 2002.

Grunor, Jerry A. *Let My People Go*. New York: iUniverse, 2005.

Gupta, Brijen K. *Sirajjuddaullah and the East India Company, 1756-1757: Background to the Foundation of British Power in India*. Leiden: E.J. Brill, 1962.

Gupta, Partha Sarathi. "Imperialism and the Labour Government of 1945-1951." In *The Working Class in Modern British History: Essays in Honor of Henry Pelling*, ed. Jay Winter, 99-124. Cambridge: Cambridge University Press, 1983.

Gwynn, Charles W. *Imperial Policing*. London: Macmillan, 1934.

Haber, Eitan. *Menachem Begin: The Legend and the Man*. New York: Delacorte Press, 1978.

Hack, Karl. "Detention, Deportation and Resettlement: British Counterinsurgency and Malaya's Rural Chinese, 1948-60." *Journal of Imperial and Commonwealth History* 43, no. 4 (2015): 611-40.

———. "Everyone Lived in Fear: Malaya and the British Way of Counter-Insurgency." *Small Wars and Insurgencies* 23, no. 4-5 (2012): 671-99.

———. "The Malayan Emergency as Counter-Insurgency Paradigm." *Journal of Strategic Studies* 32, no. 3 (2009): 383-414.

Hajari, Nisid. *Midnight's Furies: The Deadly Legacy of India's Partition*. New York: Houghton Mifflin Harcourt, 2015.

Hale, Christopher. *Massacre in Malaya: Exposing Britain's My Lai*. Stroud: History Press, 2013.

Hall, Catherine. *Civilising Subjects: Metropole and Colony in the English Imagination 1830-1867*. Chicago: University of Chicago Press, 2002.

———. *Macaulay and Son: Architects of Imperial Britain*. New Haven, Yale University Press, 2012.

Hall, Stuart. "Thinking the Diaspora: Home-Thoughts from Abroad." *Small Axe* 6, no. 9 (1999): 1-18.

Halperin, Samuel. *The Political World of American Zionism*. Detroit: Wayne State University Press, 1961.

Hamilton, Nigel. *Monty: The Field-Marshall, 1944-1976*. London: Hamish Hamilton, 1986.

———. *Monty: The Making of a General, 1887-1942*. New York: McGraw-Hill, 1981. Han Suyin···. *And the Rain My Drink*. London: Jonathan Cape, 1959.

———. *My House Has Two Doors*. London: Jonathan Cape, 1980.

Hancock, W. K. *Argument of Empire*. Harmondsworth: Penguin Books, 1943.

———. *Four Studies of War and Peace in This Century*. Cambridge: Cambridge University Press, 1961.

———. *Smuts. Fields of Force, 1919-1950*. Cambridge: Cambridge University Press, 1968.

———. *Smuts. The Sanguine Years, 1870-1919*. Cambridge: Cambridge University Press, 1962.

Hannigan, Dave. *Terence MacSwiney: The Hunger Strike That Rocked an Empire*. Dublin: O'Brien Press, 2010.

Hansen, Randall. *Citizenship and Immigration in Post-war Britain: The Institutional Origins of a Multicultural Nation*. Oxford: Oxford University Press, 2000.

Hansen, Thomas Blom, and Finn Stepputat, eds. *States of Imagination: Ethnographic Explorations of the Postcolonial State*. Durham, NC: Duke University Press, 2001.

Harouvi, Eldad. *Palestine Investigated: The Criminal Investigation Department of the Palestine Police Force, 1920-1948*. Eastbourne: Sussex Academic Press, 2016.

Harper, Timothy. *The End of Empire and the Making of Malaya*. Cambridge: Cambridge University Press, 1999.

———. *Underground Asia: Global Revolutionaries and the Assault on Empire*. Cambridge: Belknap Press, 2021.

Hart, Peter. *The I.R.A. and Its Enemies: Violence and Communities in Cork, 1916-1923*. Oxford: Oxford University Press, 1998.

———. *The I.R.A. at War, 1916-1923*. Oxford: Oxford University Press, 2003.

Hastings, Max. *Bomber Command*. New York: Dial Press, 1979.

Hastings, Warren. *The History of the Trial of Warren Hastings*. London: J. Debrett & Vernon & Hood, 1796.

Hawkins, Richard. "Dublin Castle and the Royal Irish Constabulary (1916-1922)." In *The Irish Struggle, 1916-1926*, ed. Desmond Williams, 167-83. Toronto: Toronto University Press, 1966.

Hay, Alastair, et al. "The Poison Cloud Hanging Over Europe." *New Scientist* 93, no. 1296 (1982): 630-35.

Headrick, Alan C. *Bicycle Blitzkrieg: The Malayan Campaign and the Fall of Singapore*. Chicago: Verdun Press, 2014.

Heather, Randall W. "Of Men and Plans: the Kenya Campaign as Part of the British Counterinsurgency Experience." *Journal of Conflict Studies* 13, no. 1 (1993): 17-26.

Heehs, Peter. *The Bomb in Bengal: The Rise of Revolutionary Terrorism in India, 1900-1910*. Oxford: Oxford University Press, 1993.

Heinlein, Frank. *British Government Policy and Decolonisation, 1945-1963: Scrutinising the Official Mind*. London: Frank Cass, 2002.

Heller, Joseph. "The Anglo-American Commission of Inquiry on Palestine (1945-46): The Zionist Reaction Reconsidered." In *Zionism and Arabism in Palestine and Israel*, ed. Elie Kedourie and Sylvia G. Haim, 139-71. London: Frank Cass, 1982.

———. *The Stern Gang: Ideology, Politics and Terror, 1940-1949*. London: Frank Cass, 1995.

Heller, Tzila Amidror. *Behind Prison Walls: A Jewish Woman Freedom Fighter for Israel's Independence*. Hoboken, NJ: KTAV, 1999.

Henderson, Ian, and Philip Goodhart. *The Hunt for Kimathi*. London: Hamish Hamilton, 1958.

Hensley, Nathan K. *Forms of Empire: The Poetics of Victorian Sovereignty*. Oxford: Oxford University Press, 2016.

Hepple, B. A. "The British Race Relations Acts, 1965 and 1968." *The University of Toronto Law Journal* 19, no. 2 (1969): 248-59.

Herbert, Christopher. *War of No Pity: The Indian Mutiny and Victorian Trauma*. Princeton: Princeton University Press, 2007.

Herman, Arthur. *Gandhi and Churchill: The Epic Rivalry That Destroyed an Empire and*

Forged Our Age. New York: Bantam Dell, 2008.

Hill, K., W. Seltzer, J. Leaning, S. J. Malik and S. S. Russell. "The demographic impact of Partition in the Punjab in 1947." *Population Studies* 62, no. 2 (2008): 155-70.

Hitler, Adolf. *Mein Kampf.* 1925, 1927; reprint, New York: Houghton Mifflin, 2001. 《나의 투쟁》, 범우사.

Hittle, J. B. E. *Michael Collins and the Anglo-Irish War: Britain's Counterinsurgency Failure*. Dulles, VA: Potomac Books, 2011.

Ho, Thean Fook. *Tainted Glory*. Kuala Lumpur: University of Malaya Press, 2000. Hoare, Oliver. *Camp 020: MI5 and the Nazi Spies*. Richmond: Public Record Office, 2000.

Hobbes, Thomas, *Leviathan* (1651), ed. A. P. Martinich and Brian Battiste. Peterborough, Ont.: Broadview Literary Texts, 2002.

Hobhouse, Emily. *Report of a Visit to the Camps of Women and Children in the Cape and Orange River Colonies*. London: Friars, 1901.

Hobsbawm, Eric. *Industry and Empire: The Birth of the Industrial Revolution*. New York: New Press, 1999.

―――. "Mass-Producing Traditions: Europe, 1870-1914." In *The Invention of Tradition*, ed. Eric Hobsbawm and Terence Ranger, 263-307. Cambridge: Cambridge University Press, 1983.

Hobson, J. A. *Imperialism: A Study*. New York: James Pott & Co., 1902.

Hochschild, Adam. *Bury the Chains: Prophets and Rebels in the Fight to Free the Empire's Slaves*. New York: Mariner Books, 2006.

―――. *King Leopold's Ghost: A Story of Greed, Terror, and Heroism in Colonial Africa*. New York: Houghton Mifflin, 1999. 《레오폴드왕의 유령》, 무우수.

Hoda, Noorul. *The Alipore Bomb Case: A Historic Pre-Independence Trial*. New Delhi: Niyogi Books, 2008.

Hoffman, Bruce. *Anonymous Soldiers: The Struggle for Israel, 1917-1947*. New York: Knopf, 2015.

―――. *The Failure of British Military Strategy Within Palestine, 1939-1947*. Ramat Gan: Bar Ilan University, 1983.

―――. "The Palestine Police Force and the Challenges of Gathering Counterterrorism Intelligence, 1939-1947." *Small Wars and Insurgencies* 24, no. 4 (2013): 609-47.

Hogan, Gerald, and Clive Walker. *Political Violence and the Law in Ireland*. Manchester: Manchester University Press, 1990.

Holland, Robert. *Britain and the Revolt in Cyprus 1954-1959*. Oxford: Clarendon Press, 1998.

Holmes, Michael, and Denis Holmes, eds. *Ireland and India: Connections, Comparisons, Contrasts*. Dublin: Folens, 1997.

Holmes, Richard. *The Little Field Marshal Sir John French*. London: Jonathan Cape, 1981.

―――. *Sahib: The British Soldier in India, 1750-1914*. New York: Harper Perennial, 2006.

Holt, Thomas C. *The Problem of Freedom: Race, Labor and Politics in Jamaica and Britain, 1832-1938*. Baltimore: Johns Hopkins University Press, 1992.

Holwell, John Zephaniah. *India Tracts*. London: T. Becket & P. A. de Hondt, 1764.

Hopkins, A. G. "Macmillan's Audit of Empire, 1957." In *Understanding Decline: Perceptions and Realities—Essays in Honour of Barry Supple*, ed. Peter Clarke and Clive Trebilcock, 234-60. Cambridge: Cambridge University Press, 1997.

―――. "Rethinking Decolonisation." Past and Present 200, no.1 (2008): 211-47.

Hopkinson, Michael, ed. *The Last Days of Dublin Castle: The Mark Sturgis Diaries*. Dublin: Irish Academic Press, 1999.

Horne, Alistair. *Macmillan, 1957-1986*. London: Macmillan, 1989.

Horne, Edward. *A Job Well Done: A History of the Palestine Police Force, 1920-48*. Tiptree: Anchor Press, 1982.

Howard, Michael. "All Souls and the 'Round Table.'" In *All Souls and the Wider World*, ed. S. J. D. Green and Peregrine Horden, 155-66. Oxford: Oxford University Press, 2012.

Howe, Stephen. *Anticolonialism in British Politics: The Left and the End of Empire 1918-1964*. Oxford: Oxford University Press, 1993.

―――. "C. L. R. James: Visons of History, Visons of Britain." In *West Indian Intellectuals in Britain*, ed. Bill Schwarz, 153-74. Manchester: Manchester University Press, 2003.

―――. "Colonising and Exterminating? Memories of Imperial Violence in Britain and France." *Histoire@Politique, Politique, culture, société* 11 (2010): 1-18.

―――. *Ireland and Empire: Colonial Legacies in Irish History and Culture*. Oxford: Oxford University Press, 2000.

―――. "Labour and International Affairs." In *Labour's First Century*, ed. Duncan Tanner, Pat Thane, and Nick Tiratsoo, 119-50. Cambridge: Cambridge University Press, 2000.

Hudson, William Henry, ed. *Macaulay's Essays on Lord Clive*. London: George G. Harrap & Co., 1910.

Hughes, Matthew. "The Banality of Brutality: British Armed Forces and the Repression of the Arab Revolt in Palestine, 1936-39." *English Historical Review* 124, no. 507 (2009): 313-54.

―――. *Britain's Pacification of Palestine: The British Army, the Colonial State, and the Arab Revolt, 1936-1939*. Cambridge: Cambridge University Press, 2019.

―――. "From Law and Order to Pacification: Britain's Suppression of the Arab Revolt in Palestine, 1936-39." *Journal of Palestine Studies* 39, no. 2 (2010): 6-22.

―――. "Palestinian Collaboration with the British: The Peace Bands and the Arab Revolt in Palestine, 1936-39." *Journal of Contemporary History* 51, no. 2 (2015): 291-315.

Hull, Isabel V. *Absolute Destruction: Military Culture and the Practices of War in Imperial Germany*. Ithaca, NY: Cornell University Press, 2005.

Huneidi, Sahar. *A Broken Trust: Herbert Samuel, Zionism and the Palestinians, 1920-1925*. London: I.B. Taurus, 2001.

Hunt, E. K., and Mark Lautzenheiser. *History of Economic Thought*, 3rd ed. Armonk, NY: M.E. Sharpe, 2011.

Hunt, James D. *Gandhi in London*. New Delhi: Promilla & Co., 1978.

Hurewitz, J. C. *The Struggle for Palestine*. New York: Norton, 1950.

Hurst, Steve. *Colonel Gray and the Armoured Cars: The Malayan Police, 1948-1952*. Clayton,

Australia: Monash University Press, 2003.

Hussain, Nasser. *The Jurisprudence of Emergency: Colonialism and the Rule of Law*. Ann Arbor: University of Michigan Press, 2003.

―――. "Towards a Jurisprudence of Emergency: Colonialism and the Rule of Law." *Law and Critique* 10, no. 2 (1999): 93-115.

Hutt, Allen. *The Post-War History of the British Working Class*. London: V. Gollancz, 1937.

Hyam, Ronald. *Britain's Declining Empire: The Road to Decolonisation, 1918-1968*. Cambridge: Cambridge University Press, 2006.

―――. *Britain's Imperial Century 1815-1914: A Study of Empire and Expansion*. London: Palgrave Macmillan, 2002.

Hyam, Ronald, and William Roger Louis, eds. *The Conservative Government and the End of Empire, 1957-1964, Part I, High Policy, Political and Constitutional Change*. London: Stationery Office Books, 2000.

Ibhawoh, Bonny. *Imperialism and Human Rights: Colonial Discourses of Rights and Liberties in African History*. Albany: State University of New York Press, 2007.

Ingrams, Doreen. *Palestine Papers, 1917-1922: Seeds of Conflict*. London: Eland, 2009. Itote, Waruhiu. *Mau Mau in Action*. Nairobi: Transafrica, 1979.

―――. *"Mau Mau" General*. Nairobi: East African Publishing House, 1967.

Jablonsky, David. *Churchill, the Great Game and Total War*. New York: Routledge, 1991.

Jackson, Ashley. *The British Empire and the Second World War*. London: Hambledon Continuum, 2006.

Jalal, Ayesha. *Self and Sovereignty: Individual and Community in South Asian Islam Since 1850*. London: Routledge, 2000.

―――. *The Sole Spokesman: Jinnah, the Muslim League and the Demand for Pakistan*. Cambridge: Cambridge University Press, 1985.

Jamaica Committee. *Jamaica Papers, No. 1. Facts and Documents Relating to the Alleged Rebellion in Jamaica and the Measures of Repression*. London: J. Kenny, 1866.

James, C. L. R. *Beyond a Boundary*. Durham, NC: Duke University Press, 1993.

―――. *The Black Jacobins: Toussaint L'Ouverture and the San Domingo Revolution*. 1938; reprint, New York: Vintage Books, 1989.

James, Leslie. *George Padmore and Decolonization from Below: Pan-Africanism, the Cold War, and the End of Empire*. London: Palgrave Macmillan, 2015.

James, Robert Rhodes, ed. *Winston S. Churchill: His Complete Speeches, 1897-1963*. New York: Chelsea House, 1974.

James, Winston. "Migration, Racism and Identity Formation: The Caribbean Experience in Britain." In *Inside Babylon: The Caribbean Diaspora in Britain*, ed. Winston James and Clive Harris, 231-87. London: Verso, 1993.

Jankowski, James. *Egypt: A Short History*. Oxford: Oneworld Publications, 2000.

Jasse, Richard L. "Great Britain and Palestine Towards the United Nations." *Middle Eastern Studies* 30, no. 3 (1994): 558-78.

Jeffery, Keith. *Field Marshal Sir Henry Wilson: A Political Soldier*. Oxford: Oxford University Press, 2006.

―――. *MI6: The History of the Secret Intelligence Service 1909-1949*. London: Bloomsbury, 2010.

―――. "The Second World War." In *The Twentieth Century*, ed. Judith M. Brown and William Roger Louis, 306-28. Oxford: Oxford University Press, 1999.

―――, ed. *An Irish Empire?: Aspects of Ireland and the British Empire*. Manchester: Manchester University Press, 1996.

Jenkins, Roy. *Churchill: A Biography*. New York: Farrar, Straus and Giroux, 2001.

Jha, Saumitra, and Steven Wilkinson. "Does Combat Experience Foster Organizational Skill? Evidence from Ethnic Cleansing During the Partition of South Asia." *American Political Science Review* 106, no. 4 (2012): 883-907.

Johnson, Richard R. "Empire." In *A Companion to Colonial America*, ed. Daniel Vickers, 99-117. Oxford: Blackwell, 2003.

Judd, Denis. *The Lion and the Tiger: The Rise and Fall of the British Raj, 1600-1947*. Oxford: Oxford University Press, 2004.

Judt, Tony. *Postwar: A History of Europe Since 1945*. New York: Penguin Books, 2005.

Kalyvas, Stathis N. *The Logic of Violence in Civil War*. Cambridge: Cambridge University Press, 2006.

Kanogo, Tabitha. *Squatters and the Roots of Mau Mau*. London: James Currey, 1987.

Kariuki, Josiah Mwangi. *"Mau Mau" Detainee*. Oxford: Oxford University Press, 1963.

Katz, Samuel. *Days of Fire: The Secret Story of the Making of Israel*. London: W.H. Allen, 1968.

Kautt, W. H. *Ambushes and Armour: The Irish Rebellion 1919-1921*. Dublin: Irish Academic Press, 2010.

―――. *Ground Truths: British Army Operations in the Irish War of Independence*. Kildare: Irish Academic Press, 2014.

Kayyali, 'Abd a-Wahhāb. *Palestine: A Modern History*. London: Routledge, 1978.

Keith-Roach, Edward. *Pasha of Jerusalem: Memoirs of a District Commissioner Under the British Mandate*. London: Radcliffe Press, 1994.

Kelley, Donald R. *Frontiers of History: Historical Inquiry in the Twentieth Century*. New Haven, CT: Yale University Press, 2006.

Kelley, Robin D. G. "A Poetics of Anticolonialism." In *Discourse on Colonialism*, by Aimé Césaire, 7-28. New York: Monthly Review Press, 2000.

Kennedy, Christopher M. *Genesis of the Rising, 1912-1916: A Transformation of Nationalist Opinion*. New York: Peter Lang, 2010.

Kennedy, Dane. *The Imperial History Wars: Debating the British Empire*. London: Bloomsbury, 2018.

―――. *Islands of White: Settler Society and Culture in Kenya and Southern Rhodesia, 1890-1939*. Durham, NC: Duke University Press, 1987.

―――. "The Ongoing Imperial History Wars." In *Embers of Empire in Brexit Britain*, ed. Stu-

art Ward and Astrid Rasch, 169-74. London: Bloomsbury Academic, 2019.
Kenyatta, Jomo. *Facing Mount Kenya*. London: Secker & Warburg, 1938.
———. *Harambee! The Prime Minister of Kenya's Speeches 1963-1964*. Oxford: Oxford University Press, 1964.
———. *Suffering Without Bitterness: The Founding of the Kenya Nation*. Nairobi: East African Publishing House, 1968.
Keynes, John Maynard. *How to Pay for the War: A Radical Plan for the Chancellor of the Exchequer*. London: Macmillan, 1940.
Khalidi, Rashid. *The Hundred Years' War on Palestine: A History of Settler Colonialism and Resistance, 1917-2017*. New York: Metropolitan Books, 2020.
———. *Palestinian Identity: The Construction of Modern National Consciousness*. New York: Columbia University Press, 1997.
Khalili, Laleh. *Time in the Shadows: Confinement in Counterinsurgencies*. Stanford, CA: Stanford University Press, 2013.
Khan, Yasmin. *The Great Partition: The Making of India and Pakistan*. 2007; reprint, New Haven, CT: Yale University Press, 2017.
Kheng, Cheah Boon. *Red Star over Malaya: Resistance and Social Conflict During and After the Japanese Occupation of Malaya, 1941-46*. Singapore: NUS Press, 2012.
———. "Some Aspects of the Interregnum in Malaya (14 August-3 September 1945)." *Journal of Southeast Asian Studies* 8, no. 1 (1977), 48-74.
Khoo, Agnes. *Life as the River Flows: Women in the Malayan Anti-colonial Struggle*. Monmouth, Wales: Merlin Press, 2005.
Kincaid, Jamaica. *A Small Place*. New York: Penguin, 1988.
King, Richard H., and Dan Stone, eds. *Hannah Arendt and the Uses of History: Imperialism, Nation, Race, and Genocide*. New York: Berghahn Books, 2007.
King-Clark, R. *Free for a Blast*. London: Grenville, 1988.
Kingston, O. Nigel. *On the March: Labour Rebellions in the British Caribbean, 1934-39*. London: James Currey, 1995.
Kinvig, Clifford. *Scapegoat: General Percival of Singapore*. London: Brassey's, 1996.
Kipling, Rudyard. *Absent-Minded Beggar*. 1899; reprint, New York: HardPress, 2013.
———. *A Diversity of Creatures*. London: Macmillan, 1917.
Kirk-Greene, A. H. M. "The Thin White Line: The Size of the British Colonial Service in Africa." *African Affairs* 79, no. 314 (1980): 25-44.
———, ed. *The Transfer of Power: The Colonial Administrator in the Age of Decolonisation*. Oxford: Committee for African Studies, 1979.
Kissane, Bill. *The Politics of the Irish Civil War*. Oxford: Oxford University Press, 2005.
Kitson, Frank. *Low Intensity Operations: Subversion, Insurgency, Peace-keeping*. London: Faber & Faber, 1971.
Klose, Fabian. "The Colonial Testing Ground: The International Committee of the Red Cross and the Violent End of Empire." *Humanity: An International Journal of Human Rights, Hu-

manitarianism, and Development 2, no. 1 (2011): 107-26.

──── . *Human Rights in the Shadow of Colonial Violence: The Wars of Independence in Kenya and Algeria*. Translated by Dona Geyer. Philadelphia: University of Pennsylvania Press, 2013.

──── . "'Source of Embarrassment': Human Rights, State of Emergency, and the Wars of Decolonization." In *Human Rights in the Twentieth Century*, ed. Stefan-Ludwig Hoffman, 237-57. Cambridge: Cambridge University Press, 2011.

Knochlein, Fritz. *The London Cage: The Experiences of Fritz Knochlein*. Canterbury: Steven Book, 2005.

Kolinsky, Martin. *Law, Order and Riots in Mandatory Palestine, 1928-1935*. Basingstoke: Palgrave Macmillan, 1993.

Kolsky, Elizabeth. *Colonial Justice in British India: White Violence and the Rule of Law*. Cambridge: Cambridge University Press, 2010.

Komer, R. W. *The Malayan Emergency in Retrospect: Organization of a Successful Counterinsurgency Effort*. Santa Monica, CA: Rand Corporation, 1972.

Koseknniemi, Martti. "Empire and International Law: The Real Spanish Contribution." *University of Toronto Law Journal* 61, no. 1 (2011): 1-36.

──────── . *The Gentle Civilizer of Nations: The Rise and Fall of International Law, 1870-1960*. Cambridge: Cambridge University Press, 2001.

Koss, Stephen. *The Rise and Fall of the Political Press in Britain*. London: Fontana Press, 1990.

Kroizer, Gad. "From Dowbiggin to Tegart: Revolutionary Change in the Colonial Police in Palestine During the 1930s." *Journal of Imperial and Commonwealth History* 32, no. 2 (2004): 115-33.

Krozewski, Gerold. "Finance and Empire: The Dilemma Facing Great Britain in the 1950s." *International History Review* 18, no. 1 (1996): 48-68.

Kumar, Raj. *Annie Besant's Rise to Power in Indian Politics, 1914-1917*. New Delhi: Concept Publishing, 1981.

Kunz, Diane B. "The Importance of Having Money: The Economic Diplomacy of the Suez Crisis." In *Suez 1956: The Crisis and its Consequences*, ed. William Roger Louis and Roger Owen, 215-32. Oxford: Clarendon Press, 1989.

Kuracina, William F. "Sentiments and Patriotism: The Indian National Army, General Elections and the Congress's Appropriation of the INA Legacy." *Modern Asian Studies* 44, no. 4 (2010): 817-56.

Kynaston, David. *Austerity Britain, 1945-51*. London: Bloomsbury, 2007.

Lapping, Brian. *End of Empire*. New York: St. Martin's Press, 1985.

Latham, Michael E. *The Right Kind of Revolution: Modernization, Development, and U.S. Foreign Policy from the Cold War to the Present*. Ithaca, NY: Cornell University Press, 2011.

Lau, Arthur. "Malayan Union Citizenship: Constitutional Change and Controversy in Malaya, 1942-48." *Journal of Southeast Asian History* 20, no. 2 (1989): 216-43.

Lawrence, Jon. "Forging a Peaceable Kingdom: War, Violence, and Fear of Brutalization in Post-First World War Britain." *Journal of Modern History* 75, no. 3 (2003): 557-89.

Leadam, I. S. *Coercive Measures in Ireland, 1830-1880*. London: National Press Agency, 1880.

Leakey, L. S. B. *Defeating Mau Mau*. London: Methuen, 1954.

Leasor, James. *Singapore: The Battle That Changed the World*. Cornwall: House of Stratus, 1968.

Lebra, Joyce Chapman. *The Indian National Army and Japan*. Singapore: Institute of Southeast Asian Studies, 1971.

Leebaert, Derek. *Grand Improvisation: America Confronts the British Superpower, 1945-1957*. New York: Farrar, Straus and Giroux, 2018.

Leeson, D. M. *The Black and Tans: British Police and Auxiliaries in the Irish War of Independence, 1920-1921*. Oxford: Oxford University Press, 2011.

Lenin, Vladimir. *Imperialism, The Highest Stage of Capitalism*. 1917; reprint, Chippendale: Resistance Books, 1999.

Leo, Christopher. *Land and Class in Kenya*. Toronto: University of Toronto Press, 1984.

Levin, Naomi. *Politics, Religion, and Love: The Story of H. H. Asquith, Venetia Stanley, and Edwin Montagu*. New York: New York University Press, 1991.

Lewis, David Levering. *W. E. B. Du Bois, 1868-1919: Biography of a Race*. New York: Henry Holt, 1994.

———. *W. E. B. Du Bois, 1919-1963: The Fight for Equality and the American Century*. New York: Henry Holt, 2000.

Lindqvist, Sven. *A History of Bombing*. Translated by Linda Haverty Rugg. New York: New Press, 2001. 《폭격의 역사》, 한겨레출판.

———. *"Exterminate All the Brutes": One Man's Odyssey into the Heart of Darkness and the Origins of European Genocide*. Translated by Joan Tate. New York: New Press, 1997.

Lino, Dylan. "Albert Venn Dicey and the Constitutional Theory of Empire." *Oxford Journal of Legal Studies* 36, no. 4 (2016): 751-80.

———. "The Rule of Law and the Rule of Empire: A. V. Dicey in Imperial Context." *The Modern Law Review* 81, no. 5 (2018): 739-64.

Linstrum, Erik. "Facts About Atrocity: Reporting Colonial Violence in Postwar Britain." *History Journal Workshop* 84 (2018): 108-27.

Lloyd George, David. *Memoirs of the Peace Conference*. New Haven, CT: Yale University Press, 1993.

Locke, John. *Two Treatises of Government*. 1689; reprint, New York: Franklin Classic, 2018.

Lonsdale, John. "Kenyatta's Trials: Breaking and Making an African Nationalist." In *The Moral World of Law*, ed. Peter Coss, 196-239. Cambridge: Cambridge University Press, 2000.

Lonsdale, John M., and Bruce J. Berman. "The Labors of Muigwithania: Jomo Kenyatta as Author, 1928-45." *Research in African Literatures* 29, no. 1 (1998): 16-42.

Losurdo, Domenico. *Liberalism: A Counter-History*. Translated by Gregory Elliot. London: Verso, 2011.

Lough, David. *No More Champagne: Churchill and His Money*. New York: Picador, 2015.

Loughlin, Martin. *Public Law and Political Theory.* Oxford: Clarendon Press, 1992.

Louis, William Roger. *The British Empire in the Middle East, 1945-1951: Arab Nationalism, the United States, and Postwar Imperialism.* Oxford: Oxford University Press, 1984.

———. "The Dissolution of the British Empire." In *The Twentieth Century*, ed. Judith M. Brown and William Roger Louis, 329-56. Vol. 4 of *The Oxford History of the British Empire.* Oxford: Oxford University Press, 1999.

———. *Ends of British Imperialism: The Scramble for Empire, Suez, and Decolonization.* London: I.B. Tauris, 2006.

———. *Imperialism at Bay: The United States and the Decolonization of the British Empire, 1941-1945.* Oxford: Oxford University Press, 1987.

———. "Public Enemy Number One: The British Empire in the Dock at the United Nations, 1957-71." In *The British Empire in the 1950s, Retreat or Revival?*, ed. Martin Lynn, 186-213. Basingstoke: Palgrave Macmillan, 2006.

———. "Sir Alan Cunningham and the End of British Rule in Palestine." *Journal of Imperial and Commonwealth History* 16, no. 3 (1988): 128-47.

———. "The Tragedy of the Anglo-Egyptian Settlement of 1954." In *Suez 1956: The Crisis and its Consequences*, ed. William Roger Louis and Roger Owen, 43-72. Oxford: Clarendon Press, 1989.

Louis, William Roger, and Ronald Robinson. "The Imperialism of Decolonization." *Journal of Imperial and Commonwealth History* 22, no. 3 (1994): 462-511.

Low, Choo Chin, "The Repatriation of the Chinese as a Counter-insurgency Policy During the Malayan Emergency." *Journal of Southeast Asian Studies* 45, no. 3 (2014): 363-92.

Lowry, Donald. "New Ireland, Old Empire and the Outside World, 1922-49: The Strange Evolution of a 'Dictionary Republic.'" In *Ireland: the Politics of Independence, 1922-1949*, ed. Mike Cronin and John Regan, 164-216. London: Macmillan, 2000.

———. "'The World's No Bigger Than a Kraal': The South African War and International Opinion in the First Age of 'Globalization.'" In *The Impact of the South African War*, ed. David Omissi and Andrew Thompson, 268-88. New York: Palgrave, 2002.

Lundsten, Mary Ellen. "Wall Politics: Zionist and Palestinian Strategies in Jerusalem, 1928." *Journal of Palestine Studies* 8, no. 1 (1978): 3-27.

Luxemburg, Rosa. *The Accumulation of Capital.* Translated by Agnes Schwarzschild. 1951; reprint, Mansfield Center, CT: Martino Publishing, 2015.

Lynn, Martin. *The British Empire in the 1950s, Retreat or Revival?* Basingstoke: Palgrave Macmillan, 2006.

Lyttleton, Oliver. *The Memoirs of Lord Chandos.* London: Bodley Head, 1962.

MacDonald, Ramsey. *Labour and the Empire.* London: George Allen, 1907.

Macintyre, Ben. *Double Cross: The True Story of the D-Day Spies.* New York: Crown, 2012.

Mack, John E. *A Prince of Our Disorder: The Life of T. E. Lawrence.* Cambridge, MA: Harvard University Press, 1998.

MacKenzie, John M. "The Persistence of Empire in Metropolitan Culture." In *British Culture and the End of Empire*, ed. Stuart Ward, 21-36. Manchester: Manchester University Press, 2001.

―――. "The Popular Culture of Empire in Britain." In *The Twentieth Century*, ed. Judith M. Brown and William Roger Louis, 212-31. Oxford: Oxford University Press, 1999.

―――. *Propaganda and Empire: The Manipulation of British Public Opinion, 1880-1960*. Manchester: Manchester University Press, 1984.

―――, ed. *Imperialism and Popular Culture*. Manchester: Manchester University Press, 1986.

Macmillan, Harold. *Riding the Storm 1956-1959*. New York: Harper & Row, 1971.

Maguire, Thomas J. "Interrogation and 'Psychological Intelligence': The Construction of Propaganda During the Malayan Emergency, 1948-1958." In *Interrogation in War and Conflict: A Comparative and Interdisciplinary Analysis*, ed. Christopher Andrew and Simona Tobia, 132-52. London: Routledge, 2014.

Mak, Lanver. *The British in Egypt: Community Crime and Crises, 1882-1922*. London: I.B. Tauris, 2012.

Makonnen, Ras. *Pan-Africanism from Within*. London: Oxford University Press, 1973.

Makovsky, Michael. *Churchill's Promised Land: Zionism and Statecraft*. New Haven, CT: Yale University Press, 2007.

Mandle, Jay R. "British Caribbean Economic History: An Interpretation." In *The Modern Caribbean*, ed. Franklin W. Knight and Colin A. Palmer, 229-58. Chapel Hill: University of North Carolina Press, 1989.

Manela, Erez. *The Wilsonian Moment: Self-Determination and the International Origins of Anticolonial Nationalism*. Oxford: Oxford University Press, 2007.

Mangat, J. S. *A History of the Asians in East Africa, c. 1886 to 1945*. Oxford: Clarendon Press, 1969.

Mantena, Karuna. *Alibis of Empire: Henry Maine and the Ends of Liberal Imperialism*. Princeton: Princeton University Press, 2010.

Marks, Shula, and Stanley Trapido. "Lord Milner and the South African State." *History Workshop* 8, no. 1 (1979): 50-81.

Marshall, Dawn. "History of West Indian Migrations: Overseas Opportunities and 'Safety-Valve' Policies." In *The Caribbean Exodus*, ed. Barry B. Levin, 15-31. Westport, CT: Praeger, 1987.

Marshall, Peter J. *The Impeachment of Warren Hastings*. Oxford: Oxford University Press, 1965.

―――. "The Making of an Imperial Icon: The Case of Warren Hastings." *Journal of Imperial and Commonwealth History* 27, no. 3 (1999): 1-16.

―――, ed. *The Writings and Speeches of Edmund Burke*. Oxford: Clarendon Press, 1981-2000.

Marston, Daniel. *The Indian Army and the End of the Raj*. Cambridge: Cambridge University Press, 2014.

Masterman, J. C. *The Double Cross System: The Incredible True Story of How Nazi Spies Were Turned into Double Agents*. Guildford: Lyons Press, 2000.

Mathur, L. P. *Kala Pani: History of Andaman and Nicobar Islands with a Study of India's Freedom Struggle*. Delhi: Eastern Book Corporation, 1985.

Matikkala, Mira. *Empire and Imperial Ambition: Liberty, Englishness and Anti-Imperialism in Late Victorian Britain*. London: I.B. Tauris, 2011.

Matthew, H. C. G. *Gladstone, 1809-1898*. Oxford: Oxford University Press, 1997.

Mawby, Spencer. *British Policy in Aden and the Protectorate 1955-67*. London: Routledge, 2005.

May, Alex. "Empire Loyalists and 'Commonwealth Men': The Round Table and the End of Empire." In *British Culture and the End of Empire*, ed. Stuart Ward, 37-56. Manchester: Manchester University Press, 2001.

Mayhew, Thomas. *London Labour and the London Poor*. 1851; reprint, New York: Penguin Classics, 1985.

Mazower, Mark. *Dark Continent: Europe's Twentieth Century*. London: Allen Lane, 1998.

———. *Hitler's Empire: How the Nazis Ruled Europe*. New York: Penguin Books, 2008.

———. *No Enchanted Palace: The End of Empire and the Ideological Origins of the United Nations*. Princeton: Princeton University Press, 2009.

———. "The Strange Triumph of Human Rights, 1933-1950." *Historical Journal* 47, no. 2 (2004): 379-98.

McCarthy, Helen. *The British People and the League of Nations: Democracy, Citizenship and Internationalism*, c. 1918-45. Manchester: Manchester University Press, 2011.

McCoy, Alfred W. *A Question of Torture: CIA Interrogation, from the Cold War to the War on Terror*. New York: Henry Holt, 2006.

McCracken, Donald P. *The Irish Pro-Boers, 1877-1902*. Johannesburg: Perskor, 1989.

———. *MacBride's Brigade: Irish Commandos in the Anglo-Boer War*. Johannesburg: Four Courts Press, 1999.

McCurry, Stephanie. *Women's War: Fighting and Surviving the American Civil War*. Cambridge, MA: Belknap Press, 2019.

McDonagh, Luke. "Losing Ireland, Losing the Empire: Dominion Status and the Irish Constitutions of 1922 and 1937." *International Journal of Constitutional Law* 17, no. 4 (2019): 1192-212.

McGarry, Fearghal. *The Rising: Ireland, Easter 1916*. Oxford: Oxford University Press, 2010.

McGuffin, John. *The Guinea Pigs*. New York: Penguin Books, 1974.

McIntyre, W. David. "The Admission of Small States to the Commonwealth." *Journal of Imperial and Commonwealth History* 24, no. 2 (1996): 244-77.

McKibbin, Ross. *The Ideologies of Class: Social Relations in Britain, 1880-1950*. Oxford: Clarendon Press, 1990.

McMahon, Paul. *British Spies and Irish Rebels: British Intelligence and Ireland, 1916-1945*. Woodbridge, Suffolk: Boydell Press, 2008.

Mead, Matthew. "Empire Windrush: The Cultural Memory of an Imaginary Arrival." *Journal of Postcolonial Writing* 45, no. 2 (2009): 137-49.

Mégret, Frédéric. "From 'Savages' to 'Unlawful Combatant': A Postcolonial Look at International Humanitarian Law's 'Other.'" In *International Law and Its Others*, ed. Anne Orford, 265-317. Cambridge: Cambridge University Press, 2006.

Mehrotra, S. R. *The Emergence of the Indian National Congress*. New Delhi: Rupa, 1971.

Mehta, Uday Singh. *Liberalism and Empire: A Study in Nineteenth-Century British Liberal*

Thought. Chicago: University of Chicago Press, 1999.

Meinertzhagen, Richard. *Middle East Diary, 1917-1956*. New York: Thomas Yosellof, 1960.

Messenger, Charles. *Broken Sword: The Tumultuous Life of General Crozier, 1879-1937*. Barnsley, South Yorkshire: Pen & Sword Praetorian Press, 2013.

Metcalf, Barbara D., and Thomas R. Metcalf. *A Concise History of India*. Cambridge: Cambridge University Press, 2002.

Metcalf, Thomas R. *Ideologies of the Raj*. Cambridge: Cambridge University Press, 1994.

———. *An Imperial Vision: Indian Architecture and Britain's Raj*. Berkeley: University of California Press, 1989.

———. *Early Nineteenth Century Architecture in South Africa: A Study of the Interaction of Two Cultures, 1795-1837*. Cape Town: A. A. Balkema, 1963.

Meyers, Jeffrey. *Orwell: Life and Art*. Urbana: University of Illinois Press, 2010.

Middleton, John. *The World of the Swahili: An African Mercantile Civilization*. New Haven, CT: Yale University Press, 1992.

Miliband, Ralph. *Parliamentary Socialism: A Study in the Politics of Labour*. London: George Allen & Unwin, 1961.

Mill, James. *The History of British India*. London: James Madden, 1817.

Mill, John Stuart. *The Collected Works of John Stuart Mill*, ed. J. M. Robson and Alexander Brady. Toronto: University of Toronto Press, 1977.

———. *Dissertations and Discussions: Political, Philosophical, and Historical*. Boston: William V. Spencer, 1867.

———. *Essays on Politics and Society by John Stuart Mill*, ed. J. M. Robson and Alexander Brady. Toronto: University of Toronto Press, 1977.

———. *The Later Letters of John Stuart Mill, 1846-1873*, ed. Francis E. Mineka and Dwight N. Lindley. Toronto: University of Toronto Press, 1972.

———. *Public and Parliamentary Speeches by John Stuart Mill, November 1850-November 1868*, ed. John M. Robson and Bruce L. Kinzer. Toronto: University of Toronto Press, 1988.

Miller, Harry. *The Communist Menace in Malaya*. London: Praeger, 1954.

Miller, Russell. *Boom: The Life of Viscount Trenchard, Father of the Royal Air Force*. London: Weidenfeld & Nicolson, 2016.

Miller, Sergio. "Malaya: The Myth of Hearts and Minds." *Small Wars Journal*, April 16, 2012, https://smallwarsjournal.com/jrnl/art/malaya-the-myth-of-hearts-and-minds.

Milner, Alfred. *England in Egypt*. London: Edward Arnold, 1894.

Ministry of Information and Broadcasting, Government of India. *Homage to the Mahatma*. New Delhi: Publication Division, 2005.

Mishra, Anil Dutta. *Fundamentals of Gandhism*. New Delhi: Mittal, 1995.

Mitter, Sreemati. "Bankrupt: Financial Life in Late Mandate Palestine." *International Journal of Middle East Studies* 52, no. 2 (2020): 289-310.

Mockaitis, Thomas R. *British Counterinsurgency, 1919-60*. London: Macmillan, 1990. Mohs, Polly A. *Military Intelligence and the Arab Revolt: The First Modern Intelligence War*.

New York: Routledge, 2008.
Monteiro, A. Reis. *Ethics and Human Rights*. New York: Springer, 2014.
Montgomery, Bernard Law. *The Memoirs of Field-Marshal the Viscount Montgomery of Alamein*. Cleveland, OH: World Publishing Company, 1958.
Moon, Penderel, ed. *Wavell: The Viceroy's Journal*. London: Oxford University Press, 1973.
Moore, Barrington. *Social Origins of Dictatorship and Democracy: Lord and Peasant in the Making of the Modern World*. Boston: Beacon Press, 1966.
Moore, Bob, and Kent Fedorowich. *The British Empire and Its Italian Prisoners of War, 1940-1947*. New York: Palgrave Macmillan, 2002.
Moore, Charles. *Margaret Thatcher: The Authorized Biography*. London: Allen Lane, 2013.
Moravcsik, Andrew. "The Origins of Human Rights Regimes: Democratic Delegation in Postwar Europe." *International Organization* 54, no. 2 (2000): 217-52.
Morgan, B. W. "Northern Ireland and Minimum Force: The Refutation of a Concept?" *Small Wars and Insurgencies* 27, no. 1 (2016): 81-105.
Morier-Genoud, Eric. "Missions and Institutions: Henri-Philippe Junod, Anthropology, Human Rights and Academia Between Africa and Switzerland, 1921-1966," *Schweizerische Zeitschrift für Religions- und Kulturgeschichte* 105 (2011): 193-219.
Morris, Benny. *1948: The First Arab-Israeli War*. New Haven, CT: Yale University Press, 2009.
Morris, James. *Farewell the Trumpets: An Imperial Retreat*. New York: Harcourt Brace, 1978.
Moses, A. Dirk. *The Problems of Genocide: Permanent Security and the Language of Transgression*. Cambridge: Cambridge University Press, 2021.
Mount, Ferdinand. "Parcelled Out." *London Review of Books* 37, no. 20 (2015): 7-10. Moyn, Samuel. *The Last Utopia: Human Rights in History*. Cambridge, MA: Belknap Press, 2010.
Mukerjee, Madhusree. *Churchill's Secret War: The British Empire and the Ravaging of India During World War II*. New York: Basic Books, 2010.
Mukherjee, Mithi. "The 'Right to Wage War' Against Empire: Anticolonialism and the Challenge to International Law in the Indian National Army Trial of 1945." *Law & Social Inquiry* 44, no. 2 (2019): 420-43.
Mukherjee, Rudrangshu, ed. *The Great Speeches of Modern India*. London: Random House, 2011.
Mukherjee, Tutun. "Colonialism, Surveillance and Memoirs of Travel: Tegart's Diaries and the Andaman Cellular Jail." In *Travel Writing and Empire*, ed. Schidananda Mohanty, 63-83. New Delhi: Katha, 2003.
Murdoch, H. Adlai. "Enoch Powell, Stuart Hall, and Post-Windrush Caribbean Identity in Britain." *Small Axe: sx Salon* 29 (2018), http://smallaxe.net/sxsalon/discussions/enoch-powell-stuart-hall-and-post-windrush-caribbean-identity-britain.
Murfett, Malcolm H., et al., eds. *Between Two Oceans: A Military History of Singapore from First Settlement to Final British Withdrawal*. Singapore: Cavendish Square, 2004.
Murphy, Joseph. *Bloody Sunday: The Story of the 1920 Irish Rebellion*. Bloomington, IN: Xlibris, 2006.
Murphy, Phillip. "Britain as a Global Power in the Twentieth Century." In *Britain's Experience of*

Empire in the Twentieth Century, ed. Andrew Thompson, 33-75. Oxford: Oxford University Press, 2012.

Murray-Brown, Jeremy. *Kenyatta*. London: George Allen & Unwin, 1972.

Murthy, R. V. R. "Cellular Jail: A Century of Sacrifices." *Indian Journal of Political Science* 67, no. 4 (2006): 879-88.

Mutua, Makau. *Human Rights: A Political & Cultural Critique*. Philadelphia: University of Pennsylvania Press, 2011.

Nairn, Tom. *The Break-Up of Britain: Crisis and Neo-Nationalism*. New York: Verso, 1981.

Nasson, Bill. *The South African War, 1899-1902*. London: Arnold, 1999.

Neligan, David. *The Spy in the Castle*. London: Prendeville, 1999.

Newbury, Colin. *Patrons, Clients, and Empire: Chieftaincy and Over-rule in Asia, Africa, and the Pacific*. Oxford: Oxford University Press, 2003.

Newsinger, John. *British Counter-Insurgency: From Palestine to Northern Ireland*. New York: Palgrave Macmillan, 2002.

Newsome, David. *The Victorian World Picture: Perceptions and Introspections in an Age of Change*. New Brunswick, NJ: Rutgers University Press, 1997.

Newton, Frances E. *Fifty Years in Palestine*. Wrotham, UK: Coldharbour Press, 1948.

Nicolson, Harold. *Curzon: The Last Phase 1919-1925: A Study in Post-War Diplomacy*. New York: Harcourt, Brace & Howe, 1939.

Nicolson, Nigel, ed. *Diaries & Letters of Harold Nicolson: The Later Years, 1945-1962*. New York: Atheneum, 1968.

Nietzsche, Friedrich. *The Use and Abuse of History*. Translated by Adrian Collins. 2nd ed. New York: Macmillan, 1957.

Norris, Jacob. "Repression and Rebellion: Britain's Response to the Arab Revolt in Palestine of 1936-1939." *Journal of Imperial and Commonwealth History* 36, no. 1 (2008): 25-45.

Novick, Peter. *That Noble Dream: the "Objectivity" Question and the American Historical Profession*. Cambridge: Cambridge University Press, 1988.

Nwafor, Emmanuel. "Wartime Propaganda, Devious Officialdom, and the Challenge of Nationalism During the Second World War in Nigeria." *Nordic Journal of African Studies* 18, no. 3 (2009): 235-57.

O'Brien, Terence Henry. *Milner: Viscount Milner of St. James's and Cape Town, 1854-1925*. London: Constable, 1979.

O'Donovan, Donal. *Kevin Barry and His Time*. Dublin: Glendale, 1989.

Oliver, Peter C. *The Constitution of Independence: The Development of Constitutional Theory in Australia, Canada, and New Zealand*. Oxford: Oxford University Press, 2005.

Omissi, David E. *Air Power and Colonial Control: The Royal Air Force, 1919-1939*. Manchester: Manchester University Press, 1990.

———. "Technology and Repression: Air Control in Palestine, 1922-36." *Journal of Strategic Studies* 13, no. 4 (1990): 41-63.

Omissi, David, and Andrew Thompson, eds. *The Impact of the South African War*. London: Pal-

grave, 2002.
Oppenheimer, A. R. *IRA, the Bombs and the Bullets: A History of Deadly Ingenuity*. Sallins: Irish Academic Press, 2008.
Orlans, Harold. *T. E. Lawrence: Biography of a Broken Hero*. Jefferson, NC: McFarland, 2002.
Orwell, George. *1984*. New York: Signet Classics, 1961 [1949]. 《1984》, 민음사.
———. *A Collection of Essays*. 1954; reprint, New York: Houghton Mifflin, 1981.
———. *The Lion and the Unicorn: Socialism and the English Genius*. 1941; reprint, New York: Penguin Books, 1982.
———. *The Road to Wigan Pier*. Oxford: Benediction Classics, 2007 [1937]. 《위건 부두로 가는 길》, 한겨레출판.
Orwell, Sonia, and Ian Angus. *An Age Like This, 1920-1940*. New York: Harcourt, Brace & World, 1968.
Osborne, Myles. "Introduction." In *The Life and Times of General China: Mau Mau and the End of Empire in Kenya*, ed. Myles Osborne, 1-39. Princeton: Markus Wiener Publisher, 2015.
Owen, Frank. *The Fall of Singapore*. New York: Penguin Books, 2001.
Owen, Nicholas. "Four Straws in the Wind: Metropolitan Anti-Imperialism, January-February 1960." In *The Wind of Change: Harold Macmillan and British Decolonization*, ed. L. J. Butler and Sarah Stockwell, 116-39. Basingstoke: Palgrave Macmillan, 2013.
Owen, Roger. *The Middle East and the World Economy, 1800-1914*. London: I.B. Tauris, 1993 [1981].
Padmore, George. *Africa and World Peace*. London: Secker & Warburg, 1937.
———. *How Britain Rules Africa*. London: Wishart Books, 1936.
———. *The Life and Struggles of Negro Toilers*. London: Tonbridge, 1931.
———, ed. *History of the Pan-African Congress*. 1947; reprint, London: Hammersmith Bookshop, 1963.
Pagden, Anthony. "Comment: Empire and Its Anxieties." *American Historical Review* 117, no. 1 (2012): 141-48.
———. "Human Rights, Natural Rights, and Europe's Imperial Legacy." *Political Theory* 31, no. 2 (2003): 171-99.
Pakenham, Thomas. *The Boer War*. New York: Random House, 1979.
Palmer, Stanley H. *Police and Protest in England & Ireland, 1780-1850*. Cambridge: Cambridge University Press, 1988.
Pappe, Ilan. *The Ethnic Cleansing of Palestine*. Oxford: Oneworld, 2006.
———. *The Rise and Fall of a Palestinian Dynasty: The Husaynis, 1700-1948*. Berkeley: University of California Press, 2011.
Parker, Jason C. *Brother's Keeper: The United States, Race, and Empire in the British Caribbean, 1937-1962*. Oxford: Oxford University Press, 2008.
Parmar, Inderjeet. "'I'm Proud of the British Empire,' Why Tony Blair Backs George W. Bush." *Political Quarterly* 76, no. 2 (2005): 218-31.

Parsons, Laila. *The Commander: Fawzi al-Qawuqji and the Fight for Arab Independence, 1914-1948*. New York: Hill and Wang, 2016.

Patel, Ian Sanjay. *We're Here Because You Were There: Immigration and the End of Empire*. London: Verso, 2021.

Pedersen, Susan. *The Guardians: The League of Nations and the Crisis of Empire*. Oxford: Oxford University Press, 2015.

──────. "The Impact of League Oversight on British Policy in Palestine." In *Britain, Palestine and Empire: The Mandate Years*, ed. Rory Miller, 39-66. Farnham, UK: Ashgate, 2010.

──────. "Triumph of Poshocracy." *London Review of Books* 35, no. 15 (2013): 18-20. Peng, Chin. *My Side of History*. Singapore: Media Masters, 2003.

Pennybacker, Susan D. *From Scottsboro to Munich: Race and Political Culture in 1930s Britain*. Princeton: Princeton University Press, 2009.

Perkins, Anne. *Red Queen: The Authorized Biography of Barbara Castle*. London: Macmillan, 2003.

Perry, John. *Winston Churchill*. Nashville, TN: Thomas Nelson, 2010.

Pictet, John S., ed. *Geneva Convention Relative to the Protection of Civilian Persons in Time of War*. Geneva: International Committee of the Red Cross, 1958.

Pimlott, Ben. *Labour and the Left in the 1930s*. Cambridge: Cambridge University Press, 2008.

Pitts, Jennifer. *A Turn to Empire: The Rise of Imperial Liberalism in Britain and France*. Princeton: Princeton University Press, 2005.

──────. *Boundaries of the International: Law and Empire*. Cambridge: Harvard University Press, 2018.

──────. "Political Theory of Empire and Imperialism." *Annual Review of Political Science* 13 (2010): 211-35.

Pomeranz, Kenneth. *Great Divergence: China, Europe, and the Making of the Modern World Economy*. Princeton: Princeton University Press, 2000. 《대분기》, 에코리브르.

Poole, Thomas. *Reason of State: Law, Prerogative and Empire*. Cambridge: Cambridge University Press, 2015.

Porath, Yehoshua. *The Palestine Arab National Movement: From Riots to Rebellion*. London: Frank Cass, 1977.

Porch, Douglas. *Counterinsurgency: Exposing the Myths of the New Way of War*. Cambridge: Cambridge University Press, 2013.

Porter, Bernard. *The Absent-Minded Imperialists: Empire, Society, and Culture in Britain*. Oxford: Oxford University Press, 2004.

──────. *Critical of Empire: British Radicals and the Imperial Challenge*. London: I.B. Tauris, 2007.

Pressnell, L. S. *External Economic Policy Since the War*, vol. 1, *The Post-War Financial Settlement*. London: HMSO, 1986.

Probert, Henry. *Bomber Harris: His Life and Times, the Biography of Marshal of the Royal Air Force, Sir Arthur Harris, the Wartime Chief of Bomber Command*. London: Greenhill Books, 2001.

Pyne-Timothy, Helen. "Identity, Society, and Meaning: A Study of the Early Stories of C. L. R. James." In *C. L. R. James: His Intellectual Legacies*, ed. Selwyn R. Cudjoe and William E. Cain, 51-60. Amherst: University of Massachusetts Press, 1995.

Radhakrishnan, Sarvepalli. *Mahatma Gandhi: Essays and Reflections on His Life and Work, Presented to Him on His Seventieth Birthday, October 2nd, 1939*. London: G. Allen & Unwin, 1939.

Raghavan, Srinath. *India's War: World War II and the Making of Modern South Asia*. New York: Basic Books, 2016.

Ram, Moti. *Two Historic Trials in Red Fort*. New Delhi: Moti Ram, 1946.

Ramakrishna, Kumar. *Emergency Propaganda: The Winning of Malayan Hearts and Minds 1948-1958*. Richmond, Surrey: Curzon, 2002.

Rathbone, Richard. "Political Intelligence and Policing in Ghana in the Late 1940s and 1950s." In *Policing and Decolonisation: Politics, Nationalism and the Police, 1917-1965*, ed. David M. Anderson and David Killingray, 84-104. Manchester: Manchester University Press, 1992.

Ratner, Steven R. "New Democracies, Old Atrocities: An Inquiry in International Law." *Georgetown Law Review* 87, no. 3 (1999): 707-48.

Reinharz, Jehuda. *Chaim Weizmann: The Making of a Modern Statesman*. New York: Oxford University Press, 1993.

Renan, Ernest. *Qu'est-ce qu'une nation*? Translated by Ethan Rundell. Paris: Presses-Pocket, 1992. 《민족이란 무엇인가》, 책세상.

Rex v. Pinney, Esq. (1832). In *Reports of Cases Argued and Determined in the English Courts of Common Law*, vol. 24. Philadelphia: T. & J.W. Johnson, 1853.

Reynolds, John. *Empire, Emergency, and International Law*. Cambridge: Cambridge University Press, 2017.

Rice, Edward. *Captain Sir Richard Francis Burton: A Biography*. New York: Da Capo Press, 2001.

Rich, Paul B. *Race and Empire in British Politics*. Cambridge: Cambridge University Press, 1986.

Richards, Jeffrey M. "Imperial Heroes for a Post-Imperial Age: Films and the End of Empire." In *British Culture and the End of Empire*, ed. Stuart Ward, 128-44. Manchester: Manchester University Press, 2001.

―――, ed. *Imperialism and Juvenile Literature*. Manchester: Manchester University Press, 1989.

Richmond, W. H. "John A. Hobson: Economic Heretic." *American Journal of Economics and Sociology* 37, no. 3 (1978): 283-94.

Ritchie, Sebastian. *The RAF, Small Wars and Insurgencies in the Middle East, 1919-1939*. Shrivenham: Air Media Center, 2011.

Robbins, Simon. "The British Counter-insurgency in Cyprus." *Small Wars and Insurgencies* 23, no. 4-5 (2012): 720-43.

Roberts, Andrew. *A History of the English-Speaking Peoples Since 1900*. New York: HarperCollins, 2007.

Roberts, Granville. Foreword to *The Mau Mau in Kenya*. London: Hutchinson, 1954.

Roberts, Robert. *The Classic Slum: Salford Life in the First Quarter of the Century*. Manchester: Manchester University Press, 1971.

Robinson, Cedric J. *Black Marxism: The Making of the Black Radical Tradition*. 1983; reprint, Chapel Hill: University of North Carolina Press, 2000.

Robinson, John Broadstreet Perry. *Transformation in Malaya*. London: Secker & Warburg, 1956.

Rockel, Stephen J. "Wedding Massacres and the War in Afghanistan." In *Theatres of Violence: Massacre, Mass Killing, and Atrocity Throughout History*, ed. Philip G. Dwyer and Lyndall Ryan, 271-84. New York: Berghahn, 2012.

Rodley, Nigel S., and Matt Pollard. *The Treatment of Prisoners Under International Law*, 3rd ed. Oxford: Oxford University Press, 2009.

Rodney, Walter. *How Europe Underdeveloped Africa*. 1972; reprint, London: Verso, 2018.

Rogan, Eugene, and Avi Shlaim, eds. *The War for Palestine: Rewriting the History of 1948*. Cambridge: Cambridge University Press, 2001.

Roht-Arriaza, Naomi. "State Responsibility to Investigate and Prosecute Grave Human Rights Violations in International Law." *California Law Review* 78, no. 2 (1990): 449-513.

Rooney, David. *Mad Mike: A Life of Michael Calvert*. London: Leo Cooper, 1997.

Roosevelt, Elliot. *As He Saw It*. New York: Duell, Sloan, Pearce, 1946.

Rose, Jonathan. *The Literary Churchill: Author, Reader, Actor*. New Haven, CT: Yale University Press, 2014.

Rose, Norman, ed. *Baffy: The Diaries of Blanche Dugdale 1936-1947*. London: Vallentine Mitchell, 1973.

———. "The Resignation of Anthony Eden." *Historical Journal* 25, no. 4 (1982): 911-31.

Rose, Sonya O. *Which People's War?: National Identity and Citizenship in Wartime Britain, 1939-1945*. Oxford: Oxford University Press, 2003.

Rudner, Martin. "The Draft Development Plan of the Federation of Malaysia, 1950-1955." *Journal of Southeast Asian Studies* 3, no. 1 (1972): 63-96.

Rugemer, Edward B. *Slave Law and the Politics of Resistance in the Early Atlantic World*. Cambridge, MA: Harvard University Press, 2018.

Russell, David. "'The Jolly Old Empire': Labour, the Commonwealth and Europe, 1945-51." In *Britain, the Commonwealth and Europe: The Commonwealth and Britain's Applications to Join European Communities*, ed. Alex May, 9-29. New York: Palgrave, 2001.

Rutledge, Ian. *Enemy on the Euphrates: The Battle for Iraq, 1914-1921*. London: Saqi Books, 2014.

Ryan, Louise. "'Drunken Tans': Representations of Sex and Violence in the Anglo-Irish War (1919-21)." *Feminist Review* 66 (2000): 73-94.

Sachar, Howard M. *A History of Israel from the Rise of Zionism to Our Time*, 3rd ed. New York: Knopf, 2007.

Said, Edward W. *Orientalism*. New York: Vintage Books, 1979. 《오리엔탈리즘》, 교보문고.

Sanagan, Mark. *Lightning Through the Clouds: 'Izz al-Din al-Qassam and the Making of the Modern Middle East*. Austin: University of Texas Press, 2020.

Sanders, Ronald. *The High Walls of Jerusalem: A History of the Balfour Declaration and the Birth of the British Mandate for Palestine*. New York: Henry Holt, 1984.

Sandhu, Kernial Singh. "The Saga of the 'Squatter' in Malaya: A Preliminary Survey of the Causes, Characteristics and Consequences of the Resettlement of Rural Dwellers During the Emergency between 1948 and 1960." *Journal of Southeast Asian History* 5, no. 1 (1964): 143-77.

Sands, Philippe. *East West Street: On the Origins of "Genocide" and "Crimes Against Humanity."* New York: Vintage Books, 2016. 《인간의 정의는 어떻게 탄생했는가》, 더봄.

Sankey, John. "Decolonisation: Cooperation and Confrontation at the United Nations." In *The United Kingdom—The United Nations*, ed. Erik Jensen and Thomas Fisher, 90-119. London: Macmillan, 1990.

Sareen, T. R., ed. *Indian National Army: A Study*. New Delhi: Gyan Publishing, 2004.

Sarkar, Sumit. *The Swadeshi Movement in Bengal, 1903-1908*. New Delhi: People's Publishing House, 1973.

Sartori, Andrew. "The British Empire and Its Liberal Mission." *Journal of Modern History* 78, no. 3 (2006): 623-42.

———. "The Categorical Logic of a Colonial Nationalism: Swadeshi Bengal, 1904-1908." *Comparative Studies of South Asia, Africa and the Middle East* 23, nos. 1-2 (2003): 271-85.

———. *Liberalism in Empire: An Alternative History*. Berkeley: University of California Press, 2014.

Sartre, Jean-Paul. Preface to Fanon, *The Wretched of the Earth*. Translated by Richard Philcox. 1961; reprint, New York: Grove Press, 2004.

Sassòli, Marco. *International Humanitarian Law: Rules, Controversies, and Solutions to Problems Arising in Warfare*. Cheltenham: Edward Elgar, 2019.

Satia, Priya. "The Defense of Inhumanity: Air Control and the British Idea of Arabia." *American Historical Review* 111, no. 1 (2006): 16-51.

———. *Spies in Arabia: the Great War and the Cultural Foundations of Britain's Covert Empire in the Middle East*. Oxford: Oxford University Press, 2008.

———. *Time's Monster: How History Makes History*. Cambridge: Belknap Press, 2020.

Sato, Shohei. "'Operation Legacy': Britain's Destruction and Concealment of Colonial Records Worldwide." *Journal of Imperial and Commonwealth History* 45, no. 4 (2017): 697-719.

Savage, Michael. *The Dynamics of Working-Class Politics: The Labour Movement in Preston, 1880-1940*. Cambridge: Cambridge University Press, 1987.

Savarkar, Vinayak Damodar. *The Story of My Transportation for Life*. Bombay: Sadbhakti, 1984.

Sayer, Derek. "British Reaction to the Amritsar Massacre 1919-1920." *Past and Present* 131, no. 1 (May 1991): 130-64.

Scarman, Leslie George. *The Scarman Report*. 1981; reprint, New York: Penguin Books, 1982.

Scarry, Elaine. *Body in Pain: The Making and Unmaking of the World*. Oxford: Oxford University Press, 1987.

Schenk, Catherine. "The Sterling Area 1945-1972." In *Handbook of the History of Money and Currency*, ed. Stefano Battilossi, Youssef Cassis, and Kazuhiko Yago, 771-90. Singapore: Springer, 2020.

Schofield, Camilla. *Enoch Powell and the Making of Postcolonial Britain*. Cambridge: Cambridge University Press, 2013.

Schofield, Camilla, and Ben Jones. "'Whatever Community Is, This Is Not It': Notting Hill and the Reconstruction of 'Race' in Britain after 1958." *Journal of British Studies* 58, no. 1 (2019): 142-73.

Schofield, Victoria. *Wavell: Soldier and Statesman*. London: John Murray, 2006.

Schmitt, Carl. *Political Theology* (1922). Translated by George Schwab. Cambridge, MA: MIT Press, 1985.

Schulze, Reinbard. *A Modern History of the Islamic World*. London: I.B. Tauris, 2002.

Schwarz, Bill, ed. *West Indian Intellectuals in Britain*. Manchester: Manchester University Press, 2003.

Scotland, Alexander P. *The London Cage*. London: Evan Brothers, 1957.

Scott, James C. "Try It on the Natives." *London Review of Books* 30, no. 19 (2008): 29-30.

Seal, Anil. *The Emergence of Indian Nationalism: Competition and Collaboration in the Later Nineteenth Century*. Cambridge: Cambridge University Press, 1968.

Seedorf, Martin Frederick. "The Lloyd George Government and the Strickland Report on the Burning of Cork, 1920." *Albion* 4, no. 2 (1972): 59-66.

Seeley, John Robert. *The Expansion of England: Two Courses of Lectures*. 1884; reprint, New York: Wentworth Press, 2019.

Segev, Tom. *One Palestine, Complete: Jews and Arabs Under the British Mandate*. New York: Henry Holt, 2000.

Seibold, Birgit Susanne. *Emily Hobhouse and the Reports on the Concentration Camps During the Boer War, 1899-1902: Two Different Perspectives*. Stuttgart: Ibidem Press, 2011.

Sen, Amartya. *Poverty and Famines: An Essay on Entitlement and Deprivation*. Oxford: Oxford University Press, 2013 [1981].

Sen, Satadru. *Disciplining Punishment: Colonialism and Convict Society in the Andaman Islands*. Oxford: Oxford University Press, 2000.

Sheehan, William. *British Voices from the Irish War of Independence 1918-1921: The Words of British Servicemen Who Were There*. West Link Park, Ireland: Collins Press, 2005.

———. *A Hard Local War: The British Army and the Guerrilla War in Cork, 1919-1921*. Stroud, Gloucestershire: History Press, 2011.

Sherwood, Marika. "'Diplomatic Platitudes': The Atlantic Charter, the United Nations and Colonial Independence." *Immigrants and Minorities* 15, no. 2 (1996): 135-50.

———. "'There Is No New Deal for the Blackman in San Francisco': African Attempts to Influence the Founding Conference in the United Nations, April-July 1945." *International Journal of African Historical Studies* 29, no. 1 (1996): 71-94.

Shindler, Colin. *The Land Beyond Promise: Israel, Likud and the Zionist Dream*. London: I.B.

Tauris, 2002.
Shklar, Judith. "Torturers." *London Review of Books* 8, no. 17 (1986): 26-27.
Shlaim, Avi. "The Balfour Declaration." In *Yet More Adventures in Britannia: Personalities, Politics and Culture in Britain*, ed. William Roger Louis, 251-70. London: I.B. Tauris, 2005.
Short, Anthony. *The Communist Insurrection in Malaya, 1948-1960*. London: Frederick Muller, 1975.
Shoul, Simeon. "Soldiers, Riot Control and Aid to the Civil Power in India, Egypt and Palestine, 1919-1939." *Journal of the Society for Army Historical Research* 86, no. 346 (2008): 120-39.
Shuckburgh, Evelyn. *Descent to Suez: Diaries, 1951-1956*. London: Weidenfeld & Nicolson, 1986.
Sikkink, Kathryn. *Evidence for Hope: Making Human Rights Work in the 21st Century*. Princeton: Princeton University Press, 2017.
Sillitoe, Percy. *Cloak Without Dagger*. London: Cassell, 1955.
Silvestri, Michael. *Ireland and India: Nationalism, Empire and Memory*. New York: Palgrave Macmillan, 2009.
———. "'An Irishman Is Specially Suited to Be a Policeman': Sir Charles Tegart and Revolutionary Terrorism in Bengal." *History Ireland* 8, no. 4 (2000): 40-44.
———. "'The Sinn Féin of India': Irish Nationalism and the Policing of Revolutionary Terrorism in Bengal." *Journal of British Studies* 39, no. 4 (2000): 454-86.
———. "The Thrill of 'Simply Dressing Up': The Indian Police, Disguise, and Intelligence Work in Colonial India." *Journal of Colonialism and Colonial History* 2, no. 2 (2001).
Simpson, A. W. Brian. "Detention Without Trial in the Second World War: Comparing the British and American Experiences." *Florida State Law Review* 16, no. 2 (1988): 225-67.
———. "The Devlin Commission (1959): Colonialism, Emergencies, and the Rule of Law." *Oxford Journal of Legal Studies* 22, no. 1 (2002): 17-52.
———. *Human Rights and the End of Empire: Britain and the Genesis of the European Convention*. Oxford: Oxford University Press, 2001.
———. *In the Highest Degree Odious: Detention Without Trial in Wartime Britain*. Oxford: Clarendon Press, 1992.
———. "Round Up the Usual Suspects: The Legacy of British Colonialism and the European Convention on Human Rights." *Loyola Law Review* 41, no. 4 (1996): 629-711.
Simpson, Andrew R. B. *Another Life: Lawrence After Arabia*. Gloucestershire: Spellmount, 2008.
Simpson, Sir John Hope. *Palestine: Report on Immigration, Land Settlement and Development*. Cmnd. 3686. London: HMSO, 1930.
Simson, H. J. *British Rule, and Rebellion*. London: W. Blackwood & Sons, 1937.
Sinclair, Georgina. *At the End of the Line: Colonial Policing and the Imperial Endgame 1945-80*. Manchester: Manchester University Press, 2006.
———. "'Get into a Crack Force and Earn £20 a Month and All Found···': The Influence of the Palestine Police upon Colonial Policing, 1922-1948." *European Review of History* 13, no. 1 (2006): 49-65.
———. "The 'Irish' Policeman and the Empire: Influencing the Policing of the British Empire-Com-

monwealth." *Irish Historical Studies* 36, no. 142 (2008): 173-87.

———. "'The Sharp End of the Intelligence Machine': The Rise of the Malayan Police Special Branch 1948-1955." *Intelligence and National Security* 26, no. 4 (2011): 460-77.

Singh, Gajendra. *The Testimonies of Indian Soldiers and the Two World Wars*. London: Bloomsbury, 2014.

Singh, Harkirat. *The INA Trial and the Raj*. Delhi: Atlantic, 2003.

Singh, N. Iqbal. *The Andaman Story*. New Delhi: Vikas, 1978.

Slocombe, George. *A Mirror to Geneva: Its Growth, Grandeur and Decay*. New York: Henry Holt, 1938.

Smiley, David. *Irregular Regular*. Norwich, UK: Michael Russell, 1994.

Smith, Alison, and Mary Bull, eds. *Margery Perham and British Rule in Africa*. New York: Routledge, 2013.

Smith, Charles. "Communal Conflict and Insurrection in Palestine, 1936-48." In *Policing and Decolonisation: Politics, Nationalism and the Police, 1917-1965*, ed. David M. Anderson and David Killingray, 62-83. Manchester: Manchester University Press, 1992.

Smith, M. L. R. *Fighting for Ireland?: The Military Strategy of the Irish Republican Movement*. London: Routledge, 1997.

Smuts, J. C. *Jan Christian Smuts*. London: Cassell, 1952.

Smyth, Rosaleen. "Britain's African Colonies and British Propaganda During the Second World War." *Journal of Imperial and Commonwealth History* 14, no. 1 (1985): 65-82.

Soares, Anthony Xavier, ed. *Lectures and Addresses by Rabindranath Tagore*. New York: Macmillan, 1980.

Soyinka, Wole. "A Dance of the Forests." In *Collected Plays* 1:1-78. Oxford: Oxford University Press, 1973.

Spanou, Giannis Chr. *EOKA: That's How Greeks Fight*. Translated by Domniki Georgopoloulou. Nicosia: Andreas I. Spanos, 1997.

Spence, David Owen. "Beyond Talwar: A Cultural Reappraisal of the 1946 Royal Indian Navy Mutiny." *Journal of Imperial and Commonwealth History* 43, no. 3 (2015): 489-508.

Spencer, Ian R. G. *British Immigration Policy Since 1939: The Making of Multi-Racial Britain*. London: Routledge, 1997.

Spies, S. B. *Methods of Barbarism?: Roberts and Kitchener and Civilians in the Boer Republics, January 1900-May 1902*. Cape Town: Human & Rousseau, 1977.

Spies, S. B., and Gail Nattrass, eds. *Jan Smuts: Memoirs of the Boer War*. Johannesburg: Jonathan Ball, 1994.

Springhall, John. *Youth, Empire and Society: British Youth Movements, 1883-1942*. London: Croom Helm, 1977.

Stammers, Neil. *Civil Liberties in Britain During the Second World War: A Political Study*. London: Croom Helm, 1983.

Stedman Jones, Gareth. *Outcast London: A Study in the Relationship Between Classes in Victorian Society*. 1971; reprint, London: Verso, 2014.

Stein, Leonard. *The Balfour Declaration*. London: Valentine-Mitchell, 1961.

Stenson, Michael. *The 1948 Communist Revolt in Malaya*. Singapore: Institute of Southeast Asian Studies, 1971.

Stephen, James Fitzjames. *Horae Sabbaticae, Reprint of Articles Contributed to "The Saturday Review."* London: Macmillan, 1892.

―――. *Liberty, Equality, Fraternity* (1873). Ed. R. J. White. Cambridge: Cambridge University Press, 1967.

Stephen, Leslie. *The Life of Sir James Fitzjames Stephen*. London: Elder & Co., 1895.

Stephens, R. W. G. "A Digest of Ham." In *Camp 020: MI5 and the Nazi Spies*, by Oliver Hoare. Richmond: Public Record Office, 2000.

Stevenson, Robert Louis. *The Strange Case of Dr. Jekyll and Mr. Hyde*, in *Dr. Jekyll and Mr. Hyde with The Merry Men & Other Tales and Fables*. Hertfordshire: Wordsworth Editions, 1993 [1886]. 《지킬 박사와 하이드》, 푸른숲주니어.

Stocking, George W., Jr. *Victorian Anthropology*. London: Free Press, 1991.

―――, ed. *Race, Culture, and Evolution: Essays in the History of Anthropology*. Chicago: University of Chicago Press, 1982.

Stockwell, A. J. "British Imperial Policy and Decolonization in Malaya 1942-52." *Journal of Imperial and Commonwealth History* 13, no. 1 (1984): 68-87.

―――. *Malaya: The Communist Insurrection 1948-1953*. London: HMSO, 1995.

―――. "Policing During the Malayan Emergency, 1948-60: Communism, Communalism and Decolonisation." In *Policing and Decolonisation: Politics, Nationalism and the Police, 1917-1965*, ed. David M. Anderson and David Killingray, 105-26. Manchester: Manchester University Press, 1992.

Stockwell, Sarah. *The British End of the British Empire*. Cambridge: Cambridge University Press, 2018.

Stokes, Eric. *The English Utilitarians in India*. Oxford: Oxford University Press, 1959.

―――. "Milnerism." *Historical Journal* 5, no. 1 (1962): 47-60.

―――. *The Peasant and the Raj: Studies in Agrarian Society and Peasant Rebellion in Colonial India*. Cambridge: Cambridge University Press, 1980.

Stoler, Ann Laura. *Imperial Debris: On Ruins and Ruination*. Durham, NC: Duke University Press, 2013.

―――. "Perceptions of Protest: Defining the Dangerous in Colonial Sumatra," *American Ethnologist* 12, no. 4 (1985): 642-58.

―――. *Race and the Education of Desire: Foucault's History of Sexuality and the Colonial Order of Things*. Durham, NC: Duke University Press, 1995.

Stoler, Ann Laura, and Frederick Cooper. "Between Metropole and Colony: Rethinking a Research Agenda." In Cooper and Stoler, *Tensions of Empire*, 1-56.

Stora, Benjamin. *Histoire de l'Algérie coloniale, 1830-1954*. Paris: La Découverte, 1999.

St. Pierre, Maurice. "The 1938 Jamaica Disturbances. A Portrait of Mass Reaction Against Colonialism." *Social and Economic Studies* 27, no. 2 (1978): 171-96.

Strachey, John. *The End of Empire*. New York: Random House, 1959.

Strauch, Judith. "Chinese New Villages of the Malayan Emergency, a Generation Later: A Case Study." *Contemporary Southeast Asia* 3, no. 2 (1981): 126-39.

Streatfeild, Dominic. *Brainwash: The Secret History of Mind Control*. London: Thomas Dunne Books, 2007.

Strong, James. *Public Opinion, Legitimacy and Tony Blair's War in Iraq*. New York: Routledge, 2017.

Sullivan, Eileen P. "Liberalism and Imperialism: J. S. Mill's Defense of the British Empire." *Journal of the History of Ideas* 44, no. 4 (1983): 599-617.

Sutton, Alex. "British Imperialism and the Political Economy of Malayan Independence." *Journal of Imperial and Commonwealth History* 44, no. 3 (2016): 470-91.

Swedenburg, Ted. *Memories of Revolt: The 1936-1939 Rebellion and the Palestinian National Past*. Fayetteville: University of Arkansas Press, 2003.

──────. "The Role of the Palestinian Peasantry in the Great Revolt (1936-1939)." In *Islam, Politics, and Social Movements*, eds. Edmund Burke and Ira Lapidus, 169-203. Berkeley: University of California Press, 1988.

Swinson, Arthur. *Six Minutes to Sunset: The Story of General Dyer and the Amritsar Affair*. London: P. Davies, 1964.

Sykes, Christopher. *Orde Wingate: A Biography*. Cleveland, OH: World Publishing Company, 1959.

Symonds, Richard. *Oxford and Empire: The Last Lost Cause?* Oxford: Oxford University Press, 1993.

Tagore, Rabindranath. *The Essential Tagore*, ed. Fakrul Alam and Radha Chakravarty. Cambridge, MA: Belknap Press, 2011.

Talbot, Ian. *Khizr Tiwana: The Punjab Unionist Party and the Partition of India*. Richmond, Surrey: Curzon Press, 1996.

Talwar, Bhagat Ram. *The Talwars of Pathan Land and Subhas Chandra's Great Escape*. New Delhi: People's Publishing House, 1976.

Tamari, Salim. *The Great War and the Remaking of Palestine*. Oakland: University of California Press, 2017.

Tan, Teng Phee. "'Like a Concentration Camp, lah': Chinese Grassroots Experience of the Emergency and New Villages in British Colonial Malaya." *Chinese Southern Diaspora Studies* 3 (2009): 216-28.

──────. "Oral History and People's Memory of the Malayan Emergency (1948-60): The Case of Pulai." *Sojourn: Journal of Social Issues in Southeast Asia* 27, no. 1 (2012): 84-119.

Tegart, Sir Charles. *Terrorism in India*. Calcutta: New Age, 1983.

Tharoor, Shashi. *Nehru: The Invention of India*. New York: Arcade Press, 2003.

Thiong'o, Ngũgĩ wa. *Weep Not, Child*. London: Heinemann, 1964.

Thomas, Martin. *Empires of Intelligence: Security Service and Colonial Disorder After 1914*. Berkeley: University of California Press, 2008.

_____. *Violence and Colonial Order: Police, Workers, and Protest in the European Colonial Empires, 1918-40.* Cambridge: Cambridge University Press, 2012.

Thompson, Andrew. "Publicity, Philanthropy and Commemoration: British Society and the War." In *Impact of South African War*, ed. David Omissi and Andrew Thompson, 99-123. New York: Palgrave, 2002.

_____. *The Empire Strikes Back? The Impact of Imperialism on Britain from the Mid-Nineteenth Century.* London: Harlow, 2005.

Thompson, Andrew, and Meaghan Kowalsky. "Social Life and Cultural Representation: Empire in the Public Imagination." In *Britain's Experience of Empire in the Twentieth Century*, ed. Andrew Thompson, 251-97. Oxford: Oxford University Press, 2012.

Thompson, J. Lee. *A Life of Alfred, Viscount Milner of St. James's and Cape Town, 1854-1925.* Vancouver: Fairleigh Dickinson University Press, 2007.

_____. *A Wider Patriotism: Alfred Milner and the British Empire.* London: Pickering & Chatto, 2007.

Thompson, Sir Robert. *Defeating Communist Insurgency: The Lessons of Malaya and Vietnam.* New York: Frederick A. Praeger, 1966.

_____. *No Exit from Vietnam.* New York: David McKay, 1970.

Throup, David. *Economic and Social Origins of Mau Mau.* London: James Currey, 1987.

Tignor, Robert L. *W. Arthur Lewis and the Birth of Development Economics.* Princeton: Princeton University Press, 2005.

Todman, Daniel. *Britain's War: Into Battle, 1937-1941.* Oxford: Oxford University Press, 2016.

Tomkins, Stephen. *David Livingstone: The Unexplored Story.* London: Lion Books, 2013.

Tomlinson, Sally. "Enoch Powell, Empires, Immigrants and Education." *Race Ethnicity and Education* 21, no. 1 (2018): 1-14.

Toolis, Kevin. *Rebel Hearts: Journeys within the IRA's Soul.* New York: St. Martin's Griffin, 1997.

Townshend, Charles. *Britain's Civil Wars: Counterinsurgency in the Twentieth Century.* London: Faber & Faber, 1986.

_____. *The British Campaign in Ireland, 1919-1921: The Development of Political and Military Policies.* Oxford: Oxford University Press, 1975.

_____. "Civilization and 'Frightfulness': Air Control in the Middle East Between the Wars." In *Warfare, Diplomacy and Politics*, ed. Chris Wrigley, 142-62. London: Hamish Hamilton, 1986.

_____. "The Defence of Palestine: Insurrection and Public Security, 1936-1939." *English Historical Review* 103, no. 409 (1988): 917-49.

_____. *Easter 1916: The Irish Rebellion.* Chicago: Ivan R. Dee, 2005.

_____. *Political Violence in Ireland: Government and Resistance since 1848.* Oxford: Oxford University Press, 1983.

Toye, Hugh. *The Springing Tiger: A Study of the Indian National Army and of Netaji.* 1959; reprint, New Delhi: Allied, 2009.

Toye, Richard. "Churchill and Britain's Financial Dunkirk." *Twentieth Century Britain* 15, no. 4

(2004): 329-60.

_____. *Churchill's Empire: The World That Made Him and the World He Made*. New York: St. Martin's Griffin, 2010.

Toynbee, Arnold. *A Study of History*. London: Oxford University Press, 1948. 《역사의 연구》, 바른북스.

Trapido, Stanley. "Liberalism in the Cape in the 19th and 20th Centuries." *Collected Seminar Papers. Institute of Commonwealth Studies* 17 (1974): 53-66.

Travers, Robert. *Ideology and Empire in Eighteenth-Century India: The British in Bengal*. Cambridge: Cambridge University Press, 2007.

Truman, Harry S. *Memoirs: Years of Trial and Hope*. New York: Doubleday, 1956.

Tucker, S. D. *Great British Eccentrics*. London: Amberley, 2015.

Tucker, Samuel L., ed. *Macaulay's Essay on Warren Hastings*. New York: Longmans, Green, 1910.

Twaddle, Michael. "Margery Perham and Africans and British Rule: A Wartime Publication." *Journal of Imperial and Commonwealth History* 19, no. 3 (1991): 100-111.

Twigger, Robert. *Red Nile: A Biography of the World's Greatest River*. New York: St. Martin's Press, 2013.

Ucko, David H., and Robert Egnell. *Counterinsurgency in Crisis: Britain and the Challenges of Modern Warfare*. New York: Columbia University Press, 2013.

Urbinati, Nadia. "The Many Heads of the Hydra: J. S. Mill on Despotism." In *J. S. Mill's Political Thought: A Bicentennial Reassessment*, ed. Nadia Urbinati and Alex Zakaras, 66-97. Cambridge: Cambridge University Press, 2007.

Van Dijk, Boyd. "Human Rights in War: On the Entangled Foundations of the 1949 Geneva Conventions." *American Journal of International Law* 112, no. 4 (2018): 553-82.

Van Heyningen, Elizabeth. *The Concentration Camp of the Anglo-Boer War: A Social History*. Auckland Park: Jacana Media, 2013.

Vereté, Mayir. "The Balfour Declaration and Its Makers." *Middle Eastern Studies* 6, no. 1 (1970): 48-76.

Vickers, Rhiannon. *The Labour Party and the World*, vol. 1, *The Evolution of Labour's Foreign Policy, 1900-1951*. Manchester: Manchester University Press, 2003.

Vinogradov, Amal. "The 1920 Revolt in Iraq Reconsidered: The Role of Tribes in National Politics." *International Journal of Middle Eastern Studies* 3, no. 2 (1972): 123-39.

Viotti da Costa, Emilia. *Crown of Glory, Tears of Blood: The Demerara Slave Rebellion of 1823*. New York: Oxford University Press, 1994.

Von Eschen, Penny M. *Race Against Empire: Black Americans and Anticolonialism, 1937-1957*. Ithaca, NY: Cornell University Press, 1997.

Von Tunzelmann, Alex. *Indian Summer: The Secret History of the End of an Empire*. New York: Picador, 2007.

Vrdoljak, Ana Filipa. "Human Rights and Genocide: The Work of Lauterpacht and Lemkin in Modern International Law." *The European Journal of International Law* 20, no. 4 (2009): 1163-94.

Waghelstein, John D. *El Salvador: Observations and Experiences in Counterinsurgency*. Carlisle Barracks, PA: U.S. Army War College, 1984.

Wagner, Kim A. *Amritsar 1919: An Empire of Fear and the Making of a Massacre*. New Haven, CT: Yale University Press, 2019.

―――. "Savage Warfare: Violence and the Rule of Colonial Difference in Early British Counterinsurgency." *History Workshop Journal* 85 (2018): 217-37.

Walsh, Maurice. *The News from Ireland: Foreign Correspondents and the Irish Revolution*. London: I.B. Tauris, 2008.

Walton, Calder. "British Intelligence and the Mandate of Palestine: Threats to British National Security Immediately After the Second World War." *Intelligence and National Security* 23, no. 4 (2008): 435-62.

―――. *Empire of Secrets: British Intelligence, the Cold War and the Twilight of Empire*. London: Harper Press, 2013.

Ward, Alan J. "Lloyd George and the 1918 Conscription Crisis." *The Historical Journal* 17, no. 1 (1974): 107-29.

Ward, Stuart, ed. *British Culture and the End of Empire*. Manchester: Manchester University Press, 2001.

Ward, Stuart, and Astrid Rasch. *Embers of Empire in Brexit Britain*. London: Bloomsbury Academic, 2019.

Warren, Alan. *Singapore, 1942: Britain's Greatest Defeat*. London: Hambledon & London, 2003.

―――. *World War II: A Military History*. Stroud, Gloucestershire: History Press, 2008.

Wasserstein, Bernard. "The Assassination of Lord Moyne." *Transactions and Miscellanies (Jewish Historical Society of England)* 27 (1978-80): 72-83.

―――. *The British in Palestine: The Mandatory Government and the Arab-Jewish Conflict, 1917-1929*. Oxford: Blackwell, 1991.

Weber, Max. "Politics as a Vocation." In *From Max Weber: Essays in Sociology*. Edited and translated by H. H. Gerth and C. Wright Mills, 77-128. 1919; reprint, New York: Oxford University Press, 1946.

Weizmann, Chaim. *The Letters and Papers of Chaim Weizmann, vol. 18, January 1937-December 1938*, ed. Barnet Litvinoff and Aaron Klieman. London: Jerusalem: Transaction, 1979.

―――. *Trial and Error: The Autobiography of Chaim Weizmann*. London: Hamish Hamilton, 1949.

Wertheim, Stephen. "The League of Nations: A Retreat From International Law?" *Journal of Global History* 7, no. 2 (2012): 210-32.

West, Nigel. *The Guy Liddell Diaries*. 2 vols. London: Routledge, 2005.

Westad, Odd Arne. *The Global Cold War: Third World Interventions and the Making of Our Times*. Cambridge: Cambridge University Press, 2005. 《냉전의 지구사》, 에코리브르.

Westrate, Bruce. *The Arab Bureau: British Police in the Middle East, 1916-1920*. University Park: Pennsylvania State University Press, 1992.

Wheeler-Bennett, John W. *John Anderson, Viscount Waverley*. London: Palgrave Macmillan, 1962.

White, Gerry, and Brendan O'Shea. *The Burning of Cork*. Cork: Mercier Press, 2006.

White, Nicholas J. "The Beginnings of Crony Capitalism: Business, Politics and Economic Development in Malaysia, c. 1955-70." *Modern Asia Studies* 38, no. 2 (2004): 389-417.

―――. *Business, Government, and the End of Empire: Malaya, 1942-1957*. Oxford: Oxford University Press, 1996.

Whitmore, W. J. Brennan. *With the Irish in Frongoch*. Cork: Mercier Press, 2013.

Whittingham, Daniel. "'Savage Warfare': C. E. Callwell, the Roots of Counter-Insurgency, and the Nineteenth Century Context." In *British Ways of Counter-insurgency: A Historical Perspective*, ed. Matthew Hughes, 13-30. London: Routledge, 2013.

Williams, Eric. *Capitalism and Slavery*. Chapel Hill: University of North Carolina Press, 1994. 《자본주의와 노예제도》, 우물이있는집.

Wills, Clair. *Dublin 1916: The Siege of the GPO*. London: Profile Books, 2010.

Wilson, A. N. *After the Victorians: The Decline of Britain in the World*. New York: Picador, 2005.

Wilson, Evan M. *Decision on Palestine: How the U.S. Came to Recognize Israel*. Stanford, CA: Stanford University Press, 1979.

Wilson, Jon. *The Chaos of Empire: The British Raj and the Conquest of India*. New York: Public Affairs, 2016.

Wilson, R. Dare. *Cordon and Search with the Sixth Airborne Division in Palestine*. Nashville, TN: Battery Press, 1989.

Winder, Alex. "Anticolonial Uprising and Communal Justice in Twentieth-Century Palestine." *Radical History Review* 2020, no. 137 (2020): 75-95.

―――. "The 'Western Wall' Riots of 1929: Religious Boundaries and Communal Violence." *Journal of Palestine Studies* 42, no. 1 (2012): 6-23.

Winks, Robin W., and Alaine Low, eds. *Historiography*, vol. 5 of *The Oxford History of the British Empire*. Oxford: Oxford University Press, 1999.

Wolpert, Stanley. *Gandhi's Passion: The Life and Legacy of Mahatma Gandhi*. Oxford: Oxford University Press, 2001.

―――. *Shameful Flight: The Last Years of the British Empire in India*. Oxford: Oxford University Press, 2006.

Wolton, Suke. *Lord Hailey, the Colonial Office and the Politics of Race and Empire in the Second World War: The Loss of White Prestige*. New York: St. Martin's Press, 2000.

Woods, Philip. "From Shaw to Shantaram: The Film Advisory Board and the Making of British Propaganda Films in India, 1940-43." *Historical Journal of Film, Radio and Television* 21, no. 3 (2001): 293-308.

Woodward, E. L., ed. *Documents on British Foreign Policy, 1919-1939*. London: HMSO, 1952.

Wring, Dominic. *The Politics of Marketing the Labour Party*. New York: Palgrave Macmillan, 2005.

Young, Crawford. *The African Colonial State in Comparative Perspective*. New Haven, CT: Yale University Press, 1994.
Zouplna, Jan. "Revisionist Zionism: Image, Reality and the Quest for Historical Narrative." *Middle Eastern Studies* 44, no. 1 (2008); 3-27.
Zweig, Ronald. *Britain and Palestine During the Second World War*. Woodbridge: Boydell Press, 1986.

찾아보기

1-Z

136부대 366-367, 667, 678, 687, 755
20위원회 403
MI5 253, 254, 395-401, 403-404, 467, 496, 499, 554, 556, 559-560, 569, 611, 637, 641, 663, 681, 733, 735-737, 741, 759, 783-784, 798-799, 864, 866, 899, 905, 929, 933
MI6 253-254, 400, 637, 640, 652, 735, 929

ㄱ

가비, 마커스 429-430, 436, 443
가비, 에이미 443
가티기, 넬슨 790-791
간디, 모한다스 200-202, 215, 219, 221, 232, 319, 347, 372, 411, 413-419, 446, 532, 564-565, 583, 585, 595-597, 681, 917
간디, 인디라 917
갈리폴리 상륙 작전 216
강제수용소 134, 139-140, 145, 166, 184-185, 214, 350, 354, 394, 441-442, 450, 454, 497, 499, 558, 641, 732, 779, 784, 799, 801, 804, 918
개버건, 테런스 54, 829-833, 835, 879, 881, 885, 889, 899-900, 923, 925-928, 935-936
갤러거, 존 220, 900
거니, 헨리 53, 566, 611, 661, 680, 683-684, 688-689, 709-710, 712-717, 725, 727, 729, 734, 736, 742-744, 746, 753, 755, 760-761, 763, 769, 773-774
게이츠켈, 휴 519, 876, 954
젠트, 에드워드 669, 679
고드세, 나두람 596
고든, 조지 93, 97
고든, 찰스 조지 133, 150
고디, W. H. 880
고브, 마이클 942
고시, 사이드 아부 288
고시, 아미타브 8, 572
고시, 아우로빈도 199, 200, 318
공공영역다양성위원회 965
공수특전단 637, 639, 640, 755
관수이렌 742
괴링, 헤르만 440
괴벨스, 요제프 454, 461, 649
국가 등록 시스템 710
국방비지출협정 543
국제강제노동협약 819

1131

국제노동기구 720
국제법학회 160, 696-697
국제아프리카봉사국 441, 443, 447, 467
국제앰네스티 868, 904, 905
국제연맹 42, 143, 187-193, 195, 249, 260-262, 275, 267, 288-289, 292-293, 295, 298, 909, 307, 311, 313, 355, 357-358, 381, 383, 386, , 437, 449, 451, 506, 697
국제인도법 158, 159, 701, 702, 815, 842, 884, 886
국제적십자위원회 44, 698-700, 704, 814, 885-887, 904, 905
국제통화기금 858
국토방위법 176, 177, 180, 200, 226, 229, 306, 392, 452, 467, 604
국토방위행정위원회 396, 399, 401
그래프턴, 존 347, 348
그랜트, 찰스 75
그레이, 윌리엄 637, 639, 644, 661, 664, 665, 676-678, 683, 687, 711, 717, 726, 734, 736
그리바스, 게오르기오스 864, 867
그리피스, 로스 961
그리피스, 제임스 729
그리피스, 퍼시벌 326
그리피스존스, 에릭 824, 831, 832, 834
그리핀, 마이클 234, 242
그린, 휴 953
그린우드, 하마르 234, 240, 242
그원, 루퍼트 216
그원, 찰스 306
극동안보정보부 681, 759
글래드스턴, 윌리엄 118
글럽, 존 256
기드온 부대 334, 391, 493
긴급방어금융규정 539
길구드, 존 526

ㄴ

나기브, 무함마드 855
나샤시비, 라그헤브 314
나샤시비, 파크리 314, 328
나이두, 사로지니 574
나이트, 홀포드 210
나일스, 데이비드 632
나카르, 메이르 642, 643, 645, 646
나트륨 작전 761
네루, 자와할랄 232, 413-418, 438, 532, 562-565, 576, 578, 579, 583, 585, 589, 591, 595, 596, 917
네비무사 폭동 273-275
네이미어, 루이스 330
네이피어, 찰스 87
노먼, 헨리 448
노블, 존 759
노스, 프레더릭 68
노스킹가 대학살 181
뉘른베르크 재판 393, 554, 578
뉴턴, 프랜시스 355-357
니콜라이 2세, 차르 159
닉슨, 리처드 772
닝이, 왐부구 와 918

ㄷ

다스, 자틴드라나스 320
다윈, 찰스 97
다이시, 앨버트 146-153, 175-177
다이아몬드 주빌리 110, 111, 120, 526
다이어, 레지널드 203, 205-209, 211-217, 228, 239, 307, 352, 446, 522, 528, 884
대니얼스, 앤서니 362, 365-367, 667
대서양헌장 34, 381-383, 466, 468, 469, 473, 501-503, 505, 509, 530, 533, 538
더블 크로스 시스템 403, 737
더프, 더글러스 278, 279, 281, 286, 287, 296,

297

더햄, 마이클 230
더햄, 존 230
덕데일, 블랑쉬 634
덤덤탄 162-164, 346
덤버턴오크스회담 504-506, 535
데메트리우스 작전 905
데블린, 패트릭(데블린 경) 883, 954
데사이, 불라바이 580-581
데스먼드, 우즈 348
데이비드, 에지워스 717
데이비스, 윌리엄 64
도덕 재무장 운동 812, 834
도드웰, 헨리 77
도란, 데즈먼드 611-612
도브턴, A. C. 204
도슨, 제프리 455-457
돌턴, 휴 390, 534, 545-547, 552, 585, 650
동반자 관계 42, 189, 410-411, 465, 467, 471, 475-476, 481, 501, 508, 510, 519, 532, 551, 573, 598, 747, 781, 788, 794, 858, 940, 948, 969
뒤낭, 앙리 159
듀보이스, 윌리엄 52, 194, 429, 432, 434-435, 446-447, 449, 509-510
드 발레라, 에이먼 227, 246, 319
드 베트, 크리스티안 184
드 수자, 피츠 805
드레이크브로크만, 데이비드 211
드레이턴, 리처드 9, 900, 980
드리버그, 톰 721, 724, 766-768
디어든, 해럴드 401-402
디즈레일리, 벤저민 84, 107-110, 173, 479, 520, 844
디킨스, 찰스 98, 111
디플록, 케네스 396
딕슨, 마거릿 297-298
딜, 존 304, 310, 334
딜런, 존 183-184
딜론, 구르박쉬 579

ㄹ

라마트 하코베쉬 608, 612
라스 카사스, 바르톨로메 데 160
라우, 앨버트 685
라우터파하트, 허쉬 695-697, 699, 702-703
랙, 라이 667
라이엘, 찰스 97
라호르결의 320, 412
랑케, 레오폴드 폰 115-117
래드클리프, 시릴 587
래밍, 조지 429
래밍턴, 경 217
래스베리, 제럴드 814
래퍼드, 윌리엄 262
러스킨, 존 98
러크나우협정 200, 565
런던 왕립재판소 49, 53, 918-921
레녹스보이드, 앨런 717-718, 766, 785, 819, 822-825, 827, 830-834, 867, 871-874, 878-879, 881, 883-885, 887, 926
레니슨, 패트릭 891-892
레닌, 블라디미르 35, 437
레드먼드, 존 172, 183
레버, 해럴드 651
레오폴드 2세, 국왕 46
레이놀즈, 레지널드 437-438, 444
레이턴 경 706
레인, 아서 351-353
레히(슈테른 갱) 485-487, 489-494, 601-603, 607, 610-612, 615-618, 641-642
로건, 리로이 964
로더미어 경 518
로드니, 월터 35
로런스, 스티븐 963-964
로런스, 존 230
로런스, 토머스 에드워드 521
로물로, 카를로스 509
로버츠, 그랜빌 792
로버츠, 로버트 523

로버츠, 앤드루 942-944
로버츠, 프레더릭 132
로버트슨, 브라이언 557
로빈슨, 세드릭 36
로우, 윌리엄 180
로이드 조지, 데이비드 137, 169-170, 187, 190, 193, 209, 212, 216, 219, 220, 226, 228-229, 231, 235-237, 239-241, 243-244, 266-270, 289, 326, 388
로일, 찰스 958
로즈, 세실 20-22, 53, 125, 458, 845
로지, 헨리 549
로크, 알레인 432
로크, 존 29, 30
론즈데일, 존 899
루가드, 프레더릭 463
루베르튀르, 투생 445
루보위츠, 알렉산더 643, 644
루블리, 장모리스 886
루스벨트, 엘리너 692-694, 699, 726
루스벨트, 프랭클린 43, 374-383, 385, 411, 412, 466, 488, 501-506, 548, 694
루이스, 윌리엄 428-430, 474, 632, 653
루이스, 존 804
룬드스텐, 메리 283
르낭, 에르네스트 64
리노, 딜런 149, 151
리델, 가이 399, 404, 663
리빙스턴, 데이비드 114
리스월리엄스, 데이비드 688
리스토웰 경 544
리콴유 783
리키, 루이스 809
리틀턴, 올리버 751, 753, 756, 758, 760, 764, 768, 771, 775, 792, 819, 820, 822
리프먼, 월터 466
린리스고 경 372, 410, 411, 418, 580
린스트럼, 에릭 767
림유혹 782

ㅁ

마라, 제인 918, 935, 936
마랑, 르네 208, 430
마르키에비츠, 콘스턴스 246
마무드, 압드 알라힘 300
마셜, 데이비드 779, 782
마엔델레오 야 와나와케 812
마운트배튼, 루이스 407, 567, 585-589, 591, 595, 669, 670, 721, 907-911
마이네르츠하겐, 리처드 256, 273-275
마조워, 마크 143, 387, 451
마차리아, 라우손 892
마카리오스 3세 863
마코넨, 라스 436, 437, 467
마클, 메건 967
마틴, T. G. 617, 618
마틴, 클리퍼드 645-647, 650
마틴, 킹즐리 438
마틴, 피터 614
만델라, 넬슨 912, 914
만테냐, 카루나 75, 115
말라야 민족해방군 679, 711, 727, 743
말라야 항일인민군 665, 667-669, 679
말라야화교협회 711, 713, 776, 777
말란, 다니엘 388, 847
말레이민족연합 671, 673, 679, 777
말리, 밥 958
말리노프스키, 브로니슬라브 788
매닌, 에셀 437
매덕, 가이 739, 744, 759
매스터맨, 존 403
매커레스, 길버트 327, 328
매콜리, 토머스 61, 75, 76, 459, 843
매크레디, 네빌 240, 254
매클라우드, 이안 887-889
매킨토시, 제임스 86
매피, J. L. 212
맥그리거, 앨리스터 640
맥기니스, 마틴 910

맥나마라, 로버트 902
맥도널, 마이클 309
맥도널드, 램지 287, 289, 532, 675
맥도널드, 맬컴 315, 463, 464, 482, 675, 676, 683, 715, 775
맥도널드, 앨릭스 798, 799, 864
맥도널드, 이안 960, 961
맥마이클, 해럴드 317, 331, 332, 335, 354, 356, 487, 491, 603
맥마흔, 헨리 265, 269
맥밀런, 해럴드 114, 734, 838, 856, 858-863, 878-881, 883, 884, 887, 889, 901
맥브라이드, 존 184
맥스웰, 존 180, 182, 183
맥스위니, 테런스 231, 232, 234, 320
맥콤, 리처드 926, 928, 934, 935, 937, 938, 943
맥키빈, 로스 517
맥퍼슨, 덩컨 872
맨스필드, 가이 936, 937
맨스필드 경 87
맨체스터연대 351, 352
맨체스터회의 788
맬컴 X 959
머리, 존 85
머스그레이브, 로더릭 598
머피, 필립 547, 979
먼로, 제임스 278
메서비, 프랭크 665-666
메이, 테리사 966
멘지스, 로버트 422
모디, 나렌드라 973
모디사네, 블로크 913
모란트만의 반란 39, 92, 150
모루 작전 798, 804
모리슨, 라이어널 958
모리슨, 허버트 518, 533, 706
모리슨-그레이디 계획 632-633
모슬리, 오즈월드 404
모인, 새뮤얼 1021, 1031
모인, 월터 기네스, 경 383-384, 388, 453, 470, 472-473, 485-486, 489-492, 494-496, 508
모콤, 필립 817
모턴, 잭 683, 759, 904
몬터규, 에드윈 202, 210-214, 216, 218, 220
몬터규-첼름스퍼드 개혁 202
몽고메리, 버나드 51
무그웨, 루시 791
무디, 해럴드 434
무솔리니, 베니토 437, 439, 444, 451, 856
무슬림최고회의 314
무아라다 314
무케르지, 마두스리 408
무투아, 은디쿠 918-919
무함마드, 예언자 256, 279, 596
뮌헨회담 331
미국 독립혁명 99, 150, 551
미르자, 이스칸더 916
민 유엔 679
밀, 제임스 74, 83
밀, 존 스튜어트 28, 83
밀너 유치원 144, 455, 658, 972
밀너, 앨프리드 128-130, 136-139, 143-144, 164, 169, 190-191, 195, 201, 222-224, 45-457, 464, 472, 845, 848
밀너주의 455-456
밀러, 해리 741, 758, 762
밀턴, 존 142

ㅂ

바드라록 318
부셔, 찰스 687, 711, 769
바이스, 야코브 642
바이츠만, 하임 266, 268-269, 272-273, 281, 283, 289-290, 311-313, 330, 342-343, 357-359, 483, 488, 491-492, 495, 602, 633-634, 636, 653, 658-659, 1009-1010, 1029,
바커, 에벌린 613-614, 619, 661
반 질, 리지 139

반다리, 찬드 572-573
반제국주의연맹 443
발랏, 프랜시스 869
발렌타인, 로버트 523
발링회담 780
발콘, 마이클 525
방위비상규정 604
배리, 케빈 231-234
배저, 앤서니 931-932
배터실, 윌리엄 317, 344, 350
백색고원 218, 787, 789, 796, 811
백인수호연맹 950
백인의 책무 31, 54, 118, 145, 157, 207, 414, 454, 467, 521, 846, 920, 949
밸브리건, 약탈 230
밸푸어 선언 268-270, 275, 280, 288-289, 293, 314, 358, 386, 484, 487, 601, 636, 650
밸푸어, 아서 266, 268, 270, 280, 358, 634
버, 시드니 338, 346
버넘, 포브스 854
버크, 에드먼드 69-77, 115, 170, 353, 991
버킷, 노먼 393
버턴, 리처드 114
번치, 랠프 432, 447, 449
범말라야노조연합 673
범아프리카주의 운동 194
범아프리카회의 208, 510, 554
범인도자치연맹 325
베긴, 메나헴 482, 484, 491-492, 494, 530, 603, 605-606, 613, 618-619, 638, 642, 646, 651, 681
베넨슨, 피터 868
베넷, 휴 816, 927
베레니깅조약 141
베르사유조약 42
베르트하임, 스티븐 189
베링, 에벌린 785, 793-794, 796, 802, 804, 808-809, 812, 814, 818-822, 824-825, 827-828, 830-831, 833-834, 838, 881, 883, 885-886, 895, 897-898, 925, 935

베버, 막스 32, 170
베버리지 보고서 516, 519
베빈, 어니스트 84, 531, 533-534, 544-547, 549-550, 552, 558, 564-566, 584-585, 598-601, 603, 613, 621, 630, 632, 634-636, 641, 649, 653-655, 705-706, 845, 851
베스트, 제프리 702-703
베이든파월, 로버트 524, 528
베이커, 제프리 867, 904,
베일리, 크리스토퍼 415, 742, 776, 778
베킷, 이안 1000
벤구리온, 다비드 285, 302, 317, 330, 482-484, 492-494, 618, 659
벨, 거트루드 251
벨, 존 607
벳추리, 엘리아후 489-490, 492
보글, 폴 93
보들레르, 샤를 873
보스, 라쉬 비하리 414
보스, 수가타 976
보스, 수바스 찬드라 414-415, 417, 419-422, 468, 500, 564, 572-574, 57-579, 582, 586, 591
보스, 쿠디람 320-321
보어전쟁 37, 113, 121, 125, 127, 130, 136-137, 142, 156, 162, 164-165, 169, 178, 185, 201, 224, 226, 253, 303, 371, 386, 388, 455, 459
보엔, 프랜시스 90, 92
볼턴, 조지 856
부스비, 로버트 780
부시, 조지 W 972
부활절 봉기 178-186, 233, 320, 612
북대서양조약 549, 851
북대서양조약기구 851
북아일랜드 분쟁 904-905, 907
불러드, 리더 256
불릭, 앨런 545
붉은요새 119, 499, 554, 572, 579, 581, 589, 591, 866
뷔조, 토마로베르 157

뷰스, 캐넌 802
브라운, 고든 941
브라운, 주디스 419
브래컨, 브렌던 455
브랜다이스, 루이스 269
브레턴우즈협정 537
브렉시트 14, 23-24, 120, 973
브렛, 패디 619
브로드릭, 윌리엄 128, 137-138
브로엄 경 85
브로크웨이, 페너 437-438, 441, 443-444, 532, 846, 870, 876, 959-960
브리튼 전투 394
브릭스 계획 727, 735, 737, 742
브릭스, 해럴드 725-729, 735, 737, 742, 753, 759-760, 773
브릭스턴 폭동 961-963
브린, 댄 321
블랙 라이브스 매터 20, 965, 968
블랙 파워 운동 959-960
블랙먼, 제프리 763
블랙앤탠 228-230, 236, 244, 277, 281, 286, 290, 297, 307, 322, 327, 339, 497, 609
블러드, 빈든 124
블런델, 마이클 794-795, 891
블레어, 토니 14, 970-972
비거, 나이절 22, 965, 985
비밀정보국 253, 325-326, 933
비버브룩 경 388-389, 518-519
비스마르크, 오토 폰 46
비어드, 존 658
비어스, 로라 518
비처, 메리 812
비커리, 필립 322
비트, 오토 402
빅토리아 시대 38, 40, 59, 84, 100, 102, 104-106, 111-112, 117, 134-135, 158, 173, 189, 201, 207, 294, 305, 373, 385, 449, 470, 479, 523, 528, 533, 697, 747, 919
빅토리아 여왕 41, 58, 78, 80, 108-112, 120, 146, 279, 508, 520, 523, 526, 546, 844, 907, 919

ㅅ

사도브스키, 라파엘 489
사레트, 모셰 338, 605
사르트르, 장 폴 18
사이슨 493-494
사티아, 프리야 251, 256, 977
사티아팔 202, 204
상어 작전 617, 798
상임위원통치위원회 192, 261-262, 288-289, 292, 295-307, 311-312, 354, 356-358, 508
새뮤얼, 허버트 277
새비지, 마이클 422
새비지, 앨프리드 854
샌드허스트 59, 211, 348, 638-640, 752
샌즈, 보비 909
샌키, 존 655, 739
샌프란시스코 회의 506, 508-510
샐먼드, 존 258
생물전위원회 763
샤마, 사이먼 942
샤미르, 이츠하크 486, 489-490, 494, 617-618
샤프빌 대학살 889
서머벨, 도널드 304
서머스킬, 이디스 395
서빈, 노엘 461, 481
서아프리카사무국 663
서아프리카학생연합 443
서인도제도왕립위원회 388
서티즈, 허버트 216
설리번, 아서 132
세갈, 프렘 쿠마르 579
세게브, 톰 603
세계시온주의기구 270, 272, 298, 488, 602, 634
세계인권선언 51, 692-696, 701, 705

세실, 로버트 136,187
세자르, 에메 430
세포이항쟁 37, 39, 89, 94-95, 100, 105, 154, 450, 499, 573, 579
센, 제프리 814
셀라시에, 하일레 437
셈바왕 362
셰익스피어, 윌리엄 24
솅크, 캐서린 540
소년여단 524
소런슨, 레지널드 355
소잉카, 월레 912-917
소콜로우, 나훔 281
손더스, 앨런 330
솜 전투 171
쇄도 81 작전 962
쇼, 월터 287
쇼, 존 609
쇼위원회 287-289, 301, 331
쇼크로스, 하틀리 559
쇼트, 앤서니 710
숙청 작전 668
쉬히스케핑턴, 프랜시스 181
쉰웰, 이매뉴얼 629
슈미트, 볼프 404
슈얼, 토니 968
슈클라, 주디스 156
슈테른, 아브라함 485-486
스마일리, 데이비드 350
스머츠, 얀 141-144, 169-170, 187-188, 190, 201, 387-388, 505, 506-507, 510, 597
스미스, 애덤 28
스미스, 존 86, 307
스밀란스키, 모셰 275
스와데시 219, 328
스윈턴 경 558-559, 629
스카먼 경 962-963
스코벨레프, 미하일 157
스코틀랜드 근위대 769
스코틀랜드, 알렉산더 398-399, 401-404

스탈린, 이오시프 43, 496, 504
스탠리, 올리버 493, 642
스터지스, 마크 225
스튜어트, 웨스턴 295-298, 307, 357
스트라볼기 경 373
스트리클런드 보고서 241-242
스트리클런드, E. P. 239-242
스트리트, 조지 에드먼드 918
스티븐, 제임스 29, 32, 100-104, 106-107, 115
스티븐스, 도널드 866
스티븐스, 로빈 397-399, 401, 554-560
스티븐슨, 로버트 103
스파이서, R.G.B. 308
스페인 내전 394, 698, 886
스펜서, 허버트 97
스푸어, 벤 215
스피크, 존 114
슬림, 윌리엄 389
시라주다올라 66, 573
시몬, 니나 958
시온주의위원회 272, 274
식민정책위원회 860, 862-863, 884, 887, 901
식민지 독립 선언 890
식민지 해방 운동 519, 846, 870-871, 876, 879
신지학협회 201, 325
신탁통치 41-42, 161, 188, 192, 439, 454, 459-460, 470, 472-473, 475, 476, 505, 508, 510, 633, 969
실리, 존 로버트 30, 114-117, 456, 459, 523, 911
실리토, 퍼시 398, 641, 681, 798
실버, 아바 힐렐 483
심슨, 앨프리드 305
싱, 고빈드 198
싱, 런지트 198
싱, 바가트 232
싱가포르 전투 365
싱엄, 프리탐 414
싱클레어, 아치볼드 312

ㅇ

아감벤, 조르조 104
아놀드, 매슈 98
아든클라크, 찰스 663
아랍고등위원회 310, 313, 314
아랍봉기 37, 121, 292, 293, 296, 299, 303, 307, 309, 310, 314, 315, 326-328, 332, 339, 341, 346, 351, 354, 355, 359, 450, 982,
아랍수사본부 398
아렌트, 한나 44-47
아미티지, 로버트 881-883
아얀 271, 272, 276, 301, 302, 310
아유브 칸, 무함마드 916
아이언사이드, 에드먼드 407
아이젠하워, 드와이트 772, 856-858, 878
아일랜드공화국군 225, 227, 230, 235, 236, 243, 244, 264, 278, 321, 390, 497, 641, 645, 905, 909, 967
아일랜드공화국형제단 172
아일랜드 독립전쟁 37, 225, 242-244, 265, 321, 322
아일랜드자유국 245, 246
아일랜드트란스발위원회 185
아지키웨, 은남디 427, 428, 432
아크진, 벤저민 606
아파르트헤이트 144, 388, 847
아프리카너연대 142
아프리카민족회의 882
아흐마드, 무함마드 133
알까우끄지, 파우지 310
알깟삼, 잇즈앗딘 301, 302, 309, 328
알라키자, 아데예모 422
알렌비, 에드먼드, 경 224
알하디, 파크리 압드 316, 327, 328
알후세이니, 알하즈 아민 276, 283, 284, 288, 301, 303, 310, 313, 314
알후세이니, 자말 292, 302, 303, 314, 315, 327, 328, 681, 982
암리차르 대학살 883

압둘 라흐만 777-780, 782-783
압드 알하디, 파크리 316
앙리스파크, 폴 706
애거사 작전 614, 615
애니, 베전트 325
애덤스, 게리 910
애리고니, 해리 349
애머리, 레오폴드 169, 289, 386, 410, 479, 576, 597, 658, 840
애머리, 줄리언 876
애셔슨, 닐 24
애스퀴스, 허버트 128, 164, 169, 808, 809, 811, 834, 835
애틀리, 클레멘트 84, 382, 514, 519, 530, 532, 533-535, 541
앤더슨, 데이비드 924, 927
앤더슨, 베네딕트 28
앤더슨, 존 323, 385, 386, 393, 395, 396, 398, 467
앤더슨, 찰스 302,
앤더슨, 퍼시 844
앤드루스, 루이스 314
앨버트 다이시 146, 375
야마시타, 도모유키 363, 366, 667, 752
자보틴스키, 블라디미르 272, 273, 275, 280, 283,
야전규정 343
얄타회담 495
어스킨, 조지 795-798, 804, 813, 814, 816, 817, 819, 825
어톡요새 499, 501
에그부나, 오비 959
에니그마 933
에드워드 시대 252, 523
에든버러 공작 749, 894-895, 907
에레츠 이스라엘 484, 605, 606, 618
에번스, 리처드 942, 950-952
에어, 에드워드 92-94, 96-100, 147, 150, 177
에오카 863-867, 873, 874, 881, 980,
에이커 감옥 642, 645

에인절, 노먼 209, 210
에저턴, 휴 459, 460
에티오피아를 위한 국제아프리카우호회 443
엘가, 에드워드 110
엘리스, 존 137
엘리아브, 야코브 641
엘리자베스 2세, 여왕 38, 526, 750, 751, 884, 906, 907, 909, 910, 922, 948
엠파이어 윈드러시 948, 949
엥겔스, 프리드리히 173
연합국위원회 보고서 698
영, 아서 820-824
영국 공군 248-250, 253, 255-263, 304, 330, 331, 339-342, 391, 392, 394, 402, 495, 666, 751, 753, 795, 856,
영국 성공회 293, 812
영국-말라야 방위협정 782
영국-아일랜드 조약 246
영국-이라크 조약 261
영국파시스트연합 404
영미차관협정 542
영미팔레스타인조사위원회 600, 601, 613, 631
예이츠, 윌리엄 버틀러 185, 186, 199, 911
오드와이어, 마이클 202, 204, 208, 212, 215, 322
오렌, 미하엘 659
오브라이언, 오브리 존 204
오설리번, 앨프리드 322
오웰, 조지 145, 438, 521-523, 532, 624-628, 766, 819, 845, 846
오코너, 테런스 304
오킨렉, 클로드 389, 423, 577, 584
오타와협정 380
올드, 존 166
올리비에, 로런스 526
옴 크뤼거 454
옴두르만 전투 133, 163
옴스비고어, 윌리엄 238, 311, 312, 315, 326, 355, 356
바인베르크, 아하론 645, 646

왐부이, 크리스티나 817
왕립국제문제연구소 972
왕립아일랜드경찰대 225, 227-229, 239, 242, 244, 265, 278, 310, 322, 609,
왕립아프리카회사 20
왕립얼스터연대 348, 349, 829
왕립역사학회 942
외교협회 972
우드, 에드워드 229
우드빌, 리처드 132
우편함 작전 761
울프, 레너드 438
울프, 버지니아 438
워드, 존 238
워홉, 아서 304, 316, 334, 335
원탁회의 455-457, 461, 464, 479, 523, 848, 972,
월리스존슨, 아이작 432, 441, 467
월턴, 존 90, 92
월폴, 로버트 630
웨더스턴, 데이비드 718
웨스트모어랜드, 윌리엄 C. 902
웨스틀레이크, 존 160
웨이틀리, 베네스 866
웨이벌, 아치볼드 334, 366, 389, 391, 564, 582-584, 591, 638,
웨일스의 제럴드 172
웨지우드, 조사이아 606
웰스, 섬너 466, 653
웰스, 허버트 373, 374
웹스터, 찰스 508
윈프리, 오프라 967
윌리엄스, 에릭 428-430
윌리엄스, 웬디 966, 967
윌버포스, 윌리엄 75, 90
윌슨, 아닐드 259
윌슨, 우드로 188, 220, 269, 270, 277, 378, 379, 386, 388, 506, 954,
윌슨, 해럴드 519
윌슨, 헨리 265

윌킨, 톰 487
윌킨스, 제임스 140
윌킨슨, 엘런 462
게스트, 아이버 178
윙게이트, 오드 332-338, 340, 342-345, 389-391, 483, 638, 639, 659, 660, 678, 689, 754, 758, 759, 829, 874, 921
유대인 저항 운동 602, 605, 610, 618
유럽 전승 기념일 514, 515
유럽경제공동체 901
유럽연합 23, 24, 901, 967, 971
유럽의회 705
유럽인권재판소 705, 906
유럽회의 840, 841
유산 작전 888
유색인종연맹 434, 453, 474
유색인종협회 959
유엔선언 501, 502
유엔인권위원회 869
유엔팔레스타인특별위원회 652, 653
유엔헌장 43, 52, 502, 506, 508-510, 536, 694, 768, 890
은게이, 폴 897
은데그와, 루스 813
은제루, 엘리야 818
은질리, 파울로 918
은크루마, 콰메 662, 663, 798
응곤디, 수전 918
응구기 와 시옹오 912, 979
응오딘지엠 902
이든, 앤서니 376, 381, 387, 396, 838, 839, 843, 847, 855, 856, 858,
이라크 전쟁 970
이르군 482, 484-487, 492, 493, 601-603, 606, 607, 610, 612, 613, 615, 616, 618, 619, 641, 642. 645-647, 651, 689,
이브라힘, 파리드 무함마드 셰이크 286
이서, 자작 110, 166
이슈브 270, 334, 338, 484, 486, 492, 493, 495, 496, 599, 601, 602, 611, 612, 618, 619, 637, 639, 655
이타마르, 벤아비 283
이토테, 와루히우 796
인도공화국군 319
인도국민군 419-422, 468, 499, 500, 554, 564, 57-574, 577-582, 584, 601,
인도국민회의 200, 219, 325, 326, 410-418, 458, 460, 564, 575, 579, 582, 583
인도군 253, 323, 423, 564, 574, 575, 577, 581, 582
인도기근위원회 139
인도독립연맹 414, 420, 421
인도를 떠나라 운동 415, 417, 418-420, 483, 563
인도방위법 200, 325, 417, 917
인도연맹 438
인도왕립공군 581
인도왕립해군 581
인도의료국 139, 140
인종·민족격차위원회 968, 969
인종차별 철폐 운동 953

ㅈ

자글룰 221, 223-225
자메이카위원회 97-100, 147
자유 이탈리아 운동 498
자유인도임시정부 420, 421, 423
자전거 기동 작전 364
자코바이트 반란 304
자파르, 미르 587
잘리안왈라 바그 대학살 198, 199, 203, 205, 211, 212, 214, 215
저강도 작전(컷슨) 907
전미시온주의기구 602
전미시온주의긴급위원회 483, 602, 632
전미유색인종지위향상협회 427, 441
전미자유팔레스타인연맹 603
전쟁목적위원회 374, 375

전쟁위원회 794, 795, 810, 817, 831
주트, 토니 527
제1차 세계대전 42, 143, 166-171, 174, 176
  177, 187-195, 199, 200, 208, 227, 228, 239,
  248-250, 252-254, 260, 264, 268, 272, 333,
  347, 379, 387, 388, 390, 392 393, 398, 423,
  487, 504, 514, 527, 668, 696
제2차 세계대전 24, 34, 42, 50, 118, 192, 253
  254 259, 295, 357 358, 362, 366, 370, 373,
  374, 385, 393, 394, 402, 406, 407, 446, 456,
  470, 486, 502, 504, 516, 517, 520, 523, 525,
  528, 535, 539, 543, 547, 552, 564, 565, 578,
  604, 608-610, 627, 644, 657, 659, 665, 668
  669, 671, 675, 679, 685, 687, 689, 692, 696,
  699, 701, 729, 737, 751, 756, 761, 781, 785,
  787, 788, 795, 799, 842, 845, 848-850, 863,
  886, 905, 947, 964
제국경제회의 539, 849
제국마케팅위원회 476
제국방위위원회 253, 392
제국회의 41, 42
제네바협약 158, 159, 165, 403, 699-704, 724,
  737, 738, 761, 804, 814-816, 842, 886
제이, 로버트 927, 930
제이건, 체디 853, 854
제임스, 시릴 208, 429-431, 433-435, 437, 440,
  443, 445-447, 449, 467, 947
젠킨스, 윌리엄 683
젠킨스, 트레버 799
조윗, 윌리엄 871
조지 3세 150, 386, 412, 551
조지 4세 108
조지 5세 231, 245, 246, 322, 385
조지 6세 372, 396, 546, 585, 586, 589, 645,
  657, 661 662, 680, 746, 749
조크 스콧 작전 793
존스턴, 캐러더스 785, 804, 824-830, 834, 898
존슨, 보리스 23, 24, 48, 965
좌절 작전 678, 793
주노드, 마르셀 886

주노드, 앙리 44, 45, 885, 886
즈다노프, 안드레이 686
진나, 무함마드 411, 412, 564, 565, 567, 583-
  585, 587, 589, 596, 681
진보 작전 830, 833, 834
진주만 공격 362 363, 385, 506

ㅊ

찰스 왕세자 907, 910
찰스, 라샨 964
채미어, 존 258
채터지, 파샤 324
챈슬러, 존 287
처칠, 윈스턴 18, 19, 24, 41, 43, 53, 58-61, 124-
  126, 130, 133, 163, 178, 214-216, 218, 219,
  225, 226, 228, 229, 235, 236, 239-241, 245,
  246, 249, 250, 256, 257, 263, 264, 273, 277,
  278, 289, 326, 344, 365, 366, 371, 372, 374,
  377-388, 390, 391, 393-396, 399, 403, 404,
  411, 412, 424, 468, 473, 479, 480, 487-489,
  491, 493, 495, 496, 501-504, 507, 508, 514-
  516, 534, 542, 544, 563, 564, 566, 576, 597,
  599, 621, 636, 651-653, 705, 749, 751, 752,
  756, 766, 769, 795, 824, 838, 839, 843, 854,
  855, 883, 911, 936, 948, 950
체임벌린, 네빌 293, 315, 370-373, 385, 387,
  442, 534
체임벌린, 오스틴 214, 289
체임벌린, 조지프 84, 110, 139, 166, 385
체트우드, 필립 263
첼름스퍼드 경 202, 218
촘스키, 노암 902
친디트 391, 639, 659, 660, 689
친평 667-670, 676, 679, 681, 686, 687, 713,
  727, 743, 744, 760-763, 779, 780, 794
칠더스, 어스킨 232, 245

ㅋ

카기아, 빌다드 897
카달리, 클레먼츠 436
카리우키, 조시아 므왕기 897, 912
카마이클, 스토클리 430, 959
카미티 감옥 802
카원, 존 830, 835, 880-881, 883, 898
카이로회담 259
카츠, 사무엘 606
카커렐, 마이클 956
카페라타, 레이먼드 278, 284-285, 608-609, 612, 614
칸, 사디크 965
칸, 샤나와즈 579
칸, 야스민 593
칸트, 이마누엘 142
칼라일, 토머스 28, 98, 100, 112
칼사교단 198
캉가르지 3세 41
캐러더스, 존 809-810
캐럴, 루이스 112
캐럴라인 왕비 108
캐리, 앤서니 931
캐머런, 데이비드 941-942
캐슬, 바버라 838, 872
캐틀링, 리처드 598, 611, 616, 640, 661, 665, 676677, 683, 744, 824, 833
캘버트, 마이클 391, 754-755
캘커타 대학살 854
캠벨배너먼, 헨리 138
캠프 020 397, 399-402, 554, 557-559, 735, 799
커, 필립 455
커너드, 낸시 437, 443, 467-468
커닝엄, 앨런 604, 607-608, 612-612, 618, 620-621, 637, 649, 657
커마나만 243
커즌, 조지 119, 120, 128, 222, 223, 268-270
커티스, 라이어널 455, 457, 972
커플랜드, 레지널드 457-461, 523, 528

케냐 연대 794, 853, 867
케냐국립문서보관소 925
케냐아프리카민족연합 892
케냐아프리카연합 788
케냐인권위원회 938
케냐타, 조모 428, 432, 437, 440, 444, 467, 788-789, 793, 801, 891-899, 916
케넌, 조지 F. 549
케네디, 존 F. 902
케인스, 존 메이너드 536-538, 542-544, 548, 552
켄워디, 조지프 238
켈, 버넌 254, 397
켈러, 앨릭스 496-497, 681-683, 798
코르더, 알렉산더 525
코마로프, 존 153, 976
코베인, 이안 944, 976
코스케니에미, 마르티 161, 696
코크 방화 사건 237-240, 243
코필드 보고서 893
코필드, 프랭크 892
코헨, 치온 338
콘시딘, 존 234
콜린스, 마이클 184-185, 227, 229, 235, 244-246, 319, 864
콜빌, 존 838
콜스턴, 에드워드 20
콜웰, 찰스 156-158, 195, 205-206, 306, 343, 867
콩그리브, 월터 275, 277
쿠퍼, 로버트 970
쿠퍼, 앨프리드 363, 455
쿠퍼, 프레더릭 154
쿡, 힐랄 603
퀸, 엘런 234
큐색, 제이크 830
크뇌힐라인, 프리츠 402-403
크라이시스 427, 433, 441
크랜본, 경 473, 535
크레이그, 딕 740

크로스, 토니 818
크로스맨, 리처드 492
크로제우스키, 제롤드 849
크로지어, 프랭크 229, 241-242
크롬웰, 올리버 752
크루거, 폴 127, 142
크리츨로, 프랭크 958-959
크리치 존스, 아서 443, 453 454, 475 476, 506, 519, 530, 531, 533, 545, 635, 651, 655, 679, 680, 684, 695, 709, 711, 715, 717, 718, 733, 736, 755, 769
크립스, 스태퍼드 412-413, 415, 443, 458, 563, 583
크파르 시르킨 610
클라이브, 로버트 68-69, 71, 74-78, 113, 317, 525, 921, 942
클래펌 파 74, 100
클레리데스, 글라프코스 868
클레리데스, 존 868
클레이턴, 일타이드 494
키마티, 데단 796, 801-802
키스로치, 에드워드 280, 354
키치나, 카마우 872
키치너, 허버트 51, 132-136, 138-140, 145, 157, 162, 167, 180, 184, 205, 497, 528, 921
키치루, 사이프딘 202, 204
키플링, 러디어드 117-118, 131, 134, 145-146, 185-186, 207, 217, 252, 466, 498, 522-523, 533, 639, 793, 846, 911, 920, 956
킬리언 경 495
킷슨, 프랭크 800, 903, 906-907, 927-928
킹데이비드호텔 339, 598, 615-617, 641-642, 646, 744, 798

터너, 크리스천 939-940
터빈, 엘리야후 641
턴불, 리처드 834, 904
테가트 요새 328, 607
테가트 장벽 329
테가트, 찰스 317, 322, 324-331, 340, 343, 385, 398
테일러, 앨런 114
템플러, 제럴드 752-754, 756, 758-761, 763-765, 768, 770-776, 795, 808, 820, 902, 904
토머스, 셴튼 468
토머스, 애스퀴스 808-811, 835
토예, 휴 591, 866
토인비, 아놀드 375
톰슨, 로버트 688-69, 759, 901-903, 907
톰슨, 사무엘 140
투칸, 이브라힘 300
투쿠, 해리 435
튜더, 헨리 229, 235-236, 240-241, 264-265, 277-278
트렌차드, 휴 250, 259
트루먼, 해리 506, 549, 599-600, 613, 630, 632-633, 853
트림 약탈 241-242
티라 원정 163

ㅌ

타고르, 라빈드라나트 199, 218, 263, 911
탄쳉록 713
탄탕피 726

ㅍ

파농, 프란츠 18, 48, 430, 912
파루크 1세 855
파리강화회의 187-188, 221
파벨, 에이드리언 951
파블리데스, 스텔리오스 868
파시즘 46, 51, 294, 370, 419, 428, 436-437, 440-441, 444, 447, 449, 452, 479, 485, 498, 537, 546, 694, 788, 852
파월, 에녹 883, 914, 935-936, 945-947, 954-957, 964
파이살 259-262, 273, 276

파이스, 머빈 645-647, 650
파인스타인, 찰스 550
파텔, 사르다르 575
파텔, 이안 948, 958
팍스 브리타니카 32, 116, 149, 190, 626, 844, 901, 917, 953, 956, 969
판 다이크, 보이드 700
판디트, 비자야락슈미 418
팔레스타인 기동부대 607, 610
팔레스타인아랍회의 276
팔레스타인정치행동위원회 603
팔마흐 483, 601-602
패그든, 앤서니 503
패드모어, 조지(맬컴 너스) 51, 208, 426, 429-437, 439-444, 446-449, 451, 467-469, 474-475, 510, 532, 662, 697, 788, 798, 870, 893, 647-947, 958-959,
패라지, 나이절 944-945, 970
패런, 렉스 645
패런, 로이 639-640, 643-644
패스필드백서 289
패커드, 더글러스 559, 738
패트릭, 제임스 721
팽크허스트, 실비아 437, 443
퍼거슨, 니얼 22-23, 170
퍼거슨, 버나드 637-640, 644
퍼시벌, 아서 365-366, 466, 580
퍼햄, 마저리 379, 469-471, 474, 476, 794, 834
페니배커, 수전 441
페리에르, 프레데리크 698
페이비언식민국 475, 519
펠리프라이, 제임스 339-340
포셋, 밀리센트 138
포스, 에이든 135, 140
포스터, H. D. 315, 341, 346, 354
포워드 블록 414
포인트, 힐턴 508
포털, 찰스 391
폭스, 리암 973
폴리, 찰스 868

푸앵카레, 레몽 47
풋, 휴 339, 874-875
프레이저, 휴 808
프렌더개스트, 존 799, 866, 874, 904
프렌치, 존 225
프롱고흐 수용소 184
프린셉, 윌리엄 588
플레처, 에릭 694-695
피더슨, 수잔 190, 193, 260, 975
피어스, 리처드 304, 308, 320
피어스, 패트릭 178-179, 182-183, 186
피의 강 연설 946, 964
피의 일요일 235, 238, 907-908
피츠모리스, 앤드루 503
피트리, 데이비드 327-328, 398, 496, 554, 559, 641
픽테, 장 699
핀레이 217
핀레이슨, 윌리엄 98-99
필, 로버트 174, 310
필 경 310
필위원회 310-311, 458

ㅎ

하가나 483, 493-494, 602, 612-613, 615, 646, 980
하딩, 존 866-869, 874, 881, 903
하비브, 아브샬롬 642-643, 645-646
하우, 스티븐 173, 439, 976
하우브룩, 프랭크 337-338
하월, 데이비드 930-931
하이닝, 로버트 330-331, 334, 342, 345, 356
하자리, 니시드 586, 593
하킴, 엘리아후 486
하퍼, 팀 415, 685, 742, 776, 778
한국전쟁 548, 774-775
한수인 731
할레비, 하임 287

할로, 빈센트 461, 464, 523
함마르셸드, 다그 882
함스워스, 앨프리드(노스클리프 경) 130-132, 144, 170, 518
합동정보선전위원회 736
합동심문소(시즈딕) 399-400, 497-499, 555-556, 559, 733-735, 737-738, 758, 761, 799
해거드, 헨리 라이더 523
해딩엄, 케네스 818, 822
해리스, 아서 248-250, 258, 262, 290, 339-342, 344, 391-392, 444, 676, 751
해리슨, 얼 599
핵, 카를 980
핼리팩스 경 373, 375, 377, 405, 442, 506, 537-538, 542
행정위원회 212, 410, 582, 715
행콕, 키스 480
헉슬리, 제바스 476
헌터 경 211
헌터위원회 211-212, 307
헐, 이저벨 165
험프리, 아서 692, 718-719
헤드, 앤터니 819
헤렌, 루이스 689, 767
헤이그, 윌리엄 930-932, 939
헤이그협약 159, 162, 165-166, 702, 816
헤이든게스트, 레슬리 476
헤이스팅스, 워런 53, 59, 69-71, 73-74, 76-78, 81-82, 115, 317, 552, 573, 587, 842, 911, 919
헤이워드, 톰 557
헤일리 경 471-473, 476, 979
헨더슨, 이안 800, 802, 898
헨티, 조지 112-114, 523, 528
호 씨안 푹 665
호닝, 조셉 161, 167
호드슨, 해리 455-456, 461, 464, 477, 479
호프 심프슨 보고서 289
호프, 밥 591
홀, 스튜어트 912
홀, 조지 532

홀, 존 296
홀, 캐서린 90
홀라 대학살 879-881, 883-887, 912-913, 935, 946, 954
홀웰, 존 64-65
홀트, 토머스 454
홉스, 토머스 29-30, 32, 44, 115, 915
홉스봄, 에릭 107
홉슨, 존 137, 438, 845
홉하우스, 에밀리 137-138, 144, 158, 166
화이트, 딕 399-401, 403, 554, 557, 559, 759
후버, 막스 700
후세인, 나세르 99
후세인, 샤리프 265
후지와라, 이와이치 419
휫필드, 제럴드 349
휴스온슬로, A. G. 490
흑수단 328
흑인경찰협회 964
흑인복지협회 453
희석 기법 45, 830, 833, 879-881, 883, 885, 899, 926, 928, 935
흰담비부대 678, 755-756, 759
히로히토 385
히스, 에드워드 906-907, 958
히틀러, 아돌프 46, 298, 354, 370, 372, 393, 440, 444, 449, 451-452, 473, 477, 484, 488, 492, 503, 576, 620, 641, 647, 649, 788, 793, 933
힌든, 리타 475

폭력의 유산

초판 1쇄 인쇄 2025년 7월 22일
초판 3쇄 발행 2025년 9월 19일

지은이 캐럴라인 엘킨스
옮긴이 김현정
감수자 윤영휘
펴낸이 고영성

책임편집 하선연 **편집** 김주연 박유진 **디자인** 이화연 **저작권** 주민숙
펴낸곳 주식회사 상상스퀘어
출판등록 2021년 4월 29일 제2021-000079호
주소 경기도 성남시 분당구 성남대로 52, 그랜드프라자 604호
팩스 02-6499-3031
이메일 publication@sangsangsquare.com
홈페이지 www.sangsangsquare-books.com

ISBN 979-11-988543-6-0 (03920)

- 상상스퀘어는 출간 도서를 한국작은도서관협회에 기부하고 있습니다.
- 이 책은 저작권법에 따라 보호를 받는 저작물이므로 무단 전재와 복제를 금지하며,
  이 책 내용의 전부 또는 일부를 사용하려면 반드시 저작권자와 상상스퀘어의 서면 동의를 받아야 합니다.
- 파손된 책은 구입하신 서점에서 교환해드리며 책값은 뒤표지에 있습니다.